Otto Koenig
Urmotiv Auge

Erarbeitet im Institut für
Vergleichende Verhaltensforschung
der Österreichischen Akademie
der Wissenschaften

Otto Koenig

Urmotiv Auge

Neuentdeckte Grundzüge
menschlichen Verhaltens

Mit 162 Zeichnungen
von Lilli Koenig

und 766 teils farbigen Bildern

R. Piper & Co. Verlag
München Zürich

ISBN 3-492-02154-9
© R. Piper & Co. Verlag, München 1975
Gestaltung: Hans Peter Polanetz
Gesamtherstellung: Graph. Werkstätten Kösel, Kempten
Gesetzt aus der Aldus-Antiqua
Printed in Germany

Inhalt

I. Einleitender Teil 9
  1. Danksagung 11
  2. Einführung 14
  3. Grundriß eines Aktionssystems des Menschen 26
    1. Allgemeine Vorbemerkungen 26
    2. Die vier ethologischen Grunddeterminanten
      (Leistungs- beziehungsweise Vergleichsebenen) . . . 32
    3. Die Anwendung der vier Vergleichsebenen auf das
      menschliche Aktionssystem 36
    4. Schlußbemerkung 56

II. Allgemeiner Teil 59
  4. Methodik 61
  5. Die Bedeutung des Auges als Signalgeber 73
  6. Attrappensichtigkeit und Gestaltkomponenten des Auges 82
  7. Augenattrappen bei Tieren 93
  8. Problemkreis »böser Blick« 103
  9. Magische Abwehrtaktik 110
    Allgemeintaktische Grundregeln 110
    Magische Grundtaktik 111
    Verheimlichen von Absichten und Tatsachen 113
    Verschleiern, Verhüllen, Verdecken 114
    Ablenken und Irreführen 116
    Ablenken durch Komik und Verspottung 117
    Ablenkgestalten im Zeitenwandel 120
    Amulett und Verwandtes 122
    Auge gegen Auge 124
    Sicherung des Kopfes 125
    Sicherung der Gelenke 126
    Sicherung nach hinten und vorn 127
    Absicherung von Objekten und Gebäuden 128
    Vermassung von Abwehrornamenten 130
    Entschärfen im Internbereich 131
    Verlebendigung und Personifizierung von Abwehrzeichen 133

      Handgestik 134
      Abwehrzeichen als »Handwaffe« 136
      Abwehrzeichen im Gruppenschutz 137
      Wahrung des Waffengeheimnisses 142
      Wurzeln der Gottesvorstellungen 143
10. Imponieren 146
11. Faktoren kulturellen Wandels 154
12. Herstellungsmaterial und Raumeinpassung 161
13. Auswirkung individueller Tendenzen 169
14. Wirkung der Farben 177
15. Primär- und Sekundärerklärung 192
16. Das Auge im Werbewesen 197

III. Spezieller Teil 207
17. Blaues Auge, blaue Perle, blauer Fleck 209
18. Doppel- und Mehrköpfigkeit 217
19. Brust 226
20. Haar 230
21. Kreis, Spirale 236
22. Kranz, Krone, Ring, Rad 242
23. Münze, Geld 251
24. Kugel, Apfel 257
25. Ei 263
26. Löffel 268
27. Knoten, Knopf 273
28. Quaste, Wedel, Besen 276
29. Stachelkugel 287
30. Masche, Schleife, Schlinge 291
31. Miribota 298
32. Flügel 308
33. Herz, Kleeblatt 319
34. Halbmond, Hufeisen 324
35. Spiegel 333
36. Gefäße 339
37. Schuh 345
38. Schlüssel 350
39. Pflanzen 354
40. Insekten, Krebse 363
41. Schnecke, Muschel 369
42. Krake 375
43. Fisch, Delphin 383
44. Reptilien 386
45. Vögel 391
46. Säugetiere 402
47. Vielecke 411

	48. Lebensbaum, Dreisproß	418
	49. Stein	430
IV.	Diskussion mit anderen Wissenschaften	437
	50. Auszüge aus grundlegend wichtiger Augenliteratur	439
	51. Psychologische Schlußfolgerungen	451
	52. Die Bedeutung kulturethologischer Betrachtungsweisen für die Geisteswissenschaften	464
V.	Bildteil	485
	53. Verzeichnis der Bildtafeln	487
VI.	Anhang	495
	54. Literaturverzeichnis	497
	55. Personenregister	525
	56. Sachregister	535

I. Einleitender Teil

1. Danksagung

Jede einer umfangreicheren Arbeit vorangestellte Danksagung muß Stückwerk sein, weil unmöglich alle Personen genannt werden können, die in irgendeiner Form daran Anteil hatten. Dennoch will ich versuchen, ein annähernd vollständiges Bild der mir von verschiedensten Seiten entgegengebrachten Hilfe zu geben. Als erstes möchte ich mich ganz allgemein bei den vielen Gesprächspartnern bedanken, die durch Wissen, Kritik, Ratschläge und Hilfeleistungen daheim und auf Reisen wichtige Beiträge geleistet haben. Dazu gehören auch jene zahlreichen Menschen, die sich in anderen Ländern gastfreundlich und verständnisvoll zeigten, uns das Fotografieren von Gegenständen erlaubten und oft auch Belegstücke zum Geschenk machten.

Die Reihe der namentlich zu nennenden Helfer, Mitarbeiter und Förderer müßte eigentlich mit den Eltern beginnen. Vor allem meinem Vater danke ich für historische und archäologische Schulung, die ich von Kindheit an durch ihn erfuhr. Die Wiener Grafische Lehr- und Versuchsanstalt war mir nicht nur Lehrstätte für das Fotografieren, sondern vor allem auch für intensives Schauen und Beobachten. Unter den Universitätsprofessoren, die mich im Laufe vieler Jahre in ihr Fachgebiet einführten, habe ich zu allererst Herrn Prof. Dr. K. Lorenz zu danken, der mich in meiner Jugend für die von ihm begründete Verhaltensforschung begeisterte, darin unterwies und mir zum freundschaftlichen Mentor und Förderer wurde. Später kamen dazu Prof. Dr. O. Koehler (Königsberg, Freiburg i. Br.) und Prof. Dr. E. Stresemann (Berlin). Nach dem Zweiten Weltkrieg war es Prof. Dr. W. Kühnelt (Wien), der mir die ethologisch so wichtige ökologische Problematik näherbrachte, wofür ich ihm besonders dankbar bin. Weitere Persönlichkeiten der Wiener Universität, denen ich Vermittlung von Wissen durch Vorlesungen, Diskussionen und Gespräche verdanke, sind Frau Prof. Dr. S. Bayr-Klimpfinger (Entwicklungspsychologie), die Herren Prof. Dr. W. Hirschberg (Völkerkunde), Prof. Dr. R. Pittioni (Urgeschichte), Prof. Dr. H. Rohracher (Psychologie), Prof. Dr. J. Weninger (Anthropologie) und Prof. Dr. R. Wolfram (Volkskunde). Besonderer Dank gilt auch der Österreichischen Akademie der Wissenschaften und ihrem Präsidium für Übernahme der 1945 von mir ins Leben gerufenen und unter Mithilfe meiner Frau und vieler junger Menschen aufgebauten »Biologischen Station Wilhelminenberg«, die sich ab 1967 unter der neuen Bezeichnung »Institut für Vergleichende Verhaltensforschung der Österreichischen Akademie der Wissenschaften« vergrößern und reiche Arbeitsmöglichkeiten dazugewinnen konnte. Besonders hervorzuheben sind auch die vielen behördlichen und privaten Subventionsgeber, ohne deren Unterstützung Aufbau und wissenschaftliche Tätigkeit nicht möglich gewesen wären.

Die unmittelbar praktische Hilfe bei der hier vorgelegten Arbeit aber leistete der Mitarbeiterkreis des Wilhelminenberger Institutes. Wesentlichsten Anteil daran hat meine Frau, die mich in allen Phasen des Sammelns, der Forschung, Auswertung, vergleichenden Überlegung und Ausarbeitung tatkräftig und zielführend unterstützt hat. Ihr möchte ich an erster Stelle danken. Für volkskundliche Anregung und Mitarbeit bei der Materialsammlung danke ich Frau E. Lies. In Gemeinschaftsarbeit mit ihr brachte Fräulein Ph. Seilern wertvolles Material aus Kreta. Bei einer Studien- und Sammelfahrt durch die Türkei halfen die Herren A. Hoyer, E. Lokay und A. Schmied, die viele Fotos, Gegenstände und Beobachtungen sammelten und sich auch sonst hilfreich zeigten. Herr Schmied war auch an der Reproduktion von Bildmaterial beteiligt. Herr Dr. A. und Frau E. Menzdorf brachten interessantes Material aus Südfrankreich, Frau Dr. J. Sieber aus Griechenland. Besonderen Dank schulde ich Fräulein B. Räuschl, die an den Schreib- und Korrekturarbeiten hervorragend beteiligt war und auch wertvolle Sachvorschläge brachte. Von der Abteilung 2, Ökosystemforschung (Donnerskirchen) waren es Herr Dr. G. und Frau Dr. I. B. Graefe, die durch Mitteilung von Beobachtungen und Beibringung volkskundlichen Materials aus Argentinien, Brasilien und Peru sehr viel halfen. Frau I. Lackinger beschaffte wichtige Kinderzeichnungen. Von der Abteilung 3, Ethologische Wildtierforschung (Oberweiden) stellten Herr R. und Frau J. Lütkens, unterstützt von Herrn R. Hutterer, interessante Fotos ländlicher Stuckornamentik zur Verfügung. Aber auch von den übrigen, hier nicht einzeln genannten Mitarbeitern des Institutes gibt es keinen, der an der Arbeit nicht in irgendeiner Weise, sei es durch Fotografieren, Autofahren oder Objektbetreuung, seinen Anteil hätte.

Von den vielen außenstehenden Personen, die Beiträge, Anregungen und Hilfe gewährten, seien die Vertreter von Volks- und Völkerkunde im Redaktionskomitee der Encyclopaedia Cinematographica, Göttingen (Editor Prof. Dr. G. Wolf) genannt, ebenso Herr Prof. Dr. E. Graetz (Panama), der für den Vergleich ethologischer und ethnologischer Sachverhalte einen speziellen Forschungsauftrag stiftete. Tatsachenmaterial stellten die Soziologin Fräulein E. Drengwitz (Hamburg) als hervorragende Bekleidungs- und Modekennerin, die Bildhauerin Frau A. Eisenmenger (Wien), die Grafikerin Frau I. Schaumburg (Hamburg), die Ethologin Frau Dr. U. Seibt (Seewiesen), der Volkskundler Dr. F. Simon

(Göttingen), die Psychologin Dr. J. Wagner (Innsbruck) und noch viele andere zur Verfügung. Zu ganz besonderem Dank verpflichtet bin ich Herrn Prof. Dr. W. Hävernick (Hamburg), der mir im Rahmen des Seminars für Deutsche Altertums- und Volkskunde der Universität Hamburg viele interessante Gespräche und Anregungen vermittelte und mir freie Arbeitsmöglichkeit in dem von ihm aufgebauten Museum für Hamburgische Geschichte gewährte. Auch dem Direktor des Hamburgischen Museums für Völkerkunde und Vorgeschichte, Herrn Prof. Dr. J. Zwernemann und allen seinen Mitarbeitern sei herzlich gedankt. Ich durfte im Museum nach Belieben fotografieren und die wertvolle »Seligmann-Sammlung« von Amuletten gegen den »bösen Blick« durchsehen. Frei fotografieren durfte ich auch im Bremer Überseemuseum, im Bayerischen Nationalmuseum München, im Germanischen Nationalmuseum Nürnberg, ferner in den Archäologischen Museen Iraklion und Ankara, im Heeresmuseum Istanbul und im Ethnologischen Museum Herceg Novi. In Wien unterstützten mich überaus hilfsbereit und entgegenkommend Direktion und Mitarbeiter des Heeresgeschichtlichen Museums sowie des Historischen Museums der Stadt Wien. Die zahlreichen Museen in verschiedenen Ländern, in denen ich Material während normaler Besuchsstunden sammelte, können nicht einzeln aufgezählt werden. Sehr freundliche Unterstützung gewährten uns das Ministerium für Fremdenverkehr in der Türkei, dessen Gast wir für einige Wochen waren, sowie die türkische Botschaft in Wien, insbesondere Herr Attaché H. Bilge.

Für wichtige Gespräche und Diskussionen im Verlauf vieler Jahre danken möchte ich weiter den Herren Prof. Dr. J. Kob (Seminar für Sozialwissenschaften der Universität Hamburg), Prof. Dr. W. Wickler (Max-Planck-Institut für Verhaltensphysiologie Seewiesen), Prof. Dr. W. Witte (Psychologisches Institut der Universität Münster) und ihren Mitarbeiter- bzw. Schülerkreisen wie auch dem sehr aktiven Wiener Arbeitskreis für Tiefenpsychologie.

Besonders hervorheben möchte ich zum Schluß noch die Bemühungen und Anregungen des Münchner Piper-Verlages und seiner Mitarbeiter, die es mit diesem Buch sicher nicht leicht hatten, sich ihm aber mit sehr viel Verständnis, Einfühlungsvermögen, Geduld und Ausdauer widmeten und auch die überaus umfangreiche, für eine Dokumentation des Augenproblems so ausschlaggebende Bildausstattung ermöglicht haben.

2. Einführung

Das vorliegende Buch befaßt sich mit der ethologischen Bedeutung des Auges sowohl in biologischen wie in kulturellen Bereichen und ist die ausführliche Darstellung eines Themas, das ich in früheren Publikationen nur skizzenhaft umrissen habe (O. Koenig 1969, 1970). Die Trennung von Natur- und Geisteswissenschaften wird wohl im Sinne einer rein arbeitstechnischen Gliederung anerkannt, als Postulat einer prinzipiellen Zäsur jedoch entschieden abgelehnt. In dem Bemühen um das Zustandekommen echter interdisziplinärer Arbeit wird anhand umfangreichen Materials aufzuzeigen versucht, daß es sich bei der Kluft zwischen Natur- und Geisteswissenschaften lediglich um einen im Verlauf fachwissenschaftlicher Tradierungen zur Institution erhobenen, oft geradezu fanatisch verteidigten, hochritualisierten Denkmodus, nicht aber um eine aus dem Forschungsmaterial als solchem erwachsene Notwendigkeit handelt. Diese Feststellung ist nicht Ideologie, sondern Quintessenz eines langen Forschungsweges. Schon B. Rensch (1965) hat unter dem Titel »Biologische Aspekte der Kulturentwicklung« auf die Analogien von kulturellem und phylogenetischem Wandel hingewiesen. Im gleichen Sinn spricht K. Lorenz (1966, 1967) von den »verhaltensphysiologischen Grundlagen der Kultur« und zieht Vergleiche zwischen stammes- und kulturgeschichtlicher Ritenbildung. Nach A. Gehlen (1940) ist der Mensch »von Natur aus ein Kulturwesen«, worin die enge Verbindung von Natur und Kultur ebenfalls zum Ausdruck kommt. Auch an den »Elementargedanken« von A. Bastian (1860, 1881) als frühen Wegweiser muß in diesem Zusammenhang erinnert werden. Eine Trennung von Natur und Geist, wie sie in der Romantik von idealistischen Philosophen, vor allem G. W. Hegel (1907), entworfen wurde, ist heute nicht mehr aufrechtzuerhalten.

Da in diesem Buch unter anderem auch sogenannte »höchste ideelle Werte«, nämlich Produkte menschlicher Kunst, unter biologischen Gesichtspunkten betrachtet werden, ist es notwendig, die bestehenden Verständigungsschwierigkeiten mit den Fachdisziplinen etwas näher zu durchleuchten. Für die klassischen Geisteswissenschaften, insbesondere auch für viele Philosophen, steht »freier Wille« im Gegensatz zum »dranghaften Trieb« und ist grundsätzlich auf Wertvolles gerichtet, denn: »Das Böse zu wollen, vermag nur der Satan« (vgl. H. Schmidt und G. Schischkoff 1969). In diesem Sinn vertritt auch L. Klages (1929 bis 1932, 1949) die Vorstellung von der Freiheit des menschlichen Willensaktes und der Widersacherschaft zwischen Geist und Seele. Auf die Spitze getrieben wurden solche Anschauungen von dem Hegelianer M. Bakunin (1895), dem eigentlichen Begründer des Anarchismus (vgl. J. Joll 1966). Unter der Parole »Der Mensch ist gut« lehnt dieses System jedwede staatliche Ordnung ab und stellt über alles den freien Willen, der dem unbeeinflußt guten Menschen richtiges Handeln eingibt, wodurch sich die menschliche Gesellschaft aus sich heraus in humanem Sinn positiv formiert. Diese idealistische, stark menschlich-egozentrische, jeder sachlichen Basis entbehrende Auffassung zieht sich mehr oder weniger versteckt durch den gesamten Marxismus und führt bei Lenin sogar zur zeitweiligen Forderung, Polizei, Heer und Beamtentum in Rußland abzuschaffen (vgl. E. Hölzle 1957). Unter der Voraussetzung einer totalen humanen Ethik erübrigt sich für Bakunin jede Beaufsichtigung und Lenkung, die sich der Verwirklichung des freien, grundsätzlich guten Willens ja nur entgegenstellen würden. Auf ähnlichem Kurs liegt A. S. Neill (1969) mit seiner antiautoritären Erziehung, indem er »das Gute im Kind« frei von jeder Steuerung sich entfalten lassen möchte. Ihn und seine radikaleren Nachahmer stört es allerdings nicht, daß sich bereits in dem Wort »anti« ein neuer kontradiktorischer Zwang bemerkbar macht. Durchdenkt man mit aller Konsequenz dieses ideologische Gebäude vom »an sich guten Menschen«, der – sofern nicht autoritär erzogen und verbildet – allen anderen Menschen brüderlich in Freiheit gegenübersteht, muß man letztlich wiederum bei der Annahme einer allgemein menschentypischen und daher keineswegs »freien« Verhaltensausstattung landen, für die der Qualitätsbegriff »gut« nicht mehr verwendbar ist. Biologische Arten sind bestimmten Lebensräumen und Umweltsituationen angepaßte Lebensformen, die Planstellen ausfüllen und daher durch Wertbegriffe wie »gut« und »böse«, die lediglich für den individuellen Leistungsvergleich taugen, nicht charakterisiert werden können.

Eine neutrale, von ethischen Qualitätshierarchien freie Betrachtung der Lebewesen sucht man in den Geisteswissenschaften meist vergeblich. A priori wird von »dem Tier« im Gegensatz zu »dem Menschen« gesprochen, eine Generalisierung, die bereits W. Wundt (1911) anprangert, weil »das Tier« als unbestimmtes Kollektivwesen ja nicht existiert. Den gleichen Standpunkt vertritt der Philosoph F. Kainz (1961), wenn er auf die bei A. Gehlen (1940) allzu generelle Verwendung des Singulars hinweist. »Das Tier schlechthin« ist weder existent noch fähig zu agieren. Eines freilich tut es doch: Es ermöglicht dem, der Tiere nicht kennt, über Tiere zu sprechen, und erweist sich hiermit als eine Handhabe ideologischer Dialektik. D. Claessens (1970) etwa stellt nicht nur andauernd »das Tier« in die Diskussion, sondern spricht geflissentlich von »Tierverhaltensforschung«, überträgt damit die Trennung zwischen Tier und Mensch auf die Ethologie, läßt auch das so wichtige, im stammesgeschichtlichen Sinn verwendete Wort »vergleichend« weg und muß dadurch im Leser die Vorstellung von einer Art Tierseelenkunde alten Schlages erwecken. Auch im Soziologischen Wörterbuch von H. Schoeck (1969) findet man die Ethologie nur unter dem Stichwort »Tierverhaltensforschung«, ein Terminus, der von den Ethologen niemals zur generellen Bezeichnung ihres Wissenschaftsbereiches verwendet wurde. Die Existenz von Sammelwerken über »Tierisches Verhalten« (vgl. P. Marler und W. Hamilton 1972, R. A. Hinde 1973) spricht nicht gegen das von Anfang an weiter gespannte Gesamtkonzept. Daß die Verhaltensforschung im klassischen Sinn stets nur interdisziplinär aufzufassen ist, drückt K. Lorenz (1948 a) mit den Worten aus: »Das Ziel unserer Forschung ist nicht Tierseelenkunde, sondern ein tieferes Verständnis des Menschen.« Und weiter: »Der Weg zum Verständnis des Menschen führt genau ebenso über das Verständnis des Tieres, wie ohne Zweifel der Weg zur Entstehung des Menschen über das Tier geführt hat.« Ergänzend sei hinzugefügt, daß sich kaum jemand daran stößt, wenn Operationstechniken und Medikamente an Tieren erprobt und Impfstoffe aus Tieren gewonnen werden. Hier nimmt man die enge Verwandtschaft zwischen Tier und Mensch gern zur Kenntnis.

Es ist schwer verständlich, wie nach Erscheinen all der zahlreichen ethologischen Arbeiten (vgl. Literaturverzeichnis bei I. Eibl-Eibesfeldt 1967), in denen stammesgeschichtliche Homologien und ökologisch bedingte Analogien im Verhalten der Lebewesen einschließlich des Menschen nachgewiesen wurden, immer noch die Fiktion vom freien Entscheidungswillen des Menschen gegenüber dem unwillkürlich steuernden Instinkt der Tiere und damit die Trennwand zwischen Natur- und Geisteswissenschaften aufrechterhalten wird. Der Terminus »Geisteswissenschaft« ist eine Übersetzung des englischen Begriffes »moral science« (vgl. H. Schmidt und G. Schischkoff 1969), in dem die ethische Aufwertung des Menschen von vornherein enthalten ist. Die Bestrebungen, Natur- und Geisteswissenschaften zu verschmelzen und eine realitätsgerechte Gesamtwissenschaft herzustellen, sind nicht neu. Die Idee des »Monismus« (E. Haeckel 1892, 1899) ist eine davon. Auch der Positivismus strebt mit seiner Neigung zu Materialismus und Mechanismus in den Bereich der Naturwissenschaften (vgl. L. Grunicke 1930, P. Jordan 1934). Ganz besonders aber tut dies der aus dem berühmten »Wiener Kreis« entstandene Neupositivismus (vgl. V. Kraft 1968), in dem beinahe analog zu Haeckel von »Einheitswissenschaft« gesprochen wird.

Ein nicht zu unterschätzendes Hindernis für die so vielseitig angestrebte Beseitigung disziplinärer Grenzen scheint in etwas zutiefst Menschlichem, nämlich im Hang zu Revierbesitz und Objekteigentum zu liegen, aus dem heraus die Grenzziehung recht materialistisch »greifbar« zwischen den Forschungsobjekten und nicht den Betrachtungsweisen getätigt wird. Sehr oft will der Wissenschaftler sein Objekt in der Schreibtischlade vor fachfremdem Zugriff gesichert wissen, nicht bedenkend, daß er mit den spezialisierten Methoden seiner eigenen Fachrichtung an Fragestellungen weitgehend eingleisig herangeht. Daß andere Methoden anderer Sparten aus dem »gleichen Teich andere Fische« holen könnten, wird eher als störend empfunden, sobald man den »Teich« als Eigentum markiert hat. Wenn K. Lorenz (1968) sein Bändchen »Vom Weltbild des Verhaltensforschers« mit den Worten beginnt: »Ein altes Sprichwort, das mir von Fachgenossen oft vorgehalten wird, lautet: ›Schuster, bleib bei deinem Leisten!‹«, und in der Folge auf den Schuster Hans Sachs verweist, der auch nicht bei seinem Leisten geblieben ist, so trifft er geradezu ins Zentrum menschlicher Kulturentwicklung. Hätten nämlich alle Menschen von Anfang an dem Sprichwort Folge geleistet, betätigten wir uns vermutlich noch heute als Steinzeitjäger. Gerade das Hinausgreifen über die unbedingten Lebensnotwendigkeiten knüpft Fäden zu neuen Integrationsniveaus. Für F. W. Schelling (1803) ist derjenige zur Philosophie berufen, der »die ganze Weite und Tiefe des zu Begreifenden durch Erfahrung kennengelernt hat«, also gewiß nicht einer, der über seinen Leisten nicht hinauszudenken bereit ist.

Im Hochschulbereich freilich ist interdisziplinäres Explorieren nicht immer möglich oder angebracht. Die Abgrenzung der Fakultäten ist hier sowohl arbeitstechnisch-ökonomisch wie auch didaktisch zweckmäßig, weil es sich ja letztlich um eine meist unter Zeitdruck stehende Berufsausbildung handelt, die den Anforderungen bestehender Gesellschafts- und Wirtschaftsstrukturen Rechnung zu tragen hat. Lehre ist notwendigerweise zielgerichtet und zweckbestimmt, wogegen Forschung weltoffen explorierend ins Unbekannte zu oft hypothetischen Zielen strebt. Ein Student der Juristerei wäre schlecht bedient, würde der Fachprofessor für römisches Recht über die Reviervertedigung der Stichlinge dozieren. Dem freien Forscher könnte es aber unter Umständen gelingen, durch vergleichende Untersuchungen neue Einsichten zu gewinnen, die abstrahiert vielleicht sogar in eine Vorlesung über römisches Recht zu integrieren wären. Die immer wieder diskutierte Einheit von Forschung und Lehre ist meist nur in sehr engen Bereichen oder im Rahmen kleinster Gruppen realisierbar. Muß folglich der Wissenschaftler als Lehrer sehr wohl bei seinem Leisten »bleiben«, braucht er sich diesen als Forscher nur zu »merken«.

Die Beispiele für Entdeckungen, die ihre Entstehung fachlichen »Grenzüberschreitungen« verdanken, sind recht zahlreich und kamen nicht zuletzt auch der Philosophie zugute. Wäre Spinoza, der gelernte Rabbiner und Glasschleifer, bei »seinem Leisten« geblieben, hätte die Philosophie auf einen ihrer Angesehensten verzichten müssen. Gerade die Tatsache, daß Spinoza der vorgetragenen neuen Ideen wegen von seiner Glaubensgruppe verstoßen wurde, zeigt sehr deutlich, wie ernst solche »Territorialvergehen« von den »Revierbesitzern« genommen werden. Daß sich daran bis heute nicht viel geändert hat, beweisen unter vielen anderen etwa W. Hollitscher (1970) oder A. Plack (1967), die vor dem Hintergrund ideologischer Glaubensbekenntnisse die Vergleichende Verhaltensforschung abzuwerten und auf Spezialfragen zu isolieren suchen. Ideologien mögen ein gutes Hilfsmittel zur Erstellung von Ordnungssystemen sein, müssen aber dort als überholt betrachtet werden, wo bislang unbekannt gewesene natürliche Kategorien zutage treten. Im Falle der geisteswissenschaftlichen Grundformel von der freien Entscheidungsfähigkeit des Menschen hätte dies spätestens zu dem Zeitpunkt geschehen müssen, als man die Naturerscheinungen der endogenen Reizproduktion und somit der Spontaneität angeborener Bewegungsweisen (O. Heinroth 1910, K. Lorenz 1937, 1939) sowie auch beim Menschen die Existenz arttypischer Auffassungsweisen und Verhaltensnormen mit Hilfe rein physiologischer Methoden bestätigt hatte. E. v. Holst (1961 a) negiert nicht zuletzt unter Hinweis auf diese neuen Experimente die Existenz einer unumschränkt freien Entscheidungsfähigkeit, postuliert die Determiniertheit menschlicher Verhaltensmöglichkeiten (was schon 1677 Spinoza getan hat) und stellt zu seinen Elektro-Hirnreizversuchen folgendes fest:

»Daß sich dabei Anthropomorphismen in die Verhaltensphysiologie einschleichen können, brauchen wir nicht zu befürchten. Wohl aber könnte deutlich werden, wie theriomorph der Mensch ist« (E. v. Holst und U. v. St. Paul 1960).

Nach dem heutigen Stand unseres Wissens muß »freier Wille« als ein subjektives Erlebnis bezeichnet werden, dem keine echt steuernde Wirkung zukommt. Schopenhauer hat das so formuliert: »Der Mensch kann zwar tun, was er will, aber er kann nicht wollen, was er will.« Der »freie Wille« ist eine positiv empfundene Begleiterscheinung unseres Tuns, etwa dem sexuellen Lustgewinn vergleichbar, der zwar angenehm macht, was biologisch betrachtet »geschehen soll«, über den Befruchtungsvorgang aber nicht entscheidet. Angesichts solcher Tatsachen erscheint beim Vorstoß zu den tiefsten Urgründen menschlicher Kulturleistungen die Anwendung biologischer Methoden nicht nur möglich, sondern sogar notwendig. Damit soll keineswegs eine Geringschätzung kultureller Phänomene oder eine Schmälerung geisteswissenschaftlichen Gedankengutes verbunden sein. Ohne die materialmäßig schier überquellenden historischen, kunstgeschichtlichen, volks- und völkerkundlichen Sammlungen und Publikationen, in denen man unüberschaubar viele Ausprägungsformen menschlicher Kultur aufbewahrt, geordnet, in subtiler Detailarbeit analysiert und interpretiert hat, müßte der Ethologe sehr mühsam nach Ansatzpunkten für seine phylogenetische Betrachtungsweise kultureller Objekte suchen. Nur eine solche ermöglicht es jedoch, unter Berücksichtigung der Angeborenheit menschlicher Verhaltensdispositionen schlüssig zu erklären, wieso kulturelle Erscheinungen ohne wechselseitige Beziehungen unabhängig von Zeit und Raum in so frappierend übereinstimmender Weise auftreten.

Die in dem vorliegenden Buch vertretene, den biologischen Voraussetzungen menschlicher Kultur nachspürende Forschungsrichtung wurde von mir »Kulturethologie« benannt und folgendermaßen definiert:

»*Kulturethologie ist eine spezielle Arbeitsrichtung der allgemeinen Vergleichenden Verhaltensforschung (Ethologie), die sich mit den ideellen und materiellen Produkten (Kultur) des Menschen, deren Entwicklung, ökologischer Bedingtheit und ihrer Abhängigkeit von angeborenen Verhaltensweisen, sowie mit entsprechenden Erscheinungen bei Tieren befaßt*« (O. Koenig 1970).

Die Umschreibung von Kultur ist hier verhältnismäßig weit gefaßt und schließt auch den Terminus Zivilisation mit ein, zwei Begriffe, die selbst in hochtechnisierten Gebieten nicht klar voneinander zu trennen sind. G. Schischkoff (1969) betrachtet Kultur als »Ausdruck und Erfolg des Selbsterhaltungswillens«, Zivilisation als »Insgesamt der Errungenschaften der Technik und des damit verbundenen Komforts«, eine schon deswegen unbefriedigende Unterscheidung, weil ihre Gültigkeit zeitlich und räumlich nur sehr eng begrenzt ist. Nach A. Bertholet (1962) sind auf »primitiver Stufe« alle Gebiete menschlicher Tätigkeit so sehr von Religion oder Magie durchdrungen, daß er Kultur als »die Gesamtheit menschlichen Handelns und Tuns zur Bewältigung und Lenkung der Natur und ihrer Kräfte« definiert. Ganz ähnlich denkt W. Hirschberg (1965), wenn er sagt: »Kultur, die Summe der von einem Volk hervorgebrachten und tradierten geistigen, religiösen, künstlerischen Werte sowie seiner Kenntnisse und Handfertigkeiten, Verhaltensweisen, Sitten und Wertungen, Einrichtungen und Organisationen, die in ihrer strukturellen Verbundenheit als eine Art gewachsenen Organismus den Lebensinhalt eines Volkes in einem bestimmten Zeitraum repräsentieren.« Die von L. Frobenius (1899, 1921) vorgenommene Analogisierung der Kultur mit einem lebendigen Organismus wird von ihm durch die stark vergeistigte Formel ergänzt: »Kultur nennen wir die geweihte Erscheinungswelt, die dem Menschen, entsprechend dem Wesen der Zeiten und Räume, verliehen wurde – hier im Sinne der Gemeinschaft und des Staates – dort in dem einer Dichtung – wieder anderswo in dem einer Weltanschauung gipfelnd.« Und schließlich meint H. Trimborn (1958): »Der völkerkundliche Kulturbegriff ist nicht wertend (in dem Sinne, wie wir von der Kultur einer Einzelpersönlichkeit sprechen), sondern meint objektiv die Gesamtheit der Lebensäußerungen in allem, was die äußere Lebensführung, die gesellschaftlichen Einrichtungen und Bräuche sowie die geistigen Schöpfungen der Völker betrifft, die von ihnen gepflegt werden (colere!).« Da die Ethologie im Sinne des biologischen Entwicklungsweges vom »Allgemeinen zum Besonderen« und des menschlichen Erkenntnisweges vom »Besonderen zum Allgemeinen« (vgl. K. Lorenz 1942, 1954) den gesamten Tierstamm betrachtet, wogegen die

Humandisziplinen auf den Menschen beschränkt sind, bekleidet sie die Stellung einer Basiswissenschaft und bedarf deshalb auch möglichst allgemeingültiger Begriffsdefinitionen. Es wurde daher im Falle der Kulturethologie die weitestmögliche Feldabsteckung des Kulturbegriffes gewählt. »Ethologie« ist vollkommen im Sinne von K. Lorenz (1939, 1948 a, b, 1957) als Weiterführung und Ausbau der Grundideen von O. Heinroth (1910, 1930) zu verstehen.

Zur gegenwärtigen Position der Ethologie sei einiges festgestellt. Durch verschiedene Gegebenheiten, die ebenso im Wesen der Verhaltensforschung wie im Kreis der Verhaltensforscher selbst begründet liegen, wurde diese Sparte in der Vorstellung breiter Kreise zu einer Art Modewissenschaft, bei der jedermann mitreden kann. Das Buch von K. Thews (1972) beispielsweise zeigt folgenden Klappentext: »Die Verhaltensforschung ist eine junge Wissenschaft. Trotzdem hat sie sich in dem relativ kurzen Zeitraum ihrer Entwicklung zu einem der aktuellsten Wissenschaftszweige entwickelt. Man darf von der Verhaltensforschung annehmen, daß sie helfen wird, brennende Probleme der Menschheit zu lösen, akute Krisen zu überwinden: Man nennt sie bereits die ›Atomtheorie der Sozialwissenschaften‹.« R. Proske bemerkt im Vorwort desselben Buches: »Die Informationen dieses Bandes sollen den Leser instand setzen, die Welt durchschaubarer zu machen, originäres Problembewußtsein zu entwickeln, Urteile zu bilden und Entscheidungen zu fällen.« Diese Tendenz, Verhaltensforschung »attraktiv« und »leicht« zu machen, liegt keinesfalls im Sinne der Ethologie selbst, die sich jedoch allein schon durch ihre Untersuchungsobjekte und Forschungsmethoden berufsmäßigen Publizisten als lukratives Thema anbietet. Bei R. A. Hinde (1973) finden wir daher im Klappentext seines zweibändigen Werkes folgende sehr treffende Sätze:

»Verhaltensforschung ist heute eine Art Mode, die breitere Öffentlichkeit zeigt sich interessiert, die Tiere strömen förmlich zu den Versuchsstationen, wo schon das Fernsehen wartet – darüber vergißt man leicht, daß es sich hier um eine ernsthafte und problemreiche wissenschaftliche Disziplin handelt, genauer um den Schnittpunkt zwischen mehreren klassischen Disziplinen der biologischen und psychologischen Wissenschaften.«

Die Haltung von Tieren in der Wohnung, seien es nun Fische im Aquarium, Vögel in der Voliere oder Hunde und Katzen im menschlichen Familienkreis, ist mit zunehmender »Verbetonisierung« der Städte und Zerstörung der Landschaft sozusagen als Naturersatz in steilem Anstieg begriffen. Der Laie hält die gleichen Tiere als Hobby, die dem Verhaltensforscher als Studienobjekte dienen. Jedermann züchtet, beobachtet, fotografiert, filmt, macht Tonaufnahmen und gewinnt dadurch zumindest äußerlich den oft propagierten und daher begehrten »professional look«. Jede private Zooanlage, jede Tierschau und jeder Tiergarten trägt bereits den Außenanstrich der Verhaltensforschung.

Dazu kommt, daß »Verhalten« ein sehr gängiges Wort ist. H. Schoeck (1969) spricht aus soziologischer Sicht von »Arbeits-, Freizeit-, Konsum-, Spar- und Unternehmensverhalten«. W. Wickler (1970 b) zählt andere Verwendungsbeispiele wie etwa »das Verhalten von Wasserdampf bei Unterkühlung in großer Höhe« oder »das Verhalten von energiereichen Teilchen im magnetischen Feld« auf, um anschließend die Frage zu stellen, was dann eigentlich »nicht« Verhaltensforschung sei. Tatsächlich scheinen die Termini Verhalten und Verhaltensforschung vorwiegend in journalistisch-populärwissenschaftlicher Diktion allzu häufig auf.

Glücklicherweise haben auch die echten Ergebnisse der Verhaltensforschung rasche und weite Verbreitung gefunden, weil erstaunlich viele Vertreter dieser Wissenschaft zu literarischer Tätigkeit neigen und folglich eine relativ größere Zahl allgemein zugänglicher Bücher produziert wurde, als dies bei anderen Forschungszweigen der Fall ist. Es sei nur an die Bücher von I. Eibl-Eibesfeldt, K. v. Frisch, K. Lorenz, D. Morris, N. Tinbergen, W. Wickler und anderen erinnert. Auch das starke Interesse des Fernsehers an ethologischen Tiersendungen hat eine seriöse Popularisierung dieser Wissenschaft ermöglicht. Die Fachleute anderer Disziplinen haben es also nicht schwer, an das Tatsachenmaterial der Verhaltensforschung heranzukommen. Es sei auch auf die verschiedenen Sammelbände verwiesen, in denen die wichtigsten ethologischen Originalarbeiten zusammengefaßt und neu herausgegeben wurden. Dazu muß allerdings festgestellt werden, daß eine ernsthaft fachliche Diskussion mit Verhaltensforschern für fachfremde Wissenschaftler mitunter schwieriger ist als umgekehrt. Die durch Beschäftigung mit zahlreichen Lebensformen erworbene breite Etho- und Ökosystemkenntnis einschließlich der bereits durchgeführten Einorientierung des Menschen in die biologische Ganzheit gibt dem Ethologen einen Vorsprung, den das hohe Spezialwissen anderer anthropologischer Sparten oft nicht auszugleichen vermag. Der bekannte emeritierte Ordinarius für Deutsche Altertums- und Volkskunde und ehemalige Direktor des Museums für Hamburgische Geschichte, Professor Dr. W. Hävernick (1971) schreibt hierzu in seiner Besprechung des Buches »Kultur und Verhaltensforschung« (O. Koenig 1970) folgendes:

»Sowohl der Verfasser als auch Konrad Lorenz (Vorwort) stellen wiederholt fest, daß die Erfahrungen der Verhaltensforschung bei der Volkskunde fast gar nicht berücksichtigt werden und daß die Kontakte mit den historischen Wissenschaften spärlich bleiben. Ich kann das nur bestätigen, denn die Hinweise auf die Verhaltensforschung, die wir in Besprechungen in dieser Zeitschrift immer wieder gegeben haben, blieben wirkungslos. Es ist also kein Wunder, wenn die Verhaltensforscher ihrerseits auf unser Gebiet vorstoßen, und zwar mit einer Gründlichkeit, die allen Naturwissenschaftlern eigen ist; ein Blick in das Schrifttumsverzeichnis und das Schlagwortregister des vorliegenden Buches bezeugt das. Es gibt keine volkskundliche Arbeit, die in annähernder Stärke die Veröffentlichungen der Verhaltensforschung aufzuzählen vermag.«

Bei der Ethologie handelt es sich um eine Wissenschaft, deren Fakten zwar leicht merkbar sind, zu deren Erforschung aber sehr viel tierpflegerisches und beobachtungstechnisches Fingerspitzengefühl gehört. Außerdem benötigt man die von K. Lorenz als »zoologisch-systematisches Taktgefühl« bezeichnete Gabe, Merkmalskombinationen zu erfassen und von anderen zu unterscheiden. Diese nicht erlern-, wohl aber trainierbare Fähigkeit zählt mit zum wichtigsten Rüstzeug der Ethologie. O. Heinroth, K. Lorenz und nach ihnen wohl die meisten bedeutenden Verhaltensforscher waren von klein an begeisterte Tierbeobachter und leidenschaftliche Tierpfleger (vgl. K. Heinroth 1971, K. Lorenz 1949 a, b). Bei dieser Beschäftigung begannen sie automatisch jene Kenntnisse zu sammeln, die sehr vielen Kritikern der Verhaltensforschung vollständig fehlen. Den bereits erwähnten Büchern von W. Hollitscher (1970) und A. Plack (1967) merkt man Zeile für Zeile an, daß die Autoren Tiere einfach nicht kennen und über eine Materie theoretisieren, für deren subtiles, bei »geborenen« Ethologen nahezu schon intuitiv funktionierendes Verständnis ihnen jede Voraussetzung fehlt. O. Heinroth (1910) beschließt seine gewissermaßen als »Geburtsstunde der Ethologie« anzusehende Anatiden-Arbeit mit folgenden Worten:

»Zum Schluß noch ein Wort an die Psychologen. Aus vielen vortrefflichen Arbeiten wissen wir, mit welch vielfältigen und zusammengesetzten Instinkten Bienen und Ameisen ihr hochorganisiertes Staatenleben zustande bringen, und wer der Psyche der Warmblüter und insbesondere der Vögel auf den Grund geht, dem ist klar, daß auch hier das meiste angeboren und also allen Individuen der betreffenden Art eigentümlich ist, wenn auch die Assoziationen hier schon eine recht große Rolle spielen. Ich habe in dieser Abhandlung besonders auf die Verkehrsformen aufmerksam gemacht, und da zeigt es sich, daß diese, sowie es sich um gesellige Vögel handelt, geradezu verblüffend menschlich sind, namentlich dann, wenn die Familie, also Vater, Mutter und Kinder, einen so langdauernden, engen Verband bilden, wie bei den Gänsen. Die Sauropsiden-Reihe hat hier ganz ähnliche Affekte, Gebräuche und Motive entwickelt, wie wir sie bei uns Menschen gewöhnlich für verdienstvoll, moralisch und dem Verstande entsprungen halten. Das Studium der Ethologie der höheren Tiere – leider ein noch sehr unbeackertes Feld – wird uns immer mehr zu der Erkenntnis bringen, daß es sich bei unserem Benehmen gegen Familie und Fremde, beim Liebeswerben und ähnlichem um rein angeborene, viel primitivere Vorgänge handelt, als wir gemeinhin glauben.«

Diese Worte richten sich nicht zuletzt auch gegen die damals allgemein geglaubten, leider noch heute vielfach wirksamen Theorien von L. W. Morgan (1817), der lange Zeit bei den Irokesen gelebt hatte und von dem Stamm der Senecas adoptiert war. Seine auf der Evolutionslehre Darwins falsch aufbauenden Ansichten über die Entwicklung der Familie von der vollen Promiskuität bis zur Einehe sind längst als Irrtum erkannt. R. Thurnwald (1958) sagt hierzu:

»Die Ansichten über die Familiengestaltung bei Naturvölkern wurden durch sorgfältige Untersuchungen in den letzten Jahrzehnten richtiggestellt. Dabei hat sich gezeigt, daß die verbreiteten Hypothesen, besonders von L. W. Morgan und seinen Anhängern, auf oberflächlichen Informationen und unzulänglicher Verarbeitung des Materials beruhen.«

Lange vor Heinroths Untersuchungen hatte aber F. Engels (1884)in seiner heute so viel verwendeten, zum Teil als ideologische Basis der modernen Kommunen dienenden Abhandlung »Der Ursprung der Familie, des Privateigentums und des Staates« festgestellt: »Morgan ist der erste, der mit Sachkenntnis eine bestimmte Ordnung in die menschliche Vorgeschichte zu bringen versucht: solange nicht bedeutend erweitertes Material zur Änderung nötigt, wird seine Gruppierung wohl in Kraft bleiben.« Diese von Engels als gläubigem Morgan-Anhänger kaum skeptisch, sondern eher wissenschaftsgerecht objektiv gemeinte Feststellung wurde gerade durch die Ergebnisse der Verhaltensforschung gerechtfertigt. Heute sind die Morganschen Gedankengänge und alles, was sich darauf stützt, als überholt zu betrachten. Die gegenwärtige, oft etwas stürmische Propagierung dieses historischen Gedankengutes kann wohl nur als eine Spezialform der zur Zeit hochmodernen sogenannten »Nostalgie« betrachtet werden. Wenn W. Hollitscher noch im Jahre 1970 die Aussage des tierunkundigen Engels gegen Lorenz zitiert, kann dies nur erstaunen.

Die hier vorgelegte Untersuchung über die kulturethologische Bedeutung des Auges ergab sich in Weiterführung vorangegangener Forschungen über Gesetzlichkeiten im Wandel von Uniform und Tracht (vgl. O. Koenig 1968 a, 1969, 1970 a). Hauptanregung für diese ersten, auf ein Spezialthema orientierten Arbeiten bildete das so häufig als »Beweis« für die grundsätzliche Verschiedenheit menschlicher und tierischer Leistungen gebrachte Argument, der Mensch habe hinsichtlich seiner Kostümierung absolute Gestaltungsfreiheit, wogegen Tierarten ihre Kleider artspezifisch angeboren mitbekommen. Bei oberflächlicher Betrachtung möchte man dem sogar zustimmen, bei genauerer Prüfung dieser Beweisführung stößt man jedoch sehr bald auf zwei wesentliche Fehler. Einerseits werden die sehr wohl als schmale phylogenetische Verbindungsbrücke anzusehenden Tendenzen der Schimpansen (vergl. W. Köhler 1917, 1921, 1963) und Gorillas (G. B. Schaller 1963, 1964), sich verschiedene geeignete Objekte aufzusetzen oder umzuhängen, nicht in Betracht gezogen. Anderseits läßt man meist die Bedingtheit der Bekleidung durch Morphologie von Körper und Verhalten sowie der ökologischen Umweltsituation außer acht: Der Mensch könnte hier gar nicht in Freiheit agieren, weil ihm speziell im Falle der Bekleidung viel zu viele Aktionsregeln von Gegebenheiten aufgezwungen werden, die er nicht oder nur sehr geringfügig zu beeinflussen vermag. Die Gestaltung seiner Gewänder erfolgt nicht freier als die von Nahrungsaufnahme oder Paarungsverhalten. Die Variationsbreite ist von Natur aus vorgegeben, die Variationswahl wird von der Situation diktiert. Gerade die neuzeitliche Uniformierungsgeschichte von 1700 bis etwa 1918 mit einem Höhepunkt an Mannigfaltigkeit in der napoleonischen Ära ist ein sehr gutes kulturethologisches Untersuchungsfeld, das in Form von Abbildungen, Beschreibungen, Vorschriften und zum Teil auch aufbewahrten Objekten ein weitgehend lückenloses Material bietet. Die Uniformgeschichte erweist sich gewissermaßen als Modell für ein »Stammbaumsystem ohne missing links« (vgl. O. Koenig 1970).

Bei anschließenden Versuchen, die oft recht auffällige Ornamentik orientalischer Uniformstücke zu analysieren, fand sich vorerst keine brauchbare Erklärung für das so häufige Vorkommen der »Miribota«-Form (S. 298 ff.), bis sie anhand der Abwehraugen auf dem Bug jugoslawischer Küstensegler als Augensymbol identifiziert werden konnte, was zu weiteren Forschungen Anlaß gab. So klar und eng begrenzt der Fragenkomplex anfänglich schien, erweiterte er sich im Zuge der Untersuchungsarbeit überstürzend rasch und umfaßte schließlich den gesamten Bereich von Schmuck und Ornamentik. Der einmal aufgenommene Faden des Augenmotivs erwies sich als durchlaufendes Grundelement fast des gesamten komplizierten menschlichen Systems von Symbolzeichen und Ornamenten, das nun Bildmuster für Bildmuster analysiert werden konnte. Das Lösen dieser vielfältigen Verflechtungen, für deren Charakterisierung es kaum einen besseren Terminus als das von O. Koehler (1933) geprägte Wort »Kausalfilz« gibt, setzt vorhergehendes »Erfassen«, »Begreifen« und »Verstehen« sowohl der Erscheinungsformen wie auch der zugehörigen Situationen und Vorgänge voraus, ein überaus komplexer Prozeß, der oft durch plötzliches Zusammenrasten vieler, ihrem Ablauf nach zeitlich differenter Denk- und Lernvorgänge zustande kommt und von K. Bühler (1922) als »Aha-Moment« bezeichnet wurde. Diese simultane Ganzheitswirkung aller Faktoren ist mittels unserer linearen Sprech- oder Schreibetechnik oft schwer zu rekonstruieren. So weist die verbale Zergliederung bisweilen Diskrepanzen zur primären Erkenntnis auf, ähnlich der Beschreibung chemischer Elemente, die mitunter nur wenig über deren Kollektivwirkung als chemische Verbindung aussagt.

Stellenweise mag der Eindruck entstehen, daß bei der Wahl der Beispiele oft allzu beliebig zwischen Erdteilen, Völkern und Zeitepochen umhergesprungen wurde und manche bekannten kulturhistorischen Fakten nicht ausführlich genug beschrieben sind. Es gehört zur kulturethologischen Methodik, ungeachtet oft tiefen Eindringens in Detailprobleme, den Menschen als Ganzes in Raum und Zeit zu betrachten. Obwohl es sich beim rezenten Menschen im zoologischen Sinn sicherlich nicht um eine einzige Art, sondern um mehrere jeweils ihrem Entstehungsgebiet bestens angepaßte lokale Formengruppen handelt, scheinen doch die Verhaltensweisen gerade im Hinblick auf die Spezialisation als »Augentier« so einheitlich zu sein, daß wir auch mit übereinstimmenden Grundeinstellungen und Leistungen zu rechnen haben. Die weitgehend überholte Vorstellung von in sich geschlossenen Kulturkreisen, die L. Frobenius (1899) beinahe individuellen Lebewesen gleichsetzt, kann aus der eben dargelegten biologischen Sicht nur im Sinne ökologischer Anpassungsvariationen, nicht aber als echte Trennung gewertet werden. Eher neigt man hier H. Baumann (1940) zu, der den produzierenden Menschen in den Vordergrund stellt.

Gerade die ethologischen Forschungsergebnisse zeigen, wie sehr einheitlich der Mensch in seiner basalen Verhaltensausstattung ist. Wir finden Entsprechendes bereits in den Untersuchungen menschlicher Mimik von Ch. Darwin (1910). I. Eibl-Eibesfeldt (1968) beschreibt den angeborenen Augengruß, W. Wickler (1966) das bis tief in den Primatenstamm greifende Phallus-Imponieren. Die gelegentliche Nichtberücksichtigung kleiner Lokalvarianten oder gebietsbedingter Umweltanpassungen bei an sich homologen Erscheinungsformen entspricht dem Konzept des Ethologen, der ja allgemeingültigen Gesetzlichkeiten nachgeht, nicht aber die für den Ethnologen so wichtige Detailforschung zu leisten hat. Nur in ganzheitlicher Schau können – ähnlich wie bei dem Luftbild einer Landschaft, das plötzlich Schlingen eines längst versiegten Flusses oder den Grundriß prähistorischer Siedlungen erkennen läßt – größere Zusammenhänge ans Tageslicht gebracht werden, die für den aus nächster Nähe arbeitenden Spezialisten nicht erkennbar sind. Da der Problemkreis »Auge« ohne hinreichende Berücksichtigung der Eigenschaften des Organträgers nicht zu verstehen ist, war es im folgenden Kapitel notwendig, das Aktionssystem des Menschen zu skizzieren, wie es sich aus kulturethologischer Sicht darbietet. Über das Spezialthema »Auge« hinausgehend, bringt das Buch daher nahezu zwangsläufig eine Einführung in die Kulturethologie.

3. Grundriß eines Aktionssystems des Menschen

1. Allgemeine Vorbemerkungen

Jedes Lebewesen ist durch zwei Faktoren determiniert. Der eine ist die phylogenetische Vergangenheit, der andere die ökologische Gegenwart. H. Walter (1969) spricht in diesem Zusammenhang von einem »Anlagen-Umwelt-Verhältnis«. Wir haben es mit einem zeitlichen Längs- und einem räumlichen Querschnittsystem zu tun, wobei ersteres in der historischen Entwicklung und stammesgeschichtlichen Verwandtschaft, letzteres in dem aktuellen Nebeneinander der Lebewesen und ihren verschiedenen Umwelteinpassungen zutage tritt. Die überaus vielseitigen Verschränkungen des ökologischen Querschnittsystems sind, im Gegensatz zum stammesgeschichtlichen Längsschnittsystem, von der phylogenetischen Verwandtschaft seiner Einzelglieder weitgehend unabhängig. Von den feinsten Strukturen des Individuums bis zur Gesamtheit der Biosphäre beruht es auf dauernder, kompliziert verfilzter, direkter oder indirekter Wechselwirkung seiner Teile. O. Koehler (1933) spricht von einem »regulativen System universeller ambozeptorischer Kausalverbindungen«. Der Problemkreis »Ganzheit und Teil« wurde von K. Lorenz (1950) vor allem im Hinblick auf Psychologie und Soziologie sehr ausführlich aus ethologischer Sicht behandelt unter Hinweis auf die Notwendigkeit und Unvermeidbarkeit der »Analyse in breiter Front«, jener Vorgangsweise, deren wir uns in diesem Buch im weitesten Sinn bedienen (S. 72). Ein solches Verfahren ist für Mechanisten, zu denen I. P. Pawlow (1898, 1926, 1927) mit seiner Reflexologenschule ebenso zählt wie die Behaviouristen (J. B. Watson 1930, E. L. Thorndike 1898, 1922), völlig unmöglich, weil sie allein durch die einseitige Versuchstechnik in hohem Maße an das Laboratorium gebunden sind und sich für die komplexen Vorgänge in freier Wildbahn oft gar nicht interessieren. Demgegenüber zeigen sich die Vitalisten so ganzheitsorientiert, daß sie der Analyse geradezu aus dem Wege gehen. J. A. Bierens de Haan (1935, 1940), durch seine Gegnerschaft zu K. Lorenz (1937, 1942) hervorgetretener tierpsychologischer Vertreter dieser Richtung, sagt ausdrücklich: »Wir kennen den Instinkt, aber wir erklären ihn nicht.«

Freilich betrifft das Ganzheitsstreben der Vitalisten nicht selten nur jenes Objekt, das sie selbst untersuchen. So faßt beispielsweise die bekannte Ethnologin R. Benedict (1934, 1955) wohl die einzelnen Kulturen als nicht zu zerlegende Gestalten auf, lehnt aber die Ganzheit höherer Stufe, nämlich die prinzipielle Einheit alles Kulturellen ab. Zur Charakterisierung führt sie etwa an, daß in den meisten Primitivsprachen nur der eigene Stammesgenosse als Mensch, jeder andere als Fremder gilt. Griechen nannten die Nichtgriechen barbaroi (Stammler), Russen die Deutschen nemtsy (Stumme) und bei den Franzosen und Italienern leitet sich der Begriff étranger beziehungsweise stragniero (Fremder) vom Adjektiv »merkwürdig, sonderbar« ab. Was die Autorin hier als Ausdruck kultureller Beziehungslosigkeit ansieht, ist aus biologischer Sicht gerade ein Beweis für das Vorhandensein einheitlich menschentypischer Grundeinstellungen, in diesem Fall des Strebens nach Gruppenabsonderung. Von der Sprache ist nämlich eine gruppenextern wirkende Verbindungsrolle gar nicht zu erwarten. Sie wirkt im Gegenteil durch feine Nuancierung hinsichtlich Akzent, Wortwahl, Grammatik und vor allem auch durch »stehende Redewendungen« so fein unterscheidend, daß sie nicht nur Volks- oder Stammeszugehörigkeit, sondern auch Siedlungs-, Berufs-, Bildungs- und Altersgruppen charakterisiert. Als intern gilt nur, wer die jeweilige Gruppensprache voll beherrscht. Schon geringe Abweichungen werden geringschätzig betrachtet. Sprache ist nicht einfach Nachrichtensystem, sondern ein Internbeziehungen gestaltendes, nach außen überaus häufig Aggression mobilisierendes Kommunikationsinstrument, was zum Beispiel ethologisch sehr richtig in dem Musical »My fair Lady«, und besonders eindrucksvoll in dem Lied »Kann denn die Kinder keiner lehren, wie man spricht?« abgehandelt wird (R. Gilbert ohne Jahreszahl). Benedicts Aussage reflektiert nur den Oberflächeneindruck, ohne in die Tiefe funktionaler Zusammenhänge vorzudringen, aufgrund deren man die menschliche Sprache als soziales Binde- respektive Trennungsregulativ auf ganzheitlich höchster Stufe bezeichnen muß. Auch M. Mead (1936, 1937) beschreibt die von ihr untersuchten Kulturen als Erscheinungsganzheiten, ohne deren spezielle Einpassung in höhere Systeme respektive die Ursachen für das »so und nicht anders« zu ergründen. Damit werden die nach unten hin nicht analysierten, nach oben hin nicht integrierten ganzheitlichen Kulturgestalten letztlich zu feinziselierten, mechanistischen Einheiten, die ohne gegenseitigen Bezug gleich den Teilen eines zerlegten Uhrwerkes nebeneinander herumliegen. Eine genaue Analyse in breiter Front würde nicht nur zur Kenntnis der kausal wirksamen Faktoren, sondern ebenso zum Verständnis übergeordneter Gesetzlichkeiten beitragen. In diesem Sinne ist auch das von E. Stresemann bereits 1934 geäußerte Wort zu verstehen:

»Was wir letzten Endes anstreben, ist ja doch, etwas zu lernen, was wir in unser biologisches Weltbild einfügen können; wir wollen im Grunde nicht vieles wissen, sondern die Zusammenhänge alles Lebendigen besser als bisher verstehen können« (E. Mayr und E. Schüz 1949).

Oft gewinnt man den Eindruck, als hielten manche der betont vitalistisch orientierten Forscher die Analyse für ein Sakrileg an der Schönheit ihrer Objekte und wollten gar nicht wissen, was dahinter steht, weil sie deren Profanierung fürchten. Man wird an die Legende von Konfuzius und seinem Schüler erinnert, die zusammen über eine Wiese gehen. Während der Jüngling die Herrlichkeit der Blumenfülle preist, bricht Konfuzius den Rasen auf und zeigt ihm die eintönig braunschwarze Erde, worauf der Schüler traurig wird. Daheim findet der Weise ein wunderschönes Mädchen vor, doch als er ihre Anmut bewundert, reißt sie sich das Fleisch von der Wange und zeigt Knochen und nackte Muskulatur. Auf die entsetzte Frage, warum sie ihre Schönheit vernichte, bekommt er zur Antwort, auch er habe seinem Schüler die Illusion von der bunten Wiese zerstört. Das leicht zu verstehende Gleichnis hat für den forschenden Biologen freilich keine Gültigkeit. Ihm bedeutet der Blick hinter den kulissenhaften Phänotypus auf das genotypische Gerüst der Teile und verschiedenen Wirkfaktoren keine Zerstörung ganzheitlicher Schönheit, sondern ein besseres Erkennen der komplexen Harmonie, so wie ja auch der Phänotypus Mensch mit allen seinen kulturellen Leistungen erst vor dem Hintergrund der ererbten Grundstrukturen zu voller Geltung kommt.

Die Gesamtheit aller Verhaltens- und Leistungsmöglichkeiten einer Tierart hat H. S. Jennings (1914) »Aktionssystem« benannt und folgendermaßen umrissen:

»Jeder Organismus trägt eine bestimmte charakteristische Art der Betätigung zur Schau, die in hohem Maß durch seine Körperstruktur bedingt wird und sein Verhalten unter dem Einflusse aller Arten von Bedingungen in Grenzen hält« ... »Das Aktionssystem eines Organismus ist in hohem Grade für die Art und Weise maßgebend, wie er sich unter bestimmten äußeren Umständen verhalten wird. Unter gleichen Bedingungen müssen sich Organismen mit verschiedenen Aktionssystemen verschieden verhalten, denn auf jeden Reiz muß die Antwort in irgendeiner Komponente des Aktionssystems bestehen.«

Dieser Begriff wurde schon früh in die Verhaltensforschung eingeführt und in der Folge oft verwendet (vgl. R. Kirchshofer 1953, L. Koenig 1951, 1960, 1973, O. Koenig 1951, W. Scherzinger 1970, A. Schmied 1972). Ich habe ihn durch den Begriff »Aktionsprinzip« ergänzt, unter dem ich die zur Art hin sich verengenden Gemeinschafts-Merkmale systematisch größerer Einheiten wie Gattung, Familie oder Ordnung verstehe, die etwa als »Aktionsprinzip Reiher« oder »Aktionsprinzip Schwalbe« in ökologischen Zusammenhängen von Bedeutung sind (O. Koenig 1952). Die für Verhaltensbeschreibungen gebräuchlichen Bezeichnungen »Verhaltensinventar«, »Aktionskatalog« und »Ethogramm«, unter denen man die vollständige Bestandsaufnahme der Verhaltensweisen einer Tierart als Basis für weitere Spezialuntersuchungen versteht (N. Tinbergen 1952), werden oft mit dem Jenningsschen Begriff gleichgesetzt (vgl. W. Wickler 1970 b). Das ist insofern nicht ganz berechtigt, als diese Termini primär auf die registrierende Niederschrift bezogen sind, wogegen »Aktionssystem« mehr auf die Ordnungsprinzipien des Artverhaltens und deren Beziehungen zur Gesamtbiozönose ausgerichtet ist. Es bietet auch ein weites Feld für das Experiment, das nach R. H. Mac Arthur und J. H. Connell (1966) aus populationsbiologischer Sicht bereits durch die in der Landschaft vorgefundene Vergleichssituation, die dem Forscher Antworten auf gestellte Fragen gibt, im elementarsten Sinn gegeben ist. Die Termini »Aktionssystem« und »Ethogramm« sind in der Kulturethologie gut anwendbar und können je nachdem, ob eine Arbeit mehr zur Phänomenologie oder zur Systemanalyse neigt, eingesetzt werden. Meine großteils auf vorhandenen Beschreibungen fußenden Untersuchungen an Uniformen habe ich daher ganz bewußt »Grundzüge eines Ethogramms der Uniform« benannt (O. Koenig 1970), wogegen die hier vorgelegte Augenuntersuchung als Teil des menschlichen Aktionssystems zu bezeichnen ist.

Merkwürdigerweise halten manche extrem experimentell orientierte Zoologen die Erstellung von Aktionssystemen für unwichtig, ja mitunter sogar »unwürdig«. Für sie beginnt Wissenschaft bei der Inbetriebnahme eines Apparates, der Daten produziert, die sich zur Fütterung eines Computers eignen. Die richtige Fütterung ihrer Tiere, ohne deren Gesundheit jede Untersuchung allerdings vergeblich ist, liegt ihnen manchmal weniger am Herzen. Angeblich hat ein Raumfahrttechniker aus Houston nach der ersten geglückten Mondexpedition den erstaunten Ausruf getan: »Das menschliche Gehirn ist doch tatsächlich der leistungsfähigste Computer, den wir bisher kennen!« Vielleicht sollte man es in dieser seiner Eigenschaft auch als wichtigstes Forschungsgerät betrachten und benützen. Damit seien die hervorragenden, ohne technische Einrichtungen undenkbaren Ergebnisse der modernen Verhaltensphysiologie keineswegs geschmälert. Wo jedoch Apparaturen lediglich als Statussymbole oder als Ersatz für mangelnden Ideenreichtum und Arbeitsfleiß verwendet werden, endet jede sinnvolle Forschung. Gründliches Freilandstudium, sorgfältig angepaßte Haltungstechnik und geduldig stilles Beobachten – unumgängliche Voraussetzungen jeder echten ethologischen Arbeit mit Lebewesen – können allen jenen von vornherein nicht liegen, die schnell zu spektakulären Aussagen kommen möchten. Ein solcherart erlangtes, interessantes und erstaunliches Teilergebnis braucht aber noch lange nicht wichtig zu sein. Der Weg zum vollen Verständnis der Arten und ihres Zusammenspiels in der Biozönose führt jedenfalls über die Kenntnis und den Vergleich sehr vieler Aktionssysteme, in denen letztlich auch der Schlüssel zum Verständnis des Menschen liegt, ein in Anbetracht der bedrohlich heranrückenden Bevölkerungs- und Umweltprobleme besonders dringliches Anliegen (vgl. W. Klausewitz, W. Schäfer und W. Tobias 1971, W. Kühnelt 1972 bis 1973, K. Lorenz 1971, D. Meadows 1972).

Die Ursache für den oft nahezu magischen Glauben an die einmalige

Sonderstellung des Menschen unter allem Lebendigen, den viele mit menschlichem Verhalten befaßte Geisteswissenschaftler hegen, ist in deren absoluter Unkenntnis tierischen Verhaltens zu suchen. Ohne Einbeziehung der auf unserem Planeten herrschenden Verhaltensgesetzlichkeiten muß jede Selbsteinschätzung des Menschen in Egozentrik münden. So formuliert beispielsweise K. Jettmar (1973) den Gedanken von der »Unverbindlichkeit ererbter Verhaltensmuster«, die dem Frühmenschen durch Reflexion bewußt geworden ist. Der Autor läßt dabei außer acht, daß im genetischen Bereich die Begriffe »ererbt« und »verbindlich« so gut wie identisch sind und die Variationsmöglichkeit des Verhaltens nicht in der Unverbindlichkeit des Ganzen, sondern in der Verbindlichkeit der austauschbaren Teile in Form der phylogenetisch angelegten Instinktbewegungen und Reflexe begründet ist. Eine Distanzierung von diesen ist dem Individuum unmöglich, weil sie sein Verhaltensrüstzeug ausmachen, ohne oder gegen das es kein Agieren gibt. Prinzipiell gleiches meint E. Friedell (1973), wenn er sagt:

»Unsere Erfahrung, unsere Logik, unsere Bildung kann sich über eine Menge Vorurteile hinwegsetzen, aber unsere Nerven, unsere Sinne, unsere Muskeln werden dennoch an den alten Vorstellungen festhalten: Die Neuigkeit – möchte man sagen – hat sich noch nicht vom Gehirn zu den übrigen Körperteilen herumgesprochen; und es dauert oft Generationen, bis sie sich herumspricht. Wir glauben mit unserem Verstand von einer Menge von Dingen, daß wir sie nicht glauben, aber unser Organismus glaubt noch an sie; und er ist allemal der Stärkere.«

Der für den Menschen so gern postulierte »Instinktausfall« würde ebensowenig zu geistiger Freiheit führen, wie der Verlust eines Armes die morphologische Beschränktheit der Armbewegungen überwinden oder Einbuße eines Beines zu besserem Gehen verhelfen könnte. Die Plastizität der Leistung kommt nicht durch Instinktabbau, sondern durch Vermehrung der einzelnen Verhaltenselemente und Lockerung festgefügter Handlungsketten zustande, ähnlich wie die Kapazität eines Baukastens mit der Zahl der Klötzchen anwächst. Dieses schlichte, von mir als »Instinktbaukasten« bezeichnete System (O. Koenig 1957, 1962 a, 1971) wurde auch von P. Leyhausen (1965) erkannt und aufgezeigt.

Zur Objektivierung des Urteils über den *Homo sapiens* ist die Kenntnis der allgemein herrschenden biologischen »Spielregeln« unerläßlich, die nur auf dem Weg über das Vergleichen möglichst vieler verschiedener Arten zu gewinnen ist. Dabei fällt auf, daß unter bestimmten Umweltbedingungen charakteristische, sich prinzipiell entsprechende Verhaltenselemente oder Verhaltenskombinationen auftreten, durch die Aktionssysteme stammesgeschichtlich weit auseinanderliegender Arten erstaunlich übereinstimmen können. W. Kühnelt (1950) sagt zu diesem Thema: »Jeder Organismus besitzt eine große Zahl von Eigenschaften, die zu bestimmten Bedingungen seines Lebensraumes in Beziehung stehen. Unter diesem Gesichtspunkt lassen sich Gruppen von Organismen unterscheiden, deren Anpassungen an einen bestimmten Umwelteinfluß sehr ähnlich sind. Selbstverständlich können diese Anpassungstypen oder Lebensformen (W. Kühnelt 1940) sehr verschiedene Organisation haben und nur hinsichtlich einer bestimmten Umweltbeziehung übereinstimmen.«

Die häufig vertretene Annahme einer der Biosphäre eigenen, wahllos bunten »Formenmannigfaltigkeit«, bei der es »so, aber auch anders« ginge, erweist sich dabei als falsch. Die vergleichende Betrachtung zeigt vielmehr, daß die verschiedenen Analogien oder Konvergenzen nach ganz bestimmten Gesetzlichkeiten auftreten (O. Koenig 1952, 1957). Die phylogenetisch gewordene und ökologisch bedingte Kausalkomplexität jeglichen Verhaltens macht einen Ganzheitsvergleich zwischen Arten freilich unmöglich. Das Verhalten einer Bachstelze ist mit dem eines Löwen oder eines Menschen eben nicht generell vergleichbar. Sehr anfällig für Fehlurteile ist vor allem der »mittlere Meßbereich« unserer Wahrnehmungs- und Vorstellungswelt, in den Ordnungsbegriffe wie »Nestbau«, »Fortbewegung«, »Kampf«, »Nahrungsaufnahme«, »Paarungsverhalten« und ähnliche anschauliche Verhaltensblöcke gehören, die im Vergleich von Art zu Art nur allzu schnell und mühelos schulbuchtaugliche Unterschiede erkennen lassen, aus denen dann auf eine in blindem Spiel freizügig gestaltende Natur geschlossen wird. Die Verhaltensweisen der Tiere werden zum fröhlichen Spektakel, von dem sich dank subjektiver Selbstüberschätzung das Agieren des Menschen durch tiefen Sinn und kluge Zielsetzung deutlich abhebt. Der exakte und wirklich brauchbare zwischenartliche Vergleich hingegen bedarf eines gemeinsamen Nenners, der es ermöglicht, die Aktionssysteme zueinander in Beziehung zu bringen. Man findet ihn einerseits im kleinen Meßbereich mittels Zerlegung des Artverhaltens in seine Faktoren. So ist es zum Beispiel ohne weiteres denkbar, Bachstelze, Löwe und Mensch hinsichtlich Schluckbewegung, Schrittlänge oder Dauer des Jugendalters zu vergleichen. Da es aber anderseits nicht nur um isolierte Verhaltensbausteine, sondern letztlich um eine bessere Kenntnis des biologischen Gesamtgefüges einschließlich des Menschen geht, muß man trachten, hinter die »Spielregeln« zu kommen, nach denen die einzelnen »Steinchen« eingesetzt und kombiniert werden. Für den folgenden Versuch einer objektivierenden Systemanalyse war es daher zunächst notwendig, die allen Aktionssystemen eigene Grundorganisation herauszulösen, also nach Ordnungsbegriffen im großen Meßbereich zu suchen, die für sämtliche Lebewesen zutreffen und als zwischenartliche Vergleichsebenen für ethologische Grundstrukturen verwendet werden können. Sie fanden sich in Form von vier elementaren, in gegenseitiger Wechselbeziehung stehenden Verhaltensdeterminanten, die da lauten: systematische Stellung, ökologische Funktion, ökologische Situation und soziale Struktur, was in extrem vereinfachter Frageform kurz und bündig heißt: »Wer tut was, wo, zu wievielt?«

2. Die vier ethologischen Grunddeterminanten (Leistungs- beziehungsweise Vergleichsebenen)

2.1 *Systematische Stellung im allgemeinen*

Sie kennzeichnet die auf dem vergangenheitsbezogenen Längsschnittsystem basierende Stammbaumposition, die über den gegenwärtigen Konstruktionstypus (das »Aktionsprinzip«) eines Lebewesens Auskunft gibt und bei Wirbeltieren mit einem bestimmten Differenzierungsgrad des Gehirns korreliert ist. Die systematische Stellung steht in zweierlei Wechselwirkung mit den Leistungsebenen 2, 3 und 4: einerseits als Umgrenzung von deren gegenwärtigem Entfaltungsspielraum, anderseits als deren historisches Resultat, das durch künftige Neuanpassungen rückkoppelnd beeinflußt wird. Starke Beziehungen führen von hier zur Kindheits- und Jugendentwicklung, in deren Verlauf im Sinne des biogenetischen Grundgesetzes (E. Haeckel 1874) phylogenetisch frühere, von der Erwachsenenform überholte Merkmale oberflächlich nachstilisiert werden.

2.2 *Ökologische Funktion im allgemeinen*

Darunter ist die »Tätigkeit« einer Art in der Biozönose zu verstehen, die sehr eng mit der systematischen Stellung verknüpft ist, was schon daraus hervorgeht, daß große zoologisch-systematische Einheiten nach der Nahrungsaufnahme benannt werden, so etwa »Greifvögel« (Beutegreifer), »Nektarvögel« (Nektartrinker), im Säugetierbereich »Insektenfresser«, die vegetarischen »Wiederkäuer« oder die karnivoren »Raubtiere«.

Vergleichen wir Arten hinsichtlich des Nahrungserwerbs, so unterscheiden wir grundsätzlich zwischen Jägern, die auf bewegte Objekte positiv ansprechen, und Nichtjägern, die sich dafür nicht interessieren oder sogar ängstlich reagieren. Der Jäger hat die Tendenz, Bewegung zu beobachten, Fortstrebendes zu verfolgen, einzufangen, er neigt zum Belauern, Überlisten und verfügt daher auf diesem Sektor über eine erhöhte Fähigkeit zum Merken und Lernen sowie zum Assoziieren und Integrieren verschiedener Erfahrungen. Während sich die festsitzende Pflanze der Abäsung nicht entzieht und zumeist an Ort und Stelle nachwächst, der Konsument sich also bestimmte Freßplätze angewöhnen kann, trachtet das mobile Tier dem Fang zu entgehen, indem es flüchtet, in Deckung schlüpft, sich notfalls einen neuen Wohnplatz sucht und so dem potentiellen Nutznießer vielerlei Aufgaben stellt. In diesen Wechselbeziehungen spielt die Frage, ob der Nahrungslieferant dem Pflanzen- oder Tierreich angehört, keine grundsätzliche Rolle. Als Freßfeind festsitzender Tiere braucht man kein Jägerverhalten, sondern die Vorgangsweise äsender Pflanzenfresser. Nicht zufällig kamen die vom Abweiden der Korallenpolypen lebenden Scariden zu der deutschen Bezeichnung »Papageifische«. Infolge ihrer Freßmethode haben sie notwendigerweise eine Reihe von Merkmalen, die an zweigknabbernde Papageien erinnern. Trotz hier pflanzlicher, dort tierischer Nahrung gleichen sich die Erwerbsmethoden im Prinzip. Umgekehrt muß ein Tier, das sich etwa vom freischwimmenden pflanzlichen Einzeller *Euglena viridis* ernährt, jägerisch veranlagt sein. Das sind jedoch Spezialfälle. Im allgemeinen ist der Fleischfresser Jäger, der Pflanzenfresser Nichtjäger.

Etymologisch heißt »jagen« soviel wie »sich schnell bewegen, verfolgen, rasen« (davon abgeleitet »Jacht« als »Schnellschiff, Verfolgungsschiff«). In diesem elementarsten Sinn haben wir den Jäger in der Biozönose zu verstehen: als Spezialisten für das Verfolgen und Erwischen sich ihm entziehender Objekte, eine Tätigkeit, die nicht nur im Hinterherlaufen, sondern auch im Aufspüren, Beschleichen und Überlisten, also im generell reaktionsflinkeren Handeln besteht. Ein Jäger braucht nicht unbedingt anzuspringen, er kann auch darauf spezialisiert sein, irgendwo in Deckung zu liegen und nur mit einem Fangorgan vorzuschnellen. Die jägerische Grundvoraussetzung des Interesses für Bewegtes, des Lauerns und raschen Zupackens ist hier genauso gegeben wie bei anderen Räubern. Generell braucht der vor oft sehr wechselvolle Aufgaben gestellte Jäger eine bessere Lern-, Merk- und Integrationsfähigkeit als der gleichmäßig äsende Pflanzenfresser, der mit einem geringeren Intelligenzpotential auskommt.

2.3 Ökologische Situation im allgemeinen

Sie umfaßt die landschaftliche Einpassung einer Art in strukturiertes oder unstrukturiertes Gelände, also Wald, Steppe oder Wüste, und ist von der systematischen Stellung (Ebene 1) relativ unabhängig. Der Lebensraum kann bei Verwandten so differieren beziehungsweise bei Fernstehenden so übereinstimmen, daß aus ihm die wenigsten Rückschlüsse auf die Stammbaumposition gezogen werden können. Man denke zum Beispiel an den kolossalen Gestaltunterschied zwischen dem etwa hasengroßen felsbewohnenden Klippschliefer und dem Elefanten als größtem Landsäugetier, die beide zur Überordnung der Vorhufer (Paenungulate) zählen (vgl. H. Petzsch 1972) oder an die durch extremes Wasserleben bedingten erstaunlichen Ähnlichkeiten zwischen Haien (Fische), Pinguinen (Vögel) und Delphinen (Säugetiere). Recht augenfällig sind auch die Analogien zwischen einem Känguruh (Beutler) und einer Wüstenspringmaus (Nagetier) oder zwischen blütenbesuchenden Vögeln aus verschiedenen Ordnungen.

Je strukturierter ein Gebiet, je bergiger, zerklüfteter oder dichter bewachsen es ist, desto mehr Deckungsmöglichkeiten und Orientierungspunkte bietet es seinen Bewohnern, die zur Bewältigung der daraus erwachsenden Aufgaben eine größere Lern- und Merkfähigkeit benötigen als Lebewesen aus freien Räumen. Im konkreten Fall sind selbstverständlich jeweils artspezifische Maßstäbe anzulegen. Für ein Kleinlebewesen kann die grasbewachsene Steppe strukturiertes, der glattstämmige Urwald unstrukturiertes Gelände bedeuten, wogegen ein Großtier die beiden Biotope umgekehrt wertet. Zur strukturierten Landschaft ist auch ein unterirdisches Höhlen- und Gangsystem zu zählen. Aus diesem Grund kann man inmitten flacher, eintöniger und für uns Menschen absolut unstrukturierter Gegenden ausgezeichnet raumorientierte Lebewesen antreffen. Dazu gehört etwa die in Steppen- und Wüstengegenden lebende, weitverzweigte tiefreichende Röhrensysteme bewohnende Rennmaus *Gerbillus nanus* (vgl. R. Kirchshofer 1958), die ein raffinierteres Fluchtverhalten entwickelt als die oft in gleicher Landschaft vorkommende, nur sehr flache Unterschlupfe anlegende, geradlinig fliehende Wüstenspringmaus *(Jaculus jaculus)*. Diese Anpassungsregeln gelten für alle ökologischen Medien. Bewohner von Sandflächen unter Wasser zeigen ganz ähnliche Leistungskombinationen wie Tiere aus Steppen- oder Wüstengebieten; die Lebensformen der reichstrukturierten Korallenriffe lassen sich gut mit jenen der Urwaldbäume und Galeriewälder vergleichen; Bewohner freier Lufträume erinnern in vielem an Hochseetiere (O. Koenig 1962 a). In der offenen hindernislosen Landschaft, ganz gleich ob unter Wasser, auf der Erdoberfläche oder in freier Luft, leben die schnellen Geradausflüchter, die sich nicht verstecken, sondern mit möglichst hoher Dauergeschwindigkeit davonrasen. Die Berücksichtigung von Hindernissen erlernen sie nur sehr schwer oder gar nicht, in Gehegen stürmen sie noch nach langer Eingewöhnung bei geringsten Schreckreizen blindlings gegen die Wand, wie etwa Wüstenwarane, Antilopen oder Spinte. Je dichter strukturiert ein Lebensraum, desto näherliegend und zweckmäßiger ist es, sich bei Gefahr rasch zu verbergen. So handelnde Tiere sind raumorientierter und anpassungsfähiger als die der ersten Gruppe. Strukturreichtum erfordert ein höheres Lern-, Merk- und Integrationsniveau als Gleichförmigkeit. Sehr gut läßt sich dies auch an Fischen beobachten, bei denen Bewohner von Klippengebieten oder Wasserpflanzendickichten durchwegs raumintelligenter sind als freie Hochseeschwimmer. Die »ökologische Situation« der Geländemannigfaltigkeit wirkt sich genauso positiv auf die Intelligenz aus, wie es die »ökologische Funktion« des vor vielseitigen Aufgaben stehenden Jägertums tut.

2.4 Soziale Struktur im allgemeinen

Diese Leistungs- beziehungsweise Vergleichsebene charakterisiert die Beziehung eines Lebewesens zu seinen Artgenossen und besagt, ob es als Einzelgänger, in Kleingruppen oder in großen Herden vorkommt. Sie ist mit Ebene 2 (ökologische Funktion), aber auch mit Ebene 3 (ökologische Situation) eng verknüpft und kann daher bei nächstverwandten Arten stark differieren. Die soziale Struktur ist nicht absolut stabil, sondern im Verlauf der Ontogenese und des Jahreszyklus veränderlich. Selbst extreme Einzelgänger (zum Beispiel Rohrdommeln) werden temporär sozial, indem sie Paare bilden und ihre Jungen aufziehen, wogegen Gruppentiere (zum Beispiel Gänse) solitäre Neigungen entwickeln, wenn sie zu zweien im Frühling Reviere besetzen. Jungtiere hinwiederum sind bei Vögeln und Säugern einschließlich der solitären Arten extrem sozial, wogegen zahlreiche ansonsten gesellige Tiere im Alter zum Einzelgängertum neigen. Die Erscheinungsformen der Sozialstruktur sind eben sehr vielfältig. Diese Leistungsebene ist im Gegensatz zu den recht starren Verhaltensmustern der anderen Ebenen im ontogenetischen Entwicklungsgang bis zu einem gewissen Grad beeinflußbar und kann durch Umweltgegebenheiten in falsche, vom Arttypus abweichende Bahnen gelenkt werden (z. B. Menschenprägung durch Handaufzucht, gesteigerte Sozialaggressivität als Folge von Kindheitstraumen etc.).

Jägersozietäten sind immer verhältnismäßig klein, wogegen Pflanzenfresser im allgemeinen zu größeren Gesellschaften neigen. Die Besiedlungsdichte der Jäger ist stets geringer als die der zugehörigen Beutetiere, innerartliche Revieraufteilung und Revierverteidigung sind bei Jägern wichtiger als bei Pflanzenfressern. Ein interessantes Beispiel ist der im Jahresverlauf seine Funktionsweise wechselnde Star *(Sturnus vulgaris)*, der während der Brutzeit fast ausschließlich von Insekten lebt und paarweise Reviere bewohnt, nach der Jungenaufzucht aber hauptsächlich Fruchtnahrung nimmt und in Tausenderschwärmen auftritt. Die stärkste Beeinflussung der Gruppengröße erfolgt von seiten der Landschaft. Je unübersichtlicher ein Gelände, desto kleiner die darin vorhandenen Sozietäten. Der Bison der offenen Prärie bildet zahlenmäßig unbegrenzte Herden, der ihm nahverwandte europäische Wisent als Bewohner lichter Wälder kleine Gruppen, Tiere des dicht verwucherten Urwaldbodens sind in der Regel Einzelgänger. Diese Unterschiede der sozialen Struktur spiegeln sich deutlich in der Intelligenz der einzelnen Arten wider. Extrem solitäre oder in großen anonymen Massen auftretende Formen sind in bezug auf Artgenossen für gewöhnlich weniger lern- und merkfähig als solche, die in mittelgroßen, für das Individuum überschaubaren Gruppen leben und zu jedem einzelnen Kumpan in Beziehung stehen. Echte, auf persönlicher Leistung beruhende Rangordnungssysteme bilden sich nur in Kleinsozietäten mit einer erlernbaren Mitgliederzahl.

2.5 Zusammenfassung

Ausgehend von diesen vier Determinanten, die den Grundraster eines jeden Aktionssystems darstellen, kann der Ethologe alle Arten hinsichtlich Leistungsqualität und Intelligenz erklären und weitgehend mit anderen Arten vergleichen, wobei »*Intelligenz*« im Sinne von H. Rohracher (1953) als »*der Leistungsgrad der psychischen Funktionen bei ihrem Zusammenwirken in der Bewältigung neuer Situationen*« verstanden wird. Es zeigt sich, daß die Merk-, Lern- und Integrationsfähigkeiten einer Art, die wir hier entsprechend den vier Vergleichsebenen in »Stammbaumintelligenz«, »Funktionsintelligenz«, »Raumintelligenz« und »Sozialintelligenz« unterteilen können, nicht beliebig auftreten, sondern von phylogenetischen, ökologischen und soziologischen Faktoren abhängig sind. Die wechselseitige Beeinflussung der Leistungs- beziehungsweise Vergleichsebenen unterliegt gewissen Regeln. Man kann daher mittels bekannter Faktoren aus der einen Ebene auf unbekannte Faktoren anderer Ebenen mit großer Sicherheit schließen, ja ein notwendiges Verhaltensinventar in groben Zügen geradezu »errechnen«. Erforderlich sind nur die gedankliche Auflösung des unmittelbar beeindruckenden Erscheinungsbildes in seine Wirkkomponenten und die Abstraktion des Aktualfalles in Richtung des allgemeingültigen Prinzips. Diese wechselweise Abhängigkeit gilt nicht nur für plastische Bereiche wie Lernen, Merken, Kombinieren und Integrieren, sondern auch für die starr angeborenen Verhaltensweisen, deren Beschaffenheit und Kombinationsweise ebenfalls von den vier Verhaltensdeterminanten bestimmt wird. Zusammenfassend sei nochmals festgestellt, daß unter Berücksichtigung der im systematischen Niveau repräsentierten Hirndifferenzierung die ökologische Funktion »Jäger«, die ökologische Situation »strukturiertes Gelände« und die soziale Struktur »Kleingruppe« auf der Plusseite, die Fakten »Pflanzenfresser«, »unstrukturiertes Gelände« und »Einzelgänger oder Herdentier« demgegenüber auf der Minusseite der Intelligenzbilanz zu verbuchen sind.

3. Die Anwendung der vier Vergleichsebenen auf das menschliche Aktionssystem

Die geschilderte Methode der Charakterisierung und des Vergleiches verschiedener Arten kann ohne jede Schwierigkeit für die Untersuchung menschlicher Verhaltensweisen herangezogen werden. Gerade hier erscheint diese Betrachtungsweise besonders zweckmäßig und wichtig, da sie unter weitgehender Beiseitelassung zoologisch-systematischer Ordnungssysteme die ökologische Abhängigkeit des Verhaltens zur Geltung bringt. Da der Mensch auf phylogenetischem Wege geworden ist (vgl. Ch. Darwin 1876, G. Heberer 1968, 1969), sind seine Verhaltensweisen und Verhaltenskombinationen zweifellos ebenso gesetzmäßig entstanden wie seine anatomisch-morphologischen Merkmale. Der Mensch läßt sich aber gerade in seiner Eigenschaft als ökologisches Anpassungsprodukt nicht geradlinig von der Verwandtschaft zu einer bestimmten Ahnenform, sondern nur vom Zusammenwirken der vorhin dargestellten Leistungsebenen her erklären. Die enormen kulturellen, wissenschaftlichen und technischen Errungenschaften des modernen Zivilisationsmenschen, die sich scheinbar völlig brückenlos von den Möglichkeiten der übrigen Tierformen abheben, basieren auf einem zwar aus alten Merkmalen formierten, im Gesamtbild aber weitgehend neuen, vielseitigen Leistungspotential, das einer gesonderten Analyse bedarf.

Es wäre übrigens ein Fehler, die heutigen Naturvölker ihrer technischen und zivilisatorischen Primitivität wegen als irgendwelche Relikte prähistorischer Formen zu betrachten, wie dies zum Beispiel P. Schebesta (1938) bei Pygmäen versucht hat. Es gibt vor allem keine generell »primitiven Arten«, sondern lediglich einzelne »primitive Merkmale«, die sich bei rezenten Arten erhalten haben. Gerade solche Merkmale aber sind infolge ihrer Unspezialisiertheit häufig Wegbereiter für Neuanpassungen, zu denen ausgeprägte und in sich erstarrte Besonderheiten nicht mehr imstande sind. Bei vielen rezenten Naturvölkern handelt es sich um verhältnismäßig junge, hochspezialisierte Anpassungsformen an extreme Landschafts- und Klimabedingungen, wohingegen der Europide gemäßigter Zonen sich relativ viele Primitivmerkmale bewahrt hat. Wir dürfen uns durch seine hohen technisch-zivilisatorischen Leistungen nicht irreführen lassen. Letztlich resultieren sie aus der großen Fülle ihm eigener, variabel kombinierbarer, primitiver Verhaltenselemente (vgl. O. Koenig 1957, 1962a, P. Leyhausen 1965). Anpassungsfähigkeit und Spezialisation schließen einander weitgehend aus, denn Spezialisationen sind statisch gewordene Anpassungsresultate. Die Ähnlichkeiten zwischen den materiellen Kulturen heute lebender Naturvölker und jenen prähistorischer Epochen sind situationsbedingt und würden sich höchstwahrscheinlich auch in Europa nach Zerstörung des gesamten Kultur- beziehungsweise Zivilisationsgebäudes jederzeit einstellen.

Wenn R. Thurnwald (1958) sagt, bei Naturvölkern handle es sich nicht um »Vorformen des heutigen Menschengeschlechtes, sondern um Varianten des Gegenwartsmenschen, von denen einige wenige vielleicht in näherer Beziehung zu solchen Vorformen stehen«, so ist das biologisch richtig, wenn man von dem in zoologisch-systematischer Sicht anders definierten Terminus »Variante« absieht. Weniger zutreffend erscheint mir die Feststellung, daß Naturvölker »infolge ihrer noch mangelhaften Naturbeherrschung und Naturkenntnis von der sie umgebenden Natur stärker abhängig sind als Völker mit intensiverer technischer und geistiger Meisterung der Naturkräfte und tieferer Einsicht in sie«. Dies mag dem an technische Superstrukturen gewöhnten, städtischen Zivilisationsmenschen so vorkommen, stimmt aber, wie uns die bereits lebensgefährdende Reaktion der Natur auf die chemisch-technische Aggression des Menschen zeigt, in keiner Weise (vgl. G. Ehrensvärd 1972, H. Liebmann 1973). Auch das Zugrundegehen vieler vorher blühender Naturvölker nach Kontaktnahme mit diesen »besseren« modernen Techniken stimmt bedenklich (vgl. A. Lommel 1969). Ein Volk, das sich durch ausgeglichene Nutzung der Umwelt am Leben erhält und den biologischen Fortbestand der Art nicht gefährdet, meistert die Natur weit besser als eines, das sich durch Ausplünderung der Biozönose zwar äußerst geschickt hochspielt, gleichzeitig aber die eigene Existenzbasis vernichtet. Unter diesem Aspekt betrachtet, demonstriert der Zivilisationsmensch weder echte Einsicht noch sinnvolle Beherrschung, sondern eine Fülle elementarster, eher als urmenschlich zu bezeichnender Einstellungen, die mit dem zivilisatorischen Mechanismus nicht harmonieren.

Ursprüngliche Anlagen, Dispositionen und Verhaltensweisen lassen sich in dem vielfach abgewandelten Milieu des europiden Zivilisationsbereiches wesentlich leichter erkennen und analysieren als in den starr ausgerichteten, in sich geschlossenen Kulturen der Naturvölker. Es sind nämlich gerade die Abweichungen, Fehleinstellungen, Ausfallserscheinungen, Anpassungsschwierigkeiten, Ausgleichshandlungen sowie die Wahl von Ersatzobjekten, die den ursprünglichen Kern bloßlegen, nicht aber die in fest eingefahrenen Bahnen klaglos funktionierenden Systeme. Das weiß auch der analysierende Biologe, der sich das innere Wesen eines Gleichgewichtes oder Fließgleichgewichtes (L. Bertalanffy 1932, 1951) nicht nur durch passive Betrachtung, sondern durch Störung des Zustandes erschließt. Dort, wo dem Menschen die technischen Mittel fehlen, seine Umwelt schnell und entscheidend zu verändern, gleicht sein Existenzkampf einer isometrischen Übung, bei der zwar viel Energie verbraucht wird, infolge der Unverrückbarkeit des Gegenparts jedoch keine sichtbare Verschiebung stattfindet. Kulturen, die sich fortgesetzt gegen den Umweltdruck stemmen, können in einer Art Stellungskrieg Jahrtausende überdauern. Sie wirken äußerlich harmonisch und scheinen von innen her ausgeglichen, sind aber in Wahrheit von der nicht überwind- und daher auch nicht veränderbaren Umwelt in diesen Zustand konstant hineingezwungen. Hier hockt der Mensch in einer ökologischen Nische, die er unter dauerndem Einsatz seiner gesamten Kräfte offenhalten muß. In einer anderen Nische mag dieses Offenhalten situationsbedingt anders erfolgen. Immer aber resultieren die kulturellen Ordnungen aus Druck und Gegendruck zwischen menschlicher Verhaltensausstattung und Umwelteinfluß. Ist der Ethologe tierischem Spontanverhalten auf der Spur, so hilft er sich durch Wegnehmen spezifischer Umweltfaktoren, um zu sehen, was das Lebewesen von sich aus tut und welche Ersatzobjekte es wählt, um seine Aktivitäten abzureagieren.

Beim Menschen ergibt sich diese Versuchssituation von selbst im europäischen Hochkulturbereich, wo als Folge des aufkommenden technischen Kraftüberschusses die ursprüngliche oder auch »natürliche« Umwelt zurückzuweichen beginnt. Hier kann das menschliche Leistungspotential aus der erzwungenen scheinbaren Statik ausbrechen und stellenweise mangels ökologischen Gegendruckes Vorstöße in biologisch nicht vorgesehene Extreme durchführen, die das Kräftegleichgewicht verändern. Endogene Tendenzen werden stellenweise lahmgelegt und entladen sich dann teils an Ersatzobjekten, teils im Leerlauf, wodurch die Bedürfnisse des Menschen oft sehr anschaulich zutage treten. Die Perfektion der neuen technischen Welt mit ihrer formspezialisierten Starrheit erzeugt indirekt eine Sehnsucht nach weitgehend formlosem Ausleben, wohingegen der »primitiv« in »freier Wildbahn« agierende Mensch als Reaktion auf die Fülle echter, seine Plastizität beanspruchenden Umweltanforderungen nach Regelmäßigkeit und Ordnung innerhalb seiner Gruppe strebt. Als Ausgleich jedoch für das strenge Gleichmaß der Gerätebedienung im »modern« technisierten Lebensraum erfolgt dann ein Tabubruch im sozialen Bereich. Wo erworbene Verhaltensnormen fallen, kommt Angeborenes zum Vorschein. Der Mensch im Zivilisationsraum wird zum aufschlußreichen Studienobjekt, das dem Beobachter ungezügelt den elementaren Fächer angeborenen Artverhaltens vorexerziert. Das erleichtert den Vergleich mit den Verhaltensinventaren anderer Arten, wie er zur Objektivierung von Aktionssystemen notwendig ist. Mit Hilfe der vorher erläuterten vier Leistungs- beziehungsweise Vergleichsebenen sei nun versucht, die Position des Menschen in der biologischen Gesamtheit zu charakterisieren.

3.1 Die systematische Stellung des Menschen

Der Mensch ist zur Zeit das *höchstorganisierte Lebewesen der Biosphäre* und gehört nach C. Linné (1758) zusammen mit den Affen und Menschenaffen in die Ordnung der Primaten. Heute zählt man zu dieser Einheit auch die Spitzhörnchen, Loris und Makis (vgl. W. Fiedler und E. Thenius 1967, H. Petzsch 1974). Nach den neuesten Forschungen (vgl. G. Heberer 1968, 1969) hat sich die Lösung des Hominiden-Stammes von den Pongiden etwa im Oligozän vor rund dreißig Millionen Jahren abgespielt. Das sogenannte Tier-Mensch-Übergangsfeld liegt im oberen Pliozän, also am Ende des Tertiärs vor etwa drei Millionen Jahren; im Pleistozän, bis vor etwa sechshunderttausend Jahren, lebten einfachste Werkzeuge gebrauchende Australopithecinen (vgl. S. Eimerl und J. De Vore 1966, F. C. Howell 1966). Vor rund sechshunderttausend Jahren trat dann der Anthropustypus auf, also Pithecanthropus, Sinanthropus, Javanthropus, später gefolgt vom Neandertaler und zuletzt, vor etwa fünfzigtausend Jahren, vom Cro-Magnon-Menschen, aus dem vor rund zehntausend Jahren der *Homo sapiens* mit den heutigen Menschenrassen hervorging. Für unsere Betrachtung wichtig ist hier vorwiegend die ökologische Bedingtheit dieses langen Entwicklungsweges.

Soviel man heute weiß, hat sich der Mensch aus frühen sowohl baumwie bodenlebenden, den Gibbons nahestehenden Vorfahren der rezenten Menschenaffen entwickelt, die allerdings weitaus kürzere Arme besaßen als die auf »Hangeln« hochspezialisierten, sich von Baum zu

Baum schwingenden heutigen Gibbons. Offensichtlich wurde die stärkere Zuwendung zum Bodenleben durch einen Rückgang der Baumbestände erzwungen. Das Klettern und Springen von Zweig zu Zweig hatte schon früher bei den Affen zu einer Verbesserung der Augen geführt, da dürre, brüchige Äste von grünen, tragenden unterschieden werden mußten, was optisch besser geht als geruchlich. Außerdem galt es, Entfernungen abzuschätzen oder durch Baumkronen führende Fluchtwege blitzschnell zu erkennen. So reduzierte sich denn, vom Spitzhörnchen ausgehend, das Geruchszentrum der Primaten mehr und mehr zugunsten des Sehvermögens. Anscheinend gleichzeitig rückten die Augen nach vorn, wodurch stereoskopisches Raumsehen möglich wurde. Damit gewann aber zweifellos das Augenpaar an Bedeutung im Sozialverkehr, weil man ja nun auch den Artgenossen eher »anschaute« als »anschnupperte«. Die nunmehr großteils als einorientierendes Steuergerät für das Auge verwendeten Ohrmuscheln verloren ihre Beweglichkeit. Von einem eigenständigen »Horchpeilen« mittels Ohrbewegungen, wie wir es von vielen Säugetieren kennen (vgl. L. Koenig 1960), ist bei den heutigen höheren Primaten keine Rede mehr.

Der aufrechte Gang des Menschen steht mit der Anordnung der Augen und Ohren vermutlich in Wechselbeziehung. Im Prinzip können fast alle Primaten kurze oder längere Strecken auf zwei Beinen zurücklegen. Für den bodenlebenden Affenmenschen wird diese Gangart aber besonders wichtig, weil er wegen größerer Gefährdung und vor allem auch infolge seiner Tätigkeit als Wildbeuter einen guten Landschaftsüberblick benötigt. Der aufrechte Gang ermöglicht es ihm, über Gras und niedriges Gestrüpp hinwegzuspähen. Analoges erreichen neugierige oder flüchtende Antilopen durch ihre kurzen, hohen Prellsprünge (vgl. A. Schmied 1973) oder bodenlebende Hörnchenarten durch sogenanntes »Männchenmachen« (L. Koenig 1957, E. Mohr 1954). Die gleiche Verhaltensweise ist an Surikaten zu beobachten, die zwar systematisch zu den Schleichkatzen gehören, aber genau wie Erdhörnchen leben. Wir erkennen hier sehr deutlich, daß zoologisch-systematische Merkmale Resultate historischer Anpassungen an ökologische Gegebenheiten sind. Nicht vergessen werden darf die Auswirkung des aufrechten Ganges auf den Gebrauch der Hände. Während sich beim Menschen der alte Greiffuß des Baumkletterers zum Steh- und Schreitorgan wandelt und die ursprünglich eher daumenartige Greifzehe zur wichtigsten Stützzehe wird, gewinnt die Hand, die jetzt von Aufgaben wie grobem Hangeln und Abfangen von Sprüngen befreit ist, an subtilem Greif- und Tastvermögen. Sie übernimmt nun auch einen Teil der Festhalte- und Reißtätigkeit des Gebisses, das damit an Waffenfunktion verliert. Von dieser Seite her gewinnt das Auge ebenfalls eine neue Bedeutung, weil es nun nicht mehr mit einem ausgeprägten Tötungs- und Tranchierwerkzeug, sondern einem verfeinerten Eß- und Sprechorgan kooperiert, das zwar unter Beibehaltung alter Traditionen noch zum Drohen verwendet wird, zu wirkungsvollem Angriff aber kaum mehr taugt. Das Auge entwickelt, wie das gesamte Gesicht, eine differenzierte mimische Ausdrucksfähigkeit.

Hand in Hand mit allen diesen neuen Gegebenheiten und Möglichkeiten geht die Hirndifferenzierung des Menschen, die ihn reichlich mit Denkfähigkeit ausstattet und unumstritten an die gegenwärtige Wachstumsspitze des Primatenstammes stellt. Bekanntlich können durch neuartige Integration alter Wirkfaktoren bisher nicht vorhandene Systemeigenschaften entstehen (K. Lorenz 1973). Daher gibt es viel spezifisch Menschliches, das man auf tieferen Stufen vergeblich sucht. Daraus jedoch eine extreme geistige Sonderstellung abzuleiten, wie dies etwa F. Eppel (1958) tut, geht nicht an, weil der Mensch seine Position auf biologisch-phylogenetischem Weg erreicht hat und folglich in einem historischen Artenbezugssystem zu allen anderen Lebewesen steht. Er ist und bleibt Sproß des alten Stammes, aus dem er herausgewachsen ist, auf dem er höher treiben und neue Knospen hervorbringen, vielleicht auch eines Tages verdorren wird. Von den Lebensgesetzlichkeiten des Stammes wird er sich niemals lösen.

Zur systematischen Position des Menschen sei gesagt, daß man die morphologischen, physiologischen und psychologischen Unterschiede der immer nur sehr diffus als »Rassen« bezeichneten Menschenformen bei jeder anderen Säugergruppe als ausreichend für die Aufstellung gesonderter Arten betrachten würde (vgl. O. Koenig 1962 a). Während bei vielen nahverwandten Tieren, wie zum Beispiel Löwen und Tigern, der Skelettbau weitgehend gleich ist, differiert er zwischen negriden, mongoliden und europiden Menschen sehr deutlich. Wohl aus politisch-ideologischen Gründen meidet die physische Anthropologie diese Problematik und verbirgt das sehr beweiskräftige Material hinter einer verschleiernden Terminologie. Wahrscheinlich haben wir es beim rezenten Menschen mit fünf bis sieben echten Arten zu tun, die noch in Unterarten geteilt werden können, was freilich durch die schon stark vorgeschrittene Völkervermischung sehr erschwert ist. Diese Meinung entspringt keineswegs einem »Rassismus«, wie heute jede Stellungnahme zu dieser Problematik diskriminierend bezeichnet wird, sondern dem Streben nach wissenschaftlicher Objektivität. Die Zugehörigkeit zu einer anderen Art macht andersartig, aber nicht minderwertig. Gleichwohl spreche ich hier vom »Aktionssystem des Menschen«, als handle es sich um eine einzige Art, weil die Unterteilung aus vorwiegend ideologischen Gründen von der Schulanthropologie nicht vollzogen wurde und weder für die hier vorgebrachte allgemeine Verhaltensübersicht noch für das später behandelte Augenproblem von nennenswerter Bedeutung ist. Wohl aber müssen völkerpsychologische Aspekte, wie sie W. Wundt (1900–1920) anwendet, für die Detailbetrachtung und den Vergleich von kulturellen Augensymbolen herangezogen werden.

3.2 Die ökologische Funktion des Menschen

Der Mensch ist ein stark auf animalische Kost eingestellter Mischfutteresser, der sich die Nahrung zunächst vornehmlich als *Jäger und Sammler* beschaffte. Damit schien er deutlich von den Menschenaffen unterschieden, die bis vor kurzem als fast reine Vegetarier galten. J. v. Lawick-Goodall (1971) beobachtete jedoch, daß Schimpansen von Zeit zu Zeit Warmblüter wie etwa junge Paviane, Meerkatzen oder Buschböcke geschickt abfangen und ihr Fleisch, häufig untermischt mit Blättern, verzehren. Damit wurden erstmals eindeutige Jägereigenschaften bei Menschenaffen festgestellt.

Wie bereits S. 32 dargelegt, charakterisiert der Begriff »Jäger« im ethologischen Sinn eine spezielle Kombination angeborener Fähigkeiten und Dispositionen. Wenn in kulturethologischem Zusammenhang vom Menschen als »Jäger« gesprochen wird, so ist damit keineswegs der im grünen Kleid pirschende Weidmann, sondern vielmehr der Mensch als biologischer Verhaltens- und Leistungstypus gemeint, der auf bewegte Objekte positiv anspricht und Flüchtendes verfolgt beziehungsweise für eigene Zwecke einfängt. Mitunter wird die Jägernatur des Menschen mit der Begründung angezweifelt, er habe keine als »Tötungsbiß« zu bezeichnende Koordination, wie sie geborenen Jägern zukommen müsse. Genausogut könnte man sagen, er besitze keine signifikant festumrissene Demutsgeste und sei darum kein soziales Wesen. Verschiedene jagende Tiere, zum Beispiel manche Spitzmäuse (vgl. K. Lorenz 1952), Hyänenhunde (H. und J. v. Lawick-Goodall 1972) oder die an der Wurzel der Primaten stehenden Spitzhörnchen (H. Sprankel 1959 a, b), um nur einige zu nennen, verfügen über keinen streng lokalisierten Tötungsbiß etwa nach Art der Katzen (P. Leyhausen 1973) oder Marder (H. Räber 1944), sondern schlachten ihre Beutetiere recht unselektiv ab oder fressen sie bei lebendigem Leib. Die Frage nach dem Tötungsbiß im Hominidenstamm ist müßig. Schimpansen verstehen es, mit Stöcken zu schlagen (A. Kortlandt 1967), mit Steinen zu werfen und Beute gegen Hindernisse zu schleudern. Die Beutegröße variiert von der Termite bis zum jungen Pavian. Bei den Australopithecinen wird dies nicht anders gewesen sein. Was sollte da noch ein starr angeborener Tötungsbiß? Je weniger ein Jäger auf bestimmte Beute spezialisiert ist, desto vielseitiger müssen seine Methoden sein. Das gilt für den Menschen in besonderem Maße. Ein Lebewesen, dessen Beutespielraum vom Insekt bis zum Mammut reicht und auch den Artgenossen miteinschließt (vgl. Ch. Spiel 1972), kann mit einer spezialisierten Tötungsart nichts anfangen. Sein aufrechter Gang, die hochentwickelte Greifhand (vgl. P. Leyhausen 1972), das logische Denkvermögen und die seit Uranfängen vorhandene Fähigkeit zum Werkzeuggebrauch bieten dem Menschen vielfältigere Möglichkeiten. Dazu kommt der Fuß als wirksame Stoß- und Tretwaffe, als die ihn schon drei- oder vierjährige Kinder gern gebrauchen. Kleintiere kann der *Homo sapiens* erschlagen, tottreten oder erwürgen, Großwild über Abstürze treiben, in Fallgruben locken oder mit Fernwaffen treffen. Dazu kommen die Vorteile jagdlicher Gruppenstrategie. Die Reißzähne sind verschwunden, ein Großteil der früheren Mundfunktionen im Bereich erprobenden Betastens, Zupackens und Beißens, aber auch der Körperpflege wurde an die Hände abgegeben. Der bis zum Brechreiz führende, nahezu reflektorische Widerwille gegen Erdkrümel, Haare oder Federn im Mund ist ein deutliches Zeichen dafür. Die psychophysische Differenz des Menschen zu seinen tierischen Vorfahren ist groß genug, um ein neues Erbgut hinsichtlich der Jagd- und Tötungsmethoden glaubhaft, ja notwendig erscheinen zu lassen. Bis zum heutigen Tag unverändert erhalten geblieben ist dem *Homo sapiens* jedoch die fundamentale Grundeinstellung sämtlicher Jäger, nämlich das interessierte Ansprechen auf Bewegung als eines der wichtigsten und auffälligsten Charakteristika des Beutetieres.

Betrachtet man die sogenannten Spiele des Menschen, die einerseits dem Abbau aufgestauter Triebappetenzen, andererseits dem Organtraining dienen, sieht man sich durchwegs Tätigkeiten des Verfolgens, Überlistens, Belauerns, Fangens und Einheimsens, also jägerisch-sammlerischen Kriterien gegenüber, zu denen die sozialen Aspekte gegenseitigen Konkurrierens, Übertrumpfens und Rangablaufens hinzutreten. Das Schachduell gehört ebenso hierher wie das Fußballspiel, das offensichtlich unter allen Sorten von Spiel und Sport der menschlichen Veranlagung als Kleingruppenjäger am besten entspricht. Da kämpfen zwei Horden gegeneinander, deren Kopfzahl etwa der stammesgeschichtlich vorgesehenen Gruppengröße gleichkommt, verfolgen konkurrierend ein bewegtes Objekt, das brutal-aggressiv attackiert wird und sich bei jedem Tritt »fluchtartig« vom Schützen entfernt. Außerdem gilt es, ein Revier zu verteidigen und Torschüsse zu sammeln. Imponiergehaben, Territorialität, Jäger- und Sammlertätigkeit, Gruppensolidarität, all dies ist darin enthalten. Schach ist eher ein spezialisiertes Lauer- und Überlistespiel, bei dem man, selbst dauernd auf der Hut, den Gegner mittels geschickter Taktik zu unvorsichtigem Heraustreten aus der Deckung zu provozieren respektive zwingen sucht und im Endeffekt auf das »Erjagen« und »Sammeln« der Figuren aus ist. F. Vester (1973) sagt unter anderem zur Veranlagung des Menschen:

»Die Spezies Homo lebt jedenfalls seit über zwei Millionen Jahren auf der Erde und über 99 Prozent dieser Zeit als Jäger und Sammler. Erst in den letzten zehntausend Jahren begann sie, Pflanzen und Tiere zu züchten, die Metalle zu nutzen und andere als ihre Körperenergien einzusetzen. Von den vielleicht 80 Milliarden Menschen, die je auf der Erde lebten, taten dies daher etwa 90 Prozent als Jäger und Sammler, etwa 6 Prozent als Pflanzer und Hirten und – trotz der gewaltigen, die Erde zur Zeit bevölkernden Menschenmassen – erst 4 Prozent in einer Industriegesellschaft. Die Jäger-Sammler-Form ist jedenfalls die älteste und wohl auch dauerhafteste, die wir kennen, und die genetische Ausrüstung – auch des heutigen Menschen – ist sicher noch weitgehend durch den speziellen Selektionsdruck dieser Jäger- und Sammlerära geprägt, die, wie man heute weiß, praktisch keinen Hunger kannte und kaum Ernährungskrankheiten.«

Es kann demnach kaum daran gezweifelt werden, daß der Mensch geborener Jäger und Sammler, also Wildbeuter ist und über eine entsprechende Organ- und Verhaltensausstattung verfügt. Dieses »Verfügen über« bedeutet aber gleichzeitig »Lust am Gebrauch« und somit einen inneren Energiedruck in Richtung Ausübung der ökologischen Funktion. G. Osche (1973–1974) charakterisiert das Lebewesen schlechthin als »... abhängig von seiner Umwelt und in Wechselbeziehung mit ihr, eingebettet in die Gesetze der Ökologie, denen sich kein Lebewesen – auch nicht der Mensch – auf die Dauer ungestraft entziehen kann«.

Das in Hochkultur- und Zivilisationsbereichen so auffallende Streben des Menschen nach im herkömmlichen Sinn »erregenden« oder »ablenkenden« Freizeitbeschäftigungen weist beispielsweise deutlich darauf hin, daß er seine angeborenen ökologisch-funktionellen Dispositionen im großstädtischen Berufsleben nicht hinreichend ausleben kann. Er ist hier dem Hund vergleichbar, der das Futter in der Schüssel vorgesetzt bekommt und nachher durch Apportieren von Steinen, Bällen oder Holzstücken seine aufgestauten Jagd- und Bewegungsappetenzen abreagiert. In diesem Zusammenhang interessant ist die Tatsache, daß Kopfjagd und Kannibalismus nahezu ausschließlich von ackerbauenden, also jagdlich stark schwellenerniedrigten Völkern betrieben werden, wohingegen reine Jägervölker, wie zum Beispiel die Eskimos, ohne zwingende Not keinen Artgenossen umbringen. Weiter fällt auf, daß die Tötungsmethoden bei Jägerstämmen im allgemeinen weit humaner sind als bei Ackerbauern, die viel eher zu Martertechniken neigen. Der bekannte indianische Marterpfahl findet sich fast nur in Pflanzerkulturen. Auch die berühmt-berüchtigten Südseekannibalen sind durchwegs Ackerbauern und Baumfruchternter (vgl. P. Farb 1968, K. Weule 1916). Vielleicht ist es kein Zufall, daß laut Bibel der Ackerbauer Kain den Viehhirten Abel tötet. Aus ethologischer Sicht erscheint die größere Aggressivität des seßhaften, sein Jägertum nicht auslebenden Pflanzenzüchters gegenüber dem mit Tieren befaßten und daher veranlagungsmäßig besser ausgelasteten Hirten durchaus logisch.

Im Zivilisationsbereich begegnet uns das angeborene menschliche Jägertum in mancherlei, phänotypisch oft recht unterschiedlichen Ausweich-Versionen. Die Jagd des Firmenvertreters nach Unterschriften ist zum Beispiel, sofern man von der in unseren Bürogroßstädten ökostrukturell bedingten speziellen Erscheinungsvariante absieht, mit Kopfjagd durchaus verwandt. Die mit Zweckmäßigkeitsgründen überhaupt nicht mehr erklärbare, zum Teil schon stark ritualisierte Motorisierungsflut des Individualverkehrs hängt ebenfalls aufs engste mit menschlichen Jägertendenzen zusammen. Die vielen Verkehrsunfälle durch Überholmanöver sind aus ethologischer Sicht klare »Jagdunfälle« (vgl. H. Dollinger 1972, O. Koenig 1971). Die Hauptgefahr derartiger Technisierung liegt im normalerweise durch die physischen Fähigkeiten begrenzten psychischen Drang zur Maximalleistung, der hier durch den Motor freie Bahn bekommt, ohne von einem vorgeschalteten angeborenen Bremsmechanismus kontrolliert zu werden. Die Tatsache, daß jedes höhere Lebewesen mit seinen ererbten Verhaltensweisen über deren eigentliche Zielrichtung hinaus zu agieren versucht (vgl. O. Koenig 1950 a, P. Leyhausen 1965, K. Lorenz 1935, G. Tembrock 1971, W. Wickler 1972 a), also mehr kann und tut, als es normalerweise in der Biozönose braucht, ist im phylogenetischen Entwicklungsgeschehen überaus wichtig, weil auf diese Weise eventuelle Umweltveränderungen plastisch abgefangen und vom reagierenden Lebewesen in neue Verhaltensformen umgemünzt werden können.

Diese Probiertendenz wird heute allerdings zur echten Gefahr. Zivilisation bedeutet ja letztlich Befreiung vom Umweltdruck, also zunehmende Existenzsicherung bei steigender Abhängigkeit vom Zivilisationsgut, woraus sich aber eine neue Existenzunsicherheit ergibt, auf die unsere biologische Verhaltensausstattung nicht anspricht. Wir erkennen die Gefahr emotional einfach nicht und glauben in dem von traditionellen Selektionskräften der Umwelt abschirmenden zivilisatorischen Sicherheitspanzer in völliger Geistesfreiheit agieren zu können. Diese Freiheit ist freilich fiktiv, denn nicht die Antriebe, sondern nur die Objekte haben sich geändert. In Wahrheit tun wir dasselbe attrappenbezogen oder gar im Leerlauf. Jagen in seiner elementarsten Funktion, nämlich als das Verfolgen sich entziehender Objekte, wird in Gestalt des Problemelösens zum Selbstzweck. Der Mensch verbessert seine Werkzeuge unbegrenzt und übersteigert damit seine Wirkkraft ins Unermeßliche. Er wird sich nie zufriedengeben und immer wieder Neues und Komplizierteres erfinden, ohne auf das letzte und entscheidende Problem Einfluß nehmen zu können, nämlich auf die eigene phylogenetische Anpassung an die sich häufenden Errungenschaften des sogenannten Fortschritts. Der Gebrauch beliebig ausbaufähiger technischer Hilfsmittel muß bei einem Lebewesen, das mit allen Neigungen und Aktivitäten des geborenen Jägers ausgestattet ist, letztlich zur Selbstzerstörung durch psychophysische Überlastung führen. Der Jäger wird sich selbst zur Beute.

Als Jäger in der natürlichen Biozönose besitzt der Mensch eine sehr vielseitige Organausstattung. Gehen, Laufen, Klettern, Kriechen und Schleichen werden ihm durch Beine, Arme und Biegsamkeit des Rückgrates ermöglicht. Auch zum Schwimmen und Tauchen ist sein Körperbau geeignet. Weiter ist der Menschenarm infolge des Zusammenspiels dreier Gelenke ein äußerst zweckmäßiges Wurfgerät. Die Taxien, um ein Objekt mit den Augen anpeilen und mittels Armwurfes zielgerecht treffen zu können, sind hervorragend ausgebildet. Der Jägerfunktion in besonderem Maße angepaßt ist das menschliche Auge mit seiner Fähigkeit, bewegte Objekte rasch abzutasten und beharrlich zu verfolgen. C. G. Mueller und M. Rudolph (1969), die es ausdrücklich ein »Jägerauge« nennen, betonen die für kletternde und jagende Tiere gleichermaßen typische und wichtige Vorwärtsstellung der Augen. Im Prinzip läuft es ja leistungsmäßig auf das gleiche hinaus, ob ein Ast oder ein Beutetier schnell und zielrichtig angesprungen werden soll. Äsende Pflanzenfresser haben die Augen meist stark seitwärts gerichtet, um einen möglichst großen Teil des Horizontes unter Kontrolle zu halten. Zur Konzentriertheit des »Jägerauges« auf das angepeilte Objekt kommt als funktionelles Gegenstück eine entsprechend hohe »Jägerintelligenz«, die für das Aufstöbern der Beute, Erkennen notwendiger Maßnahmen, Ausnützen gebotener Chancen und die Auswertung von Erfahrungen erforderlich ist. Vorwiegend seiner ökologischen Funktion als unspezialisierter, vielseitiger Jäger verdankt der Mensch den hohen Grad seiner Intelligenz.

Abschließend sei noch die menschliche Neigung zum Sammeln und Horten erwähnt, die sich am deutlichsten in der wohl von allen Völkerschaften zumindest ansatzweise betriebenen Vorratswirtschaft äußert. Kleptomanie, notorisches Hamstern und Geiz sind psychopathische Übersteigerungen angeborener Sammlertendenzen. Eine wichtige Komponente dieses Verhaltenskomplexes ist das Bestreben, »Gleiches zu Gleichem« zu tun, also Objekte übersichtlich nach Sorten zu trennen. Das gigantische, absolut unüberblickbare großstädtische Warenangebot muß zwangsläufig zu einer Neurotisierung des Käufers führen, der nicht einmal annähernd alle Produkte kennenlernen, geschweige denn ausprobieren und gegeneinander abwägen kann, mit Unschlüssigkeiten kämpft und letztlich doch vermeint, das Beste gar nicht gesehen zu haben. Im zivilisationsbedingten Leerlauf richtet sich die Sammlerneigung auf verschiedenste, im ursprünglichen biologischen Sinn bedeutungslose Gegenstände wie Marken, Bierdeckel, Zündholzschachteln, Antiquitäten usw., die dann vorwiegend soziale Imponierfunktion ausüben. Hier stoßen wir auf das Wort von K. Groos (1930) über »Spiel als Katharsis«, das allerdings noch besser auf die vielfachen Formen des Leerlaufjagens paßt, wie es der Zivilisationsmensch in zahllosen Freizeitbeschäftigungen betreibt. Die Ethnologie faßt einfaches Jagen und Sammeln unter der Bezeichnung »Wildbeutertum« zusammen (vgl. W. Hirschberg 1965), ein Terminus, der im arbeitstechnischen Sinn eine komplexe Wirtschaftssituation gut umreißt, die Einzelkomponenten »Jagen« und »Sammeln« aber nicht berücksichtigt.

3.3 Die ökologische Situation des Menschen

Seiner Veranlagung nach ist der Homo sapiens ein taglebender *Bewohner strukturierten Geländes*, der sich sehr viele, extrem unterschiedliche Landschaftsformen erschlossen hat. Wenn auch sehr locker besiedelt, ist doch die Wüste ebenso menschlicher Lebensraum wie etwa der dichte tropische Urwald. Zieht man noch die Klimaspanne von äquatorialer Hitze zu polarer Kälte in Betracht, so entsteht der Eindruck, der Mensch sei auf keine bestimmte Umwelt festgelegt und als »weltoffenes Wesen« im Sinne von A. Gehlen (1943) befähigt, alle Lebenssituationen zu meistern. Daß dem nicht so ist, wurde bereits S. 37 f. am Beispiel der Umweltzerstörung gezeigt. Wenn der Soziologe H. Schoeck (1969) »Humanökologie« als »*Wissenschaft von den Folgen an dem in Ort und Zeit spezifischen Zusammenleben der Individuen*« definiert, so trifft er damit an den biologischen Vorstellungen von Ökologie und der Bedeutung des Wortes selbst glatt vorbei. In Widerspruch zur Realität setzt sich der Autor auch mit der Aussage, daß Erbanlagen und physische Umwelt (Klima, geographische Faktoren) nach heutiger Auffassung weder menschliches Verhalten erklärten, noch in erkennbarer Weise die Inhalte der normativen Kultur bestimmten und der Mensch sich vom Tier nicht zuletzt durch seine »weit geringere Umweltbindung« unterscheide. Hieraus spricht eine sehr weitgehende biologische Unkenntnis und ideologische Fixierung auf die »Sonderstellung« des Menschen.

Einerseits berücksichtigt man in der Soziologie nicht, daß es sehr anpassungsfähige Tiere gibt, sonst wäre es nämlich niemals zur Herauszüchtung von Haustieren, zu tierischem Kulturfolgertum oder zu »Faunenverfälschungen« durch Artentransferierung von Erdteil zu Erdteil gekommen. Schließlich hat sich der Haussspatz, ein ursprünglich mittelmeerischer Vogel, seit der Antike über die ganze Welt verbreitet, die Amsel ist in großer Zahl vom Wald in die Stadt eingewandert (H. Frieling 1942, R. Heyder 1953), die Wanderratte hat von Asien her seit dem Mittelalter fast alle menschlichen Kulturbereiche erobert (M. Braess 1921), und der asiatische Mungo wurde, als man ihn zur Schlangenbekämpfung auf Mittelmeerinseln aussetzte, zum geschickten Hühnerjäger. Kuhreiher haben von Afrika aus Südamerika, von Indien kommend Australien besiedelt (E. Schüz und R. Kuhk 1972). Aus dem Steppenrenner Pferd hat man zum Teil innerhalb weniger Jahrhunderte Gebirgstragtiere herausgezüchtet; die an südamerikanischen Gewässern heimische Türkenente ist als Hausente in den Wüstensiedlungen der Sahara verbreitet (C. R. Boettger 1958). Selbst wenn man nur das wohl schlagendste Beispiel weltweiter tierischer Anpassung, nämlich das des Haushundes, gelten ließe, wäre die scharfe Kontrastierung Tier–Mensch bereits hinfällig, weil hier eine Tierart einwandfrei das gesamte Spektrum menschlicher Landschaftseroberung äußerst erfolgreich mitgemacht hat (vgl. K. Lorenz 1951, E. Seiferle 1949, E. Trumler 1971). Anderseits scheint die Soziologie aber auch alles geflissentlich zu übersehen, was auf menschliche ökologische Erbanpassungen hinweist. Das amerikanische Negerproblem zum Beispiel entstand aus der einfachen Tatsache, daß die Indianer weder Bergwerksarbeit noch sonstige Anforderungen der Sklavenzwangsarbeit vertrugen und Spanier, Portugiesen sowie Engländer gezwungen waren, Neger aus Afrika zu importieren. Auch der Fettsteiß der Hottentotten ist, entsprechend analogen Bildungen bei Tieren, eine Klimaanpassung. Akkulturierungsversuche mit Zigeunern schlugen bisher immer fehl und führten zu Schädigungen dieser Bevölkerungsgruppen (vgl. H. Arnold 1965, W. Dostal 1955 b, O. Koenig 1968 c, W. Starkie 1957), weswegen H. A. Bernatzik (1947 a) einige ethologisch und soziologisch sehr vernünftige Vorschläge zu ihrer besseren Eingliederung in die Zivilisationswelt ausarbeitete. Die Awaren gingen nach ihrer zwangsweisen Ansiedlung durch Karl den Großen an Seuchen zugrunde, denen sie als Nomaden in der Seßhaftigkeit nicht gewachsen waren (vgl. J. K. Homma und A. Ohrenberger 1954, A. Ohrenberger 1963).

Aus diesen Beispielen ist zu ersehen, daß hinsichtlich der Anpassungsfähigkeit eine grundsätzliche Tier-Mensch-Polarität nicht vorliegt. Wesentlich ist weiter, daß beim Menschen die Struktur der ethologischen Grunddeterminanten respektive Vergleichsebenen durch ökologische Detailanpassungen nicht verändert wurde. So wie der Haushund ungeachtet seiner zahlreichen Erscheinungsformen nach wie vor sozialer, strukturiertes Gelände bevorzugender, bodenlebender Jäger ist, hat auch der Mensch sein charakteristisches Aktionssystem, in das er durch Jahrhunderttausende genetisch hineingewachsen ist, niemals durchbrochen. Wo immer er Fuß faßte, suchte er nach dem erblich fixierten Existenzminimum an Lebensbedingungen und schuf es sich, wo nicht vorhanden, in Form von kulturellem Gebrauchsgut, mit dem er den Niveauunterschied zwischen ökologischem Angebot und endogenem Bedarf ausglich. Diese Leistung ist so groß, daß sich kein Geisteswissenschaftler des dahinter stehenden Stützgerüstes aus angeborenen Verhaltensweisen zu schämen braucht.

Gerade der Vergleich des artifiziellen Pufferungsgutes, mit dem der Mensch extreme Lebensräume für sich bewohnbar macht, gibt beste Auskünfte über die von ihm ererbtermaßen benötigte ökologische Situation. Betrachten wir unter diesem Aspekt die Wohnkonstruktionen des Menschen, so wird das primäre Streben nach Deckung deutlich. Windschirm, Höhle, Iglu, Zelt, Hütte, Haus, Wohnturm oder Palast – sie alle zeigen, abgesehen von vielen anderen lokalökologischen Merkmalen, diesen wesentlichen Bedürfniskern. Gleiches tritt zutage, wenn man die Sitzplatzwahl bei der Rast im freien Gelände, im Kaffeehaus, im Eisenbahnwagen oder im Auto beobachtet. Geborgene Winkel mit Rückendeckung und guter Aussicht werden bevorzugt. Unser infolge der frontalgestellten Augen relativ kleines Blickfeld und der jederseits nur knapp 90° betragende Drehwinkel des Kopfes spielen bei dieser Rückwärtsfurcht eine Rolle. Bei schwierigen Entscheidungen holt sich der Beamte »Rückensicherung« und »Rückendeckung« von seiten Vorgesetzter, »In-den-Rücken-Fallen« gilt als besonders heimtückische Handlung. Nach alter Western-Moral ist der »Schuß in den Rücken« das schmählichste Verbrechen. Enge, etwas winkelige Gäßchen bezeichnen wir ebenso als »heimelig« wie kleine Zimmer oder reich bepflanzte, abgeschlossene Gärten. Wir fühlen uns hier »geborgen«, wogegen Steppentiere, wie zum Beispiel Großtrappen, viele Antilopen oder Flugjäger eine Position mit freier Rundsicht bevorzugen. Blickwinkel und Drehbarkeit des Kopfes sind bei ihnen im Dienste der Geländekontrolle weitaus größer als bei uns.

Auch die Wohnplatzwahl und Siedlungsstruktur des Menschen ist charakteristisch. Während Steppenvölker Zelt- oder Hüttensiedlungen aufbauen und diese häufig mit Dornzäunen oder anderen sperrenden Hindernissen umgeben, wählen Urwaldvölker Lichtungen zum Wohnen oder schlagen sich welche aus. Aus der Substanz der Extremareale schaffen sich beide Kulturformen letztlich den »gemeinsamen Nenner« eines locker strukturierten, nach außen abgesicherten, guten Ausblick bietenden Wohnbereiches. Wo immer Klima und Boden es zulassen, betätigt sich der Mensch als Landschaftsgestalter, indem er rodet und neu bepflanzt, Erdreich abträgt und aufwirft, Steine ausgräbt und zu Mauern stapelt oder die Umgebung sonstwie verändert. Endresultat ist, außer bei Kindheitsprägung auf Extrembiotope, zumeist das locker strukturierte, mäßig bewachsene, gemeinhin als »lieblich« bezeichnete Gelände, das ungefähr jener Landschaft entspricht, die nach G. Heberer (1969) durch Rückgang des Baumwuchses und Schwund der Wälder entstanden ist und den Primaten die Fortbewegung zu ebener Erde aufzwang.

Für diese Zusammenhänge sehr aufschlußreich ist die Betrachtung unserer Hochkultur mit ihren zivilisatorischen Luxurierungstendenzen, aus denen spontane Wunschzielrichtungen abgelesen werden können. Tatsächlich wagen nicht einmal die borniertesten Technokraten eine Zukunft ohne Wälder, saubere Gewässer und reine Luft anzubieten. Sie alle versprechen die Neuschaffung alter Zustände auf industrieller Basis. Das technische Zukunftsbild wird gar nicht als eine rein technische Welt, sondern immer nur als ein technisiertes und daher leichter konsumierbares »Adam-und-Eva-Paradies« entworfen. Die Architekten und Ingenieure unserer neuen Industriestädte, Wohnsilos, Autobahnen, Flugplätze und sonstiger Superstrukturen denken selbst keinesfalls daran, in dieser Kunstwelt zu leben, sondern bauen sich in den traditionell »schönen« Landschaften Atriumhäuser oder abgeschlossene Villen mit Gärten und Parkanlagen. Auch Urlaubsprospekte von Reisebüros propagieren niemals die sogenannte »Schönheit der Technik« durch Aufforderung zum Besuch von Ölfeldern und Hochofenanlagen, sondern werben durchwegs mit jenen Landschaftsformen, die schon unsere Ahnen durch

Jahrhunderttausende bevorzugt haben. Offensichtlich wissen die Fremdenverkehrsmanager weit besser um humanökologische Grundprinzipien Bescheid als so mancher Soziologe (vgl. N. Calder 1967, A. H. Hawley 1950). Ganz allgemein macht sich, von der Industrie weidlich ausgenützt, ein Trend zu ursprünglicheren Lebensformen bemerkbar. Campingwesen, Jagdhüttenzauber, Segelromantik sind heute beim Großstadtmenschen sehr gefragt. Dies wäre sicher nicht der Fall, stünden dahinter nicht ererbte und teilweise wohl recht alte Spontanbeziehungen zu Umweltstrukturen und umweltbezogener Tätigkeit.

Sehr beachtenswert sind schließlich auch die in bestimmten, vor allem hochtechnisierten Lebensräumen auftretenden psychophysischen Schädigungen und deren verursachende Komponenten. Da ist zum Beispiel die beim Überqueren großer freier Flächen, nicht aber in strukturierter Gegend auftretende »Platzangst« als Zeichen unterbewußter Furcht vor Deckungslosigkeit. Ihr Gegenstück ist die fast generelle Scheu des Menschen vor körperbehindernd engen Räumen. Das Durchkriechen längerer schlauchartiger Höhlen bedarf einiger Überwindung und wird von Kindern häufig als Mutprobe bewertet. Offensichtlich haben wir es hier mit einer angeborenen Furcht vor dem Verklüften und Steckenbleiben zu tun, die ein stets neugierig explorierender Höhlenbewohner vom Typ des Menschen dringend braucht. Für ein Lebewesen strukturierten Geländes ebenfalls notwendig ist das Absturzgefahr signalisierende, hauptsächlich in den Knien spürbare und zum Hinsetzen zwingende Schwindelgefühl. Es tritt vorwiegend bei Vorhandensein einer perspektivischen Verbindungslinie zur Erde auf, wogegen der für den Bodenläufer nicht »vorgesehene« Blick aus dem Flugzeug kaum schwindlig macht. All das ist Beweis dafür, daß der Mensch spezielle Umweltanpassungen besitzt, die er nur mittels Selbstüberwindung und Training in begrenztem Maß zu durchbrechen vermag.

In einem strukturierten Gelände, das infolge des Deckungsreichtums nur teilweise zu überschauen ist, bedarf ein tagaktiver Jäger, der zugleich Gejagter ist, größter Wachsamkeit, besonders aber guter Orientierungsgabe und schneller Reaktionsfähigkeit. Alle diese Eigenschaften besitzt der Mensch. Die stereoskopische Funktionsweise und starke Beweglichkeit der Augen, die rasche, wenngleich auch nicht sehr weite Drehbarkeit des Kopfes, das mit den Augen kooperierende Gehör und für den Nahbereich die sensible Tast- und Greifhand sind bestes anatomisches Rüstzeug. Unser Wort »begreifen« für »verstehen« demonstriert die Vorstellungswelt eines taktil begabten, gut raumorientierten Lebewesens. Allerdings funktioniert unsere Raumintelligenz vorwiegend im Horizontalbereich. G. J. v. Allesch (1931) hat bewiesen, daß uns im Beurteilen vertikaler Raumprobleme baumlebende Halbaffen weit überlegen sind. Daran ändert auch unser mit der kräftigen Stützzehe zum Aufwärtssteigen oder Überwinden von Bodenhindernissen hervorragend geeigneter Fuß nichts, der ja doch einer Standebene bedarf.

3.4 Die soziale Struktur des Menschen

Der Mensch ist seiner Erbausstattung nach ein *Kleingruppenwesen*, das seine Fähigkeiten am besten in der Zehn- bis Zwanzig-Mann-Sozietät entfaltet. Tiefenpsychologen befürworten eine Idealgruppe von sieben bis acht Mitgliedern. Interessant in diesem Zusammenhang sind die Versuche von O. Koehler (1949, 1952) über »unbenanntes Zählen« bei verschiedenen sozialen Tieren, die sukzessiv und simultan Zahlen bis sieben einwandfrei abhandeln. Der Mensch bringt es während Sekundenbruchteilen bis acht. Möglicherweise ist spontanes Zahlenerfassen biologisch insofern wichtig, als damit der intraspezifische Gruppenverband mit einem kurzen Blick auf Vollständigkeit überprüft werden kann. Die Kunst des Operierens mit Zahlwörtern ist ja sehr jung. Manche von der Zivilisation nicht beeinflußte Naturvölker zählen noch heute wie in früherer Zeit benannt nur bis vier. Gruppenbezogenes Zählen hat übrigens nur in der Kleinsozietät Sinn, wo dank der geringen Kopfzahl ein Mitglied das andere persönlich kennt, mit ihm in Wechselkontakt steht und wichtiges Glied mehrdimensionaler Rangordnungen ist, das bei Ausfall empfindliche Lücken zurückläßt. Nirgendwo werden Lern- und Merkfähigkeit intensiver und ausdauernder trainiert als gerade in solchem Kleingruppenkontakt.

Der Begriff »Kleingruppe« ist in der Ethologie nicht näher definiert, weil man bisher vorwiegend Tiersozietäten untersucht hat, für die weitgehend gleichrangige Termini wie Horde, Rudel, Schar, bei Vögeln Flug, Kette, Schwarm, Verband etc. gebräuchlich sind. Niemand wird Anstoß nehmen, wenn einmal von einer Gruppe, dann wieder von einer Familie oder einer Horde Schimpansen gesprochen wird. Für den Menschen bedarf es jedoch klarerer Begriffsbestimmungen, um von anderen Disziplinen nicht mißverstanden zu werden. Was der Ethologe gemeinhin unter Kleingruppe versteht, entspricht der soziologischen »Primärgruppe« (Ch. H. Cooley 1909). Wegen des zeitbezogenen Wortes »primär« ist dieser Begriff für die andauernd mit phylogenetischen und historischen Elementen operierende Kulturethologie jedoch nicht ohne weiteres anwendbar und scheint hier besser durch »Elementargruppe« ersetzt, zumal die Soziologie selbst nachweist, daß Primärgruppen in allen Sozietäten spontan entstehen. H. Schoeck (1969) schreibt dazu: »... sind Menschen, in allen Gemeinschaften, in der Gegenwart genau wie in den ältesten uns bekannten Kulturen oder bei den Naturvölkern, von Primärgruppen abhängig, stets auf solche eingestellt und hauptsächlich durch solche kontrollierbar...« Dieser auch im praktischen Leben zur Geltung kommenden Erscheinung wird von Großbetrieben, Massenorganisationen und dem Militär größte Aufmerksamkeit geschenkt, vor allem auch in den USA, wo intensive soziologische Auftragsforschung betrieben wird (A. P. Hare 1962, G. Lüschen 1966). Speziell im Hinblick auf das Funktionieren von Spähtrupps, U-Boot-, Panzer-, Flugzeug-, Geschützbesatzungen etc. ist die intakte Elementargruppe wichtig (vgl. R. Cunis 1967, W. Mosen 1967). Es ist funktionscharakteristisch, daß man im politischen Kampfbereich dafür die Bezeichnung »Zelle«, also die eines biologischen Bausteines wählte. Aus der »Vis-à-vis-Bindung« der Gruppenmitglieder resultiert das »Wir-Gefühl« als wichtigster Katalysator sozialen Lebens.

Die ursprünglichste Elementargruppe ist zweifellos die aus Männern, Frauen und Kindern zusammengesetzte, fortpflanzungsfähige und somit der Arterhaltung dienende Verwandtschaftsgruppe, die etwa dem entspricht, was man vor allem im bäuerlichen Bereich unter »Großfamilie« versteht (vgl. W. H. Riehl 1854–1869, P. R. Hofstätter 1957). Das von J. v. Lawick-Goodall (1971) geschilderte Gruppenleben der Schimpansen dürfte ungefähr jenem des Australopithecus entsprechen und stellt eine durchaus mögliche soziale Vorstufe urmenschlicher Jägerfamilien dar, denen die von P. Farb (1968) geschilderten jagenden Eskimogruppen noch recht nahekommen dürften. Auch in den zahlreichen bäuerlichen, hinsichtlich der zusammenwirkenden Gehöfte respektive Familien recht genau präzisierten Nachbarschaftshilfen manifestieren sich archaische Kleingruppentendenzen. M. Hornung (1964) wies im Raum Kals (Osttirol) sogar feine, die einzelnen Nachbarschaften unterscheidende sprachliche Charakteristika nach. Vor allem Jugendliche zeigen generell die starke Tendenz zur freundschaftlich bindenden und wechselweise verpflichtenden Kleingruppe, wie bereits die traditionelle Jugendbewegung im Sinne von Pfadfindern, Wandervögeln und Bündischer Jugend zeigt. Das sogenannte »Patrouillensystem« von L. Baden-Powell (1949), die Beschreibung von »Horden« und »Gruppen« von A. Tesarek (1927) sind typisch dafür. Während es sich hier aber in starkem Maß um Attrappenkonstruktionen handelte, deren Organisationsbetrieb neben dem Familienleben zeitbegrenzt ablief, versuchen Jugendliche der Gegenwart, offenbar bedrückt von der Unerträglichkeit moderner Vermassung, in Form von Kommunen echte biologische »Urhorden« aufzubauen (vgl. L. und O. M. Ungers 1972). Diese sehr emotionsgeladenen Experimente sind früher oder später allerdings zum Scheitern verurteilt, weil sie nicht wie die alte Großfamilie genetisch gewachsene, altersgestaffelte und im Generationswechsel sich erneuernde Einheiten, sondern späte Konglomerate unabhängig voneinander aufgewachsener Individuen meist ein und derselben Generation darstellen, die überdies keinem unvermeidbaren Außendruck preisgegeben sind. Für den Angehörigen einer Wildbeuterfamilie in Urwald oder Savanne bedeutet Loslösung von seiner Gruppe den Tod, wogegen jedes halbwegs anpassungsfähige Kommunenmitglied in den Verwandtschaftsbereich oder andere Sozialverbände zurückkehren kann.

Ein weiteres Charakteristikum der Menschensozietät ist die geschlechtsdimorphe Ausstattung. Während die Schimpansengruppe, abgesehen von Fortpflanzungs- und Verteidigungsfunktionen, keinerlei geschlechtlich bedingte Arbeitsteilung kennt, war offenbar bereits der frühe Vormensch aufgrund angeborener Verhaltensweisen arbeitsteilig. Die morphologisch-anatomischen, physiologischen und psychologischen Unterschiede zwischen Menschenmann und Menschenfrau sind bei allen rezenten Formen so gravierend, daß man sie nur aus einer uralten, schon an der frühen Wurzel auftretenden, der Lebensraumbewältigung dienenden Pflichtentrennung heraus erklären kann, die männlicherseits Raumerschließung, Reviermarkierung, Nahrungsbeschaffung, weiblicherseits in erster Linie Kinderaufzucht, Wohnplatzbetreuung und Nahrungsaufbereitung vorsah. Dazu kommt der in seinen Grundelementen angeborene Werkzeuggebrauch, der unter verschiedenen Aktionstendenzen teilweise zu ebenfalls geschlechtstypisch spezialisierten Geräten führen mußte. Dadurch wird bei einem sozialen Lebewesen die Bildung von eingeschlechtlichen Aktionsgruppen gefördert, wie wir sie in den männlichen Jägerhorden der Urmenschen besonders ausgeprägt vorfinden. Der dem oft gefährlichen »Außendienst« obliegende Mann zeigt stärkere gleichgeschlechtliche Gruppentendenzen als die von früh an eher orts- und kindgebundene Frau. Zweifellos verfügen beide Geschlechter über die gesamte Verhaltensausstattung der Art, sind aber hinsichtlich Kräftepotential und Spontaninteresse deutlich unterschieden. Man bringe nicht als Gegenbeweis den stundenlang voller Hingabe das Auto putzenden, einer emsigen Hausfrau anscheinend durchaus vergleichbaren Mann. Was er putzt, ist aus seiner Sicht nämlich nicht familiäres Gebrauchsgut, sondern weit mehr »Imponierorgan« und »Waffe«.

Handelt es sich bei der ökologischen Funktion und der ökologischen Situationseinpassung um lebensraumbezogene Verhaltensweisen, so ist die Sozialstruktur, obzwar von diesen beiden Leistungsebenen stark abhängig, ausschließlich auf den Artgenossen ausgerichtet. Folglich haben wir es hier, wo die Art in sich selbst wirkt, mit den stabilsten angeborenen Systemen zu tun. Jede Änderung der ererbten sozialen Innenstruktur käme einem Artwandel gleich. O. Heinroth (1910) und Ch. O. Whitman (1899) fanden intraspezifische Verhaltensweisen wie etwa Demuts-, Gruß- und Imponiergesten dank ihrer Starrheit zur Klärung zoologisch-systematischer Detailfragen besonders gut geeignet. Jeder umgestaltende Eingriff in die Sozialstruktur des Menschen, vor allem wenn er der wissenschaftlichen Basis entbehrt und vorwiegend aufgrund ideologischer Konstruktionen erfolgt, belastet nicht nur das Einzelindividuum, sondern gefährdet die ganze Population. Es gibt keine positive Gesellschaftspolitik ohne ethologisches Wissensfundament.

Wie schon früher festgestellt, stehen die Verhaltensinhalte der dargelegten vier Vergleichsebenen in enger gegenseitiger Wechselwirkung und bestimmen in jeweils unterschiedlicher Kombination die Aktionen der Lebewesen. Demgemäß enthält das menschliche Jagdverhalten neben den ökologischen Aspekten des Erlebens, Ausnützens und Überwindens von Landschaftsstrukturen auch starke soziale Komponenten wie Sicherung der Gruppenernährung, Imponiergehaben oder im Fall kollektiver Beutezüge die gesellige Kooperation. Verschiedene Filme der Encyclopaedia cinematographica (Göttingen) über Jagen und Fischen bei Naturvölkern zeigen recht anschaulich solch elementares menschliches Gruppenagieren (R. Fuerst 1962, H. Schultz 1962 a, b, c, d), das wahrscheinlich eine für den Menschen äußerst typische, seine Jäger-, Raum- und Sozialintelligenz gleichermaßen beanspruchende Leistung ist. Diese Art der Jagd finden wir in allen Kulturen gut ausgeprägt. Einkreisen, Absperren, Verlappen oder Treiben in Abgründe sind von der Frühzeit des Menschen her nachgewiesene, je nach technischen Möglichkeiten ausgeführte Methoden zur Erbeutung von Wild (vgl. K. Leeder 1918). In der Barockzeit erfährt die kollektive Jagd einen gesellschaftlichen und technischen Höhepunkt, dem wohl nur die großen Jagden der chinesischen Kaiser ebenbürtig sind (vgl. W. Böttger 1960). In der Zivilisation, wo Jagd zur Katharsis geworden ist, gewinnen die sie ummantelnden gesellschaftlichen Aktionen stark an Bedeutung, wie einschlägige Schilderungen in Jagdzeitungen oder Beschreibungen des Jagdbrauchtums in Lehrbüchern deutlich zeigen (Oberländer [o. Vorn.] 1900).

Angesichts der Tatsache, daß der Mensch bis in die jüngste Neuzeit außerhalb polarer Zonen keine Möglichkeit besaß, größere Frischfleischmengen verderbsicher aufzubewahren, wird die Neigung zur Einpferchung von Tieren voll verständlich. Der primitive Jäger, dessen nach moderner Vorstellung recht einfache Waffen nur geringe Reichweite und Treffsicherheit besitzen, muß jede Möglichkeit des Zusammenraffens wahrnehmen. Er entwickelt daher genetisch keinerlei Limiteinstellungen oder Schontendenzen. Bedenkenlos und ohne Hemmung vor Quälereien wird der Frühmensch Beutetiere, die er nicht sofort verzehren, verteilen oder durch Räuchern und Trocknen konservieren konnte, lebendig aufbewahrt haben. Römischer Zirkus, Hetztheater oder Gatterjagd basieren neben der Neigung zum Einkreisen auf solcher Indifferenz gegenüber fremden Schmerzen. Die Qual des gefesselten Vogels, das Ersticken des an Land gebrachten Fisches darf einen Urjäger nach Art des Menschen ebensowenig stören, wie eine Schlupfwespe mit der als Larvennahrung dienenden Raupe »fühlt«, die sie mittels raffiniert herausselektierter Verhaltensweisen nicht tötet, sondern nur lähmt, damit sie länger frisch bleibt (vgl. E. Königsmann 1971). Ein Fischer, der mit Nahrung für die Familie mehrere Stunden unter praller Sonne heimrudert, ist am möglichst langsamen Sterben seiner Fische interessiert. Da die Lebensräume mit ihrer Speisenfauna so verschiedenartig und die psychophysischen Möglichkeiten des Menschen zur Erbeutung von Lebewesen so breit gefächert sind, verfügt er weder über eine bestimmte Tötungskoordination noch über ein spezielles Beuteschema. Die Unterscheidung zwischen Beute und Nichtbeute erfolgt weitgehend im Lernbereich.

Bei der Diskussion über das heute so brennende Problem zwischenmenschlicher Aggression muß dieser Feind-Beuteaspekt berücksichtigt werden. Ganz abgesehen davon, daß die Menschheit aus mehreren Arten besteht und daher aus ethologischer Sicht eine a priori vorhandene globale Verträglichkeit gar nicht erwarten läßt, sind die Merkmale einer fremden Sprache und Tracht überaus gravierend und können innerhalb ein und derselben Völkerschaft als trennender »Artunterschied« zur Geltung kommen. Ja sogar die Unterschiede zwischen Alter und Jugend wirken sich in dieser Weise aus (K. Lorenz 1971). Zusammen mit der Tatsache, daß Jagen, Töten und Essen schon bei höheren Säugetieren wie Katzen und Hunden, um so mehr aber beim Menschen keiner festen Instinkthierarchie unterliegen und fallweise isoliert auftreten, ist dies ein ergiebiger Nährboden für Grausamkeiten. In Massenhinrichtungen, Kesselschlachten, Konzentrationslagern und Folterungen tritt die Komponente urmenschlicher Beutebehandlung ebenso klar zutage wie in den Hühnerbatterien, Mastviehboxen, im Heranziehen blutarmer Kälber oder im brachialen »Gänseschoppen«. Die Bedeutungsverwandtschaft zwischen Feind und Beute kommt bei W. Böttger (1960) zum Ausdruck, der zu altchinesischen Jagdmethoden folgendes bemerkt: »Jagd und Krieg standen in engem Zusammenhang. Die Großjagden schlossen sich zumindest während der Chou-Zeit an die ebenfalls jahreszeitlich stattfindenden Truppeninspektionen und Manöver an und dienten zugleich der Kriegsertüchtigung. Alle mit ihnen verbundenen Maßnahmen gehörten zum Ressort des Kriegsministers. Die Befehlsübermittlung bei der Jagd glich der im Kriege geübten, und die Behandlung des erbeuteten Wildes unterschied sich nicht von der erschlagener Feinde.«

Ein für die Betrachtung des Aggressionsproblems wichtiger Aspekt ist auch die schon von H. Dathe (1972) anhand vieler Tierbeispiele aufgezeigte Tatsache, daß die Reichweite sozialer Demuts- und Beschwichtigungsgebärden geringer ist, als man für gewöhnlich annimmt. Sie funktionieren nämlich vorwiegend innerhalb des persönlichen Bekanntenkreises und auch dort meist nur, wenn der im Imponierduell oder Kommentkampf Unterlegene dem Sieger ausweichen kann. Andernfalls folgt nicht selten unbarmherzige Vernichtung. Ob sich dies handgreiflich in der Begrenztheit eines Aquariums, Geheges, Gefangenenlagers abspielt oder mehr auf verbaler Ebene im Betriebsraum, in der Werkhalle, im Büro, macht keinen grundsätzlichen Unterschied. Die härtesten und konsequentesten Kämpfe entstehen häufig dann, wenn ein Ernstkonflikt zwischen guten Freunden ausbricht. Ein historisches Beispiel ist die Schlacht von Malplaquet 1709, wo sich die in französischem Dienst stehenden, nach der Waffenrockfarbe benannten »Roten Schweizer« und die von Holland angeworbenen »Blauen Schweizer« völlig unerwartet gegenüberstanden. Obwohl zum Teil aus denselben Talschaften stammend und miteinander gut bekannt, traten sie nach Überwindung des Überraschungsmoments, wo Verbrüderung oder Kampf auf Messers Schneide standen, gegeneinander an. Diese Schlacht ohne »Pardon«, wo es keine Gefangenen gab, sondern nur Tote oder Verwundete, die man hilflos sterben ließ, wurde zur blutigsten des Erbfolgekrieges. Alles in allem besteht die menschliche Aggression aber nicht in einigen umreißbaren, auf den Menschen gemünzten Bösartigkeiten, sondern in vielfältigen Antworten eines sozialen, territorialen, strukturiertem Gelände angepaßten Wildbeuters auf die Anforderungen seiner Umwelt. Wo in Zivilisationsbereichen echte Kleingruppenstrukturen zugunsten anwachsender Anonymität verlorengehen, Individualdistanzen zusammenschrumpfen und echte, Aggression im Sinne von »aggredi« (an etwas »herangehen«, vgl. O. Koenig 1971) verbrauchende Aufgaben fehlen, steigt die innerartliche Kampfbereitschaft zwangsläufig an.

Der Bekanntheitsgrad wirkt sich unter Umständen sogar zwischenartlich befriedend aus und ermöglicht die Stiftung pseudosozialer Beziehungen, wie diverse Entschuldigungsriten und Ehrungen zeigen, die wohl auch aus Angst vor der Rache der Tierseele zelebriert werden. Die sibirischen Jakuten beispielsweise versichern dem getöteten Bären bei der zu seinen Ehren abgehaltenen Feier, er sei von den feindlichen Russen oder einem Felssturz erschlagen worden. Ein Goldenlied erzählt von einem aus dem Jenseits zurückgekehrten Bären, der das Kind jener Mutter umbringt, die auf seinem Erlegungsfest nicht im Festtagsschmuck getanzt hatte (vgl. H. Findeisen 1956). Die zweifellos aus der ursprünglich nur »aufbewahrenden« Eingatterung entstehende echte Tierhaltung und Haustierzucht fußt auf persönlicher zwischenartlicher Beziehung. Auch der »Burgfriede«, demzufolge Raubtiere Beute in ihrem eigenen Wohnbereich schonen, beruht zum Teil auf der Wirkung persönlicher Bekanntschaft. Zu wahren Exzessen gelangt die interspezifische Sozialbeziehung im großstädtischen Ballungsraum, wo Haustiere oft zu perfekten artgenössischen Attrappen für vereinsamte Menschen werden.

Die in dieses Kapitel hereingehörende, hier aber ausgeklammerte Thematik der menschlichen Eheform und Sexualität wird unter Einbeziehung psychologischer Aspekte S. 456 ff. behandelt.

4. Schlußbemerkung

Wie der mittels vier Verhaltensdeterminanten respektive Vergleichsebenen vorgeführte Gesamtbefund zeigt, stellt der Mensch in bezug auf Intelligenzsummierung eine maximale Leistungskombination dar, indem er auf der Basis extremer Hirndifferenzierung Jäger, Bewohner strukturierten Geländes und Kleingruppenwesen ist. Aus anthropomorpher Sicht besonders »intelligente« Tiere wie etwa Hunde oder Delphine zeigen innerhalb der Vergleichsebenen analoge Merkmalsgruppierungen, nämlich Jagdveranlagung, gute Raumorientierung und Einstellung auf die Kleinsozietät, wobei sich die erstaunlichen Spitzenleistungen der Delphine aus deren dreidimensionaler Raumausnutzung und dem subtilen Instrument ihres Echolotsystems erklären, womit sie uns auf dem Orientierungssektor um viele Längen schlagen. Die hohe Intelligenz der pflanzenfressenden Elefanten wiederum hängt mit dem Rüssel als hochempfindlichem, der menschlichen Hand vergleichbaren Tast- und Greiforgan aufs engste zusammen. Bei welcher Tierart immer man die Probe aufs Exempel macht, tritt die Wechselwirkung zwischen Intelligenzleistung und den vier Vergleichsebenen klar zutage. Daraus geht hervor, daß die Komplexqualität eines Aktionssystems und die Struktur seiner Teilphänomene ohne ökologische Verhaltensanalyse nicht erfaßbar sind. Das gilt in vollem Umfang auch für die kulturellen Leistungen des Menschen und im speziellen Fall für die vielschichtigen Realisations- und Auswirkungsformen der Augenornamentik und des Augenzaubers, die ja letztlich, abgesehen vom phylogenetischen Erbe, aus der Konfrontation des Menschen mit seiner Umwelt resultieren.

Die in diesem Kapitel entworfenen Grundzüge des menschlichen Aktionssystems sollen nun weder besagen, daß der Mensch nicht auch fähig wäre, in großen Städten zu leben, noch enthalten sie den solchen Aussagen oft unterstellten ideologischen Kern eines Aufrufes zur Rückkehr in die steinzeitliche Jägerhorde. Wohl aber sollen sie zeigen, mit welchen Faktoren der Psychologie, Städtebauer, Pädagoge, Politiker oder was es sonst an Mitgestaltern moderner Daseinsbereiche gibt, zu rechnen haben und was alles sie berücksichtigen müßten, um ein humaneres Endergebnis zu erreichen, als wir es in den heutigen überzivilisierten Lebensformen verwirklicht sehen.

II. Allgemeiner Teil

4. Methodik

Die hier vorgelegten Ergebnisse fußen auf dem Gedankengut der Vergleichenden Verhaltensforschung oder Ethologie (vgl. I. Eibl-Eibesfeldt 1967, K. Lorenz 1943, 1948, 1960 e, W. Wickler 1970 b) und entstanden mit Hilfe der in dieser Wissenschaft bewährten Methoden (K. Lorenz 1957). Unter der naturwissenschaftlichen Annahme, daß alle Phänomene unserer Welt ein und demselben Komplex einander einschließender Gesetze gehorchen, wird versucht, auf induktivem Weg, also vom Besonderen zum Allgemeinen fortschreitend, generelle Verhaltensregeln aufzudecken. Grundannahme jeder naturwissenschaftlichen Betrachtungsweise ist eine durchgehende Kausalität sämtlicher Entwicklungsvorgänge. Gleichwohl tritt in der Ethologie öfters die Frage nach dem »Zweck« der einzelnen Erscheinungen auf, die den Eindruck finalistischer Auffassungsweisen erwecken könnte. K. Lorenz (1957) sagt dazu S. 19:

»Für den historisch kausalanalytisch denkenden Naturforscher bedeutet die Frage ›Wozu hat die Katze spitze, krumme Krallen?‹ nichts anderes als: ›Welche Funktion ist es, deren arterhaltender Wert jenen Selektions-Druck erzeugte, der zur Heranzüchtung dieser Merkmale geführt hat?‹ Wenn wir auf dieselbe Frage antworten: ›Damit sie Mäuse fangen kann‹, so meinen wir mit dieser abgekürzten und nicht ganz exakten Ausdrucksweise genau dasselbe. Der Phylogenetiker ist der letzte unter allen Naturwissenschaftlern, der je vergißt, daß die sogenannte *Finalität* nur ein Richtungspfeil ist, den wir post festum über den Geschehnissen der Stammesgeschichte angebracht haben.«

Diese Aussage gilt in vollem Umfang auch für kulturelle Bereiche. Obgleich hier das subjektive Erleben des »freien Willens« oft eine Kausalitätsunabhängigkeit vortäuscht, hat sich der Mensch in Wahrheit niemals von biologischen Gesetzmäßigkeiten gelöst (S. 36 ff.). In der Kulturethologie figuriert er daher ganz im Sinne von C. Linné (1758) als Zweig des Primatenstammes, was G. P. Baerends (1973) aus heutiger Sicht so ausdrückt: »Der Mensch ist das gerade in seinem Verhalten komplizierteste Tier, das wir kennen.«

Für den Ethologen steht der Mensch samt seiner Kultur in der Einheit aller Lebewesen und wird daher nach denselben Gesichtspunkten untersucht. Die Kulturethologie entstand aus dem objektiven Interesse an den Erscheinungsformen des Lebens und dem Streben, dahinterzukommen, wie diese »Spezies Mensch« denn eigentlich agiert und funktioniert, gleichgültig, in welche Position sie bei nachfolgender subjektiver Betrachtung gerät. Der vielleicht oft willkürlich und sprunghaft erscheinende kulturethologische Vergleich zwischen verschiedenen Völkern und Zeitepochen ist zwecks Herauslösung der Gesetzlichkeiten kultureller Phänomene nicht weniger berechtigt als etwa in der Paläontologie, wo anhand einzelner Formen verschiedenster erdgeschichtlicher Epochen glaubwürdige Ganzheiten rekonstruiert werden. Dabei helfen die aus rezenten Ökosystemen erkannten Grundprinzipien, wie sie Ökologie (vgl. W. Kühnelt 1965, 1970) und Ethologie (vgl. W. Wickler 1968) zu bieten haben. Dieses Wissen findet seinen Niederschlag in Anatomie und Morphologie (vgl. R. Hesse und F. Doflein 1935, M. Hilzheimer 1913, A. Portmann 1942), die wiederum der Paläontologie zugute kommen, indem sie Skelettfunde funktional verständlich machen (vgl. O. Abel 1912, 1929, H. K. Erben 1975). Ähnlich interdisziplinär arbeitet die Kulturethologie, wenn sie Entwicklungswege, Anpassungen und Funktionen rezenter kultureller Produkte in die Vergangenheit verfolgt oder ältere Formen zur Gegenwart in Bezug setzt. Die praktische Anwendung und Verwertung kulturethologischer Ergebnisse im Hinblick auf heutige gesellschaftliche Abläufe ist durchaus möglich und wünschenswert. In diesem sekundären Sinn sollte jede Grundlagenforschung wirklichkeitsbezogen sein. Einsame wissenschaftliche Tiefenbohrung um ihrer selbst willen unter Verlust jeglicher nachbarlicher Kontakte ist ebenso überspitzt wie ideologisch getönte Zweckforschung.

Die Analyse kultureller Phänomene wird problematisch, wo es um den Nachweis echter Verwandtschaft geht. Obgleich die Kulturentwicklung analog der Phylogenie verläuft, ist sie im einzelnen oft viel komplizierter. Bei der Entstehung von Lebewesen haben wir es mit einmaligen, unendlich langsamen Vorgängen zu tun (vgl. K. Lorenz 1965a, W. Marinelli 1948), deren exakte Wiederholung nicht vorkommt, weil das Lebewesen selbst Träger des Wandlungsgeschehens ist. Verändert sich eine Lebensform, so kann sie dies kein zweites Mal in gleicher Weise tun, weil ja nun das Ausgangsmaterial ein anderes ist. Viel größer sind die Möglichkeiten im Kulturbereich, wo der Mensch mit seinen Fähigkeiten und Motivationen die Matrix des Werdenden darstellt (vgl. A. Alland 1970, M. T. Liedtke 1972). Bei ihm ändert sich innerhalb der von uns überschaubaren Zeiträume im biologischen Sektor überhaupt nichts. Was heute ein Mensch aufgrund angeborener Antriebe denkt und gestaltet, kann vor hundert oder vor zweitausend Jahren genauso gedacht und gestaltet worden sein. Es muß also zwischen einer phönizischen blauen Perle gegen den »bösen Blick« und einer heutigen kleinasiatischen keine lineare Verbindung bestehen, selbst wenn sich für beide Formen weitgehend übereinstimmende Wandlungswege nachweisen lassen. Man hat zwei sehr ähnliche Stammbäume vor sich, deren Glieder ohne Schwierigkeit austauschbar sind, obschon keine direkte Verwandtschaft vorliegt. Darum ist es ja so leicht, im Dienste vorgefaßter, oft ideologisch getönter Meinungen aus Fakten unterschiedlicher Epochen und Gebiete Entwicklungsreihen oder andere Systeme aufzubauen. Eine kulturelle Kausalbeziehung ist damit nicht bewiesen, wohl aber die Tatsache, daß die elementaren, also angeborenen Denkweisen des Menschen weltweit sehr einheitlich sind und immer wieder gleiches hervorbringen. Zu der Häufigkeit »polyphyletischer« Entstehung kultureller Phänomene, die den Forscher zur Aufstellung angeblich homogener, in Wahrheit heterogen zusammengesetzter Entwicklungsreihen verleitet, kommt die sehr weitgehende, ja fast uneingeschränkte Vertausch- und Kombinierbarkeit kultureller Teilphänomene zu im phylogenetischen Sinn echten »Hybridformen«, denen im biologischen Bereich diverse natürliche Schranken« gesetzt sind. Diese meist nur schwer überschaubare kulturelle Vieldimensionalität zwingt zu größter analytischer Vorsicht.

Im Gegensatz zu den methodisch gebundenen Hilfswissenschaften wie etwa Mikroskopie, Kinematografie und Fotografie, ist eine Wissenschaft in erster Linie von der Fragestellung her determinierbar, in die jedes geeignete Objekt einbezogen werden kann. So ist es auch durchaus legitim, mit den Betrachtungsweisen der Verhaltensforschung an die Erscheinungen menschlicher Kultur heranzugehen. Der Terminus Kulturethologie liegt auf gleicher Ebene wie die Bezeichnungen Kulturmorphologie (vgl. L. Frobenius 1898), Kulturanthropologie (vgl. W. E. Mühlmann 1963) oder Kultursoziologie (vgl. A. Weber 1931), mit denen andere wissenschaftliche Aspekte gekennzeichnet sind. Der Fragestellung untergeordnet ist die Methodik, aufzufassen als dem jeweiligen Fall plastisch anpaßbares, entwicklungsfähiges Hilfsmittel, nicht aber als introvertiertes Fachcharakteristikum oder dogmatisches Ritual. Man denke etwa an die Archäologie, die bereitwillig ihre althergebrachte Methodik durch neue chemische und physikalische Verfahren erweitert hat.

Die Vorgangsweise des mit Tieren arbeitenden Verhaltensforschers besteht im geduldigen Beobachten wie auch im Bestreben, mit einzelnen Individuen oder Sozietäten durch langes, intensives Zusammenleben engeren Kontakt aufzunehmen (vgl. O. Koenig 1943, P. und K. Krott 1963, J. v. Lawick-Goodall 1971), und fallweise im überprüfenden Experimentieren. Eine Direktbefragung seines der differenzierten Sprache entbehrenden Forschungsobjektes ist ihm, genau wie dem mit Kleinkindern befaßten Kinderpsychologen, nicht möglich. Notwendigerweise stimmen diese beiden Sparten methodisch stark überein, wodurch gerade die Kinderpsychologie für die Ethologie ein guter Mittler zum Humanbereich wurde (vgl. K. Bühler 1949, S. Klimpfinger 1950, O. Koenig 1954, 1956). In der Ethnologie herrschen andere Verhältnisse. Egal ob am eigenen oder am fremden Volk betrieben, immer stehen Auskünfte von Gewährsleuten im Vordergrund, deren Zustandekommen und Qualität allerdings stark von der aktuellen Situation abhängig ist. Zwei Beispiele seien herausgegriffen. Die Volkskundlerin I. Peter (1952) untersuchte in Österreich das »Gaßlgehen« oder »Fensterln« und sammelte alte »Gaßlsprüche«, wie sie heute kaum noch verwendet werden. Die Wissenschaftlerin war schon von der Materie her völlig auf Mitteilungen angewiesen und bemerkt dazu folgendes: »Und gerade einer Frau gelingt es vielleicht leichter, alte Männer – vorwiegend handelt es sich nämlich bei Gewährsleuten um solche – über das Urthema Liebe zum Sprechen zu bringen, sie wären ja keine Männer, wenn es ihnen nicht auch jetzt noch Vergnügen bereiten würde, einem weiblichen Wesen anschaulich zu machen, welch schneidige Burschen sie zu ihrer Zeit einmal gewesen sind.« Um unerwartete Erschwernisse geht es im zweiten Fall. Als der Völkerkundler W. Hirschberg (1962) gemeinsam mit einem seiner schwarzafrikanischen Schüler Afrika bereiste, zeigte es sich, daß gerade die aus methodischer Sicht so positiv erscheinende Anwesenheit des Negers bei der eingeborenen Bevölkerung zeitweilig Mißtrauen erregte.

Zweifellos ist die Befragung eine äußerst diffizile Erkundungstechnik, bei der alles mögliche berücksichtigt werden muß. So kommt der Volkskundler B. Petrei (1972) durch Kontaktnahme mit vielen Personen unterschiedlichen Alters und Standes sowie auf dem Weg wiederholter Ortsbesuche zu oft ganz anderen Einblicken, als sie ihm eine einzige Gewährsperson vermitteln würde. Meist führt es zu guten Ergebnissen, wenn der Forscher mit der zu untersuchenden Bevölkerungsgruppe längere Zeit zusammenlebt (vgl. M. Block 1936, B. Malinowski 1940). Es sei hier auch an die sogenannte Wolfau-Methode von K. Gaal (1969) erinnert, die hinsichtlich des Intensivkontaktes sehr stark an ethologische Techniken anklingt. W. Dostal (1971) untersuchte in analoger Weise die Lebensformen in einem türkischen Dorf. Auch für unsere kuruethologischen Forschungen erwies es sich als zweckmäßig, lange an einem Platz zu bleiben und den Aufenthalt öfters zu wiederholen, um echte Kontakte entstehen zu lassen (O. Koenig 1969 a). Hingegen ist kurzfristige Anwesenheit, gekoppelt mit einem umfangreichen Forschungskatalog, zumeist ein guter Boden für Fehlerquellen.

Amerikanische Werbetechniker und Public-Relations-Manager haben Direktbefragungen in der Situationsermittlung aufgegeben, nachdem die Umsetzung der Auskunftsresultate in die Wirtschaftspraxis häufig zu Mißerfolgen führte (vgl. V. Packard 1962). Eine vorwiegend auf ideelle Grundlagenforschung ausgerichtete Wissenschaft wird allerdings mit durch Nutzanwendung ans Licht gebrachten Unstimmigkeiten ihrer Ergebnisse nicht konfrontiert. Sie erlebt nicht, was jeder Firma passiert, die ihre Produktions- und Verkaufsformen nach verfälschenden Prestige- und Imponierantworten des befragten Kundenkreises ausrichtet. Die wissenschaftliche Wahrheitsfindung kommt durch das Ausbleiben solcher in gewissem Sinn »schmerzhafter« Gegenproben in die Gefahr des Realitätsverlustes. Die Werbeabteilungen der Industrie verlegten sich nach anfangs mit Erstaunen registrierten Fehlschlägen auf die Technik des Tests, der indirekten Befragung oder des zwanglosen Gruppengesprächs, das auf Band aufgenommen und später ausgewertet wurde, sowie auf intensive Beobachtung des Käufers. Die neuen Resultate, den früheren oft diametral entgegengesetzt, erwiesen sich in der Praxis als richtig.

Es ist natürlich naheliegend und verlockend, einen Mitmenschen, dessen Sprache man spricht, nach verschiedenen Dingen seines Lebenskreises ganz unverblümt auszuholen, um sich auf kurzem Weg die angestrebte Kenntnis zu verschaffen. Solcherart erlangte Auskünfte bedürfen aber immer einer genaueren Überprüfung. So suchten beispielsweise Wilhelminenberger Mitarbeiter in einer Ortschaft nach einem sogenannten »vieräugigen Hund«, erhielten aber überall die Auskunft, man wisse nicht, was darunter zu verstehen sei. Aufgrund näherer Erklärungen wurde die Existenz eines derartigen, infolge heller Überaugenflecke »dämonensichtigen« Tieres entschieden verneint. Als die Mitarbeiter schließlich doch ein solches entdeckt hatten, stellte sich heraus, daß die meisten der Befragten sowohl den Hund als auch die Bedeutung der »Vieräugigkeit« genau kannten. Man wollte nur eben nicht darüber reden, weil es heute als »unmodern« gilt, an magische Dinge zu glauben, und schon allein durch deren Kenntnis der Eindruck von Rückständigkeit entstehen könnte. Ein anderer Fall zeigt, wie mitunter Wortwahl und Vorwissen des Fragestellers die Antwort beeinflussen. Wir sprachen mit Fischern am jugoslawischen Dojransee gut eine Stunde lang über die uns damals nur ungefähr bekannte Technik des Fischfanges mit Hilfe von Vögeln (K. Apotolski und S. Matvejev 1955, O. Koenig 1971), die wir filmen wollten. In der falschen Annahme, es werde mit Kormoranen gefischt, sagten wir statt »Vogel« immer »Kormoran«. Auch die Fischer taten das, folglich bezogen wir alle Auskünfte auf diese Vögel. Als wir aber die Kormorane sehen wollten, wurde uns beteuert, man habe nicht einen einzigen davon. Auf die erschrockene Frage, was wir denn nun aufnehmen sollten, tröstete man uns mit der Versicherung, die »Kormoranfischerei« sei in vollem Gange. Es stellte sich heraus, daß die wohl hin und wieder benutzten Kormorane für die Fischerei weniger Ertrag bringen als die »fleißigeren« Zwergsäger und Taucher (vgl. O. Koenig 1968 b) und man sich folglich auf letztere beschränkte. Aus Höflichkeit hatten die Fischer unsere Ausdrucksweise übernommen. Wo keine Möglichkeit zur Nachprüfung besteht, können solche Irrtümer sehr leicht »literaturnotorisch« werden.

Wichtigste Voraussetzung für erfolgreiche Direktbefragung ist ein außerordentlich gutes Vertrauensverhältnis zwischen Erkunder und Auskunftsperson sowie beiderseitiges tiefes Verständnis für die jeweiligen Interessen. Doch selbst diese glückliche Ausgangssituation ist kein Garant gegen Verfälschungen durch gelegentliches Geltungsstreben,

Entgegenkommen aus Höflichkeit oder manchmal auch Schweigegebot mit Rücksicht auf andere. Bei einigen ethnologischen Erhebungen, denen ich als stiller Zuhörer beiwohnte, mußte ich feststellen, daß die Auskunftgeber meist alles taten, um eine für den Wissenschaftler erfreuliche Antwort zu geben. Sie kamen sehr bald dahinter, was der Fragende gern hören wollte, und präsentierten dann das Gewünschte. Sogar die absolut neutral wirkende Aussendung von Fragebogen an scheinbar einheitliche Gruppen von Gewährsleuten ist als ethnologisches Erhebungsmittel keineswegs unproblematisch. W. Mannhardt, eigentlicher Begründer der volkskundlichen Fragebogentechnik (vgl. R. Beitl 1955), erhielt zum Beispiel von 150 000 verschickten Vordrucken überhaupt nur etwa 2 000 zurück. Die Antworten unterliegen vielerlei, darunter auch jahreszeitlichen Einflüssen. So erbringt das Frühjahr meist nur wenig über Herbst- und Winterbrauchtum und umgekehrt. Auch die Gruppenintegration des Gewährsmannes spielt eine Rolle. Lehrer und Pfarrer, zumeist Empfänger solcher Formulare, stammen häufig gar nicht aus dem betreffenden Ort und haben als »Zugereiste« eine mitunter nur oberflächliche, bei Mißtrauen der Bevölkerung sogar falsche Situationskenntnis. Dazu kommt gelegentlich die ideologische Frisierung von Sachverhalten je nach Weltanschauung oder pädagogischer Zielsetzung des Auskunftgebers. Auch politische und wirtschaftliche Gesamtinteressen wirken mit. So etwa entnimmt man den sehr detaillierten Angaben von J. K. Homma (1954) in der Allgemeinen Landestopographie des Burgenlandes, daß in den Orten um den österreichischen Neusiedlersee fast keine Schilfdächer und Lehmziegelhäuser mehr existieren. Die Gemeinden wollten modern erscheinen und gaben damals zu niedrige Zahlen an. Als Jahre später verschiedene Wirtschaftshilfen in Aussicht gestellt wurden, bezeichneten sich dieselben Gemeinden als arm und entwicklungsbedürftig und erklärten, es sei der Bevölkerung nicht länger zuzumuten, in Lehmziegelhäusern unter Schilfdächern zu wohnen. Tatsächlich aber waren zu diesem Zeitpunkt die alten Hausformen längst verschwunden.

Wie diese wenigen Beispiele zeigen, ist die Gefahr subjektiver Fehlerquellen in der Direktbefragung so hoch, daß man diese Methode nicht als generell verwendbares und allein tragendes Arbeitsprinzip, sondern lediglich als unterstützendes Hilfsmittel betrachten kann. Gleiches gilt für Zeitungsberichte und die überwiegende Zahl der Kulturfilme. Während der Journalist einen »Aufhänger« sucht und publikumswirksam sein möchte, seine Aussage also nur allzu leicht diesem Bestreben unterordnet, erliegt fast jeder Filmer der Versuchung des Gestaltens. Wissend, welche Szenen er brauchen könnte und wie sie optimal aussehen müßten, wird er alsbald zum »Dramaturgen« und »Regisseur« des Ablaufes. Kennt man diese publizistischen Tendenzen, muß man sich wundern, welch relativ große Bedeutung manche Volkskundler Zeitungsausschnitten und Kulturfilmen beziehungsweise Fernsehreportagen als Arbeitsunterlagen beimessen. Bei unseren bisherigen kulturethologischen Untersuchungen standen einfaches, ruhiges Beobachten, die Auswertung eigener Filme (O. Koenig 1969 b) und der Vergleich gesammelter Objekte stets im Vordergrund. Damit soll das Verdienst gewissenhafter, verantwortungsvoller Auskunftspersonen nicht geschmälert werden. Man muß sich nur darüber im klaren sein, welch hohes Maß an Erfahrung und psychologischer Urteilsfähigkeit zur Auswertung von Mitteilungen gehört. Der in manchen Oststaaten übliche Einsatz von beamteten Gewährsleuten, die Touristen wie Forschungsinstitute mit Informationen versorgen, ist auch kein glücklicher Weg. Im Mitteilungsbereich werden Geltungsstreben, Imponierverhalten, Prestigedenken, freundliches Entgegenkommen, die Neigung, den anderen einfach an der Nase herumzuführen, oder auch schlichtes Mißverstehen immer eine große Rolle spielen. Es sei hier nur an die auf Erzählungen Einheimischer gestützten Reiseberichte antiker Schriftsteller wie etwa Herodot (A. Horneffer und H. W. Haussig 1963) oder an die Elchjagd-Darstellung des G. J. Cäsar (1965) erinnert. Eine nicht zu unterschätzende Fehlerquelle ergibt sich auch durch Reflexion verschiedener via Schulbildung, Presse, Rundfunk, Fernsehen und Film erworbener Kenntnisse. B. Petrei (1973) hat diese Schwierigkeiten klar umrissen. Es erwies sich beispielsweise in unserer Arbeit als recht zweckmäßig, den Bildungsweg von Auskunftspersonen zu rekonstruieren und die von ihnen während der Schulzeit verwendeten Lesebücher durchzusehen.

Besonders heikel sind Befragungen, bei denen magische Bereiche angesprochen werden. In fast allen Fällen, wo wir versuchten, im Gespräch mit Amulettkundigen Genaueres über die Vorstellungswelt des Glücks- und Abwehrzaubers zu erfahren, stießen wir sehr schnell auf Ausflüchte oder offenkundig vorgetäuschte Unwissenheit. Dies kommt auch in der Tatsache zur Geltung, daß selbst jene Gebiete, wo Blickabwehrsymbole sehr wichtig genommen werden, keine bodenständige Literatur darüber aufweisen. Jeder weiß es, jeder kennt die Regeln, aber niemand schreibt oder spricht davon. Sichtlich handelt es sich um einen bei sämtlichen Völkern stark tabubelegten, hierin sexuellen Dingen vergleichbaren Sektor, wie ja überhaupt Gruppeninternes nicht gern verraten wird. Als H. A. Bernatzik (1941), von den Phi Tong Luang als »Vater« bezeichnet, einen älteren Mann nach der sozialen Ordnung des Volkes fragte, erhielt er die tadelnde Antwort: »Wenn der Vater einen Fremden sieht, fragt er ihn nicht solche Dinge wie du!« In Osttirol besteht in einigen Orten noch der alljährlich durchgeführte Brauch des »Widderopfers«, auch »Widderprozession« genannt. Über vielen Stalltüren hängen Widderschädel. Eine von einem Sommergast sehr direkt danach befragte Bäuerin antwortete, der Schädel wäre ihr bisher noch gar nicht aufgefallen. Man »verschreit« magische Dinge eben nicht und hütet sich davor, eigene Vorstellungen oder Abwehrtechniken, die ja letztlich auch der Bewältigung des Fremdlings dienen, nach außen zu tragen. Das Verschweigen magischer, gegen die Umwelt gerichteter Schutzmaßnahmen ist ein grundlegend wichtiger Geheimhaltungsakt, dessen Aufhebung einer Waffenstreckung gleichkommt. Die Tatsache, daß es keine mündlichen Belehrungen und nur äußerst spärliche schriftliche Informationen über die Abwehr des »bösen Blickes« gibt, ist daher kein Beweis gegen, sondern viel eher für die Existenz dieses Gedankengutes. Die weltweit gültige Parole des »Nicht-Verschreiens« behindert die Forschung leider stark und erschwert das Eindringen in die Zusammenhänge.

Wer sich jedoch bereits einigermaßen bewandert zeigt, kann indirekt mitunter sehr viel erfahren. Es sei hier der ungarische Volkskundler G. Ortutay (1963) zitiert, der das Vertrauen einer Dorfzauberin einfach dadurch gewinnt, daß er eigenes Wissen auspackt und sich als »Táltos« (Wisser, Magier) ausgibt, der »alle sieben Schulen ausgelernt« hat. Er sagt:

»Die meisten Forscher sind diesen Schwierigkeiten begegnet, wenn sie Vorstellungs- und Glaubenswelt des Volkes kennenzulernen und ihre Zusammenhänge und Gesetze zu entziffern versuchten. Der geringste Anflug von Unglauben oder Spott vermag die Arbeit auf diesem Gebiet zu vereiteln. Kann doch ein guter Sammler die Bräuche, selbst die zugänglichsten, nur dann richtig beobachten, wenn er sich seinem Objekt vollkommen gleichstellt.« ... »In noch weitaus größerem Maß gilt dies für die Erforschung der Glaubenswelt und ganz besonders im ungarischen Dorf von heute, wo die immer stärker wirkenden zivilisatorischen Kräfte den Aberglauben ohnedies in den Hintergrund gedrängt haben und sich auch derjenige lange weigert, von diesen Dingen zu erzählen, der im Herzen an ihre Geltung und Wirklichkeit glaubt.«

Aus diesen Ausführungen geht auch hervor, wie gut gerade die auf den Umgang mit scheuen und mißtrauischen Lebewesen spezialisierte Methodik der Verhaltensforschung zur Untersuchung von magischem, geheimgehaltenem Gedankengut geeignet ist. Die praktische Erfahrung meines jahrzehntelangen Zusammenlebens mit Tieren verschiedenster Arten unter dem dauernden Bemühen, sie nicht zu vergrämen, war mir bei der Beschäftigung mit dem Augenproblem überaus nützlich.

Recht zielführend ist im allgemeinen das Gespräch mit Händlern, die ja im ureigensten Interesse dem Fremden behilflich sein möchten. Zeigt man sich über die Bedeutung einzelner Formen unterrichtet, erhält man allein schon durch die weiteren Objektangebote, die sich ja nun an den »Kenner« wenden, viele Informationen. Bei orientalischen Teppichhändlern fand ich zum Beispiel sofort Verständnis, wenn ich einen Teppich daraufhin prüfte, ob er einen zu viel oder zu wenig »anschaut«. Sie zeigten dann häufig auf die eingewebten Augensymbole und brachten diesbezüglich mehr oder weniger auffällige Ware. Es ist nicht günstig für den Händler, vor einem auswärtigen, offenbar bewanderten Käufer durch falsche Angaben als schlechter Fachmann dazustehen. Freilich funktioniert diese Kommunikation nur bei Äußerung echter Kaufbereitschaft und gezielter Wünsche. Als allgemeine Auskunftsperson eignet sich der Händler nicht besser als andere Menschen. Auf jeden Fall ist das unermüdliche, oft und oft wiederholte Durchstöbern von Geschäften und Marktständen für das Studium der magischen Bedeutungsträger von größter Wichtigkeit. Erwirbt man jedesmal eine Kleinigkeit, so wird einen der Verkäufer alsbald beliebig suchen, vergleichen und auch fotografieren lassen. Dabei ist die Art des Kaufladens für die Beurteilung der Objekte sehr wesentlich. Grob oberflächlich sind drei Typen zu unterscheiden: Erstens das Lokal, in dem die bodenständige Bevölkerung einkauft und wo man findet, was gegenwärtig getragen oder benützt wird, zweitens die Touristik-Souvenirboutique mit vielen Varianten für den Fremden, und drittens das Antiquitätengeschäft, in dem (echt oder nachgemacht) offeriert wird, was früher im Lande üblich war. Eine Gegenüberstellung der Warenangebote kann wichtige Aufschlüsse über Wandlungen und Neueinwirkungen vermitteln.

Als ergiebig erwies sich auch die Beobachtung ortsansässiger Verbraucher. Ich habe wiederholt Stücke, die von solchen gekauft oder in engste Wahl gezogen worden waren, in gleicher Ausführung erstanden, um sie später genau analysieren zu können. Diese Technik ermöglicht mitunter ein recht gutes Urteil über Absichten und Überlegungen des im Abwehrzauber Bewanderten. Die Registrierung von Amuletten in Autos, an Tieren oder an Häusern hält zwar Endzustände fest, erbringt über Details des Werdeganges aber nur wenig. Sehr aufschlußreich ist auch der Versuch, als Fremder das fast immer irgendwo im Laden befestigte geschäftseigene Schutzamulett zu erwerben. Fast nie wird es regulär verkauft, zuweilen aber verschenkt mit der Erklärung, für einen so wertlosen Gegenstand könne man kein Geld nehmen. Unter Umständen wird es zur Wahrung der Händler-Käufer-Beziehung und zur Ausschaltung möglicher Fragen für sehr wenig Geld abgegeben. Nicht selten stößt man auf harte, fast unhöflich wirkende Ablehnung, die erkennen läßt, daß man bereits mit der Frage nach dem zur Raumeinrichtung gehörenden Abwehrzeichen eine Taktlosigkeit begangen hat. Gelegentlich macht sich der Besitzer erbötig, ein gleiches Objekt zu besorgen. Man erfährt dann leicht, woher es stammt, und gewinnt Einblick in die Spezialsituation, wie etwa im Fall des Teppichhändlers im Bazar von Istanbul, der ein Duplikat seines Ladenamuletts von einem bestimmten Verkäufer am Tor zur Blauen Moschee herbeischaffte. Die Frage nach dem Schutzzeichen hat für den Eigentümer also durchaus nicht nur negative Aspekte, sondern erfüllt ihn auch mit etwas Stolz, beweist sie doch, daß man gerade seines für besonders gut und wirksam hält.

Eine weitere interessante Situation ist gegeben, wenn bei der Debatte um das Geschäftsamulett mehrere Verkäufer zugegen sind. Sowie der Angesprochene zur Schenkung neigt, beginnen nicht selten die anderen ganz unverblümt und auch für Fremde verständlich zu protestieren. In Südjugoslawien passierte es mir, daß eine im Geschäft anwesende ortsansässige Kundschaft in das Gespräch über Amulette eingriff und Auskünfte des Händlers scharf abschnitt. Derlei Einsprüche können durch Amulettgläubigkeit ebenso motiviert sein wie durch Angst, als rückständig zu gelten. Auf jeden Fall zeugen sie von guter Kenntnis der Zusammenhänge. Solche Zufallsbegebenheiten erbringen, ähnlich dem unverfänglichen Gespräch, mehr Aufschlüsse als direkte Fragen. Hierher gehört auch der von mir im Orient gemachte Versuch, ein nicht landesübliches Amulett gut sichtbar zu tragen und dabei die Passanten zu beobachten. Trotz der außergewöhnlichen Beschaffenheit wurde es am Grundschema sofort richtig erkannt und aufmerksam betrachtet. Öfters sprach man mich an, um mich darüber auszufragen. Dank solcher Erfahrungen lernt man sehr bald das Selbstverfertigen von Amuletten, die auch von Kundigen akzeptiert werden, gelangt damit vom anfänglichen Bemühen um Analyse zur kontrollierenden Synthese und weiter zur Möglichkeit, echte Versuche anzustellen.

Als besonders ergiebiges Terrain für kulturelle Abwandlungen speziell bei Amuletten erwies sich das moderne türkische Souvenirwesen. In einem Land, in dem der Problemkreis »böser Blick« gültige Realität ist und Abwehrzeichen zum täglichen Massengebrauchsgut gehören, enthalten die von den Herstellern zum Teil aus Geschäftsgründen getätigten Modelländerungen hohen Erkenntniswert. Gerade der Einfluß des Fremdenverkehrs (vgl. W. Hirschberg 1962) sowie die rasche, durch die Massenmedien beschleunigte Verbreitung neuer Materialien fördern die Abwandlung vorhandenen und die Übernahme bisher unbekannten Kulturgutes. Was vordem Jahrhunderte dauerte, vollzieht sich jetzt in wenigen Monaten. Der Ethologe bekommt Vorgänge gewissermaßen in Zeitraffung vorgeführt, die einstmals unkontrollierbar zeitlupenhaft abliefen. Gelegentlich wurde bei der vorliegenden Arbeit ganz bewußt heutiges Geschehen zur Rekonstruktion früherer Situationen herangezogen, wie man es gelegentlich, wenn auch mit anderer Absicht, in der Dramaturgie versucht: Man legt Nestroygestalten Gegenwartsausdrücke in den Mund oder spielt antike Stücke in moderner Kleidung und erreicht sofort hohe Aktualität. Umgekehrt charakterisiert man im Gewand alter Mythen oder frommer Legenden die Probleme unserer Zeit. Solches Übertragen kann unter Umständen auch dem Wissenschaftler das Hineindenken in vergangene Epochen erleichtern. Was heute als überflüssiges Zierwerk oder symbolträchtiges Ritual erscheint, war vielleicht vor hundert Jahren alltägliche Lebensnotwendigkeit. Ich habe noch nie bei Bauern, Jägern oder Hirten derart wirklichkeitsferne Gedanken gefunden, wie man sie etwa dem Cro-Magnon-Menschen oder rezenten Naturvölkern gern unterstellt. Jeder auf nordischen Steinritzzeichnungen dargestellte Hundeschlitten wird so in falscher Deutung zum Kultschiff, ein Mann mit erhobenem Beil sogleich zum Zauberer oder Priester, der ein Kultbeil zur Kulthandlung trägt. Dabei hackt man mit dem Gerät heute noch in Jütland das Eis zum Fischfang auf, wie ein Vergleich der Abbildung bei H. Kühn (1952) mit dem Film von

H. Rasmussen (1965) deutlich zeigt. Da die vielen, äußerlich mitunter stark divergierenden menschlichen Kulturleistungen auf gleichen angeborenen Einstellungen beruhen, sind sie im Grundsätzlichen sehr gut miteinander vergleichbar. Darauf beruht der literarische Effekt anachronistischer Pointen ebenso wie der wissenschaftliche Gewinn ernsthaft übertragenden Zeitgeistvergleiches. Der Schriftsteller L. Durrell (1963) macht im Hinblick auf die zuweilen recht wirklichkeitsferne Arbeitsweise mancher Archäologen folgende sarkastische Bemerkung:

»...Mit unendlichem Fleiß werken sie einige Jahre lang auf den Abfallhaufen irgendeiner Ansiedlung und errichten auf der Grundlage einiger Scherben oder über einem aufregenderweise trockengelegten Sumpf das schiefe Gebäude ihrer kraftlosen Vorstellung von einer bestimmten Lebensweise der Menschen. Wieviel davon auf Wahrheit beruht, wissen wir nicht; ließe man jedoch einen Eskimo in den Abfallhaufen der Gegenwart wühlen und befragte ihn dann nach unserer Lebensweise, könnten in dem Bild, das er entwirft, doch leicht einige wichtige Züge fehlen. So wird Odysseus erst durch die Fischer glaubhaft, die heute in der rauchigen Taverne ›Zum Drachen‹ Karten spielen und auf Windwechsel warten...«

Das Auge, um das es im vorliegenden Buch hauptsächlich geht, ist in seiner biologischen Position ein sehr konservatives Organ. Während aus einer Flosse zum Schwimmen ein Fuß zum Gehen, eine Hand zum Greifen oder ein Flügel zum Fliegen werden kann, bleibt das Auge immerfort Rezeptor für Licht und ist daher bei allen Wirbeltieren ungeachtet ihrer Stammbaumposition und Körperform sehr einheitlich gestaltet. Infolgedessen ist überall, wo der Mensch höhere Lebewesen abbildet, auch das Augenmotiv vertreten. Um aus diesen zahllosen Augendarstellungen echte, als Abwehr- und Heilszeichen eingesetzte magische Ritualisierungsformen herauszufinden und sie gegen sonstige, nicht dem Blickzauber dienende Augen oder andere Rundobjekte abzugrenzen, wurde eine Überprüfung angewendet, die folgende Forderungen stellt:

1. Das natürliche Auge ist Ausgangs- oder Zielpunkt des Ritualisierungsweges.
2. Das Grundschema entspricht einer der gängigen und einwandfrei als Auge oder Augenpaar erkennbaren Darstellungsformen.
3. Der Anbringungsort ist ein Platz, wo sinngemäß Abwehrzeichen oder eindeutige Augenritualisationen vorkommen.
4. Die Funktion des Zeichens oder Zeichenträgers gehört gegenwärtig oder historisch belegbar den Funktionsbereichen Wahrnehmen, Beaufsichtigen, Abwehren, Ablenken, Schützen, Wachen oder Blickbinden zu.

Nur bei Vorhandensein aller vier Kriterien wurde ein Objekt oder ornamentales Motiv als magisches Blickabwehrsymbol bewertet. Über die Zugehörigkeit zu einer bestimmten, der Phylogenie analogen Wandlungsreihe ist damit noch nichts gesagt. Echte Entwicklungen lassen sich aber mitunter aus kunstgeschichtlichen Angaben, in erster Linie aus datierten Stilrichtungen und deren Einflußnahme auf sonstige Formenkreise, zumindest teilweise rekonstruieren.

Zu den wichtigsten Arbeitsmethoden der auf Intensivkontakt mit dem lebendigen Objekt angewiesenen Verhaltensforschung zählt die Gehegehaltung von Tieren. Greift diese Wissenschaft als Kulturethologie in den Bereich artifizieller Produkte hinüber, so muß sie sich in logischer Folge auch mit diesen persönlich konfrontieren und befassen. Das bedeutet allerdings auch den ersten Schritt zur Objektsammlung. Analog zu den im Wilhelminenberger Institut gehaltenen Tieren wurden daher verschiedenste kulturethologische Belegstücke zusammengetragen. Zweifellos bietet das Studium von Literatur und einschlägigen Abbildungen eine Fülle wertvoller Informationen. Das echte Verstehen tritt jedoch meist erst dann ein, wenn man einen Gegenstand an dem ihm vom Hersteller zugedachten Platz, also in seinem »Biotop« betrachtet und die Verwendungsweise selbst erproben kann. Das Hantieren mit Amuletten oder Masken, das Experimentieren im »sensomotorischen Kreisprozeß«, das Be-»greifen« im wahrsten Sinn des Wortes, macht sie erst lebendig. Für den aus zoologischer Richtung kommenden Kulturethologen sind zu untersuchende Kulturobjekte gewissermaßen »Haustiere«, mit denen er in Gemeinschaft leben muß, um sie ganz zu verstehen. Dazu kommt selbstverständlich ein sehr großes Archiv an Diapositiven und Filmen. Auch wenn man die Szenen selbst aufgenommen hat, entdeckt man bei wiederholter Durchsicht erstaunlich viel Neues. Die Beschäftigung mit dem Bildmaterial wird zum Lern- und Integrationsprozeß erster Ordnung.

Wie eine kulturethologische Problemstellung auch aussehen mag, Grundlage der Wahrheitsfindung ist immer die in der gesamten Verhaltensforschung so bewährte »Analyse in breiter Front« (K. Lorenz 1950), bei der man die Kenntnis aller Teile eines Phänomens im gleichen Maße vorantreibt und die Ganzheit stets im Auge behält.

5. Die Bedeutung des Auges als Signalgeber

Unter allen Körperstrukturen des Wirbeltierstammes nimmt das Auge eine Sonderstellung ein. Von den primitivsten bis hinauf zu den kompliziertesten Arten weitgehend einheitlich konstruiert, während der Embryonalentwicklung nächst der Corda am frühesten angelegt und von ontogenetischen Wandlungen kaum betroffen, zählt es zu den konservativsten Organen, die wir kennen (vgl. R. Greff und H. Pistor 1947, L. Kämpfe, R. Kittel und J. Klapperstück 1966). Außerdem ist es ein Organ von großer morphologischer Autonomie mit vielen bemerkenswerten Eigenschaften. Speziell beim Menschen liegt es sehr beweglich in der Augenhöhle eingebettet und erweckt den Anschein einer »koboldhaften« Selbständigkeit. Eigenartig konstruiert ist auch das Augenlid, das sich wie ein Deckel öffnet und schließt, wodurch das taktil so empfindliche Auge zum einzigen Sinnesorgan wird, das sich restlos »abschalten« läßt. Die Reihe der Besonderheiten ließe sich noch fortsetzen. Das Auge ist überdies das einzige Fernsinnesorgan, das gleichzeitig sendet und empfängt. Man nimmt mit dem Auge den Blick, nicht aber mit dem Ohr das Horchen oder mit der Nase das Schnuppern des Interaktionspartners wahr. Augenpaare treten in so unmittelbaren Wechselkontakt, wie er sonst nur im Tastbereich zustande kommt, etwa beim Händedruck, bei der Umarmung oder der Lippenberührung im Kuß. Formulierungen wie: »Ihre Blicke tauchten ineinander«, »sein Blick hielt ihre Augen fest«, »sie streifte ihn mit einem Blick« und dergleichen mehr verdeutlichen die berührungsanaloge Intimität des Blickkontaktes.

Schon diese Unmittelbarkeit der Wechselwirkung prädestiniert das Auge zum Signalgeber. Hinzu tritt die funktionsbedingte Rundgestalt mit ihrer Eigenschaft, Aufmerksamkeit auf sich zu ziehen. Während ein Strich den Blick von einem Ende zum anderen und darüber hinaus führt, zwingt ein Kreis zur Konzentration. A. Stengg (1959) bezeichnet Strich und Kreis als »zwei äußerste, in ihrer Eigenschaft entgegengesetzte Formen« und die Kugel als »absolute Gleichförmigkeit und Abgeschlossenheit«. Nach H. Soeder (1964) sind die ältesten Hauskonstruktionen kreisförmig angelegt und die frühesten Kinderzeichnungen kreisförmige Kritzeleien. A. Bertholet (1962) charakterisiert den Kreis als »... von stärkster magischer Bedeutung. Einerseits konzentriert er durch die Geschlossenheit die Macht nach innen ... andererseits strömt von seinem Mittelpunkt auf die ihn Umkreisenden Macht aus ...«. Die infolge ihrer Rundheit starke Prägnanz der Augengestalt kommt der Bildung eines AAM (angeborener Auslösemechanismus) in Richtung spezifischer Antwortreaktionen sehr entgegen. Das Wesen angeborenen Reagierens beruht auf der Klarheit und Verläßlichkeit der auslösenden Signale. Kompliziertere Phänomene bedürfen des Erlernens; so etwa spricht die weibliche Stockente ganz spontan auf die bunte Signalzeichnung des Erpelkopfes an, dem Erpel aber wird das reich und fein gemusterte, schlicht bräunliche Weibchenkleid erst durch das Vorbild der Mutter eingeprägt (K. Lorenz 1935). Tatsächlich sprechen die meisten höheren Wirbeltiere einschließlich der Säugetiere und des Menschen auf alles augenartig Runde deutlich an. Mutterattrappen für diverse Jungtiere funktionieren mit Augenflecken besser als ohne (vgl. H. Peters 1937, H. F. und M. K. Harlow 1962 a, b). Bereits im ersten Monat antworten Säuglinge auf Darbietung mehrerer augengroßer Punkte mit Lächeln (R. Ahrens 1954). Mit 15 Wochen schauen sie bei Darbietung verschiedener Figurenpaare die augenähnlichsten, nämlich konzentrische Kreise, am längsten an (R. L. Fantz 1961, G. Tembrock 1971). Im weiteren Entwicklungsverlauf tritt das Interesse für Augen und Augenhaftes, besonders wenn es glänzt und sich bewegt, immer mehr zutage. Die Kugel (beziehungsweise der Ball) ist wohl eine der ersten Raumgestalten, die von Kleinstkindern beachtet werden. Sie greifen mit gleicher Freude nach den glänzenden Augen der Mutter wie nach der kugeligen Kinderrassel. Worte wie »Balli« oder »Kugi« werden da auf alles Kugelige, die Augen einbegriffen, angewendet. In einem mir bekannten Fall trat »Kulnan« in Abwandlung von »Kugel« als frühester Begriff im Wortschatz eines Kleinkindes auf, mit dem es sämtliche einschlägigen Formen bezeichnete. W. Wickler (1968) bemerkt zur Wirkung augenartiger Strukturen: »Untersuchungen darüber, welche Formen für den Menschen besonders auffällig sind, ergaben die besten Ergebnisse für runde Flecke mit zentralem Kontrastpunkt und konzentrischen Ringen (was zum Bau bestimmter Schlußlichttypen an amerikanischen Straßenkreuzern geführt hat).« Die genaue Beschreibung der Ergebnisse findet sich bei R. G. Coss (1965, 1968).

Das Vorhandensein eines Selektionsdruckes in Richtung angeborenen Reagierens auf die Augengestalt ist biologisch leicht zu erklären. Dazu einige allgemeine Überlegungen. Jedes Individuum steht inmitten zahlloser Phänomene, die dadurch noch komplizierter werden, daß sie nicht statisch, sondern dynamisch sind und sich fortgesetzt verändert präsentieren. Dies liegt auf der einen Seite im Lebewesen selbst begründet, das infolge entwicklungs- und allgemeinphysiologisch bedingter endogener Einstellungswandlungen seine Umwelt verschieden erlebt und fallweise durch Eingriffe in ihre Strukturen oder Wechsel des Aufenthaltsortes auch subjektiv umgestaltet. Auf der anderen Seite stehen die objektiven

Umweltänderungen, zu denen Klimaschwankungen, Jahreszeitenwechsel, Witterungseinflüsse, Verschiebung der Populationsdichte, Aktionen diverser Lebewesen und dergleichen mehr gehören. Hier kann das betroffene Individuum nur akzeptieren und reagieren. Ohne phylogenetisch erworbene, genetisch fixierte, als »Arterfahrung« charakterisierbare Verhaltensnormen vermag es nicht zu bestehen, weil in den so vielfältig differenzierten Lebensräumen ein Erlernen und Einüben arterhaltend richtigen Handelns auf dem Weg über »Versuch und Irrtum« mit hoher Wahrscheinlichkeit zum vorzeitigen Letalunfall führen würde. Ohne Stützung auf die positiven Ergebnisse unendlich langer Selektionsprozesse könnte kein Lebewesen, und wäre es noch so intelligent, überleben. Der Mensch ist hier miteinbezogen. Die Vorstellung mancher Lerntheoretiker (B. F. Skinner 1938, 1953) vom durchwegs erworbenen Verhalten ist biologisch naiv, denn angenommen, der Mensch hätte als reines Lernwesen entstehen können, dann müßte er aufgrund des Reichtums an Möglichkeiten heute in einer gigantischen Zahl kultureller Gruppenvarianten existieren, die sich nicht einmal hinsichtlich einfachster Mimik und Gestik miteinander verständigen könnten. Wir wissen aber heute, daß sogar die verschiedenen Sprachen als markantes ethnisches Differenzierungsmerkmal hinsichtlich der Begriffsbildung keineswegs regellos, sondern nach ganz gewissen, bei allen Völkern übereinstimmenden Denkmustern entstanden sind (N. Chomsky 1970). Jede Art im Sinne einer genetisch einheitlich organisierten Individuengruppe ist sichtbares Resultat selektiv schematisierter Umweltabhandlung, ist Beweis für die erfolgreiche Bewältigung einer unerprobbaren Mannigfaltigkeit mittels genetisch tradierter bewährter Vorgangsweisen. Dieses System bedingt jedoch gewisse grundsätzliche Übereinstimmungen und Paßpunkte zwischen verschiedenen Arten, weil es sonst zu keinem gedeihlichen Funktionieren des biologischen Zusammenspiels der Ganzheit kommen könnte.

Eine sehr hohe Zahl von Wirbeltieren fällt in die ökologische Funktionsgruppe der aktiven Jäger, also jener Lebewesen, die andere aufspüren, verfolgen, überlisten, erbeuten und zum Zweck des Fressens töten. Noch weit größer aber ist die Zahl der Arten, die überfallen und gefressen werden können. Daraus ergibt sich die Notwendigkeit, einerseits das Beutetier, anderseits den nachstellenden Jäger rasch zu identifizieren. Die Erkennungsmethoden können sich nicht nach einzelnen Arten richten, weil die Möglichkeiten schon allein durch die eingangs erwähnte Inkonstanz des Lebensraumes viel zu zahlreich sind. Zugvögel, etwa die nordamerikanische Rauchschwalbe *(Hirundo rustica erythrogaster)*, die von Kanada bis Feuerland fliegt, oder der hochnordische, über Zentralbrasilien bis an die Atlantikküste vordringende Weißbürzel-Wassertreter *(Phalaropus tricolor)*, der einen ganzen Kontinent von Norden nach Süden und umgekehrt überquert und in borealen Gebieten ebenso rastet wie in subtropischen und tropischen, können niemals genügend Erfahrungen sammeln, um jeder Eventualität eines Freßfeindangriffes gewachsen zu sein. Es ist auch ziemlich gleichgültig, wie der Feind im Detail aussieht, Hauptsache, man weiß, ob er sich nähert oder entfernt, beziehungsweise womit und aus welcher Richtung die Attacke erfolgen wird. Dazu bedarf es einer raschen Orientierung am Körper des Angreifers, um vor allem festzustellen, wo »vorn« ist. Dort sind nämlich die beißenden Zähne, der hackende Schnabel oder die zuschlagenden Krallen. Da jedoch der Kopf wie die übrigen Körperteile funktionsbedingt gestaltet und daher von Art zu Art variabel ist, bleibt als einzig sicherer »Vorn«-Merkpunkt das bei sämtlichen Wirbeltieren weitgehend gleich aussehende Auge, das somit in einer Erdepoche der Wirbeltierdominanz zum biologisch zweckmäßigsten Signal für »Achtung, aufpassen« wurde. Darüber hinaus ist es, da bei tieferstehenden Tiergruppen wie etwa Insekten, Krebstieren und manchen Mollusken äußerlich ähnlich gestaltet, das universellste Kennzeichen des »Tieres schlechthin«.

Auch der Jäger richtet sich nach den Augen als wichtigstem »Vorn«-Merkmal, um die Fluchtrichtung des Beutetieres einzuplanen und es an der Kehle oder im Nacken, also außerhalb des Beißbereiches, zu fassen, weil selbst größte Überlegenheit kein Grund ist, sich unnötig verletzen zu lassen. I. Eibl-Eibesfeldt (1956) zeigt im Film, wie ein unerfahrener Iltis von einer Ratte, die er anstatt im Genick am Hinterkörper packt, sofort gebissen wird. E. Thomas (1964 a, b) dokumentiert in äußerst anschaulichen Zeitdehnungsaufnahmen den Beuteerwerb der Puffotter *(Bitis arietans)*, die eine Maus nach blitzschnellem Zubiß hochreißt und wegschleudert, um ihr jede Abwehrmöglichkeit zu nehmen. Anschließend zieht sich das Reptil zurück und wartet ruhig die Giftwirkung ab. Nach L. Koenig (1970) hängt der lange Schnabel der Bienenfresser (Meropidae) mit deren giftstacheltragender Flugbeute zusammen, die während des Fanges und Totschlagens möglichst körperfern gehalten werden muß. Eulen lähmen die gegriffene Maus vor dem Verschlucken durch einige Bisse in den Kopf (vgl. O. Koenig 1964, W. Scherzinger 1970). Auch der Tötungsbiß verschiedener Katzen zielt auf gefahrloses Unschädlichmachen der Beute (P. Leyhausen 1973). Es ist einfach lebenswichtig, Feind oder Beutetier sofort zu bemerken und richtig einzuorientieren. Folglich ist es zweckmäßig, auf alles Augenhafte sehr empfindlich und in breiter Front anzusprechen. Besser, gelegentlich durch Augenähnliches fälschlich alarmiert zu werden, als nur ein einziges Mal echte Augen zu übersehen. Offensichtlich hält hier der Mensch sogar die Spitze an Attrappensichtigkeit und scheint umgekehrt mit den beiden auffälligen, vorwärtsgerichteten Augen auch extrem bedrohlich auf Tiere zu wirken, womit er in der Biozönose eine diesbezüglich ungefähr gleiche Position wie die Eulen einnimmt, die sicher nicht zuletzt des großen, frontal angeordneten Augenpaares wegen von anderen Vögeln gefürchtet und angefeindet werden (E. Curio 1963).

Die Bedeutung des Auges als Signalgeber beim Erkennen von Lebewesen und deren augenblicklicher Neugierrichtung geht aus der Reaktion von Tieren auf »Angeschautwerden« hervor. Scheues Wild bleibt erstaunlich ruhig, wenn man das Gesicht im Vorübergehen wegdreht, gerät aber durch frontales Fixieren alsbald in Fluchtstimmung. Einäugiges Blinzeln stört weniger, Augenschließen entspricht dem Fortblicken. In der Türkei konnte ich mich an scheue Pariahunde, die ich filmen wollte, nur mit abgewandtem Gesicht oder rückwärtsgehend heranpirschen, weil sie jede noch so vorsichtige Direktannäherung mit Flucht quittierten. Unsere während vieler Jahre im Institutsgelände freilaufenden Hirschziegenantilopen (vgl. A. Schmied 1973) brachte man durch bloßes Anschauen zum Verlassen ihres Ruheplatzes. Jungebetreuende zahme Zwergohreulen akzeptierten die tägliche Käfigreinigung ohne weiteres, sofern sie nicht beachtet wurden, attackierten aber sofort, wenn man sie frontal fixierte. Bei meinen Versuchen, Rallen in freier Wildbahn am Neusiedlersee handzahm zu machen, spielte die Gesichtsnähe eine ausschlaggebende Rolle. Die Vögel nahmen nur Futter aus der Hand, das ich mit geschlossenen Augen oder seitlich wegschauend bot, wogegen sie an den vom Gesicht entfernteren Zehen furchtlos herumpickten (O. Koenig 1943). Mir ist aus meiner bisherigen Praxis kein visuell halbwegs begabtes höheres Wirbeltier bekannt, das längeres Angestarrtwerden erträgt. Hunde wenden den Kopf ab oder kommen unter Demutsbezeugungen heran.

Das Zielen auf Tiere mit runden augenähnlichen Kameraobjektiven oder einem Feldstecher führt ebenso zu Vorsichtsreaktionen wie das Aufsetzen der augenbetonend wirkenden Brille oder der Blick ins Aquarium mit einer runden Lupe. Vor allem die langjährig im Wilhelminenberger Institut gepflegten Anemonenfische zeigten Angriffs- oder zumindest starkes Drohverhalten, wenn man zur Kontrolle ihrer Gelege ein Vergrößerungsglas an die Scheibe hielt. Aufgrund meiner schon ab 1936 gesammelten Erfahrungen mit der Augenproblematik empfahl ich anläßlich einer 1965 mit Wildunfällen befaßten Enquete des Österreichischen Automobil-, Motorrad- und Touring-Clubs (Ö.A.M.T.C.), zu beiden Seiten der Straßen in regelmäßigen Abständen rote Reflektoren aufzustellen, die das Scheinwerferlicht vorbeifahrender Autos rechtwinkelig ins Gelände spiegeln und einerseits durch augenhaftes Aussehen, anderseits durch die im Tierreich verbreitete Warnfarbe Rot das Wild von der frequentierten Straße fernhalten sollten. Diese vorerst nur theoretisch entwickelte Idee griff die Tiroler optische Firma Swarovski auf und arbeitete sie technisch hervorragend aus. Auf mehreren für Wildunfälle bekannten Straßen wurden Versuchsstrecken angelegt, die sehr bald einen Schadensrückgang um 84 % aufwiesen (O. Koenig 1974 a). Inzwischen wurde die neue Warnaugenmethode wegen ihres erstaunlich guten Erfolges von der zuständigen Behörde wie auch der Jägerschaft empfohlen (K. Ladstätter 1974). Dieses Ergebnis ist neben den

Schmetterlingsversuchen von Blest (S. 95) wohl einer der besten Beweise für ererbtes Ansprechen auf das Augenmotiv bei Tieren und wirft auch ein neues Licht auf das altüberlieferte Ausstecken von Glaskugeln gegen Raubvögel, dessen Wirksamkeit in letzter Zeit wissenschaftlich untermauert, aber nicht erklärt werden konnte (S. Pfeifer und W. Keil 1963). Ich bin überzeugt, daß die Augenartigkeit der glänzenden Kugeln dabei eine wichtige Rolle spielt. Zum Ansprechen von Säugetieren auf Augenattrappen teilte mir Herr Dr. E. Vedernjak (Wien) folgende interessante Beobachtung mit: Vor Jahren sah sein damals siebenjähriger, biologisch überaus interessierter Sohn in Wilhelminenberger Aquarien Augenflecke bei Fischen. Da er einen Briefträger kannte, der immer von einem Dackel angefallen wurde, stellte er daheim die Frage, ob sich der Mann nicht unten an den Hosenbeinen Abwehraugen befestigen könne. Der Briefträger verwirklichte den Vorschlag mit Hilfe zweier ziemlich naturalistisch dargestellter Augenpaare etwa von der Art, wie man sie auf Autos klebt, und blieb von dem Dackel fortan ungeschoren.

Vom unspezifischen Signalgeber zum speziellen Ausdrucksorgan wird das Auge im innerartlichen Verkehr. Zur elementarsten Augenmimik höherer Tiere zählt das Kleinermachen oder Schließen bei Kraulkontakten mit einem Partner, wie wir es bei Vögeln und Säugetieren inklusive der Primaten und des Menschen beobachten können. Ausschaltung des Auges im Sozialverkehr bedeutet für gewöhnlich Freundlichkeit und Vertrauen (S. 456). Auch die lidlosen Fische ändern ihren Augenausdruck, allerdings auf andere Weise. Im Verlauf von Balz- und Kampfhandlungen, die oft mit Körperumfärbung einhergehen, dämpfen manche Arten die Augengestalt durch Zurschaustellen bestimmter Muster. Ein gutes Beispiel ist der Fünffleckenbarsch *(Hemichromis fasciatus)*, der in gewissen Stimmungen sein ansonsten gut sichtbares Auge durch einen dicken schwarzen Strich »auslöscht« und dafür Tupfen an den Körperseiten hervortreten läßt (W. Wickler 1965 a, b, c). Vielfach werden Augen in Erregungsmomenten signalhaft betont, wie etwa bei Vogelmännchen mit gelbem oder hellrotem Irisring, der auf Balzhöhepunkten aufgrund ruckartiger Pupillenverengung grell aufleuchtet. Sehr gut ist das bei Bartmeisen, Goldfasanen, Sperbergrasmücken, Reihern und Bienenfressern zu sehen. Dagegen zeigt der Mensch eine erregungsbegleitende Pupillenerweiterung, die besonders bei heller Irisfarbe die Augen deutlich verdunkelt (C. G. Mueller und M. Rudolph 1969, W. A. Wottawa und D. G. Burkert 1969). Manche Vögel mit sehr dunkler, zur Pupille nicht kontrastierender Regenbogenhaut ziehen bei der Balz eine weiße Nickhaut vor und überraschen damit genauso wie helläugige Formen mittels Pupillenreaktion. Sogar innerhalb enger systematischer Gruppen kommt beides vor, so beim Nachtreiher *(Nycticorax nycticorax)*, der die gelbe Iris vergrößert, und dem die weiße Nickhaut betätigenden Kahnschnabel *(Cochlearius cochlearius)*, zwei Vertretern der Reiherfamilie. Hier wie dort erfolgt ein Wechsel der Augenfarbe

Abb. 1 Fünffleckenbarsch *(Hemichromis fasciatus)*. **a** Zwischen Pflanzen versteckt, Auge ungetarnt. **b** Brutpflegend, hervortretende Körpertupfen, Auge »durchgestrichen«.

von dunkel zu hell. Einen vergleichbaren Effekt erzielt, vorwiegend beim innerartlichen Drohen, die Rotkopfmangabe *(Cerocebus torquatus)* durch Schließen des grellweißen, in offenem Zustand nur als schmaler Brauenstreif sichtbaren Oberlides. Hier wird zugunsten der geradezu unheimlichen Wirkung großer schneeweißer Augenflecke sogar auf die beim intraspezifischen Drohen meist sehr intensive Blickkontrolle verzichtet. Ein weiterer Schritt in Richtung Ausdruckssteigerung ist die Unterstreichung der Augengestalt durch Kontrastumrandungen aus Federn, Haaren oder nackten Hautpartien. Das Auge des australischen Diamanttäubchens *(Geopelia striata cuneata)* ist von einem orangeroten Hautring umgeben, der beim werbenden Tauber anschwillt. In ähnlicher Weise vergrößern sich die roten Balzrosen über den Augen einiger Rauhfußhühner (vgl. H. Fuschlberger 1956, H. Wollmann 1970). Beim Siebenschläfer werden die an sich schon großen schwarzen Kulleraugen durch einen dunklen Fellrand betont (vgl. L. Koenig 1960). Manche Säuger, wie etwa ein kleines, nächtlich lebendes südamerikanisches Opossum, tragen große helle Überaugensignale. Tafel 66 (7.)

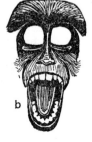

Abb. 2 Rotkopfmangabe *(Cerocebus torquatus)*. **a** In Ruhe. **b** Drohen unter Darbietung weißer Überaugenflecke.

Die hohe Bedeutung des Augenkontaktes im menschlichen Sozialverhalten wurde von G. Simmel (1923) aufgezeigt und durch M. v. Cranach (1971) unter dem Titel »Über die Signalfunktion des Blickes in der Interaktion« sehr ausführlich dargestellt. Aus ihr erklärt sich zum Beispiel die alte Fotografenregel, wonach ein ansonsten brillantes Porträt mit verschwommenen Augen unbrauchbar ist, wogegen Unschärfen von Nase, Mund oder Stirn nicht stören, wenn nur die Augen scharf sind. Jede grafische Reduktion des menschlichen Gesichtes auf das Wesentliche endet bei den Augen als fundamentalstem Kriterium für »Artgenosse«. Der Redner oder Vortragende muß, wenn er sein Publikum »packen« will, dieses anblicken, ohne sich selbst von Augenpaaren »einfangen« zu lassen. Am besten geschieht dies durch Einstellung der Augen auf »Unendlich« oder beim Einzelnen durch Fixieren der Nasenwurzel (O. Koenig sen. 1953).

Eine zweifellos wichtige Signalkomponente des menschlichen Auges ist die großflächig sichtbare, im übrigen Säugetierbereich nur bei Gorillas und einzelnen Schimpansen zu beobachtende weiße Sklera, die allerdings bei hellen Menschenformen nicht zu voller Geltung kommt. Hier ist aber zu bedenken, daß die etwa sechshunderttausend Jahre alte Hominiden-Familie mit größter Wahrscheinlichkeit rund fünfhundertachtzigtausend Jahre lang braunhäutig war und erst mit dem *Homo sapiens recens* vor rund zwanzigtausend Jahren im Gebiet der letzten nordischen Eiszeit helle Formen herausgebildet hat. Eine Parallelentwicklung vollzog sich bei Tieren, die in den trocken-kalten Kontinentalräumen ebenfalls heller wurden. Hellhäutigkeit ist also, gemessen an den rund tausend Menschengenerationen, ein relativ junges Merkmal, das bei Kreuzung mit dunklen Formen genetisch rezessiv ist und gelegentlich bei hellfarbigen Völkern gewissermaßen »atavistisch« ins Gegenteil umschlägt, wie es besonders in den gälischen Gebieten Südenglands öfters beobachtet werden kann. Man muß daher dunkelhäutige Menschenformen betrachten, um die stammesgeschichtlich »vorgesehene« Signalrolle der Sklera voll zu verstehen. Diesbezüglich interessant ist ein von A. A. Gerbrands (1964) in Neuguinea gedrehter, den Ernstkonflikt zweier Asmat-Männerhausgruppen wiedergebender Film, bei dem die Sklerafunktion innerhalb der Angst- und Wutmimik sehr gut zu sehen ist. Möglicherweise hängt die Tatsache, daß im christlichen Bereich Engel fast generell hellhäutig und helläugig, Teufel aber dunkel mit weißleuchtenden Augäpfeln dargestellt werden, mit dem aggressiv getönten Ausdruckswert des scharfen Iris-Sklera-Kontrastes zusammen. Dazu passen die verwachsenen und dadurch »finster« wirkenden, im Volksglauben als Zeichen des »bösen Blickes« geltenden schwarzen Augenbrauen vieler Mephistofiguren. Ähnlich bedrohlich empfindet man das »Augenverdrehen« erregter Huftiere oder angreifender Elefanten. Während des Zweiten Weltkrieges galt bei der deutschen Wehrmacht als Nahkampf, wenn man beim Feind »das Weiße des Auges« sah. Die Sklera unterstreicht aber auch die starke Drehbarkeit des Augapfels, die ihm eine koboldhafte Selbständigkeit verleiht und zur Vorstellung vom »bösen Blick« sicher wesentlich beigetragen hat.

Eine merkliche Entschärfung erfährt der Direktblick durch Schrägstellen der Augenverbindungsachse. Mütter schauen ihre Kleinkinder auf diese Weise an und wechseln zwecks Reizsteigerung spiegelbildlich den Neigungswinkel, was meist lebhafte kindliche Zuwendung auslöst. Leichtes Schiefhalten des Kopfes gehört zum weiblichen Flirtinventar und tritt auch als spielerische Komponente bei objektbezogenen Handlungen auf. Der überlebensgroße steinerne Löwe des Kriegerdenkmals von Wampersdorf (Niederösterreich) wirkt infolge leicht schräger Kopfhaltung so neckisch, daß der als Gast mit uns im Auto vorbeifahrende Direktor der südafrikanischen Wildreservate R. J. Labuschagne bei seinem Anblick spontan ausrief: »Oh – a happy lion!« Auch Tiki, neuseeländischer Stammvater der Menschen, wird mit freundlich gekipptem Augenpaar dargestellt (K. Birket-Smith 1941–1942).

Im Gegensatz zum »neckischen« Schrägblick steht gerades Anschauen, das je nach Dauer streng bis bedrohlich erscheint. Bei kommenthaftem Zutrinken schaut man sich vor und nach dem Schluck kurz über die emporgehaltenen Gläser hinweg und gewissermaßen respektvoll in die Augen. Längeres Fixieren wird als provokant empfunden und war früher zwischen Männern ein mitunter absichtlich gesetzter Duellierungsgrund. Einem »fixierten« Offizier oder Studenten blieb nur die Forderung, sofern der Widersacher satisfaktionsfähig war. Andernfalls durfte er ihn ohrfeigen oder verprügeln. Auch im dörflichen Wirtshausbereich löst Fixieren Schlägereien aus. Nach I. Eibl-Eibesfeldt (1972) feinden sich Kinder der !Ko-Buschleute durch Drohstarren an oder bringen es als Abschluß von Raufereien. Selbstverständlich superponieren die freund-

Abb. 3 Tiki, Stammvater der Menschen, mit schräggestellter Augenverbindungsachse (Neuseeland, Amulett aus Nephrit).

lichen oder aggressiven Schaukomments mit mimischen Signalen vor allem des Mundes und der Stirn.

Als Ausdruck des Erstaunens oder der Aufmerksamkeit dient nach Ch. Darwin (1910), L. Herland (1938) und F. Lange (1952) Hochziehen der Augenbrauen. I. Eibl-Eibesfeldt (1968) wies es als »Augengruß« bei gegenseitiger Begrüßung nach, eine Funktion, in der es uns schon in dem alten Volksliedvers »... wenn ich mein Schatz nicht grüßen darf, tu ich ihm winken, ja winken mit den Äugelein...« usw. begegnet. Bei manchen Zirkusclowns wird diese Mimik durch Schminkung zu einem permanenten Ausdruck hilflosen Staunens »eingefroren«. In der weiblichen Kosmetik kehrt die Mode des Wegzupfens echter zugunsten höher angesetzter falscher Brauen periodisch wieder. Dazu kommen verschiedenste Betonungen der Augengestalt und des Wimpernsaumes. Augenringe und Brauenbemalung für Feste oder Kriegszüge sind bei Naturvölkern weit verbreitet. Fast immer sind es Zonen genetisch fixierter Signalbedeutung, die der Mensch in verschiedenen Richtungen gestaltend verändert, wie etwa Gesäß und Brust bei der Frau oder Schulterlinie und Körpergröße des Mannes (vgl. R. Klein 1950, R. König und P. W. Schuppisser 1958). Das vielseitigste Experimentierfeld aber ist das Gesicht. Im Offizierskorps der rumänischen Armee zum Beispiel war Schminken bis in den Ersten Weltkrieg hinein durchaus üblich.

Ein interessantes Mittel zur Manipulation der Augengestalt ist die Brille. Früher wurde sie möglichst klein mit schmalem Nickelrand oder randlos ausgeführt, wie es dem Wesen einer Prothese entspricht, die man lieber vertarnt als herausstellt. Dieser verständliche Wunsch wird von anderen Organhilfen wie zum Beispiel Hörgeräten und auch von den modernen Augen-Haftschalen in vollkommenster Weise erfüllt. Trotzdem sind Brillen heute beliebt wie nie und haben sich zu einem erstrangigen Modeattribut verselbständigt. Fassungen, Formen und Glastönungen werden von Jahr zu Jahr auffälliger, Sonnenbrillen wachsen sich vielfach infolge Dauerbenützung zur gesundheitsschädlichen Unsitte aus, augenverbergende Spiegelgläser grenzen an soziale Provokation. Man wird an Eingeborene im Akkulturierungsstadium erinnert, die sich Brillen mit Fensterglas als Statussymbol der Fortschrittlichkeit aufsetzen. Im Zeitalter zivilisatorischer Reizüberflutung »inkliniert« das Auge als spontanster Signalgeber offenbar für besondere Betonung.

Zum Thema dieses Kapitels ließe sich noch sehr vieles anführen. Das bisher Gesagte mag jedoch genügen, um das Auge in seiner einmaligen Sender- und Empfängerrolle und der daraus resultierenden Bedeutung als Ausdrucksmittel zu charakterisieren. In den Kapiteln »Problemkreis böser Blick« (S. 103) und »Psychologische Schlußfolgerungen« (S. 451) wird die Problematik unter speziellen Aspekten behandelt.

a

b

Abb. 4 Augengruß einer Französin.
a Neutrales Gesicht.
b Maximales Brauenheben.

6. Attrappensichtigkeit und Gestaltkomponenten des Auges

In seiner Abhandlung über das im Hamburgischen Museum für Völkerkunde und Vorgeschichte ausgestellte Maori-Versammlungshaus »Rauru« bringt H. Tischner (1971) folgenden Absatz:

»Über den Ursprung der Holzschnitzkunst gibt es eine Überlieferung, die abgesehen von gewissen Abweichungen, im wesentlichen folgendes berichtet: Rua, göttlicher Abstammung, habe Tangaroa, den Meeresgott, in seinem neuen Haus besucht. Als Rua mit Enttäuschung sah, daß das Haus Tangaroas nur mit gemalten Ornamenten geschmückt war, forderte er Tangaroa auf, auch sein Haus anzusehen. Tangaroa kam und glaubte, von zwei Männern begrüßt zu werden; als er aber nach altem Maori-Brauch ihnen den Nasengruß entbieten wollte, bemerkte er, daß es keine lebenden Menschen waren, daß sie ihn getäuscht hatten. Darauf rief Rua aus: Jetzt weißt du, was Schnitzerei ist.«

Aus ethologischer Sicht haben wir es hier mit dem ebenso einfachen wie klaren Fall eines Attrappenversuches zu tun, bei dem ein Lebewesen auf das dargebotene Scheinobjekt »hereinfällt«. Freilich hätte sich diese anekdotenhaft zugespitzte Episode in Wirklichkeit kaum ereignet, denn zweifellos wäre dem Besucher die Irreführung schon etwas früher aufgefallen. Die Geschichte weist aber sehr deutlich in die vom Schnitzer angestrebte Richtung, nämlich mittels der attrappenhaft täuschenden Figuren die Aufmerksamkeit des Besuchers zu fesseln und vom Bewohner des Hauses, der im vorliegenden Fall danebensteht und zuschaut, abzulenken.

Das Wort »Attrappe« bedeutet soviel wie »Vorrichtung zum Fangen«, also ein Mittel zum Überlisten und Irreführen unter Verwendung von Objektmerkmalen, auf die das Opfer positiv anspricht. Die als »potemkinsche Dörfer« bekannten Scheinsiedlungen, die der russische Staatsmann Fürst Potemkin 1787 entlang der Wolga errichten und von winkenden Menschen umringen ließ, um der durchreisenden Zarin Katharina II. eine blühende Agrarwirtschaft mit glücklichen Bauern vorzugaukeln, sind sprichwörtlich geworden. In den Burenkriegen konstruierten die Landesverteidiger aus Wagenrädern und Holzrohren Geschützattrappen, stellten Figuren dazu und zündeten manchmal noch Knallkörper, um die Engländer hinsichtlich Stärke und Position der Artillerie zu täuschen. In Erinnerung daran war noch im Ersten Weltkrieg für militärische Scheinanlagen der Fachausdruck »Burenartillerie« gebräuchlich, ehe sich die Bezeichnung »Attrappe« einbürgerte. Auch im Zweiten Weltkrieg bediente man sich optischer Täuschungstricks. Artilleriestellungen, sogar ganze Flugplätze wurden kulissenhaft aufgebaut und sehr oft vom Feind für echt genommen. An der Atlantikküste sollen allerdings englische Flieger eine deutsche Rollfeldattrappe mit hölzernen »Bomben« belegt haben. Allbekannt ist auch der Umbau nicht benötigter Frachter in Kriegsschiffattrappen, um dem Feind militärische Aktionen vorzutäuschen und ihn von echten Zielen abzulenken. In den Attrappenbereich fallen weiter militärische Übungsfiguren wie etwa der »Pappkamerad«, eine als Schußziel dienende, lebensgroß ausgeschnittene Soldatenfigur. In Hamburg stellt die Polizei neben wichtige unbewachte Verkehrssignale Pappendeckelschutzmänner mit warnend erhobener Hand.

Nun wirkt aber ein Objekt nicht ganzheitlich, sondern aufgrund einzelner Merkmale oder Merkmalskombinationen. Manchmal genügen stark vereinfachte Attrappen, um einem Lebewesen Reaktionen »abzulisten«. Der Punchingball des Boxers etwa ist ein auf gewisse Merkmale reduziertes »Kürzel« des Gegners, das für bestimmte Trainingshandlungen als Widerpart ausreicht. Auch die Tontaube verlockt nicht durch Vogelgestalt, sondern durch das Merkmal des freien Fluges zum gezielten Schuß. In Jugoslawien war es früher Weidmannsbrauch, bei der Jagd auf Seidenreiher weiße Papierknäuel in Baumkronen zu stecken, die darüberfliegende Reiher zur Landung veranlaßten. Ähnlich angesprochen zeigte sich ein aus dem Institutsgelände abgeirrter weißer Löffler, der sich abends in einem Geflügelhof weißen Gänsen zugesellte. Im Schönbrunner Tiergarten schlossen sich ein violettblauer Papagei (Baumkletterer) und ein gleichfarbiges Sultanshuhn (Boden- und Schwimmvogel) mangels gleichartiger Partner als Paar zusammen (nach mündlicher Mitteilung des verstorbenen Direktors Prof. Dr. O. Antonius). Gerade im Sozialbereich scheint die Neigung, auf Einzelmerkmale anzusprechen, groß zu sein. Alles in allem reicht der Differenzierungsspielraum biologisch wirksamer Attrappen von höchster Originaltreue bis zu stärksten Vereinfachungsgraden.

Im menschlichen Aktionsraum nehmen Attrappen einen wichtigen Platz ein, man denke nur an das große Gebiet der modernen Vergnügungsindustrie oder an das Werbewesen, das Attrappen im wahrsten Sinne des Wortes als »Fangvorrichtungen« einzusetzen versteht. Letztlich umfaßt der Attrappenbegriff alles, was Illusionen erzeugt, seien sie nun optischer oder anderer Art. Die »Attrappensichtigkeit« des Menschen, die ihn befähigt, aus gestaltlichen Ganzheiten wesentliche Kriterien »herauszusehen«, ist ja auch Grundvoraussetzung für seine Vorliebe, optische Symbole zu erfinden, die in bewußt vereinfachender, übertreibender Ritualisierung als »Teil für das Ganze« stehen (vgl.

K. Lorenz 1950, O. Koenig 1953) und äußerlich den Attrappen ähneln. In ihrem ideellen Wesenskern sind die beiden freilich sehr verschieden, denn im selben Maß wie das Symbol durch Vereinfachung auf klareren Ausdruck eines Sachverhaltes hinzielt, legt es die Attrappe auf Täuschung und Irreführung des Betrachters an. Der Unterschied liegt also nicht in Darstellungsweise oder Erscheinungsform, sondern vorwiegend in der Zweckbestimmung und Verwendung.

Das Phänomen der Attrappensichtigkeit, das mit der Gestaltwahrnehmung (vgl. K. Lorenz 1959) verwandt ist, findet sich im gesamten Wirbeltierbereich und wird von verschiedensten Lebensformen im Dienste der Arterhaltung ausgenutzt. Aus dem Nahrungsbereich kennen wir viele Beispiele. Der Anglerfisch *Phrynelox scaber* trägt auf dem Kopf einen Fortsatz mit einem wurmartigen, beweglichen Ende, das er während regungslosen Lauerns vorbeischwimmenden Fischen als Beute anbietet. Die in Aussehen und Bewegung überaus echt wirkende Attrappe lockt immer wieder Interessenten an, die der Fisch mit einem Wasserstrom blitzschnell in sein riesiges Maul inhaliert (W. Wickler 1964, 1968). Einer ganz ähnlichen Attrappentechnik bedient sich der angelnde Mensch, wenn er »Fliegen« aus Federn, »Krabben« aus Plastik oder den einen taumelnden Fisch imitierenden »Blinker« auswirft. Unter den Leuchtkäfern gibt es räuberische Formen, deren Weibchen neben den artspezifischen Leuchtsignalen auch falsche aussenden können, mit denen sie artfremde Männchen anlocken, um sie zu fressen (J. E. Lloyd 1965). Viele Meeresfische lassen sich von sogenannten Putzerfischen aus der Lippfischgruppe (*Labroides*) Parasiten ablesen, die sich auf dem Körper, im Maul oder in den Kiemen festgesetzt haben. Es handelt sich um eine beiden nützliche »symbiotische« Beziehung, wobei der eine gesäubert, der andere ernährt wird. Solche Putzerfische sind durch auffällige Längsstreifen und bestimmte Bewegungsweisen gekennzeichnet, aufgrund deren sie von den Wirtsfischen mittels entsprechender Gebärden zum Putzen eingeladen werden. Der Säbelzahnschleimfisch *Aspidontus taeniatus*, eine äußerlich täuschend ähnliche Attrappe des Putzerfisches, wird von den »Putzkunden« ruhig herangelassen, worauf er ihnen Flossenstücke herausreißt (I. Eibl-Eibesfeldt 1955, 1959).

Auch im Fortpflanzungsbereich spielt das Attrappenprinzip eine wichtige Rolle. Da gibt es Ragwurzarten der Gattung *Ophrys*, bei denen Blütenteile wie Weibchen bestimmter Hummeln, Bienen oder Fliegen aussehen und auch Kopien der entsprechenden sexuellen Duftstoffe produzieren. Die hierdurch angelockten Insekten-Männchen nehmen während Begattungsversuchen Pollen auf, mit dem sie bei weiteren Visiten andere Blüten bestäuben (B. Kullenberg 1961). Ebenfalls im Dienste der Fortpflanzung steht eine Körperstruktur der nordamerikanischen Süßwassermuschel *Lampsilis ovata ventricosa*, deren Larven einige Zeit hindurch in den Kiemen von Fischen hausen. Um sie dorthin zu bringen, bildet die Muttermuschel aus dem Mantelrand eine recht auffällige, mit

Abb. 5 Anglerfisch (*Phrynelox scaber*) mit angewachsener Wurmattrappe.

Abb. 6 Putzerfisch und Nachahmer.
a Zwei Putzer säubern eine Dicklippe (*Plectorhynchus diagrammus*).
b Putzer (*Labroides dimidiatus*).
c Räuberischer Nachahmer (*Aspidontus taeniatus*).

Augenfleck, Rücken- und Schwanzflosse ausgestattete Fischattrappe, die sie wellenförmig bewegt. Kommt nun ein größerer Fisch, der sich für das vermeintliche Beuteobjekt interessiert, bläst ihm die Muschel aus ihrem Brutraum Larven entgegen, die er mit dem Atemwasser in die Kiemen aufnimmt, wo sie sich festsetzen (W. Wickler 1970 b). Auch bei Vögeln gibt es Attrappenbildungen im Fortpflanzungsbereich, die unter dem Begriff »Brutparasitismus« zum Teil gut bekannt sind. Als populärstes Beispiel sei der europäische Kuckuck erwähnt, bei dem der Rachen des Nestlings so attraktiv ist, daß Zieheltern wie etwa Rohrsänger, Grasmücken oder andere Kleinvögel eifrigst Futter hineinstecken und sich weder durch das fremde Aussehen noch durch die gewaltige Größenzunahme des Wechselbalges beirren lassen. Witwenvögel aus der Gruppe der Webefinken hinwiederum parasitieren nur bei ganz bestimmten Prachtfinkenarten. Hier werfen die unterschobenen Kinder die echten nicht nach Kuckucksart aus dem Nest, sondern mischen sich darunter und sehen ihnen so täuschend ähnlich, daß man von wahrhaft »optimalen Attrappen« sprechen kann (J. Nicolai 1964).

Abb. 7 Süßwassermuschel (Lampsilis ovata ventricosa) mit angewachsener Fischattrappe.

Aber nicht nur zwischen Lebewesen verschiedener systematischer Gruppen, sondern auch im innerartlichen Verkehr wurden eigens entwickelte Attrappen als Auslöser herausdifferenziert. Ein interessantes Beispiel bietet der maulbrütende Buntbarsch Haplochromis burtoni (W. Wickler 1968, 1970 a). Während der Balz präsentiert das Männchen dem Weibchen vorerst nur imponierend seine gespreizte Analflosse, auf der sich einige gelbliche, den Buntbarsch-Eiern gleichende Tupfen befinden. Durch diese Darbietung stimuliert, laicht das Weibchen ab und sammelt dann die Eier zur »Ausbrütung« ins Maul. Sie hascht auch nach den Ei-Attrappen auf der Analflosse des Männchens, nimmt dabei ausgestoßenes Sperma auf und bewerkstelligt dadurch die Laichbefruchtung. Ob beim Auffinden der echten Eier auch Geschmack und Geruch eine Rolle spielen, ist nicht bekannt. Auf jeden Fall überwiegt die optische Komponente so stark, daß Weibchen unter Umständen auch eiähnliche Fremdkörper einsammeln, was normalerweise jedoch nicht passiert, weil das Männchen vor dem Paarungsakt die Laichgrube säubert.

Auch der Ethologe verwendet das Attrappenprinzip zur Analyse von auslösenden Merkmalen und angeborenen Reaktionsmechanismen. Das zu untersuchende Lebewesen wird mit entsprechenden Attrappen konfrontiert, deren Kennzeichen im Verlauf einer Versuchsreihe solange variiert und reduziert werden, bis die oft sehr einfachen entscheidenden Kriterien zutage treten. Einige der klassischen Attrappenversuche seien hier kurz zitiert. N. Tinbergen und D. J. Kuenen (1939) konnten das Sperren junger hungriger Amseln durch zwei aneinandermontierte, verschieden große runde Pappscheiben auslösen, die von den Nestlingen als »Vogelkörper mit Kopf« bewertet wurden. Stichlingsmännchen attackierten eine ins Aquarium gesetzte stark vereinfachte, flossenlose Fischattrappe als Rivalen, wenn nur die Bauchseite rot war, wogegen sie

Abb. 8 Nestjunge Amseln beim Ansperren einer Elternattrappe.

eine naturgetreue Nachbildung des Artgenossen ohne den Farbreiz kaum beachteten (N. Tinbergen 1951). Ebenso griffen Männchen des Rotkehlchens ein formloses rotes Federbüschel, dessen Farbmerkmal soviel wie »Revierkonkurrent« signalisiert, sofort heftig an, während sie das Stopfpräparat eines eintönig grauen Jungvogels ungeschoren ließen (D. Lack 1943). Im Rahmen der Wilhelminenberger Reiheruntersuchungen konnten mit Hilfe von Reiherattrappen aus weißem Gips Wildvögel zur Bevorzugung bestimmter Brutplätze gebracht werden. Auch die Kopplungsweise verschiedener auslösender Einzelmerkmale läßt sich mittels Attrappentechnik untersuchen. Beim Buntbarsch *Astatootilapia strigigena* zeigen rivalisierende Männchen das Farbmerkmal Blau, dazu schwarze Flecke auf den Flossen und die Gebärde des Flossenspreizens in Breitseitstellung. A. Seitz (1940) wies durch Darbieten von Attrappen nach, daß der Fisch zwar auf jedes isoliert gebotene Kennzeichen anspricht, am stärksten aber auf alle zugleich reagiert. Diese »Reizsummenregel« gilt bei Verhaltensabläufen verschiedenster Lebewesen.

Mitunter kann eine Attrappe durch Merkmalssteigerung so wirkungsvoll werden, daß ein mit ihr konfrontiertes Individuum viel intensiver als in Normalsituation reagiert, ja daß es bei Wahlmöglichkeit die Attrappe dem echten Objekt vorzieht. Der Ethologe spricht hier von der »überoptimalen« oder »übernormalen« Attrappe. Die ersten diesbezüglichen Beobachtungen wurden bei Vögeln gemacht. Vor allem Bodenbrüter zeigen zur Brutzeit die starke Tendenz, neben dem Nest liegende Eier mit dem Schnabel einzurollen. A. Koehler und A. Zagarus (1937) legten dem Halsbandregenpfeifer seine eigenen braunsprenkeligen und fremde, kontrastreicher gemusterte Eier neben das Nest. Letztere rollte er viel lieber ein als die artgerechten, ebenso eine linear viermal so große Ei-Attrappe, die gar nicht hätte gehudert werden können. Ähnliches wurde beim Austernfischer *Haematopus ostralegus* festgestellt (N. Tinbergen 1951). Männchen des Leuchtkäfers *Lampyrus noctiluca* lassen sich durch Attrappen, die eine größere Leuchtfläche und gelberes Licht als echte Partnerinnen zeigen, von diesen weglocken (F. Schaller und H. Schwalb 1961, F. Schaller 1966).

Abb. 9 Austernfischer *(Haematopus ostralegus)* bevorzugt das Riesen-Ei gegenüber dem eigenen.

Es sei ausdrücklich betont, daß es sich bei allen angeführten Beispielen um angeborene, arttypische Reaktionen handelt. Dieser Trend zur Bevorzugung des kräftigeren Reizes, diese Offenheit des angeborenen Verhaltensmusters in Richtung Merkmalssteigerung entspricht grundsätzlich dem von Ch. Darwin (1876) formulierten Prinzip der »natürlichen Zuchtwahl«, wonach das Auffälligere, Stärkere gegenüber dem Schlichteren, Schwächeren im Vorteil ist. In der natürlichen Umwelt eines Lebewesens kommen solche überoptimalen Attrappen, die Verhaltensabläufe kraß irreleiten und die Existenz einer Art gefährden könnten, normalerweise nicht vor. Aber selbst dort, wo stammesgeschichtlich herausdifferenzierte Attrappen gegen Artfremde eingesetzt werden, ist das Bestehen der »Zielgruppe«, die sich täuschen läßt, nicht ernstlich bedroht.

Die Attrappensichtigkeit mit allen ihren Konsequenzen garantiert dem Individuum unter natürlichen Gegebenheiten die Anpassungsmöglichkeit an Veränderungen beim Artgenossen oder in der Umwelt. Dieser oft nur geringfügige, doch stets irgendwie vorhandene Spielraum der Schlüssel-Schloß-Beziehung zwischen ausgesandtem Reiz und reaktivem Verhalten zählt wahrscheinlich mit zu den Ansatzpunkten für die Evolution. Auch die Plastizität des Menschen, die in hohem Maße auf seinen vergleichsweise kleinen, dafür aber zahlreichen und daher vielfältig kombinierbaren angeborenen Verhaltensbausteinen beruht, ist ohne abstrahierende Attrappensichtigkeit nicht denkbar. Darin ist aber auch die Anfälligkeit für die »überoptimale Attrappe« enthalten. Mit seinen enormen Möglichkeiten, sich das Leben leichter und angenehmer zu gestalten, schafft sich der Mensch solch raffinierte Fangvorrichtungen dauernd selbst und fällt auf sie auch prompt herein. K. Lorenz (1950) sagt dazu S. 478:

»Die betreffenden Industrien stellen, ganz wie dies bei der Puppenindustrie der Fall ist, an ihrem Publikum ganz regelrechte Attrappenversuche auf breitester Basis an, denn ganz selbstverständlich ist demjenigen der größte finanzielle Erfolg beschieden, dessen Erzeugnis die stärkste auslösende Wirkung entfaltet.«

Mit der anfangs erwähnten Neigung des Menschen, aus gestaltlichen Ganzheiten wesentliche Kriterien »herauszusehen« und diese gewissermaßen expressionistisch vereinfacht wiederzugeben, geht seine Fähigkeit einher, Gestalten in andere Formen »hineinzusehen«. Bezeichnungen wie »Bergnase, Bergrücken, Stirnmoräne, Stativkopf, Stuhlbein, Schiffsbauch« etc. für tote Umweltstrukturen oder auch die eine Landschaft charakterisierenden Beiworte »freundlich, lieblich, streng, ernst, drohend« etc. zeigen deutlich, daß hier menschliche Gestaltmerkmale als Maßstab dienen. Kinder verfügen in dieser Richtung über eine unerhört reiche Phantasie und bauen viele ihrer Spiele auf das Heraus- und Hineinsehen auf. Darum lehnt ja auch die moderne Kinderpsychologie das allzu naturgetreue, perfektionistische Spielzeug ab und gibt einfachen, für weite Auslegungsmöglichkeiten offenen Formen den Vorzug (vgl. M. Schmaus und M. Schörl 1964). R. Beitl (1955) bemerkt zum Stichwort »Hineinsehen«:

»Einer der wichtigsten und fruchtbarsten Antriebe zu künstlerischem Schaffen im Volk ist das Hineinsehen. Es besteht in der Geneigtheit und Fähigkeit des Menschen, in tote Zweck- und Zufallsformen (technische Muster) naturhaft gewachsene Gebilde hineinzudenken und den Gegenstand so in die Sphäre lebendiger Vertrautheit zu erheben...« Und weiter: »Er gibt etwa einem menschenähnlichen Kopf oder Muster ein Gesicht durch (mindestens 2 oder 3) Punkte, einer Figur ein Paar Hände, Beine oder dergleichen. Besonders willig kommt solchen Gestaltungswünschen der bildsame Ton entgegen. Schon die Sprache zeigt die Bereitschaft, gerade in die auf der Töpferscheibe gedrehten Formen mensch-

Abb. 10 »Hineinsehen« von Augen in Birkenstämme (nach einem Gemälde von K. Bayer).

liche Gestalten hineinzudenken. Man spricht von Hals, Schulter, Bauch und Fuß eines Gefäßes; ein rundlicher Becher heißt Kopf. Es lag nahe, den ›Kopf‹ bewußt auszugestalten. Dies geschah in der Gefäßkeramik der alten Kulturen Asiens, Amerikas ebenso willig wie im alten Europa. Welche Bedeutung die Gesichtsurnen in der frühen Eisenzeit auch haben mögen, als ihr formaler Ausgangspunkt ist doch wohl das Hereinsehen in Anspruch zu nehmen...«

Allein schon diese Beispielswahl zeigt, daß es vorwiegend der Artgenosse ist, dem sich das schöpferische Denken des Menschen zuwendet. Die Vorliebe des Menschen für Anthropomorphismen ist so groß, daß mitunter sogar Wissenschaften davon betroffen sind. Vor allem die Tierpsychologie alten Stils bietet zahlreiche Beispiele. G. J. Romanes (1885) etwa nimmt äußerliche Merkmale von Tieren zum Anlaß, von Stolz, Gram, Haß, Grausamkeit und ähnlichen Eigenschaften zu sprechen. A. E. Brehm (1864) wieder sagt von dem seinem Erscheinungsbild nach zweifellos sehr eindrucksvollen Kranich, er sei sich seiner ausgezeichneten Fähigkeiten »wohl bewußt« und drücke dies in seinem Betragen aus. Der berüchtigte Schießer Gordon Cumming berichtet vom »gleichsam grüßenden Kopfneigen« und der »würdevollen Fassung« eines lahmgeschossenen Elefantenbullen, bei dem er die Trefferempfindlichkeit verschiedener Körperstellen erprobte (nach A. E. Brehm 1864 bis 1869). J. K. Lavater (1829) hat aufgrund gewisser physiognomischer Ähnlichkeiten von Menschentypen mit bestimmten Tieren, denen schon vorher anthropomorphe Eigenschaften zugesprochen waren, solche Charakterzüge einfach auf Menschen rückübertragen. Wieweit die Vermenschlichung tierischer Eigenschaften noch in jüngerer Zeit getrieben wurde, zeigt die folgende Textstelle, die sich mit dem tasmanischen Beutelteufel *(Sarcophilus)*, einem etwa dachsgroßen Säugetier, befaßt (J. v. Jensen 1928):

»Das Tier, das von Hundegröße ist, aber einen zu großen Kopf hat, ist schwarz, mit einer durchschimmernden, schmutzigen Fleischfarbe, schlecht versteckter Nacktheit im Gesicht, es hat rote Augen mit einem gleichsam rußigen Feuer, die Zähne drängen sich gegenseitig zum Maul hinaus, und das vollständig verstandesbare Geschöpf knurrt, faucht und schäumt die ganze Zeit, schmerzlich wie ein Säugling, in einem permanenten Zustand von Raserei, der wie eine Krankheit, wie Tollwut wirkt, aber der normale Gemütszustand des Tieres ist. Nur unheimliche, maniakalische Fälle, in die man sich jedoch nicht hineinversetzen kann, geben einen Begriff von der Psyche des Beutelteufels. Vermutlich könnte man das Tier an einem Stock oder einem Tuch hängend wegtragen, wenn es sich erst hineinverbissen hätte; zu brennender Mordgier kommt Idiotie. So wild und verschlossen in der Seele ist das Geschöpf, wenn es frisch aus der Unterwelt kommt.«

Hier werden einfach aufgrund attrappenhafter Analogien zu menschlichen Merkmalen Urteile gefällt, die mit der Realität nichts zu tun haben. K. Lorenz (1950, 1965) erläutert sehr anschaulich eine Reihe solcher Kennzeichen, die uns das Kamel »hochmütig«, den Pekinesen »herzig«, den Adler »kühn entschlossen« und die Taube »friedlich« erscheinen lassen. Die beiden Letztgenannten, oft als Symbole für Krieg und Frieden verwendet, haben in Wirklichkeit sogar konträre Wesenszüge. Während der Adler sich zu Artgenossen weitgehend tolerant, gegen Feinde eher defensiv verhält, ist die Taube ausgesprochen unverträglich und traktiert schwächere Artgenossen, die ihr nicht ausweichen können, mit fortgesetzten Schnabelhieben bis zu blutiger Unkenntlichkeit (vgl. N. Tinbergen 1969).

Gerade das moderne Industrie- und Reklamewesen ist für das Thema »Attrappensichtigkeit« ein ergiebiges Beobachtungsfeld und bringt viele Aufschlüsse. Die Werbe- und Gebrauchsgrafik spielt vor allem dort, wo sie sich der menschlichen Gestalt bedient, sämtliche Register raffinierter Attrappentechnik und modifiziert die menschliche Anatomie bis ins Unmögliche, ja Unästhetische. Dies gilt besonders für sexuelle Merkmale, man denke etwa an die durch Comic-Strips geisternden Supermänner mit ihren krankhaft vergrößerten Brustkästen und Muskelpaketen oder an die weiblichen »Sanduhrfiguren« mit prallem Busen, Wespentaille und quellenden Hüften. Daß diese übernormalen Attrappenbilder tatsächlich angeborene Verhaltensmuster ansprechen, geht schon aus dem riesigen Angebot hervor, das die Industrie niemals auf den Markt brächte, wäre nicht der Erfolg allerbestens garantiert. In diesem speziellen Fall, wo das rational höchstbegabte Lebewesen Mensch Fangvorrichtungen für den eigenen Artgenossen erfindet, wo also der »Fallensteller« mit dem »Opfer« identisch ist, treffen die gewählten Mittel sehr genau ins Ziel. Es sei hier auch an die gegenwärtig recht häufig angebotenen »aufblasbaren Gespielinnen« mit eigens angepriesenem »echtem Hauteffekt« sowie die in Sexshops käuflichen Penis-Attrappen erinnert, die dem Prinzip nach nichts anderes sind als die kleinen Plastikfiguren, die man einsamen Wellensittichen als Kumpanersatz in den Käfig hängt.

Im Zusammenhang mit der Attrappensichtigkeit nicht unerwähnt bleiben darf das Phänomen der Schwellenerniedrigung. Wenn eine angeborene Verhaltensweise mangels Gelegenheit lange nicht zur Abreaktion kommt, steigt der endogene Staudruck, während die Reizschwelle niedriger, das Ansprechen auf Merkmale unselektiver wird. Oft genügen dann gröbste Attrappen, um die Instinkthandlung in Gang zu setzen. Allein gehaltene Hunderüden reiten auf Menschen, insbesondere Kindern, anderen Haustieren oder auch Gegenständen auf, kinderlose Hündinnen bemuttern Stofftiere, Puppen, Polster oder sogar Holzstücke. Ein in der Voliere verwitwetes Bartmeisenmännchen reagierte nach einigen Tagen der Vereinsamung auf im Wind vorüberflatternde bräunliche Blätter mit Partnerlockruf (O. Koenig 1952). Den Regeln der Schwellenerniedrigung ist selbstverständlich auch der Mensch unterworfen.

An den Problemkreis der »Attrappensichtigkeit« grenzt ein anderes, in der Volkskunde unter der Bezeichnung »*similia similibus*«, also »Gleiches mit Gleichem« bekanntes Phänomen. R. Beitl (1955) sagt dazu:

»Der Gedanke einer geheimnisvollen Sympathie zwischen den Dingen und Kräften des Alls nährte sich an der Anschauung der Ähnlichkeit (lat. simile = ähnlich, gleich) vieler Naturdinge (Herz = herzförmiges Blatt, Gelbsucht = gelbe Blume), und ebenso kann gesagt werden: dieser im mythischen Denken des Volkes tiefverwurzelte Glaube fand und verkündete immer neue Ähnlichkeiten, die einer Wesensbeziehung gleichgeachtet wurden. Der Rahmen wird weit gedehnt, wenn z. B. gelbe, aber auch rote Blumen den Blitz (das Feuer) anziehen...«

In diesen Denkungsbereich fällt auch der Analogiezauber, dem in der Volksmedizin eine wichtige Rolle zukommt (vgl. G. Jungbauer 1934). Hier wird die angeborene Attrappensichtigkeit über das einfache Wechselspiel des »Schlüssel-Schloß-Systems« zwischen Außenreiz und angeborener Reaktion auf einen neuen Bereich erweitert, nämlich auf den des rationalen Einsetzens zum eigenen Heil. Es können aber auch zufällige, in keiner echten Kausalbeziehung zueinander stehende Begebenheiten nach Art des »bedingten Reflexes« (I. P. Pawlow 1927) zur Dauerassoziation werden (zum Beispiel wenn jemand beim Läuten einer Glocke schmerzhaft stolpert und fortan bei Glockentönen an das negative Erlebnis denken muß) und in weiterer Folge zu traditionellen Auswirkungen führen.

Unter allen biologischen Gestaltstrukturen, die auf angeborene Auslösemechanismen anderer Lebewesen einwirken und deren »Attrappensichtigkeit« mobilisieren, besitzt das Auge die allgemeinste Gültigkeit. Wieso das so ist, wurde im Kapitel 5 (S. 73) ausführlich dargelegt. Das Tierreich ist übervoll von eigens herausdifferenzierten Augenattrappen beziehungsweise echte Augen vertarnenden Mustern, mit denen Feinde abgelenkt, Beute getäuscht oder Artgenossen beeinflußt werden (S. 94 ff.). Dem biologischen Trend unbewußt folgend, setzt auch der Mensch das Augenmotiv in kultureller Transponierung überall ein, wo es ihm auf Blickfangeffekte ankommt, so zum Beispiel im Bereich des magischen Abwehrzaubers und neuerdings auch im Werbewesen. In den Kapiteln 9 (S. 110) und 16 (S. 197) wird darüber ausführlich gesprochen.

Es erhebt sich nun die Frage, welche Eigenschaften der Augengestalt es denn eigentlich sind, auf die das Lebewesen anspricht, und in welche Einzelkriterien sie gemäß der von A. Seitz (1941) gefundenen Reizsummenregel zerlegbar sind. Die Analyse ergab insgesamt 10 im Komplexphänomen »Auge« zusammenwirkende Merkmale, unter denen sich neben allgemein verbreiteten auch einige vorwiegend menschenspezifische befinden, die bei kulturell hergestellten, gedanklich ja in erster Linie auf den Artgenossen bezogenen Augenattrappen mit eine Rolle spielen. Die Kriterien lauten:

1. Runde Irisfläche

2. Zentraler Pupillenfleck
3. Helldunkeleffekt (Sklera und Iris)
4. Kugelgestalt
5. Glänzende Oberfläche (bei Attrappen fallweise durch Leuchten ersetzbar)
6. Beweglichkeit
7. Spitzovale Umrißlinie
8. Wimpernkranz
9. Brauenlinie
10. Paarige Anordnung

Isoliert geboten, besitzen die einzelnen Faktoren nur wenig Attrappenwert. Doch bereits die Kombination von zwei beliebigen Kriterien weist in Richtung »Augenhaftigkeit« und erzeugt eine gewisse blickbindende Wirkung, die sich durch jedes neu hinzugekommene Merkmal intensiviert. Vor Jahrzehnten benutzte man zu Hypnosezwecken eine mit gewölbten Rundspiegeln versehene, rotierende, Lichtreflexe aussendende Lampe, die als raffinierte Augenattrappe bezeichnet werden muß (vgl. F. Arnau 1965). Auch die Vogelabwehr mittels ausgesteckter Glaskugeln (S. Pfeifer und W. Keil 1963, K.-H. Viertel 1965) basiert zweifellos auf deren augenhafter Merkmalskonfiguration.

Aus der genannten Faktorenzahl resultieren etwa an die tausend Kombinationsmöglichkeiten. Da diese aber in verschiedensten artifiziellen Realisationsvarianten auftreten, haben wir letztlich eine riesige Fülle kultureller Abwandlungsformen des Augenmotivs vor uns, deren gemeinsame Wurzel für den Unkundigen nicht mehr erkennbar ist. Besonders breit ist der Fächer im magischen Bereich. Während nämlich der figurale Spielraum der werbegrafischen Augenattrappe gerade so weit geht, wie sie tatsächlich noch blickfangend wirkt, kann das gegen irrationale, keinen echten Selektionsdruck ausübende Kräfte eingesetzte Schutzzeichen oder Amulett vom unverwechselbaren Augensymbol bis zum nicht mehr verstandenen Schmuckwerk variieren, das nur noch aufgrund von Traditionen im Sinne des Abwehrauges bewertet und verwendet wird. Analoge Wandlungen kennen wir auch von anderen organischen Motiven. R. Beitl (1955) spricht vom »Ausschleifen« charakteristischer Konturen bis zur Unkenntlichkeit, etwa bei Gebildbroten oder Buttermodeln. C. v. Spiess (1934) bringt das Beispiel einer bis zum unverständlichen Ornament aufgelösten Muttergottesdarstellung auf einem Fensterstock. Sehr interessante Entwicklungen in dieser Richtung zeigt die spätminoische Keramikbemalung, wo gegenüber früheren, eher naturalistisch aufgefaßten Krakendarstellungen stark stilisierte auftreten, bei denen die Fangarme zu überlangen Linienornamenten auswachsen. Solche Entwicklungen führen zwar zu einer Erschwernis des Erkennens und Verstehens der ursprünglich gemeinten Form, nicht aber auch zu einem Verlust an Bedeutung. Wenn es in einer Gruppe festgefahren ist, daß ein bestimmtes Ornament an eine bestimmte Stelle »hingehört«, so bleibt das Ritual auch ohne Kenntnis des Ursprungs erhalten und verliert nichts an magischer Wertigkeit. Der nivellierende Gruppendruck »das hat man so« ersetzt dann das ansonsten notwendige Verständnis der Beziehung zwischen Aussehen und Funktion eines Objektes. Das sinnentleerte Zeichen bleibt als eingefrorenes Relikt erhalten und wird, sofern als wesentlich betrachtet, nicht selten zum fanatisch verteidigten Symbol.

Im Falle des Augenmotivs ist die Überführung der optimalen Attrappe in nicht mehr verstehbare Ornamentik jedoch kein eingleisiger Weg in die Sackgasse, sondern einer, der ebensooft in umgekehrter Richtung begangen wird, weil uns angeborene Dispositionen immer wieder zur Augendarstellung zurückführen. Jedes visuell entsprechend ausgestattete Lebewesen interessiert sich für das Erscheinungsbild des Artgenossen. G. Sackett (1966) stellte Versuche mit Rhesusaffen an, die ohne jeden Kontakt mit Artgenossen aufgezogen und gehalten wurden. Sie empfingen in ihrem ringsum abgeschlossenen Einzelkäfig keinerlei optische Außenreize, hatten jedoch die Möglichkeit, neben Diapositiven diverser Landschaften und geometrischer Figuren auch solche von Rhesusaffen mit unterschiedlicher, sehr ausgeprägter Mimik an die Wand zu werfen. Die Versuchstiere bevorzugten eindeutig Bilder von Artgenossen, auf deren Ausdruck sie richtig reagierten. Auch der Mensch hat größtes Interesse an seiner eigenen Gestalt, was sich etwa ja auch darin äußert, daß er Straßen, Plätze, Gärten, Hauswände und Wohnräume immer wieder mit Plastiken und Gemälden von Menschenfiguren belebt. Unermüdlich schafft er Abbilder seiner selbst, beschäftigt sich damit und verwendet sie in magischem Gedankengang zum eigenen Heil. Das Auge als Organ von höchstem visuellem Attrappenwert, das sich von anderen Gestaltstrukturen so deutlich abhebt, ist unter allen Merkmalen das geeignetste, um stellvertretend für die Gesamtfigur eingesetzt zu werden beziehungsweise als letzter Rest zu verbleiben. Kein Wunder also, wenn in den dekorativen Schöpfungen des Menschen das Augenmotiv so stark vorherrscht. Als ich einen allerlei Skulpturen und auch kunstgewerblichen Wand- und Zimmerschmuck schnitzenden Wiener Bildhauer fragte, welche Motive seine Kunden denn so im allgemeinen verlangten, gab er – ohne meine Augenuntersuchung im entferntesten zu kennen – zur Antwort: »A Kugl und a Schleifn – des wolln d' Leut.« Und so kehren denn diese Formen in seinen Ornamenten und mehr oder weniger abstrakten Figurendarstellungen immer wieder. Daß es sich dabei um Augenattrappen handelt, auf die der Mensch angeborenermaßen anspricht und die er seit alters her als Schutzsymbole einsetzt (S. 124 f.), ist freilich weder dem Schnitzer noch seinen Auftraggebern bewußt.

7. Augenattrappen bei Tieren

Jedes Individuum ist eingebettet in das Gefüge der Biozönose und wird von den Aktivitäten anderer Individuen in irgendeiner Form berührt. Da gilt es vor allem, sich einen Lebensraum gegenüber den Artgenossen zu sichern, also fallweise ein möglichst wirksames »Geh weg« zu sagen. Dicht geschart lebende Tiere etwa vom Typ der Pantoffeltierchen, Erdkrötenquappen oder Korallenwelse, bei denen infolge Fehlens aggressiver Körperstrukturen keine Beschädigungsgefahr besteht, besorgen dies durch einfaches gegenseitiges Wegdrängen. Speziell für höhere Tiere, die zumeist über kompliziertere, in der sozialen Auseinandersetzung gefährlichere Organe verfügen und eine größere Individualdistanz beanspruchen, ist es zweckmäßiger, Fernsignale einzusetzen, anstatt sich sogleich auf kräfteraubende, mitunter auch riskante Tätlichkeiten einzulassen. Dazu kommt die Konfrontation mit den teils als Platz- und Nahrungskonkurrenten, teils als lebensbedrohende Feinde auftretenden artfremden Tieren. Es liegt im Interesse einer jeden Art, Abwehrsignale zu entwickeln, die von möglichst vielen verschiedenen Lebewesen beachtet und respektiert werden. Ein solches weitgehend interspezifisch gültiges »Geh-weg«-Signal ist zum Beispiel der Geräuschkomplex des Zischens, Raschelns, Summens und Ratterns, der tatsächlich, auf mannigfache Weise erzeugt, quer durch das Tierreich anzutreffen ist und von allen akustisch hinreichend ausgestatteten Wirbeltieren richtig »verstanden« wird. Das Schwanzrasseln einer Klapperschlange, das Zähnerattern eines Siebenschläfers, das Drohguggern eines Murmeltieres, das Zischen einer Schlange, eines Geckos oder einer Meise, das Drohsummen einer Biene, eines Kolibris oder das Fauchen einer Katze sind von prinzipiell ähnlicher Akustik, die auch der Mensch spontan als drohend beziehungsweise alarmierend empfindet und entsprechend einsetzt. Kein noch so energischer »Ruhe«-Ruf bringt eine laut diskutierende Menschengruppe zu solch unmittelbarem Aufmerken wie ein einziges, hell zischendes »Pssst« (vgl. O. Koenig 1961 a). Telefonsummer und Türklingeln liegen ganz auf dieser Linie. In Italien verwendet man als Signal für Einsatzfahrzeuge einen sehr hellen, dem Drohsummen mancher Insekten durchaus vergleichbaren kontinuierlichen Sirenenton von kaum zu überbietender Alarmwirkung.

Eine andere »international« verständliche, aber wesentlich verbreitetere Abwehrmethode, die man sehr häufig bei Kerbtieren, insbesondere bei Schmetterlingen und deren Raupen beobachtet, ist das Präsentieren von Augenflecken auf Körper oder Flügeln. Derlei Muster zeigen oft einen deutlichen Irisring oder Pupillenpunkt, der den insektentypischen Facettenaugen fehlt und von diesen relativ grobflächig zeichnenden Sehorganen auch kaum wahrgenommen werden könnte. Ganz offensichtlich handelt es sich um zur Täuschung von Wirbeltieren entwickelte »Nachahmungen« von Wirbeltieraugen. Einer der bekanntesten heimi-

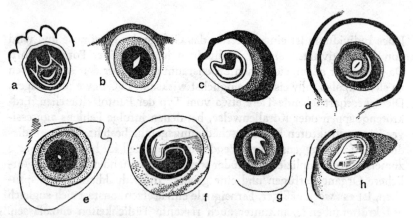

Abb. 11 Augenflecke verschiedener Schmetterlinge. Die Formen erinnern an artifizielle Augensymbole. **a** *Automeris metea* (Südasien), Halbmond- und Dreisproßmotiv. **b** *Lobobunaea ammon* (Südostafrika), konzentrische Ringe, Pupillenfleck mit Glanzlichteffekt. **c** *Salassa nola* (Südasien), Halbmondmotiv. **d** *Antherina suraka* (Madagaskar), weiße Zentralzeichnung nach Art »Halbmond und Stern«. **e** *Lobobunaea phaedusa* (Afrika), konzentrische Ringe, Pupillenfleck. **f** *Spirama retorta* (Ostasien), dem Yin Yang-Zeichen ähnelnd. **g** Melanistischer *Aglia tau* (Paläarktis), Dreisproßmotiv als Glanzlicht. **h** *Epiphora bauhiniae* (Afrika), miribotaförmiges »Glasfenster« im Zentrum.

schen Falter mit Flügelaugen ist das Tagpfauenauge *(Inachis io)*, das die unterseits rindenartig grauen Flügel in Ruhelage hochstellt, bei Berührung aber raschelnd auseinanderklappt und vier große auffällige Augen darbietet, vor denen jeder, der darauf nicht gefaßt ist, zurückschreckt. Entsprechend der Reizsummenregel von A. Seitz (1941) wird hier durch gleichzeitiges Darbieten zweier Signale, eines akustischen und eines optischen, der Effekt gesteigert. Wie das Tagpfauenauge bieten auch andere Schmetterlinge die Abwehrzeichnung nicht permanent, sondern als Überraschungsmoment bei Gefahr. Manche Arten, die mit gebreiteten Flügeln ruhen, tragen die Augenzeichnung auf der Unterseite und präsentieren diese, entgegengesetzt dem heimischen Pfauenauge, durch Hochklappen der Flügel. Über Hergang und Wirkungsweise des Augenpräsentierens gibt es verschiedene Untersuchungen. M. Standfuß (1894) berichtet über Ablehnung angebotener Abendpfauenaugen *(Smerinthus ocellatus)* durch Käfigvögel. O. Prochnow (1907) beobachtete, daß Meisen ihr Futterbrett mieden, sobald ein komplettes Tagpfauenauge daran befestigt war, es aber aufsuchten, wenn der Schmetterling kein Augenmuster aufwies. Der Autor meint dazu wörtlich, »... daß die Augenflecken von den Meisen für Augen gehalten werden und daher ihrem Träger einen relativen Vorteil gewähren«. Auch F. Steiniger (1938 a) bringt einschlägige Beispiele. Das Verschmähen von Pfauenaugenfaltern ist übrigens praktischen Vogelpflegern nicht unbekannt, wie in Fachzeitschriften gelegentlich auftauchende Notizen beweisen.

A. D. Blest (1957) stellte weitere Versuche an, bei denen er handaufgezogenen, also diesbezüglich unerfahrenen Buchfinken, Goldammern und Meisen Diapositive diverser schematisierter Augenpaare unmittelbar neben begehrtes Futter projizierte, womit unter Ausschaltung aller sonstigen Schmetterlingsmerkmale das Muster ebenso plötzlich wie beim Flügelaufklappen geboten wurde. Die Versuchsvögel schreckten jedesmal zurück und pickten nicht zu. Als Blest ihnen Schmetterlinge vorsetzte, deren Augenflecke gelöscht waren, bestand keinerlei Freßhemmung. Weiter wies er in Attrappenversuchen nach, daß Augenflecke mit konzentrischen Ringen oder Glanzlichtmustern besser schützen als einfache Tupfen. Auch vier oder durch Herausdifferenzierung entsprechender Kopfzeichnungen im Drei- oder Fünfeck angeordnete Augenflecke kommen vor. Die Nützlichkeit der Merkmalsvermehrung liegt wahrscheinlich im überraschten Zögern des an Augenpaare gewöhnten Feindes, der sich über die Einorientierung des »Gesichtes« nicht schlüssig wird (S. 149). Selbstverständlich helfen derlei Signalstrukturen nicht absolut. Es gibt darauf eingestellte Feinde, die Insekten mit Abschreckaugen bedenkenlos erbeuten. Der Wirkungsbereich solcher Spezialisten-Minoritäten liegt aber stets jenseits der artgefährdenden Grenze.

Besonders viele Beispiele für die Verbreitung von Abwehraugen bietet das Insektenbuch von W. Linsenmaier (1972). Die Raupen der Schwalbenschwänze (Papilionidae) tragen große Augenpaare am Hinterkörper, die sie dem Störenfried entgegenhalten. Manche Gottesanbeterinnen zeigen an ihren hochgehobenen Fangarmen oder Flügeln je einen Augenfleck. Für Insekten kommen als Freßfeinde primär Vögel fast aller Ordnungen und überaus viele Säugetiere in Betracht. Entsprechend dem hohen Attrappenwert, den die Augengestalt für Wirbeltiere besitzt (S. 73 ff.), reichen die Muster von einfachsten Tupfen über Kreise, konzentrische Ringe, Pupillenflecke und Glanzlichter bis zu perfekten Augenimitationen. Den Gipfel an Raffinesse erreichen bestimmte Pfauenspinner (Saturniidae) mit irisierend durchsichtigen Rundfenstern auf den Flügeln, die bei jeder Positionsänderung des Falters oder Beschauers aufglänzen und infolge Verschiebung des Hintergrundausschnittes wie lebendig bewegte Augen wirken. Bei großen australischen Holzbohrermotten *(Xyleutes)* sind die Flügelaugen sogar plastisch vorgewölbt, wie aus der Fläche »herausgehämmert«. Ohne starken Selektionsdruck sind

Abb. 11h

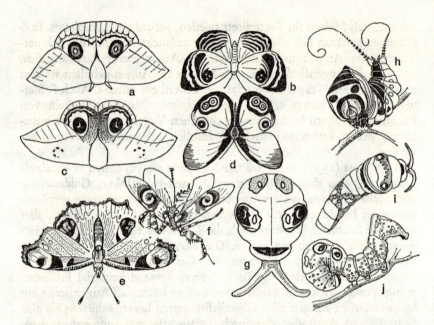

Abb. 12 Präsentieren von Augenflecken bei Insekten. **a** Schmetterling *Automeris pyrrhomelas* (Südamerika). **b** Schmetterling *Mesosemia croesus* (Brasilien). **c** Schmetterling *Automeris aurantiaca* (Brasilien). **d** Unterseite des Schmetterlings *Taenaris dimona sorronga* (Neuguinea). **e** Tagpfauenauge *Inachis io* (Paläarktis). **f** Spiralflecke der Gottesanbeterin *Pseudocreobotra wahlbergi* (Afrika). **g** Bruststück der Raupe des Schwalbenschwanzes *Papilio troilus* in Drohstellung mit ausgestreckter Nackengabel (Nordamerika). **h** Raupe des Gabelschwanzfalters *Dicranura vinula* (Paläarktis). **i** Raupe des Schwalbenschwanzes *Papilio scamander* (Südamerika). **j** Raupe des Schmetterlings *Ophideres fullonica* (Malaya).

derart hochspezialisierte, auf Originaltreue hinzielende Bildungen nicht vorstellbar. Hierher gehört auch die Beobachtung, daß scharfe, für das feuchte Auge des Landwirbeltieres charakteristische Spitzlichter nur von Land-, nicht aber von Wassertieren »imitiert« werden. Unter Wasser gibt es nämlich keine nennenswerten Glanzeffekte (vgl. W. Wickler 1968), wodurch es zum Beispiel möglich ist, sogenannte »Unterwasseraufnahmen«, die im Trockenen mit toten Fischen gemacht wurden, anhand des Schuppenglitzerns sofort als gefälscht zu erkennen.

Die stammesgeschichtliche Entstehung von Augenzeichnungen ist, wie allgemein angenommen wird, auf ursprünglich diffuse Punkt- und Strichmuster als Ausgangsformen zurückzuführen. Wie rasch und beinahe zielgerade sich Körperfärbungen adaptieren können, zeigt der ursprünglich heller Birkenrinde angepaßte englische Birkenspinner *Biston betularia*, der durch Industrieverrußung der Bäume seine Tarnung verlor und von Feinden stark dezimiert wurde. Gleichzeitig erhielten sporadisch auftretende schwarze Mutationen, die bislang von Feinden leicht erbeutet worden waren, guten Schutz. Innerhalb weniger Jahrzehnte bildeten sich schwarze Populationen. Von der die Sahara bewohnenden Wüstenlerche *Alauda deserti* gibt es zwei Rassen, eine nach Art anderer Wüstentiere sandfarbene und eine schwarze, die nur auf schwarzem Vulkangestein vorkommt. Mit dessen geologischem Alter von ungefähr 4000 Jahren kennt man auch den Zeitraum, in dem die dunkle Form entstanden und reinerbig geworden ist. Berücksichtigt muß dabei freilich werden, daß hier nicht zeitabsolut in Jahren, sondern zeitrelativ in Generationen zu rechnen ist. Für Wüstenlerchen bedeuten 4000 Jahre ebenso viele Geschlechterfolgen, für Birkenspinner bis zu 12 000, für den Menschen aber nur 200.

Außer abschreckenden Augenflecken gibt es umorientierende, die das Hinterende des Tieres als Kopf erscheinen lassen, wodurch sich der Freßfeind auf die umgekehrte Fluchtrichtung seiner Beute einstellt und danebengreift. Nach E. Curio (1965) bildet der südamerikanische Zipfelfalter *Thecla togarna* mittels Augen- und Fühlerattrappen an den Hinterflügeln ein überzeugendes »Verkehrtgesicht«, auf das der Blick durch eine Streifenzeichnung auf den Flügeln richtiggehend hingelenkt wird. Die Thailändische Langkopfzirpe hält ihren mit dunklen Augenpunkten versehenen Hinterkörper schräg nach oben, während der unauffällige echte Kopf am tieferen Ende einem Abdomen gleicht. Auch bei Fischen sind Verkehrtzeichnungen häufig, dank deren sie dem meist kopfseits »vorhaltend« angreifenden Räuber entkommen können. Ähnlich dürfte sich übrigens das seitliche Davonlaufen des Taschenkrebses auswirken. Eine interessante Verkehrtzeichnung ist das sogenannte Occipitalgesicht der Sperlingskäuze *(Glaucidium)* und des Buntfalken *(Falco sparverius)* in Gestalt zweier großer Augenflecke im Nacken (E. Schüz 1957, W. M. Clay 1953), die bei abgewandtem Kopf ein Augenpaar vortäuschen. Bei im Institut gepflegten Exemplaren wurde deutlich, daß man sich trotz Kenntnis des Tricks, zumindest für einen Moment, immer wieder hinters Licht führen läßt. Der Gesichtseindruck ist einfach zwingend.

Ein Gegenstück zur Herausstellung von Augenattrappen ist das Verstecken echter Augenpaare durch tarnende Muster etwa bei manchen Fischen. Auch die dunklen Ziliarstreifen vieler Vögel scheinen diesem Zweck zu dienen. Eine andere Methode benutzt der Ziegenmelker *(Caprimulgus europaeus)*. Als nachtlebender Flugjäger, der tagsüber ganz offen auf flachem Untergrund schläft und Bodenbrüter ist, besitzt er ein bräunliches, rindenartig gemustertes Tarnkleid. Im Schutze seiner reglosen, mit dem Substrat restlos verschmelzenden Gestalt läßt er Feinde ganz nah an sich heran, bevor er flüchtet. Die unüberbietbare Synthese aus Tarnkleid und Tarnverhalten wird von einem einzigen Faktor durchbrochen, nämlich den glänzend schwarzen, auffällig großen Nachtaugen. Daher öffnet der Vogel die Lider tagsüber normalerweise nur zu schmalen Sehschlitzen, durch die er aber nach O. Heinroth (1926) seine Umgebung noch unter optischer Kontrolle hat. Nur im Schreck reißt er die Augen zu voller Größe auf, um sie dann sehr langsam und unmerklich abzublenden. An einem im Institut gehaltenen Wildfang war das gut

Abb. 13 »Falscher Kopf« (aufwärts zeigend) bei Zipfelfaltern. a *Thecla togarna* (Südamerika). b *Thecla linus* (Trinidad).

Abb. 14 »Falscher Kopf« (aufwärts zeigend) bei der thailändischen Langkopfzirpe.

Abb. 15 Augenflecke auf dem Hinterkopf des afrikanischen Perlkauzes *Glaucidium perlatum* (vgl. Tafel 34 [1]).

zu beobachten. Die verwandten, senkrecht auf Pfählen hockenden und in dieser Schutzstellung auch brütenden Schwalme zeigen auf Fotos fast immer Tarnblinzeln. Eine Parallelerscheinung ist der ebenfalls hervorragend getarnte steppenbewohnende Triel, der während des Brütens

Abb. 16 Augentarnung und Augenflecke. **a + b** Triel *(Burhinus oedicnemus)* mit offenen und bei Gefahr »abgeblendeten« Augen. **c + d** Dasselbe bei der Zwergohreule *(Otus scops)*. **e** Zillarstreifen beim Bienenfresser *(Merops apiaster)*. **f** Korallenfisch *(Chaetodon guttatissimus,* Indischer Ozean), Auge »gelöscht«, Augenfleck am Hinterkörper. **g** Mirakelfisch *(Calloplesiops altivelis,* Indischer Ozean), Auge durch Tupfenmuster aufgelöst, Augenfleck oberhalb der Schwanzwurzel. **h** Spiegelfleck-Lippfisch *(Coris angulata,* Indischer Ozean), Auge durch Tupfenmuster aufgelöst, Augenfleck auf der Rückenpartie.

die großen gelben Augen nur spaltbreit offenläßt. Ähnlich machen es Eulen in Schreckstellung. Im Prinzip nichts anderes tut der Freilandforscher, der sich durch Augenschließen für Tiere unauffälliger macht (S. 77).

Die Verwendung von Augenflecken ist im Tierreich so verbreitet, daß man mitunter geneigt war, darin eine reine Luxusbildung oder »Hypertelie« zu erblicken (vgl. B. M. Klein 1947), die im »blinden Spiel« der Natur entstanden ist. Tatsächlich gibt es Fälle, die aufs erste unerklärlich scheinen, so etwa die auf dem Rückenpanzer der Weichschildkröte *Trionyx hurum* und zum Verwechseln ähnlich bei Plattfischen vorkommende Vieraugenzeichnung oder das ausgeprägte Augenornament der Stachelaale (vgl. W. Wickler 1968). Diese Unterwassertiere liegen nämlich zumindest tagsüber vergraben im Sand oder Schlamm, und man fragt, was die Augenattrappen dort bewirken sollen. Im Fortpflan-

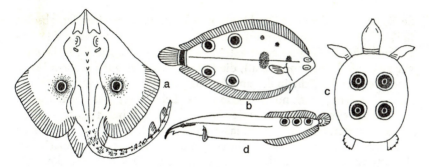

Abb. 17 Augenflecke bei Bodenwühlern. **a** Texas-Rochen *(Raja texana)*. **b** Plattfisch *(Monochirus quadriocellatus)*. **c** Weichschildkröte *(Trionyx hurum,* Burma). **d** Stachelaal *(Macrognathus aculeatus,* Afrika, Indien).

zungsgeschehen dürften sie kaum von Bedeutung sein. Ich halte es für wahrscheinlich, daß verschiedene im Schlamm wühlende Futtersucher durch die plötzliche Konfrontation mit Augenpaaren abgeschreckt werden sollen, wofür auch spricht, daß kleine und somit gefährdetere Jugendformen intensiver gezeichnet sind als die Erwachsenen.

Ähnlich erklären sich vermutlich zwei Beobachtungen aus dem Wilhelminenberger Institut. Die eine betrifft den israelischen Nektarvogel *Cinnyris oseae*, bei dem das Männchen auffallend weiße, tagsüber im Brustgefieder versteckte Flügelbüge besitzt, die der Vogel entblößt und wie zwei Augen nach vorn leuchten läßt, wenn er als kleine schwarze Kugel schläft. Als ich dies zum ersten Mal sah, dachte ich ernstlich an den Kopf eines Kleinsäugers. Die andere Beobachtung bezieht sich auf den Kugelfisch *Tetraodon palembangensis*, der in Schlafstellung durch seitliches Anlegen der Schwanzflosse schwarze, wie Augen aus dem Wasserpflanzendickicht hervorlugende Rundflecke präsentiert. Freilich wird sich ein Freßfeind auf Dauer nicht irreführen lassen, aber oft mag schon ein kurzes überraschtes Zögern dem Beutetier die Flucht ermöglichen. Selbst bei scheinbar geringer Erfolgsquote kann sich die Herausdifferenzierung solcher Strukturen im Sinne der Arterhaltung »lohnen«. Wahrscheinlich werden sich noch manche zur Zeit ungeklärte Augenflecke bei Tieren unter Berücksichtigung zugehöriger Stellungen und Verhaltensweisen als situationsspezifisch wichtige Signale erweisen.

Gelegentlich wurde versucht, Augenflecke als eine Art »Raubtiermimikry« zu deuten, die dem Angreifer das Gesicht eines speziellen Feindes vortäuscht. So glaubte E. B. Poulton (1881, 1924) im Augenmuster der *Chaerocampa*-Raupe die Nachahmung der Kobra-Brillenzeichnung und im Kopffortsatz südamerikanischer Leuchtzikaden (*Laternia*-Arten) die Imitation eines Alligatorkopfes zu erkennen. A. Weismann (1913) wiederum sah in der Schreckstellung des Abendpfauenauges *Smerinthus ocellatus* die Nachbildung eines Raubtiergesichtes. Solche schon von F. Steiniger (1938 b) abgelehnte Überlegungen sind, sofern nicht in Sonderfällen eine sehr enge Direktverschränkung nachzuweisen ist, absolut müßig. Derart naive Anthropomorphismen bieten berechtigte Angriffspunkte für Gegner einer extremen Mimikry-Theorie (F. Heikertinger 1954, A. Jacobi 1913 u. a.), die freilich ebenfalls auf falschem Wege sind, weil sie das Prinzip des angeborenen Auslösemechanismus und der Attrappensichtigkeit, mittels deren das Lebewesen aus gestaltlichen Ganzheiten einzelne Wirkfaktoren herausfiltert und in arttypischer Weise beantwortet, teils außer acht lassen, teils gar nicht kennen. Im Bereich elementaren Drohverhaltens gibt es gerade wegen der intraspezifischen Bedeutung für gewöhnlich keine Spezialisation. Das Augenfleckprinzip ist ein weithin offenes System mit großer Funktionsbreite, in das selbstverständlich auch der Mensch einbezogen ist, denn zu Beginn des Primatenstammes waren lange Ahnenreihen als Kleintier- und Insektenfresser tätig, auf deren Erbgut das unsere aufbaut.

Die vielfach durch besondere Gestalt- und Farbmerkmale unterstützte innerartliche Signalrolle des Auges wurde S. 78 ff. näher erläutert. Auch hier gibt es, wie im Feind-Beutebezug, eigens herausdifferenzierte Augenattrappen auf verschiedenen Körperpartien. Am bekanntesten sind die oft äußerst naturalistischen Augenflecke einiger männlicher Phasianiden wie der Pfauen *(Pavo)*, Pfaufasane *(Polyplectron)* und des Argusfasans *(Argusianus argus)*. Vor allem bei letzterem erinnern die Augenflecke in ihrer raffinierten Räumlichkeitswirkung bereits an naturalistische Malerei. Hier liegt auch eines der seltenen Beispiele vor, wo wichtiges Flügelgroßgefieder, in diesem Fall die Armschwingen, unter Beeinträchtigung der Flugfähigkeit zu riesigen Imponierfedern umgewandelt wurden. Der zwar ähnliche, aber wesentlich kleinere Pfaufasan trägt das Augenmuster auf funktionsfähigen Schwanzfedern, der Pfau auf dem zur »Schleppe« verlängerten Rückengefieder, das oft fälschlich für einen Schwanz gehalten wird. Wie die Untersuchungen von R. Schenkel (1956) zeigen, drehen die Männchen ihr Schmuckfederrad der angebalzten Henne zu, die sich, wie im Brennpunkt eines Hohlspiegels stehend, zur Paarung einorientiert. Offensichtlich spielt dabei die Blickfangwirkung der massierten Augen eine Rolle. Das Aufspringen des Hahnes erfolgt beinahe blitzartig, sowie die Henne den vorgesehenen Platz einnimmt.

Auch stark abstrahierte Augenflecke finden bei der Balz Verwendung. Es sei nur an die aus dem metallisch schwarzen Gefieder paarig hervorleuchtenden weißen Flügelbüge der Birk- und Auerhähne erinnert. Der amerikanische Wermuthahn *(Centrocerus urophasianus)* operiert in seiner sehr markanten Frontalbalz mit zwei großen Hautsäcken vorn an der Brust (vgl. P. Farb 1969, Fauna 1971), beim Präriehahn *(Tympanuchus cupido)* und beim Felsengebirgshahn *(Dendrapagus obscurus)* sind diese Gebilde rot (vgl. J. Nicolai 1973). Das sind nur einige Beispiele aus der Erscheinungsvielfalt des Augenmotivs im Funktionsbereich der Balz. Übrigens entbehren Vogelmännchen mit Signalflecken im Gefieder zu-

Abb. 18 Augenflecke auf Vogelfedern. **a** Pfau. **b** Pfaufasan. **c** Argusfasan.

meist einer bunten, als Ausdrucksmittel brauchbaren Iris. Anscheinend vertreten sich die beiden Möglichkeiten. Leider sind solche zweifellos auch landschaftlich bedingten Abhängigkeiten bisher noch zu wenig beachtet worden, da viele Ethologen eher zoologisch-systematisch oder physiologisch denn ökologisch interessiert sind.

Bei Fischen wurden ebenfalls Augenmuster zur Paarungsorientierung entwickelt. Der getupfte Gurami *(Trichopodus trichopterus)*, ein bekannter Labyrinthfisch, trägt auf jeder Körperseite zwei auffällige schwarze Flecke, einen auf der Schwanzwurzel und einen in Körpermitte, die mit dem einfarbig braunen, bei der sumatranischen Variante blauen Kleid gut kontrastieren. Sowie der Fisch in Balz- oder Imponierstimmung in ein dunkles Streifenmuster umfärbt, bekommen die Flecke helle Ringe, durch die sie sich vom übrigen Muster augenartig abheben. Das verfolgende Männchen attackiert den Schwanzwurzelfleck des Weibchens und stößt, wenn es sich seitlich legt, weiter auf die Tupfen.

Die gestaltliche Augenähnlichkeit solcher Flecke erweist sich bei dem Versuch, im Gesellschaftsaquarium ein einzelnes Makropodenmännchen *(Macropodus opercularis)* zu halten, wo es anderen Fischen alsbald »die Augen ausbeißt«. Diese wenig erfreuliche Tätigkeit hört sofort auf, wenn man ihm Artgenossen zugesellt. Der isolierte Makropode meint nämlich gar nicht die echten, dafür nicht gebauten und daher rasch in Fetzen gehenden Augen, sondern nimmt sie als Attrappen für die Kiemendeckelflecke der eigenen Art. Kampffische *(Betta splendens)* sind durch den Makropoden nicht gefährdet, weil sie selbst Kiemendeckelflecke besitzen, auf die der Fisch richtig anspricht. Auch der amerikanische Sonnenbarsch *(Lepomis gibbosus)* trägt runde Flecke, die nach Untersuchungen von Dr. G. Graefe in der Abteilung 2 des Instituts beim Imponieren rasch dunkler werden und dank ihrer markanten Umrandung augenhaft hervorleuchten. Ähnliche Funktionen dürfte der Fleck in der Rückenflosse des naheverwandten Pfauenaugenbarsches *(Centrarchus macropterus)* ausüben.

Zusammenfassend kann gesagt werden, daß der bei Wirbeltieren offenbar durchgehend vorhandene angeborene Auslösemechanismus für die Gestalt des Auges von verschiedensten Lebewesen durch Ausbildung abschreckender oder sozial orientierender Augenattrappen »ausgenützt« wurde. Speziell gegen Feinde gerichtete Augenflecke, die den Erbeutungsprozeß verhindern und die Art vor der genetischen Ausmerzung schützen sollen, zeigen vielfach einen starken Trend zur Naturalistik. Die Konsequenz des Selektionsdruckes in Richtung »überzeugender« Augenmuster wird besonders deutlich aus der bereits erwähnten Tatsache, daß Glanzeffekte von Landtieren oft sehr geschickt »nachgeahmt« werden, von Wassertieren entsprechend der Beschaffenheit ihres Lebensraumes aber nicht. Wie die aus diversen Tierklassen stammenden Beispiele zeigen, erfährt die quer durch das Tierreich generell einheitliche Augenproblematik auch eine weitgehend einheitliche biotechnische Bewältigung. Der Mensch als phylogenetisch gewachsenes, den biologischen Gesetzen unterworfenes Lebewesen, als zoologisch-systematischer Stammbaumpartikel unter Millionen, hatte weder Möglichkeit noch Veranlassung, aus dieser durchgehenden Gesetzlichkeit auszubrechen. Als Jäger, der Beutetiere orten, als Gejagter, der Feinde erkennen, und als Kumpan unter Kumpanen, der verstehen und verstanden werden muß, kommt er um die Spielregeln des Augensignalsystems nicht herum. Das einzige, was ihn von seinem zahlenmäßig unüberschaubar großen Verwandtschafts- und Ahnenkreis abhebt, ist die Tatsache, daß er sich als höchst leistungsfähiges Werkzeugtier das Attrappenauge gleichsam als »Waffe« selbst schafft und es dann zwar organanalog, aber organunabhängig verwendet. Es ist ihm nicht phylogenetisch gewachsen, sondern er zeichnet, malt, schnitzt und formt es mit seinen Händen, wie er es braucht. Dadurch aber wird dieses Instrument vor allem im magischen Bereich, wo der Feind kein ökologisch integrierter, sondern ein ganz oder teilweise erfundener und daher außerhalb des natürlichen Selektionsprozesses stehender Faktor ist, viel stärker variiert als die Abschreck- und Ablenkaugen bei Tieren. R. Riedl (1975) zeigt anhand erfundener Tierfiguren von Hieronymus Bosch, wie weit der Gestaltungsspielraum biologischer Strukturen, die auf dem Weg menschlicher Phantasie aus der realen Abhängigkeitsordnung (»Interdependenz«) gelöst wurden, letztlich gehen kann. Im Falle der Augenzeichen resultiert daraus eine Fülle sehr eigenwillig wirkender, über den ganzen breiten Attrappenfächer menschlicher Wahrnehmung dahinwuchernder Variationen in Form von Amuletten, Symbolzeichen und Ornamenten, die aber sämtliche von Tieren bekannten Möglichkeiten des Dämpfens, Versteckens oder Betonens der Augengestalt bis hin zur raffinierten Imitation miteinschließen. Ohne Kenntnis der Bedeutung von Augen und Augenattrappen im Tierreich sind die komplizierten »magischen Waffengarnituren« des Menschen jedenfalls nicht zu verstehen.

8. Problemkreis »böser Blick«

Die große und vielschichtige Bedeutung, die das Auge für das menschliche Leben hat (S. 79 ff.), ist keineswegs auf den Sektor positiven Erlebens beschränkt. Gerade in Geschichten der Volksüberlieferung, wo »Auge« und »Blick« eine Rolle spielen, überwiegen die negativen Aspekte. S. Seligmann (1922) sagt unter anderem zu diesem Themenkreis:

»Aber in allen diesen Geschichten wird das Auge nicht als bewundernswertes Meisterstück eines gütigen Schöpfers hingestellt, sondern vielmehr als ein Organ, dem eine unheilvolle und teuflische Macht innewohnt. Es herrscht allgemein die Anschauung, daß von manchen Augen ein Zauber ausgeht, der auf andere Augen einwirkt und eine solche Macht hat, daß der davon Betroffene sich ihm nicht entziehen kann und deshalb unterliegen und krank werden muß.«

Diese als »böser Blick« oder »böses Auge« bezeichnete magische Kraft wird nicht nur Menschen mit Mißbildungen wie etwa Schiel-, Glotz- oder Hohläugigkeit, divergierender Augengröße oder Irisfarbe, Einäugigkeit und anderen pathologischen Merkmalen, sondern mitunter auch normal blickenden Personen, vor allem solchen mit zusammengewachsenen Brauen, zugeschrieben, die angeblich durch bloßes Hinsehen Kinder, Erwachsene, Haustiere, Pflanzen und Gegenstände schädigen können. Der Autor zählt eine lange Reihe von Menschentypen, geschichtlichen Personen, Berufsklassen, Völkern, Gottheiten und Sagengestalten auf, die alle mit dem »bösen Blick« behaftet sind. Ja selbst leblose Dinge wie manche Statuen, Steine, Gestirne und alle Fotokameras haben die Kraft des »bösen Auges«. Sehr bedeutungsvoll ist oft der »erste Blick«, den man auf jemand oder etwas wirft. Ebenso wie das neiderfüllte Auge kann auch der bewundernde oder liebende Blick eines Menschen anderen Unglück bringen (S. 124), weil er die Mißgunst böser Geister weckt und sie zur Schadenstiftung anreizt. So erkrankt laut einem griechischen Zauberspruch von der Insel Zante sogar die Muttergottes durch die bewundernden Lobpreisungen der Engel. Engverbunden mit dem »bösen Blick« ist das »Berufen«, »Beschreien« oder »Verschreien«, bei dem die manchmal gar nicht beabsichtigte Unheilswirkung von lobenden, den Neid der Götter oder Dämonen aufstachelnden Worten ausgeht. Diese Art der »Faszination« (Behexung, Verzauberung) ist allerdings von dem damit oft verwechselten »Verrufen« zu unterscheiden, das sich böswilliger Verwünschungsformeln bedient, um über bestimmte Menschen, Tiere oder Sachgüter Unglück zu bringen.

Unter dem Begriff »böser Blick« sind nach S. Seligmann (1922) folgende Tatbestände zu verstehen: 1.) Augenzauber. 2.) Augenzauber + Neid. 3.) Augenzauber + Berufen. 4.) Berufen. 5.) Berufen + Neid. 6.) Augenzauber + Neid + Berufen. Ohne auf die vielfältigen, vom Autor sehr ausführlich behandelten Erscheinungsformen dieser Vorstellungswelt näher einzugehen, sei festgehalten, daß der kulturelle Komplex »böser Blick« ein spezielles, bereits hochritualisiertes, gewissermaßen »formuliertes Glaubensbekenntnis« eines Gedankengutes ist, das letztlich auf dem biologischen Urgrund der angeborenen Funktion des Auges als Empfänger und Sender von Reizen basiert. Es darf nicht verwundern, daß bei der menschlichen Auseinandersetzung mit diesem Problemkreis in ganz verschiedenen, zueinander in keinerlei Verbindung stehenden Kulturen oft überraschend gleichartige Phänomene entstanden sind. Schließlich sind ja die Möglichkeiten des vom Auge her bestimmten Verhaltensfächers nicht unendlich, sondern durch die Eigenschaften des Organs determiniert und in Grenzen gehalten. Ebensowenig darf man jedoch über die mitunter außerordentlich vielfältigen, häufig beziehungslos, ja fast widersprüchlich wirkenden Realisierungsmethoden der Faszinationsabwehr erstaunt sein. Ähnlich wie sich etwa das menschliche Paarbildungsverhalten trotz homologer Grundmechanismen in kulturell oft sehr unterschiedlicher Hülle präsentiert oder Religiosität, im fundamentalsten Sinn Erlebnis einer spontanen Andacht und Ergriffenheit, in den verschiedenen Konfessionen zu stark divergierender Ausprägung gelangt, hat auch der Problemkreis »böser Blick« vielerlei Gesichter. Was uns heute und zu allen Zeiten als Brauchtum, Glaube und sogenannter »Aberglaube« entgegentritt, ist ja durchwegs momentanes Endprodukt langer Wandlungswege, über deren Verlauf die vorhandenen Phänotypen durchaus nichts aussagen müssen. Sie ragen gleich Erd- oder Steingebilden aus einem Urboden hervor und lassen nicht sogleich erkennen, ob sie emporgehoben, gesenkt, durch Ausfall anderer Materialien später isoliert oder von Anfang an allein gewachsen sind. Was heute als Analogie erscheint, kann durchaus auf frühkulturellen Homologien basieren. Nur eine sehr genaue vergleichende Analyse des Materials, die Rekonstruktion der möglichen historischen Abläufe und ihrer unterschiedlichen Auswirkungen können einen wissenschaftlich befriedigenden Gesamtbefund erbringen. Der hier angeschnittene Problemkreis von Homologie und Analogie ist in Anbetracht der bis heute wirksamen, auf einer hypothetischen historischen Einheit von Lebensraum und menschlicher Leistung aufgebauten »Kulturkreislehre« (F. Graebner 1911, W. Schmidt und W. Koppers 1924) für Völker- und Volkskunde gleichermaßen wichtig. Bedingt durch intraspezifische oder ökologische Gegebenheiten kann in manchen Gebieten die Vorstellung vom »bösen Blick« als kulturelles Verhaltensmuster fehlen, obgleich dort die Problematik des »Anschauens« und »Angeschautwerdens« die gleiche ist. Sie wird dann nur eben in anderer Weise abgehandelt.

Wahrscheinlich infolge seiner ökologischen Einpassung als taglebender Höhlenbewohner und Jäger zeigt der Mensch die starke Neigung, sich zurückzuziehen und aus der Deckung heraus zu beobachten, ohne selbst gesehen zu werden. Die fast unerträgliche Spannung des Miterlebens, wie ein Filmheld scheinbar menschenleere Räumlichkeiten durchschreitet, in denen ein versteckter Gegner lauern könnte, erklärt sich aus dem tiefverwurzelten Unbehagen vor dem »Beobachtetwerden, ohne selbst zu sehen«. Darauf beruht auch die bisweilen »unheimliche« Wirkung schwerer bodenlanger Vorhänge, hinter denen es sich so gut unbemerkt hervorspähen läßt. R. Rainer (1961) stellt am Beispiel nordburgenländischer Dörfer sehr anschaulich die Geborgenheit dar, die alte Haustypen mit kleinen Fenstern und umschlossenen Höfen dem Menschen bieten. Analoges verdeutlicht H. Soeder (1964) in seiner Beschreibung und Analyse urtümlicher Wohnhäuser, wo dieses elementare Streben nach Abgeschlossenheit seitens der Erbauer und Bewohner auch dort zutage tritt, wo eine offene Bauweise klimatisch durchaus möglich wäre. Bis in jüngste Zeit trugen die Baumeister dem menschlichen Wunsch nach gutem Ausblick aus geschützter Verborgenheit Rechnung. In unserer jungen Gegenwartszivilisation wurden diese Grundregeln über Bord geworfen, wobei sehr bald herauskam, daß Benützer von Räumen mit Glasfronten oder transparenten Unterteilungen sich gern möglichst weit davon entfernt an festen Wänden aufhalten. In Betrieben mit großen Arbeitssälen ist die Angestelltenfluktuation höher als in solchen mit kleinen, »heimeligen« Räumen. Die überdimensionierten Fenster der modernen Wohnungen werden mit noch größeren Vorhängen sorgsam verdeckt, weil man nicht bespäht werden möchte. Dieses schon ohne Sichtbarwerden eines Beobachters vorhandene, diffuse Unbehagen infolge mangelnder Deckung wird zur konzentrierten Belastung, wo eine direkte Konfrontation mit Augen gegeben ist. Sehr aufschlußreich in dieser Hinsicht ist folgende, von M. Benary-Isbert (1959) aus dem Völkerkundemuseum in Frankfurt a. M. (Deutschland) mitgeteilte Beobachtung:

»Wenn ich gegen Abend noch in den Sammlungen etwas nachzusehen hatte und durch die Säle ging, passierte es mir immer wieder, daß ich mich plötzlich umwandte, weil ich das ganz bestimmte Gefühl hatte, nicht allein zu sein. Am deutlichsten war das dort, wo das Augenornament vorherrschte. Das Auge ist ja eines der ältesten und verbreitetsten Zaubermittel. Es wehrt ab, es zieht an, es bannt. Man findet es überall: auf dem Schiffsbug und dem Mantel des Schamanen, auf Krügen, Körben, Gewändern und Masken, auf Totempfählen und Götterbildern. Die Säle waren voll von Augen. Aus allen Ecken starrten sie einen an. Das empfanden nicht nur wir. Ein Schauspieler, der gern in unsere Sammlung kam, um Maskenstudien zu machen, erklärte mir, in dem Saal mit den Tlingitplastiken könne er es keine zehn Minuten aushalten. Bei einem Schauspieler, der vielleicht empfindlichere Nerven hat als gewöhnliche Sterbliche, mag das nicht verwundern. Aber auch einer unserer Aufseher, ein sicher nicht phantasiebegabter, eher dumpfer Mensch, bat eines Tages, in einer anderen Abteilung seinen Dienst ausüben zu dürfen. Nach dem Grund gefragt, wollte er erst nicht recht mit der Sprache heraus. Schließlich murmelte er verlegen, in dem Saal, den er bisher bewacht habe, wären zu viele Augen; er träume nachts immer davon.«

Auch aus eigener Erfahrung weiß ich, daß längeres Verweilen in Maskendepots nicht angenehm ist, weil die vielen mehr oder weniger naturalistischen Augen durchaus nicht leblos, sondern »unverwandt starrend« wirken und solcherart stark irritieren. Einen bewegt abtastenden Blick, der noch eine gewisse Unschlüssigkeit verrät, erträgt man nämlich im allgemeinen leichter als ruhiges Fixieren, aus dem hervorgeht, daß man bereits abgehandelt, taxiert, also »durchschaut« ist und nun mit gezielten Aktionen des Gegenübers rechnen muß. Die unheimliche Wirkung von im Tod gebrochenen Augen mag damit zusammenhängen. Das Verbinden der Augen des Delinquenten bei der Hinrichtung ist ursprünglich nicht humanitäre Maßnahme, sondern magischer Schutz vor dessen verfluchendem Blick (vgl. R. Brasch 1968). Im täglichen Leben können augenartige Strukturen unter Umständen empfindlich stören. Wie mir eine Bekannte mitteilte, mußte sie in ihrem Schlafzimmer einen mit rotem Kontrollämpchen ausgestatteten, von ihrem Bett aus zu sehenden Lichtschalter hinter die Tür versetzen lassen, weil sie sich durch das »Auge« beobachtet und belästigt fühlte. Das zwar weiterhin sichtbare, jetzt aber diffuse Rotlicht hatte keine negative Wirkung.

Sehr schwerwiegend ist, wie schon S. 78 f. angeschnitten, die intraspezifische Blickbeziehung auch bei manchen höheren Tieren, so etwa bei Wölfen, wo sie als Ausdrucksmittel des Rangordnungsverhaltens eine wichtige Rolle spielt (R. Schenkel 1947, E. Zimen 1971). Bei Lachmöwen (N. Tinbergen 1959 a, b), Füchsen (G. Tembrock 1962) und Schakalen (R. Wandrey 1974) ist »Wegsehen« eine soziale Beschwichtigungsgebärde. Ferner stellte D. v. Holst am Zoologischen Institut der Universität München fest, daß im innerartlichen Kampf besiegte Spitzhörnchen *Tupaja glis*, obgleich durch ein Gitter vor neuerlichen Angriffen geschützt, allein durch visuellen Kontakt mit ranghöheren Artgenossen einem starken sozialen Streß unterliegen und mitunter an Nierenversagen sterben (vgl. Ch. Steurer 1973). Es sei daran erinnert, daß auch in der menschlichen Sozietät der Blick Gottes, also des Ranghöchsten, nach uralter Vorstellung als tödlich gilt (Bibel 1968). Zeus muß seinen diversen irdischen Geliebten in allen möglichen Gestalten erscheinen, weil sein strahlender Gottesblick sie vernichten würde. Brahma und Vishnu werden von ihrer Mutter, der höchsten indischen Göttin Bhavani, weil sie deren Liebe nicht erwidern wollten, mittels der heißen

Strahlen ihres Stirnauges verbrannt. Siwa, der dritte Sohn, erklärt sich daraufhin zur Liebe bereit, sofern ihn die Mutter mit dem Stirnauge schmückt. Sie »bekränzt« ihn damit, worauf er sie sofort verbrennt und Brahma und Vishnu ins Leben zurückruft. Tagaloa a lagi, der über alle Geister herrschende Erschaffer von Samoa, hatte einen so furchtbaren Blick, daß sogar der Kriegsgott vor ihm flüchten mußte, um nicht getötet zu werden (O. Stübel 1896). Verschiedenen Staatsmännern, darunter Hitler, wurde eine besondere Magie des Blickes nachgesagt. Im Rolandslied heißt es über Karl den Großen: »Niemand mußte fragen, wer denn nun der Kaiser sei. Keiner war ihm gleich: Sein Antlitz war herrlich. Keiner von ihnen konnte ihm voll in die Augen blicken, so blendete sie der Glanz wie die Sonne am hellen Tag...« (D. Kartschoke 1970). Ziemlich generell tritt in Verbindung mit Herrschern oder sonstigen ranghohen Persönlichkeiten die Wendung auf, sie ließen ihr »Auge auf dem Untergebenen ruhen«. Dies ist wohl nur eine gemilderte Form älterer Vorstellungen von der magischen Wirkung des Herrscher- und Häuptlingsauges. Dem Bericht von I. M. Lewis (1955) über die afrikanischen Stämme des Somaligebietes ist S. 102 nach brieflicher Mitteilung von Prof. Dr. W. Hirschberg (Wien) folgendes zu entnehmen:

»Des Häuptlings Segen oder Fluch entscheidet über das Wohl und Wehe der Gefolgsleute. Sein Glanz ist IL KULUL, das brennende Auge, so kraftvoll, daß es für zwei rivalisierende Häuptlinge gefährlich ist, direkt dem anderen ins Auge zu blicken. Bei den Mobilen (Unterstamm) kam einem besuchenden Häuptling nicht der andere Häuptling entgegen, sondern ein Verwandter, der ihn ›kühlte‹, indem er etwas von seiner Macht ablenkte. Bei anderen Gruppen bedeckten zwei Häuptlinge, die einander begegneten, ein Auge, um die Wechselwirkung herabzumindern und um zu verhindern, daß Unheil sie erfasse. Die Hillivi bedenken, daß eine Begegnung ihres Führers (Waber) mit Mohammed Yunis, der den gleichen Titel trug, von unheilvoller Wirkung sein müsse. Dementsprechend fand man niemals die beiden Führer in benachbarten Gebieten gleichzeitig anwesend.«

Der Ausspruch »Wenn Blicke töten könnten«, die Attribute »stechend«, »giftig«, »vernichtend« zur Kennzeichnung eines menschlichen Blickes beweisen sehr deutlich den diffizilen Charakter der Augenkommunikation. Das innerartliche Blicksignalsystem ist beim Menschen so fein organisiert, daß es mitunter schon genügt, jemanden Sekundenbruchteile länger anzuschauen »als üblich«, um bereits wesentliche soziale Konsequenzen hervorzurufen. Wie auch im Kapitel 5, (S. 80) erwähnt, galt früher im Studenten- und Offiziersbereich »Fixieren«, also scharfes konzentriertes Anschauen, als Duellgrund und wurde nicht selten zur bewußten Herausforderung. Längeres »Aug in Auge« zweier Partner erfordert starke Konzentration und endet bei Kindern, die es spielerisch betreiben, meist in explosivem, die Unerträglichkeit der Situation lösendem Gelächter. Das Gefühl, von Menschen aus der Nähe angestarrt zu werden, erzeugt Befangenheit, in deren Folge sich nicht selten physiologische Reaktionen (Erröten, Schweißausbrüche etc.) und motorische Fehlleistungen (Stolpern, Fallenlassen von Gegenständen, sinnlose Übersprungbewegungen) einstellen. Mitmenschlicher Neid kann davon Betroffene irritieren, einschüchtern, ja chronisch deprimieren. Ferner sei an die Hypnosetechnik erinnert, die sich unter anderem des Blickkontaktes bedient (vgl. F. A. Völgyesi 1963). Angesichts solcher Phänomene ist es begreiflich, daß sich die Idee einer durch Blicke erzeugten »Behexung« oder »Faszination« entwickeln konnte, die letztlich im Denksystem vom »bösen Blick« zu kultureller Ausprägung gelangte. Seligmann dokumentiert diese weltweite Vorstellung in seinen drei großen, rund zweitausend Seiten umfassenden Spezialwerken, wo er im Anschluß an die Aufzählung verschiedener psychologischer Ursachen und Wechselwirkungen, die zu dieser Vorstellung geführt haben können, die Verbreitung und Tragweite des Problemkreises »böser Blick« wie folgt charakterisiert:

»Nichts ist vor dieser verderblichen Macht sicher, kein Mensch, kein Tier, keine Pflanze, kein Gegenstand auf Erden; ja sogar Götter und Dämonen, der Erdball, die Luft und die himmlischen Gestirne, kurz die gesamte Natur ist dem Auge untertan und muß sich vor diesem furchtbaren Organ beugen« ... »Und aus diesem Stamm des Aberglaubens entwickelten sich allmählich immer neue Äste und Sprossen, bis schließlich jener ungeheure Baum entstand, der heute fast die ganze Erde beschattet, und unter dessen Dunkelheit die geängstigte Menschheit die unglaublichsten Mittel erfand, um sich gegen solche Zauberei zu bewahren und deren etwaige Folgen zu bekämpfen...« (S. Seligmann 1922).

Daß sich daran bis heute kaum etwas geändert hat, wird nicht nur durch entsprechende Volkssitten und das weltweit florierende Geschäft mit Amuletten, sondern auch durch eine aus jüngster Zeit stammende kleine Zeitungsnotiz folgenden Inhaltes bewiesen:

»Falls Sie der Meinung sind, heutzutage glaube niemand mehr an Dinge wie den bösen Blick, dann wissen Sie nicht, daß es bei den Vereinten Nationen Delegierte gibt, die von allen augenähnlichen Darstellungen wegsehen. Aus diesem Grund sind vor einiger Zeit auch die Pfauen auf den Rasenflächen des UNO-Areals in New York auf amtlichen Beschluß entfernt worden« (L. M. B. 1973).

Aber sogar aus dem zentralen Mitteleuropa gibt es Beispiele für extreme Blickfurcht, von denen S. Seligmann (1922) ein besonders kurioses aus meiner Heimatstadt Wien berichtet. Es handelt sich um den Komponisten Jacques Offenbach (1819–1880), der in Wien und Paris als äußerst gefährlicher »Jettatore«, also Träger des »bösen Blickes« galt und dessen »unheilvolle Macht« über den unmittelbaren Blickkontakt hinausreichte, ja seinen Tod überdauerte. Man war der Meinung, der Zauber seiner Melodien verhexe zahlreiche Menschen, vor allem Frauen, was ebenso eine Folge der »Jettatura« (des »bösen Blickes«) sei wie verschiedene

Brände bei Aufführungen seiner Stücke. Man gab ihm die Schuld am Tod zweier Künstlerinnen, die bei Theatervorstellungen seiner Werke verunglückten. Niemand wagte es, Offenbachs Namen auszusprechen, ohne mit der Hand die Cornuta zu machen. Der französische Dichter und Kunstkritiker Théophile Gautier, der übrigens immer ein blickabwehrendes Korallenhörnchen um den Hals trug, vermied es konsequent, sich Offenbachs Werke anzusehen oder auch nur den Namen des Komponisten zu schreiben. In Rezensionen ließ er Lücken auf dem Papier, die eine seiner Töchter ausfüllen mußte. Als dann am 8. 12. 1881, ein Jahr nach Offenbachs Tod, bei der Aufführung seiner Oper »Hoffmanns Erzählungen« das berühmte Wiener Ringtheater abbrannte, wagte man ein Vierteljahrhundert lang nicht, dieses Stück auf einen Spielplan zu setzen. Das Interessanteste an dieser absurd anmutenden Geschichte ist, wie sich die Kraft des »bösen Blickes« im Volksdenken zum Fern- und Schadenszauber schlechthin potenziert. Möglicherweise wurzeln überhaupt die meisten magischen Ängste und Vorstellungen von unheilvollen Zaubereinflüssen letztlich in der Furcht vor dem »bösen Blick«.

Da diese Vorstellungen, wie bereits erläutert, aus angeborenen Verhaltensmustern entstanden sind, muß man annehmen, daß sie auch in Zukunft gültig bleiben beziehungsweise in irgendwelchen Formen immer wieder neu erstehen werden. Angesichts diverser rezenter Jesus-Kulte, die mit christlicher Religionsauffassung nur noch sehr wenig zu tun haben, und verschiedener Nachrichten vom Umsichgreifen einer parapsychologischen Welle in Amerika (vgl. M. Manthey 1974) darf man vermuten, daß die heutige Superzivilisation trotz ihres Wissensstandes keinen schlechten Boden für magische Vorstellungen abgibt.

Solange der Mensch ein sehendes Lebewesen ist, wird er das Angeschaut- und Durchschautwerden fürchten und sich davor zu schützen suchen. Begreiflicherweise hat Seligmann, der Augenarzt war, die pathologische und auch psychopathologische Seite des »bösen Blickes« überbetont, ja in ihr sogar die alleinige Wurzel des Phänomens finden wollen. Daß diese weltweit beheimatete, in ihren Auswirkungen so schwerwiegende Vorstellung auf einer viel breiteren Basis ruht, kann mit Hilfe des in diesem Buch gebotenen Materials wohl hinreichend bewiesen werden.

9. Magische Abwehrtaktik

Allgemeintaktische Grundregeln
Jede Abwehr richtet sich gegen einen tatsächlichen oder möglichen Angriff und ist daher, ob defensiv oder offensiv, eine kämpferische Handlung. Um die magische Abwehrtaktik des Menschen zu verstehen, ist es notwendig, sich sein Kampfverhalten gegenüber den real vorhandenen Kräften seiner Umwelt vor Augen zu führen. Während die unbelebten, sogenannten »blinden« Naturgewalten am besten mit physikalisch klar gegenwirkenden Barrieren und Schutzmaßnahmen zu bekämpfen sind, spielen in der Auseinandersetzung mit anderen Lebewesen Überlistung und Irreführung eine bedeutende Rolle. Aufgrund der ökologischen Anpassung des Menschen an strukturiertes, also deckungsreiches Gelände muß ihm diese Vorgangsweise besonders liegen, denn genaugenommen ist erfolgreiches Sichverstecken ja bereits ein gelungener Täuschungstrick. Die nächste Möglichkeit ist die, dem Gegner ein ablenkendes Scheinmanöver vorzuführen. Wir sprechen von einer »Finte«. Der Begriff entstammt der Fechtkunst und bezeichnet den vorgetäuschten Stoß. Im gesamten Kampfsport wie auch beim Fußballspiel und ähnlichen Wettbewerben ist das Irreführen des Gegners im Sinne von Finten generell üblich, bleibt aber nicht nur auf physische Auseinandersetzungen beschränkt, sondern wird auch bei Diskussionen, Geschäftsabschlüssen oder Denkspielen, wie etwa dem Schach, allgemein angewandt und gilt als durchaus regulär. Dieser Verhaltensmodus zählt zur jägerischen Grundausstattung des Menschen und wird auf sämtlichen Leistungsebenen eingesetzt, natürlich auch im militärischen Kampfbereich. Im offiziellen österreichischen »Soldatenbuch« (1960) steht S. 245 folgende Instruktion:

»Du mußt alle Mittel anwenden, die geeignet sind, den Feind irrezuführen und seine Aufmerksamkeit abzulenken. Selbst mußt du dich immer auf ein listenreiches und verschlagenes Verhalten des Feindes einstellen. Gedankenlosigkeit und Vertrauensseligkeit können schwerwiegende Folgen haben!« Und weiter als konkretes Beispiel: »Du kannst das feindliche Feuer herauslocken, indem du Kopfbedeckungen an Spaten über die Deckung schiebst. Bei Nacht lenkst du die Aufmerksamkeit des Feindes dadurch ab, daß du an einer abseits liegenden Stelle Geräusche erzeugst.« Hier wird ein weiteres, die Finte sinnvoll unterstützendes taktisches Hilfsmittel ins Spiel gebracht, nämlich die Attrappe, deren Wesen S. 82 ff. behandelt wurde.

Dem zitierten Buchtext analoge Darstellungen und Anweisungen finden sich in taktischen und militärpädagogischen Lehrbüchern aller Armeen (vgl. F. Altrichter 1935, A. G. Basanow 1963, Mao Tse-tung 1969). In Kampfspielen und Kriegstänzen vieler Völker wird Fintieren immer wieder, oft auch in hoch ritualisierter Form praktiziert (vgl. K. Dittmer 1959, P. Fuchs 1959, H. Himmelheber 1970 a, b, c, F. Kussmaul 1964, H. Schultz 1965 b, c). Ein gutes Beispiel für die Anwendung kampf- und abwehrtaktischer Täuschungsmanöver in der menschlichen Kriegsführung ist die zwischen Karthagern und Römern ausgetragene Schlacht bei Cannä, wo Hannibal den in Front vorgehenden Feind absichtlich zunächst tief in die Mitte seiner leichten Truppen eindringen ließ. Durch das schnelle Vorstoßen ihres Zentrums gerieten die Römer in eine enggeschlossene Keilform, worauf Hannibal seine bisher untätigen, an den Flügeln stehenden schweren libyschen Truppen einsetzte, die den Feind in die Zange nahmen, einschlossen und letztlich vernichteten. Diese Taktik wurde vielfach nachgeahmt. Der deutsche Generalstabschef Graf Schlieffen entwickelte nach dem Muster von Cannä seine Lehren der Niederwerfungsstrategie, und Hindenburg und Ludendorff schlugen 1914 die Russen in Ostpreußen nach sehr ähnlichem, wenngleich großräumiger aufgebautem System (vgl. C. Falls 1964, W. Wägner und O. E. Schmidt 1923). Erstaunlich mag es erscheinen, daß die afrikanischen Zulus im vorigen Jahrhundert mit ihrer »Ukumbi«-Taktik ganz spontan wie Hannibal vorgingen, indem sie versteckte Flügelkolonnen aufstellten, das Mitteltreffen zurückweichen ließen und den nachstoßenden Gegner dann von beiden Seiten her einkesselten. A. v. Pawlikowski-Cholewa (1943) interpretiert hier S. 152 ethologisch richtig: »Daß ein kriegsgeschichtlich ganz unerfahrener Negerfürst ganz allein auf diesen taktischen Gedanken gekommen ist, dürfte darauf zurückzuführen sein, daß die Taktik einfacher Völker, zumal in unübersichtlichem Gelände, immer die Umkreisung des Gegners im Auge haben wird.«

Dahinter steht aber, wie auch beim Einzelkampf und in allen großen Schlachten (vgl. C. Falls 1964), das zentrale Grundkonzept, den Gegner zu täuschen, abzulenken und irrezuführen.

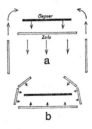

Abb. 19 Ukumbi-Taktik der Zulu. **a** Front geht zurück, versteckte Seitenkolonnen laufen vorwärts. **b** Stellung nach Durchführung des Manövers.

Magische Grundtaktik

»Magisch« bedeutet soviel wie »zauberisch, geheimnisvoll, bannend«, mit »Magie« bezeichnet man die »Geheimkunst«, die sich übersinnliche Kräfte dienstbar zu machen sucht, »Aberglaube« ist nach E. Hoffmann-Krayer (1927) der »*Glaube an die Wirkung und Wahrnehmung naturgesetzlich unerklärlicher Kräfte*«, unter denen wir sowohl die passiven Anschauungen wie auch die aktiven Verfahren zu verstehen haben. Seit Anbeginn hat sich der Mensch mit diesen irrationalen Kräften, die er in seiner Umwelt wirksam glaubt, auseinandergesetzt und ist auch als zivilisierter Gegenwartsmensch davon nicht frei geworden. Die Existenz des elfbändigen Werkes »Handwörterbuch des deutschen Aberglaubens« (E. Hoffmann-Krayer und H. Bächtold-Stäubli 1927–1942), dem Umfang nach einem modernen medizinischen Handbuch durchaus vergleichbar (vgl. etwa »Klinik der Gegenwart« von R. Cobet, K. Gutzeit und H. G. Bock 1956), kennzeichnet die Effizienz magischer Vorstellungen im kulturellen Werdegang des *Homo sapiens* recht deutlich. Was hier auf rund 8000 Seiten in mehreren tausend Stichworterklärungen geboten wird, ist nicht nur ein sehr ansehnlicher Katalog mannigfachster transzendenter Gefahren, sondern auch Zeugnis einer gigantischen Abwehrstrategie, die der Mensch Hand in Hand mit seinen abergläubischen Ängsten entwickelt hat. Diese Gedankengänge verfließen mitunter so stark mit religiösen Glaubensvorstellungen, daß klare Grenzen nicht gezogen werden können. Viele magische Weisheiten sind übrigens, wenngleich auch fern jeglicher Einsicht in echte Wirkfaktoren, empirisch richtig erarbeitet und wurden zum Teil, wie zum Beispiel diverse volksmedizinische Regeln, durch spätere wissenschaftliche Erkenntnisse objektiv bestätigt.

Da für einen abergläubischen Menschen der magische Feind nicht minder evident ist als der körperlich greifbare, verwendet man in beiden Fällen prinzipiell gleiche Abwehrmethoden. Das Herausselektieren eines grundsätzlich verschiedenen Verhaltens gegenüber Dämonen beziehungsweise Geistern ist auch gar nicht möglich, weil sie ja nichts Tatsächliches, sondern nur die hypothetische Erweiterung natürlicher Feindsysteme sind. Die wichtigsten taktischen Regeln lauten daher für beide Bereiche folgendermaßen:

1. Prophylaktisches Imponieren, sich stark geben zum Zweck der Verunsicherung und Einschüchterung des Gegners.

2. Verschleierung der realen Verhältnisse, der eigenen Schwächen und Stärken.

3. Ablenken des Gegners von wichtigen eigenen und Hinführen zu attrappenhaft vorgetäuschten Zentren.

4. Verstärkte Schutzmaßnahmen für die wichtigen Zentren.

5. Angriff auf den eingeschüchterten, unwissenden, fehlorientierten Gegner durch plötzlichen Einsatz realer Mittel an unerwarteter Stelle.

6. Durch Erfolg und Mißerfolg angeregte Verbesserung der eigenen Körperausstattung und Sinneswerkzeuge durch verschiedene Hilfsmittel.

7. Geheimhaltung des strategischen und taktischen Wissensgutes vor dem Feind.

Nach diesem System werden vom Menschen Tiere gejagt, Zweikämpfe und Wettspiele ausgetragen, Kriege geführt, aber auch Dämonen gebannt. Im weiteren seien nun die speziellen Maßnahmen behandelt.

Verheimlichen von Absichten und Tatsachen
Da Geister und Dämonen der menschlichen Gedankenwelt entstammen und daher menschliche Wesenszüge tragen, sind sie trotz übernatürlicher Fähigkeiten keineswegs allmächtig und unüberwindlich, sondern in vielen Belangen eher dumm und erstaunlich leicht zu düpieren. Wohl jeder kennt die Märchengestalten des in die Flasche gelockten Geistes, im Baumstamm eingeklemmten Teufels oder als Maus gefressenen Zauberers, die alle den gleichen Fehler begingen, Täuschung für Wahrheit zu nehmen und damit jener Praxis zu erliegen, die zum ureigensten Rüstzeug eines deckungsreichem Gelände angepaßten, unspezialisierten, in Gruppe agierenden Jägers gehört. In Sagen, Mythen und Märchen unterliegt menschlichen Idealvorstellungen zufolge so gut wie immer der brutale, geradlinig losgehende Kraftprotz seinem schlau überlegenden, Vorteile listenreich nützenden, aus sicherem Hinterhalt taktierenden Gegner. Beide Kampfmethoden haben übrigens eine angeborene Verhaltensentsprechung im menschlichen, primär männlichen Drohgang. Der direkte Angriff avisiert sich im harten, kraftvoll weitausholenden Heranschreiten, aus dem die verschiedenen, meist durch lautes Aufstampfen mit eisenbeschlagenen Sohlen akustisch unterstrichenen militärischen Paradeschritte entwickelt wurden. Wer in geradem Drohgang auf einen Feind losgeht, muß im Moment des Kontaktes auch zuschlagen, weil er andernfalls Angst dokumentiert und sich lächerlich macht. Der harte Schritt kommt am stärksten in der Gruppe zur Geltung und wird daher zum häufigen Grundelement von Kriegstänzen, denen Militärparaden prinzipiell durchaus zuzuzählen sind. Die zweite Form des Drohganges ist das weiche, wiegende »Schnüren« mit langsamen, bedächtig voreinandergesetzten, eher kleinen Schritten. Im Film tun dies einzelkämpfende Cowboys oft sehr eindrucksvoll. Dieser leise, abwartende Gang verrät keine Emotionen, ermöglicht jederzeitiges Anhalten und teilt nichts über den Moment des Angriffes mit. Für Gruppenaktionen, Kriegstänze und Paraden ist er ungeeignet, da er nicht klar informativ, sondern verunsichernd vieldeutig und folglich gegen das Aufkommen einer synchronen Massenstimmung wirkt. Er ist aber als kampfeinleitende Verhaltensweise in seinen Grundelementen offenbar ebenso angeboren wie der imponierende Angriffsschritt und gehört zweifellos zur ökologisch bedingten jägerischen Anschleich- und Verschleierungspraxis, die letztlich in der militärischen oder politischen Geheimhaltetaktik zu raffinierter Perfektion gelangt.

Aber auch in kumpanbezogenen Handlungen, vor allem den Verständigungssystemen, begegnen wir diesem Streben, den Außenstehenden, also Gruppenfremden, zu täuschen und hinters Licht zu führen. Die oft spielerisch übertriebene Geheimnistuerei kleiner Kinder, das Tuscheln und demonstrative Ausschließen bestimmter Personengruppen wie auch das Experimentieren mit selbsterfundenen Geheimschriften und Geheimsprachen verweist auf angeborene Dispositionen. Geheimbünde (vgl. H. Schurtz 1902, E. Hildebrand 1937, H. und G. Schreiber 1956) gab und gibt es zu allen Zeiten bei allen Völkern bis in die Gegenwart. Das alte Handwerksbrauchtum war voll von Geheimzeichen und Geheimworten, mit denen sich Zugehörige deklarieren konnten. Am vollständigsten erhalten haben sich die Sprache der Jäger (vgl. E. Harrach 1953) und die der Gauner (vgl. F. Kluge 1901). Noch heute besteht aber die Tendenz zur Bildung neuer Fach- und Gruppenterminologien, die dann von Außenstehenden nicht verstanden werden, was besonders auch für die Wissenschaft gilt, die sich früher durch die Verwendung des Lateinischen gegen das Volk abschirmte. W. Schumacher (1967) verweist kritisch auf die in der naturwissenschaftlichen Gegenwartsliteratur auftauchenden, schwer verständlichen und sprachlich falschen neuen »Wortschöpfungen«, die sich geradezu seuchenartig verbreiten. L. Röhrich (1967) hat den gesamten Problemkreis von Tabuworten, Rätselreden und Wortmetaphern sehr anschaulich dargestellt. Äußerst reich an sprachlichen Verhüllungen ist auch das Volkslied (vgl. M. Ittenbach 1932, 1938). Wo es zum Beispiel von schwarzbraunen Burschen und Mädchen berichtet, ist weniger die Haar- oder Hautfarbe als vielmehr ein leichter Lebenswandel gemeint. Ein Mädchen, das zum Brombeerpflücken geht, sucht Liebesabenteuer; Birkenbäume und Rosen sind meist hübsche Mädchen. Die oft beziehungslos und banal klingenden Texte erhalten, wenn man um ihre Vertreterrolle weiß, sofort tieferen Sinn. Als das Oberkommando der Deutschen Wehrmacht für den geplanten Angriff auf England den Decknamen »Seelöwe« und für den Rußlandfeldzug »Barbarossa« wählte, handelte es im Prinzip nicht anders als der Volksliedichter, der von sieben Birkenbäumen erzählt und dabei an schlanke zarte Mädchen mit weißer Haut denkt. Sprach- und Handlungstabus dienen, indem sie einen verpflichtenden Druck ausüben, dem inneren Zusammenhalt der Kleingruppe. P. Farb (1971) veranschaulicht diese Situation am Beispiel der Eskimos und bezeichnet ihre streng geregelte Tabubefolgung als »sozialen Mechanismus«, der die so notwendige »soziale Bindung« schafft. Tarnworte und Metaphern aller Art verhindern demnach einerseits die unerwünschte Fremdinformation zum Vorteil der Gruppe und stärken gleichzeitig die innere Bindung, indem sie durch das Geheimwissen das Selbstgefühl jedes einzelnen anheben und seine Beziehungen zu den anderen verstärken.

Verschleiern, Verhüllen, Verdecken

Ein allgemein sehr gefürchtetes Phänomen ist der mitmenschliche Neid, der sehr reale biologische Wurzeln hat. Die das Gruppenverhalten koordinierende, speziell im Nahrungssektor bedeutsame »Nachahmung der Objektwahl« führt zusammen mit dem die Gruppe intern egalisierenden Anstoßnehmen und »Ausrichten«, wie es B. Malinowski (1940) so anschaulich am Beispiel der Trobriander vorführt, letztlich zum Mißgönnen des Sonderbesitzes: Man will haben, was der Nächste hat, genau wie im Hühnerhof, wo alle Küken ausgerechnet hinter jenem Wurm herrennen, den eines von ihnen geschnappt hat und fortträgt. Hierin liegt neben dem unmittelbaren Neiden des betreffenden Objektes auch die Tendenz zum Kennenlernen dessen, was andere nehmen, also auf Lernen zielende Neugier. Man schaut ja auch an, was ein Kumpan wegwirft, bloß fällt diese Handlung optisch weniger auf. Immerhin resultieren daraus beim Menschen viele magische Wegwerfverbote, weil auch das nicht benötigte Objekt den Gruppenfremden über die Gruppe informiert. Der Mensch transponiert eben diese seine ureigensten sehr wichtigen Sozialeinstellungen in den magischen Bereich der Dämonen und Götter und ist ängstlich darauf bedacht, die materielle und ideelle Potenz seines kleinen, unmittelbar betroffenen Kreises zu verheimlichen, um bei ihnen nicht Objektneid und Mißgunst zu erregen. Ein hübsches Beispiel bietet G. Kreisler (ohne Jahreszahl) in seiner nichtarischen Arie »Für was bist du gekommen?«, wo geschildert wird, wie er angesichts eines allzu zärtlich bewunderten neugeborenen »Jüngls« vortritt und ihm nach alter jüdischer Regel möglichst viel Schlechtes nachsagt, das die beleidigten Eltern sofort mit Lob kompensieren, worauf er der Mutter den Mund zuhält, den Kleinen neuerlich »mies macht« und ihm schließlich zuruft: »Wärst du doch geblieben, wo du warst!«

Über sprachliches Verhüllen hinaus ist der Mensch aber auch bestrebt, gefährdete Objekte mit Tüchern oder sonstigen Materialien zu verdecken. F. Eckstein (1936–1937) bringt zahlreiche Beispiele für Vertarnung von Personen, Organen oder Gegenständen, die dadurch vor Geisterzugriff geschützt werden sollen. Hierher gehört die Verschleierung der Braut, die sexuellem Neid und dem gierenden »bösen Blick« in besonderem Maße ausgesetzt ist. Bei den Römern pflegte man ihr Gesicht durch ein abwehrfarbig rotes Kopftuch zu verhüllen. Herrscher wurden vielfach mit abgedeckten Augen dargestellt, auf persischen Miniaturen ist das Gesicht Mohammeds fast immer verhängt oder ausgespart. Der jüdischen Braut wurden die Augen verbunden, angeblich damit sie für alle fremden Männer erblinde, was jedoch letztlich bedeutet, daß sie nicht angeschaut werden soll (vgl. L. Herzberg-Fränkl 1898). Auch die Verschleierung der mohammedanischen Frau diente ursprünglich ihrem magischen Schutz und nicht, wie man aus ideologischen Perspektiven heute glaubt, ihrer Unterdrückung. Als Bewahrerin keimenden Lebens und zugleich Ziel männlichen Sexualinteresses bedarf sie sorgfältigster Absicherung gegen gefährliche Einflüsse. Laut Koran besteht Verschleierungszwang ausschließlich gegenüber fremden Männern, nicht aber innerhalb der Großfamilie. Väter, Väter der Ehegatten sowie deren Söhne und deren Ehegatten, Brüder der Letztgenannten und die eigenen Brüder, ferner die Söhne der Schwestern, Diener und Kinder sind ausgenommen. In der kleinen Siedlung und der nomadisierenden Beduinengruppe bewegt sich die Frau daher frei und tritt lediglich in der Stadt dem Fremden verschleiert gegenüber, der dies dann für den unterdrükkenden Dauerzustand hält. Verhüllung bedeutet, wie übrigens fast jede magische Abwehr, primär Schutz gegen Fremdes.

Neben dem Gesicht als wichtigstem individuellem Merkmalsträger besonders versteckenswert sind das Genitale und die weibliche Brust. Für das Verbergen dieser Partien eine dem Menschen angeborene tugendsame Schamhaftigkeit verantwortlich zu machen, ist ebenso irrig wie die Annahme einer den Naturvölkern noch eigenen, dem Zivilisationsmenschen verlorengegangenen Fähigkeit zu unverfänglicher kollektiver Nacktheit. Primäre und sekundäre Geschlechtsmerkmale sind für jedes paarungsfähige Individuum a priori interessant und daher unweigerlich Blickfang. Verbergen vor neugierigen, vor allem den magisch gefährlichen »bösen Blicken« fremder Personen ist daher das Übliche (vgl. F. Eckstein 1936–1937). Der gesamte sexuelle Bereich, seit Urzeiten erfüllt mit Wünschen, Sorgen und Hoffnungen, ist weltweit mit einer großen Vielfalt unterschiedlichster Tabus belegt. Das Genitale kann dem Mann laut »Hexenhammer« durch Hexen geraubt, in Vogelnestern aufbewahrt, ja sogar mit Körnern gefüttert werden (vgl. J. Dahl 1960). Die Männer der Hadendoa im Ostsudan gehen zwar unbekleidet auf die Jagd, verhüllen jedoch das Genitale mit Leder, damit der Blick des sterbenden Wildes ihm nicht schade. Sie berichten auch, daß der Löwe aus demselben Grund seine Geschlechtsteile beim Jagen zwischen die Hinterläufe klemmt (L. Frobenius 1934). Bei fast sämtlichen Völkern ist Sexualverkehr mit magischen Vorstellungen verknüpft (vgl. B. Kummer 1930–1931 a). Hier, wo zentralste Probleme des menschlichen Lebens auf dem Spiele stehen, gleichzeitig aber auch ein tiefgreifendes emotionales Interesse vorliegt, finden wir mannigfache Formen partiellen Bedeckens bis zur totalen Verhüllung. In analoger Weise verheimlicht und verhüllt eine Gruppe oder ein Staat die lebensentscheidenden Kriegswaffen. Diese Tatsache hat offensichtlich mit dazu beigetragen, daß von Psychoanalytikern männliche Sexualorgane und männliche Waffen in ihrer psychischen Bedeutung analogisiert werden.

Ablenken und Irreführen
Die dem Verschleiern nächstliegende Taktik ist die Ablenkung vom zentral betroffenen Objekt. In diesen Bereich fällt zum Beispiel die früher verbreitete Couvade, auch Männerkindbett genannt (vgl. K. Birket-Smith 1941–1942), die im wesentlichen darin besteht, daß der Mann Frauenkleider anzieht und sich wie die Wöchnerin benimmt. Vermutungen, wonach es sich hier um die Betonung der engen Beziehung zwischen Vater und Kind handeln soll (vgl. W. Hirschberg 1965, H. H. Petri 1959), halte ich schon deshalb für unglaubwürdig, weil die Mutter zur selben Zeit vielfach Unbetroffenheit demonstriert, was doch sehr konkret auf Täuschungsabsicht hindeutet. Dies kommt auch in der aus dem 12. oder 13. Jahrhundert stammenden Hennegauer Chantefable von Aucassin und Nicolette zur Geltung, wo der König von Torelore

in der Wochenstube liegt, während sich die Königin beim Heer aufhält (P. Hansmann ohne Jahreszahl). Im deutschen Sprachraum wie auch in vielen anderen Gebieten darf die Wöchnerin das Haus nur verlassen, wenn sie den Hut des Mannes aufsetzt beziehungsweise dessen Hemd oder Hosen trägt (vgl. B. Kummer 1930–1931 b, 1932–1933). Einen prinzipiell analogen Vorgang der Irreführung erkennen wir in der dreifachen Namensgebung der Zigeuner (vgl. M. Block 1936, J.-P. Clébert 1964). Bei der Taufe spricht die Mutter ihrem Kind den wirklichen Namen ins Ohr, der nie wieder gebraucht wird, damit ihn die Dämonen nicht erfahren. Der zweite Name gilt nur innerhalb der Zigeunergruppe, der dritte für die Behörden. Bei Erkrankung werden die Namen häufig geändert, um den Dämonen das Wiederfinden ihres Opfers zu erschweren, eine Methode, die auch von galizischen Juden zur Ablenkung der Krankheitsgeister angewendet wurde (vgl. L. Herzberg-Fränkl 1998).

Ablenken durch Komik und Verspottung

Ein weiterer Weg des Irreleitens gefährlicher Kräfte oder neidischer Götter ist das Bieten komischer Szenerien. Daß man Dämonen und folglich auch Besitzer des »bösen Auges« entmachtet, indem man sie zum Lachen bringt, ist alter Volksglaube (S. 343). Aus dieser Perspektive ist zum Beispiel die Existenz der Hofzwerge und Hofnarren zu beurteilen. Wirken die einen mehr durch Kleinheit erheiternd, tun es die anderen durch Spott und Aussprechen nicht schmeichelhafter Wahrheiten. Im türkischen Heeresmuseum von Istanbul sieht man in lebensgroßer Aufstellung einen Sultan mit seinen Höflingen, der von zwei Liliputanern flankiert ist. Schon die ägyptischen Pharaonen haben auf den Besitz von Zwergen anscheinend größten Wert gelegt und Expeditionen auf Pygmäenfang nach Zentralafrika gesandt. Ein Brief des Pharao Neferkere aus dem Jahr 2360 v. Chr. an den Regierungsbeamten und Priester Herchuf, der den Fang eines Pygmäen mitgeteilt hat, enthält folgende bezeichnende Stelle:

»...Komm, nordwärts fahrend, unverzüglich und eilends zur Residenz, wobei Du diesen Zwerg mitbringen mögest, den Du aus dem Geisterland holtest! Heil und Gruß dem Gottestänzer, dem Herzerfreuer, ihm, nach dem der König Neferkere, der ewig lebt, verlangt! Wenn er mit Dir an Bord geht, laß zuverlässige Leute hinter ihm und an beiden Bootsrändern sein, die ihn davor bewahren, daß er ins Wasser fällt! Wenn er nachts schläft, sollen zuverlässige Leute hinter ihm in der Kajüte schlafen. Revidiere zehnmal des Nachts! Der hohe Herr wünscht diesen Zwerg dringender zu sehen, als ein Geschenk aus der Erzlade und aus Punt...« (vgl. O. Koenig 1962 a, S. 99).

Zwerge spielen bis ins 18. Jahrhundert auch an europäischen Höfen eine große Rolle, wobei es sich hier allerdings um »Liliputaner«, also wachstumsgehemmte Menschen und nicht um Vertreter kleinwüchsiger ethnischer Gruppen handelt.

Auch Verhöhnung und demonstrative Geringschätzung der kostbaren Person sind ein gutes Täuschungsmittel. Hinter dem römischen Triumphator marschierende Legionäre sangen laute Schmählieder über ihren Feldherrn (S. Seligmann 1910), womit bösen Mächten kundgetan werden sollte, daß der siegreiche Heerführer gar nicht so wichtig war, wie er tat. Wer lächerlich gemacht wird, ist kein Objekt für Neid und Mißgunst; wo man lacht, ist meist kein Ernstangriff zu erwarten. Eines der jüngsten Beispiele für die Verwendung einer Ablenkfigur bei einer militärischen Machtdemonstration bietet der Einmarsch der siegreichen napoleonischen Armee in Berlin. Ganz knapp vor den langbärtigen, imponierend ausgestatteten, zu der im Gleichschritt marschierenden Grenadiergarde gehörenden Sappeurs und dem laut trommelnden ersten Musikkorps ging ein Infanterist einher, der nach Erzählungen des Berliner Augenzeugen George folgendermaßen beschrieben wird (E. Klessmann 1965, S. 167 f.):

»... es war ein langer, hagerer Mann, mit blassem Gesicht, das wildes schwarzes Haar bedeckte ... ein fahler kurzer Mantel bedeckte den Leib, den Kopf ein verwitterter Hut, mehr rot als schwarz, und von unbeschreiblicher Form, dabei so schief und pfiffig aufgesetzt, daß dieser Kopf und Hut uns schon eine hohe Merkwürdigkeit dünkte. Die Beinkleider waren von schmutziger Leinwand, stark zerrissen, die Füße nackt, mit zerrissenen Schuhen bekleidet; ein zottiger Pudel, den er am Strick führte, blickte aufmerksam ihm nach dem Munde, mit dem er von einem großen Stück Brot abbiß und mitunter dem Pudel etwas zuwarf... Auf dem Bajonette ein halbes Brot aufgespießt, am Pallasch eine Gans hängend und auf dem Hute statt des Feldzeichens einen blechernen Löffel. Diese originelle Figur kam allein voran, mit einem gewöhnlichen leichten Schritte, blickte aber mit großen schwarzen Augen wie ein König auf die Hunderte, die ihn wieder höchst neugierig anstarrten...«

Fünfzig Schritte dahinter marschierte in vollem Glanz die französische Armee auf. Napoleon als äußerst abergläubischer italienischer Korse hat den magischen Bedeutungskern dieser Figur wahrscheinlich genau gekannt.

Der Schutz öffentlich agierender Gruppen durch lustige Figuren ist ganz allgemein verbreitet. Beim berühmten Makart-Festzug anläßlich der silbernen Hochzeit von Kaiser Franz Josef I. zogen vor den Schützen Possenreißer in Narrenkostümen einher (E. Stadlin 1879). Der Tanz der Münchner Schäffler (vgl. R. Wolfram 1963) wird dauernd von zwei Spaßmachern karikiert, die auch im Glockenspiel auf dem Rathaus zu sehen sind. Der Clown im Zirkus, der die Kunststücke der Artisten parodiert, hat ursprünglich dieselbe Funktion. Zu nennen sind hier auch die von alters her bis in jüngste Vergangenheit auf Bühnen aktiven, meist außerhalb des Spieles stehenden, dieses mitunter störenden Spottfiguren wie Bajazzo, Harlekin, Hanswurst und Kasperl. Der Name Kasperl stammt übrigens vom schwarzen Kasper im Dreikönigspiel, der eigens

Abb. 20 Vor der Schützengilde einherziehende Possenreißer beim Wiener Makart-Festzug (1879). Durch ihr zum feierlich-ernsten Auftritt der Schützen kontrastierendes Treiben erweisen sie sich deutlich als magische Ablenkfiguren.

Abb. 21 Fasnachtfiguren vom Imster Schemenlaufen. **a** Sackner. **b** Sacknerin. **c** Lagge-Roller (vgl. A. Dörrer 1938).

als Schutzfigur gegen den »bösen Blick« im 14. Jahrhundert eingeführt wurde. Vorher waren alle drei »Könige« oder »Magier« aus dem Morgenlande hellhäutig. Ich bin sicher, daß unsere derzeitigen Faschingsbeziehungsweise Fasnachtfiguren in ihren zahlreichen lokalen Ausstattungsvarianten niemals Geister und Dämonen repräsentierten, sondern maskierte Spott- oder auch ernste Abwehrfiguren sind, die dereinst bei bestimmten Anlässen das Auftreten wichtiger Persönlichkeiten durch ihr Treiben vor bösen Geistern zu schützen hatten. Gesichtsmaskierung entsteht analog der Namensänderung aus dem Bestreben, sich unkenntlich zu machen, zu verstecken oder durch ein umgestaltetes Aussehen zu bluffen. Daraus erklärt sich auch die in manchen Sprachen vorkommende Bezeichnung »Falschgesicht« für Maske. Außerdem enthemmt das Unkenntlichsein und schafft subjektive Aktionsfreiheit. Bei all dem Getue mußten die Akteure aber auch sich selbst durch Amulette möglichst gut sichern, was zur Häufung von Bändern, Flitter, Quasten, Schellen, Glocken, Kugeln, Besen und Spiegeln auf den Narrengewändern führte. Das Thema Amulett wird S. 122 ff. eingehend besprochen.

Abschließend sei noch festgehalten, daß ablenkende Funktionen fast immer von Männern ausgeübt werden. In der gesamten magischen Abwehrtaktik sind Frauen stets sorgfältiger geschützt und weniger exponiert als Männer, tragen im Alltagsleben mehr Amulette und erhalten nur ausnahmsweise Rollen, die sie magisch bedrohen könnten. Wo dies aber der Fall ist, stehen die Ausübenden meist außerhalb des Fortpflanzungssystems. Kein Volk wird unnötig Mitglieder gefährden, an die das Weiterbestehen der Familie, des Stammes so deutlich und intensiv gebunden ist. Teilnahme von Frauen, vor allem verheirateten Frauen, an Umzügen wie dem am Rosenmontag in Köln (J. Klersch 1961) sowie die Formierung von Mädchengarden sind Erscheinungen jüngerer Zeit. Was heute vielfach als jahrtausendelange ungerechte Hintanstellung der Frau durch den Mann betrachtet wird, ist in Wahrheit ritualisierter Ausdruck tiefverwurzelter Furcht vor Gefährdung der Nachkommenschaft. Wer an die Bedrohung durch Dämonen und die Gefahr des »bösen Blickes« glaubt, wird nicht die taktische Dummheit begehen, ausgerechnet den biologisch zentralen Teil der Gruppenerhaltung an die Abwehrfront zu stellen. Diese alten Regeln entsprechen unter Berücksichtigung des jeweiligen Wissensstandes und der daraus resultierenden Weltanschauungen durchaus den modernen Frauenschutzgesetzen, die der Frau arbeitsrechtlich vieles verwehren, was von Männern verlangt wird. Früher verbot man ihr aus Blickfurcht das Auftreten auf öffentlichen Bühnen und den Besuch von Veranstaltungen, wo viel unbekanntes fahrendes Volk zusammenkam, heute untersagt man ihr im Wissen um die psychophysische Belastbarkeit die Schwer- und Nachtarbeit. In beiden Fällen soll die Frau vor Schaden gesichert, nicht aber unterdrückt werden. Solange Frauen Kinder bekommen, nehmen sie eine Sonderstellung ein, auf die der Mann nach bestem Wissen Rücksicht nimmt. Nur wer diese Situation nicht einkalkuliert, kann von Unterdrückung sprechen. Die Unannehmlichkeiten und Nachteile beginnen dort zu überwiegen, wo die Maßnahmen durch Ritualisierung übertrieben werden. Das gilt für den Aberglauben genau wie für das Arbeitsrecht.

Ablenkgestalten im Zeitenwandel

Daß von dem eigentlichen Sinngehalt dereinst wichtiger Umzüge, der nicht nur in jahres- und arbeitszeitlichen Anlässen, sondern vielfach in lokalen Ereignissen gelegen haben mochte und längst in Vergessenheit geraten ist, nur die Spötter und Possenreißer oder andere auffällige Abwehrgestalten geblieben sind, die Zentralfiguren aber verschwanden oder zur Unkenntlichkeit rudimentierten, entspricht generell wirksamen kulturellen Entwicklungsregeln. Auch bei Trachten und Uniformen bleibt nach Verlust von Funktionen immer die Ausschmückung erhalten, die dann alsbald zu luxurieren beginnt. So werden Knopflochausnähungen, wo man nicht mehr knöpft, zu imponierenden Ärmelpatten oder Revers- und Kragenstickereien. Etwa einen reichornamentierten Diplomatenrock ausschließlich von seinen Ranken, Blättern und Blüten her erklären zu wollen, könnte zum Beispiel zur Schlußfolgerung führen, der Diplomatenstand sei aus Gärtnern hervorgegangen, die früher Blumen zu Empfängen brachten und dies heute durch ritualisierte Stickereien demonstrieren. Dies mag kraß erfunden sein, zeigt aber doch, wie schnell sich bei Unkenntnis kausaler Zusammenhänge und kultureller Wandlungsvorgänge anhand äußerer Erscheinungsbilder Sekundärerklärungen finden lassen.

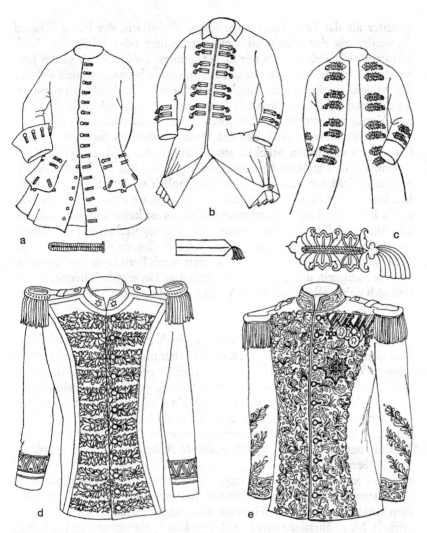

Abb. 22 Wandlung des Knopfloches zum Flächenornament. **a** Soldatenrock (1690) mit einfacher Knopflochausnähung. **b** Rock um 1756, die »blinden« Knopflöcher mit Stoff und Quasten besetzt. **c** Offiziersrock des preußischen Infanterie-Regiments Nr. 26 zur Zeit Friedrichs des Großen mit komplizierter Auszierung der einstmaligen Knopflöcher. **d** Hofdienstwaffenrock des Gardekapitäns der Trabantenleibgarde, Knopflochlitzen in Pflanzenornamente verwandelt. **e** Hofdienstwaffenrock des Kommandeurs der Ersten Arcièren-Leibgarde, Knopflochstruktur gänzlich in Ranken aufgelöst.

Ein nicht unwesentlicher Grund für die Beibehaltung und Ausschmükkung skurriler Randfiguren dürfte auch darin liegen, daß sie unterhaltsamer, attraktiver sind als die meist formkonstanteren ernsten Zentralgestalten. Als Bewohner strukturierten Geländes hat der Mensch a priori Freude an Struktur. Große einheitliche Flächen oder Räume dünken ihn »leer«. Die farbige gezackte Knopflochausnähung ist eben interessanter als das funktionsgerecht karge Knopfloch, der bunte Kasperl fesselnder als der würdevoll steife Statthalter oder König. In Tirol, Kärnten und Salzburg, wo wir in bestimmten Gebieten seit vielen Jahren das Krampusbrauchtum untersuchen, wurde beobachtet, daß sich für die wilden, zottigen, abenteuerlich maskierten Klaubaufs, Krampusse, Barteln und Scherzgestalten wie Lotter und Lütterin reichlich Burschen zur Verfügung stellen, wohingegen Engel- und Nikolausrollen viel schwerer zu besetzen sind. Die das Maskentreiben nachspielenden Kinder mimen aus freien Stücken ausschließlich die wilden oder lustigen Typen. Bei den meisten Umzügen sind offenbar nur die besonders anreizenden Faktoren erhalten geblieben, ähnlich wie etwa das ursprünglich herbe harte Kletzenbrot heute vielfach in Form süßer Früchtefüllungen mit dünner Teighaut zubereitet wird. Es ist kaum möglich, aus der Kleidung und dem Treiben rezenter Brauchtumsgestalten auf das Wesen des verlorenen Kernes zu schließen (S. 186). Gerade die Hauptaufgabe der Begleitfiguren, nämlich das Ablenken durch Parodieren und Spotten, ist eine Tätigkeit, die immer auf die jeweilige Gegebenheit Bezug nimmt und sich daher allzuleicht unter Verlust des alten Sinnes Neuem anpaßt.

Amulett und Verwandtes

Alle bisher geschilderten Praktiken des Verbergens, Verschleierns, Desorientierens und Bagatellisierens sind eher ungezielt und wirken vorwiegend defensiv prophylaktisch in breiter Front. Die wohlüberlegt plazierte, gegen bestimmte Gefahren in Anschlag gebrachte Einzelwaffe ist das Amulett. Hier bedarf es zunächst einer näheren Erläuterung der Begriffe Amulett, Talisman, Fetisch, Idol und Maskottchen, die im allgemeinen Sprachgebrauch öfters vermischt werden. Das Wort »Amulett« kommt vom lateinischen *amuletum,* das G. Bellucci (1907) aus a-molinetum = Fernhaltung erklärt (vgl. L. Beth 1929–1930). A. Pfister (1927) definiert es als kleineren, mit magischer Kraft erfüllten (orendistischen) Gegenstand, der dort wirkt, wo man ihn befestigt, und apotropäische, dem Analogiezauber dienliche oder den Träger stärkende Energien entwickelt. M. F. Blumler (1910) sagt dazu laut L. Hansmann und L. Kriss-Rettenbeck (1966):

»Amulett ist alles das, was sich die Menschen um den Hals oder an irgendeinen anderen Körperteil hängen oder auf irgendeine Weise anbinden, auch in den Kleidern bei sich tragen, oder an einem bestimmten Ort aufstellen, um Krankheiten zu vertreiben, die körperliche Verfassung zu kräftigen, oder anderes zu gewinnen; mag dies geschehen auf anständige, erlaubte und natürliche Weise oder auf superstitiöse (in Abfall oder Abweichung vom wahren Glauben). Im engeren Sinn bezeichnet das Wort irgendeinen Körper, der mit Charakteren, mit einem Bilde oder einer bestimmten Figur gezeichnet ist, um sich mit Hilfe überirdischer Kraft außerordentlicher Wirkung zu versichern.«

Dies sei dahingehend ergänzt, daß das angehängte Amulett durch eintatauierte, aufgemalte oder in anderer Weise auf Körper, Kleidung oder Objekte aufgetragene Symbolzeichen von gleicher Funktionsweise vertreten werden kann.

»Talisman« geht zurück auf arabisch *tilasm* für »Zauberbild« respektive mittelgriechisch *telesma* für »geweihter Gegenstand«. Nach A. Pfister (1936–1937) ist Talisman weitgehend gleichbedeutend mit Amulett, wird aber für große und festmontierte Objekte bevorzugt, wogegen man kleinere tragbare eher als Amulett bezeichnet. Aufgrund der in diesem Buch vorgebrachten Ergebnisse, wonach die meisten Abwehrzeichen vom Augenmotiv abstammen und daher sehr konkreten Gestaltregeln unterliegen, möchte ich vorschlagen, den Begriff Amulett auf alle semantischen, durch ihr Aussehen wirkenden Schutzobjekte anzuwenden, wogegen sonstige Abwehrmittel wie in Beuteln getragene Sprüche, zauberkräftige Substanzen, Reliquien bestimmter Personen oder Geschehnisse und dergleichen mehr, die erst über den Umweg eines geistigen Bezuges magisch geworden sind, als Talisman zu betrachten wären. So sind etwa der Glassplitter von einem überstandenen Zusammenstoß, den ein Kraftfahrer im Handschuhfach aufbewahrt, oder der Brief eines Mädchens, den der Soldat im Feld unter der Bluse als Schutzbringer trägt, durch besondere Zusammenhänge »geweihte« Gegenstände, auf die das Wort Talisman in seiner ursprünglichsten etymologischen Bedeutung paßt. Das Amulett hingegen bedarf keines speziellen geistigen Rückhaltes, es wirkt kraft seiner Beschaffenheit und Gestalt und kann daher vorgefertigt gekauft werden. Dies besagt freilich nicht, daß nicht ein Amulett zum Talisman werden oder ein Talisman augengestaltig sein kann.

»Fetisch« kommt von portugiesisch *feitico* (Zaubermittel), das seinerseits im lateinischen *facticius* (nachgemacht, künstlich) wurzelt. Nach W. Hirschberg (1965) handelt es sich um einen mit Zauberkraft geladenen Gegenstand unterschiedlicher Gestalt (Stein, Horn, Klaue, Tierbalg, Stoffetzen, bildliche Darstellung und dergleichen), der schutz- und abwehrkräftig ist, oft auch bestimmte Aufträge ausführt, deswegen hohe Achtung genießt und nach Bedarf mit Opfern, Anrufungen und magischen Verrichtungen bedacht wird. Ein eigentlicher Kult liegt dabei nicht vor, wenngleich speziell westafrikanische Fetische häufig als Wohnung gewisser Geister gelten, deren Symbol sie dann sind. Das Idol im Sinne von »Götzenbild, Abgott«, dessen Name von griechisch *idein* (sehen, erkennen, wissen) abstammt, ist dem Fetisch verwandt, zeichnet sich aber durch sorgfältigere Bearbeitung in Ritz-, Schnitz- oder Maltechnik aus und fällt daher bereits in das Gebiet künstlerischer Gestaltung.

»Maskottchen« für »glückbringender Anhänger, Puppe etc.« geht zurück auf provenzalisch *mascoto* (Zauber, Zauberin), das wohl im langobardischen *masca* für »Hexe« seinen Ursprung hat. Es wird vorwiegend im Zivilisationsbereich für »Glücksbringer« in allgemeinstem Sinn verwendet und betrifft verschiedenste, von alten magischen Regeln meist unabhängige Gegenstände. Für den Mopedfahrer kann ein hübsches

Mädchen genauso Maskottchen sein wie für das Schottenregiment ein Ziegenbock, für die Opernsängerin ein Stoffhund oder für den Schifahrer eine Zipfelmütze. Wie schon die Verkleinerungsform »Maskottchen« andeutet, sind zumeist irgendwelche scherzhaften Bezüge mit im Spiel.

Auge gegen Auge

Die alte volksmedizinische Regel »*similia similibus*« respektive »*contraria contrariis curantur*«, also »Gleiches wird mit Gleichem« beziehungsweise »Gegensätzliches mit Gegensätzlichem geheilt«, ist im magischen Bereich von weitester Gültigkeit. Es ist daher sehr naheliegend, daß der Mensch gegen den »bösen Blick«, der die gedankliche Fortführung der im Wirbeltierstamm verbreiteten Furcht vor Augen und Augenpaaren darstellt (S. 73 ff.), mit Amuletten in Augengestalt zu Felde zieht, womit er auf kultureller Basis analog einem Tier verfährt, das auf phylogenetischem Wege abschreckende Augenmuster herausdifferenziert hat (S. 93 ff.). Das Auge ist eines der frühesten ornamentalen Motive, die wir aus der Urgeschichte kennen, ja wahrscheinlich die Wurzel jeglicher Ornamentik überhaupt. In Anbetracht des großen Raumes, den die Blickfurcht in der Vorstellungswelt des Menschen seit Anbeginn einnimmt, ist von vornherein zu erwarten, daß ein großer Teil der vom Menschen geschaffenen Amulette oder Ornamentierungen, mit denen er seinen Körper und Umweltobjekte zu Schutzzwecken versieht, das Augenmotiv zum Inhalt hat. Dies ist auch tatsächlich der Fall. Von kunstvoller Naturalistik bis zu abstraktester Stilisierung reichen die Symbole, mit denen der Mensch das magische Prinzip »Auge gegen Auge« zu verwirklichen sucht, wie dies zum Beispiel G. Gerster (1971) sehr schön aus Nuwara Elyia (Ceylon) zeigt, wo man bemalte Blechfiguren auf Felder stellt, um die Frucht vor Augenzauber zu schützen. Was im folgenden über die taktische Anwendung von Amuletten im allgemeinen zur Sprache kommt, bezieht sich daher größtenteils auf das Augenmotiv, das in den Spezialkapiteln und im Bildteil dieses Buches ausführlich behandelt wird.

Abb. 23 Ceylonesische Blickabwehrfiguren auf Feldern.

Die Wirkungsweise des Abwehrauges besteht im wesentlichen aus drei Komponenten, deren vorrangigste wohl die ist, den Blick des Fremden »einzufangen« und »abzulenken«, um den Amulettbesitzer in die Lage zu versetzen, sein Gegenüber zuerst anzusehen. Das Zuvorkommen mit dem Erstblick gilt nämlich als magisch überaus vorteilhaft und wichtig. Darüber hinaus erfüllt das Amulett, auch »Blickableiter« genannt (S. Seligmann 1910), die Daueraufgabe, die Aufmerksamkeit zu fesseln, um intensivem Augenkontakt vorzubeugen, der auf jeden Fall gefährlich ist. In Italien wird sogar die Mutter davor gewarnt, ihr Kind allzu liebevoll anzuschauen, weil sie es mit ihrem Blick verzaubern könnte. Die außerordentliche Variationsbreite der Amulette mag sich zum Teil daraus erklären, daß sie ja nicht nur des Zaubers Unkundige, sondern auch Wissende fesseln sollen, was dann eben durch Darbieten interessanter Varianten gelingt. Die zweite Funktion des Augensymbols ist »prophylaktische Abschreckung«, die vor allem bei diversen Kult- und Brauchtumsmasken oder bei Schreckfratzen an Gebäuden und anderen Objekten zur Geltung kommt. Hier darf die Gestaltung, da bereits mimische Kriterien mit im Spiele sind, ein bestimmtes Maß an Naturalistik nicht unterschreiten. Wo nämlich Stilisierung zu weit vorangetrieben wird, verliert sie an Schrecklichkeit. Die dritte Funktion des Augenzeichens schließlich beruht auf der Spekulation, daß hinten am Gewand eines Menschen oder vorn am Bug eines Schiffes befestigte Augen tatsächlich als »Sehhilfe« wirken könnten. Dieser naheliegende Gedankengang der »Organverbesserung« hat dazu geführt, daß sich manche zentraleuropäischen, bezüglich »bösem Blick« sicher unbelasteten Kraftfahrer spaßeshalber auf Kühler oder Heck ihres Autos ein nachgemachtes großes Augenpaar kleben, damit das zumeist auch durch einen Spitznamen personifizierte Gefährt »besser sehen könne«. Solche naiven, von Kindern oft spontan erfundenen und mitunter sehr ernst genommenen Vorstellungen sind speziell bei Naturvölkern recht verbreitet. Alle drei genannten Funktionen des Augensymbols respektive Augenamuletts, nämlich Ablenkung, prophylaktisches Imponieren, Organverbesserung, gehören zu den S. 112 aufgezählten taktischen Grundmethoden des Menschen im Kampf gegen wirkliche und erdachte Feinde.

Sicherung des Kopfes

Das Amulett als spezielle Verteidigungswaffe hat den schützenswerten Gegenstand, die Person oder Personengruppe so abzusichern, daß der böse Einfluß nicht in das empfindliche Zentrum vorzudringen vermag. Es wird daher in erster Linie dort plaziert, wo sich die Angriffe erwartungsgemäß konzentrieren werden. Dies betrifft einerseits die wichtigsten Personen oder Objekte, anderseits die Pforten zu deren Innerem. So wie der eine feindliche Truppe bekämpfende militärische Scharfschütze den Führer abzuschießen versucht oder der eine Bastion stürmende Krieger vorhandene Durchlässe auszunützen trachtet, nimmt auch das »böse Auge« das wichtigste Objekt und dessen Zugänge zuerst aufs Korn. Hier haben abwehrtaktische Maßnahmen in erster Linie anzusetzen. Wahrscheinlich waren es zu allererst die natürlichen Öffnungen des erfahrungsgemäß empfindlichsten und gefährdetsten Körperteiles, nämlich des Kopfes, die der Frühmensch zur optischen Ablenkung mit Amuletten ausstattete, um sie gegen Angriff und Eindringen von Krankheitsdämonen abzusichern. Ohrringe, Nasenringe, Lippenpflöcke und wohl auch die Lippenteller aus Afrika (W. Hirschberg 1965) und Südamerika (H. Schultz 1962 e), Zufeilen der Zähne sowie alle in diesen Bereichen aufscheinenden Bemalungen und Tätowierungen sind ursprünglich zweifellos Abwehrmaßnahmen gegen unsichtbare Gefahren, die in Form von Geistern im menschlichen Denken Gestalt angenommen haben. Von etwas nicht Wahrnehmbarem kann man nur sprechen,

Abb. 24 Apotropäischer Stirnschmuck. **a** Masai mit Stirnlocke. **b** Auf der Stirn zu tragender Schneckenschmuck der Bantu (Südrhodesien).

Tafel 37, 46

Abb. 25 Juwelenbesetzte indische Turbangestecke in blickabwehrender Miribota-Form.

wenn man es personifiziert, womit der »gute« oder »böse« Geist bereits in die Welt gesetzt ist. Ein sehr spezielles Mittel gegen den »bösen Blick« ist Stirnschmuck, der mit der Vorstellung magischer Dreiäugigkeit zusammenhängt und mittels Juwelen, Münzen oder Schminkung verwirklicht wird (S. 149). Schöne Beispiele zeigt W. Hirschberg (1965) in Gestalt eines Muschelschmuckes (eigentlich Schneckenschmuckes) der südrhodesischen Bantu und einer Stirnquaste der Masai. Da es bei Blickabwehrmitteln vorwiegend auf das Darbieten von Gestaltkriterien des Auges ankommt, weswegen sie ja auch zumeist sichtbar getragen werden, kann das schützende Stirnamulett durch Haarlocken vertreten werden (S. 232). Über ihre Bedeckungsfunktion hinaus sind Stirnband, Kranz, Kopftuch, Kappe, Haube, Hut, Turban, Krone beliebte Trägerobjekte für magisch schützende Zeichen, zu deren prachtvollsten die im Sinne eines »dritten Auges« angebrachten orientalischen Turbangestecke und Agraffen zählen. Auch Kinderhauben sind im Orient oft überreich mit Amuletten benäht. Die Kopfbedeckung ermöglicht den magischen Schutz »nach oben« und gelangt dadurch in eine Funktionsverwandtschaft zum Schuh, der die gleiche Aufgabe mittels Abwehrornamentik »nach unten« ausübt. Diese Sicherung der beiden Extrempunkte des Körpers ist nach altem Volksglauben offenbar sehr wichtig (vgl. G. Jungbauer 1931 bis 1932, 1935–1936). Der Männerhut wird in doppelsinniger Wortbedeutung zum »Hüter« vor magischen Gefahren und liegt als augenhaft rundliches Objekt sehr oft auf Heiligenbildern zu Füßen der Madonna. Er erhält auch hohe Rechts- und Rangbedeutung (Ratsherrenhut, Doktorhut etc.). Kleine Nachbildungen von Hüten und Schuhen werden vielfach als Amulette benützt. Da der Mensch in seine abwehrtaktischen Maßnahmen die Haustiere miteinbezieht, gibt er auch ihnen Stirnamulette (Pferde- und Elefantengeschirre, Stirnketten für Widder etc.) oder legt auf Stirnlocken und Stirnblässen großen Wert (S. 408). Der bei speziellen Anlässen (Umzüge, Almabtrieb etc.) verwendete prunkvolle Kopfschmuck für Tiere ist ursprünglich zweifellos Schutz gegen magische Gefahren und entsteht durch Übersteigerung der Stirnamulette.

Sicherung der Gelenke

Durch Abwehrzeichen geschützt werden außerdem Gelenke, die einerseits mechanisch exponiert und daher verletzungsanfällig sind, andererseits durch rheumatische und andere Erkrankungen bedroht werden. Armbänder und Fußringe mit Amulettmotiven, aber auch funktionsanaloge Stickereien auf der Bekleidung werden dagegen eingesetzt. So sind zum Beispiel auf Socken und Strümpfen apotropäische Ornamente im Fußknöchelbereich recht häufig. Die Maoris tatauieren wichtigen Gelenken Spiralen auf. Sehr reich an magischem Gelenkschutz sind indische und viele andere orientalische Trachten. Kaftanartige Überröcke und Tuniken tragen vielfach Abwehrornamentik im Kniebereich. Die Schattenspielfigur des türkischen Karagöz (Schwarzauge) hat in der griechischen Darstellung Augenamulette als Fußknöchel (M. And 1971), die Figur eines Djinn zeigt Gesichter in der Kniegegend und Augenamulette an den Schultern. Die alten skythischen und iranischen wie auch die nordgermanischen und nordwestindianischen Tierdarstellungen sind äußerst reich an Augen oder Augensymbolen an den Gelenken. Interessanterweise berichtet A. E. Brehm (1864–1869) aus Arabien folgendes: »Man verschneidet den Reiteseln das Haar sehr sorgsam und kurz am ganzen Körper, während man es an den Schenkeln in seiner vollen Länge stehen läßt ... dort werden dann noch allerlei Figuren und Schnörkel eingeschnitten, und die Tiere erhalten dadurch ein ganz eigentümliches Aussehen ...« Offensichtlich handelt es sich dabei um apotropäische Gelenkornamentik. *Tafel 44, 45.*

Sicherung nach hinten und vorn

Besonders wichtig nimmt der Mensch, der aufgrund biologischer und ökologischer Gegebenheiten eine deutlich angeborene Furcht vor dem »Feind im Rücken« hat (S. 49), die magische Absicherung nach hinten. Diese erfolgt hauptsächlich in Rückenmitte etwa zwischen den Schulterblättern, wo man auf der Kleidung Abwehrornamente anbringt. Diesbezüglich sehr auffällig sind auch die Trachten der Wolgafinnen, von denen M. Tilke (1948) eine weibliche vorführt, deren Rückenornamentik stark an die des Idols von Kličevac erinnert *(Tafel 36 [8]).* Einige tschechoslowakische Männertrachten haben hinten herunterhängende Quasten. Ein anderer Weg sind abwehrende Quasten oder Schleifen an Kopfbedeckungen, von wo sie auf den Rücken hängen, oder entsprechende Ornamentierung des rückwärtigen Kopftuchzipfels. Vor allem Mädchen- und Frauenkopfbedeckungen zeigen rückwärts gerichtete Abwehrzeichen in Form von Bestickung, großen Maschen, Quasten oder Bändern, so zum Beispiel in Hessen (W. Lücking und M. Hain 1959), der Lausitz (J. Meschgang 1957, M. Nowak-Neumann und P. Nedo 1954, M. Nowak-Neumann 1964, E. Schneider 1959) und Thüringen (A. Kretschmer ohne Jahreszahl). Sehr häufig trägt man Bänder, Maschen und Münzen am hinten herunterhängenden Haar, das oft zum apotropäischen Zopf geflochten ist. Hierher gehören auch die bis in napoleonische Zeit hinein vorgeschriebenen militärischen Zöpfe (E. Klessmann 1966, P. Martin 1963, O. Teuber und R. v. Ottenfeld 1895), die gar nicht immer echt, sondern oft aus Fremdhaar, Luntenschnur oder Holz nachgemacht und am Hinterkopf, Hut oder Kragen befestigt waren. Die spanischen Matadore jüngerer Zeit lassen sich zwar nicht mehr wie früher das Haar zum traditionellen Zöpfchen wachsen, stecken sich aber ein falsches an (E. Hemingway 1967). Das britische Regiment »Royal Welsh Fusiliers« trägt noch heute am Hinterkragen die ehemalige Zopfmasche in vereinfachter Form als kleines Relikt. Daraus läßt sich auf die ehemals hohe Bedeutung der Masche schließen, die in diesem speziellen Fall trotz Zopfverbotes beibehalten wurde. *Tafel 34 (8).*

Abb. 26 Gelenkornamentik bei Menschen. **a** Polnischer Hetmann (11. Jh.) mit Gesichtern an Schultern und Knien. **b** Florida-Indianer mit Augenornamenten an Schultern und Brust.

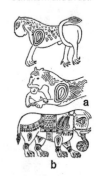

Abb. 27 Gelenkornamentik bei Tieren. **a** Tierfiguren im Schloß Tirol bei Meran (12. Jh). **b** Elefant auf byzantinischem Stoff, (11. Jh.).

Abb. 28 Magischer Rückwärtsschutz. **a** Zopfbehang bei den Mokschamordwinen (Wolgafinnen). **b** Haubenmasche aus Thüringen.

Tafel 34–36

Tafel 43 (11–14)

Abwehrzeichen auf dem Rücken können einerseits die ganze Fläche bedecken wie auf vielen Trachten oder den persischen Krönungsmänteln, anderseits aber auch ganz unscheinbar sein. So findet sich auf türkischen Kostümen zwischen den Schulterblättern oft ein winziger Spiegel. An gleicher Stelle versieht man Kinder mit kleinen Amuletten. In Jugoslawien tragen mancherorts die Männer isolierter christlicher Bevölkerungsgruppen auf dem ansonsten völlig schmucklosen weißen Hemd in Schultermitte ein kleines Kreuzzeichen, aber auch ähnlich wirkende Dreisproßsymbole. Fast zwangsläufig denkt man an das von Kriemhild aufgestickte Kreuz Siegfrieds, das dem Helden zum Verhängnis wird. Wahrscheinlich ist die gesamte Episode mit Drachenblut, Lindenblatt und tödlichem Speerstoß nur ein verhüllter Rat, die alten magischen Schutzzeichen, in diesem Fall die im Lindenblatt symbolisierte Herzform, beizubehalten und nicht durch das christliche Kreuz zu ersetzen (S. 323). In der unterrheinischen Heimat Siegfrieds sind Herz- und Miribota-Motive, vielfach mit blauen Steinen kombiniert, auf den Rückenpartien von Trachten häufig. Siegfried wird ja auch von dem durchaus heidnischen Hagen durch Speerwurf in das Kreuzzeichen getötet. Im Zusammenhang mit Rückwärtsschutz sei der im Schulterbereich plötzlich auftretende »Hexenschuß« erwähnt, durch den die Vorstellung einer von hinten kommenden magischen Schadenswirkung gestützt wird (vgl. O. Basler 1935–1936). Auch Zugpferde tragen sehr oft dementsprechend orientierte Amulette, in der Türkei zumeist am Kruppengeschirr, bei uns auf der Rückfront des Kummets. Wagen, speziell Personen befördernde wie zum Beispiel die noch heute gebräuchlichen türkischen Mietkutschen, haben Abwehrzeichen an der Rückwand. Die alten königlich bayerischen Wagen im Schloß Nymphenburg (Deutschland) sind hinten reich mit apotropäischen Quasten behangen. Am wichtigsten wird magischer Rückwärtsschutz bei öffentlichen Veranstaltungen, die, wie S. 137 ff. näher erläutert, böse Geister und Neid in besonderem Maß herausfordern. Beim Gasteiner Perchtenzug (vgl. H. v. Zinnburg 1947) erhalten die Träger der sogenannten Schönperchtenkappen Augenornamente mit Quasten aus Posamentierschnur in Rückenmitte an das Gewand genäht. Rückenquasten gibt es auch auf katholischen Meßgewändern. Der spanische Matador trägt auf jedem Schulterblatt eine Quaste.

Ein weiterer Anbringungsort für Abwehrzeichen ist die Brust, wofür unter anderem chinesische Wächterfiguren, manche spanischen Männertrachten, alte türkische Uniformen oder die Filzmäntel der anatolischen Hirten typische Beispiele liefern. Die meist braunen Bauernmäntel Kretas zeigen auf der Brust zwei große blaue Kreisflächen.

Absicherung von Objekten und Gebäuden

Nach gleichen Gesichtspunkten wie Personen, Haustiere und Fahrzeuge werden in allen Kulturen auch Mobiliar, Geschirr, Eßbesteck, Spinnwirtel, Musikinstrumente, Waffen und sonstiges Gerät mit Schutzzeichen versehen. Ebenso Gebäude verschiedenster Bestimmungszwecke, bei denen sich die Symbole an exponierten Stellen wie Türen, Fenstern und Giebeln konzentrieren, wo sie das Auge des Ankömmlings fesseln und den Hausbewohnern gestatten, ihn anzublicken, bevor sie selbst gesehen werden. Gerade dies drückt ja auch die S. 82 wiedergegebene Geschichte vom Ursprung der Maori-Schnitzkunst aus. Sehr oft sind blickbindende Abwehrzeichen von mitunter elementarster Stilisierungsform neben Türen in Augenhöhe angebracht. J. H. Hagen (1967) macht dazu in seiner Arbeit »Spitzovale Motive an den Tierskulpturen von Schloß Tirol«, allerdings nicht wissend, daß es sich dabei um Augensymbole handelt, folgende Bemerkung: »Zu den vielen Rätseln, die uns die Bildwerke des Schlosses Tirol aufgeben, gehören auch jene auffälligen mandelförmigen Zeichen, die an zahlreichen Tierplastiken zu sehen sind. Unter ihnen ziehen nach Angaben des Kastellans besonders die großflächigen Muster an der rechten Seite des Kapellenportals immer wieder das Interesse der Besucher auf sich. Und in der Tat ist es erstaunlich, welch zwingenden Blickfang z. B. die in Augenhöhe des Beschauers liegenden Spitzeiformen des mittleren Tierwesens ausgehen lassen...« Verwandte Augensymbole finden sich bei sehr vielen Türen und Toren, doch werden sie für gewöhnlich als sogenannte »Sonnensymbole« gedeutet. Abb. 52 (S. 224).

Während mobile Gegenstände nur mit leichten, die Handlichkeit nicht beeinträchtigenden Abwehrzeichen versehen werden können, unterliegt das an Gebäuden deponierte Schutzzeichen kaum funktionsbedingten Einschränkungen und hat daher einen großen Luxurierungsspielraum. So kommt es, daß hier mannigfachste Formen entstehen, angefangen von den bäuerlichen gekreuzten Pferdeköpfen als Giebelzeichen (R. Wolfram 1968) bis hinauf zu den kunstvoll in Marmor gemeißelten Säulenkapitellen, Atlanten, Karyatiden, Akroterien oder sonstigen Motiven der Hocharchitektur, die im Grunde nichts anderes sind als um das einfache schützende Abwehrauge herumgewachsene Gestalten und Szenerien unterschiedlichster Sinngehalte. Noch um die Jahrhundertwende wurde nach traditionellen, wenngleich längst sinnentleerten magischen Regeln an jedem größeren Wohn-, Amts-, Wehr- und Sakralgebäude solches Figurenwerk bei Türen und Fenstern angebracht. Ein weiteres beliebtes Dekorationselement an Gebäuden sind rundumführende Bandornamente. Bekanntlich sind Kreis, Kreisbewegung und Umkreisen eines Ortes von hoher magischer Bedeutung, es sei nur etwa an das meist im Frühling stattfindende »Pflugziehen«, also das Herumführen eines Pfluges um den dörflichen Ackerbereich zum Zweck der Abwehr und an die damit verbundene »heilige Furche« erinnert (vgl. K. Heckscher 1930 bis 1931, 1935–1936). Auch Umtanzen oder Umschreiten haben eine magisch sperrende, dämonenabwehrende Wirkung (vgl. E. Weinkopf 1936 bis 1937). Diese Einstellung dürfte wohl beim Entstehen der Friesbänder

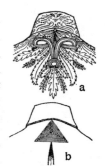

Abb. 29 Magischer Rückwärtsschutz. a Augenhaftes Rückenornament auf der Friedensuniform eines türkischen Sultans (Jahrhundertwende). b Feldmantel eines türkischen Sultans (Erster Weltkrieg) mit übergroßer, das Abwehrzeichen vertretender »Schneiderfliege«.

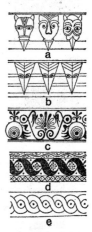

Abb. 30 Friesbänder an Gebäuden. a+b Anglo-normannische Schnabelkopffriese. c Dorischer Tempelfries. d Laufender Hund (bäuerlich, um 1820). e Laufender Hund (phönikische Elfenbeinschnitzerei).

mitgesprochen haben, die durch endlose Aneinanderreihung einzelner Abwehrzeichen gebildet werden. Eines davon heißt »Laufender Hund«, worin durch Verbindung des Einkreisens mit dem schon an und für sich dämonenabweisenden Hund (vgl. H. Güntert 1931–1932) der Schutzgedanke klar zum Ausdruck gebracht wird. Mäander, Kugel- und Rautenfries, Eierstab, Bukranienfries und die verschiedenen Blattwerkfriese sind weitere Beispiele für aus einzelnen Abwehrsymbolen zusammengesetzte Streifenornamente (vgl. H. Koepf 1968). Beweisend für die Abwehr- und Schutzbedeutung solcher linear umschließender Ornamentbänder ist jene aus Hufeisen geschmiedete Kette, die gleich einem Fries die St.-Leonhards-Kirche in Brixen (Südtirol) umspannt (vgl. F. Haider 1968). *Tafel 52, 58, 59.*

Vermassung von Abwehrornamenten

Die wesentliche Tendenz innerhalb jeglicher Abwehrtaktik, Personen und Objekte um so intensiver zu schützen, je größer deren Wichtigkeit und daher auch Gefährdung ist, äußert sich im magischen Bereich durch Summierung der Abwehrsymbole. Häuptlinge und Schamanen tragen mehr Abwehrzeichen als gewöhnliche Stammesgenossen, bäuerliche Speichergebäude mehr als kleine Schuppen, Vorratsgefäße mehr als gewöhnliche Schüsseln. Dies ist ein logischer Vorgang prophylaktischen Imponierens und Steigerns der Wehrhaftigkeit. So wird es verständlich, daß etwa eine Dorfkirche, gleichermaßen seelische Hilfsstelle für die Mitglieder der Gemeinschaft, festgemauerte Wehranlage gegen feindliche Horden, Aufbewahrungsort für privaten Besitz bei Bränden und Zufluchtstätte überhaupt, der solidesten Bauweise und zugleich besten Ausstattung mit schützenden Symbolen bedarf. Daß man bestrebt ist, diese ständig zu vermehren und dem Altüberkommenen Neues, Persönliches aufzusetzen, mag dann im Endeffekt den Eindruck allzu weltlichen, die Vorherrschaft der Geistlichkeit gegenüber der Bevölkerung demonstrierenden Prunkes erwecken. Gewiß spielte auch diese Komponente eine Rolle, doch erst als späteres Nebenprodukt des elementaren Wunsches nach möglichst wirkungsvollem Schutz. Die Anhäufung sehr vieler Symbole führt mit der Zeit zu einer Überladung, die für das Auge letztlich nur noch einen homogenen Hintergrund ohne gravierende Zentren abgibt. Die Ansammlung vieler Augensymbole, ganz gleich welcher Stilisierungsform, geht zu Lasten ihres Blickfangeffektes, wie überhaupt der Individualcharakter von Ornamenten in der Vermassung stark zurückgeht. Stellt man etwa reichverzierte Produkte norwegischer Volkskunst funktional entsprechenden Erzeugnissen aus Oberösterreich oder aber rumänischem Dekor an Gebrauchsgegenständen, Möbeln und Bauernhäusern gegenüber, so erhält man zunächst einen überraschend einheitlichen Eindruck, der erst bei genauerer Betrachtung der Detailornamente verschwindet (vgl. R. Havgild 1965, M. Kislinger 1963, Volkskunstmuseum 1955). Ein sizilianischer Karren beispielsweise ist so

Abb. 31 Vermassung von Augensymbolen zum Flächenornament.
a Tor eines chinesischen Geisterhauses. **b** Dekor eines türkischen Zeltes.
c Türdekor aus Schleswig-Holstein.

mit bunten Szenerien und magischen Schutzzeichen überladen, daß eine
fast stoffmusterartige Flächenfüllung entsteht. In solchen Fällen wird *Tafel 54, 55*
wiederum ein gesondertes, einfaches und persönlich getöntes Amulett an
geeignetem Platz deponiert. Ähnliches geschieht in Sakralgebäuden, wo
dann mitunter vor einem prunkvollen Altar ein schlichter Gegenstand
als neuer Akzent in den Blickpunkt gebracht wird, der dann abermals in
den ornamental verflachenden Hintergrund absinken und von neuen
Vordergrundobjekten abgelöst werden kann. Hierher gehört auch der
versteinerte apotropäische Quasten- und Girlandenbehang vieler antiker
Bauwerke (S. 281 f.), vor denen dann neue Wächtersymbole aufgebaut
und fallweise wiederum mit Amuletten versehen werden. In zwar zeitbe-
zogen abgewandelter, im Grunde aber völlig analoger Weise begegnet
uns dieses Prinzip etwa vor dem riesigen, mit apotropäischem Dekor
überreich ausgestatteten Tor des Dolmabahçe-Palastes in Istanbul, wo
ein davor aufgestellter Wachtposten als prophylaktisch drohender, Gefahren auffangender taktischer Faktor neuester Prägung figuriert. Der *Tafel 53*
ahnungslose Betrachter mag einen bescheidenen frischen Kranz vor
einem prunküberladenen Denkmal für den Ausdruck der Unterwürfig-
keit, Unterdrückung, der Demut des Armen vor dem Reichen halten.
Solche ideologischen Sekundärauslegungen liegen nahe, doch treffen sie
nicht den Kern. Am Anfang steht der kleine, Gefahren abwehrende
Kranz. Durch versteinernde Ritualisierung und Institutionalisierung
wird er zum Denkmal, und erst aus den wieder und wieder aus gleichen
Emotionen hingelegten Attributen wächst dann der machtausübende
Prunk. Wer Schutz sucht, akzeptiert die Macht, wer Schutz bietet, übt
Macht aus. Diese beiden Prinzipien sind untrennbar verbunden. Der
berühmte »Gesslerhut« ist bei aller Herrschaftsdemonstration im Grun-
de der das Land magisch »behütende« Hut, mit dem der Landvogt das
Land unter seine »Hut« nimmt.

Entschärfen im Internbereich

Aus der Tatsache, daß ein Augenamulett gewissermaßen eine Waffe
ist, als die es in magischem Zusammenhang auch ganz bewußt eingesetzt wird, ergeben sich bestimmte gruppeninterne Konsequenzen. Waffen richten sich auf den Feind, daher ist Umgang mit ihnen im Freundeskreis stets einer Reihe von Ritualen und Tabus unterworfen (vgl.
O. Koenig 1970). Hierher gehören das Ablegen von Waffen vor Betreten
der Räume eines Gastgebers, demonstratives Umdrehen zum Beispiel
von Speeren, die man mit der Spitze in den Boden steckt, die jägerische
Anstandsregel, selbst ungeladene Büchsen nicht auf Personen zu richten, das Präsentieren des Gewehrs gegenüber Vorgesetzten und anderes
(vgl. O. Koenig 1970). Das bekannte Salutschießen zu Ehren eines Be-
suches entsteht aus dem Erfordernis, ihm das Entladen der Waffen überzeugend mitzuteilen. Dies wird auch durch Abfeuern aller Schiffsge-
schütze vor dem Anlaufen eines Hafens ausgedrückt, was früher, als

das Nachladen der Kanonen einige Zeit in Anspruch nahm, eine gewisse Garantie für friedliche Absichten bot.

Jede Handwaffe kann weggelegt oder in einer den Angriff ausschließenden Weise entschärft werden. Abwehraugen, die auf Gebrauchsgegenständen, Mobiliar oder Zimmerwänden fest montiert sind, zielen aber permanent, und zwar auf Feind, Freund und Eigentümer gleichermaßen. Daß sogar im Familienbereich mit dem »Kobold Auge« nicht zu spaßen ist, zeigt sich in der S. 124 erwähnten Anschauung, wonach auch der liebende Mutterblick das Kind in Gefahr bringt. Wie S. 105 dargestellt, werden auch von magischer Faszinationsangst unbelastete Menschen durch Dauerkonfrontation mit Augenornamenten neurotisiert. Noch mehr muß dies bei solchen der Fall sein, die den »bösen Blick« ernsthaft fürchten. Vielleicht entstand aus dieser Empfindlichkeit gegenüber dem Augenmotiv die Sitte, sich im engen Freundeskreis mit Schmuck, der ja generell Amulettcharakter hat, nicht allzusehr herauszuputzen, was jedoch bei festlichen, also magisch exponierenden Gelegenheiten durchaus zulässig ist. Das Scherzwort »Schlachtschiff« für eine mit Schmuck überladene Frau kennzeichnet recht deutlich den aggressiven Charakter auffälliger Pretiosen. Selbstverständlich steht heute beim Sichschmücken vielfach die statusgerechte Besitzdemonstration an erster Stelle. Wie manches andere Sittengebot mögen aber auch die ungeschriebenen Regeln für das Anlegen von Schmuck in altem magischem Gedankengut ihren Ursprung haben.

Tafel 33

In einer Atmosphäre extremer Blickfurcht kann die verständliche Tendenz entstehen, Abwehrzeichen im internen Gruppenbereich durch Verniedlichung, Verschlüsselung oder Vertarnung zu entschärfen und sie in unverfänglichere Gestalten umzuwandeln. Ähnlich wie bei der imponierenden Vervielfachung von Symbolen tritt die Signalwirkung zugunsten reicher, auf Entfernung ruhig wirkender Strukturen zurück, die dann nicht mehr aufgrund grob plakativer Effekte, sondern dank ihrem geheimen Sinngehalt als schutz- und heilbringend gelten. Wie bei Imponiervermassung kann es auch hier zum Einsatz neuer, wiederum semantisch gestalteter Zusatzzeichen kommen, woraus nicht selten eine ornamentale Mehrschichtigkeit erwächst, deren Formen einer schier uferlosen Phantasie zu entstammen scheinen, in Wahrheit aber doch alle in gleichen Grundmotiven wurzeln. Am besten zeigen dies illustrierte Werke wie etwa die Ornamentenbücher von H. Th. Bossert (1959, 1962), die älteren Mappenausgaben über Völkerschmuck von M. Haberlandt (1906) und über ruthenische Hausornamentik von L. Wierzbicki (1880–1883), das von H. Harrer (1969) zusammengetragene Material über Geister und Dämonen und andere Bildbände, in denen sich Aufbau, Anbringung, Zweckbestimmung wie auch Vermassung und Entschärfung der Abwehrornamentik so übereinstimmend darbieten, daß an der einheitlichen Orientierung des Menschen und den daraus resultierenden kulturellen Gesetzlichkeiten nicht gezweifelt werden kann.

Verlebendigung und Personifizierung von Abwehrzeichen

Die magische Kampfweise des Menschen wird nicht allein durch Schaffung und Verwendung von Abwehrmitteln realisiert, sondern ähnlich der soldatisch-militärischen Taktik (vgl. A. G. Basanow 1963, A. Jurziczka 1836, P. Kittel ohne Jahreszahl, Mao Tse-tung 1969) durch erzählende Abbildungen, Gedichte, Geschichten und Traktätchen untermauert. So werden aus Abwehraugen Gesichter und ganze Figuren (vgl. A. P. Okladnikow 1974). Zu den interessantesten Beispielen des magischen Bereiches zählt die antike Polyphemsage. Der menschenfressende und allerlei Böses anrichtende Riese entstammt dem Geschlecht der Kyklopen, die für Zeus Blitze und Donnerkeile, also Requisiten für Fern- und Schadenzauber herstellen und nur ein einziges, großes rundes Auge haben. Der kraft seiner Lichtentfaltung blickhafte Blitz steht zum »bösen Auge« in enger Beziehung und wird auch mit einer Reihe von Blickabwehrmitteln bekämpft. Bekanntlich erblindet Polyphem durch einen Pfahl, den ihm Odysseus ins Auge stößt, und verliert dadurch seine

Abb. 32 Vom »bösen Auge« zu Polyphem. **a** Römisches Mosaik. **b** Amulett aus Herculaneum. **c** Griechische Vase mit Figurenszene »Blendung des Polyphem«. **d** Detail der Rückseite von c.

Macht. Nun finden wir auf antiken Mosaiken, Gefäßen und Amuletten mitunter ein »böses Auge« von oft rundlicher Gestalt, gegen das alle möglichen Abwehrtiere und Symbolzeichen vordringen, unter ihnen fast regelmäßig ein zugespitzter, das Auge treffender Pfahl. Andere Versionen bringen nur das Rundauge mit dem zustoßenden Balken. Infolge der hochgradigen Empfindlichkeit des Auges, die auch aus den angeborenen Schutzreflexen hervorgeht, wirkt diese Darstellung überaus unangenehm und brutal. Durch den vorhin erwähnten Trend zur Luxurierung und »Entschärfung« plakativer Augenmotive entstehen Varianten, wo der Balken von einem oder von zwei Männern gestoßen wird und um das Auge eine etwas geisterhaft grobe Gestalt erscheint. Der Pfahl zielt nun nicht mehr gegen das Auge, sondern gegen den Mann, und schon ist der Grundstein zu jener Erzählung gelegt, wo ein fahrender Held namens Odysseus nach listenreicher Überwindung zahlreicher Gefahren den Kyklopen durch Blendung mit einem glühenden Balken besiegt. Daß Polyphem vorher etliche Gefährten des Odysseus verzehrt, womit sich die Sage als Menschenfressergeschichte ausweist (H. Hunger 1959), entspricht den antiken Anschauungen von der Kraft des »bösen Auges«, das Menschen tötet und Städte und Länder entvölkert. Auf manchen Amuletten sieht man den Balken durch einen Phallus vertreten, der an sich apotropäisch ist und nach dem Grundsatz, Böses durch Humor und Obszönität zu entmachten (S. 316 f.), auch oft in bewußt komisch-unanständiger Weise eingesetzt wird.

Die Gedankenverbindung Pfahl-Auge findet sich übrigens bereits im »Evangelium nach Matthäus« 7, Vers 3, wo es heißt:

»Was siehst du aber den Splitter im Auge deines Bruders, doch den Balken in deinem Auge nimmst du nicht wahr?« (Bibel 1968).

Zunächst muß dieses Gleichnis erstaunen, denn schließlich steckt man sich Splitter oder Balken nicht aus Hoffart ins Auge, sie geraten höchstens durch einen Unglücksfall hinein. Bringt man das Ganze aber zum »bösen Auge« in bezug, wird die Verwendung von »Splitter« und »Balken« als Metaphern für »kleine« und »große Übeltaten« sofort verständlich.

Handgestik

Die bisherige Beschreibung magischer Waffen bezog sich auf prophylaktisch vorgefertigte, den gefährdeten Objekten respektive deren empfindlichsten Regionen gewissermaßen »schußbereit« aufmontierte Zeichen. Es kann aber geschehen, daß ein Mensch plötzlich mit Gefahren konfrontiert wird, gegen die er nicht gerüstet ist. Für solche Fälle hat er ein taktisches Mittel in Gestalt seiner vielseitigen Hand, die nicht nur Zupack-, Schlag-, Wurfgerät und durch teils angeborene Gestik ein wichtiges Verständigungsmittel ist, sondern sich dank der beweglichen Finger auch hervorragend gut zur Nachahmung der magischen Schutzzeichen eignet. Schon die offene Hand, zweifellos angeborene Freundlichkeitsgeste (O. Koenig 1962 a), gilt als abwehrend und wird in diesem Sinn auch weltweit in der Ornamentik verwendet.

Die bekanntesten Spezialgesten gegen den »bösen Blick« sind die *mano fica* (Feigenhand) und die *mano cornuta* (Hörnerhand), die im Mittelmeerraum, vor allem in Süditalien und Sizilien, nach wie vor zur Anwendung kommen. Die Fica soll eine den Koitus symbolisierende Gebärde sein und gilt wie andere sexuelle Zeichen als gutes Ablenk- und Schutzmittel gegen den »bösen Blick«. Weiter gilt der bewegliche, den übrigen Fingern opponierbare Daumen vielfach als »Kobold«, der festgehalten werden muß oder gegen eine Gefahr gerichtet werden kann. Die Regel vom Böses verhindernden »Daumenhalten« bezieht sich wohl auf die Fica respektive das Festhalten des Daumens. Da die Gebärde aber in die Gestaltregeln der Augensymbolik hineinpaßt, darf man wohl annehmen, daß sie nach Art der meisten Blickabwehrmittel primär ein Abwehrauge ist. Um Gesprächspartner nicht zu beleidigen, pflegten Gebildete die Geste unter dem Mantel zu machen. König Ferdinand I. von Neapel steckte in der Öffentlichkeit von Zeit zu Zeit die Hand in die Hosentasche, um gegen etwaige »böse Blicke« die Fica zu formen. Ebenso verfuhr König Viktor Emanuel in der Schlacht bei Solferino (S. Seligmann 1910). Fast möchte ich glauben, daß die berühmte »Napoleonsgeste« mit der Hand im Westen- oder Rockverschluß eine getarnte Fica war, die der Kaiser, zeitgenössischen Aussagen zufolge »abergläubisch wie ein Spittelweib«, mangels Taschen in den engen Culottes eben auf diese Weise realisierte. Dafür spricht auch, daß man ihm die Pose nicht überall, sondern hauptsächlich auf Darstellungen von schwerwiegenden oder gefährlichen, also magisch heiklen Situationen verlieh. Erwähnt seien etwa die bei D. Chandler (1973) dargestellten Gemälde »Napoleon auf einem Maultier bei der Überquerung des St. Bernhard-Passes« von P. Delaroche, »Napoleon empfängt die Senatsdelegierten im Schloß zu Berlin« von R.-Th. Berthon oder »Die Schlacht um Frankreich« von E. Meissonnier, wo er jeweils in der typischen Art die Hand verbirgt. Interessanterweise macht auch das vor rund zweitausend Jahren mit verbundenen Augen im Moor hingerichtete Mädchen von Windeby (P. V. Glob 1968) mit der rechten Hand die Feige.

Die Cornuta wird im zentralen Mittelmeerraum vorwiegend mit Zeigefinger und kleinem Finger, in Calabrien mit Daumen und Zeigefinger, in Griechenland und im Orient mit Zeige- und Mittelfinger gemacht und hat wie das Tiergehörn Augenbedeutung (S. 409). Auch der ausgestreckte Zeigefinger oder der bei Griechen und Römern als außerordentlich obszön und »schamlos« geltende Mittelfinger werden gegen den »bösen Blick« gerichtet. Weitere Abwehrgesten sind die *mano pantea* (Gottes- oder Schwurhand) mit hochgestelltem Daumen, Zeige- und Mittelfinger sowie der durch Berührung von Daumen und Zeigefinger gebildete, sehr deutlich als Abwehrauge gemeinte Kreis, der übrigens oft zur Unterstreichung des Wortes »ausgezeichnet« oder »prima« verwendet wird, was vielleicht ursprünglich ebenfalls magisch bedingt war. Die beschriebenen Gesten findet man auf Heiligen- und Herrscherbildern verschiedenster Kulturkreise und Epochen und im Amulettwesen oft reali-

Tafel 61

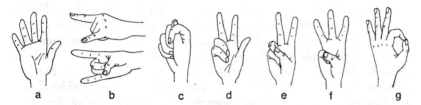

Abb. 33 Apotropäische Handgestik. **a** Offene »Grußhand«. **b** Cornuta. **c** Fica. **d** Gottes- oder Schwurhand. **e** Schwurhand mit »Hasenohren«. **f** Dreisproßhand. **g** Den »Augenkreis mit Wimpern« formende Hand.

siert. Mitunter sind bei sizilianischen Karren die Enden von Pflöcken und Stangen als Abwehrhände geschnitzt. Mit apotropäischer Handgestik hängen die noch heute gültigen Anstandsregeln zusammen, auf Menschen nicht mit dem Finger zu zeigen und die Hände nicht in Hosentaschen oder unter Tischplatten zu verbergen, damit die Beeinflussung von Personen durch versteckte magische Zeichen verhindert werde. Hierher gehören auch das verbotene Überkreuzen der Füße in Gesellschaft unter dem Tisch oder beim Schwur, das verpönte kreuzweise Händegeben beim Begrüßen und der daraus folgernde Ausspruch »etwas durchkreuzen« im Sinne von verhindern. So wie Abwehrobjekte oft zu funktions- und personbezogenen Amts- und Würdezeichen aufrücken, es sei etwa an Kranz, Krone, Ring, Schlüssel und ähnliches erinnert, wird die Handgeste zur ikonographischen Signatur für bestimmte Gestalten, Mitteilungen und Begebnisse.

Abwehrzeichen als »Handwaffe«

Eine Kombination von Objekt und Gestik ist das in der Hand gehaltene Amulett. Schon sehr früh hat sich die hominide Greifhand mit Gegenständen befaßt und sie als Werkzeug benützt, ja es scheint, als habe der Mensch eine Spontanbeziehung zu handlichen Wurfsteinen und wesensverwandten Objekten entwickelt (S. 431 f.). Ähnlich ist es mit Stöcken, die »gut in der Hand liegen« und dadurch ein gewisses Sicherheitsgefühl vermitteln. Bereits Schimpansen ergreifen bei Gefahr einen Stock als Waffe oder reißen bei Imponierveranstaltungen Äste ab, um damit herumzuschlagen (A. Kortlandt und M. Kooij 1963, J. v. Lawick-Goodall 1971). Beim Menschen wurde der Stab zum universellen Vielzweckgerät, das alsbald auch magische Schutzzeichen bekam und in vielen Fällen zum eigenständigen Amulett und Rangabzeichen wurde. So baute man den Stab in das Rechtsbrauchtum ein, wo er gleich der ihn tragenden Hand magische und juridische Kraft verkörpert. Beim bayerischen Militär hieß die Fahneneidformel »Stabung« (W. Transfeldt 1942, W. Transfeldt und K. H. v. Brand 1967), weil früher mit der Hand am Richterstab geschworen wurde. Das haptische Erlebnis des »Begreifens« dürfte eine beruhigende, stärkende Wirkung ausüben. Erwähnenswert sind weiter die zur englischen Ausgehuniform vorgeschriebenen kurzen Bambusstäbchen, die angeblich verhindern sollen, daß die Soldaten ihre Hände in den Hosentaschen tragen. Das ist aber sicher eine Sekundärerklärung wie jene für die »Bärentatzen« bei der königlich-ungarischen Armee (S. 194). Tatsächlich wirkt das Tragen eines Stockes oder ähnlichen Objektes entspannend und hebt Selbstgefühl und Haltung. Auch symbolisches Berühren der Fahne oder des Schwertes fällt in diesen Bereich. Brechen des Stabes über einem zum Tode Verurteilten entkleidet diesen des Schutzes, Zerbrechen des gegnerischen Degens symbolisiert Entwaffnung. Die hohe Bedeutung selbst gewöhnlicher Gebrauchsstäbe geht aus deren Kombination mit Schutzsymbolen hervor. Ein bei

H. Freudenthal (1963) wiedergegebener Kupferstich von Christopher Suhr zeigt eine Puten treibende Bäuerin aus der Hamburger Gegend, die in der Rechten die Gerte zum Lenken der Tiere, in der Linken einen Stock mit aufsitzendem Dreisproß aus kleinen Blättern trägt. A. David-Neel (1931) bringt S. 240 einen tibetischen Raspa-Meister bei Ausübung des äußerst schwierigen »Tumo«, bei dem es sich im wesentlichen darum handelt, bei Minustemperaturen den nackten Körper durch geistige Konzentration warm zu halten. Der Lama steht neben seinem aufgepflanzten Stab, der oben in einem Dreisproß endet.

Tafel 41 (14)

Ritualisierungsformen des Stabes sind die im weltlichen Herrscher- und vor allem ostkirchlichen Liturgiebrauchtum verbreiteten, oft reichverzierten Zepter (vgl. A. Kretschmer und K. Rohrbach 1956, E. Trenkl 1962). Auch die Stäbe von Bischöfen und Marschällen gehören hierher und sind im Prinzip jenen der bäuerlichen Hochzeitslader, Handwerksburschen und Narren vergleichbar. Spirale, Dreisproß, Kugel, Abwehrhand, Kopf, gewundene Schlange, Kranz, Augenschleife und andere abwehrende Symbole werden auf Stäben angebracht. Ein Würdezeichen mit sehr deutlichem Amulettcharakter ist das alte ungarische Königszepter, aus einem Haltestab mit Kugelkopf bestehend, von dem an Kettchen mehrere kleine Kugeln herabhängen. Von analogem Aussehen ist ein im Hamburger Museum für Völkerkunde ausgestellter, zur Seligmann-Sammlung von Amuletten gegen den »bösen Blick« zählender Derwischstab, der wiederum manchen Stäben von Mekkapilgern gleicht. An das ungarische Zepter erinnert aber auch eine bei H. Kaut (1961) abgebildete alte silberne Kinderrodel aus Wien, die noch heute in Indien gebräuchlichen Modellen entspricht. Ähnlich konstruiert sind türkische Schellenbäume, manche Metallaufsätze von Pferdegeschirren und viele rezente Auto-Amulette. In der Formverwandtschaft dieser so verschiedenartigen Gegenstände erweist sich sehr deutlich die einheitliche Aufgabe, den Träger gegen Dämonen und den »bösen Blick« zu schützen. Obwohl die Spanne etwa zwischen der winzigen, von Babyhänden gehaltenen Kinderrodel und dem riesigen, der Janitscharenkapelle vorangetragenen Schellenbaum vorerst sehr groß erscheinen mag, tritt bei genauer Betrachtung der Objekte der gemeinsame Bauplan klar hervor. Die modernen Glücksbringer solcher Art sind wahrscheinlich zum Teil sinnentleert und nur auf Traditionswegen den alten Gestaltregeln treu geblieben. Da diese Ornamentik aber aus dem einfachen Ansprechen auf die Augengestalt entsteht, können die Formen auch jederzeit neu erfunden und in althergebrachter Weise weiterentwickelt und gewandelt werden. *Tafel 40 (7–9), Tafel 42.*

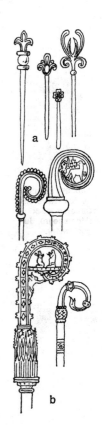

Abb. 34 Herrschaftsstäbe mit Abwehrsymbolen. a Königszepter (9.–11.Jh). b Bischofstäbe (12.–14. Jh.).

Abwehrzeichen im Gruppenschutz

Wie schon S. 118 erwähnt, setzt die magische Gefahr dort ein, wo etwas Besonderes geschieht. So sind Festtrachten im Vergleich zu Alltagstrachten nicht nur »schöner« und »besser« hinsichtlich Material und

Ausführung, sondern auch reicher mit Abwehrzeichen ausgestattet (vgl. F. Hottenroth 1923, V. Kličkova 1963, O. Kulchitska 1959, M. G. Veleva und E. Lepachova 1961). Frauenschmuck wird bei festlichen Anlässen in viel stärkerem Maß verwendet als im Alltagsleben. Die verbreitete Meinung, Frauen seien eben »eitler« als Männer, ist sicher unzutreffend, da die stärkere Imponiertendenz naturgemäß beim Mann liegt, der ja auch, wie die alten Uniformen zeigen, wahrscheinlich viel mehr zur Buntheit neigt als die Frau (O. Koenig 1970). Bei den Schmuckgewohnheiten stehen magische Vorstellungen, nach denen die Frau als physisch schwächerer, zugleich aber die kostbare Nachkommenschaft garantierender Teil speziellen Schutzes bedarf, deutlich im Vordergrund. Am meisten herausgeputzt wird die Frau, wenn sie am auffälligsten ins Zentrum sozialen Geschehens rückt, nämlich im Moment der Hochzeit, wo ihr mancherorts in Gestalt der Brautkronen so viel »Schmuck« aufgelastet wird, daß sie ihn kaum noch tragen kann. Dasselbe Prinzip vermehrter »Abwehrwaffen« in Sondersituationen sehen wir, wenn auch in anderer Detailgestaltung, bei den Perchtenkappen, diversen kriegerischen Kopfbedeckungen, dem bekannten Rekrutenschmuck und auch dem Kopfschmuck der Kühe beim Almabtrieb (S. 126).

Abb. 35 Brautkrone aus schwerem Silberschmuck (Montenegro, Jugoslawien).

Schon Schimpansen und Gorillas zeigen eine ausgeprägte Tendenz zum gemeinsamen Dahinziehen, wobei mitunter sogar der jeweils Hinterdreingehende dem »Vordermann« die Hände auf die Schultern legt (G. B. Schaller 1964). Für ein in strukturiertem Gelände lebendes soziales Wesen kann dies im Dienste des Gruppenzusammenhaltes sehr wichtig sein. Spitzmausjunge folgen der Mutter, sich hintereinander an den Schwänzen mit den Zähnen festhaltend, in einer Karawane (H.-M. Zippelius 1957). Aber auch steppenlebende Tiere wie manche Antilopen wandern oft im Reihengang (A. Schmied 1973). Sehr ausgeprägt ist diese Verhaltensweise beim Menschen, der sie nicht nur bei Feind- und Jagdstreifzügen, sondern auch im internen Sozialbereich zur Bildung von Prozessionen, Umzügen und Aufmärschen verwendet. Da nun solche Formationen auffälliger und somit bösen Mächten mehr ausgesetzt sind als die ungeordnet verstreute Menge, müssen sie, nicht anders als in der militärischen Taktik, durch Vor-, Seiten- und Nachhut gesichert werden. Im Prinzip nimmt man dafür die gleichen Amulette, die der Einzelmensch benützt, aber in größerer Zahl und auffälligerer Form. Was für den wandernden Derwisch der Stab, ist für die Lungauer Fronleichnamsprozession dann eben die riesige Prangstange, die aber an der Spitze immer noch die charakteristischen Schutzzeichen aufweist. Hierher gehören weiter die verschiedenen vorangetragenen Kränze, Ernte- und Winzerkronen, die Abwehrzeichen und nicht Fruchtbarkeitssymbole sind, was auch aus daran befestigten Bändern, Quasten und sonstigem apotropäischen Beiwerk deutlich hervorgeht. Von der Funktion her betrachtet, entsprechen diese bäuerlichen Gegenstände voll und ganz den militärischen Schellenbäumen und Roßschweifen der Türken, den Kohortenzeichen der Römer oder auch den kirchlichen Prozessionskreuzen, nur sind sie eben nicht für die Dauer, sondern aus den aktuellen Produkten des Bauernjahres zu kurzfristigem Gebrauch gefertigt. So wie das von R. Wolfram (1947) als »Radmähen« beschriebene Einmähen von »Sonnenrädern« und anderen Abwehrzeichen in das Feld magische Ablenkfunktion ausübt und beim Brauchtum um die »letzte Garbe« deren apotropäische Quastenform im Vordergrund steht (was übrigens zwei amuletthaft über dem Hochzeitertisch angebrachte gekreuzte Garben auf Pieter Brueghels Gemälde »Bauernhochzeit« sehr schön verdeutlichen), ist auch die Erntekrone ein großmächtiges Abwehrmittel, von jenen getragen, denen das Einbringen der Feldfrüchte obliegt. Heute sind diese Gebilde vielfach zu unverstandenen, nur äußerlich prunkenden Attributen fremdenverkehrsfördernder Feste geworden, denn an die Stelle der Abwehrzeichen und magischen Handlungen sind Versicherungspolicen getreten. Da aber auch sie der Angst vor Bösem entspringen, liegt der Unterschied weit weniger im Prinzipiellen, als höchstens darin, daß die alte Methode mehr auf Verhinderung, die neue auf Wiedergutmachung von Unglück ausgerichtet ist.

Tafel 43 (2)

Dem Bereich abwehrtaktischer Vorhut zuzuzählen sind auch die Umzügen vorangetragenen, von der Volkskunde gern als Symbole für Fortpflanzung und keimendes Leben gedeuteten Bäumchen und Zweige. Wenn zum Beispiel F. Haider (1968) von der Fronleichnamsprozession im Dorf Tirol sagt: »Hier werden vor dem Allerheiligsten vier junge Lärchenbäume getragen, die reich verziert sind. Sie leiten sich ohne Zweifel vom Lebensbaum ab...«, so erliegt er mit Verwendung des herkömmlichen Lebensbaumbegriffes einem Trugschluß. Da nämlich die festliche Situation magische Gefahren in besonderem Maße herausfordert, würde es allen taktischen Regeln prophylaktischen Imponierens und ablenkenden Irreführens widersprechen, das eigentlich Schützenswerte als Vorhut vorauszuschicken. Erst unter Einbeziehung des Abwehrgedankens wird das Vorantragen junger Bäume, die wie zum Beispiel unser Christbaum die Summierung vieler apotropäischer Dreisprosse oder bei den Birken der Fronleichnamsprozession eine Massenansammlung herzförmiger Blätter sein können (S. 319 ff.), verständlich. Auch die in manchen Gegenden beim Umgang an den Wegrändern eingepflanzten Bäumchen sind unter diesem Gesichtspunkt zu betrachten.

Der Baum ist freilich noch in weiterer Hinsicht Bedeutungsträger, nämlich als Sonnen- und Regenschutz wie auch als übersichtlicher Aufhängeplatz für diverse Habe, die wegen Feuchtigkeit und allerlei Getier nicht gern auf den Boden gelegt wird. Auch private Abwehr- oder Besitzzeichen sowie Gruppenfeldzeichen werden mitunter an »Gebrauchsbäume« gehängt. Wer jemals mit Jugendgruppen auf Sommerfahrt zog oder im Krieg Soldat war, kennt diese uralte Hirten-, Jäger- und Kriegertechnik genau. Aus diesem Grund sind auf Uniformbildern die Gesamtausrüstungen von Soldaten oft an einem Baum hängend dargestellt.

Durch Mittragen bei Zeremonien oder grafische Ritualisierung auf Bildern kommt dann diese praktische Aufhängevorrichtung zu eigenständiger Bedeutung und wird, da vielfach Träger magischer Zeichen, selbst magisch. Das wohl bekannteste Beispiel für Sanktuierung eines ursprünglichen Tragegestells ist das christliche Kreuz. Als Vielzweckgerät wurde es von sehr vielen Völkern erfunden und infolge seines überall stark betonten Dreisproßcharakters auch in magischen Bereichen gern benützt. Erst aus seiner zufälligen Verwendung als Hinrichtungswerkzeug für Christus wurde das Kreuz zum christlichen Symbol.

Das Prinzip Vor-, Seiten- und Nachhut wird bei Umzügen in mannigfacher Weise realisiert. So gilt zum Beispiel vielerorts die Regel, daß am Ende von Prozessionen jemand mit einem blauen Fürtuch zu gehen hätte (H. Schewe 1927). Bei Fronleichnamsprozessionen oder Begräbnissen bildet mitunter Militär den Abschluß. Viele Umzüge werden von den auf S. 118f. besprochenen lustigen oder skurrilen, mit magischen Attributen reichlich bedachten Gestalten begleitet, die ihre Ablenkfunktion in unterschiedlichster Weise ausüben, sich zugleich aber auch überaus aktiv als »Platzmacher« betätigen, indem sie die Zuschauer mit Späßen und Schabernack von der Straße scheuchen und dem eigentlichen Zug den notwendigen Aktionsraum schaffen. Bei Straßenkünstlergruppen älterer Zeit trug häufig der Gabensammler oder ein anderes für die Hauptdarbietung unwichtiges Gruppenmitglied eine Fülle von Abwehrzeichen an sich. Noch vor kurzem sah ich in München eine in alter spanischer Scholarentracht von Lokal zu Lokal ziehende Musikergruppe, deren Geldsammler reich mit Rosetten, Quasten und blitzenden Gegenständen versehen war. Offensichtlich haben wir in der taktischen Notwendigkeit des Begleitschutzes eine der Wurzeln des Schamanismus vor uns.

Der Schamane, wie er uns bei den alten sibirischen Völkerschaften entgegentritt, ist nämlich nicht der im Alltag tüchtige und kraft seiner Persönlichkeit hochangesehene Stammesgenosse, sondern meist soziale Randfigur und Außenseiter. Er kann krank, geistig gestört, epileptisch oder ungeschickt veranlagt sein, ja man erwartet dies sogar von ihm. Meist ist er zwar ein schlechter Jäger und Fischer, aber hochintelligent und künstlerisch talentiert (vgl. M. Eliade 1954, A. Lommel 1965). Solche Persönlichkeiten sind dem heutigen Menschen ebenso unheimlich, wie sie es unseren Ahnen vor Jahrhunderttausenden waren. Sie sind die Außenseiter der Gruppe, die man zur normalen Arbeit nicht gebrauchen, wohl aber in aufkommenden Krisensituationen notfalls opfern kann, die man den Feinden als Geisel gibt, also auch den Dämonen vorwirft. Der schwache oder linkische Sohn in der Bauernfamilie wird zum Priester bestimmt. Er geht bei der Arbeit nicht ab, nützt aber vielleicht durch sein Gebet. Peter Rosegger war körperlich zu schwach, um im Waldbauernhof zu arbeiten, man ließ ihn die Schneiderei erlernen. Daß er dann zum bewunderten Dichter seiner Heimat wurde, ist gewissermaßen ein mitteleuropäisch-zivilisatorisches Analogon zum Werdegang der großen Schamanen im Lebensraum der altzeitlichen Jägervölker Sibiriens. Die von Gefahren und vielen unerwarteten Ereignissen bedrohte Jägerhorde stellt den arbeitsmäßig Entbehrlichsten als »Blitzableiter« hinaus. Er soll die Dämonen auf sich lenken, damit die Gruppe in Ruhe agieren kann. Diese Position wird zur beruflichen Funktion, zu der allerdings auch spezielle Berufung gehört, die sich durch anderes Verhalten, durch Sonderbarkeit und Außenseitertum dokumentiert. Der berufene Schamane baut seine Berufung aus, macht sich in seiner Spezialfunktion durch Leistung unentbehrlich. Er kennt sich jetzt eben weniger mit der Normalarbeit als vielmehr mit den Geistern aus, setzt sich für die ganze Gruppe mit ihnen auseinander und ist verantwortlich für den Jagderfolg. Er ist daher in spektakulärer Weise mit einer Fülle typischer Abwehrzeichen aus dem Bereich der Augensymbolik wie Gesichtsmasken, Quasten, Schellen, Fransen und ähnlichem ausgestattet und zeigt das auffälligste Benehmen. Auch bei kriegerischen Auseinandersetzungen des Menschen sind es die Neben- und Seitenaktionen sowie die Vor- und Nachhutgefechte, die man in der Historie glorifiziert, wogegen die Hauptaktion in den Hintergrund tritt. Viele an sich unbedeutende Schlachten wurden überhaupt erst durch irgendwelche praktisch zwar sinn- und ergebnislose, emotionell aber attraktive Flankierungsaktionen bekannt, wie zum Beispiel die Schlacht von Balaklava am 25. 10. 1854, die einzig durch die Todesattacken der englischen leichten Brigade berühmt wurde. In der alten österreichisch-ungarischen Armee wurde die begehrteste Auszeichnung, der Militär-Maria-Theresien-Orden ausschließlich an Offiziere verliehen, die nachweislich gegen einen Befehl gehandelt und dadurch zum Gesamterfolg entscheidend beigetragen hatten. Die Folge waren zahlreiche luxuriöse Tollkühnheiten am Rande der Schlacht, die zwar nichts einbrachten und somit auch nicht belohnt wurden, dafür aber in sensationeller Weise die Seiten der Kriegsbücher füllten. Übrigens waren die mit Vor- und Seitenhut, Marschsicherung, Erkundung und Nachhut betrauten Truppen immer berühmter, traditionsbeladener und bunter uniformiert als die Hauptmacht der Armee, man denke nur an Husaren, Panduren oder Kosaken, denen die flankierenden Narren oder bunten Schutzzeichenträger vieler Umzüge tatsächlich analog gestellt werden können. Nicht zufällig sprechen wir in ein und demselben Zusammenhang bald von »Husarenstreichen«, bald von »Narreteien«.

Da es mir hier vorwiegend um die Darstellung des Grundprinzips geht, soll auf Einzelbeispiele nicht weiter eingegangen werden. Offenbar wohnt die Urtendenz aller lebenden Materie, anzuwachsen und Erworbenes zu bewahren, auch dem Kulturgut in hohem Maße inne. Eher wird der gedankliche Inhalt aufgegeben als die repräsentierende Substanz, es sei denn auf dem Weg äußeren Zwanges oder kompensierenden Austausches gegen Neues. So kommt es auch bei Prozessions- und Umzugsbräuchen zu einer Fülle oft seltsam anmutender, aus heutiger Sicht vielfach unerklärlicher Erscheinungen, die aber sofort verständlich werden, wenn man von der Tatsache ausgeht, daß die Maßnahmen magischen Gruppenschutzes nach sehr realen kampftaktischen Grundsätzen ausgerichtet sind.

Wahrung des Waffengeheimnisses
Die äußeren Formen der Abwehrzeichen, ihre Verwendung und die damit verbundenen Bräuche sind recht gut bekannt, finden sich auch in der Literatur beschrieben und in großer Zahl abgebildet. Die von S. Seligmann (1910, 1922, 1927) in seinen Büchern gebotene Sammlung ist an Fülle kaum zu überbieten und scheint zumindest für manche Gebiete komplett zu sein. Trotz seiner offensichtlich sehr genauen Kenntnis der Amulette und sonstiger Abwehrhilfen gegen den »bösen Blick« lehnt Seligmann eine Beziehung zur Augengestalt jedoch ab. Ihm wie auch anderen erfahrenen Forschern dürfte das Ganze als Sammelsurium oder zufälliges Konglomerat mehr oder weniger wahllos zusammengetragener Formen erschienen sein. Wo Beziehungen gestiftet werden, stützen sie sich allzuoft auf Materialanalogien. Häufig findet man typische Sekundärerklärungen, wie sie von Benutzern anscheinend zur bewußten Irreführung uneingeweihter Frager abgegeben werden. Oft klingt der Scherz, den sich der Auskunftgeber mit dem Frager macht, deutlich durch. So erzählen beispielsweise nordafrikanische Frauen, ihr baumelnder apotropäischer Stirnschmuck diene dem Vertreiben der Fliegen, was dem hygienegewohnten Europäer durchaus einleuchtet. Auf einen ähnlichen Scherz, aber mit umgekehrten Vorzeichen, wo ein natürliches Geschehen als magisch ausgegeben wird, gehen vielleicht auch die so leidenschaftlich Bier trinkenden »Unholden der wilden Jagd« zurück, die sehr gut eine von den Bauern augenzwinkernd verwendete Metapher für das nächtliche Treiben der Dorfburschen gewesen sein können. Bei Amuletten ist es so, daß man sie zeigt, mit ihnen prunkt, ihre Herstellungsweise und ihr inneres Funktionssystem aber nicht verrät. Der bereits S. 68 zitierte ungarische Volkskundler G. Ortutay (1963), der bei einer ihm als Auskunftsperson empfohlenen Dorfzauberin solange auf taube Ohren stieß, bis er sich als »Eingeweihter« ausgab, schildert das sich daraufhin entwickelnde charakteristische Gespräch:
»Plötzlich fand sie Worte. ›Sind Sie also ein Wisser‹, fragte sie mit Achtung in der Stimme. Nun, Wisser bedeutet in ihrem Wortgebrauch ›Táltos‹ Magier, und ich wußte wohl, daß uns dieses Wort Wisser (tudó) auch sprachwissenschaftlich mit Sicherheit in die Welt der Schamanen zurückführt, in die ferne Vergangenheit der finnisch-ugrischen Gemeinschaft, der auch wir entstammen. Ich leugnete also gar nicht, daß ich einen Táltos vorstelle. ›Jawohl‹, sagte ich, ›auch ich bin ein Wisser‹. ›Haben Sie alle sieben Schulen ausgelernt?‹ fragte sie der größeren Sicherheit wegen. Und als ich sie auch diesbezüglich zu beruhigen wußte, war das Mißtrauen sogleich geschwunden.«

Das »Arsenal«, um den kämpferisch-militärischen Vergleich fortzusetzen, wird also erst auf Parole und Kennwort geöffnet. Da aber der Forscher in der Regel nicht über die Losungsworte verfügt, sondern lediglich Neugier zeigt, erhält er zumeist falsche Antworten. Es herrscht eine Wand des Schweigens, denn wenn das »Nichtverschreien« oberste Regel ist, darf auch das System nicht »verschrieen« werden. Ich weiß aber aus Erfahrung, daß dahinter ein gebietsweise heute noch vielen bekanntes, bis in seine Feinheiten verstandenes und oft angewandtes System steht. Die komplizierten, oft eigenwilligen Variationen und Neukombinationen von Amuletten sprechen eine deutliche Sprache. Verraten wird der »Waffenhersteller« seine Geheimkenntnisse einem Fremden aber kaum, weil ein potentieller Feind die von ihm konstruktiv durchschaute Waffe leichter kompensieren kann als jene, die er nur von außen kennt.

Wurzeln der Gottesvorstellungen

M. Riemschneider (1953) weist auf die Tatsache hin, daß im vorchristlichen mesopotamischen Raum bei den Elamitern aus zwei anscheinend auf Tragstangen befestigten Augendreiecken ein Brüderpaar entsteht, das wir bei Griechen und Römern als Dioskuren wiederfinden. Folgender Inhalt liegt dem Mythos zugrunde: Die Zwillingsbrüder Kastor und Polydeukes sind unzertrennlich und agieren nur gemeinsam. Als Kastor getötet und in den Olymp versetzt wird, ist Polydeukes untröstlich, worauf Zeus gestattet, daß beide zusammen abwechselnd einen Tag im Himmel, den nächsten in der Unterwelt zubringen. Diese Geschichte zeigt sehr deutlich, daß die Brüder nichts anderes sind als ein personifiziertes Augenpaar, dessen Zyklus des Wachens und Schlafens sich im Wechsel zwischen lichtem Olymp und finsterem Hades symbolisiert. Eine zweite Version, derzufolge die Dioskuren von der kretischen Doppelaxt abzuleiten wären (R. Böhme 1969), führt bei weiterer Rückverfolgung abermals zur elamischen Doppellanze, deren Gestaltprinzip in der Doppelaxt wiederkehrt. Der Zusammenhang wird noch glaubwürdiger, wenn man die vermutlich einem Augengott geweihten Symbole aus Mesopotamien (S. N. Kramer 1968) mit der Doppelaxt vergleicht. Damals der Landschaft entsprechend aus Stein oder Ton hergestellt, wurden diese Zeichen später auch aus Metall und anderem Material gefertigt. In Mitteleuropa, vor allem im süddeutschen Raum gibt es hölzerne oder wächserne Votivaugen auf axtähnlichen Ständern, die stark an die kultische Doppelaxt der Kreter erinnern. Mag dieses Objekt auch gelegentlich als gebrauchstüchtiges Werkzeug vorgekommen sein, war es doch dem Augensymbol gestaltlich so verwandt, daß sich die zeremoniale Verwendung aufgrund der menschlichen Attrappensichtigkeit und des »Hineinsehens« nahezu zwangsläufig ergeben mußte. Auch Beziehungen zur augenhaften Kultschleife könnten bestehen, und es wäre denkbar, daß die Doppelaxt ein vereinfachter Bronzenachguß der Augenschleife oder Maske ist. Jedenfalls wurden bei den Kretern die handelsüblichen

Bronzebarren in Doppelaxtform gegossen, wodurch diesem wertvollen Material magischer Schutz zuteil geworden sein mag. Metall wurde in prähistorischer Zeit vielfach in ringförmigen Einheiten geliefert und erhielt in manchen Gebieten auch die Bedeutung von Geld, das in Gestalt der augenhaften Münze weltweit im Amulettbereich benützt wird. Zweifellos hat M. Riemschneider recht, wenn sie von einem ursprünglichen, wohl an der Wurzel unserer heutigen Gottesvorstellung stehenden, weithin verbreiteten Augengott spricht, um den alle späteren Göttergestalten herumgewachsen sind.

Das sogenannte »Numinose« entspringt in seinen Urgründen ja gewiß nicht einem menschlichen Drang nach Unterordnung, sondern zuallererst dem heißen Wunsch nach Schutz vor Unheil und Gefahr. Daß Personifikationen dieses Schutzgedankens an die Spitze der sozialen Rangordnung gestellt und zum »Allerhöchsten« werden, ist für ein Kleingruppenwesen verständlich. Ähnlich den Anführern weltlicher Funktionsbereiche beläßt der Mensch auch seinen Göttern traditionelle Attribute, die der gewöhnliche Sterbliche längst nicht mehr gebraucht. Er stellt die Unsterblichen in ältesten Trachten dar, versieht sie mit ältesten Schutzzeichen und denkt sie sich überall in Berghöhlen, auf uneinnehmbaren Gipfeln oder hinter schützenden Wolkengebirgen hausend. Wie immer die Götter bei den verschiedenen Völkerschaften aber auch aussehen mögen, stets ist ihnen das strahlende Auge zu eigen, schützend über dem Menschen wacht. Nicht zufällig sind gerade die obersten und somit wohl ältesten Götter wie Zeus oder Jupiter und Wotan primär Blitzeschleuderer, also »Blickeschleuderer«. Die Herstellung einer Beziehung zwischen Auge und Sonne stellt sich infolge Gestaltähnlichkeit geradezu zwangsläufig ein. S. Seligmann (1910) sagt dazu unter anderem: »Nach der japanischen Mythologie entstand die Sonnengöttin Amaterasu Oho-mikami aus dem linken Auge des Gottes Izanagi no Mikoto, und nach der chinesischen verwandelte sich das linke Auge des P'an-ku bei seinem Sterben in die Sonne. Nach neuseeländischem Mythos setzt Maui sein Auge als Sonne an den Himmel, weshalb dieselbe ›Mataari‹ auf Java und Sumatra, ›Maso-andro‹ auf Madagaskar, d. h. ›Auge des Tages‹ genannt wird. Als Symbol der Heiligkeit und Allwissenheit Gottes finden wir das Auge auch bei den Mohammedanern, Juden und Christen.«

Schon J. Grimm (1854) erwähnt das Auge als Ursprung der Mythen. O. Henne-Am Rhyn (1897), der das Thema am Beispiel vieler einschlägiger Überlieferungen ausführlich behandelt, sagt dazu:

»Unter allen die älteste und verbreitetste Vorstellung, welche man mit der Sonne und den übrigen Gestirnen verband, muß die des Auges gewesen sein. Den Parsen war die Sonne Auge des Ormuzd, den Ägyptern rechtes Auge des Demiurgos, den Griechen Auge des Zeus ...« – »Odin ist einäugig, weil er sein anderes Auge um einen Weisheitstrank aus dem Mimirbrunnen hingab, welches, während das eine Sonne ist, bald als

deren Spiegelbild im Wasser, bald als der Mond gedeutet wird...«
Wenn der Autor weiter bemerkt: »An die Stelle des Auges tritt zunächst der Kopf...«, und anschließend erklärt, daß daraus ebensogut Kugeln wie Personen werden können, so ist er im Grunde denselben Entwicklungswegen auf der Spur, die im vorliegenden Buch einerseits bis hinunter zu den Wurzeln des Wirbeltierstammes, anderseits bis hinauf in höchste Regionen kultureller Leistungen verfolgt und aufgezeigt werden. Nicht ideelle Gedankengebäude stehen am Anfang menschlichen Handelns, sondern funktionale Notwendigkeiten. Es gibt kein Kulturprodukt, wie kompliziert und vielschichtig sein Phänotypus auch erscheinen mag, dessen Werdegang nicht umweltbedingter Funktion entspringt. Das gilt auch für die magisch-religiösen Schutz- und Hilfssysteme, deren Urgründe wir nicht in selbsttätig entstandenen, theoretisch entwickelten Vorstellungen von Götterhimmeln und einer von guten und bösen Geistern belebten Natur, sondern in den realen Umweltbedrohungen suchen müssen, zu denen nicht zuletzt das allgegenwärtige Phänomen des Blickes zählt. Das erste vom Menschen als Gegenwaffe eingesetzte artifizielle Abwehrauge kann für den Bereich der bildenden Kunst als ein fast ebenso wichtiger »Initialzünder« bezeichnet werden, wie es auf dem Gebiet der Werkzeugtechnik der erste Faustkeil war.

10. Imponieren

Imponierverhalten ist von fundamental lebenserhaltender Bedeutung und fast der gesamten höheren Tierwelt, mit Sicherheit aber allen Wirbeltieren einschließlich des Menschen, in breiter Vielfalt eigen (vgl. K. Lorenz 1935). Imponierverhalten ist Ausdruck, Mitteilung und Selbstdemonstration des Individuums, in kämpferischer Situation Warnung und Drohung. Dies gilt auch für Gruppen, die durch gleichzeitiges Darbieten von Imponiermitteln mehrerer Individuen gesteigerte Wirkung erzielen. Hier wären das Triumphgeschrei der Kranichpaare und vieler anderer Vögel wie auch die Paargesänge des afrikanischen Schmuckbartvogels und des schwarzen Buschwürgers zu erwähnen (W. Wickler 1969, 1972 b, W. Wickler und D. Uhrig 1969), die genauso in den Imponierbereich gehören wie das Paarsingen der Siamangs, die Kollektivkonzerte der Brüllaffen oder die synchrone Gruppenbalz der Männchen einiger Schmuckvogelarten (H. Sick 1959). H. Prechtl (1947) betrachtet Imponieren nicht nur als Werben und Drohen, sondern auch als allgemeinen Ausdruck der Lebensfreude.

»Imponieren« kommt vom lateinischen »*imponere*« (hineinlegen, auferlegen) und bedeutet soviel wie »Achtung einflößen« und »Eindruck machen«. O. Heinroth führte den Begriff in die Ethologie ein (vgl. K. Heinroth 1971), bevorzugte aber später den mit »Großtun«, »Sichhaben« oder »Sichrühmen« gleichzusetzenden Ausdruck »Prahlen«, der die Aktion besser charakterisiert als »Imponieren« im Sinne von »Achtung einflößen«, bei dem die Wirkung auf den Empfänger bereits vorweggenommen ist. »Prahlen« leitet sich wahrscheinlich von »brüllen« ab. Lautstarkes Reden oder Anschreien ist ja ein ebenso erfolgreiches wie elementar primitives Einschüchterungsmittel. Darüber hinaus dient Schreien auch zur Demonstration starken körperlichen oder seelischen Schmerzes. Die griechischen Helden der Ilias brüllen bei jeder Gelegenheit, um ihren Zustand kundzutun und sich dadurch in Szene zu setzen. Die Warnung »nicht verschreien« im Sinne von »nicht mit Glück prahlen« paßt gleichfalls hierher. Da der weniger treffende Terminus »Imponiergehaben« im ethologischen Sprachgebrauch aber bereits eingebürgert war, behielt man ihn weiterhin bei.

Imponieren erfolgt so gut wie ausschließlich durch Übersteigerung des Vorhandenen. Beim Menschen darunter nur kämpferisches »Sichgrößermachen« und somit »Gefährlicherwirken« zu verstehen, wäre falsch. Imponieren kann man mit Demut, Geduld, Bescheidenheit, Hilfsbereitschaft oder Arbeitsmoral ebenso wie mit Drohung und Angriff. Was der einzelne vorzieht, hängt von Persönlichkeit, Charakter und jeweiliger Situation ab. Die Imponierdemonstrationen einer Kriegertruppe unterscheiden sich hinsichtlich der endogenen Antriebe kaum von den Aktionen eines Bettelmönchordens. Trappisten imponieren durch Schweigen, heulende Derwische durch rhythmisches Schreien. Charakteristikum allen Imponierens ist die Sozialbezogenheit, wobei die Spannweite möglicher Partnerschaft vom eigenen Ich bis zu Gott reicht. Beide Extreme sind in ihrer Fiktionshaftigkeit gewissermaßen Spiegelbilder zu beeindruckender Artgenossen. Jeder in eine Gruppe irgendwie sozial eingebaute Mensch bedarf des Imponierverhaltens als Persönlichkeitsausdruck. Umgekehrt erwartet er Gleiches vom anderen, spricht auf einschlägige Verhaltensweisen an und hat auch eine starke Neigung, Imponierendes nachzumachen. So kann das Imponiergehaben über das subjektive Selbstdarstellungserlebnis hinaus zum Nachahmungs- und Lernvorbild für den Sozialpartner werden. Von einigen geselligen Säugetieren wie etwa den Ratten und Schimpansen wissen wir, daß sie Gewohnheiten und Traditionen stets nur ranghohen Artgenossen abschauen. Menschliche Revolten richten sich meist nicht primär gegen Autoritäten an sich, sondern gegen solche, die sich durch Versagen im Vorbildbereich das Recht ihrer Rangposition verwirkt haben. Äußerliches Imponiergehaben ohne inneren Gehalt bringt auf Dauer genauso wenig sozialen Erfolg wie Erfahrung, Können und Vorbildfähigkeit ohne Demonstration nach außen. Der heute vor allem in der Jugenderziehung propagierte Abbau des zum Rang passenden »Sichhabens« bringt, wie schon K. Lorenz (1948 b) aufzeigte, vorwiegend negative Reaktionen. Der Mensch hat in seiner mehrdimensionalen Rangordnung das Vorbild ebenso nötig wie den Nachahmer. Der Begriff des »Über-Ich« (S. Freud 1923, 1955, W. Toman 1951) ordnet sich dieser biologischen Gegebenheit ein. Film und Theater agieren mit den »Über-Ichs«, den Vorbildfiguren. Auch die sehr praktisch-realistisch denkende moderne Werbung bedient sich des Vorbildsystems mit ausgezeichnetem Erfolg und bietet dem Publikum zumindest scheinbar zu erreichende Idealtypen, die zur Nachahmung des Gebrauchs bestimmter Waren anregen sollen (vgl. G. Steiner 1969).

Jede Übersteigerung im Imponierbereich wirkt als Über- und Untertreibung gleichzeitig, weil die Herausstellung eines Merkmals notwendigerweise andere in den Hintergrund drängt. Meistens ist man geneigt, die jeweils übertreibende Komponente zu beschreiben, aus der die Tendenz des Imponierenden erkennbar wird. Tatsächlich ist Imponierverhalten aber viel komplizierter gelagert, da hinter jedem Prahlen und Drohen fast immer auch irgendwelche Ängste stehen. Ein solcher Stimmungszwiespalt kann sich in der Superposition verschiedener aggressiver und defensiver Gebärden beziehungsweise mimischer Kennzeichen sowie in Übersprungsgestik äußern. Die Kompliziertheit dieses Bereiches hat R. Schenkel (1947) in seinen Ausdrucksstudien an Wölfen ausführlich dargelegt. Bei aus Imponierstreben produzierten menschlichen Kulturobjekten bleibt der antagonistische Gegenpol, nämlich der dahinterstehende Anteil an Angst und Unsicherheit, für gewöhnlich unrealisiert im gedanklichen Bereich zurück. Ein Objekt mit Abwehrfunktion, das seinen Prahl- und Drohcharakter offen zur Schau stellt, braucht über die Art der Ängste seines Produzenten überhaupt nichts auszusagen. So kommt es, daß man das Dominieren des magischen Heils- und Abwehrgedankens im gesamten ornamentalen Bereich bisher nicht erkannte und hauptsächlich den als Strukturreichtum und Farbenfülle zutage tretenden Imponieranteil sah, den man bereitwillig als ein Zeichen purer Lebensfreude oder musischen Ausdrucksstrebens hinnahm.

Das Imponieren im Bereich kultureller Objekte geschieht am häufigsten durch zwei Methoden, die zum elementaren Rüstzeug jeglichen Prahlens gehören, nämlich einerseits durch Vergrößerung, anderseits durch Summierung von Merkmalen. Nachdem man in Bozen (Südtirol) eine Laubengasse gebaut hatte, geschah gleiches alsbald auch im nahegelegenen Meran, jedoch unter Hinzufügung etlicher Meter an Länge. In Afrika hält die Mehrzahl der viehzüchtenden Stämme Rinder nicht der Fleisch- oder Milchleistung, sondern lediglich der Stückzahl wegen. Wer mehr Rinder besitzt, gilt mehr (vgl. K. H. Kiefert 1962). In den gleichen Vorstellungsbereich gehören die alte, so gut wie nie benützte Imponierstube in den Halligdörfern Norddeutschlands, die zahlreich übereinander getragenen Unterröcke kroatischer Trachten, die polsterbeladenen Paradebetten in rumänischen Bauernstuben oder die hochgetürmten Emailschüsseln in westafrikanischen Negerhütten. Der stattlichere Maibaum, der höhere Funkturm, die längere Brücke »zählen« hier im wahrsten Sinne des Wortes genauso wie der höher gespritzte Hundeharn, die breiter gefächerte Kampffischflosse, der stärker gekrümmte Katzenbuckel, die größere Zahl der Armreifen bei Trachten, der Sterne und Streifen bei Uniformen oder der blauen Wangentupfen bei Wellensittichen.

Es ist logisch verständlich, daß der Mensch seine Abwehrsymbole, die ja weitgehend Einschüchterungsmittel gegen »Unbekannt« sind, durch Merkmalssteigerung zu verbessern und wirkungsvoller zu machen sucht, wobei die Ausgangsform, die ja eine bestimmte Mitteilung enthält, dem Grundcharakter nach erhalten bleibt. Während eine Drohgeste nur einen kleinen Teil des Aktionskomplexes, nämlich die von vornherein eindeutige Intentionsbewegung zum Angriff übertreibend herauszustellen braucht, muß das imponierend übersteigerte Schreck- oder Abwehrauge alle wesentlichen Kriterien seines Augencharakters darbieten, um für den Adressaten verständlich zu sein und an ihm die gewünschte Wirkung zu tun. Gerade für diesen Bereich bietet sich das die Grundstruktur eines Motivs nicht verändernde Imponieren mittels Vergrößerung und Vermehrung hervorragend an. Die Größe von Augensymbolen hängt aber auch sehr mit ihrer Zweckbestimmung zusammen. Als Dekor auf kleinen Amuletten unterschreiten sie den natürlichen Maßstab oft beträchtlich, wogegen sie auf Bekleidungsstücken, Hausrat oder Gebäuden mehr Ausdehnungsmöglichkeit besitzen. Mitentscheidend für die Größe ist auch die Entfernung, aus der ein Abwehrzeichen wirken soll. Symbole auf einem wichtigen Sakralbau werden im allgemeinen größer sein als etwa die auf einem Wohnhaus. Die Gelegenheit zu imponierender Multiplikation ist jedoch in allen Verwendungsbereichen ziemlich gleich.

Nicht nur der eben geschilderten Prahltendenz, sondern wohl auch zufolge des plausiblen Gedankenganges »vier Augen sehen mehr als zwei«, gilt Augenverdoppelung im magischen Bereich als positiv und effektverbessernd. So entstand die in verschiedenen indogermanischen Überlieferungen, vor allem auch in alpenländischen Sagen auftretende Vorstellung vom »vieräugigen Hund«, der die Percht und sonstige Dämonen abzuwehren vermag (vgl. A. Gubernatis 1874, G. Graber 1927). Ursprung dieses Glaubens sind die wie ein zweites Augenpaar wirkenden, hellen Überaugenflecke mancher Hunderassen (vgl. W. Mannhardt 1904-1905, A. Wuttke 1900). Auch andere Säugetiere tragen Tupfen über den Augen, viele Schmetterlinge bieten Doppelaugen auf den Flügeln. Solche Strukturen sind biologisch keineswegs bedeutungslos, erzeugen sie doch neben der Imponierwirkung einen gewissen irritierenden »Flimmereffekt«, der den Feind unsicher macht, wie dieses »Gesicht« denn nun einzuordnen sei (S. 95). Menschenporträts mit zwei übereinandergestellten Augenpaaren, wie sie mitunter als Fotomontagen in der Werbung oder als phantastische Spielereien in der bildenden Kunst vorkommen, zeigen dies sehr deutlich. Auf S. 45 ihrer Dissertation berichtet H. Kreutzinger (1965) über die Vieräugigkeitsvorstellung bei Stämmen der Sierra Leone: *Tafel 66 (4, 10, 16)*

»Wer vier Augen hat – zwei für die natürliche, sichtbare Welt und zwei für die Dinge, die ein gewöhnlicher Mensch nicht zu sehen und zu erkennen vermag –, kann diese seine Fähigkeit als Hexer oder aber im Guten, innerhalb einer Geheimgesellschaft oder als witchdoctor verwenden. Jeder Mißbrauch innerhalb ihrer Bräuche wird von der überstammlichen Organisation der witchdoctors strenge bestraft.«

Eine andere Variante magischer Mehräugigkeit ist das am ausgeprägtesten im buddhistischen beziehungsweise hinduistischen Bereich vertretene »dritte Auge«. Die menschliche Stirn, in ihrer Steilheit und glatten Großflächigkeit zur Anbringung eines Auges geradezu herausfordernd, zeigt in sehr vielen Kulturen einschlägige Ornamentik. In der Antike trugen Knaben dort die »bulla« gegen den »bösen Blick«. Augensymbole als Stirnschmuck gehören zu vielen Frauentrachten. Wie Vieräugigkeit wirkt Dreiäugigkeit auf den Beschauer teils einschüchternd, teils verunsichernd hinsichtlich der Einorientierung des gegnerischen Kopfes.

Im Fall des magischen Abwehrauges beträgt die logische Mindestanzahl eins. Zwei Augen entsprechen dem natürlichen Gesicht, drei und vier Augen wurden vorhin besprochen. Die gebräuchlichste nächsthöhere Summierung ist die von drei + vier = sieben. Die weitverbreitete magische Bedeutung der Siebenerzahl schreibt man mitunter ihrer Unteilbarkeit zu, was nicht überzeugt, weil sie damit nicht alleinsteht. Viel wahrscheinlicher ist ein Zusammenhang mit der vorerwähnten apotropäischen Augensummierung. H. Kühn (1952) beschreibt Kombinationen von Dreier- und Viererornamentik aus prähistorischen Gräbern und verweist

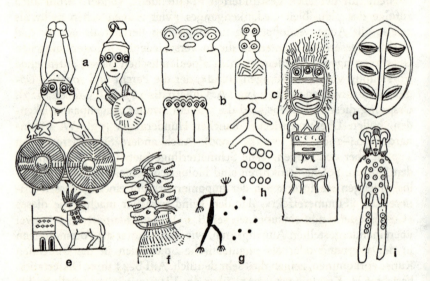

Abb. 36 Augensymbole in elementaren Zahlengruppierungen. **a** Zwei vieräugige Bronzefiguren aus Sardinien. **b** Drei »Augenidole« aus Alabaster (Tell Brak, Syrien, 3200 v. Chr.). **c** Prähistorische steinerne Maske vom Jenissej (vgl. J. P. Okladnikow 1972). **d** Sechsäugige Maske aus dem Kongo. **e** Christus als Lamm mit sieben Augen und sieben Hörnern, Kirchendach mit 3 + 4 Augensymbolen (Darstellung aus den römischen Katakomben). **f** Das apokalyptische Reittier der »Mutter der Hurerei« mit 3 + 4 Köpfen auf einer spanischen Illustration des 11. Jh. (vgl. G. Simons 1969). **g** Figur mit 3 + 4 Punkten auf spanischer Felszeichnung (vgl. H. Kühn 1952). **h** Figur mit 3 x 4 Augensymbolen auf sibirischem Felsbild (vgl. J. P. Okladnikow 1972). **i** Knochenfigur der Korjaken (Ostsibirien) mit summierten Augensymbolen, an den Beinen die Kombination 3 + 4 (vgl. H. Haselberger 1969).

auf den sagenhaften irischen Räuber Ingcel, der im einen Auge drei, im anderen vier, in manchen Darstellungen beiderseits sieben Pupillen trägt. Türkische Amulette in Hufeisenform zeigen recht häufig auf der einen Hälfte drei, auf der anderen vier Augensymbole; ebenso können durch ein Mittelauge zwei symmetrische Dreiergruppen auf sieben oder eine Vierergruppe auf fünf ergänzt werden. Auch die Anzahl acht und zwölf kommt vor, wobei acht fast immer durch Verdoppelung, zwölf durch Verdreifachung von Vierergruppen erreicht wird. Was darüber hinausgeht, ist meist von Zahlenregeln unabhängiges Flächen- oder Rahmenornament. Interessant ist übrigens die Feststellung von S. v. Pölnitz (1971), wonach die sogenannten Vierzehnheiligen ursprünglich ihrer sieben waren. Offenbar wurden sie zwecks Wirkungssteigerung verdoppelt.

Verschiedenen Untersuchungen zufolge stellt die Anzahl sieben, maximal acht, beim Menschen die oberste Grenze spontanen Erfassens ohne Zählen dar. O. Koehler (1943, 1949, 1952, 1954a, 1955) wies in Versuchen nach, daß Dohlen, Tauben und Wellensittiche Sechser-, Kolkraben und Graupapageien Siebenergruppen simultan und sukzessiv »unbenannt« zu erkennen und richtig abzuhandeln vermögen. Sieben bis acht dürfte auch die optimale Mitgliederzahl für die menschliche Kleinsozietät betragen (vgl. P. R. Hofstätter 1957). Dazu paßt das häufige Vorkommen von Siebenergruppen im magischen Bereich, in dessen Abwehrtaktik übrigens die Vorstellung von in »sozialer Kooperation« besser funktionierenden Abwehrmitteln zweifellos eine Rolle spielt. Diese Zahlen werden übrigens auch von Menschengruppen verwendet, die weder lesen, schreiben noch rechnen können. Viele Naturvölker besitzen nur einige wenige Zahlwörter. Nach H. Neffgen (1902) bezeichnen mit Ausnahme der Samoaner, die bis zehntausend zählen, die Polynesier jede über vier hinausgehende Menge als »miribiri« = viel. Gleiches gilt für die Australier. Ebenfalls bis vier reicht die Auffassungsfähigkeit vierjähriger Kleinkinder unseres Kulturbereiches (K. Bühler 1949). Auf afrikanischen Eingeborenenmärkten werden kleinere Waren wie etwa Paprika- und Pfefferschoten oder Eier von Frauen oft überhaupt nur in Häufchen zu je vier Stück verkauft, die vorgezählt auf einer Matte liegen. Will man sechs Stück haben, bringt man die Händlerin in große rechnerische Schwierigkeiten. Dreier- und Vierergruppen treten prähistorisch viel früher auf, als dies von der Zähl- und Rechenkunst angenommen werden kann. Durch die Kombination drei + vier kommt man jedoch leicht auf sieben, über vier Vierergruppen sogar auf sechzehn, ohne die ansteigende Zahlenreihe benennen zu müssen. In diesem Zusammenhang sei daran erinnert, daß durch das dekadische System überholte Größen wie Dutzend (12 Stück), Mandel (15 Stück), Große oder Bauernmandel (16 Stück), Schock = 4 Mandel (60 Stück) im Handel vielfach noch heute verwendet werden.

Abb. 37 Zahlenspielerei mit Augen im modernen Zeitungswitz (Ludas Matyi 26/29, 1970).

Sieht man die Literatur hinsichtlich Zahlenbedeutungen durch, möchte man meinen, irgendeinmal müsse es »erste Menschen« gegeben haben, die äußerst weltabgekehrt in magischen Raumdimensionen, Sternsystemen, Himmelsrichtungen, Thesen, Antithesen, Synthesen, Teil- und Unteilbarkeiten dachten (vgl. R. Beitl 1955, A. Bertholet 1962, H. Gottschalk 1965, W. Friedjung 1968, H. Kükelhaus 1934 u. a.). Studiert man hingegen ethnologische Forschungsberichte oder Märchen von Naturvölkern, so erhält man von Leben und Weltanschauung dieser Leute den Eindruck schlichtmenschlicher Alltagszugewandtheit (vgl. H. A. Bernatzik 1941, A. E. Jensen 1939). Zweifellos standen am Anfang der Kultur nicht komplizierte Rechenexempel, sondern einfache, aus dem »unbenannten Denken« erwachsene Zahlengruppen, die sich später in philosophische Systeme einordnen ließen. Fast sieht es so aus, als würden viele Forscher immer dann transzendente Weltordnungs- oder ähnliche Gedankengänge ins Spiel bringen, wenn ihnen ein kulturelles Phänomen unverständlich ist. Der Mensch der Vorzeit war mit der Bewältigung seiner Umwelt sicher zu sehr ausgelastet, um sich irrealen mathematischen Spitzfindigkeiten widmen zu können. Sehr real aber war zu allen Zeiten die Angst vor dem Angeschaut- und Beobachtetwerden, die Notwendigkeit, den anderen anzuimponieren, einzuschüchtern und abzuschrecken. Es ist eine ungeheuer hoch zu bewertende Leistung des Menschen, die ihn bereits sehr früh vom Hintergrund seiner Stammesahnen abhebt, daß er das Auge als Ausdrucksorgan erkannt und dem Imponier- beziehungsweise Abwehrbereich eingegliedert hat. Er bildete Augen nach, kombinierte sie untereinander, schuf sie in ungeheurer Vielfalt bis hin zum mythologischen Argus mit seinen hundert Augen, von denen immer eines wacht. Ich halte es für wahrscheinlich, daß die ältesten Zahlensysteme und deren magische Bedeutung mit den einfachsten Regeln apotropäischer Augenanordnungen aufs engste zusammenhängen.

Durch die gleichzeitige Anbringung von mehr als einem Abwehrauge entsteht ein ornamentaler Spielraum mit vielen Möglichkeiten. Während ein Augensymbol immer nur es selbst ist, ergeben bereits zwei davon infolge Mehrfachmöglichkeit des Zueinanderordnens neue, nun ihrerseits bedeutungstragende Figuren. Als Beispiel sei das zwei ineinanderverschränkte Miribotas zeigende chinesische Yin Yang-Zeichen erwähnt. Ein Augenpaar mit Stirnauge bildet Dreiecksform, die in weiterer Folge selbst zur magischen Gestalt wird. Durch Dreiecksverdopplung entsteht der bekannte Sechsstern (S. 415 f.), dessen Abstammung von Augensymbolen auf manchen türkischen Miniaturzeichnungen, wo die Außenecken des Sterns noch kleine Schlingen bilden, gut zu erkennen ist. Die Bedeutsamkeit von Verbindungslinien mag auch mit dem magischen Gebot zusammenhängen, gewisse Figuren unterbrechungslos in sich geschlossen zu zeichnen, man denke an Drudenfuß und Zauberkreis. Objektvergrößerung und Objektmultiplizierung, ihrem theoretischen Wesen nach unbegrenzt, finden in der gegenständlichen Kultur nicht nur vom Hersteller und Betrachter, sondern auch von den physikalischen Eigenschaften des Materials und den Anbringungsweisen auf dem Trägerobjekt ihre natürliche Beschränkung. Dieser Themenkreis ist S. 161 ff. näher behandelt.

Alles in allem sind die durch imponierende Vergrößerung und Vermehrung gegebenen Gestaltungsmöglichkeiten für magische Schutzsym-

Abb. 95a (S. 301)

bole überaus groß. Durch Vermassung des Menschen (vgl. O. Koenig 1973 a) wird die Prahltendenz gefördert. In der kleinen Gemeinschaft der Jägerhorde oder des Bauerndorfes kennt man sich gegenseitig genau, wird nur selten mit Fremden konfrontiert und begnügt sich daher mit kleinen, unscheinbaren Abwehrzeichen. Die Zusammenstellung von Amuletten gegen den »bösen Blick« aus einem anatolischen Dorf (E. J. Klaey 1971) bietet sehr schlichte Gebilde, die nur vor dem noch schlichteren Hintergrund der bäuerlichen Siedlung verständlich sind. Vergleicht man diese Amulette mit den vielen übertrieben großen, kompliziert gestalteten, vielfarbig glitzernden, die etwa im Bazar von Izmir oder Istanbul angeboten werden, hält man sie ohne Kenntnis des Bauplanes kaum für Objekte desselben Funktionskreises, geschweige denn Kulturgebietes. Die Großstadt bedeutet gegenüber dem Dorf ja nicht nur eine Vergrößerung der Siedlungsfläche und Bewohnerzahl, sondern auch eine Konkurrenzgeist und Imponierbestreben anheizende soziale Kompression. Die bunten, an Flaggensignale erinnernden Zeichnungsmuster der Korallenfische beispielsweise sind nicht Zufallsprodukt und »Naturspielerei«, sondern Folge einer in den reichstrukturierten Riffen herrschenden extremen Besiedlungsdichte. Jede Fischart wird hier zum Plakat ihrer selbst, um sich gegen die Konkurrenz anderer durchzusetzen (vgl. H. Albrecht 1966, K. Lorenz 1962). Analoges spielt sich unter Menschen in den Städten ab. Schutzmarken, Aushängeschilder, moderne Werbung sind ebenso Produkte der Großstadtökologie wie Demonstrationsverbrechen und Schauselbstmorde. Während der einzige Kaufmann des kleinen Dorfes überhaupt keine Auslage benötigt, entsteht in der Großstadt alsbald das prunkvolle Werbefenster. Im akustischen und visuellen »Lärm« der großen Citys muß alles lauter, größer, prahlender werden. Da aber die Stadt als Vorbild gilt, versucht nun die kleine Marktgemeinde, ihr nachzueifern, indem sie Dinge übernimmt, die im kleinen Rahmen protzig übertrieben wirken. Sie reagiert wie ein Besiegter, der aus Imponiergründen die Uniform des Siegers anzieht (vgl. O. Koenig 1971). Die Ausbreitung extrem bunter, bombastisch gestalteter Amulette ist die logische Folge der neuen Gegebenheiten. Für den traditionell orientierten Wissenschaftler mögen diese Formen Ausdruck forschungsunwürdiger Kulturregression und geschmackloser Verkitschung sein. Tatsächlich handelt es sich aber um eine zutiefst biologische Imponierantwort des Menschen auf eine neue, ihm bedrohlich erscheinende Situation, in der er trotz allem durch Anpassung überleben möchte.

11. Faktoren kulturellen Wandels

Ein Objekt ist nur so weit für Veränderungen offen, wie seine Zweckbestimmung es zuläßt. Sinkt der Funktionsdruck ab oder drängt er in eine neue Richtung, treten alsbald Wandlungserscheinungen auf. Sie wirken so lange nach eigenen Gesetzen, bis sie von neuen Funktionszwängen gestoppt beziehungsweise in andere Bahnen gelenkt werden. Es gibt wahrscheinlich überhaupt kein Kulturerzeugnis, das nicht primär aus einem praktischen Bedarf heraus und somit rein zweckorientiert entstanden wäre. Nun besitzt der Mensch aber eine starke, dem »Einfahren« von Verhaltensweisen entsprechende Neigung, funktionslos gewordene Objekte beizubehalten. Es ist wie mit gewohnten Umwegen, die man weiterhin geht, obwohl die Gründe dafür längst nicht mehr bestehen. Bei Gebrauchsdingen kann das zu einer sehr aktiven Umfunktionierung und Umgestaltung in Richtung anderer Aufgaben führen. Am häufigsten gleiten solche nicht mehr benötigten Objekte in den Symbol-, Dekorations- beziehungsweise Repräsentations- und Imponierbereich hinüber. Je nach Bedarf ändern sie aber im Dienste der neuen Verwendungsweise die ursprüngliche Zweckgröße und werden material-, form- und farbvariabler. Bezüglich Materialwandlung sei auf S. 161 verwiesen, wo dieses Thema behandelt wird. Farbänderungen erfolgen in erster Linie durch Wirksamwerden technologischer oder finanzieller Möglichkeiten und stehen daher mit angeborenen menschlichen Beziehungen zu Farben (S. 177 ff.) in keinem primären Zusammenhang. Ausgesprochen spontane Regelhaftigkeiten zeigen sich hingegen bei Abänderungen der Form, die im folgenden näher besprochen werden sollen.

Mit Einsetzen des Wohlstandes nach dem Zweiten Weltkrieg wurde es vorwiegend im städtischen Bereich Mode, auf Gartengrundstücken ländliche Schubkarren als Blumenbehälter aufzustellen. Durch das Zurückgehen von Kleintierhaltung, Obstproduktion und Blumenpflanzung zugunsten einheitlicher Rasenflächen hatten die Geräte ihren Gebrauchswert verloren. Die Karren wurden als Dekorationsstücke zunächst original belassen, später da und dort bunt bemalt und dann eigens als Blumenbehälter erzeugt. Alsbald begann eine starke Größenvariation, die Räder drehten sich nicht mehr, und schließlich machte man das Fuhrwerk aus Plastik und Keramik. Im Garten eines Baumeisters sah ich als

Blumenbehälter sogar einen übergroßen Schubkarren aus Beton. In ähnlicher Weise verwendet man Kinderwiegen und Kohlenbügeleisen. Der Pferdekamm wird zum Kleiderrechen, Pferdekummets und die goldbestickte Unterseite von Trachtenhutkrempen dienen als Spiegelrahmen. In all diesen Fällen läuft infolge steigender Nachfrage sehr bald eine auf den neuen Zweck ausgerichtete Produktion an, die alte Funktionen nicht weiter berücksichtigt und lediglich äußere Formen kopiert. So werden die heute nur noch selten benützten hölzernen Nudelwalker und Fleischklopfer als der Länge nach halbierte Attrappen hergestellt, damit man sie besser an die Wand hängen kann. In Matrei (Osttirol) schnitzt man die riesigen Klaubaufmasken, die der Sommergast zwar kaufen, aber nicht mitnehmen kann, bis zur Größe von Automaskottchen nach. Die im islamischen Mittelmeerraum üblichen sogenannten »Gebetsketten« wiederum erhält der Tourist auf das Vielfache vergrößert als Zimmerschmuck.

Abb. 38 Wandlung funktionsloser Linienführungen.
a Einfaches Helm-Schuppenband.
b Die keinem strengen Funktionsdruck unterliegende Gestalt der Einzelplättchen luxuriert bis zu komplizierten Blattformen.

Sehr charakteristisch für kulturelle Wandlungsvorgänge ist die mit dem Funktionsverlust Hand in Hand gehende Luxurierung der Begrenzungslinien von Gebrauchsgegenständen oder deren Teilen. Diese Entwicklung führt je nach Material von der Geraden zur Wellen- oder Zickzacklinie und weiter zu Mäander-, Blätter- und Blütenformen. Aus Kreisen werden Rosetten, Sterne oder Blumen. So entstand aus dem runden Knopf der Stern als militärisches Rangabzeichen, was vor allem an alten österreichischen Uniformen gut zu sehen ist, wo die Rangsterne noch am Rockkragen anstelle der ursprünglichen Verschlußknöpfe sitzen und der Knopf am »Paroli« des Mantelkragens sehr lange erhalten blieb (vgl. O. Teuber und R. v. Ottenfeld 1895, H. Patera 1960). Im Grunde genommen geschieht nichts anderes als eine Verlängerung der Begrenzungslinie durch Oszillation. Es ist nicht nur im Hinblick auf die Funktion, sondern auch psychologisch interessant, daß der Mensch im Falle von Rationalisierungsbestrebungen den umgekehrten Weg der Linienvereinfachung geht. So wurden in Rußland die zaristischen Offizierssterne auf den ursprünglich äußerst schlichten Uniformen der Roten Armee durch Vierecke ersetzt. Es sei auch an die heute so gern vorgenommenen Fluß- und Straßenbegradigungen oder an die nüchtern-starre Linienführung moderner Zweckbauten erinnert.

Die Umwandlung dem Funktionsdruck entzogener Zwecklinien in kompliziertes Rankenwerk läßt sich sehr gut an den Knopflochvarianten alter Uniformen verfolgen (W. Transfeldt 1942, O. Koenig 1970a). Anfangs waren es einfache, bunte Ausnähungen, die dann aufgrund irgendeiner neuen Trageweise des Kleidungsstückes überflüssig wurden und allmählich gezackte Blattformen annahmen, bis sie wahrhaft »pflanzengleich« die bislang freien Tuchflächen überwucherten. Die Knopflochherkunft solcher Muster läßt sich oft erst nach sorgfältig reduzierender Analyse nachweisen. Ebenso werden nicht mehr gebrauchte Waffen wie etwa Beil, Lanze, Hellebarde oder Biedenhänder zu Imponier-

Abb. 22 (S. 121)

objekten mit kompliziert ausgezackten Klingen (vgl. P. Martin 1967). Auf dem gleichen Weg wird das klare Augensymbol zur Blume, Rosette oder zum Stern. Die ebenfalls in diese Richtung wirkende Tendenz zur »Entschärfung« von Abwehraugen wurde S. 131 ff. besprochen.

Weiters charakteristisch für den Wandel kultureller Objekte ist der unter gewissen Bedingungen einsetzende Schwund von Innenstrukturen unter Beibehaltung der Umrißlinie. Wo mehrere primär selbständige Stücke zu einer Ganzheit zusammengefügt werden, entsteht eine neue, von den Teilstücken her beeinflußte Gesamtkontur. Die Innenzeichnung verliert etwa im gleichen Maß an Wichtigkeit, wie die Eigenständigkeit der Teile durch ihr Zusammenwachsen schwindet. Alsbald wird die neue Gestalt zum Bedeutungsträger. Charakteristische Beispiele hierfür bieten die gezackten Renaissance- und Barockgiebel vieler süddeutscher, vor allem niederbayrischer Häuser. Offensichtlich trugen sie ursprünglich in Mal- oder Stuckarbeit ausgeführte unheilabwehrende Miribotas (S. 298 ff.), deren Spitzen und Rundungen das Giebelprofil bestimmten. Vielleicht aus Ersparnisgründen stellte man beim Neuverputz die Innenzeichnung nicht wieder her und beließ nur die äußere Form, die man zwar bald nicht mehr verstand, jedoch in den Bereich ritualisierter Prestigeverpflichtungen (»das hat man so«) aufnahm und bei Neubauten beibehielt. Als nächstes erfolgte die Abwandlung der nunmehr funktionsfreien Umrißlinie. Gleiches spielte sich bei den ursprünglich reich gearbeiteten, mit Abwehrsymbolen versehenen Sessellehnen ab (vgl. M. Kislinger 1963, H. Nemec 1966), die allmählich zu den bizarr geschweiften und ausgezackten, in der Fläche aber unverzierten Rücklehnen der Bauernsessel wurden. Weitere Beispiele für Verlust der Innenstruktur unter Beibehaltung des Umrisses sind Embleme wie Wappenlilie oder Halbmondvarianten, die ebenfalls aus Miribotas entstanden sind (S. 327). Gelegentlich werden leere Flächen durch neue, mit der Außenkontur nicht korrelierte Ornamente wieder aufgefüllt. Eine gegenläufige Entwicklung, die zur Heraushebung der Innenzeichnung bei Verlust der Umrißlinie führt, kommt ebenfalls, wenn auch selten vor. Bestes Beispiel dafür ist das Hakenkreuz, dessen Gestalt sich aus vier einem Kreis eingezeichneten Miribotas erklärt, von denen nur die Trennlinien als eigenständiges Ornament herausgegriffen und ritualisiert wurden (S. 302 ff.).

Sehr interessant in diesem Zusammenhang sind die Ausführungen von W. Berger (1973) über erstaunliche Analogien in stammesgeschichtlichen und kulturellen Bereichen. Er sagt unter anderem:

»So zeigt es sich zum Beispiel in der Erd- und Lebensgeschichte, daß bestimmte hochentwickelte Tiergruppen auf gewisse ›Krisensituationen‹ – in denen offenbar ihr inneres und/oder äußeres biologisches Gleichgewicht tiefgreifend gestört wird – mit der Bildung von bizarren, unruhig-quallig-quellenden oder überfein-zerbrechlichen, den Anforderungen des Lebens keineswegs entsprechenden und zudem häufig für uns

Abb. 39 Erhaltung der Kontur bei Schwund von Innenstrukturen. **a** Nürnberger Bürgerhaus (Renaissance), Gibelkontur durch apotropäische Miribotas und Voluten bestimmt. **b** Herausgezeichnete Kontur zu a. **c+d** Niederbayerische Häuser (18. Jh.) mit schmucklosen Giebeln und sinnentleert welligen Dachkonturen. **e** Reichgeschnitzte Sessellehne (Tirol, 17. Jh.). **f** Herausgezeichnete Kontur zu e. **g+h** Schmucklose Sessellehnen mit sinnentleerter Kontur (Salzburg und Spreewald, 18. Jh.). **i** Beschlag für Pferdegeschirre (Türkei). Die offenbar aus einer Miribota-Kombination hervorgegangene Figur wurde nach Weglassung der Innenstruktur zur eigenständigen Abwehrgestalt.

unharmonisch und damit unschön wirkenden ›Zerrformen‹ reagieren, die nie eine lange Lebensdauer haben. Das Musterbeispiel sind die Ammoniten (beschalte Tintenfische), die vor ihrem Aussterben in der Oberkreide ihre bis dahin mehr oder weniger stereotype symmetrisch-scheibenförmige Gestalt zum Teil aufgeben und eine Vielzahl von Gestaltungstypen ›ausprobieren‹, von denen einige gekennzeichnet sind durch weitgehenden Verlust der ordnenden Formprinzipien wie Symmetrie, Konsequenz und Harmonie der Proportionen (Müller 1961, S. 29, Abb. 19). Ganz ähnliche Erscheinungen beobachten wir nun auch in gewissen ›kritischen‹ Epochen der Kunst und Kultur: Das Laub- und Knüppelwerk der Spätgotik, das Knospenwerk der Spätrenaissance (›Ohrmuschelstil‹) und das Muschelwerk des Spätbarocks (›Rokoko‹) sind ›Zerrformen‹ mit ganz entsprechender Gestaltung und Entwicklung.« ... »Als Sonderfall der Zerrformenbildung am krisenhaften Ende eines Entwicklungsabschnittes müssen wir das Riesenwachstum auffassen, das in sich immer schon den Keim des Todes trägt...«

Unter den drei geschilderten, bei Funktionsverlust von Gebrauchsobjekten zu beobachtenden Gestaltänderungen ist die erstbeschriebene, nämlich zunehmende Oszillation ursprünglich schlichter Linien, die mit Abstand häufigste, die sich geradezu regelmäßig einstellt. Sehr oft werden die neu entstandenen Formen mit bereits bekannten Umweltdingen assoziiert und dann nach diesen benannt beziehungsweise aus diesen erklärt. Hierher gehört unter anderem das korinthische Akanthus-Motiv. Die beiden nächstgenannten Wandlungsmöglichkeiten, nämlich einerseits Abbau der Innenstruktur unter Beibehaltung der Umrißlinie, andererseits Heraushebung der Innenzeichnung bei Verlust der Gesamtform werden meist mehr oder weniger von ökonomischen oder herstellungstechnischen Faktoren induziert und beeinflußt. Häufig findet man übrigens auch die Umdichtung einer Form in Menschen- oder Tiergestalten. Das Vorhandensein zweier Augenpunkte genügt mitunter bereits, um erst ein Gesicht, später ein ganzes Lebewesen daraus zu machen. Dies kann außerhalb jedes der geschilderten Wandlungsabläufe völlig spontan erfolgen, da sich der Mensch eben gern mit Lebewesen umgibt und solche, sofern er das Grundmotiv »Auge« erkennt, jederzeit in Dinge »hinein«- oder um sie »herum«-sieht.

Eine weitere Wandlungstendenz geht in Richtung eines gewissen »Sparsamkeitsprinzips«. Beobachtet man Tiere beim Balzen, Drohen oder Betteln, fällt einem auf, daß die signalisierenden Handlungen in eine bestimmte Richtung erfolgen, während die abgekehrte Seite inaktiv bleibt. Ein hungriger Jungreiher etwa paddelt zwar den frontal vor ihm stehenden Elternkumpan mit beiden Flügeln an, sowie aber eine seitliche Positionsverschiebung eintritt, stellt der jeweils abgekehrte Flügel die Arbeit ein. Der balzende Goldfasan spreizt nicht die gesamte Halskrause, sondern lediglich die der Henne zugekehrte Hälfte. Der drohend knurrende Hund entblößt vorwiegend den feindseits sichtbaren Eckzahn, genau wie der Mensch, der eine ähnliche Mimik als Ausdruck höhnischer Verachtung präsentiert. Die Vogelfeder ist nur außen bunt, an versteckten Teilen verwaschen und fahl. Ähnlich ist es bei Tierhaaren. Diese Reduktion nicht benützter Strukturen ist auch bei Kulturgütern zu beobachten, wo sie sich in »Verärmlichung« nicht sichtbarer Objektseiten äußert. Die Herrenweste besteht nur an der Brustseite aus Anzugtuch, ansonsten aus billigem Futterzeug. Sofas und gepolsterte Sitzmöbel bekommen Rückseiten aus Gradl. Gleiches beobachtet man an den herunterhängenden Beuteln alter Uniformmützen, die oberseits bunten Stoff, unterseits grobes graues Leinen zeigen. Die an griechischen Trachtenjacken herabhängenden, nur auf der Schauseite prächtigen Zierärmel sind auf gar nicht mehr überzuziehende einfache Stoffbahnen reduziert. Mobiliar, Hausrat, Vorhänge, Kopftücher und was sonst an Objekten im menschlichen Bereich ausgeschmückt wird – fast immer gerät die sichtabgekehrte Seite ins Hintertreffen. Grundsätzlich läßt sich also feststellen, daß kulturelle Objekte genau wie Verhaltensweisen zur Verkümmerung neigen, wo sie nicht gesehen beziehungsweise nicht gebraucht werden. Sie atrophieren partiell wie untätige Muskulatur, wogegen sie an den Schau- respektive Gebrauchsseiten ausgebaut, verschönt und verbessert werden.

Während normalerweise jedes Produkt allmählichen Veränderungsprozessen unterliegt, kommt es in bestimmten Ausnahmesituationen zu einem Wandlungsstopp. Dies geschieht vor allem bei der Transferierung von Kulturgütern oder Menschengruppen aus ihrem ursprünglichen Heimatgebiet in fremde Räume. Offensichtlich wirkt sich bei Zuwanderern die Konzentration auf die neue Umwelt, die Notwendigkeit, sich anzupassen, auf den mitgebrachten Kulturbesitz konservierend aus. Er scheint sogar in Erinnerung an die alte Heimat in einer Art psychologischen »Denkmalschutzes« besonders gepflegt zu werden. Wahrscheinlich entspringt dies sowohl sentimentalen Gründen wie auch einem unbewußten Streben, den Schritt ins Unbekannte vom Boden fester Traditionen aus zu tun. Wie Untersuchungen von I. B. Graefe (1971) an Rußlanddeutschen in Argentinien zeigten, ist dort altes deutsches Kulturgut erhalten geblieben, das man in seinem Entstehungsgebiet nicht mehr findet. Analoge Beispiele liefern die Arbeiten von K. Ilg (1972). Diese Tendenzen umfassen auch die Sprache. So werden beispielsweise in den kroatischen Dörfern des Burgenlandes (Österreich) noch heute Dialekte aus der Ansiedlungszeit gesprochen, die in Jugoslawien von der serbokroatischen Umgangssprache längst verdrängt sind. Nach mündlicher Mitteilung von Prof. Dr. B. Petrei (Wien) sprechen die nach Amerika ausgewanderten Burgenländer noch immer den alten, bis zum Zweiten Weltkrieg allgemein gebräuchlichen altbajuwarischen »ui«-Dialekt, der im jetzigen Burgenland der »ua«-Aussprache gewichen ist.

Nicht nur anderswohin übertragenes, sondern auch aus fremdem Gebiet übernommenes Kulturgut wird, vom ursprünglich nährenden Mutterboden losgelöst, in der Isolation mitunter eingefroren und somit über lange Zeiträume bewahrt. Noch 1870 trugen die Krieger des wohlorganisierten Bornu-Reiches im Tschadseegebiet typisch römische Panzer, die sich hier erhalten hatten (vgl. A. v. Pawlikowski-Cholewa 1943). Ebenso wurde in fast ganz Schwarzafrika der Kleiderschnitt der europäischen Siedlerfrauen aus der zweiten Hälfte des 19. Jahrhunderts bewahrt. Die heutige Republik Liberia, ein von den USA für ihre freigelassenen und an der afrikanischen Westküste seit 1822 angesiedelten Sklaven gegründeter Staat, zeigt erstaunlich viele amerikanische Lebensformen jener Zeit. Die Reihe ließe sich beliebig fortsetzen. Eines der drastischsten und folgenschwersten einschlägigen Phänomene ist die Transferierung des im 19. Jahrhundert in Europa formulierten Marxismus nach Rußland, von wo er, getreulich bewahrt, in seine Geburtsheimat rückexportiert wurde und nun auf die inzwischen veränderte Situation überhaupt nicht mehr paßt. Wie starr und wortgetreu die Theorien von Engels und Marx in der Fremde erhalten blieben, ersieht man am deutlichsten aus der von Rußland her beeinflußten Massenschulungsliteratur (vgl. A. G. Basanow 1963, G. Redloff, H. Frommknecht und M. Klein 1972). Es ist ungefähr so, als würde man die in der Abgeschiedenheit des Inselkontinents Australien über Jahrmillionen konservierte Beuteltierfauna nach Eurasien bringen, wo sie längst von höheren Säugern abgelöst wurde. Australien bietet sicherlich das geschlossenste Bild einer in der Isolation steckengebliebenen Frühfauna. Beispiele für die Existenz von Altformen auf isolierten Inseln oder in sonstigen endemischen Räumen gibt es in großer Zahl. Kulturelle Produkte des Menschen unterliegen gleichen Gesetzen. Das muß auch bei der Analyse von Symbolen berücksichtigt werden.

12. Herstellungsmaterial und Raumeinpassung

Die Einpassung der verschiedenen Lebewesen in ihren Lebensraum ist so vollkommen, daß Ökologen Termini wie »Nische« (C. Elton 1930), und »Planstelle« (W. Kühnelt 1948) geschaffen haben, um die enge Wechselwirkung zwischen Art beziehungsweise Individuum und Umwelt zu charakterisieren. Beide Begriffe enthalten zwar durch ihre gestaltliche Vorgegebenheit einen ideeistischen und somit auch teleologischen Kern, doch wird ihre Brauchbarkeit selbst für den absolut kausal naturwissenschaftlich denkenden Forscher sofort verständlich. Die Planstelle ist ja auch im politischen »staatlichen Stellenplan«, aus dem die Ökologie den Terminus entlehnt hat, ursprünglich nicht willkürlich erfundener Systemteil, sondern herausentwickelte Funktion. Ebenso ist unter »Nische« nichts Präformiertes zu verstehen, das im voraus da war, um ausgefüllt zu werden, sondern eine aus der Wechselwirkung zwischen Art und Umwelt entstandene Matrix, die meistens erst dann als solche erkennbar wird, wenn Teilfunktionen der Ganzheit ausfallen. H. Winkler (1971) versucht den Begriff folgendermaßen neu zu formulieren: »Die Nische ist jene Menge (hier im Sinne der Mengenlehre als Ganzheit aufgefaßt) von Umweltelementen, die dem Aktionssystem einer Art ein Gleichgewicht ermöglicht. Wie vorher diskutiert wurde, sind die Elemente durch die Ansprüche der Art gegeben. Die Nische kann Teilsystem der verschiedensten Umweltsysteme sein und ist raum-zeitlich geordnet.«

Die tatsächliche, dynamische Realität dieser Welt läßt sich nicht synchron darstellen und zwingt daher den Beschreiber zur Übersetzung in die Statik. Wer aber eine so entstandene Momentaufnahme zur gültigen Realität erhebt und glaubt, in ihr einen echten Ausgangspunkt zu besitzen, begeht einen schwerwiegenden Fehler, indem er das unseren Sinnesorganen »gerechte« Bild gewissermaßen »zur Gerechtigkeit an sich« erhebt. Wir müssen uns darüber klar sein, daß wir überhaupt nur mit menschlichen Übersetzungen der Wirklichkeit agieren und nicht mit dieser selbst. Die heute von verschiedenen Wissenschaftsrichtungen betriebene Diskussion über Subjektivität und Objektivität ist insofern belanglos, als wir die Objektivität der Welt ohnedies nur menschlich subjektiv erforschen können und froh sein müssen, ein für uns verständliches, möglichst realitätsnahes Bild zu schaffen. Dafür taugen die ökologischen Begriffe »Nische« und »Planstelle« annähernd gleich gut, dokumentieren sie doch die fugenlose Einpassung einer Art ebenso treffend wie deren Existenznotwendigkeit für die Lebensganzheit. Sie sind in gleicher Weise statistischer Begriff wie ihre Gegenform, die Art. Da diese jedoch nichts isoliert Dastehendes, sondern eine zwischen den Endpunkten »Gesamttierreich« und »Individuum« liegende Stufe des Gesamtsystems ist, können die der Art zugehörigen ökologischen Begriffe auf die Dimension des Gesamtsystems gedehnt werden. Ohne Zweifel haben »die Tiere« in Relation zu »den Pflanzen« eine bestimmte ökologische Großfunktion, innerhalb deren etwa »die Greifvögel« wiederum eine enger begrenzte Teilaufgabe erfüllen. Diese wird dann im artspezifisch charakterisierten, winzigen Teilausschnitt von einem Wanderfalken, Mäusebussard oder Sperber ausgeübt. Ein solches System erfordert sowohl eine phylogenetische wie letztlich auch eine ontogenetische individuelle Plastizität (vgl. W. Wickler 1972). Die von der Spezies im theoretisch-abstrakten Gesamtstellenplan eingenommene ökologische Nischenfunktion wird beispielsweise vom Individuum »Rohrweihe« in einer geeigneten Landschaft den örtlichen Gegebenheiten entsprechend bewältigt. Die Rohrweihe tut hier jedoch nicht alles, was sie ihren Fähigkeiten nach tun könnte, sondern nutzt bestimmte Möglichkeiten, die ihr der Lebensraum anbietet. Manche Rohrweihen sind Nagerfänger, andere jagen vorwiegend auf Bläßhühner, und einige spezialisieren sich sogar auf Plünderung von Reiherhorsten (vgl. O. Koenig 1952, O. Uttendörfer 1939). Würde man eine Rohrweihe ausschließlich mit Regenwürmern oder rohem Muskelfleisch füttern, stellten sich alsbald gesundheitliche Störungen ein. Offensichtlich kann die Ernährung in einem gewissen Fächerbereich variieren, sofern sie bestimmte Grundelemente aufweist. Ähnliches läßt sich auf dem Gebiet des Nestbaues feststellen. Türkentauben errichten ihre Brutstatt aus kleinen Ästchen, Wurzeln oder dickeren Halmen. Finden sie irgendwo kurze Drahtstückchen, so verwenden sie diese. Türkentaubennester auf Güterbahnhöfen bestehen mitunter vollständig aus weggeworfenen Plombierdrähten (W. Matthes 1963), und in Weingartennähe fand man Nester von Kirschkernbeißern, die nur aus Rebenbindedraht geflochten waren (vgl. O. Koenig 1962 c). Auch dieses Grundmaterial paßt in das Schema der Vögel hinein.

Da ein Abweichen vom bisher bekannten, traditionellen Nistmaterial auch schon bei anderen Arten nachgewiesen wurde und analoge Erscheinungen in unterschiedlichsten Aktionsbereichen vorkommen, erscheint es notwendig, bei der Beschreibung verwendeter Objekte und Materialien beziehungsweise erjagter Beutetiere über den unmittelbar wahrgenommenen Aktualfall hinaus jene Komponenten herauszulösen, die den jeweiligen Interessenten zur Benützung anreizen. Beim Nestbau der Türkentaube ist es eben nicht der von einem Ast gebrochene kleine

Zweig, sondern das Summenphänomen aus Länge, Dicke, Biegsamkeit und Gewicht. Andere Eigenschaften, die der Gegenstand noch zusätzlich besitzt und die uns Menschen wesentlich erscheinen, können für die Taube bedeutungslos und daher »nicht existent« sein. H. Hediger (1951) hat die Unterschiedlichkeit der Objektbewertung von Art zu Art anschaulich am Beispiel eines Termitenhaufens dargestellt. Dieselbe Problematik behandeln J. v. Uexküll und G. Kriszat (1934) unter dem Motto: »Das gleiche Subjekt, als Objekt in verschiedenen Umwelten«.

Die Plastizität hinsichtlich der Wahl und Ausnutzung von Gebrauchsobjekten ist beim Menschen selbstverständlich am größten, ist er doch schon von den frühmenschlichen Ahnen her hochspezialisierter Werkzeugbenützer, der dementsprechend mehr experimentieren und untersuchen kann als andere Lebewesen, die im Umweltkontakt allein auf ihre Organausstattung angewiesen sind. Aber auch bei Tieren gibt es viele Fälle von Werkzeuggebrauch. Es sei hier nur an die Verwendung von Steinen zum Aufschlagen von Straußen-Eiern durch Schmutzgeier (H. und J. v. Lawick-Goodall 1972) oder die Benützung von Kaktusstacheln zum Herausholen von Larven aus Spalten durch den Galapagos-Spechtfinken (I. Eibl-Eibesfeldt und H. Sielmann 1962, 1965) erinnert. Was dann bei Anthropoiden an Material- und Werkzeuggebrauch anklingt (F. Jantschke 1972, W. Köhler 1921, J. v. Lawick-Goodall 1971, M. A. Zoll 1971), gemahnt schon stark an den *Homo sapiens*. Mittels seiner Werkzeugtechnik hat der Mensch es verstanden, die gegensätzlichsten Biotope zu besiedeln, woselbst er nun neue Materialien vorfindet oder altgewohnte Werkstoffe neuen Funktionen zuzuordnen hat. Seine Grundbedürfnisse allerdings bleiben immer und überall gleich, nämlich spezifisch menschlich. Ein Kochtopf wird in der Südsee genauso benötigt wie in der Arktis, doch bieten die konträren Landschaften zu seiner Herstellung eben nicht die gleichen Materialien an. Es kann auch geschehen, daß qualitativ besonders gute Kochtöpfe zur weitverbreiteten Handelsware werden und in Räume gelangen, in denen man sie nicht zu erzeugen vermag. Nach Gewöhnung an das Produkt versucht man es dann eines Tages aus bodenständigen Materialien nachzuahmen. Die Beispiele für solche Vorgänge sind Legion. So wurden sogar schon die metallenen Blasinstrumente der sogenannten »Blechmusik« in bäuerlichen Alpengebieten mit ausgezeichnetem Erfolg aus Holz gefertigt. Es wäre übrigens ein Irrtum zu glauben, die uns so ästhetisch und solid erscheinende Materialtreue bodenständigen Volksgutes entspringe einem »gesunden Qualitätsgefühl« der Erzeugergruppe. Zumeist ist es Mangel an Möglichkeiten, der die Verwendung des traditionell echten Materials erzwingt. Sowie in eine Kultur große Mengen von Ersatzwerkstoffen einfließen wie zum Beispiel die modernen plastischen Kunststoffe, werden sie sehr bald akzeptiert und anstelle althergebrachter, jeweils lebensraumgerechter Materialien verarbeitet.

Vieles von dem, was wir im Tierreich an Verhaltensmöglichkeiten fest verwurzelt oder knospend angedeutet vorfinden, hat sich beim Menschen gerade infolge seiner werkzeugbedingten Lebensraumerweiterung zu verwirrender Reichhaltigkeit entfaltet und oft in scheinbar völlig Neues verwandelt. Wie groß trotz einheitlicher Grunderfordernisse die menschlichen Möglichkeiten in der materiellen Kulturgestaltung sind, demonstriert jedes Völkerkundemuseum in überwältigender Weise. Populationen, die in Waldgebieten leben, benützen vorwiegend Holz und neigen somit zur Schnitzkunst. Dazu verwerten sie Blätter, Ranken und Teile waldbewohnender Tiere. Ackerbauern in der Steppe hinwiederum sind hauptsächlich auf die von ihnen angebauten Nutzpflanzen angewiesen usw. Betrachtet man den älteren Hausbau quer durch Europa, so erkennt man jedoch ungeachtet des verwendeten Materials ein generelles, spezifisch menschliches Bedürfnis nach Witterungsschutz, Geborgenheit und Raumgliederung (Notring 1973, H. Soeder 1964). Jedermann wird das Zelt eines Lappen ebenso als Behausung ansprechen wie eine Almhütte im Gebirge, eine städtische Luxusvilla, einen apulischen Trullo oder einen oberösterreichischen Vierkanthof. Dies gilt nicht nur für die Beurteilung von Einzelgebäuden, sondern ebenso für die historische Betrachtung von Siedlungskonzepten (vgl. W. Brünger 1961). Es sind elementare, aus der menschlichen Biologie erwachsende Grundeigenschaften, die uns dies ermöglichen. Genauso bezeichnen wir beliebige Tierbauten als »Wohnung« (vgl. K. v. Frisch 1974) und jede Vogelbrutstatt unabhängig vom Phänotypus sofort als »Nest« (vgl. W. Makatsch 1951). Wir erkennen ja auch trotz größter Variationsbreite sofort eine »Kopfbedeckung« oder ein »Beinkleid« (vgl. W. Bruhn und M. Tilke 1955, A. Kretschmer und K. Rohrbach 1906, H. Mützel 1925, M. Tilke 1948). Gleiches gilt für Augenabbildungen. Sowie der Mensch die Sozialfunktion des Auges verstandesmäßig erfaßt und das Kunstprodukt stellvertretend für das Naturobjekt als neues Werkzeug seinem Agieren einordnet, wird daraus nach den vorher umrissenen ökologischen Gesichtspunkten eine reiche umwelt- und materialbedingte Fülle zweckbedingter »Ökogestalten«, aus denen das Grundprinzip »Auge« aber zumeist sehr gut herauslesbar ist.

Als Parallelbeispiel sei das germanische Runenalphabet erwähnt (vgl. W. Krause 1970), dessen formale Verwandtschaft mit den lateinischen Blockbuchstaben verhältnismäßig klar zu sehen ist. Die Formdifferenz ist vorwiegend dadurch bedingt, daß die Germanen ihre Runen in Buchenholzstäbchen ritzten, wogegen die Römer ihre Schriftzeichen schrieben, in Wachs gruben oder in Stein meißelten. Durch die Holzstruktur der Runenstäbchen war das Schnitzen von runden oder entlang der Faserung verlaufenden Linien erschwert, weswegen man lieber Schräg- und Querstriche anbrachte. So wurden die lateinischen Rundungen zu Dreiecken und die Waagrechten zu Schrägen. Dennoch blieb die Ausgangsgestalt auch in der neuen Form gut erkennbar. Ähnliches spielt sich ab, wenn die Augenform in Perlstickerei oder grobe Webetechnik übertragen werden soll. Das Ornament setzt sich aus kleinen eckigen Flächen zusammen und erscheint nun als Vieleck, Rhombus oder Quadrat. So variieren innerhalb eines geschlossenen Siedlungsraumes die verschiedenen Abzeichen von Berufs- und Arbeitsgruppen trotz meist einheitlicher Abstammung von apotropäischen Augensymbolen relativ stark. Die rein vom Werkstoff her erzwungene Abwandlung kann bei einer kleineren Sozietät zum individuell betonten Gruppenzeichen werden und sich nun noch weiter von der Ausgangsform entfernen. Diese Palette unterschiedlicher Berufssymbole bietet einen sichtbaren Beleg für die interne ökonomische »Ökostruktur« eines Gemeinwesens, das analog einer Biozönose aus vielen wohlbesetzten »Planstellen« besteht und bei Ausfall einzelner Funktionsglieder leere »Nischen« darbietet, die im Interesse der Gesamtheit wieder ausgefüllt werden müssen.

Abb. 156 (S. 417)

Ein sehr anschauliches Großraumbeispiel für dieses Grundsystem bietet die politisch und religiös zwar homogene, geografisch, ethnisch und wirtschaftlich jedoch reich strukturierte Türkei mit ihrem Amulettwesen. Das Gedankengut vom »bösen Blick« ist in allen Gebieten und Bevölkerungsschichten verbreitet, die geistige Grundhaltung des Verbraucherkreises für apotropäische Mittel erscheint ziemlich einheitlich. Trotzdem variieren die Rohmaterialien und Handwerkstechniken zur Amulettanfertigung so vielseitig wie die türkischen Wirtschaftsformen, Berufsgruppen und Landschaftstypen. Der viehzüchtende Nomade nimmt primär Felle, Haare und Häute, der Bauer Pflanzen und Früchte. Die Küstenbevölkerung formt aus runden Steinen, Muscheln, Schneckenhäusern, Fischen und sonstigen Meeresprodukten ein völlig anderes Abwehrinventar als der Hirte hoch oben im Taurus, der Töpfer in einer Kleinstadt oder der Kupferschmied in der Metropole. Durch den innertürkischen Binnenhandel, den mündlichen und schriftlichen Gedankenaustausch sowie die Übernahme- und Nachahmungsbereitschaft aller Bevölkerungskreise gelangen dann die lokalen Ausprägungen weit über ihre Heimatgebiete hinaus, bis mit der Zeit ein kaum noch überschaubares System multilateraler Verknüpfungen, Kombinationen und Beeinflussungen entsteht, das an die phänotypische Vielfalt einer phylogenetisch gewachsenen Biozönose beziehungsweise des gesamten Lebensstammbaumes erinnert.

Ornamentales Motiv und verwendeter Werkstoff sind jedoch für die äußere Form eines Blickabwehrmittels nicht allein maßgebend. Eine sehr bedeutende Rolle spielt der Anbringungsort. Ist ein solches Zeichen starr am Körper oder an einer Wand befestigt, »blickt« es in eine vorbestimmte Richtung, ist folglich einseitig flächig gestaltet und bietet mehrere Möglichkeiten für die Halterung. Das Symbol kann hängend, durch Stützung von unten oder auch rückseitig fixiert sein. Wichtig ist der richtungsgebundene Schaueffekt. Anders ist die Situation, wenn das Zeichen von verschiedenen Seiten gesehen werden soll und daher mehrere um einen zentralen Kern gruppierte Fronten besitzt. Hier kommen nur Aufpflanz- oder Hängetechnik in Frage wie beispielsweise einerseits für Giebel- oder Turmspitzenzeichen, anderseits für freischwebende Objekte in Räumen.

Die Anbringungsart hat nun wieder ihre Auswirkung auf die »imponierende« Multiplizierung eines Symbols (S. 149 f.). Bei aufgesteckten Gegenständen ist eine Vervielfachung mitunter schwerer zu erreichen als bei baumelnden, die auf relativ einfache Weise neben- oder aneinandergehängt werden können. Die schon von alters her in mannigfacher Form verwendeten und auch heute als Zimmerschmuck so beliebten »Mobiles« oder »Unruhen« zeigen sehr gut den aus der Aufhängung resultierenden, großen Gestaltungsspielraum. Wieder andere Voraussetzungen liegen vor, wenn Abwehrzeichen keinen festen Platz innehaben, sondern der magischen Sicherung einer ziehenden Horde dienen sollen. Sie erhalten dann sehr schnell auffälligen Signal- oder Feldzeichencharakter. Während man sich nämlich in der festen Siedlung ein Viertel, eine Straße oder ein Gebäude als Domäne gewisser Personengruppen leicht merkt, ist die Identifizierung des wandernden Verbandes bedeutend schwieriger. Von Örtlichkeiten weitgehend unabhängig, muß er sich isoliert legitimieren. So wird auch verständlich, warum der fahrende Händler viel mehr optische und akustische Signale entwickelt als der seßhafte Kaufmann im alteingeführten, jedem Bewohner der Siedlung bekannten Laden. Das militärische Feldzeichen als Emblem des »Feldes« (die wie ein »Getreidefeld« geschlossen im Gelände stehende Truppe, vgl. G. Drosdowski und P. Grebe 1963, W. Transfeldt 1942) ergibt sich aus dieser Notwendigkeit signifikanter Kenntlichmachung. So zeigt sich zum Beispiel in der Geschichte österreichischer Feldtruppenfahnen ein deutlicher Trend von kompliziert erzählenden Inhalten in Richtung signalhafter Vereinfachung (vgl. A. Mell 1962). Dagegen bedurften stationäre Festungstruppen der Feldzeichen und Standarten viel weniger. Auch die Uniformen sahen bei solchen Formationen, deren Zugehörigkeit durch den Ort charakterisiert war, zur Zeit des »bunten Rockes« schlichter aus als die von Angriffs- und Streifverbänden (vgl. O. Koenig 1970).

In diesem Zusammenhang interessant ist die Tatsache, daß bei den äußerlich einander ja recht ähnlichen Schiffen auf Beflaggung großer Wert gelegt wird und eine hochdifferenzierte Flaggensymbolik entsteht, während die Mannschaftsuniformierung weltweit einheitlich bleibt. Intern ist das Schiff eben eine Festung und bedarf keiner Prahluniformen. Nach außenhin stellt es aber eine oft sogar sehr bewegliche »Marscheinheit« dar. Da die Fahnen nicht getragen werden müssen, können sie in Zahl und Größe stark luxurieren. Für fahrendes Volk oder weit marschierende Truppenkörper wird das Mitführen von Signal- oder Heilszeichen aber recht beschwerlich, weshalb von Anfang an die Tendenz zur Vereinfachung und Mehrfachfunktion der Zeichen vorherrscht. Gruppen- oder Stammesabzeichen, politische Hoheitszeichen und apotropäische Symbole, die bezüglich Entstehung und Inhalt vielfach wahrscheinlich überhaupt nicht scharf zu trennen sind, verfließen in eines. Die römischen Kohorten- und Legionszeichen enthalten die gleiche Fülle magischer Schutzsymbole wie etwa die türkischen Roßschweife und Schellenbäume. Gerade bei diesen handelt es sich primär zweifellos um apotropäische Objekte, die wohl erst sekundär infolge gruppenspezifischer Gestaltung zu Corpsabzeichen wurden. Auch die Würdezeichenfunktion besonders der türkischen Roßschweife, deren Zahl mit dem Rang des Hinterherschreitenden anstieg, hängt mit der Abwehrfunktion zusammen. Je wertvoller das zu schützende Gut, desto aufwendiger sind die Schutzmaßnahmen der Gemeinschaft. Dies kann Würdenträger genauso betreffen wie Tiere, Gegenstände, Gebäude oder Ländereien.

Wesentlich beeinflußt wird die Gestalt von Symbolen durch die schon erwähnte Notwendigkeit, auf Wanderung weithin sichtbar getragen und folglich an einer Stange befestigt zu werden. Die Bauart des Sinnzeichens muß sowohl auf Stützung von unten her wie auch auf möglichst gute Transportierfähigkeit ausgerichtet sein. Zweckmäßige Form und genügend Festigkeit bei leichter Bauart sind also gleichermaßen wichtig. Aus einzelnen, zwar miteinander korrelierten, aber nicht verbundenen Teilmotiven bestehende Symbole bedürfen einer Trägerfläche. Das bedeutet aber Gewichtsvergrößerung und Sichtbehinderung. Also nimmt man lieber dünne Verbindungsstreben, und schon werden mehrere im Rund gruppierte Einzelornamente zum festumgrenzten Stern. So kommt es, daß zum Beispiel der türkische Sechsstern auf Abbildungen fast immer als tragbarer Gegenstand vorkommt. Hier ist allein aufgrund technischer Erfordernisse eine neue Symbolform entstanden, die nun ihrerseits als Bedeutungsträger in die Ritz-, Mal- und Zeichentechnik Eingang findet.

Abb. 155h (S. 415)

Auch die Materialeigenschaften wirken sich auf Konstruktionstyp und Größe aus. Wie bei einer Dampflokomotive, die man nicht beliebig groß oder klein bauen kann, wenn sie funktionstüchtig sein soll, begegnet man allüberall der physikalischen Reaktion des Materials. A. Niklitschek (1940) behandelt diese Gesetzlichkeit der »absoluten Größe« recht anschaulich aus technischer und biologischer Perspektive. Dank ihrer Kleinheit kann zum Beispiel eine Maus gefahrlos aus relativen Höhen springen oder fallen, die für einen Elefanten tödlich wären. Riesenquallen, mangels Stützgerüstes und Muskulatur auf dem Land völlig hilflos, bewegen sich im Wasser mühelos fort. Ein langer Roßschweif hängt herunter, ein kurzgeschnittener steht aufrecht. Hohe Gestecke aus Federn brechen leichter als niedrige. Dem menschlichen Gestaltungswillen sind also von Natur aus Grenzen gesetzt. Wohl aber ist es ihm fallweise möglich, dem aus einer Richtung auftauchenden materialbedingten »Stop« in eine andere Richtung auszuweichen. Eine weitere Formbeeinflussung erfolgt durch das Kopieren gebietsfremder Erzeugnisse aus Ersatzmaterial, das dann unter Umständen völlig neue Entwicklungen einleitet. So wird etwa die vom Goldschmied gearbeitete metallene Nachbildung eines strohgeflochtenen Abwehramulettes notwendigerweise zu eigenständigen, von der Materialbeschaffenheit diktierten Gestaltungsweisen führen. Ganz anderes wird herauskommen, wenn sich der Weber, Schnitzer, Glasbläser, Töpfer oder Seidensticker des Modells bemächtigt und es in »sein« Material zu übersetzen sucht. Und ebenso hat es Auswirkungen auf das Objekt, wenn übliche Verwendungs- und Anbringungsweisen infolge kultureller Fremdeinflüsse geändert werden.

Zusammenfassend ist also festzustellen, daß selbst bei absolut einheitlichem geistigem Ausgangspunkt die Realisation kultureller Güter, in unserem Fall abwehrender Augensymbole, infolge des durch Material und Raumeinpassung gegebenen Gestaltungsspielraumes eine der Phylogenie analoge Fülle von Varianten erbringen muß. Meist ist es sehr schwierig, den Entstehungsweg von Amuletten genau zu verfolgen, da die Vielzahl der historischen Einwirkungen nur selten in vollem Umfang rekonstruierbar ist. Gleiches gilt ja auch für Wandlungsvorgänge im Tierreich und somit für biologische Stammbaumentwürfe. Hier stellt wahrscheinlich eine Feinsystematik, wie sie K. Lorenz (1941) bei Anatiden vorführt, das Maximum derzeitiger Möglichkeiten dar. Bei Amuletten und Sinnzeichen ist die Kenntnis der Wechselwirkung zwischen Funktion, Form, Material, Größe und Position im Raum eine wichtige Voraussetzung für Aussagen über Herkunft und eventuelle Verwandtschaftsbeziehungen zu anderen Objekten.

13. Auswirkung individueller Tendenzen

Jedes Lebewesen ist die individuelle, in Raum und Zeit einmalige Ausprägung jener Art, der es angehört. Es geht seinen persönlichen Lebensweg, sammelt persönliche Erfahrungen, setzt persönliche Leistungen. Obwohl jede Art analog dem Individuum ihre charakteristische, vom Anbeginn über eine Entwicklungsblüte zum Tode führende Geschichte hat, ist sie etwas Abstraktes, das aus sich heraus nichts »tut«, ja nicht einmal exakt zu definieren ist. Die das Wesentliche grob umreißende volkstümliche Erklärung: »Was sich schart und paart, ist eine Art« hält einer genaueren Überprüfung nicht stand. Sehen wir von Extrembeziehungen wie Symbiose und Parasitismus ab, gibt es immer noch eine erstaunlich hohe Zahl zwischenartlicher Kontakte. Dohlen ziehen regelmäßig mit Saatkrähen, und gemischte Meisenschwärme sind altbekannt. Auch die Bildung der Brutkolonien von Reihern und Ibissen erfolgt oft interspezifisch kollektiv (vgl. O. Koenig 1952). Man kann sogar von einer relativ weitverbreiteten Tendenz sprechen, sich dort niederzulassen, wo bereits jemand ist. Offensichtlich vermittelt die Gegenwart anderer Tiere ungeachtet der Artzugehörigkeit ein gewisses Sicherheitsgefühl. Hinsichtlich der Bastardierung zwischen verschiedenen Arten sei an die in freier Wildbahn nicht seltenen Rakelhühner, die unfruchtbaren Mischlinge zwischen Auer- und Birkwild erinnert. Im Wilhelminenberger Institutsgelände wurde mehrere Jahre hindurch ein Stockentenweibchen beobachtet, das mit einem Männchen der wesentlich kleineren Krickente verheiratet war. Sogar Kreuzungen zwischen zwei Gattungen wie etwa Stockente und Kolbenente oder zwischen braunem Sichler und Löffler kommen vor. Bei manchen Artkreuzungen sind die Nachkommen unbegrenzt fruchtbar, so beim Kamm- und Marmormolch, die in gemeinsamen Verbreitungsgebieten Mischformen bilden. In Gefangenschaft konnten auch Arten aus verschiedenen Herkunftsländern, zum Beispiel Bison und Wisent, Rot- und Wapitihirsch, Kanarienvogel und Girlitz, Kanarienvogel und Kapuzenzeisig fruchtbar gekreuzt werden.

Die durch »Scharen und Paaren« gesetzten Grenzen sind also fließend und für den Zoologen nicht brauchbar. Die Relativität des Artbegriffes geht auch aus der Feststellung von W. Kühnelt (1952) hervor, wonach die Merkmalsdifferenz zwischen den Arten sehr unterschiedlich ist.

R. Wettstein (1923) definiert den Artbegriff folgendermaßen: »Man wird daher die Art als die Gesamtheit der Individuen bezeichnen können, welche in allen dem Beobachter wesentlich erscheinenden Merkmalen untereinander und mit ihren Nachkommen übereinstimmen.« Auch diese Definition trifft trotz Einbeziehung des subjektiven Moments bei der Beurteilung von Artkriterien nicht ganz zu, weil immer wieder Mutanten auftreten, die sich von den übrigen Individuen abheben. Ungenau in den Peripherbereichen sind auch manche höheren taxonomischen Begriffe. Als einzig Greifbares, unverwechselbar Abgegrenztes, tatsächlich Agierendes verbleibt das Einzelwesen, das während seiner Entwicklung Erfahrungen sammelt, Erinnerungen behält und auf dem Boden des angeborenen Charakters seine individuelle Persönlichkeit heranbildet (vgl. H. Rohracher 1953, 1969). Dies gilt nicht nur für den Menschen, sondern zumindest für alle jene Tiere, die im Verlauf ihrer Ontogenie Lernprozesse absolvieren. Der Fall einer schuhperversen Landschildkröte (O. Koenig 1961 b) sowie Untersuchungen über die Jugendentwicklung von Reihern (O. Koenig 1950 a) seien hier als Belege aus der eigenen Arbeit erwähnt. Kulturelle Erscheinungen, die ähnlichen Entwicklungsregeln unterliegen wie biologische Phänomene und sich wie diese als »natürliches System« erklären lassen, sind in dem hier dargelegten Sinn letztlich auf das Individuum, also den menschlichen Produzenten rückführbar und können daher auch nur aus dieser Sicht erklärt und verstanden werden.

Wenn ein Mensch entsprechend den von ihm erlernten Grundregeln seiner sozialen Gruppe für sich selbst ein Amulett auswählt oder eigenhändig verfertigt, so hat er damit bereits ein Stück seiner Individualität hineingelegt, weil er jeweils das nimmt, was ihm kraft seines Charakters und seiner Persönlichkeit am besten gefällt. Dazu kommen spezielle Erlebnisse und Erfahrungen, die ihn zur Bevorzugung oder Ablehnung bestimmter Amulettsorten veranlassen können. Als ich bei einem türkischen Händler ein Auto-Amulett kaufen wollte, riet er mir zu einem bestimmten Modell mit der Bemerkung: »Nehmen Sie das – damit ist noch nie etwas passiert!« Kontrolliert man etwa in einem anatolischen Dorf die Hausamulette einer Straße, ist man erstaunt, wie viele Varianten unter Beibehaltung eines gemeinsamen Rahmenschemas hervorgebracht werden. Gleiches ist in südeuropäischen Ländern zu beobachten. Auch die verschiedenen am Körper zu tragenden Amulette zeigen immer irgendwelche Persönlichkeitsmerkmale des Trägers. Wo es sich um käufliche Massenware handelt, manifestiert sich die individuelle Note in der Objektwahl und in der Zueinanderordnung verschiedener Formen. Die Amulette von Kleinkindern in anatolischen Dörfern zeigen trotz Verwendung ärmlichster, billigster Mittel, denen man die Spärlichkeit des örtlichen Handelsangebotes anmerkt, oft sehr eigenwillige Gestaltungen, die auf dem Weg der Objektkombination erreicht werden. Man erinnert sich unwillkürlich der Inhalte indianischer Medizinbeutel oder schamanistischer Magier-Ausstattungen, wenn man die scheinbar wahllos gesammelten, in Wirklichkeit zweifellos wohlüberlegten Sortiments aus Knöpfen, Münzen, Bändchen, Sicherheitsnadeln und ähnlichem Kleinkram vor sich sieht. Wahrscheinlich hat diese Individualisierung der Abwehrmittel, durch die sie zu einer Art persönlicher »Erlebnisgeschichte« werden, schon mit der ersten Anwendung des dargestellten Abwehrauges überhaupt begonnen und im Verlauf der vielen Jahrtausende Amulettgeschichte zur Formdifferenzierung beigetragen, die sich heute als schier unüberschaubare Auffiederung dieses Grundmotivs präsentiert. In Japan werden sogar bestimmte kopfgestaltige Glücksbringer ohne Augenzeichnung geliefert, damit der Käufer die Figuren mit persönlich gestalteten Augen bemalen kann. Bei der Anfertigung von Amuletten durch Ungeübte gesellt sich zu den Wirkfaktoren des verwendeten Rohmaterials und des persönlichen »Glaubens« oft die Komponente technischer Unbeholfenheit, die dem Endprodukt ihren Stempel aufdrückt.

Tafel 77

Aber auch der geübte Handwerker, der aus Rationalisierungsgründen eigentlich daran interessiert sein müßte, serienweise Gleiches herzustellen, läßt eine starke, den Wünschen des Auftraggebers oft sogar zuwiderlaufende Tendenz zur individuellen Variation erkennen. Der Grund ist darin zu suchen, daß sich bei langfristig betriebener gleichförmiger Arbeit Ermüdung beziehungsweise Lustlosigkeit einstellt, die übrigens zu den schwerstwiegenden Problemen moderner Fließbandarbeit zählt. Der freie Handwerker hilft sich durch leichte Abwandlungen hinsichtlich der Form und Ornamentierung seiner Produkte. Dazu paßt sehr gut die von B. Traven erzählte kurze Geschichte eines US-amerikanischen Süßwarenfabrikanten, der einem Körbe flechtenden Mexikaner zusieht, die sehr verschiedenen Körbchen hübsch findet und sie für besondere Geschenkpackungen erwerben möchte. Der Korbflechter zeigt sich an dem kleinen Geschäft interessiert und nennt einen niedrigen Preis. Sowie aber der Industrielle größere Mengen in Auftrag gibt, steigt entgegen allen logischen Erwartungen der Preis, was der Mexikaner damit begründet, daß er bei größerer Produktion an der Arbeit keine Freude mehr hätte, sie als lästig empfände und folglich mehr dafür bekommen müsse. 1954 bestellte ich auf dem Markt von Niamey (Westafrika) bei einem schwarzen Kalebassenschnitzer mehrere gleichgemusterte Kürbisschüsseln. Der Mann sagte zu, machte dann aber doch jede anders. Als ich mehr davon wollte, hörte er auf zu schnitzen und erklärte sich überfordert. Ähnliches aus dem Verbalbereich berichtet H. A. Bernatzik (1941) von dem thailändischen Volk der Phi Tong Luang, wo Gewährsleute, die man zu lange befragte, unvermittelt abbrachen, sich umdrehten und überhaupt nichts mehr redeten. Ethologisch gesehen spielt bei diesem raschen Ermüden durch Eintönigkeit wahrscheinlich die Qualität der menschlichen Jägeraktivität eine Rolle, die darauf ausgerichtet ist, durch abwechslungsreiche Reizfolgen mobilisiert zu werden. Vor allem der Mann ist für gleichmäßige Langzeitarbeit nicht geeignet, woraus auch die Problematik des Müdigkeit erzeugenden monotonen Autofahrens zum Teil erwachsen dürfte.

Diese Flucht aus der Eintönigkeit in Richtung veränderlicher Vielfalt kennzeichnet gleichermaßen den Bilder schaffenden Maler, den Möbel entwerfenden Tischler, den Balken verzierenden Zimmermann, die Teppich knüpfende oder Kleider bestickende Frau und was immer es an schöpferisch Gestaltenden gibt. So können letztlich auch althergebrachte einfache Blickabwehrzeichen auf dem Weg über vorerst geringfügige Abwandlungen, die vielleicht später von einem anderen Künstler übernommen und neuerlich variiert werden, sich mehr und mehr vom Urbild entfernen und letztlich weit weg vom Ursprung in Sinnentleerung enden, wo sie ihre Funktion dann nur noch im Gruppentabu »Das hat man so« weiter beibehalten. Dieses Problem der Individualisierung macht sich auch in der Erzählforschung bemerkbar. Es wurde nachgewiesen, daß sich im Zuge des Weitererzählens von Person zu Person, sofern nicht haargenau auswendig gelernt und womöglich skandierend betont wird, Berichte überaus schnell verändern, weil nicht nur der Erzähler variiert, sondern oft auch das Publikum anderes heraushört, als hineingelegt war. Im Bereich magischer Abwehrzeichen kommt meist noch eine Verschwiegenheit gegenüber dem Uneingeweihten hinzu, der dann unter Umständen Motive übernimmt, ohne ihren Sinngehalt jemals kennenzulernen.

Ein wesentlicher Antriebsfaktor zur Individualisierung ornamentaler Motive ist das Spiel, das der Mensch mit vielen höheren Wirbeltieren gemeinsam hat. Es besteht darin, in Situationen geringer Ernstanforderung und positiver Stimmung Aktionen zu setzen, die nicht im unmittelbaren Dienst einer zielorientierten Handlungskette stehen. Das Phänomen wurde vielfach diskutiert (vgl. G. Bally 1945, I. Eibl-Eibesfeldt 1950, K. Groos 1930, E. Inhelder 1955, M. Meyer-Holzapfel 1956), dabei aber im allgemeinen ziemlich weit gefaßt und als ein Gesamtkomplex behandelt, von dem es jedoch aller Wahrscheinlichkeit nach nur ein Teil ist. Mit den Bezeichnungen »Kampfspiel«, »Bewegungsspiel«, »Jagdspiel« etc. umreißt man nämlich sehr weitläufige Erscheinungen, in denen durchaus Ernstbezüge enthalten sind. Wenn ein Jungtier seine Fortbewegungsorgane betätigt, das Erbeuten probiert oder mit Artgenossen rauft, ist das eine tieferste Beschäftigung, die dem Organtraining und Erfahrungsammeln dient. Ebenso ernst meint es ein Kind, das einen Turm aus Bausteinen schichtet, ein Spielzeugauto zerlegt oder sich als Indianer ausgibt. Das Experimentieren mit Ersatzobjekten ist noch kein Spiel. Exakt betrachtet ist »Spiel« kein allein existierendes Phänomen, sondern eine Realisierungsvariante angeborener Verhaltensweisen. Die spielerische Komponente setzt dort ein, wo eine Verhaltensweise oder Handlungsfolge über ihre Zweckorientiertheit hinaus durch Einsatzübertreibung »übermütig« verändert wird. Das kann sich in Forcierung oder Verschnörkelung von Bewegungen, Wiederholung von Sequenzen, sprunghaftem Wechsel der Funktionskreise, Übertreibung der Mimik oder Gestik und anderen, oft stark individuell getönten Aktionen äußern, die beim Menschen meist mit der Bereitschaft zum Lächeln einhergehen. Bei dem Versuch, den Spielbegriff auf das Wesentliche zu reduzieren (vgl. O. Koenig 1970 a), kam es zu folgender Definition:

»*Spiel ist der individuell getönte, relativ willkürliche, lustvolle Umweg auf dem Weg zu angestrebten Zuständen und Endhandlungen.*«

Dieser zur Erreichung eines bestimmten Zieles nicht notwendige Umweg, dieser Ausbruch aus dem Zielgefälle des Ernstbezuges, der nur im entspannten Feld einer ausgeglichenen positiven Stimmung zustandekommt, ist eine Spezialform des Experimentierens und Trainierens, die fallweise auch dem Erkunden und Ausnutzen sozialer Möglichkeiten dient.

Im Sinne der vorhin zitierten Definition ist der Spielbegriff auch für andere Bereiche anwendbar. In der Ornamentik äußert sich die spielerische Komponente in der bereits erwähnten »Verkomplizierung« von Linien (S. 155) und sonstigen struktursteigernden Abwandlungen. Man spricht in diesem Zusammenhang ja auch von der »Verspieltheit« einer Strichführung oder den »Spielarten« eines Motivs. Gleiche Tendenzen kommen bei der Amulettgestaltung zur Wirkung. Solcherart entstandene Motivvarianten können auf dem Wege der Wechselbeziehung zwischen Vorbild und Nachahmung verfestigt, durch individuelle Erfahrungen neu kombiniert, im Handelsweg verbreitet und somit, dem biologischen »Stammbusch« vergleichbar, zu wuchernder Mannigfaltigkeit gelangen.

Da der Mensch als soziales Wesen in Verbänden lebt, entstehen aus den Aktivitäten von Einzelindividuen Gruppentendenzen, die je nach Organisation der betreffenden Kultur in verschiedenen sozialen Größenordnungen auftreten. Der Einfluß solcher individueller Neigungen hat auch im Bereich der Symbolzeichen seine Gültigkeit. Wohl entstehen derlei Zeichen aus einer allgemeinen Gruppensituation, aus einem durch die Umwelt gegebenen respektive aufgezwungenen Bedürfnis, und entsprechen in ihrem Grundkonzept den angeborenen, also artcharakteristischen Anschauungsweisen des Menschen. Letztlich ist es aber immer nur das Einzelwesen, das als individueller Schöpfer aus seiner ureigensten Gedankenwelt heraus die reale Endform prägt. Die Akzeptierung durch die Gruppe ist dann eine Rangordnungsfrage. Typisch für diesen Vorgang ist die Schilderung, die A. Hitler (1932) von der Entstehung der Hakenkreuzfahne gibt. Ebenso erwähnenswert ist die Schaffung des Militärordens »Eisernes Kreuz« durch Friedrich Wilhelm III., der es in Anlehnung an das Kreuz des Deutschen Ordens 1811 selbst entwarf und später durch den bekannten Architekten Schinkel ausformen ließ. Ursprünglich stellte man es aus schwarzweißem Band her, weil Königin Luise ein solches als Bekenntnis zu Preußen im Haar trug. Das Wort

»eisern« fungierte vorerst nur als Symbol für die harte Zeit und die erforderliche Standhaftigkeit, bis Offiziere des königlichen Hauptquartiers das Kreuz, um es tatsächlich »eisern« zu machen, probeweise aus schwarzem Ofenblech schnitten und mit Uniform-Putzkalk die weißen Streifen daraufmalten. So entstand die noch heute gültige Endform.

Noch deutlicher dokumentiert sich die persönliche Einstellung des Symbolschöpfers bei dem ebenfalls von Friedrich Wilhelm III. 1811 gestifteten »Eichenlaub zum Roten Adlerorden« und später zum Orden »Pour le mérite«. Es ist das gleiche Eichenlaub, das während des Zweiten Weltkrieges zum Ritterkreuz verliehen wurde. Hier bildet die mittlere Blattrippe zur Erinnerung an die während der napoleonischen Besetzung verstorbene Königin Luise ein »L«, während die fünf linken Blattzacken die von ihr geborenen lebenden Söhne, die vier rechten die Töchter symbolisieren (vgl. W. Transfeldt 1942). Dies ist ein typisches Beispiel, wie ein altes Zeichen, nämlich das in magischer Dreiproßform angeordnete, hier als »Sinnbild für Deutschenverdienst« benützte Eichenblatt in der Detailgestaltung eine extrem persönliche Aussage macht. Solche und ähnliche formbeeinflussende individuelle Vorstellungen findet man hinter vielen Symbolen. Sie werden allerdings mit der Zeit vergessen, wodurch freier Raum für Veränderungen entsteht, die zu neuen person- oder gruppenspezifischen Zeichen führen können.

Ein weiterer Wirkfaktor bei der Entwicklung von Gruppenzeichen ist das Nachahmen eindrucksvoller Vorbilder, zu denen, wie aus Trachten- und Heeresgeschichte bekannt, besonders häufig militärische Sieger zählen (vgl. O. Koenig 1970 a). Da es sich hier regelmäßig um gut sichtbare, »semantische« Strukturen handelt, erfolgt die Übernahme meist relativ schnell und erbringt oft weit über Raum und Zeit hinausgehende Auswirkungen. Es sei hier etwa an den römischen Legionsadler und das sogenannte »Sigillum«, das quergestellte Fähnchen der Legionen, erinnert. Zuerst von der Kirche übernommen, verbreitete es sich wahrscheinlich von dort aus im Heer der Franken. In der Neuzeit wurde es in vergrößerter Form bei einigen deutschen Kavallerieregimentern eingeführt. Wohl am bekanntesten ist das Sigillum der preußischen reitenden Gardejäger, einer Eliteformation, die vorwiegend zur Überbringung sehr wichtiger Nachrichten diente und nur aus Offizieren bestand. In Nachahmung solcher preußischer Elitetruppen hat Hitler bei den NS-Wehrverbänden diese Fahnentype eingeführt. Im österreichischen Bundesland Vorarlberg wurde das römische Sigillum, vom Kirchenfahnen-Wappen der Grafen Montfort übernommen, zum Landeswappen. Auf demselben Weg der Vorbild- und Siegernachahmung gelangten türkische Abwehramulette gegen den »bösen Blick« in die christlichen Balkanländer und flossen über die europäischen Handelswege weit in das Abendland. Die türkischen wie überhaupt orientalischen Amulette wiederum finden ihre Vorbilder weit östlich in Indien oder China. Auf der berühmten Seidenstraße kamen zugleich mit den Stoffballen auch die magischen Schutzzeichen der Lasttiere, der Kaufleute, Träger und Treiber zu uns.

Aber nicht nur die Attribute des siegreichen, imponierenden Vorbildes, sondern auch die des gefangenen oder getöteten Feindes können von hoher Bedeutung sein. Das Wegnehmen von Rüstung und Waffen macht den Besiegten kampfunfähig und schmäht ihn sowie seine Gruppe, der Verlust der magischen Schutzzeichen liefert ihn allem Bösen aus. Wenn beispielsweise Hannibal nach der Schlacht bei Kannä den gefallenen Römern die goldenen Siegelringe abstreifen ließ, so sammelte er damit neben dem Goldwert auch magische Wirkobjekte, die dank ihrer Kreisgestalt und der aufgearbeiteten Schutzornamentik oder Abwehrsteine zweifellos begehrenswerte Amulette abgaben. Das Übersenden der Ringe nach Karthago hat möglicherweise die dortigen Amulettformen beeinflußt. Die heute als typisch englisch geltenden Bärenfellmützen der königlichen Garderegimenter sind Nachbildungen der Grenadiermützen der alten Garden Napoleons, die 1814 bei Waterloo erbeutet und als Symbol der Niederlage Frankreichs von den Engländern übernommen wurden.

Ein interessantes Beobachtungsfeld für individuelle Gruppensymbole bieten verschiedene Formen der Jugendbewegung, wo sich bestimmte Abzeichen und Brauchtümer herausentwickelt haben. Die ältere einschlägige Literatur, speziell die der Pfadfinder und »Bündischen Jugend«, bietet hier reiches Material. Diese Traditionen sind zwar zum Teil in Anlehnung an kulturelle Erscheinungen bei Indianern und anderen Naturvölkern entstanden, wurden aber weiterentwickelt und individuell adaptiert. In Pfadfindergruppen war es üblich, für gewisse Lager oder Feiern eigene Zeichen an der Tracht, vor allem am Halstuch zu befestigen, die im weiteren Verlauf oft zu starker, fast an magische Gedankengänge erinnernder Symbolbedeutung kamen. Auch bei sonstigen Gelegenheiten wurden mitunter Zusätze zu bestehenden Gruppenzeichen gewählt, was zu Individualisierungen der Tracht führte, die dem Uneingeweihten nicht auffielen, dem Zugehörigen aber mancherlei Auskunft über den Träger gaben. Als Beispiel sei erwähnt, daß der britische Oberst R. Baden-Powell, Begründer der Pfadfinderbewegung, jedem Führer nach Bestehen des anfangs nur in England stattfindenden Gilwellkurses nebst »Schottenfleck« für das Halstuch eine Holzperle aus einer Kette überreichte, die ihm in Südafrika ein Stammeshäuptling geschenkt hatte. Bei der deutschen Wehrmacht des Zweiten Weltkrieges sah ich dann eine solche Perle an der Erkennungsmarken-Halsschnur eines Soldaten, wo sie nun nicht mehr als Prüfungszeichen, sondern als Glücksbringer getragen wurde. Sehr viele englische oder amerikanische Soldaten würden die Perle übrigens ebenfalls erkannt und sofort gewußt haben, daß sie es mit einem Mitglied der internationalen Gilwell-Gruppe zu tun hatten. Für den deutschen Abteilungsführer war sie nichts weiter als ein kleines Stückchen Holz ohne besondere Bedeutung.

Ein bei Gemeinschaftssymbolen oft sehr wesentlicher gruppenindividueller Gestaltungsfaktor ist das bereits im vorangegangenen Kapitel besprochene jeweilige Herstellungsmaterial, das sich speziell bei den Berufs- und Handwerkszeichen geltend macht. Obgleich für diese Zeichen als Grundmotiv fast generell das magische, den »bösen Blick« und andere Gefahren bannende Abwehrauge verwendet wird, divergieren je nach berufstypischem Werkstoff die Endresultate oft sehr stark (S. 164 f.). Bezüglich der Abwehrbedeutung ist es charakteristisch, welche Produkte oder Geräte eines Berufes zum Handwerks- oder Geschäftszeichen ausgewählt werden. Bei Schmieden ist es das apotropäische Hufeisen, bei Schneidern die »doppeläugige« Schere, bei Glasern die Kugel, bei Friseuren die runde Rasierschüssel und bei Bäckern entweder Kipfel oder Brezel, manchmal auch die Semmel, die dann aber den Vier- oder Sechspaß als Innenzeichnung stark betont hat. Wo sich keine augenhaften Objekte anbieten, werden andere mit Voluten, Maschen oder analogen Abwehrsymbolen versehen. Diese generellen Gruppensymbole erhalten aber durchwegs, wie an alten Handwerks- oder Gaststättenzeichen zu sehen, bei den einzelnen Gruppenangehörigen ihre individuellen Variationen, die der besseren Unterscheidbarkeit und Charakterisierung dienen.

Als stark resistent gegen den Einfluß individueller wie auch sonstiger wandlungsfördernder Tendenzen erweist sich Kulturgut, das aus dem Entstehungsgebiet in andere Räume transferiert wird. Dieser Themenkreis ist S. 159 näher behandelt. Auch die industrielle Massenproduktion von Amuletten wirkt im Grunde genommen der individuellen Variante entgegen, doch verbleibt durch die Fabrikation beliebig kombinierbarer Teile ein persönlicher Gestaltungsspielraum für den Heimarbeiter oder Händler, der die Amulette zusammenstellt. So kommt es, daß in südöstlichen Ländern, wo infolge des großen Amulettbedarfes die konfektionierende Plastikindustrie in das Amulettwesen einbrach, eine Fülle sehr unterschiedlicher und oft erstaunlich origineller Varianten von Blickabwehrmitteln geboten wird. Es sei auch an die S. 171 erwähnten, in Masse hergestellten japanischen Glücksbringer (Daruma-Puppen) erinnert, denen man unter gleichzeitiger Bitte um Erfüllung eines Wunsches die Augen eigenhändig in die vorgefertigten Gesichter malt. Ein gutes Beispiel für individuelle Tendenzen sind die konfektionell überreich mit Abwehrzeichen ausgestatteten türkischen Schuhputzkästen, an die der Besitzer sein ureigenes, oft ganz unscheinbares Amulett hängt. So wie das Individuum in konkreter Form die Art verkörpert, ist die einzelne Amulettrealisation greifbarer Repräsentant alter magischer Prinzipien. Höchste geistige Quintessenz des individuellen Amuletts ist die Vorstellung vom persönlichen Schutzengel, der keine andere Aufgabe hat, als die ihm überantwortete Person unaufhörlich vor Bösem zu behüten.

Tafel 53 (1–4, 6)

14. Wirkung der Farben

Die früher von Wissenschaftlern vielfach vertretene Meinung, Tiere seien farbenblind, wurde längst widerlegt. Bei blütenbesuchenden Insekten wiesen K. v. Frisch (1914) und F. Knoll (1921) einwandfrei einen Farbensinn nach, der allerdings in einem anderen Wahrnehmungsspektrum liegt als der unsere und zum Beispiel bei Bienen nach Blau hin verschoben ist. Ohne Farbsichtigkeit wäre die Buntheit der auf Insektenbestäubung angewiesenen Blüten unverständlich, handelt es sich doch um deutliche, zumeist durch farbig abgesetzte Saftmale unterstützte Signale, die zum Nektar hinweisen, der ja selbst ein Lockmittel ist. Für Windbestäubung konstruierte Blüten sind nektarfrei und in der Farbe unscheinbar. Solche ökologischen Abhängigkeiten äußern sich auch darin, daß in Gebieten mit hauptsächlicher Insektenbestäubung wie in Europa überwiegend Blüten im Sehspektrum der Insekten, also weiße, blaue und gelbe bis orange, aber nur wenige tiefrote, in Südamerika mit verbreiteter Vogelbestäubung dagegen eine auffallend hohe Zahl leuchtendroter Blüten vorkommen, die den gut rotsichtigen Kolibris angepaßt erscheinen. Die sehr interessanten Experimente von H. O. Wagner (1966) und A. Martin und A. Musy (ohne Jahreszahl) zeigten zwar, daß diese Vögel Blüten von verschiedener Farbe anfliegen, Wilhelminenberger Beobachtungen ergaben jedoch, daß von vielen Arten primär Rot aufgesucht und besonders gern geprüft wird. Abgesehen von nachtlebenden Formen neigen Vögel überhaupt zu Rotsichtigkeit, die durch der Netzhaut vorgelagerte rote und gelbe, Strahlen filternde Ölkügelchen erzeugt wird, was mit der Orientierung bei Dunstwetter zusammenhängen mag (vgl. O. Heinroth 1938). Das Darbieten sowohl wie das Wahrnehmen von Farben durch Lebewesen ist also nicht Zufall, sondern funktionsbedingte Notwendigkeit. Experimente mit Kolibris ergaben, daß diese Blütenvögel rot markierte Nahrungsquellen am besten und schnellsten, solche mit grüner Kennzeichnung am schwersten und langsamsten erlernen. Dies ist aus ökologischer Sicht durchaus sinnvoll, da Grün in freier Wildbahn gewöhnlich als Blattfarbe vorkommt und Blätter für einen Kolibri kaum, rote Blüten hingegen meist reichlich Nahrung bieten.

Auch Fische sind farbensichtig, was bei einer Tiergruppe, die so viele extrem bunte Arten entwickelt hat und raschen Farbwechsel zur sozialen Signalgebung verwendet, wohl von vornherein zu erwarten ist. In Japan hat man sogar eine Art »Fischzirkus« aufgebaut, bei dem auch Farbdressuren eine Rolle spielen (vgl. W. Gewalt 1974). Ebenfalls farbensichtig sind Amphibien und Reptilien. Speziell von Säugetieren wird aber mit einer gewissen Hartnäckigkeit immer wieder behauptet, sie seien farbenblind. Zwar sind bisher nur verhältnismäßig wenige Arten daraufhin untersucht, doch bieten diese einen gewissen Querschnitt, aus dem man schließen kann, daß zumindest die taglebenden Formen durchwegs einen Farbensinn besitzen (vgl. E. Hadorn und R. Wehner 1971, A. Seitz 1951), was eigentlich schon aus der allbekannten Benutzung bunter, vorwiegend roter Tücher im Stierkampf oder der altbewährten roten Verlappung bei der Jagd hervorgeht. Betont muß allerdings werden, daß, im Gegensatz zu den teilweise äußerst farbenprächtigen übrigen Wirbeltierklassen, die meisten Säugetierkleider außer den Grenzwerten Weiß und Schwarz vorwiegend Braun- und Grautöne verschiedenster Helligkeitsgrade zeigen. Wo bei manchen Säugern gelbliche, rötliche, manchmal schwach grünliche Tönungen auftreten, sind sie für gewöhnlich so gebrochen, daß von einem Signalwert kaum die Rede sein kann. Sehr viele Fellmuster fallen in den Bereich verbergender Kryptik und zeigen bestenfalls wenige, zum Teil erst in Gefahrenmomenten zur Geltung gebrachte Signalstrukturen.

Diese relative Reizarmut gilt allerdings nur für die optische Wahrnehmung. Offensichtlich hat sich der ganze Säugerstamm primär auf Olfaktorik spezialisiert und liefert mittels zahlreicher Hautdrüsen (vgl. J. Schaffer 1940) vielfältig »bunte« Geruchsbilder, die Farbsignalen wahrscheinlich analog gestellt werden müssen. Eine Ausnahme dieser für die meisten Säugetiere charakteristischen Situation bilden allerdings die Primaten. Hier kommen bei vielen Arten nackte Hautpartien von großer Buntheit vor. Als bekanntestes Beispiel sei der Mandrill genannt, doch auch Blutbrustpaviane und viele Meerkatzen gehören dazu. Bei manchen Arten sind die männlichen Genitalien recht bunt gefärbt und haben dementsprechend Signalfunktion (vgl. W. Wickler 1966, 1967). Obwohl Affen über einen sehr guten Geruchssinn verfügen, was schon aus dem Beriechen von Nahrung oder der Hand nach Kontaktnahme mit Gegenständen hervorgeht, muß bei ihnen im Vergleich zu anderen Säugern doch von einem starken Zurücktreten der Olfaktorik gesprochen werden, zu dessen Begleitsymptomen eben auch das Herausbilden grellbunter Körpersignale zählt. Speziell Schimpansen reagieren optisch recht differenziert und zeigten in Versuchen Freude am Malen (vgl. D. Morris 1968, B. Rensch 1969), wobei nicht nur bestimmte grafische Anordnungen von Strichen und Flecken im Raum, sondern mitunter auch gewisse Farbenauswahlen zu bemerken waren. Daraus kann man schließen, daß schon die anthropoiden Vorformen des Menschen gut optisch orientiert beziehungsweise farbensichtig waren und daß unsere

Grundeinstellung zu den verschiedenen Farben nicht menschlich oder gar gruppenspezifisch willkürlich erfunden, sondern aus dem Primatenstamm und somit phylogenetisch älteren Wurzeln übernommen wurde. Das heißt nun nicht, daß die Bedeutung der einzelnen Farben für alle Hominiden dieselbe ist, wohl aber, daß sie bei jeder Art irgendwelche biologischen oder ökologischen Ursachen haben wird.

Wesentlich für die psychische Wirkung von Farben ist auch deren Kombinationsweise. Auf Rot vor Schwarz reagiert man anders als auf Rot vor Weiß oder Grün. Nicht gleichgültig ist ferner, ob es sich um Oberflächenfarben handelt oder um farbig strahlendes Licht. Während etwa ein himmelblaues Kleid einen überaus freundlichen Eindruck macht, erscheint uns eine im gleichen Blau vor dunklem Nachthintergrund leuchtende Flamme eher unheimlich und gefährlich. Auch Sättigungs- und Helligkeitsgrad, also der Schwarz- und Weißgehalt einer Farbe spielen eine Rolle. Blaßblau stimmt uns anders als ein düsteres Dunkelblau. Mischfarben wirken ambivalent, wie etwa die Bezeichnungen »Rotkraut« und »Blaukraut« für ein und dieselbe Gemüsesorte zeigen. Von Wichtigkeit ist weiter, daß jedes farbensichtige Lebewesen entsprechende Umwelterfahrungen sammelt und Assoziationen stiftet. Vom Rotkehlchen beispielsweise wissen wir, daß es eine rote Kehle hat, und wenn wir es sehen, freuen wir uns über die schöne Färbung. Eine Amsel mit roter Kehle hingegen würde aufgeregte Neugier, wenn nicht Sorge erwecken. Entdecken wir an einem ansonsten grünen Baum plötzlich gelbe Blätter, empfinden wir dieses Gelb als Krankheitssymptom, werten aber den gleichen Farbton bei gewohnt gelben Blüten als Zeichen des Gedeihens. Diese hier nur umrißhaft angedeutete, situationsspezifisch unterschiedliche Einschätzung ein und derselben Farbe beruht zwar auf einfachen angeborenen Grunddispositionen, ist aber im Einzelfall von vielfältigsten Einflüssen abhängig und daher nicht einmal beim Individuum, geschweige denn bei verschiedenen Menschen oder gar Kulturen von vornherein immer gleich. Die kulturelle Funktion von Farben und Farbkombinationen kann je nach Bedingungen stark divergent, ja sogar gegenteilig sein.

Die einheitlichste Signalbedeutung im gesamten Wirbeltierstamm dürfte Rot besitzen, wohl im Hinblick auf die Farbe des Blutes. Am eigenen Leib oder dem des Artgenossen signalisiert es Gefahr, am Körper der Beute Jagdglück und Sättigung. Die Erregung des Menschen angesichts von Blut, die bis zum physischen Zusammenbruch führen kann, ist sicher nicht angelernt, sondern beruht ohne Zweifel auf angeborenen Einstellungen, wobei außer der Farbe freilich noch andere Komponenten wie Konsistenz und Geruch des Blutes, eventuell auch mimische und gestaltliche Merkmale des Verletzten eine Rolle spielen. Auch Napoleon sah Blut nicht gern und ordnete nach der Schlacht bei Austerlitz unter dem Eindruck stark vom Blut geröteter weißer Uniformen an, daß die entsprechenden Regimenter in Hinkunft blau zu uniformieren seien.

Husarenuniformen aus blutrotem Stoff aber störten ihn überhaupt nicht, wie ja die meisten Menschen, die Blut nicht sehen können, gegen Rot ansonsten nichts einzuwenden haben. Die Geschützverdecke der englischen Kriegsschiffe waren rot gestrichen, damit man nach Treffern das Blut nicht sah. Es kommt eben nicht nur auf die Farbqualität, sondern auf das Komplexerlebnis an, bei dem sicherlich auch Assoziationen mitbeteiligt sind. Im normalen zwischenmenschlichen Verkehr sind das Rot der Lippen, der Wangen, der Zunge, generelles Erröten und Erbleichen, bei Dunkelhäutigen das abstechende Rot des Mundinneren unzweifelhafte Schlüsselreize. Nach Versuchen von R. L. Fantz (1961) betrachten Säuglinge einen roten Kreis etwas länger als einen weißen oder grauen. H. Frieling (1939) gibt an, daß Rot von Kleinkindern in früherem Alter wahrgenommen wird als Grün oder Blau, was aber Folge stärkerer Beachtung sein kann, denn offensichtlich ist Rot von größter Blickfangwirkung. Bei vielen Tieren sind Körperorientierungspunkte rot gefärbt, so etwa bei Silbermöwen *(Larus argentatus)* der die Pickreaktion der Küken auslösende Fleck am Unterschnabel (F. Goethe 1937) oder der rote Schnabel der Wasserralle *(Rallus aquaticus)*, auf den Junge in den ersten Lebenstagen spontan ansprechen (O. Koenig 1943). Der rote Bauch des Stichlingsmännchens (N. Tinbergen und J. J. van Iersel 1947), die rote Brust des Rotkehlchens (D. Lack 1943) sind ebenso wichtige Signale wie viele rote Sperrachen von Jungvögeln. In der Balz der Fregattvögel *(Fregata)* fungieren die roten Luftsäcke der Männchen als weithin sichtbares, die Weibchen anlockendes Signal (I. Eibl-Eibesfeldt und H. Sielmann 1964). Auch auf die roten Balzrosen vieler Rauhfußhühner sei verwiesen oder auf das »Rosigwerden« der Sitzfläche paarungslustiger Schimpansenweibchen (J. v. Lawick-Goodall 1971). Daß Rot auch zwischenartlich funktioniert, beweist dessen häufiges Vorkommen als Warnfarbe, so zum Beispiel bei einigen giftigen Baumsteigerfröschen *(Dendrobates)*, bei Korallenottern *(Lampropeltis, Micrurus, Micruroides)*, die es in auffälligem Ringelmuster darbieten oder auch bei verschiedenen Insekten.

Die in psychologischen Untersuchungen bewiesene Erregungswirkung des Rot auf den Menschen nutzte man in Betrieben dahingehend, daß man Räume, in denen längeres Verweilen der Beschäftigten nicht erwünscht war, rot oder orange strich. Rot ist auch traditionelle Revolutionsfarbe. A. Hitler (1932) wählte für seine Fahnen, Armbinden und Plakate das Rot, um seine Gegner gezielt zu reizen. Sicher waren die roten Richterroben der nationalsozialistischen Volksgerichte ein bewußt gesetztes Mittel zur Neurotisierung der Angeklagten. Rot war auch die alte Henkerstracht. Der Mensch verwendet diese Farbe mit Vorliebe dort, wo Aufmerksamkeit geweckt, Erregung erzeugt, Alarm gegeben werden soll. Es ist eine Farbe, die Blicke fesselt, in größerer Fläche und auf längere Dauer aber schwer ertragen wird. Königsmäntel, Kardinalstrachten und viele Uniformen von Garden sind rot. Vielfach durfte rote

Kleidung überhaupt nur von hochgestellten Personen benützt werden. Bei den Türken trugen die berühmten Delis rote Tracht, in der Österreichisch-Ungarischen Monarchie die ungarischen und deutschen Garden. Rot waren die Röcke der deutschen Leibhusaren, bei der bulgarischen Garde sind sie es heute noch. Bekannt wurden auch die roten Hemden der aufständischen Garibaldi-Truppen (P. Kannik 1967) und die roten Barette der englischen Fallschirmjäger, die deswegen den Beinamen »Rote Teufel« führten. Der argentinische Gaucho-General Juan Manuel des Rosas lehnte für seine wilde Reiterarmee grünen Uniformstoff ab und verlangte ausdrücklich »fleischrotes Tuch« (W. Schneider 1964). »Rot sehen« ist eine gebräuchliche Metapher für Wut und Angriffslust. In Wien gab es im Mittelalter einen »Scharlachrennen« benannten Reiterwettbewerb, dessen Sieger ein Stück roten Stoffes erhielt (M. Bermann 1880). Zusammen mit den Tierbeispielen dürften diese wenigen Beispiele genügen, um die weitverbreitete Alarm- und Warnfunktion des Rot unter Beweis zu stellen.

Im Volksglauben gilt Rot als Farbe der Liebe, der Lebensfreude, des Feuers, der Begeisterung und auch des Kampfes, wie es eben menschlichem Empfinden entspricht. Der Bedeutungsfächer, in dem es als Adjektiv verwendet wird, ist offensichtlich breiter als bei anderen Farben, spricht man doch von einer roten Kuh, roten Katze oder einem rothaarigen Menschen, obwohl hier rotbraun richtiger wäre. Die Stämme von Rotföhren sind ebensowenig wirklich rot wie Rotwild, rotes Gold oder rote Erde. Anscheinend genügt bereits der schwache Rotgehalt einer Mischfarbe, um in den Vordergrund gestellt zu werden. Läßt man Menschen rasch eine Farbe nennen, sagen die meisten »Rot«. Es ist die verbreitetste einheitlich indogermanische Farbbezeichnung, von der auch Worte wie Rost und Rubrik abgeleitet wurden. In einigen Sprachen bedeutet »rot« zugleich auch »schön« wie etwa »krasnyj« im Russischen. Der berühmte »Rote Platz« in Moskau existierte im Sinne von »schöner Platz« bereits zur Zarenzeit, ebenso bedeutet »Rote Armee« gleichzeitig »schöne Armee«. In Georgien lautet ein Segenswunsch: »Möge Gott dich rot altern lassen!« Bei uns heißt es: »Heute rot, morgen tot.« Im Arabischen haben »rot« und »schön« die gemeinsame Wurzel »ādam« (vgl. E. Wunderlich 1913).

Es ist sehr naheliegend, daß Rot infolge seiner starken Blickfangwirkung auch als Abwehrfarbe gegen den »bösen Blick« eingesetzt wird, was C. Mengis (1935–1936) ausführlich darlegt und auch R. Beitl (1974) erwähnt. Diese Funktion spricht schon aus der Bemalung altgriechischer Statuen, die vielfach rote Augen hatten, und der vorherrschenden Verwendung von Rot im Akanthusmotiv (C. Praschniker 1929), das ja aus Miribotas, also ritualisierten Abwehraugen besteht (S. 298 ff.). Die Verbindung mit blauen Blüten, nach Farbe und Form ebenfalls Blickabwehrsymbole, unterstreicht die apotropäische Bedeutung des Rot auf antiken Skulpturen, die ja ursprünglich selbst abwehrend sind. A. Bammer (1974) bezeichnet derlei architektonische Beiwerke als »Ritualisierungen der Angst«. Im Orient ist es üblich, Handflächen und Fußsohlen gegen Böses mit Henna rot zu färben. Bei indischen Festen ist die rote Farbe seit alters her von Wichtigkeit. Bereits im 16. Jahrhundert schreibt das indische Protokoll vor, bei etwaiger Begegnung feindlicher Befehlshaber einen roten Teppich hinzubreiten, um den »Weg zu ebnen«, was wahrscheinlich nur heißt, daß der Boden durch Rot magisch abzusichern sei. Noch heute wird überall in der Welt bei Empfängen der rote Teppich ausgerollt, über den Ehrengäste und Würdenträger hinwegschreiten. In vornehmen Hotels liegen rote Teppiche und Läufer auf Stiegen und Korridoren aus. Entsprechend der Schutzbedeutung dieser Farbe erhalten auch viele rote Naturobjekte Amulettfunktion gegen den »bösen Blick«, so zum Beispiel die Koralle, die wahrscheinlich nicht zuletzt durch ihr Farbmerkmal apotropäisch wurde, zu dem dann noch Glanz und schwere Auffindbarkeit als Wertsteigerung hinzukamen. Auch Frauenkäfer und Fliegenpilz mit ihrem augenhaften Tupfenmuster auf leuchtendem Rot spielen im Volksglauben eine wichtige Rolle.

Wie sehr Farben nach angeborenen Einstellungen beurteilt werden, geht auch aus den ihnen zugeordneten »Temperaturwerten« hervor, wonach alle Rot oder Gelb enthaltenden Tönungen als »warm«, die übrigen jedoch als »kalt« bezeichnet werden. So erscheint uns etwa ein bläuliches Rot »kälter« als ein reines oder orange- bis braunstichiges, wogegen ein violettstichiges Blau »wärmer« wirkt als ein grüngetöntes usw. Diese Unterteilung folgt bis zu einem gewissen Grad dem Unterschied zwischen lebendigem und totem, also warmem und kaltem menschlichen Körper, ist aber wohl auch auf das Feuer bezogen. Während Rot als zweifellos wichtigste Signalfarbe des Wirbeltierstammes von recht klar umrissener Wirkung ist, steht der Mensch der zweiten »warmen« Grundfarbe, dem Gelb, etwas zwiespältig gegenüber. Einerseits als freundlich, sonnig, goldig zu bewerten, erweckt es anderseits, besonders in heller Tönung und großer Fläche, eher unangenehme Empfindungen. Im Volksmund gilt es als Farbe der Eifersucht und des Neides. Im Mittelalter kleidete man Hexen vor der Hinrichtung in gelbe Hemden, weil Gelb als Schandfarbe betrachtet wurde. Juden mußten damals vielfach gelbe Hüte tragen, unter Hitler erhielten sie zur Kennzeichnung einen gelben Stern. Weiters galt Gelb früher als Dirnenfarbe. Nach A. Rabbow (1970) verband man mit der gelben Farbe Vorstellungen von Hoffart, Ehebruch und anderen sogenannten »niederen Gelüsten«. Im Amerikanischen ist »yellow« ein Synonym für »feige«. Obwohl Gelb niemals Farbe einer bestimmten Körperschaft war, bezeichnet man bis heute alle Arbeiter- und Angestelltenorganisationen, die auf Unternehmerseite stehen, in der Gewerkschaftssprache als die »Gelben«. Als Tracht- und Uniformfarbe kommt Gelb in Europa nur sehr selten vor. Während des Zweiten Weltkrieges entdeckte man, daß leicht orangegetöntes Gelb vor allem auf dem Meer weithin sichtbar ist und Rettungsgeräte für Flugzeuge am besten in gelbem Material gefertigt werden. Heute ist im gesamten See- und Küstendienst, auch bei Fischern, signalhaft gelbe Wetterschutzkleidung allgemein gebräuchlich. Neuerdings wurden in Großstädten gelbe Schülermützen eingeführt, um die Kinder im Verkehrsgetriebe kenntlich zu machen. Die hohe Auffälligkeit dieser Farbe, die man offensichtlich schon von früh an kannte und bisher meist zur Zeichnung auszustoßender Personengruppen nützte, dient unter den neuen Gegebenheiten einer technisierten Zeit zur Hervorhebung von Hilfsbedürftigkeit, etwa auch in Gestalt der Armbinde für Blinde.

Gelb ist jedenfalls eine Signalfarbe, die aber als menschliches Hautmerkmal auf Krankheit hindeutet und auch Kennzeichen des Wundeiters ist. Nach C. Mengis (1930–1931 a) bedeuten in Südtirol gelbe Blumen in Hochzeitssträußen Unglück. Geliebten Personen soll man nichts Gelbes schenken. Offensichtlich ist Gelb eine für den Menschen kritische Farbe, die je nach Tönung, vielleicht auch nach Struktur des Trägerobjektes, auf jeden Fall aber nach Art des Vorkommens sehr unterschiedlich bewertet wird. Um so auffälliger, daß es in Ostasien als vornehme Farbe gilt, die nur höheren Rängen zusteht. Auch buddhistische Mönche tragen gelbe Gewänder. Vielleicht haben diese östlichen Völker aufgrund des ethnischen Merkmals der gelblichen Hautfarbe zum Gelb eine positivere emotionale Beziehung. Als Farbe gegen den »bösen Blick« kommt es vorwiegend in Gestalt des apotropäischen Bernsteins, ansonsten eher selten vor. Türkische »Augenperlen« in Souvenirausführung zeigen mitunter anstatt der blauen Iris einen gelben Irisring. In der Heraldik findet sich Gelb als farbliche Übersetzung von Gold (vgl. A. M. Hildebrandt 1967). So bedeutet zum Beispiel das Weiß und Gelb des päpstlichen Wappens Silber und Gold, zwei Metalle, die laut heraldischem Gesetz nicht beieinanderstehen dürfen. Allein der Papst genoß das Vorrecht der Durchbrechung irdischer Regeln, und so besteht seine Wappentinktur aus den beiden für das Mittelalter wertvollsten Metallen. Freilich drücken die weiß-gelben Kirchenfahnen diesen hohen Wert des Papstwappens nur unzureichend aus, weil der wesentlichste Reiz des Metalls, der Glanz, bei ihnen fehlt. Gelb für Gold ist eine sehr ärmliche Attrappe, doch mag die billige Farbe für den gläubig Wissenden von gleicher magischer Wirkung sein wie das kostbare Metall.

Daß Weiß dem Abwehrsystem gegen den »bösen Blick« angehört, verdankt es aber nicht seiner Funktion als Silbersymbol, sondern seiner Übereinstimmung mit der Farbe des Augapfels (S. 79 f.). Es ist auch dort alte Abwehrfarbe, wo man Silber bis zum Eintreffen der Araber oder Europäer kaum kannte geschweige denn verarbeitete, nämlich in Schwarzafrika. Obwohl physikalisch aus der Summe aller Spektralfarben bestehend, gilt Weiß im Volksglauben als farblos und dementsprechend als Symbol der Unbeflecktheit, der Demut und des Guten. In vielen Gebieten ist es Trauerfarbe, in anderen wieder Farbe himmlischer Freude. Geister denkt man sich, da sie an den Realisierungsformen irdischen Lebens nicht teilhaben, ganz weiß und kennzeichnet sie daher sehr oft durch umgehängte weiße Tücher oder weiße Kleidungsstücke. Dazu kommt, daß nachts agierende Dämonen- und Geisterfiguren in Weiß am besten gegen das Dunkel kontrastieren. Hier muß man sich freilich vor Augen halten, daß diese Dämonen und Gespenster ja nichts außerirdisch Reales, sondern der Umwelt aufprojizierte Spiegelbilder menschlicher Lebensart sind (S. 112). Der Entstehungs- und Nährboden solcher Vorstellungen liegt allein im menschlichen Denken und Agieren. Wir haben also primär zu fragen, wo und wann der Mensch weiße Kleidung trägt und warum er sie seinen erdachten Geistern zugeordnet hat.

Jedes Färben war früher technologisch schwierig und buntes Gewebe daher kostspieliger als ungefärbtes. Bleichen kam billiger. So zählen gebleichte oder auch ungebleichte Leinen- und Baumwollstoffe, je nach Wirtschaftsform auch ungefärbte Schafwollstoffe und Filze zu jenen Materialien, die früher am meisten verwendet wurden. Dazu kommt die leichte Waschbarkeit. Gefärbte Materialien bedürfen, da Tinkturen im Wasser auslaufen und in der Sonne verblassen, generell sorgsamerer Behandlung als ungefärbte. Weißes Zeug wird also überall genommen, wo es um Einsparung von Kosten oder wegen starker Verschmutzung um oftmaliges Waschen geht. Deshalb sind Hemden und andere Unterkleidung mit Vorliebe aus ungefärbtem Leinen, dessen Faser sich außerdem am Körper sehr angenehm trägt. Das weiße Hemd ist dann für breite Bevölkerungsschichten auch Totenhemd, denn teure Überkleider mitzugeben, wäre für sehr viele eine große Verschwendung. Aus dem burgenländischen Seewinkel (Österreich) kenne ich den Fall eines nach Ansicht des Arztes todgeweihten, aber noch agilen Kindes, das aus Ersparungsgründen im weißen Totenhemdchen herumlaufen mußte, weil man Hose und Jacke für einen nachwachsenden jüngeren Bruder schonen wollte. Auch die in Ägypten zum Mumifizieren der Leichen gebrauchten langen Binden waren aus weißem Stoff. So wird Weiß zur Toten- und Trauerfarbe, denn auch Hinterbliebene, für die sich das Präsentieren glänzenden Schmuckes und bunter Farben nicht ziemt, hängen sich am zweckmäßigsten weiße Tücher um. Die meist als »zeitweilig auferstandene Tote« aufgefaßten Geister erscheinen daher völlig sinngemäß in weißer Totenkleidung. Übrigens einigen sich noch heute Mitglieder von Gruppen, die ohne großen Kostenaufwand in gleicher Kleidung auftreten wollen, auf das Anziehen weißer Hemden. Uniformverbote für Wehrverbände während der politischen Kampfzeit nach dem Ersten Weltkrieg wurden vielfach mit generellem Tragen weißer Hemden, die ohnedies jeder hatte, beantwortet.

Vielfach wurde zur Schonung des Obergewandes im Unterzeug auch gearbeitet. Im burgenländischen Lutzmannsburg (Österreich) war bis zum Zweiten Weltkrieg die Arbeitstracht weiß, die Feiertags- und Wintertracht schwarz. Bei genauerem Hinsehen erkannte man aber in der sogenannten Arbeitstracht sofort die normale Unterwäsche. Umgekehrt bezieht sich die vorwiegend wienerische Bezeichnung »Gattihose« für lange Unterhosen (vgl. J. M. Burnadz 1970) auf die ungarische »Gatya«, die weite weiße Leinenhose der Bauern und Hirten, die mit dem Aufkommen der engen Tuchhosen zur Unterhose wurde. Man muß sich vergegenwärtigen, daß in der Zeit vor dem Zweiten Weltkrieg die breite Masse vor allem der ländlichen Bevölkerung überhaupt nur einen einzigen guten Anzug besaß, der dementsprechend aufgespart wurde. Sonntagstrachten vererbten sich durch Generationen. Das Ablegen der Oberkleidung diente nicht nur deren Schonung, sondern auch besserer Beweglichkeit bei der Arbeit. Typisch dafür sind die Abbildungen bei O. v. Zaborsky-Wahlstätten (ohne Jahreszahl), wo zwei raufende Bauernburschen und ein Bursch beim »Würdinger-Lupfen« im bayerischen St. Leonhard (Deutschland) den »Janker« abgestreift haben. Gleiches zeigen die Bilder vom schweizerischen »Häkeln« im Kanton Schwyz und »Schwingen« auf dem Rigi bei R. Hiltbrand (1966–1967). A. v. Ardenne (1914–1915) bringt P. Halkes Gemälde vom Sturmangriff der Bayerischen Infanterie bei Dieuze am 20. 8. 1914, wo sich viele Männer der Waffenröcke entledigt haben und wie bei einer Kirchweihrauferei in weißen Hemden angreifen. Im Kuba-Krieg 1898 warf die US-Kavallerie ihre Tuchröcke fort und kämpfte in Hemd und Hosenträgern. Nach dem Sieg wurde diese Aufmachung zur offiziellen Uniform erhoben. Auch die bis 1914 von deutschen Garderegimentern bei Paraden getragenen weißen Pantalons sind eigentlich nur im Rang aufgewertete Arbeitshosen, denn noch im 18. Jahrhundert waren die meisten Uniformhosen der Billigkeit und leichteren Waschbarkeit wegen weiß. Die weiße Marine-Uniform entstand ebenfalls aus der zur Deckreinigung sichtbar getragenen Unterwäsche. Das weiße Drillichzeug hat sich bei der deutschen Armee bis 1945 gehalten und wurde bei winterlicher Arbeit über die warme Tuchuniform gezogen, um diese zu schonen. Aus dem Zivilleben gibt es viele Beispiele, wo ursprüngliches Unterzeug zu traditioneller Arbeitskluft wurde. Weiß ist die Tracht der Käseträger von Alkmaar (Holland), weiß sind Bäcker-, Koch-, Fleischerstrachten und viele andere noch heute übliche Berufskleidungen. Eine Variante alten weißen Werksgewandes dürfte übrigens auch der heute so moderne weiße Arbeitsmantel sein, der als Hilfsmittel für saubere Arbeit oft tatsächlich notwendig, in vielen Fällen aber nur Statussymbol für sogenannte »gehobene« Beschäftigung ist.

Auf analoge Weise wie beim Militär oder bei Berufsgruppen ist Unterkleidung wahrscheinlich auch im Brauchtum zu Ehren gelangt, um dann vielfach in Form ritualisierter Sonderanfertigungen traditionell zu werden. Typisch dafür ist die weiße Ranggler-Kleidung, bestehend aus »rupfenem Pfoad« (leinernem Hemd) und weißen Hosen (vgl. K. Nusko 1972) oder die ebenfalls weißen Gewänder japanischer Karate-, Judo- und Jiu-Sportler. Im Winter mögen die Bauern das Unterzeug, ähnlich wie die deutschen Soldaten ihren Drillich, über die warme Oberkleidung gezogen haben, um diese zu schonen. Blättert man einschlägige Bücher durch, findet man zahllose traditionell weißgekleidete Brauchtumsgestalten wie zum Beispiel Klöckler, Perchten und diverse Fasnachtfiguren (vgl. F. Haider 1968, C. Hansmann 1959, F. Stadler 1971, O. Swoboda 1970, K. Zinnburg 1972), die oft reich mit Zeichen und Flitter benäht sind. Es sei nur an die Alt-Ausseer Flinserln oder manche Salzburger Tresterergruppen (Österreich), aber auch an Brauchtumsfiguren in Binche (Belgien) erinnert. Das weiße Untergewand, von dem die bäuerlichen Vorfahren mehr Stücke besaßen als vom farbigen Wollzeug, ermöglichte eben auch das zeitweilige Anheften von Abwehr- oder Gruppenzeichen. Heute bezeichnet man die überlieferten hellen Perchtentrachten gern als »weiße Dämonenkleider« oder »symbolische Lichtgestalten« und liefert damit typische Sekundär-Erklärungen, die einer genauen Analyse nicht standhalten. Weißer Stoff ist billig, leicht zu waschen und überall vorrätig. Dieser wichtige Aspekt muß bei der volks- und uniformkundlichen Beurteilung des Weiß im Bekleidungssektor berücksichtigt werden. Darüber hinaus wirkt weißes Gewebe reflektierend und hält bei starker Sonnenstrahlung kühl, was zur weißen Sommer- und Tropenkleidung geführt hat. Der mit der Sklera im Zusammenhang stehende Signalwert des Weiß, der im Blickabwehr- und Amulettbereich ausgenützt wird, wurde bereits besprochen. Oft nimmt man Weiß auch zur heraushebenden Umrahmung für andere Abwehrfarben oder zur Erzielung glanzlichtähnlicher Punkteffekte.

Der absolute Gegensatz zu Weiß ist Schwarz, das physikalisch keine Farbe ist, sondern dort auftritt, wo Licht fehlt oder von Oberflächen absorbiert wird. Schwarz wirkt auf den Menschen ernst, unheimlich, bedrohlich (vgl. C. Mengis 1935–1936). Nach A. Rosenberg (1967) gilt »schwarz« als Synonym für »böse«. R. Beitl (1955) räumt ihm die gleiche Stellung ein. Es sei hier nur an die Schreckgestalt des »schwarzen Mannes« sowie die zahllosen anderen schwarzen Dämonen in Tier- und Menschengestalt erinnert. Der schwarze Hund ist in Sagen nicht weniger unheilträchtig als etwa das schwarze Huhn (vgl. A. Mailly, A. Parr und E. Löger 1931). Verbreitetem Volksglauben nach ist man vor Bissen sicher, wenn man den Zahn eines schwarzen Hundes bei sich trägt. Schwarze Panther und schwarze Kreuzottern, auch »Höllenottern« genannt, stehen im Ruf besonderer Gefährlichkeit, obwohl sie nichts weiter sind als melanotische Varianten ihrer heller getönten Artgenossen. Schwarze Ritter tauchen in Turniergeschichten ebenso als schwer überwindbare Gegner auf wie schwarz gekleidete Revolverhelden in Wildwestfilmen. Schwarze Tracht mit Goldborten durften bei den Mohammedanern im Mittelalter nur öffentliche Redner tragen, also Leute, die beeindrucken sollten. Tacitus schildert in der Germania (K. Woyte 1962) die schwarz bemalten, mit schwarzen Schilden in der Nacht angreifenden Harier als besonders furchterregend und resümiert: »... kein

Feind erträgt den sonderbaren und gleichsam höllischen Anblick; denn was in jedem Kampf zuerst erliegt, sind die Augen.«

Schwarz als »Farbe der Nacht« besitzt für den tagaktiv veranlagten Menschen von vornherein hohen Stimmungswert in Richtung Gefahr. Zweifellos umgekehrt lägen die Verhältnisse, wären wir nachtaktiv: Nicht Sonnen-, Mond- noch Sternsymbole würden in der Heraldik für Güte, Freiheit oder Leben stehen, denn Gutes wäre gleich Dunkelheit und Böses gleich hellem Licht. Statt des »schwarzen Mannes«, der bösartigen »schwarzen Seele«, des geheimnisvollen »schwarzen Ritters« oder der todesmutigen »schwarzen Brigade« würden deren lichte oder weiße Gegenstücke Angst verbreiten. Weil aber der Mensch ein Tagwesen ist, kleidet er Verbände, die von einem Nimbus der Härte und Todesverachtung umgeben sind, eben mit Vorliebe schwarz. So etwa trug das von Herzog Friedrich Wilhelm von Braunschweig in Böhmen gegründete »Schwarze Corps« (vgl. H. Knötel und H. Sieg 1937, O. Pivka 1973), das sich in schweren Kämpfen gegen die Truppen Napoleons durch halb Europa bis zur Wesermündung durchschlug und von hier nach England verschifft wurde, schwarze Uniformen mit Totenköpfen. Gleiches gilt für das Schillsche Husarenregiment und die bis 1918 bestehenden preußischen Totenkopfhusaren. Schwarze Uniformen erhielten auch die deutschen Panzertruppen, die nationalsozialistische SS sowie das in Österreich gegen sie aufgestellte Sturmkorps (SK). Wenn heute die berüchtigten Rocker oder manche extrem verwegen tuende Burschen zum Motorradfahren schwarzes Lederzeug anlegen, bedeutet dies keineswegs eine Fortsetzung alter politischer Tendenzen, sondern ist nur die spezifisch menschenmännliche Demonstration eines »heldenhaften Lebens am Rande der Todesgefahr«. Diese Komponente spielt auch bei schwarzen Militär- oder Polizei-Uniformen eine Rolle, deren Wirkung noch durch weiße Passepoils gesteigert wird.

Eine für das eben Gesagte gleichfalls sehr charakteristische Farbgebung ist die Kombination von Rot und Schwarz. Rot ist die Farbe des Blutes, der Begeisterung, des Brandes, der Revolution, Schwarz das Kolorit der Nacht, des Bedrohlichen, des Todes. Wir finden beide auf Seeräuberflaggen, als Versinnbildlichung der Hölle oder als Zeichen für Aufruhr und Anarchie. Das Lützowsche Freikorps, weniger durch Taten als durch Theodor Körners Gedicht bekannt geworden (vgl. E. Klessmann 1966), trug gemäß seinen Kampf- und Freiheitstendenzen schwarze Uniformen mit roten Aufschlägen. Die 1816 gegründete Jenaer »Urburschenschaft« (E. Hunger und C. Meyer 1958, A. Rabbow 1970) übernahm diese Uniform, aber mit goldenen Knöpfen und gab dadurch den Anstoß zu den deutschen Fahnenfarben »Schwarz-Rot-Gold«, die F. Freiligrath als »Farben der Revolution« in einem Gedicht unter anderem mit folgenden Worten charakterisierte: »Pulver ist schwarz, Blut ist rot, golden flackert die Flamme!« Dies ist eine psychologisch richtige, auch den ethologischen Befunden entsprechende Auslegung.

Hinsichtlich Wirkung und Funktion sehr interessant ist die Farbe Grün, die allgemein als beruhigend und keinesfalls alarmierend gilt. Das Wort stammt aus dem Althochdeutschen, wo es als »gruoen« soviel wie »wachsen, gedeihen« bedeutet (vgl. C. Mengis 1930–1931 b). Wir sagen ja heute noch über etwas, das jung, frisch und im Wachsen ist, es sei »grün«. Bezeichnungen wie »grüner Junge«, »Grünschnabel« oder jemandem »nicht grün sein« haben mit der Farbe also nur indirekt zu tun. Wortverbindungen mit »grün« sind in allen Lebensbereichen überaus häufig (Grünfutter, Grünanlagen, Gründonnerstag, Mutter Grün als Metapher für Natur etc.). Nach K. Lipffert (1964) steht Grün für neues Leben, Erkenntnis, Wachstum und ist Farbe der Gerechten, der göttlichen Barmherzigkeit und der Bekehrung. Auch H. A. Bühler (1930) charakterisiert Grün als ruhige Farbe. Als Caesar Augusta de Bellegarde dem französischen König Ludwig XIII. in einer ebenso eleganten wie dezent zurückhaltenden Reitkleidung entgegentreten wollte, entschied er sich für Grün als Grundfarbe. Man nannte ihn dann auch »Vert-Galant« (vgl. H. M. v. Eelking 1966). Konferenz-, Schreib- und Billardtische wurden früher grün bespannt, Schreibtischlampen hatten grüne Schirme. Bildungen wie »am grünen Tisch« oder »vom grünen Tisch aus« stehen noch heute als Umschreibung für den Ort besonnener Auseinandersetzungen oder theoretischer Gespräche. Aus ökologischer Sicht kann diese Farbe gar nicht anders als beruhigend oder zumindest neutral auf den Menschen wirken, da er ja, Extremsituationen in Wüsten- oder Polargebieten ausgenommen, allüberall zwischen grünen Pflanzen lebt. Die Anpassung konnte also nur zu einer weitgehend emotionsfreien Indifferenz führen. Demgemäß wurde bis vor kurzem fast alles grün gestrichen, was irgendwelche Landschaftsbeziehungen hatte und nicht besonders auffallen sollte. Gartenbänke, Vogelbauer, Aquariengestelle, Zäune, Fensterläden, Türen, Lusthäuser, Vogelfutterkästen und Gartengeräte waren grün. Erst mit zunehmender Überbevölkerung bei gleichzeitiger Vergröberung der Lebensformen wurden solche Objekte unterschiedlich bunt, ja sogar in Leucht- und Schockfarben bemalt. Bereits das Wort »Schockfarbe« charakterisiert den gegenwärtigen Trend zur Steigerung optischer Reize, der sich letztlich auch im Überhandnehmen des Augenmotivs in gebrauchsgrafischen und künstlerischen Belangen äußert. Das beruhigende, freundliche und erfreuende Grün ist für heutige Begriffe nicht genug attraktiv.

Im politischen Bereich galt Grün, vielleicht im Zusammenhang mit seiner Funktion als Farbe der Hoffnung, lange Zeit als Symbolfarbe der Freiheit. 1895 verwendeten Republikaner in Bologna bei einem Aufstand die französische Trikolore als Freiheitsfahne, ersetzten aber den blauen Streifen durch einen grünen. Die holländischen Buren blieben bei der rot-weiß-blauen Fahne der Niederländer, nähten sie aber an ein grünes Senkrechtband als Zeichen der Freiheit. Bulgarien wiederum tauschte 1878 den blauen Streifen der alten russischen Fahne gegen einen grünen, um seine Freiheit auszudrücken. Ähnliche Fälle gibt es noch viele. Dementsprechend versteht man dann die »grüne Landschaft« als freie Landschaft und spricht von der »grünen Grenze« als der unkontrollierten Grenze. Hohe Bedeutung erhielt Grün im Islam als Farbe des Propheten. In vegetationsfreien Wüstengebieten mit meist rötlichem Sand ist Grün nicht nur eine wirksame Kontrastfarbe, sondern auch Kennzeichen für die Oase und damit von höchster Wichtigkeit, denn grüne Pflanzen sind gleichbedeutend mit Wasser. Wenn Mohammed im Koran das Paradies voll grüner Wiesen und schattiger Haine verheißt, so spricht daraus die elementare Sehnsucht des Wüstenbewohners. Grün als Farbe des Propheten, als Zeichen für Vegetation, Schatten und Wasser wird daher zur Farbe des Guten und in weiterer Folge zur Abwehrfarbe gegen Böses. Das gilt auch für den nichtislamischen Raum. Die Pferdewagen der bekannt abergläubischen Zigeuner beispielsweise waren durchwegs grün gestrichen. Nicht so angenehm neutral wie Vegetationsgrün wirkt ein grelles, etwas blaustichiges Grün, das man vermutlich mit Bezug auf das früher als Malfarbe verwendete giftige Mitisgrün oft als »Giftgrün« bezeichnet. Grünliche Hautfarbe erscheint ungesund, grünes Licht, das Gesichter und Gegenstände durch Entzug der warmen Rottöne verfremdet, wird gern mit Hexen und bösen Geistern in Zusammenhang gebracht.

Alles bisher Gesagte zeigt, wie sehr die Erlebnisqualität der Farben mitsamt unseren Antwortreaktionen ökologisch bedingt und aus dem uns umgebenden Lebensraum heraus zu verstehen ist. Dies gilt auch für die letzte zu behandelnde Farbe, nämlich das Blau. In der Natur kommt es primär als Farbe des wolkenlosen, also sonnigen Himmels und diesen widerspiegelnder Gewässer vor. Ein taglebendes Wesen wie der Mensch, das ohne Sonnenbestrahlung bleich und krank wird, muß demnach auf Blau, das am Himmel Sonnenschein verheißt, positiv ansprechen. Diese Grundeinstellung äußert sich unter anderem darin, daß wir Sonne und klaren Himmel als »Schönwetter« bezeichnen, selbst wenn es sehr trocken ist und die ernährungstechnisch so wichtige Feldfrucht des Regens schon dringend bedürfte. Kommt dann endlich der die Nutzpflanzen rettende Regen, sprechen wir abwertend vom »Wettersturz«. Sogar die meteorologische Fachsprache nennt jedes Wolkenfeld eine »Störungsfront«, die den »heiteren Schönwettercharakter gefährdet« und durch »fortschreitende Eintrübung« einen »Schlechtwettereinbruch« hervorruft. Solche wertenden, vom Standpunkt der Tatsachen eigentlich ungerechtfertigten Ausdrucksweisen sagen sehr viel über Angeborenes aus. Helles Blau ist also zweifellos eine freundliche, den Blick angenehm auf sich ziehende Farbe. Nach K. Lipffert (1964) bedeutet Blau »die Wahrheit, den Äther, das Pneuma«. Hier ist die Himmelsbeziehung einwandfrei festgelegt. Blau ist daher auch Christusfarbe. Maria trägt häufig »ein Gewand von reinem Blau«, um ihre völlige Verbundenheit mit Christus darzutun. Philosophie oder Wissenschaft wird vielfach durch blaue Mäntel symbolisiert. Die Österreichische Akademie der Wissenschaften verwendet kornblumenblaue Talare. Das dem Blau verwandte Graublau wirkt eher unerfreulich und galt in karolingischer Zeit als Symbolfarbe des Lasters. H. Schewe (1927) zählt viele Bedeutungen des Blau im Volksglauben auf, wobei sich eine Vielzahl unterschiedlichster Möglichkeiten darbietet. Bläuliche Gesichts- und Körpertönung oder blaue Flammen, die wie das Grün warme Nuancen löschen, sind durchwegs gespenstische und bedrohliche Erscheinungen. Dunkelblaue Gewänder werden von Hexen getragen, was aber vielleicht so zu erklären ist, daß unsere brauchtümlichen Hexengestalten ins Negative abgesunkene Abwehrfiguren sind, die das ursprünglich gute Blau beibehielten. Himmelblau jedenfalls schützt fast überall vor Bösem und ist wohl die verbreitetste Abwehrfarbe gegen den »bösen Blick«.

Tafel 73–75

Allerdings ist die Frage, was nun unter richtigem »Himmelblau« zu verstehen sei, nicht eindeutig zu klären, weil es je nach Landschaft und spezifischer Situation variieren kann. Weiter ist zu berücksichtigen, daß wir zwar aufgrund angeborener Dispositionen auf klares Blau positiv ansprechen, es jedoch nicht überall herstellen können. Verfügbares Grundmaterial und Färbetechnik bedingen die Verwendung von Blau bei Kulturobjekten. Wenn ein Volk blauen Farbstoff weder erzeugen noch importieren kann, wird es keine blauen Abwehrzeichen haben, vielleicht aber dennoch Blau als Heils- oder Abwehrfarbe betrachten und etwa durch bläuliches Grau, Weiß mit Blaustich oder Blauschwarz ersetzen. Den Gruppenmitgliedern genügt dann die Vorstellung, es handle sich um Blau. Zu bedenken ist auch, daß Körperfarben je nach lokalen Licht- und Landschaftsverhältnissen in verschiedenen Gebieten unterschiedlich wirken. Ein VW-Bus zum Beispiel, den wir in Wien rötlichgelb strichen und für wüstenfarbig hielten, sah in der Sahara ausgesprochen grün aus. Gegenstände können in ethnologischen Sammlungen daher ganz andere Farbeffekte zeigen als vom Produzenten im Ursprungsland beabsichtigt. Auch Farbfotos garantieren nicht für Richtigkeit. Eine von mir aufgenommene leuchtend blaue Seerose erschien trotz ansonsten korrekter Farbwiedergabe auf dem Dia in klarem Rot.

Die lokalen Möglichkeiten, bestimmte Farben herzustellen, spielen bei Volkstrachten ebenso wie in der Uniformierung des Militärs eine gewichtige Rolle. So entstanden die blauen Waffenröcke der Preußen einfach durch die in Brandenburg heimische Blaufärberei mit Weidrich (F. Rumpf 1937), die roten Hosen der französischen Truppen wiederum aufgrund der in Frankreich so verbreiteten Krappfärberei (P. Martin 1963). Mitunter sind derlei Farbgebungen aber auch rein zufällig. Die österreichische Kavallerie zum Beispiel kam dadurch zu roten Hosen, daß infolge des Sieges von Juarez über Kaiser Maximilian von Mexiko der für die kaiserlich-mexikanische Armee in böhmischen Fabriken hergestellte rote Stoff liegenblieb und aus Einsparungsgründen der heimischen Kavallerie gegeben wurde. Die dunkelgraublaue Uniform der englischen Luftwaffe, die später von fast sämtlichen Fliegertruppen nachgeahmt wurde, geht auf Stoff zurück, der für die kaiserlich russische Kavallerie bestimmt war und später von den Bolschewiki nicht übernommen wurde. Ganz ähnlich ist es mit dem sogenannten »Braun« der deutschen SA, einem eher unkleidsamen gelbstichigen Khakistoff, der in eigenartigem Schnitt zu Anzug und Kappe verarbeitet war. Es handelte sich dabei um ein Ausrüstungskontingent, das ein südamerikanischer Staat in Deutschland anfertigen ließ und dann infolge politischer Umschichtungen nicht brauchen konnte, worauf es vom Hersteller für wenig Geld im Inland verkauft wurde. Solche durch landschaftliche und politische Gegebenheiten beeinflußte, manchmal auch auf zufällige Lokalereignisse zurückzuführende Entwicklungen ändern aber nichts an der Tatsache des angeborenen Ansprechens auf die natürlichen, für uns ökologisch bedeutsamen Farben der Umwelt.

Farben lösen Stimmungen aus und können daher auch zur bewußten Stimulierung von Mitmenschen verwendet werden, was zum Beispiel die Arzneimittelindustrie mit dem Einfärben von Tabletten auch tatsächlich betreibt. Die emotionale Beziehung zum Farberlebnis ermöglicht es, im sinnesphysiologischen oder musischen Experiment Farben in Töne zu übersetzen (vgl. F. Mahling 1923, A. Argelander 1927, H. S. Stoltenberg 1937). Der Wiener Maler Richard Teschner (vgl. A. Roessler 1947) leitete die Marionettenspiele seines berühmten »Figurenspiegels« mit durcheinanderfließenden, einem Konzertvorspiel vergleichbaren Farbskalen ein und zeigte auf der Bühne das »Farbenklavier«, aus dem Farben statt Töne kamen.

15. Primär- und Sekundärerklärung

Zum vollen Verständnis einer menschlichen Handlung oder deren Produkten wäre es notwendig, alle ererbten, also arttypischen Einstellungen, die erworbenen individuellen Tendenzen, den zur Produktionszeit herrschenden Umweltdruck und die vom Aktionsziel ausgehenden Widerstände zu kennen. Ein so komplexes Wissen um sämtliche Wirkfaktoren ist allerdings kaum jemals gegeben und auch nur höchst selten rekonstruierbar. Dennoch sind wir geradezu argwöhnisch darauf bedacht, Vorgänge rund um uns zu ergründen und ihre Herkunft aufzuhellen. Die einfachste Technik, sich solch beruhigendes Wissen zu verschaffen, ist die des assoziierenden »Hineinsehens« oder »Hineindenkens« bereits bekannter Phänomene und Zusammenhänge in Unbekanntes, wofür grob äußerliche Gestaltgleichheiten oder naheliegende Gedankenverbindungen oft schon ausreichen. Hierher gehören die zahlreichen, auffällige Landschaftsformen erläuternden Sagen ebenso wie verschiedene volksetymologische Namenserklärungen oder viele Legenden.

Da ist etwa die österreichische Sage von der kaltherzigen Frau Hitt, die durch den Fluch einer gedemütigten Untertanin versteinert wird und in der Nähe von Innsbruck als Felsgebilde noch heute zu sehen ist. Ein weiteres Beispiel betrifft das aus dem 13. Jahrhundert stammende, »Spinnerin am Kreuz« genannte Wahrzeichen an der Peripherie von Wien, von dem man unter anderem folgendes erzählt: Die Frau eines Ritters, der mit Herzog Leopold dem Glorreichen ins Heilige Land gezogen war, stiftete für die glückliche Heimkehr ihres Gatten ein Kreuz mit dem Gelübde, die Kosten dafür durch Spinnen zu verdienen. Drei Jahre blieb der Ritter aus, indes sie emsig weiterspann und genug erwirtschaftete, um das Kreuz gegen ein steinernes Denkmal auszutauschen. Ein einziger Rocken fehlte noch, den sie eben zur Hand nahm, als unter Trompetenstößen Kreuzfahrer anritten, aus deren Mitte der Held in die Arme seiner treuen Gattin eilte. Das Bauwerk wurde auf dem Gipfel des Wienerberges aufgestellt und hieß fortan »Spinnerin am Kreuz«. In Wahrheit wurde die Säule höchstwahrscheinlich anläßlich der Kapitulation Wiens gegenüber Herzog Friedrich errichtet, von dem die aufsässige Stadt zwei Jahre lang belagert worden war (M. Bermann 1880). Eine typische christliche Auslegung ist die Legende vom Kreuzschnabel, der die Nägel aus dem Kreuz Christi ziehen wollte, wobei er sich den Schnabel verbog und ihm das Blut des Erlösers das Brustgefieder rotfärbte. Seitdem besitzt er die Wunderkraft, Krankheiten auszutreiben. Wirklicher Hintergrund der Geschichte ist der uralte Glaube an die magische Schutzwirkung alles Überkreuzten, seien es zwei Finger, die Füße oder eine geöffnete Schere.

Abb. 150 (S. 401)

Während aber derlei Erklärungen klar als irreal erkannt werden, läßt sich in anderen, schwieriger gelagerten Fällen sogar die Wissenschaft durch Sekundärerklärungen hinters Licht führen, wie das nachstehende volkskundliche Beispiel zeigt. Jeder hat schon in der Schule gelernt, daß bei den alten Germanen Wotan in den Rauhnächten dem Toten- und Geisterheer der »wilden Jagd« vorausritt. An einschlägigen Sagen, Märchen, Lesebuchgeschichten und wissenschaftlichen Publikationen herrscht da kein Mangel. S. Walter (1968) greift nun einen solchen Bericht auf und weist nach, daß die verschiedenen von A. Hergouth (1960) herkömmlicherweise vorwiegend mythologisch gedeuteten Gestalten der Faschingsumzüge im Bezirk Murau großteils mit dem Rechtsbrauchtum des 18. und 19. Jahrhunderts zusammenhängen. Das germanisch-mythische Geisterpferd entpuppt sich dabei als Parodie eines k. und k. ärarischen Gaules, für den Hafer gesammelt wird. Die bei den Bauern wenig beliebte Futtergabe für die Armeepferde war früher zum Faschingstermin fällig. Das Pferd ist hier also nicht eigentlich Bedeutungsträger, sondern dient lediglich der Illustration eines Sachverhaltes. Ein guter Anlaß für mythologische oder religiöse Deutungen wäre auch der auf Korfu gebietsweise geübte Brauch, Verstorbene im offenen Sarg zu Grabe zu tragen, was aber auf ein altes türkisches Gesetz zur Verhinderung des Waffenschmuggels zurückgeht (L. Durrell 1963).

Auffallend ist der vielfach betont heroisierende Inhalt von Populärableitungen. So wurde beispielsweise die Bezeichnung »Attila« für die verschnürte Jacke der Husaren und den Rock der nationalen ungarischen Magnaten-Galatracht von den Magyaren mit dem gleichnamigen Hunnenkönig († 453) verknüpft, von dem sie abzustammen glaubten. Erwiesenermaßen leitet sie sich aber vom mittellateinischen attillamentum = Ausrüstung ab (W. Transfeldt 1942). Ein anderer Fall ist die nachstehende, den Ursprung des türkischen Hoheitszeichens charakterisierende Geschichte: Als einmal die Türken todesmutig den ganzen Tag bis in die Nacht gegen die übermächtigen Christenheere gekämpft und sie dann endlich in die Flucht geschlagen hatten, breitete sich auf dem Schlachtfeld ein See roten Blutes aus, in dem sich glänzend silberweiß die Mondsichel und ein Stern spiegelten. »Dies soll in Zukunft unsere Fahne sein«, sagte der Feldherr, und alle Kämpfer stimmten jubelnd zu. Recht ähnlich klingt die Entstehungsgeschichte des österreichischen Wappens: Als 1191 Österreichs Babenbergerherzog Leopold V. mit seinen Rittern nach hartem blutigem Kampf gegen das Sarazenenheer die Mauern von Akkon erstürmt hatte, legte er übermüdet den Schwertgurt ab. Sein weißer Kreuzfahrerrock leuchtete rot vom Sarazenenblut, ausgenommen

Tafel 30 (11)

des Gürtelstreifens, der schneeweiß geblieben war. »Rot-Weiß-Rot«, sprach Leopold, »seien in Zukunft Österreichs Farben.« Beide Geschichten entstanden zu Zeiten, als es aus staats- und wehrpolitischen Gründen zweckmäßig erschien, die nationale Vergangenheit stärker zu glorifizieren. In Wirklichkeit ist das Symbol »Halbmond und Stern« viel älter als der Islam (S. 324 ff.), ebenso wie der Bindenschild schon vor der Eroberung Akkons bekannt war.

Diese Beispiele sind keine Einzelfälle. Trachtenteile, Kleidervorschriften, Brauchtümer und historische Objekte finden sehr häufig solche mit Ausnahmesituationen aus Kriegs- und Notzeiten verbundene Begründungen. Der Mensch bezeugt damit nicht nur sein reges Interesse an Umweltphänomenen, sondern auch einen ausgeprägten Hang zur Beschönigung und Aufwertung seiner Vergangenheit beziehungsweise Leistung. Umgekehrt macht sich ein Trend zur Abwertung bemerkbar, wo es um fremde oder in der eigenen Societät zweitrangig eingeschätzte Elemente geht. So erklärten etwa die Österreicher in der k. und k. Armee die sogenannten »Bärentatzen« auf den Ärmelaufschlägen der ungarischen Uniformen dahingehend, man habe sie extra erfunden, um den als hinterwäldlerisch und primitiv verschrienen Ungarn das von zu Hause gewohnte Abwischen der Nase mit dem Ärmel zu verleiden. De facto sind die »Bärentatzen« aber ein auf gängigem Ritualisierungsweg aus Knopfloch und Quaste entwickeltes Litzenornament von rein plakativer Bedeutung.

Während die populäre Erklärung leichtfällt und infolge naheliegender Gedankenverbindungen »auf der Zunge liegt«, bedarf die andere einer genauen, mitunter sehr mühsamen Erhebungsarbeit. Außer ihrer emotionalen Attraktivität hat die falsche Auslegung jenen den Wissensdrang unerhört befriedigenden Vorteil für sich, auch auf alle entfernt ähnlichen Erscheinungen zu passen, wohingegen die echte nur spezielle Gültigkeit besitzt. Die Bevorzugung der erfundenen Herkunftserklärung ist psychologisch verständlich. Man »tut sich leichter« mit dem Formulieren und Merken solch kurzgeschlossener, bekannten Paßformen zugeordneter Geschichten als mit der Entwirrung komplizierter Entwicklungsvorgänge, die oft durch eine sogenannte »blackbox« führt und letztlich meist in sehr trivialen Ausgangssituationen endet. Da die richtige Auslegung auf Geschehnissen beruht, die zeitlich vor der konstruierten rangieren, kann man die eine Deutungsweise als »Primär-«, die andere als »Sekundärerklärung« bezeichnen. Die Primärerklärung ist das Resultat tatsachengetreuer Kausalanalyse, die Sekundärerklärung das Ergebnis freier Assoziation, die ohne Berücksichtigung vorangegangener Wandlungen in geistigem Spiegelbilddenken das aktuell vorhandene Objekt und auch emotionale Denkarten reflektiert: Sie ist daher zumeist tendenziös und oft auch eine typische Reaktion auf Direktbefragungen, die man heute in der Psychologie weitgehend durch die Methodik des indirekt ausforschenden Testes ersetzt. Es sei aber keinesfalls bestritten, daß Sekundärerklärungen wichtig und interessant sind, dies allerdings nicht als Bausteine sachlicher Herkunftsanalysen, sondern als eigenständige Forschungsobjekte, die über Gedankengut und Vorstellungswelt der Bevölkerungsschicht und Zeitepoche informieren können, der sie entstammen. Ähnlich wie sich rund um die ornamentalen Abwehraugen Bilder ranken (S. 132 f.), wachsen um Objekte und Sachverhalte verbrämende Geschichten. Wo es nicht gelingt, Sekundärerklärungen mit den zugehörigen Primärerklärungen zu konfrontieren, kann bereits das Auffinden der Kriterien, die eine Sekundärerklärung als solche kennzeichnen, wichtige kulturethologische Aufschlüsse erbringen.

Wie wir wissen, ist jedwede wahrnehmbare menschliche Aktion bestimmt von Emotionen, Absichten und investierten Fähigkeiten des ausführenden Individuums sowie dem Widerstand des Materials beziehungsweise der Umwelt, zu der auch mitbetroffene Lebewesen gezählt werden müssen. Dieser Wechselwirkung unterliegen Spontanhandlungen ebenso wie Brauchtumsabläufe, produzierte Objekte oder sonstige Leistungen des Menschen. Sein Einsatz, mag er nun agierend oder reagierend sein, beruht auf der physischen Ausstattung und dem damit korrespondierenden angeborenen Verhaltensinventar, zwei Komponenten, die gleich den beiden Seiten eines Papierblattes unlösbar miteinander verbunden sind. Die auf Erfahrungen und erlernten Reaktionen basierenden, sogenannten geistigen Aktivitäten wurzeln in diesem ererbten Bereich und sind davon genauso abhängig wie die Organbewegungen vom Knochengerüst und der Muskulatur. Angesichts der biologischen »Lustprämie« einer scheinbar uneingeschränkten Freiwilligkeit wird das nur allzuleicht übersehen. Man hält die eigenen Entschlüsse für unabhängig, weil man sie nicht näher analysiert und meist gar nicht weiß, wie man dazu gekommen ist. Ein »geistiger« Entscheid ist jedoch kaum freier von angeborenen Elementen als eine gewählte Schrittlänge (S. 18, 30).

Auf der Suche nach Primärerklärungen darf man sich daher nicht mit der Betrachtung des Komplexphänomens begnügen. Lautet etwa die Aussage, Blau und Rot seien die christlichen Gottesfarben, so sind die Eigenschaften und Wirkungen dieser Farben zu untersuchen. Es ist zu prüfen, wie und wo sie in anderer Funktion vorkommen, wann sie als Paar auftreten und welchen Göttern sie eventuell noch zugehören. Auch wird man auf Heiligenbildern nachschauen, in welcher Weise Gott oder ihm nahestehende Personen durch Rot und Blau gekennzeichnet sind, an welchen Bekleidungsstücken die beiden Farben aufscheinen und bei welchen nicht. Außerdem ist zu registrieren, ob sie gelegentlich durch Merkmale vertreten und mit sonstigen Attributen gekoppelt sind beziehungsweise ob und welche Personen anderer Funktionsbereiche entsprechende Merkmalskonfigurationen aufweisen. Da die Beantwortung derartiger Fragen aber nur unter Einbeziehung angeborener menschlicher

Verhaltensdispositionen erfolgen kann, muß jede Primärerklärung letztlich im Biologischen enden. Selbst die im moralisch-ethischen Sinn »anthropomorphsten« Leistungen des Menschen, die nach K. Lorenz (1973) durch »Fulguration« tieferliegender Systemeigenschaften entstanden sind und qualitativ etwas Neues darstellen, sind nicht von irgendwo außen dazugekommen, sondern aus phylogenetischem Urgrund gewachsen. K. Lorenz (1973) sagt dazu:

»B ist niemals non-A, sondern immer A + B, C ist A + B +C usw. Obwohl es tatsächlich unstatthaft ist, Schichten der realen Welt in disjunktive Begriffe zu fassen, haben sich diese doch in unzähligen Paaren in unser Denken und in unsere wissenschaftliche wie in unsere Umgangssprache eingenistet: Natur und Geist, Leib und Seele, Tier und Mensch, nature und nurture usw.«

Gerade im Erarbeiten »präkultureller Homologien« und der daraus resultierenden Regelhaftigkeit kultureller Leistungen sieht die Kulturethologie ihre zentrale Aufgabe, durch die sie sich von sehr nahestehenden Disziplinen mit gleichen Untersuchungsobjekten, beispielsweise der Volks- und Völkerkunde, unterscheidet. In diesem Buch geht es daher grundsätzlich um Primärerklärungen. Zu deren Aufdeckung können Sekundärerklärungen gelegentlich beitragen, unter denen zumeist diejenigen am ergiebigsten sind, die keine ausweglose, in sich geschlossene Kurzschleife bilden wie etwa die beiden Fahnengeschichten, sondern zur Erlangung ihrer Scheinrichtigkeit magische Gedankengänge heranziehen, die den logischen Bruch deutlich markieren. Es sei nur etwa auf die S. 443 zitierte, offensichtlich durch Augenornamente auf Kähnen inspirierte Indianersage verwiesen, wonach ein Mann jedem ihm Begegnenden ein Auge wegnimmt, um es in den Rand seines Boots einzusetzen, bis dieser ganz mit Augen bedeckt ist. Der wissenschaftliche Nutzen liegt in dem Hinweis, daß die Ornamente von den Eingeborenen tatsächlich als Augen gemeint sind.

Entsprechend der Kompliziertheit kultureller Bereiche gibt es hier viele Fälle, wo die Primärbeziehungen bereits zu verwischt sind, um noch herausgelöst werden zu können. Bei den magischen Blickabwehrmitteln sind aber fast immer Gestaltkriterien im Spiele, mit deren Hilfe man unter Berücksichtigung anderer Wirkfaktoren selbst extremste Stilisierungsformen als Augensymbole identifizieren kann.

16. Das Auge im Werbewesen

Jedes Werben ist ein Auffälligmachen zwecks Fesselung des Interesses anderer Lebewesen. Das Wort bedeutet ja auch primär »sich bemühen, drehen, umtun, bewegen«. Verwandt sind Worte wie Wirbel, Werft, Gewerbe. Ob es sich um Werbung im Rahmen der Paarbildung, um die Anwerbung zu einer Organisation oder etwa seit dem 19. Jahrhundert auch um kaufmännische Werbung für bestimmte Artikel beziehungsweise Dienstleistungen handelt, immer muß der werbende Teil sich bemühen, die Sinnesorgane seines Zielobjektes so anzusprechen, daß es ungeachtet sonstiger Reize mit Zuwendung reagiert. Man würde annehmen, daß sich alles dafür eignet, was lauter, bunter, intensiver als die Umgebung ist. Obwohl das in sehr vielen Fällen tatsächlich zutrifft, liegt der Wesenskern der Werbung nicht im Übertrumpfen, sondern im Kontrastieren. In einer Schar bunter Vögel fällt der schlicht gefärbte besser auf als der allerbunteste, aus einer Vielzahl prahlerisch imponierender Signale sticht ein dezentes Zeichen deutlicher hervor als die krasseste Übersteigerung. Die Sache funktioniert ungefähr so wie in der Geschichte von den vier Friseuren einer Straße, die für sich Reklame machen. Der erste schreibt auf sein Geschäftsschild: »Der beste Friseur der Stadt«. Der nächste formuliert übersteigernd: »Der beste Friseur des Landes«. Der dritte konkurriert seinen Rivalen anscheinend unüberbietbar mit der Parole: »Der beste Friseur der Welt«, worauf der vierte ganz schlicht in die Auslage schreibt: »Der beste Friseur dieser Straße«. Prinzipiell entsprechend ist die islamische Gebetsformel »Allah hu akbar«, die entgegen verbreiteter Annahme nicht »Allah ist der Größte«, sondern »Allah ist größer« bedeutet und mit diesem Komparativ dem extremsten Superlativ den Rang abläuft.

Analoges bietet die Heeresgeschichte. Vor allem zur Zeit der bunten Uniformen waren die Dienstgradabzeichen recht auffällig, wodurch etwa die Mitglieder eines Generalstabes infolge unterschiedlichster Rangadjustierung recht unübersichtlich erscheinen mußten. Dies galt speziell für sehr große Armeen mit umfangreichem Führungskorps, in dessen farbigen, goldbetreßten Reihen der Uneingeweihte den Höchstrangigen kaum noch erkennen konnte. In solchen Situationen ereignet sich mitunter ein Qualitätsumschwung in Richtung betonter Schlichtheit, durch die sich der Heerführer im Kreise seines bunten Führungsstabes auffällig macht. Beispiele dafür sind Napoleon und Friedrich der Große. Ebenso trug Julius Cäsar im Feld gewöhnliche Soldatenkleidung, und auch Attila adjustierte sich laut historischen Berichten weitaus simpler als seine Unterführer (H. Mitscha-Märheim 1963). Moderne Versionen sind Hitler und Stalin. Da die genannten Personen fast immer vor dem Hintergrund reich ausstaffierter Begleitung und kaum jemals allein auftraten, war die Kontrastwirkung garantiert. Man denke an die bereits als Fläche wirkende Ordensfülle sowjetischer Generale (vgl. P. Kannik 1967, A. Mollo und M. McGregor 1874) oder den napoleonischen Reitergeneral Murat, der sich stets derart übertrieben herausputzte, daß man ihn einmal sogar mit einem Tambourmajor verwechselt hat (E. Klessmann 1964). Auch Hitlers Reichsmarschall Göring neigte zu Prunkuniformen. Hier konnte nur Einfachheit übertrumpfen. Freilich spielen bei dem Phänomen des Schlichtkleides ranghöchster Persönlichkeiten noch weitere, in den Bereich heroischer Emotionen fallende Faktoren eine Rolle (vgl. O. Koenig 1970 a). Im hier behandelten Fall geht es jedoch in erster Linie um die optische Komponente. Wenn man in der Zoologie einerseits von Semantik (Signalkleid), anderseits von Kryptik (Tarnkleid) spricht, so ist damit eine relative und keineswegs absolute Bedeutung umrissen, da beide Erscheinungen nicht für sich allein, sondern nur im Konnex mit ihrer Umgebung zur Geltung kommen. Ein schwarz-weiß-gestreiftes, in jedem Zoo extrem semantisch wirkendes Zebra verschwimmt, vor allem im Herdenverband, mit der flimmernden Steppe zu vollkommenster Kryptik, wogegen ein einfarbig schwarzes oder weißes Tier, das neben gestreiften im Gehege unscheinbar aussieht, in freier Wildbahn sofort auffallen würde. Die Zahl entsprechender Beispiele ist sehr groß (vgl. P. R. Marler und W. J. Hamilton 1972, F. Steiniger 1938 b, W. Wickler 1968).

Aus dieser Sicht wird klar verständlich, daß auch die kaufmännische Werbung mit Überimponieren im Sinne einer Struktursteigerung nicht auskommt und ihr Hauptaugenmerk auf Kontrasteffekte zu legen hat. So baute beispielsweise ein englischer Büroartikelhändler in eine auffällige Auslagenanzeige absichtlich einen orthografischen Fehler ein, der speziell zur Funktion des Schreibwarengeschäftes in peinlichem Gegensatz stand. Viele Leute gingen hinein, um den Besitzer dezent aufmerksam zu machen, kauften aber bei dieser Gelegenheit gleich etwas ein (vgl. B. H. Jahn 1926). Das eingesetzte Mittel muß also nicht die erwarteten positiven Wertbegriffe herausstellen, es kann auch negativ kontrastieren. Im vorliegenden Fall wirkt der orthografische Fehler sympathisch vermenschlichend, verbrüdert den Schreiber mit der Masse, ähnlich wie der schlichte abgetragene Rock den General seinen Soldaten näherbringt.

Durch das im heutigen Zivilisationsbereich herrschende Überangebot an gegensätzlichen Effekten kann jedoch eine Abstumpfung des Beschauers bezüglich visueller Wechselhaftigkeit eintreten. Hier gilt es, speziellere Lockungen zu setzen, die tiefere Bewußtseinsschichten ansprechen (vgl. V. Packard 1962). Dabei spielt die psychologische Gesamtlage der Empfängerperson eine wichtige Rolle. Wer hungrig durch eine Stadt geht, wird auf Lebensmittelwerbung eher reagieren als auf Bekleidungsplakate. Es ist dann eine Frage der reklametechnischen Qualität, welche Grafik seine Entschlüsse beeinflußt. Mit dem Ausnutzen vorhandener Bedürfnisse gibt sich aber der Werber nicht zufrieden, denn er will ja darüber hinaus neue Wünsche wecken. Es sind Signale einzusetzen, auf die möglichst alle Menschen unbeschadet ihrer augenblicklichen Stimmung sozusagen »automatisch« ansprechen. Sie dürfen daher nicht dem Bereich des Erworbenen angehören, sondern müssen dem generell Menschlichen, also Angeborenen entnommen sein. Das ererbte Verhaltensskelett und nicht der individuelle Erfahrungsschatz liefert die Alarmsignale erfolgreicher Werbung, die dem spezielleren Sorten- und Leistungsangebot den Weg bereiten (vgl. L. Holzschuher 1956). Der Werbewissenschaftler H. Steiner (1971) charakterisiert dieses Wirksamwerden angeborener auslösender Mechanismen folgendermaßen: »... das Ansprechen der Ansprechbarkeit gleicht dem Auslösen einer gespannten Feder.«

Auf der Suche nach solchen verläßlichen Signalen stößt der als Reklamekünstler tätige Gebrauchsgrafiker unweigerlich auf die Gestaltmerkmale des Menschen, weil sie die sichersten Schlüssel-Schloß-Verbindungen zwischen Reizsender und -empfänger garantieren. Wie jedes Lebewesen reagiert auch der *Homo sapiens* auf nichts so prompt wie auf die Schlüsselreize der eigenen Art. Die menschliche Gestalt wird daher vom Werbegrafiker überaus oft als Blickfang benutzt. Nach diesem grundeinfachen Rezept geht ja zum Beispiel auch der Vogelsteller vor, der neben seinem Fanggerät einen gekäfigten Lockvogel plaziert, um den sich andere Vertreter der Art sammeln (vgl. K. Neunzig 1927, H. Bub 1967). Die Krähenfänger (Krahebieter) der kurischen Nehrung pflockten die zuerst gefangenen Krähen an, um alle übrigen leichter und schneller ins Netz zu bekommen (vgl. J. Thienemann 1927). In Italien sagt man, der Lockvogel diene »*per la propaganda*«, worin die Wesensverwandtschaft zur heutigen kommerziellen Propaganda anklingt.

Nun waren Vogelfänger wie auch Jäger schon seit jeher damit befaßt, statt des lebenden Tieres, das ja immerhin Betreuungszeit kostet, Attrappen einzusetzen. Bei der Herstellung solcher Nachbildungen kam man sehr rasch dahinter, daß nicht alle Merkmale eines Tieres für den Artgenossen gleichermaßen wichtig sind. Für die Entenjagd zum Beispiel werden stark vereinfachte Holzenten verwendet (vgl. K. Hagen, G. Antonoff und V. Schmidt 1949). Der Seehundjäger braucht sich nur seehundartig auf dem Strand herumzuwälzen, um die Robben neugierig zu machen und anzulocken. Der Problemkreis »Attrappensichtigkeit« ist S. 82 ff. ausführlich behandelt. Italienische Vogelfänger benutzen heute zwecks »Propaganda« vielfach keine lebenden Vögel mehr, sondern spielen entsprechende Gesangstonbänder ab. Pelztierfänger arbeiten fallweise mit anlockenden Geruchsstoffen. Speziell während der Paarungszeit sind Tiere mit Hilfe isolierter, stimmungsadäquater Signale leicht zu ködern. Es sei nur an die röhrende »Hirschtrompete«, die »Rehfiepe« oder an den einen Birkhahn imitierenden »Tschichui«-Ruf des Jägers erinnert.

Nach ganz ähnlichen Gesichtspunkten hat sich das kommerzielle Werbewesen entwickelt. Die hervorragende optische Begabung des Menschen bringt es mit sich, daß die auf seinesgleichen zielende »Propaganda« sich großteils im Sehbereich abspielt. Das heutige Angebot an Straßen-, Zeitungs- und sonstigen Bildreklamen ist kaum noch zu überblicken. Betrachten wir Plakate und Inserate aus der Zeit der Jahrhundertwende, finden wir eine Fülle meist recht naturalistischer Menschendarstellungen, die in sehr direkter Weise dem Werbeziel Ausdruck verleihen. Das angepriesene Kleid etwa wird von einer schönen Dame vorgeführt, die von Bewunderern umringt ist. Die Bartbinde präsentiert ein Herr mit stolzer Siegermiene, neben dem sich eine Dame auf das Abnehmen des Schönheitsgerätes bereits sichtlich freut. Vor dem angepriesenen Ofen räkeln sich zufrieden lächelnd sämtliche Mitglieder der Familie. Solch ein nahezu pantomimischer Einsatz menschlicher Ausdrucksmittel findet sich oft auch auf mythischen, sakralen oder allegorischen Darstellungen, wo Genien, Engel und sonstige Figuren verschiedenste beredte Posen einnehmen, um sich recht sinnfällig mitzuteilen. Diese Form plakativer Erzählung ist Leitgedanke der optischen Werbung bis zum Zweiten Weltkrieg und findet in der politischen Propaganda reichlich Anwendung (vgl. A. Massiczek und H. Sagl 1967). Vielfach rechnet man diese Art optischer Werbung heute dem Kitsch zu (vgl. G. Richter 1970).

Mit Weiterentwicklung der Werbegrafik hat es sich bald herumgesprochen, daß es zur optischen Fesselung des Betrachters einer summierten Reizfülle gar nicht bedarf, ja daß eine Abstrahierung des Bildinhaltes auf das Wesentliche sogar weitaus effektvoller ist. M. MacLuhan (1968) sagt: »Mit Hilfe bedeutender bereitgestellter Summen haben die Künstler, die auf dem kommerziellen Sektor arbeiten, versucht, das Inserat zu einem Bildsymbol zu entwickeln, und Bildsymbole sind nicht spezialisierte Bruchstücke oder Teilaspekte, sondern geschlossene und auf kleinen Raum gedrängte Leitbilder komplexer Art.« Man erkannte, daß unter Umständen eine einzige aufwärtsschwingende Linie Heroischeres ausdrückt als eine ganze Prozession sieghaftigkeit mimender Walküren. Sowohl bei J. Müller-Brockmann (1968) wie auch in dem Werk von H. Bayer (1967) finden wir die Fülle aller Möglichkeiten ausgezeichnet umrissen. Weiter wird dabei klar, daß die szenische Darstellungsweise eine zwar unbewußte, doch gründliche und zeitraubende Faktorenzerlegung erfordert, die der meist so erwünschten Raschheit der Information zuwiderläuft. In der heutigen Großstadtsituation kommt noch hinzu, daß eine episch erzählende Figurenkomposition infolge ihrer Realitätsnähe im Menschengetriebe eher kryptisch wirkt und die werbetechnisch angestrebte Blickfangfunktion nicht erfüllt. Die Kontrastwirkung plakativer Menschendarstellungen sucht man heute vielfach durch gigantische Überdimensionierung herzustellen.

Als werbegrafisch stets erfolgreich erweist sich der Weg gekonnter Vereinfachung und Reduzierung auf das Wesentliche. Im Falle von Menschen- oder Tierabbildungen endet dieser Abstrahierungsweg bei dem gravierendsten Merkmal aller höheren Lebewesen, nämlich bei den Augen, die in sämtlichen Funktionsbereichen eine überragende Rolle spielen und vom Individuum ungeachtet seines Geschlechtes und Stimmungspegels jederzeit blitzschnell erkannt werden müssen (S. 75 f.). Anders ist es mit sexuellen Signalen, die immer nur einen Sektor des Betrachterkreises ansprechen (S. 455) und mitunter Wünsche erzeugen, die von der eigentlich propagierten Ware ablenken. Ich erinnere mich hier eines Zeichenwitzes folgenden Inhalts: Ein Mann auf seinem abendlichen Heimweg geht an vielen Lebensmittelplakaten vorüber, auf denen Käse, Wurst, Obst, Brot und anderes mehr von sehr appetitlichen nackten Mädchen angeboten wird. Endlich zuhause angekommen, stürzt er sich, vorbei an dem üppig gedeckten Nachtmahltisch, auf seine Frau. Hätten sich die Lebensmittelplakate auf augenhafte Strukturen als Blickfang beschränkt, wäre der hungrige Mann in seiner Stimmung nicht umgepolt und der Zeichenwitz nicht erfunden worden.

Wie bereits S. 87 dargelegt, geht die Signalwirkung nicht nur von naturalistischen Augenpaaren und eindeutigen Augenattrappen, sondern auch von sonstigen Gestalten aus, in die wir aufgrund unserer angeborenen Attrappensichtigkeit Augen »hineinsehen«. So werden einerseits Schriftzeichen zum maximal abstrahierten Augenpaar wie etwa in dem türkischen Wort «OTO« für Automobil, das in betont augenhafter Proportion manches einschlägige anatolische Geschäftsschild ziert. Anderseits sieht man beliebige naturalistische Strukturen mit Augenwirkung in der Reklamegrafik verwendet. Da werben zum Beispiel Spiegeleier auf dem einen Plakat für Koch- und Bratfett, auf dem nächsten für eine Pfannenfabrik und auf dem dritten für eine Imbißstube. Auch sonstige Rundobjekte wie Früchte, Bonbons, Schraubenmuttern, Glühbirnen und ähnliches werden von den Grafikern ganz unbewußt in der effektvollsten Konfiguration, nämlich als Augenattrappen geboten, deren werbetechnischer Erfolg sich als unschlagbar erweist.

Recht interessant ist die Betrachtung gebrauchsgrafischer Figurenstilisierungen hinsichtlich der Organrelation. Es fällt auf, daß bei meist noch leidlich proportionierter und »lebensfähig« erscheinender Körperform der Kopf bereits zu stärkerer Abwandlung neigt und das Auge inklusive Lidern, Brauen und Wimpern den höchsten Abstrahierungsgrad erreicht. Oft wird es so sehr in Richtung der »übernormalen At-

Tafel 56, 57

Tafel 67 (1–5)
Tafel 68, 69, 80

trappe« forciert, daß es, dem riesigen Pappendeckel-Ei des Austernfischers vergleichbar (S. 86), jede biologische Funktionsmöglichkeit verliert. Gute Beispiele dafür bieten die bekannten Disney-Figuren oder die Gestalten diverser Comic-Reihen.

Greift man sämtliche in der Gebrauchsgrafik aufscheinenden Augenvarianten beziehungsweise Augenattrappen heraus und betrachtet sie gesondert, erhält man eine ziemlich vollständige Sammlung aller jener Symbole, die gleichermaßen im Heils-, Abwehr-, Sakral- und Hoheitsbereich verschiedenster Gemeinschaften von alters her Verwendung finden. Das ist zunächst erstaunlich, wenn man bedenkt, daß solche Motive von vielen Werbekünstlern zweifellos ohne Wissen um die historischen Vorbilder neu entworfen werden. Der Grund dafür liegt primär in der weitgehend übereinstimmenden Funktion aller drei ornamentalen Sparten, die sich mit dem Wort »Blickfang« am besten charakterisieren läßt. Das magische Abwehrzeichen soll das Auge des Fremden auf sich ziehen, um die Faszination durch »böse Blicke« zu verhindern, die Semantik des Gemeinschaftssymbols zielt auf rasche Kenntlichmachung und imponierende Solidaritätsdemonstration der Gruppenmitglieder, und der Signaleffekt des Werbezeichens ist dazu bestimmt, auf Produkte aufmerksam zu machen, um tieferes Interesse und schließlich Kauflust zu wecken. In der amerikanischen Werbebranche sind Termini wie »Eye Appeal«, »Eye Catcher« und »Eye Stopper« durchaus gebräuchlich (vgl. F. Neske und G. F. Heuer 1971). Letztlich resultiert die Zeichenverwandtschaft aus dem angeborenen Auslösemechanismus, der alle Menschen zu allen Zeiten auf das Erscheinungsbild des Auges einheitlich reagieren läßt (S. 73 ff.), wodurch es zwangsläufig immer wieder zu gleichen ornamentalen Ritualisierungsformen der Augengestalt kommen muß.

G. Borisowski (1967) löst Ornamente russischer wie auch asiatischer Volkskunst in eine beschränkte Anzahl von Standardelementen auf und weist nach, daß daraus jedes beliebige neue Ornament zusammengesetzt werden kann. Entsprechende Aufgliederungen finden wir auch bei E. Czakó und K. Györgyi (ohne Jahreszahl) im Hinblick auf die ungarische Volkskunst. Die auf diesem Weg erreichten Elemente gleichen weitgehend den von Amuletten her bekannten Augensymbolen und sind mit Sicherheit nichts anderes als die alten, lediglich durch Aneinanderreihung und Kombination zum Ornament gewordenen magisch bewerteten Ausgangsformen. Analoge Gestaltelemente zeigt H. Spencer (1970) in seinem Buch über moderne Typografie, und auch J. Müller-Brockmann (1968) sowie H. Bayer (1967) stellen verschiedentlich abgewandelte Augensymbole in den Vordergrund, ohne freilich deren eigentliche Bedeutung zu kennen. Zweifellos ist dieser »Eye Appeal« ein zutiefst angeborenes Phänomen, das in allen menschlichen Leistungsbereichen zum Durchbruch kommt und sich als Gestaltungsmotiv anbietet. Ebenfalls sehr anschaulich zeigt dies ein Versuch von

Frau I. Lackinger, Mitarbeiterin der Abteilung für Ökosystemforschung unseres Institutes, den sie in einem Kindergarten anstellte. Sie ließ die vorschulaltrigen und hinsichtlich Symbolik völlig unbeeinflußten Kinder auf weiße Papierblätter ganz nach Belieben möglichst viele Augen malen. Dabei entstand eine Fülle von Zeichen, die uns bereits aus Urgeschichte, Volks- und Völkerkunde bekannt sind. Analoge Ergebnisse zeitigte ein von Frau Dr. J. Wagner in einer Innsbrucker Handelsschule gemachter Versuch. *Tafel 1*   *Tafel 2–7*

Wir haben es hier aber wahrscheinlich nicht nur mit funktions- und gestaltungstechnischen oberflächlichen Analogien, sondern mit einer tiefgehenden Sinnverwandtschaft zu tun. Unsere gegenwärtige Konsumverherrlichung trägt nämlich viele Züge elementaren Gott- oder Aberglaubens, ja man hat den Eindruck, daß sie in einer Zeit verbreiteter Areligiosität geradezu ein Ersatz für Jenseitsglauben ist. Das Konsumieren gewinnt das Schwergewicht einer moralischen Verpflichtung, der Konkurrenzstreit der Firmen gerät in die Dimensionen eines Konfessionskampfes, die Werbefilme nehmen Charakteristika kultischer Rituale an, denen es auch nicht an gebetsformelartig wiederkehrenden und besonders von Kindern auch alsbald nachvollzogenen Merksätzen, Versen und Melodien fehlt. Das Priestergewand des auf Industrie und Technik ausgerichteten modernen Diesseitsglaubens ist der weiße Arbeitsmantel, den im Werbespot immer der Verhaltensgebote und Heilsversprechen abgebende Chemie-, Kosmetik-, Technologie- oder sonstige »Experte« trägt. Die hier vorgebrachte Interpretation des gegenwärtigen Konsumphänomens mag aufs erste sehr kraß erscheinen, bringt aber bei genauem Durchdenken noch weit mehr Übereinstimmungen an den Tag, als hier angedeutet werden konnten. Die Ähnlichkeit der Bildsymbole im Kult- und im Werbewesen beruht sicher auf mehr als einer nur praktischen Zweckverwandtschaft. *Abb. 40, 41 (S. 204)*

Heilszeichen, Gruppenzeichen und kommerzielle Werbezeichen können infolge ihrer inneren und äußeren Verwandtschaft unter Umständen in Wechselwirkung treten. So hat man schon Amulette in den Dienst der Werbung gestellt, wie dies etwa die türkische Benzinindustrie mit der »blauen Perle« getan hat. Ebenso werden althergebrachte Abwehrzeichen gelegentlich zu Gruppensymbolen, es sei an das türkische Staatswappen, das Hakenkreuz oder den Dreipaß der irischen Luftwaffe erinnert. Genausogut kann aber ein gewöhnliches Werbezeichen zum Amulett avancieren wie beispielsweise im Orient die Abziehbilder des »Diners Club« und andere Reklamebilder, die den Gestaltregeln der Blickabwehrsymbolik entsprechen. *Tafel 74 (11)*

Nicht nur die Augensymbole allein, sondern auch deren Koppelung mit sonstigen Strukturen der menschlichen Gestalt finden analoge Ausprägungen in den Bereichen der Heils-, Gruppen- und Werbezeichen. Eine der gängigsten Kombinationen ist die von Hand und Auge. Schon auf frühesten Darstellungen des Magdalénien sind Hände zu sehen (vgl.

Abb. 40 In der Gebrauchsgrafik wird das Augenmotiv für thematisch sehr unterschiedliche Vignetten verwendet. **a** Optiker. **b** Unesco, internationales Jahr des Buches. **c** Ausverkauf in Wäschewaren. **d** Kontor-Einrichtungsgesellschaft. **e** Pressezeichen für »Auflage kontrolliert«. **f** Cranpools Austria, Generalvertretung für Swimmingpools. **g** Österreichisches Post-Emblem. **h** Zeitschrift »Bild der Zeit«. **i** Skandinavische Enskilda-Bank. **j** Siegel für reine Schurwolle. **k** Fußball-WM 1974. **l** Buchdruckerei Kübart. **m** Caritas Hilfswerk. **n** Inserat der Conill-Bank AG, charakteristisch für den pseudoreligiösen Trend des heutigen Werbewesens.

Abb. 41 Motiv Hand plus Auge. **a** »Hand der Fatimah« auf türkischem Wandbild. **b** Inserat mit augenhaftem Schriftblock. **c** Hand, Herz und Auge (vgl. Tafel 80 [3]).

F. Eppel 1958). Generell ist es immer wieder die offene Hand mit mehr oder weniger gespreizten Fingern, wie sie signalhaft beim freundlichen, auf Entfernung gebotenen Gruß oder als Zeichen der Abwehr verwendet wird. Diese weltweit auftretende, allgemein verstandene Gestik ist offensichtlich angeboren (vgl. O. Koenig 1962 a). Die Hand als wichtigstes körpereigenes Greif- und Tastwerkzeug des Menschen mußte aus dieser Funktion heraus im Zuge innerartlicher Signalbildung hohen angeborenen Ausdruckswert bekommen. Ihr Einsatz als Abwehr- und Schutzsymbol ist nahezu zwingend. Die Koppelung mit dem Auge zwecks Erfolgsverbesserung liegt in den menschlichen Denkformen begründet. Tatsächlich finden wir Hand, Auge und Kombinationen aus beiden durchwegs in analogem Gebrauch, wobei das Auge ornamental vielfältiger abgewandelt wird. Die Rund- und Ovalgestalt des Auges samt Iris- und Wimpernstruktur bietet schon von sich aus mehr Variationsmöglichkeiten als die starr vorgegebene Fünfstrahligkeit der Hand. Vor allem im Reklamewesen werden der alarmierenden Hand gern Kreise, Dreiecke oder andere Signale, oft auch Schriftzeichen aufgesetzt. H. Bayer (1967) bringt als Titelbild seines Buches über visuelle Kommunikation eine Hand mit eingezeichnetem Herz und Auge. Ähnlich komponiert ist seine Fotomontage »Einsamer Großstädter«, die jederzeit als magisches Abwehrzeichen gegen den »bösen Blick« gelten könnte. In diesem Zusammenhang sei auf die fast immer mit einem Auge oder blütenhaften Augensymbol gekennzeichnete Hand Buddhas verwiesen, die im Prinzip der durchnagelten Hand Christi entspricht. Offensichtlich strebte man die Wirkung »Hand plus Auge« bei Christus eigens an, denn im römischen Hinrichtungsverfahren trieb man die Nägel ja nicht in das weiche, dem Körpergewicht nachgebende Handflächenfleisch, sondern durch die Handwurzelknochen. Zur Ursprungszeit solcher Christusdarstellungen war die Kreuzigungstechnik zweifellos noch bekannt. Zumeist zeigt die Wunde ovale Augenform. Ch. Rietschel (1965) sagt aus theologischer Sicht über Sinnzeichen: »Die Gestalt steht im Dienste des Inhaltes. Sie ist Magd nicht Herrin...«

Neben der Motivverwandtschaft von Abwehr-, Gruppen- und Reklamesymbolen zeigen die einzelnen Kategorien unterschiedliche Trends. Während das Gemeinschaftsemblem infolge relativ festumrissener Funktion eher konservativ ist, pflegen Abwehrzeichen aufgrund der vielschichtig motivierten individuellen Tendenzen (S. 169 ff.) und des Fehlens strenger Selektionskräfte gestaltlich stärker zu variieren. Eine Richtung innerhalb der magischen Abwehrstrategie zielt sogar auf das Verschlüsseln und Vertarnen, ja Verbergen des Zeichens, das dann nicht mehr als Blickfang fungiert, sondern seine magische »Aufgeladenheit« nur noch aus dem Wissen der Eingeweihten bezieht. Das Vertarnen magischer Abwehraugen kann unter Umständen auch zu dem Zweck geschehen, die neurotisierende Wirkung allzu vieler starrender Augen zu vermeiden (S. 131 ff.). Bei Werbezeichen hingegen steht immer die Semantik im Vordergrund. Sie tendieren stets in Richtung Kontrast und Auffälligkeit, was sich in maximaler Buntheit, Riesenhaftigkeit, Seriendarbietung gleicher Motive und anderen Tricks einschließlich »protziger Bescheidenheit« nach Art der unterspielenden Adjustierung gewisser Heeres- und Staatsführer äußern kann.

Eine gute, attraktive Bildwerbung, multipliziert mit der Anzahl heute konkurrierender Firmen, wird nicht nur durch ihren suggestiven Einfluß auf das Einzelindividuum, sondern auch wegen der Summierung von Augen und Augenattrappen in letzter Konsequenz zum moralisch-ethischen Problem. Unter Beiziehung der Kriterien »Beweglichkeit« und »Glanz« (S. 91), die bei Lichtreklamen und anderen Blickfangvorrichtungen wie etwa sich drehenden Firmenzeichen oder beweglichem Auslagendekor geschickt verwendet werden, kann das im Zivilisationsbereich ohnehin vorhandene Überangebot an optischen Reizen durch die Massierung augenhafter Strukturen sehr leicht eine Steigerung ins Unerträgliche erfahren (S. 460). Interessant in diesem Zusammenhang ist die S. 449 wörtlich zitierte kulturgeschichtliche Aussage von D. Frey (1953), wonach in Krisensituationen das Augenmotiv vorzuherrschen beginnt. Unter diesem Gesichtspunkt könnte die heutige Werbung, aber auch die von Augenmotiven überquellende moderne Kunst, als Alarmzeichen einer gestörten Gesellschaftsstruktur betrachtet werden.

Tafel 33
Abb. 146d (S. 392)

Abb. 42 Anordnung von Schrift in Augenform (Deckel eines Buches von E. Eggimann).

III. Spezieller Teil

17. Blaues Auge, blaue Perle, blauer Fleck

Die Analyse von Märchen, Mythen, Legenden und Sagen ist überaus schwierig, weil diese meist Konglomerate aus inhaltlich und altersmäßig recht unterschiedlichem Erzählungsgut darstellen. Beim Vergleich solcher Überlieferungen ist jedoch trotz stark verschobener Sachverhalte eine oft deutliche Übereinstimmung in der Grundaussage erkennbar. So sprossen etwa die beiden Märchen »Dornröschen« und »Die Königstochter in der Flammenburg« offensichtlich aus der Brunhildensage, wenngleich Ort, Zeit, Personenkreis und Handlungsweisen weitgehend verändert sind (vgl. J. und W. Grimm 1850–1856, E. Mudrak 1961, C. v. Spiess und E. Mudrak 1944). Gegenüber dem göttlich-heroischen düsteren Lebensbereich »Prünhildens« auf Isenstein (K. Lachmann 1901) wurde die Welt Dornröschens in die fast schon spitzweghafte Lieblichkeit eines mitteldeutschen Kleinstadtschlößchens übertragen, das nicht mehr von lodernden Flammen, sondern von blühenden Heckenrosen umgeben ist. Schälen wir jedoch aus beiden den Kern heraus, so verbleibt als schlichtester Sachverhalt, daß ein Mädchen durch einen Fluch von der Außenwelt abgeschlossen und durch einen besonders kühnen Mann befreit wird, wobei die weltweit übliche »Freierprüfung« eine wesentliche Rolle spielt. Die »Moral der Geschichte« ist also offensichtlich von allgemeiner Gültigkeit. Nur die Form, in die sie verpackt wird, ist unterschiedlich und von den jeweils vorherrschenden, gruppenspezifischen Lebensvorstellungen geprägt.

Den ähnlichen Fall eines mit »Lokalkolorit« ausgeschmückten allgemeinen Grundthemas haben wir in dem mit Augenmagie befaßten kolumbianischen Märchen »Häuptling Kairé und der Totenkopf« vor uns, das F. Karlinger (1973) der unveröffentlichten »Sammlung Lafone Quevedo« entnimmt und folgendermaßen wiedergibt:

»Der junge Häuptling Kairé wohnt nahe am Fluß. In einem kleinen Dorf wohnt er zusammen mit seiner Frau. Eines Tages geht er auf die Jagd. Einen Hirsch will er jagen, denn Häuptling Kairé und seine Frau essen gern Fleisch. Er geht in den Wald und jagt. Und als er da so lauert, sieht er, daß sich im Gebüsch etwas rührt. Er zielt und schießt seinen Pfeil ab. Er trifft: Das Tier stürzt zu Boden. Häuptling Kairé geht hin. Was zieht er heraus? Einen Menschen. Einen Toten. Kairé ist entsetzt.

Da sagt der Tote: ›Kairé, fürchte dich nicht. Gut, du hast mich umgebracht, aber ich weiß, du hast es nicht absichtlich getan. Wenn du tust, was ich dir sage, dann werde ich dir nicht böse sein.‹ – ›Und was willst du, daß ich tun soll?‹ – ›Schneide mir den Kopf ab, und nimm ihn mit heim. Den Leib aber wirf in den Fluß.‹ Kairé tut alles, was der Kopf sagt. Er schneidet ihn ab, wirft den Leichnam in den Fluß, den Kopf aber legt er in einen Sack und nimmt ihn mit. Er geht und geht, da sagt der Kopf: ›Laß mich herausschauen!‹ Kairé nimmt den Kopf heraus. ›So, nun nimm einen Pfeil und schieß in jene Richtung!‹ Kairé tut alles genauso. Der Pfeil trifft einen Hirsch. Kairé hat ihn gar nicht gesehen. Der Hirsch ist tot. Kairé will sich den Hirsch auf die Schulter laden. Aber wie soll er dann den Kopf tragen? ›Laß nur!‹ sagt der Kopf. ›Ich rolle hinter dir her. Geh du nur voraus!‹ Wie Kairé heimkommt, erschrickt die Frau, weil hinter dem Häuptling ein Totenkopf gerollt kommt. ›Du brauchst dich nicht zu fürchten!‹ sagt Kairé. ›Der Kopf tut dir nichts. Er ist wie ein Bruder.‹ Die Frau brät das Fleisch und kocht den Brei. Als alles gargekocht ist, bringt sie es. ›Willst du auch essen?‹ fragt Kairé den Totenkopf. ›Ja‹, sagt der Kopf, ›wenn deine Frau mir das Fleisch vorkaut, denn meine Zähne sind nicht mehr gut. Aber den Brei kann ich so essen.‹

So lebten sie zu dritt in der Hütte. Kairé geht mit dem Kopf auf die Jagd. Aber nach vierzehn Tagen sagt der Kopf: ›Nun liebe Freunde, muß ich für einige Tage fortgehen. Ich habe zu tun. Trag mich in den Wald! Lege mich dorthin, wo du mich erschossen hast! In einer Woche kannst du wiederkommen, um mich zu holen.‹ Kairé nimmt den Kopf, geht mit ihm in den Wald, und er legt ihn wieder dorthin, wo er ihn gefunden hatte. Dann kehrt er nach Hause zurück. Eine Woche lang geht er auf die Jagd, eine Woche lang geht er zum Fischen, aber er trifft kein Wild und fängt keinen Fisch. Als dann der Kopf wieder bei ihm ist, hat er wieder Glück wie der beste Jäger. So vergehen viele Monate. Kairé und seine Frau bekommen einen Sohn. Ein schönes Kind. Wenn der Kopf nicht mit Kairé auf der Jagd oder beim Fischen ist, sitzt er beim Kind. Das Kind wächst. Kairé und seine Frau bekommen auch noch eine Tochter. Von Zeit zu Zeit muß Kairé den Totenkopf in den Wald tragen, dann muß er ihn nach einer Woche wieder holen. Eines Tages geht Kairé baden, die Frau aber ist in der Hütte. Die Kinder spielen im Gras. Da kommt eine giftige Schlange, die will die Kinder fressen. Aber der Kopf rollt auf sie zu und kämpft mit ihr. Als Kairé heimkommt, findet er neben den Kindern eine Giftschlange mit zermalmtem Kopf. Aber der Totenkopf ist krank. Er sagt: ›Die Schlange hat mich gebissen. Ich bin voll Gift. Höre zu, und tu genau alles so, wie ich es dir sage!‹ – ›Ich höre.‹ – ›Gut. Nimm mich und verbrenne mich! Verbrenne mich so lange, bis alles zu Asche geworden ist! Dann fülle die Asche in einen Beutel. Du wirst dabei einen blauen Stein finden. Den nimm heraus und hänge ihn deiner Tochter als Amulett um! Die Asche aber vergrabe im Walde, wo du mich gefunden hast!‹ Kairé macht alles genauso, wie es der Kopf befohlen hat. Er vergräbt die Asche im Wald, dort wächst eine Palme. Bei der Palme findet Kairé jede Woche Wild. Nur eine Woche im Monat findet er dort nichts.

Die Kinder werden groß, sie werden heiratsfähig. Es finden sich viele Burschen, welche die Tochter von Kairé heiraten wollen. Einer bekommt sie, ein Sohn eines Häuptlings. Als er sich zu ihr in die Matte legen will, sieht er den blauen Stein, der leuchtet im Finstern. ›Was hast du da am Hals?‹ fragt er. ›Das ist ein Stein‹, sagt die junge Frau. ›Nein, das ist kein Stein. Das ist ein Zauberauge.‹ Und er läuft davon. Einige Zeit später kommt wieder ein junger Bursche und heiratet das Mädchen. Und wieder, wie er sich zu ihr in die Matte legen will, sieht er den blauen Stein. ›Was hast du da am Hals?‹ – ›Einen Stein.‹ – ›Nein, das ist ein Zauberauge. Es schaut mich ganz böse an.‹ Und auch der zweite Bursche läuft davon. Jetzt haben alle Burschen Angst. Keiner mehr will das Mädchen heiraten. So vergehen viele Monate. Eines Tages kommt ein junger, einäugiger Bursche. Es ist die Woche ohne Fleisch. Aber der Einäugige bringt Wild und Fische. Er setzt sich zu Kairé und sagt: ›Deine Tochter gefällt mir.‹ – ›Ja‹, sagt Kairé, ›aber sie hat einen bösen Zauber, und deshalb will sie niemand haben.‹ – ›Ich will sie schon haben‹, sagt der Einäugige. Einige Zeit später ist die Hochzeit. Am Abend steigt der Einäugige zum Mädchen in die Matte. ›Laß mich einmal deinen Stein sehen!‹ – ›Hier‹ – Sie zeigt ihm den blauen Stein. Der Einäugige nimmt den Stein und steckt ihn sich in die Augenhöhle, wo das Auge fehlt. Am anderen Tag sagt Kairé zu seiner Frau: ›Der Einäugige ist besser als die anderen Burschen. Er ist nicht davongelaufen.‹ Da kommt ein Mann aus der Hütte der Tochter. Es ist kein Einäugiger, er hat zwei Augen. Eines davon ist blau. ›Schwiegervater‹, sagt der Zweiäugige, ›ich werde jetzt immer auf die Jagd gehen. Du brauchst nicht mehr zu arbeiten. Nur einmal im Monat, da werde ich fortgehen zu den Meinen. Dann kannst du hier im Fluß fischen. Du wirst immer viele Fische fangen.‹ Und so war es.«

Die gesamte Situation der Jagd, des Kopfabschneidens, des Verheiratens, des gemeinsamen Schlafens in der Hängematte entspricht durchaus den spezifischen Lebensformen südamerikanischer Indianer. Als allgemeingültige Aussage jedoch verbleibt der Sachverhalt, daß die Augen des überallhin mitgenommenen Kopfes mehr und besser sehen als der Jäger selbst. Sie erkennen ebenso den verborgenen Hirsch wie die den Kindern gefährliche Schlange. Der Kopf dient gleichermaßen als Sehhilfe wie als Abwehrmittel gegen Gefahren, leistet somit dasselbe wie jedes andere Augenamulett beliebiger Kulturbereiche und wird auch weitgehend in diesem Sinne verwendet. Sowie er jedoch abwesend und daher nicht wirksam ist, geht es den Besitzern schlecht, und die Jagdbeute fällt aus. Ein ganz ähnliches Gedankengut, wonach ein runder Kopf einschließlich der Augen selbständig zu agieren vermag, findet sich in dem Hainuwele-Mythenkomplex der Molukkeninsel Ceram (A. E. Jensen und H. Niggemeyer 1939), der ja ebenfalls aus einer Kopfjägerkultur hervorgegangen ist. Die im Vorwort zu dem kolumbianischen Märchen gemachte Bemerkung: »... Sicher darf man einen Zusammenhang zwischen dem Totenkopf und dem Mond erkennen, das zeigt nicht nur die ›unfruchtbare‹ Woche – die Phase des Neumondes –...«, hat zweifellos nur bedingte Gültigkeit, da Jagdglück weit eher vom Tages- und Jahresrhythmus der Tiere denn von Mondphasen abhängt. Am Schluß des Märchens ist die periodisch wiederkehrende, einwöchige Abwesenheit des Zauberauges ja auch nicht mehr durch Beutelosigkeit, sondern durch reichen Fischfang gekennzeichnet. Abschließend stellt der Herausgeber fest: »... aber manches bleibt im Bereich des Ungeklärten.«

Für unseren Problemkreis vordringlich wichtig erscheint die Tatsache des besseren und gesicherteren Lebens mit Hilfe des Schädels und die offensichtliche Verwandlung seiner Augen in ein zauberkräftiges blaues Amulett, das letztlich auch alle falschen Freier abwehrt, bis der Richtige erscheint und es durch Einsetzen in seine leere Augenhöhle in ein natürliches Auge rückverwandelt. Freilich kann nicht völlig ausgeschlossen werden, daß die Vorstellung von der Abwehrkraft des blauen Auges durch die Spanier aus dem Mittelmeerraum nach Kolumbien gebracht und hier assimiliert wurde, was jedoch unwahrscheinlich ist, da Augenmagie in amerikanischen Kulturen autochthon verbreitet ist (vgl. F. Dockstader 1965). Es sei auch auf das von H. Schurtz (1895) wiedergegebene nordwestamerikanische Märchen verwiesen, wonach ein Mann jedem, der ihm begegnet, ein Auge wegnimmt, um es in den Rand seines Bootes einzusetzen (S. 443). Die Beliebtheit blauer Materialien zur Herstellung von Augen und Amulettschmuck bei den Indianern beweisen einschlägige Objekte der Azteken oder der reiche Türkisschmuck der Navajos. Die Nordwest-Stämme bevorzugten die blau schimmernden Schalen des Seeohrs *(Haliotis)*, das auch in Mittelmeergebieten magische Abwehrfunktion besitzt. Im ornamentalen Bereich findet sich das Augenmotiv, verschiedentlich abgewandelt, quer durch den ganzen amerikanischen Kontinent. Am auffälligsten tritt es in den Nordwest-Kulturen der Tlingit, Haida, Kitksan, Kwakiutl und Bella Coola hervor, ist jedoch anderswo ebenfalls recht deutlich zu erkennen. Aus Peru brachten Dr. G. und Dr. I. B. Graefe (Abteilung für Ökosystemforschung im hiesigen Institut) ein dort allgemein gebräuchliches, aus Alpaka-Haaren geflochtenes Tragseil mit, dessen variierte Rhombenornamente von Einheimischen als Augen verschiedener Vögel bezeichnet werden. Angesichts der schweren und verantwortungsvollen Aufgabe des Lastentransportes ist es verständlich, daß hier der magischen Absicherung hohe Bedeutung zukommt. Aber auch der scheinbar so spielerisch-bunte, formenreiche südamerikanische Federnschmuck zeigt das Augenmotiv in vielfacher Abwandlung.

Nur selten kommt die Identität zwischen blauem Amulett und natürlichem Auge so deutlich zum Ausdruck wie in der Geschichte von Häuptling Kairé und dem Totenkopf. Um so erfreulicher ist der Fund eines analogen, wenngleich grafisch ausgedrückten Falles im Mittelmeerraum. An der Türe eines Vorratsschuppens in Alanya (Anatolien) entdeckten die Institutsmitarbeiter A. Hoyer und A. Schmied ein auf das Holz gepinseltes, absolut naturalistisch aufgefaßtes blaues Auge, über dessen Abwehrbedeutung kein Zweifel bestehen konnte, zumal auch der Anbringungsort im Türbereich, wo für gewöhnlich Hufeisen, Knoblauchzehen, blaue Perlen oder sonstige Abwehrobjekte zu hängen pflegen, es als Hausamulett auswies.

Tafel 73 (1)

Die magische Schutzkraft der Farbe Blau hat fast weltweite Gültigkeit. Im Mittelmeerraum und in Vorderasien beobachtet man häufig anstelle von Hausamuletten einen mit blauer Farbe an die Tür oder Hauswand gekleksten Punkt oder kurzen Strich. Bei dem hölzernen, kunstvoll getischlerten Haupttor des Schlosses Gmünd (Österreich) wurde auf jedem Flügel die rautenförmige Zentralkassette von türkischen Gastarbeitern blau übermalt. Diese »billige« Herstellungsmethode für das Abwehrzeichen ist keineswegs nur Sache der Ärmeren, sie kommt auch bei recht ansehnlichen Gebäuden vor. Sogar die prunkvolle Mevlana-Moschee in Konya (Anatolien) mit ihrem türkisblauen Turm trägt an der hofseitigen Mauer einen eigens mit Ölfarbe hingemalten blauen Fleck. Wie S. 170 näher ausgeführt, kommt es sehr darauf an, was in welcher Situation und wo als zweckmäßig angesehen wird und auf was der betreffende Hersteller am meisten »schwört«. So klar bei diesen Abwehrsystemen der Endzweck hervortritt, so verschlungen und schwer durchschaubar sind oft die Verfahrensweisen. Interessanterweise zeigen einige sakrale Bilder der venezianischen »Galeria academica« im Kleidersaum der Maria jeweils einen unscheinbaren blauen Tupfen, mitunter auch drei, die offenbar ebenfalls mit magischen Schutzvorstellungen zusammenhängen.

Während der mit kreisender Pinselbewegung aufgetragene Punkt in der Rundgestalt seine natürliche Begrenzung findet, verleitet der kurze, in Richtung des Farbauftrages »fransende« Strich zum Weiterziehen und letztlich zur vollständigen Blaubemalung von Türen, Fensterstöcken und deren Umrahmungen, wie es im gesamten Mittelmeerraum einschließlich Nordafrikas immer wieder zu sehen ist. Das Schwergewicht der apotropäischen Wirkung hat sich von der das Auge symbolisierenden Gestaltkomponente wegverlagert und ruht nun allein auf der Wirksamkeit der blauen Farbe, die sich auf Hausteile, ja ganze Häuser ausbreiten kann. In Marokko wird stellenweise von Fenstern aus die Hausmauer soweit bemalt, wie man mit ausgestrecktem Arm reicht. Vielleicht ist das vom Wiener Maler F. Hundertwasser angeregte und an einem Haus demonstrierte sogenannte »Fensterrecht«, das es jedem erlauben soll, auf die Hausmauer nach eigenem Geschmack eine Fensterumrah-

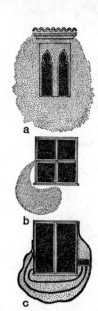

Abb. 43 Fensterumrandungen.
a Moscheefenster in Marokko mit blauer Umrandung auf weißer Mauer. **b** Hausfenster in Westanatolien mit blauer Miribota. **c** Wohnungsfenster in Wien mit Bemalung von F. Hundertwasser (Hauptfarbe rot auf weißer Mauer).

mung zu pinseln, bewußt oder unbewußt von Nordafrika her inspiriert. Oder es ist, weil menschlich naheliegend, einfach neu erfunden worden. In vielen, sonst nur schlicht geweißten oder ganz ungetünchten vorderasiatischen Siedlungen sieht man jeweils ein grellblau bemaltes Haus, das auf Entfernung aus der Einheitlichkeit des Dorfbildes wie ein blauer Tupfen herausleuchtet. Ja selbst bei den modernen Hügelsiedlungen Ankaras oder bei Sommerhäusern am Strand von Side ist dieser Effekt zu beobachten. Der Farbakzent der diversen »Blauen Moscheen« ist zweifellos genauso beabsichtigt wie jener des türkisblauen Daches des Mevlana-Mausoleums in Konya oder der eingelassenen blauen Kacheln an den Portalen vieler Moscheen oder Brunnen. In Griechenland sind manche Kirchen an den Mauerkanten blau umrandet beziehungsweise an wichtigen Stellen blau bemalt. Auch die blaue Sockelfarbe kroatischer Bauernhäuser gehört hierher. Antike Schiffe hatten den Bug blau gestrichen. Noch heute sind türkische und andere mediterrane Fischerboote ganz oder teilweise blau.

Die quadratische, schon als solche den Ritualisierungsformen des Auges zugehörende Gestalt der blauen Kachel wird oft durch entsprechende Innenzeichnungen wie Kreise, Ovale, Sterne oder Miribotas in Richtung Augenornamentik präzisiert. Bei einem als Schafstall dienenden antiken Gewölbe in den Ruinen von Side (Türkei) fand ich den apotropäischen »blauen Punkt« durch einen angenagelten, blaufarbigen Deckel einer Konservenbüchse realisiert, der als Reklamebild einen herschauenden Mädchenkopf trug. Fast bin ich sicher, daß bei der Wahl dieses Amulettes auch das Augenpaar als Wirkungsträger bewertet worden ist. Der individuellen Variationsbreite von Schutzzeichen ist keine Grenze gesetzt, solange ein allgemeiner Rahmen der Systemtreue und Verständlichkeit nicht überschritten wird. Daß jedoch all diesen Erscheinungsformen der Gedanke des Abwehrauges zugrunde liegt, wird durch nichts besser verdeutlicht als durch das vorhin erwähnte, naiv hingepinselte blaue Auge an der Brettertür in Alanya.

Auch an Kleidungsstücken ist der Effekt des »blauen Fleckes« mitunter zu beobachten. So sah ich in Istanbul einen alten Bettler, dessen Jacke zwischen zwei normalen grauen Knöpfen einen großen hellblauen trug. Ähnliches wurde an der Strickweste eines jungen Mädchens beobachtet. Ein im Antiquitätenhandel angebotener, reich mit Goldstickerei verzierter alter Fez zeigte einen in Mitte der Deckfläche angenähten, grellblauen billigen Kunststoffknopf, der dem teuren Stil der Kopfbedeckung zwar völlig widersprach, aus der Sicht des ehemaligen Besitzers jedoch zweifellos als Mittel gegen den »bösen Blick« gedacht war. Im jugoslawischen Raum wird die Abwehrfunktion sehr oft von blauen Bändchen ausgeübt. Zu vielen Frauentrachten Mazedoniens, vor allem im Raum Ohrid-Peštani, gehören einzelne, als Zopfabschluß auf dem Rücken getragene Münzen, die meist mit blauen Bändern befestigt sind. Mitunter werden blaue Wollfäden ins Haar geflochten, mit denen man die beiden Zöpfe unten zusammenhält. Nicht selten ist ein blaues Bändchen oder Stoffstück hinten in die Schürzenmasche gebunden. Gerade solche ansonsten völlig funktionslose Attribute erweisen sich sehr deutlich als Abwehrzeichen, was noch dadurch unterstrichen wird, daß die Trägerinnen das Fotografieren dieser so nebensächlich erscheinenden Objekte zu verhindern suchen. Eine offensichtlich analoge Verwendung des blauen Bändchens fand ich an einer alten hessischen Otterfellmütze, in deren traditionelles, aus grünen Fäden und ebensolchem Stoff gebildetes Kleebüschel ein blaues Bändchen geknotet war. Fränkische Brautkronen, wie sie etwa im Bayerischen Nationalmuseum zu München ausgestellt sind, tragen fast regelmäßig an auffälliger Stelle zwischen den vielen golden oder silbern glänzenden Plättchen ein markantes blaues Zeichen. Als zauberkräftig galt wahrscheinlich auch die selbstgefertigte, stark auf die Haut abfärbende indigoblaue Kleidung der nordafrikanischen Tuaregs. Als nämlich farbechte Fabrikstoffe auf den Markt kamen, fanden sie kaum Absatz, weil die Tuaregs auf das Blauwerden des Körpers größten Wert legten. Daraufhin stellten die Firmen abfärbende Stoffe her, die wieder gern genommen wurden (vgl. M. d'Arle 1953, R. Gardi 1954, W. Hirschberg 1962 b). In Vorderasien ist Indigo ein beliebtes Mittel gegen den »bösen Blick« (S. Seligmann 1910).

Tafel 75 (2-6, 9)

Die optisch wirkungsvollste Synthese zwischen den Komponenten »blaue Farbe« und »Augengestalt« ist die blaue Perle mit und ohne Augen. Bereits minoische Wandmalereien wie die von Kreta oder Thera zeigen Menschenfiguren mit Ketten aus blauen Perlen (S. Marinatos 1973). Die Phöniker fertigten sehr schöne bunte Augenperlen. Gleiches gilt für die Antike, aus der im Mittelmeerraum beziehungsweise im ganzen alten römischen Reichsgebiet zahllose Amulettperlen als Grabbeigaben erhalten sind. Bis in die heutige, so »aufgeklärte« Zeit hat die blaue Perle in diesen Gebieten kaum an Bedeutung eingebüßt. Sie wird in großen Mengen handwerklich oder fabrikmäßig hergestellt und an Ortsansässige wie auch Touristen verkauft. In Persien und Afghanistan sind es besonders große, hellblaue Perlen aus Glas oder Keramik, die an Tragtaschen, Pferdegeschirren oder als Körperschmuck Verwendung finden. Die rezente Augenperle aus Glas, im Türkischen »nazar boncugu« (Perle gegen den bösen Blick) genannt, ist in der Grundfarbe ebenfalls blau und trägt drei rund um die Längsachse gruppierte weiße Ringe mit blauem Irisfleck und vertieftem Pupillenloch. Selten ist die Iris gelb mit brauner Pupille. Die Augenperle wird im ganzen Mittelmeerraum etwa gleichrangig mit der gewöhnlichen blauen Perle verwendet. Kaum ein Pferdegeschirr, Autoamulett, Ledertäschchen oder Riemenschuhwerk, an dem nicht irgendwo blaue Perlen befestigt sind. Bei einfacherem Sattelzeug läßt man sie mitunter weg und übermalt statt dessen die Metallnieten mit blauer Farbe. Analog hierzu sah ich ein griechisches Lastauto, dessen Mercedes-Stern blau überpinselt war. Die kugeligen Plastikschwimmer der Fischernetze sind fast immer blau. Auch

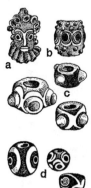

Abb. 44 Verschiedenfarbige Augenperlen. **a** Phönikische Glasperle (8.–5. Jh. v. Chr.). **b** Vieläugige skythische Perle. **c** Drei »wulstige Perlen« der frühawarischen Zeit. **d** Drei türkische Perlen der römischen Epoche. **e** Wikinger-Perle aus Haithabu (10. Jh. n. Chr.). **f** Dreiäugige blau-weiße Perle gegen den »bösen Blick« (Türkei 1972).

Tafel 73–75, 77–79

im mitteleuropäischen Kulturbereich gelten blaue Schmucksteine als magisch wirksam. Der Brauch, kleinen Mädchen schon in der Wiege Türkis-Ohrgehänge in Vergißmeinnichtform zu geben, ist heute noch da und dort lebendig.

Blauäugigkeit gilt in vielen Gebieten als glücksbringend. Es ist sicher kein Zufall, daß türkische Trachtenpuppen häufig übertrieben große, hellblaue Augen haben, wie sie dem meistenteils dunklen Volkstypus gar nicht zukommen. Auch Mädchendarstellungen auf gemalten Postkarten oder als Wandschmuck dienende Köpfe aus Keramik zeigen vielfach dieses Merkmal. Vielleicht beruht die große Verehrung, die der verstorbene Staatschef Atatürk in seiner Heimat genoß und noch heute genießt, bis zu einem gewissen Grad auch auf seiner Blauäugigkeit, die in Lebensbeschreibungen eigens betont wird. In der Türkei gibt es zahlreiche Atatürk-Porträts zu kaufen, manche davon mit übertrieben blauen Augen, wie sie in Wirklichkeit kaum vorkommen. Man hat geradezu den Eindruck, daß solche Bilder Amulettcharakter besitzen und gelegentlich auch in diesem Sinne verwendet werden. In Gaststätten, Geschäftslokalen oder Wohnungen findet man nicht selten anstelle des obligaten Raum-Amulettes ein Bildnis Atatürks, dessen Augen gleich blauen Perlen hervorleuchten.

18. Doppel- und Mehrköpfigkeit

In Mythologie, Heraldik und Volkskunst begegnen wir verschiedentlich mehrköpfigen Lebewesen, man denke nur an den Höllenhund Zerberus mit seinen drei Köpfen, an die neunköpfige Hydra oder an mehrköpfige Drachengestalten. Vögel, es sei an den bekannten heraldischen Doppeladler erinnert, sind meist nur zweiköpfig. Mehrköpfige Menschengestalten gibt es nicht allzu viele. Zu ihnen gehören Brahma, der vierköpfige Gott der Weisheit (vgl. A. Heller ohne Jahreszahl), der siebzigköpfige Engel, dem Mohammed unter Führung des Erzengels Gabriel im Himmel begegnet (vgl. W. Buisman 1952), der dreiköpfige apokalyptische Engel auf der alten Darstellung der »Pietas Austriaca« oder die

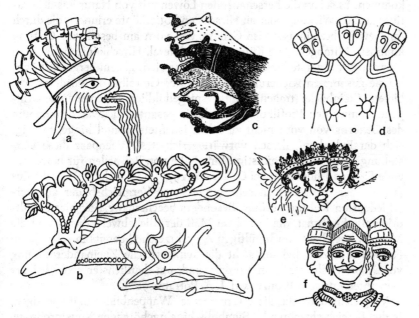

Abb. 45 Mehrköpfigkeit bei Tier- und Menschengestalten. **a** Siebenköpfiger Drache (Detail aus Liber matutinalis 1206–1225). **b** Skythisches Beschlagblech (4. Jh. v. Chr.). **c** Dreiköpfiger Kerberos (Detail aus griechischer Vasenmalerei, 6. Jh. v. Chr.). **d** Dreiköpfige Menschengestalt auf dem »Goldhorn von Gallehus« (5. Jh. n. Chr.). **e** Dreiköpfiger Engel (Detail der »Pietas Austriaca«). **f** Vierköpfiger Brahma (vierter Kopf abgewandt).

dreiköpfige Menschengestalt auf dem vorgeschichtlichen Goldhorn von Gallehus (vgl. H. Kükelhaus 1934). Viel öfter kommen Köpfe mit mehreren Gesichtern vor. Man denke an den zweigesichtigen Januskopf, an griechische Doppelhermen oder bäuerliche Doppelgesichtsmasken, an die mit Hilfe von vier Augen, drei Nasen und drei Mündern dreigesichtig wirkenden Henkelkrüge und anderes mehr.

Doppelköpfige Wappen entstehen sehr oft auch auf dem Wege, daß zwei von der Seite gezeigte Tiere einander gegenüberstehen und mit den Köpfen in Bildmitte zu- oder auseinanderschauen. Das Überwiegen dieses Motivs dürfte nicht zuletzt mit der grafischen Schwierigkeit einer charakteristischen Frontaldarstellung von Tierfiguren zusammenhängen. Wohl zeigt sich der Körper des Doppeladlers von vorn, hat jedoch fast immer zur Unterstreichung der Vogelcharakteristik das Flügelpaar gebreitet. Bei Säugetieren sind Vorderansichten im Heraldik- wie im Volkskunstbereich überhaupt sehr selten, vielleicht mit Ausnahme des Elefanten, der sich dann meist mit weggespreizten Ohren und einem Stirnamulett präsentiert. Dafür haben wir unzählige wappenhaltende, in Seitenansicht gegeneinandergestellte Löwen und Greife, auf »Lebensbäumen« mitunter zueinanderschauende Vogelpaare und anderes mehr.

Abb. 46 Prinzip »Doppeladler«. **a** Österreichischer Doppeladler von 1935. **b**+**c** In Leder geschnittene Hahnsilhouetten (Pasyrik, 5.–4. Jh. v. Chr.).

Tierköpfe in Frontalansicht finden wir vorwiegend von solchen Arten, deren Gestaltmerkmale dieser Darstellungsweise irgendwie entgegenkommen. Es sei an die herschauenden Löwen mit von Natur aus dekorativer Enface-Wirkung oder an Hirsch- und Stierköpfe erinnert, die durch ihr Geweih beziehungsweise Gehörn von vorn am besten zur Geltung kommen. Mitabgebildete Körper stehen lateral. Hirschköpfe findet man öfters in Profildarstellung einander symmetrisch gegenübergestellt, wobei sie zusammen wiederum das Bild eines Geweihes in Vorderansicht bieten. Steinböcke tragen, häufig spiegelbildlich gegeneinanderspringend, immer den Profilkopf, weil die imposante Rückwärtskrümmung des Gehörns von vorn nicht zu sehen ist. Stets frontal hingegen zeigt sich der Eulenkopf, dessen vorwärtsgerichtetes Augenpaar diese Darstellungsweise stark begünstigt. Eine Fülle von Beispielen für herschauende Figuren findet man bei G. László (1970) und auch bei L. Frobenius (1954), der diesbezüglich sehr interessante Vergleichsbilder aus verschiedensten Kulturen bringt. Besonders beachtenswert ist hier die altorientalische Kunst, die in hohem Maß der Blickabwehr diente und die Mehrzahl der heute noch gültigen Abwehrzeichen bereits in sehr klaren Formen aufweist. Bei ihr steht die symmetrische Zueinanderordnung von Köpfen sehr stark im Vordergrund, am deutlichsten wohl bei der bekannten Luristan-Bronze (vgl. J. A. Potratz 1961).

Abb. 47 En-face-Löwen. **a** Tor-Relief in Toledo. **b** Löwe des abessinischen Staatssiegels.

Vergleicht man alle diese Ornamente, Wappenbilder und sonstigen, in den Bereich abwehrender Symbolik hineingehörenden Kunstprodukte, so haben sie etwas Wesentliches gemeinsam, nämlich das Präsentieren von zumindest einem Augenpaar. Ob ein Stierkopf zum Beschauer, ein zweiköpfiger Vogel auseinander oder zwei Vögel zueinander schauen, die gebotene Augenzahl bleibt dieselbe. Auffallend ist weiter, daß im gesamten, mit Mehrköpfigkeit oder Mehrgesichtigkeit operierenden Symbolsektor die wichtigsten Grundzahlen, die im Bereich abwehrender Augenmagie dominieren, eingehalten werden. Frontal gezeigte Figuren

Abb. 48 Spiegelbildliche Profilanordnung zur Erzielung von »Augenpaaren«. **a** Scheibennadel (Luristanbronze, 1200–600 v. Chr.). **b** Korinthischer Teller (6. Jh v. Chr.). **c** Eber und Bache auf skythischer Goldplatte (6. Jh. v. Chr.). **d** Detail aus »Die Heimsuchung« (vorromanische Elfenbeintafel, 10. Jh.). **e** Mohrenkopfpaar als Wandamulett (Türkei 1972). **f** Ungarisches Stickornament. **g** Vorderindische Stickerei. **h** Stickerei aus der Winser Elbmarsch, Deutschland (vgl. A. Zieting 1942).

sind naturgemäß zweiäugig, lateral gegeneinandergestellte Tierpaare oder der zweigesichtige Januskopf haben vier Augen, von denen jeweils zwei zu sehen sind. Zerberus besitzt drei Köpfe, die lernäische Hydra deren neun, darunter acht sterbliche und einen unsterblichen. Hiermit rückt dieses schlangenhafte Untier in die Nähe des Kraken beziehungsweise der Medusa, bei denen wir es mit jeweils einem Kopf und acht Schlangenarmen zu tun haben. Offensichtlich handelt es sich in diesen Fällen nicht um frei erfundene Merkmalskombinationen, sondern vielmehr um uralte, im Volksglauben tiefverwurzelte, dem Blickabwehrzauber entstammende Zahlensysteme, die in Tiergestalten übersetzt wurden. Hierfür spricht auch die Wächterfunktion all dieser mehrköpfigen oder mehrgesichtigen Wesen.

Janus, einer der ältesten römischen Götter, ist Hüter der Schwelle und in diesem Sinne Schützer des Hauses (vgl. H. Hunger 1959). In Gebieten wie etwa dem Mittelmeerraum, wo die Vorstellung vom »bösen Blick« heute wie ehedem lebendig ist, besitzen die meisten Häuser Abwehrzeichen sowohl an der Außenwand in Türnähe als auch im Innenraum.

Dasselbe gilt für Straßenläden. Da die Häuser des Südens – von den Villen und Palästen der reichen Schichten abgesehen – recht einfach und raummäßig bescheiden konstruiert sind, liegen äußeres und inneres Hausamulett mitunter sehr nahe beisammen. Unter der sicherlich berechtigten Annahme, daß die Masse der vorwiegend ländlichen frührömischen Bevölkerung bestimmt nicht komfortabler lebte als der einfache Bauer des heutigen Süditaliens, wäre es durchaus verständlich, daß bei Personifizierung und Vergöttlichung des magischen Hausschutzzeichens die Vorstellung vom doppelgesichtigen Janus mit Blick nach außen und innen entstehen konnte. Annähernd in diesem Sinn versucht A. Bertholet (1962) den Januskopf zu erklären. Beidseitig ornamentierte Amulette in verschiedensten Anwendungsbereichen sind keine Seltenheit, und letztlich wirkt auch das kugelige Gehänge hinter den Windschutzscheiben türkischer oder griechischer Autos gleichermaßen gegen die Straße wie gegen den Fahrgast hinter dem Chauffeur. Die von den Phönikern zahlreich hergestellten, im ganzen Mittelmeerraum verbreiteten, als Anhänger zu tragenden Abwehrköpfchen haben oft große Ähnlichkeit mit dem Janusgesicht (W. Culican 1961).

Daß Janus weitere Funktionen zugeteilt erhielt, ist naheliegend. Die Transponierung der Blickrichtung »einwärts und auswärts« in die Dimension »vorher und nachher« ist mit der Schutzfunktion gut vereinbar, denn der Blick in die Zukunft ist seit jeher Wunschbild des sich oft bedroht fühlenden, von mancherlei Ängsten verfolgten Menschen. Unterstrichen wird die Schutzaufgabe des Janus noch durch die Tatsache, daß er letztlich die römischen Heere in den Krieg begleitet. Er wird ebenso zum schirmenden »Heerzeichen« wie etwa der türkische Roßschweif, die geflügelte Nike oder ein mitgetragenes Heiligenbild. Es sei an das Gefecht in der Lienzer Klause am 8. August 1809 (Tiroler Freiheitskampf) erinnert, wo sich im letzten Moment das Glück zugunsten der Tiroler wendete, als der Freiburger Student Hauger ein Christus-Wegkreuz ergriff und mit diesem die Bauern zu neuerlichem Sturm führte (F. Nowak 1909). Auch in der heimatlichen Stubenecke hängt Christus nicht zuletzt als Beschützer des Hauses. Solche Vorstellungen von Schutz und Hilfe sind allgemein menschlich und logisch durchaus verständlich. Doppelgesichtige, dem Januskopf analoge Masken kommen nicht allzu selten vor. So etwa findet sich die Abbildung einer einschlägigen römischen Karnevalsfigur bei J. W. Goethe (1955). Bei Perchtenumzügen und Schemenlaufen wird mitunter solcherart »Gut und Böse« oder auch »Männlich und Weiblich« dargestellt. Nicht verwechselt dürfen diese Doppelgesichtsmasken mit den aufklappbaren schamanistischen Doppelmasken nordwestamerikanischer Indianer werden, bei denen durch Schnurzug die äußere Maske hochgeklappt und ein darunter befindliches Maskengesicht im Sinne einer mehrschichtigen Persönlichkeit erscheint.

Interessant ist eine dieser Gedankenwelt entstammende eskimoische Doppelkopffigur aus Walroßelfenbein, die allerdings erst 1959 in einer

Abb. 49 Doppelgesicht. **a** Januskopf (römische Kupfermünze). **b** Maske vom Römischen Karneval. **c** Slowakischer bäuerlicher Januskopf auf mittelalterlichem Foltergerät (vgl. K. Šourek 1956).

Zeit starken europäischen Einflusses in Grönland geschnitzt wurde. Sie stellt einen Geist, also ein verwandlungsfähiges Wesen dar, aus dessen Stirn ein zweiter Kopf herauswächst, womit vertikale Doppelköpfigkeit erzielt wird (H. W. Hegemann 1972). Prinzipiell Analoges sieht man mitunter in der Werbegrafik angewendet, wo der merkwürdige Vieraugeneffekt als Blickfang ausgenützt wird. An den Schultergelenken trägt die eskimoische Schnitzfigur übrigens kleine Miribota-Flügel, die von Abwehraugen herzuleiten sind (S. 312). Manche geschnitzten Höllengeister des traditionellen sizilianischen Puppentheaters *(Opera dei pupi)* tragen Köpfe mit mehreren Gesichtern. Bei anderen Varianten münden Nase, Nabel oder Genitale in einen kleinen Kopf. Rein äußerlich findet der Januskopf bei jenen Vogelarten ein Pendant, die ein sogenanntes »Occipitalgesicht« haben (S. 97). Nach hinten gerichtete Augenattrappen als Feindschutz sind bei Mensch und Tier verbreitet. Erwähnenswert scheint mir übrigens auch die im Louvre zu Paris befindliche Marmorkopie einer griechischen, Epikur und Metrodor darstellenden Doppelherme (vgl. F. Winter 1900). Hermen werden allgemein in Wächterfunktion aufgestellt. W. Hirschberg (1962) berichtet über afrikanische »Janusköpfe« auf der Giebelspitze des Stadttores von Fumban (Kamerun), die hier einwandfrei »bewachen« sollen. Ebenso dürfte die doppelköpfige Bamumschlange, die auf allen wichtigen Objekten dieses ehemaligen Königreiches dargestellt wurde und heute noch als eine Art Hoheitszeichen dient, ursprünglich Abwehrsymbol sein. Sie ist daher auch mehrfach auf dem berühmten, an Augenornamentik reichen Perlenthron Nschojas dargestellt. Nach E. Leuzinger (1959) kennzeichnet die in blauer Abwehrfarbe dargestellte Doppelkopfschlange die Kraft des Herrschers. In der sumerischen Kunst wie etwa auf einer Steatitvase aus Lagash (vgl. J. A. Potratz 1961) treten ähnliche Schlangendarstellungen auf.

Interessant gerade im Zusammenhang mit der Janusfunktion ist die Arbeit von H. Fielhauer (1967) über das Motiv der »kämpfenden Böcke« und die verschiedenen, eher komplizierten Deutungen. Ich bin der Überzeugung, daß die Figuren ursprünglich nichts weiter als Grenz- und Hausbehüter sind, die ihre Wirkung weniger durch das dynamische Zusammenspringen als vielmehr durch das statische Beisammensein der Köpfe erzielen, bei denen wir es im Endeffekt wieder mit zwei herschauenden Augen und zusätzlich mit der lateralsymmetrischen Rundung der beiden Gehörne zu tun haben. In ähnlicher Funktion wie die Steinböcke treten Schafwidder auf, deren Gehörne die Form apotropäischer Augenspiralen haben. Das vom erwähnten Autor herausgehobene Sagenmotiv des Bewachens durch Zusammenspringen zweier dämonischer Böcke finden wir vollkommen isoliert und abgewandelt in Seemannssagen, wo das Schiff zwischen zwei rhythmisch zusammenschlagenden Felsen hindurchfahren muß. Hiermit soll nicht bezweifelt werden, daß die springenden Böcke unter anderem etwa auch als Symbol für die Zeitenwende

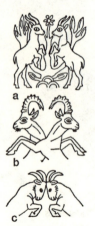

Abb. 50 Motiv »kämpfende Böcke«. **a** Sumerisches Spielbrett. **b** Detail eines assyrischen Siegelzylinders. **c** Detail einer Admonter Krippenfigur.

Abb. 51 Giebelzeichen. **a+b** Pferdemotive aus Norddeutschland. **c** Ziegenbockmotiv aus Nordtirol (vgl. W. Fielhauer 1967).

stehen, doch handelt es sich bei dieser und ähnlichen Deutungen sicherlich wie bei Gott Janus bereits um die späte, intellektualisierte Sekundär-Interpretation früherer Abwehrvorstellungen. In der Türkei fand ich springende Steinböcke (die Art ist im Taurusgebirge verbreitet) in spiegelbildlicher Doppelanordnung als Abwehramulette auf Autos gemalt, wobei der Fernfahrer vermutlich kaum an Zeitenwenden, sondern weit eher an Unfallverhütung denkt. Dieses Steinbockmotiv findet sich übrigens bereits in minoischer Zeit. Der gleiche Augeneffekt wird auf einem Steingefäß aus Zakro (St. Alexiu 1972) mit liegenden kretischen Wildziegen und auf einem lykischen Sarkophag (F. Winter 1900) mit gegeneinander springenden Zentauren und Greifen erreicht. Auch die Gemse, der im Alpenbereich nicht zuletzt ihrer Wachsamkeit wegen hohe magische Bedeutung zukommt, wird in der Volkskunst oft paarig-symmetrisch zueinandergestellt, obwohl ihre intraspezifischen Kommentkämpfe anders verlaufen als bei Steinwild, Ziegen oder Schafen.

In diesem Zusammenhang ist es mitunter aufschlußreich, griechische Vasenbilder im Hinblick auf Augenornamentik näher anzuschauen (vgl. E. Buschor 1969). Die an Abwehrsymbolik so reichen Gefäße zeigen oft Szenen aus Geschichte und Mythologie, bei denen die verschiedenen Akteure trotz Profildarstellung des Kopfes ein übergroßes, im heraldischen Sinn »herschauendes« Auge tragen, das sich durch Gegenüberstellung einer gleichwertigen Figur zum Augenpaar ergänzt. Man gewinnt manchmal den Eindruck, die Bilder seien »um die Augen herum« entworfen worden, eine Vorgangsweise, die bei vielen anderen Kunstprodukten ebenfalls nachzuweisen ist. Hierher dürften auch die griechischen »Dreifigurenreliefs« gehören, bei denen die Augen der Personen wie die Eckpunkte eines gleichseitigen Dreiecks zueinander stehen. Dieses aus drei großen Köpfen gebildete Grundmotiv finden wir etwa am antiken Tor von Volterra in Italien, wo die Abwehrfunktion kaum zu bezweifeln ist (vgl. F. Winter 1900). Besonders reich an solchen symmetrischen Gesichts- und Augenanordnungen sind die altorientalischen Rollsiegelbilder (vgl. J. A. Potratz 1961). *Tafel 41 (1, 2).*

Erwähnenswert sind weiter noch die verschiedenen, in unserem Kulturbereich recht häufigen Giebelzeichen in Form von überkreuzten Tierköpfen, bei denen es zweifellos ebenfalls in erster Linie auf das magische Augenpaar ankommt. R. Wolfram (1968) zeigt in seiner sehr interessanten Publikation eine reichhaltige Zusammenstellung unterschiedlichster Formen. Neben den in germanischen Gebieten überwiegenden Pferdeköpfen findet man Vögel, Drachen und andere Tiere. Beachtenswert sind Schwäne aus Friesland, die mit ihren Hälsen große augenförmige Ringe bilden. Auch Menschengesichter und Dreisproßmotive kommen als Giebelzeichen vor. Die Überlegungen des Autors führen in logischer Folge von der im Giebelzeichen realisierten Doppelköpfigkeit zur Doppelfigurigkeit, wie sie uns bei den Dioskuren entgegentritt, die als Nothelfer und somit als Beschützer vor Unglück gelten. Damit kehren wir zu den vorhin erwähnten griechischen Vasenbildern und den Dreifigurenreliefs zurück. Diese allen erwähnten Motiven eigene Funktionsgemeinsamkeit der Abwehr läßt auch eine Gestaltgemeinsamkeit erwarten, die vor allem in der Darbietung symmetrisch angeordneter Augen liegt.

Welch hervorragende Rolle das Auge im menschlichen Denken einnimmt, hat M. Riemschneider (1953) am Beispiel der elamischen Zwillingsgottheit, deren Symbol zwei Dreiecke sind, klar erkannt und herausgearbeitet (Originaltext S. 445 ff.). Der elamische Augengott findet seine Fortsetzung in vielerlei Variationen, die von den vedischen Ashvins über Castor und Pollux bis zu christlichen Heiligen wie Kosmas und Damian führen (vgl. A. Bertholet 1962). Ein Vergleich der Abbildungen bei M. Riemschneider (1953), L. Frobenius (1954) und F. Schachermeyr (1964) zeigt, daß auch eine Verbindung zwischen der elamischen Zwillingsgottheit und der kretischen Doppelaxt durchaus vorstellbar wäre. Vielleicht ist das magische Doppelaxtsymbol ursprünglich ein abwehrendes Augenpaar, das in das echte Werkzeug »hineingesehen« und letztlich mit diesem verschmolzen wurde. Ähnliches ist zwischen Auge, Sichel und Mondsichel geschehen (S. 331). Übrigens treten die beiden Dioskuren im alten griechischen Glauben auch als zwei Schimmelreiter oder Schimmel auf, was auf die ursprüngliche Pferdegestalt dieser Götter hinweist (vgl. H. Hunger 1959). Damit führt der Gedankenweg, dessen »roter Faden« im Präsentieren des apotropäischen Augenpaares liegt, wiederum zu den Giebelzeichen zurück. *Abb. 132 (S. 364) Abb. 155 a–e (S. 415)*

Zu den an Extrempunkten wie Hausgiebeln und Kirchtürmen angebrachten Abwehrzeichen zählt neben Halbmond, Stern und Kugel der sogenannte »Wetterhahn«, wobei die Wortkombination bereits auf die Schutzfunktion des Objektes hinweist. In der Gegend von Varaždin (Jugoslawien) tragen Hausgiebel neben anderen funktionsgleichen, aus Ton geformten Objekten sehr oft auch Hähne. Im Stadtmuseum von Gmünd (Niederösterreich) befindet sich ein aus starkem Blech gefertigter Wetterhahn, bei dem der Hersteller die offensichtlich zweckbedingt erwünschte Zweiäugigkeit einfach dadurch erreichte, daß er in den Profilkopf des Hahnes zwei Augenlöcher übereinander stanzte. G. László (1970) bringt die nordgermanische Darstellung zweier gegeneinanderstehender Pferde, deren jedes analog dem Gmünder Hahn zwei Augen auf einer Seite besitzt. Hier ist die magische Wirkung noch durch paarige Spiralzungen und Mondsichelamulette gesteigert. *Tafel 49 (13) Abb. 109a (S. 325)*

Viele Beispiele für mittels zweier Köpfe erzielten Zweiaugeneffekt finden sich in der minoischen Wandmalerei. Als charakteristisch seien die Wandbilder aus Thera hervorgehoben (S. Marinatos 1973). Hier wird die Tür eines sakralen Raumes von zwei Bildnissen, den »Faustkämpfern« und den »Antilopen« in der Weise flankiert, daß die etwa in Augenhöhe des Betrachters beziehungsweise Türbenützers liegenden vier Augen der beiden Figurenpaare fast vollständig miteinander korrespondieren. Diese Anbringung von Augen oder Augensymbolen jederseits wichtiger Tü-

Abb. 52 Abwehraugen an Toren. **a** An den Torpfeilern einer Linzer Kirche je ein Symbol in Augenhöhe. **b** Detail zu a.

ren ist weltweit verbreitet und wird von V. W. Hagen (1967) eigens als besonders auffällig und charakteristisch hervorgehoben. Man darf sich bei der minoischen Malerei nicht durch die Naturalistik der Komplexgestalten verblüffen lassen. Sowie man auf Anordnung und Verteilung der Augen und Augensymbole achtet, kommt man dem magischen Inhalt und der Funktion dieser Gemälde auf die Spur. Das so weit verbreitete System der symmetrischen Anordnung von Lebewesen kann sich ebenso in den unheimlichen Fabeltieren der europäischen Romanik wie in den ästhetisch-naturnahen Wesen von Thera manifestieren. In allen Fällen kommt man bei Weglassung der »umgebenden« Gestalten zu Augenanordnungen, wie sie für apotropäische Augenattrappen typisch sind. Daher vermag ja auch V. W. Hagen (1967) sein an romanischen Skulpturen des Schlosses Tirol (Südtirol) erkanntes Prinzip ohne Schwierigkeit nach Kleinasien, Mesopotamien und Ägypten zu verfolgen. Auf diese elementar-menschlichen Denkweisen zurückgeführt, stehen die beiden Faustkämpfer von Thera, so merkwürdig dies auch klingen mag, in einem funktionalen Homologieverhältnis zum österreichischen k. u. k. Doppeladler, zu den in Südosteuropa und Vorderasien zur Blickabwehr paarweise aufgehängten keramischen Mohrenköpfen, oder was man sonst noch aus der überreichen Fülle entsprechender Erscheinungsformen herausgreifen möchte.

Die auf einen einzigen Körper konzentrierte Vielköpfigkeit von Ungeheuern der griechischen Mythologie ist immer mit irgendwelchen Funktionen der Bewachung und somit auch der Revierabgrenzung gekoppelt. Der Höllenhund Zerberus als Hüter des Hades, der jeden hinein-, aber keinen herausläßt, ist Bruder der lernäischen Hydra, die vor einer Höhle im Sumpf von Lerna wacht. Typhon, Vater der beiden Gestalten, ist ein vielköpfiges Geschöpf mit blitzenden Augen und verkörpert den tobenden Glutwind und heißen Dampf, der aus dem Erdinneren hervorbricht. Chimära, ebenfalls Tochter des Typhon, versehen mit Köpfen des Löwen, der Ziege und der Schlange, beherrscht und verwüstet das Land. All diese gefährlichen Wesen stehen an jedermann verständlichen Grenzbereichen wie jenen zwischen Ober- und Unterwelt und bedürfen besonderer Macht, die durch Mehrköpfigkeit und Vieläugigkeit, denen der einköpfige, zweiäuge Mensch unterlegen ist, ihren symbolischen Ausdruck findet. Ein gutes Beispiel, wie derartige Fabelwesen entstehen können, bieten die Hirschdarstellungen auf meist in Goldblech gearbeiteten skythischen Beschlägen. Vom einfach stilisierten Geweih über augenhaft gerundete Geweihspitzen bis zu leibhaftigen Schlangen- und Vogelkopfbildungen findet man unterschiedlichste Gestaltvarianten. Ein bei J. G. Lettenmair (1972) abgebildeter skythischer Hirsch könnte bereits die lernäische Hydra abgeben. Trotz gestaltlicher Andersartigkeit sind solche Figuren den »kämpfenden Böcken« und weiteren einschlägigen Motiven nahe verwandt, denn nicht die Körper, sondern die Augen oder Augenpaare sind als Hauptträger der magischen Abwehrwirkung

Abb. 45b (S. 217)

zu bewerten. Auf welche Weise die kraftsteigernde Vieläugigkeit erzielt wird, hängt von den lokalen Interessen und Fähigkeiten ab, von der Tendenz zu tarnen, zu verniedlichen, betont herauszustellen oder zu verschrecklichen. An diesem »äußeren Kleid« erkennt man Stilepochen und lokale Richtungen. Der zentrale Gedanke der Augenvervielfachung durch mehrere Köpfe bleibt durchgehend gleich. Er hat sich unter anderem auch in der christlichen Dreifaltigkeit realisiert, die bis zu einem kirchlichen Verbot vielfach in Gestalt dreier völlig identer herschauender Köpfe wiedergegeben wurde und ziemlich genau den drei Köpfen auf dem vorchristlichen etruskischen Tor von Volterra entsprach. Daher passen *Tafel 41 (1)* auch die üblichen Trinitätssymbole nahtlos in das weltweit verbreitete Dreiproßsystem, das in der Dreiäugigkeit wurzelt (S. 422 ff.), sich aber auch als Dreiköpfigkeit oder in einer Dreipersonengruppe realisieren kann.

19. Brust

Das Wort entstammt einer indogermanischen Wurzel, die soviel wie »schwellen«, auch »knospen« bedeutet und sich ursprünglich wohl in erster Linie auf die weibliche, »schwellende« Brust bezieht *.

In schematisierenden Zeichnungen werden weibliche Brüste fast immer als Kreisbögen mit Zentralpunkt wiedergegeben und kommen daher vereinfachten Augendarstellungen so nahe, daß eine Unterscheidung oft nur durch die Lokalisation an der Gesamtfigur möglich ist. Dies gilt vor allem für Darstellungen, wo eine kleine pupillenhafte Kreisfläche von einem Punkte- oder Strahlenkranz umgeben ist. Dieses Zeichen sieht man als Brustwarzen- wie auch als Augensymbol, als das man es verschiedentlich auf Stirn und Wangen tätowiert. Buddha trägt es gelegentlich in gleicher Funktion auf der Handfläche. Wir finden das Zeichen in prähistorischen Epochen ebenso wie heute in Indien oder bei südamerikanischen Indianern. Oft wird dieses Rundauge mit Wimpernkranz als »strahlende Sonne« ausgelegt. Seiner Anwendung nach steht es jedoch eindeutig für Brustwarze und Auge, auf deren Rundgestalt und Paarigkeit unsere angeborenen Mechanismen offenbar in breiter Front ansprechen.

Die Brust ist nicht nur eindeutiges weibliches Kennzeichen, sondern wahrscheinlich auch einer der wichtigsten Auslöser im sexuellen Bereich. In verschiedenen mit Handgestik arbeitenden Zeichensprachen demonstriert man den Begriff »Frau« durch an die Brust gelegte, muschelartig gewölbte Hände und entsprechende formandeutende Bewegungen (vgl. H. Klaatsch 1920). Dieselbe Gestik dient, wie wir am Niger beobachteten, zur Verdeutlichung des gesprochenen Wortes gegenüber Fremden. Das Präsentieren der Brust als demonstrative weibliche Verzweiflungsgeste in Gefahr- und Schocksituationen ist bekannt. So steht ja auch die weibliche Symbolfigur der Französischen Revolution nach dem Gemälde von Delacroix mit bloßer, dem Feind dargebotener Brust auf den Barrikaden. Sie gilt noch heute allgemein als Sinnbild der

Abb. 53 Augen- und Brustsymbole. a+b Augenmotive auf steinzeitlichen Gefäßen. c Augensymbole auf einem Gefäß aus Thera. d Brustsymbole auf einer Kanne aus Thera (um 1500 v. Chr.). e Seitenansicht zu d.

---

* Alle im speziellen Teil dieses Buches verwendeten etymologischen Erklärungen entstammen dem Herkunftswörterbuch des Großen Duden (P. Drosdowski und G. Grebe 1963).

Revolution (vgl. J. Huxley und P. Finch 1968). In dem berühmten russischen Film »Panzerkreuzer Potemkin« tritt auf der Stiege von Odessa eine Frau, die ihr Kind im Arm hält, den schießenden Soldaten mit halb entblößter Brust entgegen. Analoge Situationen zeigen verschiedene Darstellungen von Kämpfen und Exekutionen. Darbieten der nackten Brust als Gebärde der Trauer war in der Antike verbreitete Sitte. Die Mutter des Theseus entblößte sich im Abschiedsschmerz, als ihr Sohn nach Kreta segelte. Zufolge der zwar umstrittenen, aber nicht unbegründeten Auslegung von H. G. Wunderlich (1972) wäre die berühmte, von kretischen Statuen und Wandfresken her bekannte, brustfreie Frauenkleidung eher als Trauertracht denn als damals übliche Alltagsmode anzusehen. Öffnen oder Zerreißen von Blusen wurde auch bei Totenfeiern von Zigeunern beobachtet (M. Block 1936). Bei den Dakota-Indianern gingen trauernde Witwen mit nacktem Oberkörper (H. Dengler ohne Jahreszahl).

Aber nicht nur angesichts von Bedrohung oder bei Trauerfällen wird die weibliche Brust als Ausdrucksmittel verwendet. Der figürliche Typus der Frau mit rückwärts ausladender Hüftpartie, leicht vorgedrücktem Oberkörper und gewölbtem Busen bringt die Brustpartie stärker zur Geltung, als dies beim Mann der Fall ist. Herausdrücken der Brust durch »Kreuzhohlhaltung« verleiht dem weiblichen Körper eine als anmutig empfundene Linienführung und zählt daher zu den Berufstricks der Filmstars, Mannequins und Pinup-Modelle. In jüngster Zeit demonstrierten Apo-Studentinnen und die sogenannten »Tollen Minnas« (ursprünglich Frauenrechtlerinnen in Berlin) mit Hilfe des »Oben-ohne«-Effektes, um Polizisten, Professoren und andere Widersacher herauszufordern und zu verwirren. Es sei etwa an die Vorlesung von Prof. A. Adorno an der Universität Frankfurt erinnert, wo sich eine Studentin provokativ entblößte (vgl. Spiegel 1969). Offensichtlich haben wir es bei dieser Verhaltensweise mit einer besonderen Ausdrucksform weiblicher aggressiver Erregung zu tun.

Welch hohe Bedeutung der weiblichen Brust im innerartlichen Sozialverkehr zukommt, wird durch die in allen Stilepochen bemerkbare Abwandlung des Themas Kleidung und Mode unterstrichen. Die Brust kann einerseits durch Kleiderschnitt und Schmuckelemente stark betont oder unverhüllt präsentiert, anderseits aber auch völlig verborgen beziehungsweise »überspielt« werden und gerade hierdurch Neugier und Phantasie des männlichen Sozialkumpans anregen. Einen recht auffälligen Mittelweg schlug die Geliebte des französischen Königs Charles VII. ein, die im engeren Hofkreis die linke Brust frei, die rechte verdeckt trug (vgl. R. König und P. W. Schuppisser 1961). Ähnliches erkennt man auf antiken, vor allem ägyptischen Bildern. Zwischen den Extremen »oben ohne« und »total verhüllt« gibt es in der Kostümgestaltung unzählige Varianten (vgl. H. H. Hansen 1957, L. Kybalová 1966, E. Thiel 1968). Der Mensch als einziges »Säugetier«, bei dem sich die

Tafel 5 (2)

Tafel 36 (8)

weibliche Brust unabhängig vom Fortpflanzungsgeschehen in permanentem Schwellzustand befindet und daher zum unverwechselbaren Geschlechtsmerkmal wurde, dürfte diese Besonderheit nicht nur aufgrund seiner ganzjährigen Fortpflanzungsbereitschaft, sondern auch im Zusammenhang mit dem aufrechten Gang entwickelt haben (vgl. C. S. Ford und F. A. Beach 1959).

Die Merkmalsverwandtschaft von Auge und Brust findet deutlichen Ausdruck in dem alten arabischen Sprichwort: »Frauen bezaubern mit vier Augen; darin liegt ihre Stärke« (R. Italiaander 1961). Auch in der deutschen Vulgärsprache bezeichnet man Brüste als »Augen« (E. Bornemann 1974). Bei einem Zeichentest stellte ein Schüler spontan die Beziehung Brust – Auge her. Eine archäologische Aussage beweist ebenfalls recht gut die optische Verwandtschaft dieser beiden funktional so differenten Organe. Es handelt sich um die Analogisierung der Figur einer kretischen sogenannten »Schlangenpriesterin« mit dem berühmten »Idol von Kličevac« aus Jugoslawien, wonach die beiden neben gewissen Ähnlichkeiten in der Ornamentierung auch das Merkmal der entblößten Brust gemeinsam haben (vgl. R. Pittioni 1961). Bei genauer Betrachtung des Idols erkennt man jedoch, daß die beiden flachen Halbrunde Bekleidungsteile sind, die sich auf den Schulterblättern fortsetzen. Die als Brustwarzen bezeichneten Zentralornamente, über denen sich in Dreiecksanordnung ein gleichartiges drittes Kreismotiv befindet, sind im Amulettbereich gängige Augensymbole. Auch die Rückenpartie der Figur trägt magische Abwehrzeichen, wie sie auf Rückenteilen gestickter Trachten vorkommen. Eine der Brustpartie des Idols ähnliche Ornamentik findet sich auf der bosnischen Männertracht von Zmijanja (O. Koenig 1970) und auf den breiten Schulterspangen altgriechischer Panzerungen. Es ist daher eher anzunehmen, daß mit dem »Idol von Kličevac« eine männliche Figur gemeint ist. Hierfür sprechen das kurze Haar, die schmale Hüftpartie, der breite Gürtel mit den Rundplättchen tragenden, riemenartigen Behängen, die an den Lendenschurz römischer Legionärspanzer (N. M. Saxtorph 1971) erinnern. Auch der kleiderartige Unterbau der Statuette ist kein unbedingt weibliches Merkmal, da der Rock bis in jüngste Zeit bei Albanern (D. Mborja und R. Zoizi 1959) und Griechen Teil der Männertracht war und noch heute zur Evzonen-Uniform gehört (H. Knötel und H. Sieg 1937). Man vergleiche das »Idol« auch mit schottischen Trachten (W. Bruhn und M. Tilke 1955, A. H. Bowling 1971). Ebensogut passen gewisse mongolisch-indische Kaftantrachten des 17. Jahrhunderts zu dieser Figur, wie sie H. Mützel (1925) in der Abbildung eines kaiserlichen Prinzen des Schâh Djehân wiedergibt (vgl. L. Hájek und W. Forman 1960). Die völlig flachen, seitlich aufgesetzten Brustplatten des Idols können aufgenähte Panzerung sein, wie sie bei dalmatinischen Trachten vorkommt und heute noch beim Alka-Reiten in Sinj an den Knappen zu sehen ist (vgl. V. Kirin ohne Jahreszahl, L. Kretzenbacher 1966).

Abb. 54 Brust und Brustornamentik. **a** Detail einer kretischen »Schlangengöttin«. **b** Vorderseite des »Idols von Kličevac«. **c** Brustplatten auf bosnischer Volkstracht.

Europäische Frauentrachten zeigen, ausgenommen vielleicht die Schwälmer Kirmestracht (E. Retzlaff und M. Baur-Heinhold 1958), nur selten Brustornamentik nach Art der aufgezählten Beispiele. Sieht man von den allegorischen Darstellungen der gepanzerten »Germania« und alten Walkürenpanzerungen auf der Opernbühne ab, wird der Schmuckeffekt auf der weiblichen Brustpartie meist durch dekorative Ausgestaltung des Jackenverschlusses erzielt, wie er etwa aus dem schwedischen Schonen bekannt ist (W. Bruhn und M. Tilke 1955). Auch die schweren Silberbehänge friesischer Frauentrachten sind von Miederverschlüssen ableitbar. Anders ist die Situation in Indien, wo man gelegentlich sehr auffällige Betonungen der Brust durch aufgenähte Kreisflächen oder andere passende Ornamente vorfindet. In Griechenland gibt es als Auto-Amulette recht einfach in Metallguß hergestellte Mädchenfiguren mit ausgesprochen augenhaft wirkenden Brüsten aus farbigem Glas. Auf Thera gefundene körpergestaltige Gefäße zeigen Symbole für Brustwarzen und Augen, die miteinander fast identisch sind (vgl. S. Marinatos 1969, 1971). *Abb. 53 c–e (S. 226).*

Kriegerische Brustpanzerungen mit Kreisen, Spiralen, Sternen, runden Buckeln und ähnlichen Augensymbolen sowie auch mit regelrechten Augen anstelle der Brustwarzen kennen wir von der Antike bis ins Mittelalter (vgl. F. Eppel 1958, P. Martin 1967, N. M. Saxtorph 1971). L. und F. Funcken (1966) bringen neben vielen solchen Brustpanzern die Abbildung eines nackten gallischen Kriegers mit zwei unter der Brust aufgemalten naturalistischen Augen. Im traditionellen sizilianischen Puppenspiel tragen manche Teufelsfiguren Augen anstatt der Brustwarzen. Große Augensymbole verschiedenster Gestalt findet man auf der Brustpartie türkischer Trachtenjacken, vor allem aber auf den weißen Filzmänteln (Kepenek) der anatolischen Hirten (vgl. R. E. Koçu 1967). In Kreta sind dem Brustteil der aus schwerem dunklem Wollstoff gefertigten Bauernmäntel große blaue Kreisflächen aufgenäht. Auch in Japan sind Augensymbole auf Vorderteilen von Männertrachten häufig (vgl. M. Tilke 1948). Regelmäßig tragen chinesische Wächterfiguren, speziell solche auf Gräbern, Augensymbole auf beiden Brustseiten (vgl. A. Christie 1968). *Tafel 43 (11–14).*

Abb. 55 Brustornamentik bei Kriegern. **a** Gallier aus Schottland mit aufgemalten Augen. **b** Nackter messergespickter Delikanli mit Hufeisen als Brustamulett (Türkei, 18. Jh.). **c** Türkischer Soldat mit Goldscheiben an der Brust (19. Jh.).

Die moderne Kunst sowie die Werbe- und Karikaturgrafik bedienen sich öfters der Attrappenähnlichkeit von Auge und Brust. Augen anstatt der Brüste sieht man hier häufig, der umgekehrte Fall ist seltener, obgleich diese Anordnung zwar merkwürdig, aber keineswegs unorganisch oder unangenehm funktionswidrig wirkt. Der optische Effekt des Wechselspiels zwischen Auge und Brust, den man offensichtlich schon sehr früh erkannt und vielfach verwendet hat, wirkt heute wie ehedem und wird dazu benutzt, die Blicke überraschter Betrachter zu fesseln.

Abb. 56 Brustaugen auf moderner Scherzpostkarte.

20. Haar

Das Wort Haar gilt in verschiedenen Varianten als allgemein germanisch und gehört mit ähnlichen Bildungen in anderen verwandten Sprachen einer indogermanischen Wurzel an, die soviel wie »rauh, struppig, wollig« bedeutet, was auch im Ausdruck »Rauhware« für Felle zum Ausdruck kommt.

Im Volksglauben besitzt das Haar große Bedeutung (vgl. H. Bächtold-Stäubli 1930–1931, R. Brasch 1968, E. Stemplinger 1948). Es ist Träger von Lebenskraft und kann daher in vielfältiger Weise dem Zauber dienen. Wer sich in den Besitz von Haaren eines anderen setzt, erlangt Macht über ihn. Verbrennen von Haaren dient häufig dem Fluchzauber. Mit Hilfe von Haarlocken vermag man auch Liebeszauber zu betreiben. Haare oder Haarzöpfe werden als Opfergaben in Kirchen hinterlegt (vgl. L. Kriss-Rettenbeck 1963), Haarlocken von Verwandten oder von berühmten Persönlichkeiten über den Tod hinaus aufbewahrt. Es sei nur an die im Heeresgeschichtlichen Museum von Wien ausgestellte Haarlocke Prinz Eugens erinnert. Vor einiger Zeit wurden in Wien Barthaare des Kaisers Franz Joseph I. versteigert. Haarlocken geliebter oder sehr geschätzter Menschen gelten vielfach als Talisman (L. Hansmann und L. Kriss-Rettenbeck 1966). Solche und ähnliche Vorstellungen sind nicht nur im europäischen Bereich, sondern fast überall zu Hause (vgl. W. Hirschberg 1965, E. E. Sikes und L. H. Gray 1931). Der Völkerkundler H. A. Bernatzik konnte einige von ihm fotografierte Papuas, die empört waren, als er aus dem Apparat herausgezogene und von ihnen für Zaubermittel gehaltene Packfilm-Papierstreifen ins Feuer warf, durch Verbrennen eigener Haare besänftigen. Haar gilt, wie beispielsweise auch in der Samson-Erzählung, als Sitz der Kraft. Langes Haar war Vorrecht der Freien und eng mit Prestige-Auffassungen verknüpft. Abschneiden der Haare galt als entehrend und als Zeichen der Knechtschaft. Die Tonsur der Mönche, die kurzgeschorenen Haare der Nonnen sind Ausdruck dienender Demut gegenüber Gott. Wo es früher wegen der Läuseplage notwendig war, den Kopf kahlzuscheren, entstanden oft den jüdischen Pajes analoge Schläfenzopffrisuren (so etwa auch bei Kroaten und Ungarn), die das Vorhandensein des Haares symbolisierten (vgl. O. Teuber und R. Ottenfeld 1895). Verheiratete Frauen wiederum durften ihr Haar nicht zeigen, sondern mußten es unter der Haube oder dem Schleier verbergen. Abschneiden der Zöpfe galt bei jungen Mädchen als entehrend und kam einer Schändung gleich. Auch heute noch ist der Kahlköpfige einer gewissen Spöttelei ausgesetzt. Die vielen Haarwuchsmittel sowie die neuerdings hochaktuellen Haar-Ersatzteile und Perükken sprechen eine deutliche Sprache. Sicherlich wirken bei all diesen Erscheinungen angeborene Einstellungen mit, denn gerade das Kopfhaar spielt im Zärtlichkeitsverhalten eine große Rolle (vgl. I. Eibl-Eibesfeldt 1970, O. Koenig 1962 a). Lausen zwischen Mann und Frau gilt vielerorts als Liebeshandlung. »Läusesuchen« war nach G. László (1970) früher eine der Metaphern für den Koitus. Ein interessantes Bild bringt H. A. Bernatzik (1947) von den Meau (Südsee), wo sich drei Personen als Familienbeschäftigung »in Kette« lausen.

Bei Tieren hängt gegenseitiges Kraulen aufs engste mit dem Absuchen nach Ungeziefer, Hautschuppen oder Verunreinigungen zusammen (vgl. W. Wickler 1969). Es erfolgt daher primär an Körperpartien, die bei Selbstpflege nur schwer oder gar nicht erreicht beziehungsweise eingesehen werden können. Bei Vögeln, die für das Feinputzverhalten auf ihren Schnabel angewiesen sind, erfolgt gegenseitiges Kraulen vorwiegend im Kopf-Halsbereich. Sehr typisch in dieser Hinsicht benehmen sich Löfflerpaare (O. Koenig 1952). Auch beim Menschen ist das Kopfkraulen und -streicheln eine offensichtlich hochritualisierte soziale Körperpflegehandlung, die für den ausübenden wie für den passiven Partner lustgetönt ist. Erwachsene streichen Kindern in freundlicher Zuneigung spontan über das Haar. Das liebevolle Ansichziehen am Kopfhaar ist bei Menschen wie bei Gorillas zu sehen. Während Haareziehen an den Kopfseiten als unangenehm oder schmerzhaft empfunden wird, ist die Schädeldachregion dagegen relativ unempfindlich. Hier könnte eine sensorische Anpassung an den sozial bedeutsamen Griff ins Kopfhaar vorliegen.

Das Kopfhaar ist für den Menschen auch insofern interessant, als daran sehr leicht verschiedene Objekte befestigt werden können. Am häufigsten sind dies maschen- und spangenähnliche, oft mit Schmucksteinen kombinierte, vielfach apotropäische Gebilde. Auch Blumen werden ins Haar gesteckt. Das aus dem Orient stammende Schmücken des Bartes mit Edelsteinen und Perlen galt bei den Türken als Mittel gegen den »bösen Blick« und fand Nachahmung bei den Ungarn (vgl. K. Teply 1968). Beachtlich sind weiter die zahlreichen Methoden, das Haar in Ablenk- und Abwehrformen zu legen. Dies ist, ähnlich wie die Handgestik (S. 134 f.), eine ebenso naheliegende wie einfache und billige Möglichkeit magischen Schutzes. Einer der ältesten Belege stammt aus der Burg von Tiryns (Peleponnes), wo Frauen mit jeweils zwei oder drei fast hornartig über die Stirn hochgezogenen Spirallocken dargestellt sind. Ganz ähnlich sehen die zu manchen holländischen Trachten ins Haar gesteckten spiraligen »Ohreisen« aus (vgl. F. W. Thienen und J. Duyvetter 1962). Sehr augenhaft wirken auch die seitlichen Haarrollen

Abb. 61k (S. 239)

Tafel 34 (6)

Abb. 57 Haarspiralen. **a** Detail aus dem Fries von Tiryns (1400 v. Chr.). **b** assyrischer Wettergott aus Ras Shamra (13.–12. Jh. v. Chr.). **c** Jeside aus dem Irak (Anfang 20. Jh.).

Tafel 43 (6)

alter höfischer Perücken. Antike Kopfskulpturen zeigen überaus häufig zwei sehr stark eingedrehte, spiegelbildlich angeordnete Stirnlocken, die unweigerlich an Abwehrzeichen gegen den »bösen Blick« erinnern. Besonders auffällig gerollte Haarspiralen trägt der assyrische Wettergott auf einer Stele aus Ras Shamra (J. A. Potratz 1961). Wohl nicht zufällig zeigt die mit Abwehrzeichen so reich ausgestattete Bilderdecke der romanischen Kirche St. Martin in Zillis (Schweiz) viele Personen, darunter auch Christus, mit jeweils 3 Haarsträhnen, die vom Mittelscheitel in die Stirn fallen. Als Analogon darf die japanische No-Maske eines Tempelknaben bezeichnet werden, die an gleicher Stelle eine vierteilige Haarquaste trägt (H. Hammitzsch 1966). Das so auffällig frisierte Stirnhaar der Kosaken (Kosakenlocke) wäre hier ebenso zu erwähnen wie die Stirnlocke der kroatischen Seressaner oder »Rotmäntel«. Der sehr abergläubische Napoleon trug gleichfalls eine betonte Stirnlocke. Angesichts der Häufigkeit aller möglichen Abwehrzeichen an der Vorderseite von Kopfbedeckungen tritt der apotropäische Charakter der verschiedenen stirnseitigen Haargebilde, die den Vorzug haben, jederzeit rasch und billig zur Verfügung zu stehen, besonders deutlich hervor. Sehr häufig findet man sichtlich magisch schützenden Stirnschmuck oder entsprechende Stirnfransen und Stirnlocken bei den Indianern Nordamerikas, vor allem den Mandans, Nez Percé, Shawanos und anderen (vgl. C. Burland 1970, H. Dengler ohne Jahreszahl, O. La Farge 1961). Gleiches gilt für Afrika, wo besonders Kindern bestimmte Figuren aus dem Kopfhaar rasiert werden. Zopfornamentik ist hier bei Frauen ebenso häufig wie Stirntatauierung (vgl. P. Fuchs 1966). Möglicherweise gehören auch die im islamischen Bereich nicht seltenen Pferdeschwanzfrisuren hierher, die durch Kahlrasur des Kopfhaares mit Ausnahme einer langen, der Fezquaste vergleichbaren Strähne am Hinterkopf erzeugt werden. Eine ähnliche Bildung ist die indianische »Skalplocke«. Sicherlich kommt auch dem berühmten Zopf der Chinesen, gleich dem mit Quasten und anderen Abwehrzeichen versehenen Zopf mancher Tibeter, hohe Bedeutung als magischer Rückwärtsschutz zu. Tibetische Nomadenfrauen tragen das Haar zu 108 Zöpfen (eine magische Zahl) geflochten (H. Harrer 1960).

Symmetrisch-paarige Rundlocken finden sich sehr oft auf Bärten. Im Dom von Piacenza (vgl. H. Schade 1962) zeigt die Trägerfigur einer Kanzel (um 1200) betont augenhaft gearbeitete Stirn- und Bartlocken, die einen richtig »anschauen«. In Anbetracht der sorgfältigen künstlerischen Ausarbeitung gerade dieser Merkmale kann von einer Zufallsbildung nicht die Rede sein. Spiralig eingedrehtes Vollbart- und Schnurrbarthaar zeigen besonders deutlich manche assyrisch-babylonischen Herrscher (vgl. J. A. Potratz 1961). Der Gründer des ungarischen Staates, König Istvan I., trug zufolge einer in Györ aufbewahrten Goldbüste sehr auffällige Bartspiralen, die jenen der rund 2000 Jahre zuvor lebenden Könige von Assur ähneln. Auch bei frühromanischen Schreckfratzen und Abwehrgesichtern sind Voll- und Schnurrbärte mitunter zu Spiralen eingerollt (vgl. H. Busch und B. Lohse 1965). Interessanterweise versehen noch heute manche Tiroler Holzschnitzer, wenngleich wahrscheinlich in Unkenntnis der ursprünglichen Bedeutung, den Christusbart mit zwei symmetrischen Spiralen. Mitunter gewinnt man bei Gesprächen mit einem dieser Schnitzer aber doch den Eindruck, daß die Spirale für ihn sehr wohl Bedeutungsträger ist. Auch der zu bäuerlichen Trachten wie zu Stadtmoden verschiedener Zeitepochen gehörende, an den Enden stark aufgezwirbelte Schnurrbart dürfte mit magischen Vorstellungen zusammenhängen. Wir finden diese Barttracht bereits bei manchen Reiterbildern auf Teppichen der Gräber von Pasyrik, also rund 400 Jahre v. Chr. Ganz ähnliche Formen zeigen bestimmte indonesische Wayang-topèng-Masken. Die oft spiralige Mundwinkelverlängerung bei den Wayang-purwa-Schattenspielfiguren erinnert stark an diese Schnurrbartformen (vgl. F. Wagner 1959, C. B. Wilpert 1973). Ferner sei auf die alte Barttracht in China verwiesen, die dem hier weit verbreiteten und in Tibet von Lamas auf Stöcken getragenen Dreisproß auffällig ähnelt, mit dem Unterschied freilich, daß die Barthaare abwärts hängen, was jedoch unwesentlich ist. Auch an Ohrgehängen weist der sonst aufrechte Dreisproß nach unten. Bei chinesischen Singspielen steht der dreisträhnige Bart unter dem Namen »San-su« den gebildeten Männern zu (Kalvodová, Sís und Vaniš, alle ohne Vornamen, 1956). Ebenso tragen die mit Abwehrzeichen übersäten chinesischen »Könige der Hölle« dreisträhnige Bärte (A. Christie 1968). *Abb. 162 c (S. 428).*

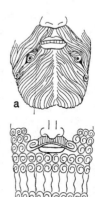

Seit alters her tauchen in der weiblichen Haartracht immer wieder in Bogenform frisierte Stirnfransen beziehungsweise Wangenlocken, sogenannte »Sechser« auf, die den Blick des Betrachters fesseln und beschäftigen. Neuerdings werden in der Türkei kleine, als Zimmer-Amulette gedachte Zierkürbisse angeboten, die ihrer Form entsprechend als Köpfe bemalt sind. Außer den besonders großen, auffällig stilisierten blauen Augen zeigen sie tief in Stirn und Wangen reichende »Haarsechser« von offenbar magischer Bedeutung. An gleicher Stelle herunterhängend trugen Frauen vielfach Amulette oder amuletthafte Schmucksteine. Wo Gesichtsnachbildungen als Glücksbringer dienen, zeigen sie mitunter ebenfalls betonte Stirnlocken in der Position eines »dritten Auges«. Auffälligerweise gehört es in vielen Ländern zum Brauchtum, kleinen Mädchen für Feste und Umzüge die Haare in Locken zu drehen. Schläfenlocken in Rollenform, die sich von vorn als Kreise darboten, waren im Rokoko sehr verbreitet, beim Militär sogar Vorschrift. Die traditionellen Perücken der englischen Richter zeigen noch heute diese auffällige Lockenform. Wenn man bedenkt, welch hohe Bedeutung magischen Regeln in früheren Zeiten beigemessen wurde – so etwa stand beim Militär das Zaubern unter schwerster Strafe (L. A. Khevenhüller 1732) – und wieviel magische Ornamentik in den alten Kleidertrachten aufscheint, darf man mit großer Wahrscheinlichkeit annehmen, daß die aufgezählten

Abb. 58 Bartspiralen. **a** Bart der Goldbüste König Istvans I. in Györ (Ungarn). **b** Oberteil des Bartes eines assyrischen Königs (um 850 v. Chr.). **c** Details aus einem Filzteppichbild (Pasyrik, 5.–4. Jh. v. Chr.).

Haartrachten zumindest anfänglich magische Schutzfunktion besaßen. Derart auffällige Bildungen entstehen nicht ohne gewichtige Ursache. Selbst bei Verlust des Wissens um den »bösen Blick« und die magischen Gegenmittel bleiben solche Formelemente erhalten und gelten dann als allgemein glücksbringend oder auch nur konventionell verpflichtend im Sinne von: »Das hat man so.«

Hohe magische Bedeutung besitzt der Zopf. Das Wort entstammt dem Germanischen und heißt ursprünglich soviel wie Spitze, Ende, Zipfel, in der althochdeutschen Variante »zoph« auch Locke. Das Wort »Zapfen« ist damit verwandt, ebenso das niederdeutsche »Topp« für Mastspitze. Die hochdeutsche Übertragung auf das herunterhängende Haargeflecht als »Zipfel des Haares« ist verständlich. An sich handelt es sich beim Haarzopf um eine ausgesprochen zweckmäßige Bändigung des ansonsten im Winde wehenden oder ins Gesicht fallenden langen Haares. Der Männerzopf ist eine militärische Schöpfung, die im Zuge der allgemeinen Bewaffnung von Infanteristen mit Luntengewehren notwendig wurde, um einem Feuerfangen der Haare durch die brennende Lunte vorzubeugen (vgl. O. Koenig 1970 a). Allerdings wäre die Raffung auch durch einfaches Zusammenbinden, Umschnüren oder Hochstecken des Haares zu erreichen gewesen. Der Zopf erinnert in seiner Gliederung an die zu Augensymbolen verflochtenen Palmwedel im östlichen Mittelmeerraum (S. 362) und an verschiedene ornamentale Flechtfriese an Gebäuden. Dazu gehören Rautenketten, der sogenannte »Eierstab« und der »laufende Hund«, die auch M. Riemschneider (1953) als aneinandergereihte Augen bezeichnet. Es ist denkbar, ja sogar sehr wahrscheinlich, daß bei der Zopfflechtung ein Streben in Richtung Abwehrornamentik mitspricht. Die in vielen Gebieten zur Abwehr des »bösen Blickes« verwendeten Stroh- und Bastzöpfe müssen demnach gar nicht in direkter Verwandtschaft zum Haarzopf stehen, sondern können davon unabhängig als Abwehrzeichen entstanden sein, zu deren Herstellung man lediglich Stroh, Bast oder sonstige lange Fasern zur Verfügung hatte. Der Zopf wird ja auch aus Teig und so vielen anderen flechtbaren Werkstoffen gebildet, daß Menschenhaar nicht unbedingt als ursprüngliches Material angesehen werden muß. Interessanterweise ist ein Zopf am leichtesten zu zeichnen, indem man spitzovale Augenformen in versetzter Doppelreihe zusammenfügt.

Auch Mähnen und Schwänze von Pferden findet man bei besonderen Anlässen zu Zöpfen verflochten, die gelegentlich, vor allem am Schwanz, als Masche gebunden und zusätzlich mit bunten Flatterbändern oder Schleifen geschmückt sind. Bei dicken lockeren Zöpfen erinnert die Ornamentik stark an doppelt gereihte Miribotas, wogegen feste Flechtung eher zu Rhombenformen führt, einem in der Augensymbolik ebenfalls gängigen und verbreiteten Motiv. Im europäischen Kulturbereich wird der Haarschopf oder Zopf kleiner Mädchen oft mit einer auffälligen Masche gebunden. Zu volkstümlichen Frauentrachten, so etwa in Mazedonien, trägt man am Zopf häufig Amulette in Form von Münzen, die seinen magischen Wert unterstreichen. Wahrscheinlich hat auch das traditionelle Haarzöpfchen des spanischen Matadors mit magischen Schutzvorstellungen zu tun. Vielfach werden Zöpfe auch knoten- oder schneckenförmig hochgesteckt und bilden dann ein magisch wirksames Rundmotiv. Das fällt vor allem bei einigen ungarischen Mädchentrachten auf (vgl. K. Falus und A. Schiller 1955, E. Fél, T. Hofer und K. Csilléry 1969), wo Zöpfe nach Art eines »Occipitalgesichtes« (S. 97) hinten hochgesteckt werden. Im ganzen Mittelmeerraum sind Zöpfe verschiedensten Materials, die zusätzlich mit allerlei Abwehrzeichen behängt sind, als Amulette an Zimmerwänden, in Autos oder über Kinderwiegen gebräuchlich. Auch durch kunstvolles Zusammenflechten von abwehrkräftigen Knoblauch- oder Küchenzwiebeln werden lange Zöpfe hergestellt, die man oft neben die Haustür hängt. Nach H. Fielhauer (1966) werden im »Rügebrauchtum« des niederösterreichischen Weinviertels allzu freizügigen Mädchen Strohzöpfe, die den Namen »Allerheiligenstriezel« führen, oder auch geflochtene Strohseile von den Burschen auf das Hausdach geworfen.

Alle bekannten Verwendungsweisen von Zöpfen verschiedenster Art deuten an, daß der Zopf nicht einfach Zufallsform oder, wie häufig behauptet, im Brauchtum gar symbolischer Rest eines Menschenopfers ist, sondern dem so überaus verbreiteten und weitverzweigten Bereich des Blickabwehrzaubers angehört. Die vor allem bei langhaarigen Menschenformen bestehende Möglichkeit, Zöpfe jederzeit rasch aus dem körpereigenen Haar zu fertigen, kommt der menschlichen Suche nach magischen Schutzbehelfen stark entgegen und wird für diesen Zweck bei verschiedensten Völkerschaften in großer Variationsbreite ausgenützt.

Tafel 34 (2)

Abb. 59 Zopfartiger »Suebenknoten« einer eisenzeitlichen Moorleiche (vgl. P. V. Glob 1966).

21. Kreis, Spirale

Der Kreis als kürzeste Umgrenzung einer Fläche spielt nicht nur im alten Rechtsbrauch, wo dem »Kreisziehen« mitunter juridische Bedeutung zukommt, sondern auch in der gesamten Magie eine große Rolle. Weiter ist er im Volksbrauchtum und in der volkstümlichen Ornamentik von größter Wichtigkeit (vgl. R. Beitl 1955, A. Bertholet 1962). In Sinnübertragung spricht man vom »Familien-« oder »Freundeskreis«, zur Charakterisierung sozialer oder beruflicher Gliederung von »Bevölkerungskreisen«. Man nimmt jemanden »in den Kreis« auf oder verstößt ihn daraus.

Bereits aus dem menschlichen Verhalten, sich im Gespräch gegenüberzustehen, resultiert die Kreisform. Jede größere Gruppe von Personen, die sich miteinander unterhalten, bildet fast unvermeidbar eine Runde. H. Soeder (1964), der sich mit Hausbau befaßt, erklärt von der Raumbedeutung her: »... der Rundraum sammelt den Andächtigen zur Hingabe an das Gebet...« Dies kommt dann etwa auch im Bau von Rundkapellen oder Domen mit rundem Zentralbau im Dienste religiöser Konzentration zum Ausdruck. Die Mitte hält einen sozusagen fest, weil jeder Schritt darüber hinaus bereits an die Umgrenzung und somit aus dem Wesentlichen herausführt. Die Kreisform als die in sich geschlossenste Gestalt entspricht in der Fläche gewissermaßen der Kugel im Raum (A. Stengg 1959). Kreisförmige Aufstellung einer Menschengruppe um ein Zentrum sichert allen Teilnehmern eine gleichwertige Position. Es gibt zur Erzielung eines sozialen Zusammengehörigkeitsgefühles keine bessere Gruppierung als den Kreis.

Auch jede um ein Objekt herumgeführte Lokomotionsbahn wird bei ungestörter Entfaltungsmöglichkeit zur Kreisform. Das vom Horst als Zentrum ausgehende, rituelle Revierbegrenzen eines Reihermannes, bei dem er sich um die eigene Achse dreht und mit dem Schnabel in die Luft knappt, symbolisiert einen um den Horst gezogenen Kreis (V. Verwey 1930, K. Stülcken 1943). Sehr viele tierische Balzhandlungen wie auch Kampfeinleitungen erfolgen in Kreisbahnen. Das Männchen läuft, wie etwa beim Birkwild (vgl. H. Wollmann 1970), um das stillsitzende Weibchen herum oder folgt ihrer Bewegung, wenn sie sich von ihm wegdreht. Bei manchen Säugetieren, beispielsweise dem Siebenschläfer

(L. Koenig 1951), kommt es zu längeren »Rundtänzen«, bei Hirschziegenantilopen (A. Schmied 1973) zum »Kreisgehen«. Ebenso spielt Kreisdrehen bei ritualisierten Kampfeinleitungen innerhalb verschiedenster Tiergruppen, vor allem bei Fischen (D. Zumpe 1963), eine wichtige Rolle. Auch einfaches Orientierungsverhalten wie etwa beim Pantoffeltierchen *(Paramaecium)* enthält Kreisbewegungen (H. S. Jennings 1914). Wenn also der Mensch im Sozialverkehr, sei es beim plaudernden Beisammenstehen, beim Tanzen oder beim Kämpfen sich gleichfalls der Kreisanordnung oder Fortbewegung im Kreis bedient, ist dies durchaus nichts Neues, sondern ein im Tierreich weitverbreitetes, primär durch physikalisch-räumliche Gegebenheiten bedingtes Verhalten, das vom Menschen sekundär mit magischen und ideellen Inhalten ausgefüllt wurde.

Außer seiner statischen oder lokomotorischen Ausnutzbarkeit besitzt der Kreis jedoch eine weitere sehr wichtige Eigenschaft, nämlich die, den Blick von Lebewesen auf sich zu konzentrieren. Im Gegensatz zur Linie, die das Auge in die eine oder andere Richtung lockt, fängt der Kreis den Blick ein und hält ihn fest. Das Wirbeltierauge wirkt daher, unabhängig von anderen Merkmalen, schon allein durch seine Rundgestalt als Blickfang. So ist es nicht verwunderlich, daß uns der Kreis, oftmals ergänzt durch einen inneren Parallelkreis als Wiedergabe von Iris beziehungsweise Pupille, als einfachste Augendarstellung entgegentritt. Wir finden dieses Zeichen in verschiedener, zahlenmäßig meist der bekannten Augensymbolik entsprechender Anordnung auf Gegenständen aller Kulturepochen und Völkerschaften. Steinzeitliche Spinnwirtel

Abb. 60 Augensymbole in Kreisform. **a** Prähistorischer Spinnwirtel (Kleinasien). **b** Byzantinisches Elfenbeinkreuz. **c+d** Ober- und Unterteil der Christusfigur auf einem Reliquienkasten. Die Gelenkaugen der Füße gleichen den Tieraugen. Analoge Symbole als Randornamentik (Deutschland, 7.–8. Jh.). **e** Geschnitzter Männerkopf auf einem Wikingerwagen (vgl. H. Busch und B. Lohse 1965). **f** Kopf eines westafrikanischen Leopardenschemels. **g** Chinesischer Kinderstuhl aus Steingut mit Abwehraugen. **h** Rückansicht einer Passantin in Genua (1972).

tragen ebenso Kreisornamente wie byzantinische und mittelalterliche Kreuze oder orientalische Tierfiguren. Auf afrikanischen und asiatischen Leopardendarstellungen ist die Fellfleckung sehr oft durch runde Augensymbole charakterisiert. Die Anwendungshäufigkeit des Kreises im Abwehrbereich hängt sicherlich nicht nur mit seiner Formprägnanz, sondern auch mit der raschen und einfachen Herstellbarkeit zusammen.

Tafel 32

Im modernen Zivilisationsbereich wird der Kreis in verschiedenster Form als Blickfang verwendet. Es sei nur auf die S. 74 erwähnten Auto-Schlußlichter verwiesen, die in Gestalt runder Flecke mit Kontrastpunkt und konzentrischen Ringen die beste Signalwirkung erzielen. In der Werbegrafik ist das Kreismotiv in schier unüberschaubarer Fülle vertreten und variiert von der streng geometrischen Form bis zu naturalistisch dargestellten, runden Objekten verschiedenster Art, die wir infolge unserer »Attrappensichtigkeit« (S. 82 ff.) ganz unbewußt als »augenhaft« empfinden. Wo zwei gleiche Kreismotive in etwa relativer Augendistanz nebeneinander stehen, haben sie unweigerlich die Wertigkeit eines herblickenden Augenpaares, das sofort Aufmerksamkeit erregt. Bei Betrachtung von Plakatwänden oder Zeitungsinseraten kann man das durch Selbstbeobachtung leicht feststellen.

Tafel 29

Von der prähistorischen bis zur gegenwärtigen Volkskunst finden wir aus einfachen, doppelten oder mit Zentralpunkt versehenen Kreisen bestehende Rundmotive, die mit einem Strahlenkranz umgeben sind und von der Wissenschaft meist als Sonnensymbole gedeutet werden. An-

Abb. 53 (S. 226)
Abb. 116e, j (S. 340)

hand von Gesichtsurnen und anderen Gesichtsdarstellungen, auf denen solche Zeichen als Augen Verwendung finden, wird jedoch klar, daß die Striche nicht Sonnenstrahlen, sondern Wimpern andeuten. Sonnenstrahlen treten am Himmel eigentlich nur im Zusammenhang mit Wolken auf und sehen dann ganz anders aus. Wohl kann aus dem Bemühen, die Strahlungskraft der Sonne zu symbolisieren, eine dem Augenzeichen analoge Form entstehen. Zieht man aber außer der Formcharakteristik noch andere Kriterien wie etwa den Anbringungsort oder die Zweckbestimmung des Trägerobjektes heran, kommt man zu dem Schluß, daß dieses Ornament in den allermeisten Verwendungsbereichen als Augensymbol gemeint ist.

So rasch und einfach ein Kreis auch zu zeichnen ist, bedarf es dazu doch einiger Übung. Anfangs endet das Bemühen infolge Verfehlens der Richtung meistens als Ansatz zur Spirale, was auf Kinderzeichnungen häufig zur Geltung kommt. W. Pfleiderer (1930) sagt dazu: »Alle Bewegung, die in ihrer räumlichen Entwicklung nicht durchs Auge oder durch den Tastsinn kontrolliert wird, hat die Tendenz zur Spirale.« Ungenauigkeiten beim Zeichnen eines Kreises, die nur durch eine störende Zacke korrigiert werden können, verleiten oft zur Linienverlängerung in Spiralform. Diese Möglichkeit wird dort gern ausgenutzt, wo man viele konzentrische Kreise anstrebt, die darstellungstechnisch relativ schwierig sind. Durch eine vom Mittelpunkt auswärts geführte Spirale erzielt man ohne besonderes Können einen weitgehend analogen Effekt. Aufgrund ihrer grafischen Vorzüge wurde die Spirale zum vielfach verwendeten, dem Kreis nahezu gleichrangigen Augensymbol, das allerdings seltener im Zusammenhang mit Gesichtern, sondern eher als selbständiges Zeichen aufscheint. Gleichwohl tritt sie da und dort, so auch im Maskenwesen, gelegentlich als Auge auf. Über einschlägige Masken aus Matrei in Osttirol (Österreich) habe ich bereits berichtet (O. Koenig 1970 a). H. Tischner (1958) bringt ein sehr schönes Beispiel aus Neubritannien. Öfters findet man Spiralaugen, da ornamental effektvoll, in der Werbegrafik. Auch auf dem Weg »spielerischer« Linienverlängerung, zu der die Ornamentierungskunst unter bestimmten Voraussetzungen neigt (S. 155 f.), kommt es besonders an Endpunkten von Linien häufig zur Spiralbildung. Vielfältigste Beispiele für Augenspiralen liefern neben dem germanischen Raum Neuseeland (Maori), Kreta (Minoer) und später Griechenland. In der minoischen Kunst finden wir neben der abstrakten Spirale auch zur Spirale umstilisierte Naturobjekte, *Tafel 50 (1-3)* so zum Beispiel Krakenarme mit eingerollten Enden. Auch die minoischen

Abb. 61 Augensymbole in Spiralform. **a** Detail einer Grabstele aus Mykenä. **b** Drei bronzene Pferdeamulette (Ungarn, etwa 2000 v. Chr). **c** Klaubaufmaske aus Matrei in Osttirol (Österreich). **d** Spiralauge mit Wimpern einer Klaubaufmaske aus dem Iseltal in Osttirol (Österreich). **e** Geschnitzte Abwehrfigur auf einem sizilianischen Karren. Die Körperspirale ist analog dem Maskenauge durch Wimpern als Auge gekennzeichnet. **f** Zwei Tubuan-Masken bei einer Totenwacht auf Neubritannien. Auf der einen sind die Augen durch konzentrische Kreise, auf der anderen durch Spiralen dargestellt. **g** Jonisches Säulenkapitell von der Akropolis (Athen) mit betontem »Auge«. **h** Giebelsima von der Akropolis (Athen) mit Eckakroterion. **I** Zeltsäule eines türkischen Sultans. **j** Detail zu i. **k** Blickablenkende Spiralen als »Oorijzer« (Ohreisen) bei einer Tracht aus Zeeland (Holland).

Liliendarstellungen nähern sich der Spiralornamentik und erinnern bereits stark an Säulenkapitelle.

Funden zufolge waren ionische Säulenvoluten, deren Zentralkreis man noch in der rezenten Architektur als »Auge« bezeichnet, im polychromen griechischen Stil oft schwarz oder dunkelblau bemalt und übten zweifellos die Funktion magischer Abwehraugen aus. Es ist höchst unwahrscheinlich, daß in einem Kulturraum wie dem mittelmeerischen, wo der Problemkreis »böser Blick« seit alters her eine so überragende Rolle spielt, der Mensch seine Heiligtümer nicht magisch abgesichert hat. Es gibt keine Kultur, in der Sakralbauten nicht irgendwelche Schutzsymbole aufweisen. Man schaue sich nur an, wie reich romanische oder gotische Dome mit apotropäischen Gestalten und Symbolen ausgestattet sind. Gleiches gilt für ostasiatische Baustile. Vor allem indische Pagoden erhalten durch viele Spiralornamente und Voluten mitunter geradezu Barock-Charakter. Auch das Eingangstor zur Dagoba von Sanchi aus dem 11. Jahrhundert v. Chr. zeigt neben vielen anderen Abwehrzeichen sehr große, überaus auffällige Spiralen (E. Fuhrmann 1922). Angesichts der verbreiteten Verwendung von Spiralen als Hausschutzzeichen – man findet sie auch auf Dachsparren alter Bauernhäuser (vgl. M. Kislinger 1963) – wird die Blickabwehrfunktion antiker Säulenvoluten noch wahrscheinlicher. Dieser Zweckbestimmung entspricht nicht zuletzt ihre exponierte Position an Tempelfassaden, von wo aus sie jedem Ankömmling »entgegenblicken«.

Tafel 45

Abb. 156 d–f (S. 417)

Die Spirale als überaus weitverbreitetes ornamentales Motiv gibt es in verschiedensten Ausführungen. Neben der schon erwähnten Mal- und Steinmetzarbeit finden wir sie im ganzen Südseeraum, vor allem auch bei den Maoris, als tragendes Motiv der Tatauier- und Holzschnitzkunst. Häufig begegnet man ihr auch auf alten asiatisch-orientalischen Metallarbeiten (E. Diez 1944, G. László 1970). Wo das Spiralmuster in faseriges Langholz geschnitten oder in Stoff eingewebt wird, erfährt es vom Material her eine Geometrisierung, die zum Mäander oder Spiralrhombus führt und im Vergleich zur Rundspirale ein gewisses Minus an »Augenhaftigkeit« erkennen läßt. Sehr oft finden wir die Spirale in der zu ihrer Herstellung besonders gut geeigneten Drahtausführung. Solcherart begegnet sie uns als Kleidernadel, Halsanhänger, Gürtelschnalle oder sonstiges Beiwerk. Auch die beliebte Doppelspirale, mit der man in unterbrechungsloser Linienführung ein Augenpaar herstellen kann, wird besonders häufig aus Draht gefertigt (vgl. M. Haberlandt 1906). Die Eisenschmiedekunst, die zur Gestaltung von Zäunen, Toren oder Fenstergittern gern traditionelle apotropäische Ornamente heranzieht, bedient sich gleichfalls des Spiralmotivs.

Mitunter hat man versucht, die alte Spiralornamentik als symbolische Wiedergabe astronomischer Vorgänge zu deuten (vgl. F. Koschier 1941, K. Th. Weigel 1939), was aber sicher falsch ist, da die wenigsten der betreffenden Völkerschaften über entsprechende Kenntnisse verfügt haben werden. Auch darf man wohl annehmen, daß die Interessen früher Urbevölkerungen weniger auf theoretisch angenommene Gestirnsbahnen, sondern viel eher auf unmittelbar erlebte, aktuelle Umweltgefahren ausgerichtet waren, die sie mit dem ursprünglichsten, naheliegendsten und einfachsten Mittel, nämlich dem Abwehrauge, zu bannen suchten. Wie ein Blick in die Gegenwart zeigt, ist dieses elementare Hoffen auf die Hilfe magischer Schutzzeichen selbst in unserer geistig extrem überbauten Zivilisationswelt nicht verlorengegangen.

22. Kranz, Krone, Ring, Rad

Das Wort »Kranz« hat keine außergermanischen Entsprechungen; bereits im Althochdeutschen vorhanden, ist es mit »Kringel« verwandt. Man versteht darunter ein kreisförmiges Geflecht, vorwiegend aus Zweigen, Blättern oder Blüten, oft auch nachgeahmt aus anderen Materialien wie etwa Metall oder neuerdings Plastik. Im Lateinischen heißt der als Kopfschmuck dienende Kranz »corona«, wovon unser Wort »Krone« abstammt. Der hinsichtlich Objektgestalt hierher gehörende Begriff »Ring« entspringt wohl einer sehr alten Wurzel. Im Altgermanischen bedeutet das Wort soviel wie »Kreis, runde Scheibe«, auch »Reif«, letzteres hängt mit »Reep« (Seil, Schnur) und mit »Reihe« zusammen. »Rad« geht auf die indogermanische Verbalwurzel »reth« (rollen, kullern, laufen) zurück.

Für unser Thema ist vor allem wesentlich, daß es sich durchwegs um kreisrunde Gebilde handelt, die Spezialausprägungen der im vorhergehenden Kapitel besprochenen Kreisornamentik sind und einen hohen Rang im Volksglauben einnehmen (vgl. R. Beitl 1955). Der Kranz hat im Bereich der Festlichkeit und überall, wo es um Repräsentation von Würde geht, seine feste Funktion (K. Baus 1940, J. Klein 1912, O. Lauffer 1930). Es sei nur erinnert an Wortverbindungen wie Ehren-, Sieger-, Jungfern-, Braut- oder Totenkranz. Die Krone finden wir als Braut-, Adels- oder Herrscherkrone, den Ring als Zauber-, Verlobungs-, Ehe- oder Bischofsring (vgl. A. Stern 1931). Ring und als Verniedlichung von Kranz auch Kränzchen sind gängige Bezeichnungen für Organisationen und andere zusammengehörige Personengruppen: man spricht etwa von dem »Bundesjugendring« oder dem »Damenkränzchen«.

Bei allen brauchtümlich verwendeten kranzförmigen Gebilden ist neben der Form auch die Anbringungsweise von Bedeutung. Wir sehen solchen Dekor im kultischen und magischen Bereich fast immer dort, wo nach den Spielregeln der Abwehrtaktik schützende Augensymbole »hingehören«. Sehr häufig sind Kranz- und Ringornamente an Gefäßen aller Art, oberhalb beziehungsweise beiderseits von Türen und Fenstern oder Schlössern und Schlüsselblechen angebracht. Besonders oft schmücken Kränze und kranzartige Objekte die Insignien, Ehrengewänder und Throne von Häuptlingen, Herrschern und sonstigen Würdenträgern, hier freilich meist umgewandelt zu prunkvoller Dekoration, deren Abwehrcharakter jedoch durch den Anbringungsort oder Beigabe anderer Zeichen verdeutlicht wird. So sind etwa die auf den Turbanen türkischer Sultane befestigten, reichlich verzierten Agraffen bereits Produkte hoher Ritualisation, wogegen die an gleicher Stelle getragenen Tapferkeitsauszeichnungen türkischer Krieger, meist runde Metallplättchen mit hochstehenden Wimpernstrahlen, noch sehr gut als Augen erkennbar sind.

Abb. 25 (S. 126)
Tafel 20 (3)
Tafel 21

So wie sich das ornamentale Abwehrauge oft zu Blüten und Blättern wandelt, die sich infolge gestaltlicher Augenverwandtschaft als Ritualisierungsformen anbieten, wird auch die lebende Pflanze in das System miteinbezogen. Aus Blumen oder Blättern geformte Stirnkränze als Ehrenzeichen sind sehr weit verbreitet. Hier bedarf das von Griechen und Römern so hochgeschätzte Lorbeerblatt besonderer Erwähnung. Lorbeer ist in der Mittelmeerlandschaft überall zu finden und durchaus kein Strauch, der etwa durch Seltenheit und Kostbarkeit zum Ehren- und Siegeszeichen prädestiniert wäre. Der Grund, warum man gerade ihn wählte, liegt wahrscheinlich in der auffallend augenähnlichen und daher apotropäischen Lanzettform der Blätter. Vergleicht man Lorbeerblätter mit den übergroßen Augen griechischer Personendarstellungen auf Vasenbildern, ist die Formähnlichkeit unverkennbar. Gerade die äußere Gestalt ist ja der wirksame Abwehrfaktor. Dazu kommt die Eigenschaft des Lorbeerblattes, nach dem Verdorren die Form beizubehalten. Ein Bauern- und Hirtenvolk hat zur Erzeugung von Abwehramuletten oder sonstigen schützenden Objekten ja vorerst nicht Gold und Silber zur Verfügung, sondern die Pflanze und das Tier aus seinem engsten Lebensraum. Auch heute noch fertigt der mittelmeerische Bauer seine Amulette aus den Kornähren des Feldes, Samen, Halmen, Blättern, Haaren, Leder und Holz. Genauso wie man den »bösen Blick« mit raschen Hand- und Fingerzeichen abwehrt, biegt man den Zweig flink zum schützenden Kreis. Die orientalischen »Spielketten« der Männer dienen auch in der Gegenwart diesem Zweck und werden notfalls zum bannenden Zeichen geformt. Liest man »Ilias« und »Odyssee« oder die Gründungssage Roms, so findet man überall einfaches Bauern- und Hirtenleben. Paris als Königssohn hütet die Herde seines Vaters, Romulus und Remus führen den Pflug, Königstöchter gehen an den Fluß zum Wäschewaschen. Wahrscheinlich entstehen die frühen sportlichen Wettkämpfe aus einfachen Kraftproben der Hirten. Steinwurf, Weitspringen oder Ranggeln (vgl. K. Nusko 1972, R. Wildhaber 1966) bedürfen keiner speziellen Geräte. Genauso schlicht werden die Siegerzeichen gewesen sein.

Abb. 129 (S. 360)

Tafel 62 (8)

Die apotropäische Bedeutung des Lorbeerkranzes ist um so wahrscheinlicher, als der gesamte Volksglaube keinerlei Anhaltspunkte dafür liefert, daß man wichtige oder prominente Persönlichkeiten jemals betont exponieren wollte. Es bestand immer die Tendenz, alles Kostbare,

Teure magisch zu schützen, zu verbergen oder zu vertarnen. Kinder und Vieh sollen nicht öffentlich gelobt und dadurch »verschrieen« werden (R. Beitl 1933), andernfalls muß man sich bekreuzigen, das Lob »wegsagen«, auf Holz klopfen und schnell »unberufen« oder ähnliches aussprechen. Auch der heute noch weitverbreitete Wunsch »Hals- und Beinbruch« an Touristen und Skifahrer oder sonstige sich in Gefahr begebende Personen hat Ablenkfunktion. Wünscht man jemandem Glück und Erfolg, so bekommt man oft genug zur Antwort: »Nicht verschreien!« Die häufige Sitte des Verschleierns der Braut soll verhindern, daß böse Geister sie sehen und aus Mißgunst Rache nehmen (V. Geramb 1948, H. Gottschalk 1965). Der gesamte Problemkreis des Täuschens, Ablenkens und Irreführens wurde bereits S. 110 ff. ausführlich besprochen. Bei der zutiefst im Menschen verwurzelten Angst vor unheilbringenden Kräften ist es eher wahrscheinlich, daß nicht triumphales Herausheben des Siegers, Helden oder Führers, sondern dessen spezieller Schutz ursprünglicher Zweck der Bekränzung war. Die Lanzettform des Lorbeerblattes und die in Kränzen oft mitverwendeten runden Beeren ordnen sich zwanglos den Gestaltregeln der apotropäischen Augensymbolik ein. Wie wichtig gerade die Beeren sind, geht daraus hervor, daß man sie in Mittelmeerländern bei Lorbeerkränzen häufig durch metallisch glänzende Kugeln ersetzt und dadurch überbetont. Die gestaltverwandten, jedoch kleineren Blätter der Myrte werden ähnlich wie Lorbeer verwendet.

Aber nicht nur Sieger, Herrscher, die magisch gefährdete Braut oder das zu tötende Opfertier werden bekränzt, sondern auch Grüfte und Gedächtnisstätten. Derselbe Kranz, der dem Rennfahrer als Siegeslohn um den Hals gelegt wird, kann nach dem Todessturz sein Grab schmücken. Das wirkt aufs erste unlogisch, denn Anlässe von so divergierendem Stimmungsgehalt würden gegensätzliche Symbole erwarten lassen. Es scheint, daß der Kranz im Begräbniskult ursprünglich ebenfalls ein Abwehrmittel war, um den Verstorbenen an der Wiederkehr zu hindern, vor der sich die Lebenden von alters her fürchten (vgl. H. Naumann 1921). Fesselung der Toten oder Belastung mit schweren Steinen, den Vorläufern unserer Grabsteine, dienen diesem Zweck. Zigeuner transportieren Sterbende aus dem Raum, damit sie nach dem Tode nicht zurückfinden. Stirbt jemand unter Dach, trägt man ihn durch ein gegenüber der Tür ausgestemmtes Loch hinaus, das später wieder verschlossen wird. Der Wagen, in dem jemand starb, wird niedergebrannt, verkauft oder zumindest neu gestrichen. Auch Zudrücken der Augen und Hinaustragen mit den Füßen voran sind Mittel gegen das Zurückfinden des Toten (vgl. H. Arnold 1965, M. Block 1936, J.-P. Clébert 1964). Solche gegen Wiedergängerei gerichtete Bräuche spiegeln sich in Mythen, Märchen und Sagen. Dieselbe Problematik behandelt C. Chlumberg in seinem Schauspiel »Wunder um Verdun«, in dem eindrucksvoll zur Geltung kommt, wieviel unliebsame Verwirrung aus dem Jenseits Zurückge-

Abb. 62 Kranz als magischer Kopfschutz. **a** Myrtenkranz einer Lausitzer Braut (Deutschland). **b** Lorbeerkranz auf der Rückseite eines römischen Helms.

kehrte in die Welt der Lebenden bringen. Der Kranz ist gewissermaßen Grenzmarkierung, die Lebende und Tote voneinander scheiden und voreinander schützen soll. Für solche Vorstellungen sprechen auch andere apotropäische Symbole des Begräbniskultes wie etwa Flügel, Kugeln oder verschiedene Miribota-Motive. Die Ecken von Totenpolstern zeigen mitunter aus Schnur geformte Augenschleifen. Bemerkenswerterweise macht man in Bulgarien, wo das Abwehrauge in allen seinen Varianten noch heute eine überragende Rolle spielt, Begräbnis- und Gedächtniskränze sehr oft in Miribotagestalt mit durch Blumen markiertem Irisfleck.

Tafel 76 (7–9)

Früher verwendete man den Kranz in unserem Kulturbereich wesentlich vielseitiger als heute. Gehißte Fahnen wurden oft mit kleinen Kränzen versehen, Soldatenzelte erhielten neben anderen entsprechenden Symbolen Kränze aufgesteckt (vgl. H. Kebbel 1955). Bei Festumzügen trug man häufig Kränze an Stangen mit. Auf einer im Besitz des Wilhelminenberger Institutes befindlichen 21 m langen Bildrolle, die den am 31. Oktober 1830 in Leipzig am Reformationstag veranstalteten Festzug darstellt, werden jeder Gruppe mehrere grüne Kränze vorangetragen. Auffallend häufig sind Anführer von Umzügen mit Kränzen geschmückt. Handelt es sich um Reiter, werden die Stirnen der Pferde grün bekränzt. Herr A. Mogeritsch, Mitarbeiter des Institutes, filmte einen Faschingsumzug in Altaussee (Österreich), wo als gestaltliche Scherzvertretung für Reisigkränze einerseits der Wurstkranz, anderseits die als apotropäisch geltende Brezel (S. 295) verwendet waren. Noch heute verbreitet ist der Reisigkranz des Wirtshauses oder gebietsweise der den Weinausschank anzeigende Strohkranz. Häufig ist dieses Flechtwerk mit kleinen, kaum bemerkbaren Quasten versehen, die ebenfalls Augensymbole sind *(Tafel 29 [6])*. Erinnert sei noch an verschiedenartige Begrüßungskränze, die der fremde Besucher auf Südsee-Inseln von Eingeborenen überreicht, umgehängt oder aufgesetzt bekommt.

Abb. 63 Voranschreitende Kranzträger (Leipziger Festzug zum Reformationstag 31. 10. 1830). **a** Gruppe »Communalgarde«. **b** Gruppe »Bäcker mit der Innungsfahne«.

In seiner Arbeit über »Segenszweige« befaßt sich R. Wolfram (1968) unter anderem mit den bei Prozessionen und Umzügen verwendeten Kränzen, mit denen man Fahnen, Tragstangen und Heiligenfiguren schmückt oder die man auf dem Kopf beziehungsweise am Arm trägt. All diese Anbringungsweisen sind für Abwehrsymbole typisch. Auch die Zuhilfenahme des Kranzes gegen Unwetter, Blitzschlag, Hexen oder Böses schlechthin, womit er magischen Schutzmitteln wie Sichel, Ei und anderen Objekten gleichgestellt wird, spricht für Blickabwehrfunktion. R. Wolfram (1968) betont ausdrücklich, daß die Heilswirkung des Kranzes offensichtlich in diesem selbst begründet liegt, da Ausfallen der kirchlichen Weihe nicht als erfolgsmindernd angesehen wird. Magischer Hauptfaktor ist zweifellos die augenhafte Rundgestalt. Darüber hinaus kann auch die botanische Zusammensetzung des Kranzes eine Rolle spielen, allerdings nicht in dem Sinn, daß er aus Heilkräutern gewunden werden muß, sondern daß man die Heilkräuter zur Sicherung ihrer Wirkung in Kranzform bindet. Das im Blickabwehrzauber primär Wichtige ist die äußere Gestalt, die dann auch verschiedenen schützenswerten Produkten, vor allem aus dem Nahrungs- und Heilmittelbereich, verliehen wird. Die beliebte Herleitung des Kranzes aus einem alten Vegetationskult erscheint mir nicht überzeugend. Das Grünbrauchtum ist eben nur ein Bereich von vielen, wo die dämonenabwehrende Kranz- und Kreisform Anwendung findet. Hierfür spricht auch, daß der einen Weinausschank anzeigende Kranz gebietsweise statt aus grünem Reisig aus Stroh geflochten wird. Dasselbe gilt für den Adventskranz, von dem gerade in jüngster Zeit gern die Strohausführung genommen wird.

Interessant in diesem Zusammenhang ist die militärische Verwendung von Stroh und Laub als Feldzeichen, zu der O. Teuber und R. v. Ottenfeld (1895) folgendes bemerken:

»Das Feldzeichen, ein allgemeines Schmücken der Kopfbedeckung mit irgendeinem gleichartigen Gegenstand, reicht in die älteste Zeit zurück; gewöhnlich nahm eine Partie Laub, die andere Stroh. In der Folge im Sommer grünes Laub, im Winter einen Strohbusch, seit 1869 aber Tannenreisig. In Österreich waren Eichenlaub und Tannenreisig, bei der italienischen Armee unter Radetzky aber immer die historischen Lorbeerblätter gebräuchlich, welche in friedlichen Gelegenheiten und bei großen Paraden genommen werden. Die üblichen drei Blätter sind in keiner Vorschrift begründet.«

Tafel 62

Hier kommt zur Geltung, daß die aufgrund ihres gefährlichen Handwerks generell sehr abergläubischen Soldaten zwar keinen Unterschied in der Verwendung von Stroh oder grünem Laub erblickten, sehr wohl aber größten Wert auf die apotropäische Gestalt des Dreisprosses legten.

Der Blätterkranz gilt als Ursprung der Krone. R. Wildhaber (1963) erwähnt im Zusammenhang mit der Brautkrone, die funktionell dem Brautkranz entspricht, ausdrücklich deren Schutz- und Abwehrfunktion. Die Braut ist ja nicht nur durch die Feierlichkeiten exponiert, sie befindet sich überdies gewissermaßen im Niemandsland zwischen zwei sozialen Positionen. Sie verläßt die zumindest früher im Dorf eng geschlossene Gemeinschaft der Ledigen und soll in die ebenso festgefügte Gruppe der Verheirateten eintreten. Gleichzeitig wechselt sie Namen und Familie. Dadurch steht sie irgendwie allein und außerhalb der Ordnungen. Sie ist schutzlos und muß gegen böse Mächte gesichert werden. Dazu dient die ringförmige Krone, auf der zusätzlich zahlreiche magische Abwehrzeichen wie Bandschleifen, Flitter, Spiegel, Spiralen, Kugeln und dergleichen angebracht sind. Vielerorts trägt auch der Bräutigam einen Kranz auf dem Hut wie beispielsweise nach H. Gehl (1973) bei den Banater Schwaben. Auch Herrscherkronen stellen im Grunde genommen Schutzeinrichtungen dar, die nur je nach Funktion und Rang des durch sein Amt exponierten Trägers in Imponierrichtung kostbarer ausgestattet werden. Außerdem muß die Krone eines Monarchen konstruktionsmäßig dauerhafter sein als die der Braut. Die Wandlung schützender Abwehrsymbole zu Würdezeichen, die nun ihrerseits mit apotropäischer Ornamentik ausgestattet werden, ist durch zahllose Beispiele belegt. Das Kreuz auf den Kronen vieler abendländischer Herrscher dokumentiert neben dem christlichen Bekenntnis seines Trägers auch dessen besonderes Bedürfnis nach göttlichem Schutz, was schon in der Segnung und Weihung solcher Insignien zum Ausdruck kommt. Kronen sind oft sehr

Abb. 64 Kranz und Krone als magischer Schutz. **a** Teil einer antiken Reigentanzgruppe, letztes (wie auch erstes) Mitglied mit Abwehrkranz. Zu manchen rezenten Volkstänzen gehören Tücher von analoger Funktion. **b** Caracalla mit schützendem Lorbeerkranz (1. Jh. n. Chr.). **c** Aureolus mit einfacher Krone (1. Jh. n. Chr.). **d** Tanzende Spartanerin mit Flechtkrone aus Schilf. **e** Kaiser Friedrich II († 1250) mit Krone und Dreisproßzepter. **f** Byzantinischer Kaiser Basilius II (1025) mit juwelenbesetzter Krone. **g+h** Herrscherkronen als kostbare Summierung hochritualisierter magischer Schutzzeichen. Die Krone der persischen Kaiserin (g) trägt 1469 Diamanten, 36 Smaragde, 36 Rubine und 105 Perlen, die des Schah (h) 3380 Diamanten, 5 Smaragde, 2 Saphire, 368 Perlen und einen Buschen weißer Reiherfedern.

reich an magisch schützendem Beiwerk, bei dem blaue Steine, Miribota-Formen und sonstige Augensymbole eine wichtige Rolle spielen (vgl. E. Steingräber 1968). Auch Schein, Kranz und Krone von Heiligen sind ursprünglich wahrscheinlich nicht Zeichen der Würde und göttlichen Begnadung, sondern schützendes Attribut für Bildnis und dargestellte Person, die in naiver menschlicher Denkweise sehr oft gleichgesetzt werden. Diese Auffassung kommt im frühesten bildlichen Jagdzauber (F. Eppel 1963, L. Frobenius 1954, C. Schrödern 1716) ebenso zur Geltung wie im Schadenszauber, bei dem Personen mittels eines Abbildes behext werden können (R. Beitl 1955, H. Gottschalk 1965). Noch in jüngster Zeit kam es in ländlichen Gebieten vor, daß ein verlassenes Mädchen seinem treulosen Liebhaber auf der Fotografie die Augen aus-

Abb. 65 Männerohrringe. **a** Max Josef I v. Bayern (1756–1825). **b** Figur der »Kreuztragung« (H. Bosch, 1450-1516). **c** Kalahari-Buschmann, Dosenöffner als Ohrring.

stach. Diese Bedeutungsgleichheit zwischen Original und Konterfei macht es verständlich, daß Bildnisse mit Abwehrsymbolen geschützt werden.

In den Bereich der Augensymbolik gehören auch alle Arten von Ringen. Schon L. Schmidt (1947) bringt die runde Form des Männerohrringes mit dem Auge in Beziehung. Nach österreichischem Volksglauben ist das »Flinserl« im Ohr, eine kleine Metallscheibe oder ein Ring, heilsam für die Augen. Traditionelle Frauenohrgehänge haben so gut wie immer irgendwelche Abwehr- und Heilszeichen unter bevorzugter Verwendung blauer Steine. In Österreich war es früher besonders in bäuerlichen Kreisen üblich, kleinen Mädchen oft schon ab dem Säuglingsalter goldene, mit einer Vergißmeinnichtblüte aus Türkisen besetzte Ohrringe zu geben. Alle bisher gesammelten Fakten weisen deutlich auf die magische Schutzfunktion von Ohrringen und Ohrgehängen hin. Nach einem Märchen von der Molukkeninsel Ceram entsteht der Ohrschmuck Korokorone aus dem Auge einer Frau, ist also eindeutig Augensymbol. Arm-, Handgelenks- und Fußringe tragen ebenfalls sehr häufig Blickabwehrzeichen wie zum Beispiel Einfach- und Doppelspiralen. Vorzugsweise Gelenke werden oft durch Augensymbole geschützt. Apotropäische Schmuckelemente zeigt auch der Fingerring in Form eingesetzter Steine von verschiedener Größe und Farbe, diverser Ornamente, münzenartiger Scheiben oder baumelnd angehängter kleiner Miribota-Plättchen. Die blauweiße Augenperle ist auf Ringen orientalischer Herkunft oft zu sehen, wie ja überhaupt die Kombination »Hand und Auge« ein von alters her beliebtes Abwehrmittel ist. In Ägypten und vielen anderen Ländern verwendet man gegen den »bösen Blick« den sogenannten »Siebenstich«, einen Fingerring mit sieben eingestanzten Löchern (A. Hermann 1969). Der Fingerring eignet sich als Amulett besonders gut, da er durch die Beweglichkeit der Hand einer Gefahr blitzschnell entgegengehalten werden kann. Auch als Freundschafts-, Verlobungs- und Ehering erfüllt er eine beschützende, sichernde Funktion. In Sagen und Märchen besitzt der Fingerring vielfach überirdische Kräfte, die seinem Träger nutzbar sind. Eine sehr ausführliche Darstellung der zahlreichen Funktionen von Ringen gibt Jungwirth (o. Vorn., 1935–1936), der die Abwehrbedeutung hervorhebt und viele Beispiele aus Antike und Gegenwart anführt, wo Ringe gegen den »bösen Blick« verwendet werden. Wie früher im alten Rom tragen in Indien Bräute einen Ring gleichsam als »drittes Auge« zur Abwehr auf der Stirn. Ähnliche Schutzfunktionen üben nach K. Meschke (1932–1933) Kranz und Krone aus. Einen deutlichen Hinweis auf den Augencharakter der Ringform gibt uns die Austauschbarkeit von ringförmigen Gebäcken gegen Brezeln und dieser wieder gegen Maschen (S. 295).

Schließlich sei noch das Rad erwähnt, das vor allem auch im Hinduismus und Buddhismus von großer Wichtigkeit ist. Selbstverständlich steht bei diesem Motiv der Gedanke des Drehens und der Fortbewegung stark im Vordergrund, doch wird das Rad gelegentlich auch mit dem Auge in Verbindung gebracht, so haben zum Beispiel gefährliche Sagentiere mitunter »Augen so groß wie Wagenräder«. Räder werden, genau wie Mühlsteine, als Blickabwehrmittel neben die Haustür gestellt. Am klarsten wird die apotropäische Funktion beim Radkreuz, das höchstwahrscheinlich eine Entstehungsverwandtschaft mit dem gleichfalls vierflächig unterteilten Hakenkreuz hat. Das Radkreuz sehen wir ebenso auf prähistorischen Felsritzungen in Schweden wie als Metallbeschlag von bronzezeitlichen Pferdegeschirren. Weiter ist es auf Tongeschirren zu finden. Als Innendekor der Grabkuppel des Dietrich von Bern verrät es seinen Abwehrcharakter besonders deutlich. Wo das Radkreuz in paariger Anordnung verwendet wird, täuscht es häufig eine Wagenkonstruktion vor. Es tritt aber oft bei Völkern auf, die den Wagen überhaupt nicht kannten, genannt seien nur die Indianer. Aztekische Federfächer oder auf Stangen gesteckte Rundzeichen, die eine der Festigung dienende Speichenkonstruktion aufweisen, sehen wie Räder aus (vgl. V. W. v. Hagen 1962, K. A. Nowotny 1960). Gleiches gilt für Wampumringe, Zeremonialrasseln und andere Objekte der nordamerikanischen Indianer (vgl. C. Burland 1970). Die generelle Gleichsetzung von speichentragenden Kreisornamenten mit dem Rad und der Radfunktion ist ziemlich riskant. Sicherer wird man gehen, als Hauptkriterium solcher Motive die magische Kreisform anzunehmen, deren Bedeutung über die der praktischen Radfunktion weit hinausreicht. Dies klingt schon in der Bibel (1968) an, wo es im »Buch Ezechiel 1, Vision vom Thronwagen Jahwes« bezüglich der vier geflügelten Gottesboten unter anderem heißt:

»Und ich betrachtete die Wesen, und siehe, je ein Rad war auf dem Boden neben den Wesen, bei allen Vieren, und das Aussehen der Räder war wie der Glanz des Chrysoliths...« (Vers 15 und 16). »Und hohe Felgen hatten sie, und ich schaute sie an, und diese Felgen waren voll

Abb. 66 Ring als Amulett. a Norwegischer Silberring mit Ringanhängern. b Thrakischer Goldring mit blauen Steinen in Augenform. c Markgraf Christoph v. Baden mit Fingerringen am Hut (1515).

Abb. 67 Rad als Abwehr- und Heilssymbol. a Gebildbrot als Stubenamulett (Griechenland). b Spätbyzantinischer Christus. c Mythisches Rad vom Surya-Tempel (Indien).

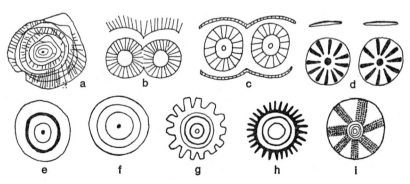

Abb. 68 Radmotive in frühesten Augendarstellungen. Die Formen erinnern zum Teil stark an Augenzeichnungen vorschulpflichtiger Kinder (vgl. Tafel 1). a Altsteinzeitliche radartige Darstellung. b–d Ornamente altsteinzeitlicher Augengefäße. e+f Augensymbole an südäthiopischen Grabstelen (jungsteinzeitliche Megalithkultur). g–i Radmotive auf jungsteinzeitlichen Gefäßen.

von Augen ringsum bei den Vieren...« (Vers 18). »Wohin der Geist sie zu gehen antrieb, dahin gingen sie, und die Räder erhoben sich gleichzeitig mit ihnen, denn der Geist der Wesen war in den Rädern...« (Vers 21).

Über die Verwendung des Rades im magischen Bereich gibt K. A. Tiemann (1935–1936) einen ausführlichen Überblick. Mancherorts werden Räder bei Festen gleich dem Besen auf Stangen gesteckt oder, wie schon erwähnt, nach Art runder Mühlsteine als Abwehrmittel vor das Haus gestellt. Möglicherweise hängt auch die ansonsten recht unverständliche Hinrichtungsart des Räderns mit der magischen Gestalt des Rades zusammen, die dem Henker Schutz vor dem »bösen Blick« des Sterbenden gewähren soll.

Abschließend ist festzustellen, daß Kranz, Krone, Ring und Rad sowohl aufgrund ihrer Rundgestalt wie auch durch zusätzliche Ausstattung mit Augensymbolen von alters her einen überaus wichtigen Bestandteil des menschlichen Inventars an magischen Blickabwehrmitteln bilden.

23. Münze, Geld

Die alte deutsche Bezeichnung »Münze« für ein geprägtes Metallstück (althochdeutsch »munizza«, niederländisch »munt«) entstammt sicherlich dem lateinischen »moneta«, das bereits sehr früh, wahrscheinlich zugleich mit dem Metallgeld, übernommen wurde.

Münzen gelten allgemein als glücksbringend, wofür – ganz abgesehen vom erfreulichen Kaufwert – offensichtlich die runde Form, der Metallglanz und die eingeprägten Bilder maßgebend sind. Neben ihrer Aufgabe als Währung kam der Münze früher eine sehr wichtige Nachrichtenfunktion zu, die sie als wohl ältestes »Massenmedium« ausweist (vgl. R. Göbl 1960). Nur auf dem Weg über die Münze war es in einem größeren Staat möglich, dem Volk mitzuteilen, wie der jeweilige Herrscher und wie die Hoheitszeichen aussahen. Die auf Handelswegen mitunter viele Klein- und Stadtstaaten durchlaufenden Münzen stellten Verbindungen her und bedeuteten ein wichtiges Kommunikationsmittel. Der Ursprung des Münzgeldes ist aber nach A. Bertholet (1962) und B. Laum (1924) gar nicht im wirtschaftlichen, sondern im sakralen Bereich zu suchen, wo zweifellos von vornherein die magische Schutzfunktion im Vordergrund stand. Dafür spricht, daß in vielen Gebieten die landesüblichen Metallbarren, etwa Kupfer, Zinn und Eisen, in Form von Abwehrzeichen gegossen wurden und sekundär infolge ihres einheitlichen Handelswertes Geldfunktion erhielten. Im minoischen Kreta hatten die Kupferbarren die Gestalt der magischen Doppelaxt. Auch im weiteren Entwicklungsverlauf des Geldwesens wurden immer wieder Münzen hergestellt, die weit weniger dem Zahlungsverkehr als apotropäischen Zwecken dienten (vgl. P. Berghaus 1958). Hohe magische Bedeutung kam den berühmten keltischen »Regenbogenschüsselchen« zu (vgl. P. La Baume 1960). Keltische Münzen sind sehr reich an Augensymbolen und verwandten Abwehrzeichen, was ebenso für viele Münzen der Antike gilt. Besonders charakteristisch sind griechische Münzen mit Schildkröten, Eulen, Ähren, Kränzen, Flügeln und ähnlichem (vgl. J. Wolff 1970). Beachtenswert ist auch die Verwendung antiker Münzen als Dekor auf Pokalen und anderen Gefäßen, die oft noch sonstige typische Augensymbole tragen. Ferner sei an die Mansfelder Georgstaler erinnert, die von Soldaten zum »Festmachen« gegen Kugeln getragen wurden. Die »Händleinspfennige« aus Schwäbisch Hall (Deutschland) mit Hand und Kreuz, die aus Skandinavien stammenden Schmuckbrakteaten und die Nürnberger »Lämmleindukaten« waren als Amulett besonders beliebt (vgl. L. Veit 1969). Der Brauch, Münzen über den Zahlungszweck hinaus als Schmuck und Ehrengaben zu verwenden, ist heute so lebendig wie eh und je. Es werden daher nach wie vor alte, längst aus dem Verkehr gezogene Münzen, in Österreich vorwiegend Golddukaten, Goldkronen und Maria-Theresien-Taler, sowie eigene Gedenk- und Weihemünzen (vgl. P. Scheven 1911) in großer Zahl geprägt und erfreuen sich allgemeiner Beliebtheit. Die kulturgeschichtliche Bedeutung der Münze hat F. Friedensburg (1924) ausführlich dargestellt.

Bei Münzgeld war es recht naheliegend, Heils- und Schutzzeichen darauf anzubringen. Die runden, glänzenden Plättchen kamen dem Abwehrzauber, der ohnedies vielfach mit formähnlichen Objekten arbeitet, sehr entgegen. Zwei volkskundliche Beispiele für die Ablenk- und Abwehrfunktion der Münze seien herausgegriffen. Ein altes jugoslawisches Sprichwort lautet etwa folgendermaßen: »Man soll den Mädchen ein paar Münzen umhängen, damit ihnen die Burschen nicht zu viel in die Augen schauen.« Der Inhalt ist zweifellos ironisch doppelsinnig und soll einerseits besagen, daß allzuoft Reichtum vor Schönheit rangiert, andererseits die auf dem Balkan unter anderem vom Islam her beeinflußte Meinung ausdrücken, daß Frauen, vor allem aber unverheiratete Mädchen, vor Blicken zu schützen seien. Tatsächlich ist Münzschmuck auf der Stirn besonders häufig und meist sehr reichlich vertreten, wenngleich er natürlich auch in Form von Hals- und Armketten oder als Flächenbenähung auf Kleiderteilen vorkommt (vgl. Š. Kulišić 1966). Als Stirnschmuck gehört er durchaus in den Funktionsbereich des »dritten Auges«, das wir bei indischen Frauen unter anderem als Punkt aufgemalt, mit Hilfe kompliziert ornamentierender Schminkstempel aufgedrückt oder mancherorts bei den Reichen als ovale bis tropfenförmige, meist blaue Edelsteine vorfinden (vgl. K. A. Adam und Ch. Black, J. B. Bhushan, F. K. Heller, alle ohne Jahreszahl). Das zweite Beispiel für die Blickabwehrfunktion der Münze stammt ebenfalls aus Jugoslawien. Im Raum Ohrid-Peštani (Mazedonien) tragen die Frauen zur Tracht das Haar als langen, hinten herabhängenden Zopf, an dessen Ende eine Silbermünze baumelt. Meistens dient zur Befestigung ein abwehrfarbig blaues Bändchen. Solcherart bezopfte Frauen haben hinten auf ihren Jacken keine Abwehrornamente, wie sie bei anderen jugoslawischen Trachten fast immer in irgendeiner Form aufscheinen. Von einer Demonstration des Reichtums mittels der Münzen ist hier keine Rede. Die Geldstücke können ebensogut aus Silber wie aus Nickel oder Aluminium sein. Wesentlich ist die apotropäische Gestalt, die hier mit dem schon an sich blickabwehrenden Zopf zum magischen Rückwärtsschutz verbunden wurde.

Häufig werden Münzen in dünnerer und kleinerer Ausführung und

Abb. 69 Münzen als Abwehrschmuck. a Mit Münzen bedeckte Tracht (Vrlika, Jugoslawien). b Bosnischer Stirn- und Halsschmuck (Sujica, Jugoslawien).

oft nur einseitig geprägt zu alleinigem Schmuckzweck nachgemacht. Aus dem Münzbild ist dann abzulesen, welches Zeichen für den Amulettgebrauch besonders wichtig ist. Größter Beliebtheit als Abwehrmittel erfreuen sich in den islamischen Gebieten Jugoslawiens und in der Türkei die alttürkischen Münzen mit dem miribotaförmig gestalteten Sultanssiegel. Sie werden heute noch sehr zahlreich in verringerter Größe geprägt und zur Herstellung von Halsketten, Armbändern, Stirnschmuck oder zur Behängung von Fingerringen, hier meist in Siebener-Anordnung, verwendet. Gerade als Beiwerk des Ringes, der ja selbst wirkungsvolles Abwehrmittel ist (S. 248), zeigt die Münze ihren magischen Wert. In Griechenland werden, ungeachtet der traditionell starken Strömung gegen die Türken und ihre Kultur, an Kopftüchern winzige Nachbildungen türkischer Münzen, auf denen man die Miribotaform des Sultanssiegels gerade noch erkennen kann, gegen den »bösen Blick« getragen. Daß die Abwehrfunktion von Geldstücken nicht aus dem Kaufwert, sondern primär aus der runden Münzform resultiert, geht auch daraus hervor, daß der meist höherwertige Papiergeldschein bis heute nicht als Amulett in festerem Material nachgebildet wird.

Wie bereits erwähnt, spielt beim Amulettgebrauch der Münze das aufgeprägte ornamentale Motiv eine große Rolle. In der Türkei beispielsweise sind Köpfe tragende Münzen (vielfach englische Pennies) wohl infolge des abgebildeten Auges sehr beliebt. Auch andere, nicht aus Münzen verfertigte Rundamulette zeigen sehr häufig ein Mittelauge. Oft tragen Schmuckmünzen am Rand Augenperlen in einer bei Amuletten gebräuchlichen Zahlenordnung. Offenbar ihrer »Mehräugigkeit« wegen sehr geschätzt sind Münzen mit Doppeladler und solche mit zwei seitlichen wappenhaltenden oder einem »herschauenden«, auch »Leoparden« genannten Löwen (D. L. Galbreath 1948). Wahrscheinlich ist die hohe Beliebtheit des bekannten österreichischen Maria-Theresien-Talers im Vorderen Orient darauf zurückzuführen, daß die Münzenseite mit dem Frauenprofil ein Auge, die andere mit dem Doppeladler zwei Augen, das Geldstück als Ganzes somit drei Augen bietet und sich hierdurch dem magischen Dreiersystem, wie es etwa bei der »Augenperle« zur Anwendung kommt, einfügt (S. 215). Kopfmotive finden sich auch auf den Münzenknöpfen mitteleuropäischer Trachtenjacken. Eine österreichische Münze von 1797, die mitunter in Bayern als Jackenknopf verwendet wird (vgl. I. Gierl 1972), trägt im Zentrum ein Andreaskreuz mit eingezeichnetem zweiäugigen Maskengesicht.

Hier wäre zu überlegen, inwieweit die Durchlochung von Münzen, wie sie in manchen Staaten (z. B. China, Korea, ehemalige französische Kolonien) üblich war und teilweise heute noch ist, nur dem Zweck des Auffädelns dient oder nebenbei auch ortsüblichen magischen Glaubensvorstellungen entgegenkommt. Es steht jedenfalls fest, daß durchlochte Scheiben vielerorts als Mittel gegen den »bösen Blick« verwendet werden. In China fand man sie in Metallausführung als Beigaben in Kaiser-

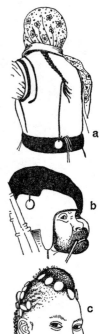

Abb. 70 Münzen als Abwehrschmuck. **a** Bäuerin aus Peštani (Jugoslawien). **b** Dudelsackpfeifer vom »Bauerntanz« (P. Brueghel 1568). **c** Serma-Mädchen (Westafrika).

Abb. 71 (S. 254)

gräbern (vgl. E. H. Schafer 1968). Diese als Symbol des runden Himmels geltenden Pi-Scheiben, die im Rahmen öffentlicher Rituale verwendet wurden, ermächtigten den jeweiligen Kaiser, im Auftrag des Himmels als »Sohn des Himmels« zu regieren. Durch die runde Mittelöffnung des Himmels, die in der Himmelsscheibe »Pi« symbolisiert ist, zucken gefährliche Blitze. Angesichts der großen Rolle, die das Auge in der Magie, Mythologie und folglich auch in der gesamten Ornamentik Chinas spielt, ist es recht naheliegend, das Himmelsmodell der Pi-Scheibe als Übertragung des Auges in kosmische Größenordnungen zu deuten. Im Grunde genommen repräsentiert die Pi-Scheibe das Prinzip »Iris und Pupille« in einfachster Weise. In China schützt ein aus durchlochten Münzen zusammengesetztes, über der Wiege aufgehängtes Schwert das Neugeborene vor Raub durch kinderlos gestorbene Frauen (A. Christie 1968).

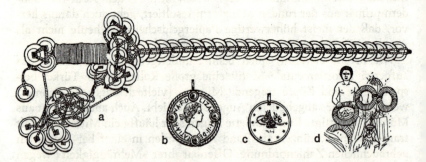

Abb. 71 Geld in magischer Schutzfunktion. **a** Schwert aus verflochtenen Silbermünzen, in China über die Wiege des Neugeborenen gehängt, damit es von den Geistern kinderlos gestorbener Frauen nicht gestohlen werde. **b** Englischer Penny mit Augenperlen als Amulett (Türkei). **c** Türkische Münze mit augenförmigem Sultanssiegel als Amulett (Jugoslawien). **d** Häuptlingsbestattung auf Neubritannien (Gazelle-Halbinsel). Über dem Verstorbenen sind Diwarra-Schneckengeldringe nach Art von Totenkränzen angeordnet.

Die gleiche durchlochte, dem Grundschema des Auges entsprechende Gestalt hat das wegen Größe und Gewicht so berühmt gewordene, nur im Besitz von Männern befindliche sogenannte »Mühlsteingeld« von der Westkarolinen-Insel Yap (Südsee). Nach H. Tischner (1958) messen die Scheiben von 5 cm bis zu 3 m im Durchmesser, die größten schätzt man auf 6–7 Zentner Gewicht. Sie stehen als Repräsentationsobjekte vor Versammlungshäusern und sind wahrscheinlich Amulette mit eventuellem Tauschwert, die durch europäisches Geschäftsdenken irrtümlich unserem modernen Geld gleichgesetzt wurden. Man wird an die Verwendung alter Mühlsteine in der Türkei und in anderen Ländern erinnert, die neben Haus- und Stadteingängen an der Wand lehnen oder bei Festungstoren eingemauert sind, wo sie offensichtlich magische Abwehrfunktion ausüben. Gleichfalls ringförmig ist das Diwarra-Schneckengeld von der Gazelle-Halbinsel (Neubritannien). Ein etwa um 1900 aufgenommenes Foto eines aufgebahrten Häuptlings zeigt große Ringe aufgefädelten Schneckengeldes, die man etwa nach Art unserer Grabkränze über dem Toten gruppiert hat. Die beiderseits hockenden Tubuan-Masken zeigen auffallende Augensymbole.

Abb. 71d
Abb. 61f (S. 239)

Mit der alten magischen Bedeutung der Münze hängt auch noch eine andere Erscheinung zusammen. Besonders durch den um die römische Fontana di Trevi spielenden Film »Drei Münzen im Brunnen« wurde das »Brunnenopfer« populär, welches dem, der ein Geldstück ins Wasser wirft, die Rückkehr an den betreffenden Ort garantieren soll. Der Erfolg ist aber nur gesichert, wenn die Münzen stark glänzen. Dieser Brauch ist unter den Touristen aller Welt so verbreitet, daß es sich beim Wärterpersonal mancher Parks, Zoos und botanischer Gärten eingebürgert hat, kleine Teiche und Brunnen mit ein paar Geldstücken zu »impfen«, um die Besucher zur Nachahmung anzuregen. Der gewünschte Effekt stellt sich meist prompt ein und ermöglicht ein recht gewinnbringendes, periodisches Ausfischen der Gewässer. In Zoos dient das Münzenwerfen zwar oft primär dem Zweck, ein ruhendes Tier wie etwa ein Krokodil in Bewegung zu bringen. Daraus kann aber sekundär sehr leicht ein magisch getöntes »Brunnenopfer« werden. Vielfach ist es wohl auch nur die Freude an den kreisrunden Wellen beim Aufschlagen des Geldstückes auf der Wasseroberfläche, die zum Werfen von Münzen verlockt. Auf jugoslawischen Adria-Inseln habe ich vor dem Zweiten Weltkrieg wiederholt beobachtet, wie am Ufer stehende Einheimische vor dem Anlegen des Touristendampfers kleine Steine ins Meer warfen, um mit den konzentrischen Wellenkreisen die Augen der Ankömmlinge zu fesseln und wohl auch eventuelle »böse Blicke« abzulenken. Die Analogisierung zwischen rundem, glänzendem Metallstück und kreisförmigen Wasserwellen entspräche durchaus den Regeln magischer Denkweise.

Auch das so verbreitete Mitgeben von Münzen an Tote (vgl. M. Zender 1959) fällt ganz und gar in den Bereich abwehrender Symbolik. So trägt zum Beispiel die altgriechische Vorstellung, der Verstorbene müsse ein Geldstück unter die Zunge gelegt bekommen, um den ihn ins Totenreich geleitenden Fährmann Charon entlohnen zu können, alle Anzeichen einer die Wahrheit umgehenden Sekundärauslegung. Für den genannten Zweck wäre es naheliegend, das Geldstück in die Hand oder in das Gewand des Toten zu legen. Die ungewöhnliche Aufbewahrung spricht weit mehr für apotropäische Zusammenhänge. Interessant hierzu ist eine Episode des vor etwa 30 Jahren in den französischen Alpen gedrehten, lokale Brauchtumselemente widerspiegelnden Filmes »Geheimnis der Berghütte« (nähere Daten unbekannt), wo der Wanderer einem Toten, den er im Schnee des Gebirgspasses findet, ein Geldstück zwischen die Zähne steckt.

Auffallend ist die häufige Geldfunktion von Muschelschalen und Schneckenhäusern (vgl. H. A. Bernatzik 1939, J. N. Hewitt 1959, O. Schneider 1905), Materialien also, die man im Abwehrzauber ebenso zu Schmuckamuletten wie zu Augen bei Kopfdarstellungen verarbeitet (S. 370f.). Ebenso decken sich die Verwendungsbereiche der ursprünglich aus Muschelschalen, später aus Porzellan- und Glasperlen gefertigten indianischen Wampumgürtel (vgl. O. La Farge 1961) im großen und ganzen mit jenen des gewöhnlichen Muschelgeldes und vielfach auch mit der Funktion von Münzen. Besonders auffällig ist eine gewisse Austauschbarkeit zwischen Münzen und Gehäusen der Kaurischnecke (fälschlich »Kaurimuschel«) auf Gebrauchs- und Kunstgegenständen im afrikanisch-asiatischen Raum. Offensichtlich steht die Wahl solch einfacher Zahlungsmittel wie Schnecken oder Muscheln weniger zum eigentlichen Materialwert als vielmehr zur apotropäischen Bedeutung in Beziehung. Ähnlich wird es bei den Münzen sein, deren runde Plättchengestalt uns schon viel früher im Amulettwesen begegnet. Offensichtlich wurde hier ein Abwehrzeichen Zahlungsmittel. Da bestimmte Amulette in allen Kulturen sehr einheitlich in Masse hergestellt wurden, wie man dies nicht nur aus alten Grabbeigaben, sondern auch aus der heutigen Produktion von Augenperlen in der Türkei oder Doppellochplättchen in Afghanistan ersehen kann, lag die sekundäre Verwendung dieser jederzeit greifbaren Objekte als Zahlungsmittel sehr nahe. Es ist ja auch begreiflich, daß man gerade im Geschäftsverkehr nach abwehrkräftigen Hilfsmitteln strebte, um einerseits »böse Blicke« unbekannter Handelspartner zu bannen, anderseits aber auch dem Geschäftsglück nachzuhelfen und mögliche Fehlschläge abzuwenden. In vielen türkischen Restaurants trägt der zur Deponierung von Rechnung und Geld bestimmte Zahlteller das gleiche Abwehrzeichen wie die Kassa oder die Geldlade an der Theke. Auch der Zahlungsvorgang als solcher ist eben »heikel« und bedarf schützender Zeichen. Die bis zum heutigen Tag erhalten gebliebene, vom Materialwert des Zahlungsmittels abgehobene magische Bedeutung des Geldstückes ist zweifellos die ursprüngliche Funktion.

24. Kugel, Apfel

Das schon im Mittelhochdeutschen gebräuchliche Wort Kugel hängt zusammen mit Kogel, Kogge, Keule, Kule und benennt runde, rollende Objekte. Kogge ist ein breitbauchiges Segelschiff, Keule ein am Ende runder Knüttel, Kule die rundliche Grube.

Die Kugel ist im Grunde genommen ein »verräumlichter« Kreis und ist daher mit diesem bedeutungsverwandt. Das Auge hat Kugelgestalt und wird als »Augapfel« bezeichnet, wie ja überhaupt statt Kugel mitunter »Apfel« gesagt wird, man denke etwa an den »Reichsapfel«. Im Volksglauben ist die Kugel von großer Wichtigkeit (vgl. R. Beitl 1955, H. Freudenthal 1932–1933). Es sei nur an die »rollende Klag« (Kugelblitz) erinnert oder an die Bezoar- und Gamskugeln (durch Lecken des Felles in den Tiermagen gelangte und hier durch Verdauungstätigkeit mit anderen unverdaulichen Objekten zusammengeballte Haare), denen man eine Unzahl heilender Wirkungen zuspricht (C. Ausserer 1946, H. Hediger 1966). Zum »Auspendeln« werden neben Ringen auch Kugeln verwendet. Das Titelbild des türkischen Buches »Tirpan« (F. Baykurt 1972) zeigt zwei entsetzte Frauen, die von zahlreichen bis kürbisgroßen Augäpfeln eingekreist sind, deren Pupillen sie drohend anstarren. Das Bild demonstriert in sehr drastischer Weise die koboldhafte Selbständigkeit des Auges, die Gefahr des »bösen Blickes« wie überhaupt die Blickfangwirkung der Kugelgestalt. Man versteht die Funktion der apotropäischen Augenperle, die gewissermaßen einen »Super-Augapfel« mit drei Pupillen darstellt (S. 215). Die Kugel ist eine Form, auf die schon Säuglinge ansprechen (S. 74). Bei manchen Kaukasusvölkern gilt es als gutes Schicksalszeichen, wenn das Kleinkind nach einer ihm vorgehaltenen glänzenden Kugel greift.

Tafel 69 (4)

Interessant in diesem Zusammenhang ist das Reagieren mancher Vogelarten auf Kugeln. Der alte Volksglaube, Raubvögel seien durch Glaskugeln oder Flaschen vom Gehöft fernzuhalten (vgl. U. Scherping 1956), wurde von S. Pfeifer und W. Keil (1963) überprüft und bestätigt. Auf etwa 3,5 m hohe Stangen gesteckte, innen mit einer reflektierenden Aluminiumlegierung belegte Glaskugeln von 1–5 Liter Rauminhalt vertrieben Habichte und Sperber von Hühnerfarmen, die sie früher oft geplündert hatten. Auch nach Jahren trat keine Gewöhnung ein.

Ähnlich reagierten Eichelhäher, Waldkauz und Eisvogel. Die bisher auf sogenannte »wirtschaftsschädliche« Arten beschränkten Versuche lassen ein in der Vogelklasse weiter verbreitetes Reaktionsschema mit interessanten Analogien zum Menschen vermuten, der ja wie Vögel primär optisch orientiert ist.

Die Wichtigkeit der Kugel als magisch schützendes und glückbringendes Objekt ist sehr groß. Der bei F. Schachermeyr (1964) gezeigte Pithoi aus Pachyammos trägt Bilder von Delphinen, deren Schwanzwurzel völlig naturwidrig eine Kugel eingezeichnet ist, die sicher mit Blickabwehrsymbolik zusammenhängt. Auch sonst wird der Delphin gern mit apotropäischen Attributen ausgestattet wie zum Beispiel Kultschleife oder dreigezackter Schwanzflosse. Zum tragbaren Amulett eignet sich die Kugel am besten in kleiner bis höchstens kirschgroßer Gestalt. Die in der Türkei und im ganzen Mittelmeerraum so häufigen Augenperlen finden Entsprechungen schon bei den Skythen, Kelten und Awaren. G. László (1970) bezeichnet sie als »wulstige Perlen«, ohne zu erkennen, daß es sich um Abwehraugen handelt. In Marokko werden ganz ähnliche Perlen noch heute als Amulette hergestellt. In apotropäischer Funktion stehen fast überall blanke oder mit Augensymbolen verzierte Kugeln in Silber und Gold, die man auch als Knöpfe verwendet. Neuerdings gehört in der Türkei zu den Kugelamuletten der Fußball, der in Gestalt kleiner Plastiknachbildungen anstelle von Augenperlen oder mit solchen kombiniert zu modernen Souvenirartikeln verarbeitet wird. Am Rande sei übrigens der Pillendreher *(Scarabaeus sacer)* erwähnt, dessen magische Bedeutung wahrscheinlich zu einem guten Teil aus der Kugelgestalt der von ihm gedrehten Mistpillen resultiert (S. 367 f.).

Abb. 44 (S. 215)

Abb. 72 Pillendreher beim Rollen der Mistkugel.

Sehr oft ruhen große Steinkugeln auf Begrenzungsmauern oder Torpfeilern. In Venedig verwendete man die Kugel in Verbindung mit Steinpyramiden sehr oft und gab sie häufig dem Markuslöwen als Attribut. Hierin etwa den Erdball als Symbol globaler Macht erblicken zu wollen, wäre verfehlt, da man derlei Kugeln schon zu Zeiten verwendete, als die Erde noch als eine Scheibe galt. Ebenfalls mit Kugeln geschmückt sind vielfach noch heute die venezianischen Pfähle zur Gondelbefestigung. Die den »bösen Blick« besonders fürchtenden Römer der Antike versahen die Eingänge ihrer Villen gern mit Kugeln. Wahrscheinlich gehört auch der zur Krönung von Steinpfeilern beliebte »Pinienzapfen« in den Blickabwehrbereich. Im mitteleuropäischen Raum findet man nicht selten in Hauswände eingelassene Geschützkugeln, die meist als Erinnerungsstücke an kriegerische Beschießungen angesehen werden. In Wien gibt es jedoch sogenannte »Türkenkugeln« an Gebäuden, die sicher niemals von den Türken beschossen worden sind, da sie weit außerhalb der Kampfzone lagen. Man hat den Eindruck, daß hier der magische Abwehrgedanke mit im Spiele ist.

Blaue, goldene oder aus blankem Stein gehauene Kugeln sind in typischer Dreieranordnung anstelle von Knäufen, Blüten, Dreiecken, Miribotas oder anderen Abwehrzeichen häufig an Gebäuden angebracht. Der Topkapi-Palast in Istanbul zeigt über dem Tor in Schriftzeichen aufgelöste Rosetten. Analog dazu wurden nach Berichten des österreichischen Gesandten Busbecq über den Toren türkischer Festungen die Köpfe erschlagener christlicher Krieger angenagelt (K. Teply 1968). Das Aufhängen von Köpfen über Eingängen war eine weitverbreitete Sitte, die etwa auch im deutschen Märchen »Die Gänsemagd« zur Geltung kommt, wo der sprechende Kopf des getöteten Pferdes Falada über dem Stadttor hängt. Nachgebildete Menschenköpfe, Gesichtsmasken oder Fratzengesichter findet man über den Eingängen von Gebäuden verschiedenster Stilrichtungen. Der Darstellungsmodus solcher Torzeichen reicht von der einfachen Kugel bis zum vollständigen Haupt, in dessen Zweiäugigkeit eine wirkungssteigernde Verdoppelung des magischen Schutzzeichens zu sehen ist. Nach demselben Prinzip zeigen tibetische Dämonenmasken anstatt mehrerer Einzelaugen oft ebenso viele stark verkleinerte Totenschädel. Grenzsteine in Form von Kugeln mit grob eingehauenen Gesichtszügen sind schon aus der Awarenzeit bekannt (H. Mitscha-Märheim 1963) und krönten wahrscheinlich Erdhügel, wie sie seit Urzeiten bei vielen Völkern als Geländemarken dienten. Im burgenländischen Seewinkel (Österreich) bestehen an den alten Flur- und Dorfhottergrenzen noch etliche, allerdings jüngere Hügel dieser Art.

Auch sonst wird die Kugel überall verwendet, wo nach magischem Glauben Abwehrzeichen hingehören. Minarettspitzen zeigen sehr häufig übereinandergruppierte goldene Kugeln, zumindest aber eine Kugel unter dem Halbmond. Gleiches gilt für die Herrschern vorangetragenen Roßschweifgestelle. Manche dieser Kugeln zeigen die Andeutung einer Pupille. Vergoldete Kugeln auf Kirchtürmen oder über den Giebeln und Dachaufbauten wichtiger Profangebäude sind weitverbreitet. Das Dach des Markusdomes von Venedig trägt ganze Systeme gruppierter Kugeln, die übrigens erstaunlich an Kugelkombinationen auf Bildsiegeln aus Knossos erinnern (vgl. F. Schachermeyr 1964). Auch Gelenke und Zehen von Tieren sind auf minoischen Siegeln mitunter als Kugeln dargestellt. Die Beispiele für die Verwendung von Kugeln im Ornamental- und Amulettbereich sind ungezählt. Interessanterweise wurde nach Berichten der früheren österreichischen Gesandten am türkischen Sultanshof das deutsche Kaiserreich stets als »Land des goldenen Apfels« oder »der goldenen Kugel« bezeichnet (K. Teply 1968). Gemeint war der Reichsapfel, der den Türken voll magischer Kräfte schien und dessen Gewinnung immer irgendwie als Teilmotiv im Hintergrund der Kriegszüge stand.

In diesem Zusammenhang sei auch der Mythos von den »goldenen Äpfeln der Hesperiden« etwas näher betrachtet. Gaia, Göttin der Erde (bei den Römern unter dem Namen Tellus auch Göttin der Ehe) läßt aus ihrem Schoß einen Baum voll goldener Äpfel wachsen, um Hera zu ihrer Vermählung mit Zeus ein besonders wertvolles Geschenk zu machen.

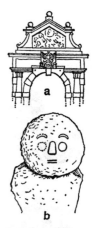

Abb. 73 Steinkugeln in Wächterfunktion. a Tor des Stadtturms von Rijeka (Jugoslawien). b Awarische Stele (Groß-Burgstall, Niederösterreich, etwa 750 n. Chr.).

Herakles, der als elfte unter zwölf ihm gestellten Aufgaben drei dieser Äpfel aus dem westlichen Land der Hesperiden holen soll, bekommt sie durch Atlas vom Baum gepflückt und transportiert sie nach Griechenland. Wie in anderen Kulturbringersagen (vgl. P. Ehrenreich 1906, W. Hirschberg 1965) scheint hier ein bereits vorhandenes Kulturgut mit göttlicher Herkunft bedacht worden zu sein. Man erinnere sich etwa des Herdfeuers, das Prometheus von den Göttern erhält, oder all der Errungenschaften, die der aztekische Gott Quetzalcoatl den Menschen verschafft (V. W. v. Hagen 1940, 1962). Gerade die Verknüpfung mit der Hochzeit zwischen Hera und Zeus läßt es möglich oder sogar wahrscheinlich erscheinen, daß mit den Hesperidenäpfeln eine zum damaligen Hochzeitsbrauchtum in Beziehung stehende magische Kugeldreiheit gemeint war. Es sei zum Beispiel auch an die wagemutige Atalanta erinnert, die sich an der Jagd nach dem Kalydonischen Eber beteiligt und demjenigen die Ehe verspricht, der sie im Wettlauf besiegt, wogegen der Verlierer sterben soll. Hippomenes geht auf das Angebot ein, nimmt aber drei goldene Äpfel mit. Immer wenn Atalanta in Führung geht, wirft er ihr einen vor die Füße, worauf sie anhält und den goldenen Apfel aufhebt. So gewinnt er das Rennen und die Frau (vgl. C. M. Bowra 1970). Bischof Nikolaus von Myra wird mit drei goldenen Äpfeln oder Kugeln in Zusammenhang gebracht, die er drei armen, von ihrem Vater für ein Freudenhaus bestimmten Mädchen zur Errettung zuwirft (vgl. H. L. Keller 1970). Drei Kugeln oder drei Äpfel, oft mit Laubgirlanden, findet man sehr häufig in der antiken griechisch-römischen Ornamentik. In der heutigen Türkei ist das Motiv öfters auf den Gestellen von Ehebetten zu sehen. Der Apfel ist bei fast allen europäischen Völkern als Mittel des Liebeszaubers und Hochzeitsbrauchtums bekannt. Der goldene Apfel, den Paris der schönsten der drei Göttinnen geben soll, dürfte zu diesen Vorstellungen in Beziehung stehen. Damit verwandt ist wohl auch der früchtetragende Baum im alttestamentarischen Paradiesmythos, bei dem es sich um die Übergabe einer »Frucht« handelt, die später in den »Apfel« umgedeutet wurde und letztlich wieder mit einer Eheschließung zusammenhängt. Die Grenzen zwischen rotgoldenen Äpfeln und goldenen Kugeln sind oft stark fließend, und Verbindungslinien scheinen bis zum Gold-Ei zu reichen, das der griechisch-orthodoxe Patriarch zu Ostern in Istanbul verschenkt (vgl. G. Weinhold 1967).

Zu maximaler Wirkung gelangt die Kugel als frei baumelndes Objekt in der Mitte eines Raumes. Im alten türkischen Palastzimmer mit seiner vom Zeltleben überkommenen, an den Wänden rundum führenden Sitzbank hängt in der Mitte fast immer ein ampelartiger, kugeliger bis leicht ovaler, kunstvoll goldziselierter oder emaillierter Körper, der meist nach drei verschiedenen Richtungen je ein medaillonförmiges Ornament trägt. Im Prinzip gleichen diese kostbaren Penden den eingangs erwähnten, als Abwehrmittel so verbreiteten dreiäugigen Blickabwehrperlen. In den Räumen des Topkapi-Palastes von Istanbul, in der Sultans-Schatzsamm-

Abb. 74 Kugel- und Apfelmotiv in der Antike.
a Athene mit drei goldenen Kugeln auf dem Schild (Detail einer Siegeramphore für Wettkämpfer, 530 v. Chr.). b Zwei hellenistische Reliefs mit »drei Äpfel«-Motiv (Side, Türkei).

lung und in türkischen Moscheen oder Begräbnisstätten findet man Kugelgehänge in großer Zahl. Ein typisches Beispiel ist die Mevlana-Moschee in Konya (Anatolien), die ungeachtet ihrer heutigen Museumsfunktion als Begräbnisstätte des Ordens der tanzenden Derwische nach wie vor größte Verehrung genießt (M. Önder ohne Jahreszahl). In ihr schweben an Schnüren neben goldenen Kugeln und den als apotropäisch bekannten Straußen-Eiern auch zahllose gläserne Kugellampen, die dem Gestaltprinzip der Penden weitgehend entsprechen. Analoges zeigt die Kirche in Bethlehem, wo direkt über dem Eingang zur heiligen Krippe eine blaue Kugel befestigt ist. Vor dem Buddhabild im Taklahat-Kloster (West-Tibet) hängt eine goldene Kugel, die den Gott vor dem »bösen Blick« schützt (S. Seligmann 1922). Es sei auch an die runden chinesischen Lampions erinnert, die man vor allem zu festlichen Anlässen verwendet. Anstelle des Rundkörpers finden sich in orientalischen Räumen mitunter andere Augensymbole wie Quasten, augenartige Schriftzeichen oder aus Einzelteilen zusammengesetzte Gebilde, die schon mehr in den Bereich der »Mobiles« gehören. Hier kommt zu der Ausstattung mit Abwehrornamenten noch die Komponente der Bewegung, die gelegentlich ein augenhaftes Aufglänzen hervorruft.

Tafel 24 (3–5)

Funktionsanaloge, durch Glitzern fesselnde Kugelarrangements spielen auch in unserem Kulturbereich eine große Rolle. Dazu gehören ebenso die bunten Kugeln des deutschen Weihnachtsbaumes wie die zur Zeit des Osterfestes in den Osttiroler Kirchen bunt leuchtenden Osterkugeln oder die in österreichischen Bauerngärten gebräuchlichen Kugeln auf Rosenstöcken. Früher hingen vor Glaserläden viele farbige Glaskugeln als Berufszeichen aus. Die Schutz- und Abwehrbedeutung der Kugel im Volksglauben wird durch Geschäfts- oder Gasthofnamen wie »Zur blauen Kugel« oder »Zur goldenen Kugel« unterstrichen, gelten doch Blau und Gold als besonders wirksame Farben gegen den »bösen Blick«. Bemerkenswerterweise sieht man Kugeln, am meisten blaue, oft auf christlichen Sakralbildern in sehr auffälliger Position. Heilige stehen gelegentlich mit einem Fuß auf einer Kugel, Christus hält eine Kugel in der Hand, und die Mondsichel zu Füßen Marias wird nicht selten von der Kugel vertreten, die nicht der Globus sein kann, da die wahre Erdgestalt lange Zeit hindurch von der Kirche nicht anerkannt wurde. Auf karthagischen Grabsteinen findet man Mondsichel und Kugel zur Augenform kombiniert (B. H. Warmington 1963). Die Siegesgöttin Nike steht häufig auf einer Kugel und wird in dieser Kombination auch von Pallas Athene gleich dem »Reichsapfel« der Herrscher in der Hand gehalten. Schließlich sei an magische Vorstellungen erinnert, die mit dem stark der Kugelform angenäherten Menschenschädel verbunden sind und unter anderem bei der Kopfjägerei mitspielen dürften. So ist zum Beispiel im Märchen »Häuptling Kairé und der Totenkopf« (S. 209 ff.) der rollende Schädel von entscheidender Bedeutung.

Der Kugel gleichzusetzen ist der Ball. Spiele mit dieser »rollenden Kugel« finden sich in sehr vielen Gebieten, vor allem bei asiatischen Reitervölkern und weitverbreitet bei den Indianern. Das Ballspiel hat magischen beziehungsweise sakralen Ursprung und kommt im Brauchtum häufig vor (R. Schmekel 1927, W. Hirschberg 1965). Im alten Mexiko hieß der Gott des Ballspiels Xochipilli. Der älteste Ballspielplatz Amerikas liegt im heiligen Bezirk der Tzapoteken. Die Ballspiele sollen mit Astralvorstellungen in bezug auf Sternenbeeinflussung und mit Fruchtbarkeitsriten im Zusammenhang stehen. In Europa scheinen sie gebietsweise auch in Hochzeitsriten auf. In England und Norddeutschland gibt es Osterballspiele mit Anklängen an Eierbrauchtum, was bei der Gestaltähnlichkeit beider Figuren naheliegt. Hochzeitsbälle werden Umzügen vorausgetragen und beim Tanz an den Stubendecken aufgehängt. Außerdem dient der Ball zum Stellen von Orakeln, wobei ihn die Kugelgestalt vor Blickbeeinflussung schützt.

Die Reihe der Beispiele über die Verwendung der Kugel im magischen Bereich könnte noch lange fortgesetzt werden. Die große Beliebtheit und weite Verbreitung dieses Motivs beruht zweifellos zum großen Teil auf dem eingangs erwähnten und im Kapitel 5 (S. 73) ausführlich behandelten, bei den meisten höheren Wirbeltieren einschließlich des Menschen nachweisbaren und schon bei Kleinstkindern zutagetretenden, offensichtlich auf das Auge gemünzten spontanen Ansprechen auf Rund- und Kugelgestalten. Die biologische Notwendigkeit, das Gesicht des Artgenossen und das des artfremden Feindes so früh wie möglich schematisch zu erkennen, wird durch den Signalcharakter des Wirbeltierauges aufs beste erfüllt. Nicht zuletzt aus Gründen der Auffälligkeit verschießt man Lichtzeichen in Form von »Leuchtkugeln« und benützt im Warndienst der Fluß- und Seeschiffahrt Kugeln als Signalisierungsmittel.

25. Ei

Das Wort entstammt einer frühen indogermanischen Wurzel und gehört zur ebenfalls indogermanischen Bezeichnung »auei« für Vogel. Demnach wären die lateinischen Ausdrücke *ovum* (Ei) und *avis* (Vogel) stammverwandt und das Wort Ei als »das zum Vogel Gehörende« zu verstehen.

Das Vogel-Ei ist mehr oder weniger oval bis kugelig, meist glatt, einfarbig oder gesprenkelt, sehr oft auch glänzend weiß. Seine Funktion im Volksglauben ist vielseitig. Es dient als Fruchtbarkeitssymbol, Hochzeits- und Patengeschenk, Totenopfer und anderes mehr (vgl. R. Beitl 1955, F. Eckstein 1929–1930). Darüber hinaus hat es, wie S. Seligmann (1910) ausführlich darstellt, apotropäische Bedeutung. Auf der Suche nach dem »Warum« stößt man alsbald auf die Ähnlichkeit der Eiform mit der Augengestalt. Zu der ovalen bis rundlichen Umrißlinie kommt bei bestimmten Eiersorten wie etwa dem Hühner- oder Straußen-Ei das Weiß der Schale, das an die Sklera des Augapfels erinnert, die vor allem bei dunkelhäutigen Völkern stark signalhaft wirkt. Wie zwanglos sich diese Assoziation einstellt, geht aus folgender Textstelle bei G. Greene (1969) hervor: »...Er war schwärzer als sie, und das Weiß seiner Augen war riesig wie zwei Eier...«. In Schwarzafrika gilt die Farbe Weiß als Mittel gegen den »bösen Blick« (mündl. Mitteilung von Prof. Dr. P. Fuchs, Göttingen). Am besten nützen Straußen-Eier.

Die Schutzbedeutung des Straußen-Eies, die zweifellos nur im Verbreitungsgebiet des Straußes (*Struthio camelus*) entstanden sein kann, reicht über das derzeitige Vorkommen der Art weit hinaus. Allerdings umfaßte der Wohnraum des gegenwärtig nur noch auf die Steppen und Savannen südwärts der Sahara beschränkten Vogels bis in historische Epochen Nordafrika, weite Gebiete Kleinasiens bis zum Kaspisee und sogar noch in jüngster Zeit Arabien und Syrien. Nach E. Schüz (1970) war die Anbringung von Straußen-Eiern auf afrikanischen Gehöften früher sehr gebräuchlich und ist heute wohl nur infolge der starken Bestandsabnahme des Vogels zurückgegangen. Auch der vorwiegend im afrikanisch-asiatischen Raum, also in der ursprünglichen Straußenheimat ansässige Islam bedient sich des Straußen-Eies als Kultgegenstand und hat wahrscheinlich zu dessen Verbreitung beigetragen. In

Tafel 64

Moscheen findet man sehr häufig außer apotropäischen goldenen Kugeln auch aufgehängte Straußen-Eier in offensichtlich gleicher Funktion. In der Moschee von Edirne (Anatolien) sollen 1587 etliche hundert gehangen haben (K. Teply 1968). In China war es üblich, Straußen-Eier den Herrschern zu schenken, eine Sitte, die den Schutzcharakter der Objekte unterstreicht.

Aus dem Orient kamen Straußen-Eier auf dem Handelsweg oder als Geschenke nach Europa, wo sie besonders in Kirchen gern verwendet und in den Zeremonialgebrauch eingebaut wurden (vgl. G. Weinhold 1967). E. Haberland (1962) und G. Gerster (1968) berichten von Straußen-Eiern auf äthiopischen Kirchen und anderen wichtigen Gebäuden wie auch als »Schmuck« auf Grabkreuzen. Die apotropäische Funktion reicht vom Schutz gegen Blitzschlag, Unwetter und sonstige magische Gefahren bis zur Abwehr von Dieben. In Burdji (Südwest-Äthiopien) gibt nach E. Schüz (1970) die Zahl der auf einem Grab deponierten Straußen-Eier an, wie viele Feinde der Verstorbene zu Lebzeiten getötet hat. Als Grabbeigaben kennen wir Straußen-Eier auch aus Mykenä. Im minoischen Palast von Knossos (Kreta) wurde ebenfalls eines gefunden. Der enge Zusammenhang des Straußen-Eies mit blickabwehrender Augensymbolik spricht weiter aus der Tatsache, daß der Strauß selbst als Schutz gegen den »bösen Blick« angesehen wird (S. 399) und nach altägyptischer Überlieferung seine Eier durch konzentriertes Anschauen ausbrütet (W. Schilde 1929). Der gläubige Moslem wird angewiesen, sich so auf Allah zu konzentrieren, wie der Strauß seine Eier im Auge behält (E. Hammerschmidt 1967).

Diese überaus bereitwillige Aufnahme des Straußen-Eies im kleinasiatischen und europäischen Raum bis Spanien, Frankreich und Deutschland erklärt sich nicht zuletzt aus der Tatsache, daß schon vorher dem Hühner-Ei und anderen Vogel-Eiern magische Bedeutung zukam. Bereits bei den Römern gab es ein Eier-Orakel, das in verschiedener Form auch im gegenwärtigen Osterbrauchtum auftritt (E. Stemplinger 1948). Für gewöhnlich stellt man heute bei der Beurteilung heimischen Eierbrauchtums den Fruchtbarkeitsgedanken in den Vordergrund. Es ist verständlich, daß der naturgeschichtlich zwar meist informierte, an biologische Objekte und deren Lebensprozesse jedoch wenig gewöhnte Großstädter die Fortpflanzungsfunktion des Eies als dessen gravierendste Eigenschaft empfindet. Es darf daher auch nicht verwundern, wenn in der Großstadt tätige und dadurch manchmal etwas naturfremde Wissenschaftler bei Brauchtumsinterpretationen diesem Aspekt den Vorrang geben. Tatsächlich aber ist das Ei im Volksbrauchtum ländlich-bäuerlicher oder viehzüchtender Gruppen wahrscheinlich garnicht sosehr Sinnbild der Zeugungskraft als vielmehr analog dem Straußen-Ei magisches Abwehrmittel. Hierfür spricht die betonte Ausrichtung der Bräuche auf die äußere, stark augenhafte Gestalt des Eies unter weitgehender Hintanstellung seines Inhaltes. Damit sei nicht bestritten, daß gelegentlich die

Fruchtbarkeitsbedeutung vorherrscht. Immer spielt jedoch die magische Abwehrkraft des Eies, die sich letztlich auch gegen fruchtbarkeitsgefährdende Mächte richtet, irgendwie mit hinein. Im Grunde genommen widerspricht es ja den magischen Regeln, wichtige Dinge mit Namen zu nennen und dadurch zu »verschreien«. Man sagt nicht »Fruchtbarkeit«, wenn man sie wünscht, sondern schützt sie durch zauberkräftige Abwehrmittel und redet möglichst wenig davon.

Abb. 75 Ei als magisches Abwehrmittel. **a** Thronende Madonna mit zu Häupten aufgehängtem Ei (Piero della Francesca, 15. Jh.). **b** Mittelalterliches Altarbild mit Jesuskind im Ei-Oval (St. Lorenzkirche, Nürnberg). **c** Straußen-Ei an Kirchenleuchter, kombiniert mit apotropäischen Schleifen (St. Nicolai, Radaut, Bukowina). **d** Ei mit Quaste am Abschlußknauf eines Holzleuchters (Bukowina). **e** Ägyptisches durchbrochenes Ton-Ei mit Augenmotiv, etwa 500 v. Chr. (Bild b–e: Nach G. Weinhold 1967). **f** Drei rumänische Ostereier mit ornamentalen Augensymbolen (Drehwirbel, Dreieck mit Augenpunkt, Mehrpaß).

Der mit Eiern betriebene Heils- und Abwehrzauber ist recht mannigfaltig. Vielerorts wirft man Eier als Sicherung gegen Hexen und Unwetter über das Hausdach oder trägt Eier rund um das Vieh. Drei am Gründonnerstag geweihte Eier schützen, im Dachboden aufgehängt, vor Blitzschlag. Das Karfreitags-Ei hilft gegen körperlichen Schaden. In manchen oberösterreichischen Gegenden nehmen Holzknechte ein Karfreitags-Ei mit in den Wald, um sich bei der Arbeit nicht zu verletzen. Weiter kann man mit Hilfe von Eiern Hexen sehen. Im Burgenland (Österreich) darf man Eierschalen nicht wegwerfen, weil Hexen damit Schadenzauber treiben können. Gebietsweise werden Eier in ausgeblasenem Zustand zur Blickabwehr auf Zäune gesteckt. In Alanya (Türkei) fand ich Eierschalen vor den Fenstern und auf Balkonen ausgehängt und manchmal auch, ähnlich den früher bei uns gebräuchlichen bunten »Rosenkugeln«, auf Rosenpflöcke gesteckt. Im Osterbrauchtum werden Eier mit mancherlei Ornamentik versehen, die wir aus anderen Funktions-

Tafel 64 (2)

bereichen als magische Schutzzeichen kennen. Alle diese Verwendungsweisen haben mit Fruchtbarkeit nichts zu tun und sind nur aus der Abwehrbedeutung des Eies heraus verständlich.

K. Lipffert (1964) erwähnt das Ei auch als Auferstehungssymbol, eine Deutungsweise von ebenfalls nur begrenzter Gültigkeit. Gerade das von der Autorin als Beweis zitierte Aufhängen von Eiern in Kirchen über dem Marienthron hat seine Entsprechung im weltlichen Bereich. Ei-Nachbildungen aus Gold und Kristall an den Himmeln von Königsthronen sind sehr verbreitet und dienen hier zweifellos apotropäischen Zwecken, wie ja überhaupt Prunkstühle von Herrschern bei den meisten Völkern reichlich mit verschiedensten Abwehrzeichen ausgestattet sind. Wahrscheinlich stellt die meist als »vielbrüstig« beschriebene Artemis von Ephesus eine mit Straußen-Eiern behangene Göttin dar. Vielleicht gehen die Artemisstandbilder auf mit Eierketten bekränzte und umgürtete, eventuell auch stoffbekleidete Holzstatuen zurück, die dann später mitsamt dem apotropäischen Beiwerk in Stein gehauen wurden. Neben der absolut naturwidrigen Gestalt und dem tiefen Ansatz dieser »Brüste« fällt auf, daß die ephesische Artemis bis zum Hals und zu den Zehen in einem engen, sie voll umhüllenden, über und über mit Blickabwehrsymbolen besetzten Gewand steckt, zu dem ein apotropäischer Eierbehang sinngemäß passen würde. W. Alzinger (1962) erwähnt zwar die Vielbrüstigkeit der Artemis, zieht jedoch Eierketten durchaus in Betracht. Auch die vorhin erwähnte Verwendung des Eies im Zusammenhang mit Marienstatuen spricht für letzere Version. Jedenfalls erinnern die »Brüste« sofort an die allerdings kleineren, noch heute in der Türkei und in Griechenland massenweise als Glücksbringer angebotenen Eier aus Stein. Wohl wird im christlichen Bereich das Ei manchmal im Hinblick auf seine biologische Funktion zum Auferstehungssymbol wie etwa in Süditalien, wo es Auferstehungs-Eier gibt, die man auf den Tisch wirft, worauf sie auseinanderbrechend ein kleines Jesuskind freigeben. Die im Mittelmeerraum, Nahen und Fernen Osten wie auch in Mexiko verbreiteten Ei-Nachbildungen aus Onyx, Kristall oder Achat haben jedoch mit Auferstehungsvorstellungen, denen schon allein das Wesen des Steines grundsätzlich zuwiderläuft, sicher nichts zu tun und werden dort allgemein als apotropäisches Mittel verwendet.

Neben den äußeren Gestaltmerkmalen des Eies ist auch die Innenstruktur beachtenswert. Gekocht und aufgeschnitten, zeigt es die in Eiweiß gebettete Dotterscheibe und wirkt ausgesprochen »augenhaft«. In manchen Gegenden Deutschlands wird das Spiegel-Ei als »Ochsenauge« bezeichnet. Es gibt zahlreiche Fälle aus der modernen Gebrauchsgrafik, wo dieser Augeneffekt mit bestem Erfolg als Blickfang ausgenutzt wurde. Spiegel-Eier dienen in der Plakatkunst ebenso der Pfannen- wie der Küchenherdreklame, halbierte harte Eier werben für Öl, Essig, Mayonnaise, Porzellanservice und anderes mehr. Gerade die vielseitige Auswertung des Ei-Motivs im Werbewesen beweist den starken Signalcharakter dieser augapfelweißen Oval- oder Kreisfläche mit dem runden Kontrastfleck. Setzt der Grafiker in die Mitte eines Spiegel-Eies oder eines halbierten gekochten Eies noch einen dunklen Punkt, etwa einen Sardellenring oder eine Kaper, wird der Eindruck des herblickenden Auges vollkommen.

Bisher kenne ich zwar keinen brauchtümlichen Fall, wo die Gestaltanalogie des Ei-Inneren in magischem Zusammenhang verwendet wird. Dennoch kann diese Innenstruktur, die bei einem so wichtigen Nahrungsmittel zweifellos überall bekannt ist, zu dessen apotropäischer Bedeutung beigetragen haben.

26. Löffel

Das Wort Löffel hängt mit »lecken« zusammen, das althochdeutsch »laffan« heißt. Offenbar handelt es sich um eine das Lecken und Schlürfen lautmalende indogermanische Wurzel.

Der Löffel als wohl verbreitetstes, wenngleich nicht ältestes volkstümliches Eßgerät, das auch als Werkzeug beim gemeinsamen Auslöffeln der Schüssel verwendet wird, hat sehr hohen brauchtümlichen Wert, wie dies schon aus der Zusammenstellung von A. Haberlandt (1933) hervorgeht. Schließlich handelt es sich um ein extrem persönliches Objekt, das beim Gebrauch in sehr engen Kontakt mit den so wichtigen Mundorganen, dem magisch wirksamen Speichel und nicht zuletzt mit der wertvollen Nahrung kommt. Aus der Perspektive unserer heutigen Überflußsituation und Lebensmittelvergeudung ist die noch vor wenigen Jahrzehnten gültige »Heiligkeit« der mühsam erarbeiteten Speise kaum mehr zu verstehen. Schüssel, Teller, Löffel wurden nicht nur in ärmeren, sondern auch in sogenannten »besseren« Kreisen mit Brot leergeputzt, weil man Eßwaren einfach nicht wegwerfen durfte. So besitzt denn auch das elementare Eßgerät »Löffel«, das zum Menschen in einer wahrhaften Intimbeziehung steht, eine vielfältige Bedeutung, was zum Beispiel in dem von L. Schmidt (1966) beschriebenen »Löffelopfer« bei Mund- und Zahnerkrankungen zur Geltung kommt. Ursprünglich sind Löffel meist aus Holz geschnitzt und zeigen mitunter vielfältige Verzierungen, die vom einfachen Kerbschnitt bis zur vollplastischen Schnitzerei und bunten Bemalung reichen. Die aus Zinn oder Bronze gegossenen Alltags-Gebrauchslöffel wurden einfacher ornamentiert.

Fast immer besteht der scheinbar rein schmückende Löffelzierat aus Heils- und Abwehrzeichen. Der Löffel findet im Hochzeitsbrauchtum ebenso Verwendung wie beim Orakelstellen, als Opfergabe oder als Patengeschenk. Die letztgenannte Funktion ist heute noch allgemein verbreitet. In Jugoslawien hängt man Kindern Löffel gegen Behexung um den Hals. Sehr beliebt sind gegenwärtig Löffel mit volkstümlicher Lokalornamentik oder mit Landschafts- und Städtebildchen auf dem Stiel als Fremdensouvenirs. Entsprechend seiner universellen Funktion als Eßgerät beim Militär veranstalteten die jeweils abrüstenden Soldaten des kaiserlich-deutschen Heeres als Abschlußfeier ein großes »Löffelbegraben«. In einem zeitgenössischen Artikel (R. B. ohne Jahreszahl) wird dagegen für das Mitnehmen des Löffels ins Zivilleben plädiert. Beide Handlungen deuten auf den hohen Bedeutungsgrad dieses Gegenstandes hin.

Abb. 76 Löffelsitten. **a** »Löffelbegraben« als parodistische Zeremonie beim Abrüsten der Soldaten im kaiserlichen deutschen Heer (Anfang 20. Jh.). **b** Napoleonischer Soldat der »Löffelgarde«. **c** Bauer mit aufgestecktem Löffel (Detail aus Brueghels »Bauerntanz«, 16. Jh.).

Besondere Geltung hatte der Löffel in vielerlei Varianten bei den türkischen Janitscharen. Den einzelnen Offiziersrängen standen als Würdezeichen unterschiedlich große Löffel beziehungsweise Koch- oder Schöpflöffel zu. Die Soldaten steckten ihre Reislöffel vorn in die Hülsen an den Mützen, die eigentlich für die langen, wallenden, bei Paraden getragenen Federbüsche vorgesehen waren. Offensichtlich spielte dabei die ovale, der Augengestalt ähnelnde Objektform eine wesentliche Rolle. Außerdem erinnert die Gestalt des Löffels, von der äußeren Rundseite her betrachtet, an das ebenfalls apotropäische Ei. In einem Land, in dem es bis zur Abschaffung des Tarbusch (Fez) durch Atatürk nach dem Ersten Weltkrieg generell üblich war, auf dieser Kopfbedeckung Abwehrzeichen gegen den »bösen Blick« wie Quasten, Agraffen, Stickereien und blaue Perlen zu tragen, ist der an gleicher Stelle befestigte, durch seine Gestalt zum Augensymbol prädestinierte Löffel sicher keine zufällige Erscheinung. Daß die höheren Ränge größere Löffel, darunter sogar Koch- und Schöpflöffel zugeteilt erhielten, wird unter dem Aspekt der höheren Schutzwürdigkeit und ausgeprägteren Imponiertendenz des sozial bessergestellten Personenkreises sofort verständlich. Das Belegstück eines großen kupfernen Schöpflöffels im Heeresmuseum zu Istanbul zeigt am Stielansatz neben zwei augenhaften Löchern deutlich eingravierte Augensymbole.

In weiten Gebieten Anatoliens, besonders im Raum um Konya, werden heute noch Holzlöffel zahlreich hergestellt und paketweise für den Inlandsverbrauch geliefert. Ebenso bietet der Souvenirhandel Zierlöffel in allen Größen bis zu Riesenformaten für Fremde an. In Gaststätten oder in Privatwohnungen sieht man oft gekreuzte Löffel gegenüber der Eingangstür als Abwehrzeichen befestigt. Auch von Tänzern werden gelegentlich zwei Holzlöffel in der Hand gehalten und eventuell zum Taktklappern benutzt. In dieser Funktion erinnern sie an die meist fransenbehangenen Tücher, wie sie der Anführer von Reihentänzen schwenkt, oder an die von Eskimofrauen beim Tanz verwendeten apo-

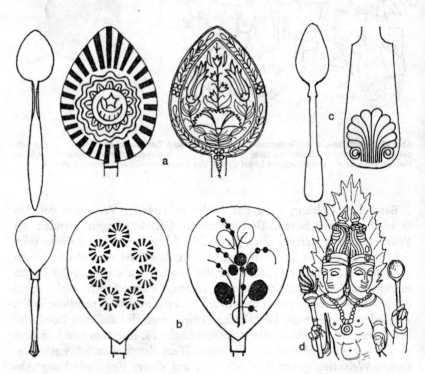

Abb. 77 Löffel als Gebrauchs- und Kultobjekt. **a** Türkische Holzlöffel (daneben Gestaltschema) mit Muldenornamentik. Links volkstümliches Muster mit Halbmond und Stern, rechts Souvenirlöffel mit apotropäischen Dekorelementen (Tulpe, Nelke etc.). **b** Russische Holzlöffel mit Augenmotiven als Muldenornament. **c** Griechischer Löffel aus Metall mit Palmette als Augensymbol auf dem Stiel. **d** Agni, Gott des Opferfeuers und Priestertums, mit Fackel und Opferlöffel (indische Holzschnitzerei).

tropäischen Fingermasken, wie H. W. Hegemann (1972) sie zeigt. Die meisten dieser Löffel sind bunt, manche davon äußerst kunstvoll und prächtig bemalt oder wenigstens mittels eines Ornamentenstempels in der Löffelmulde, seltener auf der Rückseite verziert.

Die in der Türkei zur Löffelornamentierung benutzten Figuren und Motive sind vorwiegend der Augensymbolik entnommen. Man findet einfache Kreiszeichnungen, Blumen, Sterne, Halbmonde, sonnenähnliche Strahlenkreise, ferner Rhomben, Dreisproßmotive, Miribotas, Schmetterlinge und die der Schmetterlingsform so ähnlichen, vierfach gekreuzten Fahnen des osmanischen Wappens. Im mittelanatolischen Konya malt man auf Löffel gern Mevlana, den Begründer des Ordens der tanzenden Derwische, wobei man das weite Gewand des hingekauerten Mannes betont miribotaförmig drapiert. Ferner gibt es Löffel mit Bildern der Mevlana-Moschee oder mit Figurinen tanzender Derwische. Sehr häufig sind Löffeln Koransprüche in Pfauen- oder Augengestalt, ebenso das Siegel des Sultans in Miribotaform aufgemalt. Alle diese, für Einheimische und Touristen gleichermaßen bestimmten Gestaltungsweisen und Verwendungsarten zeigen, welch hoher apotropäischer Wert dem Löffel im Orient beigemessen wird.

Den Eß-, Koch- und Schöpflöffeln verwandt ist der Kochkessel, der zu diesen Objekten in einer funktionsmäßigen Direktbeziehung steht, wobei der Kessel das größte Glied in einer Kette von Hohlgeräten darstellt, die dem Aufnehmen respektive auch Zubereiten von Nahrung dienen. Demgemäß übereinstimmend ist auch die magische Wertigkeit. Die großen kupfernen Kochkessel der Janitscharen-Ortas galten als heilig und wurden der Truppe bei Paraden vorangetragen. Verlust des Kessels im Krieg galt als schmählich, Umstürzen der vollen Kessel durch das Regiment bedeutete Aufstand. Während der Eßlöffel für gewöhnlich die spitzovale Gestalt der lateralsymmetrischen Miribota aufweist, sind Kochkessel, Schöpf- und Kochlöffel meist rund. Da beide Formen Bestandteile der gängigen Augenornamentik sind, ist es nicht verwunderlich, daß alle diese Eßgeräte in das Blickabwehrsystem eingebaut wurden.

Außerhalb des türkischen, von der Vorstellung des »bösen Blickes« in besonderem Maß beherrschten Bereiches kenne ich das demonstrative Tragen des Löffels bei ganzen Truppenkontingenten nur aus Frankreich. In republikanischer beziehungsweise napoleonischer Zeit hatte die nicht mit den hohen Federbüschen der Garde ausgestattete Linien-Infanterie den Löffel unmittelbar neben der Kokarde auf dem Zweispitz stecken und kam dadurch zu dem Spottnamen »Löffelgarde« (vgl. E. Klessmann 1965). Auch viele Handwerksburschen und Landstreicher trugen früher ihre Löffel auf dem Hut. Das Bildwerk eines Rothenburger Meisters um 1470 (Germanisches Nationalmuseum Nürnberg) zeigt einen Bettler mit geflicktem Hut und daraufgestecktem Holzlöffel. Ähnliches ist auf den im Wiener Kunsthistorischen Museum ausgestellten Gemälden »Bauerntanz« und »Bauernhochzeit« von Pieter Brueghel zu sehen (vgl. L. Bruhns

Abb. 76c (S. 269)
Tafel 43 (2)

1941). Im ersten Fall trägt der Mann im Vordergrund einen metallenen, im zweiten der rechtsseitige Speisenträger einen hölzernen Löffel auf der Kopfbedeckung. Da speziell auf dem letztgenannten Bild noch weitere typische Blickabwehrzeichen wie zum Beispiel die Quaste auf dem Hut des linken Speisenträgers, die Pfauenfeder auf der Mütze des Kindes, die gekreuzt an der Wand hängenden quastenartigen Büschel und noch andere zu sehen sind, darf man annehmen, daß Brueghel mit den einschlägigen Volkssitten vertraut und über die »Spielregeln« des Abwehrzaubers unterrichtet war. Ganz sicher ist keines dieser Objekte rein zufällig an seinen Platz gelangt. Gerade durch Vergesellschaftung mit solchen Zeichen wird sehr deutlich bewiesen, daß der Löffel magisches Attribut ist und die Sitte des Löffelansteckens als Variante eines mit verschiedensten Mitteln geübten apotropäischen Brauchtums betrachtet werden muß. So bedarf es auch durchaus keines kulturellen Verbindungsweges zwischen den aufgesteckten Reislöffeln der Janitscharen, den Löffeln der napoleonischen Linien-Infanterie, jenen der niederländischen Bauern oder irgendwelchen analogen Bräuchen. Die Form des Gerätes bringt alle Menschen, die mit den magischen Gestaltregeln vertraut sind, in entsprechenden Situationen nahezu zwangsläufig auf die gleiche Idee.

Tafel 43 (1–5)

27. Knoten, Knopf

Beide Wörter entstammen einer umfangreichen »kn«-Wortgruppe des Altgermanischen, die immer mit der Bedeutung »zusammenfassen, ballen, pressen, klemmen, knüllen« in Beziehung stehen. Das Wort »Knopf« geht wahrscheinlich zurück auf das germanische »knuppa«, das im plattdeutschen »Knopp« und »Knöppe« noch deutlich erhalten ist. Mit dem Wort Knopf verwandt sind Knospe, Knauf, Knorren, Knoten. Hierher gehören auch die Begriffe Knorpel, Knüttel, Knödel, lauter durchwegs runde oder teilweise runde Objekte. Unter Knüttel stellt man sich meist etwas Keulenartiges vor, und Keule ist wiederum mit Kugel verwandt. Auch der Begriff Knute, eine mit Knöpfen oder Kugeln versehene Peitsche, ist hier einzuordnen.

Das Knotenschlingen dient seit alters her dem Heils- wie auch dem Schadenzauber (vgl. R. Beitl 1955, E. Stemplinger 1948), kann doch magischer Vorstellung zufolge Gutes wie Böses versiegelt oder durch Lösen von Knoten freigesetzt werden. Das Einbinden von Krankheiten ist ebenso bekannt wie das Freilassen nützlicher Kräfte, die einem nachher dienstbar sein müssen. In diesem Sinn ist vielleicht auch das Zerhauen des Gordischen Knotens (vgl. J. G. Droysen 1966) durch Alexander den Großen zu verstehen. Der durchschnittene Knoten zeigt nach K. Lipffert (1964) das Bild des Pentagramms. Der »Siegknoten« (vgl. H. Kükelhaus 1934) bietet das Bild dreier zusammengeschachtelter Miribotas und ähnelt dem heilbringenden Dreipaß. Aber schon aufgrund ihrer kugeligen Gestalt können Knoten in den Dienst der Abwehr des »bösen Blickes« einbezogen werden. Der Knoten ersetzt vielfach das Abwehrsymbol »blaue Perle«, und nicht selten sieht man auf Amuletten anstatt dreier Perlen ebenso viele Knoten angebracht. Nach K. Lipffert (1964) gilt ein Knoten im Gewand als unheilabwehrend. In diesem Sinn könnte auch der bekannte »Knoten im Taschentuch«, der gegen das »Vergessen« wirken soll, mit Abwehrzauber zu tun haben. Sehr auffallend sind die großen Kugelknoten an der Rückseite türkischer Derwisch-Turbane, wie sie auf Sarkophagen der Mevlana-Moschee liegen. Zumindest beachtenswert in diesem Zusammenhang ist der Haarknoten griechisch-orthodoxer Popen, der an entsprechender Stelle unterhalb des Mützenrandes sitzt. Bei Kenntnis der Wichtigkeit, die einer Rücken-

Abb. 78 Magischer Knoten. **a** Derwisch-Turbane mit rückwärtigen ritualisierten Knoten (Konya, Türkei). **b** Haarknoten eines Popen (Kreta).

sicherung gegen den »bösen Blick« in östlichen Kulturbereichen zugesprochen wird, kann man kaum umhin, diesen auffälligen Gebilden eine ursprüngliche Abwehrbedeutung beizumessen. Nach E. S. Gifford (1964) dient der im Liebeszauber verwendete »Heraklesknoten« zusätzlich gegen den »bösen Blick«.

Eine dem Knoten analoge Funktion erhält vielfach der meist runde, halbkugelige oder kugelförmige, knöpfbare Bekleidungsknopf (I. Gierl 1972). Von heutigen Modeschöpfern und dem gesamten Konfektionsgewerbe wird der Knopf mit großer Vorliebe als Dekorationselement und Blickfang verwendet (vgl. R. Klein 1950). Seine frühe Anwendung im Bereich des Abwehrzaubers ist angesichts der Rundgestalt nichts Überraschendes. In der Türkei sind mir öfters Männer, namentlich der ärmeren Bevölkerung, begegnet, die zwischen normalen Rockknöpfen einen auffällig blaufarbigen trugen. Auch sind in der Türkei mitunter auf Kinderhäubchen neben anderen unverkennbaren Amuletten drei buntfarbige, nebeneinander oder im Dreieck angeordnete Knöpfe zu sehen. Auf einem kostbaren goldbestickten Tarbusch fand ich im Zentrum, wo die Quaste entspringt und üblicherweise Abwehrornamente aufscheinen, einen blauen Plastikknopf angenäht. Sehr beliebt sind blanke metallene Knöpfe, die durch ihren zurückwerfenden Glanz eine der magischen Spiegelfunktion ähnliche Bedeutung erhalten. Es ist nicht von der Hand zu weisen, daß der sorgfältig blank geputzte militärische Uniformknopf ursprünglich neben seiner Knöpffunktion auch magische Bedeutung im Sinne eines Schutzamulettes besaß, was angesichts des noch im Ersten Weltkrieg in Soldatenkreisen blühenden Aberglaubens (vgl. O. Koenig 1970, H. Patera 1960, F. Rumpf 1937) nicht weiter verwunderlich wäre.

Tafel 75 (4, 9)
Tafel 77 (2)

Ganz allgemein tragen Metallknöpfe sehr häufig Heils- und Abwehrzeichen, die heute nur noch als »Dekor« gelten, ursprünglich aber sicherlich tiefen Symbolgehalt besaßen. Neben Drehwirbel und Stern fin-

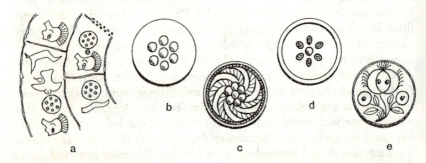

Abb. 79 Abwehrornamentik auf Knöpfen. **a** Detail aus dem »Diskos von Phaistos« mit Siebenpunktscheiben (Kreta, 1600 v. Chr.). **b** Amulettplättchen mit analogem Ornament aus Jugoslawien. **c** Trachtenknopf aus Österreich. **d** Uniformknopf des österreichischen Bundesheeres von 1938. **e** Trachtenknopf mit ausgeprägter Augenornamentik (Österreich, um 1820).

den wir auf Knöpfen überaus oft das Siebenpunktsystem vor, bei welchem ein Punkt oder Kreis von sechs ebensolchen Zeichen umringt ist. Dasselbe kann aus sieben Punkten mit einem achten Punkt in der Mitte oder mit einem anderen Zentralmotiv gebildet werden. Solche Zeichen sind weltweit bis in die Prähistorie nachweisbar und etwa auf dem bekannten kretischen Diskus von Phaistos (H. Pars 1957) sowie auf Kronreifen verschiedenster Epochen zu finden. Auch die Knöpfe der österreichischen Offiziersuniformen zwischen den beiden Weltkriegen zeigten dieses Ornament.

Sehr oft wird der Knopf durch die Münze ersetzt, die man durch Auflöten einer Öse annähbar macht (vgl. I. Gierl 1972). In weiterer Entwicklung entstehen eigens hergestellte Knöpfe mit Münzbild, die zum Knopf umfunktionierte echte Münzen vortäuschen sollen. Münzen spielen im Amulettbereich ganz allgemein eine große Rolle. Dieser Themenkreis wurde S. 251 abgehandelt. Mitunter findet man aus Schnur bzw. Leder geflochtene Kleiderknöpfe oder solche aus festem Material, deren Oberfläche mit Flecht- und Verknotungsstrukturen ausgestattet ist. Auch wurden kugelig verflochtene, von den Benützern selbst hergestellte Knoten in der Jugendbewegung als Halstuchhalterung verwendet. Solche Objekte zeigen in der Anfangsflechtung Schleifengestalt, und man darf annehmen, daß gewisse Ritualisierungsformen des Knotens aus der S. 295 f. behandelten magischen Augenschleife entstehen. Dazu paßt die Beobachtung, daß die auf türkischen Grabsteinen befestigten apotropäischen blauen Bänder und Tücher Knüpfungen vom einfachen Knoten bis zur Masche zeigen. Die älteste Form solcher magischen Bindungen ist zweifellos die einfache »Kultschleife«, die dann sowohl zur Masche als auch zum schlichten Knoten variiert werden kann, der in Form der vorerwähnten Flechtknoten neue Luxurierungswege einschlägt.

28. Quaste, Wedel, Besen

Abb. 80
Pferdequasten.
a Türkische Riesenquaste (16. Jh.).
b Pferd der Kettledrummer (Royal Scots Greys, 1935).

Die beiden Wörter Quaste und Troddel haben ungefähr den gleichen Bedeutungsinhalt. Quaste, mittelhochdeutsch »quast«, bezeichnet ursprünglich Büschel, Wedel, das zum Baden in der Sauna heute noch verwendete Laubbüschel ebenso wie den Helmbusch aus Haaren oder Federn. Im Schwedischen heißt »kvast« soviel wie Besen, Doldentraube. Die Wurzel ist gemein indogermanisch. »Troddel« ist in der Bedeutung Quaste, Fransenbüschel seit dem 15. Jahrhundert nachgewiesen und gehört zu einem mittelhochdeutschen, allerdings verschwundenen Substantiv »trao«, das die gleiche Bedeutung hatte. Der Ursprung des Wortes Besen ist nicht geklärt. Für die hier vorgelegten Untersuchungen ist die Mehrfachverwendung des Wortes »Quaste« für Büschel, Besen und Helmbusch von Wichtigkeit.

Der Quaste kommen im Volksglauben weitverbreitet Heils- und Abwehrfunktionen zu. Dafür spricht zum Beispiel ihre häufige Verwendung als Pferdebehang vor allem im Orient. Pferde hoher türkischer Würdenträger hatten vorn besonders lange Quasten herunterhängen. Gleiches galt vielfach für Offizierspferde einzelner abendländischer Kavallerieregimenter bis in das 19. Jahrhundert. Auf türkischen Bildern des vorigen Jahrhunderts sind gelegentlich weiße, Frauensänften oder Wagen transportierende Buckelrinder abgebildet, die auf dem Joch je eine hoch aufragende, rückwärtsgekrümmte Stange tragen, von der etwa in Gesichtshöhe der Damen mehrere Dreiergruppen roter oder blauer Quasten herunterbaumeln. In Bulgarien und Rumänien bekommen Mädchen und Frauen zu einem bestimmten Frühlingstermin kleine rotweiße Quasten geschenkt, die sie sich anstecken. *Tafel 25, 78.*

Sehr verbreitet ist auch die Anbringung von meist drei Quasten an Baldachinen über Sitzestraden von Herrschern, Präsidenten oder höheren Gerichten. Im Museum für Hamburgische Geschichte existiert ein Bild des alten Hamburger Stadtsenats, auf dem ein solches Quastenarrangement deutlich zur Geltung kommt. Auch der Hamburger Ratsherrenhut trägt eine Quaste von allerdings höchst merkwürdiger Beschaffenheit. Mit Rücksicht auf die Funktion des Hutes, nur noch bei feierlichen Anlässen unter dem Arm getragen zu werden, schuf man eigens eine überdimensionierte, völlig steife, hochritualisierte Repräsentationsquaste und montierte sie mit der Fransenseite an den Hutstumpen, von wo sie bei entsprechender Huthaltung gut sichtbar senkrecht hochstand. Gerade diese nahezu absurd anmutende Umorientierung eines zum Herunterhängen bestimmten Gebildes zeigt, welch hohe Wichtigkeit man ihm beimaß. Tafel 28 (4, 6, 7).

Auch im kirchlichen Bereich spielt die Quaste eine bedeutende Rolle. In der Bibel (1968) findet sich im »Buch Deuteronomium« 22, Vers 12 folgende Vorschrift: »Du sollst dir an den vier Zipfeln deines Oberkleides, mit dem du dich umhüllst, Quasten anbringen.« Homer (Ilias V, 737) berichtet über Pallas Athene: »Siehe, sie warf um die Schulter die Aegis, prangend mit Quasten, fürchterlich rund umher mit drohenden Schrecken gekränzt...« Die Hüte katholischer Würdenträger zeigen, abgesehen von herunterhängenden Quastenarrangements, beiderseits eine große Quaste, die in ihrer Position an die Hermesflügel erinnern (vgl. A. M. Hildebrandt 1967, A. Zappe 1968). Bei Kirchenornaten hängen Quasten häufig vom Rücken herunter. Analoges sehen wir bei den Gasteiner Perchtenläufern, die während des Laufens an den Schultern und in Rückenmitte Quasten tragen, die oft an augenhaften Doppelschleifen hängen. In ähnlicher Weise sind Quasten an Rückenpanzern der Samurais und anderer orientalischer Krieger befestigt. Auch das spanische Torerokostüm hat zwei Rückenquasten. Die in manchen Gebieten Österreichs den Weinausschank anzeigenden großen Strohkränze weisen im Zentrum oftmals kleine Quasten auf. Und letztlich braucht man nur die Amulette und Maskottchen griechischer oder türkischer Autofahrer zu betrachten, um zu erkennen, wie häufig die Quaste im Amulettbereich Verwendung findet. Es kann mit absoluter Sicherheit behauptet werden, daß sie zumindest von Südosteuropa über Kleinasien bis nach China und auch in Afrika noch heute völlig bewußt als Blickabwehrmittel eingesetzt wird.

Zu erklären bleibt allerdings, wie die Quaste in den Bereich der Augenmagie gelangte und in welcher Beziehung sie zum realen Auge steht. Der Verbindungsweg ist überraschend einfach. Die Fransen der Quaste symbolisieren nämlich nichts anderes als den die Lider säumenden Wimpernkranz. Diese Konstruktion, biologisch-funktional als Abfangreuse für Schmutzpartikelchen herausentwickelt, hat beim Menschen zusätzlich Signalbedeutung bekommen. Wimpernlose oder sehr dürftig und hell bewimperte Augen gelten als unhübsch, ja geradezu krankhaft, wogegen man lange, dunkle, aufwärtsgekrümmte Wimpern allgemein für schön erklärt. Das Aufkleben künstlicher, überbetonter Wimpern (»Fliegenbeine«) oder das Tuschen und Verlängern der natürlichen Wimpernhaare gehört zur weiblichen Augenkosmetik. Bei Männern sind solche Hilfsmittel zwar nicht üblich, immerhin aber gelten ausgeprägte Wimpern auch bei ihnen als durchaus positiv. Durch die Wimpern wird die Lidstellung unterstrichen, die als mimisches Ausdrucksmittel eingesetzten Oberlidbewegungen (Zwinkern, Blinzeln, rasches »Flattern« oder

a

b

Abb. 81 Quasten geistlicher Würdenträger. **a** Wappenschablone der vier höchsten Prälaten am päpstlichen Hof. **b** Wappenschablone eines katholischen Priesters. Die Quastenzahl steigt mit dem Rang.

Tafel 36

langsames Heben und Senken) gewinnen an Eindringlichkeit. In der Puppenindustrie nützt man das aus und setzt den Köpfen bewegliche Oberlider ein, die extrem dicht, lang und dunkel bewimpert sind.

Die Stilisierungsmöglichkeiten für Wimpern gehen aus der Gebrauchsgrafik recht deutlich hervor. Bei illustrativen Mädchendarstellungen im Disney-Stil oder in der gröber arbeitenden Plakatkunst wachsen die Wimpern mitunter zum Vielfachen ihrer natürlichen Dimension, wobei oft eine Reduzierung der Wimpernzahl zugunsten der Wimperndicke vorgenommen wird. Dabei kann es sogar zu sägezahnartigen Linienführungen kommen. Am weitesten schreitet die Wimpernstilisierung bei Augen fort, die isoliert als Blickfang geboten werden und daher der Einpassung in die Ganzheit eines Gesichtes enthoben sind. Hier kann die Wimper straußenfederartige Umrisse annehmen und die Wimpernzahl bis zur Drei absinken. Solche Augen findet man häufig auf volkstümlicher rumänischer Keramik, wo sie als Blickabwehrmittel aufgemalt sind. Ganz ähnlich proportionierte Augen, wenn auch in Stein gehauen, sah ich an den drei Enden eines Grabkreuzes des orthodoxen Friedhofs von Hercegnovi (Jugoslawien), also an Stellen, wo sonst Rosetten, Kreise oder Sterne angebracht sind. Dasselbe Motiv in Silberblech ausgeführt erhielten bis in das 18. Jahrhundert türkische Soldaten als Tapferkeitsauszeichnung auf den Turban gesteckt. Abd el Kadr, der von 1832–1847 mit einer bunt uniformierten Armee in Algerien kämpfte (A. v. Pawlikowski-Cholewa 1942), verlieh seinen Soldaten ganz ähnliche Tapferkeitsauszeichnungen, die aus runden Silberscheiben mit fünf hochgezogenen Strahlen bestanden. S. Seligmann (1910) sieht in dieser Form eine abgewandelte Hand. Diese Assoziation ist angesichts der im islamischen Bereich »Hand der Fatima« genannten, auch von französisch-marokkanischen Eingeborenentruppen in der Fahne geführten Abwehrhand durchaus naheliegend. Während jedoch die »Strahlen« auf Handsymbolen immer fingerförmig gerade sind, neigen sich jene der türkischen Kriegsauszeichnungen, von denen es übrigens auch drei-, sechs- und siebenstrahlige Varianten gibt, haarbüschelartig nach einer Seite und zeigen häufig an den Enden straußenfederartige Verbreiterungen. Hier möchte man, wäre das Auge nicht unverkennbar geblieben, die Wimpern bereits für stilisierte Federbüsche halten, denn ihre Ähnlichkeit mit den kostbaren Straußen- und Reihergestecken, die von hohen Würdenträgern über einem augenhaften Edelstein auf dem Turban getragen wurden, ist überaus groß.

Tatsächlich handelt es sich aber gar nicht um äußerliche Analogie, sondern um echte Homologie. Edelsteinagraffen mit Reihergesteck sind nichts weiter als eine der vielen Möglichkeiten, das bewimperte Auge nachzubilden. Betrachtet man die Abbildungen der verschiedenen osmanischen Sultane und vergleicht ihren Turban- beziehungsweise späteren Fez-Schmuck, erkennt man sofort, daß es sich dabei primär nicht um reine Schmuckattribute oder Würdezeichen, sondern um eine Vielfalt

Tafel 18, 19

Abb. 82 Wimpernstilisierungen.
a Auf- und abwärts (aus Gemälde von F. Brochet).
b Abwärts (peruanische Maske). c Aufwärts (Augenpaar auf peruanischem Kopfgefäß, 100 v. Chr.). d Seitwärts (Heckzier auf antikem Schiff).

individueller Varianten von Abwehramuletten handelt. Darauf weist zum Beispiel das Vorkommen dreier Gestecke in Dreiecksanordnung hin. Ferner müssen die Federn keineswegs hochragen, sondern können auch abwärts stehen. Anstelle von Reihergestecken treten einzelne oder paarige Kranich- und Straußenfedern, lange, in Augenmustern zusammengeflochtene Fasanen- oder Pfauenfedern und blaue Perlen auf.

Solange man Silberblech oder steife Reiherfedern verwendet, kann das Wimpernbüschel senkrecht hochstehen. Denselben Effekt erzielt natürlich die Malerei. Wo aber in Ermangelung solchen Materials zu Wolle oder weichem Haar gegriffen werden muß, wird die prinzipiell gleiche Gestalt alsbald zur hängenden Quaste. Interessant in diesem Zusammenhang ist die Beschreibung der Quaste im Textil-Lexikon (H. Glafey 1937), wo es heißt:

Tafel 20–23

»Quaste oder Quast, ein durch Posamentierarbeit hergestelltes Gehängsel aus büschelförmig zusammengebundenen Fäden, Fransenstengeln oder zusammengerollten Fransen. Ursprünglich bestand die Quaste nur aus losen, längeren, farbigen Seidenfäden, in die zur Beschwerung und Vermeidung von Verwicklungen Kugeln aus Bergkristall, Bernstein oder Metall als oberer beweglicher Körper eingezogen waren. Sie bilden die Vorläufer für die später verwendeten, gedrechselten, übersponnenen oder überflochtenen Halter für den sog. Mantel. Beim Zusammensetzen einer Quaste ist der Phantasie der größte Spielraum gelassen. Im wesentlichen kann man jedoch bei jeder Quaste einen Kopf und eine Franse bzw. ein fransenähnliches Gebilde unterscheiden, das vom Kopf getragen wird ...«

In dieser Beschreibung dokumentiert sich die Quaste recht deutlich als Augenornament, bestehend aus Kugel (= Augapfel) und Fransen (= Wimpern). Die beiden für die Kugeln genannten Materialien, nämlich Bergkristall und Bernstein, sind bekannte apotropäische Mittel (vgl. R. Beitl 1955). Im Grunde genommen bietet sich jede gedrehte, an ihrem Ende fransende Schnur zur Bildung einer Quaste an. Die Fasern sind rasch gelöst und oben knotig abgebunden. Quasten als Schnurabschluß sind daher weit verbreitet. Dasselbe gilt für Fransen an Stoffrändern, die durch Verknüpfung ein weiteres Auffasern verhindern sollen und eigentlich aneinandergereihte Quasten sind. Über diese Funktion hinaus wurde die Quaste jedoch zum vielgestaltig variierten und luxurierten Augensymbol, das sich ebenso in Seitenfenstern von Postkutschen wie an Geräten des Begräbniskultes oder an den Trompeten der Militärmusik findet. An der Krönungskutsche des Schahs von Persien hingen, den vorerwähnten Behängen der Buckelrinder vergleichbar, etliche große Quasten. *Tafel 25 (9).*

Sehr reich an Quastenvarianten ist die heutige Türkei. Hier sind aus kleinen Perlen gefädelte Quasten recht beliebt, häufig auch als Anhängsel der sogenannten »Gebetsketten« der Männer, die überallhin mitgetragen werden und deutlichen Amulettcharakter besitzen. Als Quasten-

Abb. 83 Phantasiequaste mit blickabwehrenden Elementen (Kugeln, Knoten, Fransen, Schlingen, Maschen).

kopf dient vielfach eine dreiäugige blaue Perle. Mitunter sind die Fransen zu Schlingen verdoppelt, die ihrerseits wieder in das System der Augensymbolik hineinfallen (S. 292 ff.). Fast immer trägt die Schlingenrundung drei in der Farbe kontrastierende Perlen. Oft sind auch nur drei periphere, einander symmetrisch gegenüberstehende Fäden zu kurzen Schlingen gelegt. Stellt man eine solche Quaste auf den Kopf, formen sich die etwas steifen Schlingen zum Oval, fallen auseinander und bilden, mit dem Ornament der Augenperle korrespondierend, nach drei Richtungen je ein Augenpaar. Sorgfältig gearbeitete Quasten aus Wolle tragen an den Enden der Fransen oft kleine weiße oder blaue Perlen als zusätzliche blickfangende Augensymbole. Bei größeren Quasten kann der Fransenabschluß aus kleinen Abwehrsymbolen wie Lochscheiben, Halbmonden, Miribotas oder blauen Augenperlen bestehen. Eine den Quastenfransen ähnliche Wimpernritualisierung beobachtet man übrigens in der Textilkunst westafrikanischer Neger, bei denen große, auf Stoff applizierte Augensymbole unten mit kleinen, der Rundung folgenden Fransenstreifen benäht sind (vgl. H. Davis 1958).

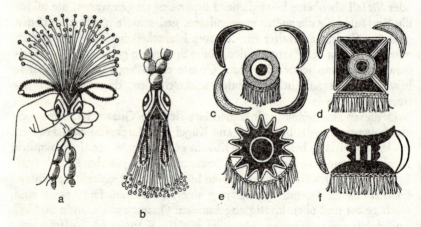

Abb. 84 Quastenauge, Fransenauge. **a** Quaste mit drei Augensymbolen als »Kopf« an türkischer »Gebetskette«, zur Abwehr hochgestellt, auseinanderfallende Augenschleifen (Hand ½ verkleinert). **b** Dieselbe Quaste hängend. **c–f** Applikationsornamente der Lobi-Neger (Westafrika) mit Augensymbolen, Fransen als Wimpernritualisierung. Figur f symbolisiert einen Häuptlingshocker. (Vgl. Figur a+b mit Abb. 141e, S. 384.)

Fransen- und Quastenbehänge verschiedenster Ausführungen werden auch für Autos hergestellt, wo sie im Innenraum die Oberkanten der Fenster säumen. In Griechenland und in der Türkei sieht man sie häufig über den Führersitzen der großen Fernlaster. Mitunter sind die Girlanden durch drei zusätzliche, besonders große, symmetrisch angeordnete Quasten ergänzt. Nach Beobachtungen der Institutsmitarbeiterinnen E. Lies und Ph. Seilern, die in Griechenland und Kreta solche Behänge als

Meterware angeboten bekamen, gibt es gewisse ungeschriebene Spielregeln, nach denen man sich die Quastengirlanden für das Auto auswählt. Betrachtet man das von S. Marinatos (1972) ursprünglich als »Banner« bezeichnete Fresko aus Thera, erkennt man Girlanden, die einen sofort an den Quastendekor griechischer Autos erinnern. In der neueren Publikation (S. Marinatos 1973) korrigiert sich der Autor, indem er die Gebilde wesentlich überzeugender als »Deckkajüten von Schiffen« bezeichnet und von »festlichen Girlanden« spricht. Doch lehrt uns der griechische Alltag, daß noch heute in jeglichem schmückenden Beiwerk apotropäische Bedeutungskerne liegen. Wahrscheinlich empfanden die Kapitäne jener Schiffe zumindest genau soviel Furcht vor dem »bösen Blick« wie die Lastwagenfahrer der Gegenwart und bedienten sich analoger Abwehrmittel.

Die Schmalränder orientalischer Teppiche zeigen mitunter Bordüren mit stilisierten, in Web- oder Sticktechnik übersetzten Quastenmotiven, an die der echte Fransensaum anschließt. Eine der eigenartigsten Übertragungen der textilen Quaste jedoch ist die in Stein, wie wir sie offensichtlich in den bekannten, auf vier Kugeln ruhenden pyramidenförmigen Obelisken vor uns haben. Die stehenden Riesenquasten auf den Hamburger Ratsherrenhüten zeigen die Möglichkeit eines solchen Ritualisierungsprozesses deutlich an. Da Quastenbehang an verschiedensten Ausrüstungsgegenständen wie Trompeten, Fanfaren, Tambourstäben, Stangenwaffen und Feldzeichen generell üblich ist und bei festlichen Umzügen vielfach gebraucht wird, haben sich auch in diesem Bereich besonders große Demonstrationsquasten entwickelt. Offensichtlich des leichteren Transportes wegen hat man vielerorts speziell für Umzüge Personen als Riesenquasten angekleidet *(Tafel 28 [1–3, 5])*. Hierher gehören die Strohfiguren (vgl. O. Swoboda 1970) und die Figur des Pfingstkönigs, der gestaltlich eine Quaste aus grünem Laub darstellt (vgl. H. Fielhauer 1968). Stroh und Laub waren ja auch bei der Armee als Feldzeichen üblich und vertraten einander je nach Jahreszeit. Vielleicht sind auch die rechtwinkligen oder trapezförmigen Zacken an den Unterkanten dorischer Tempelfriese ein ritualisierter Quastenbehang (vgl. W. Wägner, F. Baumgarten und L. Martens 1922). Da sich die gesamte Tempelkonstruktion von dem aus Holz gebauten vorderasiatischen Haus ableitet, wäre die »Mitversteinerung« ehemaligen textilen Abwehrzierates durchaus denkbar. Da bei künstlerischer Übersetzung sich ursprüngliche Formen der Darstellungstechnik unterordnen müssen, verlieren sie an Charakteristik und materieller Eigenständigkeit. Derselbe Verlust muß einsetzen, wenn alte Holztempel oder die noch älteren Wohnhütten mitsamt ihren Abwehrzeichen in Stein übersetzt und gestaltlich dem neuen Material unterworfen werden. In der Architektur der Jahrhundertwende und des Jugendstils findet man auf Tür- und Fensterumrahmungen in Reliefstuck sehr oft Quastenmotive. Wie R. Lütkens (Abteilung für ethologische Wildtierforschung im Institut) durch

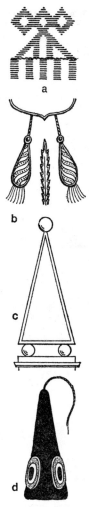

Abb. 85 Quasten aus verschiedenem Material. **a** Stickornament an Teppichkante (Türkei). **b** Stirnquasten auf Pferdemaske in Treibarbeit (Turnierrüstung Kaiser Karls V., 16. Jh.). **c** Steinpyramide in Quastenform. **d** Glasquaste mit Augen (türkisches Schmuckamulett).

Tafel 52 (10, 11, 13) eine Fotosammlung aus dem Bezirk Gänserndorf (Niederösterreich) belegte, kommen sie auch auf Bauernhäusern dieser Stilepoche öfters vor.

Im europäischen Raum hat die Textilquaste weite Verbreitung, einige Beispiele davon wurden bereits genannt. Besonders die Hutquaste ist in Volkstrachten reichlich vertreten. Im Zillertal (Tirol) tragen die Schützenkompanien noch heute die alten Trachtenhüte mit den zwei über der Stirn befestigten Goldquasten (vgl. A. Kretschmer ohne Jahreszahl). Manche Militärmützen zeigen, ähnlich den traditionellen Doktorhüten, vorn eine an das »dritte Auge« erinnernde, durch ihre Beweglichkeit stark blickbindende Quaste. Weiter gehören die Fezquasten und die langen fransenartigen Behänge der alten Dalmatinerkappen hierher. Auch beim Militär, vor allem bei Offiziersuniformen, tritt die Quaste in den optischen Vordergrund. Wir finden sie an Degen oder Säbeln und als wesentlichen Teil der Schärpen und Feldbinden. Vermutlich diente der auf den Rückenteilen des Ulanen-Waffenrockes (Ulanka) angenähte *Tafel 35 (11)* Fransenbehang, in der österreichischen k. u. k. Armee »Wasserfall« benannt, ursprünglich ebenfalls magischem Schutz. An österreichischen Uniform-Kopfbedeckungen wurde die früher häufige Quaste in der zweiten Hälfte des 19. Jahrhunderts durch spiralig eingedrehte Rundkokarden ersetzt. Andere Staaten, wie auch Preußen und Bayern, behielten an den »Zweispitzen« die Quasten bis 1918 bei.

Als Variante der Quaste ist der Pompon anzusehen, bei dem die Fäden sehr dicht gelagert und durch Fehlen des Quastenkopfes zur Kugel formiert sind. Er wird analog der Quaste verwendet. In Gestalt des Wollpompons findet man die Quaste häufig auf Schuhspitzen oder an den Enden von Kapuzen und Zipfelmützen in Rückenmitte. Die größten Wollpompons tragen derzeit die griechischen Evzonen (Gardesoldaten) auf ihren Schuhen (vgl. P. Kannik 1967). Diese Schuhe finden in verkleinerter Nachbildung, oft mit zusätzlichen Augensymbolen ausgestattet, im Amulettwesen Verwendung. Hier sind allerdings die Pompons oft blau statt schwarz und mit einem augenhaften Zentralfleck versehen. Man könnte die Reihe der Beispiele noch beliebig fortsetzen. Als wesentlich erscheint jedoch, daß Pompons wie Quasten in allen ihren Varianten, die bis zum prunkvoll übersteigerten Rang- und Würdesymbol reichen, *Tafel 50 (5, 9, 10)* stets in der Verwendungsart auftreten, die wir auch von anderen ab-
Tafel 62 (4, 5) wehrenden Augensymbolen her kennen.

Mit Sicherheit kann angenommen werden, daß Quaste und Pompon in Schelle (Glocke) und Rolle (Kugelschelle) ihre Metallausformung finden. Da sich Dämonen und Geister nach altem Volksglauben durch Lärm vertreiben lassen, scheint es recht naheliegend, »lärmende Abwehrzeichen« zu schaffen. An mittelalterlichen Gewändern, vor allem in Deutschland (vgl. E. Thiel 1968) sieht man kleine Schellen und Rollen genau dort befestigt, wo auch Quasten und Pompons vorkommen. Es sei nur an gotische Schnabelschuhe oder die verschiedenen Narrentrachten erinnert (vgl. A. Kretschmer und K. Rohrbach 1906). Im bäuerlichen

Bereich werden Schellen und Rollen noch heute reichlich verwendet. Man findet sie ebenso an Halsbändern oder Geschirren von Haustieren wie als brauchtümliche Attribute. In Äthiopien werden Glöckchen anstelle von Quasten an Priestergewänder genäht. In allen Fällen tritt die Austauschbarkeit von Schelle und Rolle gegen Quaste und Pompon deutlich zutage.

Der Quaste verwandt ist der Haarwedel, der in verschiedenen, so auch in sakralen und brauchtümlichen Bereichen eine wichtige Stellung einnimmt. Die »Vorperchten« und mitunter auch »Klaubaufs« der Gasteiner Nikolauspassen (Salzburg) tragen Wedel aus Pferde- oder Rinderschwänzen, die sie demonstrativ herumschwenken. Der Anführer beim Münchner Schäfflertanz (vgl. R. Wolfram 1963) trägt einen kurzen Stab mit einem daranhängenden Bänderbüschel. Das gleiche Gerät ist auch ein häufiges Narrenattribut. Beim Imster Schemenlaufen schwingen die »Roller« Haarwedel, die mit augenhaften Schleifen besetzt sind (A. Dörrer 1938). Noch heute gehören Büschel aus Silberlametta zur Ausstattung türkischer Bräute, die ansonsten sehr europäisch in weißem Schleier mit Krönchen und weißen, bodenlangen Kleidern gehen, auf denen allerdings fast regelmäßig irgendwelche Miribota-Muster zu erkennen sind. Trotz weitgehender Angleichung an die Weltmode blieben diese alten apotropäischen Elemente erhalten. Im griechischen Nationalmuseum befindet sich unter den mykenischen Funden ein Wedel aus Gold, der dem silbernen türkischen Brautwedel vollkommen gleicht. In manchen Orten der Lausitz tragen die Bräute während der Trauung lange Quasten an der Kopfbedeckung. Erwähnung verdient ferner der alpenländische Gamsbart oder »Wachler«, der nach A. Beurmann (1961) früher als Talisman galt und nur Jägern zustand. Noch im 17. und 18. Jahrhundert stand unberechtigtes Tragen unter Strafe. *Tafel 24, 37 (12).*

Das Prinzip des Haarwedels kann nun im Zuge der allgemein menschlichen Imponier- und Steigerungstendenzen so ins Extrem getrieben werden, daß letztlich ein ganzer Roßschweif die Funktion der abwehrenden Quaste oder des Haarwedels übernimmt. Die den türkischen Würdenträgern vorangetragenen, auf prunkvolle Metallgestelle gehängten, paarig angeordneten Roßschweife sind zum Würdezeichen gewandelte magische Schutzsymbole, die den durch Ranghöhe zum Feindziel »primo loco« gewordenen Anführer besonders schützen sollen. Der türkische Roßschweif zeigt eine Vielfalt an apotropäischen Elementen. Der Tragstock, an dem er hängt, ist meist mit einer Goldkugel, einem Halbmond oder einer Kombination beider gekrönt. Wo solches fehlt, werden die Haare des Schweifes zu einem Knoten geschlungen, der zusätzlich mit meist rhombenförmigen Augensymbolen besetzt sein kann. Je nach Anlaß wird die Anzahl der Roßschweife, die der Abteilung vorangetragen werden, bestimmt. Häufig findet man auch drei Roßschweife an einer Stange nebeneinander.

Eine Weiterentwicklung des Roßschweifes ist der Schellenbaum der

Abb. 86
Haarquasten. **a** Türkischer Roßschweif mit Goldkugel. **b** Österreichische Ulanen-Tschapka. **c** Tschako des »Braunschweiger Schwarzen Corps«. **d** Stirnquaste als »drittes Auge« (chinesische No-Maske).

Janitscharenkapellen, der oft fälschlich für ein Musikinstrument gehalten wird (vgl. W. Transfeldt 1942). Es ist dies ein großes, an langer Tragstange befestigtes, glänzendes, mit Abwehrzeichen wie Mondsichel, Stern und Kugel geziertes Metallgerüst, von dem jederseits ein langer Roßschweif herabhängt. An der unteren Kante der Halterung baumeln zahlreiche Glöckchen, die ebenfalls dämonenabwehrend sind. Diese Schellenbäume wurden gelegentlich der spielenden Musikkapelle vorangetragen, häufiger jedoch in der Mitte oder weiter hinten eingereiht. Sie überragten die Truppe und wirkten somit nach allen Seiten. In der heutigen Zeit des modernen Tarnungskrieges mit den optisch menschenleeren Schlachtfeldern ist die überaus wichtige Funktion der Militärkapelle kaum noch verständlich. Früher aber bedurfte es aufrüttelnder, den Mut anstachelnder Musik, um die Truppe in die rechte Kampfstimmung zu bringen. Diese heroisierende Musik wirkte aufpeitschend wie der Alkohol, den man heute auf Schlachtfeldern in großen Rationen verteilt. Der hoch aufragende Schellenbaum war für die Truppe nicht nur Wahrzeichen und Schutzsymbol, sondern zusammen mit der akustisch wirkenden Musik auch ein optisches Orientierungsmittel für den Soldaten, wenn er im Kampfgeschehen den Kontakt mit seiner Abteilung verlor. Im Zuge der Türkenkriege wurden zahlreiche Schellenbäume von kaiserlichen Truppen des Deutschen Reiches erbeutet und diesen vielfach gleich Feindfahnen als Trophäen vorausgetragen. Bei den deutschen Militärkapellen ist der Schellenbaum bis in die Gegenwart erhalten geblieben.

Tafel 40 (3, 7–9) Das Konstruktionsprinzip des Schellenbaumes findet sich bei modernen türkischen Auto-Amuletten wieder, die allerdings nicht aufgepflanzt, sondern hängend befestigt sind. Man beobachtet quergestellte Rechtecke aus Plastik mit daraufgemalten Segenswünschen oder allerlei Augensymbolen, häufig auch gleichgeformte Spiegel, von denen links und rechts je eine lange Quaste oder Bandschleife herabhängt, die wiederum mit Augenperlen kombiniert sein kann. Auch hier sind die Variationsmöglichkeiten sehr groß. Posamentierquasten, wie sie bis zum Ersten Weltkrieg in der Kleidermode und auch an Vorhängen und Polstermöbeln allgemein gebräuchlich waren, zeigen gleiche Formen, weshalb sie auch als Amulette Verwendung fanden. L. Kybalová (1966) bringt eine gute Zusammenstellung der verschiedensten Variationen.

Man hat häufig versucht, den Roßschweif als Sinnbild der Reitervölker für Krieg und Manneskraft, die sich im Schweif des Hengstes manifestiert, zu deuten. Ob diese Vorstellung jedoch von Menschen geteilt wird, die ständig mit Pferden zusammenleben, für die das Pferd gleichermaßen Trag- und Reittier wie auch Fleisch-, Milch- oder Lederspender sein kann, bleibe dahingestellt. Der Pferdeschwanz ist im Grunde genommen ein Fliegenwedel – und das weiß der Reiternomade ganz genau. Für ihn ist der Pferdeschweif ein willkommenes und geeignetes, infolge der oft recht hohen Verluste an Pferden (Gefechtstod, Beinbrüche) auch leicht zu bekommendes Grundmaterial für die Herstellung der überaus abwehrkräftigen Quaste. Dem Ackerbauern dagegen bieten sich als Werkstoffe für Quasten und einschlägige Gebilde in erster Linie pflanzliche Produkte an. Er bündelt Quasten aus Getreidestroh und flicht kunstvolle Flächenornamente, von denen Kornähren quastenartig herunterhängen. Das runde Korn mit der Granne ist ja bereits an sich ein kleines Augensymbol, das in der Ähre vervielfacht wiederkehrt. S. Seligmann (1910) erwähnt Stroh und Getreidekörner, vor allem Strohgeflechte als Mittel gegen den »bösen Blick«. E. J. Klaey (1971) veröffentlicht eine gute Zusammenstellung von bäuerlichen türkischen Amuletten, darunter ein Flechtwerk aus Getreideähren, das gestaltmäßig den anderen dargestellten Amuletten aus Stoff und sonstigen Materialien prinzipiell entspricht. Der Autor führt es unter der türkischen Bezeichnung »tarak«, was soviel wie Kamm, Mittelhand, Fischkieme oder auch Pilgermuschel bedeutet (K. Steuerwald 1966). Das Wort folgt offensichtlich der Gestaltanalogie und bezeichnet daher einander optisch ähnliche Gegenstände. A. Hermann (1969) hingegen nennt das gleiche Ährengeflecht »Kornbraut« und erklärt es nach der üblichen Tendenz, alles, was Korn ist, sogleich mit Fruchtbarkeit zu verbinden, als personifizierte »Erntegöttin«. Schon auf thebanischen Grabbildern um etwa 1500 v. Chr. sind über Trankspendegefäßen gleiche Gebilde zu sehen, die mir entsprechend der Volksmentalität viel eher magische Schutzsymbole für Behälter beziehungsweise Inhalt denn ein Sinnbild der »zuschauenden Göttin« zu sein scheinen. Es sei auch auf die S. 362 beschriebenen apotropäischen Palmwedelgeflechte verwiesen.

Tafel 23 (1, 2)

Angesichts solcher Formen ist es eigentlich gar nicht weiter verwunderlich, daß der Reisstrohbesen mit seiner quastenähnlichen Gestalt ebenfalls zu apotropäischer Bedeutung kam, wie ja überhaupt der Besen an sich ein weit verbreitetes magisches Attribut darstellt. Schon in der Antike glaubte man, daß Zauberer Besen in wassertragende Sklaven verwandeln können (E. Stemplinger 1948), ein Gedankengut, das Goethe dichterisch verarbeitet hat. Vielleicht wäre dies nicht geschehen, hätte der Besen nicht auch in damaliger Zeit noch magische Bedeutung gehabt. Pythagoras verbot aufgrund alter magischer Vorstellungen das Hinwegschreiten über einen Besen und auf Brueghels Gemälde der niederländischen Sprichwörter (vgl. L. Bruhns 1941) scheint der Besen gleichfalls auf. Die Man-Rune, Sinnbild für »Mensch« und »Mannussohn«, wird im Volksglauben »Donnerbesen« genannt und dient als Schutzzeichen gegen Unwetter und böse Geister (R. Beitl 1955). Nach R. Wolfram (1968) bezeichnet man in Norddeutschland ein bestimmtes Giebelmuster als »Hexenbesen«, »Donnerbesen« oder »Gewitterquast«. L. Schmidt (1966) beschreibt ein in Kapellen dargebrachtes Reiser-, Ruten- oder Besenopfer, das in Teilen Westdeutschlands, Westösterreichs und der Schweiz beheimatet ist. Wohl am bekanntesten ist der Besen als Hexenattribut, was überrascht, weil hier die Hexe offensichtlich ihre eigene »Gegenwaffe« trägt. Verständlich wird die Situation, wenn man unsere Hexen als magisch ausgestattete Abwehrfiguren vorchristlicher Umzüge ansieht, die später durch das Christentum als heidnisch verteufelt und ins Schreckerregende umgedeutet wurden. Das bei rezenten Umzügen manchmal zu sehende »Straßenkehren« mitgehender Hexenfiguren beruht wohl auf einer Art Ausweichhandlung, zu der das hier scheinbar funktionslose Gebrauchsobjekt verlockt.

Tafel 26, 27

A. Haberlandt (1927) bringt eine reiche Fülle von magischen Verwendungsarten des Besens, die rund um die Welt verbreitet sind. Unter anderem wird auch das Vorantragen des Besens bei Umzügen oder das Bannen der Hexen durch senkrechtes Aufstellen von Reisbesen erwähnt. Auf einer alten Abbildung des Wilhelminenberges (K. Ziak 1969) sieht man eine Hirtenhütte mit an langer Stange befestigtem Besen. In dieser Situation gleicht er den gängigen orientalischen Turbanbüschen so sehr, daß er als »ärmlicher Verwandter« dieser prunkvollen Schutzamulette bezeichnet werden könnte. Wie alle anderen Amulettformen findet sich der Besen mit vielerlei Abwehrsymbolen wie blauen Perlen, Maschen, Miribotas, Halbmonden und anderem kombiniert, als kleine Nachbildung an den Windschutzscheiben orientalischer Automobile, um alles Böse abzuwenden. Ja man kann sogar Fernlaster sehen, die hinten zwei ganz gewöhnliche, manchmal mit Schleifen versehene Reisstrohbesen gut sichtbar befestigt haben. Wahrscheinlich gehört die bei uns zu vielerlei Anlässen verbreitete Sitte des Aussteckens von besenartigen Büscheln und Buschen ebenfalls in diesen Bereich. Die jeweils materialbedingte Übersetzung der Wimpern und Brauen (die man ja fallweise auch als »buschig« bezeichnet) in Federn-, Haar- oder Pflanzenbüschel führt möglicherweise bis zu den Strahlenbündeln sakraler Darstellungen.

29. Stachelkugel

In der europäischen Volkskunde gilt die Stachelkugel generell als Gebärmuttersymbol. Der durch R. Beitl (1955) aufgezeigte Vergleich mit dem umgestülpten, auch »Igelkalb« genannten Uterus der Kuh erscheint mir aber nicht sehr überzeugend. Ebenso halte ich die Erklärung, wonach die Stacheln eventuelle stechende Schmerzen bei Gebärmuttererkrankungen oder bei der Geburt symbolisieren sollen (vgl. E. Bargheer 1930 bis 1931), für nicht stichhaltig. Die Verbindung zwischen Gebärmutter und Stachelkugel gilt vorwiegend für Südtirol, wo solche Objekte, meist in Holz geschnitzt, unter dem Namen »Bärmutter« als entsprechende

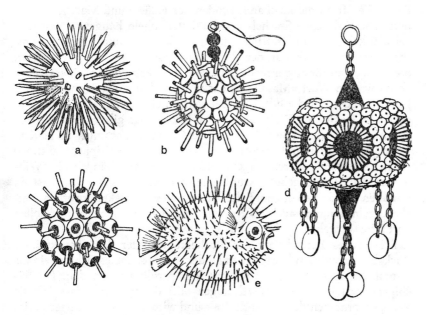

Abb. 87 Stachelkugel als apotropäisches Objekt. **a** Hölzerne Stachelkugel (Bärmutter) aus Westkärnten als Votivgabe bei Unterleibsleiden **b** Stachelkugel aus Röhrenperlen und Pailletten als Amulett gegen den »bösen Blick« (Griechenland). **c** Stachelkugel aus Röhrenperlen und Pailletten als Auto-Amulett (Türkei). **d** Türkisches »fünfäugiges« Auto-Amulett (Stacheln mit Pailletten besteckt, angehängte Rundplättchen) vom Konstruktionstyp der blickabwehrenden Penden und Stäbe (Tafel 24 [3–5], Tafel 42). **e** Igelfisch als Zimmeramulett (Japan).

Votivgaben verwendet werden. In großen Teilen des deutschen Sprachraumes und anderen Gebieten wird die Gebärmutter jedoch als ein sehr entfernt krötenähnliches Tier dargestellt (vgl. L. Kriss-Rettenbeck 1963).

Stachelkugeln gibt es auch in der Türkei und in Griechenland sehr zahlreich, hier allerdings als Mittel gegen den »bösen Blick«. Diese Kugeln werden überall in unterschiedlichsten Farbkombinationen und Größen verkauft, sind häufig mit einer oder mehreren Augenperlen kombiniert und tragen als zusätzliche Anhängsel Hufeisen, Halbmonde, Maschen, kleine Schuhe oder andere Abwehrsymbole. Der Kern solcher Stachelkugeln besteht aus Gummi- oder Plastikkörpern, an denen längliche Röhrenperlen mit Stecknadeln befestigt werden. Die Stachel-Enden können ihrerseits wiederum kleine Augensymbole in Gestalt runder Pailletten mit pupillenartigen Zentralperlen oder auch winziger Augenperlen tragen. Einfach gearbeitete Kugeln erinnern, ähnlich wie die südtirolischen »Bärmutter«-Formen, an die Eisenkugeln des mittelalterlichen »Morgensterns«. Beliebteste Farbe für das Stachelkugel-Amulett scheint in der Türkei das Blau zu sein. Einfach konstruierte Typen sind fast immer hellblau. In grundsätzlich gleicher Ausführung gibt es glatte Kugeltypen, die anstatt der Röhrenperlen plättchenförmige Pailletten tragen und stark glitzern. Durch vielfältige Kombination verschieden großer Pailletten und Perlen entstehen Gehänge unterschiedlichster Form, die oft an die kostbaren Penden der Paläste und Moscheen erinnern. Die türkischen Stachel- und Paillettenkugeln hängen vorwiegend als Glücksbringer in Kraftfahrzeugen an den für Auto-Amulette typischen Stellen, so etwa an der Windschutzscheibe oder im Heckfenster. Stellvertretend für abwehrende Augensymbole kann dort auch ein Täfelchen mit dem Wort »Maşallah«, das unter anderem als Bannformel gegen den »bösen Blick« gilt, befestigt sein. In Griechenland wird die Stachelkugel in gleicher Weise verwendet. Neuerdings gibt es diese Kugeln schon in Deutschland und Österreich als Christbaumschmuck zu kaufen. 1971 sah ich sie in größerer Zahl auf dem Münchner Krippenmarkt, wo sie neben vielen anderen Kugelgebilden und Sterngehängen als Weihnachtsdekoration angeboten wurden. Man kann auch kleine »Baukästen« mit allen Bestandteilen zum Selbstbasteln dieser Objekte erwerben. Stachelkugeln kommen auch als Krönung von Turmspitzen vor und sollen dort Blitze abwehren.

Bei näherer Betrachtung der Stachelkugel unter dem Aspekt ihrer Blickabwehrfunktion kommt man zu dem Schluß, daß es sich um ein ins Räumliche übertragenes »Auge mit Wimpernkranz« handelt. Bei flächiger Darstellung von Abwehraugen oder deren Symbolen spielt die Wimpernornamentik eine große Rolle und wird in verschiedenster Weise realisiert. Man denke etwa an die bürstenartige Randstrichelung des Zentralauges auf rumänischen Keramikschüsseln, an die Kantenornamentik orientalischer Miribotavarianten oder an den Strahlenkranz prähistorischer Gefäßaugen. Soll ein solches Symbol seine Signalwirkung

Abb. 87 (S. 287)

Abb. 88 Stachelkugel zur Blitzabwehr auf Giebelspitze, vorn Steinkugeln auf Mauerpfeilern (Österreich).

räumlich nach allen Seiten hin ausüben, so ergibt sich zwangsläufig die dreidimensionale Gestaltung in Form eines strahligen Kugelgebildes. Türkische Stachelkugeln tragen auch sehr oft drei um die »Äquatorialzone« herumgruppierte Augenkreise oder Augenperlen, die von den Stacheln wimpernartig umgeben sind.

In gleicher Verwendung wie die kunsthandwerklichen Stachelkugeln findet man vorwiegend in Küstengebieten aufgeblasene, getrocknete Igelfische, deren Hautstacheln nach allen Richtungen abstehen. Zuweilen sind solche Fischpräparate Handelsware und tauchen dann oft weitab ihres Verbreitungsgebietes in großen Hafenstädten oder im Landesinneren als Hausamulette auf. In Kreta fanden die Instituts-Mitarbeiterinnen E. Lies und Ph. Seilern Igelfische über Haustüren an Stellen, wo bei allen den »bösen Blick« fürchtenden Völkerschaften Abwehramulette verschiedenster Ausprägung zu hängen pflegen. Japan exportiert derzeit kleine Igelfische mit sehr auffälligen, beweglich eingesetzten Augen. Neben den sich kugelig aufblasenden Igelfischen dienen aber auch die stachellosen verwandten Arten, die ebenfalls Kugelgestalt annehmen, der Abwehr des »bösen Blickes« und anderer Gefahren (vgl. A. Hermann 1969). Der europäische Igel, auf den die Bezeichnung »Stachelkugel« gut paßt, hat vor allem bei den Zigeunern magische Bedeutung. Die Kurrentläufer von Ptuj (Pettau, Slowenien) trugen Igelhäute auf ihren Stöcken.

Abb. 87e (S. 287)

Inwieweit die osteuropäische oder orientalische, gegen den »bösen Blick« eingesetzte Stachelkugel mit der südtirolischen »Bärmutter« direkt verwandt ist, kann man nicht sagen. Immerhin aber sei bedacht, daß schützenswerte Objekte und Organe oft in Form apotropäischer Zeichen zur Darstellung kommen, wie dies etwa im Fall des Herzens (S. 319 ff.) nachgewiesen wurde. Es ist daher durchaus denkbar, daß die mitteleuropäische, als »Bärmutter« bekannte Stachelkugel ursprünglich ein apotropäisches, die Gebärmutter schützendes Augensymbol ist, das erst später als Nachbildung des echten Organs gedeutet wurde. Ebenso muß bei dem zweiten, allgemein »krötenförmig« genannten, zoologisch gesehen eher salamanderartigen Gebärmuttersymbol eine Gestaltableitung von einfachen Schutzzeichen in Betracht gezogen werden. Diese »Kröten« dienen sowohl als Votivgabe wie auch als Schutzmittel gegen das »Versehen« der Schwangeren und gehören somit in die Verwandtschaft der Blickabwehrmittel. Unter diesem Aspekt ist das spitzovale Rückenornament der Figuren besonders zu beachten, das Rest eines ursprünglichen Augen- beziehungsweise Vaginasymbols sein könnte, um das sich die sogenannte Krötengestalt allmählich herumrankte. In der Türkei fand ich Augengebäcke, deren Form man sich leichtlich als Ausgangspunkt einer späteren Krötengestalt vorstellen könnte. Darüber hinaus gibt es auch in alten indogermanischen Kulturen rhombische und ovale Augensymbole mit jeweils zwei Spiralen an den beiden äußersten Punkten, die ohne Schwierigkeit in eine vierbeinige Salamander- oder annähernd krötenhafte Gestalt umgesetzt werden könnten. Es sei auch daran erinnert, daß im alten Palästina das Hakenkreuz als Zeichen für Embryo im Zusammenhang mit Gebärmutterschutz Verwendung fand. Das stellvertretende Hinterlegen des schützenden Zeichens an geweihtem Ort, um dadurch ein gesundes Wachstum des Embryos zu erreichen, läge durchaus im Bereich volkstümlicher Denkweisen. Mit der Akzeptierung volksetymologischer Sekundärerklärungen und lokaler, vom Benützer angebotener Gestaltdeutungen ist der Wissenschaft daher auch im Fall von Bärmutter und Stachelkugel nicht geholfen, solange man die genaue vergleichende Gestaltanalyse nicht mit einbezieht.

30. Masche, Schleife, Schlinge

Das Wort Masche bedeutet soviel wie »kleine Schlinge innerhalb eines größeren Gefüges« und stammt aus dem Altgermanischen. Althochdeutsch »masca«, mittelhochdeutsch »masche«. Es dürfte ursprünglich soviel wie Knoten, Knüpfung bedeutet haben. »Schleife« jedoch hängt mit »schlüpfen« zusammen und entsteht aus dem althochdeutschen »sloufen«, das etwa »schlüpfen machen«, also auch »an- und ausziehen« bedeutet. »Schlinge« ist eine Bildung von »schlingen« (sich winden, schleichen, schlängeln, versteckt bewegen). Alle drei Begriffe (Masche, Schleife, Schlinge) sind sinngemäß mit »knüpfen« und »knoten«, folglich mit Knopf und Knoten zu verbinden; »Knoten« und »knüpfen« stehen in der Bildung zueinander wie etwa »Zorn« und »zürnen«. Soweit die etymologische Herkunfserklärung. Der Begriffskomplex »Knoten, Knopf, knüpfen«, der sehr alt ist und eine große Wortgruppe umfaßt, wurde auf S. 273 ff. dieses Buches näher behandelt.

Als Masche, ein nach R. Klein (1950) vorwiegend in Österreich gebräuchlicher Terminus, bezeichnen wir im allgemeinen eine optisch besonders wirksame Band- oder Schnurknüpfung mit zwei spiegelbildlich abstehenden Ovalschlingen, die sich leicht lösen läßt und vor allem in der Frauenkleidung eine große Rolle spielt. Verschiedenste Bänder werden zu Maschen gebunden, so etwa Haar- und Schürzenbänder, Haubenbänder oder Bändchen zum Raffen von Ärmeln und anderen Bekleidungsteilen. Auch die Bezeichnung »Schleife« wird dafür verwendet, man denke nur an Haar- und Kranzschleifen, Dekorationsschleifen auf Geschenkpackungen und anderes. Die Wörter »Masche« und »Schleife« überdecken einander in der Verwendungsart überaus oft. Zumeist verwendet man »Masche« für die steife Bandschleife. Auffällig jedenfalls ist der häufige und vielseitige Gebrauch der mitunter aus Schnur, meist aus Bändern geformten Objekte, deren Grundgestalt in der Regel zwei gleichgroße, symmetrisch angeordnete Schlingen und zwei meist unterschiedlich lange Bandzipfel sind. Es handelt sich dabei um eine hochritualisierte Bindeweise, die durchaus nicht mehr in allen Fällen tatsächlich »bindet«, sondern vielfach nur »schmückt«. *Abb. 28b (S. 128)*

Aufgrund der bisher aufgezählten Eigenschaften könnte man diese Art von Masche als heute nicht mehr funktionsnotwendiges und daher in Imponierrichtung ritualisiertes, aus einem älteren Bedürfnis nach festem Zubinden entstandenes Gebilde erklären. Analoge Entwicklungen lassen sich ja auch an verschiedenen modernen Gebrauchsgegenständen wie Schuhen, Kleidern, Taschen oder Koffern beobachten, wo einfache Verschlüsse durch ihrer ursprünglichen Funktion enthobene, pracht- und prunkvoll ausgeführte Knöpfe und Schnallen vertarnt sind. Mit dieser Deutung der Masche wird jedoch nicht erklärt, wieso dieser gar nicht so fest haltende Bund gegenüber anderen, ebenbürtigen oder sogar besseren Knüpfungen überall und zu allen Zeiten so deutlich bevorzugt wird. Man braucht nur ein die alte Segeltechnik umfassendes Seemannsbuch durchzublättern (vgl. E. Sondheim 1971), um zu sehen, wie viele Möglichkeiten des Knüpfens und Knotens es tatsächlich gibt. Weber, Seiler, Teppichknüpfer – sie alle kennen die verschiedensten Knoten und Bindearten, ja zumeist wird die allgemein beliebte »Masche« von den Fachleuten als wenig tauglich abgelehnt. Dies kann jeder bestätigen, der eine gründliche Pfadfinderausbildung mitgemacht hat (vgl. L. Baden-Powell 1949, E. Thilo 1937). Dennoch band und bindet man im optischen Demonstrationsbereich überall mit Maschen und so gut wie niemals mit irgendeinem der viel bewährteren Knoten aus der praktischen Arbeitswelt. Hierfür müssen besondere Gründe vorliegen. Betrachtet man die Gestalt der Masche, so fallen die lateralsymmetrisch zueinanderstehenden Schlingen auf, die deutlich »augenhaft« wirken und stark an die alt-traditionellen, noch heute bei Faschingsveranstaltungen getragenen kleinen Augenmasken erinnern (vgl. O. Bihalji-Merin 1970). Die Augen- beziehungsweise Gesichtswirkung der beiden Ovale einer Doppelschleife ist so unverkennbar, daß auch die moderne Werbegrafik diesen Effekt häufig als Blickfang einsetzt. In dem Märchen »Die Nymphe des Brunnens« (J. K. Musäus 1912) singt das Mädchen Mathilde unter anderem:

Abb 89 Apotropäische Augenschleife. a Schnurschleife an japanischem Souvenir-Amulett. b In Stein gemeißeltes Hauszeichen (Venedig).

» ... kann nähen und spinnen
auch sticken und stricken
und Augen gewinnen,
kann hacken und pochen
auch braten und kochen ...«

Zu dem Wort »Augen« vermerkt eine Fußnote, daß hierunter Maschen zu verstehen sind, was in die Aufzählung handwerklicher Fähigkeiten hineinpaßt. »Auge« muß also eine gebräuchliche und allgemein verständliche Bezeichnung für »Masche« gewesen sein. Viele Votivaugen aus Metall, Holz oder Wachs haben ganz klare Maschenform und gleichen den von M. Riemschneider (1953) wiedergegebenen Darstellungen der mesopotamischen Augengottheit.

All dies zeigt recht deutlich, daß die Masche gar nicht reines Zweck- oder Imponierobjekt, sondern ein sichtlich altbekanntes und bewährtes

Mittel ist, um aus Schnur oder Band auf billigste, einfachste und rascheste Weise ein magisches »Abwehrgesicht« herzustellen. Mehrfach beobachtete ich im Mittelmeerraum, wo die Furcht vor dem »bösen Blick« noch sehr lebendig ist, wie Männer in irgendwelchen kritischen Situationen ihre sonst hängend getragenen »Gebetsketten« schnell als Kreis oder Oval in Gefahrenrichtung hielten. Hier wäre auch die spezielle Finger- und Handgestik, die noch heute gegen den »bösen Blick« Anwendung findet, zu vermerken (S. 134 ff.). Auf Bildern schließen türkische Sultane sehr oft Daumen und Zeigefinger, zwischen denen vielfach eine Blume steckt, zum Augenkreis. P. Hutchinson (1973) zeigt eine Darstellung des Scheik Hassan, der mit gleicher Fingerstellung eine »Gebetskette« in beiden Händen hält. Viele sitzende Buddhafiguren formen die Finger zum Doppelkreis. Blickabwehrmittel werden eben notfalls sehr schnell, sozusagen »ad hoc« gebildet, wobei es nicht auf das Material des verwendeten Objektes, sondern auf die abstrahiert dargebotene Gestalt ankommt. Das dürfte auch für die Doppelschleife oder Masche zutreffen. Auf den Steinplastiken römischer Feldherren und Cäsaren erkennt man sehr oft ein in Körpermitte gürtelartig über den Panzer gebundenes Band, dessen Enden beiderseits der Verknotung zu je einer rundlichen Schleife hochgesteckt sind. Schon aus ihrer Funktion heraus, Dinge zusammenzuhalten, zuzubinden, zu verschließen, bieten sich Schnüre und Bänder bestens dazu an, um aus ihnen gleich die magisch versiegelnden Abwehrzeichen zu formen. Geschenke, auch »Angebinde« genannt, pflegt man mit großen Schleifen zu schmücken. Ganz allgemein werden Verschlußstellen verschiedenster Art wie etwa Türen, Fenster, Deckel, Schlösser, bei Naturvölkern oft auch Köperöffnungen durch Abwehrsymbole geschützt.

Tafel 61
Tafel 62 (8)

Tafel 14

Einen sehr guten Beweis für die apotropäische Bedeutung der Masche liefert ein alter Kupferstich, der den Vollzug eines im 18. Jahrhundert gefällten Gerichtsurteiles darstellt. Einem Mann, der böse Geister gesehen und mit Dämonen Umgang gehabt hatte, wurden dreihundert »Mäschlein« auf die bloße Haut gesteckt. Dieses vorerst völlig sinnlos anmutende, offenbar ausschließlich in den Bereich der peinlichen Tortur fallende Urteil wird aber sofort verständlich, wenn man weiß, daß zu dieser Zeit alle Strafen analog zur Tat gewählt wurden, etwa Verstümmelung der Zunge für Lüge oder Meineid, Abhauen von Fingern oder Händen für Diebstahl, Abschlagen eines Fußes für schmähliche Flucht oder Ausstechen der Augen für Spioniererei. Noch heute wird in manchen arabischen Ländern dem Dieb zuerst die rechte, bei Rückfälligkeit auch die linke Hand abgehauen (vgl. O. Koenig 1962 a). Die alttestamentarische Formel »Aug um Aug, Zahn um Zahn« weist ebenfalls in Richtung deliktanaloger Bestrafung. Im Falle des Geistersehers ist es daher gut verständlich, daß zu seiner Bestrafung apotropäische Augensymbole herangezogen wurden. Es ist anzunehmen, daß die Masche zumindest damals ein allgemein bekanntes und verwendetes Abwehrzei-

Tafel 15

chen gewesen ist, denn der öffentliche Strafvollzug setzt ja voraus, daß er vom zuschauenden Volk auch verstanden wird.

An Körper und Kleidung getragene Maschen und Schleifen sitzen fast immer an irgendwelchen demonstrativ bedeutsamen Stellen. R. Klein (1950) zählt eine ganze Reihe solcher exponiert getragener Schleifen mit ihren traditionellen Namen auf. Sehr häufig werden Personen mit einer bestimmten situationsbedingten Funktion, so zum Beispiel bäuerliche Hochzeitslader, Brautführer, Braut und Bräutigam, aber auch Christkindlspieler und viele andere, mit Maschen an Oberarmen oder Rockaufschlägen gekennzeichnet (vgl. E. Piffl 1938, W. Lücking und P. Nedo 1956, J. Markov 1956, K. Šmirous und B. Šotková 1956). Sehr deutliche Doppelschleifen trägt zum Beispiel die bei L. Schmidt (1973) abgebildete, den Sommer verkörpernde Schäferin. In völlig analoger, auffälliger Tragweise finden wir Doppelschleifen bei einzelnen Gestalten des Imster Schemenlaufens (A. Dörrer 1938) und bei den Gasteiner Perchtenläufern. In China und Japan spielen aus Schnur oder Band geknüpfte, sehr augenhaft wirkende Maschen eine wichtige Rolle und sind an sehr

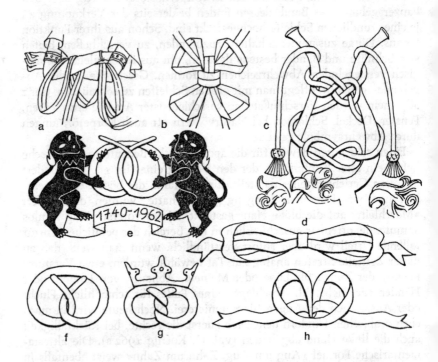

Abb. 90 Doppelschleife und Brezel. a + b Gelegte Doppelschleife und gebundene Vierfachschleife auf chinesischen Darstellungen des Bodhisattva Samantabhadra. **c** Schnurschleife an gotischer Helmzier auf Grabstein (Gmünd, Österreich). **d** Schleife über altem Fleischerladenschild (Gmünd). **e** Bäckerzeichen (Engelhartszell, Österreich). **f + g** Brezelvarianten von Bäckerzeichen (Gmünd und Linz, Österreich). **h** Brezel in Schleifenform auf Bäckerzeichen, Gestaltverwandtschaft zu Figur d.

294

vielen schützenswerten Gegenständen befestigt. Meist hängen, wie auch bei den auffälligen Doppelschleifen über dem Porträt des Staatsmannes Toyotomi Hideyoschi im Kodaitempel von Kyoto (vgl. H. Hammitzsch 1966), kleine Quasten an den Zipfeln. Namentlich mythologische Gestalten sind mit Schnurmaschen oft sehr reich ausgestattet (vgl. A. Christie 1968, G. Prunner 1973). Es ist übrigens sehr auffallend, welch großen Wert früher mitteleuropäische Maler auf die exakte Wiedergabe von Maschen an Kleidern und Schuhwerk legten, die sie in übertriebener, praktisch nahezu unmöglicher Steifheit und Symmetrie wiedergaben, wie man es zum Beispiel auf der romanischen Bilderdecke der Kirche St. Martin in Zillis (Schweiz) sehen kann (vgl. E. Murbach und P. Heman 1967). Aber selbst ohne magischen Zusammenhang sind diese Gebilde beachtenswert, weil sie von dem Interesse zeugen, das der Mensch augenhaften Strukturen entgegenbringt. Die vielen anderen Augensymbole, mit denen die Bilder reichlich ausgestattet sind, lassen jedoch vermuten, daß der Maler mit den Abwehrsystemen vertraut war. Ähnliche Beispiele gibt es in großer Zahl.

Wahrscheinlich ist auch die Brezel nichts weiter als eine vom Material her modifizierte Teignachbildung der Augenschleife. Früher hatten die Roller und Lagge-Roller des Imster Schemenlaufens an ihren Wedeln Brezeln befestigt, die später durch Bandmaschen ersetzt wurden. Der zugehörige Scheller trägt noch heute an der Spitze seines Stabes eine nachgebildete oder echte Brezel, manchmal auch einige mehr, die auf den Stock gefädelt sind (vgl. C. Hansmann 1959). Ein sehr brezelähnliches, aus Kranz und Schleife kombiniertes Ornament ist auf dem »Kranzhalter«-Bild der Buddha-Nische in der Pretahöhle (Turkestan) zu sehen (vgl. H. Kükelhaus 1934).

Auf vielen orientalischen Miniaturen (persisch, indisch) zeigen Engel oder hochgestellte Persönlichkeiten auf beiden Oberarmen je eine Bandschlinge, die in manchen Fällen durch reguläre Augen ersetzt sind, wodurch die Bedeutungsgleichheit zwischen Schleife und Auge klar zutage tritt. Auf Bildern aus dem Leben Mohammeds sind fast alle Engel mit Oberarmschleifen ausgestattet (vgl. D. Stewart 1968). Das Lendentuch des gekreuzigten Christus weist in der Romanik sehr häufig zwei symmetrisch hochgezogene Schleifen auf. In der Gotik ist es meist eine, manchmal sehr große Schleife. Auch die an Abwehrsymbolen so reichen Bildnisse türkischer Sultane zeigen überaus häufig ein vom Herrscher gehaltenes, zur Schleife geformtes Tuch. Die Spuren dieses noch heute bekannten Blickabwehrzaubers reichen bis in die minoische Zeit zurück, aus der uns die keramisch nachgebildeten kretisch-mykenischen »Kultschleifen« überkommen sind. Im Nacken der sogenannten »Pariserin« aus dem kretischen Knossos-Palast (St. Alexiu 1972) ist eine solche zu erkennen, ebenso auf einem leider in wesentlichen Teilen rekonstruierten, eine Jagdszene darstellenden Fresko aus Tiryns (1300–1200 v. Chr.), wo die Hunde analoge Halsbandknüpfungen zeigen. Auch die Mähne

Abb. 91 Alternativanwendung von Brezel und Doppelschleife (Imster Schemenlaufen). **a** Schellerstab mit Brezeln. **b** Rollerstab mit Doppelschleifen.

des goldenen Pferdes auf einer chinesischen Silberkanne der Tang-Dynastie (618–907 n. Chr.) ist mit einer Schlinge ausgestattet. Sehr ähnliche, hinten herabfallende Gebilde trugen die Nürnberger Schembartläufer auf ihren Hüten (vgl. F. Brüggemann 1936). Schon im alten Ägypten bedeutete die Schleife »sa« soviel wie Schutz und wurde in einer der kretischen Kultschleife sehr ähnlichen Weise auf magischen Gegenständen wiedergegeben. Auf einem bei G. Roeder (1952) abgebildeten »Zauberstab« aus Elfenbein ist sie mehrfach abgebildet, unter anderem in der Hand eines Pavians. Nach H. Schmökel (1966) ist die gleiche Schleife etwa 2900 v. Chr. mit der Bedeutung »Schilfbündel« beziehungsweise »Ischtar« in einer archaischen vorsumerischen Bilderschrift enthalten. Als »Schilfringbündel« meist paarig dargestellt, gilt es 3000 v. Chr. im Zweistromland als Emblem der Göttin Inanna (S. N. Kramer 1968). M. Riemschneider (1953) bezeichnet es als Auge beziehungsweise Augenscheibe. Die Herstellung aus Schilf ist wahrscheinlich von der Landschaft her bedingt, die andere geeignete Rohmaterialien kaum zu bieten hatte.

Tafel 12, 13

Mit der Abwehrschleife sichtlich verwandt ist das im rezenten mohammedanischen Begräbniskult zu beobachtende, über den Sarg gelegte »Tuch«. Ebenso dürften die in der volkskundlichen Fachliteratur öfters erwähnten, bei vielen Gelegenheiten bedeutsamen »Handtücher« in diesen Problemkreis hereingehören. Wahrscheinlich ist auch das bei Reigentänzen (Kolo etc.) vom ersten Tänzer getragene Taschen- oder Halstuch der unverstandene Rest einer einstmals vorangetragenen, symbolischen »Augenschlinge«.

In der Mal- und Steinmetzkunst verschiedenster Epochen tauchen Schleifen und Maschen sehr häufig auf. Wir finden sie genauso auf Triumphbögen, Standbildern und Interieurs von Festsälen wie auf Grabmälern und Sarkophagen. Ebenso zeigen Totenkultdarstellungen auf griechischen Dipylon-Vasen viele um Säulen und andere Objekte geschlungene Bänder mit steif abstehender Masche. Auf griechischen Vasen des schwarzfigurigen und des rotfigurigen Stils kommen an Wander- und Hirtenstäbe gebundene, in ihrer starren Symmetrie an Augenmasken erinnernde Maschen häufig vor. Ferner werden Einfach- und Doppelschlingen in vielen Stilrichtungen und Techniken aus Tierkörpern oder deren Schwänzen gebildet, vor allem Schlangen und Drachen sind dafür geeignet. Sehr oft sind Drachenschwänze zu zwei symmetrischen, augenhaften Ringen zusammengedreht. Hier sei auch an die in unserem Kulturbereich früher verbreitete, in Geschäftslokalen aufgehängte »Ladenschlange« erinnert, die zum Darüberhängen verschiedener Waren diente und meist ebenfalls zwei symmetrische Körperschlingen bildete.

Abb. 92 Riesige »Kultschleife« auf japanischer Frauentracht (Kurtisane Mansho).

Die Band- oder Schnurschleife findet sich zu allen Zeiten in jeder erdenklichen Sondersituation sowohl im Haar wie an Kleidern, Hüten, Kränzen, Orden, Fahnen, festlichen Girlanden und als Beiwerk von

Geschenken. Festabzeichen oder überhaupt Gemeinschaftszeichen für die Teilnehmer von Veranstaltungen waren bis in die jüngste Vergangenheit so gut wie immer augenhafte Maschen. Besonders reich an Maschen ist auch die Kinderkleidung. In Iraklion auf Kreta sah ich in einem Geschäft für Souvenirs und Amulettschmuck, das als Aushängeschild ein riesiges blaues Abwehrauge trug, an der Innenwand über einem Spiegel eine überdimensionale, stark augenartige Maske aus Gips. Auch zur Herstellung der noch heute im Orient allgemein benützten Abwehramulette werden Maschen und Schleifen zahlreich verwendet, die übrigens meist in Blau oder Rot, den gängigen Abwehrfarben gegen den »bösen Blick«, gehalten sind. Bei in großer Zahl billig hergestellten, heute schon in den Fremdenverkehrs-Souvenirbereich übernommenen Amuletten kann die Maske zu einem kurzen Bandstückchen rudimentieren, das dann für den Wissenden als Teil für das Ganze steht. Solche Vereinfachungen sind dem Etologen aus der tierischen Verständigung genauso bekannt wie demonstrative Übertreibungen (vgl. O. Koenig 1953), die es im Bereich der Maske und Schleife in reichem Maß gibt. Gerade die hohe Plastizität textilen Herstellungsmaterials ermöglicht einen sehr großen Variationsspielraum. Die leichte und billige Anfertigung und die infolge ihrer Augenhaftigkeit »gefällige« Wirkung der Maske, Schleife und Schlinge sind es offenbar, die diesen Gebilden zu so großer Anwendungsbreite verhalfen und zu Nachahmungen in anderen Materialien wie zum Beispiel Ton, Stein, Metall, Holz oder auch Teig anregten.

Tafel 24 (9)
Tafel 26 (7)

Durch das Befestigen an Zweigen und anderen Objekten geht freilich eines der wesentlichen Charakteristika der Schleife, nämlich die auf griechischen Vasenbildern meist deutlich zu sehende Rund- oder Ovalschlinge, zugunsten des haltbareren Knotens verloren. So kann letztlich von den Lappen und Bändern nicht gesagt werden, ob sie von der Quaste oder der Bandschleife abstammen. Wie weit solche Veränderungen gehen können, zeigen anschaulich die sogenannten »Zottelgewänder« mancher Fasnachtfiguren, die deutlich auf frühere Maschenbesteckung hinweisen, wie wir sie heute unter anderem noch bei Faschingskleidern in Slowenien oder dem Lausitzer »Bescherkind« sehen. Die Zotteln, fälschlich als Symbolzeichen für zerrissenes Gewand gedeutet, entsprechen der zum angeknoteten Bandstück vereinfachten magisch schützenden Maske an türkischen Amuletten.

Tafel 16, 17

Tafel 15 (2, 3)

31. Miribota

Das Wort »Miribota« für jenes Ornament, das nicht nur zu den beliebtesten des Orients gehört, sondern auch eines der verbreitetsten aller Kulturgebiete und Zeitepochen ist, fand ich auf einer aus Kum stammenden Teppichknüpf-Vorlage, die in Wien durch einen guten Kenner orientalischer Sprachen beschriftet worden war. Von den für unser Sprachgefühl komplizierteren Schreibweisen wie zum Beispiel Muhr-i-bota, Mühuri-bota, Mühribotäh und schließlich Mir-i-bota (J. G. Lettenmair 1969, 1972) wurde im vorliegenden Buch angesichts der häufigen Verwendung des Begriffes abgesehen. Aber auch darüber hinaus wäre für diese weltweit vorkommende, vielnamige Gestalt, die im Deutschen als Palmwipfel-, Birnen-, Mandel-, Siegel-, Floh-, Zapfen-, Flammen-, Kronjuwelen-, Flußschleifen- oder Fischblasenornament, im Modebereich auch als Schal- oder Krawattenmuster geführt wird, eine ebenso charakteristische wie leicht merk- und schreibbare Allgemeinbezeichnung wünschenswert, die mir in dem Wort »Miribota« recht gut verwirklicht erscheint.

»Mir«, das in verschiedenen orientalischen Sprachen soviel wie »erhaben, besonders, fürstlich, befehlend« bedeutet und dem arabischen Zeitwort »amara« = befehlen zugehört, findet sich auch in der Rangbezeichnung »Emir« und »Admiral«. »Budi« oder »Bodi« hingegen ist der indische Name für Blatt oder Pflanze; dasselbe besagt »Boteh« oder »Bota« auf Persisch. »Miribota« heißt demnach etwa »fürstliche Pflanze« oder »erhabenes Blatt«, und es ist nicht zu leugnen, daß die einfache Miribota mit ihrer länglichen Tropfenform und der mehr oder weniger seitwärts verbogenen Spitze an ein Pflanzenblatt erinnert. Freilich fällt auf, daß sie so gut wie immer der blattcharakteristischen Rippenstruktur entbehrt, dafür aber meist im dicken Teil irgendein Rundornament aufweist. Für das »erhabene Blatt« gibt es weder eine botanisch-systematische noch sonst eine gestalt- oder materialspezifische Zuordnungsmöglichkeit. Alles wird »Miribota« genannt, was dem geschilderten Typus entspricht, ganz gleich, ob es sich nur um die Kontur oder um ein bereits völlig zur Blütenranke luxuriertes Gebilde handelt. Wie schon aus dem breiten Fächer deutscher Bezeichnungen hervorgeht, hat das vor allem in der Teppichornamentik so häufige Miribota-Motiv vielerlei

Erklärungen erfahren, die J. G. Lettenmair (1969) zusammengestellt hat, ohne sich einer davon rückhaltlos anzuschließen. Tatsächlich aber wirkt keiner der bisherigen Deutungsversuche wirklich überzeugend.

Bei der Betrachtung jugoslawischer Küstensegler, die auf dem Bug anstatt der naturalistischen altgriechischen Schiffsaugen stark augenhafte Miribotas tragen, wurde mir erstmals klar, daß sich die gesamte Miribota-Ornamentik aus dem Augenmotiv ableitet (O. Koenig 1969, 1970 a). Alle weiteren Untersuchungen, die ich zu dem Thema anstellte, haben diese Meinung bestätigt. Wir sehen die lidumgrenzte Augenöffnung, die im äußeren Winkel in ein mehr oder weniger nach oben gekrümmtes Schwänzchen ausläuft. Dieselbe Betonung des Außenwinkels finden wir in der traditionellen und modernen Augenschminkung, die

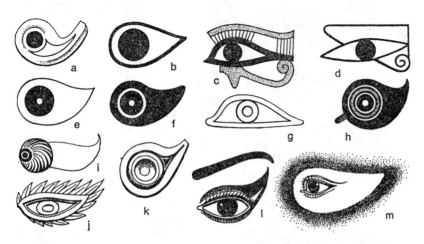

Abb. 93 Miribota als Ritualisierungsform des Auges. **a** Auge am Bug eines jugoslawischen Küstenseglers (Gegenwart). **b–d** Altägyptische Schiffsaugen. **e–h** Schiffsaugen in der griechischen Vasenmalerei. **i** Drachenauge auf Ruderboot (chinesische Elfenbeinschnitzerei). **j** Schiffsauge aus Burma. **k** Auge einer Figur auf goldenem Kultmesser (Peru, Chime-Kultur, 12.–13. Jh. n. Chr.). **l** Augenschminkung der Sängerin Maria Callas als Medea. **m** Weiße Augenschminkung eines Tembu-Mädchens (Südafrika).

sich sowohl entsprechender Verlängerung des Lidstriches als auch miribotaförmiger, außen aufwärtsschwingender Lidschatten bedient. Diese Augenform gilt allgemein als »hübsch«, wogegen man herabgezogene Außenwinkel als unvorteilhaft empfindet.

Alle Spielarten der Miribota zeigen die Gestaltcharakteristik des Auges. Ist es bei einfachen Plättchenanhängern nur die Umrißlinie, die den Augeneindruck hervorruft, zeigen kompliziertere Gebilde Rundmotive als Iris- beziehungsweise Pupillenfleck und oft auch eine Lider und Wimpernkranz symbolisierende Randornamentik. Selbst luxurierteste Varianten mit stark verzerrter Umrißlinie und überladener Innen-

Tafel 76

struktur oder extremste Geometrisierungsformen zeigen noch immer die augentypischen Grundmerkmale. Die Augenableitung für das Miribotamotiv liegt so klar auf der Hand, daß sie von J. G. Lettenmair (1972) in die 4. Auflage des »Großen Orientteppich-Buches« übernommen, als »überzeugende Darlegung« referiert und weiter ausgebaut wurde.

So wie die meisten bekannten magischen Blickabwehrmittel auf das Augenmotiv rückführbar sind, darf man umgekehrt, entsprechend den Regeln des magischen Analogieprinzips »*Similia similibus*« (Gleiches durch Gleiches), in fast jeder traditionellen künstlerischen Augenritualisierung ein Apotropäon gegen den »bösen Blick« vermuten. Es ist also

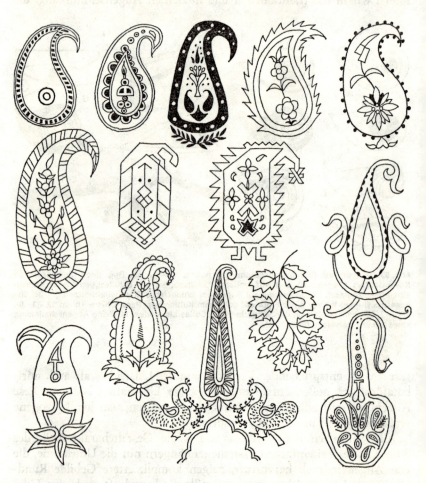

Abb. 94 Miribota auf orientalischen Teppichen. Die Varianten reichen von einfachen Formen mit Zentralfleck über stark geometrisierte Versionen bis zu komplizierten Gebilden in Blatt-, Baum- oder Gefäßform. Meist ist der Wimpernsaum durch Randornamentik (Striche, Zacken, Punkte etc.) angedeutet. Das Pfauenpaar (unten Mitte) trägt Miribotas als Flügel.

Abb. 95 Miribota in verschiedener Anordnung. **a** Chinesisches Yin-Yang-Symbol aus zwei Miribotas mit Zentralfleck. **b** Zweipaß (blau-rot) als Wappen von Korea. **c** Dreipaß (grün-weiß-gelb) als Wappen von Irland. **d** Tibetischer Dreipaß vom Thron des Dalai Lama mit Augen. **e** Dem Yin-Yang verwandtes tibetisches Symbol mit Wimpernzeichnung. **f–h** Chinesische Symbole mit Augen. **i** Dreipaß. **j** Drehwirbel. **k** Drehwirbel mit zentralem Dreipaß. **l** Turkestanisches Symbol mit vier Augenpunkten. **m** Vierpaß. **n + o** Drehwirbel. **p** Drehwirbel aus Straußenfedern im Harrachschen Wappen, oben Wappen von San Marino mit 3 Straußenfedern auf Wachttürmen. **qu–s** Mehrpaß- und Drehwirbelmotive, in Blütenformen übergehend. **t** Drehwirbel mit Beinen (Wappenzeichen Siziliens).

nicht überraschend, wenn man feststellt, daß die Miribota weltweit als Blickabwehrmittel eingesetzt wird. Wahrscheinlich ist es nicht nur die »Gefälligkeit« der gewissermaßen ein »idealisiertes Auge« verkörpernden Miribotagestalt, sondern auch deren leicht zu ziehende Konturlinie, die ihr zu so großer Beliebtheit verhalf. Selbst der Ungeübte bringt sie mit einem einzigen flüssigen Strich rasch zu Papier. Durch Einzeichnen einer Welle in einen Kreis entstehen auf kürzestem Wege zwei ineinandergeschachtelte Miribotas, wie sie uns, durch je einen Augenfleck und manchmal auch ein Wimpernbüschel ergänzt, im chinesischen Zeichen Yin–Yang (dunkel–hell) entgegentreten, das in offensichtlicher Sekundärauslegung als Symbol für Erde und Weiblichkeit (Yin) beziehungsweise Himmel und Männlichkeit (Yang) gilt. Weitere geisteswissenschaftliche Auslegungen bringt E. Burckhardt (1972). Gerade die Polarität »dunkel – hell« verweist aber deutlich auf das nachts schlafende und tagsüber wachende Auge – ein Gedankengang, der wahrscheinlich auch dem zwischen finsterem Hades und lichtem Olymp wechselnden Brüderpaar Kastor und Polydeukes zugrunde liegt (S. 143). Durch kreuzweises Einschreiben einer zweiten Welle in den Kreis der Yin-Yang-Gestalt verwandeln sich die zwei Miribotas in deren vier (Vierpaß), die durch Unterteilung abermals verdoppelt werden können. Auch die Darstellung des Dreipasses und seiner Multiplizierungen ist nicht sonderlich schwierig. Komplizierter ist der Drehwirbel, bei dem die Miribotaspitzen in Kreismitte zusammentreffen. Er reicht von Dreier- bis zu Vielfachanordnungen. Je mehr Miribotas einem Kreis eingeschrieben sind, desto rosetten- und blütenförmiger wird das Ornament. Mitunter wird der Dreipaß, wie etwa im Harrachschen Wappen, aus drei miribotaförmigen Straußenfedern gebildet. Im Grunde genommen ist aus der Sicht des herstellenden Künstlers alles verwendbar, was der Miribota ähnelt und deren Gestaltcharakteristik zeigt. Das können im Knie geknickte Beine genauso sein wie leicht gebogene Früchte, gekrümmte Blätter oder geschwungene Federn. *Abb. 95 (S. 301).*

Hier bedarf auch das Hakenkreuz der Erwähnung, das seine Entstehung zweifellos im Vierpaß hat. Die beiden im Kreis sich kreuzenden Wellenlinien, ursprünglich vier Miribotas bildend, wurden zum eigenständigen Bedeutungsträger, der vielleicht aus material- und herstellungstechnischen Gründen zum rechtwinkeligen Ornament wurde. Ältere tibetische Hakenkreuze zeigen in jedem der vier Felder einen kleinen Iriskreis mit Pupillenfleck, der dem Zentralornament der Miribota entspricht. Mitunter sind es auch richtige Augen. Nordgermanische Hakenkreuze tragen gelegentlich Augensymbole an den vier Enden. Offensichtlich wegen gewisser Besonderheiten des mittelasiatischen Hakenkreuzes entsandte Hitler eine eigene SS-Expedition nach Tibet, die den Ursprung des Zeichens erforschen sollte. Von Ergebnissen wurde nichts berichtet. Das aus Afrika, Asien, Europa, dem vorkolumbischen Amerika und auch aus der Prähistorie bekannte Hakenkreuz hat schon immer das

a

b

c

Abb 96 Zwei- und Dreipaß im Werbewesen. **a** Einfacher Zweipaß. **b** Zweipaß mit Tennisschlägern als »Augen«. **c** Zum Dreipaß stilisierter Fußball (Türkei).

Interesse der Forscher erregt (vgl. R. Andree 1878, 1887, A. R. Hein 1929, S. Lehmann 1968, K. v. d. Steinen 1896, L. Wilser 1917).

Die hier vorgebrachte Ableitung des Hakenkreuzes aus dem Augenornament des Vierpasses steht im Widerspruch zur vielfach vertretenen Auslegung als Sonnensymbol (vgl. R. Beitl 1955), die sicher nur sekundär richtig ist. Wenn die einander »nachlaufenden« Haken des Zeichens die Bewegung des Himmelskörpers andeuten sollen, ist nicht einzusehen, warum Hakenkreuze in ein und demselben Gebiet links- wie rechtsdrehend vorkommen und die dort herrschende Richtung des Sonnenweges

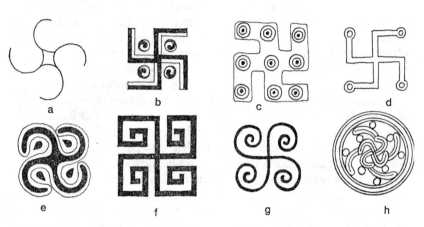

Abb. 97 Hakenkreuzvarianten. **a** Durch Weglassung des Begrenzungskreises und Betonung der Innenlinien entsteht aus den vier Miribotas des Vierpasses (Abb. 95 m) das Hakenkreuz. **b** Hakenkreuz mit vier Zweipassen als »Augen« (Ornament vom Thron des Dalai Lama, Tibet). **c** Eingeschriebene Augensymbole (langobardisch, 400 n. Chr.). **d** Augenkreis an den Enden (normannisch, 1000 n. Chr.). **e** Haken gerundet (trojanisch, 2000 v. Chr.). **f** Mäanderartige Haken (attisch, 7. Jh. v. Chr.). **g** Haken spiralförmig (rhodisch, 7. Jh. v. Chr.). **h** Ornamentale Komposition aus Hakenkreuzen und Punkten (fränkisch, 6. Jh. n. Chr.).

nicht berücksichtigen. Die in der Kunstbetrachtung verbreitete Gleichsetzung von »Wellenlinie« mit »Bewegung« ist bei der naturwissenschaftlichen Erklärung einer Gestalt meist fehl am Platz. Der Panzer einer Breitrandschildkröte etwa zeigt eine sehr schöne Wellenform mit »bewegter« Umrißlinie, ist aber steif und in sich stabil. Gerade dort, wo das Hakenkreuz Augen an den Enden trägt, erweist es sich sehr deutlich als starres, weil »starrendes« Symbol. A. Bertholet (1962) und W. Hirschberg (1965) sagen im Zusammenhang mit dem Hakenkreuz allerdings nichts von Symbolisierung einer Bewegung und betonen die Ungeklärtheit seiner Entstehung. Die Bezeichnung »Swastika« für das Hakenkreuz stammt aus dem Sanskrit, wo »swasti« soviel wie »Glück, Segen« heißt. Der chinesische Name »wan« wird mit »großes Glück« übersetzt. »Sonne« wird das Hakenkreuz nirgendwo genannt. In Indien dient es in erster Linie zur Abwehr des »bösen Blickes« und erweist sich durch Verhütung von Unglück ebenfalls als Glücksbringer. All dies sowie seine Verwendung als Symbol für Fruchtbarkeit und keimendes Leben, die der Mensch immer wieder zum eigenen Wohl mit apotropäischen Zeichen schützt, spricht für das Abwehrauge. Die Funktion des als Augensymbol erkannten »Vierpasses« und die des Hakenkreuzes stimmen gut überein und passen zu der Vorstellung von der Schutzwirkung magischer Vieräugigkeit (S. 149 f.).

Zum überaus häufigen Auftreten des »Fischblasenmusters« schon in der Latène-Kunst sagt R. Pittioni (1949):

»Sie (Anm.: die Latène-Kunst) dürfte aus den im Zuge des südlichen Importes nach Frankreich und Süddeutschland kommenden Palmetten griechisch-etruskischer Prägung in Verbindung mit der Ranke gleicher Herkunft das Fischblasenmuster geformt haben; dieses wird nun als Grundmotiv jeglicher ornamentalen Gestaltung in so reichem Maß verwendet, daß ohne dessen Anteilnahme kaum ein Kunstwerk geschaffen werden kann. In diesem Sinne erscheint es auf den aus Bronzeblech getriebenen Auflagen an Schwertscheiden, auf Bronzeanhängern, als ornamentale Ausgestaltung von Fibeln, als Grundmotiv in der Reihe englischer Emailkunst der Spätlatènezeit und im gleichen Gebiet darüber hinaus bis in die irische Buchmalerei, vielleicht sogar auch in vereinzelten Motiven der südfranzösischen Gotik, schließlich aber auch auf den im Westen nicht selten anzutreffenden Steinstelen, in denen sich ebenso wie in den bisher erst vereinzelt nachgewiesenen, wohl kultischen Zwecken dienenden Monolithbauten Frankreichs ein megalithisches Substrat zu erkennen geben dürfte.«

Tafel 17 (1)

Noch ältere Funde aus den Gräbern von Pasyrik (Altai, Rußland) zeigen die Miribota als Pferde-Amulett und auf einem Herrscherbild als Manteldekor. Auch auf verschiedenen Filzdeckenbildern ist sie vertreten. In Irland, dem alten keltischen Rückzugsgebiet, wurden nach der Christianisierung auf Bildern die Heiligengewänder aus Miribotas ge-

Tafel 47 (5, 7, 8)

bildet und Kreuze sowie andere Objekte reichlich damit ausgestattet. Hier wird die Miribota zum Teil heute noch ähnlich den vorher zitierten Angaben von Pittioni verwendet und dient in Dreipaßkombination als

Abb. 95c (S. 301)

Hoheitskokarde der Luftwaffe. Im modernen irischen Kunsthandwerk ist sie als Leinendruck-Motiv sehr beliebt, wobei oft ganze Tierfiguren aus Miribotas zusammengesetzt sind. Zur blickabwehrenden Bedeutung der Miribota berichtete mir eine iranische Studentin aus Wien (die übrigens ein Kleid mit Miribota-Muster anhatte), daß man in ihrer Heimat kleine silberne Miribotas über Kinderwiegen befestigt, um Böses abzuhalten. Sie selbst mußte als Kind ein solches Zeichen um den Hals tragen. Auf dem Balkan und in Vorderasien findet man größeren Silberschmuck

Abb. 154a (S. 414)
Tafel 76 (6)

sehr oft reichlich mit kleinen Miribotaplättchen behängt. Kostbarere Miribota-Amulette zeigen als Irisfleck meist einen glänzenden Stein und sind oft mit Wimpernsymbolen in Form von Zacken, Ritz- und Prägeornamenten, eingesetzten Steinchen und anderem umrandet. Der Krönungsmantel der persischen Kaiserin Farah trug als Bordüre zahlreiche, aus aufgestickten Juwelen gebildete Miribotas.

Aus der Miribota wurden noch viele andere Zeichen geschaffen. Einerseits führten Auflockerung der Umrißlinien und »Verräumlichung« der Gestalt zu den an gotischen Domen so häufigen »Krabben«, die auf dem Markusdom zu Venedig wahre Riesendimensionen angenommen haben. Anderseits erhielt man durch die Kombination dreier Miribotas das Tulpenmotiv (Iranischer Lebensbaum) und sonstige Dreisproßtypen, eine Gestaltgruppe, zu der auch die bekannte »Lilie« zählt (S. 359). Merkwürdigerweise wurde die apotropäische Bedeutung der Miribota von der Wissenschaft bisher nur im Amulettbereich beachtet und in früherer Fachliteratur über Teppiche, auf denen dieses Motiv so häufig vorkommt, kaum je erwähnt. Dabei ist es so naheliegend, daß gerade der Nomade, der fremde Reviere durchwandert, mit vielerlei Unbekanntem in Berührung kommt und sich dadurch extrem gefährdet fühlen muß, seine als Zelteinrichtung verwendeten Teppiche reichlich mit Schutzsymbolen ausstattet. Weiter sei noch an die Trachtenstickerei erinnert,

Tafel 11 (16)

Abb. 128e–l
(S. 358)
Abb. 158f–k
(S. 422)

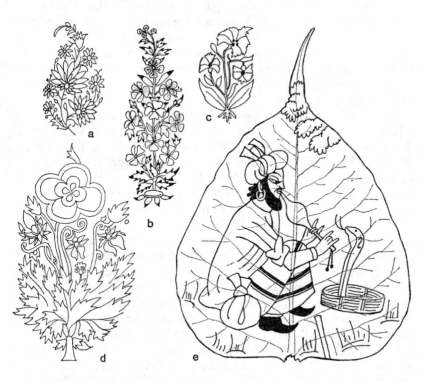

Abb. 98 Miribota im indischen Kunsthandwerk. **a–d** Textilornamente. Auflösung der Miribota in Pflanzenformen unter Beibehaltung der charakteristischen Kontur. Figur d mit eigens aufgesetztem Endschwänzchen. **e** Miribotaförmiges gepreßtes Blatt des Bodhi-Baumes (jenes Baumes, unter dem Buddha die Erleuchtung kam), mit Figurenszene bemalt als Wandbild.

Tafel 35 (3-6, 13, 14)

Tafel 48

Tafel 11 (8)

die sich in vielen Kulturgebieten der Miribota und verwandter Motive bedient. Dasselbe gilt für die Geschirr- und Möbelornamentik wie für andere Volkskunstbereiche. Auch miribotagestaltige Naturobjekte werden in die magischen Glaubensvorstellungen mit einbezogen, es sei etwa auf die S. 360f. abgehandelte Zypresse verwiesen. Ebenso gelten Knoblauchzehen, sicherlich im Zusammenhang mit ihrer Miribotagestalt, als apotropäisch und werden als Amulette verwendet. Ferner gibt es auf die miribotaförmigen Blätter des Bodhi-Baumes *(Ficus religiosa)* gemalte indische Miniaturen, die man gerahmt an die Wand hängt. *Abb. 98 e (S. 305).*

Ich bin überzeugt, daß die Augenbedeutung der Miribota zumindest im südosteuropäischen und orientalischen Raum noch heute recht allgemein bekannt ist. In Manavgat (südliche Türkei) verkauft man auf Pappendeckel gedruckte Totenköpfe, mit denen sich Kinder angeblich maskieren. Nasen und Augenhöhlen, die nicht ausgespart, sondern nur durch Stanzung markiert sind, kann man herausdrücken. Obwohl es kaum vorstellbar ist, daß jemand die großen, runden Augenhöhlen eines Totenschädels nicht kennt, zeigen die Augenlöcher dieser Masken exakte Miribotagestalt. In Griechenland gibt es scheibenförmige blaue Glasamulette mit einem miribotaförmigen Auge samt Iris- und Pupillenfleck. Ferner sei an die bereits erwähnten jugoslawischen Schiffsaugen erinnert. Diese Beispiele, die um viele vermehrt werden könnten, zeigen die Gleichsetzung von Miribota und Auge, die aber kaum ein Amulettgläubiger zugeben wird. Man spricht nicht über das »erhabene Blatt«, denn es soll ja im stillen wirken.

Der Grund, warum die Augenherkunft der Miribota von der Wissenschaft bisher nicht erkannt wurde, mag nicht zuletzt in den irreführenden Umschreibungen »fürstliche Pflanze« und »erhabenes Blatt« liegen, die zweifellos als Tabubezeichnungen aufzufassen sind, wie sie für viele bedeutsame oder gefährliche Dinge, die man nicht »beleidigen«, »verschreien« oder »berufen« darf, in Verwendung stehen (vgl. W. Havers 1946, L. Röhrich 1967). Man denke nur an Metaphern wie »Gottseibeiuns« oder »Beelzebub« für Teufel, »Meister Petz« für Bär, »Langschwanz« oder »Holzhund« für Fuchs und vieles andere. Vor allem Krankheit und Tod werden mit mancherlei Worten umschrieben. Mitunter haben Städte neben einem allgemeinen auch einen geheimen Namen, dessen Verrat an den Feind Niederlage zur Folge hat. Es darf nicht verwundern, wenn ein derart magisch »aufgeladenes« Organ wie das Auge, das ebenso zur Erzeugung wie zur Abwehr des so panisch gefürchteten »bösen Blickes« befähigt ist, in bestimmten Zusammenhängen sprachlich verhüllt wird. Schon allein die Beiworte »erhaben« und »fürstlich« zeugen von dem tiefen Respekt, den man der Miribota entgegenbringt. Speziell die grafische Festlegung, das »An-die-Wand-Malen« von zauberkräftigen Gestalten, ist ein sehr heikles Unterfangen. In einem japanischen Hochzeitsalbum mit Gruppenfotos der Familie, das mir Herr Prof. Dr. G. Wendelberger (Wien) freundlicherweise zeigte, waren die Augenpartien wichtiger Personen (Brautpaar, Brautvater etc.) mit weißen Balken überdeckt. Es ist also durchaus verständlich, wenn das artifizielle Abwehrauge allerlei figuralen und verbalen Verschlüsselungen unterliegt, die seine Zauberkraft in gewünschte Bahnen lenken sollen.

Tafel 11

Ein weiterer Grund für die Fehldeutung, die das Miribotamotiv in der Kunstgeschichte bisher erfuhr, mag auch darin zu suchen sein, daß über tabubelegte Themen, speziell auch den Problemkreis »böser Blick« und die gegen ihn eingesetzte Abwehrtaktik mittels Personenbefragung kaum Nennenswertes zu erfahren ist. Je gläubiger und wissender einer ist, desto weniger ist er bereit, über diese Dinge zu reden. Noch heute werden die in der Türkei so zahlreich verwendeten, eindeutig dem menschlichen Auge abgeschauten blauen Kugelamulette gemeinhin als »Perle« (bonçug) und nicht als »Auge« (göz) bezeichnet. Gleichwohl trifft man gelegentlich den einen oder anderen modern eingestellten, deutsch sprechenden Orientalen, der Miribotas unverblümt als »Augen« bezeichnet und mit verdeutlichender Geste auf die eigenen Augen (nie auf die des Gesprächspartners) zeigt.

Abschließend sei festgestellt, daß die Miribota heute wie ehedem weltweit beliebt ist und in zahllosen Formvarianten und Verwendungsweisen vorkommt, was man auch daraus ersieht, daß sie in sehr vielen Kapiteln dieses Buches in unterschiedlichsten Zusammenhängen erwähnt wird. Gerade, daß wir Menschen über Zeit und Raum hinweg soviel Gefallen an diesem Ornament finden, zeugt von einer starken Spontanbeziehung, die sich nur aus angeborenen, auf artcharakteristische Körperformen gemünzten Reaktionen erklären läßt, zu deren ausgeprägtesten das Ansprechen auf die Augengestalt gehört.

32. Flügel

Das Wort Flügel kommt von dem Zeitwort fliegen, dessen Wurzel soviel wie »sich schnell bewegen« bedeutet. Der Begriff Flügel steht aber durchaus nicht überall in seiner ursprünglichen Bedeutung für Flugorgan, sondern wird auch in verschiedensten Übertragungen verwendet. Die beiden »Flügel« einer Heeresgruppe, die »Nasenflügel«, »Flügelschrauben« oder der »Flügel« als Musikinstrument stehen mit Fliegen in keinerlei Zusammenhang, sie ähneln lediglich gestaltmäßig oder nur durch ihre lateralsymmetrisch-paarige Anordnung entfernt dem Vogel- oder Insektenflügel.

Im Sinne einer Form, die mit eigentlichem Fliegen wenig oder nichts zu tun hat, begegnen wir dem Flügel auch des öfteren in der bildenden Kunst. So finden sich in der Mythologie und auch in der Heraldik und Schmuckornamentik viele geflügelte Wesen, deren Flügel gemäß ihrer Bauart, Anordnung und Haltung zum Fliegen niemals zu gebrauchen und offensichtlich auch gar nicht hierfür erdacht sind. Sieht man von schwebenden Göttern, Engeln, dem Pegasus und verschiedenen Drachenvarianten ab, so sind Flügelgeschöpfe wie beispielsweise Sphinxe, Löwen oder Greife, der indonesische Garuda und viele andere niemals in Flugposition, sondern sitzend, liegend oder schreitend, doch stets mit hochgestelltem Flügelpaar dargestellt. Man muß sich fragen, warum diese Tiere, die gar nicht der Vogelklasse angehören, überhaupt Flügel

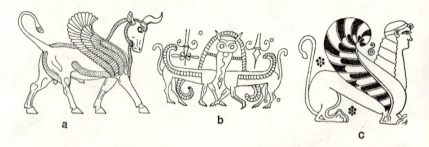

Abb. 99 Einige geflügelte Tiergestalten. **a** Geflügelter Stier vom Palast in Susa (persisch, um 400 v. Chr.). **b** Spiegelbildliche Flügeltiere mit »Zwei-Augen-Effekt« (Detail eines Situla-Gefäßes, 8.–5. Jh. v. Chr.). **c** Liegende Sphinx (attische Gefäßmalerei, 7. Jh. v. Chr.).

aufgesetzt bekamen. Weiter ist zu bemerken, daß solche Gestalten sehr häufig als Wächterfiguren Verwendung finden und mit verschiedenen Abwehrzeichen ausgestattet sind.

Bei Durchsicht der Darstellungen geflügelter Fabelwesen zeigt es sich, daß naturalistische Flügel im allgemeinen relativ spät auftreten. Selbst die Engel steigen ursprünglich als Boten der Götter (angelos = Bote) in Gestalt schöner Jünglinge vom Himmel auf Leitern herab und auf diesen wieder hinauf. Erst etwa im 4. Jahrhundert nach Christi Geburt erhalten sie unter griechischem Einfluß ihre Flügel (vgl. A. Bertholet 1962). Viel früher beflügelt wurde Nike, die griechische Siegesgöttin, von der es kaum Darstellungen ohne Flügel gibt. Bei den ältesten Skulpturen überrascht allerdings die eigenartige Spitzenkrümmung der sowohl aus dem Rücken wie aus den Knöcheln herauswachsenden Flügel. Auch Medusa und Perseus tragen auf älteren Abbildungen des Tötungsaktes Flügel an den Füßen. Die Gorgonen werden als »geflügelte Jungfrauen« bezeichnet (vgl. H. Hunger 1959), und Perseus bekommt von Hermes ein Paar Flügelschuhe. Der Begriff »geflügelt« bezog sich im älteren Griechenland also offenbar auf das Tragen von Flügelschuhen. Weder von den Gorgonen noch von Perseus wird berichtet, daß sie jemals die Flügel zum Fliegen benötigt hätten. Das Medusenhaupt zeigt auf jüngeren Darstellungen, wo die naturalistischen Schlangen bereits zu Ringellocken gewandelt sind, ein kopfschmuckartig ins Haar gesetztes Flügelpaar. Etwa an gleicher Stelle trägt die Mosesfigur des Michelangelo zwei Hörner. Beide, Flügel wie Hörner, wurden von den Kelten schon bei ihrem frühesten geschichtlich nachweisbaren Auftreten als Helmzier verwendet (vgl. L. und F. Funcken 1966). Desgleichen scheinen kleine Metallflügel auf den Helmen römischer Gladiatoren auf. Auch der Götterbote Hermes, ursprünglich Hirten- und Herdengott, trägt kleine Flügel an den Sandalen und an seinem Hut, der ihn auch als Gott der Wanderer und Wege ausweist. Er ist demnach eine Gestalt, die weit herumkommt und sich hierdurch, wie alle Boten und Herolde, verschiedensten Gefahren und Anfechtungen aussetzt (vgl. H. Hunger 1959).

Im wesentlichen gibt es drei Stellen, an denen der menschlichen Gestalt Flügel angesetzt werden: Es sind dies die Schultern, die Knöchel und der Kopf beziehungsweise die Kopfbedeckung. Ähnlich ist es mit tierischen Flügelwesen, bei denen die Flügel in erster Linie im Schulterbereich, gelegentlich an den Fesselgelenken und in seltenen Fällen auf dem Kopf sitzen. An allen diesen Stellen können jedoch auch apotropäische Symbole auftreten. So zeigen alte skythische Tierdarstellungen auf Metallbeschlägen analog vielen indischen Tierfiguren Augen beziehungsweise miribotaähnlich oder spiralig ritualisierte Augensymbole an den Gelenken. Gleiches ist auf den bekannten Situlenbildern zu erkennen (vgl. J. Kastelic 1964). In Indonesien bezeichnet man die Fußknöchel als »Augen der Füße«. Vielfach werden die als kahle Schwielen sichtbaren Zehenrelikte an den Vorderfüßen des Pferdes »Nachtaugen« oder »Flü-

Tafel 44 (8)

Abb. 120 (S. 346)

Tafel 50 (11)

Abb. 100 Apotropäische Rückenornamentik und Flügel als Wächtersymbol. **a** Zwei Rückenteile türkischer Trachten mit flügelähnlichen Miribotas. **b** Geflügelter Renaissance-Engel von hinten mit vollständig naturalistischen Flügeln. Die »Grundidee« geflügelter Menschengestalten geht zweifellos auf magischen Rückwärtsschutz zurück. (Detail eines Reliefs der Sängertribüne von Donatello, Florenz, 1433–1439). **c** Geflügelter Engel, Flügel an Ornamentik von Figur a erinnernd (Detail des Gemäldes »Jüngstes Gericht« von Fra Angelico, um 1450). **d** Erzengel Raphael mit gebreiteten Schwingen, auf dem Gewand Rückenornament (Detail eines Gemäldes von Rembrandt, 1637). **e** Kombination aus vier goldenen Flügeln und Kugeln auf den Absperrständern des persischen Krönungszuges. Hier haben die Flügel eindeutig Wächterfunktion. **f** Gruppierung von Flügeln um ein Zentralornament in der Kuppel der Hagia Sophia in Istanbul (532 bis 537 n. Chr.). Das Motiv tritt im Kuppeldekor in verschiedenen Variationen auf. Auch hier sind die Flügel als Wächtersymbole zu verstehen. **g** Achtflügeliger Engelskopf, »Grundidee« wie Figur f, Zentralornament durch Gesicht vertreten (Detail aus »Der heilige Franziskus empfängt die Stigmata« von Domenico Veneziano, 15. Jh.). **h** Vielflügeliger Christus, zum gleichen Thema an gleicher Stelle verwendet wie Figur g (Detail aus »Die Stigmatisation des Heiligen Franziskus« von Giotto, 13. Jh.).

gel« genannt (vgl. W. Steller 1934–1935). Auf Abbildungen sind dort mitunter richtige Flügel eingezeichnet. Der wie ein Gelenkhöcker wirkende menschliche Buckel ist ebenfalls magisch und gilt in Italien und vielen anderen Ländern als Apotropäon. Von den Buckligen sagte man zumindest im Raum Niederösterreich und Wien, sie kämen in den Himmel und trügen die Engelsflügel schon zu Lebzeiten mit sich herum.

Bei geflügelten Menschengestalten sitzen die Flügel vorzugsweise an jenen Stellen, wo vielen alten Trachten Blickabwehrzeichen aufgestickt sind. Flügel und apotropäische Augensymbole sind also offensichtlich austauschbar. Auf einer bei J. Potratz (1961) wiedergegebenen altassyrischen Statue aus Assur bildet das Gewand über den Schulterfalten zwei sehr auffällige große Kreise, also ungefähr jene Ornamentik, die wir bei den skythischen Tieren als Ausgangspunkte der Flügelbildung kennengelernt haben. In diesem Zusammenhang muß auch auf die von A. A. Gerbrands (1967 a) beschriebene Schulter- beziehungsweise Rückenornamentik bei der Stilisierung des Menschenkörpers durch die Asmat (Neuguinea) sowie auf neuseeländische Maori-Tätowierungen verwiesen werden. Diese augenartige Gelenkornamentik entspricht weitgehend dem von Ernst Fuchs gestalteten psychedelischen Bild »Tänzer im Zebrakostüm« (R. E. Masters und J. Houston 1969). Auf allen psychedelischen Bildern dominieren Augen und Augenornamente. Wichtig ist auch die Beobachtung, wonach isolierte Flügel in Zweier-, Dreier- und Viereranordnung, an die ägyptische Sonnenscheibe erinnernd, im Sinne von Wächtersymbolen verwendet werden. Dies sah man etwa bei der persischen Kaiserkrönung, wo Absperrungsständer durch vier um eine Kugel gruppierte, stark in Richtung Miribotaform stilisierte Flügel gekennzeichnet waren. Diese flugtechnisch unbrauchbare Linienführung des Flügels ist auch bei Tieren, so etwa beim venezianischen Markuslöwen, oft zu beobachten.

Bei dem Versuch, die verschiedenen mythischen Tierflügel in eine zeitliche Reihung zu bekommen, fällt sofort auf, daß die ältesten Formen viel eher stilisierten Augen und Miribotaformen denn funktionsfähigen, befiederten Flügeln ähneln (vgl. E. Fuhrmann 1922). Bei chinesischen Plastiken wie etwa dem Fo-Hund hat man mitunter den Eindruck, daß der Flügel aus einer betonten Haarlocke hervorging, die durch zunehmende Ritualisierung letztlich Flügelform annahm. Wie S. 231 ff. näher ausgeführt, werden in künstlerischen Darstellungen verschiedenster Kulturen stilisierte Haarlocken als apotropäische Augensymbole eingesetzt. Auf den Tierkörpern der bereits erwähnten skythischen Metallbeschläge sind die miribotaförmigen Gelenkornamente oft so weit vergrößert, daß sie die Körperkontur überragen. Hier ist der erste und wesentliche Schritt zur Herausdifferenzierung des Flügels aus dem ursprünglichen Augensymbol getan. Da solche Beschläge vom Handwerker zweifellos dem Interessentengeschmack entsprechend angefertigt wurden, muß man annehmen, daß die Übertreibung der Gelenkornamentik erwünscht war

Tafel 35 (4-6)
Abb. 100 (S. 310)

Tafel 45 (6)
Tafel 9 (2-5)

Tafel 44

und eine bestimmte Bedeutung hatte. Zieht man in Betracht, welch überragende Rolle gerade in alten Kulturen magische Vorstellungen einnehmen, erscheint die Deutung der Gelenkornamente und Flügel als Abwehrsymbole geradezu zwingend. Typisch für älteste Flügeldarstellungen ist die meist starke Betonung des Iris- beziehungsweise Pupillenkreises, der sich mit zunehmender Naturalistik des Flügels zum Deckgefieder wandelt. Gleichzeitig wird der äußere Winkel des ursprünglichen Abwehrauges zu langen Schwungfedern ausgezogen, die sich mitunter an der Spitze aufwärtsrollen. Unter Weglassung der Gefiederstruktur zeigen solche Flügel in der Umrißlinie exakte Miribota-Gestalt.

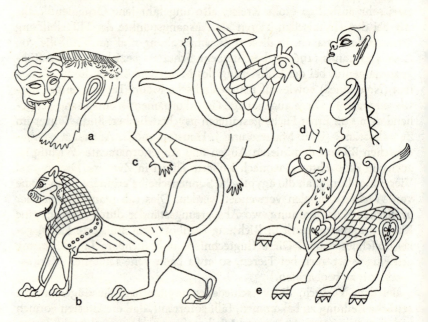

Abb. 101 Entstehung des Flügels aus Augensymbolen an den Gelenken. **a** Löwe mit spitzovalem Gelenkauge vom Triumphbogen der Kapelle im Schloß Tirol bei Meran (12. Jh.). **b** Löwe mit flügelförmiger Zeichnung am Schultergelenk (frühkorinthische Vasenmalerei, 7. Jh. v. Chr.). **c** Fabelwesen auf byzantinischem Relief mit exakt miribotaförmigen Flügeln (Ephesus, Türkei). **d** Fabelwesen mit miribotaförmigen Miniaturflügeln (China, Tang-Zeit, 618–907 n. Chr.). **e** Greif mit Miribotaflügeln und apotropäischer Herzgestalt als Gelenkornament (mittelalterliche Grabplatte, Herceg Novi, Jugoslawien).

Eine Variante dieses Wandlungsweges von Gelenkaugen zu Flügeln sehen wir bei ältesten griechischen Flügelschuhen, deren Schwingen nicht nach der Art der skythischen, altiranischen oder hethitischen Ornamentik den Vogelflügel nachahmen, sondern weit eher miribotaförmig gekrümmten Einzelfedern ähneln. In der Antike fungiert der Kranich als magischer Wächtervogel, der Verbrechen klären hilft, wie dies ja auch in der Geschichte von den »Kranichen des Ibicus« zum Ausdruck kommt. Die Kranichfeder gilt, wie S. 399 näher ausgeführt, im Mittelmeerraum als wirksames Mittel gegen den »bösen Blick«. Die mythologischen Gestalten Hermes, Nike, Perseus und Medusa, deren charakteristische Funktionen durchwegs irgendwie mit Wachsamkeit verknüpft sind, tragen stark an Kranichfedern erinnernde »Flügel« an den Knöcheln, die mitunter eine deutliche Riemenbefestigung zeigen und offenbar nicht nur gedankliche Symbole, sondern reale Teile der Fußbekleidung darstellen. Dies ist um so wahrscheinlicher, als die griechischen und römischen Riemensandalen auch andere typische Abwehrzeichen trugen und die Schleifenbindung häufig in Gestalt von »Abwehraugen« erfolgte, was sich anhand antiker Personendarstellungen leicht nachweisen läßt. Auf späteren Abbildungen der vorerwähnten griechischen Mythenfiguren wandeln sich dann die Einzelfedern allmählich zum kompletten Vogelflügel.

Tafel 44 (7)
Abb. 122 (S. 348)

Die Entstehung des Flügels als magisches Abwehr- und Wachsamkeitszeichen an von Natur aus ungeflügelten Wesen kann somit zwei verschiedene Wurzeln haben. Während im ersten Fall das der Figur eingezeichnete Gelenkauge in ornamentaler Weiterführung letztlich Flügelgestalt annimmt, wird im zweiten Fall die real vorhandene Kranich- beziehungsweise Straußenfeder als Symbolträger herangezogen und auf Darstellungen erst im weiteren Verlauf, vielleicht in Verfolgung der Tendenz nach wirkungssteigernder Multiplizierung (S. 146 ff.), zum befiederten Flügel hochritualisiert. Eine eventuelle dritte Möglichkeit ergibt sich aus langwimperig dargestellten Augen, wie wir sie bereits auf minoischen Kamaresgefäßen und heute noch auf rumänischer Keramik finden. Auf dem Dach des griechischen Königsschlosses in Korfu befinden sich Augensymbole mit überdimensionierten Wimpern, die bereits stark an Flügel erinnern. Das meist aus vier Federn bestehende Kalpakgesteck der »Königlich Ungarischen berittenen adeligen Leibgarde« ähnelt stark diesem Gestalttypus. Von ungarischen Magnaten wurden an gleicher Stelle oft regelrechte Flügel getragen (vgl. H. Patera 1960).

Tafel 20 (1, 2, 4)

Abb. 104 (S. 316)

Die apotropäische Wächterfunktion des Flügels geht nicht nur aus der Aufstellung geflügelter Wesen an wichtigen Plätzen wie etwa bei Toren oder Brücken, sondern auch daraus hervor, daß geflügelte Engel erstmals in Gestalt der Keruben auftreten, die wachend den Thron Gottes umstehen und deren Flügel »voll von Augen ringsum« sind (vgl. Bibel 1968, Buch Ezechiel 10, Vers 12). Besonders bemerkenswert sind Erzengel-Darstellungen mit mehreren, antagonistisch angeordneten Flügelpaaren, die als Flugorgane geradezu widersinnig erscheinen und überhaupt nur als Abwehr- und Heilszeichen zu verstehen sind. Außerdem tragen sie sehr oft Augen oder sind aus Pfauenfedern gebildet. Auch gibt es Flügelpaare, die jederseits ein großes Auge zeigen. Die griechische geflügelte Nike wurde zur Siegesgöttin, indem sie zusammen mit ihrer Mutter Styx den Göttern im Kampf gegen die Titanen zu Hilfe eilte. Seither zieht sie den griechischen Heeren gleich einem Schutzsym-

Abb. 149a, b
(S. 398)

Abb. 102 Zum Fliegen unbrauchbare Flügel in Abwehr- und Wächterfunktion. **a** Engel mit sechs Flügeln, die vorderen in Dreipaßanordnung (Detail aus »Berufungsvision des Jesaia«, Jesaia-Kommentar von der Insel Reichenau, Ende 10. Jh.). **b** Cherub mit sechs augenbedeckten Flügeln, auf Rädern stehend, deren Flügel ebenfalls Augen tragen (Mosaik in der Kathedrale von Monreale, Italien, spätes 12. Jh.). **c** Engelsgestalten mit apotropäischen Palmwedeln statt Flügeln (Detail aus dem Gnadenbild »Maria mit den sechs Fingern«, Maria Laach, Niederösterreich, 1440).

bol voraus und bedarf daher der sie und das Heer schützenden Abwehrflügel. Gerade in diesem Zusammenhang erscheint die Verwendung des Flügels im militärischen Uniformbereich beachtenswert. Abgesehen von den Kelten, bei denen die Miribota als Symbolzeichen eine sehr große Rolle spielte und Flügel an den Helmen verbreitet waren, sind die ältesten bekannten Flügelträger die türkischen »Deli kanli«, zu deren Ausstattung auch Leopardenfelle gehörten. Sie trugen miribotaförmig gestaltete, aus echten Vogelfedern bestehende Flügel auf den Kopfbedeckungen und vor allem auf ihren Schilden, die oft zusätzlich Vogelkrallen in Dreisproßform aufwiesen. Von dieser türkischen Elitetruppe übernahmen die Ungarn den Flügel in gleicher Tragweise und beließen ihn der vorhin erwähnten Ungarischen Leibgarde noch bis zum Jahre 1867. Bei den Zieten-Husaren (vgl. M. Lezius 1936, P. Martin 1963) und anderen Truppen war der Flügel an einem mit Stern und Halbmond gekrönten

Stab befestigt, der dem Kalpak aufgepflanzt wurde. Der die Federn zusammenhaltende Metallkörper trug in vielen Fällen ein deutliches Augensymbol.

Abb. 104 (S. 316)

Auch die bekannten adeligen polnischen Flügelhusaren bedürfen der Erwähnung. Sie trugen auf dem Rückenpanzer ein riesiges Flügelpaar, das aus gebogenen, mit großen Federn besteckten Hölzern zusammengesetzt war. Hier handelt es sich um eine ausgesprochene Elitetruppe, die besonders strengen Ehrenregeln unterlag. So etwa durften die Regimentsangehörigen, die bis zum Einsatz in eigenen Wagen fuhren und erst unmittelbar vor der Schlacht ihre Pferde bestiegen, um keinen Preis ihre Lanze verlieren, es sei denn, sie war im Kampf zerbrochen. Fand man eine intakte Lanze auf dem Schlachtfeld, wurde anhand des eingravierten Namens der Besitzer eruiert und aus dem Regiment ausgeschlossen (vgl. H. Knötel und H. Sieg 1937). Da nach alter Glaubensvorstellung eine mit riskanten Sonderaufgaben betraute Menschengruppe besonderen magischen Schutzes bedarf, wird man die Flügel der polnischen Husaren weit eher als magische Attribute denn echte, das Fliegen symbolisierende Flügel betrachten müssen. Dies um so mehr, als manche Husarenpanzer nur einen Flügel in der Mitte hatten (Belegstück in der Sammlung der polnischen Kirche auf dem Kahlenberg bei Wien), der mit der Vorstellung des Fliegens nicht vereinbar ist. Freilich wäre es möglich, daß die Polen die magische Primärbedeutung der Flügelform damals nicht mehr kannten und die zweifellos überwältigende Imponierwirkung der befiederten Riesenflügel in den Vordergrund stellten. Die Wurzel zu dieser Erscheinungsform liegt jedoch analog anderen Flügelbildungen sicher im kleinen miribotaförmigen apotropäischen Augensymbol. Man weiß, daß die polnischen Husaren von den Türken in der Schlacht gerade der Flügel wegen ganz besonders gefürchtet waren. Daß man sie für echte Engel hielt, scheint im Hinblick auf die damalige Nahkampftechnik, bei der die Holzkonstruktion der Schulteraufsätze leicht erkennbar gewesen sein muß, recht unwahrscheinlich. Viel eher ist anzunehmen, daß die von alters her zutiefst amulettgläubigen Türken (vgl. K. Teply 1968) die Abwehrsymbolik der Flügelform kannten und deren magische Auswirkungen fürchteten. Die Offiziere der Flügelhusaren trugen übrigens auch an den Zischeggen kleine Flügel. Die polnisch-sächsischen Prunk-Kürassiere als Traditionsträger der Flügelhusaren besaßen noch zur Zeit des polnischen Erbfolgekrieges gegen die Mitte des 18. Jahrhunderts aus Metall und Straußenfedern gebildete Flügel (vgl. P. Kannik 1967).

Nicht vergessen dürfen hier die slowenischen »Koranti« oder »Kurent-Läufer« werden, die an ihren Pelz-Maskenmützen beiderseits große Federflügel tragen, zu denen häufig senkrecht aus der Mitte herausragende Stäbe kommen (vgl. S. Kulišić 1966). Die Gebilde wirken wie eine spiegelbildliche Verdoppelung der vorher beschriebenen Flügel an Husarenmützen. Übrigens waren ganz ähnliche Flügelgestecke, kombiniert

Abb. 103
Polnischer Flügelhusar mit Leopardenfell zu Pferd (zweite Hälfte 17. Jh.).

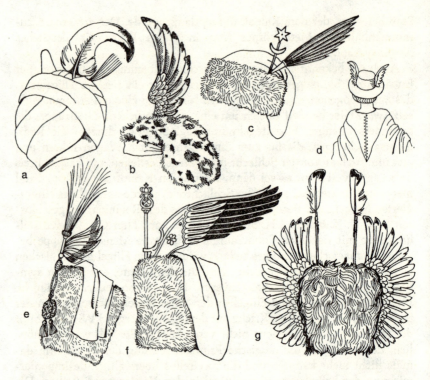

Abb. 104 Flügel auf Kopfbedeckungen. **a** Turban eines persischen Reiters mit miribotaförmig gebogener Feder als magisches Schutzzeichen (um 1700). **b** Kopfbedeckung eines türkischen Deli mit miribotaförmigem Flügel und Leopardenfell (um 1700). **c** Mütze eines polnischen Adeligen mit flügelförmigem Gesteck, dazu Halbmond und Stern (um 1800). **d** Flügelhut eines Wanderers aus dem antiken Rom. **e** Kalpak der Ungarischen adeligen Leibgarde mit Flügel und Reihergesteck (Mitte 19. Jh.). **f** Kalpak des preußischen Husarengenerals Zieten mit Flügel in Metallhalterung (Ende 18. Jh.). **g** Zweiflügelige Mütze mit befiederten Stäben eines slowenischen Kurent-Läufers aus Ptuj (Jugoslawien).

Abb. 114a (S. 334)

mit abwehrenden Spiegeln, bei den türkischen, »Tüfengdschis« benannten Musketieren (vgl. K. Teply 1968) und den Delis zu sehen. L. Schmidt (1955) bringt zwei verschiedene Abbildungen von Kurent-Läufern, die vor allem im Gebiet um Pettau (Ptuj) bekannt sind. Die eine zeigt einen Korant in dem beschriebenen Maskenkleid, die zweite einen Läufer mit zwei Pfauenfedern anstelle von Flügeln. Hier beweist das Austauschobjekt die Abwehrfunktion der Flügel sehr deutlich. Pfauenfedern und kleine Flügel neben Hahnenfedern finden wir ja auch bei den Meraner Saltnern, den reich mit Abwehramuletten ausgestatteten Weinhütern des Südtiroler Burggrafenamtes. Weiter ist hier zu erwähnen, daß vor allem in Italien Phallus- und Flügeldarstellungen häufig kombiniert werden. Die so entstehenden Gebilde dienen nach S. Seligmann (1910) der Abwehr des »bösen Blickes«. Gerade hier zeigt sich sehr deutlich die apotropäische Bedeutung des Flügels, denn während geflügelte Tiere und

Menschen noch irgendwie erdenkbar »lebensfähige« Ganzheiten darstellen, wirkt der einsam dahinfliegende Phallus eher komisch. Aus dieser Perspektive dürften die bekannten, ebenfalls irgendwie absurd wirkenden geflügelten Engelsköpfe wohl nicht eine »Reduzierung« von Engeln auf ihre elementaren Merkmale, sondern eine Neukombination aus zweiäugig herschauenden Gesichtern und Abwehrflügeln darstellen.

Abb. 105 Flügel in verschiedenen Variationen und Verwendungsweisen. **a** Geflügelter Phallus gegen »böses Auge« (Detail einer antiken goldenen Amulettscheibe aus Sizilien). **b** Löwe mit apotropäischem Fisch in Flügelfunktion. Die Alternativverwendung der beiden Objekte weist auf die magische Bedeutungsgleichheit hin, die im Abwehrauge wurzelt. Ohr und Quastenschwanz des Löwen zeigen Miribotagestalt (Detail einer skythischen Schwertscheide, 550 v. Chr.). **c** Antikes Flügelrad. Möglicherweise geht die Vorstellung vom Flügelrad auf Abwehrzeichen zurück, mit denen die bruchgefährdeten Räder geschützt wurden (Detail einer Vasenmalerei). **d** Flügelrad als altes Abzeichen der Österreichischen Bundesbahnen. **e** Neues Abzeichen der Österreichischen Bundesbahnen. In extremer Stilisierung wird das Prinzip »Flügelrad« wieder zum einfachen Augensymbol, wie es in ganz ähnlicher Form von der Werbung in verschiedensten Zusammenhängen verwendet wird (vgl. Abb. 40 [S. 204], Tafel 70, 71).

Der primäre Abwehrcharakter des Flügels wird durch das sehr interessante Beispiel eines Goldblechbeschlages aus Kurgan (ca. 550 v. Chr.) unterstrichen (vgl. J. G. Lettenmair 1972, J. A. Potratz 1961). Hier trägt ein bogenschießender Löwe anstatt des sonst üblichen Flügels einen großen Fisch. Auf den ersten Blick fällt dies gar nicht so sehr auf, weil das Fischauge genau auf dem Schulterblatt des Löwen sitzt und Flügel oder Miribotas mit zweigespaltenem Ende keine Seltenheit sind. Erst bei genauem Hinsehen erkennt man, daß hier zwei gebräuchliche Apotropäa, nämlich Flügel und Fisch, die beide ihren Ursprung in der Miribota beziehungsweise der Augenform haben, gegeneinander ausgetauscht wurden.

Abb. 141 (S. 384)

Neben der allmählichen Entwicklung des Abwehrauges zum Flügel und dessen Aufgliederung in zahlreiche Varianten gibt es namentlich im Bereich der bäuerlichen Volkskunst auch den umgekehrten Wandlungsweg, wo echte Flügel zu Miribotas wurden. Höchstwahrscheinlich spielt hier das »Hineinsehen« einer apotropäischen Figur in gestaltanaloge Naturformen, wie dies in volkskundlichen Bereichen recht oft zu beobachten ist, eine wichtige Rolle. Auf manchen Ornamenten mit zueinanderschauenden Vögeln sind die Flügel miribotaförmig oder sogar deutlich augenhaft dargestellt (S. 392). Besonders im orientalischen Bereich, wo die Kenntnis um die Abwehrkraft der Miribotagestalt allgemein verbreitet ist, sind augenförmige Flügel bei Vogelornamenten recht häufig, insbesondere beim Pfau, der ja kraft seiner vielen Augen auf den langen Rückenfedern zum Vertreter apotropäischer Symbolik geradezu prädestiniert ist. Zum Teil durch dieses »Hineinsehen« der Augengestalt in Flügel kann der Vogel selbst zum Abwehrmittel werden. In der Türkei, unter anderem im Bazar von Izmir, hängen da und dort Vogelkäfige vor Häusern und Geschäften an jenen Stellen, wo man sonst Abwehrzeichen anbringt. In einem Laden befand sich an dem entscheidenden Platz ein kleiner Modellkäfig mit einem Holzvogel.

Natürlich kann bei der Vorstellung von geflügelten Fabelwesen gelegentlich auch die uralte menschliche Sehnsucht nach dem »Fliegenkönnen« ihre Rolle gespielt, die Phantasie beschäftigt und die Darstellungsweisen modifiziert haben. An der Richtigkeit des beschriebenen Evolutionsganges vom magischen Gelenkauge zur Flügelgestalt ändert dies jedoch nichts. Ja es kann sogar behauptet werden, daß die Wechselbeziehung Flügel – Auge respektive Auge – Flügel zu den klarsten und überzeugendsten Ritualisierungswegen zählt, die im Bereich der Augenornamentik gefunden wurden.

33. Herz, Kleeblatt

Herz ist ein gemeingermanisches Wort, das in seinen verschiedenen Ausprägungen auf eine indogermanische Wurzel zurückgeht. Über Bedeutung und Verwendung des Ausdruckes braucht nicht viel gesagt zu werden. Er steht nicht nur für das Organ an sich, sondern durch Übertragungen und Wortkombinationen auch im Zusammenhang mit den Begriffen Seele und Liebe. Viele Völker betrachten das Herz als den Sitz der Lebenskräfte, also eigentlich des Lebens selbst beziehungsweise der Seele. Zuneigung, Haß, Mut, Angst – alles wird mit dem Herzen in Verbindung gebracht (vgl. E. Bargheer 1931). Man denke nur an Worte wie herzhaft, herzig, herzlos oder an Redewendungen wie »sich ein Herz fassen«, »sein Herz verlieren«, »das Herz abdrücken«, »ein Stein fällt vom Herzen« oder »das Herz fällt in die Hose«. Vielfach gehört die von der Körperbestattung getrennte Beisetzung des Herzens zum üblichen Begräbniskult. So etwa besteht in der Wiener Augustiner Kirche eine eigene Herzgruft für die Habsburger (vgl. M. Bermann 1880). Auch das Herz des polnischen Marschalls Pilsudski wurde getrennt vom Körper begraben (vgl. R. Beitl 1955). Bei verschiedenen Völkern wurden Herzen tapferer Tiere oder mitunter menschlicher Gegner gegessen.

Es darf also nicht verwundern, wenn das Herz in der Volkskunst sowie in der gesamten Symbolik eine besondere Rolle spielt (vgl. K. Frey 1952). Hier erhebt sich jedoch zwangsläufig die Frage, warum Herzen auch dort eingesetzt werden, wo sie ihrer sonstigen Sinngebung nach eigentlich überhaupt nicht hinpassen. Da sind, vor allem im bäuerlichen Bereich, etwa die ausgeschnittenen Herzformen an Fensterläden und Aborttüren zu nennen. In Gaststätten zum Beispiel können, ohne daß dadurch ein Mißverständnis entsteht, statt der bekannten Doppelnull zwei Herzen auf die Toilettentür gemalt sein. Eine humorvolle Pointierung der Situation ist in Anbetracht der sonstigen tiefernsten Bedeutung des Herzens damit wohl nicht gemeint. Hier liegen kompliziertere, zweifellos in magische Bereiche führende Zusammenhänge vor. Das Herzzeichen ist mit Sicherheit gar nicht Abbild des Organs, sondern seine magische Schutzgestalt, die allmählich an die Stelle des Originals rückte und nun als das gilt, was sie bisher nur abschirmen mußte. Dank ihrer magischen Kraft vermag sie dann auch an anderer Stelle Abwehrfunk-

Abb. 106 Ausgeschnittenes Herz an bäuerlicher Aborttür (Gmünd, Österreich).

tion auszuüben. So sehen wir nun das sogenannte »Herz« an Orten, wo es als reales Objekt gar nicht hinpassen würde, und wundern uns lächelnd über einen vermeintlichen Scherz, den in Wahrheit gar niemand gemacht hat.

Unter dem Gesichtspunkt seiner ursprünglichen Abwehrwirkung wird die Verwendung des Herzmotivs an Aborttüren sofort verständlich. Speziell im Bereich der Körperausscheidungen von Mensch und Tier finden wir vielerlei magische Bezugspunkte (vgl. J.-G. Bourke, F. S. Kraus und H. Ihm 1913). Exkremente spielten einstmals (und spielen mitunter heute noch) in der Volksmedizin eine große Rolle. Es sei an die »Drecksapotheke« von Ch. F. Paullini (1697, 1847) erinnert, die eine Unzahl einschlägiger Rezepte enthält. Diebe und Einbrecher hinterließen früher in den ausgeplünderten oder durchsuchten Räumen regelmäßig einen Kothaufen, denn solange dieser warm ist, wird nach altem Glauben der Dieb nicht erwischt (vgl. A. Hellwig 1906). Im Wienerischen bezeichnet man den Exkrementhaufen in diesem Zusammenhang auch als »Wachter« beziehungsweise »Wächter« (J. Jakob 1929), womit wiederum ein magisch bedeutsamer Begriffsinhalt tarnend umschrieben ist. Offensichtlich gibt es bei uns für das Verdauungsprodukt überhaupt keinen spezifischen Namen, denn das deutsche Wort »Scheiße« wie das lateinische »*excrementum*« bedeuten nichts weiter als »Ausscheidung«. Da Exkremente gewissermaßen Lebenskraft verkörpern, sind sie nicht nur magisch wirksam, sondern bedürfen auch magischer Absicherung, denn mit Hilfe des Kotes kann man zwar Böses bannen oder Krankheiten austreiben, genausogut aber wider den Produzenten zaubern. Während einerseits die so häufige Verwendung des Wortes »Scheiße« im deutschen Sprachgebrauch vorwiegend Bannfunktion hatte, ganz ähnlich wie das »am Arsch lecken« eine Schutzhandlung (vorwiegend in der Mutter-Kind-Beziehung) gegenüber dem Geleckten darstellte, konnte an falscher Stelle abgesetzter Kot seinem Erzeuger durch Mißbrauch seitens Fremder Schaden bringen. Das Streuen feurigen Zunders über Kot trägt dem zugehörigen Menschen einen brennenden Ausschlag ein (R. Beitl 1955), die Aneignung von Kot aus den Windeln gibt Hexen Macht über das Kind. Durch den Ausdruck »Saudreck« hinwiederum kann man Hexen bannen. Es ist nahezu als logische Folge dieser hohen Bedeutung von Exkrementen zu bezeichnen, wenn die Örtlichkeit, an der sie von den Hausbewohnern deponiert werden, durch Abwehrzeichen gesichert sind. Die Chinesen haben eine spezielle Abortgöttin namens San-ku (G. Prunner 1973).

Aus dieser Abwehrfunktion heraus ist wohl auch die Verwendung des Herzmotivs auf Fensterläden zu verstehen. Das Fenster als mögliche Eingangspforte für reale und magische Gefahren zeigt in fast allen Baustilen irgendwelche Schutzornamentik. An einigen oberösterreichischen Vierkanthöfen findet man kleine Herzen rund um das Haus über jedes der zahlreichen Fenster gemalt. Hier tritt die Abwehrfunktion sehr deutlich zutage. Unter dem Aspekt einer Schutzornamentik ist vielleicht auch die Herzform der ledernen Ellenbogenverstärkung auf Jackenärmeln zu betrachten, die an die auf S. 126 f. beschriebenen Gelenksymbole auf alten Tierbildern gemahnt. Der bekannte heftige, langdauernde Schmerz durch Schlag auf einen bestimmten Punkt des Ellenbogens (im Volksmund »narrisches Ban« genannt), würde die Vorsorge erklären. Gegen eine ausschließliche Funktion des Herzens als Liebessymbol spricht weiter die Tatsache, daß die Juden um 1700 in Nürnberg zur vorgeschriebenen Tracht als Kennzeichen ein großes rotes Herz tragen mußten (F. Hottenroth 1923). In allen anderen deutschen Gebieten hatten sie einen gelben Ring an der Kleidung vorgeschrieben, eine Form also, der ebenfalls Abwehrbedeutung zukommt. Im Trachtenwesen, in der Möbelmalerei, in der Keramik ist das Herzmotiv so bekannt, daß sich ein Aufzählen der Verwendungsarten erübrigt.

Abb. 107 Nürnberger Jude (um 1700) mit angeheftetem rotem Herz.

Die Entwicklung der Herzornamentik aus Abwehrzeichen ist leicht zu verfolgen. Das Herz tritt in sehr unterschiedlichen Gestaltvarianten auf und kann zwischen Formen mit ungekerbter Rundung und etwas seitlich ausweichender Spitze bis zu mittseits tief eingeschnittenen, streng lateralsymmetrischen Gebilden variieren. Alle diese Herzformen finden wir im Orient als Amulette gegen den »bösen Blick«. Nach G. Eckert und P. E. Formozis (1942) sind auch im griechischen Mazedonien metallene Herzen als Schutzamulette für Frauen verbreitet. Außer den aufgezählten Typen gibt es aber noch eine weitere Herzvariante, bei der sich die untere Spitze in zwei auseinanderstrebende, lateralsymmetrische Schwänzchen teilt. Gerade hier erkennt man sehr gut, daß es sich um eine spiegelbildlich verdoppelte Miribota, also um jene Schutzgestalt handelt, die sich bei genauer Analyse eindeutig als Abwehrauge erweist (S. 298 ff.). Viele orientalische Herzornamente haben sowohl die Trennlinie zwischen den beiden Miribotas als auch die zentralen Kontrastkreise eingezeichnet, letztere oft in Form einer runden Blüte. Am deutlichsten verrät sich die Miribota-Herkunft des Herzens jedoch bei der anfangs erwähnten Variante mit ungekerbter Oberrundung und verbogener Spitze. Hier haben wir es mit einer einzelnen, etwas breitgezogenen Miribota zu tun, die als Anhänger in der Mitte der Oberrundung eine angelötete Öse aufweist, wodurch sie auf den ersten Blick dem gekerbten Herzen recht ähnlich erscheint.

Als Übergangsform zum lateralsymmetrischen Herzen gibt es sowohl ungekerbte »gerade« wie auch gekerbte »schiefe« Herzen. Aus Argentinien brachten Dr. G. und Dr. I. B. Graefe (Abteilung für Ökosystemforschung im Institut) ein für Brautpaare bestimmtes flaches, leicht »schiefes« Metallherz mit, das entlang einer vorgesehenen Bruchlinie zu zwei Miribotas gespalten wird, von denen jeder Partner eine an sich nimmt. Mitunter tragen diese Miribotas einen kleinen eingesetzten Stein als Irisfleck. In Griechenland bekommt man ähnlich teilbare Herzamulette mit den Darstellungen von Adam und Eva vor dem Paradiesbaum.

Abb. 108 Herzvarianten. **a** Gekerbtes schiefes Herz (türkischer Schmuckanhänger). **b** Herz mit Doppelspitze, Entstehung aus zwei spiegelbildlichen Miribotas deutlich erkennbar (indischer Schmuckanhänger). **c** Schiefes Herz, kombiniert mit drei anderen Abwehrzeichen, auf der Rückwand einer türkischen Mietkutsche (Alanya). **d** Teilbares Amulettherz für Brautpaare, die Hälfte mit Blumenmotiv und Rubin erhält das Mädchen (Argentinien). **e** Geflügeltes gerades Herz (Teil einer Kirchenleuchte). **f** Gerades ungekerbtes Herz mit Augensymbolen und Dreisproßornamentik (bäuerlicher Wachsmodel, Österreich). **g** Griechische Darstellung einer Artistin mit Herzornament (etwa 400 v. Chr.). **h** Zwei bäuerliche Stickornamente, unteres Herz in zwei Miribotas geteilt (Ungarn). **i** Türkisches Textilornament mit Herz- und Kleeblattmotiv. **j** Kleeblatt als Amulett auf Autokarosserie (Türkei).

Wie die Herzornamentik bei verschiedenen Völkern auch aussehen mag, immer gilt sie als Abwehrmittel gegen den »bösen Blick« und sonstige magische Gefahren. Die ornamentale Herkunft des europäisch-bäuerlichen Herzmotivs ist mitunter sehr schön an reichbemalten Truhen und Kästen zu sehen, wo oft sämtliche Realisationsmöglichkeiten der Miribota von der Standardform über schiefes und gerades Herz bis zu Tulpen- und Lilienornamenten verwendet sind. Daß die in der Volkskunst so überaus zahlreichen Herzen bisher nicht als Miribota-Varianten erkannt wurden, mag an der festgefahrenen Vorstellung liegen, es könne sich dabei nur um Abwandlungen der anatomischen Herzform handeln.

Auf dem Wege des »Hineinsehens« magischer Figuren in Umweltdinge fand das Herz im europäischen Raum eine Assoziationsgestalt im Lindenblatt, wofür die Siegfried-Sage ein gutes Beispiel liefert (S. 128). In Mittelasien gibt es die S. 305 f. erwähnten Blätter des Bodhi-Baumes mit seitwärts gebogener Spitze, die im Sinne ihrer Herz- beziehungsweise Miribotagestalt in der Abwehrornamentik Verwendung finden. Weiters entstand auf dem im Abwehrbereich oft begangenen Weg der Mehrfachanordnung eines Grundmotivs aus dem Herzen die Form des vierblättrigen Kleeblattes, die sich durch »hineinsehende« Übertragung in der realen Natur als Pflanzenblatt wiederfand, das nun seinerseits zum Apotropäon wurde. Das Auffinden von vier- und mehrblättrigem Klee gilt als Glückszeichen. Man legt die Blätter in Gebetbücher als Lesezeichen, trägt sie aber auch bei sich, um vor Hexen sicher zu sein. Als Glücksanhänger ist das Kleeblatt weithin gebräuchlich (vgl. H. Marzell 1912). Auch durch das im Abwehrbereich verbreitete Bestreben nach Tarnung der Symbole wird die »Verpflanzlichung« magischer Zeichen begünstigt. Ganz allgemein kommt jede Gestaltanalogie zu Augensymbolen, wie wir sie im Lindenblatt (Herzform), im Kleeblatt (vervierfachte Herzform) oder in anderen Naturobjekten sehen, dem Gedankengut des Abwehrzaubers entgegen und wird bereitwillig aufgegriffen.

34. Halbmond, Hufeisen

Nach vielfach verbreiteter Auffassung gilt der Halbmond als ein dem Islam zugehöriges Symbol. Tatsächlich ist er jedoch sehr viel älter als diese verhältnismäßig junge Konfession, deren Beginn mit der Hedschra im Jahre 622 n. Chr. festgelegt wird. Bereits in der Bibel (1968) finden sich Erwähnungen halbmondförmiger Objekte, so etwa auch im »Buch Richter«, 8, Vers 21, wo es heißt: »Und Gideon stand auf und schlug Sebach und Zalmunna tot, und er nahm die kleinen Halbmonde, die am Hals ihrer Kamele hingen...« Und im Vers 26: »Das Gewicht der goldenen Ringe, die er erbeten hatte, betrug tausendsiebenhundert Schekel Gold, abgesehen von den kleinen Halbmonden, den Ohrgehängen und den Purpurkleidern, die die Könige von Midian trugen...« Darstellungen von Halbmonden und halbmondförmigen Figuren erkennt man bereits auf eiszeitlichen Felsbildern Ostspaniens (vgl. H. Kühn 1952) oder auf solchen der zentralen Sahara (vgl. H. Lhote 1958). Sehr häufig ist der Sichelmond, die »Lunula«, auch auf karthagischen und römischen Grabsteinen. Im alten römischen Theater von Side (Türkei) liegt eine mächtige Deckenkassette mit eingemeißeltem Halbmond und Stern, der jeder Moschee zur Ehre gereichen könnte. Nun sieht man gerade auf älteren Moscheen die Kombination Halbmond und Stern nicht allzu oft, wohl aber Halbmonde und halbmondähnliche Formen in vielen Variationen. Offensichtlich erfreut sich die Mondsichelform hoher Beliebtheit. Wir finden sie als göttliches Attribut bei der ägyptischen Ischtar oder Astarte, bei der griechischen Selene, bei der römischen Luna und schließlich bei der christlichen Gottesmutter Maria. Als Pferde-Amulett steht der Halbmond, gelegentlich verbunden mit dem Stern, nicht nur im Orient, sondern auch im nichtislamischen Raum noch heute in häufiger Verwendung. Anhand alter Bilder läßt sich feststellen, daß er in Zentraleuropa schon im Mittelalter als frei baumelnder Anhänger bei Reitpferden üblich war (vgl. M. Jankreszahl ohne Jahreszahl, E. Wagner, Z. Drobná und J. Durdík 1960). G. László (1970) zeigt die nordgermanische Abbildung zweier gegeneinandergestellter pferdeartiger Tiere, deren Köpfe je einen liegenden Halbmond tragen, sowie die eines Pferdes mit ähnlichem Attribut, dessen Spitzen in kleinen, kugeligen Augensymbolen enden. Die gleiche Endenverdickung zeigt ein oberhalb dazukomponiertes Hakenkreuz. Im Gegensatz zum Autor, der in den Halbmonden aufgesetzte Stierhörner erblickt, glaube ich, daß es sich um Stirnamulette handelt, die der Künstler stark hervorgehoben hat. Wichtige Tiere tragen noch in der Gegenwart, vor allem bei Paraden und Umzügen, große Stirnamulette, so zum Beispiel die Elefanten in Indien, die Karrenpferde in Sizilien oder auch der Ziegenbock des Regiments »Royal Welch Fusiliers« (E. L. Kirby 1969). Mit goldenen Halbmonden wurden unter anderem die Pferde deutscher, französischer und holländischer Kavallerieregimenter ausgestattet (D. H. Hagger 1974, M. G. Head 1971, P. Pietsch 1966). In England gibt es eine reiche Fülle äußerst vielgestaltiger Pferdeamulette (»horse brasses«), von denen J. Vince (1968)

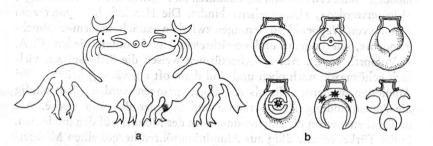

Abb. 109 Amulette an Pferden. **a** Nordgermanische Darstellung von Pferden mit überbetonten Halbmondamuletten, Spiralzungen und lateral verlagertem Augenpaar. Alle Merkmale dienen der Summierung von Augensymbolen, wie dies für magische Schutzornamentik charakteristisch ist (S. 223). **b** Sechs englische Pferde-Amulette in Halbmondform, eines mit Herz, zwei mit Sternen kombiniert.

200 verschiedene Formen veröffentlicht hat, die zum größten Teil in das System der Blickabwehrzeichen hineinpassen und sehr oft das Halbmondmotiv einzeln, in Dreieranordnung oder als Kombination von Halbmond und Stern zeigen. Häufig hingen an den Amuletten der von Offizieren und Hornisten gerittenen Pferde nach türkischem Muster lange Roßhaarquasten. Der Halbmond findet sich aufwärts und abwärts gerichtet als Roßschweifhalter auch an den ursprünglich türkischen, heute weltweit verbreiteten Schellenbäumen der Militärmusik (M. Lezius 1936, W. Transfeldt 1967).

Tafel 40 (7–9)

Da die alten Sternkulte von Mohammed im Koran (M. Henning 1960) strikt abgelehnt wurden, erscheint es zunächst unverständlich, daß man als religiöses Symbol Mond und Stern wählte. Ebensowenig einleuchtend ist die Darstellungsform. Im Volksglauben spielten die verschiedenen Mondphasen wie Neumond, Vollmond, Halbmond, zu- oder abnehmender Mond stets eine sehr große Rolle (vgl. W. Wolf 1929) und galten als wichtiger Faktor bei der Heilung von Krankheiten, dem »Besprechen« von Geschwülsten, dem Fällen von Bäumen für bestimmte Zwecke sowie in zahlreichen weiteren Belangen. Es erhebt sich die Frage, warum für das islamische Mondsymbol die anderen Zustandsformen dieses Himmelskörpers unberücksichtigt blieben und man ausgerechnet der kleinflächigsten, eigentlich gar nicht als »halber Mond«, sondern eher als dünne Sichel zu bezeichnenden Phase den Vorzug gab. Hinzu kommt, daß die Orientierung der Sichelkrümmung, die bei unserem Erdtrabanten die Zu- oder Abnahme anzeigt, trotz gegensätzlicher Feststellung von R. Brasch (1968), der vom »zunehmenden Halbmond« spricht, offensichtlich bedeutungslos ist und bei dem Symbol beliebig nach links, rechts, oben oder unten weist. In die bekannten, bei sonstigen Analogie-Riten waltenden Regeln will es jedenfalls nicht passen, daß jemand als Verehrungssymbol, Wappen oder persönliches Emblem den abnehmenden Mond erwählt und sich dadurch an Begriffe wie »Rückbildung«, »Kleinerwerden«, »Untergehen« bindet. Die Heraldik hat später zum Zwecke von Wappenblasonierungen zwischen »zunehmendem«, »abnehmendem«, »liegendem« und »gesichtetem Mond« unterschieden (C. A. v. Volborth 1972). Auf Moscheetürmen weisen die Sichelspitzen vielfach gehörnartig nach oben und sind dann oft auswärts gekrümmt. Bei Amuletten wiederum, die als Anhänger getragen werden, dient häufig die Außenrundung als Oberkante und Sitz der Befestigungsöse. Am natürlichsten wirkt die Darstellungsform des Mondes auf den modernen, in der Türkei serienmäßig aus Aluminiumröhren hergestellten Minaretten, wo die Sichel im Sinne des Staatswappens mit dem Stern kombiniert ist und, ähnlich wie auf Fahnenstangen, mit der Öffnung schräg aufwärts weist. Die älteren Zeichen hingegen variieren sehr stark und erinnern oft nur sehr entfernt an die Mondsichel.

Weiter ist unklar, wie der Mond, der in den meisten mythischen Vorstellungen weiblich ist und Göttinnen mit Fruchtbarkeitsfunktion zugehört, Sinnzeichen von kriegerischen Reitervölkern und beliebtes Pferdeamulett werden konnte. Die konträre Verbindung des Mondes einerseits mit Ackerbau, Fruchtbarkeit, Weiblichkeit in der Antike, anderseits mit der kämpferischen Vorstellungswelt äußerst maskuliner, vaterrechtlich organisierter Reitervölker im Orient ist sehr auffällig und wirft die Frage auf, inwieweit mit diesem Zeichen auch wirklich die Mondsichel gemeint ist. Für den berittenen Krieger kommt der wenig Licht spendende Halbmond als Orientierungsgestirn kaum in Frage, da man im Dunkeln tunlichst nicht reitet, sondern ein sicheres Lager aufschlägt. Hingegen ist der Vollmond mit seinem hellen Licht für den Menschen ein wichtiger Faktor. Nach A. Bertholet (1962) gehörte es zu germanischem Brauch, den aufgehenden Vollmond durch Abnehmen der Kopfbedeckung zu grüßen. M. Block (1936) berichtet ähnliches von Zigeunern. Der aztekische König Montezuma übersandte dem spanischen Eroberer Cortez je eine goldene und eine silberne Scheibe als Symbole für Sonne und Mond (K. A. Nowotny 1960). Betrachten des Vollmondes spielt im chinesischen Brauchtum eine große Rolle. Immerhin aber ist die Sichelform für diesen Himmelskörper temporär charakteristisch und erweist sich als beste Darstellungsform, um Sonne und Mond zur Symbolisierung von Tag und Nacht nebeneinander zu setzen. In solchen Fällen kann das Zeichen autochthones Abbild des Mondes sein.

Beim Vergleich vieler Halbmonde aus dem religiösen und heraldischen Bereich bemerkt man zwei wesentliche Grundtypen. Neben schlanken Sicheln gibt es sehr plumpe geschlossene Formen, die man eigentlich eher als runde Scheibe mit peripher ausgestanztem Loch denn als Halbmond bezeichnen möchte. Je größer die ausgesparte Kreisfläche, um so mondsichelähnlicher wird das Restornament. Der andere Typus ist in der Mitte etwas eingeschnürt und zeigt die Form zweier spiegelbildlich zusammengesetzter Miribotas. Beide Gestaltungsarten weisen sehr deutlich darauf hin, daß der Halbmond ursprünglich ein Augensymbol ist, wofür auch spricht, daß sämtliche Halbmondvarianten in der Volksmagie als Mittel gegen den »bösen Blick« Verwendung finden. In grafischer Ausführung zeigt der Scheibenmond häufig einen Irisfleck im ausgesparten Kreis, der Miribotamond deren zwei im Mittelteil, mit Vorliebe in Gestalt des Sterns. Metallmonde zum Amulettgebrauch tragen statt dessen oft die blaue Perle, die bei der Scheibenvariante um eine Achse beweglich in den ausgestanzten Kreis oder bei schlankeren Sichelformen frei baumelnd ins Zentrum des Innenbogens, beim gekerbten Mond paarweise auf die Fläche montiert ist. Letzterer trägt zwischen den zwei Perlen mitunter eine weitere als »drittes Auge« oder nur eine einzige in der Mitte, die dann nicht selten wie beim einfachen Sichelmond frei herunterhängt. Solche »Spielereien« mit dem Iris- beziehungsweise Pupillenfleck sind typisch für das gegenständliche Amulett, bei dem der Gestaltungsspielraum zwischen Metall und Stein zum Experimentieren anreizt und auch die Möglichkeit zum Miteinbauen der augentypischen Komponenten »Glitzern« und »Beweglichkeit« bietet. Dagegen variiert der grafisch dargestellte Halbmond nur begrenzt. Ein weiterer Weg vom Augensymbol zum Halbmond-Amulett führt über eine der ältesten, schon auf jungpaläolithischer Keramik oder als Felszeichnung vorkommende Augendarstellung, nämlich den Brauenbogen mit darunter gesetztem Augenfleck. Wird dieses Symbol als Anhänger gearbeitet, so entsteht daraus fast zwangsläufig der Halbmond mit baumelnder Kugel oder Kreisscheibe.

Bei manchen Amuletten zeigt die Halbmondform eine kleine Auswärtszacke in der Mitte des inneren Sichelbogens, die Rest des Irisornaments, bewußte Andeutung des Dreiproßmotivs oder auch nur spielerische Verlängerung der Umrißlinie sein kann. Zu beachten wäre in diesem Zusammenhang das »Auge« der Pfauenfeder, das die gleiche Sichelmondgestalt mit Innenspitze aufweist. Da der Pfau vor allem im Orient dieser Augen wegen hohe apotropäische Bedeutung hat, wäre es denkbar, daß der gezackte Mond auf eine Nachbildung der so gern verwendeten Pfauenfeder zurückgeht. Genausogut kann der Zacken

Abb. 110 Halbmondamulett mit eingesetzter blauer Perle und angehängter Münze als Stern (Türkei).

Tafel 30, 31

Abb. 18a (S. 100)

Tafel 31 (8)

a

b

c

Abb. 111
Mondvarianten.
a Gezackter Mond mit eingesetzten Steinen (germanisch, 4. Jh.). **b** Gezackter Mond mit Aufhängeloch (türkisches Pferdeamulett). **c** »Gesichteter« Mond (italienisches Pferdeamulett).

Tafel 60

Rest der früheren Aufhängevorrichtung des Halbmondes als Pferdeamulett sein. Den Tragstangen türkischer Roßschweife ist oft als Krönung ein Zackenmond aufmontiert. Im Askeri-Museum von Istanbul gibt es Halbmonde, die jederseits des Mittelhöckers ein eingraviertes Auge tragen. Der Halbmond mit an den Dreisproß erinnernder Zentralzacke und in sie eingestanztem Aufhängeloch ist eine sehr verbreitete und beliebte Amulettform, die sowohl von Türken und östlich angrenzenden Völkerschaften wie auch von deren westlichen Gegnern für Pferde verwendet wurde. In manchen Wappen findet sich ein so gezackter und gelochter Mond, der dort möglicherweise als Sinnzeichen des Berittenseins fungierte. Interessanterweise trugen zwei württembergische Reiterregimenter in der ersten Hälfte des 19. Jahrhunderts auf den Tschakos große Nummernschilde in Form des gezackten Halbmondes, der hier sicher als symbolisches Pferdeamulett, also Ausdruck des Reitertums gemeint war.

In dieser kleinen funktionellen Auszackung oder spielerischen Luxurierung des Sichel-Innenbogens ist wahrscheinlich der Ausgangspunkt zur Entwicklung des sogenannten »gesichteten Halbmondes« zu erblicken. Das Befestigungsloch in der Zacke, mitunter an ein Auge neben einer Nase erinnernd, könnte erster Anstoß zur Weiterführung in Richtung Menschenprofil gewesen sein. Den gesichteten Mond findet man ebenso auf türkischen Roßschweifen wie auf gotischen Mariendarstellungen, so etwa zu Füßen der geschnitzten Muttergottes in der Pfarrkirche von Sterzing in Südtirol (W. Buisman 1952). Hier erinnert er stark an die oft zusammen mit wichtigen Personen abgebildeten, ihrer Funktion nach nicht geklärten Gesichter oder Gestalten, auf die hier etwas näher eingegangen werden soll. Erwähnt sei zum Beispiel der steinerne Roland von Bremen, der breitbeinig über einem aus dem Sockel herauswachsenden Enface-Gesicht steht, für das es keine schlüssige Deutung gibt (V. C. Habicht 1922, M. Samson-Campbell 1939, G. Sello 1901). Auch Ritter auf Grabsteinen haben sehr oft irgendwelche Fabelwesen oder verschiedene Tiere zu ihren Füßen, darunter manchmal recht harmlose und mit ritterlicher Wehrhaftigkeit schwer vereinbare Vögel. Es erhebt sich die Frage, ob diese Gestalten etwas Gemeinsames haben und worin es besteht. Betrachtet man den auf einem Kupferstich aus dem Jahre 1470 (Schule Martin Schongauer) dargestellten Christus nach der Versuchung, sieht man unterhalb seines vorgesetzten rechten Fußes einen herschauenden, die Ohren spitzenden Hasen, über dem sich genau in der Vertikalen die Hand des Erlösers mit zwei den Hasenlöffeln analog hochgespreizten Fingern befindet. Wie man weiß, sind alle diese alten Produkte der bildenden Kunst, ob Grafik, Malerei oder Skulptur, nicht beliebige Raumfüllung, sondern konzentrierte Summation von Aussagen auf dem Weg über die damals jedermann verständlichen Bildsymbole. Hasenohren haben, wahrscheinlich in Beziehung zur magischen »Cornuta«, heute noch im Mittelmeerraum Abwehrbedeutung und sind besonders in der Türkei als Grabsteindekor, Fahrzeugamulette und auch als Luftballons für Kinder zu sehen. Sehr gern klebt man Abziehbilder der bekannten »Playboy-bunnies« auf Windschutz- oder Heckscheiben. Dieselbe Abwehrfunktion wie Hasenlöffel erfüllen Eselsohren oder das Rindergehörn (man denke an Ochs und Esel auf Krippendarstellungen), womit wir zur augenhaften Rundung der Mondsichel zurückgekehrt sind.

Aus alldem wird ersichtlich, daß die zu Füßen von Personen abgebildeten Wesen in Tier-, Menschen- oder auch Mondgestalt magische, durch Darbietung von Augen oder Augensymbolen schützende Abwehrfiguren sind. Eine von K. Lipffert (1964) wiedergegebene alte Darstellung Friedrichs II. zeigt den Kaiser auf einem Dreisproß aus miribotaförmigen Straußenfedern mit zentralem Augenornament, also einem typischen apotropäischen Zeichen stehend, das hier die Stelle der sonst üblichen Köpfe oder Gesamtfiguren einnimmt. Auch der Sockel des Bamberger Reiters zeigt Abwehrgesichter. Da man nach altem Volksglauben mit einem Konterfei wider den Dargestellten zaubern kann, muß es vorbeugend mit magischen Schutzzeichen ausgestattet werden. Das gilt auch für Heiligenbilder, die oft legal und illegal (vgl. G. P. Hoenn 1761) nach lebenden Personen gemalt wurden. Für Maria, die als wichtige und verehrte Persönlichkeit in besonderem Maß gefährdet ist, wird neben dem einfachen gern der gesichtete Halbmond verwendet. Bei letzterem geht die Schutzfunktion unter anderem auch daraus hervor, daß er nach Art fast aller Abwehrgesichter maskuline Züge trägt. Das Märchen vom »Mann im Mond« ist wahrscheinlich nur eine Folgegeschichte, die den Mann in den wirklichen Mond hineinverlegt. In der Gegenwart kommt das Halbmondgesicht vorwiegend als kindlich-humorvolle Parodierung des Nachtgestirns vor. Auf chinesisch-buddhistischen Zeichnungen gibt es gezackte Halbmonde, deren äußere Hörner sich so weit zur Mittelspitze einwärtsbiegen, daß daraus zwei gesichtsmaskenartige Augenschleifen entstehen. Diese Form wird analog dem gewöhnlichen Halbmond als Amulett getragen (vgl. St. Pálos 1968).

Tafel 33 (1)

Tafel 31 (11)

Gezackte Halbmonde in Vierfachanordnung bilden das serbische Königswappen der Familie Karageorgiewitsch. Im ehemaligen Fürstentum Montenegro war ein ähnliches Ornament den zur Nationaltracht gehörenden kleinen, rotdeckeligen Rundkappen aufgestickt. Infolge äußerer Formverwandtschaft mit dem cyrillischen Zeichen für »S«, das »C« geschrieben wird, deutet man die Halbmonde im national-panslawistischen Sinn entweder als Anfangsbuchstaben des Spruches »Svagda služiti srbske slobode« (immer der serbischen Freiheit dienen) oder »Samo sluga srbske slobode« (nur der serbischen Freiheit dienen). Ein bei uns in Deutschland und Österreich analog aus den vier »F« des deutschen Turnerspruches »Frisch, fromm, fröhlich, frei« kombiniertes Emblem wurde später zum Sonnenrad und Hakenkreuz gewandelt und somit, wenngleich in umgekehrter Reihenfolge und rein politischer Absicht, unbewußt zur alten Augensymbolik in Beziehung gebracht.

Abb. 112 Gezackte Halbmonde im Wappen der serbischen Königsfamilie Karagiorgiewitsch.

Abb. 113 Prinzip »Halbmond und Stern« in verschiedenen Realisierungsformen. **a–c** Türkische Varianten, von der Kreisscheibe mit ausgestanztem Loch bis zum regulären Halbmond mit Stern. **d** Türkisches Stoffmuster. **e** Steinbockornament auf Becher aus Susa (um 3000 v. Chr.). **f** Indisches Textilornament, Motiv Halbmond und Stern in Pflanzenformen aufgelöst. **g** Bäckerzeichen aus Engelhartszell (Oberösterreich).

Sämtliche Verwendungsweisen des Halbmondes stützen die hier vertretene Auffassung, daß dieses Ornament nicht auf einen alten Mondkult zurückgeht, sondern in der viel allgemeineren Bedeutung eines Abwehrmittels gegen den »bösen Blick« eingesetzt wurde. Auch die Verbindung des Mondes mit antiken Göttinnen dürfte dem Grundgedanken entsprungen sein, die Verehrten vor Bösem zu schützen. Sekundär können sich dann Beziehungen zu deren Wirkungsbereich herausentwickelt haben, wie ja auch andere Schutzsymbole mit individuellen, auf eine bestimmte Persönlichkeit ausgerichteten Merkmalsvarianten ausgestattet wurden. Wenn Poseidon als Gott des Meeres den magischen Dreisproß in Fischgabelgestalt erhält, so bekommt Selene als Mondgöttin das apotropäische Augensymbol eben in Form der Mondsichel. Dieses Zeichen ist ein so weit verbreitetes Heilsmotiv, daß eine Beziehung zur Astarte gar nicht vonnöten ist, um dessen Verleihung an die christliche Gottesmutter Maria zu erklären. Es gibt kaum volkstümliche Sakraldarstellungen, die nicht irgendwelche alten magischen Schutzzeichen aufweisen, zu denen ja auch der auf frühen Darstellungen gelegentlich als nach unten offener Halbmond gezeichnete sogenannte »Heiligenschein« gehört. Sogar der Teufel, der mit Mondverehrung sicher nichts zu tun hat, trägt auf einem 1825 entstandenen Kupferstich einen Stab mit aufgepflanztem halbmondförmigem Zweizack (vgl. K. Seligmann 1948).

Gestaltlich mit dem Halbmond verwandt ist das Hufeisen, das in der Türkei ebenfalls Amulettfunktion ausübt und oft auch die baumelnde blaue Zentralperle trägt. Die beim echten Hufeisen in gerader Anzahl symmetrisch gruppierten Nagellöcher sind häufig durch insgesamt sieben, beiderseits der Mitte zu dreien und vieren verteilte kleine Abwehrperlen symbolisiert. Das Hineinspielen der Zahlenmagie spricht auch aus dem Schrevenhoorner Brauch, Hufeisen bis zur Siebenerzahl in Räumen aufzuhängen (vgl. R. Beitl 1955). Der Wassermann des Neusiedlersees besitzt vom verunglückten Pferd des wilden Jägers nur drei Hufeisen, das vierte sucht er vergebens bis zum jüngsten Tag (A. Mailly, A. Parr und E. Löger 1931), was offensichtlich heißen soll, daß ein solches gar nicht vorhanden war, denn Geisterpferde (wie auch Odins Roß) gelten häufig als dreibeinig. Diese Vorstellung hängt möglicherweise damit zusammen, daß man besonders im Orient Pferde bevorzugt, die an drei Beinen weiße Fesseln tragen und im Volksmund »dreibeinig« genannt werden. Der im Askeri-Museum von Istanbul lebensgroß nachmodellierte Sultan Suleiman sitzt auf solch einem Rappen. Auf allen türkischen Schlachtenbildern reiten hohe Würdenträger entweder Schimmel oder dunkle Pferde mit drei weißen Fesseln. Das ist angesichts der Darstellungsgenauigkeit, die jedes Detail der Figuren und somit auch die Amulette berücksichtigt (Sultan Suleiman hat sogar die apotropäische Wollkugel im Ohr), sicher kein Zufall, sondern magisch begründete Regel. Neben dreibeinigen Geisterpferden gibt es mitunter sechsbeinige, die wohl durch imponierende Merkmalsverdoppelung (S. 148 f.) zustandegekommen sind. Schamanenpferde denkt man sich meist achtbeinig, doch kommen auch dreibeinige vor (vgl. M. Eliade 1954).

Tafel 42 (8)

Im allgemeinen wird der magische Wert des Hufeisens auf die große Wichtigkeit zurückgeführt, die das Pferd seit alters her für den Menschen besitzt. Zweifellos hat dieses Tier, dessen Domestikation etwa um 4000 v. Chr. in den asiatischen Steppen begann, den Menschen von Anfang an stark beeindruckt und eine dementsprechend intensive mythisch-sakrale Reflexion ausgelöst. Etwa 3000 v. Chr. dient das Pferd bereits als Zugtier, aber erst 2000 Jahre später spielt es als Reittier eine Rolle (vgl. K. Birket-Smith 1942, M. Jankovich ohne Jahreszahl). Noch jünger ist das Hufeisen, das in Europa etwa im späten Altertum Bedeutung gewann. Hufeisenartige Halbmonde wurden aber schon lange vorher verwendet, so auch in der Mongolei, wo man die Pferde noch heute vielfach nicht beschlägt. Ich glaube daher, daß das Hufeisen aufgrund seiner augenhaften Rundung, auf die der Mensch spontan anspricht, zum magischen Schutzsymbol wurde, wie dies mit vielen ähnlichen Gestaltstrukturen geschah. Aus diesen sehr langen Assoziationsketten hat L. Schmidt (1952) die Beziehung Sichel-Sense-Mond herausgegriffen und eingehender behandelt. Der Weg führt jedoch noch weiter über Hahnenfeder, Rindergehörn, Delphinfluke, Hasenohren, Hufeisen und all die anderen formverwandten Objekte, um letztlich wieder beim Augenrund zu enden, das Urbeginn jedweder apotropäischen Ornamentik ist.

Tafel 59 (3)
Tafel 79 (8)

331

In der an Amulettvarianten so reichen Türkei finden sich nicht nur ornamentale Übereinstimmungen zwischen Hufeisen und Halbmond, sondern auch verwendungsmäßige zwischen Halbmond und Augenperlen. In jedem einschlägigen Geschäft bekommt man dreifache Ketten aus blauen Plastikperlen, denen in regelmäßigen Abständen, etwa nach Art der alten Passengürtel der Husaren, Quadrate aus Leder oder neuerdings Kunststoff eingefügt sind. Bei manchen Modellen tragen diese Quadrate einen weißen Halbmond mit Stern, bei anderen eine Augenperle. Die beiden Formen können sich also beliebig vertreten. Meist sieht man diese Ketten als Amulette an den Kühlern von Lastautos oder Traktoren, manchmal auch als Pferdehalsbänder. Ebenfalls austauschbar sind *Tafel 75 (11)* Augenperle und Halbmondmotiv auf den Stirnbändern der Widder. Halbmond mit und ohne Stern, Hufeisen mit und ohne Augenperle haben im Amulettbereich den gleichen Rang und werden je nach Geschmack und persönlicher Ansicht des Käufers ausgewählt.

Aus dieser uralten Heilsfunktion des zum religiösen Symbol und Staatswappen gewordenen Halbmondes mit Stern, der seinem Ursprung nach ein Augensymbol ist, erklärt sich wohl auch die in der Türkei so überaus häufige Verwendung von Nationalfahnen im täglichen Leben, wie sie selbst in autoritär-kommunistischen Ländern mit nahezu obligatorischer Ergebenheit für Sichel und Hammer auf rotem Tuch nicht erreicht wird. In der Türkei gewinnt man den Eindruck, daß nicht die Staatsfahne zum Symbol, sondern das Symbol zur Staatsfahne wurde. In diesem Sinne hat die Türkei kein Wappen, sondern ein Amulett, das *Tafel 79 (2, 6)* den Radfahrer, den Autolenker, den Fischer, jeden Handwerker und letztlich auch das Haustier ebensogut beschützt, wie es die Augenperle tut. Die Verbreitung des Halbmondmotivs im christlichen Abendland, wo man es auf Pferdegeschirren, Gebäuden, ja gelegentlich sogar auf Dächern oder Turmuhrzeigern christlicher Kirchen findet, spricht sehr dafür, daß es zumindest früher weit allgemeiner verstanden wurde als heute. Sogar der preußische Husarengeneral Zieten trug auf dem Pantherfell seiner Parade-Uniform Halbmond und Stern.

Die mitunter vertretene Auffassung, der mit dem Halbmond gekoppelte Stern stelle primär die Sonne dar, läßt sich historisch nicht beweisen. Sicher aber sind Sonne und Mond mythologisch derart eng mit dem Auge verknüpft, daß selbst dort mit ursprünglichen Blickabwehrsymbolen zu rechnen ist, wo auf alten Bildern eindeutig die beiden Himmelskörper dargestellt erscheinen.

35. Spiegel

Das Wort Spiegel ist auf den deutschen und niederländischen Sprachraum beschränkt und stammt von dem lateinischen *speculum*, das so viel wie »Spiegel« und »Spiegelbild« oder auch »Abbild« bedeutet. Es hängt zusammen mit dem Verbum »*specere*« (sehen), das im klassischen Latein allerdings nur in Verbindungen wie »*aspicere*« oder »*inspicere*« vorkommt. Der Wurzel nach ist es mit unserem Verbum »spähen« verwandt. Die Worte »Spiegel« und »schauen« stehen also in enger Sinnverbindung. Dies übrigens nicht nur im Deutschen und Lateinischen, sondern über den Stamm »op« auch im Griechischen.

Im Volksglauben kommt dem Spiegel hohe Bedeutung zu, vor allem als Mittel zur Abwehr oder Vernichtung von Dämonen. Der nach einer Altwiener Sage durch seinen Blick Menschen tötende Basilisk (Zwitterwesen zwischen Hahn und Kröte) zerspringt in dem Augenblick, wo man ihm einen Spiegel vorhält und er sein eigenes Bild sieht (vgl. M. Bermann 1880). Perseus meidet den direkten Blick der Medusa und betrachtet sie durch einen Spiegel. In China werden nach R. Brasch (1968) Spiegel über Götterbildern angebracht, um böse Geister zu vertreiben, woraus hervorgeht, daß wichtige Personen, darunter sogar Götter, durch spezielle Abwehrmittel geschützt werden müssen. Der gefürchtete Feldschädling Bilwis oder Pilwiz (vgl. J. Grimm 1854), ein böser Korngeist, der breite Bahnen in die reifende Frucht schneidet, kann von einem nackten Mädchen vertrieben werden, das ihm, ohne selbst hinzuschauen und noch bevor er es gesehen hat, einen Spiegel vorhält. Nach anderen Versionen ist der Bilwis nackt und kann von jedermann durch Vorhalten des Spiegels davongejagt werden. Wer aber vom Bilwis zuerst gesehen wird, muß sterben. Der Legende zufolge ließ Alexander der Große (356–323 v. Chr.), als er im ostpersischen Chorassan auf große Mengen giftiger Schlangen traf, durch sein Heer Metallspiegel anfertigen und den Tieren entgegenhalten, um sie mit ihrem eigenen Blick zu töten. Darüber hinaus und vielleicht in gewisser Sinnverwandtschaft mit dem gegengleichen Blick des Januskopfes können Spiegel auch über Raum und Zeit hinweg Aussagen machen. So etwa in dem bekannten Märchen von Schneewittchen, wo auf den Zauberspruch »Spieglein, Spieglein an der Wand...« jedesmal die erfragte Auskunft kommt. Das

Zerbrechen eines Spiegels bringt nach H. Gottschalk (1965) sieben Jahre Unglück, weil man damit seine eigene zweite Erscheinungsform zerstört hat. Da aber nach R. Brasch (1968) diese Vorstellung älter ist als der so empfindliche Spiegel aus Glas, anstelle dessen man früher die haltbareren Metallspiegel verwendete, bezieht sich die Regel vielleicht primär auf den Wasserspiegel. Man benützte ihn als Orakel, indem man hineinblickte und aus den durch Wasserbewegung veränderten Gesichtszügen Schlüsse zog. Das Hineinwerfen eines Steines konnte dieses Spiegelbild zerbrechen. Das auf S. 255 erwähnte Steinewerfen jugoslawischer Inselbewohner beim Anlegen von Touristenschiffen könnte neben der Blickablenkung auch eine magische Schwächung der gefährlich erscheinenden Fremden durch Zerstörung ihres Spiegelbildes bezweckt haben.

In einem Sterbehaus müssen alle Spiegel verhängt werden, weil der Tod sonst doppelt anwesend ist und noch jemanden mitnimmt. Im Spiegel verfängt sich die Seele und kann unter Umständen nie mehr heraus, was den Tod des zugehörigen Körpers zur Folge hat. Wer scharf in einen Spiegel schaut, kann an seinem eigenen Blick sterben oder zumindest von ihm verzaubert werden. Ein Rest solchen Gedankengutes liegt vielleicht in der Anstandsregel verborgen, die vor allem junge Mädchen und Frauen als »eitel« und »hoffärtig« rügt, wenn sie andauernd vor dem Spiegel stehen. Narkissos, Sohn des Flußgottes, verliebt sich in sein eigenes, von einer Quelle zurückgeworfenes Spiegelbild und sieht es so lange an, bis er verschmachtet. Er wird in eine Narzisse verwandelt, deren Name volksetymologisch mit »Krampf, Lähmung, Erstarrung«

Abb. 114 Spiegel als magisches Schutzmittel. **a** Federgesteck eines türkischen Musketiers (Tüfengdschi) mit Rundspiegel. **b** Jugoslawische Braut aus der Gegend Srebrenica mit Pfauenfedern und Ovalspiegel. **c** »Thaurer Altartuxer« mit Pfauenfedern und Rechteckspiegel. **d** »Oorijzer« in Form blickablenkender Spiegel auf einer Zeeländer Trachtenhaube (Holland). **e** Spiegel mit Rosenmusterrahmen am Fußende eines türkischen Ehebettes.

zusammengebracht wird. Hier handelt es sich offenkundig um eine griechische »Unterweisungsgeschichte«, die davor warnen soll, zu lange in den Spiegel zu schauen, weil man am eigenen Blick Schaden nehmen kann. Das romantisch-mythologische Licht, in dem wir Flußgott, Najade, Nymphe und Quell zu sehen pflegen, läßt uns nur allzuleicht vergessen, daß für die Hirten und Bauern der damaligen Zeit Quelle und Fluß die normalen Gebrauchsspiegel waren.

Magische Vorstellungen über Wirkungen und Fähigkeiten des Spiegels beziehungsweise des reflektierten Bildes sind weltweit verbreitet und haben zu einer intensiven Verwendung des Spiegels im Volksbrauchtum geführt. Es sei hier etwa an die österreichischen alpinen »Schönperchten« erinnert, die oft Spiegel tragen, wie sie den bösen »Schiachperchten« nicht zukommen. Die Spiegel auf den hohen, vorwiegend rhombischen Kopfaufbauten der Gasteiner Schönperchten sind meist recht groß und sitzen im Zentrum beider Schauflächen, also nach vorn und hinten gerichtet (vgl. E. Lies 1969, 1970 a–d). Das Phänomen der Spiegelwirkung kann hier bis ins Gleichnishafte übertragen werden. So gibt es Perchtenmasken mit »schiachem« und »schönem« Gesicht, die ähnlich den Gesichtern des Januskopfes in entgegengesetzte Richtung schauen. Ferner gibt es Paare mit je einem »schönen« und einem »schiachen« Partner, also zwei gegensätzliche Komponenten, die auch gegensätzlich parodierend agieren und sich wie Bild und Spiegelbild mit »umgekehrten Vorzeichen« darbieten (vgl. A. Dörrer 1949). Der Grundgedanke der Spiegelbildlichkeit beziehungsweise des Doppelbildes ist im Volksglauben tief verwurzelt und in vielen Abwandlungen anzutreffen. Es sei auch an das Doppelgängerproblem und in weiterer Auslegung an das in Nordeuropa so geläufige »zweite Gesicht« erinnert.

Im vorliegenden Fragenkomplex der Augensymbolik ist jedoch in erster Linie die Verwendung des Spiegels als reales Objekt zu behandeln. Man findet ihn ebenso auf Lebzeltherzen, die den Mädchen bei ländlichen Festen geschenkt werden, wie als Christbaumbehang, Frauenschmuck oder auf Pferde- und anderen Zugtiergeschirren, bei denen auch alle metallenen glänzenden Platten und Scheiben Spiegelfunktion ausüben. In Österreich hießen die großen runden Messingscheiben bei den Kutschern vielfach »Schrattenspiegel«, wodurch die dämonenabwehrende Wirkung charakterisiert ist. Schratte sind in der germanischen Mythologie elfische Geister, die dem Menschen Schaden zufügen können (vgl. J. Grimm 1854). Über das koboldhafte Unwesen von Wald- und Hausschratten gibt es viele Sagen und Erzählungen (vgl. B. Schier 1935). Sehr große Bedeutung besitzt der Spiegel im Orient, besonders in Indien, wie die oft reichlich mit Spiegeln und deren kleinster Form, den Pailletten, benähten Kleidungsstücke beweisen. Indien bringt heute mit Spiegeln benähte Stofftiere, vor allem das vielfach heilige Zebu und den Elefanten in großer Zahl auf den Souvenirmarkt. In Räumen aufgestellt, dienen sie im Ursprungsland als Abwehrmittel.

Wie beeindruckend das Erlebnis des Spiegelbildes ist, zeigt einerseits die rasche Übernahme des Spiegels aus der Zivilisation durch afrikanische Völker und dessen Verwendung zur Herstellung von Spiegelfetischen (E. Leuzinger 1959, A. Schweeger-Hefel 1960), anderseits die raffinierte Anordnung von Spiegeln in den großen Sälen reich ausgestatteter Barock- und Rokokoschlösser. Eines der bekanntesten Beispiele ist der berühmte Spiegelsaal zu Versailles, der von Fürst Nikolaus Esterházy dem Prächtigen im Schloß Esterháza nachgeahmt wurde. Im Grunde genommen handelt es sich aber bei diesen prunkvollen Großeffekten nur um eine Luxurierung des Grundgedankens, den Beschauer durch den Spiegel zu verwirren und irrezuleiten. Diese Wirkung ist etwa zu beobachten, wenn man durch eine Tür tritt und unvermutet einem Spiegel und damit sich selbst gegenübersteht. Der Blick ist sofort mit der überraschenden Situation beschäftigt und von der realen Umgebung abgelenkt. Spiegelwände in Gastlokalen werden als attraktiv empfunden und fesseln mit ihren Effekten die Aufmerksamkeit des Gastes in oft erstaunlichem Maß. Es ist daher sicher kein Zufall, daß man früher in Zimmern gegenüber von Eingangstüren große, mitunter in prunkvoll geschnitzte, mit Augensymbolen bestückte Goldrahmen eingelassene Paradespiegel aufhängte, um Eintretende möglichst intensiv von den Stubeninassen abzulenken, damit der magisch so bedeutungsvolle »Erstblick« diesen zufiel. Bemerkenswert in diesem Zusammenhang erscheint auch die Darstellung von Spiegeln auf alten Gemälden. So ist beispielsweise auf dem 1434 von Jan van Eyck gemalten Bild »Die Vermählung des Giovanni Arnolfini« (National Gallery, London) in der Mitte über dem Händepaar der Gatten neben anderen Blickabwehrmitteln ein überaus augenhafter, zum Beschauer blickender, das Bild beherrschender Spiegel zu sehen (vgl. E. Thiel 1968). Das 1514 von Quentin Massys gemalte Bild »Der Geldverleiher und seine Frau« (Louvre, Paris) zeigt im unteren Bildteil einen ebenfalls sehr augenartigen Ovalspiegel, in dem sich das winzige Bild eines Beobachters gefangen hat (vgl. E. Simon 1967).

Zu den raffiniertesten Blickablenkungsmitteln zählen die von Frauen und Mädchen im holländischen Zuid-Beveland getragenen, beidseits schräg oberhalb der Augen angebrachten »oorijzer« (Ohreisen) in Gestalt viereckiger Goldspiegel (vgl. F. W. Thienen und J. Duyvetter 1962). Der Betrachter kommt ohne bewußt erzwungene Konzentration nur schwer zu einem längeren Blickkontakt mit der Trägerin, weil sein Auge dauernd zu den Spiegelbildern abschweift. Über diese Ablenkwirkung hinaus kommt der Spiegel aber auch dem Gedanken, Dämonen nach dem Prinzip »Auge gegen Auge« abzuwehren, in besonderem Maß entgegen. Man ist der Sorge des »Überimponierens« mittels künstlich erzeugter Schreckfratzen enthoben, denn der Spiegel gibt jedem Hineinblickenden die eigene Bosheit zurück. Auch die mittels Spiegel so leicht herstellbare blitzende Reflexion von Lichtstrahlen, die dem Requisit seine lebendige »Augenhaftigkeit« verleiht, ist als wichtige Komponente der magischen Spiegelwirksamkeit anzusehen. Die im Zusammenhang mit Beschimpfungen und Verwünschungen gebrauchte Redewendung, der Betroffene würde sich diese »nicht hinter den Spiegel stecken«, weist darauf hin, daß man auch bei uns den Spiegel für gewöhnlich mit guten, im weiteren Sinn heilbringenden Objekten ausgeschmückt und fallweise vielleicht auch bedeutsame Dinge mit Hilfe des Spiegels abgesichert hat. Zu unserem Thema interessant ist auch die Gestalt des Till Eulenspiegels. Auf dem angeblich ältesten Bild des »weisen Schalks« aus dem Möllner Rathaus, das heute im Eulenspiegelmuseum von Schöppenstedt hängt (vgl. H. Ohlendorf 1959), sind die Insignien Eule, Spiegel, Narrenkappe, Schellen zu einem Sinnzeichen kombiniert, das allen Anforderungen eines Augenamuletts gerecht wird.

Abb. 115 Till Eulenspiegel mit Sinnzeichen. a Detail des angeblich ältesten Bildes im Schöppenstedter Museum. b Darstellung aus dem 18. Jh.

Im Besitz des Wilhelminenberger Institutes befinden sich drei Musterbeispiele für die apotropäische Verwendung des Spiegels. An erster Stelle sei ein von Frau A. Eisenmenger (Wien) als Schenkung übertragener türkischer Zeltvorhang erwähnt, der vermutlich zu einem Zelt des 1683 Wien belagernden türkischen Heeres gehörte, das sich heute im Wiener Heeresgeschichtlichen Museum befindet. Die Fläche des etwa 220 × 160 cm² großen, roten, mit gelblicher Seide bestickten Gewebestückes war, ausgenommen ein 30–50 cm breiter, rundherum führender Rand, mit 6–7 cm voneinander entfernten, regelmäßig verteilten, 1–2 cm großen Rundspiegeln besetzt. Befestigt waren sie mittels der im gesamten Orient heute noch geläufigen und vor allem in Indien praktizierten Umstickungstechnik. Während der Besatzungszeit nach 1945 haben Soldaten, die das Tuch zum Autoputzen verwendeten, sämtliche Spiegel bis auf einen einzigen entfernt. Wir konnten die fehlenden ersetzen und den Gesamteindruck des Vorhanges wiederherstellen. Das zweite Beispiel ist eine etwa 60 Jahre alte türkische Bluse, die ebenfalls mit kleinen Rundspiegeln benäht ist und auf der freien Rückenfläche, wo auf Trachten verschiedenster Völkerschaften Abwehrsymbole getragen werden, einen einzelnen, etwas größeren Rundspiegel zeigt, der hier ganz offensichtlich die Aufgabe besonderen magischen Rückwärtsschutzes übernimmt. Als drittes Beispiel sei eine Schauspielerkopfbedeckung aus der chinesischen Oper erwähnt, die vorn auf einem hochragenden, umflochtenen Draht einen kleinen Spiegel trägt. Da der optische Effekt, sofern er überhaupt zur Geltung kommt, für das Publikum nur untergeordnete Bedeutung haben kann, liegt die Vermutung nahe, daß dieser Spiegel vorwiegend als magischer Schutz für den Schauspieler dient.

Wie bereits angedeutet, muß bei Beurteilung der Wirkung spiegelbesetzter Objekte auch das durch Bewegung entstehende Glitzern mit in Betracht gezogen werden. Der erwähnte türkische Zeltvorhang ist in seiner Wirkung nur voll zu verstehen, wenn man sich seine Funktionsweise vorstellt. In der Zeltöffnung hängend, wurde er vom Wind bewegt oder hat sich während des Beiseiteschiebens durch Zeltbewohner zu Falten gebauscht, wodurch ein fesselndes, unruhiges Aufblitzen der

Spiegel entstanden sein muß. Bei Fackel- und Laternenlicht war dieser Effekt zweifellos noch weitaus größer. Auch die Spiegelsäle der Barockschlösser mit ihren Kristallglaslüstern bezogen einen Großteil ihrer Wirkung aus dem lebendigen Licht der angezündeten Kerzen, die wir heute durch den starren Schein elektrischer Lampen nur ungenügend ersetzen können. Ebenso kommt der Pailetten- und Spiegelbesatz an Kleidungsstücken erst bei Bewegung zu voller Wirkung.

In der heutigen Türkei werden große Spiegel sehr oft von Friseuren als Blickfang verwendet. Sofern Platz vorhanden, ist der Spiegel meist neben dem Ladeneingang befestigt und blickt direkt in die Straße, andernfalls hängt er im Raum gegenüber der Eingangstür, wohin der Blick des Eintretenden zwangsläufig fällt. Daß diese Spiegel mehr sind als nur »Reflektoren« für das Exterieur der Kunden, geht schon daraus hervor, daß sie fast immer ein Amulett gegen den »bösen Blick« tragen, sehr oft in Form zweier verflochtener Palmwedel, die kreuzweise darüber angebracht sind. Es können auch geflochtene Stroh-Amulette sein, die in den Spiegel hineinhängen. Ähnlich teilverdeckt sind mitunter die Spiegel an den Wänden kleiner Speiselokale, hier meist durch augensymmetrisch aufgeklebte runde Werbebilder oder vorgesteckte Kunstblumen. In allen Fällen tritt das Bestreben zutage, die Wirkung der als Amulett benutzten Gegenstände durch Kombination mit dem Spiegel zu steigern.

Tafel 65 (9)

Analoge Verwendungsweisen von Spiegeln findet man in allen Mittelmeerländern, wo die Vorstellung vom »bösen Blick« noch allgegenwärtig ist. In Palästen kann die Ausstattung mit Spiegeln luxuriös und verschwenderisch sein, in ärmlichen Wohnungen müssen billige, vom Wanderhändler erstandene Rundspiegel genügen. In jedem Fall steht hinter der praktisch-realen Funktion des Spiegels, dem Hineinsehenden die eigene Gestalt zu zeigen, auch stets die Aufgabe, »böse Blicke« zu bannen und magische Bedrohungen verschiedener Art abzuwehren. Genausogut kann aber der Spiegel durch seine Zauberkräfte den Besitzer oder arglosen Benützer gefährden, weil er wie nichts anderes dazu befähigt ist, das Bild des Menschen einzufangen und sein Gesicht in magischer Gegenwirkung auf dieses selbst zurückzuwerfen.

36. Gefäße

Im Grunde genommen ist jedes Gefäß, was auch immer man hineintut, ein kleiner Speicher zur mehr oder weniger langen Deponierung und Konservierung aufhebenswerter Dinge. Gefäße helfen, den Verlust oder Verderb eines Sachgutes zu verhindern und ermöglichen von Fall zu Fall dessen Transport. Der Mensch hat für alle nur erdenklichen Zwecke unterschiedlichste Gefäße erfunden (vgl. W. Dexel 1943, O. A. Erich 1941, P. Stieber 1971) und sie je nach Notwendigkeit oder vorhandenen Mitteln aus verschiedenen Materialien erzeugt (vgl. M. Mohtaschemi 1970, R. Vossen 1972). Im allgemeinen stellen wir uns ein Gefäß aus Ton, Porzellan, Glas, Metall oder Holz gearbeitet vor. Nomadisierende Hirtenvölker verwenden vielfach Leder, waldbewohnende Jäger, wie etwa nordamerikanische Indianer oder sibirische Stämme, fertigen sich Gefäße mit großem Geschick aus Baumrinde oder Flechtwerk. Mancherorts kommt es zur Aufstellung eigener Speichergebäude, die oft zu richtigen Wehranlagen ausgebaut sind. R. Beitl (1955) betrachtet die Einrichtung gesicherter, fester Bauwerke zur Verwahrung der Vorräte im Sinne des Elementar- und Völkergedankens (A. Bastian 1881) als allgemein menschliche Neigung, wie sie aus ethologischer Sicht vom Menschen, als geborenem Jäger und Sammler, von vornherein zu erwarten ist. Die modernen, in Bauerngemeinden oft als riesige, festungsgleiche Imponieranlagen errichteten Getreidesilos sind Extremausprägungen dieser uralten menschlichen Tendenz zum Sammeln und Aufbewahren.

Fast alle diese Behältnisse, ganz gleich welcher Herkunft, Herstellungsart und Größe, zeigen irgendwelche Ornamentik, die je nach Material durch Rillung, Ritzung, Bemalung, Bestickung oder Verflechtung erzielt wird und vorwiegend magische Schutzfunktion ausübt. Auch Vorratshäuser sind in verschiedensten Kulturen mit Abwehr- und Heilszeichen aller Art ausgerüstet (vgl. W. Hirschberg 1965, M. Kislinger 1963). Prinzipiell ist da kein Unterschied zwischen den weithin sichtbaren Orts-, Firmen- und Genossenschaftssymbolen, die man heute als Eigentumsbezeichnung auf die Betonsilos malt, und dem magisch schützenden Blumen-, Kleeblatt- oder Schmetterlingsbildchen, das sich der türkische Gastwirt auf den kleinen Teller klebt, mit dem er das Geld empfängt und zur Kasse trägt. Wenn es hier auch nur um minutenlanges

Abb. 80 g (S. 237)

Aufbewahren, dort um jahrelange Lagerung geht, entspringt doch beides dem gleichen Grundgedanken, das Behältnis zu sichern, dem man gesammeltes Gut anvertraut.

Schon aus der jüngeren Steinzeit sind Tontöpfe mit eingeritzten oder reliefartig aufgetragenen Augendarstellungen bekannt (vgl. F. Eppel 1958, R. Pittioni 1938, 1949). Bei A. Slawik (1939) findet sich die Abbildung eines rezenten mongolischen Kleinkindersessels aus Steingut mit einem großen Augenpaar zur Abwehr böser Geister, der stark an die vorerwähnten Töpfe erinnert und letztlich ja wie diese die Aufgabe hat, wertvolles Gut zu schützen. Auf steinzeitlichen Gefäßen sind es manch-

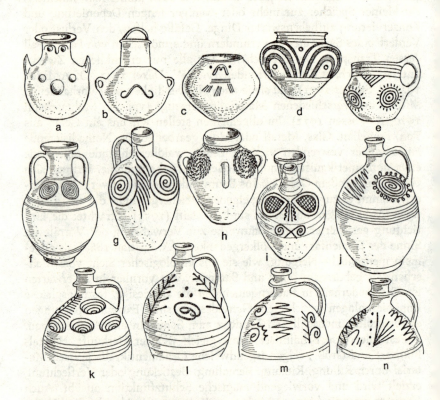

Abb. 116 Augenornamentik auf Gefäßen (Größenverhältnis der Objekte nicht berücksichtigt). **a** Goldbecher aus Troja mit Gesicht, darunter Brustwarzen und Nabel, ebenfalls als Gesicht wirkend. **b** Bronzezeitliches Tongefäß aus Kleinasien mit stark abstrahiertem Augenpaar. **c** Bronzezeitliches Gefäß der Nordischen Kultur mit stilisiertem Gesicht. **d** Eisenzeitliches Gefäß der Hallstattkultur mit dekorativ stilisierten Augen. **e** Neolithisches Gefäß der Mondseekultur mit Augen und Wimpernkranz. **f** Attische Amphore mit Augen aus konzentrischen Ringen. **g** Türkischer Krug mit Spiralaugen. **h** Spanisches Keramikgefäß mit reliefartig aufgetragenen Spiralaugen. **I** Rumänischer Krug mit spitzovalen Augen. **j** »Plutzer« aus dem Burgenland (Österreich) mit deutlichem, an Figur e erinnerndem Augensymbol. **k–n** Weitere Beispiele burgenländischer Plutzerornamentik. Figur k + l verzerrte Spiralaugen, Figur m + n sichtlich unverstandene Abwandlungen ursprünglicher Abwehraugen. (Sämtliche Plutzerornamente weiß auf rotem Ton.)

mal insgesamt drei Augen, die so angeordnet sind, daß man aus beliebiger Betrachtungsrichtung immer zwei davon sehen kann.

Die einfachste Darstellungsweise für Gefäßaugen ist der Kreis mit darüberliegendem Brauenbogen oder rundherum angeordnetem Wimpernkranz. Noch heute findet man in der Türkei auf roten, unglasierten Tonkrügen drei weiße Spiralen als Abwandlung des Augenornamentes. Eine gleiche, wenn auch stärker stilisierte und wahrscheinlich durch Unkenntnis der Motivbedeutung etwas verzerrte Ornamentik tragen die bekannten burgenländischen Plutzer aus Stoob in Österreich (vgl. J. Albrecht 1960). Gegenwärtig, wo sie nur noch für den Fremdenverkehr und meist nicht mehr auf der Töpferscheibe, sondern mittels Preßform hergestellt werden, zeigen sie anstelle des traditionellen Ornaments oft nur noch ein paar weiße Schnörkel. Ordnet man jedoch ältere Plutzer je nach dem Stilisierungsgrad ihres Dekors, so tritt das durchgehende Augen-Grundmotiv deutlich zutage. Erklärungen und Gruppierungen der Plutzer-Ornamentik, wie sie mitunter vorgenommen werden, müssen in die Irre führen, wenn das ursprüngliche funktionstragende Ausgangsmotiv »Auge« nicht erkannt wird. *Abb. 116.*

Eine logische Fortsetzung der Augendarstellung auf Töpfen ist die Ausformung des Gefäßes zu einem Gesicht (vgl. N. Kalicz und J. Makkay 1972). Häufig ist es der an eine Nase erinnernde Henkel, der in die Ornamentik einbezogen und für einen Gesichtseffekt ausgenützt wird. Rundbauchige Formen mit Henkelpaaren und Gießschnäbeln, die so leicht in Ohren und Nasen umgedeutet werden können, drängen sich für die Herstellung von Kopfgefäßen geradezu auf. Letztlich kann sogar ein Deckel zur »Kopfbedeckung« ausgestaltet werden. Daß Kopf- und Gestaltgefäße tatsächlich mit dem Abwehrgedanken verknüpft sind, ersieht man recht deutlich aus den italienischen Mohrenkopfgefäßen. Der »moretto« ist in diesen Gebieten nämlich ein traditionelles Amulett gegen den »bösen Blick«, das auch in der Gegenwart als Anhänger oder Anstecknadel gern getragen wird. In der Türkei hängt man Mohrenköpfe in spiegelbildlicher Doppelanordnung (meist Mann und Frau) als Zimmeramulett an die Wand. Vielleicht ist es unter anderem auch das im schwarzen Gesicht so deutlich aufleuchtende, blickfangende Weiß des Auges, das den Mohrenkopf zum Blickabwehrmittel so geeignet macht. Gefäße in Form von Menschenköpfen oder ganzen, meist kauernden Gestalten sind weltweit verbreitet. Die mittelamerikanische Keramik der präkolumbischen Zeit ist äußerst reich daran (vgl. F. Feuchtwanger 1951, I. Groth-Kimball 1953, H. Ubbelohde-Doering 1936, 1952). In Ungarn kennt man rezente keramische Gefäße, die oft ganze Oberteile von Husaren inklusive Schnauzbart und Rockverschnürung zeigen (vgl. K. Falus und A. Schiller 1955). Sie sind gleichfalls Weiterentwicklungen der dem Gefäß ursprünglich isoliert aufgemalten Abwehraugen, wie sie der Plutzer noch heute zeigt. In verschiedenen Kulturen gibt es auch Gefäße in Gestalt magisch wichtiger Tiere wie zum Beispiel Löwen, Wid-

Abb. 117
Gestaltgefäße.
a Inkaperuanisches Jaguarkopfgefäß.
b Kopfgefäß mit türkischem Turban als Ofenaufsatz (Slowakei, 19. Jh.). **c** Mädchen als Branntweinflasche (Ungarn, 19. Jh.).
d Husar als Weinkrug (Ungarn, 19. Jh.).

Abb. 118 Amulettschnüre. a Kleine Tongefäße als Hausamulett (Oberitalien). b Antiker Jüngling mit Amulettschnur, eingeknüpfte Augenschleifen (etruskisch).

der, Stiere, Hähne oder Schlangen. Übrigens wandeln sich in einem Märchen von der Molukkeninsel Ceram die Augen eines wundertätigen Aals zu Gongs und Porzellantellern (A. E. Jensen 1939).

Ein bezüglich Augenornamentik interessantes Gebiet ist Bulgarien, wo in den von Einheimischen fleißig frequentierten Heimatkunstgeschäften eine Fülle verschiedenster Holz- und Keramikbehälter angeboten wird. Keramik trägt hier so gut wie immer irgendwelche Augendarstellungen in Blau oder Weiß analog der türkischen Augenperlen-Ornamentik. Mit Hilfe blauer oder roter Kunststoff- und Glassteine wird dieser Dekor auch auf Holzgefäße und Lederarbeiten, die hier besonders künstlerisch ausgeführt werden, übertragen. Wo es sich um Holzschnitt-Ornamentik handelt, sind die ansonsten rundlich gemalten Formen geometrisiert und zum leicht einritzbaren Rhombus, Quadrat oder Dreieck gewandelt. Wie sehr solche Waren, vor allem die mit blauen Augenmotiven geschmückten Keramikarbeiten gefallen, geht daraus hervor, daß die ursprünglich spezifisch bulgarischen Erzeugnisse neuerdings von jugoslawischen Souvenirgeschäften übernommen und mitunter sogar in österreichischen Volkskunstgeschäften angeboten werden.

Infolge der Formbarkeit der Materialien Ton, Glas und Metall variieren Gefäßgestalten sehr stark. So können die Henkel in die Augensymbolik miteinbezogen und zu Spiralen oder schneckenförmigen Widdergehörnen umgeformt werden. Freilich beeinflussen die Zweckform und der Wert des Gefäßes letztlich auch die Ausschmückung mit Augensymbolen, doch wird bei Gefäßen im allgemeinen mit entsprechender Ornamentik nicht gespart. Dies gilt nicht nur für solche, die sich bemalen, ritzen oder ziselieren lassen, sondern auch für korbartige Behälter, die dann oft sehr abstrakt wirkende eingeflochtene Dreiecke, Rhomben oder Zickzack-Ornamente zeigen, welche alle von Augensymbolen abstammen. Umgekehrt können Gefäßaugen sehr naturalistisch gestaltet und zu vollständigen Lebewesen ergänzt sein, wie dies besonders auf antiker Keramik zu sehen ist. Die griechische Vasenmalerei bietet vom einfachen klaren Augensymbol bis zu augensymmetrisch aufgebauten, reich strukturierten Figurenszenen alle nur möglichen Varianten (vgl. E. Buschor 1969). Auf gleicher Ebene liegen die kretisch-minoischen Gefäße mit ihren zahlreichen Abwehrtieren (vgl. A. Furtwängler und G. Loeschke 1886, E. Reisinger 1912).

Die schon in frühester Zeit betriebene Ausstattung von Gefäßen mit Blickabwehrsymbolen hat dazu geführt, daß offensichtlich die Gefäßgestalt selbst Abwehrbedeutung erlangte und auch ohne magischen Dekor Wächterfunktionen ausüben konnte. So erklären sich die noch bei Bauwerken unseres Jahrhunderts auf Dächern, Mauerpfeilern oder in Gärten rings um das Haus aufgestellten Steinvasen verschiedenster Gestalt. Eine Forsetzung dieser Tendenz sind die in Italien beliebten, stark verkleinerten Gefäßnachbildungen, die man an Schnüren gebündelt als Schutzamulett neben Haustüren hängt. Ähnlich verwendet man im Orient Glocken und andere apotropäische Objekte, die auch von Touristen als Souvenirs gekauft werden. Auf dem Land ist es in verschiedenen Gegenden noch heute üblich, über die Pfähle des Gartenzaunes viele alte Töpfe zu stülpen, die hier zweifellos magische Schutzfunktion ausüben. Wie stark alten Vorstellungen zufolge Gefäße gegen Dämonen wirken, geht aus Sagen und Märchen hervor, die sich mit der Vertreibung von lästigen, Müttern an Kindesstatt unterschobenen »Wechselbälgen« befassen. K. Haiding (1965) bringt eine Kärntner Erzählung, wonach ein solcher Wechselbalg von einer Bäuerin aufgezogen wird und zum Unglück der Bewohner über Generationen auf dem Hof bleibt. Endlich rät ein Besucher dem Bauern, er solle alle verfügbaren Töpfe und Gefäße aus der Nachbarschaft leihen, zusammen mit dem eigenen Geschirr sowie möglichst vielen Eierschalen vor dem Haus aufhäufen und daneben Feuer machen. Sowie der Wechselbalg die merkwürdige Ansammlung erblickt, ruft er aus: »Bin schon so alt, da war dreimal Wiesn und dreimal Wald, aber so viel Häflan han i noch nia gsegn wia heint!« Daraufhin verschwindet er und kommt nicht wieder zurück. Bei J. und W. Grimm (1949) wird in einer ähnlichen Situation geraten, den Wechselbalg durch Kochen von Wasser in Eierschalen zum Lachen zu bringen. Man befolgt den Rat, und wie der Wechselbalg das sieht, ruft er belustigt aus: »Nun bin ich so alt wie der Westerwald und hab nicht gesehen, daß jemand in Schalen kocht!« Worauf ihn die Geister gegen das richtige Kind austauschen. Abgesehen davon, daß Wasserkochen in Eierschalen als waldläuferischer Notbehelf gilt, sind Eier als solche apotropäisch (S. 263 ff.) und folglich auch gegen andere magisch schützende Objekte wie Töpfe austauschbar.

Auch in den Schmuckbereich werden Gefäße einbezogen. In der Türkei gibt es Ohrgehänge aus Metall oder Glasguß in orientalischer Kannen- oder griechischer Vasenform, die beiderseits eine kleine Augenperle tragen. An gleicher Stelle zeigen die bekannten großen, aus Kupfer oder Messing geformten, oft scheibenartig flachen orientalischen Wasser- beziehungsweise Rosenwasserkannen reich ausgeschmückte, hoch ritualisierte Augenornamente (vgl. H. Harrer 1966). Daß bei Verkleinerung des Gefäßes für Schmuckzwecke, die notwendigerweise eine Vereinfachung der Ornamentierung erfordert, wiederum die naturalistische Augenperle herangezogen wird, beweist recht anschaulich die Abstammung der komplizierten Gefäßornamentik und läßt darauf schließen, daß deren Bedeutung gebietsweise noch heute bekannt ist.

Kannen nach orientalischem Muster wurden in Mitteleuropa aus Keramik nachgemacht und noch zu Beginn des 20. Jahrhunderts als Aufsätze für Kachelöfen in Wohnzimmern verwendet. Dies entspricht ziemlich genau dem orientalischen Brauch, Prunkkannen mit Augenornamentik offen sichtbar, mitunter gegenüber der Zimmertür, in Räumen aufzustellen. Vielleicht sind die verschiedenen ringförmigen Keramik-

Abb. 119 Türkischer Ohrring in Kannenform mit Augenperle.

Gefäße, wie sie in Südosteuropa verbreitet sind (vgl. E. Fél, T. Hofer und K. Csilléry 1969), zum Teil aus magischen Gründen zu ihrer betont blickfangenden Gestalt gekommen.

Zu den kompliziertesten Augenritualisierungen zählen die drei Medaillons vieler chinesischer Porzellanvasen. Obwohl die Behälter in ziemlich direkter Verwandtschaft zu den Drei-Augen-Gefäßen stehen, wird kaum jemand in den von Bildszenen erfüllten, mit Ranken umgebenen Medaillons die ursprünglichen Augensymbole erkennen. Nur die Aufstellung, die bei allen diesen Gefäßen immer an optisch auffälligen Schlüsselpositionen erfolgt, verrät ihre Wächterfunktion. In dieser Hinsicht besonders interessant ist der Besuch von Töpfereiwerkstätten. In Italien, Griechenland und der Türkei kann man immer wieder beobachten, daß Krüge mit typischen Augenmustern über oder neben dem Eingang, demonstrativ in der Aulsage oder im Laden gegenüber der Tür aufgestellt sind.

Wie immer die Gefäßornamentik beschaffen sein mag, ist sie letztlich doch immer auf die alten Abwehrzeichen rückführbar, mit denen man die Behälter aus Angst vor Verderb und Verzauberung des wertvollen Inhaltes versah. Einem Großstädter, der an Konservierungsmittel aller Art vom Kühlschrank bis zum Chemikal gewöhnt ist und seinen Besitz unter dem Schutz eines organisierten Gemeinwesens weiß, wird diese Problematik gar nicht im vollen Ausmaß bewußt. Wer jedoch unter Bedingungen lebt, wo alles von Jahreszeit und Wetterlage abhängt, die spärlichen Nahrungsmittel hart erarbeitet werden müssen und der »Kampf mit den Elementen« zu den täglichen Überlebensfragen zählt, wird alle ihm verfügbaren Methoden anwenden, um seine kostbaren Vorräte zu schützen. Dazu gehört aus einfacher geistiger Sicht auch das magische Abwehrsystem gegen böse Geister und den mitmenschlichen Neidblick, das man auf die Gefäße übertrug und dort zu reicher Entfaltung brachte.

37. Schuh

Das Wort Schuh bedeutet wahrscheinlich so viel wie »Schutzhülle« und dürfte daher auch mit Scheune verwandt sein.

Entsprechend seiner wichtigen Funktion, den Fuß vor Verletzungen und Wetterunbilden zu schützen, kommt dem Schuh, hier gleichermaßen im Sinne von Sandale, Pantoffel und Stiefel gemeint, sehr große Bedeutung in der Vorstellungswelt wohl aller Fußbekleidung tragender Völkerschaften zu. G. Jungbauer (1935–1936) kann daher allein für den deutschen Sprachraum eine reiche Fülle dem Schuh zugehörender Bräuche und magischer Gedankengänge aufzählen. Abgesehen von vielen vertarnten Redensarten, in denen Vergleiche mit Schuhwerk eine Rolle spielen, werden Schuhe zum Orakelstellen ebenso verwendet wie zur Abwehr von Hexen und dem »bösen Blick« (vgl. S. Seligmann 1910). Man denke auch an das Märchen von den »Siebenmeilenstiefeln« oder an den »Gestiefelten Kater«. Weiter sei an die vorwiegend städtische Sitte erinnert, das erste Paar Schuhe eines Kleinkindes oder einen davon, den man galvanisieren ließ, als Andenken aufzuheben. Erste Tanzschuhe, die durchgetanzten Schuhe der Ballerinen oder Hochzeitsschuhe werden aufbewahrt. Das Trinken aus dem Schuh einer angebeteten Dame war in der Vergangenheit weit verbreitet, im Studentenbrauchtum ist das Trinken aus dem Stiefel, der heutzutage aus Glas nachgebildet ist, bis in die Gegenwart erhalten geblieben. Heute vergessene magische Gedankenverbindungen scheinen dahinterzustehen. Schuhe können, je nachdem ob sie nach dem Wurf durch die Tür in die Stube hinein oder aus ihr heraus weisen, die Zukunft ansagen. Beim morgendlichen Aufstehen soll man nicht den linken Schuh zuerst anziehen. Am Nikolausabend stellen Kinder ihre Schuhe ins Fenster, um sie mit Geschenken füllen zu lassen. Waren sie nicht artig, bekommen sie anstatt der Bäckereien Kohle eingelegt. Eine betont apotropäische Funktion des Schuhs spricht aus dem heimischen Brauchtum nicht, wohl aber mag die früher häufige Verwendung großer Maschen und unterschiedlicher, oft ovaler Zierschnallen auf Schuhen mit einstmals gültigen Abwehrvorstellungen zusammenhängen.

Weitgehend andersartig ist die Bedeutung des Schuhs im Südosten beziehungsweise im gesamten orientalischen Raum einschließlich Nord-

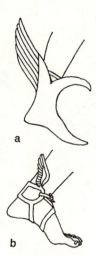

Abb. 120 Antike Flügelschuhe.
a Fuß des Perseus (Detail eines Vasenbildes, um 490 v. Chr.).
b Detail einer Hermesstatue.

Tafel 46

afrikas. Hier findet man die verschiedenen traditionellen Schuhe wie auch moderne Sandalen und Pantoffeln oft sehr reich mit ritualisierten Blickabwehrzeichen versehen. Die Wurzel dieser Ornamentik erkennt man auf skythischen Tierdarstellungen, wo die Klauen, Hufe und Extremitätengelenke mit Augen oder Augensymbolen besetzt sind. Auf Situlengefäßen sind manchmal die Fußknöchel von Kriegern als Augen abgebildet. S. 309 ff. wurde dieser Problemkreis speziell im Hinblick auf die lineare Wandlung des Abwehrauges zum Flügel näher erläutert. Das in der griechischen Mythologie relativ häufige Vorkommen von »Flügelschuhen«, worunter man riemengebundene Sandalen mit Miribota-Ornamenten ebenso wie spätere Formen mit deutlichen Flügelnachbildungen verstand, spricht für ein allgemeines Streben nach magischer Absicherung des Fußes. In einer großenteils steinigen, dornigen Landschaft, in der auch Giftschlangen vorkommen, ist das begreiflich, vor allem dann, wenn man wie in der Antike nur sehr einfaches Riemenschuhwerk zur Verfügung hat. Kaum mehr Schutz vor Verletzungen bieten die weichen Lederschuhe im Stil der jugoslawischen Opanken. Hier mit »magischen Augen« nachzuhelfen ist ebenso naheliegend wie bei einem Schiff, dessen Bugaugen in der Volksvorstellung ja nicht nur der Blick- und Dämonenabwehr dienen, sondern auch als »Sehhilfe« wirken und das Schiff zwischen Klippen und Sandbänken hindurchführen sollen.

In analoger Zweckbestimmung hilft das am Schuh befindliche Auge oder Augensymbol bei der Vermeidung des gefürchteten falschen Trittes. Diese Angst ist im Hinblick auf die früher meist sehr schlechten Wege, die weiten Fußmärsche und das leichte Schuhwerk gut verständlich. Außerdem waren Knochenbrüche, vor allem an den Gelenken, damals nur schwer heilbar. Die betroffenen Gliedmaßen wuchsen meist krumm zusammen, Gelenke versteiften.

Im Zusammenhang mit magischem Fußschutz sei auf die Achilles-Sage (vgl. H. Hunger 1959) verwiesen, die offensichtlich dazu in Beziehung steht. Thetis, die Mutter des Achilles, hält ihren Sohn an der Ferse in das himmlische Feuer (nach einer anderen Version in den Unterweltfluß Styx), um ihn unverwundbar zu machen. Dies führt zum gewünschten Ziel, ausgenommen bei jener Ferse, an der ihn die Göttin festhielt. Prompt wird Achilles dann auch vor Troja durch einen von Apoll gelenkten Pfeilschuß des Paris in die Ferse getötet. Eine ähnliche Todesart erleidet der Kreta bewachende Riese Talos, dessen einzige Blutader vom Kopf bis zur Ferse reicht, wo sie mittels eines Nagels verschlossen ist. Sowie die Argonauten auf Kreta landen, läßt Medea durch Zaubergesänge den Nagel aus der Ferse springen, worauf Talos verblutet (vgl. H. Jens 1958). Ähnlich wie in der Siegfriedsage, wo es sich um eine verwundbare Stelle zwischen den Schulterblättern handelt, geht es auch bei Achilles und Talos um eine offenbar besonders empfindliche und gefährdete Körperstelle. In diesem Sinn spricht ja auch

Gott Jahwe, wenn er nach dem Sündenfall zur Schlange sagt: »Feindschaft will ich setzen zwischen dir und dem Weibe, zwischen deinem Sproß und ihrem Sproß. Er wird dir den Kopf zermalmen, und du wirst ihn an der Ferse treffen« (Bibel 1968, Buch Genesis 3, Vers 15). Tatsächlich zeigen in den Ursprungsgebieten der erwähnten Gestalten entsprechende Bekleidungsteile (am Niederrhein die Tracht-Rückenpartien, im Mittelmeerbereich die Schuhfersen) sehr betonte apotropäische Augensymbole.

In diesem Zusammenhang sei auf eine alte Kampftechnik verwiesen, die den Gegner durch Zerschneiden der Achillessehne außer Gefecht setzt. G. László (1970) bezeichnet diese auf mittelalterlichen wie auch älteren Darstellungen gezeichnete Methode als rein sakral und magisch, was aber sicher nicht stimmt, denn immerhin konstruierten die Schweizer zum Bekämpfen der ritterlichen Kavallerie die Hellebarde, deren ursprünglich einwärts gebogenes Blatt sich zum Durchschlagen der Pferdesehnen besonders eignet. Darüber hinaus ist das Zerschneiden der Fußsehnen eine alte Technik, um Tiere oder Gefangene an der Flucht zu hindern. Auch dem nordischen Helden »Wieland der Schmied« durchschneidet man eine Sehne, was dann zur Ursache seines Hinkens wird. Bei den Grönland-Eskimos existiert ein Hochzeitsbrauch, wo die frisch vermählte Frau dem Gatten so lange zu entlaufen sucht, bis er sie nachts unbemerkt mit seinem Messer am Fuß verletzt hat.

Die Abwehrornamentik auf Schuhen ist sehr vielgestaltig. Im persischen Bereich sind Trachtenschuhe, deren Fersen einen Abwehrstern beziehungsweise funktionsähnliche Zeichen tragen, sehr verbreitet. In der Türkei sind Riemensandalen recht häufig mit blauen Perlen oder anderen Augensymbolen besetzt, und besonders die bunten Pantoffeln der Frauen zeigen reiche Abwehrornamentik. In gleicher Weise geschmückt sind die hochsohligen türkischen Damensandalen aus Holz, die rundherum, vor allem aber an den Fersen eingehämmerte Silberfiligranfiguren, bei billigerer Ausführung eingebrannte Abwehrornamente tragen. Meist dienen Miribotas oder Dreisproß-Motive, gelegentlich auch Drehwirbel als »Fersendekor«. Daneben gibt es allerlei Zierat an den Schuhspitzen. Die typischen, aufgebogenen orientalischen Pantoffeln tragen vorn kleine Quasten oder Wollpompons, die ebenfalls in den Bereich apotropäischer Augensymbolik gehören (S. 276 ff.). In größter Ausführung gibt es diese Wollkugeln noch heute bei der griechischen Evzonen-Garde, wo sie offenbar im Zusammenhang mit deren Wachfunktion zu wahren Imponierdimensionen hochritualisiert wurden. Die Evzonen-Uniform entstand ja, von alten griechischen Nationaltrachten abgeleitet, im 19. Jahrhundert, also zu einer Zeit, wo die magischen Vorstellungen noch allgemein tief verwurzelt waren. Auch aus der Gotik sind alle möglichen Varianten von Schuhspitzendekor bekannt. Sogar Glöckchen, die ebenfalls apotropäisch sind, hat man dort getragen. Ferner gibt es orientalische Schuhe, deren Spitzen so steil im Dreieck

Abb. 121 Türkischer Frauenpantoffel aus Holz mit Abwehrornamentik aus Silberdraht auf Innensohle und Absatzrückseite.

Abb. 122 Antike Schuhe mit Abwehrzeichen. **a** Schuh mit Widderamulett eines griechischen Hopliten. **b** Detail von a. **c** Reich ornamentierter griechischer Straßenschuh.

Tafel 62 (5)

hochragen, daß dieser vom Auftreten befreite Sohlenteil Platz für Ornamentierung bietet. Meist werden der Form des Untergrundes entsprechende Dreieckssymbole verwendet. Diesbezüglich am reichsten ausgestattet sind die senkrecht hochstehenden Schuhvorderteile chinesischer Götter, Dämonen und Helden (vgl. A. Christie 1968, G. Prunner 1973).

In südosteuropäischen Ländern, vor allem in Jugoslawien, waren die noch bis zum Zweiten Weltkrieg üblichen Ziegenlederopanken ziemlich schlicht gestaltet. Hier wurden alle Abwehrzeichen auf die entsprechenden Stellen der sehr dicken Wollsocken gestickt, auch wenn Teile der Ornamentik im Schuh versteckt waren. Ja sogar die Sohlen dieser noch heute gebräuchlichen Socken tragen analoge Zeichen, was recht deutlich zeigt, daß ihre Bedeutung über den reinen Schmuckwert weit hinausgeht. Offensichtlich übernimmt dieser Sohlendekor, als Gegenstück zu dem »nach oben« schützenden Zierat auf Kopf und Kopfbedeckungen, die magische Absicherung des Körpers »nach unten«. Am reichsten sind die Socken beziehungsweise Kniestrümpfe jedoch an den Knöcheln und Fersen, manchmal auch an den Spitzen bestickt. Besonders in Teilen Innerjugoslawiens, vor allem in Montenegro und Mazedonien, werden reichbestickte Socken von Bäuerinnen getragen und auch zum Kauf angeboten.

In allen erwähnten Gebieten, wo die magische Abwehrornamentik an Schuhen oder Socken verbreitet ist, kommen diese Bekleidungsstücke zu eigenständiger Amulettfunktion und werden stark verkleinert aus Metall, Glas oder textilen Materialien als Anhänger hergestellt. In Griechenland sind die Evzonen-Schuhe beliebte Abwehrzeichen und Glücksbringer und werden meist noch zusätzlich mit Augensymbolen ausgestattet. Der bei den Evzonen rein schwarze Wollpompon der Schuhspitze zeigt im Amulettgebrauch auf meist blauer, seltener roter Grundfarbe bunte Augenornamentik. Reichlich mit Abwehrzeichen ausgestattet waren antike Sandalen, wie dies an vielen Skulpturen und den gesondert aus Ton hergestellten, sandalenbekleideten Füßen, die offenbar Amulettfunktion ausübten, zu sehen ist. Hier sind nicht nur die Riemen mit Abwehrzeichen besetzt, sondern regelmäßig die Bindemaschen zu dekorativen paarigen Augenschleifen gelegt. In der Praxis wären so große Maschen sicherlich unbrauchbar und können auf den kleinen Fußnachbildungen nur als Abwehrzeichen gegen den »bösen Blick« verstanden werden.

In türkischen Autos hängen sehr oft aus Filz gefertigte, mit Abwehrzeichen manchmal geradezu überwucherte kleine Pantoffeln, Sandalen, Kurzstiefel oder neuerdings Fußballschuhe. Schuhwerk wird auch mit anderen Amulettformen kombiniert. So kann zum Beispiel an einem mit blauer Perle versehenen Fußball ein gleichfalls Perlen tragendes Paar Fußballschuhe baumeln und dergestalt ein Gebilde ergeben, in dem der Unkundige nur sehr schwer das uralte Dreiersystem des Blickabwehrzaubers erkennt. Jeder türkische Autofahrer versteht das aber sofort, und manch einer hat dieses Ding als Heilsbringer vor der Windschutzscheibe. Oft sind Miniaturpantoffeln mit anderen Amuletten wie Hufeisen, Maschen, Schnecken, Kugeln oder Blüten gekoppelt. Auf dem Weg über die apotropäische Ornamentierung des Schuhs wurde die Schuhgestalt selbst, die oft von vornherein an die Miribotaform anklingt, zum beliebten Schutzsymbol. Beachtenswert ist übrigens die Tatsache, daß die in der Türkei als Amulett verbreiteten kleinen Reiterstiefel heute gar nicht mehr getragen werden und in diesem Gebiet nur historische Vorbilder besitzen. Bei den Kirgisen stehen ganz ähnliche bunte Stiefel, in gleicher Weise mit Abwehrzeichen ausgestattet, noch heute da und dort in Verwendung. *Tafel 46 (1, 2, 6, 7).*

Gelegentlich sieht man auf türkischen Grabsteinen einzelne alte Schuhe oder nur die Gummisohlen einfacher Sandalen, die hier symbolhaft stellvertretend für die reich mit Amuletten benähten alten Stiefel oder gestickten Pantoffeln als Abwehrzeichen fungieren *(Tafel 46 [13]).* Dies zählt mit zu den besten Beispielen dafür, wie ein ursprünglich amulettbeladenes komplexes Objekt aufgrund dieser Ausstattung letztlich nur noch in Bestandteilen geboten werden muß, um die eigentlich dem Schutzzeichen zukommende magische Kraft auszuüben. Es ist wie in der alten jüdischen Legende, wo der Baal-Schem, um Wichtiges zu erbitten, an eine bestimmte Stelle des Waldes geht, ein Feuer macht und betet, worauf alles in Erfüllung geht. Eine Generation später sucht sein Nachfolger dieselbe Stelle auf und sagt: »Das Feuer können wir nicht mehr machen, aber die Gebete können wir sprechen.« Wieder gelingt alles nach Wunsch. Jahrzehnte später geht sein Amtserbe in den Wald, er kann kein Feuer anzünden, er kennt die geheimen Meditationen nicht mehr, aber er kennt den Ort im Wald, und das genügt. Und abermals ein Menschenalter danach spricht der nunmehr mit dem Ritual Betraute: »Wir können kein Feuer machen, wir können keine Gebete sprechen, wir kennen auch den Ort nicht mehr – aber wir können die Geschichte davon erzählen.« Und die Erzählung genügt, sie hat dieselbe Wirkung wie die Taten der drei anderen (vgl. G. Scholem 1967). Diesem hier so schlicht zum Ausdruck gebrachten Prinzip des symbolischen Einsatzes des »Teils für das Ganze« begegnen wir ebenso oft in der biologischen Organisation des gesamten höheren Tierreichs wie in allen Bereichen der menschlichen Kultur.

Abb. 123 Amulettschuhe. **a** Ledersohle mit Kreuzband, darüber Augenscheibe aus Glasguß, beide mit Irisflecken in rot und blau. **b** Augenperle und metallener Schuhoberteil mit blauer Perle als Anhänger (Türkei).

38. Schlüssel

Das Wort Schlüssel stammt wie Schloß, Schluß, Schließe von dem Verbum »schließen« ab und ist auf den deutschen und niederländischen Sprachraum beschränkt. Die Vielfalt der Begriffsverwendung weist auf die hohe Bedeutung hin, die der Mensch dem Auf- und Zuschließen beziehungsweise dem Verschlossenhalten von Besitztümern im allgemeinen beimißt. Schloß ist ja nicht nur das Türschloß, sondern kann ebenso ein prunkvolles Gebäude sein. »Schluß« wird sowohl im Sinne von »Ende« wie auch in der Bedeutung von »Rückschluß«, also des gedanklichen »Auf-etwas-Schließens«, verwendet.

Gerade diese Übertragung des manuellen »Aufschließens« in den Bereich des »Erschließens« geistiger Kategorien zeigt die große Spannweite, die der Mensch hier einer Wortgruppe zuerkennt. Im geistigen Bereich wird der Schlüssel zum Sinnbild der waltenden Hausfrau, des wachsamen Pförtners oder zum Symbol der Herrschaft überhaupt. Er wird zum Träger von Kraft und Macht und hat, da man mit ihm jemanden »hinaussperren« kann, apotropäische Kräfte, die auf viele Bereiche übertragen werden. Man denke zum Beispiel an die magische Bedeutung der gestaltlich einem Schlüsselbund ähnlichen »Schlüsselblume«. Der ältere Name »Himmelsschlüssel« bringt sie mit den goldenen Schlüsseln des Himmelstores in Verbindung, die Petrus einmal entglitten, auf die Erde fielen und hier als Blume erblühten (vgl. R. Beitl 1955). Die katholische Kirche versteht nach A. Bertholet (1962) unter »Schlüsselrecht« das Recht, im Namen Jesu Sünden zu vergeben. Petrus als Torhüter des Himmels hat den Schlüssel immer bei sich. Im Wappen des Papstes als Nachfolger Petri scheint daher ebenfalls der Schlüssel auf. Die Hausfrau früherer Zeiten, vor allem des Mittelalters, trägt an langer Schnur oder Kette die Schlüssel des Hauses, der Kästen und Truhen ständig an ihrem Gürtel, dem ebenfalls magische Bedeutung zukommt (vgl. D. W. Schwarz 1970). Die Übergabe des Schlüssels gilt noch heute als Angelegenheit des Vertrauens, ja mitunter als wichtige Handlung, die Lebensabschnitte charakterisieren kann. Es sei an die zeremonielle Übergabe der Schlüssel einer Stadt an den Eroberer erinnert, die auch dann stattfindet, wenn es gar keine Stadttore und Mauern mehr gibt. Im gleichen Sinn werden in manchen Städten zu Beginn des Karnevals die Stadtschlüssel vom Bürgermeister an den die »Regierung« übernehmenden Faschingsprinzen oder an die verschiedenen Karnevalsgilden abgetreten. Ja selbst im privatesten Bereich ist der Besitz von »Schlüsselgewalt« und »Schlüsselrecht« mit sozialen Rang- und Prestigevorstellungen eng verknüpft.

Es ist daher durchaus verständlich, wenn ein Gerät von so mannigfacher Wichtigkeit, die vom real Praktischen bis zum tief Symbolischen reicht (vgl. L. Hansmann und L. Kriss-Rettenbeck 1966), mit entsprechenden Schutz- und Heilszeichen versehen wird. Der Griff des Schlüssels, der funktional nur einer flachen, innerhalb einer gewissen Größenordnung liegenden, eben »griffigen« Form bedarf, ist zur Anbringung verschiedenster Ornamentik sehr gut geeignet. Bei Betrachtung der Griffgestaltung muß man freilich die modernen, rein zweckorientierten Sicherheitsschlüssel außer Betracht lassen. Was jedoch an Normalschlüsseln hergestellt wird, zeigt in der überwiegenden Mehrzahl der Fälle Anklänge an traditionelle Formen, und sei es nur in Gestalt einer leichten Eindellung in der Mitte des ovalen Ringgriffes. Bei älteren Schlüsseln ist diese Zweiteilung noch sehr ausgeprägt und zeigt charakteristische Merkmale der Blickabwehrsymbolik. Neben zweigeteilten Schlüsselgrif-

Abb. 124 Amulettfunktion des Schlüssels. **a–f** Römische Amulettanhänger aus Carnuntum (1. Jh. n. Chr.). **g–l** Amulettgestaltige Schlüsselgriffe (Anfang 20. Jh.). Solche und ähnliche Formen sind bis in die Gegenwart gebräuchlich. **g + h** Schrankschlüssel (Türkei). **i–k** Schrankschlüssel (Österreich). **l** Truhenschlüssel, Griffeindellung als Rest ursprünglicher Augenornamentik (Österreich). **m** Hüftkette aus Amulettschlüsseln einer Bäuerin. Die Schlüssel tragen jederseits zwei bis drei Augenkreise mit Zentralpunkt (Rumänien). **n** Papstwappen mit amulettgestaltigen Schlüsselgriffen.

fen gibt es solche in Dreier- oder Vierergliederung, die sich durch entsprechende Formcharakteristika dem breiten Fächer der bekannten Augenritualisierungen einordnen. In der Türkei beispielsweise tragen selbst die einfachen Schlüssel billiger Schrankschlösser sehr oft das Dreisproß- beziehungsweise Tulpenmotiv oder andere magische Zeichen.

Offensichtlich ist die apotropäische Bedeutung des Schlüssels fast so alt wie dieser selbst. Römische Amulette gegen den »bösen Blick« zeigen Formen, die sich auf römischen und auch späteren Schlüsselgriffen oftmals wiederfinden. Auch die beiden gekreuzten Schlüssel im Papstwappen tragen deutliche Augenornamentik (A. Rabbow 1970). Im Schlüssel haben wir einen neuen Fall unter vielen (z. B. Löffel, S. 268 ff.), wo ein apotropäisch ausgestatteter Gebrauchsgegenstand zum Rangsymbol und darüber hinaus zum funktionsunabhängigen eigenständigen Abwehramulett wurde. In der Türkei sieht man öfters alte Schlüssel als Hausamulett über Außentüren. Kleine goldene Nachbildungen dienen als Anhängsel für die industriell hergestellten Auto-Amulette in Gestalt von Hängekugeln, Plastikpantoffeln und dergleichen. In Oberitalien fanden die Institutsmitarbeiter Dr. A. und E. Menzdorf über Hauseingängen angebrachte große Dekorationsschlüssel, die mit Sperrfunktion nichts zu tun hatten. In einer solchen Situation der Zweckentfremdung ist jeder Umwandlung, Vergrößerung oder Verkleinerung eines Gegenstandes beziehungsweise der Kombination mit anderen Objekten freie Bahn gegeben, wie dies auch die Abbildungen bei L. Hansmann und L. Kriss-Rettenbeck (1966) sehr anschaulich zeigen. S. Seligmann (1910) bringt eine gute Zusammenstellung von Schlüsselamuletten. Infolge der oft reichen Ausstattung des Schlüssels mit Abwehrsymbolen und der Tatsache, daß die meisten Menschen dauernd zumindest einen bei sich tragen, wird der Schlüssel zu einem der praktischsten Schutzmittel gegen den »bösen Blick«. Vor allem in Süditalien ist die Sitte verbreitet, während Gesprächen mit Fremden einen Schlüssel zu halten, wie es angeblich auch manche italienischen Ärzte gegenüber ihren Patienten tun. Auch Mussolini soll bei Verhandlungen immer einen Schlüssel in der Hand gehalten haben. Gastarbeiter aus Griechenland und der Türkei, die es von daheim gewohnt sind, eine »Spielkette« gegen böse Einflüsse in der Hand zu tragen, verwenden in gleichem Sinn gern das Kettchen ihres Autoschlüssels, wobei der Schlüssel die Stelle der sonst üblichen Quaste einnimmt. Das »In der Hand halten« von Gegenständen stärkt in kritischer Situation und hebt das Selbstvertrauen (S. 136, 234). Der Schlüssel kommt als Amulett dieser Neigung entgegen, ist er doch für den Handgebrauch geschaffen. Wie tief eingefahren seine magische Schutzfunktion ist, geht auch daraus hervor, daß man heute noch gegen Nasenbluten das Festbinden eines Schlüssels oder Schlüsselbundes im Nacken empfiehlt. Mag sein, daß die kühlende Wirkung des Metalls oder der Druck tatsächlich eine Rolle spielen, das erklärt aber nicht, warum es ausdrücklich ein Schlüssel sein muß. Hier kommt es im Volksglauben offenbar auf die apotropäische Gestalt an. Der Landgraf Philipp von Hessen, mit Zustimmung von Martin Luther in Doppelehe lebend, trug an einem Band um den Hals als Amulett einen großen Schlüssel.

Entsprechend den früher recht unterschiedlichen Schließmethoden gibt es neben der Ring- oder Scheibenform des Schlüsselgriffes auch S-förmige Sperrgeräte, die den altgriechischen Fallriegelschlössern zugehörten. Es wäre möglich, daß durch die generell magische Einschätzung des Schlüssels auch solche, von der gängigen Augenornamentik entferntere Formen, die aber vielleicht ebenfalls Abwehrzeichen trugen, als Blickabwehrmittel Verwendung fanden. Auf türkischen Kelims und silbernem Stirnschmuck findet sich nicht selten S-förmige Ornamentik, die vielleicht von alten griechischen Schlüsselformen beeinflußt wurde. Auch die anatomische Bezeichnung »Schlüsselbein« *(clavicula)* geht auf die Formähnlichkeit des Knochens mit dem antiken griechischen Schlüssel zurück.

39. Pflanzen

Die Vielgestaltigkeit pflanzlicher Erscheinungsformen bietet der Attrappensichtigkeit des Menschen schier unerschöpfliche Möglichkeiten des »Hineinsehens« anderer Gestalten (S. 87 f.). Die mitunter vertretene Ansicht, der Mensch habe im Zuge des Überganges von der Jagd zum Pflanzenbau auch die Motive seiner Darstellungskunst geändert und parallel zum Wirtschaftswechsel einen alten Tierstil zugunsten eines jüngeren Pflanzenstils aufgegeben, entbehrt der echten Beweise. Freilich bleibt unbestritten, daß der Mensch als erstes Tiere dargestellt hat, die wahrscheinlich magischen Zwecken dienten (vgl. H. G. Bandi und J. Maringer 1955, F. Eppel 1958, H. Kühn 1952). Es ist auch sehr naheliegend, daß er ornamentale Motive seiner nächsten Umwelt entnahm und als Ackerbauer Anregungen aus der Vegetation bezog, die dem auf Wild ausgerichteten Jäger ferner liegen. Für eine generelle Bevorzugung des einen oder anderen hatte er jedoch keinen Anlaß. Schließlich steht der Jäger mit der Pflanzenwelt, die ihm vieles über die Tiere verrät, teilweise deren Nahrung bildet und für ihn selbst ein reicher Rohstoffquell ist, in ständigem Kontakt. Zu allen Zeiten aß der Jäger Beeren, Früchte, Pilze und andere Vegetabilien. Er suchte Medizinalkräuter und benützte Holz zum Hüttenbau ebenso wie zum Feuermachen. Umgekehrt hat der Ackerbauer wahrscheinlich sogar mehr unmittelbaren Kontakt mit Tieren als der Jäger, denn er ist ja zugleich Viehzüchter, der nicht nur erbeutet und verbraucht, sondern auch zähmt, füttert und aufzieht. Dies gilt in noch höherem Maß für das Hirtentum, das unter allen Wirtschaftsformen, sieht man von jenen Polarvölkern ab, die ausschließlich von der Jagd leben, als extremste Spezialisierung des Menschen auf Tiere angesehen werden kann. Trotzdem entbehren gerade Hirtentrachten wie etwa die der ungarischen Pferde- und Rinderhirten meist der Tiermotive und sind oft überreich an teils recht abstrakter Pflanzenornamentik (vgl. E. Czakó und K. Györgyi ohne Jahreszahl, K. Falus und A. Schiller 1955, E. Fél 1961). Damit verglichen sind sowohl die mittelamerikanischen wie die ägyptischen, auf Landwirtschaft fußenden Hochkulturen sehr arm an Pflanzenornamentik, wogegen in unseren Alpen Pflanzen wie Edelweiß, Enzian, Almrausch, Tannenreis und grünes Laub in Tracht und Brauch der Jäger eine wichtige Rolle spielen. Wenn also die seßhaften Bauern, Transhumantes und Nomaden eine reiche Pflanzenornamentik entwickelt haben, die beim frühen Jäger fehlt, so ist dafür sicher nicht eine divergierende Grundeinstellung zu Tier und Pflanze verantwortlich, denn der Mensch hat zu allen Zeiten beides gleichermaßen benötigt. Es bleibt daher zu untersuchen, inwieweit Pflanzenmotive wirklich durch Abbilden von Naturobjekten entstanden sind.

In der Ornamentik läßt sich die Regel feststellen, daß Konturen, die normalerweise geradlinig verlaufen, unter bestimmten Voraussetzungen zu oszilieren beginnen und sich in weiterer Folge mehr und mehr luxurierend verlängern. Dies kann vor allem dort geschehen, wo ein ursprünglich wichtiges Objektmerkmal seine Funktion verliert, infolge der menschlichen Vorliebe für Tradition aber beibehalten wird. Hierfür gibt es reiches Belegmaterial. Erwähnt sei etwa die Wandlung des einfachen, funktionslos gewordenen Wangenschutzes der Helme zum vielgliedrigen Schuppenband oder die Abänderung nicht mehr benutzter Knopflöcher zu verspielten Litzenmustern, die bei manchen traditionellen Diplomatenuniformen den ganzen Brustteil überwuchern. Auch Rangabzeichen auf militärischen Rockkrägen sind häufig aus Knopflöchern entstanden (vgl. O. Koenig 1970a, W. Transfeldt 1942). Die gleiche »Verkomplizierung« von Linienführungen tritt jedoch auch dort ein, wo der Künstler aus Interesse und Freude mit seinem Objekt »herumzuspielen« beginnt und es, seinem Gestaltungsdrang folgend, mehr und mehr ausschmückt. Dies ist nicht nur eine Frage des geistigen Entwicklungsstandes der betreffenden Menschengruppe, sondern hängt unter anderem auch davon ab, ob genügend Zeit und Ruhe dafür vorhanden ist.

Abb. 38 (S. 155)

Abb. 22 (S. 121)

Beim Jäger ist die Tierdarstellung weitgehend darauf ausgerichtet, das schwer zu entdeckende und sich immer wieder entziehende Wild magisch zu bannen, um so dem wechselvollen Jagdglück nachzuhelfen. Diese Problematik liegt dem Ackerbauern oder Nomaden ferner, denn er besitzt ja seine Herde, die ihm jederzeit zur Verfügung steht. Außerdem hat er seine Vorräte an Feldfrüchten, die ihn der ständigen Nahrungssorge entheben. Hinzu kommen jahreszeitlich bedingte Perioden geringeren Arbeitsanfalles, beim Bauern die Vegetationsruhe, beim Nomaden längere Aufenthalte in Weidegebieten, die ihm genügend Muße für kunsthandwerkliche Betätigung gönnen. Der seßhafte Bauer entwickelt zudem einen wachsenden Hausstand mit Mobiliar und allerlei Gerät, das zur Ornamentierung anreizt. Hier sind gute Voraussetzungen für die Variation und Wandlung ornamentaler Traditionen gegeben.

Nun ist zu bemerken, daß bei der vorhin erwähnten Konturluxurierung bereits aus einfachem wellen- oder zackenförmigen Oszilieren einer Linie fast zwangsläufig Formen entfernt pflanzlichen Charakters entstehen, die bei weiterer Linienkomplizierung ganz von selbst zu Gebilden werden, in die sich unschwer Pflanzen und Blumen »hineinsehen« lassen. Schon allein in der regelmäßigen Wiederholung eines Motivs, mit dem man ein Objekt bordürenartig umrandet, liegt ein gewisser

Schlingpflanzeneffekt, der sich bei linearer Verbindung der Einzelmotive noch verstärkt. Bis zur bewußt angestrebten Verpflanzlichung solcher Ornamente ist es jetzt nur noch ein kleiner Schritt. Im Endeffekt sehen wir dann etwa die erwähnten kunstvoll komplizierten, flächenhaft wuchernden Pflanzenmuster auf Diplomatenuniformen, deren Ausgangspunkt, nämlich das schlichte Knopfloch, nur noch für den Eingeweihten erkennbar ist. In derselben Weise kann sich unschwer ein Tierstil in einen Pflanzenstil, letztlich aber auch das apotropäische Augen-

Abb. 125 Aus Augenmotiven entstandene ungarische Pflanzenornamentik. a Hirtenmantel (Suba) aus Schaffell mit Blumen- und Herzmotiven. b Rückenornament einer Felljacke (Ködmön) mit überreicher Blumen- und Blattstickerei. c + d Details aus verschiedenen Stickmustern mit Blumenmotiven.

symbol in Blatt oder Blume verwandeln. Die frühesten vom Menschen stammenden Zeichnungen, nämlich die mit den Fingern in den Höhlenlehm von Altamira gravierten, verschlungenen »Makkaroni«-Linien, tragen das Pflanzenmotiv ebenso in sich wie die Elfenbein-Ritzornamente des Magdaléniens (vgl. H.-G. Bandi und J. Maringer 1955, F. Eppel 1958). So könnte zum Beispiel auch der auf einem in Teyjat (Dordogne, Frankreich) gefundenen Tierknochen dargestellte Rentierzug leicht in Pflanzenmotive umstilisiert werden. Interessant in diesem Zusammenhang ist die von K. Spiess (1925) wiedergegebene, an einen Fensterstock gemalte bäuerliche Muttergottes, die ganz in ein pflanzliches Ornament aufgelöst ist. Stilisierende Umwandlungen menschlicher Gestalten in Pflanzenformen bieten auch die prähistorischen Felsmalereien Spaniens (H. Kühn 1952).

Ein ausgezeichnetes Beispiel für motivüberdeckende Verpflanzlichung liefern die reichen Stickerei- und Applikationsornamente alter türkischer Zelte. Sie scheinen über und über mit Blattranken verwuchert, bis man bei genauerem Hinsehen eine botanische Unmöglichkeit entdeckt, nämlich die, daß die meisten Blätter runde Zentralflecke tragen und isoliert betrachtet sofort als Auge mit Iriskreis zu erkennen sind. Erst die große, wirr über die Fläche verteilte, durch Linien verbundene Masse der Einzelornamente ruft, wie eigentlich fast jede in Schleifen- und Bogenlinien geführte Flächenfüllung, automatisch den Eindruck des Blätterwerks hervor. Ein typisches Beispiel bietet auch der vortürkische »eurasische Rankenstil«, mit dem sich J. Strzygowski (1926) und Z. Takács (1931) eingehender befaßt haben. Speziell das »Kreisblattornament« (vgl. E. Diez 1944) ist ein Beweis für die Augenherkunft solcher »Pflanzenornamentik«. Umgekehrt ist der Mensch aber auch geneigt, in Blätter und Blüten der ihn umgebenden Natur Augen »hineinzusehen«. Die sternförmigen Blüten der Korbblütler werden dann sehr leicht zum runden Auge mit Wimpernkranz, was sich etwa in der Bezeichnung »Mädchenauge« für die Gartenpflanze *Coreopsis tinctoria*, deren Blüten am Rand gelb und innen braun sind, widerspiegelt. Ebenso können lanzettförmige Blätter an die Augenform erinnern, wobei Randzacken als Wimpernkranz wirken.

Nach alldem ist es nicht verwunderlich, daß apotropäische Augensymbole so häufig in Gestalt von Blättern oder Blüten auftreten. Ein bei

Abb. 126 Augensymbole als Grundmotive der Blattornamentik. **a + b** Türkische Ranken (Zeltdekor, um 1700). **c** Kreisblattornament des eurasischen Rankenstils (Bronzebeschlag, 1. Jh. n. Chr.).

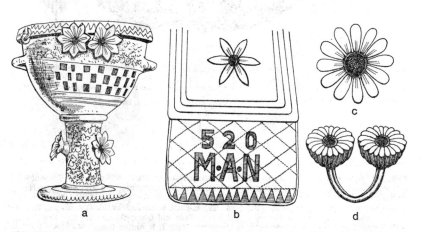

Abb. 127 Weiße Blüten als Amulett. **a** Kamares-Krater mit plastischen Blüten (Kreta, 2000–1700 v. Chr.). **b** Margeritenartige Amulettblüte am hinteren Kotflügel eines türkischen Lastwagens. **c** Margerite aus Plastik als Modehaarschmuck mit Amulettbedeutung (Türkei). **d** Margeriten vor blauem Grund auf modischer Amulett-Zopfschlaufe (Türkei).

Tafel 53 (2, 3)

türkischen Autofahrern beliebtes Abwehrzeichen ist die Margerite, die man als Abziehbild bekommt und wie ein »Augenpaar« links und rechts an den Kühler klebt. Margeritenähnlich geformte Rosetten scheinen mitunter auf Buddhastatuen auf. Apotropäische Blumen sind auch Rose, Nelke, Lilie, Tulpe und Lotos. Rose und Nelke sieht man in der Türkei oft in gleicher Funktion wie die blickabwehrende »blaue Perle«. Die Kästen türkischer Schuhputzer, die nicht nur prächtig mit Bildern ausgestattet sind, sondern von ihren Besitzern gegen die vielen unbekannten Kunden meist reichlich mit blauen Perlen und anderen Abwehrmitteln behängt werden, tragen als Amulette häufig Rosen beziehungsweise Nelken aus Kunststoff. Da Rot als wirksame Abwehrfarbe gilt, werden rote Blüten bevorzugt. Auf vielen türkischen Sultansbildern hält der magisch zu schützende Herrscher sehr demonstrativ eine Nelke oder Rose in der Hand, ähnlich wie auf christlichen Heiligenbildern oft an optisch entscheidenden Stellen drei Rosen oder Nelken stehen. Auf alten, aus

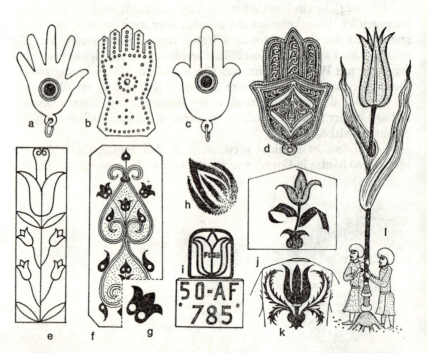

Abb. 128 Apotropäisches Tulpenmotiv mit Ausgangsformen Hand, Miribota und Tulpenblüte. **a** Handamulett mit Auge. **b** Symmetrisierte Votivhand aus Silberblech. **c** Tulpenartiges Handamulett mit Auge. (a–c Griechenland, Gegenwart) **d** Tulpenartige »Hand der Fatimah« als Amulett gegen den »bösen Blick« (Marokko, Gegenwart). **e** Eisengitter vor Glastür mit Tulpenmotiv (Türkei). **f** Tulpen aus Miribotas mit Zentralfleck auf Bauernkasten (Tiroler Kunsthandwerk nach alten Motiven, Österreich). **g** Detail zu Figur f. **h** Antike blaue Wandbemalung in Tulpenform (Theater von Perge, Türkei). **i** Schlußlichtgitter eines türkischen Lastwagens. **j** Türkischer Grabstein (Alanya). **k** Rückenornament auf dem Gewand eines türkischen Sultans (vor 1800). **l** Riesentulpe aus Papier beim Festzug Sultan Murads III. (1582). Detail einer zeitgenössischen Miniatur.

der Sultanszeit stammenden türkischen Friedhöfen findet man auf den Steinturbanen von Männergrabsteinen, die bekanntlich den Rang des Toten charakterisieren, oft eine sorgfältig herausgemeißelte Rose. Diese ähnelt gelegentlich so stark einem Auge, daß man nicht entscheiden kann, was von beiden der Künstler angestrebt hat. Stark in Richtung Auge tendieren auch die verschiedenen Blüten der norwegischen »Rosenmalerei« (vgl. R. Asker 1965), die offensichtlich magische Abwehrfunktionen ausübt.   *Tafel 63*

Ebenfalls weit verbreitet ist das dreiblättrige Tulpenmotiv, auch »iranischer Lebensbaum« genannt, das im Grunde genommen aus drei Miribotas besteht (S. 305) und als Abwehr- und Heilszeichen besonders im Orient eine wichtige Rolle spielt. Vor allem in Griechenland wird mitunter die bekannte Abwehrhand zur Tulpe stilisiert. In der Türkei verwendete man früher bei Festen Riesentulpen aus Papier, die mit zwei Blättern und der Blüte einen Dreisproß bildeten und oft neben dreiköpfigen Schlangenkandelabern aufgestellt wurden. Einschlägige Miniaturen findet man unter anderem in dem Buch über die Feste Murads III. aus dem Jahre 1582 (vgl. N. Atasoy 1971). Zur Pharaonenzeit diente die Lilie als Wappenpflanze für Unterägypten und wurde ähnlich der Tulpe dargestellt. In der abendländischen Volkskunst spielen Rose, Tulpe und Lilie ebenfalls eine große Rolle. Letztere gilt als Mariensymbol, weswegen sie zur Verhinderung von Mißweisungen auf die Kompaßnadeln der Seeschiffahrt gelangt sein soll. Da die Lilie jedoch bereits in der Hallstatt-Kultur, also lange vor der Christianisierung als Abwehrzeichen aufscheint, ist eher anzunehmen, daß sie sowohl auf Marienbildern wie auf Kompaßnadeln primär als magisches Schutzmittel eingesetzt wurde.   *Abb. 128 (S. 358)*

Schließlich sei noch die Lotosblüte genannt, die als »Sinnbild der Erkenntnis« gilt, sichtlich aber dem Bereich der Augensymbolik angehört. Hierfür spricht nicht nur ihr »Blumenauge«, sondern auch die mitunter sehr augenhafte Gestaltung der Blütenblätter. Tieferes Erkennen bedeutet für den Menschen als »Augentier« fast immer ein bildhaftes Erkennen, und dieses ist ein Werk des Auges. Offensichtlich ist die Lotosblüte das Schutzsymbol für die Erkenntnis und somit wohl Sinnbild und Inbegriff des »guten Auges«, das vor Bösem schützt. Lotosblüten sieht man an vielen buddhistischen Skulpturen in einer ähnlichen Funktion wie die sogenannte »Krabbe« an gotischen Kirchen, die aus der blickabwehrenden Miribota entstand. Der Ferne Osten ist so reich an verpflanzlichten Augensymbolen (die japanische Chrysantheme gehört ebenfalls dazu), daß die Lotosblüte in ihrer Verwendungsart eigentlich nur als ein solches gedeutet werden kann, zumal ja auch Buddha an Händen und Stirn bald das Auge, bald die Blüte trägt.

Neben den Blumen finden im Blickabwehrzauber auch Grünpflanzen Verwendung. Vor allem ist hier der Lorbeer zu nennen, der mit seinen ovalen Blättern und kleinen kugeligen Früchten deutliche Gestaltmerkmale des Auges zeigt. Dem römischen Schriftsteller Älian zufolge legt die Taube Lorbeerschößlinge in ihr Nest, um die Brut gegen den »bösen Blick« zu schützen. Auch Ölbaum und Myrte sind apotropäisch. Darum werden in griechisch-orthodoxen Kirchen und auf türkischen Friedhöfen zu bestimmten Anlässen die lorbeerähnlichen, jedoch kleiner beblätterten Zweige des Myrtenstrauchs verwendet, die man für diese Zwecke lastautoweise herbeischafft. Auf türkischen Grabsteinen sah ich solche Zweige den Wipfeln aufgemalter Zypressen, die ebenfalls apotropäisch sind, vorgebunden. In antiken griechischen Gräbern fand man aus dünner Goldfolie gefertigte Stirndiademe, die sich aus dreisprossig angeordneten Blättern zusammensetzen, in denen man unschwer jene der Myrte erkennt. In der figuralen Flächenornamentik kommen Lorbeerzweige und ähnliche Pflanzenmotive sehr häufig vor. Das Thema Grünbrauchtum ist S. 243 f. näher behandelt. Das Lindenblatt wurde S. 128 und S. 323, das Kleeblatt S. 322 f. besprochen.

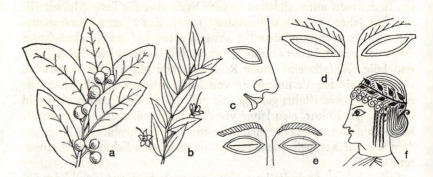

Abb. 129 Formverwandtschaft zwischen Blättern und Augengestalt. **a** Lorbeer (Gattung *Laurus*). **b** Myrte (Gattung *Myrtus*). **c** Blattförmiges Auge (Detail einer Grabstele vom Dipylon, 560 v. Chr.). **d** Augen des Echnaton (Detail einer Kalksteinskulptur, um 1400 v. Chr.). **e** Augen einer mykenischen Goldmaske (um 1550 v. Chr.). **f** Antiker Blätterkranz (Detail einer griechischen Amphore, um 530 v. Chr.).

Die Zypresse, allgemein als Friedhofsbaum bekannt, kam höchstwahrscheinlich über das »Hineinsehen« der Augenform in ihre Kronengestalt zu Symbolfunktion. Die Silhouette der Zypressenkrone, deren Spitze oft seitwärts verbogen ist (»Neigen in Trauer« als Erklärung wäre hier zu einfach), ähnelt stark der Miribota und wird mit dieser offensichtlich gleichgesetzt. Auf türkischen Grabsteinen sind dunkelgrün aufgepinselte, absichtlich in Richtung Miribota forcierte Zypressen mit verbogener Spitze sehr verbreitet. Vielfach malt man den Baum auf den mittleren von drei Hügeln oder läßt ihn aus einem Topf herauswachsen. Die Kontur variiert von augenhafter Miribotagestalt bis zur überschlanken Säulenform. Auch drei symmetrisch angeordnete Zypressen kommen vor. In Gärten neben Hauseingängen oder auf Zufahrtswegen findet man mitunter Zypressen, die zur Miribotaform zurechtgestutzt sind. Gelegentlich ragt dann vor dem Haus auf hohem kahlem Stamm eine weithin sichtbare »Miribota« empor. Auf orientalischen Teppichen und Miniaturen (vgl. N. Atasoy 1971) findet sich die verbogene Zypresse, deutlich in Richtung Miribota betont, sehr häufig. Einzelne dieser Formen weisen sich durch Randzacken und Irisfleck klar als Augensymbole aus (vgl. E. Biedrzynski ohne Jahreszahl). Manchmal sind Mohammed, seine Tochter Fatima und der Erzengel Gabriel durch goldene, wie Zypressen geformte Flammenlichter gekennzeichnet (D. Stewart 1968).

Ein weiteres magisch wichtiges Pflanzenprodukt ist die Kornähre, die gebietsweise ihre Vertretung im Palmwedel findet. Die Bevorzugung des einen oder anderen hängt selbstverständlich mit dem klimatisch-landschaftlich bedingten Vorkommen der Arten zusammen. In Mitteleuropa ist die Kornähre vorwiegend als Attribut des Erntebrauchtums bekannt und gilt heute allgemein als Symbol der Fruchtbarkeit, was einer ursprünglichen apotropäischen Funktion nicht widerspricht. Auch die Erntekrone dient, ähnlich der Herrscherkrone, primär dem magischen Schutz und nicht der Demonstration des Reichtums. Dieser Problemkreis wurde S. 138f. ausführlich besprochen. Im Mittelmeerraum besitzt die Kornähre klare Abwehrbedeutung und hat mit Fruchtbarkeitsvorstellungen kaum etwas zu tun. Ähren zeigen zwei wesentliche Augenmerkmale, einerseits die Rundgestalt der Körner, anderseits die Wimpernstrahlen in Form der Grannen. Diese Merkmalskombination rückt die Ähre in die Verwandtschaft der Quaste, die ein hochritualisiertes Abwehrauge ist (S. 362). *Tafel 65.*

In Osteuropa und Vorderasien sind geflochtene, zu dreien gebündelte, meistens mit blauen Perlen kombinierte Strohkugeln mit je einem herunterhängenden Ährenbüschel als Wandamulette beliebt. Ganz ähnliche Gebilde gelten im österreichischen Burgenland als »Glücksbringer«, hier allerdings ohne Blickabwehrperlen. In der Türkei gibt es außerdem drei- oder viereckig geflochtene Strohamulette mit Ähren als Fransenbehang. Die Institutsmitarbeiterin E. Lies beobachtete in Afghanistan, wie ein Busfahrer als provisorischen Ersatz für sein verlorengegangenes Amulett eine Kornähre vor die Windschutzscheibe steckte, ehe er sie gegen eines der üblichen Auto-Amulette auswechseln konnte. In Griechenland tragen Bräute große ährenartige Gebilde aus weißem Stoff mit Bonbons als Körner. Obwohl es bei einer Hochzeit natürlich in erster Linie um die Fruchtbarkeit geht, wird man diese nicht absichtlich herausstellen, sondern viel eher mit allen Mitteln vor bösen Mächten zu schützen trachten. Wie schon S. 138 ausgeführt, ist die Braut durch neidische Götter und böse Geister extrem gefährdet und bedarf daher besonderer Absicherung, zu der offensichtlich auch das Tragen der blickabwehrenden Ähre gehört. Schon aus mykenischen Gräbern sind Goldnachbildungen von Kornähren bekannt. Als Flächendekor begegnet uns die Ähre sehr häufig, so etwa auf antiken Münzen. Auf Brueghels Gemälde

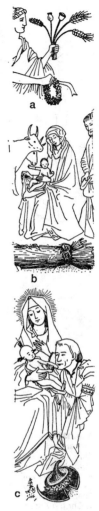

Abb. 130 Kornähre als Schutzsymbol. a Hochzeitsgabe für Peleus (antikes Relief). b Garbe zu Füßen Marias (15. Jh.). c Alternativverwendung des apotropäischen Männerhutes als Beweis für Abwehrbedeutung der Garbe (14. Jh.)

Abb. 131 Gestaltverwandtschaft Ähre – Palmwedel – Fischskelett.
a Ährenmotiv auf einer Kanne aus Thera (um 1500 v. Chr.). **b** Ährenmotiv auf antiker griechischer Münze. **c** Ährenartig verflochtener Palmwedel als Hausamulett (Kreta, Gegenwart). **d** Fischskelett als Schmuckamulett (Griechenland, Gegenwart).

»Die Bauernhochzeit« (Wiener Kunsthistorisches Museum) sieht man neben vielen anderen apotropäischen Zeichen zwei gekreuzt an der Wand hängende quastenförmige Kornbüschel, die zweifellos mehr sind als nur Dekoration. *Tafel 43 (2).*

In enger Formbeziehung zu Kornähren stehen Palmwedel, von denen schon in der Bibel berichtet wird, daß sie Christus bei seinem Einzug in Jerusalem auf den Weg gestreut beziehungsweise vorangetragen wurden. Im Süden trägt man noch heute bei kirchlichen Prozessionen Palmwedel neben und vor dem heiligen Objekt oder dem höchsten Priester. Vielfach wird die Blattfiederung in geschickter Flechtarbeit zu Knotenreihen verschlungen, wodurch der Wedel die Gestaltcharakteristik der Kornähre annimmt. In dieser Form werden Palmwedel gern als Wandamulette verwendet, die zu Fruchtbarkeitsvorstellungen in keinerlei Beziehung stehen. In türkischen Friseurläden hängen häufig zwei überkreuzte Palmwedel vor dem Spiegel. In Kreta sieht man an vielen Haustüren Gebilde aus knotig verflochtenen Palmwedeln, die oft mit gekreuzten Ovalschleifen aus separaten Fiedern gekoppelt sind. Das Friedhofstor von Malia trägt eine ganz ähnliche Figur aus Schmiedeeisen. Sehr stark an die Palmblatt-Amulette erinnern unsere heimischen »Palmkätzchen«, die ihren Namen wohl dieser Ähnlichkeit verdanken. Sie vertreten die Wedel der bei uns nicht heimischen Palme im Palmsonntagsund Osterbrauchtum unserer Kirchen. Weiter schützen sie vor Unwetter, Blitz und Hexen und wirken im Sinne von Amuletten gegen den »bösen Blick«. Ähre und Palmwedel sind gestaltlich dem Fischskelett verwandt, das tatsächlich ein beliebtes Amulettmotiv ist und in Form kleiner Anhänger aus Silber oder Gold vorwiegend in Griechenland Verwendung findet. *Tafel 23 (1, 2), Tafel 65.*

Die Möglichkeiten, Blätter und Blumen als Symbol für das Auge einzusetzen, sind wahrscheinlich überhaupt nicht auszuschöpfen, vor allem deshalb, weil viele andere Gestalten, die durch ornamentale Komplizierung und Multiplizierung ihre alten Charakteristika verlieren, so leicht ins Pflanzliche hinübergleiten. Die Wechselbeziehung der Entstehungsmöglichkeiten ist hier so eng, daß man bei vielen Abwehrsymbolen nicht sagen kann, ob es sich im ornamentalen Evolutionsgang um verpflanzlichte Augen oder um zu Augen gewordene Blätter und Blüten handelt. Im Endeffekt sind die Symbole getarnt und verschlüsselt, eine Methode, die zum Rüstzeug magischer Abwehrtaktik gehört und nicht nur im optischen, sondern auch im verbalen Bereich sehr häufig angewendet wird (vgl. L. Röhrich 1967). *Tafel 33.*

40. Insekten, Krebse

Formen- und Farbenmannigfaltigkeit machen die überaus artenreiche Tierklasse der Insekten besonders geeignet, Assoziationen zu Augen und Augensymbolen herzustellen – dies nicht zuletzt wegen der bei Schmetterlingen, Käfern und anderen Gruppen oft verblüffenden, zur Abschreckung von Freßfeinden entwickelten Augenflecke (S. 94 ff.), die vom Menschen zwanglos in sein Augen-Abwehrsystem einbezogen werden können. Am beliebtesten sind zweifellos die Schmetterlinge, die ihre Augenflecke dank der großen, horizontal aufklappbaren Flügel am schönsten und auffälligsten präsentieren. Die Viererzahl der Flügel und meist auch der Augenflecke sowie der oft deutlich miribotaförmige Flügelumriß sind Merkmale, die sich der Augensymbolik gut einfügen. Zwei spiegelbildliche, mit dem dicken Teil aufwärts zeigende und der konvexen Längsseite aneinander grenzende Miribotas bilden ebenso einen Schmetterling wie zwei Miribotapaare, deren Spitzen zusammenstoßen. Durch Einzeichnen eines Insektenkörpers in die Symmetrieachse wird der Eindruck vervollständigt. Damit sind jedoch die grafischen Ausgangs- und Stilisierungsmöglichkeiten im Zusammenhang mit der Schmetterlingsgestalt nicht erschöpft. So kann beispielsweise die Form des osmanischen Wappens mit seinen vier gekreuzten Fahnen zum Schmetterling oder ein Schmetterling durch Vereinfachung der Flügelkontur zur kretischen Doppelaxt werden. Daß die oft mit auffälligen Augenzeichnungen versehenen Schmetterlingsraupen (vgl. W. Linsenmaier 1972) im apotropäischen Bereich keine Verwendung finden, mag in der raschen Verderblichkeit der getöteten Tiere und einer gewissen menschlichen Abneigung gegen weiche, dickrundliche, an Maden erinnernde Gestalten begründet sein.

Ein weiterer Anreiz für die Einbeziehung des Schmetterlings in die Abwehrsymbolik liegt, wie aus kretischen Darstellungen ersichtlich (M. S. Hood 1961, H. Pars 1957), auch in dem gebogenen Fühlerpaar und dem eingerollten Rüssel, in denen die magischen Motive »*cornuta*« und Spirale verwirklicht sind. Alle erwähnten Eigenschaften dieses flugbegabten, bunten, schönwettergebundenen Blütenbesuchers bewerten wir Menschen als »fröhlich«, »hübsch« und »sympathisch«. Dies darf jedoch nicht darüber hinwegtäuschen, daß es sich bei den meisten in

Abb. 12 (S. 96)

Abb. 132 Stilisierungsformen des Schmetterlings und Gestaltverwandtschaft zur Doppelaxt. **a** Schmetterling aus vier Miribotas mit doppelten Spiralfühlern (Schmucknadel, Korea). **b** Schmetterling vom »Lilienprinz«-Fresko mit augenhaften Miribota-Flügeln (Palast von Knossos, Kreta). **c** Amulettschmetterling auf Autokarosserie (Türkei). **d** Schmetterling mit zwei Miribotaflügeln, darauf Spiralaugen (Schmucknadel, Korea). **e** Mykenischer Goldschmetterling als Grabbeigabe (vgl. Tafel 50, Bild 7). **f** Schmetterlingsartig stilisiertes osmanisches Wappen als Löffeldekor (Türkei, Gegenwart). **g** + **h** Doppelaxtförmige Amulettschmetterlinge aus Glasperlen (Türkei, Gegenwart). **i** Altkretisches Doppelaxtsymbol mit Kultschleife. **j** Prähistorische Doppelaxt (Wandmalerei von Catalhöyük, Anatolien). **k** Doppelaxtmotiv auf der Stirnseite eines Tragsattels (Izmir, Türkei) **l** Magisches Abwehrzeichen in Doppelaxtform an Wohnhütten (Nordthailand, Burma. Vgl. H. Harrer 1969).

der Volkskunst dargestellten Schmetterlingen um sehr ernst gemeinte Schutzsymbole handelt, die sich nur ähnlich den Blumenmotiven in »freundlichem Kleid« präsentieren. Die Tendenz, magische Schutzzeichen zu vertarnen und zur Entlastung des Beschauers zu »verlieblichen«, ist in der Abwehrornamentik oft zu beobachten (S. 131 f.).

Nächst dem Schmetterling treten im Symbolbereich am häufigsten die Zikaden und die Bienen auf. Wie als Amulette dienende Nachbildungen zeigen, ist die Zikade einerseits durch ihre miribotaförmigen Flügel, anderseits durch die bei leicht geöffneten Flügeln hervortretende schmale Dreisproßgestalt ihres Gesamtkörpers zum Blickabwehrsymbol prädestiniert. Ebenso mögen die Großäugigkeit des Kopfes und die manchen Arten zukommenden Augenflecke der Vorderflügel von Bedeutung sein. Zikadenfiguren verschiedenster Größe in Amulettfunktion findet man

Abb. 133 Kunstgewerbliche Spielereien mit Schmetterlingen und Augen (Wien 1972). a + b Kacheln als Wandschmuck. c Auslagendekoration.

im gesamten nördlichen Mittelmeerraum bis nach Vorderasien. In Südfrankreich sieht man sie öfters in Stein gehauen über Hauseingängen. Sehr oft werden kleine Gebrauchsgegenstände wie Aschenbecher oder Schmuckbehälter in Zikadenform angefertigt. In der Türkei gibt es stilisierte Zikaden mit überbetonten, häufig aus blauen Perlen bestehenden Augen, miribotaförmiger Körperornamentik und eingearbeiteten blauen Steinen, die man offenbar nach Art der »Nippfiguren« aufstellt.

Inwieweit Gottesanbeterinnen *(Mantis religiosa)* und verwandte Heuschreckenarten heute noch zur Blickabwehr in Beziehung stehen, ist mir nicht bekannt. Nach S. Seligmann (1910) galt die Mantis bei Griechen und Römern der Antike als Trägerin des »bösen Blickes«. Bei den Asmat auf Neuguinea ist sie, wohl aufgrund gewisser Proportionsanalogien, ein Menschensymbol (A. A. Gerbrands 1967 a, b). Ihre beim Drohen mit den Fangarmen deutlich vorgewiesenen Augenflecke finden hier offenbar wenig Beachtung. Auch die Mythen der südafrikanischen Buschleute, die den Menschen in sehr enge Beziehung mit der Mantis bringen (vgl. L. Frobenius 1954), enthalten keine direkten Hinweise auf die Augenmagie. Viele bei H. Kühn (1952) wiedergegebene ostspanische Felsmalereien beziehen sich auf die Mantis, woraus ein schon sehr früh vorhandenes Interesse für diese Tierform hervorgeht. Aus dem Amulettbereich sind Mantis-Motive bisher nicht beschrieben worden.

Recht vielschichtig ist die magische Bedeutung der Biene (vgl. J. Ph. Glock 1891). Sie ist Seelentier und wird mitunter als »Marien«-, »Herrgotts«- oder »Bienenvogel« bezeichnet. Fliegt sie einem Toten in den Mund, kehrt er ins Leben zurück, kommt sie heraus, verläßt ihn die Seele. Träumt jemand von Bienen, muß er sterben. Wegen ihrer scheinbar parthenogenetischen Vermehrung gilt sie auch als Symbol der Unbefleckten Empfängnis. In erster Linie ist die Biene heute Fleiß- und Arbeitssymbol und wird oft als Sinnzeichen für das Sparen eingesetzt. Ebenso eignet sie sich im Hinblick auf die hohe Eierproduktion der Königin als Fruchtbarkeitssymbol. Die Statue der Artemis von Ephesus, die als Fruchtbarkeitsgöttin gilt, trägt auf ihrem Gewand neben anderen Figuren zahlreiche Bienenmotive. In Südfrankreich gibt es bestimmte

Dachziegel, die an der leicht vorgewölbten Stirnfläche einen Kreis mit dem Relief einer flügelbreitenden Biene tragen. Auch in der Türkei kommt diese Ziegelsorte vor. Verständlich wird die für ein Dekorationselement ungünstig erscheinende Anbringung an der Schmalseite, wenn man auf die Dachkante eines fertig gedeckten Hauses blickt und eine lange Reihe von Bienenplaketten vor sich hat. Nach alter Vorstellung reicht die magische Schutzzone des Hauses bis zur Dachkante. Wer sich unter die »Dachtraufe« retten kann, ist vor verfolgenden Dämonen, Hexen und auch dem giftigen »Tatzelwurm« sicher. Es ist naheliegend, daß man diese magische Grenzkante mit Abwehrzeichen versieht, wie dies auch an griechischen Tempeln oder hausförmigen römischen Sarkophagen zu sehen ist, die oft Palmettenreihen und Akroterien tragen. Die Drohfratzen der zahlreichen Wasserspeier und andere Symbole an romanischen und gotischen Kirchen gehören ebenfalls in diesen Funktionsbereich (vgl. W. Stief 1938). So können auch die Bienen auf den Dachkanten ursprünglich als Bewacher der häuslichen Schutzzone fungiert haben. Abgesehen von der Stechfähigkeit des Insekts, mögen die in Flugstellung doppelschleifenartig weggespreizten Flügel und das die Cornuta bildende Fühlerpaar zur Abwehrbedeutung der Biene beigetragen haben, die nach S. Seligmann (1910) verschiedentlich als Apotropäon gegen den »bösen Blick« gilt. Daß die ovale Flügelform sehr leicht mit »Auge« assoziiert wird, beobachtet man in der modernen Werbegrafik, wo öfters einem Kreis eingezeichnete Bienen vorkommen, die wie Gesichtsattrappen wirken. Inwieweit sich Zikade und Biene in ihrem Anwendungsbereich überdecken, ist schwer zu sagen, weil die Darstellungen hinsichtlich Naturtreue stark schwanken und die eine Form vielfach in die andere übergeht.

In diesem Zusammenhang erwähnenswert ist der berühmte antike Goldanhänger aus Chrysolakkos bei Malia (Kreta), den A. Stylianos (1972) als zwei Bienen oder Wespen deutet, die in ihrer Wabe einen Tropfen Honig deponieren. Hier fällt sofort auf, daß das Schmuckstück lauter Kreisformen zeigt, obwohl Hautflügler ihre Waben sechseckig bauen. Weiter sind nicht nur die runden Augen, sondern auch die spitzovalen Flügel der sogenannten Bienen mit einem Wimpernornament umgeben, das sie als Augensymbole kenntlich macht. Ebenso weisen die drei baumelnden und die beiden von den Tieren gehaltenen Rundplättchen wie auch die oberhalb der Insektenköpfe befestigte Gitterkugel deutlich in Richtung Augensymbolik. Solche Gestaltelemente finden wir bei vielen Blickabwehr-Amuletten wie etwa den indischen und europäischen Kinderrodeln, die zur Abwehr gefährlicher Dämonen und »böser Blicke« mit rollenden Kugeln und Anhängern ausgestattet sind. Der Amulettcharakter des Bienenanhängers von Malia wird dadurch unterstrichen, daß er in der heutigen, an rezenten Amuletten so reichen Zeit oft nachgebildet und sehr gern als Glücksbringer getragen wird, ja für den Ort Malia eine Art Dorfabzeichen darstellt. Offensichtlich verstehen die Kreter der Gegenwart das Gedankengut ihrer minoischen Vorfahren noch recht gut.

Bei Käfern gibt es verschiedene glückbringende beziehungsweise unheilabwehrende Formen, unter denen im europäischen Kulturbereich der Marienkäfer wohl an erster Stelle steht. Die in der Größe divergierenden bekanntesten Arten tragen auf roten oder gelben Flügeldecken drei bis acht schwarze Punkte. Dazu kommen als weitere Kriterien der »Augenhaftigkeit« (S. 90 f.) die kugelige Gestalt und der starke Glanz. Eine der bekanntesten und größten heimischen Arten ist der »Siebenpunkt«, der durch die magische Anzahl seiner Tupfen hervortritt. Bei den Germanen hieß er »freyafugle« (Freia-Vogel), woraus wahrscheinlich infolge der etymologischen Verwandtschaft zwischen »Freia« und »Frau« (vgl. G. Drosdowski und P. Grebe 1963) der Name »Frauenkäfer« entstand. »Marienkäfer« ist eine Christianisierung, wie man sie bei vielen ursprünglich heidnischen Namensgebungen und Sprüchen vornahm (vgl. A. Riedl und K. M. Klier 1957). Weitere Bezeichnungen sind »Herrgottskäfer«, »Gottesschäflein« und »Glückskäfer«. Offensichtlich hat man ihn Freia und Maria, ähnlich wie etwa das Steinkäuzchen der Göttin Athene, als schützendes Abwehrtier zugeordnet. In der Türkei wird der Marienkäfer, mit sieben symmetrisch angeordneten Punkten versehen, gern als Amulett verwendet. Man findet ihn als Firmenzeichen auf Geschäftsschildern und Plakaten oder als Klebe-Etikett, das an Auslagen, Eingangstüren oder Autos meist paarig-spiegelbildlich angebracht wird. An einem anatolischen Lastauto sah ich das aus einer Insektizid-Verpackung herausgeschnittene Bild eines schwarzgelb gestreiften Kartoffelkäfers, der offensichtlich in Vertretung des Siebenpunktes als Schutzamulett fungierte.

Ein weiterer, zumindest in ägyptischer Vergangenheit sehr bedeutungsvoller Käfer ist der Scarabäus, bei dem es weniger um Körperstrukturen als um die Verhaltensweise des Zusammendrehens und Weiterrollens von Mistkugeln geht. Sie als Symbole für die Erde oder den Sonnenball zu deuten (A. Bertholet 1962), erscheint mir unzulässig, da in diesen Zeitepochen die Kugelgestalt der Himmelskörper nicht allgemeines Wissensgut war. Ebensowenig sind die Beschäftigung des Scarabäus mit dem apotropäischen Mist oder die Vorstellung von der Urzeugung, die in den Kugeln vor sich gehen soll, plausible Gründe für seine hohe magische Bedeutung, denn immerhin existieren viele dunglebende Käferarten von keinerlei magischem Wert. Die Mistkugeln sind übrigens gar nicht Träger der Larven, sondern Futterportionen für die Käfer. Die Eier werden in eigens hergestellte stationäre »Brutbirnen« gelegt. Auch die dem Menschen sympathische Funktion einer »Sanitätspolizei« hebt den Scarabäus aus der Reihe anderer Mistkäfer nicht heraus. Vermutlich war das wesentliche Kriterium die Rundgestalt der Mistpille, in die man das seit menschlichen Uranfängen als Kugel bekannte Auge »hineinsah«, wodurch die Pille und letztlich auch der Käfer zum Blickab-

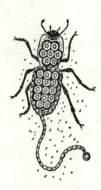

Abb. 134 Käfer *Zopherus bremei* (etwa ²/₃ natürl. Größe) mit aufgeklebtem, aus bunten Straßsteinen zusammengesetztem Rückenschild als lebendes Amulett gegen den »bösen Blick« (Yukatan, Mexiko, Gegenwart).

Tafel 61 (2)

Abb. 153 d (S. 409)

wehrmittel wurden. Nach S. Seligmann (1910) heftet man in Ägypten Kindern das kräftige, kammartig gezähnte, oft fälschlich als »Fühler« bezeichnete vordere Beinpaar des Scarabäus an die Kleider, um sie vor dem »bösen Blick« zu schützen. Im Amulettbereich sind kleine, aus Stein geschnittene oder aus blauem Material gefertigte Nachbildungen des Käfers verbreitet.

Den ersten Hinweis auf die magische Verwendung eines Käfers in Yucatan (Mexiko) verdanke ich Prof. Dr. W. Kühnelt (Wien). Es werden lebende Exemplare des 4 cm langen, flugunfähigen Tenebrioniden *Zopherus bremei* mit bunten Glassteinchen beklebt und an einem im Gewand befestigten Kettchen wie eine Brosche getragen. Früher nahm man statt der glitzernden Steine kleine Stoffstückchen. Solche Käfer, die bei regelmäßiger Fütterung bis zu mehreren Jahren leben, gelten als Mittel gegen den »bösen Blick«. Seit einem Jahr besitzen wir selbst eines dieser interessanten Tiere und pflegen es in einem Terrarium.

Obwohl systematisch nicht hierher gehörend, werden Krebse nach allgemeinem Volksempfinden mit Insekten zusammen als »Krabbeltiere« eingestuft (davon die Namen »Krabbe«, »Krebs«, »Krevet« etc.) und seien daher in diesem Kapitel behandelt. Krebs- und Krabbenscheren sind in entsprechenden Landstrichen beliebte Abwehrmittel gegen den »bösen Blick«. Insbesondere an der türkischen Südküste fand ich solche von Natur aus miribotaförmigen, durch den Scherenspalt augenhaft wirkenden Gebilde als Schmuckanhänger oder als Teile von Auto- und Hausamuletten verwendet. Nach S. Seligmann (1910) dienen Krebse und Krabben, vor allem aber ihre Scheren, in sehr vielen Ländern als magische Mittel. Ein vorkolumbianisches Tongefäß in Form eines Dämons mit Menschenkopf zeigt gegeneinandergehaltene Krebsscheren als Hände (E. Fuhrmann 1922), die eine augenhafte Doppelschleife bilden und dadurch stark an entsprechende Fingerstellungen an Buddhastatuen erinnern. Weiter kann der Krebs seine Scheren zur Cornuta formen und dem Angreifer drohend entgegenhalten. Man findet Krebse, vielfach mit Fisch und Schildkröte kombiniert, sehr oft an öffentlichen Brunnen abgebildet, wo sie zweifellos apotropäische Funktionen erfüllen. Vor allem ältere Brunnen sind regelmäßig durch Abwehrzeichen gesichert, was mit der hohen Bedeutung sauberen Wassers zusammenhängt. Oft sind diese Zeichen geheimnisvoll versteckt, wie der goldene Ring am »Schönen Brunnen« in Nürnberg oder der Halbmond am Hofbrunnen der steirischen Riegersburg (Österreich). In Donnerskirchen am Neusiedlersee fand ich an einer wichtigen Quelle einen steinernen Totenkopf so eingebaut, daß sein Spiegelbild im Wasser zu sehen war. Krebse und andere Wassertiere freilich werden wohl am häufigsten als Quell- und Brunnenschutz Verwendung finden.

41. Schnecke, Muschel

Das Wort Schnecke beruht auf einem alten germanischen Verbum für »Kriechen«, mit dem auch das englische »snake« und das schwedische »snok« für Schlange verwandt ist. »Muschel« hingegen stammt aus dem Lateinischen und ist von »musculus« (Miesmuschel) abgeleitet. Die gleiche Wurzel haben das lateinische Wort »mus« (Maus) und unsere Bezeichnung »Muskel«.

Schnecken verschiedenster Art spielen in Volksglauben und Volksmedizin eine nicht unbedeutende Rolle (vgl. R. Beitl 1955). Hier seien zunächst die Gehäuse bestimmter Meeresschnecken behandelt. Die porzellanartigen Schalen der Seeschnecken gelten infolge ihrer Öffnung als Symbol für das weibliche Genitale. Unser Wort »Porzellan« kommt von der italienischen Bezeichnung »*porcellana*« für eine weiße Meeresschnecke, weil man ursprünglich glaubte, das Porzellan der Chinesen werde aus zerriebenen Moluskengehäusen gewonnen. »*Porcellana*« wiederum ist eine Abwandlung des lateinischen »*porcella*«, das gemäß seiner Herkunft von »*porcus*« (Schwein) soviel wie »weibliches Schweinchen« bedeutet und als Vulgärbezeichnung für »weibliche Scham« benutzt wurde. Im gleichen Sinn verwendeten die deutschen Soldaten das Wort »Schnecke«. L. Hansmann und L. Kriss-Rettenbeck (1966) zeigen verschiedene Beispiele aus dem Amulettbereich, wo Schneckengehäuse als weibliche Genitalsymbole eingesetzt sind.

Hier nähern wir uns in der Untersuchung jedoch einem kritischen Punkt, an dem sich zwei Funktionen des zur Rede stehenden Objektes zu überdecken beginnen. Seeschnecken gelten nämlich, ähnlich wie das Dreieck (S. 411 ff.), sowohl als Genital- wie als Augensymbol. Betrachtet man die zahlreichen Schädelpräparate und Kopfschnitzereien aus dem Südsee-Raum, findet man darunter viele, denen Gehäuse der Kaurischnecke (fälschlich »Kaurimuschel«) als Augen eingesetzt sind (W. Schmalenbach 1956). Hier wird der Spalt zum Lidspalt. Auch als Geld, das weltweit mit apotropäischen Vorstellungen eng verknüpft ist, werden die Schalen der Kaurischnecke verwendet. Auf dem Weg über angekaufte Araber-Pferde, die solche Gehäuse als Abwehrzeichen gegen den »bösen Blick« auf dem Riemenzeug trugen, kam die Kaurischnecke nach Europa und gehörte dann bei verschiedenen berittenen Gardetruppen wie etwa der »Königlich Ungarischen berittenen adeligen Leibgarde« zur vorschriftsmäßigen Adjustierung des Pferdegeschirrs. In dieser aus dem Osten übernommenen Verwendungsart ist die Kaurischnecke zweifellos als Augensymbol zu werten, denn der Orientale würde kaum ein weibliches Genitalsymbol als Dekorationselement in seinen kriegerisch-männlichen Funktionsbereich einbauen. In Ceylon, wo besonders viel Schmuck gegen den »bösen Blick« getragen wird, sind bestimmte Metallamulette ohne Wirkungsverlust gegen ähnliche, aus Schnecken und Muscheln geformte austauschbar. In Neuguinea gibt es menschliche Holzfiguren mit Augen aus Böden der *Conus*-Schnecke, bei denen die Innenstruktur des Gehäuses als dicht gedrehte Spirale zur Geltung kommt (F. Hewicker und H. Tischner 1956).

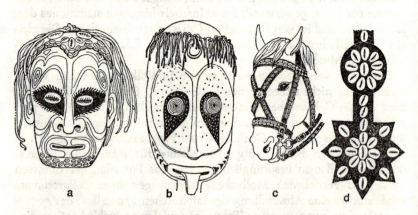

Abb. 135 Schnecken in der Augensymbolik. **a** Schädel mit aufmodelliertem Gesicht, Augen aus Kaurischnecken. **b** Kopf eines Kulthockers mit Augen aus Böden der Conus-Schnecke. (a + b Sepiktal, Neuguinea.) **c** Pferdegeschirr mit Besatz aus Kaurischnecken (1. Preußisches Leibhusarenregiment Nr. 1, genannt »Totenkopfhusaren«, 1914). **d** Detail des Vorderzeuges zu Figur c.

Auch anderswo darf man Seeschneckengehäuse, die als Amulett getragen werden, nicht einfach dem Sexualbereich zuordnen. Wenngleich I. Eibl-Eibesfeldt (1972) bei Mädchen der !Ko-Buschleute in bestimmten Spott- und Necksituationen »Schamweisen« und »Schampräsentieren« beobachtet hat, das möglicherweise im Angeborenen wurzelt und an ähnliche Gebärden des Demutsverhaltens bei Primaten, vor allem Schimpansen erinnert (vgl. J. v. Lawick-Goodall 1972), ist in vielen anderen Kulturen das weibliche Genitale stark tabubelegt und nach herrschender Gruppensitte im Alltag verhüllt zu tragen. Hinzu kommen noch magische Schutzvorstellungen, die das Verbergen der Fortpflanzungsorgane gebieten. Bei manchen Völkern gilt die weibliche Scham als unrein und soll nicht mit Händen berührt werden, bei Zigeunern ist jeder Gegenstand, über den eine Frau hinweggestiegen ist, »prasto« (unrein) und muß vernichtet werden (vgl. W. Dostal 1955 a). Für menstruierende oder gebärende Frauen gelten besondere Vorschriften. Nach österreichischem Volksglauben welken Pflanzenblüten, und Früchte laufen an, wenn eine Frau in der Monatsregel sie berührt beziehungsweise eingekocht hat. Bei dieser sichtlich weltweit verbreiteten Tabuisierung von allem, was mit der weiblichen Genitalfunktion zusammenhängt, ist es recht unwahrscheinlich, daß es im Amulettbereich so viele Vulvensymbole geben soll. Einige weitere Überlegungen zu diesem Thema werden anhand des Drei- und Vierecks angestellt (S. 411 ff.).

Auch in Kuşadasi (Türkei) fand sich ein Beweis für die Augenbedeutung mancher Schnecken. Dort wurde das Gehäuse der zwei schwarze Augenflecke tragenden Meeresschnecke *Cypraea lurida* als Amulett gegen den »bösen Blick« angeboten. Zufällig entdeckte ich eine dem gleichen Zweck dienende, grob gearbeitete, flache Holznachbildung dieser Schnecke, deren Augenflecke aus roten Glasperlen bestanden und sich dadurch als magisch bedeutsam auswiesen. In anderen Gebieten Anatoliens werden kleine Schneckengehäuse in Silber gefaßt und analog der blauen Augenperle verwendet. Es gibt jedoch in vielen Kulturen Schnecken-Amulette, bei denen nur sehr schwer zu bestimmen ist, ob sie als Augen- oder als Sexualsymbol gemeint sind, zumal nach S. Seligmann (1910) unter Umständen auch Vulva und Menstruationsblut gegen den »bösen Blick« eingesetzt werden. Auf ähnlicher Linie liegt die sogenannte Glücks- oder Sieghaube (Wehmutterhäublein, Kindsnetz), ein Stück Eihaut, das auf der Kopfhaut des Neugeborenen hängen bleibt und ihm für später Geistersichtigkeit und die Kunst des »Besprechens« garantiert.

Interessant in diesem Zusammenhang ist eine Untersuchung von L. Schmidt (1951) über mitteleuropäische brauchtümliche Maskenbehänge, die in manchen Gebieten aus bis zu 1000 Gehäusen der Weinbergschnecke (vgl. C. Hansmann 1959), in anderen aus Eierschalen bestehen. Der Autor weist darauf hin, daß schon in bronzezeitlichen Gräbern Gewänder aus Schneckenschalen aufscheinen, wie sie in ähnlicher Form bei Fastnachts- und Perchtenumzügen noch heute da und dort verwendet werden. Die Schalen der Landschnecken zeigen meist eine seitliche Spirale, also eine in der Augenornamentik wichtige Struktur (S. 238 ff.). Die Ersetzbarkeit von Schneckengehäusen durch Eierschalen mag nicht nur auf einer gewissen Material- und Farbähnlichkeit beruhen, sondern auch damit zusammenhängen, daß Eierschalen im bäuerlichen Bereich meist sehr leicht beschaffbar sind. Darüber darf man aber nicht vergessen, daß das Ei als solches apotropäisch ist (S. 263 ff.) und als Maskenbehang autochthon auftreten kann. In der Südsee steht die Meeresschnecke *Ovula ovum* in ähnlicher Verwendung wie in anderen Kulturen das Ei.

Große Schneckengehäuse wie das Tritonshorn *(Tritonium)* findet man häufig auf minoischen Vasen, wo sie immer mit sichtbarer, augenhaft

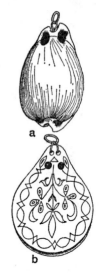

Abb. 136
Seeschnecke mit Augenflecken.
a *Cypraea lurida* als Amulettanhänger.
b Nachstilisierung in Holz mit eingesetzten Glasaugen (Türkei, Gegenwart).

Tafel 43 (1)

Tafel 64 (6, 7)

Abb. 137 Schnecken im mitteleuropäischen Brauchtum. **a** Den »Tod« verkörpernde Figur mit Behang aus Schnecken und Eiern, zwei funktionsanalogen Bedeutungsträgern (vgl. Tafel 43 [1]). Hut und Hände der Puppe in Quastengestalt (Mähren, 19. Jh., vgl. K. Šourek 1956). **b** Schwarzwälder Fasnachtfigur »Schuddig-Mundle« mit »Bäregfriß«. Weinbergschnecken und apotropäische Wollpompons auf der Kopfbedeckung (Elzach, Deutschland, Gegenwart. Vgl. C. Hansmann 1959).

betonter Schalenöffnung dargestellt sind. Eine bekannte Verwendung des Tritonshorns ist die als Blasinstrument. Hier sei übrigens erwähnt, daß Musikinstrumente in verschiedenen Kulturen mit apotropäischen Augensymbolen ausgestattet sind. Nach W. Hirschberg (1965) wird die »Schneckentrompete« entweder durch Abschneiden der Spitze (Längsschnecke) oder durch Bohren eines seitlichen Loches (Querschnecke) hergestellt. H. A. Bernatzik (1936) beschreibt aus der Südsee beide Möglichkeiten. Solche Geräte dienen ausschließlich kultischen Zwecken und sind weltweit verbreitet. J. Stich (1928) beschreibt, wie die Schneckentrompete zur Vertreibung von Unwettern in Neulosimthal (Tschechoslowakei) verwendet wird. Auf kretischen Siegeln ist sie häufig abgebildet. Das Tritonshorn zeigt wie viele als Amulett verwendete Schnecken im Bereich der Gehäuseöffnung eine deutliche, sehr oft noch durch die Färbung hervorgehobene wimpernartige Struktur. Gerade der Wimpernkranz als Kriterium der »Augenhaftigkeit« wird bei artifiziellen Abwehraugen sehr oft speziell herausgearbeitet. Die »Attrappensichtigkeit« des Menschen läßt ihn alle möglichen Naturprodukte, die irgendwelche Charakteristika der magisch so wichtigen Augengestalt aufweisen, in seine Abwehrsysteme einbeziehen.

Diesbezüglich sehr interessant ist die Darstellung des schneckenartig wirkenden, wie der Krake zu den Cephalopoden gehörenden Papierbootes *(Argonauta)* auf minoischen Vasen des Meeresstils. Nur das Weibchen besitzt ein Gehäuse, das sehr weich und einer Augenspirale ähnlich ist. Beim Schwimmen versteckt das Tier sechs seiner Arme und rudert mit zweien, die lappenartig verbreitert sind und auch die Substanz zur Gehäuseproduktion absondern (vgl. Brehms Tierleben 1911 bis 1918, R. Buchsbaum und L. J. Milne 1960). Während des Kriechens legt das Tier die Ruderarme an das Gehäuse und agiert mit den sechs gewöhnlichen Armen. Die Papierboote auf minoischen Gefäßen sind nicht nur in Richtung Augengestalt forciert, sondern zeigen im Widerspruch zu ihrer natürlichen Bewegungsvielfalt immer nur drei spiralig eingerollte Arme, die von ikonographischer Einheitlichkeit sind. Offensichtlich hat man hier die in früherer Zeit gebräuchliche, mit einem Wimpernbüschel versehene apotropäische Augenspirale in die Schneckengestalt übertragen.

Unter den Muscheln sind die Pilgermuscheln *(Pecten)* im Hinblick auf Augensymbolik besonders erwähnenswert. Außer den beiden mitunter ansatzhaft augenartigen »Wirbeln« des Schalenschlosses, von denen die an Wimpern gemahnenden Rippen strahlig randwärts verlaufen, besitzen sie am freiliegenden Mantelrand Reihen wimpernähnlicher Tentakeln und zwischen diesen echte, mit Linse und Netzhaut versehene, smaragdähnlich glänzende Augen. Die Muscheln wurden von Orient-Wallfahrern in zweifellos primär magischer Zweckbestimmung auf dem Hut getragen, aber auch als Trinkgefäß benutzt. Die Gestalt der Pilgermuschel entspricht ziemlich genau den bekannten Palmetten, die so häufig auf Dachkanten und Firsten griechischer und römischer Tempel vorkommen und an deren apotropäischer Funktion bei Kenntnis der »Spielregeln« magischen Abwehrzaubers nicht gezweifelt werden kann. Zum Teil mögen sie von der Muschelform beeinflußt sein. Freilich ist die figurale Ableitung dieses Ornaments auch aus der Kombination mehrerer Miribotas, vor allem aber aus hochgezogenen Wimpern möglich. Die starke Tendenz des Menschen zur Gestaltassoziation kann zur Verschleierung beziehungsweise Aufspaltung von Entwicklungswegen führen und das Herauslösen des ursprünglichen Vorbildes sehr erschweren, manchmal auch unmöglich machen. Oft haben als Augensymbole verwendete Naturprodukte, sofern sie nicht aufgrund anderer Eigenschaften primär apotropäisch sind, ihre Funktion durch eine Sekundärassoziation erhalten, durch die komplizierte, auf langem Entwicklungsweg entstandene Symbolgestalten in sie »hineingesehen« wurden. Bei der Pilger-

Abb. 138 Abwehrsymbolik in der minoischen Vasenmalerei. a Papierboot mit Fangarmen in Dreieranordnung (Prinzip »Auge mit Wimpern«). b Schneckenartig stilisiertes Papierboot. c Tritonshörner in augenhafter Konfiguration.

Tafel 20 (11, 12)

Abb. 139 Pilgermuschel. a Vom Maler stilisierte Muschelschale als Hutamulett (Detail aus dem Gemälde »Gedächtnisbild für Jodocus Krell«, nürnbergerisch, 1483). b Detail des Mantelrandes der lebenden Muschel mit Tentakeln und Augen.

muschel wirkt, von ihren Mantelaugen abgesehen, das Schalenbild augenhaft und blickfangend, wie dies etwa bei dem bekannten »Shell«-Firmenzeichen zur Geltung kommt. Die Tragweise der Pilgermuschel auf dem Pilgerhut, als Mantel- oder Gürtelbesatz weist recht deutlich auf ihre Funktion als »Abwehrauge« hin. Auch Fuhrleute, die ja weit herumkamen und nach früheren Begriffen ein gefährliches Leben führten, trugen vielfach Muscheln auf ihren Gürteln. Die Verwendung auf Bilder- und Spiegelrahmen, wo fast immer geschnitzte oder gemalte Abwehrzeichen gegen den »bösen Blick« angebracht sind, ist ein weiterer Beweis für die apotropäische Funktion der Muschel.

Eine zusätzliche Eigenschaft sehr vieler Muscheln und Schnecken, nämlich der Perlmutterglanz an der Innenseite der Schalen, hebt ihren magischen Wert. Dies dürfte unter anderem auch für die im Mittelmeer häufige, eher muschelartige Seeohr-Schnecke gelten, deren Gehäuse heute noch mit zur Eingangstür weisender Perlmutterseite an Zimmerwänden aufgehängt wird. Ein griechischer Händler, der solche Abwehrmittel verkaufte, wunderte sich über die Neigung deutscher Touristinnen, sich diese Muschel um den Hals zu hängen, wo das Seeohr doch nur daheim an der Wand zur Wirkung kommt. Die Blickabwehrbedeutung der Perle dürfte mit ihrer Muschelherkunft und dem Perlmutterglanz zusammenhängen. Nach E. Korschelt (1912) wurden in Ostasien kleine metallene Buddhas in lebende Süßwassermuscheln geschoben, wo sie völlig in das schimmernde Perlmutter »einwuchsen«. Das Irisieren der Muschelschalen macht sie auch zur Verwendung als Augen in der Kunst geeignet. Vor allem in dem so muschelreichen Südseeraum tragen viele Schnitzfiguren glänzende Muschelaugen (vgl. F. Hewicker und H. Tischner 1956, W. Schmalenbach 1956). Oft dienen Muscheln zur ornamentalen Ausstattung von Objekten oder werden als Amulette getragen. Diese verschiedenen Varianten sind besonders schön an dem bekannten Maori-Haus im Hamburger Völkerkundemuseum zu sehen (H. Tischner 1971).

42. Krake

Kraken *(Octopus)* zählen zu den Cephalopoden oder Kopffüßern (vgl. C. Claus und K. Grobben 1905). Vertreter dieser Tiergruppe besitzen, obwohl zu den Weichtieren oder Mollusca gehörend (die Kalkschulpe des Tintenfisches entspricht dem Schneckengehäuse), eine erstaunlich wirbeltierartig wirkende Augenkonstruktion. Der mit dem Kraken nah verwandte Tintenfisch *(Sepia)* verwendet sein Auge offenbar als Ausdrucksmittel im Paarungssektor (N. Tinbergen 1939). G. J. Cori (1928) berichtet von den merkwürdigen Augenbewegungen des umherkriechenden Polypen. Das eigenartig starrende, bei manchen Kopffüßerformen wie ein Ziegenauge wirkende Sehorgan lenkt den Blick des Betrachters sofort auf sich. Als weiteres markantes Kennzeichen besitzt der Krake acht gleichlange Fangarme, die unterseits mit zwei Reihen (beim Moschuskraken nur einer Reihe) kreisrunder Saugnäpfe ausgestattet sind. Das sitzende Tier benützt zum Halten der Beute meistens nur vier Fangarme, während die übrigen vier zum Festsaugen an Steinen oder sonstigen Unterlagen dienen. Die Kräfte des Kraken sind erstaunlich groß. Die Stärke eines erwachsenen Menschen reicht kaum aus, um ein Exemplar von nur 40 cm Fangarmlänge aus einem Versteck herauszuziehen oder von der Unterlage abzulösen. Kraken können aber noch erheblich größer werden. Zu dem starken Sauggriff kommt die Möglichkeit, mit Hilfe des papageienschnabelartigen Mundwerkzeugs sehr kräftig und infolge der giftigen Speicheldrüse äußerst schmerzhaft zu beißen.

Die Aktivitätszeit des Kraken, in der er auf Beutefang auszieht, fällt vorwiegend in die Nacht. Ansonsten haust er unter Blöcken oder zwischen Klippen in Höhlen und Spalten, deren Zugang er durch Heranholen geeigneter Steine, die mit der Zeit richtige Wälle bilden, verschließt. Generell kann das Verhalten der Kraken als verhältnismäßig vielseitig und anpassungsfähig bezeichnet werden. Das bekannte Ausstoßen der »Tinte« ist bei Kraken und Verwandten ein Hilfsmittel zur Flucht. Im freien Wasser von einem Feind überraschte Tiere entleeren unter gleichzeitigem Erblassen ihren Tintenbeutel in Richtung Gefahrenquelle und schießen mit Rückstoßantrieb blitzschnell in die nächstbeste Deckung. Wesentlich daran ist, daß die Farbveränderung im Schutze der Tintenwolke erfolgt und der Feind nach Erreichen klaren Wassers seine Beute, wenn überhaupt, völlig verändert gegenüber jener vorfindet, auf die er sich eingestellt hat. Kraken, die ihre Tinte ins Aquarium entleeren und nicht bald in Frischwasser gesetzt werden, gehen zugrunde. Erkrankungen durch den Genuß nicht gut ausgewaschener Kraken kommen bei Menschen mitunter vor, sind aber wohl auf den Giftgehalt der Speicheldrüse zurückzuführen.

Wir haben hier eine Reihe von Eigenschaften aufgezählt, die den Kraken aus Menschensicht recht unheimlich und gefährlich erscheinen lassen (vgl. H. Wendt 1956). Dies kommt auch heute noch in Erzählungen, Abenteurergeschichten und Tierfilmen zur Geltung, wo lebensgefährliche Kämpfe eines Tauchers mit Riesenkraken beschrieben oder für Filmaufnahmen Auseinandersetzungen zwischen Kraken und Haien im Aquarium arrangiert werden, die man dann unter Ausnutzung aller Trickmöglichkeiten zu grausigen Szenen zusammenklebt. In Brehms Tierleben (1893) wird sehr ausführlich der provozierte Kampf eines Kraken mit einem Hummer beschrieben. Auch sonst ist die allgemeine Einstellung zu den Kraken eher negativ. In der Antike galt das Auge des »Polypen« als träge und böse. Nach S. Seligmann (1922) übt es »... eine verderbliche Anziehung auf den erschöpften Schwimmer aus«. Es besteht wenig Wahrscheinlichkeit, daß jemals irgendeine Menschengruppe den Kraken als so freundlich, schön und liebenswert empfand, wie dies nach A. Evans (H. Pars 1957) die Kreter getan haben sollen. Der Forscher begründet diese Annahme mit der so überaus häufigen Verwendung des Krakenmotivs auf minoischen Gefäßen, Badewannen und Sarkophagen, wobei er die hohe Naturalistik der Wiedergaben eigens hervorhebt. Auch F. Schachermeyr (1964) und S. Marinatos (1973) denken hinsichtlich der kretischen Tierdarstellungen einschließlich des Kraken in dieser Richtung. Bei naturwissenschaftlich genauer Betrachtung freilich stimmt es mit dieser Naturalistik auch in der spätminoischen Epoche nach 1600 v. Chr. nicht so ganz. Bei Kraken sind die in Wirklichkeit unterseits liegenden Saugnäpfe meist auf die Fangarm-Oberseite verpflanzt, und die schlitzförmigen Pupillen erscheinen als Kreise oder Ovale. Auch wird häufig ein nicht einmal dem länglichen Kalmar zukommender Hals gezeichnet, wodurch ein mit Schlangenarmen »behaarter« Kopf entsteht. Spätere Stilisierungen betonen die Symmetrie, heben die Augen noch stärker hervor und gestalten die Fangarme unter Vernachlässigung der Saugscheiben entweder zu Kreisspiralen oder zu Wellenlinien, die sich lateralsymmetrisch an den Objekten entlangziehen. Die spiralige Tentakelform geht möglicherweise auf den gekochten Kraken zurück, der im Mittelmeerraum noch heute ein verbreitetes Volksnahrungsmittel ist. Während der tote Krake im Rohzustand eher wie ein homogener Gallertklumpen wirkt, versteift er sich im heißen Wasser und rollt die Fangarme ein. Wenn einer der sizilianischen Krakenverkäufer einen frisch gesottenen »polpo« aus seinem Kessel hebt, wird man sofort an minoische Krakenbilder erinnert. Bei manchen Stilisierungsformen entstehen Übergangsgebilde zwischen mehreren Objektgestalten, die dann ebensogut Krake, Lilie oder Schmetterling sein können.

Tafel 50 (7)

Außer in der bereits erwähnten Verwendung auf Vorratsgefäßen und Sarkophagen gibt es Krakenbilder auf kleinen Goldplättchen, die in späthelladischen, vor allem mykenischen Gräbern als Beigaben gefunden wurden (S. Piggott 1961, R. Pittioni 1949). Hier sind die acht Fangarme meist absolut symmetrisch angeordnet und fast in voller Länge spiralig eingerollt. Beachtenswerterweise treten auch siebenarmige, also zur magischen Zahl umgegliederte Kraken auf, bei denen vier Armspiralen nach unten und drei nach oben weisen. Freilich darf man mutmaßen, der Hersteller könnte sich geirrt haben, was jedoch in Küstengebieten, wo die verhältnismäßig leicht zu fangenden Kraken Volksnahrungsmittel sind, recht unwahrscheinlich ist. Weit eher möchte man annehmen, der Krake diene hier nur als Symbol, bei dem es vorwiegend auf die augenhaften Ringe in Siebenerzahl ankommt. Für diese Erklärung sprechen analoge Funde aus Gräbern griechischer, rund 1000 Jahre später in Illyrien bestatteter Söldner. Hier tragen die Plättchen zwei »aufsteigende Löwen«, zwischen denen eine Gruppe von sieben Augenringen, darüber eine symmetrische Miribota und nochmals vier Augenringe erkennbar sind. Die Summe sämtlicher Augensymbole und Augen ergibt die Zahl Vierzehn, die als wirkungssteigernde Verdoppelung der magischen »Sieben« aufzufassen ist. Es ist nicht glaubwürdig, daß ausgerechnet der im Leben recht unheimlich wirkende Krake den Kretern als »freundliches« und »lebensfrohes« Naturobjekt darstellenswert war. Näher liegt die Erklärung, daß er sich kraft seiner Eigenschaften und Gestaltmerkmale als Abwehrzeichen gegen den »bösen Blick« anbot, wofür gerade die Verwendung auf Grabbeigaben sprechen würde. In nachminoischer Zeit verlieren sich Krakendarstellungen, und das Medusenhaupt tritt in gleicher Verwendungsweise in den Vordergrund. Zunächst trägt dieser Kopf jederseits vier Schlangen im Haar und zeigt ein drohendes Gebiß. In späteren Epochen beginnen die Schlangen zahlenmäßig zu variieren und wandeln sich etwa 400 v. Chr. fast völlig zu lockig zerzaustem Haar, während das Gesicht in weiterer Folge zunehmend menschlicher wird und letztlich anstatt der Beißdrohgeste nur noch einen leicht schmerzlich geöffneten, etwas breitgezogenen Mund aufweist.

Tafel 50 (11)

Unterschiedliche Theorien wurden über den Ursprung des Gorgonenhauptes aufgestellt, die H. Wendt (1956), soweit sie Tiere betreffen, referiert. Darunter findet sich auch eine, die aufgrund der Berichte des Karthagers Hanno über seine Erlebnisse an der westafrikanischen Küste das Urbild der Gorgonen im Gorilla sieht. In einem karthagischen Tempel soll sich ein »Gorgonenfell« befunden haben, das die Gorilla-Theorie zu erhärten schien. Auch hier muß der Zoologe Einspruch erheben: Der für die Medusa charakteristische eiserne Griff und der harte Biß mögen vielleicht noch auf den Gorilla passen. Bei einem eher kurzfelligen Menschenaffen von »Schlangenhaar« zu sprechen, erscheint jedoch fast unmöglich. Auch die sehr kleinen, beweglichen Augen des Gorillas sind kaum als »groß und starr« zu bezeichnen. Sehr gut hingegen passen alle Eigenschaften, von denen im Gorgonenmythos die Rede ist (H. Jens 1958), auf den Kraken: Die »eisern festhaltende Gorgonenklaue« ist als Umschreibung der enormen Kraft der vielen Saugnäpfe ohne weiteres akzeptabel, der »harte Biß mit den Hauern eines Ebers« kann mühelos dem »Papageienschnabel« des Kopffüßers zugeordnet werden, und der »starre, versteinernde Blick aus großen Augen« charakterisiert sehr gut ein Cephalopodenauge, das durch seine unter niederen Meerestieren einmalige Entwicklungshöhe jedem Betrachter sofort auffallen muß. Ebenso findet das aus acht Schlangen gebildete Gorgonenhaar in den acht durchs Wasser wogenden Krakenfangarmen seine vollkommene Entsprechung.

Auch die Lebensgeschichte der Medusa fügt sich zwanglos in dieses Bild. Als Tochter des Meergreises Phorkys lebt sie mit ihren Gorgonenschwestern im Westen des Ozeans, von wo auch die goldenen Äpfel der Hesperiden geholt wurden. Perseus, von seinem königlichen Stiefvater über das Meer nach dem Kopf der Medusa ausgeschickt, erhält von den Nymphen Flügelschuhe, eine Tasche und den unsichtbar machenden Helm des Hades. Hermes gibt ihm ein Sichelschwert, Athene einen Spiegel. Von den aufgezählten Gegenständen sind Flügelschuhe, Spiegel und Sichelschwert (vgl. L. Schmidt 1952) gebräuchliche magische Abwehrmittel. Zudem schützt der tarnkappengleiche, unsichtbarmachende Helm vor jedwedem Betrachtetwerden. Perseus, bei den schlafenden Gorgonen angekommen, blickt nur auf dem Umweg über den Spiegel zu den furchtbaren Jungfrauen hin. Er schlägt der Medusa das Haupt ab, steckt es in die Tasche und überreicht es später der Göttin Athene, die es auf ihre von Hephaistos geschmiedete Aegis (Schild, mitunter auch Panzer) heftet. Hier sei vermerkt, daß der Krakenfang nachts stattfindet und man häufig das Licht von Lampen oder im Boot entzündeten Feuern mittels spiegelnder Reflektoren ins Wasser strahlt, während der Fischer im Dunkeln verborgen bleibt. Als Krakenköder verwendet man oft spiegelnde Plättchen, die an Fanghaken hängen. Das Abschneiden des Krakenkopfes ist, wenn auch nicht die einzige, so doch eine vielfach angewandte Tötungsmethode. Auf jeden Fall entfernt man den Kopf vor dem Kochen oder Braten. Die drei Komponenten des Krakenfanges: Spiegelwirkung, Tarnung und Kopfabschlagen sind auch im Tötungsakt der Gorgonensage enthalten und machen die Krakenherkunft der Medusa noch wahrscheinlicher.

Mit der Übergabe an Athene ist die allgemeine Abwehrfunktion des Medusenhauptes, die auch H. Hunger (1957) im Zusammenhang mit der großen Dämonenfurcht im archaischen Griechenland erwähnt, mythologisch fixiert. Tatsächlich wird das Motiv in der Bildkunst ausschließlich

Abb. 140 Variierung der Krakengestalt. **a** Lebender Moschuskrake *(Eledone moscata)*. Acht Fangarme mit Saugnapfreihen an der Unterseite. **b** Stilisierter vierarmiger Krake auf minoischer Wanne (Knossos, Kreta). **c** Extrem stilisierter Krake auf minoischer Wanne, herzförmiger Kopf mit Gesichtsandeutung und vier wellig ausgezogenen Fangarmen (Knossos, Kreta). **d** Kopf von Figur c.. **e** Antiker Chalkedon-Siegel aus Mochlos (Kreta) mit dem Krakenmotiv verwandter Fratze. **f** Antike Figur auf griechischem Reliefpithos. **g** Personifizierung des Krakenmotivs in Gestalt der Gorgo (Figur vom Westgiebel des Artemistempels auf Korfu). **h** Frühperuanischer goldener Kopfputz nach Art eines Medusenhauptes. **i** Achtarmiger, naturalistisch aufgefaßter Krake auf minoischer Bügelkanne, sämtliche Saugnäpfe sichtbar und augenhaft betont (Knossos, Kreta). **j** Fünfarmiger Glaskrake, oberseits Perlen als Saugnäpfe (Glücksbringer aus Antalya, Türkei, Gegenwart). **k** Krake mit betonten Spiralarmen auf mykenischem Goldplättchen als Grabbeigabe. **l** An »Blumenstockmotiv« erinnernder Krake auf Tetradrachme aus Eretria (Euböa, um 500 v. Chr.). **m** Dem Krakenmotiv analoges Ornament (kombiniert mit Doppelaxt) auf neolithischer Schale der Linearbandkeramik in Böhmen.

in diesem Sinn verwendet und tritt uns vor allem an griechisch-römischen Tempeln immer wieder als Akroterion entgegen. Auch die beiden Flügel, selbst wiederum Abwehrsymbole (S. 308 ff.), die der Medusa später aufs Haupt gesetzt wurden, unterstreichen ihre Abwehr- und Wächterbedeutung. Medusenhäupter in Akroterienfunktion gibt es übrigens in sehr großer Variationsbreite und in unterschiedlichsten Ritualisationsstufen, die vom natürlichen Gesicht bis zu einfachen Augenspiralen reichen. Die offensichtliche Tendenz der Griechen, ansprechende, schöne Linienführungen zu finden, läßt den ursprünglichen Abwehrcharakter des Medusenhauptes leicht übersehen. Nichts widerspricht nämlich der heute gängigen Vorstellung von Abwehr-, Schreck- und Drohmitteln so sehr wie gerade die klassisch-griechische Architektur und Bildhauerei. Würde man sämtliche Kapitelle und Akroterien an griechischen und ihnen nachgebauten römischen Tempeln durch romanische Schreckfratzen ersetzen, träte der apotropäische Charakter, der bereits in der Verfolgung des Stilisierungsweges vom Kraken bis zum schönen Medusenantlitz bloßgelegt wurde, augenblicklich klar hervor.

Die Ähnlichkeit zwischen Krakenstilisierungen aus Kreta oder Mykenä und frühen einfachen Medusendarstellungen ist erstaunlich groß. Fast würde es genügen, dem Krakenkörper Mund und Nase einzuzeichnen, um ein Gorgonenhaupt zu erhalten. Ein solcher Weg vom Kraken zum Gesicht wurde nicht nur einmal beschritten. In der Karikatur findet man gelegentlich Kraken mit großen Kulleraugen und breit grinsendem Mund. Neuerdings werden an der Mittelmeerküste in Boutiquen und auf Märkten aus schwarzer und roter Wolle gefertigte Kraken angeboten, deren Fangarme als geflochtene Zöpfe von einer kopfartigen, große Augen und mitunter auch einen Mund tragenden Wollkugel wie Quasten herunterhängen. Es gibt hier alle Zwischenformen vom koboldartigen Fabelwesen bis zum neckischen, achtfach bezopften Mädchenkopf. *Tafel 50 (9, 10)* Die Umgestaltung von Tieren, Pflanzen und anderen Naturobjekten in menschenähnliche Figuren wird immer wieder vollzogen. Man denke an die Mickymaus und andere Disney-Figuren, an das »Hineinsehen« von Gesichtern in Blüten (z. B. Stiefmütterchen) oder in sogenannte »Alraunewurzeln« (vgl. H. Marzell 1963) sowie auch an das Bemalen geeigneter Steine mit Gesichtsornamenten. Sie alle sind Produkte unserer »Attrappensichtigkeit« (S. 82 ff.), die uns in entsprechenden Umweltobjekten anthropomorphe Züge erkennen läßt und zu weiterer ornamentaler Vermenschlichung anregt. Die Spanne vom altkretischen Kraken bis zum hellenistischen, frauenhaft schönen Medusenhaupt ist für den Ethologen jedenfalls leicht als chronologische Wandlungsreihe zu erkennen.

Den Schutz- und Abwehrcharakter des Gorgonenhauptes charakterisiert auch dessen Verleihung an Pallas Athene, die als Schutzgöttin Athens im ureigensten Interesse der Stadt mit Abwehrsymbolen (darunter auch Eule und Schlange) bedacht wurde. Diese mythologische

Verwendungsart des Kraken findet ihr reales Spiegelbild im heutigen Kreta wie auch im übrigen Mittelmeerraum, wo man noch bis in jüngste Zeit getrocknete Kraken mit auswärtsgekehrter Saugnapfseite als Amulette an die Wand nagelte. Nicht nur über Haustüren oder in Geschäftslokalen, sondern auch in Gaststätten waren sie häufig zu sehen, wo sie dem Besucher zusätzlich die Speisenauswahl andeuten sollten. Daß getrocknete Kraken als Wandbehang heute nur mehr selten vorkommen, beruht weniger auf einem Verlust an magischer Abwehrbedeutung, als auf Änderungen in der ernährungswirtschaftlichen Situation. Dörrkraken, die noch während des Zweiten Weltkrieges in sizilianischen Lebensmittelgeschäften zahlreich angeboten wurden, sind in der Gegenwart ebenso selten geworden wie Stock- und Klippfisch in nördlichen Ländern. Der gegenwärtig vorherrschende Trend zum Tiefkühlen, die schnelle Verbindung vom Fangplatz zur Konservenfabrik und der hohe Bedarf an Frischware im Rahmen des Fremdenverkehrs drängen die alte umständliche Trockentechnik in den Hintergrund und lassen sie mehr und mehr in Vergessenheit geraten. Heute hat sich die kunstgewerbliche Industrie so sehr des Amulettwesens bemächtigt, daß gestaltanaloger Ersatz für die alten, unmittelbar der Natur entnommenen magischen Objekte massenweise zu finden ist. An modernen sizilianischen Villen, die an der Eingangsfront oft künstlerisch ausgeführte Hauszeichen wie zum Beispiel Maskengesichter, Mohrenköpfe oder andere apotropäische Motive tragen, sieht man gelegentlich auch Kraken aus Mosaiksteinchen, Metall oder anderem Material.

An Beliebtheit als Abwehrsymbol hat das Krakenmotiv gegenüber früher jedenfalls nichts eingebüßt. Vor allem in Griechenland, Italien und der Türkei bekommt man kleine Kraken mit großen Glasperlenaugen als Amulettanhänger zu kaufen. In Antalya (Türkei) gibt es als »Nippfiguren« aus blauem Glas gegossene, meist statt acht nur vier oder fünf Arme aufweisende Kraken, bei denen »Gesicht« und Fangarmoberseite die von den Augenperlen her bekannten Irisflecke tragen. In ankara sah ich ein Mädchen, das auf dem Rückenteil ihres schwarzen Pullovers einen roten Kraken eingestickt hatte, dessen großes blaues Augenpaar genau dort saß, wo meist auch Trachten Abwehrornamente aufweisen. In einem türkischen Zeitschriftenbericht über neueste anatolische Modeschöpfungen ist ein Kleid mit einem Dessin aus fast lebensgroß stilisierten Kraken zu sehen, die ebenfalls auf für Abwehrzeichen typischen Kleiderpartien konzentriert sind (N. Ertüz 1971). Die bereits erwähnten Wollquastenkraken sind, mit blauen Abwehrperlen kombiniert, vor allem als Auto-Amulette sehr beliebt. Wo immer aber in Stilisierungen dieses Funktionsbereiches Saugnäpfe auftreten, sind sie stets auf die Sichtseite verlagert, ähnlich wie es bei toten, auf Fischmärkten angebotenen Kraken der Fall ist.

Tafel 75 (7)

Tafel 50 (4)

Für die Verleihung magischer Bedeutung an Tiere mit rundfleckigen Strukturen, die in der Darstellung zum Augenornament umstilisiert werden, gibt es viele Beispiele. Kreta ist nicht reich an diesbezüglich geeigneten Landtieren, dafür aber hat die Fischer- und Seefahrerbevölkerung in der Lebenswelt des Meeres ein reiches Inventar an Möglichkeiten, unter denen der Krake kraft seiner Merkmale als Abwehrtier besonders geeignet ist. Die auffallend große Variationsbreite ornamentaler Stilisierungen, die beim Kraken bis zur langausgezogenen Wellenlinie geht, ist mitunter auch in der Tierornamentik anderer Kulturen zu bemerken. Es sei etwa an die Bärendarstellungen der Tlingit und Haida (Nordwestamerika) erinnert, die nur noch aus Rechtecken zusammengesetzte Flächenfüllungen sind, oder an den indischen Pfau, der sich mitunter ganz in Schriftzeichen auflöst. Doch auch der umgekehrte, von der einfachen Krakenstilisierung über die Gorgonenfigur zum vollendet menschlichen Medusenhaupt führende Weg hat seine Analogien, man denke etwa nur an die Entwicklung des schlichten Augenkreises zu komplizierten Blatt- und Blütenformen (S. 357 ff.).

Tafel 47 (1–4, 6)

43. Fisch, Delphin

Im Volksglauben nimmt der Fisch eine wichtige Stellung ein, zu der zweifellos seine weite Verbreitung als Nahrungsmittel beitrug. Vielfach gilt er als Symbol für Leben, Glück oder Fruchtbarkeit. Nach A. Bertholet (1962) spielen Fische auch in der Religionsgeschichte eine Rolle. Es sei hier an Fischopfer, Speisevorschriften und verschiedene ornamentale Funktionen gedacht. Bereits in Elam, also etwa 2000 v. Chr., treten neben Augendarstellungen paarig angeordnete Fische auf, die M. Riemschneider (1953) mit einem Zwillings-Augengott in Verbindung bringt. In urchristlichen Gemeinschaften wurde der Fisch zum Christussymbol und geheimen Bekenntniszeichen, wahrscheinlich nicht zuletzt wegen seiner alten magischen Heilsfunktion, die seine Verwendung unverfänglich erscheinen ließ. Hinzu kommt, daß die griechische Bezeichnung für Fisch »Ichthos« das Christusmonogramm (zu deutsch: Jesus Christus Gottes Sohn Heiland) enthält. Der Vorgang, daß neue Religionen die Schutzsymbole älterer Glaubensvorstellungen übernehmen, wäre durchaus nichts Neues. In römischen Katakomben gibt es Darstellungen der Gemeinschaft Christi in Form eines Hauses mit sieben Augen auf dem Dach, und Christus als Lamm trägt oft sieben Hörner, die für Augen stehen können. Es ist sehr naheliegend, daß sich eine aufs schwerste verfolgte Gemeinde, wie es die Christen damals waren, durch alle erdenklichen Maßnahmen zu schützen suchte, in denen die Abwehr des »bösen Blickes« oder gefährlicher Dämonen durchaus inbegriffen sein konnte.

Abb. 36 e (S. 150)

Daß der Fisch auch als Sinnbild der Fruchtbarkeit auftritt und mitunter Fruchtbarkeitsgöttern seine Gestalt leiht, erscheint recht logisch, handelt es sich doch um einen Tiertypus mit oft geradezu gigantischer Eiproduktion. Da jedoch die Fruchtbarkeit in älteren Zeiten sehr wichtig genommen wurde und vor allem bei Naturvölkern auch heute noch hoch eingeschätzt wird, was in verschiedenen magischen Schutzvorkehrungen für die Genitalpartie zum Ausdruck kommt (vgl. L. Frobenius 1954), ist anzunehmen, daß der Fisch primär ein schützendes Abwehrzeichen ist und erst später zum Fruchtbarkeitssymbol wurde. Hierfür spricht auch die große Rolle, die er noch gegenwärtig im Brauchtum und Amulettwesen spielt. Vielfach gilt der Fisch als Phallussymbol, dies vor allem in Süditalien, wie M. L. Wagner (1937) anhand sehr vieler Beispiele beweist. Diese vielleicht auf dem Wege assoziierenden »Hineinsehens« entstandene Vorstellung dürfte jedoch nicht die wichtigste Bedeutung sein, denn sonst wäre der Fisch vom stark zur Prüderei neigenden Christentum wohl kaum als Symbol des Erlösers anerkannt worden.

Die Fischgestalt, die der Augenform sehr nahe kommt, wird im Orient zur Abwehr des »bösen Blickes« verwendet. Dieselbe Bedeutung spricht aus der im Bereich abendländischer Ornamentik häufigen, sternförmigen Dreieranordnung von Fischen mit einander zugekehrten Köpfen, die stark einem Dreipaß ähnelt, von dem sie sich oft nur durch Ausstattung der drei Miribotas mit Fischmerkmalen wie Augen und Flossen unterscheidet. Die kaum zu übersehende Gestaltähnlichkeit zwischen Miribota und Fisch geht auch aus der Deutung des durch zwei Miribotas gebildeten chinesischen Yin-Yang-Zeichens hervor, das neben anderen Erklärungen als »Wiedergabe des männlichen und weiblichen Prinzips in Gestalt zweier sich paarender Walfische« bezeichnet wird. Angesichts

Abb. 141 Abwandlungen des Fischmotivs. Infolge der Gestaltverwandtschaft zwischen Auge und Fisch kommt es häufig zu überschneidender Variierung beider Formen (vgl. Tafel 6, Bild 5 + 6). **a** Fischartiges Auge als Amulett auf der Karosserie eines Autos (Türkei). **b** Augenartiger Fisch auf peruanischem Steigbügelgefäß. **c** Fische in Dreipaßanordnung auf ostasiatischer Metalldose. **d** Dreipaßfische als Tellerdekor (Keramik aus Deutschland). **e** Meermensch, kombiniert mit Quasten (vgl. Abb. 84 a, S. 280) und Augenkreisen, auf Weihwasserkessel (Südtirol). **f** Fischartig stilisierte Delphine mit Augen in Gestalt der »Kultschleife« und dreisprossiger Schwanzflosse auf spätrömischer Schnalle. **g** Fische mit kultschleifenartig stilisiertem Auge (Detail einer skythischen Goldplatte). **h** Dreisproß-Schwanzflosse einer fischförmigen Büchse (etwa 17. Jh.). **I** Fisch aus Silberfiligran, kombiniert mit apotropäischen Augenschleifen und Quasten, als Kinderamulett (Italien, 19. Jh.).

der so überaus fischähnlichen Gestalt aller Wale ist es dabei belanglos, daß sie nicht der Fisch-, sondern der Säugerklasse angehören. Auch manche Delphinfiguren sind stark fischartig mit hochgestellter Schwanzfluke dargestellt und zeigen, wie auch vielfach die Brustflossen stilisierter Fische oder Delphine, deutliche Miribotagestalt. Die Schiffsaugen antiker griechischer Segler auf Vasen- und Schalenbildern gehen oft in Delphinkörper über.

In Jugoslawien, wo auf alten Segelkuttern mitunter noch Schiffsaugen zu sehen sind, werden diese gelegentlich durch Fische vertreten. Vorwiegend auf Autos sah ich in der Türkei handgemalte Abwehraugen, die nahe an die Fischform herankamen und eine flossenartige Wimpernstruktur aufwiesen. Die bekannten, das Augenmotiv tragenden türkischen Schmuckamulette aus blauem Glasguß zeigen alle Übergänge zwischen runden und fischförmigen Gebilden. In Japan hängt man große Papierfische als Abwehrzeichen auf. In Norddeutschland gelten die goldig glänzenden, münzenähnlich runden Schuppen des Weihnachtskarpfens als Glücksbringer (R. Beitl 1955). Besondere Bedeutung in der Abwehrsymbolik dürfte dem fliegenden Fisch zukommen, der im Palast von Knossos auf Wandbildern und Gefäßen dargestellt war und noch heute an der türkischen Südküste in getrocknetem Zustand analog anderen magischen Abwehrtieren Verwendung findet. Kugel- und Igelfisch sind entsprechend ihrer Rundgestalt S. 289 behandelt. Erinnert sei hier weiter an die Fischskelett-Amulette, die gestaltlich die Ähre vertreten (S. 361f.). In diesem Zusammenhang ist es beachtenswert, daß der ursprünglich den Philistern eigene Gott Dagan (vgl. H. Schmökel 1928), dem als Gott des Getreides bei den Phönikern die Kornähre zukommt, nach manchen Auffassungen als Fischgott gilt. In der Heraldik werden Fischskelette häufig verwendet (D. L. Galbreath 1948).

Neben der Körpergestalt des Fisches und den Brustflossen, die gelegentlich flügelartig vergrößert sind, wird manchmal auch die Schwanzflosse in Richtung Abwehrornamentik forciert, indem man ihre Halbmondform betont oder eine nur bei wenigen tropischen Arten vorkommende Mittelspitze dazu zeichnet, die das Ornament dem Dreisproß beziehungsweise dem heraldisch »gesichteten« Mond annähert. Diese Schwanzvariante findet man auch sehr häufig bei Delphindarstellungen aus hellenistischer und spätrömischer Zeit. Im Museum von Side (Türkei) gibt es viele solcher Delphine, die blickabwehrende sogenannte »Kultschleifen« (S. 295f.) zwischen den Zähnen halten. Sehr häufig sind Darstellungen, wo der Hinterkörper des Delphins verlängert und in einen oder zwei Ringe gelegt ist, ähnlich wie man bei Schlangen und Drachen die apotropäischen »Augenkreise« herstellt. Gerade bei Tieren, die den antiken Künstlern aus der Naturbeobachtung gut bekannt sein mußten, weisen solche Abwandlungen deutlich auf magische Zusammenhänge hin, die sich im Falle der Fische und Delphine zwanglos den Gestaltregeln der Augensymbolik einordnen lassen.

Abb. 142 Bedeutungsverwandtschaft Ähre – Palmwedel – Fischskelett. a Frühchristliches Symbol. b Altes Wappen.

Abb. 143 Antike Delphinornamentik. a Dreisproßschwanz, Dreizack, Cornuta und Muschel. b Dreisproßschwanz und Körperring.

44. Reptilien

Wie zu anderen Tieren hat der Mensch auch zu verschiedenen Reptilien aufgrund äußerer Merkmale oder bestimmter Verhaltensweisen magische Beziehungen geknüpft. Eidechsen gelten vielfach als Seelen- beziehungsweise Hexentiere. Es sei an die Skulpturen von Eidechsen auf der Pilgramkanzel im Wiener Stephansdom und an der Pforte des Domes von Mailand erinnert. Dort bringt die Berührung eines bestimmten Echsenpärchens Glück und Kindersegen (vgl. O. Koenig 1952). Im christlichen Bereich gilt die Eidechse wohl wegen ihrer starken Bevorzugung sonniger Aufenthaltsorte als Symbol für Licht und infolge des Häutens als Sinnzeichen der Auferstehung (K. Lipffert 1964). Sie ist vorwiegend Glückstier, das auch das »böse Auge« angreift. Seltener wird sie als Hexentier bewertet. Zigeuner erklären die Eidechse bei der Traumdeutung als Zeichen für »Unglück und Betrübnis durch falsche und hinterlistige Gefährten« (K. Martin 1973). Mancherorts herrscht die Vorstellung, Eidechsen würden im Alter erblinden, sich jedoch unter Einwirkung der Sonne häuten, um schließlich sehend und verjüngt weiterzuleben. Dem liegt die Beobachtung zugrunde, daß sich Reptilienaugen vor der Häutung infolge Loslösens der Deckhaut stark trüben, danach aber wieder blank sind. Vielleicht hat diese scheinbare Fähigkeit der Augenerneuerung zur Einstufung der Eidechse als Tier gegen den »bösen Blick« beigetragen.

Für die Verwendung von Reptilien im Dienste des Blickabwehrzaubers gibt es verschiedene Beispiele. In vielen Fällen dürften augenartige Muster eine Rolle spielen. Flecken und Tupfen gelten sehr allgemein als Mittel gegen den »bösen Blick«, weshalb man mitunter auch Nagel- und Stecknadelköpfe zur Abwehr verwendet (vgl. S. Seligmann 1910). Außer der sehr schön getupften nordafrikanischen Perleidechse sind es im europäisch-asiatischen Raum vor allem die häufig vorkommenden bodenständigen Schildkrötenarten, die wahrscheinlich nicht nur dank der Fleckung ihrer Hornplatten, sondern auch wegen der Ovalgestalt des Panzers in die Abwehrsymbolik einbezogen wurden. Eine der auffälligsten Zeichnungen besitzt unter den Reptilien die burmesische Weichschildkröte *Trionyx hurum* mit vier auffälligen, an die »Flügelaugen« von Schmetterlingen erinnernden Rundflecken auf dem Panzer.

Über magische Verwendungsweisen ist bisher nichts bekannt. In Ostasien gilt die Schildkröte als Fruchtbarkeitssymbol, in Indien kommt ihr kosmologische Bedeutung zu. In China hat dem Mythos zufolge der weise Herrscher Fu Hsi die acht zum Wahrsagen erforderlichen Trigramme durch die Betrachtung eines Schildkrötenpanzers gefunden (B. Behm 1955, E. H. Schafer 1968). In der Türkei dienen die Panzer von Landschildkröten als Mittel gegen den »bösen Blick«. Gleiches gilt nach Š. Kulišić (1966) für Jugoslawien, wo ein als »Schildkrötenmotiv« bekanntes Ornament auf Kelim-Teppichen häufig vorkommt. Meist sind an den türkischen Schildkrötenpanzern Amulette des gleichen Funktionsbereiches wie blaue Maschen, Münzen, Halbmonde und Miribotas befestigt. Zur Aufhängung des Panzergehäuses verwendet man meist nicht die natürlichen Öffnungen, sondern seitlich gebohrte Löcher, mit deren Hilfe das Oval in augenartige Querlage gebracht wird. Nur einen großen, mit einem Strohamulett gekoppelten Seeschildkrötenpanzer *(Caretta caretta)* sah ich ausnahmsweise senkrecht angebracht. Amulette aus Landschildkrötenpanzern findet man häufig an Autos oder in Geschäftslokalen. Als Schmuckanhänger dienen kleine Nachbildungen von Schildkröten in Plastik oder Leder, deren Panzerfeldern richtige Augen eingezeichnet sind. Ein moderner Brunnen in Sofia nahe dem Dimitroff-Mausoleum zeigt in symmetrischer Anordnung Fische, Krebse und Schildkröten. Wie sich aus der in Bulgarien weit verbreiteten, durch häufige Verwendung der »blauen Perle« gekennzeichneten Abwehrornamentik schließen läßt, ist die Auswahl dieser drei Blickabwehrtiere sicher kein Zufall. In Rhodos und Iraklion auf Kreta ist diese Kombination ebenfalls auf Brunnen zu sehen.

Tafel 51

Sehr naheliegend ist es, die sich ringelnde, Kreise und Spiralen bildende Schlange in den Dienst der Blickabwehrsymbolik zu stellen. Vielen Tieren, etwa auch Delphinen, gibt man eigens Schlangenleiber, um daraus Augenringe zu formen. Verwiesen sei auch auf die früher bei uns gebräuchliche »Ladenschlange«, eine große, oft zu zwei augenhaften Ringen geschlungene Holzfigur, die in Geschäften oberhalb des Ladentisches angebracht war und zum Aushängen verschiedener Waren diente. Höchste magische Bedeutung kommt der indischen Kobra oder Brillenschlange zu, deren drohend gebreiteter Halsschild die Umrisse zweier spiegelbildlicher Miribotas zeigt, womit er in den Gestaltbereich der apotropäischen Herz- und Spitzovalformen fällt. Aufgrund dieses Merkmals dürfte die nahverwandte, in Nordafrika beheimatete Uräusschlange (vgl. G. Roeder 1952) im alten Ägypten als Abwehrzeichen und sakrales Rangsymbol verwendet worden sein. Auffälligstes Merkmal der indischen Kobra ist jedoch die bekannte, wahrscheinlich gegen von hinten angreifende Feinde gerichtete Brillenzeichnung auf der Rückseite des Halsschildes, die sie aus menschlicher Sicht zum idealen Abwehrtier macht. Auf der Vorderseite des gebreiteten Schildes ist die Augenzeichnung ebenfalls, wenn auch schwächer zu sehen. Bei den in Indien zahlreich hergestellten, aus Holz geschnitzten oder Metall gegossenen Kobraskulpturen ist die Augenzeichnung stark überbetont. Ceylonesische Holzmasken sind oft mit geschnitzten Köpfen drohender Brillenschlangen besetzt; einer oder zwei davon vertreten mitunter Augenstelle. Gerade diese Austauschbarkeit zeigt klar, daß der Kobraschild die Bedeutung eines Augensymbols hat.

Tafel 49 (9)   Häufig werden Schlangen doppelköpfig dargestellt, es sei nur an die afrikanische Bamum-Doppelkopfschlange als Königszeichen erinnert, die je einen Kopf an jedem Körperende trägt (vgl. W. Hirschberg 1962), beziehungsweise auf gleiche Konstruktionen bei den Azteken verwiesen (vgl. V. W. v. Hagen 1962). Bei lebenden Schlangen kommt mitunter Doppelköpfigkeit vor, die an entsprechende Mißbildungen bei neugeborenen Haustieren gemahnt (zweiköpfige Kälber etc.). Zweiköpfige Schlangen sind trotz völlig intakten Körpers meist sehr kurzlebig, da sich die Köpfe über Fortbewegung, Fressen und Trinken nicht »einigen« können und es zur Blockierung von Körperfunktionen kommt. Die magischen Doppelkopfschlangen haben mit diesen seltenen Zwillingsbildungen nichts zu tun.

Auch am Stab des mythischen Äskulap finden wir die Schlange, wo sie dem Gott der Heilkunde wahrscheinlich als magisches Schutzzeichen diente. Einen ganz ähnlichen Stab, der mit augenkreisartig gewundenen Schlangen besetzt ist, trägt Hermes, Gott der Händler, Wanderer und Diebe. Diese Götterattribute erinnern an die mit Augensymbolen versehenen Wanderstäbe der Mekkapilger sowie an Derwischstäbe, von denen ein Belegstück in der Seligmann-Sammlung des Hamburger Völkerkundemuseums liegt. Vielleicht stammen die Stäbe der Götter von tatsächlich benutzten Wanderstäben ab. Speziell Heilkünstler, die viel herumzogen, vielen Bedrohungen ausgesetzt waren und mit Krankheitsdämonen zu tun hatten, müssen nach damaliger Vorstellung besonderen magischen Schutzes bedurft haben. Was für die heutige Medizin weiße Arbeitsmäntel, Gummihandschuhe und Desinfektionsmittel sind, waren in der Antike unter anderem eben die gegen »böse Blicke« und sonstige Gefahren schützenden magischen Symbolzeichen. Vielleicht gehören auch die seinerzeit von wandernden Handwerksburschen getragenen Schlangenstäbe, die man heute noch gelegentlich bei den »Hamburger Zimmerleuten« sehen kann, in den Bereich magischer Abwehrobjekte. Ein Berliner Ausrüstungshaus bot solche Stäbe noch vor wenigen Jahren in seinem Warenkatalog an. Wer viel in der Fremde herumkommt, hat schützende Abwehrzeichen besonders nötig. Nichts ist näherliegend, als diese gleich mit dem Stab zu koppeln.

Sicherlich hängt die magische Abwehr- und Schutzfunktion der Schlange nicht nur mit den bisher erwähnten Körperstrukturen, sondern auch mit dem auf den Menschen unheimlich und bedrohlich wirkenden Gesamthabitus des Tieres zusammen. Man scheut den langen, sich windenden Körper und fürchtet den bei einigen Arten giftigen Biß. Über das

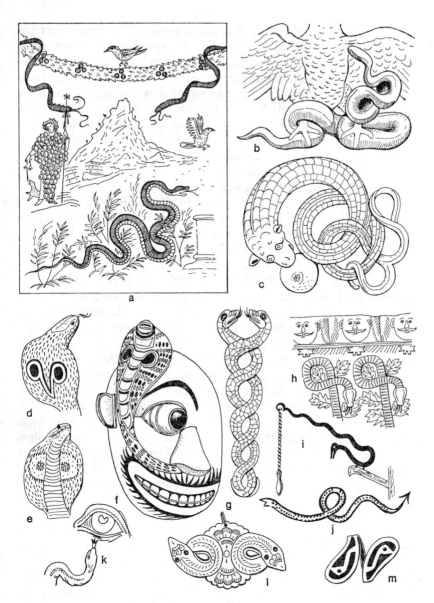

Abb. 144 Schlange als Abwehrtier. **a** Pompejanisches Wandgemälde mit Vesuv, Schlange und schlangenartig züngelnden Bändern. **b** Maskenartig gewundener Schlangenleib mit Adler (Side, Türkei). **c** Ringförmig gewundene Schlange mit gespaltenem Schwanz (Detail aus dem »Englischen Gruß« von V. Stoß, Nürnberg, 1517–1518) **d** + **e** Lebende Kobra mit gebreitetem Halsschild von hinten (starke Brillenzeichnung) und vorn (schwache Brillenzeichnung). **f** Kobra mit betonter vorderer Brillenzeichnung auf Teufelstänzermaske (Ceylon). **g** Zu Augenringen geformtes Schlangenpaar (Detailornament einer neusumerischen Steatitvase, um 2000 v. Chr.). **h** Schlangen mit Dreisproßzunge auf Schäferstab (Detail des aufgerollten Mantels, Slowakei, 19. Jh.). **i** Eiserne Schlange als Brunnenschwengel (Österreich). **j** Ringförmig gewundene Schlange als Gebälkbemalung eines Bauernhofes (Österreich). **k** Schlange mit Dreisproßzunge gegen »böses Auge« (antikes Relief). **l** Aus zwei Schlangen geformtes Augenpaar als Amulett (Indien). **m** Fingerring in Gestalt einer zweiköpfigen Schlange (Indien).

Abb. 145 Magisch forcierte Schlangenmerkmale.
a Schlange mit Horn und Dreisproßzunge (etruskische Wandmalerei, Orvieto, 5. Jh. v. Chr.).
b Vier Augenschleifen mit roten Mittelperlen (vgl. Abb. 84 a + b, S. 280) am Schwanz einer blauen Amulettschlange (Iraklion, Kreta, Gegenwart).

menschliche Ansprechen auf Schlangen wurden Untersuchungen gemacht, die für angeborene Furchtreaktionen sprechen (H. Prechtl 1949, P. Spindler 1959). Dank dieser allgemeinen Einschätzung kann geschicktes Umgehen mit lebenden Schlangen einem Menschen sozialen Ranggewinn und Respekt in der Gruppe verschaffen, was sicher mit ein Grund ist, daß die Schlange als Symbol der Abwehr, Macht und Würde so verbreitet ist. Neben weltweit vorkommenden Schlangenkulten, Schlangenbeschwörungen und Schlangentänzen findet sich das Schlangenmotiv in den europäischen Lindwurmsagen oder in der Vorstellung von der bewachenden Weltenschlange.

Auf die unterschiedlichen menschlichen Einstellungen zu Schlangen beziehungsweise bestimmten Schlangenarten, die von tiefer Verehrung bis zu rücksichtsloser Verfolgung reichen, soll hier nicht weiter eingegangen werden. Verwiesen sei jedoch auf einen bisher noch kaum beachteten Faktor, nämlich auf die gegabelte Zunge, die der als »*cornuta*« bekannten Blickabwehrgeste vieler Völker sehr nahe kommt. Wie wichtig dieses Merkmal genommen wird, geht aus Abbildungen hervor, wo die Doppelspitze stark betont ist. Neben der Schlange gibt es noch andere Tiere, die mittels eines Organes die Cornuta bilden und dadurch Heils- und Abwehrfunktion erhielten, es sei etwa an den Schwanz der Rauchschwalbe, die Hasenohren oder das Rindergehörn erinnert (S. 409). Auf die bewegliche Gabelzunge vieler Reptilien scheint der Mensch aber doch in besonderem Maß anzusprechen, was auch daraus hervorgeht, daß er sie oft in magischer Dreisproßgestalt darstellt. Weiter spielt bei der Schlange, die ja zu den das »böse Auge« bekämpfenden Tieren zählt, auch der Volksglaube vom »faszinierenden Schlangenblick« eine Rolle. Hier wurde das Einorientieren auf die Beute als eine Art planmäßiges »Hypnotisieren« ausgelegt. Unter den Reptilien verfügen die Schlangen über so viele Merkmale, die in das System des Blickabwehrzaubers hineinpassen, daß ihr intensiver Einsatz in diesem Bereich sehr naheliegend ist.

45. Vögel

Vögel zählen zu den beliebtesten Tieren überhaupt und werden daher auch weltweit mit viel Zuneigung in Käfigen gehalten. Einerseits gefallen ihre melodischen Rufe und Gesänge, anderseits reizen die oft bunten Farben. So kommt es, daß die Ornithologie als eine der populärsten Wissenschaften angesehen werden kann, was auch in der Bezeichnung »*scientia amabilis*« (liebenswerte Wissenschaft) zur Geltung kommt (E. Mayr und E. Schüz 1949). Damit wohl in engem Zusammenhang, in Wirkung und Bedeutung jedoch weit darüber hinausgehend, wurde die Ornithologie zu einem der tragenden Pfeiler der Gesamtbiologie, speziell aber der Verhaltensforschung (E. Stresemann 1951).

Ist schon die Vogelfeder ein gefälliges Objekt, das homologe Bildungen wie Haare oder Schuppen an Kompliziertheit und Vielgestaltigkeit in verschiedenster Hinsicht übertrifft (vgl. O. Heinroth 1938), muß man den Vogel auch in seiner Ganzheit als überaus interessant bezeichnen. Infolge seiner Lebhaftigkeit wird er im Gelände leichter bemerkt als andere Tiere, man hört seine Rufe weithin und wird von seinem Gehaben einschließlich der Balz, Brut und Jungenaufzucht stark angesprochen. Nicht zufällig verwenden wir das Wort »Nest« für das eigene Heim, sagen »Schnabelhalten«, wenn Kinder still sein sollen, sprechen vom »Flüggewerden« der Jugend und anderes mehr. Sicherlich sind wir, ähnlich wie beim Schmetterling, durch die Flugfähigkeit stark beeindruckt. Darüber hinaus fällt uns aber auch das Verständnis für die Aktivitäten der Vögel verhältnismäßig leicht. Ihre wichtigsten Sinnesleistungen sind analog den unseren ausgebildet und erbringen eine primär optische, sekundär akustische und erst tertiär olfaktorische Orientierung. Dies im Gegensatz zu den so hervorragend geruchlich begabten Säugetieren, die Düfte nicht nur sehr differenziert wahrnehmen, sondern mittels zahlreicher Drüsen auch aussenden können (J. Schaffer 1940), wodurch sie uns mitunter lästig werden. Sicherlich spielt bei der emotionalen Beurteilung des Vogels auch das physiologische Merkmal der gleichzeitigen Kot- und Harnentleerung aus der Kloake eine gewisse Rolle, die uns nicht so peinlich an menschliche Funktionen erinnert wie das Exkrementieren der Säuger. Die eher feste Beschaffenheit und relative Geruchsarmut des Kotes speziell körnerfressender Kleinvögel empfinden wir als

Abb. 46 (S. 218)

angenehme Erleichterung bei der Käfighaltung. Bestimmte Vogelgruppen werden vom Menschen gefühlsmäßig bevorzugt. Neben bunten, schön singenden oder gar nachsprechenden Arten sind es vorwiegend solche mit runden Köpfen und großen Augen, die uns aufgrund dieser »Kindchenmerkmale« (K. Lorenz 1943, 1950) besonders gefallen. Hierher gehören Tauben, Rotkehlchen, manche Papageienarten und andere.

Dieses durch verschiedene Ursachen bedingte, positive Ansprechen des Menschen auf Vögel hat im Volksglauben und in der Volkskunst vieler Völker seinen Niederschlag gefunden. Bestimmte Vögel oder deren Organe sind mit magischen Vorstellungen verknüpft und werden in der Medizin wie im Abwehrzauber verwendet. Auch bei der Untersuchung alten Kunsthandwerks stößt man sehr oft auf Vogeldarstellungen, die als Geschirrdekor, Stoffmuster, Möbelbemalung oder in anderen Zusammenhängen auftreten. Meist sind diese Motive so aufgebaut, daß sie, gewissen Spielregeln apotropäischer Augensymbolik entsprechend, auf irgendeine Weise zwei Augen bieten. Dies kann durch zwei auseinanderschauende, auf einem Körper vereinte Köpfe (z. B. Doppeladler) oder durch zwei zueinanderschauende Vögel erreicht werden. Gerade letzteres Motiv tritt in der bäuerlichen Kunst sehr häufig auf, wobei der Flügel besondere Beachtung verdient. Im Gegensatz zum übrigen Körper wird er nämlich meist nicht naturalistisch dargestellt, sondern erfährt eine offensichtlich beabsichtigte Stilisierung in Richtung Miribotaform, die man durch starke Umrandung hervorhebt und der Augengestalt annähert. Oft ist die Flügelspitze über die Körperkontur hinausgezogen, mitunter auch eingerollt, wie es bei luxurierten Miribotas vorkommt. Die Flügel der einander zugekehrten Vögel bilden dann zusammen ein auffälliges Augenpaar, über dem als wirkungssteigernde Merkmalsverdoppelung (S. 149), an die Überaugenflecke des »vieräugigen« Hundes erinnernd, die echten Augen der Vögel sitzen. Interessant hierzu sind Vogeldarstellungen auf minoischen Gefäßen im sogenannten »verwil-

Abb. 146 Augenhafte Gestaltung von Vogelflügeln. **a** Vogel mit Miribotaflügeln (jugoslawisches Amulett). **b** Miribotaflügel mit Zentralornament (ungarisches Stickornament). **c** Pfauen mit Miribotas als Flügel und Schwanz (vorderindisches Stickornament). **d** Mit Vogelgestalten umrahmtes, verschlüsseltes Augenpaar und »drittes Auge« auf minoischem Gefäß (Knossos, Kreta. Vgl. Tafel 49 [7]).

derten Figuralstil« (F. Schachermeyr 1964), deren Körper, ähnlich den Öffnungen der Tritonshörner auf Gefäßen des Meeresstils, sehr augenhaft gestaltet sind. Man gewinnt den Eindruck, der Künstler sei in erster Linie auf dieses »Auge« aus gewesen und habe alles andere nur rundherum gemalt. Gleiches gilt für die sogenannten »Kraniche« (die übrigens solchen Vögeln nicht einmal entfernt ähneln) auf einer Kanne aus Thera (S. Marinatos 1973). Dieses Tarnen und Verfremden des Augenmotivs ist in der magischen Abwehrtaktik oft zu beobachten. Gerade Vogelkörper und Vogelflügel sind dafür sehr geeignet.

Abb. 138 c (S. 373)

Eine Sonderstellung unter den Vögeln besitzt die Eule mit ihrem großen, vorwärtsgerichteten Augenpaar, das dem Kopf eine imposante Frontalwirkung verleiht. Möglicherweise liegt hierin ein Auslöser für das »Hassen« so vieler Vögel auf Eulen, von dem unter anderem E. Curio (1963) berichtet. Schon U. v. St. Paul (1948) sah handaufgezogene Rotrückenwürger, die nie zuvor eine Eule oder einen sonstigen Feind gesehen hatten, spontan auf den Kopf eines Waldkauzes »hassen«. Im Wilhelminenberger Institut gaben erfahrungslose Steinhuhnküken auf Präsentieren von Eulenattrappen Alarm (A. Menzdorf 1974). Die starke Wirkung des Eulenauges auf den Menschen, die schon aus der in der Kunst beliebten Größenübertreibung hervorgeht, zeigt sich auch in dem verbreiteten Glauben an nächtliches Leuchten, für das ein nur bestimmten Säugetieren zukommendes Tapetum (reflektierender Augenhintergrund) notwendig wäre. In Volksglauben und Mythologie hat die Eule ihren festen Platz, unter anderem als Attribut der Kriegs- und Weisheitsgöttin Pallas Athene. Angesichts des scheinbar runden und hochstirnigen, in Wahrheit flachen und kleinen Eulenkopfes und der großen, Klugheit vortäuschenden Augen (tatsächlich sind Eulen eng spezialisiert und daher aus menschlicher Sicht eher »dumm«), wird die Ernennung der Eule zum Weisheitsvogel verständlich (vgl. O. und K. Heinroth 1926–1931, L. Koenig 1973). Dabei darf jedoch der Abwehrgedanke, dem wir gerade bei Götterbildern so oft begegnen, nicht vergessen werden. Bei der Eule der Pallas Athene handelt es sich um den stark tagaktiven Steinkauz, der durch eine Reihe auffallender weißer Punkte auf den Flügeln gekennzeichnet ist. Auf antiken Darstellungen wird diese Flügelfleckung ebenso wie die Augengröße oft stark übertrieben. Die Annahme liegt nahe, daß der Steinkauz Athene ursprünglich als magisches Abwehrmittel beigegeben und erst später zu ihrem Persönlichkeitssymbol erhoben wurde, zwei Funktionen, die einander nicht zuwiderlaufen. Bei Götterbildern und Herrscherausstattungen ist eine solche Wandlung von Schutzsymbolen zu Würdezeichen ziemlich regelmäßig zu beobachten.

a

b

Abb. 147 Antike Steinkauzdarstellungen, Augen und Gefiederflecke als magische Strukturen betont. **a** Mit Lorbeer und Halbmond kombinierter Steinkauz auf athenischer Goldmünze. **b** Attische Vasenmalerei (5. Jh. v.. Chr.).

Für die magische Rolle des Vogels im Volksglauben ist neben Auge, Flügel und Gefiederzeichnung die Dreisprossigkeit der Zehen (»Hahnentritt«) von Bedeutung. Obwohl die meisten fliegenden Vögel die Beine mit geschlossenen Zehen einziehen oder rückwärts strecken, werden sie in magischen Zusammenhängen sehr oft mit vorwärtsgewinkelten Beinen und dreisprossig gespreizten Zehen abgebildet, wie man es etwa bei Heiliggeisttauben oder den in Bauernstuben von der Decke herunterhängenden Holztauben beobachten kann. Eine beabsichtigte Dreisproßgestaltung des Fußes zeigen auch die in Anatolien beliebten Steinhuhndarstellungen.

Steinhühner spielen als Wächter und Beschützer in ihrem gesamten Verbreitungsgebiet eine sehr große Rolle. In der Türkei hält man sie einzeln in winzigen, oft reich mit apotropäischen Symbolen verzierten Rundkäfigen, die in Gastlokalen auf nach Abwehrzeichen »verlangenden« Plätzen wie etwa dem Kassenschrank postiert sind. Bilder von Steinhühnern, oft mit Amuletten gekoppelt, hängen in vielen Geschäften und Gaststätten aus. Auch in Griechenland hielt man in kleinen Käfigen Steinhühner gegen Bezauberung (A. E. Brehm 1867). Manche Lastautos tragen jederseits des Kühlers statt sonstiger Abwehrzeichen je ein vor blauem Himmel gemaltes Steinhuhn. Durch die blickabwehrende blaue Fläche (S. 213) wird die Schutzwirkung der verschiedenen apotropäischen Merkmale des Steinhuhnes gesteigert. Wie die Institutsmitarbeiterin E. Lies in Afghanistan beobachten konnte, werden dort von manchen Autofahrern lebende Steinhühner in Käfigen auf Touren mitgenommen und bei einer Rast neben den Wagen gestellt. Auf persischen Miniaturen sieht man oft Steinhühner an der Seite wichtiger Personen. Analog hierzu scheint auf italienischen Sakralgemälden mitunter zu Füßen der Madonna das Perlhuhn auf, das nicht nur durch sein lautes Melden bei Gefahr, sondern auch infolge seines weißgetupften »vieläugigen« Gefieders zum magischen Abwehrtier geeignet ist.

Tafel 79 (7)

Wenn man nachzuforschen beginnt, welche artspezifischen Besonderheiten dem Steinhuhn so hohe magische Bedeutung eingebracht haben, fällt einem sogleich auf, daß in Übersetzungen der antiken Historie nirgendwo von ihm die Rede ist, daß hingegen das Rebhuhn genannt wird, das gegen Gelbsucht half und an orientalischen Herrscherhöfen zahm gehalten wurde. Bei zoologischer Überprüfung stellt sich heraus, daß hier eine Fehlbestimmung vorliegt und es sich in Wirklichkeit, wie auch bei den sogenannten »Rebhühnern« auf minoischen Fresken, um das Steinhuhn handelt. Das Rebhuhn *(Perdix)* hat seine südliche Verbreitungsgrenze nördlich von Athen und wird den Griechen des antiken Kulturraumes kaum bekannt gewesen sein, wogegen sie mit dem Steinhuhn *(Alectoris)* sicher oft in Berührung kamen. Umgekehrt fehlt das Steinhuhn im zentralen römischen Bereich und wird dort vom Rebhuhn vertreten (vgl. B. Bruun, A. Singer und C. König 1971, H. Heinzel, R. Fitter und J. Parslow 1972, K. H. Voous und M. Abs 1962). Infolge ihrer ökologischen Einpassung (das Rebhuhn braucht offenes, ebenes, das Steinhuhn reich strukturiertes, felsiges Gelände) kommen die Arten zusammen nicht vor. Aus dieser Landschaftsgebundenheit resultieren übrigens sehr wesentliche Verhaltensunterschiede, die zur Folge haben, daß man die so leicht schreckflüchtenden Rebhühner nur schwer an die Gefangenschaft gewöhnen kann, wogegen die raumorientierten Steinhühner für Haus- und Käfighaltung besonders gut geeignet sind. Bei der Übersetzung ins Lateinische wurden also offenbar die griechischen Steinhuhnberichte auf das in Mitteleuropa tatsächlich apotropäisch verwendete Rebhuhn übertragen, ähnlich wie der orientalische, als »Wesir des Löwen« fungierende Schakal bei uns zum »Reineke Fuchs« oder der israelische Klippschliefer in lutherischer Bibelübersetzung zum Kaninchen wurde.

Unter dem gleichen Gesichtspunkt müssen wir die griechische Sage von Talos, dem Erfinder der Säge und des Zirkels, betrachten, der durch den eifersüchtigen Daidalos die Akropolis hinabgestürzt und hierauf von den Göttern in ein Rebhuhn verwandelt wird (vgl. H. Jens 1958). Die Wahl ausgerechnet dieses Vogels erscheint bar jeglicher logischen Begründung, wird aber jedem Tierkundigen sofort verständlich, wenn man statt des Rebhuhnes das Steinhuhn einsetzt. Dieses zeigt nämlich an den Flanken eine sehr auffällige, an Säge- oder Kammzähne erinnernde Streifung und vorn an der Kehle einen kreisrunden elfenbeinfarbigen Fleck, der wie mit einem Zirkel schwarz umrandet ist. Ferner umkreist

Abb. 148: Steinhuhn als magischer Abwehrvogel. **a** Säge gegen »böses Auge«, von zwei Phallen betätigt (antike Terracottafigur aus Tarsus, vgl. S. Seligmann 1910). **b** Der ebenfalls blickabwehrende Kamm wird, oft mit Augensymbolen verziert, in die Frisur gesteckt (Hornkamm, Österreich). **c** Gestaltverwandte Flankenzeichnung des Steinhuhns, als magische Struktur auf orientalischen Darstellungen meist stark betont (kunstgewerbliche Perlentasche, Türkei). **d** Steinhühner als Vasendekor, mittlere Tiere zueinanderschauend (Fikellura-Stil, Rhodos, 6. Jh. v. Chr.). **e** Die Arche beladender Noah mit den Blickabwehrvögeln Pfau, Steinhuhn und Perlhuhn (Detail eines Mosaiks, San Marco, Venedig).

der balzende Hahn sein Weibchen und erzeugt dabei an Sägegeräusch erinnernde Töne. Sowohl Kreisform wie auch Streifung sind apotropäische Strukturen, die in der Blickabwehrsymbolik im Sinne von »Augenrund« und »Wimpernsaum«, zum Beispiel in Gestalt der Quaste (S. 277 ff.), verwendet werden. Die Wurzel solcher sich um bestimmte Objekte rankenden Mythen liegt sicherlich vielfach in dem Bestreben, alte magische Glaubensvorstellungen oder auch simple volkswirtschaftliche Regeln in eine verständliche und gut merkbare Geschichte zu kleiden, durch die sie leicht und unverfänglich überliefert werden können.

Auch der antike Sagenvogel Charadrios, über dessen Artzugehörigkeit von Wissenschaftlern viel herumgerätselt wurde, ist offensichtlich das Steinhuhn. Der Name Charadrios bedeutet Schluchtvogel und dürfte eine den Biotop des Vogels charakterisierende griechische Verballhornung des indischen Namens Hāridrava sein, der von hāris = gelb abzuleiten wäre (M. Mayerhofer 1956). Unter verschiedensten Eigenschaften, die dem Vogel laut Überlieferung zukamen, ist am bemerkenswertesten die, daß er in Persien und Indien verbreitet war, gelbliches Gefieder trug, schnell laufen konnte, in Herrscherpalästen gehalten wurde und gegen Gelbsucht und den »bösen Blick« wirkte (vgl. E. Hoffmann–Krayer 1929–1930, S. Seligmann 1922). Gerade diese Leistungen aber sagte man auch dem vorhin erwähnten »Rebhuhn«, das in Wirklichkeit nur das Steinhuhn sein kann, sowie in Übertragung letztlich auch dem echten Rebhuhn nach (vergl. C. Schrödern 1716, E. Schneeweis 1935–1936). Bei den Juden durfte der Charadrios nicht gegessen werden, was auf magische Zusammenhänge hinweist. Von einer Körperzeichnung ist in der Überlieferung zwar nicht die Rede, wohl aber von im Hüftbereich gelegenen, kranke Augen heilenden Organen und der Fähigkeit, Sieche durch Anblicken gesund zu machen. Damit könnten ohne weiteres die gestreiften Flankenfedern und die kreisförmige Halszeichnung gemeint sein. Versuche, den Charadrios unter anderem als Regenpfeifer, speziell als Goldregenpfeifer zu erklären, führten zwar zur wissenschaftlichen Namensgebung *Charadrius* für Regenpfeifer, können sachlich aber nicht überzeugen, da Regenpfeifer als schwierig zu pflegende Insektenfresser, die in offenen, ebenen Landschaften leben und daher ähnlich dem Rebhuhn Schreckflüchter sind, in Palästen kaum hätten überdauern können. Weitere Deutungen des Charadrios als Pirol, Lerche oder Storch sind mindestens ebenso unglaubwürdig. Auf orientalischen Miniaturen sind jedenfalls immer die körnerfressenden, anspruchslosen und rasch zahm werdenden Steinhühner zu sehen. Aus alldem ersieht man, daß zoologisch-systematische Überlegungen im kulturhistorischen Bereich sehr wichtig sind, weil oft erst durch sie die echten, mitunter bis in die Mythologie reichenden Vorstellungsinhalte verständlich werden.

Einen ähnlichen, viel offenkundigeren Fall haben wir in der griechischen Argossage vor uns. Der hundertäugige Argos hütet die von Hera in eine Kuh verwandelte Io und kann dank seiner Wachsamkeit ihre

Flucht beziehungsweise Entführung verhindern. Er wird von Hermes durch einen Steinwurf aus der Ferne getötet, worauf Hera die Augen des Argos dem Gefieder ihrer Pfauen schenkt. Der Io aber schickt sie eine Bremse, durch die das kuhgestaltige Mädchen zum Wahnsinn gebracht und durch alle Länder bis Ägypten gejagt wird, wo es endlich Ruhe findet und seine menschliche Gestalt wiedererlangt (H. Jens 1958). Diese Geschichte enthält einerseits die Begründung für den Wächter- und Abwehrcharakter des Pfaues, anderseits eine weitere, für attische Rinderhirten recht verständliche Wahrheit. Beim Anflug der bremsenähnlichen Dasselfliege werden Rinder nämlich tatsächlich wild und reißen planlos aus. Noch heute verstehen es geschickte Hirten, diese Schmarotzer mit gezielten Peitschen- oder Gertenhieben aus der Luft herunterzuschlagen. Offensichtlich soll die Sage unter anderem auf die Wichtigkeit der Hirtenfunktion verweisen und dazu ermahnen, auf Dasselfliegen zu achten, damit sich die Herde nicht in alle Winde zerstreut.

Noch heute gelten in vielen Gebieten Pfauen und deren Federn als magische Bannmittel. Die Pfauenfeder gehört zu manchen jugoslawischen Trachten, wo sie gegen den »bösen Blick« auf die Kopfbedeckung gesteckt wird. In Rumänien tragen Hochzeitlader, die ja in allen Volkstumsgebieten Schutzzeichen mit sich führen, riesige halbkreisförmige Pfauenferngestecke. Einen sehr ähnlichen Hutschmuck besitzen im Tiroler Unterinntal (Österreich) die verschiedenen, oft recht aggressiven Fastnachtsläufer, wie etwa die Muller, Zottler und Tuxer von Rum, Thaur und Absam (A. Dörrer 1938, 1949). Die Weinhüter von Meran (Südtirol), die sogenannten »Saltner«, trugen in ihrem kompliziert zusammengesetzten Kopfputz neben anderen abwehrenden Symbolen regelmäßig auch Pfauenfedern. Das Brueghel-Gemälde »Bauernhochzeit« (Wiener Kunsthistorisches Museum) zeigt ein Kind mit einer rückwärtsgerichteten Pfauenfeder auf der Mütze. Der Hutschmuck des sogenannten »Lilienprinzen« aus dem kretischen Knossos-Palast dürfte ebenfalls aus Pfauenfedern oder Nachahmungen davon bestanden haben. Freilich ist nicht nachgewiesen, ob man im minoischen Kreta den Pfau bereits gekannt hat. Seine Federn können aber sehr leicht auf dem Handelsweg dorthin gelangt sein. *Tafel 32 (1)*

Die geradezu plastisch wirkenden Augenflecke der Pfauenfeder sind so auffällig, daß man gewissermaßen gar nicht »umhin konnte«, diesen Vogel überall, wo er in Erscheinung trat, in den Dienst des Blickabwehrzaubers zu stellen. Indien, Persien, die Türkei und viele andere orientalische Länder zeigen das Pfauenmotiv als Hauszeichen, in Amulettform oder als Dekor für verschiedenen Hausrat. Es sei auch an den persischen Pfauenthron erinnert, der zwar aus Indien stammt, in seiner jetzigen Heimat jedoch größte Verehrung genießt. Auch in der gegenwärtigen Amulettindustrie spielen verschiedene Variationen des Pfauenmotivs eine wichtige Rolle. In Istanbul dient ein stilisierter Pfau mit fünf Augen auf dem gefächerten Rad dem »Café Boulevard« als Firmenzei- *Abb. 18 a (S. 100)*

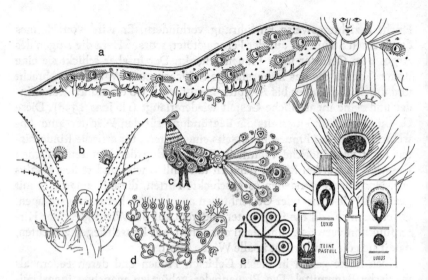

Abb. 149 Pfauenmotiv in alten und neuen Versionen. **a** Augen und Pfauenfedern auf dem Flügel des Erzengels Michael. Die Parallelverwendung (vgl. Abb. 102b, S. 314) beweist die Augenbedeutung der Federfleckung (Detail eines byzantinischen Freskos). **b** Engel mit zwei Pfauenfedern (Detail des Gemäldes »Johannes auf Patmos« von H. Bosch). **c** Polnisches Stickornament, Gefiederaugen am Körper. **d** Jugoslawisches Stickornament mit verpflanzlichtem Pfau. **e** Stilisierter Pfau als Firmenzeichen des »Café Boulevard« in Istanbul. **f** Das »Auge« der Pfauenfeder in verschiedenen Abstrahierungsgraden (links unten Prinzip Halbmond mit Stern) auf einem Inserat für Kosmetikartikel (Deutschland, Ostzone).

chen. In der Bar eines griechischen Schiffes war die Vorderwand der Theke mit stark blau getönten, stilisierten Pfauen bemalt, über denen ein Amulett von der Decke hing. Auch das Krönchen des Pfaues wird hervorgehoben und gern dreisprossig dargestellt. In China und Indonesien gibt es Pfauenstickereien auf den Rückenteilen von Kleidern, in Japan auf den hinten angebrachten großen Schleifen der Kimonos. Im mazedonischen Struga (Jugoslawien) sind zur Frauentracht Kopftücher sehr beliebt, die auf roten Grund gedruckte radschlagende Pfauen zeigen. Als ritterliche Helmzier ist der Pfau gleichfalls oft zu finden. Wie manche anderen magischen Heilsbringer, wird auch er gebietsweise konträr beurteilt und nicht als Schutz- und Abwehrtier, sondern als ausgesprochener Unglücksvogel und Besitzer des »bösen Blicks« angesehen. Es gibt Leute, die ein Haus nicht betreten, wenn dort ein Pfau gehalten wird. Vor etwa einem Jahrzehnt verließ ein bekannter Filmregisseur das Wilhelminenberger Institutsgelände wegen eines dort freilaufenden Pfaues. Es sei auch auf die S. 108 zitierte Notiz verwiesen, wonach vor dem New-Yorker Uno-Gebäude herumspazierende Pfauen amtlicherseits entfernt wurden, um Delegierte der Vereinten Nationen vor der Unheilswirkung ihrer Gefiederaugen zu schützen. Interessant ist übrigens, daß auf einem alten Mosaik im Markusdom von Venedig, auf dem Noah gerade die Arche mit zahllosen Vögeln belädt, zu Füßen des Menschheitsvaters ausgerechnet Steinhuhn und Perlhuhn und in seiner Hand zwei Pfauen dargestellt sind. Daraus geht die Sonderbedeutung dieser drei Arten wohl recht deutlich hervor.   *Abb. 148 e (S. 395)*

Zwei weitere blickabwehrende Vögel sind der Strauß und der Kranich. Abgesehen von der separat behandelten Bedeutung der Straußeneier (S. 263 f.) dürfte bei den zwei Arten die Miribotagestalt gewisser Federn magisch bedeutsam sein. Charakteristische Verhaltensweisen könnten gleichfalls eine Rolle spielen. Der Strauß gilt als wachsam und wurde auf afrikanischen Märkten, wie ich 1954 auch in Niamey (Westafrika) beobachten konnte, gern zur Abwehr des »bösen Blickes« gehalten. Nach S. Seligmann (1910) hängte man in Palästina zur Blickablenkung an die Zimmerdecke eine in blauem Kreis befestigte Straußenfeder, die sich beim Öffnen der Tür im Luftzug bewegte und die Aufmerksamkeit Eintretender auf sich lenkte. Der Kranich ist ebenfalls sehr vorsichtig und gilt in manchen nordischen Gebieten wegen seines pünktlichen Eintreffens nach dem Winterzug als »Kinderbringer«. Er ist ein zeitgerechter, also überhaupt gerechter Vogel, der bewacht und Übeltäter fangen hilft, was ja auch in der Schiller-Ballade »Die Kraniche des Ibicus« zum Ausdruck kommt. Bei Persern und Türken wurden miribotaförmige Kranichfedern auf Kopfbedeckungen gegen den »bösen Blick« getragen. Ehe der Turban durch Sultan Mahmud 1826 verboten wurde, galten aufgesteckte Kranichfedern bei den Türken als bewährtes Mittel gegen den »bösen Blick«. Mit der generellen Einführung des Fez im gleichen Jahr trat dann die Quaste als Kopfzier in den Vordergrund. Auch in Afrika und in Palästina gilt die Straußenfeder als apotropäisches Mittel, eine Funktion, die ihr Abbildungen zufolge wohl schon im alten Ägypten zukam. Sehr häufig findet man gebogene Federn als Turbangestecke von Eliteregimentern auf persischen Miniaturen. Von türkischen Sultanen, Würdenträgern und Soldaten der Tschauschen-Regimenter wurde die gekrümmte Feder, zumeist gekoppelt mit dem bekannten Turbanbusch aus Reiherfedern, ebenfalls getragen (vgl. R. E. Koçu 1967). Ein erstaunlich ähnlicher Gesteckmodus jüngster Herkunft findet sich auf dem Jägerhut Kaiser Franz Josefs I., wo ein Gamsbart mit einer einzelnen Schildhahnfeder kombiniert wurde. Dieser Hutschmuck erinnert an die prinzipiell gestaltanalogen Kalpakgestecke der älteren ungarischen Leibgardenuniform, die der Kaiser noch aus eigener Anschauung kannte (O. Teuber und R. v. Ottenfeld 1895).   *Abb. 95 p (S. 301)*

Tafel 37 (12, 13)
Abb. 104 (S. 316)

Vor allem im bäuerlichen Bereich spielen Schild- und auch Haushahnfedern im Abwehrglauben eine große Rolle, die L. Schmidt (1952) der Sichelform zuordnet, von der sie ihre nicht genau umrissene »Gestaltheiligkeit« beziehen sollen. Dieser Fachausdruck ist im Grunde genommen ein Synonym für »Hineinsehen« und somit Teil des biologisch-ethologischen Problemkreises der »Attrappensichtigkeit« (S. 82 ff.). Wahrscheinlich sind die so verwandten Gestalten Halbmond, Sense, Sichel und Hahnenfeder unabhängig voneinander aufgrund ursprünglicher

399

Assoziationen mit dem Lid- und Augenbrauenbogen magisch geworden. Das Abwehren von Hexen, das Bannen der Bienen und Raubvögel und ähnliche Wirkungsweisen von Sense und Sichel weisen stark in Richtung Blickschutzsymbolik. Schild- und Haushahnfedern wurden auch von den bereits erwähnten Meraner Saltnern getragen und kommen bei Perchtenmasken in großer Zahl vor (vgl. A. Dörrer 1949). Weiter sei hier auf die kompletten, spiegelbildlich auswärts gebogenen Schildhahnschwänze auf der Stirnfront der Trachtenhüte des Zillertales (Österreich) erinnert, deren augenhafte Wirkung mit zwei in die Stirn hängenden Quasten gekoppelt ist. Dieser Schmuck drückt den Gedanken der Blickablenkung, der bei fast allen magischen Abwehrsymbolen im Vordergrund steht, besonders deutlich aus.

Tafel 37 (11)

Beachtenswert ist die im Schmuck- und Brauchtumsbereich weltweit beliebte Verwendung gefleckter Federn. Da der Mensch dazu neigt, Flecke als »Augen« zu bezeichnen, ist auch hier ein Zusammenhang mit der Blickabwehrsymbolik sehr wahrscheinlich. Auf die magische Bedeutung der Steinkauz- und Perlhuhnfleckung wurde bereits verwiesen. Als weiteres Beispiel seien die bei uns gebräuchlichen kleinen Hähergestecke erwähnt. Vor dem Krieg gab es kaum einen Hut ohne diese blauen, streifig gefleckten, vom Flügelspiegel des Eichelhähers stammenden Federn zu kaufen. Sie gehörten einfach dazu und galten als glückbringend. Erwähnenswert ist auch der Federschmuck nordamerikanischer Prärie-Indianer, der aus den weißen, an der Spitze schwarzgefleckten Schwanzfedern des Steinadlers besteht, die sehr oft durch runde Scheiben, manchmal auch Fransen ergänzt sind. Dieser Kopfschmuck wurde im Hinblick auf magische Funktionen zwar nicht näher untersucht, er läßt sich jedoch sehr gut in das allgemeine Schema der bekannten Blickabwehrsymbolik einordnen. Gerade bei Indianern, die bekanntlich sehr viele Augenmotive verwenden, wäre ein solcher Zusammenhang gut vorstellbar.

Zu erwähnen ist auch die Fluggestalt der Vögel, die infolge ihrer Dreisprossigkeit magisch bedeutsam ist. Im minoischen Kulturbereich wurden vielfach Vögel mit gebreiteten Flügeln aus Ton hergestellt, über deren Artzugehörigkeit allerdings nichts ausgesagt werden kann. Da sie einzeln auf offener Hand, in verschiedenen Dreieranordnungen und neben anderen magischen Symbolen als Diademzierat anscheinend betender Frauen vorkommen, ist die Wahrscheinlichkeit sehr groß, daß sie als magische Dreisproßsymbole fungieren. Aus dieser Sicht würde auch der heute noch geübte Brauch verständlich, Greifvögel oder Eulen mit gebreiteten Flügeln gegen Blitz und sonstige Gefahren an Scheunentore zu nageln. In derselben Funktion sah ich bei uns Krähen, in Anatolien eine Krickente und eine Silbermöwe, die mit ausgespannten Flügeln bei zwei Holzhütten über die Tür genagelt waren. Vielleicht dient in Weiterführung dieser vielseitigen apotropäischen Verwendung des gespreizten Flügelpaares dann auch der lebende Vogel, der ja immer zumindest den

Tafel 39 (8)

Mirobataflügel, die dreisprossigen Zehen und letztlich sein Augenpaar darbietet, zur Abwehr des »bösen Blickes« und sonstiger Gefahren. In der Türkei sind Käfige mit Kanaris oder anderen Körnerfressern oft über Hauseingängen beziehungsweise an den Hausecken aufgehängt. Die meisten dieser Käfige haben irgendwelche Abwehrzeichen wie Augen, Quasten oder blaue Perlen, zumindest aber Futterschälchen in blauer Farbe.   *Tafel 74 (4)*

Eine besondere Stellung nimmt die Rauchschwalbe *(Hirundo rustica)* ein. Sie gilt im größten Teil ihres Verbreitungsgebietes als Glücksvogel und schützt das Haus, an dem sie nistet, vor Blitz, Wetterschäden und Brand. Wer im Frühling als erster eine Schwalbe sieht, hat Liebesglück. Während des Freiermordes durch Odysseus saß Athene als Schwalbe im Gebälk des Hauses und schaute zu (vgl. E. Stemplinger 1948). Schon in der Antike ist die Schwalbe ein Lichtvogel, der seinen Jungen mit Hilfe des Schöllkrautes (auch Schwalbenkraut genannt) die Augen öffnet. Auf der Insel Thera fand S. Marinatos (1968, 1969, 1971) fliegende Rauchschwalben auf dem sogenannten Frühlingsfresko neben einer Vielzahl dreisprossiger Lilien und auf verschiedenen Gefäßen. Bei aller Einfachheit sind diese Schwalben so naturalistisch gemalt, daß an der genauen Artkenntnis des Künstlers nicht gezweifelt werden kann. Um so mehr fällt auf, daß die Schwanzspieße entgegen der Realität in einem kleinen   *Tafel 49 (2)*
Ring oder einer löffelartigen Verbreiterung enden. Auf einem Vasenbild trägt, ebenfalls naturwidrig, der schwarze Mittelschwanz des Vogels vier weiße Tupfen und das Auge eine weiße miribotaförmige Umrandung. Ein Krug mit einer solchen Rauchschwalbe, über der zwei große Rundflecke mit Wimpernkranz nebeneinanderstehen, zeigt sehr deutlich, daß der Künstler an Augensymbole gedacht hat. Da im Mittelmeerraum vier weitere Schwalben- und drei gestaltlich recht ähnliche Seglerarten vorkommen, die nie als Dekor aufscheinen, muß das Herausgreifen der Rauchschwalbe einen besonderen Grund haben. Zweifellos liegt er in den langen, an gestaltähnliche Strukturen wie Schlangenzunge, Eselsohren oder Stiergehörn und die Blickabwehrgeste der »Cornuta« erinnernden Schwanzspießen. Alle weiteren von helladischen Künstlern der Rauchschwalbe angedichteten Merkmale wie Spießverbreiterung, Schwanzfleckung und Augenumrandung sind Forcierungen in Richtung Augenornamentik.

Auch in anderen Zusammenhängen spielen Vögel im Volksglauben eine wichtige Rolle. In Tirol (Österreich) zieht der Kreuzschnabel, wenn man seinen Käfig über das Bett eines Kranken hängt, das Gebreste an sich. Sein Schnabel ahmt die bekannte Blickabwehrgeste des mit dem Mittelfinger überkreuzten Zeigefingers nach. Der Seidenschwanz verkündet vielerorts durch sein Kommen Pest und Cholera, hilft aber durch den Ratschlag, als Gegenmittel Wacholderbeeren zu essen. Diese Vorstellungen zeigen deutlich, wie viele wichtige magische Funktionen dem Vogel im Volksglauben übertragen wurden.

Abb. 150 Fichtenkreuzschnabel *(Loxia curvirostra)* als Analogon zur apotropäischen Geste des Fingerkreuzens.

46. Säugetiere

Da die Augensymbolik ein vorwiegend vom äußeren Erscheinungsbild ausgehendes Attrappen- und Assoziationssystem ist, schien es zweckmäßig, in diesem Kapitel nur die Landsäuger zu besprechen und die fischgestaltigen Meeressäuger, speziell die Delphine, mit den Fischen abzuhandeln, wie dies S. 385 geschehen ist. Der Anreiz, ein Tier oder bestimmte Teile davon im Rahmen der Blickabwehr zu verwenden, geht meist von Zeichnungsmustern oder Gestaltstrukturen aus, die manchmal durch Verhaltensweisen wie Wachsamkeit, Nachtsichtigkeit oder besondere Wehrhaftigkeit unterstützt werden. Säugetiere mit geflecktem Fell stehen im magischen Bereich hoch im Kurs. Zu ihnen zählen vor allem der in Afrika und Asien heimische Leopard respektive Panther sowie der amerikanische Jaguar. Beide Arten werden im Volksglauben ihrer Verbreitungsländer erstaunlich übereinstimmend beurteilt. Man vergleiche nur die Verwendung des Leopardenfelles als allgemeines Priester- und Herrscherattribut, als Abzeichen afrikanischer Geheimbünde oder als Ritualobjekt bei Reifezeremonien (H. Baumann 1939, L. Frobenius 1954, H. Himmelheber 1970 a) mit dem Gebrauch des Jaguarfelles bei aztekischen Priestern und Jaguarkriegern (W. Bruhn und M. Tilke 1955, V. W. Hagen 1962). Daß man die Fleckung des Großkatzenfelles im Sinne von »Vieläugigkeit« wertet, geht aus alten nepalesischen Leoparden-Wächterfiguren hervor, deren ringartige Ornamente Zentralflecke tragen (vgl. H. Tichy 1960), wie sie nur dem Jaguarfell zukommen, das die Nepalesen jener Zeit allerdings nicht gekannt haben können. Die Fleckungsart der asiatischen Leopardendarstellungen ist überhaupt nur von der Augensymbolik her zu erklären.

Tafel 49 (5, 6)

Beliebtheit und Anwendungshäufigkeit des Leopardenpelzes sind überaus groß. Gelegentlich wird er durch das Fell des getupften Gepards, manchmal auch des einfarbigen Löwen ersetzt, der ähnlich manchen anderen Katzenarten im Jugendkleid eine Fleckenzeichnung trägt, die sich später verliert und nur bei erwachsenen Löwinnen mitunter durchschlägt. Nach L. Frobenius (1954) sind bestimmte afrikanische Jägerstämme der Ansicht, Leoparden und Löwen seien früher einmal »Menschen mit dem bösen Blick« gewesen. Heute noch kann man afrikanische Häuptlinge und Staatspräsidenten bei festlichen Anlässen über

Smoking, Frack oder Uniform ein Leopardenfell tragen sehen. Auf alten chinesischen Bildern sind weise Männer mitunter in Leopardenfelle gehüllt (vgl. E. H. Schafer 1968). *Tafel 51 (1)*

Besondere Bedeutung kam dem gefleckten Fell bei den Türken zu, wo es die berühmte Truppe der »Deli kanli« (Blutige Narren) zur Uniform anlegte, bevor sie unter Rauschgifteinfluß als erste Formation in die Schlacht ritt (W. Bruhn und M. Tilke 1955, H. Knötel und H. Sieg 1937, K. Teply 1968). Auch als Leibgarde hoher Würdenträger waren die Delis beliebt, wobei die magische Schutzbedeutung der Fellumhänge sicher eine Rolle spielte. Von den Türken übernahmen ungarische, polnische und später auch deutsche Truppen das Leopardenfell als Uniformteil. Es sei nur auf die »Polnischen Flügelhusaren« (H. Knötel und *Abb. 103 (S. 315)*
H. Sieg 1937), die »Königlich Ungarische adelige Leibgarde« sowie die »Königlich Polnische adelige Leibgarde« (O. Teuber und R. v. Ottenfeld 1895) und auf die Offiziere des »Preußischen Husarenregiments v. Zieten« (M. Lezius 1936) verwiesen. Auch französische Kavallerie-Abteilungen trugen Leopardenfelle auf den Helmen oder als Satteldecken (L. und F. Funcken 1968–1969, M. G. Head 1971). Große Verbreitung fand das Leopardenfell bei Musikkorps und Hornisten. Bei den Musikanten der »Königlich Schottischen Hochländergarde« sieht man es zwar heute noch – auf Drängen des »World Wildlife Fund«, der als Naturschutz-Organisation den Abschuß der Großkatzen bekämpft, allerdings in Form von Imitationen aus Nylon. Dieser Wandlungsvorgang ist durchaus normal und entspricht allgemeinen Entwicklungstendenzen, denen zufolge der Mensch bei Mangel an ursprünglichem Material fast immer zur optisch gleichwertigen Nachahmung greift. So waren ja auch die »Bärenmützen« der österreichischen Grenadiere meist aus Ziegenfell genäht. Bei den noch existierenden afrikanischen Leopardenbünden ist schon seit langem fellartig getupfte Stoffkleidung üblich. Südamerikanische Indianer malen sich Jaguarfleckung, die wie das Leopardenmuster hochrangigen Männern vorbehalten ist, seit alters her auf den Körper (H. Schultz 1965 a, b).

Ein weiteres wichtiges Tier mit Fleckenzeichnung ist der Hirsch, bei dem freilich nicht an unseren Rothirsch gedacht werden darf, der nur im Jugendkleid weiß gesprenkelt ist. Vorbilder für die hauptsächlich aus dem östlichen Raum stammenden prähistorischen Hirschskulpturen (Standartenköpfe, Pferdemasken usw.) sind asiatische Arten wie Sika-, Dybowski-, Axis- und mesopotamischer Damhirsch, die auch als Erwachsene intensive Fleckung zeigen. Die in natura unregelmäßig rundlichen, wahllos verteilten Tupfen sind auf Darstellungen meist sehr regelmäßige, oft in Reihen angeordnete Doppelkreise. In dieses System der Augensymbolik können auch Hufe, Nüstern, ja selbst die spitzovalen Ohren einbezogen werden (vgl. E. Diez 1944). Bei indischen Stofftieren wird Fellfleckung mitunter durch aufgearbeitete Rundspiegel symbolisiert, die als apotropäische Augensymbole weltweite Gültigkeit besitzen.

Am deutlichsten zeigt sich die »Augenhaftigkeit« einer dargestellten Tierfleckung meist im Vergleich mit dem eigentlichen Augenpaar, so etwa bei einem holzgeschnitzten Trobriander-Schwein aus der Südsee, dessen Augen ebenso wie die Körperflecke aus geritzten Dreiecken bestehen. Das Umdeuten natürlicher Fleckenzeichnungen in Augen, die das Tier abwehrkräftig machen, ist jedenfalls sehr weit verbreitet, bei einfarbigen Tieren wird sogar mitunter nachgeholfen wie etwa früher in der Türkei, wo Sultansbesitz und Staatsschätze transportierende Maulesel nicht nur zahlreiche Amulette umgehängt, sondern auch Tupfen auf das Fell gemalt bekamen (E. Çelebi ohne Jahreszahl). In Spanien und Portugal hat man Mauleseln gelegentlich Abwehrornamente ins Fell rasiert. Nach Mitteilung von Frau E. Lies werden mancherorts Bauernpferde so lange glänzend gebürstet, bis eine runde »Talerzeichnung« hervortritt.

Abb. 151 Fellflecken als Augensymbole. **a** Hirsch als Standartenkopf mit augenringförmiger Fellzeichnung (vorskythisch, 2000 v. Chr.) **b** + **c** Pferdefibeln mit Augenflecken, Figur b mit der Anordnung 3 + 4 = 7 (jüngere Hallstattkultur, um 500 v. Chr.). **d** Wächterlöwe aus Metall, Körperaugen in Form blauer Steine (Nepal). **e** Holzgeschnitztes Schwein, Augen und Körperflecken in Dreiecksform (Trobriand-Archipel, Südsee). **f** Den Staatsschatz nach Mekka tragender Maulesel mit aufgemalten apotropäischen Tupfen, aufgesteckten Abwehrzeichen (Wedel, Wimpel mit Quasten) und Amulettverzierung auf dem Kopfgeschirr (nach altem Bild).

Ein weiterer Beweis für die Augenbedeutung rundlicher Flecke ist der sogenannte »vieräugige Hund«, der seinen Namen hellen Überaugenflecken verdankt, wie sie bei einigen Hundetypen vorkommen. In alpinen Gebieten Österreichs gilt ein solcher Hund als Beschützer vor bösen Geistern. Die Sage erzählt von einem Burschen, der als Mutprobe zur Geisterstunde eine verrufene Alm aufsuchen und dort als Beweis für die vollbrachte Tat einen ihm von der Zechrunde mitgegebenen Gegenstand hinterlegen muß. Er hat einen »vieräugerten Hund« zum Begleiter, den er vor der Hütte anbindet. Wie er nach Zurücklassung des Gegenstandes aus der Tür tritt, sind da zwei gleiche Hunde, von denen der eine schwänzelt, der andere knurrt. In der Finsternis verkennt der Bursch den guten, wider das Spukwerk drohenden Hund und bindet den vermeintlich freundlichen los, der ihn kurz darauf zerreißt. »Vieräugige Hunde« schützen auch vor dem gelegentlich einäugig geschilderten und daher magisch unterlegenen »Kasermandl« (W. Mannhardt 1904–1905, A. Wuttke 1900). Im indischen Volksglauben und bei Zigeunern sind ähnliche Vorstellungen verbreitet (A. Gubernatis 1874).

Körperstrukturen wie Gehörne, Geweihe, Zähne, Klauen und Krallen können ebenfalls von magischer Bedeutung sein. So wird beispielsweise die berühmte indische »Tigerkralle« an der Basis in Silber gefaßt und als Amulett getragen (A. Beurmann 1961, L. Hansmann und L. Kriss-Rettenbeck 1966). Ausschlaggebend dafür ist zweifellos die Miribotagestalt des Organs, das man häufig zu viert als Hakenkreuz anordnet und in dieser Form mitunter zum Stoffmuster stilisiert. Übrigens sind die bei uns erhältlichen »Tigerkrallen« fast nie echt, sondern stammen von kleineren Katzenarten oder sind aus Büffelhorn nachgeschnitzt. Bei Zirkusdompteuren sieht man mitunter echte Tigerkrallen in Amulettfunktion. Apotropäisch sind auch die gestaltanalogen Eberzähne, die in vielen Kulturen als Schutzzeichen verwendet und besonders auf Neuguinea im Gesicht und als Halsanhänger getragen werden. Ebenso sind viele Masken und Dämonen- oder Ahnenfiguren damit ausgestattet. Die große Beliebtheit der extrem gekrümmten Eckzähne des indonesischen Hirschebers zeigt, welch hoher Anreiz in der Rundung des Objektes liegt. Auch in heimischen Jägerkreisen wird starke Biegung bei Eberzähnen geschätzt und gilt als Kennzeichen der »guten Trophäe«. In Bayern (Deutschland) betrachtete man die sogenannten »Keilergewehre« als Mittel gegen allerlei Böses.

Tafel 32 (9)

Gerundet sind auch die Stoßzähne des Elefanten, denen man vielerlei magische Kräfte zuspricht. Möglicherweise spielt dabei die später zu besprechende Doppelspitze oder Cornuta, die durch das Zahnpaar gebildet wird, eine gewisse Rolle. Freilich können Elefantenzähne ihrer Größe wegen nur zu bestimmten Zwecken im Ganzen verwendet werden, so etwa in paariger Anordnung als Überwölbung eines Thrones oder Eingangstores. In Indien schnitzt man häufig Elefantenzähne verkleinert nach. Das Elfenbein gilt als zauberkräftig, besonders auch gegen verschiedene Krankheiten (R. Beitl 1955). Übrigens stammt ein großer Teil des gehandelten Elfenbeins von in China gefundenen Mammut-Stoßzähnen, deren Krümmung viel stärker als die rezenter Elefantenzähne ist und mitunter Ansätze zur Spirale zeigt. Lebende Elefanten, die man in Indien zähmt und zur Arbeit verwendet, werden bei festlichen Anlässen reich mit magischen Zeichen bemalt und kostbar angeschirrt. Fast immer tragen sie neben vielen anderen Amuletten ein

Augensymbol mitten auf der Stirn, vielfach in Gestalt einer Quaste. Die heute schon überall vertretenen »Indienshops« verkaufen allerlei Elefantenskulpturen, auf denen die Amulette meist sehr genau abgebildet sind. Ähnlich Zebus und anderen Tieren erhält man auch Elefanten in Stoffausführung, die reichlich mit kleinen Rundspiegeln benäht sind (S. 335). Wie viele der gängigen Souvenirs, sind diese Figuren durchaus nicht eigens für den Fremden erfunden worden, sondern entstammen dem lokalen heimischen Bedarf an Glücksbringern und Zimmeramuletten. Das Souvenirwesen wandelt vorerst die ursprünglichen Größenordnungen beziehungsweise Herstellungsmaterialien ab, ehe es sich, meist nur äußerst langsam, mittels Über- oder Untertreibung der Ausgangsmerkmale oder Änderung der Motive den fremden Käuferkreisen anpaßt. Schließlich sei auf Elefantendarstellungen magischen oder sakralen Inhalts verwiesen, bei denen der erhobene Rüssel zur Miribotaform geschwungen und mit den Stoßzähnen zu einem Ornament gruppiert ist, das dem in Indien sehr beliebten Dreisproß nahekommt. Auf Bildern sind Elefanten oft reich mit Schutzzeichen dekoriert, mitunter tragen sie naturalistische Augen oder Augensymbole an den Gelenken.

Dem Gestaltbereich der Tigerkrallen, Eber- und Elefantenstoßzähne sind auch die Gehörne der Steinböcke und Schafwidder zuzurechnen. Speziell die Spirale des Widdergehörns ist von hoher magischer Bedeutung und wird um so höher bewertet, je stärker sie sich zur »Schnecke« dreht. Das Aufhängen solcher Objekte über Türen und anderen exponierten Hausteilen ist weit verbreitet, so zum Beispiel in Osttirol, wo heute noch »Widderopfer« in der unblutigen Form einer Versteigerung zugunsten der Kirche üblich sind (vgl. E. Lies 1970 e, f, 1971). Der Widder mit goldenem Hörnerpaar ist eine beliebte Sagengestalt. Auch das berühmte »Goldene Vlies«, das Jason gemeinsam mit den Argonauten aus Kolchis zu holen hatte, ist stets mitsamt der Widderschnecke dargestellt. Bisher wenig beachtet wurde die Tatsache, daß in der aus Feuersteinen und Feuerstählen gebildeten Ordenskette (Kollane) des durch Philipp den Guten 1430 gegründeten »Ordens vom Goldenen Vlies« (A. Mell 1962, V. Měřička 1966) die Form des Widdergehörns vervielfacht wiederkehrt. Die noch heute in technisch wenig erschlossenen Gebieten (Jugoslawien, Anatolien) verwendeten Eisen zum Feuerschlagen tragen fast durchwegs funktional bedeutungslose, der Handlichkeit eher zuwiderlaufende, zweifellos magisch motivierte Endspiralen (vgl. O. Koenig 1970 b). Im Hinblick auf die weltweite Heiligkeit des Feuers – man denke etwa an das olympische Ritual – erscheint die Ausstattung des Feuereisens mit Heilssymbolen recht naheliegend. Widdergehörne werden in Anatolien durch Umschlingen mit Abwehrmitteln, vor allem mit blauen Bändern und ebensolchen Perlenschnüren sowie durch Einfügung des »dritten Auges«, eindeutig als magische Schutzzeichen kenntlich.

In gleicher Funktion wie Gehörne werden oft ganze Schädel verwendet. So helfen beispielsweise in Mazedonien und Chalkidike (G. Eckert und P. E. Formozis 1942) wie auch in Anatolien hörnertragende Rinderschädel, die in Stirnmitte ein Amulett oder zumindest einen blauen Tupfen tragen, gegen den »bösen Blick«. Zweifellos wirken hier verschiedene Glaubensvorstellungen zusammen. Immerhin war der Auerochsenbulle eine äußerst mächtige und durch das Schwarz seines Felles auch unheimliche Erscheinung. Der wuchtige Stirnschädel, die spitzen weißen Hörner, die Gefährlichkeit des Angriffes, all dies kann Ausgangspunkt magischer Assoziationen sein, die auf Stiere verschiedenster Artzugehörigkeit übertragen wurden. Darüber hinaus ist jedoch ein weiteres, für viele Rinderrassen charakteristisches Merkmal auffällig, nämlich die lockig gedrehten Haare auf dem Stirnwulst des Bullen, die in annähernder Dreiecks- oder Halbrundform bis zwischen die Augen reichen. In heimischen Alpengebieten werden diese Stirnlocken bei der Schmückung eines Stieres für den Almabtrieb sorgsam aufgekämmt. Das allein wäre noch nicht so bemerkenswert, würden nicht italienische Mastochsen-Ankäufer noch heute bei der Auswahl von Schlachttieren größten Wert auf schön geringeltes Stirnhaar legen. Mit Fleischgüte und Gewicht hat das nichts zu tun. Dem Züchter erklärt man, die Tiere müßten eben »schön« sein, sonst wolle man sie nicht haben. Nun zählen gerade italienische Viehhändler nicht zu jenen Menschen, die sich durch große Tierliebe auszeichnen. Wer jemals die Auftriebe jugoslawischer Esel für italienische Salamifabriken gesehen hat, weiß darüber Bescheid. Dazu will es nicht passen, daß bei den zweifellos sehr wertvollen Mastochsen nur um der Ästhetik willen Stirnlocken geschätzt sind, die übrigens von den Züchtern, dem Käuferwunsch entsprechend, oft künstlich eingedreht und auffrisiert werden. Auch hier führt die Erklärung in magische Bereiche.

Tafel 74 (1)

Zu den verschiedenen Behelfen, mit denen man im Mittelmeerraum den »bösen Blick« bekämpft, zählen augenhaft runde Haarkringel, die bei antiken Menschen- und Tierdarstellungen oft sorgfältig herausgearbeitet sind (S. 231 f.). Bei kultischen Stierköpfen sind Locken oft zu Drehwirbeln und anderen Augensymbolen umstilisiert oder durch aufgesetzte Rosetten vertreten, die als »drittes Auge« in Stirnmitte sitzen, man denke an den ägyptischen Apisstier oder an minoische Stierköpfe aus Kreta. Das Dominierende bei Rinderkulten scheint jedenfalls vorwiegend das Haupt zu sein, so auch beim kretischen Minotaurus, der auf Münzbildern und anderen Darstellungen als stierköpfige Menschengestalt aufscheint (vgl. H. Pars 1957, F. Schachermeyr 1964). Vielleicht ist der homerische Beiname »Die Kuhäugige« für Hera, Gemahlin des Zeus, ein Hinweis auf die mit dem Rind verbundene Augenmagie. L. Frobenius (1954), der auf verschiedene Stirnzeichen von Rinderköpfen näher eingeht und sie mit Lichtsymbolik in Zusammenhang bringt, erkennt nicht ihren Augencharakter. Nur durch den gemeinsamen Nenner der Ablei-

Abb. 152 (S. 408)

Tafel 38 (9)

tung vom Auge ist es erklärlich, daß unabhängig von Zeit und Raum immer wieder die gleichen ornamentalen Motive »erfunden« wurden. Interessanterweise war es im alten Rom üblich, Kindern ein meist ovales Abwehramulett *(bulla)* auf den Kopf zu binden, wo es, stark an die Stirnsymbole der Stierköpfe erinnernd, gleich einem »dritten Auge« in Stirnmitte zu hängen kam.

Die bei Hausrindern häufigen weißen Stirnblässen kommen der Vorstellung vom »dritten Auge« ebenfalls entgegen. Noch heute gilt es da und dort im Alpenraum als vorteilhaft und wünschenswert, in jeder Herde zumindest ein Tier mit schöner Blässe zu haben. In der Türkei sind bei Rindern und Wasserbüffeln, denen man häufig Amulette zwischen die Hörner bindet, weiße Stirnflecke sehr beliebt. Gleiches gilt für Pferde. Interessant in diesem Zusammenhang ist das um 1580 im indischen Hamza-Roman dargestellte Pferd des Helden, das auf der Stirn ein richtiges Auge trägt (G. Betz 1965). Auf alten türkischen Abbildungen zeigen die Buckelrinder in Gespannen vornehmer Frauen oft komplizierte apotropäische Stirnbemalungen. Vielleicht ist auch die Einhornsage (vgl. R. R. Beer 1972) durch die Vorstellung apotropäischer Dreiäugigkeit

Tafel 78 (1, 2)

Abb. 152 Stirnornamentik im Sinne des »dritten Auges« bei Rindern. **a** Kuh mit Stirnblässe in symmetrischer Dreiecksform (Türkei). **b** Kopf einer hethitischen Stierplastik mit betontem Stirndreieck (Boğazköy, Kleinasien, um 2000 v. Chr.). **c** Stirnteil eines minoischen Stierkopf-Rhytons mit aus Haarlocken herausstilisierten Drehwirbeln (Knossos, Kreta). **d** Stierkopf mit Goldrosette als Stirnauge (mykenischer Rhyton, Griechenland). **e** Kopf einer peruanischen Stierplastik mit Rosette ähnlich Figur d. **f** Kuhmaske mit Abwehrspiegel für den Almabtrieb (Salzburg, Österreich). **g** Büffelmaske mit Dreieckssymbolen ähnlich Figur b (Obervolta, Afrika).

inspiriert. Gerade bei diesem magisch so bedeutsamen Fabeltier wäre das Stirnauge als Ausgangspunkt eines Ritualisierungs- und Luxurierungsweges, der letztlich bis zum spiralig gedrehten Horn führt, sehr gut denkbar.

Eine andere Blickabwehrtaktik ist das Darbieten der nach dem Stiergehörn benannten magischen Doppelspitze *(cornuta)*, die man auf einfachste Weise durch Vorstrecken des Zeige- und des kleinen Fingers in Richtung Gefahrenquelle herstellt (S. 134 f.). Die Institutsmitarbeiter Dr. A. und E. Menzdorf sahen auf italienischen Märkten wiederholt kleine, schwarze Plastikstiere, die zwischen das angebotene Obst gesteckt waren und mit den Hörnern auf den Käufer zeigten. Grundsätzlich entspricht dies dem in Helgoland geübten Brauch, einer zu Besuch weilenden Fremden, vor allem wenn es sich um die als letzte vom Festland herübergesiedelte Frau handelt, auf dem Tisch die geöffnete Schere gegenüberzulegen. Letztlich tritt uns dieses Prinzip ebenso in den Hörnern des Moseskopfes von Michelangelo wie in der ältesten christlichen Priesterkopfbedeckung, der ausdrücklich als »gehörnt« bezeichneten Mitra, entgegen, aus der die zweispitzige Bischofsmütze entstand (A. Kretschmer und K. Rohrbach 1906). Auch die gehörnten Helme gehören hierher, bei denen nicht nur die abschreckenden Spitzen, sondern auch die augenhafte Rundung und die »zweiäugige« Paarigkeit der Hörner von Bedeutung sind. E. Oxenstierna (1957) bringt die Abbildung eines nordgermanischen Bronzebleches mit einem »Wodandarsteller«, der an den Spitzen seiner Helmhörner augenartige Rundgebilde trägt. Damit verwandt sind vielleicht die Abschlußscheiben der als »Elefantenrüssel« bezeichneten Hörner auf ritterlichen Helmen (vgl. D. L. Galbreath 1948, P. Martin 1967, C. A. v. Volborth 1972). In allen Fällen handelt es sich bei den Trägern solcher Attribute um wichtige und daher schützenswerte Mitglieder des Sozialverbandes. Wohl infolge seiner entfernt miribotaähnlichen Gestalt fungiert das Rinderhorn oft als eigenständiges Augensymbol und wird entsprechend verwendet. Es sei auch an allegorische Füllhörner erinnert, die nicht selten augenhafte Schneckengewinde zeigen.

Auch Ohren spielen, abgesehen von der eingangs erwähnten augenartig spitzovalen Form, in der Blickabwehrsymbolik eine wichtige Rolle, indem sie an die Cornuta erinnern und ein vorhandenes Gehörn gewissermaßen verdoppeln. Bei Hirschziegenantilopen beispielsweise kann man auf größere Entfernung oft nicht sagen, ob man eine Geiß mit hochgestellten Lauschern oder einen kurzhörnigen Jungbock vor sich hat. Ähnlich verhält es sich mit jungen Spießböcken des Rehs. Im magischen Bereich ist solches »Hineinsehen«, das der oft angestrebten »Verschlüsselung« von Schutzsymbolen entgegenkommt, mitunter sehr erwünscht. Letztlich helfen dann die langen Ohren des Esels und die Löffel des Hasen genausogut gegen den »bösen Blick« wie das Rindergehörn. Wahrscheinlich sind Ochs und Esel, die auf keiner christlichen Krippen-

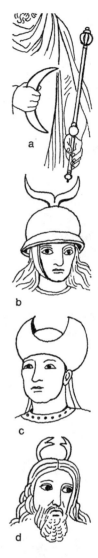

Abb. 153 Magische Doppelspitze.
a Keltischer Druide mit Zepter und »Sichel«. **b** Helm eines Galliers.
c Geistliche Mitra (um 500 n. Chr.).
d Figur aus »Taufe Jesu« mit Hörnern aus Krebsscheren Ravenna, 6. Jh.).

darstellung fehlen, weit weniger zur Charakterisierung der Stallatmosphäre als vielmehr zum magischen Schutz der heiligen Familie eingeführt worden. Beachtung verdient in diesem Zusammenhang die antike Sage vom König Midas, der anläßlich eines musikalischen Wettstreites zwischen Pan und Apollo sich gegen den Musengott entschied und von diesem zur Strafe Eselsohren bekam, die er unter einer Mütze zu verbergen suchte (H. Hunger 1959). R. Lehmann-Nitsche (1936) vermutet darin eine übergestülpte Eselshaut mit Ohren, die optisch den Hüten und Helmen mit apotropäischen Flügeln oder Hörnern entsprechen würde.

Gemalte »Hasenohren« sind auf vielen türkischen Grabsteinen zu sehen, manchmal als Dreisproß mit einer Rose als Mittelstück. Eine ähnliche Ornamentik findet sich auf ägyptischen Zauberstäben. Im gleichen Sinn werden Hasenköpfe mit übergroßen Ohren als Schutzzeichen gegen den »bösen Blick« auf türkischen Lastautos verwendet, darunter die bekannten »Playboy-Bunnies«, die man als Abziehbilder bekommt. Auch die berühmten, einem kreisförmigen Fenster des Domes von Paderborn eingeschriebenen »Drei Hasen« mit im Dreieck zusammenstoßenden Ohren (K. Lipffert 1964) sind zweifellos apotropäisch. Zu den langen Ohren kommt beim Feldhasen die angebliche Fähigkeit, mit offenen Augen zu schlafen. In Wirklichkeit schließt er sie wie jedes höhere Tier, wacht aber bei dem geringsten Geräusch auf, drückt sich offenen Auges an den Boden und flüchtet erst auf kürzeste Distanz, was so aussieht, als wäre er aus dem Schlaf geschreckt worden. Übrigens tragen viele junge Feldhasen ein weißes Fleckchen auf der Stirn, das im Sinne eines »dritten Auges« aufgefaßt werden kann und vielleicht zur magischen Bedeutung dieser Tierart einiges beitrug. Die Vorstellung von der Schutzwirkung der magischen Doppelspitze führt übrigens noch zu anderen Tieren hinüber, es sei an die zweispitzige Schlangenzunge, den Schwanz der Rauchschwalbe und ähnliche Merkmale erinnert (S. 401). Nach F. Schmidt (1967) war es früher auf alten Seglern Brauch, die Schwanzflosse des ersten geangelten Haifisches mit vorwärtsgerichteten Spitzen quer zum Schiff auf das Ende des Klüverbaumes zu binden, wo sie für »guten Wind« sorgte. Der Autor verweist ebenso auf die italienische Cornuta-Gebärde wie auf gewisse mittelalterliche Schiffe, die vorn am Bug Rinderköpfe oder Gehörne als Schutzsymbole mitführten und hierin an die vorwiegend hanseatische Schiffstype der »bunten Kuh« erinnern. Aber auch die bekannte magische Dreisproßform wird bei Säugetierdarstellungen herausgearbeitet und forciert, so bei der gestaltlich den Vögeln verwandten Fledermaus, die S. 427 f. näher besprochen wird.

Wie die Beispiele zeigen, bieten auch Säugetiere eine große Anzahl von Merkmalen, die vom Menschen über den Weg der »Attrappensichtigkeit« und des »Hineinsehens« in den Dienst magischer Blickabwehrsymbolik gestellt werden konnten.

47. Vielecke

Das einfachste Vieleck ist das Dreieck. Als Amulett spielt es im Abwehrglauben seit alters her eine große Rolle, sicher nicht zuletzt deshalb, weil es zwei völlig verschiedene Entstehungswurzeln hat und zwei menschliche Vorstellungsbereiche in sich summiert. Allgemein gilt das Dreieck als Symbol des weiblichen Genitales, was der Form ja auch durchaus entspricht. Das gebräuchliche Wort »Schoß« bedeutet ursprünglich soviel wie »Ecke«, »Zipfel« und erst später »Körpermitte«. Im Althochdeutschen heißt Dreieck »dri-scōz«. I. Eibl-Eibesfeldt (1967) vermutet in diesem weiblichen Merkmal einen echten Schlüsselreiz, auf den der Mann angeborenermaßen anspricht. Neolithische und ägyptische Frauendarstellungen, bei denen diese Partie klare Dreiecksform zeigt, scheinen dafür zu sprechen. In der Realität gibt es jedoch sehr viele Varianten der Schambehaarung, ja bei manchen Völkern fehlt sie überhaupt. Die Haargrenze dürfte daher bei Darstellungen gar keine so wichtige Rolle spielen, wie sie zweifellos der Scheidenspalte zukommt, was bereits aus der Entwicklung des Keilschriftzeichens für »Frau« vom Archaischen herauf bis zur neuassyrischen Schreibweise zu ersehen ist (H. Schmökel 1966). Im Griechischen wird die weibliche Scham mitunter »Delta« benannt, was sowohl Dreieck wie Aufgabelung im Sinne einer mehradrigen Flußmündung bedeuten kann.

Demonstratives Präsentieren der Scham zu bestimmten Anlässen beschreibt Herodot von ägyptischen Frauen. Nach S. Seligmann (1910) zeigten Perserinnen und Spartanerinnen fliehenden Männern die Scham und riefen ihnen höhnend nach, ob sie hier Zuflucht suchen wollten. Plutarch wiederum erzählt, Lykierinnen seien mit hochgehobenen Gewändern den Wogen des Poseidon entgegengeschritten, als dieser Bellerophontes rächend das Land überflutete, worauf er voll Abscheu umkehrte. Nach Plinius entblößten Römerinnen als Abwehr gegen Hagel und Sturm ihre Scham. Die Beispiele für solches Verhalten sind sehr zahlreich, ebenso wie die für das höhnende Darbieten des nackten Hintern. Neuerdings hat I. Eibl-Eibesfeldt (1972) über das verspottende Scham- und Gesäßpräsentieren bei Buschleuten berichtet. Zu diesem offensichtlich angeborenen, aus dem Primatenstamm ableitbaren Verhalten hat der Mensch viele entsprechende Abwehrfiguren mit einem

Dreieck als Zentrum geschaffen, bei dem die Schamspalte durch einen eingeschriebenen Strich angedeutet ist (vgl. L. Hansmann und L. Kriss-Rettenbeck 1966). Eine charakterisierende Geschichte wird zur Herausgabe des »Cosel-Guldens« durch August den Starken erzählt, wonach er mit seiner Geliebten, der Gräfin Cosel gewettet haben soll, er werde ihre Vulva auf der Münze abbilden lassen. Tatsächlich waren darauf zwei einander zugeneigte, einen länglichen Spalt mit Punkt freilassende Schilde zu sehen. Wahrscheinlich wurde die Geschichte aufgrund einer zufälligen Gestaltanalogie erfunden, um in boshaftem Spott auf die Neigungen des Herrschers anzuspielen. Jedenfalls aber beweist sie die Wichtigkeit der Schamspalte als optisches Merkmal. Dazu passen auch die deutschen Landserbezeichnungen »Schlitz«- oder »Spaltdragoner« für die Wehrmachthelferinnen des Zweiten Weltkrieges.

Gerade dieses Charakteristikum lassen aber die meisten Dreiecks-Amulette vermissen, und es ist anzunehmen, daß sie mit Genitalsymbolen nichts zu tun haben. Immerhin ist, abgesehen von dem erwähnten verspottenden Schampräsentieren zwecks Vertreibung Gruppenfremder, beim Menschen die weibliche Genitalpartie in Brauchtum und Sitte mit vielen Tabus belegt, so auch hinsichtlich der Bezeichnung, die meist in verbaler Verschlüsselung erfolgt. Diese Körpergegend gilt bei vielen Völkern als unrein und soll zum Beispiel bei den Zigeunern nicht mit Händen berührt werden. Bis in jüngste Zeit gab es in unserem Kulturbereich an weiblichen Kleidertrachten, ganz im Gegensatz zur Männertracht, keinerlei optische Unterstreichung des Schambereiches. Das ist allein schon aus den traditionellen Röcken zu ersehen, bei denen nicht einmal die früher ausschließlich seitlich liegenden Verschlüsse geschmückt wurden. Vielmehr besteht die Tendenz des Verbergens, wie sie unter anderem auch in Sitzvorschriften für Frauen verschiedenster Völkerschaften zur Geltung kommt. Während für Männer breitbeiniges Sitzen, der sogenannte »Türkensitz« oder gegrätschtes Hocken durchaus üblich ist, sollen Frauen die Beine schließen, seitlich unterschlagen oder kniend auf den Fersen sitzen, was vor allem für nordamerikanische Indianerinnen Anstandspflicht war. Auch bei Säugetieren sind die weiblichen Geschlechtsorgane kaum je signalhaft betont. Selbst die zur Brunstzeit farbigen Hinterteile mancher Primatenweibchen entstehen weniger durch Hervorheben der Vulvenform als durch starkes Anschwellen der Sitzfläche.

Ganz anders ist die Situation im männlichen Bereich. Bei verschiedenen Säugetieren, vor allem den Primaten, fungieren die oft buntfärbigen Fortpflanzungsorgane als Rang- und Drohzeichen (W. Wickler 1966, 1969). Bei Hyänen haben die Weibchen einen dem männlichen Organ täuschend ähnlichen Pseudopenis entwickelt, der eine wichtige Ausdrucksfunktion im Sozialverkehr ausübt. Im menschlichen Kulturbereich spielten Phallussymbole schon immer eine große Rolle (vgl. W. Wickler 1969). In Italien gilt der Penis als wirksames Apotropäon und wird mitunter bei Friedhofseingängen aufgezeichnet (S. Seligmann 1910). Am Riesentor des Wiener Stephansdomes soll sich ebenfalls ein Phallussymbol befunden haben. Auf Trachten sind entsprechende Partien, so auch Hosenschlitze, oft durch Ornamentierung eigens betont. Neuerdings sind ähnliche Tendenzen aber auch in der Frauenmode zu beobachten. So rücken im europäisch-US-amerikanischen Einflußbereich infolge der vorwiegend kommerziell gesteuerten Übersexualisierung Hosenverschlüsse bei Frauen nach vorn und werden durch sichtbare Knöpfe oder Reißverschlüsse betont, auf Badehosen prangen an entsprechender Stelle Herzen oder Blüten. Dieses Unterstreichen des weiblichen Schambereiches ist in der Geschichte der Kleidertrachten und der Mode absolut neu und wohl auch nur für die großstädtischen Auswirkungsgebiete von Gültigkeit.

Aufgrund all dieser Überlegungen bin ich sicher, daß alte Dreieckssymbole auch dort, wo sie sexuell getönt erscheinen, in den meisten Fällen als Abwehrzeichen gemeint sind, die dem Schutz der im Volksbewußtsein so hochbewerteten Fruchtbarkeit dienen sollen. M. Riemschneider (1953) bezeichnet das Dreieck, das aus der Urukschrift (Vorläuferin der Keilschrift) aus einem Halbkreis für den Begriff »Auge« hervorgegangen ist, bei den Elamitern unumwunden als Augensymbol. Auch im ornamentalen Bereich verschiedenster Zeiten und Kulturen tritt das Auge als Dreieck auf, vor allem dort, wo das Herstellungsmaterial und die Verarbeitungstechnik eine Geometrisierung der Ornamente verlangt. Übrigens zeigten die in Amerika angestellten Versuche zur Entwicklung zweckmäßiger Stopplichtformen, daß der Mensch nicht nur auf augenhafte Rundgestalten, sondern auch auf Dreiecksformen gut reagiert (R. G. Coss 1965). Offensichtlich übt das Dreieck eine Blickfangwirkung aus, die es zum Augensymbol prädestiniert. In der protoelamischen Schrift ist das Dreieck Gottesdeterminativ, im Hebräischen das Zeichen für Jahwe. Sowohl in der phönikischen wie in der althebräischen Schrift kann das Schriftzeichen für »d« dreieckig oder rund sein. Im Samaritanischen ähnelt es entfernt dem ägyptischen Horusauge und wird erst später in der griechischen Schrift zum klaren Delta. Aus dieser Entstehungsgeschichte spricht keinerlei Primärbeziehung zum Genitalbereich. Xenokrates wählt das gleichseitige Dreieck zum Gottessymbol, das gleichschenkelige zum Zeichen der Dämonen und das ungleichseitige für die Menschen (vgl. R. Beitl 1955).

Auch das christliche Auge Gottes wird in Dreiecksform abgebildet. Dieses Symbol wurde erst über steten und nicht abzuwendenden Druck seitens der italienischen Bevölkerung im Mittelalter von der katholischen Kirche eingeführt, die sich lange Zeit gegen Gebrauch und Sanktuierung dieses Zeichens, das ja auch als Genitalsymbol bekannt war, gewehrt hat. Man machte es zur Sinngestalt der Trinität und durch Einschreiben der Augengestalt zum bekannten »Auge Gottes«. Das ältere, auf gotischen Bildern zu sehende Trinitätszeichen, nämlich der Dreistrahl (vgl.

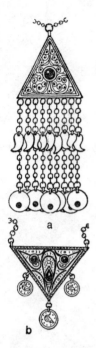

Abb. 154 Dreiecksamulette. **a** Aufrechtes »einäugiges« Dreieck, Miribotas und Lochplättchen als Anhänger (Türkei). **b** Verkehrtes »dreiäugiges« Dreieck mit türkischen Münzen (Jugoslawien).

K. Lipffert 1964), der die ungefähre Gestalt des heutigen industriellen »Mercedessterns« besitzt, trat völlig in den Hintergrund. Vielleicht ist der Vorgang so zu deuten, daß die Bevölkerung uralte, nach allgemeiner Vorstellung bewährte Schutzzeichen, also das Abwehrauge und das Dreieck, in ihren Kirchen und Heiligtümern sehen wollte.

Außer der Ableitung aus dem Einzelauge gibt es für das dreieckige Augensymbol eine weitere Entstehungmöglichkeit, die wahrscheinlich an verschiedenen, voneinander unabhängigen Stellen wahrgenommen wurde. Sie ist im schützenden Stirnauge zu suchen, das mit dem wirklichen Augenpaar in Dreiecksanordnung korreliert ist (S. 422 ff.). Vorerst besteht allerdings kein Grund, diese drei Augen, die ja auf der Fläche des Gesichtes ruhen, durch Linien zum Dreieck zu verbinden. Dieser Vorgang setzt aber ein, sobald die Dreiäugigkeit vom Gesicht losgelöst und isoliert abgehandelt wird. So haben etwa die in Italien verwendeten Joch- oder Kummetaufbauten für Zugvieh, deren Sichtflächen mit jeweils drei Kreis- oder sternförmigen Abwehrzeichen versehen sind, annähernde Dreiecksform. Bei Übertragung dieses Prinzips auf das Umhänge-Amulett kommt es zu exakteren Dreiecksformen, die sich als Auflagefläche für die Augendreiheit anbieten. Ein Anhänger darf weder zu groß, zu schwer noch sonstwie behindernd sein. Glatte Umrißlinien erweisen sich als zweckmäßig. Bei kostbaren Metallen spricht häufig auch das Bestreben nach Materialersparnis mit. Das gleichseitige Dreieck ist die herstellungs- wie auch funktionstechnisch optimale Form, um die drei Augensymbole möglichst deutlich und demonstrativ darzubieten. In weiterer Folge können die Augenzeichen verkümmern und letztlich ganz wegbleiben. Nun wird die Anordnungsgestalt zum Signalträger und fällt damit in die Ritualisierungsform des Einzelauges zurück.

Das Dreieck als Schutz- und Abwehrzeichen, wie auch immer es entstanden sein mag, ist weltweit verbreitet und mannigfach realisiert. Es kann, wie übrigens auch Miribota und Herz, in Taschen- oder Dosenform gearbeitet sein und diverse Amulette oder Substanzen zu magischem Gebrauch enthalten. Die gleich den Tympanons griechischer Tempel giebelförmigen Stirnflächen römischer Sarkophage tragen im Zentrum häufig Abwehrsymbole in Form von Medusenhäuptern, Blütensternen oder Kreisen, womit sie ornamental dem »Auge Gottes« nahekommen. Der anatolische Bauer wieder flicht apotropäische Dreiecke aus Stroh, wie sie auch von E. J. Klaey (1971) beschrieben und abgebildet wurden. Schmuckanhänger in Dreiecksform werden oft in Silberfiligranarbeit hergestellt. In Mazedonien und Albanien tragen Frauen große Silber-

Abb. 155 Dreieck und Rhombus als Stilisierungsform des Auges. **a** Zwei Augensymbole auf Stangen, wahrscheinlich erster Ausgangspunkt des Brüderpaares Kastor und Polydeukes **b** Elamitisches Gottesdeterminativ. **c** Ähnliche Darstellung aus Ägypten. (Figur a–d nach M. Riemschneider 1953.) **d** Doppelgestalt, vermutlich Brüderpaar, in Doppelaxtform (Gefäßdekor des geometrischen Stils, Argos, Griechenland). **e** Menschengestalt in gerundeter Doppelaxtform, kombiniert mit Augensymbolen (böotische Gefäßmalerei, Griechenland). **f** Christliches Auge Gottes (Hauszeichen in Gmünd, Niederösterreich). **g** Dreieckssymbole an der Innenwand der frühchristlichen St. Barbara-Kirche in Göreme (Anatolien). **h** Neben türkischem

Sultanspalast aufgehängte, aus zwei Stangendreiecken gebildete Sechssterne (Miniatur, um 1600). l Aus Samenkörnern gefädeltes Hausamulett (Mittelanatolien). j Drei aus kleinen Dreiecken aufgebaute Dreieckssymbole auf Spinnrocken (Rußland). k Christliches Trinitätszeichen nach Sechssternprinzip auf modernem Grabstein. l Rhombenaugen aus dem Magdalénien. m Aus Samenkörnern gefädeltes Raumamulett in Rhombenform (Mittelanatolien). n Minoisches Kapitell mit Rhombenauge. o Rhombenauge mit Wimpern (bulgarisches Teppichornament). p Rhombenauge mit Wimpern, Iris und Pupille (rumänisches Webeornament). qu Rhombenauge in hochritualisierter Form (ruthenisches Holzschnitzornament).

dreiecke um den Hals, die mit Münzen, miribotaförmigen oder runden Silberplättchen, manchmal auch kleinen stilisierten Händen behangen sind. Je nach Lage des Dreiecks werden die Anhängsel an der unteren Horizontalen oder an den beiden Schrägkanten angebracht.

Eine im Orient verbreitete Verdoppelungsform des Dreiecks ist der Sechsstern, der durch zwei versetzt übereinandergelegte Dreiecke entsteht. Dieser sogenannte Davidstern ist bereits in der Antike nationales Abzeichen des jüdischen Königreiches (vgl. A. Rabbow 1970) und muß wohl als ein Beispiel für die S. 148 ff. beschriebene Tendenz zur imponierenden Wirkungssteigerung durch Summierung von Merkmalen angesehen werden. Die Entstehung des Sechssterns ist möglicherweise so zu erklären, daß für bestimmte Zwecke, beispielsweise zur freien Aufhängung im Raum oder als tragbares Gerät etwa im Sinn eines Feldzeichens, ein weithin sichtbares Symbol benötigt wurde, das man durch Verbindung der Abwehraugen mittels Stäbchen erzeugte. Auf türkisch-persischen Miniaturmalereien sieht man gelegentlich solche Gestelle bei Fest- und Prozessionsdarstellungen. Meist tragen sie an den Ecken irgendwelche Augensymbole. Ohne diesen Herkunftsweg wären die Innenlinien des Davidsterns nur schwer zu verstehen, denn einen gewöhnlichen Stern zeichnet man leichter durch Auszacken eines Kreises. Der Einfluß herstellungstechnischer Notwendigkeiten auf die Objektgestaltung kommt auch in anderen ornamentalen Bereichen stark zur Geltung (S. 161 ff.).

Abb. 155 h (S. 415)

Ebenfalls sechs Abwehraugen bietet der bekannte »Sechspaß«, der mit dem Sechsstern entstehungsgeschichtlich jedoch nicht verwandt, sondern durch sechs im Kreis angeordnete Miribotas gebildet ist. Keine direkte Verbindungslinie zur Augensymbolik dürfte der dem Sechsstern äußerlich ähnelnde Fünfstern oder Drudenfuß besitzen. Hier könnte weit eher eine menschliche Gestalt gemeint sein, die gewissermaßen mit gespreizten Beinen und gebreiteten Armen in »Abfangstellung« den magischen Gefahren entgegentritt. Auch die fünf Finger der bekannten Abwehrhand wären als Ausgangspunkt denkbar. Wichtig ist übrigens, daß das Pentagramm in einem Zug, ohne abzusetzen, gezeichnet wird, da jede Störung der Linie seine Wirkungskraft bricht. Aus diesem Grund läßt bei Goethe der Teufel, um sich zu befreien, den Drudenfuß auf der Schwelle zu Fausts Zimmer durch Mäuse anknabbern.

Weniger häufig als das Dreieck findet als leere Figur das Viereck Verwendung. Zumeist enthält das Viereck einen Punkt oder ist kreuzweise unterteilt und bildet dann vier kleinere drei- oder viereckige Augeneinheiten, die wieder durch Pupillenpunkte gekennzeichnet sind. Die Vorrangstellung der Dreiecksanordnung von Augensymbolen mag davon herrühren, daß man dem menschlichen Gesicht ein solches Zeichen in Stirnmitte besser aufmalen kann als über den Augen, wo es von der Mimik (Hochziehen beziehungsweise Runzeln der Brauen) oder von Haarlocken gestört wäre. Wo bei Naturvölkern Vieräugigkeit im Gesicht angestrebt wird, erzielt man sie eher durch Wangenbemalung oder Ohr-

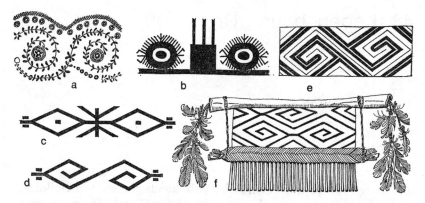

Abb. 156 Stilisierung von Augenpaaren. **a** Verpflanzlichte Gestaltung in feiner Sticktechnik (Tatarei, Rußland) **b** Plakative Gestaltung in grober Sticktechnik (Mazedonien, Jugoslawien). **c + d** Übersetzung in Rhomben und Rhomben mit Innenspirale (Webeornamente auf Frauengürtel, Nordbulgarien). **e** Spiralrhomben als Ärmelstickerei einer Frauentracht (Nordbulgarien). **f** Indianischer Steckkamm mit Spiralrhomben in Flechtarbeit als Amulett (Brasilien).

ringe denn durch Überaugenflecke. Im Orient finden sich häufig zwei Augensymbole in Gestalt von Blumen oder Sternen auf Gesichtsschleiern knapp unterhalb der Augen, von denen sie ablenken sollen. Die mit dem Viereck zusammenhängende Problematik der »Vieräugigkeit« wurde S. 149 im Zusammenhang mit dem Thema »Imponieren« behandelt.

Recht häufig in der Augensymbolik ist der ungeteilte, quergestellte, mitunter durch einen Wimpernkranz eingefaßte Rhombus, in dem man unschwer das geometrisierte Abbild des naturalistischen Auges erkennt. Hier drängt sich das Bild des im Vulgärmilieu üblichen, an Toiletten- oder Hauswänden aufgezeichneten Signums für die weibliche Genitalpartie auf. Meiner Überzeugung nach handelt es sich auch hier, ähnlich wie bei den früher erwähnten Dreieckszeichen, um ein altes, tabuisierendes Augensymbol, das später infolge seiner Gestaltähnlichkeit mit dem weiblichen Merkmal, die man durch Hochstellen des Rhombus noch betont hat, zum sexuellen Zeichen umgemünzt wurde. In Berlin ist für die Vulva und einschlägige Zeichnungen der Ausdruck »Bärenauge« gebräuchlich. Analog zu diesem weiblichen Genitalsymbol trug beim Perchtenlaufen in Gastein (Salzburg) die von einem Burschen verkörperte »Schiachkappen-Nachtänzerin« auf der weißen Unterhose einen roten Rhombus an entsprechender Stelle, den sie, ähnlich dem Schampräsentieren der !Ko-Buschleute, durch wiederholtes Hochheben des Rockes den Umstehenden darbot (E. Lies 1970 a). Es handelte sich dabei um eine von den Burschen erfundene Variante der im Brauchtum häufigen Frauenparodierung.

Dreieck, Sechsstern, Quadrat und Rhombus sind die für Augenornamente typischen Vielecke. Andere Formen kommen in der Regel nicht vor, es sei denn, man bezieht auch die vielzackigen Sterne mit ein.

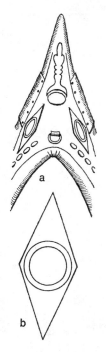

Abb. 157 Rhombenaugen auf Pferdekummet (Österreich). **a** Rückansicht des Oberteils, Augen schräg rückwärts weisend. **b** Auge in Draufsicht.

48. Lebensbaum, Dreisproß

Als Dreisproß bezeichnet man in der Volkskunde bestimmte dreigliedrige Objekte und Ornamente sehr unterschiedlicher Gestalt, die im gesamten Brauchtums- und Volkskunstbereich eine sehr große Rolle spielen und gemeinhin als Symbol des Lebensbaumes gelten, eine Auffassung, der die oft stark betonte Pflanzlichkeit solcher Gebilde entgegenkommt. Wenn man sieht, was alles in diesen Begriff hereingenommen wird, gewinnt man den Eindruck, daß die Volkskunst von Lebensbäumen geradezu überquillt (vgl. R. Bauerreiss 1938, H. Th. Bossert 1962, E. Fél 1961, U. Homberg 1922, C. v. Spiess 1934, A. Wünsche 1905). Konsequenterweise gehören dann etwa die von tibetischen Mönchen und indischen Fakiren getragenen Stäbe mit ihren drei Enden ebenso dazu wie das Stirnzeichen indischer Götter, der Kopfschmuck athenischer Priesterinnen, die Ohrgehänge tibetischer Frauen, das dreiblättrige Tulpenmotiv oder die Lebensrune. In Blumen übersetzt finden wir das Dreisproß- beziehungsweise Lebensbaummotiv als Wappen, Hauszeichen, Türbemalung, Kleiderschmuck und vieles andere mehr. Schon J. Grimm (1854) versucht die germanische Vorstellung von der Weltesche Yggdrasil und ihrer Ast- und Wurzelreihheit mit orientalischen Erzählungen in Einklang zu bringen und zieht auch einen Vergleich zur germanischen Irminsul, von der drei oder auch vier Straßen ausgegangen sein sollen, um damit indirekt eine Art allmenschlichen Urbaum-Glaubens nachzuweisen.

Tatsächlich bietet sich der Baum kraft seiner Größe, des Wachstums vom kleinen Samenkorn zu überragender Mächtigkeit und des späteren Verfalles und Absterbens als Lebens- und Gemeinschaftssymbol für den Menschen an. Die feste Verwurzelung im Boden, der harte Stamm, die Entfaltung der Krone lassen sich zu Vergleichen gut heranziehen. Dazu kommt die Zweckmäßigkeit und leichte Verfügbarkeit des Baumes als Regen-, Wind- und Sonnenschutz. Er spendet Holz zum Heizen und Bauen, Laub als Futter und Streu für die Tiere, Äste zum Herstellen von Dächern, unter Umständen Samen und Früchte als Nahrung für Tier und Mensch, und letztlich bietet ein Wald im Kriegsfall auch Tarn- und Versteckmöglichkeit. Erwähnt sei ferner die hohe Bedeutung der Obstbäume nicht nur der regelmäßig zu erntenden Früchte, sondern auch der so beliebten Blütenpracht wegen. Vielseitiges Brauchtum befaßt sich mit dem Obstbaum (vgl. O. E. Schultz 1937). Die ganze Fülle der durch den Baum gebotenen Möglichkeiten kann hier nicht annähernd aufgezählt werden. Eindrucksvoll ist auch das Größerwerden des jungen Baumes. Man stellt daher gern magische Verbindungen zum Heranwachsen eines Kindes her und pflanzt etwa bei der Geburt eines Knaben einen kleinen Baum. Der Baum wird auch zum Symbol für Haus- und Dorfgemeinschaften, ja man hat versucht, von hier aus den germanischen Lebensbaum, die mythische Weltesche und die reale Irminsul als Volkssymbole zu erklären (vgl. L. F. Boette 1932–1933). Das Setzen von Bäumen bei Jubiläen und »aus besonderen Anlässen« ist allgemein geläufig. Es sei nur an diverse Schubertlinden oder die Linden und Eichen erinnert, die anläßlich des 50jährigen Regierungsjubiläums von Kaiser Franz Joseph I. im Jahre 1898 in Österreich feierlich gepflanzt wurden. Vor einiger Zeit setzten die Zoologieprofessoren und -studenten der Wiener Universität anläßlich einer Demonstration für den Neubau ihres Institutes symbolisch drei Birken.

Es ist kein Zufall, daß im Rahmen des modernen Natur- und Umweltschutzes der Kampf so leicht um gefällte oder zu fällende Bäume entbrennt, obwohl etwa die Trockenlegung von Tümpeln nicht weniger bekämpfenswert, ja oft sogar viel gefährlicher und folgenschwerer ist. Baumheiligtümer (vgl. M. Höfler 1892, W. Mannhardt 1904–1905) gibt und gab es auf der ganzen Welt bei allen Völkern, und das Umschlagen sakraler Bäume galt immer als überaus schwerwiegender Eingriff. Vielfach kamen Expeditionen auf Südsee-Inseln nach ahnungslosem Fällen von Tabu-Palmen in größte Schwierigkeiten (vgl. O. Heinroth 1902). Im islamischen Raum war es sogar üblich, einem nicht tragenden Fruchtbaum ein Ultimatum auf Jahresfrist zu stellen, ehe man ihn nach Ablauf dieser Zeitspanne fällte (A. Mazahéri 1957). Mohammed entfachte unter seinen Anhängern nahezu eine Revolution, als er das Umhauen Feinden gehörender Dattelpalmen befahl. Das vordringende Christentum ließ die heiligen Bäume der Germanen planmäßig im Zuge der sogenannten »Heidenbekämpfung« fällen. Wie tiefgreifend der Verlust eines solchen »heiligen« Baumes für den Eigner und Verehrer sein muß, ist anhand der Tatsache zu ermessen, daß selbst das Umschlagen eines ganz gewöhnlichen Baumes früher vielerorts mit magischen Entschuldigungsriten gekoppelt war. Hierher gehören auch die Kreuze, die der Holzfäller mitunter heute noch in den zurückbleibenden Strunk schlägt (L. Schmidt 1966). In dieselbe Richtung weist eine Episode aus der Nachkriegszeit um 1945. Als die Russen in einem niederösterreichischen Waldrevier reichlich Bauholz schlugen (in Rußland ist der großflächige Kahlschlag = »Russenschlag« gebräuchlich), hängte der zuständige Förster in seiner Verzweiflung Kreuze und Heiligenbilder an alle ihm besonders wertvollen Bäume, die von den Soldaten der Roten Armee dann auch prompt als »Heiligtümer« verschont wurden. In voller Funktion befindliche

Andachtsbäume sieht man noch in der Gegenwart an Waldwegen, ja selbst in entlegensten Waldteilen (vgl. W. Hirschberg 1949). Entfernt man versuchsweise eines der daran befestigten Bilder oder Kreuze, so wird es meist bald durch ein anderes ersetzt. Häufig befinden sich, dem heutigen Zeitgeist entsprechend, an solchen Bäumen Vogelfutterkästchen.

Schon im ältesten Schamanentum kommt dem Baum hohe Bedeutung zu. Er ist die Leiter, um in den Himmel zu steigen, in Nestern auf seiner Krone wachsen Schamanen heran (vgl. H. Findeisen 1957, A. Lommel 1965). Der alttestamentarische Paradiesgarten dürfte mit ihm verwandt sein, entspricht doch auch das Paradies als eine für den Menschen nicht erreichbare Zufluchtstätte aller Tiere, wo sie weder gejagt noch beunruhigt werden, uralten schamanistischen Jägervorstellungen. Es sei hier außerdem nochmals die sagenhafte Weltesche Yggdrasil mit ihren drei Wurzeln, unter denen die Göttin Hel, die Reifriesen und die Menschen wohnen, erwähnt. Eine in diesem Zusammenhang interessante Dreiheit ist auch in dem chinesischen Sprichwort enthalten, wonach ein rechter Mann in seinem Leben »einen Sohn zeugen, ein Buch schreiben und einen Baum pflanzen« soll. Allen drei Handlungen ist nämlich gemeinsam, daß sie die Wirksamkeit des Lebens über den Tod hinaus fortsetzen. Das englische Wort »tree« entstammt der gleichen Wurzel wie das deutsche Wort »Treue«.

Diese sicherlich allgemeinmenschliche und tief empfundene Grundeinstellung im Verhältnis Mensch zu Baum läßt das eingangs erwähnte weltweite Wuchern der Lebensbaumornamentik, die aber bei aller Verschiedenartigkeit immer Dreisproßanordnung zeigt, verständlich erscheinen, und man ist fast schon überzeugt, Dreisproß beziehungsweise Lebensbaum könnten nur der Pflanzenwelt abgeschaut und als Baumsymbol gemeint sein. Bei biologischer Betrachtung endet hier jedoch der bisher durchgehende logische Faden. Der erste aus dem Samenkorn brechende Keim eines Laubbaumes, den man als ornamentalen Ausgangspunkt ansehen könnte, ist nicht drei-, sondern zweisprossig, da die Keimblätter paarig angelegt sind (vgl. R. H. Francé 1941, R. Wettstein und K. Schnarf 1931). Auch das nächste Blätterpaar, das zwar zusammengefaltet, doch deutlich gespalten erscheint, spreizt sich alsbald wiederum zweisprossig auseinander. Den Großstädter, der ja (von den Gebrüdern Grimm angefangen) zumeist die wissenschaftliche Volksforschung trägt (vgl. L. Schmidt 1951, 1966), mag dies nicht weiter stören. Der Wildbeuter, Ackerbauer, Hirte oder Jäger, der fast immer ein sehr guter und geduldiger Beobachter ist, würde ein dreisprossiges Baumsymbol jedoch als Fehler bewerten und nicht akzeptieren. Trotzdem ist diese Ornamentik allüberall und zu allen Zeiten verbreitet. Dazu kommt die psychologische Überlegung, daß als Sinnbild für den starken, verehrungswürdigen Baum etwas so Zartes, Schutzbedürftiges wie ein junger Sproß nicht gerade treffend erscheint. Die vom Menschen geschaffenen Symbole lassen immer irgendwie das Streben nach imponierender Selbstdemonstration erkennen. Wo das keimende Pflänzchen bewußt als Symbolelement eingesetzt ist, findet es sich fast immer in ornamentaler Kombination mit der beschützenden Hand, der fördernden Sonne, dem nährenden Regen oder dem pflanzenden Spaten. Genauso ordnet man dem menschlichen Kleinkind, wo es als Sinnzeichen dient, meistens Motive zu, die sein Schutzbedürfnis unterstreichen. Ein Pflanzenkeim als Hauszeichen, gewissermaßen einem über die Tür gemalten Baby vergleichbar, ist aus ethologischer Sicht nur schwer vorstellbar. Das Grunderfordernis sozialer Revierdemonstration ist ein den Gegner distanzierendes Animponieren, das die Verwendung von Symbolen der Schwäche und Hilflosigkeit ausschließt, es sei denn auf Findelhäusern, Gebärkliniken, Kindergärten oder ähnlichen Einrichtungen, die ihre Imponierwirkung aus der Sozialfunktion beziehen. Jedoch gerade als Wohnhausbemalung treten Dreisproß- beziehungsweise Lebensbaummotive bei verschiedensten Völkern in Erscheinung.

Die nächste Möglichkeit, den Lebensbaum als »Baum« zu erklären, läge bei der einfachsten, an einen aufgestellten Rutenbesen erinnernden Dreisproßvariante, die eventuell eine durch zeichnerisches Unvermögen entstandene Reduzierung eines ausgewachsenen Baumes auf Stamm und dürre Äste sein könnte. Hier freilich erscheint die Diskrepanz zwischen Symbolzeichen und auszudrückender Bedeutung noch größer als im Falle des Pflanzenkeims. Der Baum wird durch sein Grünen, seine Beständigkeit zum Sinnzeichen für das Wort Gottes, also für Gesetz und Festigkeit (K. Lipffert 1955). Der dürre Baum hingegen ist Symbol des Todes, der Sünde. Fruchtbare Bäume gelten im Alten Testament als Abbilder der Frommen, unfruchtbare als solche der Sünder (A. Heller 1950). Dementsprechend deuten Wahrsager einen Traum von belaubten Bäumen als Anzeichen für eine sorgenfreie Zeit, wohingegen kahle Bäume als Warnung gelten. Träumt ein Kranker vom Fällen eines Baumes, wird er nicht oder nur schwer genesen (K. Martin 1970). In der frühen Militärgerichtsbarkeit hieß Gehängtwerden an einem grünen Ast, daß nach Urteilsvollzug das Ansehen des Delinquenten wiederhergestellt sei, wogegen die Hinrichtung am dürren Ast Ehrlosigkeit für immer bedeutete. Das in der Gotik öfters auftretende »grüne Kreuz Christi« ist vielleicht so entstanden, daß damalige, der Halsgerichtsbarkeit kundige Leute nicht einsahen, warum der Heiland und Erlöser an einem trockenen toten Kreuz hängen soll, wo doch zur Schuldtilgung der grüne Ast gehört (vgl. H. Patera 1960). Aus der Völkerkunde sind mir keine nachweisbaren Baumdarstellungen bekannt, die dem hohen Vereinfachungsgrad des besenartigen Dreisprosses entsprechen würden. Auch die Entwicklung der kindlichen Zeichentechnik bringt kaum Anhaltspunkte dafür, daß diese Form eine primitive, auf grafischer Hilflosigkeit beruhende Darstellungsweise des Baumes sei. Die Laubkrone wird von Kindern meist durch Kreislinien oder durch ein Blättermuster, der kahle

Baum durch eine größere Anzahl von Ästen, an denen oft auch Zweige sitzen, dargestellt (vgl. W. Pfleiderer 1930, R. Böttcher 1943). Weiter ist zu bedenken, daß man nicht überall den Begriff »Baum« mit denselben Merkmalen verknüpft. Abgesehen von Menschen wie etwa den Eskimos, die vor ihrer Akkulturation überhaupt keine Bäume kannten, gibt es Völker, die niemals etwas anderes als tannengestaltige Nadelhölzer zu Gesicht bekamen, und solche, die nur Palmen sahen. Gleichwohl aber verwenden sie ohne jede Wirtschaftsbeziehung zu anderen Landschaftstypen seit alters her das Dreisproßmotiv.

Bei Zusammenfassung aller hier aufgezählten Tatsachen möchte ich

Abb. 158 Dreisproßentstehung durch Zusammenwachsen dreier Augensymbole. **a** Kopf und Hand der tibetischen Göttin Tara (Standbild im Kloster Traschilhümpo, vgl. H. Harrer 1960). **b** Skulptur eines tibetischen Zauberpriesters. **c** Skulptur von Bodhisattva Avalokitesvara (Nepal, 16. Jh.). **d** Skulptur von Asudevata (Nepal, 19. Jh.). **e** Stupa (buddhistischer Sakralbau) aus Nepal. **f–h** Durch Zusammenrücken der Augendreiheiten von Figur b–d (Versionen ohne und mit Brauen) entsteht ein dreisprossiges Lilien- oder Tulpenmotiv. **i** »Drittes Auge« in Dreisproßform (Detail eines indischen Heiligenbildes). **j** Indischer Gott Sani mit Dreisproßstäben (nach einem alten Stich). **k** Tibeterin mit Dreisproßamuletten (vgl. H. Harrer 1960). **l** Fakir aus Benares mit zwei durch die Zunge gesteckten Dreisproßstäben.

einen zwingenden Zusammenhang zwischen natürlichen Bäumen und
den Dreisproß- beziehungsweise Lebensbaumvarianten verneinen, ohne
damit die Symbolvorstellung vom »Baum des Lebens« an sich in Frage
zu stellen. Sicherlich kann auch einmal ein allegorischer Lebensbaum
dreigliedrig sein, mit der Urentstehung des Dreisproßmotivs hat das
aber nichts zu tun. Die vermutlich echte Wurzel tritt jedoch zutage,
wenn man gedanklich die beiden Augen eines indischen Buddhabildes
so weit zusammenrückt, bis sie sich mit dem Stirnauge berühren. Nun
hat man das elementare Lebensbaummotiv vor sich. Ein solcher Stilisierungsweg
ist im Zuge zeichnerischer Reduzierung eines Gesichtes auf das
Wesentliche durchaus nichts Neues. So gibt es beispielsweise sehr wirksame,
nur aus Augen oder Augensymbolen aufgebaute Werbegrafiken,
die man sofort in der Vorstellung zum Gesicht ergänzt und für dieses
nimmt (vgl. H. Bayer 1967, J. Müller-Brockmann 1968, H. Spencer
1970). Bei der grafischen Abwandlung solcher Motive kann es leicht zu
Konfigurationen kommen, die jener der neu gruppierten Buddha-Augen
prinzipiell entsprechen. Stirnaugen sind, wie am Beispiel Buddhas zu
sehen, mitunter als Blüten dargestellt, gleiches gilt für die Augen der
Handflächen. Da Auge und Blüte also gegeneinander austauschbar sind,
ist auch das normale Augenpaar in Blumen übersetzt denkbar. Hiermit
wäre das Grundkonzept zu allen blühenden Lebensbaum- und Blumenstockmotiven
gefunden, wie sie uns auf Wappen und Hauszeichen auch
des europäischen Raumes so häufig begegnen (vgl. K. Falus und A. Schiller
1955, E. Fél, T. Hofer und K. Csilléry 1969). Diese Feststellung soll
natürlich nicht besagen, die dreigliedrigen Motive stammten in direkter
Linie von der Buddhafigur ab. Ich bin jedoch der Überzeugung, daß fast
jegliche Dreisproß- und Lebensbaumornamentik auf der so weltweit
verbreiteten Vorstellung magischer Dreiäugigkeit beruht. Jedes einschlägige
Motiv ist daher ursprünglich die Synthese dreier Augensymbole,
die auf dem Ritualisierungsweg zu vielerlei eigenständigen ornamentalen
Formen entwickelt wurden. Ähnlich den anderen Augenabwandlungen,
dienen Dreisproß- und Lebensbaummotive weltweit als Schutz- und
Heilszeichen. Besonders reich an Dreisproßvarianten ist die Situlenkunst
(vgl. K. Kromer und F. Bachmayer 1962).

Eine Spezialvariante des Dreisproßornamentes ist der »iranische Lebensbaum«
beziehungsweise das »Tulpenmotiv«. Im gesamten Verbreitungsgebiet
dieses Motivs gilt die Miribota, die ja ein Augensymbol ist
(S. 299 ff.), als wirksames Abwehrzeichen gegen den »bösen Blick« und
bildet hier auch die Grundform der Augenschminkung, bei der man die
äußeren Augenwinkel stark unterstreicht und schräg hochzieht. Nun
läßt sich beobachten, daß häufig auch das Stirnauge in Miribotaform
gestaltet wird, was jedoch grafische Schwierigkeiten bereitet, da die
Miribota asymmetrisch ist und die Regelmäßigkeit des Gesichtes stört.
Man hilft sich, wie aus vielen Darstellungen zu ersehen, durch Aufrichten
der Zentralfigur, wobei man die seitliche Spitzenabweichung mit-

Tafel 38-41

unter durch rückführende Verlängerung des Endschwänzchens der Symmetrie annähert. Als ornamental befriedigendste Lösung wird das Mittelstück zur lateralsymmetrischen Tropfenform gewandelt (vgl. H. Th. Bossert 1959, 1962). Durch Ritualisierung der drei Augen zum eigenständigen Ornament entsteht nahezu zwangsläufig das Tulpenmotiv. Ausgezeichnete Beispiele für diesen Lebensbaumtypus liefern die Rückenstickereien auf Trachtenjacken vom Balkan bis nach Indien (vgl.

Abb. 159 Dreisproßentstehung durch lineare Verstrebung dreier Augensymbole. **a–c** Augen von Abb. 158 b–d, durch drei Striche verbunden (Versionen ohne und mit Brauen). Auf diese Weise wird jede Augendreihe zum verpflanzlichten Ornament. **d** Dreisproß aus stilisiertem bewimpertem Augenpaar und Mittelauge (nordbulgarisches Stickornament). **e** Augenhafter Dreisproß auf spanischer Männertracht. **f** Blütenhafter Dreisproß auf bulgarischer Frauentracht. **g** Dreisproß aus Kornblumen auf dem Wappen der niederländischen Stadt Blaricum. **h** Dreisprossiges Blumenstockmotiv als Truhendekor (Oberösterreich). **i–l** Das vogeltrittartige Anordnungsgerüst der Augendreihe als selbständige Abwehrgestalt. **i** Gerichtspersonen mit rutenartigem Dreisproß bei Hexenfolterung in Maastricht (1750, nach einem alten Stich). **j** Anatolischer Hirtenmantel mit Dreisproß an den Schultern. **k** Benin-Häuptling mit Dreisproß auf festlicher Kopfbedeckung (Afrika). **l** Dreisproß in der Hand eines peruanischen Teufelstänzers.

A. Kinert und D. Zdunić 1964, R. E. Koçu 1967, K. Šmirous und B. Šotková 1956, M. Tilke 1948). Oft kehrt man die ursprünglich aufwärts gekrümmten Schwänzchen des flankierenden Miribotapaares nach unten, wodurch die Tulpenwirkung vervollkommnet wird. Auch die orientalische »Abwehrhand« ist oft in Richtung Tulpe stilisiert. Auf dem Wege über die menschliche »Attrappensichtigkeit« wird dann schließlich die echte Tulpe in das System einbezogen und selbst zum magischen Bedeutungsträger (S. 358 f.).

Neben dem Zusammenwachsen dreier Augensymbole sehen wir bei der Lebensbaumornamentik noch ein weiteres Gestaltungsprinzip, das seinen Ursprung im Funktionalen hat. Wie S. 161 ff. näher ausgeführt, entwickeln Herstellungsweise, Material und Verwendungsart eine gewisse Eigengesetzlichkeit, die dem Endprodukt ihren Stempel aufdrückt. Die Augendreiheit, einem Untergrund mühelos aufzumalen, benötigt dort, wo sie aus Einzelsymbolen zum tragbaren Gerät zusammengesetzt werden soll, statischer Hilfsmittel in Form verbindender Streben (vgl. M. Riemschneider 1953). So entsteht die bereits erwähnte besenartige Dreisproßgestalt. Auch Dreiecksformen bieten sich an, und tatsächlich finden wir solche recht häufig in gleicher magischer Verwendung wie den Dreisproß, infolge ihrer figürlichen Geschlossenheit jedoch weniger variiert als diesen. Auf der Suche nach volkstümlichen Dreisproßvarianten stoßen wir zum Beispiel auch auf den Dreizack Neptuns. Dieses oft als »Fischgabel« angesehene Gebilde ist, wie jeder antike Fischstecher genau wissen mußte, ein für den Fischfang ziemlich untaugliches Gerät, das in der Praxis der geringen Trefflleistung wegen kaum verwendet wird. Um das für den Stechgebrauch optimale Verhältnis zwischen Gabelbreite und Zinkenzahl herzustellen, werden Fischstecher meist fünfzackig konstruiert. Es ist kaum vorstellbar, daß der Meeres- und Fischereigott von seinen Anhängern ein so kümmerliches Arbeitsgerät wie den Dreizack in die Hand gedrückt bekam. Viel eher ist anzunehmen, daß man ihm ein Schutzzeichen in Form des aus der Augendreiheit entstandenen apotropäischen Dreisprosses geben wollte, dem man nur eben situationsadäquat Fischgabelgestalt verlieh. Dies ist um so wahrscheinlicher, als auch die meisten anderen Götter durch irgendwelche magischen Abwehrsymbole geschützt sind. Im skythischen Bestattungsbrauchtum trug man der Prozession zur Abwehr böser Geister Standarten voran, die einen Dreizack trugen, an dessen Spitzen Rasseln befestigt waren (S. Piggott 1961). Bei den vier Eingängen des kretischen Knossos-Palastes finden sich, wie auch im königlichen Megaron, zahlreiche grob und unregelmäßig in die Wand geritzte Dreizacke, die ihrer Position nach offensichtlich apotropäische Bedeutung hatten.

Einmal vorhanden, ist das Lebensbaum- beziehungsweise Dreisproßprinzip für alle Entfaltungsmöglichkeiten offen, die wir von anderen Ornamenten oder Symbolen her kennen. Die einfache Grundform kann komplizierter gestaltet oder auch vervielfacht werden, ganz wie die

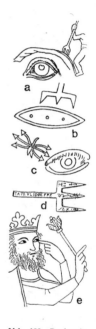

Abb. 160 Dreizack und Dreisproß gegen »böses Auge«. **a–c** Details antiker Reliefs und Amulette. **d** Von Paracelsus empfohlener Dreizack gegen durch Blickzauber entstandene Impotenz. **e** König Dadanius hält Dreisproßzepter gegen »bösen Blick« eines Dämons (Detail eines Sakralgemäldes, Schweiz).

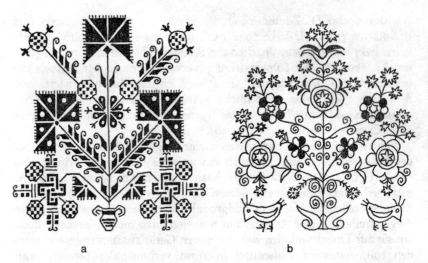

Abb. 161 Durch luxurierende Multiplizierung des einfachen magischen Dreiersystems entsteht die verwirrende Vielfalt der Lebensbaumornamentik. **a** Trachtenstickerei aus Württemberg (Deutschland). **b** Trachtenstickerei aus Ungarn.

menschliche »Imponiertendenz« es verlangt. Es ist dann nicht zuletzt Frage des Herstellungsmaterials und des Untergrundes, wie das Endprodukt aussieht. Das häufige Hervorsprießen des Lebensbaumes aus einer Vase oder in späterer Variation aus einem Blumentopf hat höchstwahrscheinlich gar nichts mit dem Nährstoff Wasser oder Erde zu tun, sondern geht mit ziemlicher Sicherheit darauf zurück, daß Gefäße, insbesondere Vorratsgefäße schon seit der Jungsteinzeit bevorzugte Träger für Abwehraugen sind (R. Pittioni 1949). Auf einem etwa um die Jahrhundertwende erbauten Haus in Zagreb befindet sich in Dachmitte eine große Dekorationsvase, in der eine aus Blech verfertigte, lateralsymmetrisch konstruierte Agave sitzt, deren zentraler Blütenstamm an höchster Stelle anstatt der Blüten eine runde Scheibe mit Abwehraugen trägt. Öfters zeigen die bekannten Eingangsvasen älterer Repräsentativbauten auf dem Gefäßbauch ein verschöntes Medusenhaupt. Vase oder Topf einerseits und blühender, rankender Lebensbaum anderseits bilden also offenbar keine Entwicklungseinheit, sondern stellen eine Sekundärkombination aus zwei verschiedenen Abwehrmitteln dar. Wir haben es mit einer ursprünglich sicherlich beabsichtigten Wirkungssummierung analog der ethologischen Reizsummenregel (A. Seitz 1940, 1941) zu tun, aus der sich die überaus sinnvoll erscheinende, für den Gestalter »verlockende« Kombination zwischen Topf und Pflanze herstellen ließ. Es handelt sich ja um offene Systeme, deren Einzelfaktoren immer neue und kompliziertere Beziehungen und Verbindungen eingehen, die im Prinzip an die Regelkreissysteme der Kybernetik erinnern (vgl. K. Lorenz 1974, W. Wieser 1959).

Einerseits kann der Dreisproß zum vielfach verästelten, pflanzlichen Lebensbaum luxurieren, andersseits auf die einfachste Vogeltrittform zurückfallen. In Zentralanatolien nahe dem Salzsee Tuz Gölü werden solche Figuren mit blauer oder weißer Farbe über Fenster und Türen gemalt. Auf der türkischen Festung Kanli Kula in Hercegnovi (Jugoslawien) sind Vogeltritte in die Stufen des Zugangsweges gehauen. Interessanterweise findet sich das gleiche Zeichen auf einzelnen alten Granitpflastersteinen in Wien, vorzugsweise an Straßenkreuzungen oder an Eckpunkten des Gehsteiges. Freilich haben spätere Umpflasterungen die ursprüngliche Verteilung stark verwischt. Auch in der Wegbefestigung des Wilhelminenberger Institutes, die aus altem Wiener Granitpflaster hergestellt wurde, befindet sich ein solcher Vogeltritt. Bei Durchsicht der Steinmetzzeichen, die früher in den Granitsteinbrüchen um Wien verwendet wurden, fand ich keine voll entsprechenden Muster. Vielleicht ist dieser Vogeltritt die variierte Fortsetzung des einst geübten Brauches, bei Straßen- oder Brückeneröffnungen zuallererst einen Hahn darüberlaufen zu lassen. Das Einmeißeln oder Eindrücken von Trittspuren in ein Substrat entspricht durchaus menschlichem Ideengut. Einerseits werden in zahlreichen Sagen fußformähnliche Gesteinsstrukturen als Abdrücke gedeutet (auf der Burg von Nürnberg sollen es Spuren von Pferdehufen sein, im heiligen Stein der großen Moschee in Jerusalem will man Fußabdrücke Mohammeds erkennen usw.), andererseits stellt man heute solche eigens her. In Sarajevo ist die Fußspur des Thronfolgermörders Princip an jener Stelle zu sehen, wo Franz Ferdinand erschossen wurde, in Hollywood läßt man vor einem bestimmten Theater prominente Filmgrößen ihre Füße in Beton eindrücken. Die Möglichkeiten des Ausnützens der Vogelfüße in Richtung Dreisproßornamentik wurden S. 393 f. besprochen. In diesem Zusammenhang erwähnenswert ist die in China als Glücksbringer geltende Fledermaus. Das Flugbild wird sichelmondförmig dargestellt und zeigt vorn am Kopf sowie hinten am Schwanz flache Dreisproßform. Auch die flügelspannenden Fingerknochen wirken dreisprossig. Am auffälligsten jedoch sind je drei als Dreisproß gezeichnete Krallen am Flügelbug, wo Fledermäuse in Wirklichkeit nur eine Kralle haben, was so hervorragenden Naturbeobachtern wie den Chinesen sicher nicht entgangen ist. Das Zuordnen des Dreisprosses kann hier überhaupt nur magische Gründe haben. In ähnlicher Weise wandelte man in hellenistischer Zeit die sichelförmige Schwanzfluke des Delphins zum Dreisproß und verlieh mitunter auch der gegabelten Schlangenzunge eine Mittelzacke. Wo unzweifelhaft Bekanntes in einer bestimmten Richtung verändert wird, gibt sich das Angestrebte, in unserem Fall die apotropäische Dreisproßgestalt, immer am besten zu erkennen. Tote Vögel, zur Dreisproßform ausgespannt, dienen mitunter auch als Schutz- und Abwehrzeichen (S. 400). Die Übersetzung ins Moderne sind dann kleine, als Amulette hergestellte Düsenjäger aus Plastik, deren Dreisproßgestalt offenbar genauso hilft wie die der alten Abwehrmittel.

Tafel 39 (3)

Abb. 162 a (S. 428)

Abb. 143 (S. 385)
Abb. 144 h, k (S. 389)
Tafel 49 (11)

Das auch in unserem Kulturraum da und dort gebräuchliche Annageln ausgespannter Vögel an Scheunentore (R. Beitl 1955) ist im Hinblick auf das Dreisproßmotiv noch nicht näher untersucht worden. Die einfachste Dreisproßvariante fand ich auf dem Festungsberg von Alanya (Türkei), wo das einsturzgefährdete und dadurch schwer ersteigbare Kuppeldach der byzantinischen Kirche durch einen ad hoc aus dem Blütenstamm eines lilienartigen Gewächses hergestellten Dreisproß gekrönt war.

Tafel 39 (2)

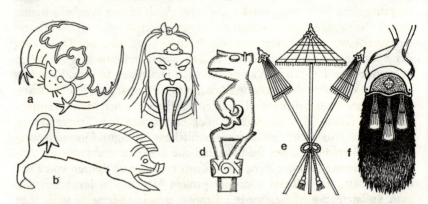

Abb. 162 Magischer Dreisproß, aus unterschiedlichen Strukturen gebildet. **a** Fledermaus in tulpenartiger Dreisproßgestalt mit Dreisproßkrallen, Dreisproßbart und Dreisproßschwanz (Detail eines chinesischen Stoffmusters). **b** Eber mit Dreisproßschwanz auf Relief aus Alacahüyük (Kleinasien, 13. Jh. v. Chr.). **c** Chinesischer Kriegsgott Kuan Ti mit Dreisproßbart (Porzellanfigur). **d** Phantasiegestalt mit Dreisproßklauen (Schnitzfigur aus Kleinasien) **e** Sonnenschirme mit Dreisproßspitzen in Dreisproßanordnung, verbunden durch apotropäische Augenschleife mit Quasten (Detail einer indonesischen Stoffmalerei mit Wayang-Figuren). **f** Quasten in Dreisproßanordnung auf schottischem Sporran (Gürteltasche).

Gerade der Dreisproß ist ein Musterbeispiel dafür, welch geringe Rolle Herstellungsmaterialien und Gestaltungsmittel für den Gläubigen mitunter spielen, wenn nur die magische Gestalt ihre entsprechende Wiedergabe findet. Mitteleuropa zum Beispiel besitzt eine weitverbreitete und beliebte Dreisproßform, nämlich den weihnachtlichen Nadelzweig. Einen Parallelfall haben wir im Feldzeichen der österreichischen Armee, dem dreiblättrigen Eichenlaub, das in naturgetreuer Ausführung noch bis 1938 regelmäßig bei Paraden aufgesteckt wurde (O. Teuber und R. v. Ottenfeld 1895). Sogar noch heute hat es seine Aktualität bei der Wiener Neustädter Bürgergarde, die es in Plastikausfertigung auf den Bärenmützen trägt. Das schon im Dreißigjährigen Krieg gebräuchliche Aufstecken grüner Zweige diente ursprünglich dem Zweck, die bunt zusammengewürfelten Söldner einer Armee einheitlich zu kennzeichnen. Daß dieses Reis bei der Wandlung zum Paradeabzeichen die lateralsymmetrische Dreisproßform annahm, ist kaum Zufall, sondern kann mit Sicherheit als Ausdruck der in Soldatenkreisen seit eh und je lebendigen

Gläubigkeit an magische Regeln und Mittel angesehen werden (vgl. H. Patera 1960).

Mit der Abhandlung des Dreisprosses ist aber das Thema Lebensbaum nicht voll ausgeschöpft. Unter einem Lebensbaum wird botanisch die Thuja, gelegentlich auch die Zypresse verstanden. Beide zeigen eine steile Kegelgestalt und dunkles Grün, beide kann man als Friedhofsbäume bezeichnen, da sie auf Begräbnisstätten die Masse des Baumbestandes bilden. In Italien wie in fast allen Mittelmeerländern sind sie häufige Alleebäume, die vor allem kurze Wege zu Häusern flankieren oder auch unmittelbar bei Eingängen stehen. Wie S. 360 f. dargelegt, wird speziell die Zypresse im vorderasiatischen Bereich, offensichtlich aufgrund ihrer spitzovalen Wipfelform, der Miribota gleichgestellt und als Blickabwehr- und Schutzsymbol verwendet. Bei Römern und Griechen diente der Zypressenzweig als Abwehr gegen Böses und wurde vor allem verwendet, wo eine Leiche im Haus lag, also gefahrbringende Unreinheit herrschte (P. Geiger 1932–1933). Wohl als Folgeerscheinung diente bei den Griechen der an die Haustür geheftete Zypressenzweig als Todesanzeige (L. Weiser – Aall 1936–1937). Im Mittelalter räucherte man mit Zypressenzweigen gegen Krankheiten, die durch Faszination entstanden waren. Als später die der Zypresse gestaltlich sehr ähnliche *Thuja occidentalis* aus Amerika importiert worden war, kam es zu einer brauchtümlichen Vermischung. Außerdem wurde aus der Thuja ein Abtreibungsmittel hergestellt. Auch verjüngende Wirkung schrieb man ihr zu. Der Name Lebensbaum scheint demnach ebenso vielschichtige Hintergründe zu haben wie die Tatsache, daß bei vielen Bauernhäusern solche Lebensbäume gepflanzt wurden.

Abschließend sei festgestellt, daß der Formenkreis Lebensbaum – Dreisproß, der seinen Ursprung nicht im Botanischen, sondern im Bereich apotropäischer Augensymbolik hat, überaus umfangreich ist und in manches andere Kapitel dieses Buches hineinspielt. Die auffälligste Beziehung ist die zum Miribotamotiv, das als wichtiger Faktor der Lebensbaumornamentik die Augenherkunft dieser so formenreichen Gestaltengruppe am deutlichsten beweist.

Tafel 38–41

49. Stein

An türkischen, oft aus verschiedenen Elementen zusammengesetzten Haus-Amuletten findet man mitunter weiße Quarzsteine unterschiedlicher Gestalt bis zu etwa Eigröße oder auch darüber, die offenbar irgendwo aufgelesen und ohne Bearbeitung verwendet worden sind. Obwohl sie mit der äußeren Augengestalt meist keine auffällige Verwandtschaft zeigen, dienen sie als Mittel gegen den »bösen Blick«. Auch an Auto-Amulette werden gelegentlich Steine gehängt, allerdings sehr kleine, die während des Pendelns die Windschutzscheibe nicht gefährden können. Steine und Steinheiligtümer zählen zu den ältesten Verehrungsobjekten überhaupt (vgl. R. Hünnerkopf 1936–1937). So ist beispielsweise das Allerheiligste in der Kaaba zu Mekka ein schwarzer, »Hadschar« benannter Meteorstein (vgl. M. Henning 1960). Der große Felsblock in der Omar-Moschee zu Jerusalem ist allen drei monotheistischen Religionen (Judentum, Christentum, Islam) gleichermaßen heilig und wird von Mohammed im Koran als der »erste Stein der Welt« bezeichnet. Von ihm aus soll ein Engel den Juden die Strafe Gottes für den Hochmut Davids verkündet haben, Christus stand auf diesem Stein vor seinen Richtern, und Mohammeds sagenhaftes Reittier Burak, das ihn in den Himmel trug, sprang von diesem Felsen aus in die Lüfte.

Wie wichtig Steine als Heiligtümer immer wieder genommen werden, geht aus alten karthagischen Opferformen hervor, bei denen man Kultsteine zwecks Belebung und Kräftigung der darin wohnenden Gottheiten mit dem Blut von Kindern begoß (vgl. G. und C. Charles-Picard 1959, B. H. Warmington 1963). Wohl wegen des Anklingens an solche »heidnischen« Riten wird in Korantexten das Melken oder Verspritzen von Kamelmilch auf Steinen eigens verboten. Zu den Steinheiligtümern zählen auch die keltischen Menhire. In der Bibel werden Steine des öfteren mit Dämonen gleichgesetzt oder stehen stellvertretend für diese (vgl. A. Heller 1950). Wandernde Beduinen folgen heute noch dem alten Brauch, an gefährlichen Stellen Steine zu Pyramiden zu türmen. Vor allem Dschinne, die gefürchteten Wüstengeister, lassen sich durch das Zusammenlegen von drei Steinen vertreiben. Nach islamischem Mythos sind Meteoriten Steine, die von Engeln gegen Allah belauschende Dschinne geworfen werden. Wer in Montenegro (Jugoslawien) einen

Feind verflucht, hämmert im Takt zu den Verwünschungsformeln mit einem Stein gegen den Felsen (M. Djilas 1973). Da um Steine gewobene Mythen und Verehrungskulte weltweit verbreitet sind, könnten auch die erwähnten Abwehrsteine der türkischen Amulette mit ähnlichen Vorstellungen verknüpft sein. Als besonders interessant muß in diesem Zusammenhang ein mündlicher Bericht (Universitätsvorlesung) von Professor Dr. R. Wolfram (Wien) bezeichnet werden, demzufolge nach 1945 aus der Tschechoslowakei vertriebene Sudetendeutsche aus ihrer Heimat Steine mitnahmen und an der Grenze auf einen Berg zusammenwarfen. Diese Aktion fand spontan ohne Absprache und ohne nachweisbares Vorhandensein entsprechenden Brauchtums statt. Nach B. Petrei (1962) hoben die Teilnehmer der berühmten Kärntner Vierbergewallfahrt früher Steinchen zum Schutz vor Blitzschlag auf. H. Harrer (1960) berichtet, daß die Fluchtstraße des Dalai Lama durch kilometerlange Bannlinien aus kleinen Steinen gegen böse Geister gesichert wurde. Reiches Material über brauchtümliche Verwendung von Steinen sowie über Anlage von Steinhaufen bringt A. Olbrich (1936–1937). Die Zahl der Beispiele für symbolische Verwendung von Steinen ließe sich anhand der Literatur um viele vermehren (vgl. W. Buisman 1952, A. M. Pachinger 1912, G. Roeder 1952, C. J. Steiner 1895), doch geht es hier nicht um die Vielfalt der Erscheinungsformen, sondern um eine Analyse des Phänomens im Sinne einer ethologisch respektive psychologisch brauchbaren Primärerklärung.

Die ökologische Ausrichtung des Menschen auf den Gebrauch von Werkzeugen und Waffen ist S. 42 f. und S. 474 ff. behandelt. Zum Thema Stein bedarf es aber, um unsere Beziehung zu diesem Naturobjekt verständlich zu machen, einer genaueren ethologischen Betrachtung. Der Mensch ist aufgrund seiner morphologischen Konstruktion und seiner Begabung mit Taxien ein hochspezialisierter Zielwerfer, was auch aus der großen Zahl unterschiedlichster Wurfwaffen hervorgeht (vgl. K. Birket-Smith 1941–1942). Die Kombination der geschickten Greifhand mit dem durch drei sehr vielseitig bewegliche Gelenke gekennzeichneten Arm ist in ihrer Leistungsfähigkeit kaum zu überbieten. Hieraus resultiert auf der Ausgangsbasis des »Aktionsprinzips Mensch« ein Maximum an Wurfleistung hinsichtlich Zielgenauigkeit, Wurfweite und Treffwucht. Dabei übernimmt das Handgelenk die Funktion eines Zusatzbeschleunigers analog den Halsgelenken von Reihern und Schlangenhalsvögeln, die für das Zustoßen auf lebende, im Medium Wasser leicht weggleitende Beute großer Kraft und Geschwindigkeit bedürfen (vgl. O. Koenig 1962 b, 1970 c). Beim Menschen kommen zum leistungsfähigen Wurfarm noch besonders gut orientierende Taxien (vgl. K. Lorenz und N. Tinbergen 1938, N. Tinbergen 1952), die ihm die schwierige Leistung ermöglichen, ein über große Entfernung rein optisch lokalisiertes Objekt zielsicher zu treffen. Diese Fähigkeit ist ihm offenbar als Erbkoordination angeboren und bedarf eigentlich nur geringen Trainings, um gute Leistungen hervorzubringen (vgl. J. Grohmann 1939, K. Lorenz 1937). Hier muß ein sehr langer phylogenetischer Weg durchlaufen worden sein (vgl. K. Lorenz 1961), da es sich ja nicht nur um morphologische, sondern auch um sensomotorische Spezialisationen handelt, die kein anderer Primat erreicht hat. Wurfhölzer und Bumerang, Steinschleuder, Wurfspeer mitsamt Speerschleuder, Bogen und neuerdings die Handgranate beruhen in ihrer Funktion und Wirkung auf Ausnützung der menschlichen Wurfgeschicklichkeit (vgl. C. Canby 1963, J. Lugs 1968, Th. Marcotty 1958). Selbst bei der Entwicklung unterschiedlichster Feuerwaffen ist der Mensch von dem vorerwähnten Prinzip kaum abgewichen. Auch der rasche Pistolenschuß aus der Hüfte ist ein von blitzschnellen Orientierungsreaktionen abhängiges »Hineinwerfen« der Kugel in das Ziel, woran der Mensch, wie entsprechende Szenen in zahllosen Wildwestfilmen beweisen, offensichtlich größte Freude hat (vgl. W. Bruckner 1971).

Die erste Fernwaffe des frühesten Menschen war höchstwahrscheinlich der ad hoc aufgegriffene Stein. Unser Greiforgan, die Hand, ist zum Umschließen rundlich-ovaler Körper besonders gut geeignet. Die ersten nachweisbaren Werkzeuge des Menschen waren steinerne »Faustkeile« (vgl. R. Pittioni 1949), und viele Griffe an Geräten haben eine der hohlen Faust angepaßte Form. Schimpansen dagegen operieren trotz der Möglichkeit zum Wurf lieber mit langen Stöcken (vgl. A. Kortlandt 1965, 1967, A. Kortlandt und M. Kooij 1963, J. v. Lawick-Goodall 1971), die in ihrem bewaldeten Wohnbereich wohl auch am raschesten zur Verfügung stehen. Für den Menschen als höhlenschlafenden Bodenbewohner und Bodenjäger ist der Stein im wahrsten Sinne des Wortes das »Näherliegende« (vgl. F. Eppel 1963, O. Hauser 1921). Nun ist bei solchen in Wechselwirkung mit der Umwelt phylogenetisch gewordenen, morphologisch-physiologischen Spezialisationen schon deshalb ein psychisches »Ansprechen« auf das geeignete Gebrauchsobjekt vonnöten, weil ja eine enge Beziehung zwischen Muskelkraft, Gewicht des Wurfobjektes und erzielter Wirkung besteht. Dies bedeutet jedoch, daß sich der Mensch von vornherein für wurfgeeignete Objekte interessieren und am Werfen Freude haben muß. Die lustvolle, entspannende »Endhandlung« (*consummatory action*, vgl. N. Tinbergen 1952) liegt beim Jagen nämlich nicht, wie mancher vermuten wird, im Essen der Beute, sondern im Erlebnis des guten Treffers. Steinewerfen ist eine von frühester Kindheit an beliebte menschliche Beschäftigung, die als Weit- und Zielwerfen, an Gewässern auch als »Plattln« (durch einen bestimmten Auftreffwinkel erzieltes Springen flacher Steine über die Oberfläche) oder »Stoppen« (durch Wurfrotation erzeugtes, spritzfreies Eintauchen eines Steines) oft betrieben wird.

Der Stein als Wurfwaffe zur Erbeutung von Vögeln und kleineren Säugetieren ist noch heute gebräuchlich. Im afrikanischen Nigergebiet wurden uns während einer längeren tier- und völkerkundlichen Forschungsreise von Negerjungen immer wieder durch Steinwurf betäubte oder bewegungsunfähig gemachte Vögel gebracht. Wurftechnik und Zielgenauigkeit der Kinder waren erstaunlich. Auch nordafrikanische Araber sahen wir oft mittels Steinwurfes Kleinwild jagen. Noch in unserem Kulturbereich wird mitunter, vor allem bei Schilderung einer gefährlichen Situation, von der »Steinwurfdistanz« gesprochen. Wahrscheinlich ist der Stein die früheste Jagd- und Abwehrwaffe des Menschen überhaupt. In diesem Sinn haben auch J. Augusta und Z. Burian (1960) den Stein als »die Grundlage der menschlichen Kultur« bezeichnet. Einfache Hirtenvölker verstehen es ausgezeichnet, Weidevieh und Hunde mittels Steinwürfen zu dirigieren. »Steinigen« als wohl eine der ältesten Tötungsmethoden hat sich zumindest in einigen arabischen Ländern bis heute als Todesstrafe erhalten. In manchen Sozietäten werden auch Kinder mittels knapp danebengezielter Steinwürfe »ermahnt« und von verbotenen Handlungen abgehalten. Meist bewirkt in solchen Gebieten bloßes Bücken, daß Kinder und auch Hunde die Flucht ergreifen. In der heutigen Türkei kann man sich auf diese Weise, notfalls auch durch Andeutung eines Wurfes mit leerer Hand, aggressive Dorf- oder Hirtenhunde ganz gut vom Leibe halten.

Mit diesem Reagieren des Zielobjektes auf die bloße Intentionsbewegung zur echten Handlung ist bereits ein erster Schritt in Richtung einer Ritualisierung getan, die hier freilich nicht durch genetische Fixierung, sondern durch Ausnutzung von Erfahrungswerten zustande kommt. Während bei dieser menschlich-tierischen Wechselbeziehung von seiten des Tieres ein zwar kurzer, doch unmittelbarer Lernvorgang vonnöten ist, kann die menschliche Verhaltenskomponente kulturell tradiert und ohne vorausgegangenes Erfahrungserlebnis angewendet werden. Im menschlich-innerartlichen Verkehr wäre als Gegenpol zum angeborenen Wurfverhalten auch ein angeborenes Ansprechen auf die Wurfgebärde durchaus denkbar. Näheres hierüber ist mir einstweilen nicht bekannt. Sehr geläufig hingegen sind mir die zugehörigen, den Wurf ankündigenden, übertreibenden Ritualisationen. Hierher gehört das betonte, entweder nur markierte oder tatsächlich ausgeführte Aufheben eines Steines, das demonstrative Hochhalten des Wurfgeschosses, welches dadurch ja gar nicht in Wurfposition, sondern lediglich in eine signalhaft wirksame Lage gebracht wird, und schließlich das langsame Zugehen auf den Gegner. Bei nordafrikanischen Arabern konnten wir diese Verhaltensweisen, die auch gegen uns als Fremde angewendet wurden, wiederholt beobachten. Als ich einmal unter Mißachtung dieser Drohgestik in Süditalien eine Frauengruppe während des Körbetragens fotografierte, kam es beinahe zum echten Angriff, den ich nur durch rechtzeitiges Zurückweichen abstoppen konnte.

Eine spezielle Variante dieses Verhaltens erlebte ich in der Türkei bei dem Versuch, eine schafetreibende Nomadenfrau zu fotografieren. Nachdem ich meine Kamera auf sie gerichtet hatte, hob sie einen Stein von brauchbarer Wurfgröße auf und schritt, diesen gut sichtbar in der erhobenen Hand haltend, an mir vorüber, ohne von der Wurfmöglichkeit auch nur andeutungsweise Gebrauch zu machen. Anschließend warf sie den Stein in demonstrativer, fast spielerischer Übertreibung weg. Da die Scheu vor der Kamera, deren Linse besonders auf Unkundige sehr »augenhaft« wirkt, zum Teil mit der Furcht vor dem »bösen Blick« gleichzusetzen ist, scheint der Stein für die Nomadenfrau blickabwehrendes Amulett gewesen zu sein. In der Antike galt es nach E. Stemplinger (1948) als ungünstiges Vorzeichen, wenn Kinder einen Stein zwischen zwei zufällig vorübergehende Freunde warfen. S. Seligmann (1910) berichtet über die magische Verwendung von Feldsteinen in Schottland als Heilmittel, wobei der Kopf des Kranken mit drei Steinen jeweils dreimal gerieben wird. Ähnliche Handlungen findet man auch in Australien, Neuguinea und anderen Gebieten. Im heute ungarischen Ödenburg gab es nach A. Riedl und K. M. Klier (1957) einen eigenen Heilspruch zum Stillen blutender Wunden durch Auflegen eines Kieselsteines. Im Heimatmuseum von Osternach (Oberösterreich) liegt ein doppelt kindskopfgroßer Stein in Gestalt eines Augenpaares, der früher zur Krankenheilung diente. Im Pandschab (Vorderindien) schwingt eine Frau, die ihr Kind vor dem »bösen Blick« schützen will, sieben kleine Steine siebenmal über dem Kopf des Kindes und wirft sie dann nach sieben verschiedenen Richtungen fort. Die Verwendung von Steinen bei der Herstellung von Haus- und Auto-Amuletten ließe sich von solchen und ähnlichen Aspekten her erklären. Hier wird das funktionstüchtige Wurfgeschoß, das im Besitzer ein Gefühl der Stärke, im Gegner hingegen Furcht erweckt, zum Symbolträger, dem man a priori abwehrende Kräfte zuschreibt.

Ganz allgemein scheint ein gut und passend in der Hand liegender, also »handlicher« Gegenstand dem Träger ein gewisses persönliches Sicherheitsgefühl zu vermitteln. Die psychologische Schwierigkeit des Unterbringens der Hände während eines Gesprächs, die bekannte Befangenheit des »Nichtwissens, wohin mit den Händen« wird durch die Möglichkeit der Beschäftigung mit einem passenden Objekt gemildert. Das Halten der Zigarette, des Taschentuchs, der Brille, des Handschuhpaares oder nur der eigenen Hand (Verschränken der Finger) kann hier entkrampfend wirken. Es sei an die S. 136 erwähnten, in der britischen Armee für Offiziere und Mannschaften während des Ausganges obligatorischen Rohrstöckchen erinnert, die der Beschäftigung der Hände dienten. Vielleicht ist auch die auffällige Vorliebe für Pistolen, die bei Jugendlichen nachgerade zur Leidenschaft werden kann, nicht zuletzt in der handlichen, hinsichtlich Griffigkeit und Gewicht gut ausgewogenen Form dieser Waffe begründet. Hier könnten auf den Stein als Wurfgeschoß gemünzte, angeborene Dispositionen mitspielen, wobei die gegenüber dem Steinwurf qualitativ andere Wirkung des Pistolenschusses emotional nur wenig berücksichtigt wird. Entsprechende Schutzmechanismen sind fast ausschließlich von der rationalen Seite her durch Erziehung oder Dressur aufzubauen.

Wenn dschinnfürchtige Beduinen bei vermeintlicher Gefahr Steine aufheben und zu einem Haufen türmen, so mögen sie in dieser Handlungsweise tatsächlich eine Sicherung erblicken. Ein solches spontanes »Vertrauensverhältnis« zum Stein kann auch im geschilderten Fall der Sudetendeutschen, die sich von den national erregten Tschechen bedroht fühlten, mitgespielt haben. An der Grenze erfolgte dann die »entspannende Endhandlung« des Wegwerfens der Steine. Daß die Vorgangsweise im Massenzug der Flüchtlinge zu übereinstimmendem Gleichklang kam und die Steine zuletzt auf einen Haufen zusammengeworfen wurden, entspricht der sozialen Gruppengesetzlichkeit, wonach das Individualverhalten des einzelnen durch Stimmungsübertragung und Nachahmung zur einheitlich ausgerichteten Gruppenaktion umgeleitet werden kann.

Auf dieser offenbar angeborenen Grundlage der Steinverwendung und des Ansprechens auf Steine bauen viele unserer kulturellen Erscheinungen auf. Im Bereich des geistigen Überbaues wird die Bedeutung eines Steines nicht mehr allein nach der Handhabungsmöglichkeit, sondern auch nach Auffälligkeit, Farbe, Oberflächenstruktur oder Formanalogie zu anderen Objekten eingestuft. Hinzu können noch persönliche, etwa mit den Umständen des Fundes zusammenhängende Einstellungen kommen, die seinen Wert mitbestimmen. Das Sammeln von Steinen in einem durchaus nicht wissenschaftlich-mineralogischen Sinn ist eine weit verbreitete, beliebte Beschäftigung. Es gibt Leute, die sich von jeder Reise einen landschaftstypischen Stein mitbringen, um solcherart eine Beziehung zur betreffenden Örtlichkeit aufrechtzuerhalten. Diese Vorgangsweise mutet bereits »magisch« an, obwohl sie es vorerst überhaupt nicht ist. Sie kann es jedoch bei entsprechender geistiger Disposition unter Umständen werden. Steinsymbolik finden wir noch heute verhältnismäßig oft und auch auf höchster Ebene. So etwa ließ Hitler in Nürnberg zum Bau der Imponiergebäude im Reichsparteitagsgelände Steine aus allen deutschen Gauen in möglichst vielen Sorten zusammenbringen. Nach 1945 wurde dieses gesamte, überaus wertvolle Steinmaterial demonstrativ zugeschüttet. Beide Aktionen grenzen bereits stark an kultische Vorgangsweisen. Im Verlauf der kulturellen Entwicklung gelangte der Stein in verschiedenste Verwendungsbereiche, so etwa wurde er aufgrund von Härtegraden und Struktureigenheiten zur Werkzeugherstellung oder als Baumaterial herangezogen. Dank ihrer vielfältigen Kristallformen und Farben wurden besonders Halbedel- und Edelsteine, gemeinhin als »Schmucksteine« bezeichnet, neben vielen verschiedenen Funktionen auch in den Bereich magischen Abwehrzaubers übernommen (vgl. M. Bauer und C. Schlossmacher 1928, M. Lorenz 1915, W. E. Peuckert 1960). Höchste dichterische Auslegung fand der Edelsteinglaube in der Gralssage (vgl. K. Burdach 1939, E. Wechssler

1898). Edel- und Halbedelsteine leisten in der Volksmedizin wichtige Dienste und helfen gegen verschiedene Gefahren.

Neben diesen vielschichtigen magischen Beziehungen zeigen aber viele Steine Analogien zu den Kriterien der Augengestalt und bilden daher ein wichtiges Kontingent im Arsenal der Amulette gegen den »bösen Blick«. Zu ihnen zählt das Tigerauge, das zwar nicht besonders auffällig ist, sich jedoch durch seine im Anschliff mitunter irisierende Schichtenbildung für die Augensymbolik anbietet. Der hohe magische Wert dieses Steines wird beispielsweise durch die Tatsache unterstrichen, daß man einer mit wertvollsten Materialien (170 g Feingold, 130 g Feinsilber, 4500 g Elfenbein und 106 Edelsteinen) ausgestatteten, für den Schah von Persien hergestellten Maschinenpistole zusätzlich zwei Tigeraugen einsetzte (Gebauer [ohne Vorn.] 1972). Auch der Achat mit seiner oft augenartig wirkenden Strukturornamentik zählt zu den blickabwehrenden Steinen. Gleich bewertet werden Bernstein (das Wort bedeutet soviel wie »Brennstein«) und die rote Steinkoralle, obwohl beide organischen Ursprungs und daher keine Mineralien sind, sondern nur ähnlich aussehen. Die Faktoren »glatt, glänzend, rundlich« genügen offenbar, um die Assoziation zum Auge herzustellen. Rot gilt ganz allgemein als blickabwehrende Farbe, und die bekannten apotropäischen phönikischen Glasperlen sind, genau wie die heutigen türkischen Augenperlen, nicht nur in Blau, sondern mitunter auch in Gelb gehalten. Gelb und Braun sind häufige Irisfarben bei Säugetieren und Vögeln.

Die Analogien zwischen Schmucksteinen und Augen sind sicher sehr zahlreich. S. Seligmann (1910) nennt über 30 Halbedel- und Edelsteine, die als Amulette gegen den »bösen Blick« Verwendung finden. Besonders groß und bis heute unvermindert aktuell ist die Faszination, die vom geschliffenen glitzernden Edelstein ausgeht, dessen augenhafte Wirkung durch die Fassung gesteigert wird. Der Weg zu dem mit magischer Kraft geladenen Edelstein ist aber zweifellos aufs engste verknüpft mit dem Spontaninteresse für den einfachen, als Jagd- oder Verteidigungswaffe an Ort und Stelle aufgehobenen Wurfstein. Es ist jedoch bezeichnend für die menschliche Attrappensichtigkeit, daß die anfangs erwähnten, an türkischen Amuletten befestigten Steinbrocken bereits ausgesuchte, glitzernde und somit zumindest in diesem Merkmal »augenhafte« Quarzstücke sind, die im menschlichen Sinn durchaus »schön« wirken.

IV. Diskussion mit anderen Wissenschaften

50. Auszüge aus grundlegend wichtiger Augenliteratur

Publikationen über das Augenmotiv im Bereich der Symbolornamentik, der Magie sowie des Heils- und Abwehrzaubers sind keineswegs selten. Allerdings handelt es sich dabei zum Teil um sogenannte »ältere Literatur«, die von manchen betont gegenwartsorientierten »modernen« Wissenschaftlern mitunter etwas geringschätzig betrachtet wird. Diese Arbeiten enthalten, wenngleich natürlich niemals an die äußere Prunkhaftigkeit neuester Bildbände heranreichend, eine Fülle sehr genauer Informationen. Am bekanntesten sind die Werke von S. Seligmann (1910 »Der Böse Blick und Verwandtes«, 1922 »Die Zauberkraft des Auges und das Berufen«, 1927 »Die magischen Heil- und Schutzmittel aus der unbelebten Natur mit besonderer Berücksichtigung der Mittel gegen den Bösen Blick«), die man mit Recht als Standardwerke bezeichnet. Als hervorragende, fast weltumspannende Datensammlung über Form, Farbgebung, Verbreitung und Verwendung von Abwehrmitteln sind sie auch kaum zu überbieten, wogegen die eigentliche Herkunfts- und Wandlungsproblematik darin nur sehr wenig zur Geltung kommt. Als Augenarzt sucht Seligmann den Ursprung der Vorstellung vom »bösen Blick« eher im pathologischen Bereich der Augenkrankheiten und übersieht daher die stammesgeschichtliche Bedeutung des Auges als Ausdrucksmittel ebenso wie die Beziehung zwischen Amulettform und Augengestalt. Gerade dieser Fragenkomplex ist jedoch von größter Wichtigkeit, soll nicht das in seiner Reichhaltigkeit imponierende Material Seligmanns letztlich unverstanden bleiben. In Anbetracht des vorwiegend beschreibenden Inhaltes erübrigt sich hier die Wiedergabe bestimmter Textauszüge. Gleichwohl sei nochmals auf die bewundernswerte Tatsachenfülle dieser Werke verwiesen.

Weitaus tiefer in die Thematik dringt das bereits früher erschienene Buch von H. Schurtz (1895) »Das Augenmotiv und verwandte Probleme« ein. Der namhafte Ethnologe hat erkannt, wie erstaunlich viele Ornamente aus dem Grundmotiv »Auge« herausdifferenziert wurden, und fragt auch nach der Entstehung und Wandlung. Diese in Fachkreisen nur wenig bekannte Arbeit erwies sich als wichtige Bestätigung meiner eigenen Ergebnisse. Eine Differenz tritt freilich auf, wenn Schurtz einfache Augensymbole generell als verkümmerte Reste früherer komplexer

Tier- und Menschendarstellungen ansieht. Solche Entwicklungen liegen zwar fallweise vor, sind aber keineswegs die Regel. Sehr viele figurale Darstellungen sind auf dem umgekehrten Weg der »Verkomplizierung« isolierter Augenornamente entstanden (S. 133f., 155f.). Wandlungen vom Augensymbol zum vollständigen Lebewesen und umgekehrt können bei einem Motiv sogar öfters aufeinanderfolgen. Sehr wesentlich an den Aussagen von Schurtz ist die Erkenntnis der hohen Bedeutung, reichen Vielfalt und weiten Verbreitung der Augenornamentik in dem von ihm untersuchten Kulturbereich und das Herausstellen wandlungsbewirkender und -formender Gesetzlichkeiten, die, wie vom Autor vermutet und durch kulturethologische Forschung inzwischen bestätigt, auch für andere Kulturen gelten. Einige für unseren Themenkreis besonders interessante Textbeispiele sollen das Werk charakterisieren (Wiedergabe in alter Orthographie):

»Das Augenornament, um das es sich hauptsächlich handelt, ist am frühesten und am häufigsten an den Geräthschaften, Kleidern und Schmucksachen jener eigenartigen Völkergruppe beobachtet worden, die man als Nordwestamerikaner zusammenzufassen pflegt. Neuerdings sind nun aus Melanesien und Neuguinea zahlreiche Gegenstände, meist Schnitzereien, in die Museen Europas gelangt, die ebenfalls unverkennbar das Auge als Ornament verwendet zeigen. Die Frage liegt nahe, ob diese Eigenthümlichkeit thatsächlich auf die beiden Gebiete beschränkt ist, ferner in welcher Weise sie sich entwickelt hat, und endlich, ob sie an beiden Punkten des Erdballs selbständig entstanden oder von dem einen zum anderen übertragen worden ist. Dies zu entscheiden – soweit dies gegenwärtig überhaupt möglich ist – kann nur durch eine Vereinigung der psychologisch-ästhetischen mit der geographischen Methode gelingen« (S. 4).

»Die Statue, das Gemälde sind geschlossene, sich selbst genügende Werke; das Ornament windet sich um selbständige Formen, wie die Schlingpflanze um den Baum, lebt und vergeht mit ihnen, ohne doch ihr Dasein zu bedingen. So kommt es, daß ein echtes freies Kunstwerk nie als Ornament bezeichnet werden darf, wenn es auch einmal als schmükkendes Beiwerk aufzutreten scheint: Die Fresken, die die Mauern eines Palastes zieren, sind keine Ornamente, denn sie sind auch losgelöst von ihrer Stelle denkbar und vollkommen; aber die Friese und Knäufe, die Gesimse und Säulchen des Gebäudes sind Ornamente im rechten Sinne des Wortes.

Das Ornament ist nicht nur in seinem Dasein, sondern auch in seiner Form mehr oder weniger abhängig von dem Gegenstande, den es schmückt. Verzierungen, die in ein Metall gegraben werden, gewinnen eine andere Eigenart als solche, die man in Stein oder Holz verkörpert, oder als die zahlreichen anderen, die beim Flechten und Weben entstehen; aber auch die Bestimmung des Gegenstandes spiegelt sich oft in seiner Ornamentik« (S. 5–6).

»Aber haben wir ein Recht, hier von reinen, frei erfundenen geometrischen Ornamenten zu reden? Der Abdruck des Fingers oder des Holzes ist doch zunächst nichts Anderes als die treue Wiedergabe eines figürlichen Gegenstandes aus der Eigenart des Stoffes. So nähern sich selbst diese geometrischen Verzierungen in ihrem Ursprung den figürlichen, und es scheint bedenklich, sie ohne Weiteres als frei erfundene Grundlage aller Ornamentik gelten zu lassen. Die Ergebnisse der völkerkundlichen Forschung rechtfertigen diese Bedenken auch in anderer Hinsicht. Zahlreiche anscheinend rein geometrische Ornamente erweisen sich bei näherer Betrachtung als völlig verzerrte oder vereinfachte Figuren von Menschen, Thieren, wohl auch Pflanzen, und je mehr wir diesen Dingen nähertreten, desto häufiger und überraschender begegnen uns dergleichen Fälle« (S. 7).
»Auch die Ornamentik ist, so lange sie von menschlichen Händen gebildet wird, etwas Lebendiges, das sich organisch entwickelt; die Figuren, die zu Verzierungen dienen, verfallen diesen lebendigen, gewissermaßen gesetzmäßigen Umbildungen und Aenderungen, wandeln sich in eigenthümlicher Art, wachsen theilweise und sterben theilweise ab, bis sich als Ergebnis, wie erwähnt, ein anscheinend geometrisches Ornament herausbildet oder bis aus der Gestalt eines Thieres eine Form geworden ist, die viel eher dem Pflanzenreich entnommen scheint. Dabei findet auch eine Anpassung an den allgemeinen Charakter des verzierten Gegenstandes statt« (S. 8).
»Um den Vorgang des Stilisirens zu verstehen, muß man eine andere Eigenthümlichkeit der Ornamentik kennen, die als merkwürdiges Gesetz auch die übrigen Künste in ihren primitiven Formen durchdringt – es ist das die *regelmäßige Wiederholung des gegebenen Motivs*. Wir finden als Anfang der Lyrik kulturarmer Völker die beständige Wiederholung eines einfachen Gedankens, wir sehen die Musik streng gebunden an die taktmäßige Wiederkehr bestimmter Töne, die Anfänge des Tanzes zeigen dieselbe Erscheinung. Ganz ähnlich verhält sich das Ornament. Wohl sind Verzierungen denkbar, die nur ein einziges Mal auftreten, und zwar um so eher, je mehr das Ornament sich dem selbständigen Kunstwerk nähert; ein einzelnes naturtreues Weinblatt als Schmuck eines Kruges, ein Thierkopf als Knauf eines Stockes sind durchaus künstlerisch möglich. Im Allgemeinen aber tritt das Ornament in Reihen auf oder bedeckt ganze Flächen mit regelmäßig wiederkehrenden Mustern, und sobald das geschieht, verfallen die dabei verwendeten Figuren alsbald der Stilisirung.
Die Umbildung geschieht in mannigfachster Weise, doch so, daß die verschiedenen Arten des Verfahrens sich zu übersichtlichen Gruppen ordnen lassen. Es ist zunächst klar, daß die Entwicklung nach zwei Richtungen erfolgen kann, – entweder werden die Figuren vereinfacht, auf die Umrisse oder bloße Andeutung ihrer Gestalt reducirt, oder sie wachsen in unregelmäßiger, dem ursprünglichen Wesen der Figur nicht ent-

sprechender Weise und werden zu neuen, phantastischen Gebilden. In diesem Sinne kann man *Kümmer-* oder *Wucherformen* unterscheiden.

Beide Formen finden sich oft neben einander: gewisse Theile einer Figur verkümmern, andere entwickeln sich zu bedeutender Größe. An einer menschlichen Figur können z. B. der Kopf und die Glieder wachsen, während der Leib zusammenschrumpft; der Schnabel eines Vogels dehnt sich gewaltig aus, während der Rest des Körpers seine Größe nicht ändert und seine Form vereinfacht« (S. 8–9).

»Bei der Ausbildung von Kümmer- und Wucherformen bleibt die schöpferische Phantasie der Naturvölker keineswegs stehen. Das Gesetz der Wiederholung ergreift die einzelnen das Ornament bildenden Gestalten; durch Zusammenfügen zweier Figuren oder Figurenhälften werden symmetrische Formen geschaffen, man verdoppelt oder vervielfältigt einzelne Theile und ordnet sie wohl auch um einen Mittelpunkt. Das Ergebnis dieser Vorgänge kann als *künstliche Symmetrie* bezeichnet werden. Hier und da findet sich auch die Methode, eine Figur zu theilen und die eine Hälfte in umgekehrter Lage wieder an die andere zu fügen, wie sich das besonders schön an den Schildverzierungen der Dajak beobachten läßt« (S. 9–10).

»Zuweilen führt die Stilisirung auf solche Art zur Entstehung neuer Gestalten, die anscheinend unmittelbar der Natur entnommen sind, in Wahrheit aber auf andere, völlig umgewandelte zurückgehen. Typisch ist besonders das ›Pflanzenornament‹ im westlichen Indonesien, das Blumen und Blätter nachzuahmen scheint, in vielen Fällen aber sich aus Thiergestalten entwickelt hat« (S. 11).

»Neben der ästhetischen Bedeutung der Ornamentik steht nun eine andere, die *ethnologische* – die Kunst der Völker gehört zu ihren charakteristischesten Merkmalen. Mitten unter den Schätzen der europäischen Kulturwelt herangewachsen, neigen wir leicht zu dem Glauben, daß die Phantasie des Einzelnen im freien Spiele nach allen Richtungen sich bethätigen und aus sich selbst heraus die mannigfachsten Stilarten erzeugen könnte. Wer aber erwägt, wie viele Jahrhunderte, wie viele Menschen und Völker zu dem beigetragen haben, was gegenwärtig den Kunstjüngern als leicht zugänglicher Lernstoff zu Gebote steht, wird von dieser Auffassung zurückkommen« (S. 12–13).

»Es entstehen dann Augen, die aus ineinander gesetzten verzogenen Vierecken oder selbst Dreiecken zu bestehen scheinen, Ornamente also, die man auf den ersten Blick für rein geometrisch halten könnte. Zu demselben Ergebnis gelangt man übrigens auch bei der Vereinfachung der runden Augen, die zuletzt nur noch als einfache Kreise mit einem Mittelpunkt erscheinen und manchmal die Frage sehr nahe legen, ob sie in der That Reste von Augen oder frei erfundene Formen sind« (S. 17).

»Auch die Antwort, die Virchow von einem Bella Coola erhielt, als er ihn nach dem Sinne des Augenornamentes fragen ließ, genügt nicht. ›Zu meiner nicht geringen Überraschung‹, sagt Virchow, ›zeigte der Gefragte auf die Volarflächen seiner Fingerkuppen und auf die feinen Lineamente, welche die Haut an denselben bietet; nach seiner Meinung bedeute ein rundliches oder längliches Feld, wie es gewöhnlich zwischen den gegeneinander stoßenden oder parallelen Linien erscheint, gleichfalls ein Auge, und das komme daher, daß ursprünglich jeder Theil des Körpers in ein Sinnesorgan und zwar speciell in ein Auge ausgegangen und erst später auf derartige rudimentäre Zustände zurückgebildet sei. Die ganze Natur stellt sich also, wie es scheint, in der Vorstellung dieser Leute als belebt und sinnlich veranlagt heraus, nur daß im Laufe der Zeit ein großer Theil der Anlagen bis auf bloße Andeutungen verschwunden ist«.

Diese Deutung, die animistische Ideen heranzieht, kann erst entstanden sein, nachdem sich das Augenornament völlig entwickelt hatte, und ist eine jener sekundären Erklärungen, wie sie sich überall alsbald herausbilden, wenn sich der ursprüngliche Sinn eines Gebrauchs verdunkelt. Sekundär ist offenbar auch eine Sage, die von einem Mann erzählt, der jedem Begegnenden ein Auge ausstach und es in den Rand seines Bootes setzte, der zuletzt ganz von Menschenaugen bedeckt war. Die ganze Erzählung ist sicher erst durch den Anblick von Booten, die mit dem Augenornament geschmückt waren veranlaßt worden« (S. 20).

»Das Augenornament der neumecklenburger Schnitzereien tritt weder so beherrschend hervor noch ist es so weit in seiner eigenartigen Entwicklung fortgeschritten, wie das nordwestamerikanische oder das einiger Nachbargebiete und Neuseelands. Gerade deshalb ist es als Übergangsform interessant. Mir sind unter den zahlreichen neumecklenburger Schnitzereien, die ich zu untersuchen Gelegenheit hatte, nur sehr wenige aufgefallen, bei denen es nicht gelänge, die anscheinend isolirten Augen schließlich doch als Bestandtheile verzerrter und stilisirter Thiergestalten nachzuweisen. Hier und da kommt aber doch ein reines Augenornament vor« (S. 26).

»Über den schlimmen Einfluß des europäischen Handels schreibt Finsch: ›So werden statt der schönen Turbo-Augen nicht selten Augen aus Flaschenscherben benutzt, man verwendet auffallende farbige Etikette von Conservenbüchsen und sucht europäische Motive, Hüte und Gesichter von Weißen, bei den Schnitzereien anzubringen‹« (S. 26).

»Die Stilisirung ist hier in der Weise erfolgt, daß man die Pupille oder auch das ganze Auge mit Strichornamentik ausgefüllt hat; die äußere Form des Auges wird dann ebenfalls umgestaltet, und so ergiebt sich die Entwicklungsreihe, die ich in T. II, Fig. 4–8 dargestellt habe« (S. 27).

»Es sind sämmtlich gnomenhafte menschliche Gestalten in halbkauernder Stellung, die bunt bemalt sind und an verschiedenen Stellen ihres Körpers Augen erkennen lassen. Die abgebildete Figur trägt ein Auge an Stelle des Nabels, ferner je eines auf der Vorderfläche der Schultern und endlich – auf der Tafel nicht sichtbar – je eines auf beiden Seiten des Gesäßes. Über den Ursprung der Augen auf den Schultern belehrt uns ein anderes Figürchen, das als Stütze eines Kopfschemels dient: hier sind die Arme deutlich als Vogelschnäbel ausgebildet, der Vogelkopf bildet die Achsel, und die Hände sind wieder kleinere Vogelköpfe: auf den Beinen der kauernden Gestalt erscheinen ebenfalls Augen. Letzteres wiederholt sich bei einer dritten Figur, bei der außer dem Nabel auch die Brustwarzen als Augen entwickelt sind; sie besitzt außerdem die Augen auf Gesäß und Schultern und Andeutung von solchen auch auf den Ellbogen« (S. 27).

»Das Augenornament Neuseelands entspricht nun in seiner Entwicklung und seinem Auftreten ganz jenem oben erwähnten, das als unveränderter Rest einer linear aufgelösten Figur zurückblieb. Wir finden häufig nur noch ein Gewirr ornamentaler Linien und Spiralen, aber vereinzelte Augen, die hier und da erhalten geblieben sind, deuten auf den Ursprung des Ornamentes hin. Hierzu trägt besonders die Sitte bei, die Augen durch eingesetzte glänzende Muschelschalen hervorzuheben, wodurch sie der stilistischen Umsetzung und Verschmelzung entgehen« (S. 31).

»Die als Ornament auftretenden Gesichter sind durchwegs sehr stark stilisirt, und in vielen Fällen bleiben nur die Augen als Kümmerformen zurück, in der Regel paarweise, wodurch ihre Entstehung aus stilisirten Gesichtern noch deutlicher hervortritt. Wie sich das Ornament hier ebenfalls meist durch Auflösung in Linien entwickelt, zeigen Fig. 12 u. 13, die Tättowirungsmustern entnommen sind. Ein brillenförmiges, concentrisch-linear stilisirtes Augenornament erscheint als Schluß der Reihe; merkwürdig ist die Darstellung der Pupille durch eine Einbuchtung des innersten Kreises« (S. 32–33).

»So sehen wir denn, daß die Entwicklung des Augenornaments in Melanesien und der Südsee völlig dem entspricht, was wir bei Betrachtung der nordwestamerikanischen Kunst feststellen konnten. Überall tritt uns die Neigung entgegen, gewisse thierische und menschliche Gestalten in eigenthümlicher Weise zu vereinigen und zu verschmelzen, überall auch zeigen sich Gesetze wirksam, die zum Entstehen jener Kümmerformen führen, als deren charakteristischste und häufigste das Augenornament erscheint« (S. 33).

»Nordwestamerika ist nicht das einzige Gebiet der neuen Welt, das in seiner Kunst das Augenornament entwickelt hat. Virchow hat bereits vor Jahren darauf hingewiesen, daß es sowohl auf den altperuanischen, in Ancon gefundenen Geweben vorkommt wie auf manchen Thongefäßen Perus. Selbst aus Brasilien sind prähistorische Töpfe bekannt ›mit Reduction des Gesichts auf gewisse Hauptlinien und zuletzt auf die Augen‹. Auch in Mexiko wurde das Auge als Ornament verwendet« (S. 34). *Ende der Zitate aus H. Schurtz 1895.*

Für unser Thema außerdem wichtig ist das Buch »Augengott und heilige Hochzeit« von M. Riemschneider (1953). Von den frühesten Hochkulturen Mesopotamiens ausgehend, beweist die Archäologin sehr überzeugend die Augenherkunft ältester Heils- und Abwehrzeichen, freilich ohne bis zu deren biologischen Wurzeln vorzustoßen, die sie im Grunde genommen wohl richtig erkannt, aber nicht speziell herausgearbeitet hat. Sehr aufschlußreich ist die über sehr lange Perioden geführte Analyse von Entwicklungsreihen wie auch die Erkenntnis der hohen Bedeutung des Dreiecks als uraltes Augensymbol. Interessanterweise bezeichnet V. Kličkova (1957) das Dreieck neben Kreuz und Pentagramm als eines der wichtigsten magischen Motive gegen den »bösen Blick« in der verhältnismäßig altertümlichen Kultur des gegenwärtigen Mazedoniens. Wichtig ist auch das von Riemschneider aufgezeigte Verschmelzen einer ursprünglich rein zweckbedingten Tragstange zu einer Symboleinheit mit dem aufgesteckten Bedeutungsträger, eine Erkenntnis, die sich prinzipiell mit meiner Entstehungserklärung für Dreieck und Sechsstern trifft (S. 414 ff.). Dank ihrem umfassenden Spezialwissen vermag die Autorin Objektdarstellungen bis in Schriftzeichen und mythische Erzählungen zu verfolgen. Sehr wichtig ist auch die Feststellung der Vervielfachung von Heilszeichen zum rahmenden Ornament als Unterstreichung der vorher zitierten Aussagen von H. Schurtz (1895), denen sie durch Ausdehnung auf ein anderes Kulturgebiet neue historische Tiefe verleiht. Das von mir im Zuge eigener Arbeit erst kürzlich aufgefundene Buch ist ein grundlegender Beitrag zum Verständnis des Augenproblems und bringt eine überaus umfassende und erfreuliche Bestätigung meiner Ergebnisse. Einige Aussagen von M. Riemschneider (1953) seien herausgegriffen:

»Auf vorgeschichtlichen Gefäßen der elamischen Hauptstadt Susa, die dem 4. Jahrtausend angehören, begegnen wir einem eigenartigen Göttersymbol. Ein Mann steht mit ausgebreiteten Armen zwischen zwei Sockeln, auf denen zwei lanzenartige Geräte aufgestellt sind. Aber der Mann kann auch fehlen, und in dem einzigen Fall, wo nur eine ›Lanze‹ auftritt, ist sie von zwei pfeiler- oder teppichartigen Gegenständen eingerahmt. Aber sollen wir das Symbol wirklich als Lanze ansehen? Wer wird eine Lanze, die ihm lieb und heilig ist, stets doppelt aufstellen? Die breite und kurze, niemals schlanke Spitze spricht auch nicht für eine Lanze. Nun finden wir aber in der protoelamischen Schrift, die sich ja in dieser Umgebung entwickelt hat, als Gottesdeterminativ das gleiche Dreieck, dem nun aber der kurze Schaft gleichsam eingeschrieben ist. Das kann bei stark kursiver Schreibung leicht geschehen, wenn man nämlich den Strich, der unten angefügt wurde und der immer mehr nach oben rutschte, in einem Zug mit dem Dreieck zu schreiben wünschte. Das Gottesdeterminativ gehört zu den Zeichen, die am meisten geschrieben wurden, und mußte deshalb am schnellsten der kursiven Vereinfachung verfallen.

Dieser elamische Gott ist – wie ja auch die doppelte ›Lanze‹ nahelegt – ein Zwillingsgott. Das ergibt sich aus der Übertragung des elamischen nap = ›Gott‹ ins Akkadische als ilan, ›die beiden Götter‹ und im Schriftzeichen als zwei Sterne.

Nehmen wir nun als Vergleich die benachbarte Urukschrift, aus der sich die Keilschrift entwickelt hat, so stoßen wir dort ebenfalls auf ein Dreieck auf einem Schaft, ein Dreieck, das ehedem ein Halbkreis war und ein Auge darstellte. Es dient hier nicht als Gottesdeterminativ, zu dem man den Stern gewählt hatte, aber von dem Auge aus verstehen wir besser den Dual bei dem elamischen nap, als dies von den ›Lanzen‹ her möglich war, denn Augen sind natürlich gern doppelt dargestellt« (S. 1–2).

»Daß der Gott ebenso oft drei wie zwei Augen hat, bedeutet wohl einfach: viele. Ja, die Vielheit der Augen scheint nicht unwesentlich gewesen zu sein. In Tepe Mussian, das gleichfalls in Elam gelegen ist, erscheint das Auge bereits in der gleichen versetzten Form (repoussé) als unendlich vielfältig angeordnet, wie wir es seitdem in Vorderasien so häufig neben der Anordnung zur bloßen Kette finden, am auffälligsten auf einer gestempelten Kupferverkleidung in Tell Braq, wo angesichts der Tausende von Augenidolen wohl niemand daran zweifeln wird, daß es sich wirklich um Augen handelt. Betrachten wir daraufhin die Siegel der Djemdet-Nasr-Zeit, so läßt sich die Hauptmasse der erscheinenden Ornamente als ein aus der Augenform mehr oder minder deutlich entwickeltes Flechtband auffassen. Aber auch in umgrenztem Feld ist das Auge oder Augenpaar nunmehr auf kultischen Gefäßen häufig, sei es gemalt wie auf der schönen Vase aus Djemdet-Nasr selbst, sei es in Einlegearbeit wie so häufig in Uruk.

Nun erscheint es merkwürdig, daß das Auge sich so verschieden darstellt; einmal als gestielter Halbkreis, zum anderen als Oval. Betrachten wir daraufhin das Auge auf dem Gefäß aus Djemdet-Nasr, so sehen wir deutlich, daß selbst dieses naturalistisch bewimperte Auge Rudimente des alten Stiels aufweist, und von der Vorstellung des kultischen Symbols her erklärt sich ja auch die dem Flechtband widerstrebende Bestielung des susischen Doppelsymbols. Es ist aber deutlich, daß die Malerei wie die Schrift eben nicht das natürliche Auge meint, wie es jeder Mensch aufzuweisen hat, sondern das Symbol und damit den Gott« (S. 4–5).

»Frankfort erinnert in Zusammenhang mit den Augenidolen von Tell Braq an die Gesichtsvasen von Troia. Hier wie dort ist das Charakteristische das Fehlen des Mundes. Aber von Troia aus kommen wir hinüber zu Idolen und Gefäßen in Therni. Augenidole sind aber auch die Stiftidole in Thessalien, die wieder die größte Ähnlichkeit mit spanischen und portugiesischen haben. Auch die Menhire entlang den Küsten des Atlantischen Ozeans sind Augenidole, die sich von den Gesichtsvasen nicht trennen lassen. Können wir so zwar die Wanderung des Gottes entlang den Küsten des Mittelmeeres zum Atlantischen Ozean gut verfolgen, so ergibt sich, daß er einmal die ganze Welt beherrscht haben muß. Aber über seine Wesensart erfahren wir daraus noch nichts.

Es erhebt sich also immer dringender die Frage: Wer ist dieser Augengott und wie heißt er?

Da wir dem Gott in vorgeschichtlicher Zeit überall in der Welt begegnen, müssen wir die Frage auch von der ganzen Welt her zu lösen trachten und eine Einzellösung so lange für zufällig halten, zumindest als unverpflichtend für die Vorgeschichte, bis wir auf eine allen Völkern gemeinsame Anschauung gestoßen sind« (S. 8–9).

»Das Mädchen Europa, nach dem wir unseren Kontinent benennen, hat einen einwandfrei griechischen Namen. Sie heißt die Weitäugige. Sicherlich dürfen wir dies nicht als weitsichtig im Sinne von umsichtig auffassen. Dazu würde der Leichtsinn, einen wenn auch noch so sanft und zärtlich blickenden Stier zu besteigen, wenig passen. Aber es ist wohl gar nicht die phönikische Königstochter, die hier benannt werden sollte, sondern gerade der sanft und zärtlich blickende Stier. Die Griechen deuteten sich die Verbindung Stier und Augengott als zweifellos zusammengehörige Eigenschaften einer Gottheit auf ihre Weise, und so schufen sie die Kuhäugige neben der Eulenäugigen, sie gaben der Hera den Pfau als Attribut mit dem Fächer der Augen, der so deutlich an die augenbesäten Flügel der palästinensischen Engel erinnert, sie setzten Argos mit den hundert Augen als Wächter über die Kuh, und sie schufen eine Reihe mythischer Figuren, die wie Europa die Augen als Namensbestandteil hatten« (S. 276). *Ende der Zitate aus M. Riemschneider 1953.*

Die Publikation »Dämonie des Blickes« von D. Frey (1953) behandelt das Augenproblem großteils aus psychologischer Sicht, ein Aspekt, der in den vorher zitierten, stark auf das Erscheinungsbild ausgerichteten Überlegungen weniger zur Geltung kommt. Auf dem Weg über das subjektive Erleben, nach H. Volkelt (1937) »die wunderbarste Schaltstelle der Natur« und wichtigster Wirkfaktor für alles menschliche Tun, stellt der Autor die Verbindung zwischen der kulturellen Realisierungsform und der biologischen Matrix dar, wodurch die Aussagen von Schurtz und Riemschneider erst richtig verständlich werden. Frey sagt unter anderem:

»Am Burgtor von Mykene haben die beiden am Tympanon im Profil dargestellten Löwen den Eintritt-Heischenden abwehrend angeblickt. Die apotropäische Bedeutung ist hier offensichtlich. Wesentlich ist, daß die magische Wirkung des Schutzes, unter dem der ›Eingang‹ steht, durch den dem gefährlichen Eindringling oder seinen bösen Gedanken der Eintritt gewehrt wird, auf dem Gegenüber von Ich und Du beruht, auf dem bannenden Blick, der auf den Beschauer gerichtet ist.

In der Frontalität spricht sich auch ein neues Gotteserlebnis aus, in ihr stellt sich die Gottheit als Person dar. Nicht die menschliche Gestaltung ist für den personalen Charakter das Entscheidende, auch dem göttlichen Tier kann er eigen sein, sondern das Gegenüberstehen, das Sich-Anblikken. Der König oder Priester erscheint vor dem Antlitz des Gottes in unmittelbarem Gegenüber, ›von Angesicht zu Angesicht, Auge in Auge‹, wie auf der Hamurabi-Stele, auf Rollsiegelbildern mitunter von niedrigen Gottheiten geleitet und empfohlen, womit ein Bildschema geschaffen wird, das in der christlichen Kunst bis in den Barock nachwirkt. Im Zuwenden des Anlitzes, im Anblicken bezeugt der Gott oder König seine Gunst und Gnade, so daß der Untergebene betet: ›O König Echnaton, lasse mich deine Augen täglich sehen.‹ Und im Alten Testament wird für den Besuch des Tempels der Ausdruck ›das Antlitz Jahwes sehen‹ gebraucht. In gleicher Weise drückt auch Luther die unmittelbare Beziehung des Menschen zu Gott aus: ›Denn fur gottis augen zu stehen und bitten gepürt niemant denn den priestern‹« (S. 249–250).

»Auch die seltsame naturwidrige rote Tingierung der Iris mit schwarzer Pupille bei gemalten Augen der archaischen Periode sollte wohl dem Blick als ὀφθαλμὸς δριμὺς etwas Leuchtendes, Stechendes verleihen. Das blutrote Auge, versinnbildlicht durch den Karneolschmuck, der dem neuen König als Horus nach dem Rituale für die Königsnachfolge überreicht wird, spielt schon in Ägypten eine Rolle. Das Dämonische des Blickes kommt in den rituellen Worten des Königs deutlich zum Ausdruck, die er nach der Überreichung an den vom ›Einwickler‹ vertretenen Seth richtet: ›Ich habe meine Augen genommen, deinen Karneolschmuck, wende dich um, nachdem sie dich grimmig angeblickt haben.‹ Auch bei einer Siegerstatue aus der Mitte des 6. Jhs. im Louvre ist die rotbemalte Iris deutlich zu erkennen. Platon und Galen sprechen von glühenden Feueraugen. Mag man weiter an die urentes oculi, die roten, brennenden Augen bei dem römischen Satiriker Persius (II, 34) denken. Noch auf ravennatischen Mosaiken des 5. nachchristlichen Jhs. ist die rote Iris zu finden, wie bei der Figur des Hl. Andreas im Baptisterium der Katholiken. Dämonische Vorstellungen, die sich mit der roten Farbe verbanden, mögen dabei mitgespielt haben und nachwirken. So wurden Xoana des Dionysos mit roten πρόσωπα dargestellt« (S. 256).

»Dem lebenerregenden, Segen oder Unheil stiftenden Blick steht schließlich die Blindheit gegenüber, dem ›sehenden Gott‹ (Mhntj-irtj) der ›blinde Gott‹ (Mhntj-n-irtj) in Ägypten. In der Erblindung des vates divinus, im blinden Homer offenbart sich unter anderer Form die Dämonie in ihrer Unnahbarkeit, Unergründlichkeit, Unfaßbarkeit, in ihr spricht sich die Weltferne und Welteinsamkeit des von Gott Erleuchteten aus. So wird Faust an seinem Lebensende blind, um geistig sehend zu werden. A. Jeremias bemerkt, daß man am Balkan und in China die Forderung, der Sänger müsse blind sein, durch Blendung verwirklicht habe. Auf einer ähnlichen Vorstellung mag die mythische Form des Haroëris, des ›blinden Gottes‹ als des Harfenspielers beruhen, bei der vielleicht ein volkstümliches Motiv mitspielt: ›denn zum Harfenspieler wird er gerade wegen seiner Blindheit geworden sein, wie so viele der altägyptischen Sänger‹ (Schott)« (S. 263).

»Es gibt Perioden der Kunst, in denen die Augen besonders herausgehoben und betont werden, in denen sie erhöhte Bedeutung gewinnen, in denen sie zu stärksten und differenziertesten seelischen Ausdrucksmitteln werden, und solche, in denen sie harmonisch in die körperliche Gesamterscheinung eingefügt sind, in denen sie unmittelbar und für sich allein wenig aussagen, Perioden, in denen sich einerseits in den Augen die Fremdheit, die Hintergründigkeit und Mächtigkeit einer anderen Wesenheit, das Dämonische oder Göttliche im Menschen ausspricht, und solche, in denen sich andererseits im Blicke seelische Ausgeglichenheit und Verbundenheit von Mensch zu Mensch bekundet, sowohl innerhalb des Bildes von Person zu Person als auch vom Dargestellten zum Beschauer. Man könnte von ›humanen‹ Augen im Gegensatz zu dämonischen oder enthusiastischen sprechen.

Zeiten einer besonderen Augenkunst scheinen gekennzeichnet durch krisenhafte geistige Situationen, durch tragische Spannungen, durch ein Bewußtwerden tieferer Seelenschichten, durch ein Sichzurückwenden in sich selbst.

Solche Perioden sind das Mesolithikum, in dem das Erwachen des Ich-Bewußtseins anzunehmen ist – auch beim Kinde tritt dies erst in einer verhältnismäßig späten Entwicklungsphase auf –, die mediterranen Frühkulturen, in denen das Selbstbewußtsein des Menschen ihn zu göttlicher Würde und Gottähnlichkeit erhebt und das Göttliche menschliche Gestalt annimmt, die ausgehende Antike, in der die körperlich-geistige Einheit des Menschen und seine Weltverbundenheit im Diesseits fragwürdig wird, das hohe Mittelalter, in dem das Abendland aus dem erschütternden Erleben der Spannungen zwischen Diesseitigkeit und Jenseitigkeit, zwischen vita activa und contemplativa, zwischen Staatlichkeit und Kirchlichkeit auf künstlerischem, sozialem und religiösem Gebiet um eine neue Form ringt, der Umbruch vom Mittelalter zur Neuzeit, durch den aus einem neuen Erleben der Realität der Welt und der menschlichen Persönlichkeit die Grundlagen zu einem neuen rationalen Weltbild gelegt werden, die soziale, weltanschauliche und psychologische Krise des 19. und 20. Jhs.« (S. 291–292). *Ende der Zitate aus D. Frey 1953.*

Alle hier zitierten Forscher, Seligmann als Schöpfer einer reichen Sammlung von Abwehramuletten gegen den »bösen Blick«, Schurtz als Kenner entsprechender Phänomene speziell bei Indianern und Papuas, Riemschneider durch mythologische und archäologische Symbolanalyse und Frey mittels psychologischer Beleuchtung des Gesamtkomplexes gelangten unabhängig voneinander zum gleichen Ergebnis, nämlich zur Erkenntnis der fundamentalen Bedeutung des Auges als Ausdrucksmittel im menschlichen Bereich. Eine neuerliche, diesmal von biologischer und ethologischer Seite kommende Bestätigung erfolgt in Gestalt des hier vorgelegten Buches. Wie bei der Technik des Funkpeilens, wo ein unbekannter Sender durch den Schnittpunkt mehrerer auf die Landkarte übertragener Peilstrahlen ermittelt wird, trafen hier aus unterschiedlicher Forschungsrichtung kommende Fragestellungen auf das »Urmotiv Auge«, jenes Phänomen, das so manches zu erhellen vermag, was von seiten der Psychologie und Kulturgeschichte bisher nur diffus beschrieben oder unbefriedigend erklärt werden konnte.

51. Psychologische Schlußfolgerungen

Die Psychologie steht zur Ethologie seit jeher in engster Beziehung, nicht nur aufgrund eines Teilpatriarchats gegenüber der alten Tierpsychologie, sondern auch infolge ihrer da und dort deutlichen Bemühung um naturwissenschaftliche Orientierung, die dem Ethologen viele Anschlußpunkte bietet. So hat beispielsweise H. Rohracher (1965) sein Fachgebiet wie folgt definiert: »*Psychologie ist die Wissenschaft, welche die bewußten Vorgänge und Zustände sowie ihre Ursachen und Wirkungen untersucht.*« Diese keinerlei zoologische Art- oder wissenschaftliche Fakultätsgrenzen postulierende Definition teilt der Psychologie gerade durch die Einbeziehung von »Ursachen und Wirkungen« die Rolle einer vielseitigen Verbindungswissenschaft zu, wie sie etwa von Physiologie, Morphologie, Soziologie oder Ethologie eingenommen wird. Auch andere Psychologen tendierten in Richtung Naturwissenschaft und zogen, wie dies die Medizin bei physiologischen Fragestellungen seit langem tut, für die Erforschung des Menschen Tiere, insbesondere Affen heran (vgl. W. Köhler 1921, R. M. Yerkes 1948). H. Rohracher versucht den naturwissenschaftlichen Charakter der Psychologie noch durch folgendes zu untermauern: »Das kranke Seelenleben wird von einem Teilgebiet der Medizin, der Psychiatrie, untersucht. Niemand bezweifelt, daß die Psychiatrie wie alle medizinischen Forschungsgebiete zur Naturwissenschaft gehört; ihre Methoden zur Heilung psychischer Erkrankungen sind ebenfalls rein naturwissenschaftlicher Art. Wenn das kranke Seelenleben in das Forschungsgebiet der Naturwissenschaften gehört, so ist nicht einzusehen, warum das gesunde zu einem grundsätzlich anderen Forschungsgebiet (nämlich zu den Geisteswissenschaften) gehören sollte – am Wesen des Seelischen ändert die Erkrankung nichts.«

Heute ist die Psychologie vor allem als angewandte Wissenschaft in verschiedensten Lebensbezirken vertreten, ja man könnte sie, ähnlich der Soziologie, als eine sogenannte »Bindestrichwissenschaft« bezeichnen (vgl. H. Schoeck 1969), die in zahlreiche Spezialfächer wie etwa Kinder-, Jugend-, Alters-, Entwicklungs-, Schul-, Sozial-, Verkehrs-, Verkaufs-, Sport- oder Militärpsychologie aufgegliedert wird und in dieser Form zu einem besseren Wissen um menschliche Bedürfnisse und somit auch zur Humanisierung der zivilisatorischen Lebensbedingungen beitragen will. Es sind dies Bereiche, in denen die Ethologie der Psychologie zumindest ebensoviel an Impulsen und verwertbaren Ergebnissen zu bieten hat, wie es umgekehrt der Fall ist. Leider wird in der Praxis davon einstweilen noch relativ wenig Gebrauch gemacht. Gerade der ökologische Aspekt, wonach der Mensch stammesgeschichtlich einer bestimmten Umweltsituation angepaßt ist, die im heutigen Zivilisationsbereich bestenfalls in vereinzelten Faktoren vorliegt, fand in der Psychologie bisher noch kaum Berücksichtigung. Um zu zeigen, wie sich die ökologische Betrachtungsweise auf die Beurteilung menschlicher Verhaltensweisen auswirkt, sei ein Thema herausgegriffen, das in der modernen Psychologie, Tiefenpsychologie und Psychotherapie einen sehr großen Raum einnimmt und auch infolge publizistischer Überpopularisierung in weiten Bevölkerungskreisen lebhaft diskutiert wird, nämlich die Sexualität. Fürs erste scheint dieses Gebiet vom Augenproblem zu weit abzuliegen, um eine gesonderte Diskussion in diesem Rahmen zu rechtfertigen. Bei näherer Beschäftigung treten jedoch nicht nur wichtige Querverbindungen zum »Sehen und Gesehenwerden« zutage, sondern es wird hier auch besonders deutlich, daß gängige psychologische Theoreme bei Hinzuziehung ethologischer und speziell ökologischer Gesichtspunkte da und dort schwache Stellen zeigen, die nicht unbeachtet bleiben dürfen.

Die Umwälzungen und zum Teil positiven Änderungen, die Sigmund Freuds Ideen in den älteren psychologischen Anschauungsweisen auslösten, sind so unbestreitbar, daß sich eine Hervorhebung erübrigt. Gleichwohl darf nicht übersehen werden, daß Freud, als im Grunde eher unbiologisch denkendem Großstadtmenschen, manche Fehleinschätzungen unterlaufen sind. Seine geisteswissenschaftlich orientierte Methode, den Menschen als isolierte Ganzheit zu erklären, führte ihn zu einem in sich stimmenden und dadurch zum Gebrauch verlockenden System, das aber in vielen Belangen des biologischen Rückhaltes entbehrt. So erkennt Freud beispielsweise eine aus der Geburtssituation resultierende »Urangst« als Quelle späterer Ängste. Im aus »Enge« abgeleiteten Wort »Angst« manifestiert sich für ihn die natale Atmungsschwierigkeit (vgl. G. Bally 1961). Das Postulat, jeder Mensch trage lebenslang an diesem Trauma, ist weder beweis- noch widerlegbar, weil man sich seiner Geburt eben nicht erinnert. Aus biologischer Sicht ähnlich fragwürdig ist die tiefenpsychologische Annahme der Sehnsucht nach Rückkehr in den Uterus. Viele einer Gebärmutter entstammende Tiere fürchten geschlossene Räume und suchen zeitlebens Geborgenheit in freier, deckungsloser Landschaft. Umgekehrt gibt es eine Reihe von Amphibien und Fischen, die in glasklaren Eihüllen heranwachsen und dennoch später zu Höhlenbewohnern werden. Eine zwingende Beziehung zwischen Fötalsituation und Geborgenheitswünschen besteht also nicht. Beim Menschen ist sogar zu bemerken, daß er sehr enge Höhlen, die ihm im Hinblick auf die Uterusphase eigentlich sympathisch sein müßten, panisch fürchtet. Für einen zu neugierigem Explorieren neigenden Höhlenbewohner vom Typ des Menschen ist eine solche Einstellung wichtig, weil sie ihn vor dem Verschliefen in zu enge Räume bewahrt. Klaustrophobie und Platzangst sind die pathologischen Extreme eines ökologisch erklärbaren, angeborenen Maßstabes für die richtige Größenwahl beim Aufsuchen eines Verstecks.

Gerade auf dem Gebiet der Sexualität sind Freud gewisse Übertreibungen schon in den Grundaussagen unterlaufen. So bezeichnet er beispielsweise Sexualität als eine »nicht bloß der Fortpflanzung dienende, der Verdauung, Atmung usw. gleichzustellende Funktion, sondern als etwas weit Selbständigeres, das sich vielmehr allen anderen Tätigkeiten des Individuums gegenüberstellt und erst durch eine komplizierte, an Einschränkungen reiche Entwicklung in den Verband der individuellen Ökonomie gezwungen wird«. Von dieser Grundannahme geht der Forscher in allen seinen mit diesem Thema befaßten Abhandlungen aus (vgl. S. Freud 1924, 1925, 1947, 1950). So kam es, daß die in den Blickpunkt psychologischer Betrachtung gerückte Sexualität speziell in der Psychoanalyse nicht selten als zentrale Kraftquelle, ja als Stützgerüst menschlichen Wirkens angesehen wurde (vgl. A. A. Guha 1971, W. F. Haug 1972, D. Lagache 1971) und vielfach sogar als Faktor in politisch-ideologischen Programmen aufscheint (vgl. G. Runkel 1974).

Da es sich beim menschlichen Verhalten um ein regulatives System ambozeptorischer Kausalverbindungen handelt (O. Koehler 1933), ließen sich verschiedenste Ausgangspunkte zu dessen Aufrollung finden, ähnlich wie man die Funktionsanalyse eines Ökosystems etwa mit der Verhaltensbeschreibung des Hirschkäfers, der Physiologie des Rotkehlchens oder der Blütenbeziehung der Honigbiene beginnen und von hier aus logisch weiterführen könnte. Auf diese Weise war es A. Adler (1966, 1973) ja auch unschwer möglich, in der von ihm begründeten Individualpsychologie das Freudsche Lustprinzip gegen ein ebenso fiktives Machtprinzip als Grundmotiv menschlichen Handelns auszutauschen. Falsch wird die Sache dann, wenn man die zwar bestehende, aber begrenzte Wirksamkeit von Teilfaktoren zu genereller Gültigkeit erhebt. So mag etwa die von der Psychoanalyse sehr ernst genommene »Kastrationsangst« mit Freuds jüdischer Familienwelt und dort geltenden Beschneidungsregeln zusammenhängen. In anderen Bevölkerungsgruppen braucht das Syndrom überhaupt nicht existent zu sein. Wenn zum Beispiel manche Psychoanalytiker im Schachspiel neben analsadistisch-homosexuellen Komponenten Kastrationskomplexe samt Vatermordgedanken und in der Königsfigur ein Phallussymbol erblicken (vgl. H. C. Schonberg 1974), kann man sich des Eindrucks der unzulässigen Verallgemeinerung kaum erwehren. Von der zentralistischen Sexuslehre Freuds hat sich übrigens auch Jung gelöst und dadurch in seiner analytischen Psychologie sehr viel an Horizont gewonnen (vgl. C. G. Jung 1946, 1971 a, b). Bei ihm finden sich wohl die meisten psychologischen und speziell psychoanalytischen Kontaktversuche zu anderen Wissenschaften.

Den Sexus übertreibende Vorstellungen sind von starker publizistischer Breitenwirkung und zeigen deutlichen Niederschlag in vielen Bereichen. Ein Musterbeispiel dafür ist etwa die Kritik an Karl May von A. Schmidt (1969), gewiß eine Amateurarbeit, die aber demonstriert, zu welchen Auswüchsen bestimmte psychoanalytische Schulen führen können. Wenn jeder Baum ein Phallussymbol und das Betreten einer Höhle bereits Vaginalinteresse ist, hört sich jedwede Landschaftsschilderung auf. Das Baugewerbe mit Hochkränen und Baugruben wird dann folgerichtig zum Tummelplatz für Sexualpsychopathen, wohingegen jeder Höhlenforscher eigentlich zurück in den Uterus möchte. Diese kraß verzerrende Überbewertung der Sexualität hat sich die einschlägige Industrie zunutze gemacht und läßt unter der Devise einer »endlichen Befreiung von allen Zwängen« auf die Menschheit eine bildliche, filmische, literarische, medikamentöse und gebrauchsgegenständliche Sexflut los, wie sie sich der Durchschnittsbürger früher nicht einmal hätte träumen lassen. Gefördert durch die von Geschäftskreisen begrüßte Finanzkraft der pubertierenden Teenager-Generation, die ihr altersbedingt übersteigertes Sexualinteresse für den normalen Dauerzustand hält, wurde sogenannte »Liebe« zum Hochleistungssport wie Schilaufen oder Schwimmen. Der Slogan »make love not war« wurde zum Schlachtruf größerer Kreise von Jugendlichen, die tatsächlich glaubten, Sex sei ein Mittel zum Weltfrieden. Besorgte Eltern fragten bei Zeitungen an, was zu tun sei, wenn zwei- oder dreijährige Kinder noch kein Sexualinteresse zeigten. Eine Studentin der Psychologie beklagte sich in einer Fernsehsendung, daß im Universitätskolleg das Zehenspiel der Säuglinge anstatt deren Sexualität besprochen werde, ohne in Erwägung zu ziehen, daß Säuglingen Zehen eventuell wichtiger sein könnten als der noch unentwickelte Sexualapparat. Wahrscheinlich erlebt das Kleinkind sein Genitale vorwiegend als auffällige, für Fingergreifübungen geeignete Körperstruktur, die der Hand mehr Beschäftigung bietet als Schenkel, Brust oder Stirn. So kann ein durchaus pettingähnliches Bild entstehen (vgl. M. Mead 1955), das mit Sexualität aber nichts zu tun hat, sondern viel eher in den von H. A. Senftleben (1973) geprägten Begriff der Parasexualität hineingehört (vgl. H. Stourzh-Anderle 1955), wogegen von eigentlicher Sexualität erst ab entsprechender Hypophysentätigkeit und Produktion gonadotroper Hormone die Rede sein kann (vgl. F. A. Beach 1948). Die übertriebene Propagierung der Sexualität ist allerdings nicht Spiegelbild des sogenannten »gesunden Volksempfindens«, denn in der breiten Masse der gegenwärtigen Arbeiterschaft und Landbevölkerung besitzen viele der alten Tabus noch ihre volle Gültigkeit (vgl. A. C. Kinsey 1948, 1953). Wollte man das Sexualverhalten des heutigen Durchschnittsmenschen in Europa und Amerika nach der äußeren Fassade der Porno-Industrie beurteilen, käme man zu falschen Ergebnissen.

W. Hellpach (1944) sagt zwar mit vollem Recht: »Die vererbende Fortpflanzung ist das Zentralproblem des Organischen«, doch resultiert daraus keineswegs ein generelles Dominieren der Sexualität über sonstiges Verhalten. Jede Art übt in der Biozönose eine ökologische Funktion aus, für die sie sich durch Fortpflanzung erhalten beziehungsweise der sie sich anpassen muß, um sich überhaupt fortpflanzen zu können. Der Sexualbereich ist ein nach außen hin durch viele Aktivitäten abgesicherter, schützend ummantelter Verhaltenskern, der trotz hoher Bedeutung eine quantitative Minorität darstellt. Viele der innerartlichen Auslöser des Fortpflanzungssektors sind bei Tieren in der Kindheit noch nicht, im Alter nicht mehr vorhanden und auch beim vollkräftigen Individuum nur temporär interessant, manche erscheinen überhaupt nur während Paarungszeiten und werden zwischendurch rückgebildet. Schon allein die zur Erreichung der Fortpflanzungsfähigkeit nötige Zeitspanne ist im Vergleich zur Gesamtlebensdauer relativ lang. Das spätere Leben erfordert eine Fülle absolut unsexueller, primär von der ökologischen Artfunktion determinierter Handlungsweisen, deren konstruktivem Konzept sich das Sexualverhalten in zahlreichen Belangen fügen muß. Von gefangenen Tieren wissen wir, daß sie unter Umständen jahrelang sexuell inaktiv sein können, ohne dadurch in ihrer sonstigen Leistungsfähigkeit beeinträchtigt zu sein.

Auch beim Menschen herrscht die Sexualität, ungeachtet ihrer über das Fortpflanzungsgeschehen hinausreichenden partnerbindenden Funktion (vgl. I. Eibl-Eibesfeldt 1967, W. Wickler 1969), infolge altersmäßig, jahreszeitlich und individuell bedingter physiologischer Rhythmen nicht ununterbrochen vor, eine Tatsache, die man angesichts der Auffälligkeit des menschlichen Geschlechtsdimorphismus und der Intensität sexuellen Engagements leicht übersieht. Die biologische Dynamik und ökologische Präsenz des Menschen, der 90% seiner Artgeschichte als Jäger und Sammler zugebracht hat, liegt in einer Fülle anderer, das Funktionieren der Sexualität erst ermöglichenden Betätigungen (S. 42 ff.). Zur Ausübung sexueller Funktionen bedarf es, wie schon aus deren großer Einheitlichkeit innerhalb des Wirbeltierstammes hervorgeht, keiner hochgezüchteten Intelligenz, respektive ist von dieser Seite kaum ein Selektionsdruck in Richtung Intelligenzentwicklung zu erwarten. Gleiches gilt für den uns nächstverwandten Schimpansen, von dem wir dank dem Anthropologen L. S. Leakey, der aus den Lebensgewohnheiten dieses Primaten Aufschlüsse über die Australopitheciden gewinnen wollte und diesbezügliche Untersuchungen anregte (J. v. Lawick-Goodall 1971), wie auch durch die Studien von A. Kortlandt (1936, 1968, 1972) bereits zahlreiche ethologische Details kennen. Schimpansen entfalten ihre psychische Leistungsfähigkeit in mannigfachsten, vorwiegend der Auseinandersetzung mit der Umwelt und dem Gruppenleben dienenden Beschäftigungen, denen gegenüber die temporär aufflammenden Sexualaktivitäten eher eine Nebenrolle spielen.

Die Struktur des menschlichen Sexualverhaltens präsentiert sich aus ethologischer Sicht etwa folgendermaßen: Wie S. 42 ff. dargelegt, ist der Mensch zoologisch betrachtet ein taglebender, locker gegliederte Landschaft bevorzugender Kleingruppenjäger, der Deckung in Höhlen sucht. Er ist einehig, aber nicht unbedingt dauerehig und somit während seines gesamten sexuell aktiven Lebensabschnittes zum »Balzen« und Knüpfen neuer Partnerbeziehungen befähigt. Diese zunächst banal klingende Feststellung wird angesichts der Tatsache bedeutsam, daß es total ein- und dauerehige Tierformen gibt, bei denen sich die meisten Individuen nur einmal verlieben und dem Partner lebenslang, in manchen Fällen über den Tod hinaus die Treue halten, wie dies etwa bei Bartmeisen (O. Koenig 1951) und Graugänsen (K. Lorenz 1949 a) beobachtet wurde. Aus der Kombination »einehig, nicht dauerehig« resultiert für den Menschen ein breiter Fächer kultureller Varianten seines Fortpflanzungsverhaltens, angefangen von relativ kurzem einmaligem Zusammenschluß über Gruppenehe mit temporärer Partnerbevorzugung bis zur dauerhaften Einehe, in der sich die Partner zeitweilig neu »ineinander verlieben« (O. Koenig 1962 a). Für die Existenz der Kleinsozietät ist es zweckmäßig, daß bei Mitgliederverlust neue Fortpflanzungsgruppierungen getroffen werden können. Daß die Kopula in manchen Kulturen auch sakralen Zwecken dienen kann, ja bei einigen Völkern in den Bereich sozialer Höflichkeit gehört, mag in einem die näheren Umstände nicht kennenden Forscher den Eindruck der freien Promiskuität erwecken. Dahinter stehen aber fast immer irgendwelche zumindest befristet haltbare Zweierverbindungen.

Der menschliche Koitus erfolgt bei der Mehrzahl aller Völker und Bevölkerungsschichten für gewöhnlich liegend Brust an Brust und somit in extremer gegenseitiger Zuwendung, die einen Verlust an Umweltüberblick mit sich bringt. Dazu kommt die Tendenz zum Augenschließen, das neben Konzentration auf taktiles Erleben auch die durch Abschalten eines wichtigen Kontrollorgans vollzogene vertrauensvolle Auslieferung an den Partner ausdrückt. Diese »Grundidee« finden wir in analoger Weise bei tierischen Unterwerfungsgesten, so etwa im demütigen Ohrenzurücklegen der Hunde und Wölfe (vgl. K. Lorenz 1949 b, R. Schenkel 1947, E. Zimen 1971) oder im »Wegsehen« bei Möwen (N. Tinbergen 1959 a, b). Fast alle Säugetiere und Vögel kopulieren während ihrer Hauptaktivitätszeit durch Aufreiten des Männchens von hinten, worunter der optische, akustische und olfaktorische Kontakt mit der Umgebung nicht leidet, wenn man von der mit dem Paarungsakt verbundenen Orientierung auf den Partner absieht. Anscheinend ist der Mensch das einzige höhere Säugetier, das sich trotz Tagtierkonstitution am häufigsten nachts, also außerhalb seiner Aktivitätsspitzen paart. Vielleicht spielt dabei die für viele Tagtiere typische Steigerung der Sozialbereitschaft im Dunkeln mit eine Rolle. So schlafen zum Beispiel Bienenfresser (L. Koenig 1951), Bartmeisen (O. Koenig 1951) und andere Kleinvögel, die tagsüber auf Hackweite Abstand halten, nachts in gedrängter Reihe. Eine ähnliche Tendenz des Zusammenrückens bei Einbruch der Nacht zeigt der Mensch. A. Hitler (1932) nahm ganz planmäßig bei seiner Propaganda- und Redetätigkeit darauf Bedacht. In der früheren Jugendbewegung besprach man Probleme und Differenzen tunlichst abends am Lagerfeuer. Kein Wunder also, wenn der Mensch für die Paarung als innigstem aller Sozialkontakte Geborgenheit und Dunkel oder zumindest Dämmerlicht sucht (vgl. C. S. Ford und F. A. Beach 1951). Bei der kulturellen Realisierung ist allerdings die Lebensform des betreffenden Volkes von Bedeutung. Wo man in Gemeinschaftshäusern schläft und nachts wegen gefährlicher Tiere, Mücken oder eventuell anschleichender Feindgruppen nicht ins Freie kann, bleibt nur der Tag für den Geschlechtsverkehr. Vielfach führt man ihn um diese Zeit relativ schnell und in Positionen aus, die eine gute Umgebungskontrolle gewährleisten und im Überraschungsfall unverfänglicher sind als Liegestellungen. Bei den Truk-Insulanern zum Beispiel legt die Frau beim Tagesakt den Rock nicht ab. Sogar die durch klimatische Extrembedingungen zu engstem Zusammenleben und kollektivem Schlafen gezwungenen Eskimos bemühen sich, kosende Paare zu »übersehen«. Man dreht sich um, rückt ab, stellt sich schlafend oder führt ablenkende Gespräche.

Ein weiterer die Paarabsonderung fördernder Faktor ist das soziale »Anstoßnehmen« der Gruppenkumpane an sexueller Betätigung (F. Goethe 1932). O. Heinroth (1910), dem als erstem auffiel, daß bei vielen sozialen Vögeln kopulierende Paare von Artgenossen attackiert werden, benannte dieses möglicherweise als Übersprung einer Stimmungsübertragung auftretende Verhalten in Anlehnung an ein früheres preußisches Sittengesetz »Lex-Heinze-Reaktion«. Auch der Mensch ist nicht frei davon, was schon die zahlreichen, trotz scheinbaren Prüderiebruches im Grunde kritikübenden Sexualwitze, Zoten, anzüglichen Lieder und Pornoproduktionen, die zum Lachen oder eigentlich Auslachen anreizen, zum Ausdruck bringen. Der menschliche Paarungsakt, ein in geborgener Zweisamkeit absolut natürliches und für die Beteiligten zutiefst ergreifendes Geschehen, wird aus dem Blickwinkel des Zuschauers zur eher lächerlichen und dadurch pornographisch »unanständigen« Aktion. Lachen, nach J. A. Ambrose (1963) Resultat gleichzeitiger Zu- und Abwendetendenzen, nach N. Bolwig (1964) von spielerisch drohendem Zubeißen ableitbar und nach K. Lorenz (1964) in Form des Auslachens stark aggressiv, dient vorwiegend dem sozialen Zusammenschluß gegen Widersacher. Das anstoßnehmende Lachen beweist also kaum die »endlich freigelegte Selbstverständlichkeit«, sondern viel eher die Unnatürlichkeit der Zurschaustellung sexueller Betätigung. Die bei Naturvölkern für den Liebesakt bevorzugte Abgeschiedenheit verdeutlicht eine von C. S. Ford und F. A. Beach (1951) publizierte Tabelle, in der von Wohnverhältnissen bedingte Verhaltensunterschiede zur Geltung kommen:

Bevorzugter Ort für den Geschlechtsverkehr bei 25 Gruppen
dargestellt als Funktion der Art der Wohnstätte

Einfamilienhaus oder abgeteilte Räume		Wohnraum für viele Familien ohne Trennwände
Im Freien	3	9
Im Inneren	12	1

Ähnliches berichten B. Malinowski (1929) von den Trobriandern aus Ost-Melanesien und A. R. Holmberg (1946) von den Sirionó aus Ost-Bolivien, wo Absondern der Paare generell üblich ist. In diesem Zusammenhang sei auf die so zahlreichen Blickabwehramulette im Hochzeitsbrauchtum, vor allem aber auf den starken Amulettschutz von ehelichen Schlafzimmern verwiesen. Wahrscheinlich ist die heute noch weitverbreitete Sitte, über Ehebetten allegorische Bilder aufzuhängen, ein Rest dieser alten Blickfurcht. Auf orientalischen Darstellungen der Kopula, wie sie in der religiösen Kunst Indiens vorkommen, finden wir eine Fülle von Augensymbolen; entsprechende Bilder aus Bali sind mit naturalistischen Augen oft großflächig übersät. Der zuschauende Voyeur ist eine in Stadtkulturen bekannte pathologische Erscheinung, die zu vielerlei Gestaltungen in der Malerei geführt hat, so daß insbesondere bei naiven Bildern oft nicht gesagt werden kann, ob die abgebildeten Augen »abwehren« oder »zuschauen«.

Wie die aufgezählten Tatsachen zeigen, ist Sexualität im allgemeinen und Kopula im speziellen nicht nur phylogenetisch vorgeformt, sondern in klarer Weise ökologisch adaptiert. Der durch die ökologische Fehlsituation neurotisierte und übersexualisierte Großstädter des 19. und 20. Jahrhunderts ist diesbezüglich allerdings kein repräsentativer Vertreter der Spezies Mensch. Ändert man die Umwelt eines Lebewesens in Richtung höherer Bequemlichkeit, vermehrter Sicherheit und besserer Versorgung, so wird das umweltbezogene Verhaltensinventar weniger benützt, die endogen produzierte Energie fließt in größerer Menge den verbleibenden innerartlichen Betätigungen zu. Wo der Lebensraum alles gibt und die Arbeitsbeanspruchung uninteressant einseitig wird, weicht das nach Aufgaben und Beschäftigung suchende Lebewesen zwangsläufig auf den Sozialkumpan aus, der grob ausgedrückt zwei Betätigungsmöglichkeiten bietet: Feindseligkeit und Liebe. Eine bei zahmen Kuhreihern *(Bubulcus ibis)* beobachtete, der europäischen Gegenwartsituation analoge »Wohlstandsverwahrlosung« (vgl. O. Koenig 1962 a, 1971, 1972 a, 1974) erbrachte Hypertrophierung der Sexualität als eines der ersten diagnostischen Merkmale. Für im täglichen Tagesablauf gleichmäßig ausgelastete Naturvölker sind Sexualtabus keine lästigen Zwänge im Sinne unfreiwilliger Entsagungen, wie sie der Zivilisierte so häufig erlebt, sondern gültige Gesellschaftsordnung, deren einschränkende Gebote die Gruppe als vernünftig und notwendig anerkennt (vgl. C. S. Ford und F. A. Beach 1951). So sind sexuelle Abnormitäten und Hypertrophien, wie sie die zivilisatorische Situation hervorbringt, bei einfachen Naturvölkern seltene Ausnahmen (vgl. H. A. Bernatzik 1936, 1947 b). Der Mensch hatte im Verlauf seiner aus den Wurzeln des Primatenstammes heraufführenden Entwicklungsgeschichte gar keinen Grund, seine geschlechtlichen Wünsche gewaltsam und widernatürlich zu verdrängen. Zweifellos beruhen Sexualtabus auf ganz natürlichen angeborenen Tendenzen, die sich freilich im Zuge kultureller Spezialentwicklungen in Richtung Sexverdammung oder Sexbetonung extremisieren können. Die große Dominanz, Freiheit, Unabhängigkeit des Sexus ist jedenfalls nirgends zu finden, und wo sie scheinbar existiert, ist sie ein Symptom für Strukturstörungen im Art- und Umweltgefüge.

Aus diesem Exkurs in die Sexualpsychologie geht hervor, daß bei der psychologischen Beurteilung des Menschen auf die Einbeziehung ethologischer, insbesondere auch ökologischer Gesichtspunkte nicht verzichtet werden kann, sollen die Befunde nach allen Richtungen tragfähig sein.

Stellt man die Frage, in welcher Weise sich die Wissenschaft mit der in diesem Buch von kulturethologischer Seite her aufgerollten Augenproblematik bisher auseinandergesetzt hat, so zeigt sich, daß das Auge als Signalgeber und seelischer Wirkfaktor von Psychologie und Psychoanalyse bisher eigentlich nur sehr wenig berücksichtigt worden ist. Fast gewinnt man den Eindruck, die Bedeutung des Augenproblems sei infolge zu großer Selbstverständlichkeit der Phänomene weitgehend verkannt worden. Die mimischen Ausdrucksmöglichkeiten der Augenpartie wurden zwar ausführlich dargestellt (vgl. Ch. Darwin 1910, G.-B. Duchenne 1876, Th. Piderit 1886, F. Lange 1952, Ph. Lersch 1951), die psychische Gegenwirkung auf den Empfänger aber kaum berücksichtigt. In dem ausführlichen Abriß über die Ausdrucksforschung von H. Rohracher (1969) wird die hohe Wichtigkeit des Auges als Auslöser von Stimmungen und Handlungen nicht einmal gestreift. Die bislang genaueste Arbeit über das Auge als Sender und Empfänger und seine Rolle im Rahmen der Interaktionen stammt von M. v. Cranach (1971), der auf den Mangel an einschlägigen Untersuchungen hinweist. H. Musaph (1969), durch die Praxis mit der Bedeutung der Augenkommunikation konfrontiert, sagt dazu in seiner aus psychiatrischer Sicht gegebenen Anleitung zur psychologischen Gesprächsführung: »Wenn wir jemanden aus dem Warteraum holen, geschieht die erste Fühlungnahme durch die Augen... Das ›Hereinbitten‹ wird ein ›einander Ansehen‹. Wir legen besonders viel Wert auf diese erste Begegnung für das Stellen von Diagnosen und Prognosen überhaupt.«

Die Bedeutung der Augenfunktion kommt zum Beispiel auch in der folgenden allgemeinen Grundeinstellung zur Geltung: Stirbt ein Mensch, so sagen wir nicht etwa, »Jetzt kann er weder hören noch riechen«, sondern »Seine Augen sind gebrochen«, »Er hat die Augen für immer geschlossen« oder »Er ist entschlafen«. Ähnlich erfolgt die Bewertung des Ausfallens von Körperfunktionen: Für die »in ewiger Nacht« lebenden Blinden haben wir tiefstes Mitleid, und keinem fällt es ein, sie zu bespötteln. Taubheit wird zwar bedauert, doch nicht ungern gutmütig parodiert. Verlust des Geruchssinnes gilt als nicht tragisch, ja sogar als beneidenswert, weil dem Betroffenen »so mancher Gestank erspart bleibt«, und gar sexuelle Leistungsschwäche ist kaum Anlaß für aufrichtiges Mitleid, sondern eher für hämische Witze. Die Tatsache, daß Blinde mitunter psychisch ausgeglichener und sozial leichter integrierbar sind als Taube, widerlegt nicht die Bedeutsamkeit des Visuellen. Möglicherweise wirkt sich das Fehlen der neben positiven Komponenten auch viel Bedrohliches enthaltenden Augenkommunikation weniger belastend aus als das Sehen von Vorgängen ohne akustische Kontrolle. Es könnte sein, daß der in Finsternis lebende Blinde ähnlich reagiert wie der Sehende bei Einbruch der Dunkelheit, nämlich mit verstärkter Anschlußtendenz und Zuwendung zum Sozialpartner.

Über Wirkungen, die reale Augenpaare und ornamentale Augenmuster auf den Menschen ausüben, wurde S. 103 ff. gesprochen. Sehr bemerkenswert in diesem Zusammenhang ist der S. 105 f. zitierte Bericht von M. Benary-Isbert (1959), in dem die neurotisierende Wirkung der Augen in einem Saal voller Masken geschildert wird. Kennzeichnend ist auch die Tatsache, daß man Augenmotive im magischen Abwehrbereich gern verschlüsselt, verniedlicht und verlieblicht (S. 131 ff.). Es ist zweifellos nicht gleichgültig, wie viele Augen oder Augenattrappen einen Menschen umgeben, von welcher Farbe und Größe sie sind, wie lange und an welchem Ort sie auf ihn einwirken. Fast zwangsläufig bedeutet eine Ballungssituation zugleich eine Steigerung optischer Reize, was wir auch bei Amuletten sehen, die in kleinen, bäuerlichen Gruppen eher unauffällig und bescheiden sind, in Großsiedlungen aber zu prunkhafter Luxurierung neigen. Abgesehen davon, daß mit Zunahme der Bevölkerung auch die Schutzzeichen zahlreicher werden und sich folglich stärker differenzieren, sieht sich der Einzelmensch einem größeren Angebot an Fremdem, Unbekanntem gegenüber und gerät dadurch in eine betontere Abwehrhaltung. In den Riesenstädten wird besonders durch die Werbung, die Augeneffekte in Form von Plakaten, bewegten Lichtreklamen und Schaufensterdekorationen raffiniert als Blickfang einsetzt, das Angebot an aufregenden Strukturen wesentlich gesteigert. Hinzu kommen die notwendigerweise gleichfalls in Richtung Auffälligkeit selektierten Straßenampeln und Autoschlußlichter sowie die Autoscheinwerfer (vgl. G. Graefe 1972). Man muß annehmen, daß der für alles Augenhafte extrem attrappensichtige Mensch, der sich durch Blicke so leicht irritiert fühlt, in der Großstadt einerseits durch die Massen beobachtender Menschen, anderseits auch durch die vielen Augenmuster und sonstigen visuellen Reize unbewußt stark belastet und in abwehrende Stimmungen gedrängt wird. Hier berühren wir das S. 469 ff. näher behandelte Aggressionsproblem.

Weiter sehr wichtig ist die S. 449 zitierte Aussage von D. Frey (1953), wonach das Hervortreten des Augenmotivs in der bisherigen Kulturgeschichte immer eine Begleiterscheinung gesellschaftlicher Krisensituationen ist. Das gegenwärtige Überangebot an ornamentalen Augenstrukturen, das in der auf Blickfang ausgerichteten Werbegrafik ebenso wie in der zweckfreien Mal- und Zeichenkunst zu bemerken ist, müßte demnach als Alarmzeichen bewertet werden, das die bereits durch viele andere Erscheinungen als äußerst prekär erkennbare Situation der zivilisierten Menschheit widerspiegelt. Offensichtlich liegt die »Grundidee« aller tierischen Augenmuster, nämlich die, mittels Augen zu fesseln, abzuschrecken, abzulenken und irrezuführen, zutiefst im menschlichen »Unterbewußten« verankert, aus dem es in krisenhaften Situationen zu sichtbarem, wenngleich unverstandenem Ausdruck drängt. *Tafel 10, 66–72, 80*

Vielleicht werden Psychologen und Psychoanalytiker, wenn sie mit ihren Methoden an die in diesem Buch umrissene Augenproblematik herangehen, auf so manche schlüssige Erklärung für bislang unklare psychische Erscheinungen stoßen. Auffallend sind zum Beispiel die von St. Szuman (1930) und D. Katz (1945) wiedergegebenen, von Meskalinberauschten angefertigten Grafiken, bei denen das Augenmotiv stark überwiegt. Bei D. Katz (1945) findet sich neben anderen Bildern die besonders drastisch augenhafte Zeichnung eines unter Angstzuständen leidenden Kunstschülers, die sofort an den von D. Frey (1953) festgestellten Konnex zwischen dem Augenmotiv und Krisensituationen gemahnt. Starke Augenbetonung zeigen auch die von L. Navratil (1965) vorgeführten Grafiken Schizophrener. Ein Kranker, der auf dem Höhepunkt seiner Psychose einen Menschen zeichnen sollte, setzte in das obere Drittel des Blattes zwei große Augen als Zentrum einer diffus auseinanderlaufenden, das ganze Blatt füllenden Strichelung. Mit Abklingen der Psychose betonte er auf weiteren Blättern die Augen immer weniger und zeichnete schließlich nach der psychischen Wiederherstellung das normal proportionierte Brustbild eines Mannes. Psychedelische Bilder sind voll von Augen und Augenornamenten (vgl. R. E. Masters und J. Houston 1969). Läßt man Kinder nach Belieben auf ein Blatt Papier recht viele Augen malen, erhält man so ziemlich alle Grundtypen ornamentaler Abwandlungen des Motivs, die in Ur- und Kunstgeschichte, Völkerkunde und Werbegrafik vorkommen. Gedankenlose »Telefonkritzeleien«, wie sie von manchen Menschen während des Sprechens angefertigt werden, führen häufig ganz spontan zu Augenmustern. *Tafel 9* *Tafel 67 (8)* *Tafel 45 (6)* *Tafel 1–8*

Es wäre sehr zu wünschen, daß Architekten, Wohnraumgestalter, Grafiker und sonstige für die Strukturierung der zivilisierten Umwelt Verantwortliche sich mit den auf angeborenen Dispositionen beruhenden Ansprüchen des Menschen auseinandersetzen, indem sie vor der Realisierung von Projekten den Psychologen und Ethologen zu Rate ziehen. Hinsichtlich Wohnraumgestaltung liegt bereits eine wichtige, in der erwähnten Weise interdisziplinäre Arbeit vor (R. Weichinger, W. Schulz und G. Graefe 1973). In diesem Sinne beachtenswert ist auch ein Vortrag von H. Potyka (1966) über menschliche Lebensraumproblematik. Nicht unberücksichtigt bleiben sollte gerade unter den hier behandelten Aspekten die physiognomische Wertigkeit von Hausfassaden, auf die schon K. Lorenz (1943) hingewiesen hat. Ein Haus mit hohem Dach erinnert an ein sympathisches Gesicht mit hoher Stirn, Flachdachhäuser werden eher als ausdrucksarm oder mürrisch empfunden. Die Fenster an der Vorderfront eines traditionellen Bauernhauses blicken wie ein freundliches Augenpaar, die gerasterte Gläserfront einer modernen Wohnburg wirkt unpersönlich und unmenschlich wie das Facettenauge eines Insektes. Selbstverständlich handelt es sich hier um Reizsummenphänomene, bei denen auch die Landschaft eine Rolle spielt. Die südländischen Flachdachsiedlungen an Hängen, wo ein Haus über dem anderen steht und dahinter Felskulissen aufragen, erscheinen infolge der gestaffelten Gesamtstruktur ansprechender als isoliert dastehende städtische Quaderbauten oder in die Ebene gesetzte Würfelhäuser. Die Längen-Breiten-Relation fällt hier genauso ins Gewicht wie der Abstand der Fenster vom First oder deren Zueinanderordnung. Interessanterweise umsäumt man in Sizilien die Oberkanten vieler neuer Villen mit einem dachartig geschrägten breiten Band aus Ziegeln oder Kacheln, das »hausphysiognomisch« sehr vorteilhaft wirkt. Da Häuserfronten das Bild einer Siedlung gestalten und Bilder bekanntlich emotional abgehandelt werden, erzeugen Gebäude, Straßen und Plätze jene Stimmungen, unter deren Einfluß die Bewohner miteinander kommunizieren.

Bisher überließ man dem Psychiater gewissermaßen nur die »Nachlese« unbiologischer Wohnstrukturen in Form von Depressionen, gesteigerter Aggressivität oder Rauschmittelsucht. In vielen Fällen hätten Verhaltensforscher schon anhand der Planskizzen für neue Wohnbezirke wie etwa das Märkische Viertel in Berlin oder die Großfeldsiedlung in Wien voraussagen können, was an Negativem geschehen wird. Solche in jeder Beziehung unkordialen Riesenbauten ohne Heimtönung provozieren die Heranbildung bestimmter, durch ablehnende Einstellungen zur Großstadtgesellschaft gekennzeichnete Gruppenkulturen. A. K. Cohen (1961) sagt treffend: »Keine Gruppenkultur ist zufällig entstanden ... an anderer Stelle könnte sie nicht Fuß fassen.« Verbesserung der Relation Arbeit und Lohn, Senkung der Arbeitszeit oder Steigerung der ohnedies schon zur konsumfördernden Leistungsdiktatur gewordenen sexuellen Freiheit (vgl. H. Schelsky 1955) sind nicht die eigentlichen Zivilisationsprobleme. Viel wichtiger ist die Frage des Eindämmens der im Zuge gefährlicher Vermassung bereits inhuman gewordenen Reizüberflutung, der sich der Großstädter wie ein wehrloses Beutetier ausgesetzt sieht. Zu den stärksten Eindrücken für das so betont visuell orientierte Lebewesen Mensch zählen zweifellos die Sehreize, unter denen augenhafte Strukturen die auffälligsten sind (vgl. O. Koenig 1973 b, 1974 b).

Zuletzt sei noch ein psychologischer Effekt erwähnt, der sich im Verlauf meiner Beschäftigung mit Augen und Augensymbolen ganz von selbst einstellte und im Hinblick auf die Gesamtproblematik recht aufschlußreich ist. Im Gefolge meiner Publikationen und Vorträge ließen mir nämlich viele Personen ganz spontan Literaturzitate, Zeitungsausschnitte, Gebrauchsgrafiken, Bilder, Diapositive oder sonstige Belege zukommen. Sogar Menschen, die meinen Ausführungen anfänglich eher skeptisch gegenüberstanden, wurden »augensichtig« und konnten nicht umhin, fortan alle augenhaften Strukturen bewußt als Augen zu reflektieren. Das Augenproblem findet also offensichtlich ein weitaus stärkeres Echo als andere ethologische Fragenkomplexe und wird auch schneller verstanden, ja im wahrsten Sinn des Wortes richtig »durchschaut«. Es ist erstaunlich, wie klar und konsequent diese plötzlich interessierten, vorher unbeteiligten Personen das Thema weiterdenken und mit passenden Objektbeispielen bereichern. Diese auffallend intensive Reaktion bei der Begegnung mit dem Augenproblem ist ein weiterer, gewiß nicht unbedeutender Beweis für die starke Spontanbeziehung zu Augen und Augenmustern, die der *Homo sapiens* aufgrund eines angeborenen Auslösemechanismus von Geburt an besitzt. Alle diese Fakten weisen klar darauf hin, daß wir es hier mit einem psychologisch und folglich auch psychoanalytisch beziehungsweise psychotherapeutisch äußerst wichtigen Bereich zu tun haben, dessen Feinanalyse noch aussteht.

52. Die Bedeutung kulturethologischer Betrachtungsweisen für die Geisteswissenschaften

Zum Wesen jeder wissenschaftlichen Untersuchung gehört, daß sie nicht isoliert im Raum steht, sondern Teil eines Gesamtgebäudes, eben der Wissenschaft als »*universitas*« ist. Man hat gerade in jüngster Zeit, wohl als Folge weltweiter anthropogener Umweltzerstörungen und Dissonanzen in der Massengesellschaft (vgl. H. Friedrich 1972), bei Forschungen nach deren Wert und Nutzen für den Menschen gefragt und von seiten der finanzierenden Stellen unter dem Aspekt der Gesellschaftsrelevanz Schwerpunkte beziehungsweise Prioritäten gesetzt. Wie auch immer man reihte und verlagerte, allüberall wurde der Gedanke der interdisziplinären Forschung in den Vordergrund gestellt, weil man sich mit Recht von der Stiftung neuer Beziehungen neue Ergebnisse erwartete. Für den seinen Weg über das einfachere, tierische Modell wählenden, jedoch auf den Menschen orientierten Ethologen (vgl. K. Lorenz 1948 a) steht an wichtigster Stelle selbstverständlich der Kontakt mit den ebenfalls am Forschungsobjekt Mensch arbeitenden Geisteswissenschaften. Daß er hier bisher weit öfter auf Abwehrkämpfer denn auf Tauschhändler gestoßen ist, muß bedauert werden. Gerade die in diesem Buch vorgelegten Tatsachen aber zeigen, wie durch Einführung ethologischer respektive ökologischer Betrachtungsweisen bislang nur aus geisteswissenschaftlicher Sicht beurteilte Phänomene neue Dimensionen erhalten. Es kann ja kaum im Interesse einer Wissenschaft liegen, nur aus Gründen der Revierverteidigung auf wichtige Außennachrichten zu verzichten und in der Folge da und dort in eine Sackgasse zu geraten, weil, wie im Falle des »Urmotivs Auge«, mangels naturwissenschaftlicher Grundeinstellung gewisse Sachverhalte gar nicht gesehen werden können.

Umgekehrt geht es natürlich um kein Haar anders. Zum Beispiel wäre die öfters vertretene These, wonach der Haushund vom uns bekannten Wolf abstammt, vermutlich nie so extrem formuliert worden, hätte man sich eingehender mit der Rolle des Wolfes im volks- und völkerkundlichen Märchen-, Sagen- und Mythengut befaßt. Dabei zeigt sich nämlich, daß der Wolf fast immer als ein böses, gefährliches und dem Menschen feindlich gesinntes Element auftritt, weswegen es sehr unwahrscheinlich ist, daß ein solches Tier dem Domestikationsprozeß anheimgefallen sein soll. Der Stammvater des Haushundes muß, sofern er ein Wolf war, ganz anders geartet gewesen sein als die heute lebende Form. Wenn der Ethologe nicht auch die Daten der jeweils zuständigen Geisteswissenschaften benützt, wird ihm die biologische Elementarkenntnis kaum zu letzten Aufschlüssen verhelfen. Die Möglichkeit des Austausches der Erkenntnisse muß speziell im Hinblick auf den äußerst gefährlichen biologischen Wendepunkten zutreibenden Menschen aufgegriffen werden, um den traditionellen Wissenschaftsdisziplinen die Bewältigung der heranrollenden anthropologischen Problemflut zu ermöglichen, die nur bei entsprechender gegenseitiger Hilfe, nicht aber aus der Position der einzeln kämpfenden Barrikade erfolgen kann. K. Lorenz (1973) weist darauf hin, daß unter Umständen naheliegende Lösungen durch »Kleben« an Denkgewohnheiten und erlernten Methoden verhindert oder erschwert werden und daß wichtige Entdeckungen oftmals von spartenfremden Wissenschaften gemacht wurden. Der zweite Satz der Wärmelehre stammt zum Beispiel nicht von einem Physiker, sondern von dem Arzt J. Maier, und den Erreger der Syphilis entdeckte weder ein Bakteriologe noch ein Pathologe, sondern der Zoologe F. R. Schaudinn. Ein intensiver Gedankenaustausch zwischen Ethologie und Geisteswissenschaften verspricht wechselseitige Anregungen, die sich für beide Teile überaus bereichernd und horizonterweiternd auswirken können.

Aus diesem Grund möchte ich zum Abschluß dieses Buches im Sinne einer überblickenden Zusammenfassung anhand einer Reihe besonders aktueller oder geeigneter Beispiele nochmals die Notwendigkeit der Grenzauflösung und des Wissenstausches zwischen Geistes- und Naturwissenschaften dokumentieren und auch da und dort Verfahrensfragen berühren, die am Erfolg von Kontaktversuchen oft entscheidend beteiligt sind.

In der Diskussion über die Ursachen der so vielgestaltigen menschlichen Kulturen sagt der Ethnologe P. Farb (1971) logisch richtig, daß sich eine Variable nicht aus einer Konstanten erklären lasse und man folglich biologische Strukturen, die grundsätzlich allen Menschen in gleicher, also konstanter Weise eigen sind, nicht als Voraussetzung für die breit auffächernden variablen Kulturphänomene ansehen dürfe. Er führt sämtliche diesbezüglichen Unterschiede und Gemeinsamkeiten vorwiegend auf die gesellschaftlichen und politischen Einrichtungen des Menschen zurück, worauf allerdings die Frage gestellt werden muß, wo nun diese selbst wieder Ursache und Ausgangspunkt fänden. Man kann nicht Gesellschaftsstrukturen und Gesellschaftsnormen aus der Gesellschaft heraus definieren, weil diese ja erst durch Strukturen und Normen zur Gesellschaft wird. Es ist, als begründe man die Trockenheit der Sahara mit dem Fehlen des Regens und antworte auf die Frage, warum es denn nicht regne, weil es in der Sahara so trocken sei. Gesellschaft ist nicht Begründung, sie ist Resultante menschlichen Verhaltens. Die angenommene Unmöglichkeit, eine Variable aus einer Konstanten zu erklären, wird aber sofort hinfällig, wenn man statt einer einzigen Konstanten deren mehrere einsetzt, wie sie uns in den kombinierbaren Verhaltensbausteinen der Lebewesen entgegentreten. Jetzt haben wir eine Fülle von Kombinationsmöglichkeiten vor uns, aus denen unzählbar viele Aktionen resultieren. Je zahlreicher und kleiner die Konstanten in der Verhaltensausstattung eines Lebewesens sind, um so variabler und plastischer wird dessen Aktionsrepertoire. Da aber jedes lebendig agierende System auf dieser Welt andere Systeme berührt und somit auf unterschiedlichste Reaktionen stößt, die es im Sinne seiner Überlebenstendenzen reflektieren muß, kommt es auf der Ausgangsbasis von zahlenmäßig begrenzten Konstanten zu einer schier unbegrenzten Variabilität (S. 30). Ich habe das System des »Instinktbaukastens« als Grundprinzip der Verständigung von Vögeln 1951 dargelegt und später als Basis der Plastizität menschlichen Verhaltens näher erläutert (O. Koenig 1957, 1962a, 1971). Grundsätzlich entspricht dieses System den Vorstellungen vieler psychologischer Schulen von »Ganzheit und Teil« und fällt in den Problemkreis des Ganzheits- und Gestaltbegriffs, dessen Geschichte W. Witte (1952) sehr anschaulich dargelegt hat. In diesem Zusammenhang sei auch auf die korrespondierende biologische Arbeit von E. Bünning (1952) verwiesen.

Wie die in diesem Buch gesammelten Tatsachen zeigen, unterliegt die bislang als das Freieste vom Freien geltende menschliche Kunst biologischen Gesetzen (vgl. H. Friedrich 1967). Das Auge, als Signalstruktur ebenso konstant wie die angeborenen Verhaltensweisen des Menschen, liefert im Zusammentreffen mit anderen belebten und unbelebten Systemen eine kulturelle Erscheinungsfülle von vorerst unüberschaubarer Mannigfaltigkeit. Der Aussage des Ethnologen P. Farb (1971): »Die Biologie kann also kulturelle Veränderungen und Unterschiede zwischen Kulturformen nicht erklären«, muß entgegnet werden, daß gerade dieses nur die Biologie vermag. Ebenso ist sie in der Lage, die bislang von den Kulturwissenschaften nie geklärte Frage zu beantworten, wieso in allen Kulturen unabhängig voneinander immer wieder die gleichen Grundformen und einander voll entsprechenden Symbolgestalten auftreten: Das Auge als Gestalt steht wahrscheinlich nicht nur an der Wurzel jeglicher menschlichen Ornamentik, sondern dürfte auch zu den wichtigsten Ursachen für die Bildung von Vorstellungen über magische Fernwirkung zählen. Der Blick als Instrument, das ohne körperliche Kontaktnahme auf scheinbar unerklärliche Weise andere Lebewesen sehr deutlich und nachhaltig zu beeinflussen vermag, hat die Phantasie des Menschen zweifellos schon sehr früh beschäftigt.

Gerade in der hier vorgelegten Arbeit wird der Nachweis erbracht, daß selbst extrem plastisch erscheinende Leistungen aus dem Wirken angeborener Verhaltensstrukturen resultieren, Erlerntes also auf Ererbtem beruht. Nimmt man diese Tatsache zur Kenntnis, fällt automatisch jedwede Trennung zwischen Natur- und Geisteswissenschaften, deren Hauptursache, abgesehen von der historischen Entwicklung, wohl vorwiegend in der unterschiedlichen Blickrichtung der Forscher zu suchen ist. Während nämlich für den subjektiv vom Menschen ausgehenden, zentrifugal agierenden Geisteswissenschaftler der Betrachtungsspielraum nach unten hin beim letzten und einfachsten Kulturobjekt endet, ist für den objektiv auf einfachsten biologischen Grundtypen aufbauenden, zentripetal auf den Menschen zielenden Naturwissenschaftler, mit diesem für ihn ersten Kulturobjekt nur ein neues Phänomen zu vielen älteren hinzugekommen. Er kann folglich auch dem neu auftretenden Diskussionspartner mit basalem Elementarmaterial aufwarten und nicht allein, wie häufig angenommen, mit der Neuinterpretation vorgefundener Komplexphänomene. Die von Lorenz entdeckte und beschriebene Instinktbewegung ist wohl das beste Beispiel und gleichzeitig auch der wichtigste ethologische Beitrag. Daß sie von vielen Geisteswissenschaftlern bislang mißverstanden und daher abgelehnt wurde, liegt wohl nicht zuletzt am Unterschied zwischen subjektivem Selbsterleben und objektiver Beobachtung. An Tieren kann man Instinktbewegungen gut sehen und leicht beweisen, an sich selbst aber wegen der Superposition mit anderen Verhaltensweisen und des Gefühls einer scheinbar unbegrenzten Willensfreiheit nicht klar kontrollieren. So ist das Leugnen angeborenen Verhaltens von seiten vieler Geisteswissenschaftler menschlich sehr verständlich, wenngleich auch objektiv nicht berechtigt.

Eine Wissenschaft, die des biologischen Fundamentes besonders dringend bedürfte, wäre die Soziologie. Ihr Streben nach sicherer Voraussage sozialer Abläufe kann nämlich überhaupt nur auf dem Weg über die Kenntnis der Wirkgesetze angeborener Komponenten erfolgreich werden. Ihre Methode der statistischen Erfassung von Enderscheinungen liefert vorwiegend die Kenntnis milieu- beziehungsweise umweltbedingter Veränderungen von Oberflächenstrukturen, nicht aber die tiefgreifende Kausalanalyse von deren Ursachen. Da für jede in die Zukunft weisende Prognose die Kenntnis der in der Vergangenheit liegenden Ursachen einschließlich der Reaktionsnormen des betroffenen Materials notwendige Voraussetzung ist, bleibt vielen soziologischen Aussagen ein über die Aktualsituation hinausgehender Tiefgang versagt. Die Orientierung erfolgt nach einem Ziel und nicht nach dem Ausgangspunkt, wodurch die an sich überaus wichtige Soziologie allzuoft in die Rolle der Sozialideologie hinübergleitet. Auf diese Weise wird sie allerdings zur dominierenden Hauswissenschaft der Politik und zieht andere Wissenschaften in ihre Nähe. Das beste Beispiel in weiterer Folge bietet in jüngster Zeit die Volkskunde, die seit Jahren oft sehr hitzige Diskussionen austrägt und zahlreiche divergente Bestrebungen erkennen läßt.

Das überreiche und sehr wertvolle Material der während vergangener Jahrzehnte aus dem vollen schöpfenden Volkskunde ist gegenüber der heutigen so kraß veränderten Situation zum Teil nur noch von historischer Bedeutung. Der rasch fortschreitende technisch-zivilisatorische Umbruch bringt genau wie in der zwillingshaft verwandten Völkerkunde die Quellen zum Versiegen und drängt den bislang sammelnden, explorierenden Forscher in die Position des ans Museum gefesselten Archivars. Auch hier hat man, den eingesammelten, aufbewahrten Phänotypus beschreibend, sich vielfach mit der Erstellung von Theorien begnügt und es verabsäumt, im biologischen Mutterboden nach echten Ursachen zu forschen. Nun, da das »Volk« scheinbar nichts mehr produziert, was in diese traditionellen Theorien paßt, versucht man es mit einer neuen »Gegenwartsvolkskunde«, womit man aber indirekt postuliert, daß die Masse dessen, was bisher erarbeitet wurde, Vergangenheitsvolkskunde sei. Wohl aus diesem Gedanken heraus kam es seitens sogenannter »progressiver« Volkskundler zu einer mitunter demonstrativen Absage an die traditionelle Richtung und in der Folge zu einem Tasten nach neuen Wegen. Vielfach lehnte man nicht nur die Beschäftigung mit dem veraltet erscheinenden Kulturgut ab, sondern strebte eine echte Bekämpfung an, ja glaubte in einigen Fällen sogar die Aufgabe der Volkskunde in einer Erneuerung und Verbesserung bäuerlicher Arbeitstechniken zu erkennen. Hier sollte offensichtlich nicht nur aufgelöst werden, was unter Volkskunde, speziell vielleicht unter »Deutscher Volkskunde« zu verstehen ist, sondern man tat zugleich auch den ersten Schritt von der Wissenschaft hinüber zur anderen Ebene der Sozialideologie. R. Beitl (1974) sagt dazu wörtlich: »Die Umarmung der Soziologie internationalen Zuschnittes wird tödlich sein.«

Daß die Situation tatsächlich kritisch ist, zeigte bereits W. Hävernick (1969) unter anderem am Beispiel zweier Zitate. W. Roth (1968) schrieb nämlich im Hinblick auf eine Publikation von R. Dahrendorf (1965): »Wir sind mit ihm der Meinung, daß die überlieferte Gleichartigkeit ein Hindernis der Entwicklung darstellt und das prekäre Glück traditioneller Bindung durch das verläßlichere rationaler Entscheidung ersetzbar ist.« Die durch Störaktionen bekannt gewordenen Tübinger Volkskundestudenten schrieben in einem offenen Brief an Prof. Dr. G. Heilfurth: »... Es kann nur darum gehen, in jeder gesellschaftlichen Situation die Emanzipation des Bewußtseins voranzutreiben und den Menschen ein humanes Leben zu ermöglichen.« Dieses »humane Leben« freilich wird nicht näher definiert. Es ist eben schwieriger, zu erforschen, was denn für den Menschen überhaupt artspezifisch richtig und folglich gut ist, als sich a priori ohne Wissensbasis für »Besseres« einzusetzen. Hier wird mittels politischer Ideologien die objektive Aufgabe wissenschaftlicher Forschung verfälscht und die reale Welt nach Traumbildern umzugestalten versucht. Ehe man die genetisch vorgegebenen Wirkfaktoren und Ordnungssysteme kennt, wird man weder ihre Funktionen verstehen noch jene Situation schaffen können, die ihr gesundes Zusammenspiel gewährleistet und Vorbedingung für ein echt »humanes« menschliches Leben ist, das sich allerdings nur dann langfristig zu erhalten vermag, wenn es als Rädchen im Gesamtgetriebe der Welt ordnungsgemäß funktioniert. Die Definition für die Volkskunde von L. Schmidt (1948) als

»Wissenschaft vom Leben in überlieferten Ordnungen« scheint mir ausgezeichnet hierherzupassen. Allerdings können diese »überlieferten Ordnungen« ohne biologische Basisanalyse nur beschrieben, aber nicht verstanden werden. Es ist gerade in diesem Zusammenhang von hoher Bedeutung, daß in den jüngsten Brauchtumsdiskussionen immer wieder naturwissenschaftliche Aspekte anklingen und die vergleichende Beziehung zur realen Gegenwart hergestellt wird (vgl. H. Trümpy 1970, R. Wolfram 1972). Diese Richtung ist wohl am ausgeprägtesten durch W. Hävernick (1962b, 1963, 1967, 1968, 1969, 1970b, 1971b) vertreten worden. Man muß sich gerade unter dem Eindruck dieser Publikationen wundern, daß sie nicht kristallisierend wirkten und einen Erneuerungsprozeß in der Volkskunde einleiteten. Zeitweilig schien es sogar, und darauf weist ja R. Beitl (1974) ausführlich hin, als würden die auflösenden Kräfte überwiegen.

Zu einer solchen aus verschiedenen Richtungen betriebenen »Infragestellung« von Volks- und Völkerkunde wäre es allerdings kaum gekommen, hätte man neben der zweifellos notwendigen Beschreibung und Kartierung von ideellem und materiellem Kulturgut die ökologisch-ökonomischen Ursachen ihrer Entstehung in den Vordergrund der Betrachtungen gestellt. Nicht die heute vorwiegend museale folkloristische Konservierung der Phänomene, sondern die Tatsache, *daß* sie erdacht und *warum* sie erdacht worden sind, hat Forschungsvorrang. Unter diesem Aspekt aber wird das Schwinden alten Volksgutes und Volksglaubens ebenso zum selbstverständlichen Forschungsthema wie seine Entstehung und sein Wirken, und es bedürfte gar nicht des neuen Namens »Gegenwartsvolkskunde«, um die Aktualität der Bestrebungen zu unterstreichen. Schließlich ist eine Volkskunde a priori eben »Wissenschaft vom Volk«, ganz gleich wie die Lebensformen im einzelnen aussehen mögen. So zeigen beispielsweise die so hervorragend interessanten und aktuellen Untersuchungen von W. Hävernick (1962a, 1970a) schlaglichtartig, wie viele Möglichkeiten eine nicht romantisierend der Vergangenheit nachtrauernde Volkskunde überhaupt hat. Eine echte, im Zentrum des Geschehens agierende deutsche »Eigenvolkskunde« bietet dank ihrer unerschöpflichen Materialfülle eine überaus subtile Gesamtkenntnis unserer zwar vergehenden, aber stark nachwirkenden alten Volkskultur und gewinnt für den im deutschen Sprachraum beheimateten Kuluretologen gegenüber der notwendigerweise breit aufgefächerten Völkerkunde stark an Bedeutung. Die eigene Erfahrung im eigenen Kulturraum, verknüpft mit der gerade in Europa am genauesten erschließbaren historischen Tiefe des Datenangebotes ist der beste Ausgangspunkt für eine grundlegende Erforschung des rezenten Menschen. Dies gilt auch für das heute besonders vordringliche, von verschiedenen Sparten aufgegriffene Aggressionsproblem, auf das ich gerade wegen seiner Aktualität in Ergänzung der Darlegung auf S. 55 f. nochmals eingehen möchte.

Die Tatsache, daß der Mensch eine so reiche Fülle defensiver und aggressiver Zeichen aus dem anthropomorphen Auge entwickelt hat, beweist seine Furcht vor dem Angriff des Artgenossen und somit die eigene Aggressivität. Bestünde nämlich nicht die phylogenetisch weit zurückreichende ererbte »Feinderfahrung«, die sich schon im Tierreich durch Schaffung biomorpher Abwehraugen realisiert, so hätte der Mensch niemals aus sich heraus eine so reich wuchernde Augenornamentik geschaffen. Die in diesem Buch aufgezeigten Tatsachen beleuchten das Aggressionsproblem aus einer bisher nicht beachteten Richtung und stützen die Aussage von K. Lorenz (1963) über angeborene Elemente der Aggression sehr deutlich. Auf die zum Teil aus ideologischen Perspektiven verfaßten Gegenschriften etwa von A. Plack (1967) oder E. Fromm (1974) will ich hier nicht eingehen, weil sie des biologischen Fundaments weitgehend entbehren, in Unkenntnis tierischen Verhaltens falsch argumentieren und folglich für den Ethologen bereits in den Grundaussagen nicht akzeptabel sind. Das aus dem Tierreich nahtlos überkommene Denken um Angriff und Verteidigung, also gerade um den inner- und zwischenartlich militanten Teil des Begriffes »Aggression«, steht Pate für die menschliche Kultur. Aggression als Substantiv zum Verbum *aggredi* = »herangehen, angreifen« bedeutet aber nicht nur Kampf und Destruktivität, sondern ist auch wichtige Voraussetzung des Konstruktiven, denn letztlich gibt es ohne »Herangehen« und »In-Angriff-nehmen« keine Aktion, ohne sie kein Problemelösen und ohne dieses kein Leben.

Der Mensch ist sicher kein mordlustiger »Raubaffe«, wie das mancher Sensationsautor darstellt, aber auch kein friedlicher Engel. Er hat über 600 000 Jahre kämpferische Werkzeuggeschichte hinter sich und hat während der ganzen langen Zeitspanne von rund 30 000 Generationen erobert, erworben, verteidigt und abgegrenzt. Weder das Christentum noch andere Hochreligionen haben ihn befriedet, sie wurden im Gegenteil von ihm mit kämpferisch-kriegerischem Charakter ausgestattet. Die »Nie-wieder-Krieg«-Erziehung der Zeit zwischen den beiden Weltkriegen oder der satte Wohlstand der vergangenen Jahre haben an seinem Inventar an aggressiven »Trieben« (vgl. E. v. Holst 1961) nichts geändert. Viele der von Vertretern der Friedlichkeitstheorie angeführten kulturellen Beispiele, die für eine pazifistische Veranlagung des Menschen sprechen sollen, halten einer genauen Analyse nicht stand. Hierher gehört die manchmal ins Treffen geführte Entsühnung von Kriegern nach der Schlacht, ein schon von den Römern geübter Brauch, der nicht der Buße für das Töten, sondern der Reinigung von den Auswirkungen des »bösen Blickes« der Sterbenden dient. Man kann dem Feind auf dem Schlachtfeld nicht wie einem hinzurichtenden Delinquenten die Augen verbinden, folglich kommen die Krieger mit Bösem behaftet nach Hause und müssen nun davon befreit werden. Aus gleichen Blickfurchtmotiven handelt der Buschmannjäger, der an das von ihm getötete Wild nicht herantritt, sondern andere schickt, es zu zerteilen und heimzutragen, weil es sich durch die starren Augen an ihm rächen könnte. Analogen Ursprungs ist der Brauch, Toten die Augen zuzudrücken. Eine solche Vorstellungswelt sprießt nicht aus konstitutioneller Friedlichkeit, sondern eher aus einem Nährboden permanenter Aggressivität. Mit Recht verweist I. Eibl-Eibesfeldt (1975) auf die subjektiven Irrtümer Nansens bei der Schilderung der angeblich friedlichen Eskimos, die anderen Berichten zufolge eine durchaus kämpferische Territorialität entwickeln. Wenn umgekehrt nach P. Farb (1971) die aus gleichen Zeitepochen stammende harte Revierbehauptung subarktischer Indianer erst mit dem Erscheinen weißer Pelzhändler und der Pelzjagd auftritt und man vorher offenbar eine gemeinsame, nicht sippenterritorial begrenzte Jagd betrieb, ist dies kaum ein überzeugender Beweis für elementare Friedlichkeit, wohl aber für die Problematik eines ethnologischen Phänotypenvergleiches, der sich nicht selten auf das widersprüchliche Tatsachenmaterial einiger weniger Forscher stützen muß.

In die Aggressionsdiskussion werden übrigens gelegentlich allzu einfache Struktur- bzw. Gestaltgleichsetzungen geworfen, die bei genauer Prüfung nur begrenzte Gültigkeit besitzen und für Gegenmeinungen willkommene Ansatzpunkte bieten. So läßt sich das in der Ethologie beliebte Beispiel der imponierenden Schulterbetonung des männlichen *Homo sapiens* nur schwer mit Epauletten, Schulterschmuckfedern oder Schulterverbreiterungen an Kostümen untermauern, weil es allzu viele konträre Fälle gibt. Wir finden einerseits starke Schulterbetonung bei Frauen, man denke etwa an holländische oder Altenburger Trachten, anderseits das gerade Gegenteil bei Männern, so etwa bei städtischen Kostümen und vor allem auch Offiziersuniformen der 2. Hälfte des 18. Jahrhunderts, die betont schmale abfallende Schulterpartien zeigen. Epauletten sind nicht von vornherein zur Schulterverbreiterung erdacht, sondern zum Teil als Schulterschutz gegen Säbelhiebe und als Bandelierhalterung entstanden. Erst die Abänderung der Kampftaktik verhalf der unbestrittenen Tendenz zur Schulterverbreiterung zum Durchbruch und ermöglichte die großen Prunkepauletten, die in einem noch späteren Stadium wieder vollkommen in den Hintergrund gedrängt wurden. Aus dynamischen Langzeitabläufen herausgegriffene geeignete Momentbilder mögen im Augenblick bestechend wirken, verlieren aber mitunter durch antagonistische Beispiele aus homologen oder analogen Abläufen stark an Überzeugungskraft. Die Beweisführung mittels allzu komplexer Bilder kann in den interdisziplinären Beziehungen sehr leicht zu einer Verwirrung in elementarsten Verfahrensfragen führen.

Wie wir wissen, funktionieren Demutsgesten bei Tieren und Menschen vorwiegend unter bekannten Artgenossen. Zwischen einander fremden Gegnern bleibt Beschwichtigungsverhalten oft völlig wirkungslos, ja es kann die Aggression des Stärkeren sogar erheblich steigern. Vor allem Kinder und Jugendliche, also Reifende und Sicheinübende, neigen gegenüber Demütigen oder Wehrlosen unter Umständen zu besonders hartem Vorgehen. Dies beruht auf einer in ökologisch ursprünglicher Situation sehr deutlich zur Geltung kommenden Verhaltenskopplung. Bei jeder unter Außendruck stehenden, in sich geschlossenen Gruppe verstärkt sich der innere Zusammenhalt durch äußere Bedrohung. Dieses Phänomen läßt sich sehr schön in Vogelkolonien beobachten, wo Differenzen zwischen nebeneinander nistenden Brutpaaren an der Tagesordnung sind. Geraten zwei Nachbarn in Streit, werden sie sofort von ihren Ehegatten unterstützt, und es kommt zu kollektivem Drohen und Losgehen, das aber nahezu rhythmisch von intensiven paarinternen Freundlichkeitsdemonstrationen unterbrochen wird. Will man bei irgendwelchen Reihern Gruß- und Eintrachtsverhalten sehen, braucht man nichts zu tun, als ein fremdes Reiherpaar an die Grenze seines Hackraumes zu bringen. Diese gegenseitigen Zuneigungsbeteuerungen stärken »Selbstgefühl« und Widerstandsbereitschaft der Revierinhaber, steigern aber zugleich die Wut der Angreifer. Interne Liebe und externer Haß treten hier in eine die Aggressivität aufschaukelnde Korrelation. Im Kreis der guten Bekannten befriedet die Demutsbezeigung schon vor allem dadurch, daß sie eine starke stimmungsübertragende Wirkung ausübt und den gruppeninternen Gegner in einen blockierenden Zwiespalt zwischen Ablehnung und Mittun bringt, aus dem er sich gewissermaßen in einer Übersprungreaktion durch Rückzug rettet. Auf einen fremden Angreifer aber wirkt Freundlichkeitsverhalten zwangsläufig aggressionssteigernd, weil es primär ja nicht Fraternisierungsvorschlag an den Feind, sondern demonstrativer Verbündungsappell an den Kumpan ist. Diesem Verhaltensmuster läuft der Einsatz des Auges vollkommen parallel. Gegenseitiges Anschauen, unter Bekannten ein wichtiges Freundlichkeitssignal und Verständigungsmittel, wird vom Streitpartner als provozierend empfunden und stimuliert ihn in Richtung Angriff. Das demütige Neigen des Kopfes ist wahrscheinlich gar kein Darbieten des Nackens, sondern ein sinnvolles Ausschalten der Augen. Ein potentieller Feind kann durch Nichtbeachten und Wegsehen prophylaktisch befriedet und von einem vielleicht geplanten Angriff abgehalten werden. Wir haben es hier allüberall mit den fein abgestimmten Verhaltensweisen eines sozial jagenden und daher vielseitig aggressiven Lebewesens zu tun, die je nach Umweltsituation und augenblicklichen Gegebenheiten verschieden kombiniert werden können und daher zu phänotypisch äußerst unterschiedlichen Aktionen führen. Hier kann nur eine subtile Faktorenanalyse klären helfen. Entsprechend der raschen Reaktionsnorm des Jägers sind diese Systeme beim Menschen relativ labil und können gar nicht in einen dauernd stabilen Zustand generellen Sichvertragens übergeführt werden. Die Chance einer Reduzierung und Vereinfachung von Konflikten liegt demnach nicht im Bereich von Aufklärung, Erziehung oder allgemeiner Verbesserung des Lebensstandards, weil damit nur die Konfliktebene verschoben, aber die Konfliktbereitschaft nicht verringert wird. Wir haben vielmehr jene

Schaltstellen im Menschen zu erforschen, die für das Zusammenrasten artcharakteristischer Aktivitäten zur intraspezifisch militanten Aggression ausschlaggebend sind. Nicht die Erforschung der Komplexphänomene »Krieg« oder »Frieden« wird entscheidend sein, sondern die Aufdeckung psychologischer Möglichkeiten, endogene Antriebe unter Vermeidung kampfspezifisch gefährlicher Konstellationen auf sozial weniger brisante Objekte, jedoch wunschbefriedigend und ein Erfolgserlebnis spendend abzuleiten. Solche Abläufe sind von höchster Wichtigkeit und werden durch ein Spannungs- beziehungsweise Entspannungserlebnis charakterisiert. Gerade darüber wissen wir noch sehr wenig und W. Witte (1973) schreibt im Zusammenhang mit der Wettkampfspannung: »Wir wissen es gefühlsmäßig wohl alle, was uns, vielleicht auch anderen, als spannend erscheint. Aber eine Kasuistik, Systematik und überhaupt Analyse der Spannung fehlt nicht nur im Sport, sondern sie ist – miserabile dictu – eine vollkommene terra incognita für die Psychologie.«

Ein weiteres Phänomen zum Thema Aggression ist die menschliche Tendenz zur Bildung kultureller »Arten«, die bereits bei der gruppeninternen Arbeitsteilung beginnt und in deren Erweiterung zu Gruppenspezialisationen führt. Solange in der Großfamilie oder der elementaren Horde einzelne Mitglieder aufgrund spezieller Talente bestimmte Arbeiten übernehmen, um dafür andere Leistungen einzutauschen, ergeben sich keine weiteren sozialen Folgen. Spezialisieren sich aber geschlossene Gruppen auf gewisse Tätigkeiten und begeben sich dadurch in wechselseitige Abhängigkeiten, beginnen sie sich unweigerlich wie verschiedene Arten eines Lebensraumes gegeneinander abzugrenzen. Jede Gruppe entwickelt, bedingt durch ihre Tätigkeit, nicht nur spezielle Werkzeuge, sondern auch eine geeignete Kleidung und die erforderliche Fachsprache, wodurch sie mehr und mehr zur eigenständigen Kulturart wird und sich von anderen Gruppen zu differenzieren und zu distanzieren trachtet. Auf diesem Boden der Arbeitsteilung wuchsen nicht nur allgemeine Stände- und Kastenordnungen, sondern bis ins Feinste aufgefächerte Funktionssysteme, die infolge vielseitiger Einorientierung der Einzelglieder auf ihre ökonomisch-ökologische Umwelt durchaus komplizierten Ökosystemen vergleichbar sind. Heute überlagert in leider kaum paßgerechter Weise die hypertroph angewachsene Menschheit in einem gigantischen, aus unzählbar vielen kulturellen Arten zusammengesetzten Episystem die natürlichen ökologischen Ordnungen, verhält sich diesen aber insofern analog, als Fressen und Gefressenwerden, wenn auch in übertragenem Sinn, Hauptregeln sind. Jeder Versuch zu einer generellen Befriedung gleicht der Herstellung eines Paradieses, in dem der Wolf keine Schafe frißt und das Schaf die Blätter schont. Die lebenserhaltende Chance liegt jedoch keinesfalls in diesem Wunschtraum, sondern einzig im fließenden Gleichgewicht dieser biologisch funktionsnotwendigen Differenzen. Wenn der Mensch sich selbst als Masse von Artgenossen im Sinne eines Epi-Ökosystems strukturiert, hat er auch die Konsequenz ökosystematischer Funktionsgesetzlichkeit zu tragen.

Wie wir aus der Soziologie wissen und bereits S. 51 f. festgestellt haben, bildet der Mensch offensichtlich ganz spontan jene Primär- oder besser Elementargruppen, die zahlenmäßig der Urhorde oder Großfamilie entsprechen. Sie sind es auch, die allüberall lenken und gestalten. Eine funktionstüchtige Regierung ist ebenso eine in sich geschlossene Elementargruppe wie ein fähiger Generalstab oder ein guter Vereinsvorstand. Je fester diese Gruppen nach innen zusammenhalten, desto besser und erfolgreicher werden sie nach außen agieren. Ihr internes Funktions- und Reaktionssystem ist das der traditionellen Kleingruppe, die im Fall eigener oder fremder Aggression nun aber nicht mehr das entsprechende Handwerkszeug für Angriff oder Verteidigung benützt, sondern sich der indirekten Werkzeuge, nämlich der Anhängerschaft bedient. Im Falle des Generalstabes ist es das Heer. Ein moderner Krieg ist im Grunde gar nicht die erweiterte Auseinandersetzung zwischen einer größeren Zahl von Personen, sondern nach wie vor ein Kleingruppenkrieg, jedoch mit gewaltig verstärkten Waffen, worunter in erster Linie die Truppen selbst zu verstehen sind. Die Grenzverwischung zwischen persönlicher Handwaffe und Truppe wird durch die Tatsache unterstrichen, daß einschlägiges totes Handwerkszeug verpersönlicht, die aus Lebewesen bestehende Truppe aber versachlicht wird. Schwerter bekommen Eigennamen, das Gewehr wird zur Braut, die lebendige Truppe aber zum »Schwert« und »Instrument« des Feldherrn. Der Mensch ist eben in allerbreitestem Sinn attrappensichtig und wird daher überall und in jeder Situation zumindest gedanklich seine genetisch paläolithische Welt modellhaft herstellen. Leider trägt die Demokratie heutigen Zuschnittes mit ihrem Streben nach Aufhebung gewohnter Tabus und weitgehender Entpersönlichung der in Wirtschaft und Politik maßgeblichen Gremien dem Bedürfnis des Einzelmenschen nach stützenden, sichernden Ordnungen sowie Bekanntheitsbezügen zu den Verantwortlichen kaum Rechnung. Der magische Glaube an das nach Höherem strebende »Gute im Menschen«, an die Unterdrückung des »tierisch Niedrigen«, an das Reifwerden für Durchdemokratisierung aller Bereiche und an den immerwährenden Frieden trübt allzuoft den Blick für die Realität eines mit moderner Waffen- und Nachrichtentechnik ausgestatteten Kleingruppen- und Faustkeilspezialisten.

Hier berühren wir einen für die Beurteilung des Menschen sehr wesentlichen Punkt. Wollte man das ebenso oft wie irreführend gebrauchte Schlagwort vom Menschen als »Raubaffen« oder »nacktem Affen« durch ein besseres ersetzen, könnte es nur »Werkzeugprimat« lauten. Alles, was der Mensch gebaut und erzeugt hat, fällt unter den Elementarbegriff Werkzeugverbesserung aufgrund von Erfahrung. Straßen, Autos, Häuser und Fabriken sind Werkzeuge. Als Spezialist für sensomotorische Kreisprozesse ist der Mensch ein emsiger Werkzeugverbesserer, aber kein Planer im Sinne ökosystematischen Vorausdenkens. Seine Prognose reicht im Grunde nur über jene Zeitspanne, die sein Werkzeug braucht, um das Ziel zu erreichen. Sie überbrückt das Intervall zwischen Einsatzbeginn und zu erwartendem Erfolg. Die menschliche Zukunftseinsicht ist auf lineare Resultatketten orientiert, nicht aber auf die Reaktionswellenkreise des getroffenen Systems. Die wenigen, die dennoch weiter sehen, gelten als Propheten oder Narren. Ihre Fähigkeit wird eher als Wunderbegabung denn als rationale Ganzheitskenntnis betrachtet. Alle auf Höherentwicklung der Lebensnormen ausgerichteten Wunschträume des Menschen beziehen sich auf Optimierung und Summierung seines Werkzeuges. Alte Märchen von fliegenden Teppichen, Siebenmeilenstiefeln, immer wieder zurückkehrenden Fernwaffen oder unbesiegbaren Schwertern, Spiegeln, die Fernes verraten, jederzeit reichlich gedeckten Tischen und viele andere nahmen die reale technische Zukunft genauso prinzipiell richtig vorweg wie die auf physikalischem Wissen basierenden Geschichten Jules Vernes und anderer Utopisten. Dagegen gibt es aber kein einziges Märchen, in dem sich jemand wünscht, in dicht gedrängten Millionenmassen zu leben und Dutzende von Stockwerken hohe Wohnfabriken ameisenhaft zu bevölkern. Es existieren keine Märchen, in denen der glückhafte Wettengewinner als Siegespreis endlich Lärm bis an die Schmerzensgrenze erzeugen, die Luft verschmutzen und Flüsse vergiften darf. Immer sind es stille Häuser und grünende Landschaften voll Vogelgezwitscher, die sich der »Urmensch« in uns wünscht, wenngleich er diese auch mit nimmermüden Wunderwaffen verteidigen und in Siebenmeilenstiefeln durcheilen möchte.

Daß er mit den Folgen der instrumentalen Entwicklung die Umwelt verändert und seine eigene Sozialstruktur sprengt, hat er weder geahnt noch gewollt, weil ihm am gegenständlichen Verbessern und nicht am strukturellen Verändern lag, seine Begabung für sinnvolles Vorausdenken in Kategorien abstrakter umweltgerechter Systeme aber nur äußerst gering ist. Erst in allerjüngster Zeit entstanden utopische Visionen, die zunehmende Vermassung und ihre Konsequenzen ausmalen, aber nicht als Wunschtraum, sondern als warnenden Ausdruck der Angst, es könnte tatsächlich so geschehen. Mit solchen Zukunftsbildern wagt die sehr verhaltenskundige Industrie jedenfalls nicht zu werben, vielmehr projiziert sie nach wie vor für ihren zuinnerst urmenschlichen Kunden die alte grüne Steinzeitwelt auf Plakate und preist in Slogans den Garten Eden an, jetzt allerdings mit modernen fliegenden Teppichen erreichbar und dank neuer optischer Wundermittel in ein Kästchen zu zaubern, um sie mit nach Hause zu nehmen. Der Mensch hat aus sich heraus nie nach Veränderung seiner ökologischen Situation oder sozialen Struktur, sondern immer nur nach Verbesserung seines Werkzeuges gestrebt; der hohe technische Standard beruht nicht auf einer Änderung psychischer Einstellungen, sondern ist Endresultat archaischen, dem Hirn des Urmenschen entsprungenen Werkzeugdenkens. Den Blick in die Zukunft, nach dem sich der Mensch seit Anbeginn sehnt und für den er bislang noch kein Instrument ersonnen hat, tut er wie vor tausenden Jahren mittels Astrologie, ägyptischem Traumbuch, Handlesekunst, Orakelstellen und was es sonst an Techniken gibt, auf die man noch heute sehr verbreitet schwört. Wo dem Menschen das übermenschliche Kräfte und Fähigkeiten verleihende Werkzeug fehlt, bleibt er in seinem Denken, Fühlen und Leisten seinen Ahnen gleich. Diese Erkenntnis müßten die hier angesprochenen Geisteswissenschaften wie vor allem Soziologie, Volks- und Völkerkunde in ihre Forschungsmethoden und theoretischen Grundlagen einbauen, um von dem aus uferloser Potenzierung des Werkzeuggebrauches entstandenen, facettenreich schillernden, kaleidoskopartig veränderlichen kulturellen Überbau nicht allzusehr geblendet zu werden. Dies aber bedeutet Annahme und Verwendung der Ergebnisse der Ethologie. Die Möglichkeiten und Ergebnisse solch engerer Kontaktnahme seien zum Abschluß noch an einem besonders interessanten Beispiel, diesmal aus dem historischen Bereich, demonstriert.

Im vorliegenden Buch wurde mehrfach die minoische Kultur angesprochen und aus Perspektiven zitiert, die bisher von den zuständigen Archäologen und Historikern kaum berücksichtigt wurden. Diese minoische Kultur eignet sich als Beispiel vor allem deswegen so gut, weil sie einerseits von den Historikern als eine frühe, aber tragende Ursprungskultur unseres eigenen Seins besonders hervorgehoben wird, gleichzeitig für uns aber phänotypisch tot und somit zeitlich grob begrenzbar in sich geschlossen erscheint. Die von Evans formulierte Grundthese (vgl. F. Schachermeyr 1964) bietet das Bild einer weitgehend freundlichen, glückhaften, sogenanntes »Modernes« vorwegnehmenden, zivilisatorisch hochstehenden Kultur, die aus einer eher barbarischen Vorzeit blitzlichthaft zu uns herüberleuchtet. Man verweist auf die freudige Darstellung von Tieren und Pflanzen, ja rühmt, daß die alten Kreter sogar Tiere für schön und der Abbildung wert hielten, die uns heute eher widerlich erscheinen (vgl. H. Pars 1957). Man überdenkt aber an keiner einzigen Stelle, daß die Kreter – für Thera, Tiryns und Mykenä gilt das gleiche – aus mehreren hundert als Vorbild zur Verfügung stehenden Tier- und Pflanzenarten ein knappes Dutzend herausgegriffen und immer wieder augenhaft umstilisiert haben. Die Wahl traf genau jene Formen, die den magischen Leitbildern am besten entsprachen und von sich aus am leichtesten zu Abwehrzeichen gestaltet werden konnten. An dieser Auswahl hat sich bis in die Gegenwart nichts geändert, so daß durch gut vier Jahrtausende immer wieder das gleiche Artendutzend verwendet wurde. Diese Tatsache ist um so bemerkenswerter, als sowohl auf etruskischen wie auf ägyptischen Jagd- oder Fischereidarstellungen sehr wohl viele andere Tierarten, namentlich Vögel zu sehen sind und ägyptische Bilder sogar dem Ornithologen sachliche Auskunft hinsichtlich überwinternder Enten- und Gänsearten geben. Dieser hohen Naturalistik stehen Bilder aus Kreta gegenüber, wo bei offensichtlich gleichem künstlerischem Darstellungsvermögen Schnecken- und Nautilusgehäuse genau wie Vogelkörper als stilisierte Augen wiedergegeben werden. Offensichtlich hat sich die Archäologie um solche Details bislang nicht gekümmert, sonst hätte es unter anderem dem bekannten Thera-Ausgräber S. Marinatos (1973) nicht unterlaufen können, die Bilder zweier zoologisch überhaupt nicht bestimmbarer Antilopen als tierpsychologisch fein dargestellte »Oryx beisa« zu bezeichnen. Gleiche Tiere werden übrigens auf einer kretischen Darstellung von Evans als Rinder vorgestellt. Unberücksichtigt bleibt bei den Auswertungen auch, daß die Augen der beiden einander zugekehrten, neben einer Tür gemalten Antilopen genau symmetrisch zu den Augen zweier einander ebenfalls anschauenden kindlichen Faustkämpfer auf der anderen Türseite stehen. Es befindet sich demnach in Augenhöhe des Betrachters zu beiden Seiten des Eingangs je ein Augenpaar, was der gängigen Anordnung von Abwehrzeichen an Gebäuden voll entspricht. Weiter fallen dem Zoologen auf minoischen Tierdarstellungen Fehlerhaftigkeiten auf, die sicher nicht in einer Unkenntnis der sonst so scharf beobachtenden Künstler begründet sein können. Besonders geeignete Körperstrukturen werden unter Hintanstellung realer und anatomischer Möglichkeiten in Richtung Augenhaftigkeit forciert, oder es werden Tiere mit entsprechenden Merkmalen ausgestattet, die ihnen in Wirklichkeit gar nicht zustehen (S. 258). Daß man beispielsweise auf Thera sehr wohl an magische Abwehr dachte, wurde bereits S. 281 anhand der »Schiffskajüten« besprochen, die hinsichtlich ihrer Dekoration sehr stark an die heutigen Führerkabinen von Lastautos im Mittelmeerraum erinnern. Bestimmungsfehler und übersehene zoologische Unmöglichkeiten sind in der eher biologiefern orientierten archäologischen Literatur recht häufig.

Tafel 49 (2,7)

Tafel 79 (9)

Hierher gehören auch die viel zu kleinen »Stierställe« im Minos-Palast von Knossos und die aus kretischen Bildern rekonstruierten sogenannten »Stiersprünge«, die niemals in der geschilderten Form abgelaufen sein können. Es muß sich 2000 v. Chr. um relativ wenig domestizierte, noch sehr ursprüngliche Rassen gehandelt haben, wie man sie gelegentlich heute noch in Mazedonien und anderen Teilen des Mittelmeerraumes vorfindet (vgl. L. Heck 1941). Sie waren damals bestimmt alles andere denn zahm. Es ist völlig unvorstellbar, daß man solche Stiere vorn an den Hörnern packen und in einem Salto überspringen konnte, um auf ihrem Rücken zu landen. Jedes Rind, sogar der friedliche Wasserbüffel sucht sich, an beiden Hörnern gepackt, mit einem blitzschnellen seitlichen Kopfschwung zu befreien. Ein Rind wirft sich den Feind nicht auf den Rücken, sondern schleudert ihn seitlich weg, um ihn erneut angreifen zu können. Auch der spanische Kampfstier arbeitet vorwiegend mit einem Horn. Kein Mensch hat soviel Kraft und Gewicht, um einem Stierkopf den senkrechten Hochschwung aufzuzwingen. Daß die minoischen Stiere speziell darauf herausgezüchtet waren, ist schon in

Anbetracht ihrer genetischen Ursprünglichkeit sehr unwahrscheinlich. Die Unmöglichkeit des kretischen Stiersprunges, wie er von Evans beschrieben wurde, haben übrigens auch spanische Stierkämpfer bestätigt.

Es muß festgestellt werden, daß keine der verschiedenen zum Teil noch heute üblichen Techniken des Stierkampfes und der Stierakrobatik Parallelen zu dem von Archäologen beschriebenen kretischen Stiersprung aufweisen. Weiter ist zu bemerken, daß die von den Evans-Rekonstruktionen bekannte Aufstellung der Hilfegeber bei einem anrennenden, also bewegten Stier unmöglich ist. Wohl aber stimmt sie recht genau mit jener überein, die der Abfänger bei Turnübungen »am Pferd« einnimmt. Dieses schon aus dem Mittelalter bekannte Turngerät wurde zur kavalleristischen Ausbildung benützt und zeigt eine den minoischen Stieren analoge Spreizstellung, um vom aufspringenden Reiter nicht umgeworfen zu werden. Nach ägyptischen Wandmalereien zu schließen, wurden von Kretern analoge Stellungen einnehmende, kleine Stiermodelle als Geschenk oder Opfergaben überreicht. Es wäre denkbar, daß dieser Darstellungsmodus nicht von einem anlaufenden, lebendigen Stier abgeleitet ist, den man auch anders abbilden könnte, sondern von stabil konstruierten Stierattrappen, die zu sportlichen oder kultischen Übungen verwendet wurden. Für den Stier als Gestell sprechen zwei weitere Daten. Erstens soll es nach mündlicher Mitteilung auf griechischen Inseln bis in unsere Zeit üblich sein, daß Bauern im Frühling einen Stier schlachten und seine Haut, über einen stierartigen vierbeinigen Bock aus Holz gespannt, vor dem Haus aufstellen. Zweitens baut in der griechischen Minotaurussage Dädalus für die minoische Königin Pasiphae, die sich in einen Stier verliebt hat, ein Kuhgestell, in dem sie sich von dem Tier begatten läßt. Möglicherweise bezieht sich die Sage auf damals verwendete Stierattrappen, vielleicht unter anderem auf die parodierende Pointe abzielend, daß für ein Stiergestell ein Kuhgestell zur Paarung gerade recht sei.

Sehr interessante Paßpunkte zur vorhin entwickelten Attrappentheorie liefert ein im Frühling ablaufender, deutliche Anklänge an Fruchtbarkeitssymbolik zeigender rumänischer Kaluscharenbrauch, bei dem der stark schamanistisch wirkende und dementsprechend agierende Organisator während des auffälligen Männertanzes, zwar etwas im Hintergrund verborgen, aber absolut klar erkennbar einen Begattungsakt zwischen einem ausgestopften Hasenbalg und einer lebendigen Gans simuliert und daraufhin ein Ei hervorzaubert. Kurz danach wird der Hasenbalg neben den kleinen Sohn des Hauses auf die Erde gelegt, worauf ihn der erste der Kaluscharengruppe, der angeblich einen hölzernen Penis unter dem rumänischen Hemdrock trägt, übersteigt. Der »Schamane« trägt auf dem Kopf geschwungene Hörner, die an den Spitzen mit Quasten behängt sind (F. Simon 1969, 1972). Vielleicht geht die kretische Minotaurussage überhaupt auf Männer in Stierkopfmasken zurück. Offensichtlich stehen die kretischen Stierspiele mit dem Minotaurus in gar keinem direkten Bezug, obwohl sie damit oft in Zusammenhang gebracht werden. Dies würde auch der Tradierung in die Gegenwart völlig entsprechen, wo Stierkämpfe mit Stiermaskenbrauch überhaupt nichts zu tun haben, sondern im rein spektakulären Bereich des Schaubrauches liegen, wohingegen die zumeist magischen und sakralen Rinderhornmasken zu allerlei Teufels-, Klaubauf- und Krampusmasken, zu der zweihörnigen Inful der Bischöfe und zur gehörnten Mosesdarstellung von Michelangelo führen. Der Ursprung der Stierakrobatik und des Stierkämpfens liegt primär sicherlich nicht in einer urtümlichen Magie, sondern in der Notwendigkeit des Hirtenlebens. Wer Rinder hegt, muß sie einfangen und überwältigen können, eine Fertigkeit, die es zu üben gilt. Auch der Toreroanwärter probiert am Modell, genau wie der Kavallerist am hölzernen Pferd. Alle Hirtenspiele und Hirtenwettkämpfe entspringen der Praxis des Hirtentums (vgl. R. Hiltbrand 1966–1967), das in allen einschlägigen Kulturen betonter und besonders traditionsfester Brauchtumsträger ist. Daß Hirtensteinwurf und Hirtenweitsprung bis in den mythologischen Bereich des Werbekampfes der Walküre Brunhilde auf Isenstein verfolgt werden können, bestärkt mich in der Annahme, daß die bekannten Stierkampfformen aus alter Hirtentechnik entstanden sind, wie ja auch die amerikanischen Cowboy-Rodeos dem Herdentreiberleben entstammen und erst sekundär zur bezahlten »Schau« geworden sind. Bei historischen Betrachtungen wird infolge einer dominierend tradierten antiken Mythologie das Alltagsleben unserer Vorfahren oft deutlich vernachlässigt. Wenn Wien heute zerstört und nach 4000 Jahren wieder ausgegraben würde, fände man weder Praterbuden noch Heurigenlokale, weder kleine Kinos noch Gasthäuser, Bars, Verkaufsstände oder Sporteinrichtungen, wohl aber die Reste der Hofburg, der Stephanskirche, des Burgtheaters, der Oper und anderer größerer Profan- und Sakralbauten. Daraus zu schließen, das Leben der Wiener habe sich in streng amtlichen und geheiligten Bahnen abgespielt, wäre jedoch grundfalsch. Nach weitgehend schlichten, menschlich-funktionalen Maßstäben haben wir auch das minoische Leben zu beurteilen.

Ohne auf die Ausführungen von H. G. Wunderlich (1972) hier näher eingehen zu können, möchte ich doch eine bei ihm eher im Hintergrund stehende Aussage näher beleuchten. Er fragt nämlich, ob alle die so bewegten und als Beweis für Lebensfreude und Naturaufgeschlossenheit der Minoer angesehenen Malereien im Knossos-Palast nicht eventuell kulturspezifischer Trauerausdruck dieses Volkes waren. Hier trifft seine zweifelnde Frage einen sehr wichtigen Punkt. Was wir in unserer Kultur als Trauersymbole verwenden, sind nämlich auf den Totenbereich spezialisierte Kombinationen verschiedener mehr oder weniger chiffrierter Blickabwehrzeichen (S. 244 f.). Ich kann für Knossos zwar von meiner Basis aus nicht die Trauer, wohl aber eine nahezu erdrückende, von einfachsten Symbolen bis zu komplizierten Figuralkompositionen reichende Blickabwehrmagie bestätigen. Diese spricht nicht nur aus den Formen und Formkombinationen, sondern auch aus der so häufigen Anwendung der bekanntlich blickabwehrenden blauen und roten Farbe. Alle Halsketten und Armbänder sind blau oder rot. Dazu kommen blaue Delphine, blaue Affen und blaue Vögel. Die verbreitet gültigen Zeichen und Symbolgestalten wurden in den speziellen Kapiteln dieses Buches besprochen, für Knossos ist aber noch auf ihre besondere Verwendung hinzuweisen. Wir haben im Palast genau wie auf Thera vorerst mit großflächigen Wandfresken zu tun, die nach den Regeln menschlicher Blickabwehrtaktik angebracht sind. Überraschend wirken daneben die vielen oft sehr unbeholfenen Ritzzeichnungen an den Wänden des sogenannten Königsmegarons, die nur sekundär dorthin geraten sein können, denn es ist nicht anzunehmen, daß man einen neuen Verputz und frische Bemalungen von Anfang an in dieser Weise beschädigt hat. Selbst der gerechteste König ließe die zentralen Palasträume von seinen Kindern nicht derart zerkratzen und verkritzeln, es sei denn wir haben hier, um in den mitunter allzu spekulativen Erklärungsmethoden von Evans fortzufahren, den ältesten historischen Nachweis für antiautoritäre Kindererziehung.

Praktischen Überlegungen zufolge müssen sich im Königsmegaron während längerer Zeit Menschen aufgehalten haben, für die jene Räume nicht heilig, wohl aber die minoischen Abwehrzeichen wie Dreisproß, Ähre und Doppelaxt von magischer Bedeutung waren. Außerdem können sie nur über Steinsplitter oder andere sehr primitive Geräte verfügt haben, um diese Ritzzeichnungen anzufertigen. Ich kenne eine erstaunlich gut passende Vergleichssituation aus den Gefängnissen der türkischen Festung Kanli Kula bei Herceg Novi (Jugoslawien). Dort haben christliche Gefangene in den glatten Mörtel Heilszeichen wie etwa Kreuze und Fische in großer Zahl eingraviert, letztere vorwiegend nach oben zu den Einlaßluken weisend. Außerdem sind Schiffe in die Wände geritzt, offensichtlich als Ausdruck der Sehnsucht gefangener Seeleute, endlich heimwärts zu segeln. Außerhalb des Megarons findet man im Knossospalast solche überaus primitiv und ungleichmäßig in den Stein gegrabene Ritzzeichnungen kretischer Heils- und Abwehrzeichen fast nur an den Eingängen zum Palast, wo sie sich auffällig häufen und betont nach innen weisen. Während sich also im innersten Megaron Menschen anscheinend vor magischen Gefahren gefürchtet haben, die von außen hereinkommen könnten, ängstigten sich an den Zugängen zum Palast in gleichen Symbolen denkende Menschen offensichtlich vor herauskommender Bedrohung. Der Gedanke an Wächter außen und Gefangene innen, getrennt durch magisch unheimliche Räumlichkeiten, ist naheliegend und charakterisiert eine Situation, die der griechischen Theseussage sowohl wie der Einsperrung des Dädalus ins Labyrinth durchaus entspricht. Offensichtlich fürchteten sich die Menschen vor dem Minospalast, was allerdings nicht auf das von Evans entworfene fröhlich-glückliche Treiben in lebensfroh gestalteten Räumen hindeutet.

Wenn F. Schachermeyr (1964) die Friedfertigkeit des Minosreiches und die ruhige Sicherheit seiner Bürger unter anderem mit Hilfe des Zweiradwagens zu beweisen sucht, der im Peloponnes als Streitwagen, auf Kreta aber als eine Art Ausflugsgefährt vorkommt, so erfordert dies ebenfalls eine genauere Betrachtung. Streitwagen sind nur in weiten Ebenen oder zumindest mehrspurig befahrbaren Gebieten einsatzfähig. Dafür geeignet sind wohl die küstenseitig weit offenen Talebenen des Peloponnes, nicht aber die gebirgige, zu den Küsten hin zumeist felsig abfallende Insel Kreta. Hier kann der Streitwagen, dessen Wirkung ja nicht im langsamen Dahinholpern, sondern in der rasanten Anfahrt zu mehreren nebeneinander besteht, kaum erfolgreich eingesetzt werden. Schon aufgrund dieser ökologischen Gegebenheiten muß er hier seinen militanten Charakter verlieren und zu einem auf schmalen Wegen dahinfahrenden Nutz- oder Vergnügungsvehikel werden. Aus gleichen Gründen war in der Neuzeit auf Kreta niemals Kavallerie stationiert, und es gibt dort im Gegensatz zum Peloponnes auch heute keine Panzertruppen. Die Chance zur erfolgreichen Verteidigung Kretas liegt in den Küstengewässern, weswegen die deutsche Wehrmacht 1940 Fallschirmjäger und Luftlandetruppen zur Eroberung der Insel einsetzte, gegen die Kreta bewachende englische Flotteneinheiten nicht eingreifen konnten. Eine landseitig rundumführende Befestigung oder ständige Besetzung der Küste ist bei einer relativ großen, aber doch eher schwach besiedelten Insel vom Typ Kretas nicht durchführbar. Hat der Feind aber auf einer Insel einmal Fuß gefaßt, ist er von den Bewohnern kaum zu vertreiben. Der Angriff der Türken auf Zypern hat dies sogar noch in jüngster Gegenwart gezeigt.

Während in früherer Zeit auf dem Festland anrückende Truppen durch warnende Feuersignale oder Nachrichtenläufer schon längere Zeit vorher angekündigt werden konnten, erfolgte der von See ausgeführte Überfall auf eine Küste meist an unerwarteter Stelle ohne Alarm und ermöglichte die Ausbreitung und Absicherung der Landetruppe, bevor die Inselbewohner etwas bemerkt hatten. Eine Insel glich damals einer natürlichen Festung, die, sofern dem Feind die Landung gelang, so gut wie gestürmt und gefallen war. So ist das Fehlen von Befestigungsmauern an kretischen Palästen nicht von vornherein als ein Beweis für generelle kretische Friedlichkeit anzusehen, sondern kann auch aus der Perspektive unnötiger, da erfolgloser Verteidigungsausgaben betrachtet werden. Sinnvoll wären sie gewesen, wenn auf Kreta lokale Feudalherren und kleinere Stadtstaaten einander intern befehdet hätten, wie dies auf dem europäischen Festland üblich war. Doch Kreta war ein in sich befriedetes Reich, das (wie etwa auch England) seinen militärischen Schutz auf das Meer verlegt hatte. Vielleicht ist der in der griechischen Sage ununterbrochen sichernd um Kreta eilende Riese Talos eine Metapher für die bewachende kretische Flotte. In den Sagen jedenfalls zeigt sich das Minosreich durchaus nicht friedlich, sondern ausgesprochen militant und Eroberungszügen nicht abgeneigt, wie es von einem starken Insel- und Seestaat ja auch zu erwarten ist. Verteidigen konnte man die Insel auch zu minoischer Zeit ausschließlich auf See, indem man anfahrende Flotten noch vor Landung von Fußtruppen abfing. Erzgerüstete Krieger konnten nicht schwimmen, und so war jede Schiffsversenkung gleichbedeutend mit enorm hohen Mannschaftsverlusten. Zu denken gibt auch des Riesen Talos Eigenschaft, landende Fremde zu verbrennen. Werfen von Feuerbränden ist eine uralte Taktik zur Bekämpfung feindlicher Schiffe, denn Holz, Taue und Segel brennen schnell, eine löschende Mannschaft aber kann nicht verteidigen. Sinkt das Schiff, gehen alle zugrunde – vernichtet durch das Feuer einer riesenhaft starken, ehern bewehrten, die Insel umkreisenden Flotte. Erklärungsversuche, wonach der Riese Talos die Kreta überstrahlende Sonne oder ein Symbol für den Vulkan von Thera sei, halte ich für wenig stichhaltig, denn die Sonne scheint über der ganzen Welt und ist keine Besonderheit Kretas. Thera wieder liegt so weit ab, daß es als Wächter nicht einmal symbolisch fungieren kann. Gerade das wesentliche an der Betätigung des Talos, nämlich das Umkreisen der Insel, besorgen aber weder die Sonne noch Thera. Wenn L. Röhrich (1967) als Beispiel für Metaphern in Gesprächen unter anderem auch den Ausdruck »unglasierte Töpfe« für Kinder ohne Kleidung bringt, so mutet diese Chiffrierung viel abwegiger an als »eherner Riese« für eine Flotte. Wahrscheinlich sind viele der alten Märchen, Sagen und Mythen in solchen Metaphern ausgedrückte informative Lehrgeschichten, die allerdings, in ritualisierter Form zum festen Kulturbestand geworden, die zugehörige Realwelt überlebt haben und ohne diese für eine beziehungslose Nachwelt nur noch wie phantasiereiche Skurrilitäten wirken.

Die hier gebrachten Beispiele sollten zeigen, daß wir ohne interdisziplinären Gedankenaustausch das Verhalten des Menschen, seine Denk- und Redeweisen, seine Handlungen und Leistungen, seinen Zeichen- und Metapherngebrauch nie in vollem Umfang verstehen werden. Letztlich ist das gesamte hier vorgelegte, dem »Urmotiv Auge« gewidmete Buch ein einziger Beweis für die Notwendigkeit einer solchen Zusammenschau, zeigt es doch den Menschen und seine Kultur von einigen bisher unbeachteten Seiten, die erst durch ethologische Vergleichsmethoden erschlossen werden konnten. Unter interdisziplinärer Arbeit soll nicht nur wechselseitige Auskunfterteilung, sondern auch gegenseitige Überprüfung der Ergebnisse verstanden werden. Der Betriebsfremde ist nicht betriebsblind und folglich Sachverhalten gegenüber unter Umständen aufgeschlossener als der Spezialist. Wer also objektive Vergleichsmaßstäbe sucht, ohne die letztlich kein Forscher auskommt, muß sie außerhalb seiner eigenen Sphäre in einer mit analogen Problemstellungen befaßten Wissenschaft suchen. Die notwendige Verfeinerung und Anpassung des auf diesem Weg hereingetragenen neuen Maßstabes freilich obliegt den speziellen Kennern der Materie, sofern sie ihre Objekte messen und beurteilen wollen. Die Kulturethologie vermag einen vorerst noch relativ grobrasterigen Vergleichsmaßstab zu liefern, der aber vielleicht da und dort zu einer Neuorientierung und in manchen Bereichen zu neuen Ortungs- und Ordnungsmethoden führen wird.

Wie positiv und für alle Beteiligten ergebnisreich die interdisziplinäre Zusammenarbeit gestaltbar ist, beweist ein diesbezüglicher Versuch zwischen dem Hamburger Seminar für Deutsche Altertums- und Volkskunde einerseits und dem Institut für Vergleichende Verhaltensforschung der Österreichischen Akademie der Wissenschaften in Wien anderseits, worüber Prof. W. Hävernick und seine Mitarbeiter in der Zeitschrift »Beiträge zur Deutschen Volks- und Altertumskunde« (Band 15 und 16, 1971–1973) ausführlich berichteten. Sowohl im Rahmen von Symposien, bei Vorträgen wie auch bei gemeinsamer Feldarbeit hat sich deutlich gezeigt, daß Kontakte zwischen Volkskunde und Kulturethologie von hohem wissenschaftlichen Erkenntniswert sein können.

V. Bildteil

V. Bildteil

53. Verzeichnis der Bildtafeln

Das Bildmaterial, gerade für den auf optischer Wahrnehmung beruhenden »Problemkreis Auge« außerordentlich wichtig, wurde nicht den Kapiteln entsprechend geordnet, sondern unter dem Gesichtspunkt anschaulicher Vergleichsreihen zusammengestellt. Von einer geografisch oder historisch orientierten Gliederung habe ich ganz bewußt abgesehen, um den biologischen Ursprung, die weltweite Verbreitung sowie die von Zeit und Raum unabhängige morphologische und funktionelle Einheitlichkeit der Abwehr- und Blickfangzeichen, die aus der allen Menschen angeborenen Spontanbeziehung zur Augengestalt resultiert, möglichst deutlich zur Geltung zu bringen. Auf eine ganz ähnliche, von Zeiten und Räumen unabhängige Funktions- und Bedeutungsrelation kam M. Eliade (1954) bei der Untersuchung religionsgeschichtlicher Phänomene:

»Übrigens hat diese chronologische Perspektive, so interessant sie für gewisse Historiker sein mag, bei weitem nicht die Bedeutung, welche man ihr allgemein beimessen möchte. Denn, wie wir an anderer Stelle zu zeigen versuchten, die Dialektik des Heiligen selbst geht auf endlose Wiederholung einer Reihe von Archetypen aus, so daß eine Hierophanie, die in einem bestimmten ›historischen Moment‹ geschieht, ihrer Struktur nach eine um tausend Jahre ältere oder jüngere Hierophanie wiederbringt. Diese Tendenz des hierophanischen Prozesses, dieselbe paradoxe Heiligung der Wirklichkeit *ad infinitum* zu wiederholen, erlaubt uns etwas am religiösen Phänomen zu begreifen und dessen ›Geschichte‹ zu schreiben. Anders ausgedrückt, gerade weil die Hierophanien sich wiederholen, kann man die religiösen Fakten unterscheiden und zu ihrem Verständnis gelangen. Aber die Hierophanien haben die Eigentümlichkeit, daß sie das Heilige in seiner Ganzheit offenbaren wollen, selbst wenn die Menschen, in deren Bewußtsein sich das Heilige ›zeigt‹, sich davon nur eine Seite oder ein bescheidenes Stückchen aneignen. In der elementarsten Hierophanie *ist alles gesagt:* Die Manifestation des Heiligen in einem ›Stein‹ oder einem ›Baum‹ ist nicht weniger geheimnisvoll und würdig als die Manifestation des Heiligen in einem ›Gott‹. Der Prozeß der Heiligung der Wirklichkeit ist derselbe, nur die *Form*, welche der Prozeß der Heiligung im religiösen Bewußtsein des Menschen annimmt, ist verschieden.

Dies ist nicht ohne Konsequenzen für den Begriff einer chronologischen Sicht der Religion. Obwohl es eine *Geschichte* der Religion gibt, ist sie nicht unumkehrbar wie jede andere Geschichte.«

Was Eliade hier über »das Heilige« sagt, gilt in besonderem Maß für die handwerkliche Umgestaltung der Augenform in Blickfang- und Blickabwehrzeichen, da das Auge selbst doch der immerwährend vorhandene Ursprungsquell für die Schaffung »geheiligter« Zeichen ist. Die Fähigkeit des Auges, Beziehungen zu stiften, zu locken gleichermaßen wie zu drohen, anzukündigen und zu durchschauen, macht es zum Wahrnehmungs- und Wirkfaktor erster Ordnung. Das Auge wird so für den Menschen Inbegriff und Symbol des Bösen wie des Guten und ist folglich der Kern dessen, was nach langen Entwicklungswegen in übertragener Bedeutung als das Heilige im Sinne der höheren, nicht faßbaren Kontrolle umrissen wird. Eliades Worte gelten daher in voller Tragweite für den weiten Bereich der Augenritualisationen. Es bedarf demnach gerade hier keiner geografischen oder historischen Ordnung im üblichen Sinn, sondern lediglich des systematischen Verwandtschaftsnachweises. Die detaillierte Untersuchung und Beschreibung von Stilepochen, lokalen Wandlungsreihen oder kulturellen Übertragungen kann nicht Aufgabe der Verhaltensforschung sein, sondern muß vorwiegend den Historikern, Kunsthistorikern und regional spezialisierten Ethnologen überlassen werden. Die Kulturethologie liefert die Kenntnis der Grundlagen, nicht aber die daraus erwachsende Analyse kultureller Feinstrukturen. Der Bildteil zeigt in gestaltlichen Reihen auf, was alles der Mensch aus der ihn zutiefst beeindruckenden Augengestalt gemacht hat und in analoger Weise weiterhin macht. Die Übersicht der Tafeln und ihrer Aussagen mit Seitenhinweisen für den Textteil soll die Orientierung erleichtern.

Schwarzweißtafeln

Tafel 1: Augendarstellungen von Kleinkindern (6 Bilder). Beispiele von Flächenfüllungen mit unterschiedlichen Stilisierungsformen. Den spontanen kindlichen Darstellungen analoge Symbole finden sich im Kulturgut aller Zeiten und Völker. S. 203.

Tafel 2: Augendarstellungen Jugendlicher (6 Bilder). Naturnah gestaltete Einzelaugen in verschiedenen Auffassungsweisen. Der Brauenbogen wurde in diesen Fällen nicht gezeichnet. S. 203.

Tafel 3: Fortsetzung von Tafel 2 (6 Bilder). Hier wurde der Brauenbogen gezeichnet, in einem Fall fehlt der Wimpernsaum. Spitzovale Form, Irisfleck und Pupille sind auf allen Bildern berücksichtigt. S. 203.

Tafel 4: Ornamentale Augenkompositionen Jugendlicher (4 Bilder). Hier dokumentieren sich einerseits Attrappensichtigkeit und phantasievolles »Hineinsehen« des Auges in andere Objekte, anderseits extreme Stilisierungstendenzen, die bis zu einem Teppichmuster führen. S. 203.

Tafel 5: Ornamentale Augenkompositionen Jugendlicher (4 Bilder). Wie in Tafel 4 sehen wir Beispiele für »Hineinsehen« (interessant die Gleichsetzung von Auge und Brust) und Abstrahierung (bemerkenswert die Übersetzung von Augen in ein Schmuckstück). S. 203, 228.

Tafel 6: Augenabwandlungen Jugendlicher (6 Bilder). Zahlreiche spontane Varianten, die fast durchwegs als Amulettmotive Verwendung finden, wodurch die Augenherkunft solcher Abwehrzeichen recht überzeugend bestätigt wird. S. 203.

Tafel 7: Augenabwandlungen Jugendlicher und Erwachsener (6 Bilder). Weitere Formvarianten verschiedensten Stilisierungsgrades mit Verwandtschaft zu Amulettmotiven. (Die auf den Tafeln 1–7 gezeigten Bilder sind nur einige Beispiele aus einem umfangreichen, im Prinzip analogen Belegmaterial.) S. 203.

Tafel 8: Telefonkritzeleien (4 Bilder). Während Gesprächen unbewußt ausgeschmückte Notizblätter einer Wiener Künstlerin, auf denen das Augenmotiv in unterschiedlichen Varianten vorherrscht. S. 461.

Tafel 9: Hervortreten des Augenmotivs in psychischen Sondersituationen (5 Bilder). Neben der Zeichnung eines seelisch kranken Kunstschülers stehen vier Wiedergaben von Visionen im Meskalinrausch. S. 311, 461.

Tafel 10: Beispiele für das Dominieren des Augenmotivs in der modernen Kunst (4 Bilder). Gemälde zeitgenössischer Maler mit phantasievollen Abwandlungen des Augenthemas. S. 205, 461.

Tafel 11: Abwandlungen des Auges über die Miribota zu anderen Objekten (17 Bilder). Das spitzovale menschliche Auge verleitet zu vielseitigen Formvarianten, unter denen die Miribota zu den häufigsten zählt. Vom Gesicht losgelöst, bekommt es mitunter neue Innenstrukturen und wird sogar zur in Miribotaform gezwängten menschlichen Gestalt. Dieser Weg kann zu sekundären Mythen und Sagen führen, die als Erklärung für die Figuren dienen. S. 307.

Tafel 12: Wesen und Funktion der »Kultschleife« (9 Bilder). Die im minoischen Kulturbereich häufig auftretende »Kultschleife«, ein zur Augenschleife geknotetes Tuch, findet sich in analoger Form weltweit verbreitet bis in unsere Zeit und dient als Mittel gegen den »bösen Blick« oder als Glücksbringer. Der Einwand, die über Herrscher gehaltenen Tücher und Wedel könnten zum Fächeln oder Fliegenscheuchen dienen, wird durch die ornamentale Betonung der Objekte und deren Austauschbarkeit gegen andere Abwehrsymbole (Quaste, Kranz) entkräftet. S. 143, 295 f.

Tafel 13: Wesen und Funktion der »Kultschleife« (9 Bilder). Weitere Beispiele für Vorkommen und Anwendung solcher Objekte. Sogar Delphinschwänze werden zur verknoteten Schleife umstilisiert. S. 295 f.

Tafel 14: Die apotropäische Doppelschleife (9 Bilder). Diese wie ein »Augenpaar« wirkende Bildung wird in verschiedensten Abwandlungen überall dort verwendet, wo ein wichtiges Objekt zu schützen ist. Sie kann stark ritualisiert, aber auch unscheinbar gestaltet sein. S. 291 ff.

Tafel 15: Masche als steife Sonderform der Doppelschleife (6 Bilder). Maschen sind oft verwendete Abwehrmittel gegen magische Gefahren. In einer Karikatur sind diese Bedeutungsträger besonders hervorgehoben. S. 291 ff.

Tafel 16: Vertretung der Schleife durch Lappen und Bänder (6 Bilder). Auch diese gewissermaßen »Rudimente« der Augenschleife darstellenden Gebilde haben apotropäische Funktion. S. 297.

Tafel 17: Abwehrzeichen an Bäumen und Stangen (6 Bilder). Quasten, Schleifen und Bänder werden als magische Mittel bei bedeutsamen Anlässen eingesetzt. S. 297.

Tafel 18: Wimperndarstellungen an Südseemasken (6 Bilder). Den Augenwimpern kommt hohe ornamentale Bedeutung zu. S. 278 ff.

Tafel 19: Wimpernvariationen aus Werbewesen, Kunstgewerbe und Brauchtum (13 Bilder). In voneinander unabhängigen Bereichen kommt es immer wieder zu sehr ähnlichen Ritualisierungsformen. S. 202, 278 ff.

Tafel 20: Prinzip »Auge mit Wimpern« in unterschiedlichem Material (12 Bilder). Das Grundprinzip bleibt dasselbe, die Ausprägungsform aber wird vom Herstellungsmaterial und der räumlichen Einpassung stark beeinflußt. S. 278 ff.

Tafel 21: Augensymbole als blickabwehrende Turbangestecke türkischer Sultane (12 Bilder). Die hinsichtlich Form und Anordnung recht verschiedenen Objekte realisieren durchwegs das Prinzip »Auge mit Wimpern«, wobei das Auge durch Juwelenagraffen, die Wimpern durch auf- oder abwärtsstehende Haare und Federn symbolisiert sind. S. 243, 279.

Tafel 22: Aufwärts weisende Wimpernritualisierungen an verschiedenen Objekten (9 Bilder). Wir begegnen diesem Prinzip in verschiedensten Kulturen. S. 278 ff.

Tafel 23: Abwärts weisende Wimpernritualisierungen an Amuletten (6 Bilder). Ob Flechtamulette mit Ährenbüscheln oder Perlendreiecke mit Fransen, das Prinzip »Auge mit Wimpern« bleibt erhalten. S. 278 ff.

Tafel 24: Quaste, Wedel, Besen als Spezialformen des Prinzips »Auge mit Wimpern« (11 Bilder). Beispiele von Schutzobjekten gegen den »bösen Blick«. S. 283.

Tafel 25: Blickabwehrquasten an Zugtieren und Wagen (9 Bilder). Auch die Krönungskutsche des persischen Kaiserpaares zeigt traditionellen Quastenbehang. S. 276.

Tafel 26: Quasten, Besen und Bänder in Amulettfunktion (7 Bilder). Aus der Formähnlichkeit resultiert eine Ähnlichkeit der Verwendung. Die Gestaltkriterien haben Primärbedeutung, das Material ist von untergeordneter Wichtigkeit. S. 285 ff.

Tafel 27: Fortsetzung von Tafel 26 (5 Bilder). Das Moped wird analog dem Pferd »geschmückt«. S. 285 f.

Tafel 28: Riesenquasten (7 Bilder). Die überdimensionierte Quaste der nur noch unter dem Arm getragenen Paradehüte der Hamburger Ratsherren wurde zu Schauzwecken auf den Stumpen gestellt. Die größten Quasten sehen wir verschiedentlich bei Umzügen, wo sie letztlich sogar zur Hülle ihrer Träger werden. S. 277, 282.

Tafel 29: Rundaugen und Wimpernkranz (9 Bilder). Bei Darstellungen des Auges in Kreisform wird das Wimpernbüschel zum Wimpernkranz. Man spricht dann oft von »Sonnensymbolen«, obwohl es sich um Abwehraugen handelt. S. 226, 238.

Tafel 30: Variation des Auges zu »Halbmond und Stern« (11 Bilder). Dieses uralte, in verschiedensten Kulturen vorkommende magische Abwehrzeichen wurde, mit einer Sekundärgeschichte verbrämt, zum Staatswappen der Türkei. S. 193, 327.

Tafel 31: Motiv »Halbmond und Stern« in verschiedenen Kulturbereichen (13 Bilder). Auf türkischen Moscheen variiert es vom einfachen Kreis bis zur reich gegliederten Komposition. Andere Entwicklungen sind »gezackter« und »gesichteter« Halbmond. S. 327.

Tafel 32: Paarige Kreise als Augensymbole (12 Bilder). Die aus verschiedenen Kulturen und Epochen stammenden Objekte illustrieren die weltweite Verwendung dieses Symbols als magischen oder auch kommerziellen Blickfang. S. 237 ff.

Tafel 33: Vertarnen und Verschlüsseln des Augenpaares durch Pflanzengestalt (9 Bilder). Beispiele aus verschiedenen Kulturen und Epochen. S. 132, 205, 356.

Tafel 34: »Occipitalgesicht« und magischer Rückwärtsschutz (11 Bilder). Die bei einigen Vögeln vorkommenden, dem Feindschutz dienenden »Hinterkopfaugen« finden Entsprechungen im Trachtenwesen. Frisuren und Zöpfe sind beliebte Anbringungsorte für magische Schutzzeichen. Relikte davon gibt es noch im heutigen Uniformwesen. S. 128, 221, 232 ff.

Tafel 35: Verschiedene Formen magischen Rückwärtsschutzes (15 Bilder). Kopftuchzipfel und Rückenteile von Bekleidung sind geeignete Anbringungsorte für Abwehrornamentik. S. 128, 221.

Tafel 36: Magischer Rückwärtsschutz mittels Quasten und Schnurschleifen (9 Bilder). »Schönperchten« und andere Akteure der Gasteiner Perchtenumzüge nähen sich diese Abwehrzeichen speziell für den Umzug an ihr normales Gewand. »Schiachperchten« tragen quastenartige Wedel in der Hand. Den Quasten und Schleifen analoge Rückenamulette finden sich in vielen anderen Kulturen. S. 128, 277 ff.

Tafel 37: Kopfbedeckungen als Träger von Abwehrzeichen (13 Bilder). Die in Augenhöhe des Gegenübers befindliche Kopfbedeckung ist für die Anbringung blickbindender Abwehrzeichen prädestiniert. Trotz sehr unterschiedlicher Formen sind die Symbole immer auf Augenornamentik rückführbar. S. 125 f.

Tafel 38: Prinzip »drittes Auge« (9 Bilder). Das Motiv findet sich mehr oder weniger abstrahiert in allen Kulturen. Interessant das staatspolitische türkische Werbeplakat, wo Atatürk Halbmond und Stern als »drittes Auge« trägt. S. 149 f., 423 ff.

Tafel 39: Prinzip »Dreisproß« (9 Bilder). Der Dreisproß als Ritualisierungsform der Dreiäugigkeit hat weltweite Verbreitung. Die Bilder zeigen, daß alle gestaltlich geeigneten Objekte in das System einbezogen werden können. *S. 423 ff.*

Tafel 40: Dreigliedrigkeit in der Amulettgestaltung (9 Bilder). Die Vorstellung vom »dritten Auge« führt zu unterschiedlichsten Dreierkombinationen von Augensymbolen oder Symbolgruppen bis zu mächtigen, dem Gruppenschutz dienenden »Abwehrgeräten«, die bei Umzügen vorangetragen werden. *S. 423 ff.*

Tafel 41: Dreigliedrigkeit und Dreisproßprinzip in verschiedenen Varianten (14 Bilder). An allen Stellen, wo Abwehr und magischer Schutz vonnöten sind, findet man Dreigliedrigkeits- und Dreisproßmotive. Auch hier dominiert das Gestaltprinzip, wogegen das Material nebensächlich und beliebig variierbar ist. *S. 423 ff.*

Tafel 42: »Handwaffen« gegen den »bösen Blick« (9 Bilder). Königszepter und Häuptlingszeichen dienen ebenso primär der magischen Abwehr wie Derwischstab und Kinderrodel. Die Formanalogien zu manchen Hänge-Amuletten sind erstaunlich, wenn man vom Unterschied in der Befestigungsweise absieht. *S. 136 f.*

Tafel 43: Löffel, Haar, Brust (14 Bilder). Alles was augenähnlich ist oder in Augenform gebracht werden kann, verwendet der Mensch im Dienst magischer Abwehr. Der augenhaft ovale Löffel wird gern auf den Hut gesteckt, das Haar zu Ringeln gedreht oder zu Quasten gekämmt. Brustwarzen werden mit Augen bemalt oder auf Bekleidungsstücken durch ornamentale Augensymbole vertreten. *S. 226 ff., 230 ff., 272 ff.*

Tafel 44: Vom magisch schützenden Gelenkauge zum Flügel (12 Bilder). Blickabwehrzeichen auf Gelenken sind seit alters her weltweit verbreitet. Der Ritualisierungsweg führt von einfachen Augensymbolen über herausragende Miribotas bis zu kompletten, oft völlig funktionswidrig gestalteten Flügeln. *S. 126 f., 311 ff.*

Tafel 45: Spiral- und Kreisornamentik auf Gelenken (6 Bilder). Sehr auffällig und augenhaft wirken die Gelenkspiralen in der Kunst der Maori und anderer Südseevölker. Dem Körper auftätowiert, sollen sie die Gelenke vor Schaden schützen. Ein modernes Werbeplakat für ein Rheumamittel kennzeichnet die heiklen Stellen mit verwandten Symbolen. In der psychedelischen Kunst tritt Gelenkornamentik in den Vordergrund. *S. 126 f., 240, 311, 461.*

Tafel 46: Abwehrzeichen auf Schuhen (13 Bilder). Die Symbole schützen nicht nur den Fuß, sondern machen die Fußbekleidung zum eigenständigen Amulett, wobei der annähernd miribotaförmige Sohlenumriß eine Rolle spielen mag. *S. 126, 346.*

Tafel 47: Auflösung von Gestalten in Augensymbole (8 Bilder). Die Massierung einheitlicher Augensymbole auf Figuren kann die Ursprungskontur in den Hintergrund drängen und letztlich zum Verschwinden bringen. So können neue Abwehrgestalten entstehen. *S. 304, 382.*

Tafel 48: Zypresse als Miribota (12 Bilder). Der von Natur aus einer Miribota ähnelnde Zypressenwipfel verlockt zur ornamentalen Gestaltübertreibung. Der Baum gilt als Abwehr- und Heilssymbol, lebende Bäume werden mitunter »auf Miribota« zurechtgestutzt. *S. 306, 360 f.*

Tafel 49: Forcierung von Tiermerkmalen in Richtung Augensymbolik (13 Bilder). Natürliche Körperstrukturen, die an Abwehrzeichen erinnern, verlocken zu weiterer Ausgestaltung in der erwünschten Richtung. Beispiele dafür finden sich in allen Kulturen und Zeitepochen. *S. 221, 223, 388, 401 f., 477.*

Tafel 50: Krake und Medusa (11 Bilder). Aufgrund gewisser Gestaltmerkmale wurde der Krake zum Blickabwehrtier, später durch Personifizierung zur Gorgo und letztlich zum Medusenhaupt. *S. 375 ff.*

Tafel 51: Schildkröte als Amulett (7 Bilder). Die Panzerschilde wirken durch ihre Fleckung augenhaft und prädestinieren die Schildkröte zum Abwehrtier. Auf Amuletten wird der Augeneffekt betont. Analog zum Schildkrötenpanzer gilt das Schachbrettmuster als abwehrend. *S. 387.*

Tafel 52: Abwehrzeichen an Fenstern (13 Bilder). Von der einfachen Kugel bis zu komplizierten Girlandenmustern reicht der Spielraum apotropäischer Fensterornamentik. Obwohl damals vielfach schon sinnentleert, waren noch nach dem Ersten Weltkrieg die Zeichen in der mitteleuropäischen Hausornamentik üblich. S. 128 ff., 320.

Tafel 53: Summierung von Abwehrzeichen (9 Bilder). Die schon vom Erzeuger her reichlich mit Amulettmotiven bemalten und benagelten Kästen türkischer Schuhputzer werden vom Besitzer mit persönlichen Zusatzamuletten ausgestattet. Dieses System des »neuen Wächters« vor dem »institutionalisierten Wächter« führt in vielen Bereichen zu unüberschaubaren Amulettansammlungen. S. 130 f.

Tafel 54: Abwehrornamentik sizilianischer Karren (6 Bilder). Aus ursprünglichen Abwehrzeichen entstand eine überreiche Ausgestaltung mit bunt bemalten Schnitzereien und erzählenden Bildern. Schachbrettmuster mit und ohne Augenflecken, analog zum Schildkrötenpanzer apotropäisch, sind beliebt. S. 130 f., 386 f.

Tafel 55: Abwehrornamentik sizilianischer Karren (6 Bilder). Die Figurenszenen bedecken fast vollständig die Karrenwände, die alten Abwehrzeichen treten in den Hintergrund oder rücken als ornamentale Bildumrahmung an den Rand. Zu den beliebtesten Motiven zählen Begebnisse aus dem Rolandslied, das auch Hauptthema des sizilianischen Puppenspiels ist, in dem Roland *(Orlando)* interessanterweise als ein Schielender *(guercio)* dargestellt wird, was auf Beziehungen zum Blickabwehrzauber hinweist. S. 130 f.

Tafel 56: Abwehrsymbolik auf türkischen Firmenschildern (5 Bilder). Zu Augen gewandelte Buchstaben und verschiedene Amulettmotive werden bei Geschäftsaufschriften oft verwendet. S. 201.

Tafel 57: Fortsetzung von Tafel 56 (12 Bilder). Augenpunkte, Tulpe, Herz, Kleeblatt und Marienkäfer in Verbindung mit Buchstaben und Firmennamen. S. 201.

Tafel 58: Abwehrzeichen an türkischen Häusern (12 Bilder). In Mauern eingelassene gelochte Rundsteine und an Hauswänden angebrachte Amulette oder Abwehrmuster üben magische Schutzfunktionen aus. S. 128 ff.

Tafel 59: Abwehrzeichen an italienischen Häusern (15 Bilder). An ärmlicheren Häusern findet man einfache Mittel wie Hufeisen, Seesterne, Stuckspiralen und dergleichen, an den reichen Villen künstlerische Abwehrmasken, große Fresken, Mosaikbilder und ähnliches. Der dahinter stehende magische Abwehrgedanke ist in allen Fällen derselbe. S. 128 ff.

Tafel 60: Gestaltprinzip »Hasenohren« als Analogon zur Cornuta gegen den »bösen Blick« (6 Bilder). Als Auto-Amulett, Kinderspielzeug, in der Werbung, aber auch auf Grabsteinen und Heiligenbildern tritt uns dieses Prinzip entgegen. S. 328, 410.

Tafel 61: Der magische Augenkreis in der Handgestik (9 Bilder). Die Beispiele führen von religiösen Bereichen bis zur modernen Werbung. S. 134 ff.

Tafel 62: Volkstümliche Abwehrzeichen auf Militäruniformen (9 Bilder). Im bulgarischen, griechischen und türkischen Uniformwesen werden in stilisierter Form alte Abwehr- und Heilszeichen verwendet. S. 243, 246, 276.

Tafel 63: Die Rose als magisches Augensymbol und plakativer Blickfang (12 Bilder). Verschiedene Stilisierungen und Anwendungsweisen des Rosenmotivs werden gezeigt. Besonders interessant ist die in Richtung Auge forcierte naturalistische Rose auf einem türkischen Grabstein (Bild 6). S. 359.

Tafel 64: Eiform und Kugelgestalt im Dienst der Abwehrsymbolik (14 Bilder). Echte und nachgebildete Eier sowie Kugeln verschiedenster Ausführungen dienen zur Abwehr. Die sogenannte »Vielbrüstigkeit« der Artemis von Ephesus (Bild 8) geht wahrscheinlich auf einen Behang mit Straußen-Eiern zurück. S. 257 ff., 259, 263 f.

Tafel 65: Das Ährenmotiv in der Abwehrsymbolik (13 Bilder). Vieläugigkeit spielt im Abwehrglauben eine wichtige Rolle. Die Fiederung der Palmwedel wird zu kugeligen Knoten verflochten und ergibt ährenartige Gebilde, die im Abwehrzauber Verwendung finden. Kornähren und Palmkätzchen sind von ähnlicher Gestalt und werden in gleicher Weise eingesetzt. Analoge Formungen aus Stein findet man an gotischen Kirchenfenstern oder aus Bändern an den Stäben der Hochzeitlader. S. 338, 361 f.

Tafel 66: Vier- und Vieläugigkeit in Volksglauben und modernem Werbewesen (15 Bilder). Überaugenflecke kommen bei verschiedenen Säugetieren vor (»vieräugiger

Hund«, Bild 8). Dem Prinzip imponierender Merkmalsvermehrung folgende Vier- und Vieläugigkeit findet sich in der Ornamentik fast aller Völker. Auch die Gegenwartskunst handelt das Thema in vielfacher Weise ab. *S. 149 f., 205, 461.*

Tafel 67: Augen und Augenpaare in Kunst und modernem Werbewesen (9 Bilder). Variationen des Augenmotivs in der Plakatkunst mit Analogiebeispielen aus Psychiatrie und Völkerkunde. *S. 201 ff., 461.*

Tafel 68: Augenmotive auf Buchtiteln (4 Bilder). Ob naturalistisch oder stilisiert, immer garantiert das Augenmotiv eine maximale Blickfangwirkung. *S. 201 ff., 461.*

Tafel 69: Augenmotive auf Buchtiteln (4 Bilder). Neben der ungewöhnlichen Kombination Ohr mit Auge (Bild 1) ist der türkische Buchtitel (Bild 4) bemerkenswert, der die Angst vor dem »Kobold Auge« in drastischer Weise charakterisiert. *S. 201 ff., 461.*

Tafel 70: Das Augenmotiv als modernes Symbol (1 Sammelbild). Bei Entwürfen für ein Naturschutzzeichen erscheint das Augenmotiv in vielerlei Varianten mit Analogien zu alten Abwehr- und Heilszeichen. *S. 202, 461.*

Tafel 71: Das Augenmotiv als modernes Symbol und als Flächenfüllung (1 Sammelbild). Vorschläge für ein Kennsiegel »Echt Silber« erbrachten ebenfalls Varianten des Augenmotivs. Auf einem bunten Packpapier wurden Augensymbole verschiedenster Stilisierungsformen als Flächenfüllung benützt. *S. 202, 461.*

Tafel 72: Künstlerische Spielereien mit Glasaugen (6 Bilder). Experimente mit Augen und Wortspielen, die den Reiz des Themas charakterisieren. *S. 205, 461.*

Farbtafeln

Tafel 73: Blaues Auge, blaue Perle, blauer Fleck (12 Bilder). Beispiele für die Anbringung solcher Schutzzeichen an Behausungen. *S. 209 ff.*

Tafel 74: Blaues Auge, blaue Perle, blauer Fleck (11 Bilder). Die Anwendung des Prinzips bei verschiedenen Objekten. *S. 209 ff.*

Tafel 75: Blaues Auge, blaue Perle, blauer Fleck (12 Bilder). Die Anwendung des Prinzips bei Menschen und Tieren. *S. 209 ff.*

Tafel 76: Die Miribota, eines der beliebtesten und verbreitetsten Augensymbole (12 Bilder). Beispiele von der Antike bis zum modernen Werbewesen. *S. 298 ff.*

Tafel 77: Amulette an Kindern in der südlichen Türkei (9 Bilder). Blaue Perlen und andere Amulette werden an Kinderkleidung befestigt. Bemerkenswert das Kinderhäubchen (Bild 8) mit einem Sammelsurium apotropäischer Objekte. *S. 122 f., 170 f., 215.*

Tafel 78: Amulette an Pferden (13 Bilder). Besonders im Orient wird das Pferd reich mit abwehrenden Augensymbolen ausgestattet. Das Sagenpferd des persischen Prinzen Hamza wird dreiäugig dargestellt (Bild 1). *S. 122 f., 276 ff., 370.*

Tafel 79: Amulette an Lastautos in der Türkei (9 Bilder). Die Vielfalt der Möglichkeiten wird durch verschiedene Beispiele illustriert. *S. 215, 281, 332, 394.*

Tafel 80: Plakate mit dem Augenmotiv (9 Bilder). Unbewußt macht sich der Künstler das angeborene Ansprechen des Menschen auf die Augengestalt zunutze und verwendet das Augenmotiv in vielerlei Abwandlungen und Abstraktionsstufen als Blickfang. *S. 201 ff., 461.*

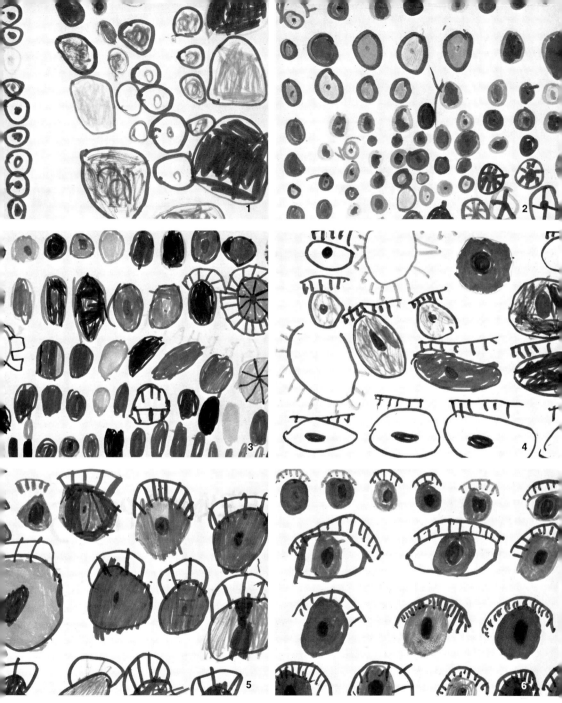

TAFEL 1 *Augendarstellungen von Kleinkindern.* Aufgabenstellung: »*Kinder, holt euch ein Blatt Papier und zeichnet lauter Augen drauf. Wie ihr sie zeichnet und welche Farbe ihr nehmt, ist egal*«. **1** Rundmotive mit oder ohne Zentralfleck (♂, 6 Jahre). **2** Kreis- und Radmotive, meist mit Zentralfleck, links oben Wimpern (♀, 5½ Jahre). **3** Kreis-, Rad- und Ovalmotive mit und ohne Zentralfleck, bei zweien Wimpernandeutung. Links außen Zackenrad (♀, 4 Jahre). **4** Rund- oder Ovalmotive, meist mit Zentralfleck, manche mit Strahlen oder Wimpern (♂, 6 Jahre). **5** Rundformen mit Zentralfleck und Wimpern (♂, 5 Jahre). **6** Kreise mit Zentralfleck und Wimpern, zwei davon queroval umrahmt (♀, 6 Jahre). – Versuchsleiterin: I. Lackinger, Donnerskirchen (Kindergarten).

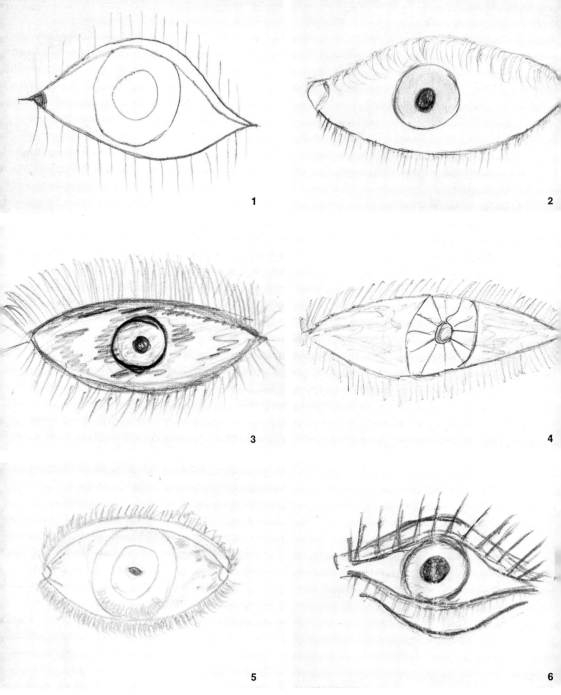

TAFEL 2 *Augendarstellungen Jugendlicher.* Aufgabenstellung: *»Zeichne ein Auge«.* Die Auffassungen der zeichnerisch unterschiedlich begabten Personen reichen von hohem Naturalismus (Bild 6) bis zu starker Stilisierung (Bild 1). Alle gezeigten Versionen ohne Augenbrauen. **1–3** ♀♀, 16 Jahre. **4+5** ♂♂, 16 Jahre. **6** ♂, 15 Jahre.

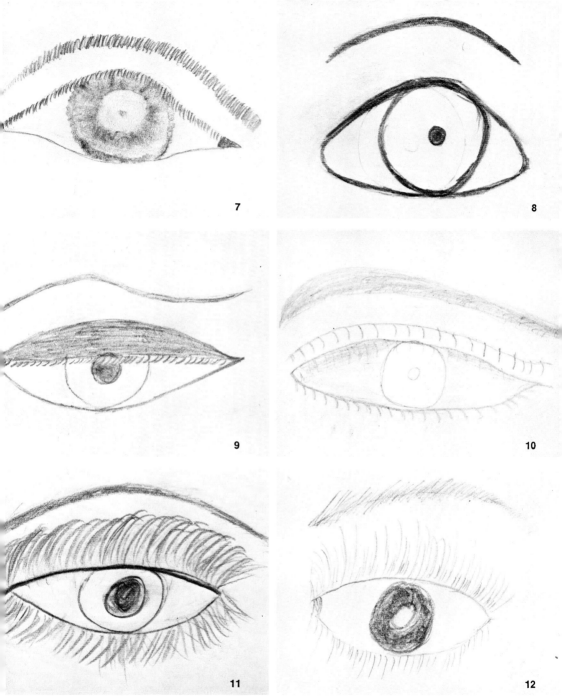

TAFEL 3 *Fortsetzung von Tafel 2.* **7** ♂, 15 Jahre. **8** ♀, 15 Jahre. **9–12** ♀♀, 16 Jahre. Wimpern mit Ausnahme von Bild 8 überall, Augenbrauen bei Bild 7–12 berücksichtigt. – Versuchsleiterin: Dr. J. Wagner, Innsbruck (Kaufmännische Privatschule).

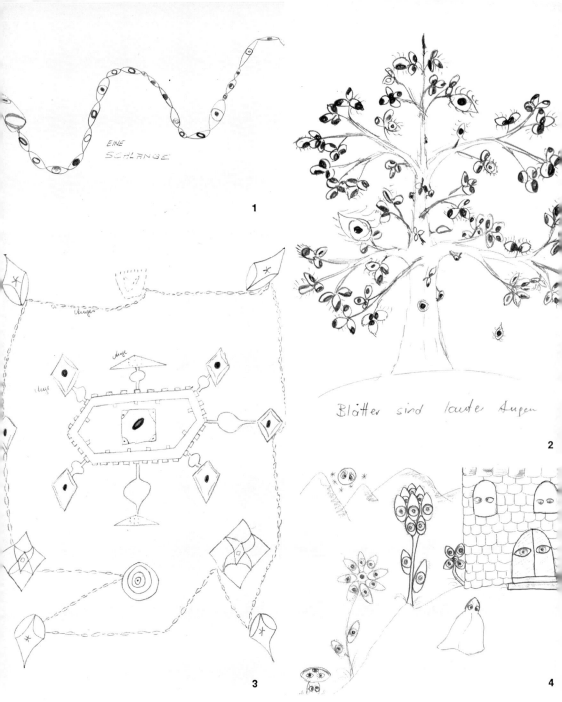

TAFEL 4 *Ornamentale Augenkompositionen Jugendlicher.* Aufgabenstellung: »*Schmücke ein Blatt mit Augen, so daß es etwas gleichschaut*«. Die handschriftlichen Bemerkungen stammen vom jeweiligen Zeichner. **1** Girlandenartige Augenreihung in Schlangenform (♀, 15 Jahre). **2** Baum, an türkische Blattornamentik erinnernd (♂, 18 Jahre). **3** Extreme Augenstilisierung nach Art eines Teppichmusters (♀, 15 Jahre). **4** Mond, Pflanzen, Fenster und Tür mit Augen (♀, 16 Jahre). – Versuchsleiterin: Dr. J. Wagner, Innsbruck (Kaufmännische Privatschule).

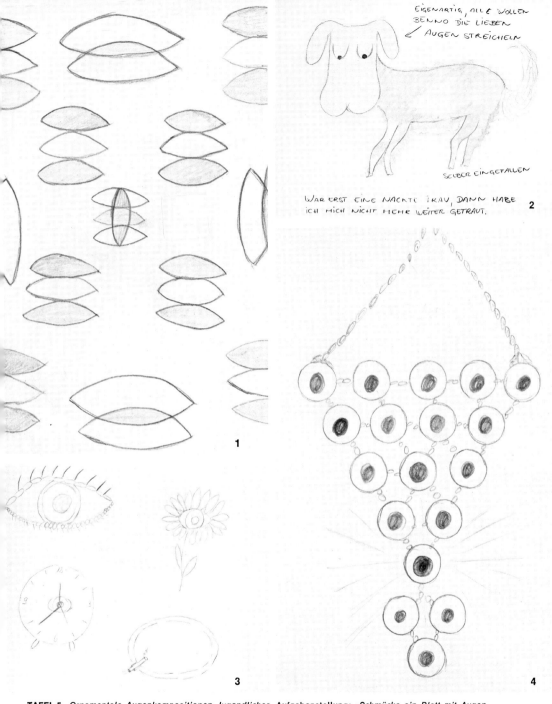

TAFEL 5 *Ornamentale Augenkompositionen Jugendlicher. Aufgabenstellung: »Schmücke ein Blatt mit Augen, so daß es etwas gleichschaut«.* Die handschriftlichen Bemerkungen stammen vom jeweiligen Zeichner.
1 Flächenfüllung mit lorbeerblattähnlich stilisierten Augen (♀, 16 Jahre). **2** Gleichsetzung des Auges mit der weiblichen Brust (♂, 16 Jahre). **3** Auge, Blumenauge und »Hineinsehen« des Auges in eine Uhr und einen Aschenbecher (♀, 16 Jahre). **4** Übersetzung der Augen in einen Halsschmuck (♀, 16 Jahre). – Versuchsleiterin: Dr. J. Wagner, Innsbruck (Kaufmännische Privatschule).

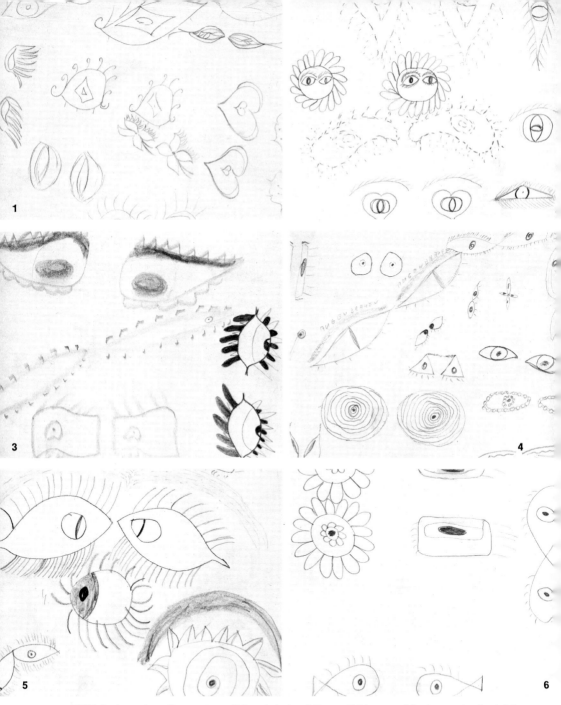

TAFEL 6 *Augenabwandlungen Jugendlicher.* Aufgabenstellung: »Zeichne so viele Augen wie dir einfallen«. **1** Herz- und Spiralformen, Wimpern, links quastenartig (♀, 16 Jahre). **2** Herz- und Miribotaformen, sonnenradartige Blumen mit Augenpaaren (♀, 16 Jahre). **3** Miribota- und andere Motive, rechts keulenartige, an rumänische Keramik (Tafel 20, Bild 1 + 2) erinnernde Wimpernbildung (♂, 17 Jahre). **4** Konzentrische Kreise und anderes (♂, 17 Jahre). **5** Oben fischartiges Motiv, rechts unten Halbmond mit Stern und Innenspirale (♀, 16 Jahre). **6** Blumen, Rechteck und Doppelschleife, unten Fischmotiv (♀, 17 Jahre). – Versuchsleiterin: Dr. J. Wagner, Innsbruck (Kaufmännische Privatschule).

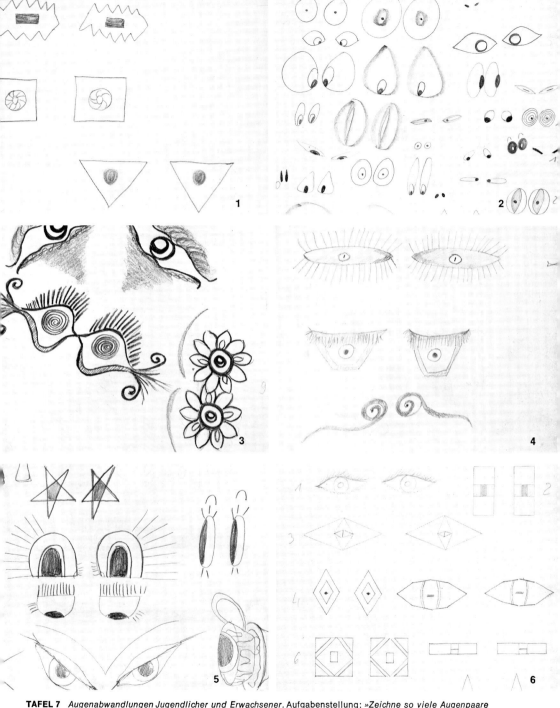

TAFEL 7 *Augenabwandlungen Jugendlicher und Erwachsener.* Aufgabenstellung: »*Zeichne so viele Augenpaare wie dir einfallen*«. **1** Starke Geometrisierung mit Mehrpaßmotiv (♀, 16 Jahre). **2** Verschiedene Formen, einige davon an Muscheln und Kaurischnecken erinnernd (♀, 17 Jahre). **3** Blumen, links fischähnliche Augenform mit Wimpern, Innenspirale und volutenähnlichen Bildungen (♀, 18 Jahre). **4** Strahlen-, Fransen- und volutenähnliche Spiralmotive (♂, 18 Jahre). **5** Fünfstern-, Hufeisen- und andere Formen (♀, 20 Jahre). **6** Extreme Geometrisierung des Augenmotivs (♀, 28 Jahre). – Versuchsleiterin: Dr. J. Wagner, Innsbruck (Kaufmännische Privatschule).

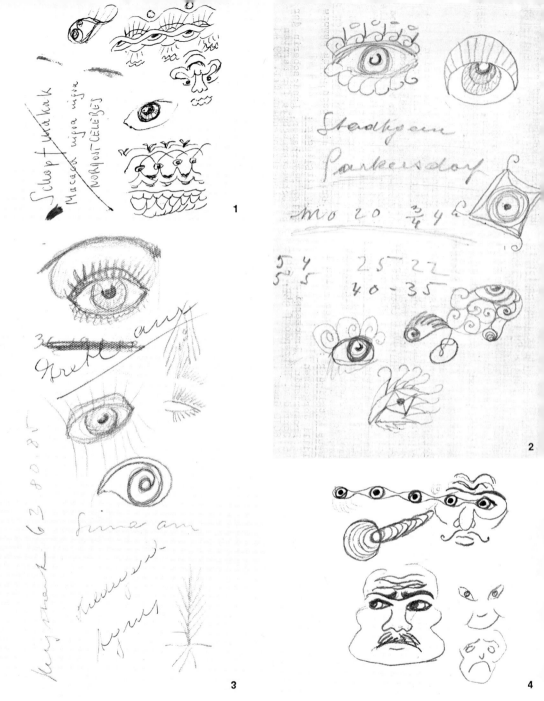

TAFEL 8 *Telefonkritzeleien.* 1–4 Während Ferngesprächen unbewußt gezeichnete Augenmotive (aus der Hand einer Wiener Künstlerin).

TAFEL 9 *Hervortreten des Augenmotivs in psychischen Sondersituationen.* **1** Zeichnung eines an Angstzuständen leidenden und zu Selbstmord neigenden Kunstschülers. **2–5** Visionen nach Genuß von Meskalin, einem von südamerikanischen Indianern bei religiösen Festen verwendeten Rauschgift (vgl. D. Katz 1945). Die Augensymbole von Bild 5 ähneln jenem von Tafel 30, Bild 1.

TAFEL 10 *Beispiele für das Dominieren des Augenmotivs in der modernen Kunst.* **1** »Mae West« (S. Dali). **2** »Die Masken« (W. Hutter). **3** Ausschnitt aus »Die Augen der Nacht« (S. Quandt). **4** Ausschnitt aus »Erinnerung an das Bild, das die Erinnerung an eine Zeit, welche die Erinnerung an etwas Persönliches war« (F. Hundertwasser).

TAFEL 11 *Abwandlungen des Auges über die Miribota zu anderen Objekten.* **1** »Augenidol« (Syrien, 3200 v. Chr.). **2** Heilkräftiger Stein in Augengestalt aus Oberösterreich (Bauernmuseum Osternach). **3** Übergroße Augen einer Gipsstatuette (Sumer, 3000 v. Chr.). **4** Miribota-Augen auf neolithischem Gefäß (Sibirien). **5** Überbetonte blaue Augen auf türkischer Postkarte. **6** »Bildnis« (E. Fuchs) mit übergroßen Augen. **7** Auge in Miribotaform (Tuch aus Nordperu, 1000 n. Chr.). **8** Miribota-Auge auf papierener Totenkopfmaske (Türkei.) **9** Miribota-Augen eines Banaspatikopfes (Java, 13. Jh.). **10** Buddha mit miribotaförmiger Kopfumrahmung, jederseits Augen auf den Stangen. **11** Miribota in Fischgestalt (Celebes). **12** Räumliche Miribota an tibetischem Buddhaschrein. **13** In Rankenwerk aufgelöste Miribota (Griff eines Räuchergefäßes, Japan). **14** In »fliegende Göttin« aufgelöste Miribota (China, 7.–8. Jh. n. Chr.). **15** In bogige Zacken aufgelöste Miribotas (Brunnen am Regensburger Fischmarkt). **16** Blattförmige Miribota als »Krabbe« von neugotischem Altar (Osttirol). **17** In Blattwerk und Figuren aufgelöste Miribotas (Markusdom, Venedig).

TAFEL 12 *Wesen und Funktion der »Kultschleife«.* **1** Augenrosetten und keramische »Kultschleifen« aus Mykenä (1500 v. Chr.), linkes Paar deutlich augenhaft. **2** Analoge Augenschleife bei türkischem Sultan (16. Jh.) als magisches Abwehrmittel. **3** Wie der Sultan die »Kultschleife«, hält der moderne Türke die »Spielkette« als Amulett in der Hand. **4** Tschingis Chan in seinem Zelt, von dessen Dach Augenschleifen herunterhängen. Eine weitere Schleife hält der Diener schützend über den Chan. (Das Herausstellen magischer Schutzzeichen auf Bildern ist in vielen Kulturen zu beobachten.) **5** Tschingis Chan, diesmal durch quastenartigen Wedel geschützt. Der Diener hält eine betont augenhafte Schleife in der Hand. **6** Radja Medini mit Brust- und Ohramulett, vom Diener mit einem Wedel aus blickabwehrenden Pfauenfedern geschützt. **7** Pferd in Izmir (Türkei) mit Abwehrschleife an der Seite. **8** Chinesische Pferde mit ähnlichem Tuchbehang (Tang-Zeit, 618–907 n. Chr.). **9** Pferd in Istanbul mit Quasten statt Schleifen als Seitenbehang (1972).

TAFEL 13 *Wesen und Funktion der »Kultschleife«.* **1** Sumerische Göttin Inanna mit »Schilfbündeln«, die den »Kultschleifen« gleichen und ein Augenpaar bilden. **2** Den »Geist der Kiefern« darstellende japanische No-Maske mit Augenschleife aus Kopfhaar. **3** Tuchschleife in der Hand eines Sultans. **4** »Pariserin« aus Knossos mit »Kultschleife« als Rückenamulett. **5** Haremsdame mit Schleife auf türkischer Postkarte. **6** Überreichung einer »Glücksschleife« (hata) in Tibet (M. Braven 1974), die der »Kultschleife« gleicht. **7** Mohammed mit Erzengel Gabriel, der in Gürtelmitte und an den Oberarmen, wo ansonsten Amulette angebracht sind, die Kultschleife trägt. **8** Delphine auf Pithoi aus Pachyammos (Kreta) mit schleifenartig geknoteten Schwanzfluken. **9** Delphin auf spätgriechischem Grabstein in Side (Türkei). Das miribotaförmig gestaltete Tier zeigt neben Maul und Auge Schleifengebilde, der in Wirklichkeit straffe Delphinkörper ist zum Rund geschlungen und die Schwanzfluke zur Quaste umgestaltet.

TAFEL 14 *Die apotropäische Doppelschleife*. **1** Anbringen einer Doppelschleife an einer Grabstele (griechisches Vasenbild). **2** Antike Schlangensäule mit augenhafter Doppelschleife (Pergamon). **3** Noch heute bindet man in der Südtürkei Tuchschleifen um Grabzeichen (vgl. Tafel 74, Bild 7). **4** Römischer Panzer mit zur Doppelschleife hochgesteckten Gürtelenden. Die Schulterträger sind unter der Brust mit Doppelschleifen gebunden (Hadrianeum). **5** Stab einer Mänade mit augenhafter Doppelschleife (griechisches Vasenbild). **6** Bayerischer Hochzeitlader. Doppelschleife an dreisprossigem Stab, Schulter und Pferdeschwanz. **7** Vorn gebundene Doppelschleife an der Rüstung eines japanischen Gebietsfürsten (Daimyo). **8** Türkische Fahne am Nationalfeiertag, mittels zeremoniell hochgesteckter Doppelschleife gerafft (1972). **9** Griechische Ikonen, mit bunten Tüchern schleifenartig umbunden, werden am Karfreitag zum Friedhof getragen.

TAFEL 15 *Masche als steife Sonderform der Doppelschleife.* **1** Ein Mann, der angeblich einen bösen Geist gesehen hat, wird strafweise »mit Mäschlein besteckt« (Mitte 18. Jh.). **2** »Bescherkind« aus Trebendorf (Lausitz, Deutschland). Das über und über mit Maschen und anderen Abwehrzeichen bedeckte verschleierte Mädchen (Bild 4) beschenkt an Adventabenden die Kinder. **3** Faschingsmaske aus Ptuj (Jugoslawien), zum eigenen magischen Schutz mit Maschen besteckt. Solche Maschenkleider dürften der Ursprung der Zottelgewänder bei Umzugsfiguren sein. **4** »Bescherkind« (Bild 2) von vorn. **5** Russischer Musketier von 1735 mit Masche auf dem Hut. **6** Karikatur auf die Bürgermiliz (Deutschland, Mitte 18. Jh.). Abwehrzeichen auf den Hüten und am Zopf sind zwecks Demonstration der Furchtsamkeit stark übertrieben.

TAFEL 16 *Vertretung der Schleife durch Lappen und Bänder.* **1** Mit zum Teil schleifenartig gebundenen Lappen behängter Baum neben einem Grab (Westanatolien, 1972). **2** Mit einem hellblauen Lappen versehener Ölbaum am Rande einer größeren Olivenkultur (Westanatolien, 1972). **3** Mit Lappen behangener Baum (griechisches Vasenbild). **4** Mit drei Lappen behangener Baum am Rand eines Feldes (Kreta, 1973). **5** Almabtrieb von Wörgl in Tirol (Österreich). Die Kühe tragen grünes Reisig mit Bänderbüscheln. **6** Baumartig aufgestellter Föhrenzweig mit Bändern am Rand eines frisch bestellten Feldes (Niederösterreich, 1975).

TAFEL 17 *Abwehrzeichen an Bäumen und Stangen.* **1** Thronender Herrscher mit zepterartigem, aus Quasten- und Miribotamotiven zusammengesetztem Baumgebilde. Auch das Gewand zeigt Miribota-Ornamentik (Pasyrik, 5.–4. Jh. v. Chr.). **2** Tschingis Chan im Schutz einer Kultschleife, vor ihm ein Baum mit an Bild 1 erinnernden Quastengebilden. **3** Büffeltanz in einem Dorf der Mandan-Indianer (Missouri). Quastenförmige Abwehrfiguren überragen auf hohen Stangen die Erdhütten. **4** Tschingis Chan erklärt sich zum Herrscher der von ihm besiegten Türken. Bei dieser wichtigen Zeremonie wird er von sechs spitzovalen, an Stangen befestigten Quasten beschirmt. **5** Moslems auf Pilgerreise nach Mekka. Zahlreiche, an »Kultschleifen« erinnernde Tücher an Stangen. Auch die Kamelsänfte einer Dame zeigt Tuchschleifen. **6** Prangstangen aus Bischofshofen (Österreich), die der Fronleichnamsprozession vorangetragen werden. Die oben augenförmig gebogenen Gestelle tragen Tücher nach Art der Stangen auf Bild 5.

TAFEL 18 *Wimperndarstellungen an Südseemasken.* **1 + 2** Auf beiden Masken sind die Wimpern durch eingesetzte Stacheln sehr naturalistisch markiert. **3** In Maltechnik übersetzt, werden die Wimpernsäume zum stilisierten Zackenrand und verleihen dem Auge Fischgestalt. **4** Wimpern zu Dreiecken übertrieben. **5** Von kleinen Augenkreisen ausgehende, stark in die Länge gezogene, oben dreizackige Wimpern, darüber gezähnte Brauenornamentik. Oberhalb ein geometrisiertes Augenpaar mit zahnstangenförmigen Brauen. **6** Wimpern und Brauen wurden in große gemusterte Flächen aufgelöst.

TAFEL 19 Wimpernvariationen aus Werbewesen, Kunstgewerbe und Brauchtum. **1** Großes Auge auf modernem Teppich (Palermo, Sizilien). Die schwarzen Wimpern und Brauen sind durch hellere Schatten vergrößert. **2** Auge mit Zackenwimpern als Blickfang in einer Auslage in Rom. **3** Buchdeckel mit Blumenauge und Blätterwimpern. **4+5** Werbeprospekt mit fransenartiger Wimpernstilisierung. **6** Quastenförmige Glockenblumen als Augen. **7** Faschingsmaske mit Quastenfransen ähnelnden Wimpern. **8** Faschings-Make up mit strahligen Wimpern. **9** Faschings-Make up mit Margeritenaugen, »Stirnauge« verweist auf mögliche Inspiration durch magische oder sakrale Vorbilder. **10** Klaubaufmaske aus Matrei (Osttirol), wimpernartig hochgestellte, flammenartig vergrößerte Brauen. **11** Radartige Wimpern auf Schallplattenhülle. **12** Stier als Werbebild neben Eingang eines Fleischerladens (Alanya, Türkei). Die quastenartigen Wimpern bilden zusammen mit Auge und Horn ein großes Abwehrauge. **13** Kunstgewerblicher blauer Hase (China) mit dreistrahligen Wimpern (vgl. Ritualisationsform Tafel 20, Bild 3).

TAFEL 20 *Prinzip »Auge mit Wimpern« in unterschiedlichem Material.* **1** Rumänischer Augenteller mit auffällig bewimpertem Zentralauge. **2** Zentralauge eines ähnlichen Tellers. **3** Augensymbol mit großen stilisierten Wimpern (türkische Tapferkeitsauszeichnung 1683). **4** Bewimpertes Augensymbol als Heckzier (Aphlaston) auf der Skulptur eines antiken Kriegsschiffes (Königspalast Korfu, Griechenland). **5** Bewimperte Augensymbole auf einem Grabkreuz in Hercegnovi (Jugoslawien). **6** Hochritualisiertes hölzernes Augensymbol als Grabzeichen, »Wimpernenden« aus materialtechnischen Gründen miteinander verbunden (Bolu Dağ, Anatolien). **7+8** Spiralaugen mit Wimpern auf minoischen Gefäßen (Knossos, Kreta). **9** Miribotaförmiges Augensymbol aus Kornähren, Grannen als Wimpern (Firmenzeichen einer Bank in Ankara). **10** Spiegelbildliche Spiralaugen auf minoischem Gefäß, aus Platzgründen kleine Wimpernbüschel. Starke Gesichtswirkung. Henkel in Bildmitte dient als Nase, Halbbogen darunter als Mund (Knossos, Kreta). **11+12** Gleiches Motiv wie Bild 10 auf altgriechischen Grabstelen. Wimpernsymbole luxurieren dank räumlicher Ausdehnungsmöglichkeit zu Palmetten.

TAFEL 21 *Augensymbole als blickabwehrende Turbangestecke türkischer Sultane.* **1** Ghazi Sultan Mustapha Khan II (1695–1704). Augensymbol mit Wimpern (vgl. Tafel 20, Bild 3). **2** Sultan Abdul Hamid Khan I (1774–1789). **3** Ghazi Sultan Selim Khan III (1566–1574). Verkehrt befestigtes Wimpernauge wird zur magisch schützenden Quaste. **4** Sultan Ahmed Khan I (1603–1617). **5** Ghazi Sultan Mourad Khan IV (1623–1640). Pinselartiges Wimpernbüschel auf unscheinbarer Agraffe. **6** Ghazi Sultan Mourad Khan IV (1623–1640). Dreisprossiges Gesteck auf dem Helm. **7** Sultan Osman Khan III (1754–1757). Große blaue Augenagraffe mit Wimpernbüschel und zwei miribotaförmigen Federn. **8** Ghazi Sultan Muhammed Khan II (1440–1481). Wimperneindruck durch Fältelung der Mützenspitze (Beispiel für Primärbedeutung der Gestalt, hinter der das Material zurücktritt). **9** Sultan Mustapha Khan III (1757–1774). Doppelagraffe an Mützenspitze mit fächerartigen Wimpern. **10** Sultan Ahmed Khan III (1703–1736). Dreisproßanordnung von Agraffen mit Wimpernbüscheln. **11** Ghazi Sultan Selim Khan I (1512–1520). Dreiecksanordnung mit Mittelquaste. **12** Sultan Suleyman Khan I (1520–1566), Anordnung wie Bild 11.

TAFEL 22 *Aufwärts weisende Wimpernritualisierungen an verschiedenen Objekten.* **1** Auge mit kronenartigem Wimpernbüschel auf inkaperuanischem Gefäß (vgl. Tafel 20, Bild 5). **2** Jagd-Sonnenschutzschirm für die Augen (Alaska). Hinten Augensymbol aus einem Ring mit Federn als Wimpern, vorn Knochen mit eingeschnitzten Augenornamenten. **3** Kopfschmuck brasilianischer Indianer aus Ara- und Trogonfedern mit zentralem Augenfleck und Wimpernornamentik. **4** Mongole mit wimpernartigem Federkopfschmuck, Gürtel als »Kultschleife« gebunden. **5** In Ähren umstilisiertes Wimpernornament auf Koran-Lesepult (Konya, Türkei). **6** Dreigliedriges hölzernes Augensymbol mit Wimpern auf Bauernhaus bei Side (Türkei). **7** Augenartig ovale Schreibtafel von Sultan Selim II mit aufgesetzter Wimpernornamentik. **8** Augensymbol mit Wimpern über Brunnen in Konya (Türkei). **9** Gassenladen mit sonnenartigen Augensymbolen über Tür und Auslagenfenstern (Türkei).

TAFEL 23 *Abwärts weisende Wimpernritualisierungen an Amuletten.* **1** Rechteckiges bäuerliches Flechtamulett aus der Türkei mit Kornähren, die an sich Augensymbole sind (vgl. Tafel 65). **2** Ägyptisches Flechtamulett gegen den »bösen Blick«. **3** Kamelamulett gegen den »bösen Blick« aus Stoff, Perlmutterknöpfen und Haarquasten (Kuşadasi, Türkei). **4** Ladenamulett mit deutlichem Zentralauge in einem Teppichgeschäft. Das Dreieck besteht aus aufgefädelten runden Samenkörnern, das Zentralauge aus Papier trägt glitzernden Stanniolmittelpunkt (Konya, Türkei). **5** Amulett des gleichen Typs, wetterbeständig aus Perlen geflochten an einem Motorrad (Alanya, Türkei). **6** Ähnliches Amulett wie auf Bild 5 an einer »Spielkette« (Alanya, Türkei).

TAFEL 24 Quaste, Wedel, Besen als Spezialformen des Prinzips »Auge mit Wimpern«. **1** Indisches Amulett gegen den »bösen Blick« (vgl. Tafel 23, Bild 1+2), durch Fransen quastenähnlich. **2** Zweifarbige Quaste als Auto-Amulett (Alanya, Türkei). **3** Pende aus goldener Augenkugel mit Seidenquaste (Topkapi-Palast, Istanbul). **4** Pende analog Bild 3 aus der Mevlana-Moschee (Konya, Türkei). **5** Penden aus Edelmetall, Juwelen und Perlen (Topkapi-Palast, Istanbul), »dreiäugig« wie die geometrisierten bäuerlichen Strohamulette auf Tafel 23. **6** Maiskolben durch abwärts gestülpte »Flitsche« in Quaste verwandelt, gilt in vielen Maisanbaugebieten als Segensbringer. **7** Quaste mit blauer Perle und Schlüssel als Hausamulett (Türkei). **8** »Rose von Jericho«, ein pflanzliches Produkt, wegen seiner Quastenform in Ägypten Mittel gegen den »bösen Blick«. **9** Quastenartiger Besen mit stilisierter Schleife und drei blauen Perlen als Auto-Amulett (Türkei). **10** Silberner quastenartiger Wedel, den die türkische Braut in der Hand hält (Izmir, 1972). **11** Ähnlicher Wedel aus Gold (Mykenä, 1500 v. Chr.). **12** Sorbische Braut mit an der Kopfbedeckung befestigten Seidenfäden (Spreewald, Deutschland).

TAFEL 25 *Blickabwehrquasten an Zugtieren und Wagen.* **1** Pferd mit Stirn- und Seitenquasten (Niš, Jugoslawien). **2** Reich mit Quasten ausgestattetes Pferd eines Mandara-Würdenträgers (Kamerun, Afrika). **3** Pferd mit Abwehrzeichen vom Krönungswagen Kaiser Karls VII (1730). **4** Eckquasten am Kutschbock eines Prunkwagens. **5** Quasten als magischer Rückwärtsschutz an einem Wagen. **6** Kutschbock eines Prunkwagens. (3–6: Marstallmuseum Nymphenburg, Deutschland). **7** Türkischer Ausflugswagen für Frauen mit Ochsengespann. Auf den Zugtieren Bogenstangen mit auffälligen Quastensystemen zum Schutz der Insassinnen. **8** Türkische Haremsdamen bei einem Ausflug mit Gespann ähnlich Bild 7. **9** Das persische Kaiserpaar in der Krönungskutsche mit dem traditionellen magischen Quastenbehang.

TAFEL 26 *Quasten und Besen in Amulettfunktion.* **1** Bäuerliche Strohquaste, bestehend aus »Augenkörper« und »Wimpern« (Burgenland, Österreich). **2** Türkisches Amulett gegen den »bösen Blick« aus Stroh mit blauen Perlen (Kuşadasi, Türkei). **3** Holzquasten mit aufgemaltem Augensymbol und Fransenwimpern an einem ägyptischen Kindermumienschrein (Römische Kaiserzeit). **4** Reisstrohbesen vor einem Geschäft in Kuşadasi (Türkei). **5** Mazedonischer Tankwagen mit zwei hochgestellten Reisstrohbesen als magischer Rückwärtsschutz (Jugoslawien, 1972). **6** Zwei Hexen mit Besen als Begleiter eines steirischen Faschingsumzuges (Österreich, 1975). **7** Amulettbesen in Form des quastenförmigen Reisstrohbesens (Bild 4) mit verschiedenen Abwehrzeichen.

TAFEL 27 *Fortsetzung von Tafel 26.* **8** Hexen mit Besen als Vorläufer eines Nikolausumzuges (Oberdrauburg, Österreich, 1974). **9** Bänderquasten als Folkloreplakat (Zagreb, Jugoslawien, 1971). **10** An langer Stange aufgesteckter Besen als magischer Schutz gegen Blitze und Hexen vor einer Hirtenhütte auf dem Wilhelminenberg (Wien, Mitte 19. Jh.). **11** Quasten, Bänder, Blumen und blaues Perlendreieck als Abwehrzeichen gegen den »bösen Blick« auf einem Fahrrad (Alanya, Türkei, 1972). **12** Auf zwei schmale, rote Bänder reduziertes Stirnamulett bei Zugpferden in Rumänien, das nun auch als politisches Bekenntnis ausgelegt werden kann (1972).

TAFEL 28 *Riesenquasten.* **1** Lärm machende Riesenstrohquasten, »Schaber« genannt, mit Doppelspitzen auf dem Kopf als Anführer des Nikolauszuges in Mitterndorf, Oberösterreich (O. Swoboda, 1970). **2** »Strohbutz« mit Bänderbüschel, Zopf und Papierblumen. Die Strohgestalten treten in Süddeutschland meist bei Heischeumzügen auf (Ailringen, Baden-Württemberg, Deutschland). **3** Der Quastenform entsprechende »Strohgestalten« in Weisweil, Südwestdeutschland (Bild 2+3 F. Simon). **4** Völlig verselbständigte übergroße Paradequaste auf Hamburger Ratsherrenhut. Das ursprünglich zum Hängen bestimmte Gebilde wurde mit dem Fransenteil auf den Hutstumpen gestellt (Detail zu Bild 6). **5** »Hiatapritschn« aus Brunn am Gebirge, Niederösterreich (O. Swoboda, 1970). »Riesenquaste« aus Weinlaub, beim Weinhüter-Einzug vorangetragen. **6** Tracht eines Hamburger Ratsherren aus dem 19. Jh. Der Hut wird nicht aufgesetzt, sondern mit der Quaste nach oben unter dem Arm getragen (Bild 4). **7** Hamburger Ratssitzung, Baldachin mit drei Dreisproßzeichen und vier Quasten.

TAFEL 29 *Rundaugen und Wimpernkranz.* **1** Affenmaske mit rundem Wimpernkranz (Java). **2** Strahlenkranzbemalung als Wimpernritualisierung bei einem Pueblo-Indianer während des Hirschtanzes (San Juan Pueblo, Neu-Mexiko). **3** Augenrosetten aus Federn an Taos-Indianern beim Pferdeschwanztanz (Neu-Mexiko). **4** Rundaugen mit aus verschiedenen Amulettformen zusammengesetzten Wimpernstrahlen als Abwehrzeichen auf einer Pferdedecke (Konya, Türkei, 1972). **5** Türkischer Grabstein mit Augenrosette. **6** Augenhafter Strohkranz mit kleiner Quaste im Pupillenzentrum, wie er in Niederösterreich vielfach als Zeichen für Weinausschank verwendet wird. **7** Augenspiralen mit Wimpern als Gebäudeschutz in Nepal (vgl. H. Tichy, 1960). **8** Prähistorische Fingerritzzeichnungen, die vielfach Augenformen bilden (Altamira, Aurignacien). **9** Augenhafte Kreisgravierungen an dem Ganggrab von Sess Killgreen (Irland, etwa 1000 v. Chr.).

TAFEL 30 *Variation des Auges zu »Halbmond und Stern«.* **1** Halbmondartiges Gesicht im Ganggrab von Tigueros (Spanien, etwa 1000 v. Chr.). **2** Schmetterling *Siderone ida* (Brasilien) mit Motiv »Halbmond und Stern« als Schreckzeichnung. **3** Hethitisches Gefäß mit halbmondförmigen Abwehraugen (Türkei). **4** Alttürkische Jacke, von Brauenbögen überrundete Augensymbole als Ornament (Kuşadası). **5** Karthagische Grabstele mit augenhaftem Halbmond. **6** Karthagische Abwehrmaske mit Halbmondaugen. **7** Christlicher Bucheinband (5. Jh.), Christus als Lamm mit Abwehrzeichen (Kranz, Blume, Augenschleifen), Kopf von einem Halbmond umgeben, auf den Gelenken Augenkreise. **8** Geheimbundmaske mit Halbmondaugen von Neubritannien. **9** Neapolitanerin mit Halbmond und Stern als Kleidermuster gegen den »bösen Blick« (um 1900). **10** Halbmond und Stern wie Bild 5, deutliche Brauenhaar- und Pupillenstruktur (Lederarbeit aus dem nördlichen Afrika). **11** Darstellung der Sekundärerzählung, wie Halbmond und Stern in die türkische Fahne kamen (türkische Ansichtskarte 1972).

TAFEL 31 *Motiv »Halbmond und Stern« in verschiedenen Kulturbereichen*. **1–4** Abwehrzeichen auf Moscheen. Die Halbmonde variieren vom Augenkreis ohne Stern bis zu komplizierten Gebilden. **5** Amulett zum Umhängen, Augenplättchen an den Halbmondspitzen (Türkei, 1972). **6** Halbmond mit Blumen und Doppelspiralen auf persischem Rundschild. **7** Kreisförmig geschlossener Halbmond mit augenhaftem Blumenstern als Abwehrzeichen auf Geschäftsschild (Türkei, 1972). **8** Wappen eines »Großmeisters des Deutschen Ritterordens« mit sechs Halbmonden, an den Aufhängeösen als Pferdeamulette kenntlich (Schloß Mainau, Bodensee). **9** Tschako des 2. Württembergischen Reiterregiments mit »gezacktem Halbmond« (1823). **10** Motiv »Halbmond und Stern« als augenhaft attraktives Werbeplakat (Österreich). **11** Madonna mit Kind auf »gesichtetem Mond« an der Kirche von Wattens in Tirol (Österreich). **12** »Gesichteter Mond« auf türkischem Roßschweif (1683). **13** Zu Flügeln umgestalteter Halbmond mit Stern auf dem Flugplatz von Antalya (Türkei).

TAFEL 32 *Paarige Kreise als Augensymbole.* **1** »Lilienprinz« aus dem Knossos-Palast (Kreta). Typische Umzugsfigur mit vielen Abwehrzeichen (Augenkreise, Federn etc.). **2** Salzburger Schönpercht aus Gastein (Österreich) mit gleichem Abwehrzeichen wie Bild 1 (vgl. Perchtenbilder Tafel 36). **3** Frau aus Gallo (Italien) mit Schere und Schlüssel im Gürtel als Abwehrzeichen gegen den »bösen Blick«. **4** Schere als Werbeblickfang vor einer Schneiderei (Hamburg). **5** Kretische Tonstatuette (2000 v. Chr.), Arme in anatomisch unmöglicher Weise zu Augenschleifen gerundet. **6** »Fruchtbarkeitsgöttin« aus dem Moor bei Vikso (Dänemark, römische Kaiserzeit). Arme wie bei Bild 5 betont gerundet. **7** Stilisierte Menschengestalten mit Rundarmen (Spanien, etwa 1500 v. Chr.). **8** Stilisierte Menschengestalt aus Clonfinloch (Irland, etwa 1500 v. Chr.). **9** Häuptling von Deinzerhöhe (Nordost-Neuguinea). Doppelkreise aus Eberhauern als Amulett. **10** Augenkreise mit Pupillenfleck auf minoischem Gefäß, darüber Augenkreise mit Wimpernkranz. **11** Italienischer Kerzenleuchter mit Abwehraugen und Rundarmen (moderne Volkskunst). **12** Pferdeamulett aus Luristan (etwa 1000 v. Chr.).

TAFEL 33 *Vertarnen und Verschlüsseln des Augenpaares durch Pflanzengestalt.* **1** gotische Blattmaskenkonsole mit versteckten Augen unter dem »Reiter« im Dom von Bamberg (Deutschland). **2** »Die versteckte Freundin« (Gemälde von W. Hutter), Augen durch Blumen und Blätter vertarnt. **3** »Die Neugierde« (Gemälde von W. Hutter), die Augen schauen versteckt hinter Pflanzen hervor. **4** Altes Gitter über einer Tür in Wattens (Tirol). Im Geranke augenhafter Doppelspiralen drei kleine Abwehrköpfe versteckt. **5** Aus Blättern gebildetes Augenpaar auf minoischem Gefäß. **6** Morion-Helm (17. Jh.). Die Form der Wappenlilie bildet Augenkreise wie auf Bild 5. **7** Palmen auf einem minoischen Gefäß, deren untere Wedel zu Augenkreisen gebogen sind. **8** Modernes Fremdenverkehrsplakat mit augenhaft gestalteter Palme als Blickfang. **9** Abwehrzeichen gegen den »bösen Blick« auf dem Rückspiegel eines Autos (Alanya, Türkei). Das stark abstrahierte Gesicht gleicht den verpflanzlichten Augenpaaren von Bild 5–7.

TAFEL 34 »Occipitalgesicht« und magischer Rückwärtsschutz. **1** Amerikanischer Buntfalke *(Falco sparverius)* mit Augenflecken am Hinterkopf. **2** Mädchenhaartracht aus Kapuvár (Ungarn), um die Jahrhundertwende getragen. Offensichtlich Übersetzung älterer Kopftuchornamentik in die Frisur. **3** Braut aus Buják (Ungarn). Augenkreise mit Dreisproßwimpern. **4** Wintertracht einer Ostjakenfrau mit Abwehraugen und quastenartig hängenden blauen Perlenschnüren, daran weitere Abwehrzeichen (Westsibirien). **5** Magisch schützender Haarschmuck (Tara-kanta und Pan-kanta) aus Nordindien. **6** Rückansicht der Büste des österreichischen Feldmarschalls Laudon (Groß-Wetzdorf, Niederösterreich). Die augenhaften Haarrollen und die Zopfmasche sind Elemente magischen Rückwärtsschutzes. **7** Zopfartiger Rückenschmuck eines tibetischen Lamas, von einer großen Nackenplatte bis zum Boden reichend. **8** Rest der ehemaligen Zopfmasche am Kragen der »Royal Welsh Fusiliers« 23 RD Foot (Gegenwartsuniform). **9+10** Zopfamulette der Jakuten (Sibirien). **11** Silberner Zopfschmuck (Choti) aus Bihar (Indien).

TAFEL 35 Verschiedene Formen magischen Rückwärtsschutzes. **1+2** Kleine gestickte Rückenzeichen auf Männertracht (Ripci, Jugoslawien). **3** Dreisprossig gegliederte, teils aus Spiralmiribotas bestehende Rückenornamentik eines Überrockes (Jugoslawien). **4+5** Jacken mit reicher Abwehrornamentik. **4** Spiralen und Miribotas. **5** Übersetzung der Miribotas in Pflanzen, vorwiegend Zypressen (Kuşadasi, Türkei). **6** Jacke aus Malia (Kreta), analoge Ornamentik in Tiere übersetzt, Flügel des Doppeladlers entsprechen Miribotas von Bild 4. **7** Kopftuch mit Augenkreis (Ohrid, Jugoslawien). **8** Kopftuch mit Abwehrornamentik (Ohrid, Jugoslawien). **9** Kopftuch mit Ornamentik und Fransen, Amulett am Schürzenband (Struga, Jugoslawien). **10** Frauentracht mit Rückwärtsfransen am Gürtel. **11** Fransenbehang (»Wasserfall«), Rest einer polnischen Uniformschärpe, auf österreichischer Ulanenuniform (1914). **12** »Zweiäugiges« Quastenamulett am Kopftuchzipfel (Marken, Holland). **13** Abwehrsymbole am rückwärtigen Ausschnitt (Zeeland, Holland). **14** Keltenstein von St. Goar am Rhein, mit Bild 13 verwandte Ornamentik. **15** Rückenornamentik und Halstuchamulett (Marken, Holland).

TAFEL 36 *Magischer Rückwärtsschutz mittels Quasten und Schnurschleifen.* **1** Gasteiner Schönperchten in vollem Schmuck (Österreich). **2** König Herodes vom Gasteiner Perchtenumzug mit Rückenschutzornamentik auf rotem Mantel. **3** Gasteiner Schönpercht ohne Kopfschmuck mit zum Umzug auf den Rock genähten Augenschleifen und Quasten. **4** Japanischer Daimyo (Gebietsfürst) mit dem für Samurai-Rüstungen typischen großen Rückenamulett aus Doppelschleifen und Quasten. **5** Gasteiner Schönpercht mit Herz statt Doppelschleife (Österreich). **6** Mährische Tracht (Vlčnov) mit großen Abwehrzeichen auf dem Rücken, analog jenen der Gasteiner Perchten (Bild 1–3, 5). **7** Gasteiner Schiachperchten (auch Klaubauf, Krampus genannt) in Fellkleidung, die das Aufnähen von Rückenornamentik erschwert. Stellvertretend werden quastenartige Wedel aus Roßhaar in der Hand getragen. **8** Rückenornament des bronzezeitlichen »Idols von Kličevac«, durch Fransen und Doppelkreise den Trachtenornamenten von Bild 1–6 prinzipiell entsprechend. **9** Dem Rückenamulett von Bild 8 verwandtes Ornament auf der Rückseite eines minoischen Kruges.

TAFEL 37 Kopfbedeckungen als Träger von Abwehrzeichen. **1 + 2** Flechthüte von Nordwest-Indianern. **1** »Dreiaugeneffekt« durch Handornamentik. **2** »Herschauendes« Tiergesicht. **3** Kopfbedeckung der Dajak (Borneo) mit drohendem Gesicht. **4** Dajak-Kopfbedeckung ähnlich Bild 3, »Gesicht« ornamental aufgelöst. **5** Kirgisen-Stiefel mit Ornament, prinzipiell jenem von Bild 4 gleichend. **6** Kopfbedeckung mit »Augenpaar« aus Miribotas (Kaschmir). **7** Bayerischer Frauenhut mit Augenschleifen und Quasten. **8** Dreierschleife auf Bergmannskappe (Eisenerz, Österreich). **9** Dreierschleife mit Quasten an italienischem Studentenhut. **10** Kopfbedeckung zu chinesischem Opernkostüm. Neben anderen Abwehrzeichen zwei Miribotas mit Endspirale, dazwischen hochragende Seidenquaste. **11** Zillertaler Schützenhut (Österreich). Schildhahnfedern analog Miribotas von Bild 10, vorn Goldquasten. **12** Kaiser Franz Josef I (Österreich) mit Jagdgesteck aus Schildhahnfeder und Gamsbart. An der Schnur um den Kragen zwei Quasten. **13** Sultan Murad III (1574–1595) mit Gesteck aus Kranichfedern und Haarbüschel, prinzipiell Bild 12 entsprechend. Am Turban Hängequaste.

TAFEL 38 *Prinzip »drittes Auge«.* **1** Hethitisches Gefäß mit drei Abwehraugen. **2** Kopf eines »*mozzo*« (dienstbarer Höllengeist) aus den Puppenspielen von Palermo (Sizilien). **3** Altardecke aus Tibet. Die drei Augen andeutungsweise, die blatt- und flammenartig gezackten Brauen und Mundwinkel unverkennbar miribotaförmig. **4** Maske des Wayang-topèng-Spieles (Java). Dreisproßtulpe als »drittes Auge«, Augenpunkt auf jeder Wange. **5** Atatürk auf türkischem Plakat mit Halbmond und Stern als »drittes Auge«. **6** Abwehrmaske vom Giebel eines Versammlungshauses (Sepik-Tal, Neuguinea). Spitzovales »drittes Auge« bedeckt die Stirn, Augentupfen auf jeder Wange. **7** Makonde-Maske (Mozambique) für Initiationsriten. Spiralauge auf Stirn, Wangen und Kinn. **8** Charlotte von Hagen (1828) mit »Stirnauge« aus blauen Steinen (aus der Schönheitsgalerie Ludwigs I von Bayern in Nymphenburg). **9** Türkisches Kleinkind mit Stirnamulett, bestehend aus zwei roten Perlen und blauem Ring (E. Imhof und E. Winkler 1970).

TAFEL 39 *Prinzip »Dreisproß«.* **1** Dreisproß aus Miribotas auf einem Hausgiebel (Varasdin, Jugoslawien). **2** Dreisproß aus einem Lilienstengel, aufgesteckt auf dem höchsten Punkt der Festung von Alanya (Türkei). **3** Dreisproßbemalung an Türen und Fenstern in einem zentralanatolischen Dorf. **4** Amulett an einer Haustür in Malia (Kreta). Das Hufeisen wurde zum abwärts weisenden Dreisproß ergänzt, Tannenzweig aus Plastik ebenfalls dreisprossig. **5** Tür zum Maorihaus im Hamburgischen Völkerkundemuseum. Mann mit dreisprossigem Stirnauge und Federgesteck, Hände dreikrallig. **6** Frau aus Mughal (Indien). Hutgesteck aus drei Quasten mit je zwei »bewimperten« Perlen, darunter Miribota-Agraffe. Auch sonst zeigt das Kostüm viele Abwehrzeichen. **7** In Richtung Dreisproß forcierter Düsenjäger als Amulett auf einem Lastauto (Alanya, Türkei). **8** Krickente als apotropäischer Dreisproß über dem Eingang zu einer Werkstätte (Alanya, Türkei). **9** Vorhang in einem Hotel, zum Dreisproß gefältelt (Alanya, Türkei).

TAFEL 40 *Dreigliedrigkeit in der Amulettgestaltung.* **1** Minoisches Amulett (Malia, Kreta). Spitzovale Flügel mit Wimpernornamentik, Körper bilden Augenkreis mit Zentralornament, drei hängende Augenringe, »Gitterkrone« mit rollender Kugel. **2** Dreischleifenamulett aus Palmfiederung an Haustür in Malia, gestaltlich Bild 1 verwandt. **3** Türkisches Auto-Amulett mit Miniatur-Koran, der Abwehraugen trägt. **4** Aus Abwehrzeichen zusammengesetzter griechischer Brustschmuck, gestaltlich Bild 1 verwandt. Korallen in Dreier-, baumelnde Augenplättchen in Siebenerzahl unterstreichen Amulettcharakter. **5** Türkisches Auto-Amulett mit »schiefen Herzen« und Koranspruch. Loch in Verbindungsstrebe ermöglicht das Anhängen persönlicher Amulette. **6** Indisches Amulett mit drei Quasten. **7** »Schellenbaum« mit drei Roßschweifen einer Janitscharenkapelle (Istanbul, 1972). Einfache schellenlose Roßschweife, im Prinzip apotropäische Quasten, wurden gleich Feldzeichen mitgeführt und Befehlshabern vorangetragen. **8** Schellenbaum der Hamburger Bürgerwehr, Ende 19. Jh. **9** Janitscharenfigur mit doppeltem »Roßschweif« aus Bast als Wächter vor Hotel (Antalya, Türkei).

TAFEL 41 *Dreigliedrigkeit und Dreisproß in verschiedenen Varianten.* **1** Etruskisches Tor mit drei Abwehrköpfen (Volterra, Italien). **2** Tor in Iraklion (Kreta). Um zwei Köpfe sind Vollfiguren »herumgewachsen«. **3** Haupttor zum Topkapi-Palast (Istanbul). Koransprüche statt Abwehraugen. **4** Eisenofen, Tür mit drei Flaschenverschlüssen als Augenrosetten (Manavgat, Türkei). **5** »Der Engel erscheint dem heiligen Josef«. Dreisprossige Gewandfältelung in Dreieranordnung, Dreisproß in der Hand des Engels (Schweiz, 1140). **6** Pflanzendreisproß mit je sieben Ovalflecken an den Blütenrändern (Fresko von Thera). **7** Festzug Sultan Murads III (1582). Vorn dreisprossige Schlangensäule. **8** »Josef auf der Flucht«. Schlangendreisproß ähnlich Bild 7 (Schweiz, 1140). **9** Bischof mit Dreisproß aus Kreuz und Schlange (Ostanatolien). **10** »Verkündigung an die Hirten«. Dreistrahl aus dem Finger des Engels (Schweiz, 1140). **11** Schambehaarung in Dreisproßgestalt auf antiker Statue (Athen). **12** Dreisprossiger Schamanenstab der Sojeten (Rußland). **13** Federndreisproß beim Hirschtanz (Pueblo-Indianer, Neu-Mexiko). **14** Putenverkäuferin in Hamburg (um 1800) mit Treibgerte und Dreisproßgerte.

TAFEL 42 »Handwaffen« gegen den »bösen Blick«. **1** Ägyptischer Derwischstab mit Augenornamenten und blauen Perlen. **2** Ungarisches Krönungszepter (von oben gesehen), hergestellt in Ägypten (10. Jh. n. Chr.). Konstruktionstyp wie Bild 1, Kugel aus Bergkristall, Augensymbole (hier nicht sichtbar) durch drei kauernde Löwen vertreten. **3** Türkisches Auto-Amulett aus bunten Metallfolien und Perlen für die Windschutzscheibe. Konstruktionstyp wie Bild 1 + 2. **4** Zwei indische Kinderrodeln in Zepterform mit Griff als Trillerpfeife. **5** Kinderrodel mit Griff, Konstruktionstyp ähnlich Bild 1 + 2, Trillerpfeife oberhalb des Kugelkopfes (Wien, 18. Jh.). **6** Gestielte Kinderrodel aus drei Stachelkugeln, von oben gesehen (Flechtarbeit aus Korea). **7** Kinderrodel des Herzogs von Reichstadt (Wien, 1811) vom Konstruktionstyp des Schellenbaumes (Tafel 40, Bild 7+8). **8** Türkisches hängendes Auto-Amulett mit Augenanordnung ähnlich Bild 1, Hufeisen mit drei plus vier = sieben »Nagellöchern« in Gestalt blauer Perlen. **9** Kochlöffel türkischer Janitscharen, der den Kesseln vorangetragen wurde, mit kugelähnlicher Wölbung und zwei »Augenlöchern« an der Basis des Griffes.

TAFEL 43 *Löffel, Haar, Brust.* **1** »Karneval« (A. v. d. Venne, Mitte 17. Jh.). Koch- und Schöpflöffel dienen wie Eierkette (links) magischem Schutz. **2** »Bauernhochzeit« (P. Brueghel, 1568). Speisenträger mit Löffel im Hut. Über den Ehrensitzen gekreuzte Garben als Abwehrzeichen. **3** Freiwilliger der französischen Rheinarmee (1796) mit Blechlöffel auf dem Hut. **4** Augenhaft forcierter Löffel auf türkischem Lokalschild. **5** Holzlöffel als Amulett (aus »Anbetung der Könige«, schwäbisch, um 1490). **6** Trägerfigur (Piacenza, um 1200). Bart- und Stirnlocken betont augenhaft. **7** Abwehrgesicht mit Haarspiralen auf der Handtasche einer lurischen Braut (Persien). **8** Brustschmuck einer lurischen Braut, Abwehrgesicht mit palmettenartiger Stirnlocke (Persien). **9** Seressaner (österr.-kroatische Grenztruppe, um 1848) mit Stirnlocke ähnlich Bild 8. **10** Türkenkopf über Wiener Haustor mit drei Stirnlocken. **11** Hirtenmantel mit Augensymbolen als Brustornament (Edirne, Türkei). **12** Lama mit Augenornamentik auf der Brust (Tibet). **13** Samurai-Rüstung mit Brustaugen (Japan). **14** Teufel des sizilianischen Puppenspiels mit Augen statt Brustwarzen (Palermo).

TAFEL 44 *Vom magisch schützenden Gelenkauge zum Flügel.* **1** Hethitischer Stier mit spitzovalen Augensymbolen im Gelenkbereich. **2** Detail eines Ornaments aus Ur mit Gilgamesch und Tierwesen, aus dessen Gelenken Miribotas herauswachsen. **3** Löwenfigur mit Miribotas und Abwehraugen an den Gelenken (Vellore, Südindien). **4** Krieger mit Knöchelaugen auf Votivplättchen der Situlenkunst (4. Jh. v. Chr.). **5** Skythische Goldplatte (etwa Zeitenwende). Augen an den Gelenken der Tiere, beim Löwen flügelförmig. **6** Pferd mit Miribota-Flügeln und Fußschleifen. (Vatikan, Rom, 6. Jh. n. Chr.) **7** Medusa auf frühgriechischem Relief, Schulter- und Knöchelflügel spiralig. **8** Nike mit großem und kleinem Flügelpaar und Fersenflügeln. Die absolut funktionswidrigen Flügelformen von Bild 8 + 9 verdeutlichen die Verwandtschaft mit Augensymbolen. **9** Indisches Spielzeugpferd mit Gelenkaugen. **10** Koreanisches Spielzeugpferd, ebenfalls Augensymbole an den Gelenken. **11** Drache auf Säulenkapitell mit Flügeln und apotropäischer Körperschleife (Frankreich, 12. Jh.). **12** Löwe mit Flügeln, Miribotas und Augenkreisen an den Gelenken (persische Samtbrokatweberei, 16. Jh.).

TAFEL 45 *Spiral- und Kreisornamentik auf Gelenken.* **1, 3 + 4** Details der Schnitzerei des Maori-Hauses im Hamburgischen Museum für Völkerkunde, auf den Gelenken aller Wesen Spiralen, einige betont spitzovales Zentrum. Augen aus glänzenden Muschelschalen. Hände, ebenso Stirn- und Kinntatauierung von Bild 4 dreisprossig. **2** Plakative Umgestaltung der Figur von Bild 4 mit Betonung der blickfangenden Schulterspiralen. **5** Plakat eines Rheumamittels, mit analogen Blickfangsymbolen jene Stellen markierend, die der magisch denkende Mensch mit Schutzzeichen ausstattet. **6** »Tänzer im Zebrakostüm« (psychedelische Malerei von E. Fuchs, 1955) als Versuch, ein Peyotl-Erlebnis direkt wiederzugeben. Es entstehen spiralige und spitzovale Formen, vor allem an den Gelenken, die sich durch ihre Struktur dafür »anbieten«.

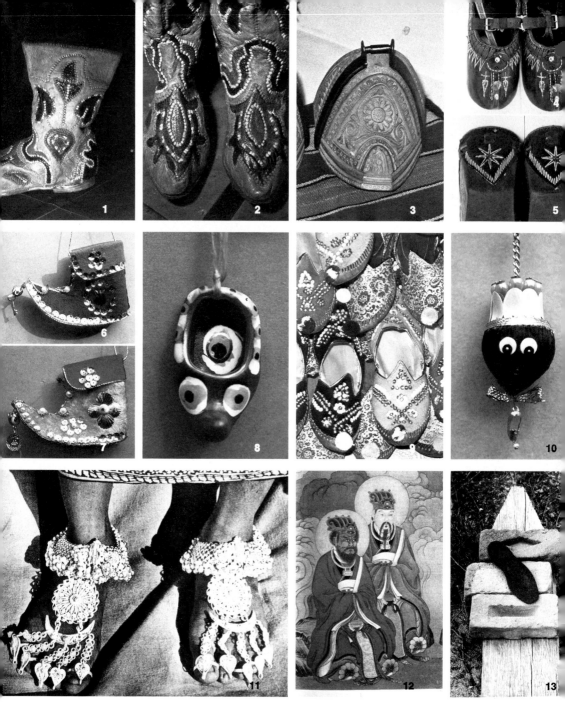

TAFEL 46 *Abwehrzeichen auf Schuhen.* **1** Kirgisenstiefel mit Abwehrauge im Knöchelbereich und Dreisproß. **2** Kirgisische Kinderstiefel mit Augensymbol am Fußoberteil. **3** Schuhförmiger Steigbügel der Araukaner-Indianer mit sternförmigem Augensymbol. **4+5** Persische Schuhe mit Abwehrzeichen (Zypresse und Pompon vorn, Sternauge an der Ferse). **6 + 7** Türkische Halbstiefel als Auto-Amulett mit Augenperlen und Augenornamenten, kombiniert mit Schlüssel und Münze. **8** Türkisches blaues Keramik-Amulett in Pantoffelform, drei plus vier Augenpunkte am Rand, ein großes Auge auf der Innensohle, Augenpaar an der Spitze. **9** Reich mit Blickabwehrsymbolen ausgestattete türkische Frauenpantoffeln am Verkaufstisch. **10** Mohrenkopf-Amulett gegen den »bösen Blick«, als Anhängsel hochritualisierter Blechpantoffel mit Augenperle statt Wollpompon an der Spitze (Türkei). **11** Fußschmuck für Frauen (Bengalen, Indien) mit Abwehrornamentik, ähnlich Bild 1. **12** Zwei der vier »Könige der Hölle« mit Augensymbolen auf den vorn hochgebogenen, in Dreieranordnung gezeigten Schuhsohlen (China). **13** Schuhsohle als Schutzzeichen auf türkischem Grab.

TAFEL 47 *Auflösung von Gestalten in Augensymbole.* **1** Stilisierter Bär mit Augenornamentik auf einem Tanzhemd der Haida (Nordwestamerika). **2** Völlig in Augen und Gesichter aufgelöster Bär auf einem Männerhemd der Chilkat (Nordwestamerika). **3** Chilkat-Hemd mit bis fast zur Unkenntlichkeit stilisierten Bärenmotiven (Nordwestamerika). **4** Aus vielen Augensymbolen aufgebauter Bär auf einem Tlingit-Hemd (Nordwestamerika). **5** Evangelist Johannes aus einer irischen Handschrift (um 700) mit Kleidung und Haartracht aus Miribotas. **6** Inkaperuanischer Poncho mit hochritualisierten, fast an Schriftzeichen gemahnenden Augensymbolen. **7** Irische Darstellung des Evangelisten Matthäus, großteils aus Miribotas zusammengesetzt, sternförmiges Augensymbol im Kniebereich. **8** Aus Miribotas zusammengesetzte Gestalt auf einem irischen Werbekalender für Leinen (1968).

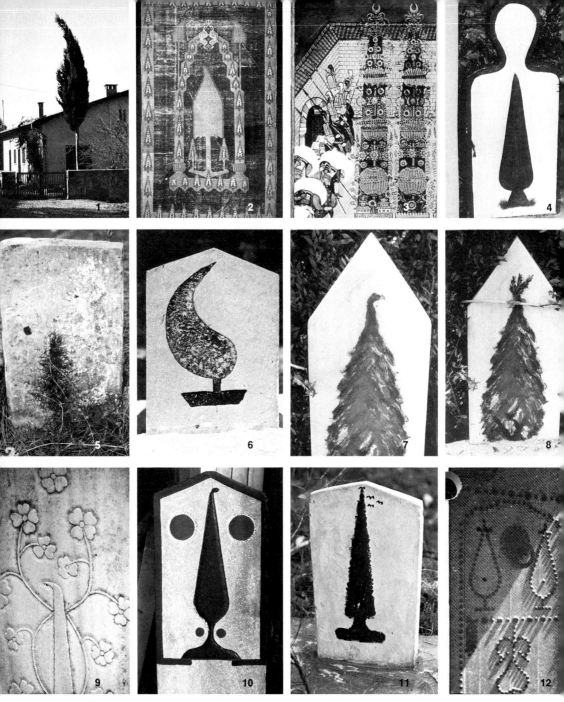

TAFEL 48 *Zypresse als Miribota*. **1** Zypresse vor Wohnhaus in Side (Türkei) mit gebogener Spitze, von unten auf Miribota zugeschnitten. **2** Eine große, darüber zwei kleine gebogene, unten gestutzte Zypressen auf altem türkischem Teppich (Konya). **3** Christbaumartig reich geschmückte Zypressen mit Spitzenzier bei Fest des türkischen Sultans Ahmed III (1720). **4–11** Zypressenmotive auf türkischen Grabsteinen (1972). **4** Symmetrische Zypresse (Alanya). **5** Vor Grabstein gesteckter Zypressenzweig (Südtürkei). **6** Betont miribotaförmige Zypresse (Alanya). **7** Naturalistische Zypresse mit schiefer Spitze (Alanya). **8** Grabstein von Bild 7, für Totenfest Myrtendreisproß vor Zypressenspitze gebunden. **9** Gebogener Zypressenwipfel, von Augensymbolen umrankt (Detail eines Grabsteines aus Istanbul). **10** Zypresse mit verbogener Spitze, durch Rundflecke zum abstrahierten Gesicht ergänzt. **11** Zypresse mit Dreisproßvögeln, einer als Spitzenzier. **12** Zypressen aus Miribotas mit Zentralpunkt und Dreisproßwipfeln an einem Tor in Beirut (Libanon).

TAFEL 49 *Forcierung von Tiermerkmalen in Richtung Augensymbolik.* **1** Naturalistische Rauchschwalben als Abzeichen des französischen Fluggeschwaders SPA 156 (Erster Weltkrieg). **2** Bild 1 analoge Rauchschwalben auf Wandfresko (Thera, 1500 v. Chr.), naturwidrige Augenringe an den Schwanzspießen. **3** »Cornuta«-Amulett aus Tierkrallen (Indien). **4** Fibel mit Zikade (Ungarn, Völkerwanderung). Zur Cornuta forcierte Flügel mit Augensymbolen. **5** Leopard als Tempelwächter in Nepal (H. Tichy, 1960), augenförmige Fleckung. **6** Leopardenfell, Rundflecke ohne Zentralpunkt (abessinischer Umhang). **7** Vogel auf minoischem Gefäß, Flügel zum Wimpernauge stilisiert. **8** Hauszeichen in Genua, zweiköpfige Schlange als »Augenpaar«. **9** Doppelkopfschlangen auf Scheide eines Häuptlingsschwertes (Kamerun), mit Kaurischnecken ein System von Abwehraugen bildend. **10** Holzgeschnitzte Python (Kongo) als Augenspirale, augenförmige Körperfleckung. **11** Schlange mit dreisprossiger Zunge (Autun, 1100). **12** Abwehrfarbig roter Igel als Hauszeichen (Wien, 19. Jh.), Stacheln augenförmig gruppiert (vgl. Flügel Bild 7). **13** Wetterhahn mit zwei Augen im Profil (Gmünd, Österreich).

TAFEL 50 *Krake und Medusa.* **1** Siebenarmiger Krake (in natura achtarmig) auf minoischem Gefäß, Arme enden in Augenkreisen mit Pupillenfleck. **2** Kraken aus Goldblech, Arme zu Augenkreisen gerollt (Amulette aus Mykenä). **3** Minoisches Gefäß aus Kreta mit Medusenkopf, zwei der acht Arme zu Augenspiralen gerollte Schlangen. **4** Anatolisches Modekleid, Muster im kretischen Meeresstil, Krake als »Rückenamulett« (vgl. Tafel 75, Bild 7). **5** Türkisches Pferde-Amulett für die Kruppe in achtarmiger Krakengestalt, apotropäische Quasten, Pompons und Rundplättchen. **6** Insektenhafter Krake mit Fühlern und Kieferzangen auf moderner kretischer Decke (Malia). **7** Intermediärform zwischen Krake und Insekt (Amulett aus Mykenä). Achtarmigkeit im Flügelbau enthalten, je vier Punkte am Flügelrand erinnern an »Augen« der Saugnäpfe. **8** Moderner türkischer Amulettkrake, übergroße Augen. **9** Sechsarmiger Krake mit Mohrenkopf (Automaskottchen, Türkei). **10** Mohrenkopf mit kleinen Fransen als Rudiment der Krakenarme (Türkei). **11** Spätrömisches Medusenhaupt. Aus frühgriechischer Schreckfratze wurde schönes Gesicht mit Abwehrflügeln und Schlangenpaar.

TAFEL 51 *Schildkröte als Amulett.* **1** Fu Hsi, legendärer Herrscher und Weiser des 3. Jahrtausends v. Chr., soll bei Betrachtung einer Schildkröte aus ihrem Panzer die zum Weissagen erforderlichen acht Trigramme abgelesen haben (China). **2** Schildkrötenpanzer, ergänzt durch gestaltverwandtes Schachbrettmuster, als Amulett an Autokühler (Türkei). **3** Schildkrötenpanzer mit Abwehrzeichen (Miribotas, Augenkreisplättchen, Kugel, Halbmond, Masche) als Geschäftsamulett (Istanbul). **4** Scheinwerfer des Autos von Bild 2 mit kleinem Eckchen Schachbrettmuster als Amulett. **5** Schildkröte aus Meerschaum, blaue Blumen als Augen in den Panzerfeldern und zwei Kugeln als Ergänzung zum Dreiersystem (Türkei). **6** Schildkröten aus Plastik in Dreieranordnung, Augen in den Panzerfeldern. **7** Amulettbesen mit zwei Münzen und naturalistischem Schildkrötenpanzer aus Plastik (Türkei).

TAFEL 52 *Abwehrzeichen an Fenstern.* **1** Fenstergitter mit Abwehrkugel als Blickfang (Mevlana-Moschee, Konya, Türkei). **2** Mehrpaßrosette als Blickfang am Fenster eines Bauernhauses (Echternach, Oberösterreich). **3 + 4** Heils- und Abwehrzeichen über den Fenstern eines alten Vierkanthofes (Vorchdorf, Oberösterreich). **5** Durch Abwehrzeichen (Spiralen, Quasten, Rhomben, Tuchschleifen, Engelskopf mit Flügeln) geschütztes Fenster eines Renaissance-Hauses in Spittal (Kärnten, Österreich). **6** Reichlich mit Abwehrzeichen (Augenspiralen, Pflanzenornamentik) ausgestattetes Barockhaus »zum Auge Gottes« in Rust (Burgenland, Österreich). **7** Verspielte, dennoch deutliche Elemente der Abwehrsymbolik. Dreigliedrigkeit, Spiralen, Miribotas im Rokoko-Stil (Straubing, Deutschland). **8** Fenster mit Augenspiralen aus rotem Sandstein (Nürnberg). **9** Friesband aus Augensymbolen auf modernem Geschäftshaus (Istanbul). **10–13** Stil der Jahrhundertwende (Österreich). Die damals wohl schon sinnentleerten Zeichen wurden beibehalten. **10** Blickfangrosetten, stilisierte Quasten (Eisenstadt). **11–13** Rundmotive, Spiralen, Girlanden, Quasten (Oberweiden und Lassee, Niederösterreich).

TAFEL 53 *Summierung von Abwehrzeichen.* **1–4, 6** In Reihe stehende Kästen von Schuhputzern (Kuşadasi, Türkei). **1** Schuhputzkasten mit vielen Abwehrzeichen, davor Kettchen mit persönlichen Amuletten. **2** Reich dekorierter Schuhputzkasten mit zusätzlicher Plastiknelke gegen den »bösen Blick«. **3** Schuhputzkasten voller Abwehrsymbole, zusätzlich Rose gegen den »bösen Blick«. **4** Schuhputzkasten mit Bildern und Abwehrornamenten, zusätzlich Amulettkette mit Augenperle. **5** »Versteinerte« Lorbeerkränze mit Schleifen (römische Antike). **6** Schuhputzkasten mit reicher Abwehrornamentik, zusätzlich unscheinbare Kette blauer Perlen. **7** Mit Abwehrzeichen übersätes Tor (Dolmabahçe-Palast, Istanbul), davor Wachsoldat als »Amulett« modernster Prägung. **8** Ritter aus Eisenguß am Grab von Feldmarschall Radetzky (Groß-Wetzdorf, Niederösterreich). Natürlicher Kranz an den Ritter gehängt, erster Schritt zur »Versteinerung« von Abwehrzeichen (vgl. Bild 5). **9** Chinesisches Wächterbild in Amulettfunktion. Überreiche Abwehrornamentik wird unter Verlust an Blickfangwirkung zur Flächenfüllung und mitunter zum Anlaß für neue Zusatzamulette.

TAFEL 54 *Abwehrornamentik sizilianischer Karren.* **1** Die Wagen sind über und über mit Mal- und Schnitzornamentik versehen. **2** Abwehrgesichter auf Radspeichen und Fahrgestell, Augen- und Wimpernsymbole an Radrand und Speichenbasis. **3** Innenbemalung mit apotropäischem Schachbrettmuster (vgl. Bild 1), Augenpunkten und großem »Zentralauge« mit Ritter. **4** Detail der Bordwand von Bild 1. Die von der Figurenszene »verdrängten« Augensymbole sind zur Umrahmung geworden. **5** Reich geschnitzte Radspeichen mit Blumenaugen und Engelsgestalten. **6** »Dreiäugiges« Mittelmotiv aus Menschengesicht und Pferden, flankiert von Spiralornamentik.

TAFEL 55 *Abwehrornamentik sizilianischer Karren.* **1** Rückseitiger Wagenteil, oben »Vieläugigkeit« durch Spiralen, Pferdeköpfe und Mädchenfigur, darunter ritterliche Kampfszene. **2** Überaus prunkvoll und reich geschnitzte Wagenteile. Die stilisierten Symbole treten gegenüber den zu Tier- und Menschengestalten »luxurierten« Abwehrzeichen in den Hintergrund. **3 + 4** Teile von Seitenwänden mit Kampfszenen und an den Rand gerückten Augensymbolen. **5** Zum Abwehrkopf geschnitztes Ende eines Fahrgestellbalkens. **6** Rückenteil eines Wagens mit Abwehrornamentik aus Schmiedeeisen (Augenkreise, Rosetten), darunter holzgeschnitzter Querträger mit Drachentöter und Augenornamentik.

TAFEL 56 *Abwehrsymbolik auf türkischen Firmenschildern.* **1** Doppelverwendung des blickfangenden Wortes »Oto«, dazu Ornamente aus kleinen Abwehrrosen. **2** Das Wort »Oto« zum Gesicht stilisiert auf blaufarbigem Schild. **3** Andere Version der Gesichtsstilisierung des Wortes »Oto« mit verstärkter Blickfangwirkung durch Glanzlichter in den Augenkreisen. **4** Schild einer Reparaturwerkstätte mit Autofeder, betonte Augenkreise an den Enden als Blickfang. **5** Wurstkränze als Blickfang, Buchstabe »Ö« mit Augenflecken. (Bilder 1–5: Alanya, Südtürkei.)

TAFEL 57 *Fortsetzung von Tafel 56.* **6** Detail aus dem Wort »Döner Kebab«, Buchstabe »Ö« mit Augenflecken. **7** Spiralen und Dreisproßornamente als Abwehrzeichen auf der Auslagenscheibe eines Restaurants. **8** Dreisprossiges Tulpenmotiv und Kranzornament zu Anfang des Firmennamens. **9** Firmenschild von Bild 8, Dreisproßtulpe in Wortmitte. **10** Rotes »schiefes Herz« als Werbe- und Schutzzeichen eines Restaurants. **11** Kleeblatt als Heilssymbol eines Geldinstitutes. **12** Frauenkäfer als »Amulett« auf einem Geschäftsschild. (Bilder 6–12: Alanya, Südtürkei.)

TAFEL 58 *Abwehrzeichen an türkischen Häusern.* **1** Gelochter Stein links neben Tür als Blickabwehrzeichen. **2** Gelochter Stein als magisches Schutzzeichen an einer Hauswand. **3** Gelochter Stein als Abwehrzeichen unterhalb des Fensters, links darüber ornamental gestaltete Kachel mit Heilsspruch. **4** Aus Schriftzeichen geformtes Schutzzeichen an der Hauswand. **5** Hauszeichen mit Motiv »Hasenohren« wie auf Grabsteinen (vgl. Tafel 60, Bild 1) und Segensspruch. **6** Hausgiebel mit eingemauertem eisernem Halbmondsymbol. **7** Dreieckiger Papierdrache, als Blickabwehramulett über Haustür baumelnd (blickbindend durch Form + Bewegung). **8** In die Hauswand eingelassene große Augenscheibe. **9** Zwei kleinere Augenscheiben auf jedem Türflügel. **10** Vor Blicken verbergendes hölzernes Fenstergitter mit magisch schützendem Rhombenornament. **11** Stilisiertes »Abwehrauge« in der blauen Mosaikwand eines modernen Wohnhauses. **12** Flächenmuster aus Augensymbolen auf alter Hauswand (Bild 1–12: Alanya, Südtürkei).

TAFEL 59 *Abwehrzeichen an italienischen Häusern.* **1** Getrocknete Seesterne an blauer Haustür. **2** Quastenartige »Kultschleife« (vgl. Tafeln 12, 13) neben einer Tür hängend. **3** Blau gestrichenes Hufeisen am Türstock. **4** Augenspiralen über Balkontür. **5** Einfaches Kreissymbol über Gaststätteneingang. **6** Reiche Ornamentik aus Kugel- und Dreisproßmotiven als Fensterumrahmung. **7** Eisengitter mit Doppelspirale und ritualisierten Wimpernstrahlen in einem Torbogen. **8+9** Abwehrmasken an modernen Villen. **10** Augenspiralen über einem Fenster. **11** Fische mit grellblauen Augen auf der Haustafel einer modernen Villa. **12 + 13** Zwei Keramiktafeln an modernem Haus mit Figurenszenen und vielen Abwehrsymbolen, im Zentrum jeder Tafel großes Augensymbol. **14** Detail einer großen Mosaiktafel an moderner Villa, auffälliger Abwehrkranz in Bildmitte und viele Augensymbole über das Bild verstreut. **15** Kacheltafel an modernem Wohnhaus, Astlöcher des Stammes zu Augensymbolen forciert (Bild 1–15: Mondello, Sizilien).

TAFEL 60 *Gestaltprinzip »Hasenohren« als Analogon zur Cornuta gegen den »bösen Blick«.* **1** Türkischer Grabstein mit »Hasenohren« und Augenrosetten als magisches Schutzzeichen. **2** Moderne Version des Motivs als Abwehrzeichen auf türkischem Auto, das »BMW«-Firmenzeichen als Rosette mit einbezogen, darunter Augenpaar, ganz unten »Playboy-Bunny«. **3** Schwurhand (= Version der Cornuta) als Schutzzeichen auf italienischem Motorrad (Sizilien, 1974). **4** Analoge Geste einer Christusfigur, in genauer Fallinie zu ihren Füßen Hase mit aufgestellten Ohren (»Jesus nach der Versuchung«, Kupferstich, um 1470). **5** Dem Grabsteindekor von Bild 1 verwandtes Abwehrzeichen auf türkischem Bauernwagen (Antalya, 1972). **6** Luftballons für Kinder mit Hasenohren (Mondello, Sizilien, Oktober 1974).

TAFEL 61 *Der magische Augenkreis in der Handgestik.* **1** Buddha von Kamakura (Japan) mit Stirnauge, Hände bilden zwei Augenkreise. **2** Figur auf vorkolumbischem Tongefäß (Peru) mit zum Augenpaar aneinandergehaltenen Krebsscheren. Stirnauge. **3** Madonna mit der Wickenblüte (Kölner Meister um 1410), Fingerhaltung der Linken wie bei Sultanen auf Bild 4–8. Jesuskind hält Amulettkette (vgl. »Spielketten« Tafel 12, Bild 3, Tafel 23, Bild 6). **4–8** Porträts von Sultanen (16. Jh.). Alle Herrscher formen mit einer Hand den Augenkreis, zwei mit Nelke als Abwehrblume zwischen den Fingern. Die andere Hand hält Tuch in Form der apotropäischen Augenschleife (vgl. »Kultschleife« Tafeln 12, 13). **4** Sultan Yilderim Beyazid. **5** Sultan Murad II. **6** Fatih Sultan Mehmed. **7** Javuz Sultan Selim. **8** Sultan II. Selim. **9** Zum Augenkreis geformte Hand (Geste für »ausgezeichnet, prima«) als Werbeblickfang einer österreichischen Bank. Die Geste soll ursprünglich beim Loben das Verschreien abwehren.

TAFEL 62 *Volkstümliche Abwehrzeichen auf Militäruniformen.* **1** Bulgarischer Gardesoldat mit Schnurornamentik am Rock, Quasten am Passengürtel. **2** Bulgarisches Ansteckamulett mit Schnurschleifen, Quasten und zwei Perlen. **3** Bulgarische Geburtsanzeige (oder Geburtsgratulation) mit angehefteter Schnurschleife und zwei Quasten. **4** Griechischer Soldat der Evzonengarde (Uniform entspricht alter Volkstracht) mit Quasten, Fransen und großen Wollpompons auf den Schuhen. **5** Griechisches Amulett, kombiniert aus stilisiertem Zierärmel der Trachtenjacke, Schuh mit großem, augenhaft ornamentiertem Wollpompon und kleiner Evzonenmütze mit Riesenquaste. **6** Mit Kalender kombiniertes griechisches Wandamulett. Großer Schnurring, daran kleiner Wollpompon, Hirtenstab und Hirtentasche. **7** Türkischer Wachsoldat mit Schnurring an der Schulter. **8** Türkischer Fuhrmann, eine auf Draht gefädelte »Spielkette« gegen den »bösen Blick« (vgl. Tafel 12, Bild 3, Tafel 23, Bild 6) der Kamera entgegenhaltend. **9** Kleines kunstgewerbliches Segelboot als Zimmerschmuck mit signalhaft betonten, als Augenkreise wirkenden Rettungsringen im Dienste der Blickabwehr (Türkei).

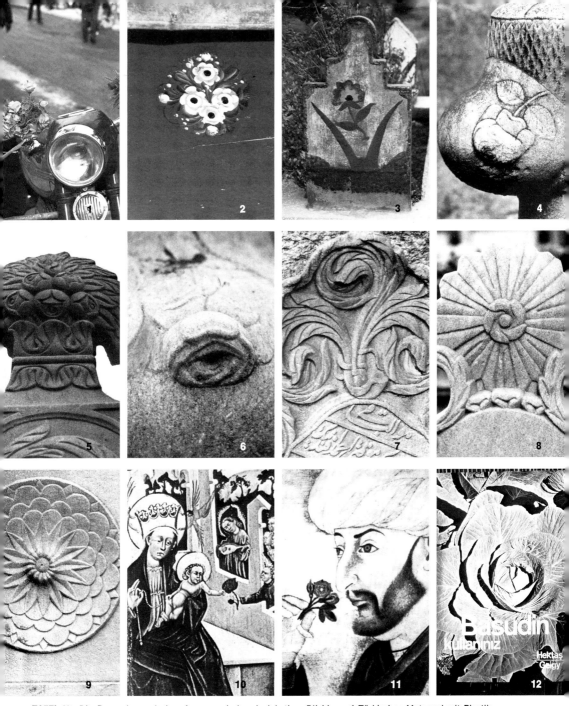

TAFEL 63 *Die Rose als magisches Augensymbol und plakativer Blickfang.* **1** Türkisches Motorrad mit Plastikrose als Amulett. **2** Rosen mit zentralem Augenfleck als magischer Rückwärtsschutz auf türkischer Kutsche (Alanya). **3** Augenhaft gemalte Rose auf Grabstein (Alanya, Türkei). **4–9** Rosenmotive auf türkischen Grabsteinen (Istanbul). **4** Steinturban mit eingemeißelter Abwehrrose. **5** Aufsatz mit augenhaft stilisierten Rosen. **6** Rose in geradezu naturalistischer Augenform. **7** Dreisprossig angeordnetes Ornament aus Pflanzenspiralen, Zentralornamente gleichermaßen an Rose wie an Auge gemahnend. **8** Steinornament mit ritualisiertem Wimpernkranz, Rose mit Zentralkreis als Auge. **9** Rosenmotiv, stilisiert zum symmetrischen Stern. **10** Madonna mit den sechs Fingern (Maria Laach am Jauerling, Niederösterreich, 1440). Möglicherweise absichtliche Verdoppelung der dreifingrigen Dämonenhand. Amulettkette zwischen Augenkreis formendem Daumen und Zeigefinger, Jesuskind erhält Rose. **11** Türkischer Sultan Mehmed II (15. Jh.) an Rose riechend, dadurch Rose in Augennähe. **12** Kohlkopf in augenhafter Rosenform als Blickfang eines türkischen Insektizidplakates.

TAFEL 64 *Eiform und Kugelgestalt im Dienst der Abwehrsymbolik.* **1** Österliches »Steckerl-Ei« mit Doppelschleife (Bayern, Deutschland). **2** Ausgehängte Eier als Blickabwehrmittel vor Haus in Alanya (Türkei). **3** Gefaßtes Straußen-Ei in der Mevlana-Moschee in Konya (Türkei). **4** Straußen-Eier auf koptischem Kirchenkreuz in Abessinien. **5** Antikes Eierstabmotiv als Schutzornament (Rom). **6** Detail einer römischen Zirkusszene (Campagna, 1. Jh. v. Chr.) mit sieben apotropäischen Stein-Eiern über dem Arenentor. **7** Heck eines Krokodilbootes (Admiralitäts-Inseln) mit sieben weißen Schneckenhäusern *(Ovula ovum)* von analoger Gestalt, Anordnung und Bedeutung wie Bild 6. **8** Die »vielbrüstige« Artemis von Ephesus, ursprünglich wohl mit Straußen-Eiern behangen. **9** Vergoldete Abwehrkugel auf dem Dach einer Moschee (Istanbul). **10** Messingkugel auf Pferdekummet (Sizilien). **11** Lorbeerkranz mit glänzenden Kugeln an Gedenkstätte für Partisanen (Bologna). **12** Blaue »Rosenkugel« in Wiener Garten (1974), früher in Vorgärten üblich. **13** System von Abwehrkugeln auf dem Markusdom von Venedig. **14** Glaserzeichen mit ehemals sechs bunten Glaskugeln (Wien).

TAFEL 65 *Das Ährenmotiv in der Abwehrsymbolik.* **1** Knabe überreicht Palmwedel an Wagenlenker (römisches Mosaik, 4. Jh. n. Chr.). **2** Ährenartig verflochtene Wedel beim Festzug für Sultan Murad III (1582). **3** Verflochtene Wedel zur Blickabwehr in der Türkei (Alanya, 1972). **4** Feinstruktur von Bild 3, Symbolisierung »Auge mit Wimpern«. **5** Mänaden mit verflochtenen Wedeln (antikes Vasenbild). **6** Große künstliche Ähre (»Auge mit Wimpern«) aus griechischem Hochzeitsbrauchtum (Rhodos, 1973). **7** Schuhmacher mit gekreuzten, rechts weiteren Flechtwedeln (antikes Vasenbild). **8** Stab einer Mänade, am einen Ende Bild 4 ähnliche Struktur (antikes Vasenbild). **9** Türkischer Friseurladen (Alanya), Flechtwedel vor Spiegel (vgl. Bild 7). **10** Gotisches Fenster, Spiralen mit Zentralfiguren ährenartig angeordnet (Nürnberg). **11** Österlicher »Palmbuschen« (Palmkätzchen vertritt Flechtwedel) vor Haus in Niederösterreich. **12** Hochzeitbitter in Bornhöved (Norddeutschland) mit gedrängten, an Palmwedelflechtung erinnernden Maschen am Stab, Bänder als »Wimpern«. **13** »Stierkampfballade« in Ixtapan (Mexiko). Stock mit Maschenkugel und Bändern als »Auge mit Wimpern«.

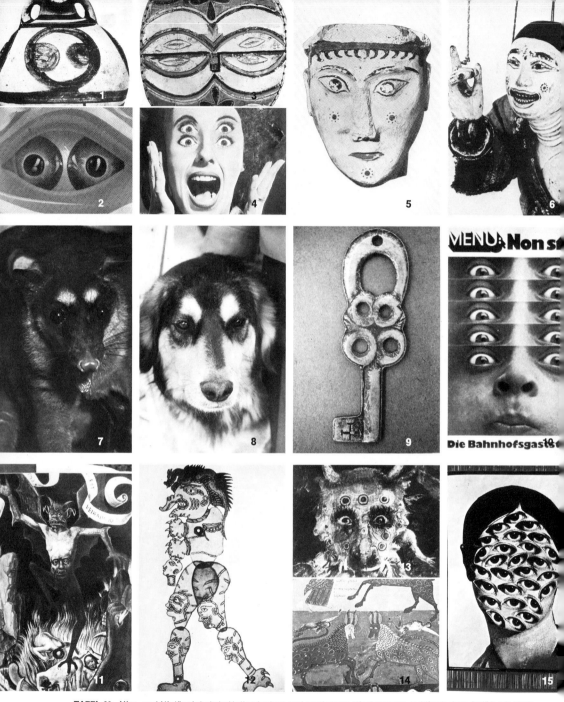

TAFEL 66 *Vier- und Vieläugigkeit in Volksglauben und modernem Werbewesen.* **1** Minoisches Gefäß mit Kreis und zwei »Pupillen«, Restfläche Doppelaxtform. **2** Modernes Werbefoto, Effekt ähnlich Bild 1. **3** Vieraugenmaske der Teke (Kongo-Brazzaville). Zwei Augen mit je zwei eingeschriebenen Augen als Pupillen. **4** Vieräugigkeit als Werbeblickfang. **5** Kopf aus Gips (Mykenä, 1300 v. Chr.), zum magischen Dreieck formierte Augensymbole auf Wangen und Kinn. **6** »Komische Figur« im burmesischen Puppenspiel, Augensymbole auf den Wangen. **7** Südamerikanisches Opossum mit Überaugenflecken. **8** »Vieräugiger Hund«, im Volksglauben vor Dämonen schützend. **9** »Vieräugiger« Amulettschlüssel (Mitteleuropa). **10** Werbeplakat, durch multiplizierte Augenpaare verblüffend. **11** Teufel mit Gesicht auf dem Bauch und dreikralligem Fuß (15. Jh.). **12** Böser Geist (Djinn) aus türkischem Karagöz-Spiel mit Köpfen an den Beinen und anderen Abwehrzeichen. **13** Vieläugiger Satan aus dem Höllenfresko (Pisa, Mitte 14. Jh.). **14** Apokalyptische Tiere voller Augensymbole, Schwänze und Rückenkämme aus Augen (frühes 14. Jh.). **15** Aus Augen zusammengesetztes Gesicht (moderner Poster).

TAFEL 67 *Augen und Augenpaare in Kunst und modernem Werbewesen.* **1** Naturnah aufgefaßtes Auge mit Schriftzeichen als Glanzlicht. **2** Stark stilisiertes Spiralauge mit zentralem Glanzlichteffekt. **3** Blickfangauge in Gestalt eines phantastischen blütenhaften Drehwirbels, im Zentrum vier Augen und Perlen (Gemälde von W. Hutter). **4** Augen aus dem Buchstaben »O« gebildet. **5** Werbeplakat für Eierkonsum mit Analogien zu Bild 6. **6** Abwehrmaske auf dem Steven eines Kriegsbootes (Sepik-Tal, Neuguinea). **7** Starker Blickfangeffekt durch Augenpaar auf leerer Fläche. **8** Zeichnung eines Schizophrenen auf dem Höhepunkt der Psychose (vgl. L. Navratil, 1965). Analog zu Bild 7 wurde das Gesicht auf die Augen als gravierendstes Merkmal reduziert. **9** Symbol für die »beflügelte Phantasie des Schriftstellers« in Gestalt einer Schreibfeder mit Flügeln, darauf blickfangende Augensymbole. **10** »Der Kormoran« (Donnervogel-Motiv), ein vom Peyotl-Erlebnis beeinflußtes Bild des Kiowa-Indianers Tsa Toke (gest. 1956) mit starken Analogien zu Bild 9.

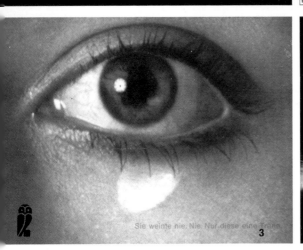
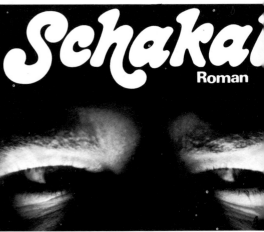

TAFEL 68 *Augenmotive auf Buchtiteln.* **1** Ausdruck der Bedrohlichkeit durch starke Schrägstellung der Augen und Kombination mit Gebiß. **2** Durch Parallelkreise wird der Blick ins Zentrum geleitet und dort vom Auge festgehalten. Das Bild symbolisiert maximale Konzentration. **3** Naturalistisches Auge mit Träne von starker emotionaler Wirksamkeit. **4** Die aus dem Dunkel hervorblickenden, durch Fehlen von Pupillenfleck und Glanzlicht in der Blickrichtung etwas unklaren Augen wirken besonders gefährlich.

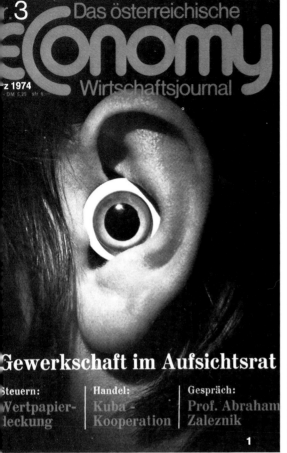

TAFEL 69 *Augenmotive auf Buchtiteln*. **1** Die sehr ungewöhnliche Kombination von Auge und Ohr als Symbolisierung von »Sehen und Hören« respektive »Wahrnehmung mit allen Sinnen« zieht den Blick auf sich und hält ihn fest. **2** Der aus der Pupille hervorbrechende, eine Menschengruppe festhaltende Lichtkegel symbolisiert die Bedrohlichkeit und unentrinnbare Allgegenwart der Blickkontrolle. **3** Einerseits spricht der herausgerissene riesige Augapfel die angeborenen Augenschutztendenzen stark an und erweckt Widerwillen, andererseits dokumentiert das eingezeichnete sehr lebendig wirkende Auge gefährliche Wachsamkeit und Aktivität. **4** Ausschnitt aus dem Einband des türkischen Buches »Tirpan« (F. Baykurt 1972). Die verselbständigten Augäpfel, die zwei Menschen bedrohen, sprechen in sehr krasser Form von den Nöten und Ängsten, die mit der Vorstellungswelt vom »bösen Blick« verbunden sind.

TAFEL 70 *Das Augenmotiv als modernes Symbol.* Es handelt sich um Entwürfe, die anläßlich eines Ausschreibens zur Erlangung eines Sinnzeichens für Umweltschutz eingereicht wurden. Im Interesse der Prägnanz und Auffälligkeit gelangten fast alle Künstler unbewußt zum Augenmotiv. In einigen wird das Thema »Umwelt« durch Gestaltelemente (Welle, Pflanze, Menschen- oder Tierfigur), in anderen durch Buchstaben und Wörter ausgedrückt. Viele aber sind reine Augensymbole mit unverkennbaren Analogien zu den in allen Zeiten und Räumen verwendeten Heils- und Abwehrzeichen.

Echt Silber   Silverplate

  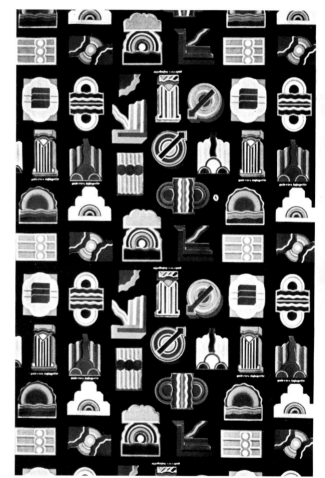

ECHT SILBER   SILVERPLATE

echt silber   silverplate

Echt Silber   Silverplate

TAFEL 71 *Das Augenmotiv als modernes Symbol und als Flächenfüllung.* Ebenfalls aufgrund eines Ausschreibens wurden Zeichen für »Echt Silber« entworfen, oben und links ein Teil der von der Jury getroffenen Auswahl. Es kamen durchwegs Augensymbole zustande, die man unschwer mit den abstrakten Umweltzeichen von Tafel 70 vertauschen könnte. Überall wo der Mensch Auffälligkeit und Einprägsamkeit anstrebt, gelangt er automatisch zum Augenmotiv. Infolge des Massenbedarfes im modernen Werbewesen kommt es dann unter Umständen zu sehr ähnlichen Zeichen für verschiedenste Produkte. Rechts im Bild das Packpapiermuster eines Pariser Kaufhauses, das sich durchwegs aus blickfangenden Augensymbolen zusammensetzt, die in der Vermassung aber wiederum zur homogenen Flächenfüllung werden.

TAFEL 72 *Künstlerische Spielereien mit Glasaugen.* **1–6** »Visuelle Definitionen« von G. Kromschröder. Der Künstler operiert überaus phantasievoll mit Augen, Wortmetaphern und Wortspielen und gelangt zu ebenso verblüffenden wie einprägsamen Kompositionen, durch die man den starken Reiz des Themas »Auge« an sich selbst verspürt.

TAFEL 73 *Blaues Auge, blaue Perle, blauer Fleck.* **1** Blaues Abwehrauge an der Tür eines Schuppens (Alanya, Türkei). **2–4** Blaue Perlen als Schutzzeichen über Hauseingängen. **5** Blauer Abwehrfleck über Haustür. **6** In Blau gehaltenes Fenster einer Moschee, im Giebel blauer Fleck. **7** In Blau gehaltener Wohnungseingang, links blauer Strich. **8** Blaue Keramikkachel mit Heils- und Abwehrsymbol an einem Haus. (Bild 1–8: Konya, Türkei). **9** Verblichener blauer Büchsendeckel mit Bild eines Kopfes als Schutzzeichen neben dem Eingang eines Schafstalles in den Ruinen von Side (Türkei). **10** Drei blaue Kacheln an der Außenwand einer Moschee (Konya, Türkei). **11** Blauer Abwehrfleck neben dem Eingang einer Hirtenhöhle (Mondello, Sizilien). **12** Blaue Bemalung des Haussockels neben der ebenfalls abwehrfarbig gestrichenen Eingangstür (Izmir, Türkei).

TAFEL 74 *Blaues Auge, blaue Perle, blauer Fleck.* **1** Rinderschädel mit blauen Perlen als Schutzzeichen an einer Werkstatt (Alanya, Türkei). **2** Blau gestrichene Hand als Türklopfer (Izmir, Türkei). **3** Augenrosetten und blaue Streifen an der Mauer oberhalb eines Moscheebrunnens (Konya, Türkei). **4** Kanarienkäfig mit angehängtem blauen Amulett (Alanya, Türkei). **5** Blaue Perlen und Augenornamente an einem Steinhuhnkäfig (Alanya, Türkei). **6** Buddha auf einem Löwen, neben anderen Abwehrzeichen drei blaue Perlen, zwei davon an den Knien tragend. Quastenornamentik an den Gelenken des Löwen (indische Elfenbeinplastik). **7** Blaue Masche an hölzernem Grabzeichen (Alanya, Türkei). **8** Blaues Papier, rosettenartig gebauscht und mit Stein beschwert, neben einem frischen Grab (Malia, Kreta). **9** Rad eines türkischen Lastautos mit abwehrfarbig blaubemalter Nabe und blauen, rot gerandeten Schraubenköpfen. **10** Bündel blauer Perlen als Motorradamulett. **11** Marken des Diners-Club mit dem abwehrfarbig blauen, augenhaften Symbol, als Abwehrzeichen an die Auslage eines Teppichgeschäftes geklebt (Bild 10+11: Alanya, Türkei).

TAFEL 75 *Blaues Auge, blaue Perle, blauer Fleck.* **1** Sandalen mit blauen Abwehrperlen (Kuşadasi, Türkei). **2** Mazedonische Bäuerin mit um die Zöpfe geflochtener und zur Masche gebundener blauer Schnur (Ohrid, Jugoslawien). **3** Blaues Schleifchen am Gürtel einer mazedonischen Bäuerin (Ohrid, Jugoslawien). **4** Goldgestickter Fez mit rosettenartigem blauem Kunststoffknopf statt Quaste (Alanya, Türkei). **5** Gleicher Kunststoffknopf wie auf Bild 4, einer Babyhaube aufgenäht (Anamur, Türkei). **6** In den textilen »Glücksklee« gebundenes, blaues Bändchen auf einer alten hessischen Otterfellmütze (Deutschland). **7** Siebenarmiger, auffällig blauäugiger Krake auf dem Rücken eines Mädchenpullovers (Ankara, Türkei). **8** Mädchen mit blauer Perlenkette als Amulett. **9** Blauer, rot angenähter Kunststoffknopf in Amulettfunktion bei einem Bauernmädchen, vgl. Tafel 77, Bild 2. (Bild 8+9: Anamur, Türkei.) **10** Kuh mit Stirnamulett aus blauen Perlen. **11** Widder-Stirnkette mit eingefügtem rotem Quadrat, darauf Halbmond und Stern. (Bild 10+11: Side, Türkei). **12** Blaue Perlenschnüre und rote Wollquaste als Amulett an der Rückseite eines Sattels für Tragpferde (Izmir, Türkei).

TAFEL 76 *Die Miribota, eines der beliebtesten und verbreitetsten Augensymbole.* **1** Antike griechische »Augenschalen« mit miribotaförmigen Augenornamenten. **2** Augen auf dem Bug eines ehemaligen jugoslawischen Küstenseglers im Hafen von Dubrovnik. **3** Pelikankopf mit miribotaförmig umrahmter Augenpartie (persische Malerei). **4** Miribota-Ornament auf einer persischen Teppichknüpf-Vorlage aus Kum. **5** Gestickte Miribota auf Offizierskalpak der Marinebruderschaft von Kotor (Jugoslawien). **6** Miribota-Amulett mit blauen Steinen (Israel). **7–9** Gedächtniskränze in Miribotaform mit durch Blumen markiertem Irisfleck (Sofia, Bulgarien). **10** Der Wundermaulesel Burak trägt Mohammed in den Himmel. Kopffeder, Pfauenschwanz sowie die Flamme um Mohammeds Haupt miribotaförmig (persische Miniatur). **11** Miribotaförmiges Werbe-Auge einer Ölfirma als Klebe-Amulett für Kraftfahrzeuge (Alanya, Türkei). **12** Waschmittelpackung mit blauen Miribotas in Vierpaßanordnung als Blickfang (Jugoslawien).

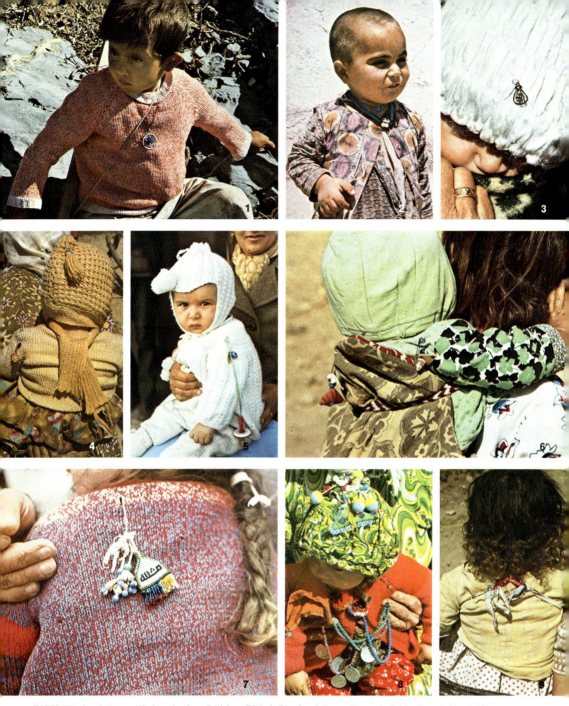

TAFEL 77 *Amulette an Kindern in der südlichen Türkei.* Die Amulette variieren individuell nach Vorstellung und Möglichkeit der Eltern, sind weder orts- noch alterstypisch und können an Pferden oder Kraftfahrzeugen ebenso vorkommen. Einheitlich sind die Anbringungsorte, nämlich Rücken, Hals und Mütze. Bei Babys, die von der Mutter auf dem linken Arm getragen werden, verlagert man das Rückenamulett zumeist auf die linke Schulter, die zum Beschauer gerichtet ist, während die rechte an der Mutter liegt. **1 + 2** Kleine Buben mit Amuletten um den Hals, bei Bild 2 zusätzlich zur Kette blauer Knopf. **3** Metallamulett auf der Mütze eines Kleinkindes. **4+5** Amulette an der linken Schulter von Kleinkindern, Bild 4 zeigt ein blaues Bändchen an der Mützenquaste. **6** Amulette auf beiden Schultern eines Kleinkindes. **7** Amulettbündel auf dem Rücken eines etwa fünfjährigen Mädchens. **8** Am Hals und auf der Mütze überaus reich mit verschiedensten Amuletten ausgestattetes Kleinkind. **9** Sehr einfaches Rückenamulett aus rotem Stoff mit zwei verblichenen, blau gemusterten Stoffschleifen bei einem etwa dreijährigen Mädchen.

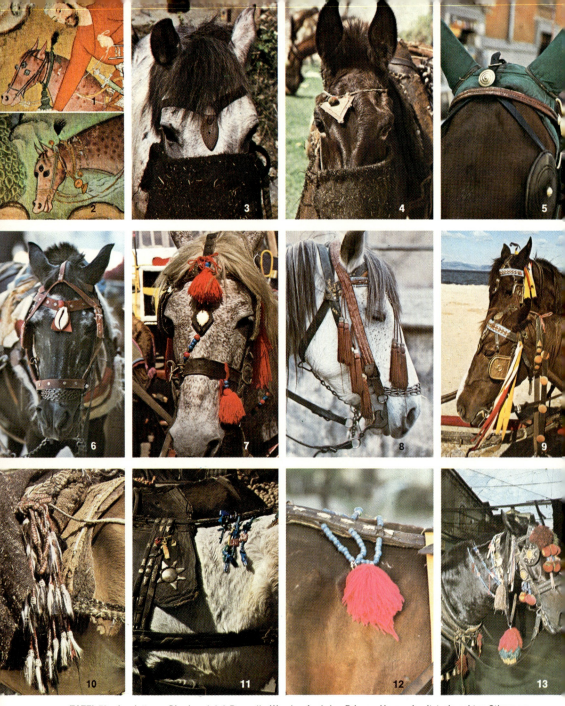

TAFEL 78 *Amulette an Pferden.* **1 + 2** Das edle Wunderpferd des Prinzen Hamza besitzt ein echtes Stirnauge. Die Amulette am Geschirr sind noch heute gebräuchlich (indische Miniaturen von 1580). **3+4** Einfache Stirnamulette, das dreieckige kombiniert mit Wollpompon (Alanya, Türkei). **5** Augenhaftes Rundamulett auf dem Ohrenschutz eines Droschkenpferdes (Rom). **6** Schneckengehäuse als schützendes Abwehrauge (Chios, Griechenland). **7** Kombination verschiedener blickabwehrender Amulette wie Rhombus in Stirnmitte, Quasten, rote und blaue Perlen (Alanya, Türkei). **8** Apotropäischer Quastenbehang (Chios, Griechenland). **9** Scheuklappe mit Halbmond und Stern, Bänderbüschel, Rundbeschläge auf dem Riemenzeug (Kuşadasi, Türkei). **10** Behang an den Flanken mit Abwehrquasten (Alanya, Türkei). **11** Riemenzeug mit magisch schützenden Beschlägen, Zusatzamulette wie Perlenschnüre, Bänder, Schleifen, Halbmond mit Stern auf der Kruppe (Konya, Türkei). **12** Perlenschnüre in Dreisproßanordnung mit Quaste auf der Kruppe (Alanya, Türkei). **13** Reiche Amulettausstattung mit Perlenschnüren, Quasten, Pompons, Schleifen und Glocken (Izmir, Türkei).

TAFEL 79 *Amulette an Lastautos in der Türkei.* **1** Werbe-Augen einer Ölfirma in Dreieranordnung oberhalb eines Kühlers. **2** Am Kühler drei Ketten blauer Perlen mit angehängtem Abwehrauge, Segensspruch über der Windschutzscheibe. **3** Bänder als »Abwehrquaste« an der Spurstange, Kugel aus imitiertem apotropäischen Bernstein. Oft sind diese Kugeln blau. **4** Drei Dreiecke blauer Perlen vor dem Kühler. **5** Schildkrötenpanzer mit zweimal drei blauen Perlen, darunter Abwehrauge mit roten und grünen Perlen als Kühleramulett. **6** Individuelle Amulettkombination an der Seitenwand eines Sattelschleppers. Schachbrettmuster gleichbedeutend mit Schildkrötenpanzer, Wimpel entsprechen blauen Perlen von Bild 5, darüber dreisprossige Rosen, abwehrfarbige Windräder in Vierpaßgestalt. **7** Steinhuhn (miribotaförmiges Halsornament, seitliches Fransenmuster, Dreisproßzehen) vor blauem Hintergrund als Schutzzeichen auf der vorderen Stoßstange. **8** Abwehrfarbig blau gestrichene Rückwand einer Ladefläche mit Hufeisen. **9** Führerkabine mit Quastengirlande und baumelndem Amulett.

TAFEL 80 *Plakate mit dem Augenmotiv.* Alle wiedergegebenen, thematisch sehr divergierenden Entwürfe bedienen sich augenhafter Strukturen, im Falle Bild 7 des naturalistischen Auges. Bild 3 zeigt Hand mit Dreieck, das ebenfalls stark augenhaft wirkt.

VI. Anhang

54. Literaturverzeichnis

Den ersten Anstoß für interdisziplinäre Kontakte liefern erfahrungsgemäß weniger die ausführlichen Spezialarbeiten, als vielmehr rezensierende Zusammenfassungen oder Veröffentlichungen populärwissenschaftlicher Art, was insofern verständlich ist, als die meisten Forscher mit dem eigenen Themenkreis so sehr ausgelastet sind, daß sie sich mit fachfremden Bereichen von vornherein nicht tiefgreifend beschäftigen können. Manche der auf ein breiteres Publikum ausgerichteten Darstellungen erwecken jedoch wegen ihrer notwendigerweise gerafften und leichtverständlichen Präsentation den Eindruck unzulässiger Simplifizierung und rufen dadurch im fachfremden Wissenschaftler nicht selten Mißtrauen und letztlich Ablehnung hervor, obwohl komplizierte vielschichtige Sachverhalte und weitreichende Gesetzlichkeiten überhaupt nur mittels klärender Vereinfachung zu verdeutlichen sind. Das riesige, auf mühsamen und langwierigen Forschungswegen erarbeitete Tatsachenmaterial bleibt hier immer im Hintergrund. Gerade das Gebiet der Verhaltensforschung fordert öfters Kritiker heraus, die sich infolge einiger tierhälterischer Erfahrungen bereits als Fachleute wähnen und ethologische Forschungsergebnisse anzweifeln, weil sie anderes beobachtet zu haben glauben. In solchen Fällen liegt die Simplifizierung allerdings nicht beim Verhaltensforscher, sondern beim Kritiker. Wenn zum Beispiel Vertreter anthropologischer Disziplinen konsequent behaupten, die Aussagen von Konrad Lorenz über den Menschen beruhten ausschließlich oder vorwiegend auf seinen Untersuchungen an Graugänsen, so geschieht dies in Unkenntnis seines umfangreichen zoologischen Gesamtwerkes, von dem die Graugansarbeit nur einen Teil ausmacht. Vielfach gewinnt man auch den Eindruck, daß immer noch gegen die Biologie und Tierpsychologie des vorigen Jahrhunderts diskutiert wird und neueste Ergebnisse nicht einmal aus Tiergeschichten oder Tierfilmen bekannt sind. Umgekehrt kann man der Ethologie den Vorwurf nicht ersparen, vor allem im Hinblick auf den Menschen ältere Literatur mitunter zu vernachlässigen, in der einiges von den heute als neu angesehenen ethologischen Beobachtungen und Aussagen bereits niedergelegt ist. Zur Rechtfertigung der Angesprochenen muß freilich gesagt werden, daß die Veröffentlichungsflut gegenwärtig so angewachsen ist, daß der Fachwissenschaftler nicht einmal mehr das Publikationsangebot der eigenen Sparte zu bewältigen imstande ist, geschweige denn sich regelmäßig mit der verstreuten und für Uneingeweihte oft schwer lesbaren Literatur benachbarter Wissenssparten auseinandersetzen kann. Um so notwendiger wird die klar zusammenfassende Darstellung des seriösen Sachbuches, das besonders hinsichtlich der Bildausstattung der finanziell zumeist gering dotierten Fachzeitschrift oft weit überlegen ist. Durch die Informationsbasis der guten Populärabhandlung wird der Weg zur ausführlichen Spezialliteratur erleichtert. Deshalb enthält das folgende, mehrere Wissensgebiete einschließende Literaturverzeichnis neben den wichtigen fachinternen Detailarbeiten auch viele gemeinverständliche Veröffentlichungen, die nicht nur den Vorteil der zeitsparenden resümierenden Aussage, sondern auch den der raschen Beschaffbarkeit für sich haben und zur Förderung interdisziplinärer Begegnungen wesentlich beitragen können.

Anmerkungen

Hw. d. d. A. = E. HOFFMANN-KRAYER u. H. BÄCHTOLD-STÄUBLI (1927–1942): Handwörterbuch des deutschen Aberglaubens. 11 Bände. Berlin/Leipzig.
Die mit * gekennzeichneten Literaturzitate beziehen sich auf Filme.

ABEL, O. (1912): Grundzüge der Paläobiologie der Wirbeltiere. Stuttgart.
— (1929): Paläobiologie und Stammesgeschichte. Jena.
ADAM, K. A. u. BLACK, Ch. (o. Jahresz.): Classical Dances and Costumes of India. London.
ADLER, A. (1966): Menschenkenntnis. 8. Aufl. Frankfurt a. M.
— (1973): Der Sinn des Lebens. Frankfurt a. M.
AHRENS, R. (1954): Beitrag zur Entwicklung des Physiognomie- und Mimikerkennens. Z. f. Exp. u. Angew. Psychol., 2.
ALBRECHT, H. (1966): Farbsignale als dynamische Revierbegrenzung. In: D. BURKHARDT, W. SCHLEIDT u. H. ALTNER: Signale in der Tierwelt. München.
* ALBRECHT, J. (1960): Mitteleuropa, Burgenland – Töpferei. Film E 317, Encycl. Cinematogr., Göttingen.
ALEXIU, ST. (1972): Führer durch das Archäologische Museum von Heraklion. Athen.
ALLAND, A. (1970): Evolution und menschliches Verhalten. Frankfurt a. M.
ALLESCH, G. J. v. (1931): Zur nichteuklidischen Struktur des phänomenalen Raumes (Versuche an *Lemur mongoz mongoz* L.). Jena.
ALTRICHTER, F. (1935): Das Wesen der soldatischen Erziehung. Oldenburg i. O.
ALZINGER, W.: Die Stadt des Siebenten Weltwunders. Die Wiederentdeckung von Ephesos. Wien.
AMBROSE, J. A. (1963): The Age of Onset of Ambivalence in Early Infancy: Indications from the Study of Laughing. J. Child Psychol. Psychiat., 4, 167–181.
AND, M. (1971): Yunanlilar Bizim Karagöze Nasil Sahip çiktilar? Türkiyemiz, 5, 2–11.
ANDREE, R. (1887): Ethnographische Parallelen und Vergleiche. Stuttgart.
APOSTOLSKI, K. u. MATVEJEV, S. (1955): Fischfang in Umzäunungen mit Hilfe von Vögeln am Dojran-See. Izdanija, 1, 61–89.
ARDENNE, A. v. u. a. (1914–1915): Der Krieg 1914/1915 in Wort und Bild, 1. Berlin/Leipzig/Wien/Stuttgart.
ARGELANDER, A. (1927): Das Farbenhören. Jena.
ARNAU, F. (1965): Macht und Geheimnis der Magie. Hannover.
ARNOLD, H. (1965): Die Zigeuner. Herkunft und Leben im deutschen Sprachgebiet. Olten/Freiburg i. Br.
ASKER, R. (1965): Die Rosenmalerei. In: R. HAUGILD, R. ASKER, H. ENGELSTAD u. G. TRAETTEBERG (1965): Norwegische Volkskunst. Oslo.
ATASOY, N. (1971): Türklerde çiçek sevgisi ve san'ati. Türkiyemiz, 3, 14–24.
AUGUSTA, J. u. BURIAN, Z. (1960): Menschen der Urzeit. 2. Aufl. Prag.
AUSSERER, C. (1946): Der Alpensteinbock. Wien.
BÄCHTOLD-STÄUBLI, H. (1930–1931): Haar. In: Hw. d. d. A., 3.
BADEN-POWELL, Lord of GILWELL (1949): Pfadfinder. Ein Handbuch der Erziehung. 7. Aufl. Zürich.
BAKUNIN, M. (1895): Dieu et l'état. 3. Ausg. Paris.
BALLY, G. (1945): Vom Ursprung und von den Grenzen der Freiheit. Eine Deutung des Spieles bei Tier und Mensch. Basel.
— (1961): Einführung in die Psychoanalyse Sigmund Freuds. Reinbek b. Hamburg.
BAMMER, A. (1974): Architektur und Gesellschaft in der Antike. Zur Deutung baulicher Symbole. Archäologisch-soziologische Schriften. Wien.
BANDI, H.-G. u. MARINGER, J. (1955): Kunst der Eiszeit. Basel.
BARGHEER, E. (1931): Die Eingeweide. Lebens- und Seelenkräfte des Leibesinneren im deutschen Glauben und Brauch. Berlin/Leipzig.
BASANOW, A. G. (1963): Militärpädagogik. Berlin.
BASLER, O. (1935–1936): Schießen, Schuß. In: Hw. d. d. A., 7.

BASTIAN, A. (1860): Der Mensch in der Geschichte. Leipzig.
– (1881): Der Völkergedanke. Berlin.
BAUER, M. u. SCHLOSSMACHER, C. (1928–1932): Edelsteinkunde. 3. Aufl. Leipzig.
BAUERREISS, R. (1938): Arbor vitae. München.
BAUMANN, H. (1939): Negerafrika und Nordostafrika. In: H. A. BERNATZIK: Die Große Völkerkunde, 1. Leipzig.
BAUS, K. (1940): Der Kranz in Antike und Christentum. Bonn.
BAYER, H. (1967): Das Werk des Künstlers in Europa und USA. Ravensburg.
BAYKURT, F. (1972): Tirpan. Istanbul.
BEACH, F. A. (1948): Hormones and Behavior. New York.
BEER, R. R. (1972): Einhorn. München.
BEHM, B. (1955): Das chinesische Orakelbuch I GING. München.
BEITL, R. (1933): Großstadt und Volksglaube. In: Deutsches Volkstum der Gegenwart.
– (1955): Wörterbuch der Deutschen Volkskunde. 2. Aufl. Stuttgart.
BEITL, R. u. K. (1974): Wörterbuch der deutschen Volkskunde. 3. Aufl. Stuttgart.
BELLUCCI, G. (1907): Il feticismo primitivo in Italia e le sue forme di adattamento. Perugia.
BENARY-ISBERT, M. (1959): Mädchen für alles. München.
BENEDICT, R. (1934): Patterns of Culture. New York.
– (1955): Urformen der Kultur. Hamburg.
BERGER, W. (1973): Kulturgeschichte und Paläontologie. Manuskript.
BERGHAUS, P. (1958): Zu den Görlitzer Schekeln und ähnlichen erdichteten Münzen. Beitr. Numismatik, 4. Hamburg.
BERMANN, M. (1880): Alt und Neu Wien. Geschichte der Kaiserstadt und ihrer Umgebungen. Wien/Pest/Leipzig.
BERNATZIK, H. A. (1936): Owa Raha. Wien/Leipzig/Olten.
– (1939): Die Große Völkerkunde, 2. Leipzig.
– (1941): Die Geister der Gelben Blätter. Forschungsreisen in Hinterindien. Leipzig.
– (1947a): Vogelparadiese. Innsbruck.
– (1947b): Akha und Meau, 1, 2. Innsbruck.
BERTALANFFY, L. (1932): Allgemeine Theorie, Physikochemie, Aufbau und Entwicklung des Organismus. Theoretische Biologie, 1. Berlin.
– (1951): Auf den Pfaden des Lebens. Wien.
BERTHOLET, A. (1962): Wörterbuch der Religionen. 2. Aufl. Stuttgart.
BETH, L. (1929–1930): Fetischismus. In: Hw. d. d. A., 1.
BETZ, G. (1965): Orientalische Miniaturen. Braunschweig.
BEURMANN, A. (1961): Der Aberglaube der Jäger. Von Mystik und Mythen und allerlei Zauberwahn. Hamburg/Berlin.
BHUSHAN, J. B. (o. Jahresz.): Indian Jewellery. Ornaments and decorative Designs. Bombay.
BIBEL (1968). Freiburg/Basel/Wien.
BIEDRZYNSKI, E. (o. Jahresz.): Bruckmann's Teppich-Lexikon. München.
BIERENS DE HAAN, J. A. (1935): Probleme des tierischen Instinkts. Naturwiss., 23.
– (1940): Die tierischen Instinkte und ihr Umbau durch Erfahrung. Leiden.
BIHALJI-MERIN, O. (1970): Masken der Welt. Ljubljana.
BIRKET-SMITH, K. (1941–1942): Geschichte der Kultur. Eine allgemeine Ethnologie. München.
BLEST, A. D. (1957): The Function of Eye-Spot Patterns in the Lepidoptera. Behaviour, 11. 209–255.
BLOCK, M. (1936): Zigeuner. Ihr Leben und ihre Seele. Leipzig.
BLUMLER, M. F. (1710): Amuletorum historiam eorumque censuram publico examini. Magdeburg.
BOETTE, L. F. (1932–1933): Lebensbaum. In: Hw. d. d. A., 5.
BOETTGER, C. R. (1958): Die Haustiere Afrikas. Jena.
BÖHME, R. (1969): Der Sänger der vorolympischen Götter. Sandoz Bull., 16, 3–16.

Bolwig, N. (1964): Facial Expression in Primates with Remarks on Parallel Development in Certain Carnivores. Behaviour, 22, 167–192.
Borisowski, G. (1967): Form und Uniform. Stuttgart.
Borneman, E. (1974): Sex im Volksmund. Der obszöne Wortschatz der Deutschen. Reinbek b. Hamburg.
Bossert, H. Th. (1959): Ornamente der Völker. Volkskunst in Europa und Asien. Tübingen.
– (1962): Ornamente der Volkskunst. Gewebe, Teppiche, Stickereien. Tübingen.
Böttcher, R. (1943): Zeichenschule. Berlin.
Böttger, W. (1960): Die ursprünglichen Jagdmethoden der Chinesen. Berlin.
Bourke, J.-G., Kraus, F. S. u. Ihm, H. (1913): Der Unrat in Sitte, Brauch, Glauben und Gewohnheitsrecht der Völker. Leipzig.
Bowling, A. H. (1971): Scottish Regiments and Uniforms 1660–1914. London.
Bowra, C. M. (1970): Klassisches Griechenland. Nederland.
Braess, M. (1921): Hausratte und Wanderratte. In: K. Soffel: Lebensbilder aus der Tierwelt Europas. Leipzig.
Brasch, R. (1968): Dreimal Schwarzer Kater. Tübingen/Basel.
Brauen, M. (1974): Heinrich Harrers Impressionen aus Tibet. Innsbruck/Frankfurt a. M.
Brehm, A. E. (1864–1869): Illustrirtes Thierleben. Hildburghausen.
Brehm's Tierleben, Hrsg. Pechuel-Loesche, o. Vorn. (1893), 10. Leipzig/Wien.
Brehm's Tierleben, Hrsg. O. zur Strassen (1911–1918). Leipzig/Wien.
Bruckner, W. (1971): Fährten des Colts. Wien.
Brüggemann, F. (1936): Vom Schembartlaufen. Leipzig.
Bruhn, W. u. Tilke, M. (1955): Kostümgeschichte in Bildern. Tübingen.
Bruhns, L. (1941): Das Bruegel Buch. Wien.
Brünger, W. (1961): Einführung in die Siedlungsgeographie. Heidelberg.
Bruun, B., Singer, A. u. König, C. (1971): Der Kosmos-Vogelführer. Stuttgart.
Bub, H. (1967): Vogelfang und Vogelberingung, 1, 2. Stuttgart.
Buchsbaum, R. u. Milne, L. J. (1960): Knaurs Tierreich in Farben. Niedere Tiere. München/Zürich.
Bühler, H. A. (1930): Die Farbenwelt. Leipzig.
Bühler, K. (1922): Die Struktur der Wahrnehmung. Handb. Psychol., 1. Leipzig.
– (1949): Abriß der geistigen Entwicklung des Kindes. Heidelberg.
Buisman, W. (1952): Du und die Religion. Berlin.
Bünning, E. (1952): Ganzheit in der Biologie. Studium Generale, 5, 515–521.
Burckhardt, E. (1972): Das Yin-Yang Symbol. Image Roche, 51, 13–15.
Burdach, K. (1939): Der Gral. Forschungen über seinen Ursprung und seinen Zusammenhang mit der Longinuslegende. Stuttgart.
Burland, C. (1970): Mythologie der Indianer Nordamerikas. Wiesbaden.
Burnadz, J. M. (1970): Die Gaunersprache der Wiener Galerie. 2. Aufl. Lübeck.
Busch, H. u. Lohse, B. (1965): Vorromanische Kunst. Frankfurt a. M.
Buschor, E. (1969): Griechische Vasen. München.
Calder, N. (1967): Eden was no Garden. New York.
Canby, C. (1963): Geschichte der Waffe. Lausanne.
Cäsar, G. J. (1965): Der Gallische Krieg. Reinbek b. Hamburg.
Çelebi, E. (o. Jahresz.): Sein Leben. Türkei.
Chandler, D. (1973): Napoleon. München.
Charles-Picard, G. u. C. (1959): So lebten die Karthager zur Zeit Hannibals. Stuttgart.
Chomsky, N. (1970): Sprache und Geist. Frankfurt a. M.
Christie, A. (1968): Chinesische Mythologie. Wiesbaden.
Cinat-Tomson, H. (1926): Die geschlechtliche Zuchtwahl beim Wellensittich (*Melopsittacus undulatus* Shaw.). Biol. Zbl., 46, 543–552.
Claessens, D. (1970): Instinkt, Psyche, Geltung. Zur Legitimation menschlichen Verhaltens. Köln/Opladen.

CLAUS, C. u. GROBBEN, K. (1905): Lehrbuch der Zoologie. Marburg i. Hessen.
CLAY, W. M. (1953): Protective Coloration in the American Sparrow Hawk. The Wilson Bull., 65, 129–134.
CLÉBERT, J.-P. (1964): Das Volk der Zigeuner. Wien/Berlin/Stuttgart.
COBET, R., GUTZEIT, K. u. BOCK, G. (1956 ff.): Klinik der Gegenwart. 11 Bände. München/Berlin.
COHEN, A. K. (1961): Kriminelle Jugend. Reinbek b. Hamburg.
COOLEY, Ch. H. (1909): Social Organization. New York.
CORI, C. J. (1928): Der Naturfreund am Meeresstrande. Wien/Leipzig.
COSS, R. G. (1965): Mood provoking visual stimuli, their origins and applications. Los Angeles.
– (1968): The ethological command in art. Leonardo, 1, 273–287.
CRANACH, M. v. (1971): Über die Signalfunktion des Blickes in der Interaktion. In: Sozialtheorie und soziale Praxis, 3, 201–224.
CULICAN, W. (1961): Abenteuer früher Kaufleute. Die Seefahrer der Levante. In: St. PIGGOTT: Die Welt aus der wir kommen. München/Zürich.
CUNIS, R. (1967): Zur Soziologie des Militärs. Hamburger Jahrbuch für Wirtschafts- und Gesellschaftspolitik, 12. Hamburg.
CURIO, E. (1963): Probleme des Feinderkennens bei Vögeln. Proc. XIIIth Intern. Ornith. Congr., 206–239.
– (1965): Ein Falter mit falschem Kopf. Natur u. Museum 95, 43–46.
CZAKÓ, E. u. GYÖRGYI, K. (o. Jahresz.): A magyaros ízlés. Budapest.
DAHL, J. (1960): Nachtfrauen und Galsterweiber. Ebenhausen b. München.
DAHRENDORF, R. (1965): Gesellschaft und Demokratie in Deutschland.
D'ARLE, M. (1953): Frau unter fremden Frauen. Wien.
DARWIN, Ch. (1876): Die Entstehung der Arten durch natürliche Zuchtwahl. Stuttgart.
– (1910): Der Ausdruck der Gemütsbewegungen bei den Menschen und Tieren. 6. Aufl. Stuttgart.
DATHE, H. (1972): Beißhemmung? Wiss. Zeitschr. d. Humboldt-Univ. Berlin, Math.-Nat. R. XXI/4, 445–448.
DAVID-NEEL, A. (1931): Heilige und Hexer. Leipzig.
DAVIS, H. (1958): Das Dorf der Zauberer. Berlin.
DENGLER, H. (o. Jahresz.): Indianer. Die Indianerstämme des Ostens und der Prärien Nordamerikas nach Darstellungen aus der Zeit von 1590 bis 1850. Stuttgart.
DEXEL, W. (1943): Zur Gefäßformenkunde der deutschen Stämme. Volkswerk, Jahrb. d. staatl. Mus. f. Volkskd., Berlin.
DIEZ, E. (1944): Iranische Kunst. Wien.
* DITTMER, K. (1959): Kassena (Westafrika, Obervolta) – Kriegstänze und Scheinkämpfe. Film E 220, Encycl. Cinematogr., Göttingen.
DJILAS, M. (1973): Der Wolf in der Falle. Wien/München/Zürich.
DOCKSTADER, F. J. (1965): Kunst in Amerika, 1, Welt der Indianer und Eskimo. Stuttgart.
DOLLINGER, H. (1972): Die totale Autogesellschaft. München.
DÖRRER, A. (1938): Das Schemenlaufen in Tirol. Innsbruck/Leipzig.
– (1949): Tiroler Fasnacht. Wien.
* DOSTAL, W. (1955a): Zigeuner in Österreich. Film CT 1039, Bundesstaatl. Hauptstelle f. Wiss. Kinematogr., Wien.
– (1955b): Personality and Culture Conflict. J. of the Gipsy Lore Soc., 36.
– (1971): Alacahöyük. Ethnographische Skizzen eines anatolischen Dorfes. Bern.
DROSDOWSKI, G. u. GREBE, P. (1963): Der große Duden, Etymologie. Mannheim.
DROYSEN, J. G. (1966): Geschichte Alexanders des Großen. Düsseldorf.
DUCHENNE, G.-B. (1876): Mécanisme de la Physionomie Humaine. 2. Aufl. Paris.
ECKERT, G. u. FORMOZIS, P. E. (1942): Beiträge zur mazedonischen Volksmagie. Volkskundliche Beobachtungen und Materialien aus Zentralmazedonien und der Chalkidike. Thessaloniki.

ECKSTEIN, F. (1929–1930): Ei. In: Hw. d. d. A., 2.
- (1936–1937): Verhüllen. In: Hw. d. d. A., 8.
EELKING, H. M. v. (1966): Gestiefelt und gespornt. Berlin/Hamburg.
EHRENREICH, P. (1906): Götter und Heilbringer. Z. Ethnologie, 38.
EHRENSVÄRD, G. (1972): Nach uns die Steinzeit. Bern.
EIBL-EIBESFELDT, I. (1950): Über die Jugendentwicklung des Verhaltens eines männlichen Dachses (Meles meles L.) unter besonderer Berücksichtigung des Spiels. Z. Tierpsychol., 7, 217–236.
- (1955): Über Symbiosen, Parasitismus und andere zwischenartliche Beziehungen bei tropischen Meeresfischen. Z. Tierpsychol., 12, 203–219.
* - (1956): Putorius putorius, Beutefang 1 (Töten von Wanderratten). Film E 106, Encycl. Cinematogr., Göttingen.
- (1959): Der Fisch Aspidontus taeniatus als Nachahmer des Putzerfisches Labroides dimidiatus. Z. Tierpsychol., 17, 1–10.
- (1967): Grundriß der vergleichenden Verhaltensforschung. Ethologie. München.
- (1968): Zur Ethologie des menschlichen Grußverhaltens. Z. Tierpsychol., 25, 727 bis 744.
- (1970): Liebe und Haß. München.
- (1972): Die !KO-Buschmann-Gesellschaft. Gruppenbindung und Aggressionskontrolle. München.
- (1974): Der vorprogrammierte Mensch. Wien.
EIBL-EIBESFELDT, I. u. SIELMANN, H. (1962): Beobachtungen am Spechtfinken Cactospiza pallida. J. Ornith., 103, 92–101.
* - 1964):Fregata spec. (Fregatidae) – Balz. Film E 594, Encycl. Cinematogr., Göttingen.
* - (1965): Cactospiza pallida (Fringillidae) – Werkzeuggebrauch beim Nahrungserwerb. Film E 597, Encycl. Cinematogr., Göttingen.
EICHLER, W. D. (1958): Abklopfen von Federlingen aus Vogelbälgen. Beitr. Vogelkd., 6, 136–141.
EIMERL, S. u. DE VORE, J. (1966): Die Primaten. Nederland.
ELIADE, M. (1954): Schamanismus und archaische Ekstasetechnik. Zürich/Stuttgart.
ELTON, C. (1930): Animal Ecology and Evolution. Oxford.
ENGELS, F. (1884): Der Ursprung der Familie, des Privateigentums und des Staats. Zürich.
EPPEL, F. (1958): Fund und Deutung. Wien/München.
- (1963): Stationen der ältesten Kunst. Im Land der Steinzeithöhlen. Wien/München.
ERBEN, H. K. (1975): Die Entwicklung der Lebewesen. München/Zürich.
ERICH, O. A. (1941–1943): Tongefäße in der Milchwirtschaft. Volkswerk. Jahrb. d. staatl. Mus. f. Volkskd., 227–247. Berlin/Jena.
ERTÜZ, N. (1971): Anadolu modasi. Türkiyemiz, 5, 34–37.
FALLS, C. (1964): Große Landschlachten. Frankfurt a. M.
FALUS, K. u. SCHILLER, A. (1955): Ungarische Volkskunst. 2. Aufl. Budapest.
FANTZ, R. L. (1961): The Origin of Form Perception. Sci. Amer., 204, 66.
FARB, P. (1969): Nordamerika. Flora und Fauna. Nederland.
- (1971): Die Indianer. Wien/München/Zürich.
FAUNA (1971): Eurasien und Nordamerika. München/Basel.
FÉL, E. (1961): Ungarische Volksstickerei. Budapest.
FÉL, E., HOFER, T. u. CSILLÉRY, K. (1969): Ungarische Bauernkunst. Budapest.
FEUCHTWANGER, F. (1951): Olmekische Kunst. Freiburg i. Br.
FIEDLER, W. u. THENIUS, E. (1967): Die Herrentiere. In: Grzimeks Tierleben, 10. Zürich.
FIELHAUER, H. (1966): Allerheiligenstriezel aus Stroh. Volkskundl. Beitr., 1, 21–34.
- (1967): Das Motiv der kämpfenden Böcke. In: Jahrb. d. Notringes d. wiss. Verbände Österreichs, OTTO HÖFLER-Festschrift, 69–106. Wien.

* – (1968): Pfingstbrauchtum – Pfingstkönigs-Umzug in Patzmannsdorf, Niederösterreich. Film CTG 1263, Bundesstaatl. Hauptstelle f. Wiss. Kinematogr., Wien.
FINDEISEN, H. (1956): Das Tier als Gott, Dämon und Ahne. Stuttgart.
– (1957): Schamanentum. Stuttgart.
FORD, C. S. u. BEACH, F. A. (1959): Das Sexualverhalten von Mensch und Tier. Berlin.
FRANCÉ, R. H. (1941): Lebenswunder der Pflanzenwelt. Berlin.
FREUD, S. (1900): Die Traumdeutung. Leipzig.
– (1923): Das Ich und das Es. Leipzig/Wien.
– (1924): Beiträge zur Psychologie des Liebeslebens. Leipzig/Wien.
– (1925): Drei Abhandlungen zur Sexualtheorie. 6. Aufl. Leipzig/Wien.
– (1947): Drei Abhandlungen zur Sexualtheorie. 8. Aufl. Wien.
– (1950): Die Traumdeutung. 9. Aufl. Wien.
– (1955): Abriß der Psychoanalyse. Das Unbehagen in der Kultur. Frankfurt a. M./Hamburg.
FREUDENTHAL, H. (1963): Der Ausruf in Hamburg. Hamburg.
FREY, D. (1953): Dämonie des Blickes. Abh. d. Geistes- u. sozialwiss. Klasse d. Akad. d. Wiss. u. d. Literatur i. Mainz, 1, 243–298.
FREY, K. (1952): Das Herz als Motiv im Andachtsbild. Schweiz. Volkskd., 42.
FRIEDELL, E. (1973): Naturgeschichte der Neuzeit. München.
FRIEDENSBURG, F. (1924): Die Münze in der Kulturgeschichte.
FRIEDJUNG, W. (1968): Vom Symbolgehalt der Zahl. Wien.
FRIEDRICH, H. (1967): Biologie der Kunst. Gehört – gelesen, 14, 518–562.
– (1972): Im Narrenschiff des Zeitgeistes. München.
FRIELING, H. (1939): Die Sprache der Farben. München/Berlin.
– (1942): Großstadtvögel. Stuttgart.
FRISCH, K. v. (1914): Der Farben- und Formensinn der Biene. Zool. Jahrb. Allg. Zool. Physiol., 40, 1–186.
– (1957): Wie Insekten in die Welt schauen. Studium Gen., 10, 204–210.
– (1974): Tiere als Baumeister. Frankfurt a. M./Berlin/Wien.
FROBENIUS, L. (1898): Der westafrikanische Kulturkreis. Petermanns Geogr. Mitt., 10, 11. Gotha.
– (1921): Paideuma, Umrisse einer Kultur- und Seelenlehre. München.
– (1954): Kulturgeschichte Afrikas. Zürich.
FROMM, E. (1974): Anatomie der menschlichen Destruktivität. Stuttgart.
* FUCHS, P. (1959): Unja (Südostsahara, Ennedi) – Kampfspiel mit Schild und Speer. Film E 181, Encycl. Cinematogr., Göttingen.
* FUERST, R. (1962): Yawalapiti (Brasilien, Xingúquellgebiet – Fischfang durch Vergiften des Wassers. Film E 318, Encycl. Cinematogr., Göttingen.
FUHRMANN, E. (1922): Das Tier in der Religion. München.
FUNCKEN, L. u. F. (1966): Le costume et les armes des soldats de tous les temps, 1. Des pharaons à Louis XV. Tournai.
– (1968–1969): L'Uniforme et les armes des soldats du premier empire, 1, 2. Tournai.
FURTWÄNGLER, A. u. LOESCHKE, G. (1886): Mykenische Vasen. Berlin.
FUSCHLBERGER, H. (1956): Das Hahnenbuch. München-Solln.
GAAL, K. (1969): Wolfau. Bericht über die Feldforschung 1965–1966. Eisenstadt.
GALBREATH, D. L. (1948): Handbüchlein der Heraldik. 2. Aufl. Lausanne.
GARDI, R. (1954): Blaue Schleier, Rote Zelte. Zürich.
GEBAUER, o. Vorn. (1972): Maschinenpistole (Titelbild). Deutsch. Waffen-J., 2.
GEHL, H. (1973): Heide und Hecke. Beiträge zur Volkskunde der Banater Schwaben. Temeswar.
GEHLEN, A. (1943): Der Mensch, seine Natur und seine Stellung in der Welt. Berlin.
GEIGER, P. (1932–1933): Leiche. In: Hw. d. d. A., 5.
GERAMB, V. (1948): Sitte und Brauch in Österreich. Graz.

* GERBRANDS, A. A. (1964): Asmat (Neuguinea, Südwestküste) – Streit zwischen Angehörigen zweier Männerhäuser. Film E 655, Encycl. Cinematogr., Göttingen.
- (1967a): The Asmat of New Guinea. The Journal of Michael C. Rockefeller.
- (1967b): Wow-ipits, eight Asmat woodcarvers of New Guinea. Art in its context. Studies in Ethno-aesthetics, Field reports 3.
GERSTER, G. (1968): Kirchen im Fels. Stuttgart.
- (1971): Auge gegen Auge. Neue Zürcher Zeitung, 555, 58–59.
GEWALT, W. (1974): Der Fischzirkus im Aburatsubo-Aquarium. Aquarien Magazin, 8, 338–340.
GIERL, I. (1972): Trachtenschmuck aus fünf Jahrhunderten. Rosenheim.
GIFFORD, E. S. (1964): Liebeszauber. Stuttgart.
GILBERT, R. (o. Jahresz.): Deutsche Fassung des Musicals »My fair Lady« v. A. J. LERNER u. F. LOEWE. Langspielplatte. Atlas Record 84003.
GLAFEY, H. (1937): Textil-Lexikon. Handwörterbuch der gesamten Textilkunde. Stuttgart, Berlin.
GLOCK, J. Ph. (1891): Die Symbolik der Biene und ihre Produkte in Sage, Dichtung, Kultus, Kunst und Bräuchen des Volkes. Heidelberg.
GÖBL, R. (1960): Einführung in die Münzkunde der römischen Kaiserzeit. Wien.
GOETHE, F. (1937): Beobachtungen und Untersuchungen zur Biologie der Silbermöwe (*Larus a. argentatus* Pontopp) auf der Vogelinsel Memmertsand. J. Ornith., 85, 1–119.
- (1938): Über das »Anstoß-Nehmen« bei Vögeln. Z. Tierpsychol., 3, 371–374.
GOETHE, J. W. (1955): Das Römische Karneval. Bern.
GOTTSCHALK, H. (1965): Der Aberglaube. Wesen und Unwesen. Gütersloh.
GRABER, G. (1927): Sagen aus Kärnten. Leipzig.
GRAEBNER, F. (1911): Methode der Ethnologie. Heidelberg.
GRAEFE, G. (1972): Zwei rote Augen gebieten Halt. Auto-Touring, 1. Ausg., 405, 10.
GRAEFE, I. B. (1971): Zur Volkskunde der Rußlanddeutschen in Argentinien. Wien.
GREENE, G. (1969): Die Stunde der Komödianten. Reinbek b. Hamburg.
GREFF, R. u. PISTOR, H. (1947): Das menschliche Auge. Pößneck.
GRIMM, J. (1854): Deutsche Mythologie. 3. Aufl. Göttingen.
GRIMM, J. u. W. (1850–1856): Kinder- und Hausmärchen. 6. Aufl. Göttingen.
- (1949): Kinder- und Hausmärchen. München.
GROHMANN, J. (1939): Modifikation oder Funktionsreifung. Z. Tierpsychol., 2, 132–144.
GROOS, K. (1930): Die Spiele der Tiere. 3. Aufl. Jena.
GROTH-KIMBALL, I. (1953): Kunst im alten Mexiko. Zürich/Freiburg i. Br.
GRUNICKE, L. (1930): Der Begriff der Tatsache in der positivistischen Philosophie des 19. Jahrhunderts.
GUBERNATIS, A. de (1874): Die Tiere in der indogermanischen Mythologie. Leipzig.
GUHA, A.-A. (1971): Sexualität und Pornographie. Frankfurt a. M.
GÜNTERT, H. (1931–1932): Hund. In: Hw. d. d. A., 4.
HAAS, D.H. (1924): Bilderatlas zur Religionsgeschichte. Leipzig/Erlangen.
HABERLAND, E. (1962): Äthiopische Dachaufsätze. Jahrb. d. Mus. f. Völkerkd., 17. Leipzig.
HABERLANDT, A. (1927): Besen. In: Hw. d. d. A., 1.
- (1933): Löffel. In: Hw. d. d. A., 5.
HABERLANDT, M. (1906): Völkerschmuck. Wien/Leipzig.
HABICHT, V. C. (1922): Der Roland zu Bremen. Bremen.
HADORN, E. u. WEHNER, R. (1971): Allgemeine Zoologie. Stuttgart.
HAECKEL, E. (1874): Anthropogenie. Leipzig.
- (1892): Der Monismus als Band zwischen Religion und Wissenschaft. Bonn.
HAGEN, J. H. (1967): Spitzovale Motive an den Tierskulpturen von Schloß Tirol. Der Schlern, 41, 378–387.
HAGEN, K., ANTONOFF, G. u. SCHMIDT, V. (1949): Frommes Handbuch für den Weidmann. 3. Aufl. Wien.

HAGEN, V. W. v. (1940): Dschungel in den Wolken. Wien.
- (1962): Sonnenkönigreiche. Azteken, Maya, Inka. München/Zürich.
HAGGER, D. H. (1974): Uniforms of the Imperial German Cavalry 1900–1914. London
HAIDER, F. (1968): Tiroler Volksbrauch im Jahreslauf. Innsbruck/Wien/München.
HAIDING, K. (1965): Österreichs Sagenschatz. Wien.
HÁJEK, L. u. FORMAN, W. (1960): Miniatures from the East. London.
HAMMERSCHMIDT, E. (1967): Äthiopien, Christliches Reich zwischen Gestern und Morgen. Wiesbaden.
HAMMITZSCH, H. (1966): Geschichte Japans bis zum Beginn der Neuzeit. In: Die große illustrierte Weltgeschichte, 1. Gütersloh.
HANČAR, F. (1956): Das Pferd in prähistorischer und früher historischer Zeit. Wien.
HANSEN, H. H. (1957): Knaurs Kostümbuch in Farben. Wien.
HANSMANN, C. (1959): Masken, Schemen, Larven. München.
HANSMANN, L. u. KRISS-RETTENBECK, L. (1966): Amulett und Talisman. München.
HANSMANN, P. (o. Jahresz.): Aucassin und Nicolette. Leipzig.
HARE, A. P. (1962): Handbook of Small Group Research. New York.
HARLOW, H. F. u. M. K. (1962a): Social Deprivation in Monkeys. Sci. Amer., 207, 137–146.
- (1962b): The Effect of Rearing Conditions on Behavior. Bull. Menninger Clin., 26, 213–224.
HARRACH, E. v. (1953): Die Jagd im deutschen Sprachgut. Wörterbuch der Weidmannssprache. Stuttgart.
HARRER, H. (1960): Meine Tibetbilder. Zürich.
- (1966): Tibetausstellung im Museum für Völkerkunde. Katalog der Österr. Kulturvereinigung. Wien.
- (1969): Geister und Dämonen. Berlin/Frankfurt a. M./Wien.
HASELBERGER, H. (1969): Kunstethnologie. Wien/München.
HAUG, W. F. (1972): Warenästhetik, Sexualität und Herrschaft. Frankfurt a. M.
HAUSER, O. (1921): Urmensch und Wilder. Berlin.
HÄVERNICK, W. (1962a): Der Matrosenanzug der Hamburger Jungen 1890–1939. Aus den Schausammlungen, 1. Hamburg.
- (1962b): Kinderkleidung und Gruppengeistigkeit in volkskundlicher Sicht II. Kleidung und Kleidersitte höherer Schüler in Hamburg 1921 bis 1939. In: Beitr. z. Deutsch. Volks- u. Altertumskd., 6, 21–64. Hamburg.
- (1963): Sitte, Gebräuchliches und Gruppenbrauchtum. Wesen und Wirken der Verhaltensweisen im Volksleben der Gegenwart. In: Beitr. z. Deutsch. Volks- u. Altertumskd., 7, 7–28. Hamburg.
- (1967): Kinderkleidung und Gruppengeistigkeit in volkskundlicher Sicht III. Kleider und Kleidersitten Hamburger Schüler 1965. In: Beitr. z. Deutsch. Volks- u. Altertumskd., 11, 35–47. Hamburg.
- (1968): Die temporären Gruppentrachten der Schweiz um 1970. In: Beitr. z. Deutsch. Volks- u. Altertumskd., 12, 7–34. Hamburg.
- (1969): Gebräuchliches und Brauch. Ursachen der Ritualisierung in volkskundlicher Sicht. In: Beitr. z. Deutsch. Volks- u. Altertumskd., 13, 7–17. Hamburg.
- (1970a): »Schläge« als Strafe. Ein Bestandteil der heutigen Familiensitte in volkskundlicher Sicht. 4. Aufl. Hamburg.
- (1970b): Einzelprobleme der historischen Volkskunde. In: Beitr. z. Deutsch. Volks- u. Altertumskd., 14, 7–28. Hamburg.
- (1971a): Besprechung »Kultur und Verhaltensforschung« (O. Koenig). In: Beitr. z. Deutsch. Volks- u. Altertumskd., 15, 121.
- (1971b): Gruppengut und Gruppengeistigkeit im Wandel der Zeit. Ein Beitrag zum Thema »Folklorismus«. In: Beitr. z. Deutsch. Volks- u. Altertumskd., 15, 11–30. Hamburg.
HAVERS, W. (1946): Neue Literatur zum Sprachtabu. Sitzungsber. d. Akad. d. Wiss. i. Wien, Phil.-hist. Klasse, 233.

Hawley, A. H. (1950): Human Ecology, New York.
Head, M. G. (1971): French Napoleonic Lancer Regiments. London.
Heberer, G. (1968): Homo – unsere Ab- und Zukunft. Frankfurt a. M./Wien/Zürich.
- (1969): Die Evolution des Menschen. In: G. Altner: Kreatur Mensch. München.
Heck, L. (1941): Auf Tiersuche in weiter Welt. Berlin.
Heckscher, K. (1930–1931): Furche. In Hw. d. d. A., 3.
- (1935–1936): Pflugziehen. In: Hw. d. d. A., 7.
Hediger, H. (1966): Jagd-Zoologie auch für Nichtjäger. Basel.
Hegel, G. W. (1907): Phänomenologie des Geistes. Leipzig.
Hegemann, H. W. (1972): Schnitzkunst der Eskimo im Deutschen Elfenbein-Museum Erbach/Odenwald.
Heikertinger, F. (1954): Das Rätsel der Mimikry und seine Lösung. Jena.
Hein, A. R. (1929): Künstlerische Wirbeltypen. Wien.
Heinroth, K. (1971): Oskar Heinroth. Vater der Verhaltensforschung. 1871–1945. Stuttgart.
Heinroth, O. (1902): Die I. deutsche Südsee-Expedition von Br. Mencke. Z. Ges. f. Erdkd., 7, 583–592.
- (1910): Beiträge zur Biologie, namentlich Ethologie und Psychologie der Anatiden. Verh. 5. Int. Ornith. Kongr. Berlin, 589–702.
- (1930): Über bestimmte Bewegungsweisen bei Wirbeltieren. Sitzungsber. Naturfreunde. Berlin.
- (1938): Aus dem Leben der Vögel. Berlin.
Heinroth, O. u. K. (1926–1931): Die Vögel Mitteleuropas. Berlin.
Heinzel, H., Fitter, R. u. Parslow, J. (1972): Pareys Vogelbuch. Hamburg/Berlin.
Heller, A. (1950): 200 Biblische Symbole. Wüstenrot-Württ.
Heller, F. K. (o. Jahresz.): Die Welt der indischen Götter. Katalog der Sammlung Heller, Hamburgisches Museum für Völkerkunde. München.
Hellpach, W. (1944): Sozialorganismen. Bios, 17. Leipzig.
Hellwig, A. (1906): Grumus merdae. Monatsschr. f. Krim.- Psychol. u. Strafrechtspflege.
- (1914): Moderne Kriminalistik. Leipzig.
Hemingway, E. (1967): Tod am Nachmittag. Reinbek b. Hamburg.
Henne-Am Rhyn, O. (1897): Die Deutsche Volkssage im Verhältnis zu den Mythen aller Zeiten und Völker. Wien/Pest/Leipzig.
Henning, M. (1960): Der Koran. Stuttgart.
Hergouth, A. (1960): Das Faschingrennen im oberen Murtal. Ein Beitrag zur Frage der Gestaltsüberlieferung und Entfaltung eines spielhaften Gruppenbrauches, unter besonderer Berücksichtigung der formalen und motivischen Komponenten. Diss. Phil. Graz.
Herland, L. (1938): Gesicht und Charakter. Wien.
Hermann, A. (1969): Die Welt der Fellachen. Wegweiser zur Völkerkd., 2. Hamburg.
Herzberg-Fränkl, L. (1898): Die Juden. In: Die österreichisch-ungarische Monarchie in Wort und Bild. Galizien, 475–500. Wien.
Hesse, R. u. Doflein, F. (1935): Tierbau und Tierleben. Jena.
Hewicker, F. u. Tischner, H. (1956): Kunst der Südsee. Frankfurt a. M.
Hewitt, J. N. (1959): Wampum. Handb. of American Indians. New York.
Hildebrand, E. (1937): Die Geheimbünde Westafrikas. Leipzig.
Hildebrandt, A. M. (1967): Wappenfibel. Handbuch der Heraldik. Neustadt a. d. Aisch.
Hiltbrand, R.: (1966–1967): Hirtenkulturen in Europa. Sonderausstellung. Schweiz. Mus. f. Völkerkd. u. Volkskd. Basel.
Hilzheimer, M. (1913): Handbuch der Biologie der Wirbeltiere. Stuttgart.
* Himmelheber, H. (1970a): Njedebua (Westafrika, Elfenbeinküste) – Tanz und Pantomime des Leopardenbundes. Film E 1556, Encycl. Cinematogr., Göttingen.
* - (1970b): Dan (Westafrika, Elfenbeinküste) – Tanz eines Kriegers vor dem Auszug in den Kampf. Film E 1501, Encycl. Cinematogr., Göttingen.

* – (1970c): Dan (Westafrika, Elfenbeinküste) – Siegestanz eines Kriegers. Film E 1502, Encycl. Cinematogr., Göttingen.
HINDE, R. A. (1973): Das Verhalten der Tiere. Frankfurt a. M.
HIRSCHBERG, W. (1949): Das Agnesbrünnl. Wien.
– (1962a): Die Künstlerstraße. Wien.
– (1962b): Eingeborene Bevölkerung. In: Meyers Handb. über Afrika. Mannheim.
– (1965): Wörterbuch der Völkerkunde. Stuttgart.
– (1974): Die Kulturen Afrikas. In: E. THURNHER: Handbuch der Kulturgeschichte, 2. Frankfurt a. M.
HITLER, A. (1932): Mein Kampf. München.
HOENN, G. P. (1761): Betrugs-Lexicon. Hamburg.
HOFFMANN-KRAYER, E. (1927): Aberglaube. In: Hw. d. d. A., 1.
– (1929–1930): Charadrios. In: Hw. d. d. A., 2.
HÖFLER, M. (1892): Wald- und Baumkult in Beziehung zur Volksmedizin Oberbayerns. München.
HOFSTÄTTER, P. R. (1957): Gruppendynamik. Hamburg.
HOLLITSCHER, W. (1970): Aggression im Menschenbild. Marx, Freud, Lorenz. Wien.
HOLMBERG, A. R. (1946): The Siriono. Diss. Yale Univ.
– (1950): Nomads of the Long Bow. Washington D. C.
HOLST, E. v. (1936): Versuche zur Theorie der relativen Koordination. Pflüger's Archiv, 236, 149–158.
– (1939): Die relative Koordination als Phänomen und als Methode zentralnervöser Funktionsanalyse. Erg. Physiol., 42, 228–306.
– (1961a): Über Freiheit. (1969) Neuausg. in: Verhaltensphysiologie bei Tieren und Menschen, 1, 290–294. München.
– (1961b): Probleme der modernen Instinktforschung. (1969) Neuausg. in: Verhaltensphysiologie bei Tieren und Menschen, 1, 277–289. München.
HOLST, E. u. ST. PAUL, U. v. (1960): Vom Wirkungsgefüge der Triebe. (1969) Neuausg. in: Verhaltensphysiologie bei Tieren und Menschen, 1, 204–239. München.
HÖLZLE, E. (1957): Lenin 1917. München.
HOLZSCHUHER, L. v. (1956): Psychologische Grundlagen der Werbung. Essen.
HOMBERG, U. (1922): Der Baum des Lebens. Ann.Acad. Scient. Fenn., 16.
HOMMA, J. K. (1954): Der Verwaltungsbezirk Neusiedl am See. Allgemeine Landestopographie des Burgenlandes, 1. Eisenstadt.
HOMMA, J. K. u. OHRENBERGER, A. (1954): Die Zeit der Awaren und Slawen. Allgemeine Landestopographie des Burgenlandes, 1. Eisenstadt.
HOOD, M. S. (1961): Heimat der Helden. Die Ägäis der vorgriechischen Zeit. In: S. PIGGOTT: Die Welt aus der wir kommen. München/Zürich.
HORNEFFER, A. u. HAUSSIG, H. W. (1963): Herodot, Historien. Deutsch. Gesamtausg. Stuttgart.
HORNUNG, M. (1964): Mundartkunde Osttirols. Graz/Wien/Köln.
HOTTENROTH, F. (1923): Deutsche Volkstrachten vom XVI. bis zum XIX. Jahrhundert. Frankfurt a. M.
HOWELL, F. C. (1966): Der Mensch der Vorzeit. Nederland.
HUNGER, E. u. MEYER, C. (1958): Studentisches Brauchtum. Bonn/ Stuttgart.
HUNGER, H. (1959): Lexikon der Griechischen und Römischen Mythologie. Wien.
HUTCHINSON, P. (1973): Die großen Religionen der Welt. München/Zürich.
HUXLEY, Sir J. u. FINCH, P. (1972): Von der Renaissance zur Revolution. Klagenfurt.
ILG, K. (1972): Pioniere in Brasilien. Innsbruck.
IMHOF, E. u. WINKLER, E. (1970): Unbekannte Türkei. Bern.
INHELDER, E. (1955): Zur Psychologie einiger Verhaltensweisen, besonders des Spiels von Zootieren. Z. Tierpsychol., 12, 88–144.
ITALIAANDER, R. (1961): 1001 Weisheit. Wien/Köln.
ITTENBACH, M. (1932): Mehrgesetzlichkeit. Studien am deutschen Volkslied in Lothringen. Frankfurt a. M.

- (1938): Die symbolische Sprache des deutschen Volksliedes. DVj, 16, 476–510.
JACOBI, A. (1913): Mimikry und verwandte Erscheinungen. Braunschweig.
JACQUEMARD, S. (o. Jahresz.): Der Vogel. München/Basel/Wien.
JAHN, B. H. (1926): Reklame durch das Schaufenster. Berlin.
JAKOB, J. (1929): Wörterbuch des Wiener Dialektes. Wien/Leipzig.
JANKOVICH, M. (o. Jahresz.): Pferde, Reiter, Völkerstämme. München/Basel/Wien.
JANTSCHKE, F. (1972): Orang-Utans in Zoologischen Gärten. München.
JENNINGS, H. S. (1914): Die Niederen Organismen. Ihre Reizphysiologie und Psychologie. Leipzig/Berlin.
JENS, H. (1958): Mythologisches Lexikon. München.
JENSEN, A. E. u. NIGGEMEYER, H. (1939): Hainuwele. Volkserzählungen von der Molukken-Insel Ceram. Frankfurt a. M.
JENSEN, J. v. (1928): Verwandlung der Tiere. Berlin.
JETTMAR, K. (1973): Die anthropologische Aussage der Ethnologie. In: H.-G. GADAMER u. P. VOGLER: Neue Anthropologie, 4 (Kulturanthropologie), 63–86.
JOLL, J. (1966): Die Anarchisten. Frankfurt a. M., Berlin.
JORDAN, P. (1934): Über den positivistischen Begriff der Wirklichkeit. Naturwiss., 22.
JUNG, C. G. (1946): Seelenprobleme der Gegenwart. Zürich.
- (1971a): Psychologie und Religion. Olten/Freiburg i. Br.
- (1971b): Die Beziehungen zwischen dem Ich und dem Unbewußten. Olten/Freiburg i. Br.
JUNGBAUER, G. (1931–1932): Hut. In: Hw. d. d. A., 4.
- (1934): Deutsche Volksmedizin. Berlin/Leipzig.
- (1935–1936): Schuh. In: Hw. d. d. A., 7.
JUNGWIRTH, o. Vorn. (1935–1936): Ring. In: Hw. d. d. A., 7.
JURZICZKA, A. (1836): Sittlicher Gefährte für alle christlichen Waffenbrüder. Innsbruck.
KAINZ, F. (1961) Die »Sprache« der Tiere. Stuttgart.
KALICZ, N. u. MAKKAY, J. (1972): Gefäße mit Gesichtsdarstellungen der Linienbandkeramik in Ungarn. Ausstellung »Idole, prähistorische Keramiken aus Ungarn«. Katalog des Naturhist. Mus., 9–15. Wien.
KALVODOVÁ, Sís u. VANIŠ, alle o. Vorn. (1956): Schüler des Birngartens. Prag.
KÄMPFE, L., KITTEL, R. u. KLAPPERSTÜCK, J. (1966): Leitfaden der Anatomie der Wirbeltiere. Jena.
KANNIK, P. (1967): Uniformen in Farben. Berlin.
KARLINGER, F. (1973): Südamerikanische Märchen. Frankfurt a. M.
KARTSCHOKE, D. (1970): Das Rolandslied des Pfaffen Konrad. Frankfurt a. M./Hamburg.
KASTELIC, J. (1964): Situlenkunst. Wien/München.
KATZ, D. (1945): Psychologischer Atlas. Basel.
KAUT, H. (1961): Alt Wiener Spielzeugschachtel. Wien.
KEBBEL, H. (1955): Weimar in der Zeit der Befreiungskriege 1806–1814. Schriften zur Stadtgeschichte und Heimatkunde. Weimar.
KELLER, H. L. (1970): Reclams Lexikon der Heiligen und der biblischen Gestalten. 2. Aufl. Stuttgart.
KHEVENHÜLLER, L. A. Graf v. (1739): Observations-Puncten. Wien.
KIEFERT, K.-H. (1962): Wirtschaft. In: Meyers Handbuch über Afrika. Mannheim.
KINERT, A. u. ZDUNIĆ, D. (1964): Folklore des jugoslavischen Volkes. Zagreb.
KINSEY, A. C. (1948): Das sexuelle Verhalten des Mannes. Berlin/Frankfurt a. M.
- (1953): Das sexuelle Verhalten der Frau. Berlin/Frankfurt a. M.
KIRBY, E. L. (1969): The Royal Welch Fusiliers. London.
KIRCHSHOFER, R. (1953): Das Aktionssystem des Maulbrüters *Haplochromis desfontainesii*. Z. Tierpsychol., 10, 297–318.
- (1958): Freiland- und Gefangenschaftsbeobachtungen an der nordafrikanischen Rennmaus *Gerbillus nanus garamantis* Lataste. Z. Säugetierkd., 23, 33–49.
KIRIN, V. (o. Jahresz.): Narodne Nošnje Jugoslavije. Zagreb.

KISLINGER, M. (1963): Alte bäuerliche Kunst. Linz.
KLAATSCH, H. (1920): Der Werdegang der Menschheit und die Entstehung der Kultur. Berlin/Leipzig/Wien/Stuttgart.
KLAEY, E. J. (1971): Materielle Kultur. In: Alacahöyük: Ethnographische Skizzen eines anatolischen Dorfes. Bern.
KLAGES, L. (1949): Wahrheit und Wirklichkeit. Universitas, 4.
– (1929–1932): Der Geist als Widersacher der Seele. Bonn.
KLAUSEWITZ, W., SCHÄFER, W. u. TOBIAS, W. (1971): Umwelt 2000. Frankfurt a. M.
KLEIN, B. M. (1947): Organismus, Kunst und Technik. Umwelt, Z. d. Biologischen Station Wilhelminenberg, 1, 410–417.
KLEIN, J. (1912): Der Kranz bei den alten Griechen. Günzburg.
KLEIN, R. (1950): Lexikon der Mode. Baden-Baden.
KLERSCH, J. (1961): Die kölnische Fastnacht. Köln.
KLESSMANN, E. (1964): Napoleons Rußlandfeldzug in Augenzeugenberichten. Düsseldorf.
– (1965): Deutschland unter Napoleon in Augenzeugenberichten. Düsseldorf.
– (1966): Die Befreiungskriege in Augenzeugenberichten. Düsseldorf.
KLIČKOVA, V. (1957): Handstickereien. In: Makedonija, 92–93. Beograd.
– (1963): Costumes nationaux Macédoines. Skopje.
KLIMPFINGER, S. (1950): Zur Psychologie des Kleinkindalters. In: A. NIEGL: Gegenwartsfragen der Kindererziehung, 37–80. Wien.
KLUGE, F. (1901): Rotwelsch. Quellen und Wortschatz der Gaunersprache und der verwandten Geheimsprachen. Straßburg.
KNOLL, F. (1921): Insekten und Blumen. Experimentelle Arbeiten zur Vertiefung unserer Kenntnisse über die Wechselbeziehungen zwischen Pflanzen und Tieren. Wien.
KNÖTEL, H. u. SIEG, H. (1937): Handbuch der Uniformkunde. 7. Aufl. Hamburg.
KOÇU, R. E. (1967): Türk giyim kuşam ve süslenme sözlügü. Ankara.
KOEHLER, O. (1933): Das Ganzheitsproblem in der Biologie. Schriften d. Königsberger Gelehrten Ges., naturwiss. Klasse, 9.
– (1943): »Zähl«-Versuche an einem Kolkraben und Vergleichsversuche an Menschen. Z. Tierpsychol., 5, 575–712.
– (1949): »Zählende Vögel« und vorsprachliches Denken. Verhandl. d. Deutschen Zoologen i. Mainz. 219–238.
– (1952): Vom unbenannten Denken. Verhandl. d. Deutschen Zoologischen Ges., Freiburg, 203–311.
– (1954): Vorbedingungen und Vorstufen unserer Sprache bei Tieren. Zool. Anz. Suppl., 18, 327–341.
– (1955): Zählende Vögel und vergleichende Verhaltensforschung. Acta 11, Congr. Intern. Ornith., 588–598. Basel.
KOEHLER, O. u. ZAGARUS, A. (1937): Beiträge zum Brutverhalten des Halsbandregenpfeifers (*Charadrius hiaticula* L.). Beitr. Fortpflanzungsbiol. d. Vögel, 13, 1–9.
KOENIG, L. (1951): Beiträge zu einem Aktionssystem des Bienenfressers *(Merops apiaster* L.). Z. Tierpsychol., 8, 169–210.
– (1958): Pflege und Zucht von Bienenfressern. Gef. Welt, 82.
– (1960): Das Aktionssystem des Siebenschläfers (*Glis glis* L.). Z. Tierpsychol., 17, 427–505.
– (1970): *Merops ornatus* (Meropidae). Graben einer Nisthöhle. Publ. zu wiss. Filmen III, Sekt. Biol., 361–373.
– (1973): Das Aktionssystem der Zwergohreule *Otus scops* (LINNÉ 1758). Fortschritte der Verhaltensforschung. Beih. Z. Tierpsychol., 13.
KOENIG, O. sen. (1953): Praktische Redelehre. Frankfurt a. M./Wien.
KOENIG, O. (1943): Rallen und Bartmeisen. Niederdonau, Natur und Kultur, 25. Wien/Leipzig.
– (1950a): Individualität und Persönlichkeitsbildung bei Reihern. J. Ornith., 94, 315–341.

- (1950b): Beobachtungen über die Bedeutung der Bankiva-Kükenzeichnung. Zool. Inform., 3, 2–3.
- (1951): Das Aktionssystem der Bartmeise (*Panurus biarmicus* L.), 1, 2. Österr. Zool. Z., 3, 1–82, 248–325.
- (1952): Ökologie und Verhalten der Vögel des Neusiedlersee-Schilfgürtels. J. Ornith., 93, 207–289.
- (1953): Die biologischen Grundlagen des Symbolbegriffes. Studium Gen., 6, 185 bis 194.
- (1954): Tierkinderpsychologie – ein neuer Forschungszweig. Kontinente, 8, 16–21.
- (1956): Tierkinder und Kinderpsychologie. Du, Schweiz. Monatsschr., 4, 47–50.
- (1957): Werden und Wesen des Menschen aus der Perspektive der Vergleichenden Verhaltensforschung. Mitt. d. Anthropolog. Ges. i. Wien, 87, 87–90.
- (1961a): Probleme tierischer Verständigung. Schriften Verein z. Verbreitg. naturwiss. Kenntnisse i. Wien, 101, 149–173.
* - (1961b): *Testudo graeca* (Testudinidae). Paarungsaufforderung (abnorme Objektwahl). Film E 203, Encycl. Cinematogr., Göttingen.
- (1962a): Kif-Kif. Menschliches und Tierisches zwischen Sahara und Wilhelminenberg. Wien.
* - (1962b): *Ardea purpurea* (Ardeïdae). Nahrungserwerb (Jungvogel). Film E 469, Encycl. Cinematogr., Göttingen.
- (1962c): Ungewöhnliches Nistmaterial. Wissenschaftliche Informationen aus der Biologischen Station Wilhelminenberg. Die Pyramide, 10, 170.
* - (1964): *Tyto alba* (Strigidae) – Verschlucken von Mäusen. Film E 626, Encycl. Cinematogr., Göttingen.
- (1968a): Biologie der Uniform. N+M (Naturwiss. u. Med.), 5, 3–19, 40–50.
* - (1968b): Barschfang in Umzäunungen am Dojran-See/Makedonien. Film V 1306, Bundesstaatl. Hauptstelle f. Wiss. Kinematogr., Wien.
- (1968c): Das Buch vom Neusiedlersee. 3. Aufl. Wien.
- (1969a): Verhaltensforschung und Kultur. In: G. ALTNER: Kreatur Mensch. München.
* - (1969b): Gemeinschaftsarchiv für Filme aus der Verhaltensforschung. Mitt. d. Abt. wiss. Film, 11, 2–6.
- (1970a): Kultur und Verhaltensforschung. München.
* - (1970b): Feuererzeugung bei Türken (Makedonien). Film V 1307, Bundesstaatl. Hauptstelle f. Wiss. Kinematogr., Wien.
* - (1970c): Bewegungsweisen von Tauchvögeln unter Wasser. Film V 1358, Bundesstaatl. Hauptstelle f. Wiss. Kinematogr., Wien.
- (1971): Das Paradies vor unserer Tür. Wien/München/Zürich.
- (1972a): Grundzüge der wissenschaftlichen Arbeiten des Institutes für Vergleichende Verhaltensforschung der Österreichischen Akademie der Wissenschaften. Festschrift 15 Jahre Gesellschaft der Freunde der Biologischen Station Wilhelminenberg 1957–1972, 14–37. Wien.
- (1972b): Der Film als wissenschaftliches Publikationsmittel. In: Wissenschaftlicher Film in Forschung und Lehre, Festschrift 1962–1972. Wien.
- (1973a): Bevölkerungswachstum und seine Folgen. In: Neue Ziele für das Wachstum. 12 Beiträge nach einer Sendereihe des »Studio Heidelberg« Süddeutscher Rundfunk. München.
- (1973b): Blickpunkt Auge. Die Welt, 303, IV.
- (1974a): Rendezvous mit Tier und Mensch. Wien/München/Zürich.
- (1974b): Blickfang Auge. In: Werbepolitik. Beiträge zur Werbelehre aus Theorie und Praxis, 88–103.
- (1974c): Umwelt und Verhalten. Vortrag anläßlich des 16. Mainauer Gesprächs. Insel Mainau, Bodensee.

KOEPF, H. (1968): Bildwörterbuch der Architektur. Stuttgart.
KÖHLER, W. (1917): Intelligenzprüfungen an Anthropoiden. Abh. d. Preuss. Akad. d. Wiss., Phys.-math. Klasse.

- (1921): Intelligenzprüfungen an Menschenaffen. Berlin.
- (1963): Intelligenzprüfungen an Menschenaffen. Berlin/Göttingen/Heidelberg.
KÖNIG, R. u. SCHUPPISSER, P. W. (1961): Die Mode in der menschlichen Gesellschaft. 2. Aufl. Zürich.
KÖNIGSMANN, E. (1971): Insekten, Hymenoptera. In: Urania Tierreich. Leipzig/Jena/ Berlin.
KORSCHELT, E. (1912): Perlen. Fortschritte d. naturwiss. Forschg., 7.
KORTLANDT, A. (1965): How do chimpanzees use weapons when fighting Leopards. Year Book of the American Philosophical Society, 327–332.
- (1967): Experimentation with Chimpanzees in the Wild. Neue Ergebnisse der Primatologie. 1. Congr. of the intern. Primatol. Soc., 208–224.
- (1968): Handgebrauch bei freilebenden Schimpansen. In: B. RENSCH: Handgebrauch und Verständigung bei Affen und Frühmenschen, 59–102. Bern.
- (1972): New Perspectives on Ape and Human Evolution. Stichting voor Psychobiologie. Univ. of Amsterdam.
KORTLANDT, A. u. KOOIJ, M. (1963): Protohominid Behaviour in Primates (Preliminary Communication). Symp. Zool. Soc. London, 10, 61–88.
KOSCHIER, F. (1941): Sinnbilder deutscher Volkskunst. Klagenfurt.
KRAFT, V. (1968): Der Wiener Kreis. Der Ursprung des Neupositivismus.
KRAMER, S. N. (1968): Die Wiege der Kultur. Nederland.
KRAUSE, W. (1970): Die Runen. Berlin.
KREISLER, G. (o. Jahresz.): »Nichtarische« Arien. Langspielplatte, Preiser Record 3121.
KRETSCHMER, A. (o. Jahresz.): Deutsche Volkstrachten. Leipzig.
KRETSCHMER, A. u. ROHRBACH, K. (1906): Die Trachten der Völker. 3. Aufl. Leipzig.
KRETSCHMER, E. (1942): Körperbau und Charakter. 15. Aufl. Berlin.
KRETZENBACHER, L. (1966): Ringreiten, Rolandspiel und Kufenstechen. Buchreihe des Landesmus. f. Kärnten, 20. Klagenfurt.
KREUTZINGER, H. (1965): Die Eri Devils in Freetown, Sierra Leone. Diss. Wien.
KRISS-RETTENBECK, L. (1963): Bilder und Zeichen religiösen Volksglaubens. München.
KROMER, K. u. BACHMAYER, F. (1962): Situlenkunst zwischen Po und Donau. Ausstellungskatal. Prähist. Abt. Naturhist. Mus. Wien.
KROTT, P. u. K. (1963): Zum Verhalten der Braunbären (Ursus arctos) in den Alpen. Z. Tierpsychol., 20, 160–206.
KÜHN, H. (1952): Die Felsbilder Europas. Stuttgart.
KÜHNELT, W. (1948): Moderne Gesichtspunkte in der Ökologie der Tiere. Wiss. u. Weltbild, 1, 189–194.
- (1950): Bodenbiologie. Wien.
- (1952): Prinzipien der Systematik. Handb. d. Biol., 6, 1–16.
- (1965): Grundriß der Ökologie. 1. Aufl. Jena.
- (1970): Grundriß der Ökologie. 2. Aufl. Jena.
- (1972): Beziehungen zwischen Ökologie und Ethologie. Festschrift 15 Jahre Gesellschaft der Freunde der Biologischen Station Wilhelminenberg 1957–1972, 10–12. Wien.
- (1972–73): Die Bedeutung der Verhaltensweisen des Menschen für den Natur- und Lebensschutz. Noi Intern., 7, 15–25.
KÜKELHAUS, H. (1934): Urzahl und Gebärde. Grundzüge eines kommenden Maßbewußtseins. Berlin.
KULCHITSKA, O. L. (1959): Folk Costumes of the Western Regions of the Ukrainian SSR. Kiev.
KULIŠIĆ, Š. (1966): Volksbräuche in Jugoslawien. Beograd.
KULLENBERG, B. (1961): Studies in Ophrys pollination. Zool. Bidr. Uppsala, 34, 1–340.
KUMMER, B. (1930–1931a): Geschlechtsverkehr. In: Hw. d. d. A., 3.
- (1930–1931b): Geburt. In: Hw. d. d. A., 3.
- (1932–1933): Männerkindbett. In Hw. d. d. A., 5.

* Kussmaul, F. (1964): Paschtunen (Afghanistan, Badakhshan) – Kampfspiel. Film E 686, Encycl. Cinematogr., Göttingen.
Kybalová, L. (1966): Das große Bilderlexikon der Mode. Gütersloh.
La Baume, P. (1960): Keltische Münzen. Braunschweig.
Lachmann, K. (1901): Der Nibelungen Noth und die Klage. Berlin.
Lack, D. (1943): The Life of the Robin. Cambridge.
Ladstätter, K. (1974): Wildwarnreflektoren. Ein wirkungsvoller Schutz gegen Wildunfälle im Straßenverkehr. Mitt. f. d. Österr. Jägersch., 10, 1.
La Farge, O. (1961): Die große Jagd. Geschichte der nordamerikanischen Indianer. Olten/Freiburg i. Br.
Lange, F. (1952): Die Sprache des menschlichen Antlitzes. München.
László, G. (1970): Steppenvölker und Germanen. Wien/München.
Lauffer, O. (1930): Jungfernkranz und Brautkrone. Z. f. Volkskd.
Laum, B. (1924): Heiliges Geld. Tübingen.
Lavater, J. K. (1829): Physiognomik. Fragmente zur Beförderung der Menschenkenntnis und Menschenliebe. Wien.
Lawick-Goodall, J. v. (1971): Wilde Schimpansen. Reinbek b. Hamburg.
Lawick-Goodall, H. u. J. (1972): Unschuldige Mörder. Bei den Raubrudeln in der Serengeti. Reinbek b. Hamburg.
Leeder, K. (1918): Wildkunde und Jagdbetrieb. Wien/Leipzig.
Lehmann, S. (1968): Bäuerliche Symbolik. Versuch einer Genese und Systematik. Symbolon, Jahrb. f. Symbolforschg., 6. Basel/Stuttgart.
Lersch, Ph. (1951): Gesicht und Seele. München/Basel.
Lettenmair, J. G. (1969): Das große Orient-Teppich-Buch. 3. Aufl. München/Wels.
– (1972): Das große Orient-Teppich-Buch. 4. Aufl. München/Wels.
Leuzinger, E. (1959): Afrika. Kunst der Negervölker. Baden-Baden.
Lewis, I. M. (1955): Peoples of the Horn of Africa. Somali, Afar and Saho. Ethnographic Survey of Africa. London.
Leyhausen, P. (1952): Das Verhältnis von Trieb und Wille in seiner Bedeutung für die Pädagogik. Lebendige Schule, 8, 521–542.
– (1954a): Die Entdeckung der relativen Koordination: Ein Beitrag zur Annäherung von Physiologie und Psychologie. Studium Gen., 7, 45–60.
– (1954b): Vergleichendes über die Territorialität bei Tieren und den Raumanspruch des Menschen. Homo, 5, 68–76.
– (1965): Über die Funktion der relativen Stimmungshierarchie (dargestellt am Beispiel der phylogenetischen und ontogenetischen Entwicklung des Beutefangs von Raubtieren). Z. Tierpsychol., 22, 412–494.
– (1972): Über die stammesgeschichtliche Herkunft menschlicher Antriebs- und Verhaltensweisen. Osnabrücker Naturwiss. Mitt., 1, 89–101.
– (1973): Verhaltensstudien an Katzen. Beih. 2, Z. Tierpsychol., 3. Aufl., 1–232.
Lezius, M. (1936): Das Ehrenkleid des Soldaten. Berlin.
Lhote, H. (1958): Die Felsbilder der Sahara. Würzburg/Wien.
Liebmann, H. (1973): Ein Planet wird unbewohnbar. München.
Liedtke, M. (1972): Evolution und Erziehung. Ein Beitrag zur pädagogischen Anthropologie. Göttingen.
* Lies, E. (1969): Anfertigung einer Schönperchtenkappe. Film V 1347, Bundesstaatl. Hauptstelle f. Wiss. Kinematogr., Wien.
* – (1970a): Perchtenlauf in der Gastein. Film Vf 1382, Bundesstaatl. Hauptstelle f. Wiss. Kinematogr., Wien.
* – (1970b): Perchtenlauf in der Gastein. Film V 1385, Bundesstaatl. Hauptstelle f. Wiss. Kinematogr., Wien.
* – (1970c): Abräumen einer Perchtenkappe. Film V 1387, Bundesstaatl. Hauptstelle f. Wiss. Kinematogr., Wien.
* – (1970d): Schmücken einer Perchtenkappe. Film Vf 1400, Bundesstaatl. Hauptstelle f. Wiss. Kinematogr., Wien.

* – (1970e): Widderprozession in Kals. Film V 1301, Bundesstaatl. Hauptstelle f. Wiss. Kinematogr., Wien.
* – (1970f): Widderprozession von Zedlach nach Prägraten. Film V 1316, Bundesstaatl. Hauptstelle f. Wiss. Kinematogr., Wien.
* – (1971): Widderprozession nach Obermauern. Widderversteigerung in Virgen. Film V 1243, 1, 2, Bundesstaatl. Hauptstelle f. Wiss. Kinematogr., Wien.
LINNÉ, C. (1758): Systema naturae. 10. Aufl. Wien.
LINSENMAIER, W. (1972): Knaurs Großes Insekten-Buch. München.
LIPFFERT, K. (1964): Symbol-Fibel. 4. Aufl. Kassel.
LLOYD, J. E. (1965): Aggressive Mimikry in Photuris: Fireflies femmes fatales. Science, 149, 653–654.
L. M. B. (1973): Aus aller Welt. Readers Digest, Feb. 1973.
LOMMEL, A. (1965): Die Welt der Frühen Jäger. Medizinmänner, Schamanen, Künstler. München.
– (1969): Fortschritt ins Nichts. Die Modernisierung der Primitiven Australiens. Zürich/Freiburg i. Br.
LORENZ, K. (1935): Der Kumpan in der Umwelt des Vogels. J. Ornith., 83, 137–413.
– (1937): Über die Bildung des Instinktbegriffes. Naturwiss., 25, 289–300, 307–318, 325–331.
– (1939): Vergleichende Verhaltensforschung. Referat auf der Rostocker Zoologentagung. Verhandl. d. Deutsch. Zool. Ges., Rostock. Zool. Anz. Suppl., 12, 69–102.
– (1941): Vergleichende Bewegungsstudien bei Anatiden. J. Ornith., 89, 194–294.
– (1942): Induktive und teleologische Psychologie. Naturwiss., 30.
– (1943): Die angeborenen Formen möglicher Erfahrung. Z. Tierpsychol., 5, 235–409.
– (1948a): Was ist »vergleichende Verhaltensforschung«? Umwelt, Z. d. Biologischen Station Wilhelminenberg, 2, 1–2.
– (1948b): Der sonderbare Dativ. Umwelt, Z. d. Biologischen Station Wilhelminenberg, 2, 13–14.
– (1949a): Er redete mit dem Vieh, den Vögeln und den Fischen. Wien.
– (1949b): So kam der Mensch auf den Hund. Wien.
– (1950): Ganzheit und Teil in der tierischen und menschlichen Gemeinschaft. Studium Gen., 3, 455–499.
– (1951): So kam der Mensch auf den Hund. Wien.
– (1952): King Solomon's Ring. New York.
– (1953): Die Entwicklung der vergleichenden Verhaltensforschung in den letzten 12 Jahren. Zool. Anz. Suppl., 16, 36–58.
– (1954): Psychologie und Stammesgeschichte. In: G. HEBERER: Psychologie und Stammesgeschichte. Jena.
– (1957): Methoden der Verhaltensforschung. In: KÜKENTHAL: Handb. d. Zool., 8, 10 (1), 1–22.
– (1959): Gestaltwahrnehmung als Quelle wissenschaftlicher Erkenntnis. Z. exp. angew. Psychol., 6, 118–165.
– (1960): Prinzipien der vergleichenden Verhaltensforschung. Fortschr. d. Zool., 12, 267–294.
– (1961): Phylogenetische Anpassung und adaptive Modifikation des Verhaltens. Z. Tierpsychol., 18, 139–187.
– (1962): Der Kampf ums Dasein auf dem Korallenriff. Mitt. aus d. Max-Planck-Ges., 4, 195–205.
– (1963): Das sogenannte Böse. Zur Naturgeschichte der Aggression. Wien.
– (1965a): Darwin hat recht gesehen. Pfullingen.
– (1965b): Über tierisches und menschliches Verhalten, 2. München.
– (1966): Stammes- und kulturgeschichtliche Ritenbildung. Mitt. aus d. Max-Planck-Ges., 1, 3–30.
– (1967): Die instinktiven Grundlagen menschlicher Kultur. Naturwiss. 54, 377–388.
– (1968): Vom Weltbild des Verhaltensforschers. München.

- (1971): Die acht Todsünden der zivilisierten Menschheit, 281–340. München.
- (1973): Die Rückseite des Spiegels. München.

LORENZ, K. u. TINBERGEN, N. (1938): Taxis und Instinkthandlung in der Eirollbewegung der Graugans. Z. Tierpsychol., 2, 1–29.
LORENZ, M. (1915): Die okkulte Bedeutung der Edelsteine. Leipzig.
LÜCKING, W. u. HAIN, M. (1959): Trachtenleben in Deutschland, 3, Hessen. Berlin.
LÜCKING, W. u. NEDO, P. (1956): Die Lausitz. Sorbische Trachten. Berlin.
LUGS, J. (1968): Das Buch vom Schießen. Prag.
LÜSCHEN, G. (1966): Kleingruppenforschung und Gruppe im Sport. Kölner Z. f. Soziol. u. Sozialpsychol., Sonderh. 10.
MAC ARTHUR, R. H. u. CONNELL, J. H. (1966): Biologie der Population. München/Basel/Wien.
MAC LUHAN, M. (1968): Die magischen Kanäle. Düsseldorf/Wien.
MAHLING, F. (1923): Zur Geschichte des Problems wechselseitiger Beziehungen zwischen Ton und Farbe. Berlin.
MAILLY, A., PARR, A. u. LÖGER, E. (1931): Sagen aus dem Burgenland. Wien/Leipzig.
MAKATSCH, W. (1951): Der Vogel und sein Nest. Leipzig.
MALINOWSKI, B. (1929): The Sexual Life of Savages in North-Western Melanesia. New York.
- (1940): Sitte und Verbrechen bei den Naturvölkern. Wien.

MANNHARDT, W. (1904–1905): Wald- und Feldkulte. 2. Aufl. Berlin.
MANTHEY, M. (1974): Fauler Zauber nicht nur um Uri. »Die Presse«, 6. 2. 1974. Wien.
MAO TSE-TUNG (1969): Vom Kriege. Gütersloh
MARCOTTY, Th. (1958): Bogen und Pfeile. München.
MARINATOS, Sp. (1969): Excavations at Thera, 2 (1968 Season). Athen.
- (1971): Excavations at Thera, 4 (1970 Season). Athen.
- (1972): Excavations at Thera, 5 (1971 Season). Athen.
- (1973): Die Ausgrabungen auf Thera und ihre Probleme. Österr. Akad. d. Wiss., Phil.-hist. Klasse, Sitzungsber., 287, 9–32.

MARINELLI, W. (1948): Die Abstammung des Menschen. Wien.
MARKOV, J. (1956): Slowakische Volkskleidung der Vergangenheit. Prag.
MARLER, P. R. u. HAMILTON, W. J. (1972): Tierisches Verhalten. München/Bern/Wien.
MARTIN, A. u. MUSY, A. (o. Jahresz.): Das Leben der Kolibris. Bern.
MARTIN, K. (1973): Das große Zigeuner-Wahrsagebuch. Wien/München/Zürich.
MARTIN, P. (1963): Der bunte Rock. Stuttgart.
- (1967): Waffen und Rüstungen von Karl dem Großen bis zu Ludwig XIV. Frankfurt a. M.

MARZELL, H. (1912): Der vierblättrige Klee im Volksaberglauben. Die Scholle, Landsberger Volkskalender.
- (1963): Zauberpflanzen, Hexentränke. Stuttgart.

MASSICZEK, A. u. SAGL, H. (1967): Zeit an der Wand. Wien/Frankfurt a. M./Zürich.
MASTERS, R. E. u. HOUSTON, J. (1969): Psychedelische Kunst. München/Zürich.
MATTHES, W. (1963): Abnormitäten beim Brutgeschäft der Türkentaube (*Streptopelia decaocta*). Ornith. Mitt., 15, 252.
MAYERHOFER, M. (1956): Kurzgefaßtes etymologisches Wörterbuch des Altindischen. Heidelberg.
MAYR, E. u. SCHÜZ, E. (1949): Ornithologie als biologische Wissenschaft. Heidelberg.
MAZAHÉRI, A. (1957): So lebten die Muselmanen im Mittelalter. Stuttgart.
MBORJA, D. u. ZOIZI, R. (1959): Arti popullor në shqipëri. Tirana.
MEAD, M. (1935): Sex and Temperament in Three Primitive Societies. New York.
- (1937): Cooperation and Competition among Primitive People. New York.
- (1955): Male and Female. New York.

MEADOWS, D. (1972): Die Grenzen des Wachstums. Stuttgart.
MELL, A. (1962): Die Fahnen des österreichischen Soldaten im Wandel der Zeiten. Wien.

MENGIS, C. (1930–1931a): Gelb. In: Hw. d. d. A., 3.
- (1930–1931b): Grün. In Hw. d. d. A., 3.
- (1935–1936): Rot. In: Hw. d. d. A., 7.
MENZDORF, A. (1974): Beiträge zu einem Aktionssystem des Steinhuhns. Diss. Wien.
MĚŘIČKA, V. (1966): Orden und Auszeichnungen. Prag.
MESCHGANG, J. (1957): Sorbische Volkstrachten, 2. Die Tracht der katholischen Sorben. Bautzen.
MESCHKE, K. (1932–1933): Kranz, Krone. In: Hw. d. d. A., 5.
MEULI, K. (1932–1933): Maske, Maskereien. In: Hw. d. d. A., 5.
MEYER-HOLZAPFEL, M. (1956): Das Spiel bei Säugetieren. In: KÜKENTHAL, Handb. d. Zool., 8 (10), 1–36.
MITSCHA-MÄRHEIM, H. (1963): Dunkler Jahrhunderte goldene Spuren. Wien.
MOHR, E. (1954): Die freilebenden Nagetiere Deutschlands und der Nachbarländer. Jena.
MOHTASCHEMI, M. (1970): Einführung in die finnische Volkskunde. Wegweiser z. Völkerkd., 10, 1–54. Hamburg.
MOLLO, A. u. MC GREGOR, M. (1974): Armee-Uniformen des 2. Weltkrieges. München.
MORGAN, L. W. (1877): Ancient Society, or Researches in the Lines of Human Progress from Savagery, through Barbarism to Civilisation.
MORRIS, D. (1968): Der malende Affe. München.
MOSEN, W. (1967): Eine Militärsoziologie. Neuwied/Berlin.
MUDRAK, E. (1961): Nordische Götter- und Heldensagen. Reutlingen.
MUELLER, C. G. u. RUDOLPH, M. (1969): Licht und Sehen. Reinbek b. Hamburg.
MÜHLMANN, W. E. (1962): Homo Creator. Wiesbaden.
MÜLLER, A. H. (1961): Großabläufe der Stammesgeschichte. Jena.
MÜLLER-BROCKMANN, J. (1968): Gestaltungsprobleme des Grafikers. Teufen AR.
MURBACH, E. u. HEMAN, P. (1967): Zillis. Die romanische Bilderdecke der Kirche St. Martin. Zürich/Freiburg i. Br.
MUSAPH, H. (1972): Technik der psychologischen Gesprächsführung. Salzburg.
MUSÄUS, J. K. (1912): Volksmärchen der Deutschen, 2. Jena.
MÜTZEL, H. (1925): Vom Lendenschurz zur Modetracht. Aus der Geschichte des Kostüms. Berlin.
NAUMANN, H. (1921): Primitive Gemeinschaftskultur. Jena.
NAVRATIL, L. (1965): Schizophrenie und Kunst. München.
NEFFGEN, H. (1902): Grammatik der Samoanischen Sprache. Wien/Leipzig.
NEGELEIN, J. v. (1903): Das Pferd im arischen Altertum. Königsberg.
NEILL, A. S. (1969): Theorie und Praxis der antiautoritären Erziehung. Reinbek b. Hamburg.
NEMEC, H. (1966): Alpenländische Bauernkunst. Wien.
NESKE, F. u. HEUER, G. F. (1971): Handlexikon Werbung & Marketing. Frankfurt a. M./Hamburg.
NEUNZIG, K. (1927): Praxis der Vogelpflege und -züchtung. Magdeburg.
NICOLAI, J. (1964): Der Brutparasitismus der Viduinae als ethologisches Problem. Prägungsphänomene als Faktoren der Rassen- und Artbildung. Z. Tierpsychol., 21, 129–204.
- (1973): Vogelleben. Stuttgart.
NIKLITSCHEK, A. (1940): Technik des Lebens. Berlin.
NOTRING-JAHRBUCH (1973): Haus und Hof in Österreichs Landschaft. Wien.
NOWAK, F. (1909): Die Kämpfe der Tiroler für Vaterland und Dynastie. 2. Aufl. Bozen.
NOWAK-NEUMANN, M. (1964): Sorbische Volkstrachten. Die Tracht der Niederlausitzer Sorben. Bautzen.
NOWAK-NEUMANN, M. u. NEDO, P. (1954): Sorbische Volkstrachten, 1. Die Tracht der Sorben um Schleife. Bautzen.
NOWOTNY, K. A. (1960): Mexikanische Kostbarkeiten aus Kunstkammern der Renaissance. Mus. f. Völkerkd. Wien.

Nusko, K. (1972): Hagmoar vom Hundstoa. Ein Rangglerbuch. Saalfelden.
Oberländer, O. Vorn. (1900): Der Lehrprinz. Ein Führer für angehende Jäger. Neudamm.
Ohlendorf, H. (1959): Till Eulenspiegel. Wolfenbüttel.
Ohrenberger, A. (1963): Der Mensch im Raum des geschichtlichen Werdens. Die Zeit der Awaren und der Slawen. In: Allgemeine Landestopographie des Burgenlandes, 2, 28.
Okladnikow, A. P. (1972): Der Hirsch mit dem goldenen Geweih. Wiesbaden.
– (1974): Der Mensch kam aus Sibirien. Wien/München/Zürich.
Olbrich, K. (1936–1937): Stein I. In: Hw. d. d. A., 8.
Önder, M. (o. Jahresz.): Der Führer des Mevlana Museums. Konya.
Ortutay, G. (1963): Kleine Ungarische Volkskunde. Budapest.
Osche, G. (1973–1974): Das »Wesen« der biologischen Evolution. Mannheim.
Oxenstierna, E. Graf (1957): Die Nordgermanen. Stuttgart.
Pachinger, A. M. (1912): Glaube und Aberglaube im Steinreich. München.
Packard, V. (1962): Die geheimen Verführer. Frankfurt a. M./Berlin.
Pálos, St. (1968): Lebensrad und Bettlerschale. München.
Pars, H. (1957): Göttlich aber war Kreta. Olten/Freiburg i. Br.
Patera, H. v. (1960): Unter Österreichs Fahnen. Graz/Wien/Köln.
Paullini, Ch. F. (1697): Neu vermehrte Dreckapotheke. Frankfurt a. M.
– (1847): Heilsame Dreckapotheke. Stuttgart.
Pawlikowski-Cholewa, A. v. (1943): Heeresgeschichte der Völker Afrikas und Amerikas. Berlin.
Pawlow, I. P. (1898): Die Arbeit der Verdauungsdrüsen. Wiesbaden.
– (1926): Die höchste Nerventätigkeit (das Verhalten) von Tieren. München.
– (1927): Conditioned Reflexes. Oxford.
Perkmann, A. (1927): Berufen. In: Hw. d. d. A., 1.
Peter, I. (1952): Gaßlbrauch und Gaßlspruch in Österreich. Salzburg.
Peters, H. (1937): Untersuchungen über die Brutpflege von *Haplochromis multicolor*, einem maulbrütenden Knochenfisch. Z. Tierpsychol., 1, 201–218.
Petrei, B. (1962): Die Vierberger – heute. Ein Beitrag zur Erhaltung und Erforschung des eigenartigen Brauches in Kärnten. Carinthia I. Mitt. d. Geschichtsv. f. Ktn, 152, 322–329.
– (1972): Die Burschenschaften im Burgenland. Öst. Z. Volkskd., 26, 73–93.
– (1973): Lebendiges Brauchtum im Burgenland. Eisenstadt.
Petri, H.-H. (1959): Südamerikanische Naturvölker. In: H. Tischner: Völkerkunde. Frankfurt a. M.
Petzsch, H. (1972): Säugetiere. In: Urania Tierreich. Leipzig/Jena/Berlin.
Peuckert, W.-E. (1960): Astrologie. Geschichte der Geheimwissenschaften. Stuttgart.
Pfaundler, W. (o. Jahresz.): Peaschtln im Advent. Merian, 11/27, 72.
Pfeifer, S. u. Keil, W. (1963): Abwehr von Vogelschäden durch Glaskugeln. Rat f. Vogelschutz, deutsch. Sekt., 3, 1–5.
Pfister, A. (1927): Amulett. In: Hw. d. d. A., 1.
– (1936–1937): Talisman. In: Hw. d. d. A., 8.
Pfleiderer, W. (1930): Die Geburt des Bildes. Stuttgart.
Piderit, Th. (1886): Mimik und Physiognomik. 2. Aufl. Detmold.
Pietsch, P. (1966): Die Formations- und Uniformierungs-Geschichte des preußischen Heeres 1808–1914, 2. Hamburg.
Piffl, E. (1938): Deutsche Bauern in Ungarn. Berlin.
Piggott, S. (1961): Die Welt aus der wir kommen. München/Zürich.
Pittioni, R. (1938): Österreichs Urzeit im Bilde. Leipzig/Wien.
– (1949): Die urgeschichtlichen Grundlagen der europäischen Kultur. Wien.
Pivka, O. v. (1973): The Black Brunswickers. Berkshire.
Plack, A. (1967): Die Gesellschaft und das Böse. München.
Pölnitz, S. v. (1971): Vierzehnheiligen. Eine Wallfahrt in Franken. Weißenhorn.

Portmann, A. (1942): Die Ontogenese und das Problem der morphologischen Wertigkeit. Rev. suisse Zool., 49.
Potratz, J. A. (1961): Die Kunst des alten Orient. Stuttgart.
Potyka, H. (1967): Mensch und menschengeformte Umwelt. Bull. d. Forschungsges. f. Wohnen, Bauen, u. Planen. Wien.
Poulton, E. B. (1887): The Experimental Proof of the Protective Value of Color and Markings in Insects in reference to their Vertebrate Enemies. Proc. Zool. Soc., 16, 191–274.
– (1924): Proc. Ent. Soc. London, 43.
Praschniker, C. (1929): Zur Geschichte des Akroters. Schriften d. phil. Fak. d. Deutsch. Univ. Prag, 5.
Prechtl, H. (1949): Das Verhalten von Kleinkindern gegenüber Schlangen. Psychol. Forsch. 13, 68–70.
Prochnow, O. (1907): Die Mimikry-Theorie. Intern. Entomol. Z., 8.
Prunner, G. (1973): Papiergötter aus China. Wegweiser z. Völkerkd., 14. Hamburg.
Räber, H. (1944): Versuche zur Ermittlung des Beuteschemas an einem Hausmarder *(Martes foina)* und einem Iltis *(Putorius putorius)*. Rev. suisse Zool., 51, 293–332.
Rabbow, A. (1970): dtv-Lexikon politischer Symbole. München.
Rainer, R. (1961): Anonymes Bauen: Nordburgenland. Salzburg.
R. B. (o. Jahresz.): Löffelgraben. Patriotischer Hausschatz, 2, 732.
Redloff, G., Frommknecht, H. u. Klein, M. (1972): Einführung in den dialektischen und historischen Materialismus. Berlin.
Reisinger, E. (1912): Kretische Vasenmalerei von Kamares bis zum Palaststil. Berlin.
Rensch, B. (1965): Homo sapiens. 2. Aufl. Göttingen.
– (1969): Ästhetische Grundprinzipien bei Mensch und Tier. In: G. Altner: Kreatur Mensch. München.
Retzlaff, E. u. Baur-Heinhold, M. (1958): Deutsche Trachten. Königstein im Taunus.
Richter, G. (1970): Kitsch-Lexikon von A bis Z. Gütersloh.
Riedl, A. u. Klier, K. M. (1957): Lieder, Reime und Spiele der Kinder im Burgenland. Wiss. Arb. aus dem Burgenland. Eisenstadt.
Riedl, R. (1975): Die Ordnung des Lebendigen. Hamburg/Berlin.
Riehl, W. H. (1854–1869): Die Naturgeschichte des Volkes als Grundlage deutscher Sozialpolitik. Stuttgart.
Riemschneider, M. (1953): Augengott und heilige Hochzeit. Leipzig.
Rietschel, Ch. (1965): Sinnzeichen des Glaubens. Kassel.
Roeder, G. (1952): Volksglaube im Pharaonenreich. Stuttgart.
Roessler, A. (1947): Richard Teschner. Wien.
Rohracher, H. (1953): Einführung in die Psychologie. 5. Aufl. Wien/Innsbruck.
– (1969): Kleine Charakterkunde. 12. Aufl. Wien/Innsbruck.
Röhrich, L. (1967): Gebärde, Metapher, Parodie. Düsseldorf.
Romanes, G. J. (1885): Die geistige Entwicklung im Tierreich. Leipzig.
Rosenberg, A. (1967): Engel und Dämonen. München.
Roth, W. (1968): Dorf im Wandel. Struktur und Funktionssysteme einer hessischen Zonenrandgemeinde im sozialkulturellen Wandel.
Rumpf, F. (1937): Das Soldatenkleid. Die Deutsche Soldatenkunde, 1, 352–399.
Runkel, G. (1974): Trieb und Funktion, dargestellt an dem Zusammenhang von Sexualität und Ideologien. Diss. Univ. Hamburg.
Sackett, G. (1966): Monkeys Reared in Isolation with Pictures as Visual Input. Evidence for an Innate Releasing Mechanism. Science, 154, 1468–1473.
Samson-Campbell, M. (1939): Deutschlands Rolande in Geschichte und Bild. Aachen.
Saxtorph, N. M. (1971): Kriegstrachten in Farben. Berlin.
Schachermeyr, F. (1964): Die minoische Kultur des alten Kreta. Stuttgart.
Schade, H. (1962): Dämonen und Monstren. Regensburg.
Schafer, E. H. (1968): Das alte China. Nederland.
Schäfer, W. (1971): Der Kritische Raum. Frankfurt a. M.

Schaffer, J. (1940): Die Hautdrüsenorgane der Säugetiere. Berlin/Wien.
Schaller, F. (1966): Leuchtende Tiere. In: Signale in der Tierwelt. München.
Schaller, F. u. Schwalb, H. (1961): Attrappenversuche mit Larven und Imagines einheimischer Leuchtkäfer. Zool. Anz. Suppl., 24, 154–166.
Schaller, G. B. (1963): The Mountain Gorilla. Chikago.
– (1964): The Year of the Gorilla. Chikago.
Schebesta, P. (1938): Die Bambuti-Pygmäen vom Ituri. Brüssel.
Schelsky, H. (1955): Soziologie der Sexualität. Reinbek b. Hamburg.
Schenkel, R. (1947): Ausdrucksstudien an Wölfen. Behaviour, 1, 81–129.
– (1956): Zur Deutung der Phasianidenbalz. Ornith. Beob., 53, 182–201.
Scherping, U. (1956): Abwehr des Habichts vom Gehöft. Ornith. Mitt., 8, 209.
Scherzinger, W. (1970): Zum Aktionssystem des Sperlingskauzes (*Glaucidium passerinum,* L.) Zoologica, 118, 1–120.
Scheven, P. (1911): Die Weihemünze der Gegenwart.
Schewe, H. (1927): Blau. In: Hw. d. d. A., 1.
Schier, B. (1935): Die Sage vom Schrätel und Wasserbären. Mitteldeutsch. Bull. f. Volkskd., 10.
Schilde, W. (1929): Ost-westliche Kulturbeziehungen im Sudan. In: O. Reche: In memoriam Karl Weule. Leipzig, 149–178.
Schmalenbach, W. (1946): Plastik der Südsee. Stuttgart.
Schmaus, M. u. Schörl, M. (1964): Die sozialpädagogische Arbeit im Kindergarten. München.
Schmidt, A. (1969): Sitara und der Weg dorthin. Eine Studie über Wesen, Werk und Wirkung Karl Mays. Frankfurt a. M./Hamburg.
Schmidt, F. (1967): Von den Bräuchen der Seeleute. Frankfurt a. M.
Schmidt, H. u. Schischkoff, G. (1969): Philosophisches Wörterbuch. Stuttgart.
Schmidt, L. (1947): Der Männerohrring. Wien.
– (1948): Die Volkskunde als Geisteswissenschaft. In: Handbuch der Geisteswissenschaften, 2. Wien.
– (1951): Geschichte der österreichischen Volkskunde. Wien.
– (1952): Gestaltheiligkeit im bäuerlichen Arbeitsmythos. Wien.
– (1955): Masken in Mitteleuropa. Wien.
– (1966): Volksglaube und Volksbrauch. Gestalten, Gebilde, Gebärden. Berlin.
– (1973): Hinterglas. Zeugnisse einer alten Hauskunst. 2. Aufl. Salzburg.
Schmidt, W. u. Koppers, W. (1924): Völker und Kulturen. Regensburg.
Schmied, A. (1973): Beiträge zu einem Aktionssystem der Hirschziegenantilope (*Antilope cervicapra* Linné 1758). Z. Tierpsychol., 32, 153–198.
Schmökel, H. (1928): Der Gott Dagan.
– (1966): Die frühen Hochkulturen Vorderasiens. In: Die große illustrierte Weltgeschichte, 1. Gütersloh.
Schneeweis, E. (1935–1936): Rebhuhn. In: Hw. d. d. A., 7.
Schneider, E. (1959): Sorbische Volkstrachten, 3. Die Tracht der Sorben um Hoyerswerda. Bautzen.
Schneider, O. (1905): Muschelgeldstudien. Dresden.
Schneider, W. (1964): Das Buch vom Soldaten. Düsseldorf/Wien.
Schoeck, H. (1969): Kleines Soziologisches Wörterbuch. Freiburg i. Br.
Scholem, G. (1967): Die jüdische Mystik in ihren Hauptströmungen. Frankfurt a. M.
Schonberg, H. C. (1974): Die Großmeister des Schach. Bern/München/Wien.
Schreiber, H. u. G. (1956): Mysten, Maurer und Mormonen. Wien/Berlin/Stuttgart.
Schrödern, C. (1716): Vollständige Jagdkunst sowohl von denen Vögeln als auch andern Thieren. Franckfurt/Leipzig.
* Schultz, H. (1962a): Krahó (Brasilien, Tocantinsgebiet) – Fischfang. Film E 435, Encycl. Cinematogr., Göttingen.
* – (1962b): Krahó (Brasilien, Tocantinsgebiet) – Jagdzug der beiden Zeremonialgruppen. Film E 437, Encycl. Cinematogr., Göttingen.

* – (1962c): Suyá (Brasilien, Oberer Xingú) – Fischfang durch Vergiften des Wassers. Film E 445, Encycl. Cinematogr., Göttingen.
* – (1962d): Karajá (Brasilien, Araguaia-Gebiet) – Fangen eines Arapaima mit Grundnetz. Film E 454, Encycl. Cinematogr., Göttingen.
* – (1962e): Suyá (Brasilien, Oberer Xingú) – Schnitzen einer Lippenscheibe. Film E 447, Encycl. Cinematogr., Göttingen.
* – (1965a): Waurá (Brasilien, Oberer Xingú) – Körperbemalung. Film E 993, Encycl. Cinematogr., Göttingen.
* – (1965b): Waurá (Brasilien, Oberer Xingú) – »javarí« – Kampfspiel (Übungen). Film E 994, Encycl. Cinematogr., Göttingen.
* – (1965c): Waurá (Brasilien, Oberer Xingú) – Ringkampf. Film E 995, Encycl. Cinematogr., Göttingen.
SCHULTZ, O. E. (1937): Volksbrauch, Volksglaube und Biologie. Berlin/Bonn.
SCHUMACHER, W. (1967): Über die zunehmende Sprachverwilderung in der deutschen naturwissenschaftlichen Literatur. Naturwiss., 54, 162–163.
SCHURTZ, H. (1895): Das Augenornament und verwandte Probleme. Abh. d. Philolog.-hist. Klasse d. Königl. Sächsischen Ges. d. Wiss., 15, 1–96
– (1900): Urgeschichte der Kultur. Leipzig.
– (1902): Altersklassen und Männerbünde. Berlin.
SCHÜZ, E. (1957): Das »Occipital-Gesicht« bei Sperlingskäuzen (Glaucidium). Vogelwarte, 19, 138–140.
– (1970): Das Ei des Straußes (Struthio camelus) als Gebrauchs- und Kultgegenstand. Tribus, Veröffentl. des Linden Mus., 19, 79–90.
SCHÜZ, E. u. KUHK, R. (1972): Stand 1970 der Ausbreitung des Kuhreihers (Ardeola ibis). Beitr. Vogelkd., 18, 70–80.
SCHWARZ, D. W. (1970): Sachgüter und Lebensformen. Einführung in die materielle Kulturgeschichte des Mittelalters und der Neuzeit. Berlin.
SCHWEEGER-HEFEL, A. (1960): Holzplastik in Afrika. Wien.
SEIFERLE, E. (1949): Kleine Hundekunde. Rüschlikon.
SEITZ, A. (1940): Die Paarbildung bei einigen Cichliden, 1. Z. Tierpsychol., 4, 40–84.
– (1941): Die Paarbildung bei einigen Cichliden, 2. Z. Tierpsychol., 5, 74–101.
– (1951): Untersuchungen über das Formensehen und optische Größenunterscheidung bei der Skudde (ostpreußisches Landschaf). Z. Tierpsychol., 8, 423–441.
SELIGMANN, K. (1948): Das Weltreich der Magie. Wiesbaden.
SELIGMANN, S. (1910): Der Böse Blick und Verwandtes. Berlin.
– (1922): Die Zauberkraft des Auges und das Berufen. Hamburg.
– (1927): Die magischen Heil- und Schutzmittel aus der unbelebten Natur mit besonderer Berücksichtigung der Mittel gegen den Bösen Blick. Eine Geschichte des Amulettwesens. Stuttgart.
SELLO, G. (1901): Der Roland zu Bremen. Bremen.
SENFTLEBEN, H. A. (1973): Wann beginnt die Sexualität? Gedanken zu Sigmund Freuds Sexualtheorie. Wien.
SICK, H. (1959): Die Balz der Schmuckvögel (Pipridae). J. Ornith., 100, 269–302.
SIKES, E. E. u. GRAY, L. H. (1931): Hair and Nails. In: Encyclopaedia of Religion and Ethics, 4.
SIMMEL, G. (1923): Soziologie. Untersuchungen über die Formen der Vergesellschaftungen. Berlin.
SIMON, E. (1967): Die Reformation. Nederland.
* SIMON, F. (1969): Pfingstbrauch der Kaluscharen – »Begraben« der Fahne in Priseaca. Film E 1656 T, Encycl. Cinematogr., Göttingen.
* – (1972): Pfingstbrauch der Kaluscharen – Aufrichten der Fahne und Tanz auf einem Hof in Priseaca. Film E 1653, Encycl. Cinematogr., Göttingen.
SIMONS, G. (1969): Die Geburt Europas. Nederland.
SKINNER, B. F. (1938): The Behavior of Organisms. New York.
– (1953): Science and Human Behavior. New York.

SLAWIK, A. (1939): Ostasien. Chinesen. In: H. A. BERNATZIK: Die Große Völkerkunde, 2. Leipzig.
ŠMIROUS, K. u. ŠOTKOVÁ, B. (1956): Volkstrachten in der Tschechoslowakei. Prag.
SOEDER, H. (1964): Urformen der abendländischen Baukunst. Köln.
SOLDATENBUCH, Österreichisches, 1960. Graz.
SONDHEIM, E. (1971): Knoten, Spleißen, Takeln. 7. Aufl. Bremen.
ŠOUREK, K. (1956): Volkskunst in Bildern. Prag.
SPENCER, H. (1970): Pioniere der modernen Typografie. München/Wien/Zürich.
SPIEGEL, DER (1968): Kurznotiz »Theodor W. Adorno« mit Bild. Der Spiegel, 23/18, 222.
SPIEL, Ch. (1972): Menschen essen Menschen. Die Welt der Kannibalen. München/Gütersloh/Wien.
SPIESS, C. v. (1925): Bauernkunst, ihre Art und ihr Sinn. Wien.
– (1934): Bauernkunst. Berlin.
SPIESS, C. v. u. MUDRAK, E. (1944): Hausbuch Deutscher Märchen. Wien/Berlin.
SPINDLER, P. (1959): Studien zur Vererbung von Verhaltensweisen, 2. Verhalten gegenüber Schlangen. Anthrop. Anz., 23, 187–218.
* SPRANKEL, H. (1959a): *Tupaia glis* (Tupaiidae) – Nahrungsaufnahme, 1 (Beuteerwerb – Kaubewegungen). Film E 296, Encycl. Cinematogr., Göttingen.
* – (1959b): *Tupaia glis* (Tupaiidae) – Nahrungsaufnahme, 2 (Trinken – Lecken – Handgebrauch). Film E 297, Encycl. Cinematogr., Göttingen.
STADLER, F. (1971): Brauchtum im Salzkammergut. Gmunden.
STADLIN, E. (1879): Wien's Huldigungs-Festzug zur Feier der Silbernen Hochzeit des Kaiserpaares. Bildermappe. Wien.
STANDFUSS, M. (1894): Die Beziehungen zwischen Färbung und Lebensgewohnheiten bei den palaearktischen Großschmetterlingen. Vierteljahrsschr. d. Naturf. Ges. Zürich, 39, 85–119.
STARKIE, W. (1957): Auf Zigeunerspuren. München.
STEINEN, K. v. d. (1896): Prähistorische Zeichen und Ornamente.
STEINER, C. J. (1895): Das Mineralreich nach seiner Stellung in Mythologie und Volksglauben. Gotha.
STEINER, G. (1969): Manipulation des Menschen durch Werbung. In: G. ALTNER: Kreatur Mensch. München.
STEINER, H. (1971): Einführung in die Theorie der wirtschaftlichen Werbeleistung. Berlin.
STEINGRÄBER, E. (1968): Schatzkammern Europas. Weltliche Schatzkammern. München.
STEINIGER, F. (1938a): Die ökologische Bedeutung der Augenflecke bei Insekten. Verhandl. VII. Intern. Kongr. Entomol. 1340–1346.
– (1938b): Warnen und Tarnen im Tierreich. Berlin-Lichterfelde.
STELLER, W. (1934–1935): Nachtaugen. In: Hw. d. d. A., 6.
STEMPLINGER, E. (1948): Antiker Volksglaube, Stuttgart.
STENGG, A. (1959): Gesetz der Kunst. Wien.
STERN, A. (1931): Der Ring im Märchen, in der Novelle, im Drama, im Recht. Hess. Bl., 30–31, 106 f.
STEUERWALD, K. (1966): Langenscheidts Wörterbuch der Türkischen und Deutschen Sprache. Berlin/München/Zürich.
STEURER, Ch. (1973): Blicke können töten. Streßreaktionen bei Halbaffen. Süddeutsch. Zeitung, 4. 11. 1973.
STEWART, D. (1968): Die Frühzeit des Islam. Nederland.
STICH, J. (1929): Das Wetterhorn von Neulosimthal. Sudetendeutsch. Z. f. Volkskd., 2, 73.
STIEBER, P. (1971): Formung und Form. Versuch über das Zustandekommen der keramischen Form. Schr. des Deutsch. Hafner-Archivs, 1, 1–54.
STIEF, W. (1938): Heidnische Sinnbilder an christlichen Kirchen und auf Werken der Volkskunst. Leipzig.

STOLTENBERG, H. L. (1937): Reine Farbkunst in Raum und Zeit. Berlin.
STOURZH-ANDERLE, H. (1955): Die sexuelle Konstitution. Wien/Bonn.
ST. PAUL, U. v. (1948): Über das angeborene Erkennen von Feinden bei Würgern. Diss. Heidelberg.
STRESEMANN, E. (1951): Die Entwicklung der Ornithologie von Aristoteles bis zur Gegenwart. Berlin.
STRZYGOWSKI, J. (1926): Altai – Iran und Völkerwanderung. Leipzig.
STÜBEL, O. (1896): Sammlungen samoanischer Texte nebst deutscher Übersetzung. Berlin.
STÜLCKEN, K. (1943): Beizwild der Könige. Wedel i. Holst.
STYLIANOS, A. (1972): Führer durch das Archäologische Museum von Heraklion. Athen.
SWOBODA, O. (1970): Lebendiges Brauchtum. Salzburg.
SZUMAN, St. (1930): Über die im Meskalinrausch bei geschlossenen Augen erscheinenden Visionen. Kwartalnik Psychologiezny.
TAKÁCS, Z. de (1931): L'art des grandes migrations en Hongrie et en Extrême Orient. Rev. des Arts Asiatiques.
TEMBROCK, G. (1961): Verhaltensforschung. Eine Einführung in die Tier-Ethologie. Jena.
– (1962): Versuch einer Analyse des Imponierverhaltens beim Rotfuchs, *Vulpes vulpes* L. Z. Tierpsychol., 19, 577–585.
– (1971): Grundlagen der Tierpsychologie. Berlin/Oxford/Braunschweig.
TEPLY, K. (1968): Kaiserliche Gesandtschaften ans Goldene Horn. Stuttgart.
TESAREK, A. (1927): Das Buch der Roten Falken. 2. Aufl. Wien.
TEUBER, O. u. OTTENFELD, R. v. (1895): Die österreichische Armee von 1700 bis 1867. Wien.
THEWS, K. (1972): Verhaltensforschung die uns angeht. Gütersloh/Berlin/München/Wien.
THIEL, E. (1968): Geschichte des Kostüms. Berlin.
THIENEMANN, J. (1927): Rossitten. Neudamm.
THIENEN, F. W. u. DUYVETTER, J. (1962): Klederdrachten. Amsterdam.
THILO, E. (1941): Schweizer Pfadfinderbüchlein. 7. Aufl. Bern.
* THOMAS, E. (1964a): *Bitis arietans* (Viperidae) – Beuteerwerb durch Giftbiß. Film E 863, Encycl. Cinematogr., Göttingen.
* – (1964b): *Bitis arietans* (Viperidae) – Beuteerwerb und Schlingakt. Film E 864, Encycl. Cinematogr., Göttingen.
THORNDIKE, E. L. (1898): Animal intelligence. Psychol. Rev. Monogr. Suppl., 2.
– (1922): Psychologie der Erziehung. Jena.
THURNWALD, R. (1958): Das Gesellungsleben der Naturvölker. In: L. ADAM u. H. TRIMBORN: Lehrbuch der Völkerkunde. Stuttgart.
TICHY, H. (1960): Menschenwege – Götterberge. Wien.
TIEMANN, K. A. (1935–1936): Rad. In: Hw. d. d. A., 7.
TILKE, M. (1948): Kostümschnitte und Gewandformen. Tübingen.
TINBERGEN, N. (1939): Zur Fortpflanzungsbiologie von *Sepia officinalis* L. Arch. neérl. Zool., 3, 323–364.
– (1951): The Study of Instincts. London.
– (1952): Instinktlehre. Berlin/Hamburg.
– (1959a): Einige Gedanken über »Beschwichtigungsgebärden«. Z. Tierpsychol., 16, 651–665.
– (1959b): Comparative Studies of the Behaviour of Gulls. Behaviour, 15, 1–70.
– (1969): Von Krieg und Frieden bei Mensch und Tier. In: G. ALTNER: Kreatur Mensch. München.
TINBERGEN, N. u. IERSEL, J. J. van (1947): »Displacement reactions« in the Threespined stickleback. Behaviour, 1, 56–63.
TINBERGEN, N. u. KUENEN, D. J. (1939): Über die auslösenden und richtunggebenden Reizsituationen der Sperrbewegung von jungen Drosseln (*Turdus m. merula* L. und *T. e. ericetorum* TURTON). Z. Tierpsychol., 3, 37–60.

Tischner, H. (1958): Kulturen der Südsee. Hamburg.
- (1971): Rauru. Ein Versammlungshaus von Neuseeland in der alten Kultur der Maori. Wegweiser zur Völkerkunde, 11. Hamburg.
Toman, W. (1951): Einführung in die moderne Psychologie. Wien/Stuttgart.
Transfeldt, W. (1942): Wort und Brauch im Deutschen Heer. 3. Aufl. Hamburg.
Transfeldt, W. u. Brand, K. H. v. (1967): Wort und Brauch im deutschen Heer. 6. Aufl. Hamburg.
Trenkl, E. (1962): Liturgische Geräte und Gewänder der Ostkirche. München.
Trimborn, H. (1958): Von den Aufgaben und Verfahren der Völkerkunde. In: L. Adam u. H. Trimborn: Lehrbuch der Völkerkunde. Stuttgart.
Trumler, E. (1971): Mit dem Hund auf du. München.
Trümpy, H. (1970): Sphären des Verhaltens, Beiträge zu einer Grammatik der Bräuche. In: Rheinisches Jahrbuch für Volkskunde, 20, 226–233. Bonn.
Ubbelohde-Doering, H. (1936): Altperuanische Kunst. Berlin.
- (1952): Kunst im Reiche der Inca. Tübingen.
Uexküll, J. u. Kriszat, G. (1934): Streifzüge durch die Umwelten von Tieren und Menschen. Berlin.
Ungers, L. u. O. M. (1972): Kommunen in der Neuen Welt 1740–1972. Köln.
Uttendörfer, O. (1939): Die Ernährung der Deutschen Raubvögel und Eulen. Neudamm.
Veit, L. (1969): Das liebe Geld. Zwei Jahrtausende Geld- und Münzgeschichte. München.
Veleva, M. G. u. Lepachova, E. (1961): Nordbulgarische Volkstrachten. Sofia.
Verwey, J. (1930): Die Paarungsbiologie des Fischreihers. Zool. Jahrb., allg. Zool. u. Physiol., 48, 1–120.
Vester, F. (1973): Hormone und die Umwelt des Menschen. Die Kapsel. Z. d. R. P. Scherer GmbH Ebersbach/Baden, 31, 1343–1399.
Viertel, K.-H. (1965): Silberglaskugel als Schutzmaßnahme gegen den Verbrennungstod von Greifvögeln auf Hochspannungsmasten. Emberiza, 1, 41–43.
Volborth, C. A. v. (1972): Heraldik aus aller Welt in Farben. Berlin.
Völgyesi, F. A. (1963): Menschen- und Tierhypnose. Zürich.
Volkelt, H. (1937): Tierpsychologie als genetische Ganzheitspsychologie. Z. Tierpsychol., 1, 49–65.
Volkskunstmuseum (1955): Die Volkskunst in Rumänien. Bukarest.
Voous, K. H. u. Abs, M. (1962): Die Vogelwelt Europas. Hamburg/Berlin.
Vossen, R. (1972): Töpferei in Spanien. Hamburg.
Wagner, E., Drobná, Z. u. Durdík, J. (1960): Tracht, Wehr und Waffen des späten Mittelalters (1350–1450). Prag.
Wagner, F. A. (1959): Indonesien. Die Kunst eines Inselreiches. Baden-Baden.
Wagner, H. O. (1966): Meine Freunde die Kolibris. Berlin/Hamburg.
Wagner, M. L. (1937): Phallus, Horn und Fisch. (Donum natalicum Carolo Jaberg messori indefesso sexagenario.) Romanica Helvetica, 6, 77–130.
Wägner, W., Baumgarten, F. u. Martens, L. (1922): Hellas. Die alten Griechen und ihre Kultur. Berlin.
Wägner, W. u. Schmidt, O. E. (1923): Rom. Geschichte des römischen Volkes und seiner Kultur. Berlin.
Walter, H. (1969): Das Anlage-Umwelt-Verhältnis beim Menschen. In: G. Altner: Kreatur Mensch. München.
Walter, S. (1968): Faschingrennen und Bärenjagen. Veröff. d. Inst. f. Volkskd. d. Univ. Wien, 2, 397–415.
Wandrey, R. (1974): Beitrag zum Sozialverhalten von Goldschakalen (*Canis aureus* L.) in Gefangenschaft. Diss. Christian-Albrechts-Univ. Kiel.
Warmington, B. H. (1963): Karthago. Aufstieg und Untergang einer antiken Weltstadt. Wiesbaden.
Watson, J. B. (1930): Psychology from the Standpoint of a Behaviorist. Philadelphia.

WECHSSLER, E. (1898): Die Sage vom heiligen Gral in ihrer Entwicklung bis auf Richard Wagners Parsifal. Halle/Saale.
WEICHINGER, R., SCHULZ, W. u. GRAEFE, G. (1973): Wohnbauforschung. Wien.
WEIGEL, K. Th. (1939): Germanisches Glaubensgut in Runen und Sinnbildern. München.
WEINHOLD, G. (1967): Das schöne Osterei in Europa. Kassel.
WEINKOPF, E. (1936–1937): Umtanzen. Umwandeln. In Hw. d. d. A., 8.
WEISER-AALL, L. (1936–1937a): Verhexen. In: Hw. d. d. A., 8.
– (1936–1937b): Tür. In: Hw. d. d. A., 8.
WEISMANN, A. (1913): Vorträge über Deszendenztheorie. 3. Aufl. Jena.
WENDT, H. (1956): Auf Noahs Spuren. Berlin/Darmstadt.
WETTSTEIN, R. u. SCHNARF, K. (1931): Leitfaden der Botanik. 10. Aufl. Wien.
WEULE, K. (1916): Der Krieg in den Tiefen der Menschheit. Stuttgart.
WHITMAN, Ch. O. (1899): Animal Behavior. Biol. Lect. Mar. Biol. Lab., Woods Hole, 285–338.
WICKLER, W. (1961): Ökologie und Stammesgeschichte von Verhaltensweisen. Fortschr. d. Zool., 13, 303–365.
* – (1964): *Antennarius nummifer* (Antennariidae) – Beutefang. Film E 517, Encycl. Cinematogr.; Publ. z. wiss. Filmen 1 A, 176–180. Göttingen.
– (1965a): Die Evolution von Mustern der Zeichnung und des Verhaltens. Naturwiss., 12, 335–341.
* – (1965b): *Hemichromis fasciatus* (Cichlidae) – Balz und Paarbildung. Film E 737, Encycl. Cinematogr., Göttingen.
* – (1965c): *Hemichromis fasciatus* (Cichlidae) – Ablaichen. Film E 738, Encycl. Cinematogr., Göttingen.
– (1966): Ursprung und biologische Deutung des Genitalpräsentierens männlicher Primaten. Z. Tierpsychol., 23, 422–437.
– (1967): Socio-sexual signals and their intra-specific imitation among primates. In: D. MORRIS: Primate Ecology. London.
– (1968): Mimikry. Nachahmung und Täuschung in der Natur. München.
– (1969): Sind wir Sünder? Naturgesetze der Ehe. München/Zürich.
– (1970a): Stammesgeschichte und Ritualisierung. Zur Entstehung tierischer und menschlicher Ritualisierung. München.
– (1970b): Antworten der Verhaltensforschung. München.
– (1970c): Soziales Verhalten als ökologische Anpassung. Verhandl. d. Zool. Ges. Köln, 291–304.
– (1971): Die Biologie der Zehn Gebote. München.
– (1972a): Verhalten und Umwelt. Hamburg.
– (1972b): Aufbau und Paarspezifität des Gesangsduettes von *Laniarius funebris* (Aves, Passeriformes, Laniidae). Z. Tierpsychol., 30, 464–476.
WICKLER, W. u. UHRIG, D. (1969): Bettelrufe, Antwortzeiten und Rassenunterschiede im Begrüßungsduett des Schmuckbartvogels *Trachyphonos d'arnaudii*. Z. Tierpsychol., 26, 651–661.
WIERZBICKI, L. (1880–1883): Ornamente der Hausindustrie ruthenischer Bauern. Lemberg.
WIESER, W. (1959): Organismen, Strukturen, Maschinen. Frankfurt a. M./Hamburg.
WILDHABER, R. (1963): Kopfbedeckungen aus Europa. Mus. f. Völkerkd. u. Schweiz. Mus. f. Volkskd. Basel.
– (1966): Hirtenkulturen in Europa. Mus. f. Völkerkd. u. Schweiz. Mus. f. Volkskd. Basel.
WILKINSON-LATHAM, R. u. Ch. (1970): Infantry Uniforms. Including Artillery and other Supporting Corps of Britain and the Commonwealth 1855–1939. London.
WILPERT, C. B. (1973): Schattentheater. Hamburg.
WILSER, L. (1917): Das Hakenkreuz nach Ursprung, Vorkommen und Bedeutung. Zeitz.

Winkler, H. (1971): Die Bedeutung der Organisation angeborenen Verhaltens für das Verständnis der Ökologie der Wirbeltiere. Sitzungsber. d. Österr. Akad. d. Wiss., Math.-naturwiss. Klasse, Abt. 1, 179, 109–127.
Winter, F. (1900): Kunstgeschichte in Bildern. Leipzig/Berlin.
Witte, W. (1952): Zur Geschichte des psychologischen Ganzheits- und Gestaltbegriffes. Studium Generale 5, 455–464.
– (1973): Sportpsychologische Anregungen der Spiele zur Feier der XX. Olympiade. Psychol. Beitr. 15, 1–50.
Wolf, W. (1929): Der Mond im deutschen Volksglauben. Bühl.
Wolff, J. (1970): Das Taschenbuch des Münzensammlers. München.
Wölfle, R. (o. Jahresz.): Kulturgeschichte in Wort und Bild. Bücherliste des Buch- und Kunstantiquariats Wölfle, München.
Wolfram, R. (1947): Das Radmähen, ein unscheinbarer Volksbrauch u. eine Fülle von Fragen. Schweiz. Arch. f. Volkskd., 44, 275–278.
* – (1963): Mitteleuropa, Südbayern – Münchener Schäfflertanz. Film E 565, Encycl. Cinematogr., Göttingen.
– (1968): Die gekreuzten Pferdeköpfe als Giebelzeichen. Veröff. d. Inst. f. Volkskd. a. d. Univ. Wien, 3, 1–127.
– (1972): Prinzipien und Probleme der Brauchtumsforschung. Österr. Akad. d. Wiss., Phil.-hist. Klasse, Sitzungsber. 278, 2. Wien.
* Wollmann, H. (1970): *Lyrurus tetrix* (Tetraonidae) – Balz. Film E 1112, Encycl. Cinematogr., Göttingen.
Wottawa, W. A. u. Burkert, D. G. (1969): Untersuchungen zum Psychoreflex der Pupille unter Verwendung einer kinematographischen Registriermethode. Research Film 6, 549–554.
Woyte, K. (1962): Tacitus Germania. Stuttgart.
Wunderlich, E. (1913): Rot. Z. d. Vereins f. Volkskd., 23.
Wunderlich, H. G. (1972): Wohin der Stier Europa trug. Kretas Geheimnis und das Erwachen des Abendlandes. Reinbek b. Hamburg.
Wundt, W. (1900–1920): Völkerpsychologie. Untersuchungen der Entwicklungsgesetze von Sprache, Mythos und Sitte. Leipzig.
– (1911): Vorlesungen über die Menschen- und Tierseele. 5. Aufl. Leipzig.
Wünsche, A. (1905): Die Sagen von Lebensbaum und Lebenswasser. Leipzig.
Wuttke, A. (1900): Der deutsche Volksaberglaube der Gegenwart. 3. Bearb. v. E. H. Meyer. Berlin.
Yerkes, R. M. (1948): Chimpanzees, a Laboratory Colony. 4. Aufl. New Haven.
Zaborsky-Wahlstätten, O. v. (o. Jahresz.): Trachtenkunde der bayerischen Gaue, 2. Die Tracht im unteren Rott- und Vilstal. München.
Zappe, A. (1968): Grundriß der Heraldik. Limburg/Lahn.
Zender, M. (1959): Die Grabbeigaben im heutigen deutschen Volksbrauch. Z. f. Volkskd. 55.
Ziak, K. (1969): Von der Schmelz auf den Gallitzinberg. Wien.
Zieting, A. (1942): Bäuerliche Stickereien aus der Winser Elbmarsch. Berlin.
Zimen, E. (1971): Wölfe und Königspudel. München.
Zinnburg, K. (1972): Salzburger Volksbräuche. Salzburg.
Zippelius, H.-M. (1957): Zur Karawanenbildung bei der Feldspitzmaus (*Crocidura leucodon*). Bonner Zool. Beitr., 8, 81–85.
Zoll, M. A. (1971): Meine Nachbarn die Affen. München.
* Zumpe, D. (1963): *Chelmon rostratus* (Chaetodontidae) – Kampfverhalten. Film E 207, Encycl. Cinematogr., Göttingen.

55. Personenregister

Abd el Kadr 278
Abel, O. 62, 498
Abs, M. 394, 522
Adam, K. A. 252, 498
Adler, A. 453, 498
Adorno, A. 227
Ahrens, R. 74, 498
Albrecht, H. 153, 498
Albrecht, J. 341, 498
Alexander der Große 273, 333
Alexiu, St. 295, 498
Älian 360
Alland, A. 62, 498
Allesch, G. J. v. 50, 498
Altrichter, F. 111, 498
Alzinger, W. 266, 498
Ambrose, J. A. 457, 498
And, M. 127, 498
Andree, R. 303, 498
Antonius, O. 83
Antonoff, G. 199, 505
Apostolski, K. 65, 498
Ardenne, A. v. 185, 498
Argelander, A. 191, 498
Arnau, F. 91, 498
Arnold, H. 48, 244, 498
Asker, R. 359, 498
Äskulap 388
Atasoy, N. 361, 498
Atatürk 216
Attila 193
Augusta, J. 433, 498
Ausserer, C. 257, 498

Bachmayer, F. 423, 511
Bächtold-Stäubli, H. 112, 230, 498
Baden-Powell, R. 52, 175, 292, 498
Baerends, G. P. 61
Bakunin, M. 15, 498
Bally, G. 172, 452, 498
Bammer, A. 181 f., 498
Bandi, H. G. 354, 356, 498

Bargheer, E. 287, 319, 498
Basanow, A. G. 111, 133, 160, 498
Basilius II. 247
Basler, O. 128, 498
Bastian, A. 14, 339, 499
Bauer, M. 435, 499
Bauerreiss, R. 418, 499
Baumann, H. 25, 402, 499
Baumgarten, F. 281, 522
Baur-Heinhold, M. 229, 517
Baus, K. 242, 499
Bayer, H. 200, 202, 204, 423, 499
Baykurt, F. 257, 499
Beach, F. A. 228, 454, 457, 459, 499, 503
Beer, R. R. 408, 499
Behm, B. 387, 499
Beitl, R. 66, 87, 90 f., 151, 181, 186, 236,
    242, 244, 247, 257, 263, 273, 279, 285,
    287, 303, 319 f., 331, 339, 350, 369,
    385, 405, 413, 428, 468 f., 499
Bellegarde, C. A. de 188
Bellucci, G. 122, 499
Benary-Isbert, M. 105, 460, 499
Benedict, R. 26 f., 499
Berger, W. 156, 499
Berghaus, P. 251, 499
Bermann, M. 192, 319, 333, 499
Bernatzik, H. A. 48, 67, 152, 171, 230 f.,
    255, 372, 459, 499
Bertalanffy, L. 38, 499
Bertholet, A. 19, 73, 151, 220, 223, 236,
    251, 303, 309, 326, 350, 367, 383, 499
Berthon, R.-Th. 135
Beth, L. 122, 499
Betz, G. 408, 499
Beurmann, A. 283, 405, 499
Bhushan, J. B. 252, 499
Biedrzynski, E. 361, 499
Bierens de Haan, J. A. 26, 499
Bihalji-Merin, O. 292, 499
Birket-Smith, K. 80, 116, 331, 431, 499
Black, Ch. 252

525

Blest, A. D. 78, 95, 499
Block, M. 64, 117, 227, 244, 326, 499
Blumler, M. F. 122, 499
Bock, H. G. 112, 501
Boette, L. F. 419, 499
Boettger, C. R. 47, 499
Böhme, R. 143, 499
Bolwig, N. 457, 500
Borisowski, G. 202, 500
Bornemann, E. 228, 500
Bosch, H. 102, 248, 398
Bossert, H. Th. 132, 418, 424, 500
Böttcher, R. 422, 500
Böttger, W. 54 f., 500
Bourke, J.-G. 320, 500
Bowling, A. H. 228, 500
Braess, M. 47, 500
Brand, K. H. v. 136, 522
Brasch, R. 106, 230, 326, 333 f., 500
Brehm, A. E. 88, 127, 373, 376, 394, 500
Brochet, F. 278
Bruckner, W. 432, 500
Brueghel, P. 139, 253, 269, 271 f., 285, 361 f.
Brüggemann, F. 296, 500
Bruhn, W. 164, 228 f., 402 f., 500
Bruhns, L. 271, 285, 500
Brünger, W. 164, 500
Bruun, B. 394, 500
Bub, H. 199, 500
Buchsbaum, R. 373, 500
Buddha 205, 226, 359, 423
Bühler, H. A. 188, 500
Bühler, K. 24, 63, 151, 500
Buisman, W. 217, 328, 431, 500
Bünning, E. 466, 500
Burckhardt, E. 302, 500
Burdach, K. 435, 500
Burian, Z. 433, 498
Burkert, D. G. 78, 524
Burland, C. 232, 249, 500
Burnadz, J. M. 185, 500
Busch, H. 233, 237, 500
Buschor, E. 222, 342, 500

Callas, M. 299
Canby, C. 432, 500
Cäsar, C. J. 67, 198, 500
Çelebi, E. 404, 500
Chandler, D. 135, 500
Charles-Picard, C. u. G. 430, 500
Chlumberg, C. 244
Chomsky, N. 75, 500
Christie, A. 229, 233, 254, 295, 348, 500
Christoph v. Baden 249

Christus 189, 205, 261, 310, 328, 383
Claessens, D. 15, 500
Claus, C. 375, 501
Clay, W. M. 97, 501
Clébert, J.-P. 117, 244, 501
Cobet, R. 112, 501
Cohen, A. K. 462, 501
Connell, J. H. 29, 514
Cooley, Ch. H. 51, 501
Cori, C. J. 375, 501
Cortez, H. 326
Coss, R. G. 74, 413, 501
Cranach, M. v. 79, 459, 501
Csilléry, K. 235, 344, 423, 502
Culican, W. 220, 501
Cunis, R. 52, 501
Curio, E. 76, 97, 393, 501
Czakó, E. 202, 354, 501

Dahl, J. 116, 501
Dahrendorf, R. 468, 501
Dalai-Lama 301, 303, 431
d'Arle, M. 215, 501
Darwin, Ch. 23, 25, 36, 81, 86, 459, 501
Dathe, H. 55, 501
David, G. 361
David-Neel, A. 137, 501
Davis, H. 280, 501
Delaroche, P. 135
Dengler, H. 227, 232, 501
Dexel, W. 339, 501
De Vore, J. 39, 502
Dietrich von Bern 249
Diez, E. 240, 357, 403, 501
Dittmer, K. 111, 501
Djilas, M. 431, 501
Dockstader, F. 212, 501
Doflein, F. 62, 506
Dollinger, H. 45, 501
Dörrer, A. 119, 283, 294, 335, 397, 400, 501
Dostal, W. 48, 64, 371, 501
Drobná, Z. 324, 522
Drosdowski, G. 166, 226, 367, 501
Droysen, J. G. 273, 501
Duchenne, G.-B. 459, 501
Durdík, J. 324, 522
Durrell, L. 71, 193
Duyvetter, J. 231, 336, 521

Eckert, G. 321, 407, 501
Eckstein, F. 115 f., 263, 502
Eelking, H. M. v. 188, 502
Eggimann, E. 205
Ehrenreich, P. 260, 502

Ehrensvärd, G. 37, 502
Eibl-Eibesfeldt, I. 16, 21, 25, 61, 76, 80 f., 84, 163, 172, 180, 231, 370, 411, 455, 471, 502
Eimerl, S. 39, 502
Eisenmenger, A. 12, 337
Eliade, M. 140, 331, 487 f., 502
Elton, C. 161, 502
Engels, F. 23, 502
Eppel, F. 41, 204, 229, 247, 340, 354, 432, 502
Erben, H. K. 62, 502
Erich, O. A. 339, 502
Ertüz, N. 381, 502
Esterházy, Fürst Nikolaus 336
Evans, A. 376, 478
Eyck, J. v. 336

Falls, C. 111, 502
Falus, K. 235, 341, 354, 423, 502
Fantz, R. L. 74, 180, 502
Farb, P. 44, 52, 100, 114, 465 f., 471, 502
Fatima 361
Fél, E. 235, 344, 354, 418, 423, 502
Ferdinand I. 135
Feuchtwanger, F. 341, 502
Fiedler, W. 39, 502
Fielhauer, H. 221, 222, 235, 281, 502
Finch, P. 227, 507
Findeisen, H. 56, 420, 503
Fitter, R. 394, 506
Ford, C. S. 228, 457, 459, 503
Forman, W. 228, 505
Formozis, P. E. 321, 407, 501
Fra Angelico 310
Francé, R. H. 420, 503
Franz Joseph I. 118, 230, 399, 419
Freiligrath, F. 187
Freud, S. 147, 452 f., 503
Freudenthal, H. 137, 257, 503
Frey, D. 205, 447 ff., 461, 503
Frey, K. 319, 503
Friedell, E. 30, 503
Friedensburg, F. 252, 503
Friedjung, W. 151, 503
Friedrich, H. 464, 466, 503
Friedrich der Große 121, 198, 247, 329
Friedrich Wilhelm III. 173 f.
Friedrich Wilhelm von Braunschweig 187
Frieling, H. 47, 180, 503
Frisch, K. v. 21, 164, 177, 503
Frobenius, L. 19, 25, 63, 116, 218, 223, 247, 365, 383, 402, 407, 503
Fromm, E. 470, 503
Frommknecht, H. 160, 517

Fuchs, P. 111, 232, 263, 503
Fuerst, R. 54, 503
Fuhrmann, E. 240, 311, 368, 503
Fu Hsi 387
Funcken, F. u. L. 229, 309, 403, 503
Furtwängler, A. 342, 503
Fuschelberger, H. 79, 503

Gaal, K. 64, 503
Galbreath, D. L. 253, 385, 409, 503
Galen 448
Gardi, R. 215, 503
Gebauer 436, 503
Gehl, H. 246, 503
Gehlen, A. 14 f., 47, 503
Geiger, P. 429, 503
Geramb, V. 244, 503
Gerbrands, A. A. 80, 311, 365, 504
Gerster, G. 124, 264, 504
Gewalt, W. 178, 504
Gierl, J. 253, 274 f., 504
Gifford, E. S. 274, 504
Gilbert, R. 27, 504
Giotto 310
Glafey, H. 279, 504
Glob, P. V. 135, 235
Glock, J. Ph. 365, 504
Göbl, R. 251, 504
Göring, H. 198
Goethe, F. 180, 457, 504
Goethe, J. W. v. 220, 285, 416, 504
Gottschalk, H. 151, 244, 247, 334, 504
Graber, G. 149, 504
Graebner, F. 104, 504
Graefe, G. 12, 101, 212, 321, 460, 462, 504, 522
Graefe, I. B. 12, 159, 212, 321, 504
Gray, L. H. 230, 519
Grebe, P. 166, 226, 367, 501
Greene, G. 263, 504
Greff, R. 73, 504
Grimm, J. 144, 209, 333, 335, 343, 418, 504
Grimm, W. 209, 343, 504
Grobben, K. 375, 501
Groos, K. 46, 504
Groth-Kimball, I. 341, 504
Grunicke, L. 16, 504
Gubernatis, A. 149, 405, 504
Guha, A.-A. 453, 504
Güntert, H. 130, 504
Gutzeit, K. 112, 501
Györgyi, K. 202, 354, 501

Haberland, E. 264, 504
Haberlandt, A. 268, 285, 504

527

Haberlandt, M. 132, 240, 504
Habicht, V. C. 328, 504
Hadorn, E. 178, 504
Haeckel, E. 16, 32, 504
Hagen, J. H. 129, 504
Hagen, K. 199, 505
Hagen, V. W. v. 224, 249, 260, 388, 402, 504
Hagger, D. H. 325, 505
Haider, F. 130, 139, 186, 505
Haiding, K. 343, 505
Hain, M. 127, 514
Hájek, L. 228, 505
Halke, P. 185
Hamilton, W. J. 16, 198, 514
Hammerschmidt, E. 264, 505
Hammitzsch, H. 232, 295, 505
Hannibal 111
Hansen, H. H. 227, 505
Hansmann, C. 186, 295, 371 f., 505
Hansmann, L. 122, 230, 351 f., 369, 405, 412, 505
Hansmann, P. 117, 505
Hare, A. P. 51, 505
Harlow, H. F. u. M. K. 74, 505
Harrach, E. v. 114, 505
Harrer, H. 132, 232, 343, 364, 422, 431, 505
Haselberger, H. 150, 505
Haug, W. F. 453, 505
Haussig, H. W. 67, 507
Hävernick, W. 13, 21, 468 f., 505
Havers, W. 306, 505
Havgild, R. 130
Hawley, A. H. 50, 506
Head, M. G. 325, 403, 506
Heberer, G. 36, 39, 49, 506
Heck, L. 477, 506
Heckscher, K. 129, 506
Hediger, H. 163, 257, 506
Hegel, G. W. 14, 506
Hegemann, H. W. 221, 271, 506
Heikertinger, F. 100, 506
Heilfurth, G. 468
Hein, A. R. 303, 506
Heinroth, K. 146, 393, 506
Heinroth, O. 18, 20, 22 f., 53, 97, 146, 177, 391, 393, 419, 457, 506
Heinzel, H. 394, 506
Heller, A. 217, 421, 430, 506
Heller, F. K. 252, 506
Hellpach, W. 455, 506
Hellwig, A. 320, 506
Heman, P. 295, 515
Hemingway, E. 127, 506

Henne-Am Rhyn, O. 144, 506
Henning, M. 325, 430, 506
Herchuf 117
Hergouth, A. 193, 506
Herland, L. 81, 506
Hermann, A. 248, 285, 289, 506
Herodot 67, 411
Herzberg-Fränkl, L. 115, 117, 506
Hesse, R. 62, 506
Heuer, G. F. 202, 515
Hewicker, F. 370, 374, 506
Hewitt, J. N. 255, 506
Heyder, R. 47
Hildebrandt, A. M. 183, 277, 506
Hiltbrand, R. 185, 479, 506
Hilzheimer, M. 62, 506
Himmelheber, H. 111, 402, 406
Hinde, R. A. 16, 20, 507
Hindenburg, P. v. 111
Hirschberg, W. 11, 19, 46, 64, 70, 107, 116, 123, 125 f., 215, 221, 230, 260, 262, 303, 339, 372, 388, 420
Hitler, A. 107, 173, 174, 180, 198, 457, 507
Hoenn, G. P. 329, 507
Hofer, T. 235, 344, 423, 502
Hoffmann-Krayer, E. 111, 112, 396, 507
Höfler, M. 419, 507
Hofstätter, P. R. 52, 151, 507
Hollitscher, W. 18, 22, 23, 507
Holmberg, A. R. 458, 507
Holst, D. v. 106
Holst, E. v. 18, 470, 507
Hölzle, E. 15, 507
Holzschuher, L. v. 199, 507
Homberg, U. 418, 507
Homer 277
Homma, J. K. 48, 66, 507
Hood, M. S. 363, 507
Horneffer, A. 67, 507
Hornung, M. 52, 507
Hottenroth, F. 138, 321, 507
Houston, J. 311, 461, 514
Howell, F. C. 39, 507
Hoyer, A. 12, 213
Hundertwasser, F. 213, 214
Hunger, E. 187, 507
Hunger, H. 134, 219, 223, 309, 346, 378, 410, 507
Hünnerkopf, R. 430
Hutchinson, P. 293, 507
Huxley, J. 227, 507

Iersel, J. J. v. 180, 521
Ihm, H. 320, 500

Ilg, K. 159, 507
Inhelder, E. 172, 507
Istvan I. 233
Italiaander, R. 228, 507
Ittenbach, M. 114, 507

Jacobi, A. 100, 508
Jahn, B. H. 198, 508
Jakob, J. 320, 508
Jankovich, M. 324, 331, 508
Jantschke, F. 163, 508
Jennings, H. S. 28, 237, 508
Jens, H. 346, 378, 395, 397, 508
Jensen, A. E. 152, 212, 342, 508
Jensen, J. v. 88, 508
Jeremias, A. 448
Jettmar, K. 30, 508
Joll, J. 15, 508
Jordan, P. 16, 508
Jung, C. G. 453, 508
Jungbauer, G. 90, 126, 345, 508
Jungwirth 248, 508
Jurziczka, A. 133, 508

Kainz, F. 15, 508
Kalicz, N. 341, 508
Kalvodová 233, 508
Kämpfe, L. 73, 508
Kannik, P. 181, 198, 282, 315, 508
Karagiorgiewitsch 329
Karl der Große 48, 107
Karl V. (Kaiser) 281
Karlinger, F. 209, 508
Kartschoke, D. 107, 508
Kastelic, J. 309, 508
Katharina II. 82
Katz, D. 461, 508
Kaut, H. 137, 508
Kebbel, H. 245, 508
Keil, W. 78, 91, 516
Keller, H. L. 260, 508
Khevenhüller, L. A. 233, 508
Kiefert, K. H. 148, 508
Kinert, A. 425, 508
Kinsey, A. C. 454, 508
Kirby, E. L. 325, 508
Kirchshofer, R. 28, 34, 508
Kirin, V. 228, 509
Kislinger, M. 130, 156, 240, 339, 509
Kittel, P. 133
Kittel, R. 73, 508
Klaatsch, H. 226, 509
Klaey, E. J. 153, 285, 414, 509
Klages, L. 15, 509
Klapperstück, J. 73, 508

Klausewitz, W. 29, 509
Klein, B. M. 98, 509
Klein, J. 242, 509
Klein, M. 160, 517
Klein, R. 81, 274, 291, 294, 509
Klersch, J. 120, 509
Klessmann, E. 118, 127, 187, 198, 271, 509
Kličkova, V. 138, 445, 509
Klier, K. M. 367, 434, 517
Klimpfinger, S. 63, 509
Kluge, F. 114, 509
Knoll, F. 177, 509
Knötel, H. 187, 228, 315, 403
Koçu, R. E. 229, 399, 425, 509
Koehler, A. 86
Koehler, O. 11, 23, 26, 51, 151, 453, 509
König, C. 394, 500
Koenig, L. 12, 28, 40, 76, 79, 237, 393, 456, 509
Koenig, O. sen. 79, 509
Koenig, O. 14, 19, 21, 23 f., 28 f., 30 f., 34, 37, 41, 45, 48, 56, 63 f., 65, 67, 76 f., 84, 89, 93, 117, 131, 134, 138, 153, 162, 166, 170, 173 f., 180, 198, 204, 228, 231, 234, 239, 274, 293, 297, 299, 355, 386, 406, 431, 456, 458, 463, 466, 509 f.
Koepf, H. 130, 510
Köhler, W. 23, 163, 451, 510
König, R. 81, 227, 511
Königsmann, E. 54, 511
Körner, Th. 187
Konfuzius 28
Kooij, M. 136, 432, 511
Koppers, W. 104, 518
Korschelt, E. 374, 511
Kortlandt, A. 42, 136, 432, 455, 511
Koschier, F. 240, 511
Kraft, V. 16, 511
Kramer, S. N. 143, 296, 511
Kraus, F. S. 320, 500
Krause, W. 164, 511
Kreisler, G. 115, 511
Krell, J. 374
Kretschmer, A. 127, 137, 164, 282, 409, 509
Kretzenbacher, L. 228, 511
Kreutzinger, H. 149, 511
Kriss-Rettenbeck, L. 122, 230, 288, 351 f., 369, 412, 505, 511
Kriszat, G. 163, 522
Kromer, K. 423, 511
Krott, K. 63
Krott, P. 63
Kuenen, J. 85, 521

529

Kuhk, R. 47, 519
Kühn, H. 70, 150, 324, 354, 357, 365, 511
Kühnelt, W. 11, 29 f., 31, 62, 161, 169, 368, 511
Kükelhaus, H. 151, 218, 273, 295, 511
Kulchitska, O. 138, 511
Kulišić, Š. 252, 315, 387, 511
Kullenberg, B. 84, 511
Kummer, B. 116, 117, 511
Kussmaul, F. 111, 512
Kybalová, L. 227, 284, 512

La Baume, P. 251, 512
Labuschagne, R. J. 80
Lachmann, K. 209, 512
Lack, D. 86, 180, 512
Lackinger, I. 12, 203
Ladstätter, K. 77, 512
La Farge, O. 232, 256, 512
Lagache, D. 453
Lange, F. 81, 459, 512
László, G. 218, 223, 231, 240, 258, 324, 347, 512
Lauffer, O. 242, 512
Laum, B. 251, 512
Lavater, J. K. 88, 512
Lawick-Goodall, H. v. 42, 163, 370, 512
Lawick-Goodall, J. v. 42, 52, 63, 136, 163, 180, 432, 455, 512
Leakey, L. S. 455
Leeder, K. 54, 512
Lehmann, S. 303, 512
Lehmann-Nitsche, R. 410
Lenin 15
Leopold V. (Herzog) 193
Lepachova, E. 138, 522
Lersch, Ph. 459, 512
Lettenmair, J. G. 224, 298 f., 300, 317, 512
Leuzinger, E. 221, 336, 512
Lewis, I. M. 107, 512
Leyhausen, P. 30, 37, 42, 45, 76, 512
Lezius, M. 314, 325, 403, 512
Liebmann, H. 37, 512
Liedtke, M. T. 62, 512
Lies, E. 12, 280, 289, 335, 361, 394, 403, 406, 417, 512
Linné, C. 39, 61, 513
Linsenmaier, W. 95, 363, 513
Lipffert, K. 188 f., 266, 273, 329, 386, 410, 414, 421, 513
Lloyd, J. E. 84, 513
Loeschke, G. 342, 503
Löger, E. 186, 331, 514

Lohse, B. 233, 237, 500
Lommel, A. 38, 140, 420, 513
Lorenz, K. 11, 14, 16 f., 18 f., 20 f., 22 f., 26, 29, 41 f., 45, 47, 55, 61 f., 72, 74, 84, 87, 89, 146 f., 153, 155, 168, 196, 392, 426, 431 f., 456 f., 462, 464 f., 470, 513 f.
Lorenz, M. 435, 514
Lücking, W. 127, 294, 514
Lugs, J. 432, 514
Lüschen, G. 51, 514
Lütkens, R. 12, 281
Ludendorff, E. 111
Ludwig XIII. 188
Luise, Königin 173 f.
Luther, M. 448

MacArthur, R. H. 29, 514
MacLuhan, M. 200, 514
Mahling, F. 191, 514
Maier, J. 465
Mailly, A. 186, 331, 514
Makatsch, W. 164, 514
Makkay, J. 341, 508
Malinowski, B. 64, 114, 458, 514
Mannhardt, W. 66, 149, 405, 419, 514
Manthey, M. 108, 514
Mao Tse-tung 111, 133, 514
Marcotty, Th. 432, 514
Marinatos, S. 215, 223, 229, 281, 376, 393, 401, 477, 514
Marinelli, W. 62, 514
Maringer, J. 354, 356, 498
Markov, J. 294, 514
Marler, P. R. 16, 198, 514
Martens, L. 281, 522
Martin, A. 177, 514
Martin, K. 386, 421, 514
Martin, P. 127, 156, 190, 229, 314, 409, 514
Marzell, H. 323, 380, 514
Massiczek, A. 200, 514
Massys, Qu. 336
Masters, R. E. 311, 461, 514
Matthes, W. 162, 514
Matvejev, S. 65, 498
Max Josef I. 248
Maximilian von Mexiko 190
May, K. 454
Mayerhofer, M. 396, 514
Mayr, E. 27, 391, 514
Mazahéri, A. 419, 514
Mborja, D. 228, 514
McGregor, M. 198, 515
Mead, M. 27, 454, 514

Meadows, D. 29, 514
Mell, A. 166, 406, 514
Mengis, C. 181, 183, 186, 188, 515
Menzdorf, A. 12, 352, 393, 409, 515
Menzdorf, E. 12, 352, 409
Měřička, V. 406, 515
Meschgang, J. 127, 515
Meschke, K. 248, 515
Meyer, C. 187, 507
Meyer-Holzapfel, M. 172, 515
Michelangelo 309, 409, 479
Milne, L. J. 373, 500
Mitscha-Märheim, H. 198, 259, 515
Mogeritsch, A. 245
Mohammed 115, 189, 295, 361, 419, 427, 430
Mohr, E. 40, 515
Mohtaschemi, M. 339, 515
Mollo, A. 198, 515
Montezuma 326
Morgan, L. W. 22, 23, 515
Morris, D. 21, 178, 515
Mosen, W. 52, 515
Mudrak, E. 209, 515, 520
Mueller, C. G. 46, 78, 515
Mühlmann, W. E. 63, 515
Müller, A. H. 157, 515
Müller-Brockmann, J. 200, 202, 423, 515
Murad III. 358 f.
Murbach, E. 295, 515
Musaph, H. 459, 515
Musäus, J. K. 292, 515
Mützel, H. 164, 228, 515
Musy, A. 177, 514

Nansen, F. 471
Napoleon 118, 135, 175, 179, 187, 198
Naumann, H. 244, 515
Navratil, L. 461, 515
Nedo, P. 127, 294, 514, 515
Neferkere (Pharao) 117
Neffgen, H. 151, 515
Neill, A. S. 15, 515
Nemec, H. 156, 515
Neske, F. 202, 515
Neunzig, K. 199, 515
Nicolai, J. 85, 97, 100, 515
Niggemeyer, H. 212, 508
Niklitschek, A. 167, 515
Nikolaus von Myra (Bischof) 260
Nowak, F. 220, 515
Nowak-Neumann, M. 127, 515
Nowotny, K. A. 249, 326, 515
Nusko, K. 185, 243, 516

Oberländer 54, 516
Offenbach, Jacques 109
Ohlendorf, H. 337, 516
Ohrenberger, A. 48, 507, 516
Okladnikow, A. P. 133, 150, 516
Olbrich, K. 431, 516
Önder, M. 261, 516
Ortutay, G. 68, 142, 516
Osche, G. 44, 516
Ottenfeld, R. v. 127, 155, 230, 246, 399, 403, 428, 521
Oxenstierna, E. 409, 516

Pachinger, A. M. 431, 516
Packard, V. 64, 199, 516
Pálos, St. 329, 516
Paracelsus 425
Parr, A. 186, 331, 514
Pars, H. 275, 363, 376, 407, 476, 516
Parslow, J. 394, 506
Patera, H. 155, 274, 313, 421, 429, 516
Paullini, Ch. F. 320, 516
Pawlikowski-Cholewa, A. v. 111, 159, 278, 516
Pawlow, I. P. 26, 90, 516
Perseus 309, 313, 333, 346, 378
Persius 448
Peter, I. 64, 516
Peters, H. 74, 516
Petrei, B. 64, 67, 159, 431, 516
Petri, H. H. 116, 516
Petzsch, H. 33, 39, 516
Peuckert, W. E. 435, 516
Pfeifer, S. 78, 91, 257, 516
Pfister, A. 122, 123, 516
Pfleiderer, W. 238, 422, 516
Philipp der Gute 406
Piderit, Th. 459, 516
Pietsch, P. 325, 516
Piffl, E. 294, 516
Piggott, S. 377, 425, 516
Pistor, H. 73, 504
Pittioni, R. 11, 228, 304, 340, 377, 426, 432, 516
Pivka, O. v. 187, 516
Plack, A. 18, 22, 470, 516
Platon 448
Plinius 411
Plutarch 411
Pölnitz, S. v. 151, 516
Polydeukes 143, 302, 415
Portmann, A. 62, 517
Potemkin (Fürst) 82
Potratz, J. A. 218, 221 f., 232, 311, 317, 517

531

Potyka, H. 462, 517
Poulton, E. B. 99, 517
Praschniker, C. 181, 517
Prechtl, H. 146, 390, 517
Prochnow, O. 94, 517
Proske, R. 20
Prunner, G. 295, 320, 348, 517
Pythagoras 285

Rabbow, A. 182, 187, 352, 416, 517
Räber, H. 42, 517
Rainer, R. 105, 517
Rasmussen, H. 71
Redloff, G. 160, 517
Reisinger, E. 342, 517
Rembrandt 310
Rensch, B. 14, 178, 517
Retzlaff, E. 229, 517
Richter, G. 200, 517
Riedl, A. 434, 517
Riedl, R. 102, 517
Riehl, W. H. 52, 517
Riemschneider, M. 143, 223, 234, 292, 383, 413, 415, 425, 444 f., 447, 449, 517
Rietschel, Ch. 205, 517
Roeder, G. 296, 387, 431, 517
Roessler, A. 191, 517
Rohracher, H. 11, 36, 170, 451, 459, 517
Rohrbach, K. 137, 164, 282, 409, 511
Röhrich, L. 114, 306, 362, 482, 517
Romanes, G. J. 88, 517
Rosegger, P. 140
Rosenberg, A. 186, 517
Roth, W. 468, 517
Rudolph, M. 46, 78, 515
Rumpf, F. 190, 274, 517
Runkel, G. 453, 517

Sachs, H. 17
Sackett, G. 92, 517
Sagl, H. 200, 514
Samson-Campbell, M. 328, 517
Saxtorph, N. M. 228, 229, 517
Schachermeyr, F. 223, 258 f., 376, 393, 407, 476, 517
Schade, H. 232, 517
Schafer, E. H. 254, 387, 403, 517
Schäfer, W. 29, 509
Schaffer, J. 178, 391, 518
Schaller, F. 86, 518
Schaller, G. B. 23, 138, 518
Schaudinn, F. R. 465
Schebesta, P. 37, 518
Schelling, F. W. 17
Schelsky, H. 462, 518

Schenkel, R. 100, 106, 148, 456, 518
Scherping, U. 257, 518
Scherzinger, W. 28, 76, 518
Scheven, P. 252, 518
Schewe, H. 140, 190, 518
Schier, B. 335, 518
Schilde, W. 264, 518
Schiller, A. 235, 341, 354, 423, 502
Schischkoff, G. 15, 16, 19, 518
Schlieffen, Graf 111
Schlossmacher, C. 435, 499
Schmalenbach, W. 369, 374, 518
Schmaus, M. 87, 518
Schmekel, R. 262
Schmidt, A. 454, 518
Schmidt, F. 410, 518
Schmidt, H. 15, 16, 518
Schmidt, L. 248, 268, 285, 294, 316, 331, 371, 378, 399, 419 f., 468, 518
Schmidt, O. E. 111, 522
Schmidt, V. 199, 506
Schmidt, W. 104, 518
Schmied, A. 12, 28, 40, 77, 138, 213, 237, 518
Schmökel, H. 296, 385, 411, 518
Schnarf, K. 420, 523
Schneeweis, E. 396, 518
Schneider, E. 127, 518
Schneider, O. 255, 518
Schneider, W. 181, 518
Schoeck, H. 16, 21, 47, 51, 451, 518
Schonberg, H. C. 453, 518
Schongauer, M. 328
Schopenhauer, A. 18
Schörl, M. 87, 518
Schreiber, G. u. H. 114, 518
Schrödern, C. 247, 396, 518
Schultz, H. 54, 111, 125, 403, 518 f.
Schultz, O. E. 419, 519
Schulz, W. 462, 523
Schumacher, W. 114, 519
Schuppisser, P. W. 81, 227, 511
Schurtz, H. 114, 212, 439, 444 f., 447, 449, 519
Schüz, E. 27, 47, 97, 263 f., 391, 514, 519
Schwalb, H. 86, 518
Schwarz, D. W. 350, 519
Schweeger-Hefel, A. 336, 519
Seiferle, E. 47, 519
Seilern, Ph. 12, 280, 289
Seitz, A. 86, 90, 94, 178, 426, 519
Seligmann, K. 330, 519
Seligmann, S. 103 f., 108, 118, 124, 135, 137, 142, 144, 215, 261, 263, 278, 285,

316, 345, 352, 365 f., 368, 371, 376,
386, 396, 399, 411, 413, 434, 436, 439,
449, 519
Sello, G. 328, 519
Senftleben, H. A. 454, 519
Sick, H. 146, 519
Sieg, H. 187, 228, 315, 403
Sielmann, H. 163, 180
Sikes, E. E. 230, 519
Simmel, G. 79, 519
Simon, E. 336, 519
Simon, F. 12, 478, 519
Singer, A. 394, 500
Siś 233, 508
Skinner, B. F. 75, 519
Slawik, A. 340, 520
Šmirous, K. 294, 425, 520
Soeder, H. 73, 105, 164, 236, 520
Sondheim, E. 292, 520
Šotková, B. 294, 425, 520
Šourek, K. 372, 520
Spencer, H. 202, 423, 520
Spiel, Ch. 42, 520
Spiess, C. v. 91, 209, 418, 520
Spinoza, B. de 17 f.
Sprankel, H. 42, 520
Stadler, F. 186, 520
Stadlin, E. 118, 520
Stalin, J. W. 198
Standfuß, M. 94, 520
Starkie, W. 48, 520
Steinen, K. v. d. 303, 520
Steiner, C. J. 431, 520
Steiner, G. 147, 520
Steiner, H. 199, 520
Steingräber, E. 247, 520
Steiniger, F. 95, 99, 198, 520
Steller, W. 311, 520
Stemplinger, E. 230, 264, 273, 285, 401, 434, 520
Stengg, A. 73, 236, 520
Stern, A. 242, 520
Steuerwald, K. 285, 520
Steurer, Ch. 106, 520
Stewart, D. 295, 361, 520
Stich, J. 372, 520
Stieber, P. 339, 520
Stief, W. 366, 520
Stourzh-Anderle, H. 454, 521
St. Paul, U. v. 18, 393, 507, 521
Stresemann, E. 11, 27, 391, 521
Strzygowski, J. 357, 521
Stübel, O. 107, 521
Stülcken, K. 236, 521
Stylianos, A. 366, 521

Swoboda, O. 186, 281, 521
Szuman, St. 461, 521

Tacitus 186
Takács, Z. de 357, 521
Tembrock, G. 45, 74, 106, 521
Teply, K. 231, 259, 264, 315 f., 403, 521
Tesarek, A. 52, 521
Teschner, R. 191
Teuber, O. 127, 155, 230, 246, 399, 403, 428, 521
Thenius, E. 39, 502
Thews, K. 20, 521
Thiel, E. 227, 282, 336, 521
Thienemann, J. 199, 521
Thienen, F. W. 231, 336, 521
Thilo, E. 292, 521
Thomas, E. 76, 521
Thorndike, E. L. 26, 521
Thurnwald, R. 23, 37, 521
Tichy, H. 402, 521
Tiemann, K. A. 250, 521
Tilke, M. 127, 164, 228 f., 402 f., 425, 500, 521
Tinbergen, N. 21, 28, 85, 86, 89, 106, 180, 375, 431 f., 456, 514, 521
Tischner, H. 82, 239, 254, 370, 374, 506, 522
Tobias, W. 29, 509
Toman, W. 147, 522
Transfeldt, W. 136, 155, 166, 174, 193, 284, 325, 355, 522
Traven, B. 171
Trenkl, E. 137, 522
Trimborn, H. 19, 522
Trumler, E. 47, 522
Trümpy, H. 469, 522

Ubbelohde-Doering, H. 341, 522
Uexküll, J. v. 163, 522
Uhrig, D. 146, 523
Ungers, L. u. O. M. 52, 522
Uttendörfer, O. 162, 522

Vaniš 233, 508
Vedernjak, E. 78
Veit, L. 252, 522
Veleva, M. G. 138, 522
Veneziano, D. 310
Vernes, J. 475
Verwey, V. 236, 522
Vester, F. 43, 522
Viertel, K. H. 91, 522
Viktor Emanuel II. 135

533

Vince, J. 325
Virchow, R. 442, 444
Volborth, C. A. v. 326, 409, 522
Völgyesi, F. A. 108, 522
Volkelt, H. 447, 522
Voous, K. H. 394, 522
Vossen, R. 339, 522

Wagner, E. 324, 522
Wagner, F. A. 233, 522
Wagner, H. O. 177, 522
Wagner, J. 13, 203
Wagner, M. L. 384, 522
Wägner, W. 111, 281, 522
Walter, H. 26, 522
Walter, S. 193, 522
Wandrey, R. 106, 522
Warmington, B. H. 261, 430, 522
Watson, J. B. 26, 522
Weber, A. 63
Wechssler, E. 435, 523
Wehner, R. 178, 504
Weichinger, R. 462, 523
Weigel, K. Th. 240, 523
Weinhold, G. 260, 264 f., 523
Weinkopf, E. 129, 523
Weiser-Aall, L. 429, 523
Weismann, A. 99, 523
Wendelberger, G. 306
Wendt, H. 376 f., 523
Wettstein, R. 170, 420, 523
Weule, K. 44, 523
Weyden, R. v. d. 361
Whitman, Ch. O. 53, 523
Wickler, W. 13, 21, 25, 28, 45, 61 f., 74, 78, 84 f., 96, 98, 146, 162, 178, 198, 231, 412, 455, 523
Wierzbicki, L. 132, 523

Wieser, W. 426, 523
Wildhaber, R. 243, 246, 523
Wilser, L. 303, 523
Winkler, H. 161, 524
Winter, F. 221, 222, 524
Witte, W. 13, 466, 473, 524
Wolf, W. 325, 524
Wolff, J. 251, 524
Wolfram, R. 12, 118, 129, 139, 222, 245, 283, 285, 431, 469, 524
Wollmann, H. 79, 236, 524
Wottawa, W. A. 78, 524
Woyte, K. 186, 524
Wunderlich, E. 181, 524
Wunderlich, H. G. 227, 479, 524
Wundt, W. 15, 41, 524
Wünsche, A. 418, 524
Wuttke, A. 149, 405, 524

Xenokrates 413

Yerkes, R. M. 451, 524

Zaborsky-Wahlstätten, O. v. 185, 524
Zagarus, A. 86, 509
Zappe, A. 277, 524
Zdunić, D. 425, 508
Zender, M. 255, 524
Ziak, K. 286, 524
Zieten, H. J. v. 316, 332, 403
Zieting, A. 219, 524
Zimen, E. 106, 456, 524
Zinnburg, H. v. 128
Zinnburg, K. 186, 524
Zippelius, H.-M. 138, 524
Zoizi, R. 228, 514
Zoll, M. A. 163, 524
Zumpe, D. 237, 524

56. Sachregister

(Kursiv-Zahlen beziehen sich auf Abbildungen im Text)

Abendpfauenauge 94
Aberglaube 111 f.
Ablenken, magisches 110, 112, 116–122, 139, 244
Ablenkfigur 120–122
–, Außenseiterrolle 140 f.
–, militärische 118
–, Theater, Zirkus 118
–, Umzüge 140
Abwehrauge (s. a. Blickabwehrsymbol) 24, 78, 91, 124 f., 133, 135, 145, 149–152, 168, 171, 176, 181, 205, 214, 224, 237, 240 f., 243, 258, 297, 307, 313, 340, 341, 361, 374, 416, 426, 470; T. 19, T. 30, T. 32–34, T. 40 f., T. 49, T. 58, T. 73, T. 78 f.
–, Entschärfen von 156
–, imponierend übersteigertes 148
–, Insekten (s. a. Augenfleck) 94 ff.
Abwehrfarbe, magische 181 ff.
–, blau 190, 209 ff., 212–216, 221, 261, 288, 297, 306 f., 348, 368, 381, 385, 387, 390, 398, 399, 406 f., 427, 436, 480; T. 11, T. 19, T. 24, T. 34, T. 38, T. 42, T. 46, T. 53, T. 56, T. 58 f., T. 64 T. 73–79
–, grün 189
–, gold 259 ff.
–, rot 181, 297, 348, 349, 358, 390, 398, 436, 448, 480; T. 52, T. 57, T. 75, T. 77–79
–, schwarz 186 f.
Abwehrgesicht (s. a. Abwehrauge) 293, 329; T. 43, T. 54
Abwehrhand (s. a. Handgestik) 137, 358 f., 425
Abwehrkopf T. 41, T. 55
Abwehrornamentik 127, 347, 347, 364, 385; T. 53–55
–, Entschärfen von 132
–, Vermassung von 130
Abwehrsignale, Tiere 93 f.

Abwehrsymbol(ik), -zeichen s. Blickabwehrsymbol(ik)
Abwehrtaktik, magische (s. a. Attrappe) 110–145, 362, 480
–, Angriff 112 f.
–, Entschärfen von Abwehrzeichen 131 f.
– gegen Gruppenfremde 113
Abwertung, soziale 194
Achillesferse 346
Ackerbauer-Kultur 44, 164, 354, 420
Adler 89
Adventskranz 246
Affen (s. a. Primaten) 451, 480
Aggression 27, 55 f., 148, 457, 462, 469 bis 474
–, Auslachen 457
– Jugendlicher 471 f.
–, Krieg 473 f.
»Aha-Moment« (Bühler) 24
Akanthus-Motiv 158, 181
Akroterion 129, 239, 366, 380
Aktionssystem, biol. 161
– des Menschen 25–57, 431
Alltagstracht 137 f.
Almabtrieb 126, 138, 408; T. 16
Alraunewurzel 380
Ameisen 22
Ammoniten 157
Amphibien 178, 452
Amsel 47, 179
–, Attrappenversuche mit 85
Amulett (s. a. Blickabwehrsymbol, »böser Blick«) 13, 67, 69 f., 72, 91, 119, 122–125, 131, 133 ff., 142 ff., 149 f., 153, 168, 170, 174 ff., 202 f., 212–215, 223, 228, 233, 243, 248, 252, 254, 256, 258 f., 273, 275, 279, 287, 297, 304 ff., 316, 321, 326, 328–332, 337, 341, 348 f., 349, 351, 352, 361, 366 f., 374, 374, 381, 383, 384, 385, 387, 389, 390, 394, 404, 405, 408, 411 f., 413, 414, 417, 422, 425, 427,

430, 434, 436, 439, 449, 458, 460;
T. 12, T. 13, T. 23, T. 26, T. 29, T. 31,
T. 35, T. 40, T. 43, T. 46, T. 50, T. 51,
T. 53, T. 57, T. 58, T. 61–63, T. 66,
T. 75–77
–, Definition 122 f.
–, Materialeinpassung 165
Analogie 14, 16, 31, 33, 156, 203, 228,
255, 278, 285, 300, 317, 323, 326, 348,
382, 436, 471; T. 70
Analogiezauber 90, 122
Anatiden 22, 168
Anatomie 62
Anemonenfische 77
angeborene Antriebe 62
angeborener Auslösemechanismus (AAM)
85, 90, 199, 262
–, Auge 74
angeborene Reaktionsmechanismen 85
angeborenes Verhalten 18 f., 22, 62, 86 f.,
179, 189, 195 f., 390, 411, 433 ff.,
466 f.
Angeln, »Blinker« 84
Anglerfisch 84, 84
Angstmimik, Mensch 80
»Anlagen-Umwelt-Verhältnis« (Walter)
26
Anpassung (s. a. Umweltanpassung)
–, Naturvölker 37
–, Zivilisationsmensch 38
Anthropoiden 163, 178
Anthropomorphismen bei Tierbeurteilung
18, 88 ff., 380
Antilopen 40, 49, 138
Apfel 257–262
–, Äpfel der Hesperiden 259 f., 378
–, Dreieranordnung 259, 260
–, goldener 259 f., 378
–, Liebeszauber 260
Apollo 410
Arbeitsteilung, geschlechtliche 53
Architektur, antike 129 ff., 380
–, Abwehrfarbe blau 213 f.
–, Blickabwehrzeichen T. 29, T. 38, T. 39
–, Dachkantenornamentik 373
–, Fassadenphysiognomie 462
–, Friesbänder 129 f.
–, Funktionswandel von Schmuckformen
156 f., 157
–, Imponieren 435
–, Schreckfratzen 380
–, Schutzzeichen (s. a. Hausschutzzeichen)
129, 129
Argossage 152, 396 f., 447
Artbegriff (Spezies) 169 f.

Artemis, vielbrüstige 64, 365, 492; T. 64
»Arterfahrung«, genetische 75
Arterhaltung 84
Artgenosse 92 f.
Artkriterien 170
Äskulapstab 388
Asmat (Neuguinea) 80
Attrappe 52
– als Auslöser (AAM) 85
–, Definition 82 f.
– bei Fischen 84 ff.
–, optimale 92
– bei Pflanzen 84
–, phylogenet. Entw. 86
–, »überoptimale« 86 f., 89, 201 f.
– bei Vögeln 85 f.
– im Werbewesen 83, 86
Attrappensichtigkeit 76, 82–92, 143,
199 ff., 238, 354, 380, 399, 402, 410,
425, 436, 460, 474, 478
Attrappenversuche, ethologische 82, 85 f.,
95
Auerhahn 169
aufrechter Gang, Hominiden 40, 42, 228
Augapfel 183, 257, 263, 279; T. 69
Auge als AAM 90, 459, 463
–, »Auge gegen Auge« 124 f., 336
–, »Auge Gottes« 413 f., 415, 445 f.; T.
52
–, biol. Funktion 46, 71, 73, 90, 237
–, blaues 209–216; T. 11, T. 73–75
–, Hand und Auge 204 f.
–, Iris(fleck) 204, 237, 254, 299, 302, 304,
306, 312, 327, 357, 381, 415, 436, 448;
T. 66, T. 76
–, morphologisch 73
–, ontogenetisch 73
–, phylogenetisch 439
–, Pupille 237, 254, 257, 312, 327, 415,
416, 444, 448; T. 29, T. 30, T. 32, T.
50, T. 66, T. 68, T. 69
–, Rundgestalt 237
– Sender und Empfänger 73, 81
– Signalgeber 73–81, 459, 466
–, Sklera 79 f., 263
–, stereoskop. Funktion 50
–, Werbewesen (s. a. Werbegrafik) 197
bis 205
–, Wirbeltiere 71, 75, 237
Augenamulett 127, 131, 211, 337
Augenattrappe(n) 74, 90, 92, 201, 205,
221, 460
– bei Tieren 93–102
Augenausdruck(sänderung) 78 f.
Augen-Ausstechen 247 f., 293, 443

Augenbrauen(ritualisierung) 81, 91, 201, 286, 327, 341, 400; T. 2, T. 3, T. 18, T. 19, T. 30, T. 38
Augendarstellung 71
– nach Drogengenuß T. 9
– Jugendlicher T. 2, T. 4–7
–, Kinderzeichnungen 203; T. 1
–, moderne Kunst T. 10
–, naturalistische T. 2
–, psychedelische 461; T. 45
–, psychisch abnorme T. 9
–, psychotische 461; T. 67
–, stilisierte T. 2, T. 4, T. 5
Augendreieck 143
Augendreiheit (s. a. Dreiäugigkeit, »drittes Auge«) 424
Augen-Fixieren 80
Augenfleck 302, 327, 364 f.; T. 22, T. 34, T. 63
Augenflecken 74, 78 f.
–, Fische 78
–, Gottesanbeterin 365
–, phylogenetisch 96
–, Schmetterlinge 94 f., *94*, 363
–, Vögel T. 34
–, Zikade 364
Augen-Geometrisierung T. 7, T. 18
Augengestalt 204, 275, 307, 466
–, Ausdrucksänderung 78 f.
–, biol. 74, 90 f., 436
–, Manipulation der 81
–, ornamentale Ritualisierung 202
Augengottheit 292, 444 f.
Augengruß (s. a. Blickkontakt) 25, 81, *81*
Augenidol 446; T. 11
Augenkommunikation 459 f.
Augenkontakt 79
Augenkrankheiten 439
Augenkreis 289, *303*, 351, *382*, *384*, 385; T. 18, T. 29–35, T. 40, T. 44, T. 50, T. 51, T. 55, T. 56, T. 61, T. 62
Augenkugel T. 24
Augenlid 201, 276 f., 400
Augenmagie 57, 365
–, Märchen, Sagen 209–212
–, Totenschädel 210 f.
Augenmaske 292, 296
Augenmimik höherer Tiere 78 (s. a. Augenausdrucksänderung)
Augenmotiv 205, *205*, 212, 356, 460 f.
– als AAM 74, 78
– auf Buchumschlägen T. 68, T. 69
– Entschärfen von 133
– als künstlerisches Symbol T. 67–72
– Luxurierung 133

–, Materialeinpassung 164
– auf Plakaten T. 80
–, Raumeinpassung 164
– als ritualisierte Sehhilfe 125
Augenmuster s. Augenornament(ik)
Augenornament(ik), Augenritualisierung 57, 92, 124, 196, 222, 274, 279, 311, 329, *340*, *340*, 341 f., 344, *352*, 401, 440–444, 460 f., 470; T. 22, T. 43, T. 47, T. 76
–, Kümmer- u. Wucherformen 442
–, Stilisierung 441, 443
–, Symmetrie 442
Augenpaare 219; T. 6, T. 37, T. 49, T. 67
–, stilisierte 417
Augenperle 183, 215, *215*, 248, 253, 254, 256 ff., 280, *280*, 284, 288 f., 332, 342, *343*, *349*, *381*; T. 46, T. 53
Augenplättchen T. 40
Augenpunkt 158, 265, *301*; T. 38, T. 46, T. 54
Augenreflektoren gegen Wildunfälle 77
Augenring *385*, *389*; T. 40
Augenscheibe 296, *349*; T. 58
Augenschleife 137, 143, 275, 280, 292, 295, 342, 389 f.; T. 12, T. 13, T. 37, T. 61
Augenschlinge 296
Augen-Schminkung 81, 299, *299*, 423 f.
Augensichtigkeit 463
Augensignal 73 f.
Augenspirale 221, 255, *380*, *384*
Augensummierung 149 ff., *150*, 205
Augensymbol(ik) (s. a. Augenmotiv) 41, 68, 91, 125, 129, 143, 149, 152, 156, 168, 196, 202, 213, 228, 234, 237 ff., 237, 244, 247 f., 250, 261, 265, 269 f., 270, 271, 280, 283, 285, 289, 293 f., 303, 304, 311, 313, 315, 317, 322, 325, 327, 329, 336, 342, 347 f., 356 f., 357, 361, 366, 377, 385, 388, 392, 402 f., 404, 414, 416 ff., 422, 423, 425, 429, 436, 439 f., 458, 463; T. 20, T. 21, T. 23, T. 26, T. 30, T. 32, T. 42–44, T. 46–49, T. 54, T. 55, T. 58, T. 66, T. 67, T. 70, T. 71, T. 76
–, Materialanpassung 165
–, Vermassung von *130*
–, Zahlensummierung 150
»Augentier« Mensch 25
Augenverdopplung 149, *150*
–, Hund (s. a. vieräug. Hund) 149
–, Schmetterling 149
Augenverdrehen, Huftiere, Elefanten 80

537

Augenvervielfachung (s. a. Mehräugigkeit) 225
Augenwimper(nritualisierung) 81, 91, 201, 204, 226, 238, 239, 243, 276–279, 278, 286, 288, 299, 302, 304, 313, 340, 357, 373, 396, 401, 415, 417, 424; T. 1, T. 3, T. 6, T. 7, T. 18–20, T. 22 bis 24, T. 26, T. 29, T. 34, T. 39, T. 40, T. 49, T. 54, T. 63, T. 65
Augenwimpernkranz (Ritualisierung) 276, 289, 299, 300, 303, 340, 357, 361, 366, 373, 373, 385, 396, 401, 415, 417, 424, 446
Austernfischer *86*, 86
Australopithecus 39, 42, 52, 455
Auto-Abwehraugen 385, 387, 394, 460
Auto-Amulette 137, 170, 215, 229, 235, 284, 286, 287, 322, 328, 332, 348, 352, 358, *358*, 361, 364, 367 f., *381*, *384*, 434; T. 39, T. 40, T. 42, T. 46, T. 76, T. 77, T. 79
Auto-Augen als ritualisierte »Sehhilfe« 125; T. 51, T. 52, T. 60
Auto-Schlußlicht 74
Awaren 48
Azteken 212, 260, 388

Bachstelze 31
Bäckerzeichen *330*
Ball(spiel) 74, 261 f.
Balzen 146, 158, 180, 236
Band 127, 171, 246, 294, 406; T. 16, T. 27, T. 28, T. 65, T. 75, T. 78
–, blaues 214
Bandmasche 295
Bandschleife 284, 291, 296
Bandschlinge 295
Bantu-Stamm, Stirnschmuck *126*, 126
»Bärentatzen«, ungar. Uniform 194
»Bärmutter«, Südtirol 287 f., *287*, 289
Bartmeise 78, 89, 456
Bartschmuck 231
Barttrachten 232 f., 233
Basilisk 333
Bastardierung, interspezifische 169
Baum 139, 300, 418 f., 422; T. 4, T. 16, T. 17
–, sakraler 418 ff.
Baumsteigerfrosch 180
bedingter Reflex 90
Begräbnis, Ablenkfigur 140
Behaviouristen 26
Beil 155
Bergkristall 279; T. 42
Bernstein 183, 279, 436; T. 79

Beschwichtigungsgebärden 55, 471
Besen 276–286; T. 24, T. 26, T. 27, T. 51
Besenopfer 285
Betteln 158
Beutegreifer 32
Beutelteufel 88
Beuteltiere (Australien) 160
Bewegungsspiel 172
Biedenhänder 155
Biene 22, 93, 177, 364 ff., 400
Bienenfresser 76, 78, 456
Biotop 34, 72, 163
Biozönose 29, 32 f., 38, 45, 76, 93, 165, 455
Birkenspinner 96
Birkwild 169, 200, 236
Birne(nornament) 298
Bison 35, 169
Bläßhuhn 162
Blatt(pflanze, -ornamentik) 243, 298, 300, 306, 356 f., 357, 360, 382; T. 11, T. 19, T. 33
Blendung, gewaltsame 448
Blickableiter (s. a. Abwehrauge, Amulett) 124
Blickabwehrfunktion 152, 245, 252, 378
Blickabwehrmagie 479
Blickabwehrmittel 135, 196, 250, 276, 278, 289, 293, 336, 341, 358, 361, 368, 387, 390, 393, 399, 406, 427, 439, 458; T. 12, T. 21, T. 25
–, Anbringungsort 165 f.
–, Material 165 f.
Blickabwehrsymbol(ik) 67, 70 f., 90 f., 123, 130, 139, 159, 171 f., 176, 181, 202 f., 205, 211, 221 ff., 228, 232, 245 f., 247, 256, 259, 269, 289, 295, 313, 325, 332, 339, 342, 346, 348, 351, 362 f., 364, 368, 373 f., 377, 383, 386 f., 392, 394, 396 f., 400, 410, 414, 429, 445, 470; T. 15, T. 16, T. 26, T. 27, T. 29, T. 30, T. 31, T. 40, T. 45, T. 51 bis 53, T. 56, T. 64, T. 65, T. 70, T. 73
–, Anbringungsart 165 f.
–, blaues 209–216
–, Entschärfen von 131 f.
–, Gruppenschutz 132, 137–142
–, als »Handwaffe« 136 f.
–, Heerzeichen 220
–, imponierend übersteigertes 148
–, lärmendes 282, 288
–, Materialeinpassung 165 f.
–, Personifizierung 133
–, Vereinfachung 166
–, Verlebendigen 133

– an Verschlußstellen 293
–, Verschwiegenheit über 174
–, Vervielfachung, imponierende 166
Blickabwehrzauber 67, 69 f., 90, 219, 246, 272 ff., 323, 348, 386, 390, 435
Blickdämonie 447 ff.
Blickfangsymbol T. 45, T. 46, T. 58, T. 59
Blickfangwirkung 90 f., 181, 199, 202, 221, 237
Blickfurcht 109, 124, 152
Blickkontakt 73, 336
Blindheit 448, 460,
Blitzabwehr, magische 288, *288*; T. 27
Blume 156, 271, 293, 339, 356, *356*, 416; T. 5–7, T. 19, T. 27, T. 28, T. 31, T. 33, T. 54, T. 76
Blutbrustpavian 178
Blüte (s. a. Blume) 243, 258, 349, 356 ff., *357, 382*
»Böcke, kämpfende« 221 f.
»böses Auge« 125, 133 f., *317*, 386, 389 f., *395, 425*
»böser Blick« 13, 62, 68, 70, 80 f., 109, 115 ff., 119 f., 124 f., 132–135, 137, 142, 149, 153, 165, 174, 176, 181, 183, 190, 202, 204, 214 f., 215, 219, 231 f., 234, 240, 243, 250, 253, 255 ff., 261, 263 f., 269, 271, 273 f., 285, 287, 288 f., 293, 297, 300, 303, 306 f., 312, 316, 321, 322, 327, 330, 338, 341, 345, 352, 358, 362, 365 f., 368, 374, 377, 383 f., 386 ff., 396 ff., 401 f., 407, 409 f., 423, 425, 430, 434, 436, 445, 449, 470; T. 23, T. 24, T. 27, T. 30, T. 32, T. 33, T. 42, T. 46, T. 53, T. 60, T. 62
Brautkranz 242, 244, 246
Brautkrone *138*, 246
Breitrandschildkröte 303
Brezel 176, 245, 248, 294 f., 295
Brillenschlange 387 f.
Brüllaffe 146
Brunnen 368
Brust, weibliche 226–229; T. 5, T. 43
–, etymologisch 226
–, in Kleidung 227
–, Präsentieren 226 f.
– als sexueller Auslöser 226
–, Vielbrüstigkeit 266; T. 64
Brustattrappen 229
Brustaugen 229; T. 43
Brustornamentik 228
–, Krieger 229, *229*
–, Tracht 229
Brustpanzerung 229
Brustschmuck T. 40

Brustschutz, magischer 128
Brustsymbole 226, *226*
Brustwarzen 228 f., *340*; T. 43
Brutkolonien, Vögel 169
Brutparasitismus 85
Buchfink 95
Buchstaben-Auge T. 67
Buddhismus, Radsymbole 248
bulla, römische 149, 408
Burgenländer, kultureller Wandlungsstopp 159
Buntbarsch, maulbrütender 85 f.
Buntfalke, austral. T. 34
»Burenartillerie« (Attrappe) 83
Buschleute (s. a. !Ko-Buschleute) 470 f.
Buschwürger, schwarzer 146
Buttermodel, Konturen-Ausschleifen 91

Cephalopode 375, 378
Charadrios, Sagenvogel 396
Cherub 313, *314*
Chimära 224
Christbaum(schmuck) 139, 261, 288
Christentum 470
Chrysantheme 359
Clown 81, 118
Cornuta s. *mano cornuta*
Couvade (Männerkindbett) 116
Cro-Magnon-Mensch 39, 70

Dädalus (Daidalos) 395, 478
Dämonenabwehr 112 f., 115, 117, 120, 129 f., 132, 137, 141, 149, 184, 186, 246, 282, 284, 293, 333, 335 f., *340*, 343 f., 347, 366, 378, 383, 425
Davidstern 416
Dekorationsschleife 291
Delphin 33, 57 f., 258, 331, 383 ff., *385, 387*, 402, 427; T. 13
Demokratisierung 474
Demutsgeste 42, 53, 55, 471 f.
Denkvermögen 42
Derwisch (-stab, -turban) 137 f., 147, 271, 273, *273*, 388; T. 42
Desorientieren 122
Diamanttäubchen 79
Dicklippe 84
Dionysos 448
Dioskuren 143
Disney-Figuren 202
Dohle 151, 169
Domestikation 464
»Donnerbesen« 285
Doppeladler 217 f., *218*, 224, 253, 392; T. 35

Doppelaxt, kretische 143 f., 223, 251, 363, 364, 415, 480; T. 66
Doppelgesichtsmaske 220
Doppelköpfigkeit 217–225
–, Augenpaare, symmetrische 219
–, Giebelzeichen 222 f., 222
Doppelkopfschlange 221, 388, 389; T. 49
Doppelkreis 293, 403; T. 32, T. 36
Doppelmiribota 302, 321
Doppelschleife 277, 292, 294 f., 295, 368; T. 6, T. 14, T. 15, T. 36, T. 64
Doppelschlinge 296
Doppelspirale 240, 248; T. 31, T. 33, T. 59
Doppelspitze (s. a. *mano cornuta*) 405, 409 f., 409, T. 28
Drache 217, 222, 296, 308, 385; T. 44, T. 55, T. 58
Drehwirbel 265, 274, 301, 302, 347, 407, 408; T. 67
Dreiäugigkeit 225, 408, 414, 414, 446
Dreieck 143, 152, 204, 222 f., 258, 265, 274, 279, 342, 347 f., 407, 408, 411 f., 414, 414–417, 425, 442, 445 f., T. 18, T. 21, T. 23, T. 27, T. 58, T. 63, T. 66, T. 79, T. 80
–, etymolog. 411
– als Genitalsymbol 411
– als Gottessymbol 413
Dreiecksverdopplung 152, 414
Dreierschleife T. 37, T. 40
Dreifigurenrelief, griech. 222
Dreikönigsspiel 118
Dreiköpfigkeit, Trinitätssymbole 225
Dreipaß 203, 273, 301 f., 302, 304, 384, Dreispitz 271
Dreisproß 94, 128, 137, 139 f., 225, 233, 247, 271, 314, 322, 327–330, 347, 359, 364, 384, 385, 389, 390, 390, 393 f., 398, 406, 410, 418–429, 422, 424, 428; T. 14, T. 21, T. 28, T. 34, T. 35, T. 38, T. 39, T. 41, T. 48, T. 49, T. 57, T. 63, T. 78, T. 79
Dreisproßzepter 247, 425
Dreizack, Neptuns 330, 385, 425, 425
Dreizahl, magische (Dreiersystem) 253, 258, 276, 278, 280, 321, 325, 348, 384, 389, 400, 426, 446; T. 40, T. 41, T. 46, T. 51, T. 52, T. 74, T. 79
»drittes Auge« 126, 149 f., 233, 248, 252, 282, 283, 327, 392, 406 ff., 408, 410, 422, 446; T. 38
Drohen (s. a. Imponieren) 77, 79, 93, 113, 146 ff., 158, 412

Drohmimik 158
Drudenfuß 152, 416

Edelstein (s. a. Schmuckstein) 435 f.
Ehe 23
Ehering 242
Ei 245, 263–267, 265, 269, 343; T. 64
–, etymologisch 263
–, Fruchtbarkeitssymbolik 263 f.
–, goldenes 260
–, Osterbrauchtum 265 f.
–, Spiegel-Ei (Ochsenauge) 266 f.
Ei-Attrappen, Fische 85
Eichelhäher 258, 400
Eidechse 386
Eierkette 266; T. 43
Eierstab(motiv) 234; T. 64
»eingefahrene« Verhaltensweise 154
Einhornsage 408
Einzelgänger (Tiere) 36
Eisvogel 258
Elefant 33, 58, 80, 88, 167, 405 f.
Elefantengeschirr 126
Elektro-Hirnreizversuche 18
»Elementargruppe« 51 f.
Endhandlung (consummatory action) 432
endogene Antriebe 147
– Reizproduktion 18
Engel(sflügel) 80, 310, 311, 313, 314, 317, 398; T. 52
Entenjagd 199
Epi-Ökosystem 473
Erbkoordination 431
Erdhörnchen 40
Erdkröte 93
ererbtes Verhalten 30
Erfahrung 433
erlerntes Verhalten 192, 195
Erntekrone 139, 361
Erziehung, antiautoritäre 15
Eselsohren 401, 409 f.
Eskimos 44, 114, 270, 347, 422
–, Aggression 471
Ethnologie 63, 465–469, 476
Ethogramm 28 f.
Ethologie, Definition 20 ff.
Euglena viridis 33
Eulen 76, 251, 380, 393, 393, 406, 447
Europa (und der Stier), Sage 447
Evolutionstheorie 22 f.
Exkremente, apotropäisch 320
Explorieren 453
»Eye-Appeal«, Werbegrafik 202

Fabelwesen, geflügelte 308 f., *308, 311, 312, 318*
Facettenauge, Insekten 94, 462
Familie, Entwicklung der 23
Farbdressuren, Fische 178
Farbenblindheit, Säugetiere 178
Farbenklavier 191
Farbenkombination, psychologisch 179, 187
Farbensichtigkeit, Amphibien 178
–, Fische 177 f.
–, Insekten 177
–, Reptilien 178
–, Säugetiere 178
–, Vögel 177
Farbensymbolik (s. a. Farbenwirkung) 177–191
–, christliche 189, 195
Farbenwirkung, psychische (s. a. Abwehrfarbe) 177–191
–, blau 179, 181, 189 f., 209–216
–, Blutfarbe 179 f.
–, braun 191
–, erregungsauslösende 180 f.
–, Flaggen 187
–, gelb 182 f.
–, grün 188 f.
–, Liebesfarbe 181
–, rot 179–182
–, schwarz 186 f.
–, Signalbedeutung 178 ff.
–, Temperaturwerte 182
–, Tracht 182, 184 f.
–, Uniform 182, 187, 190
–, weiß 183 ff.
Faschingsmaske T. 15, T. 19
Faschingsumzüge 193, 245; T. 26
Fasnachtfiguren 119, *119*, 297, 397
Faustkeil 145, *432*, 474
Feder(gesteck) T. 32, T. 37, T. 39, T. 41
Feldstecher, Augensignalwirkung 77
Feldzeichen, militär. 166
Fellfleckung, -muster 178, 238, 402 ff., *404*
Fenster-Abwehrzeichen *214*; T. 52
»Fensterrecht« (Hundertwasser) 213, *214*
Fersenflügel T. 44
Festschmuck, Frauen 138
Festtrachten 137
Feigenhand s. *mano fica*
Fetisch 122 f.
Fez 399
Fica s. *mano fica*
Fingerkreuzen 401
Fingermaske 271

Fingerring 248, *249*, *389*
»Finte« 110 f.
Firmenschild, Blickabwehrsymbol T. 56
Fisch(e) 165, 177 f., 237, *317*, 317, 368, 383 ff., *384*, 387, 402, 452, 480; T. 6, T. 7, T. 11, T. 18, T. 59
–, fliegender 385
–, Fruchtbarkeitssymbol 383
–, religionsgeschichtlich 383
Fisch-Attrappen 84
Fischauge 317
Fischblasen(ornament) 298, 304
Fischschuppe 385
Fischskelett 362, *362*, 385
»Fischzirkus« 178
Flaggenfarben 187
Flaggensymbolik, Schiffe 166
Flechtband(ornament) 446
Fleck, blauer 209–216, *395*; T. 73–75
Fledermaus 427, *428*
Fliegenpilz 182
Fließgleichgewicht 38
Floh(ornament) 298
Flügel 245, 251, 300, 308–318, 322; T. 44, T. 67
–, etymologisch 308
–, Fabelwesen 308 f., *308, 311, 312, 318*
–, Gelenkschutzzeichen 309
–, Heraldik 308
–, Kopfschutzzeichen 309, 315, 316
–, Uniform 314 f.
–, Wächterfunktion 309, *310*, 313, *314*
–, Zweier-, Dreier-, Vierersystem 311
Flügelgesteck 315, 316
Flügelhusaren, polnische 315, 403
Flügelrad 317
Flügelschuhe 309, *312*, 346, *346*, 378
Flußschleifen(ornament) 298
Fötalsituation, Mensch 452
Franse 141, 270, 276, 279, *279*, 280 f., *361*; T. 7, T. 19, T. 24, T. 26, T. 35, T. 50, T. 62, T. 76, T. 79
Fransenauge 280
Frau, Schutz der 120, 138
Frauenkäfer 182, 367; T. 57
Fregattvogel 180
Friesbänder, architektonische 129 f., *129*
Fronleichnamsprozession 139 f.; T. 17
Fruchtbarkeitssymbolik 263 f., 304, 326 f., 478
»Fulguration« 196
Füllhorn 409
Fünffleckenbarsch 78
Fünfstern 416; T. 7

541

Funktionsintelligenz (s. a. Intelligenz) 36
Funktion(swandel) kultur. Objekte 154 f. 155
–, Architektur 156 f., 157
–, Materialeinpassung 161–168
–, Mobiliar 156, 157
–, Oszillation 158
–, Raumeinpassung 161–168
–, Resistenz gegen 159
–, Sparsamkeitsprinzip 158
–, Verkümmerung 159
–, Uniform, Waffen 155 f., 155
Furcht(reaktion), angeborene 390
Fußball als Amulett 258, 348
Fußknöchelamulett 127
Fußschutz, magischer 346 f.

Gabelschwanzraupe 96
Gamsbart 283, 399; T. 37
Gänse 35
Ganzheitsbegriff 466
Gebetskette 279, 280, 293
Gebildbrote, Konturen-Ausschleifen 91, 249
Gecko 93
Gefäße 339–344
–, Drei-Augen-Gefäß 340, 344
–, Gestaltgefäß 341, 341
–, Märchen, Sagen 343
–, Ornamentik 339, 341, 344
– als Schmuck 343, 343
Gefäßaugen 288, 341
Gefiederaugen 398, 400
Geheimbünde 113 f.
Geheimhaltung als magische Abwehrtaktik 112
Geheimschrift 113
Geheimsprache 113
Gehirn(differenzierung), Mensch 29, 41, 56
–, Wirbeltiere 32
Gehörsinn, Tiere 40
Geist-Seele-Problem 15
Geisterabwehr (s. a. Dämonenabwehr) 132, 184, 189, 244, 282, 333, 340, 344, 361, 404, 425, 431
Geisterpferd, -umzüge 193, 331
Geisteswissenschaften und Naturwissenschaften (Kulturethologie) 14 ff., 464 bis 483
Geld (s. a. Münze) 251–256
Gelenkauge (s. a. Gelenkschutzzeichen) 237, 312 f., 312, 406, 444; T. 30, T. 44

Gelenkschutzzeichen 126 f., 127, 248, 309, 311 f., 313, 346; T. 44, T. 74
Genitalien, Färbung, Präsentieren (Affen) 178
–, Verhüllen 116
Genitalsymbole, weibliche 411, 417
Gepard 402
Geruchssignale 178
Geschäftsabwehrzeichen T. 51, T. 57, T. 74
Geschützattrappen 82
Geschützkugel 258
Gesellschaftsnormen 465
Gesellschaftsstruktur 465
Gesichtsattrappen 366
Gesichtsmaske 141
Gesichtsurnen (Eisenzeit) 88
»Gesslerhut« 131
Gestaltbegriff 466
Gestaltgefäße 341, 341
Gestaltwahrnehmung 83 f., 87
Gewehr 474
Gibbon 39 f.
Giebelzeichen 129, 222 f., 222
Girlande 131, 389; T. 4, T. 52, T. 79
Girlitz 169
Glasauge T. 72
Glocke, Glöckchen 284; T. 78
Glücksschleife T. 13
Glückszauber 67
Goldammer 95
»Goldenes Vlies« 406
Goldfasan 78, 158
Gorgonen(haupt) 309, 377 f., 379, 380, 382
Gorilla (s. a. Primaten) 23, 79, 377 f.
Gottesanbeterin 95, 96, 365
Gottesdeterminativ (s. a. »Auge Gottes«) 445
Gotteshand s. *mano pantea*
Gottesvorstellungen, Wurzeln 143 ff.
Gralssage 435
Grasmücke 85
Graupapagei 151
Grausamkeit, Mensch 55
Greif, Fabeltier 222, 308
Greifhand, hominide 42, 136, 431
Greifvögel (Beutegreifer) 32, 162, 400
Großfamilie (s. a. Gruppe) 52, 473
Großstadtökologie 153, 201
Großtrappe 49
Grundtypen, biol. 467
Gruppe, Mensch 27, 43, 173, 473
–, Arbeitsteilung 473

–, Fachsprache 473
–, Imponieren 202
–, Kleingruppe 474
–, optimale Mitgliederzahl 151
–, Rangordnung 173
–, Stände-, Kastenordnung 473
Gruppenabsonderung 27
Gruppenbalz 146
Gruppenfeldzeichen 139
Gruppenfremde, Abwehrtaktik gegen 114
Gruppengesetzlichkeit, soziale 434
Gruppenindividualität 175 f.
Gruppenschutz, Abwehrzeichen 137–142, 165
Gruppentabu 172
Gruppenterminologie 114
Gruppenzeichen 175 f., 203, 205
–, Handwerker 176
–, individuelle 175
–, militärische 173 ff.
–, Solidaritätszeichen 202
Gruppenzusammenhalt 138, 472, 474
Grußhand 135
Grußverhalten 53, 472
»gutes Auge« 359

Haarbüschel T. 37
Haarknoten, Pope 273
Haarlocke 311
Haarquaste 232, 283
Haarschleife 291
Haarschmuck 231, 395; T. 34
»Haarsechser« 233
Haarspirale 232
Haartracht 230–235; T. 43
–, Ablenkformen 231
–, Bart T. 43
–, Brauchtum 230
–, etymologisch 230
–, Liebeszauber 230
–, »Ohreisen« 239
–, Prestige-, Standesmerkmal 230
–, Spirallocken 231 f., 232; T. 43
–, Stirnlocken 232 f.; T. 43
–, Zopf 232
Haarwedel 283
Habicht 257
Hackdistanz, Vögel 472
Hahn 342
Hahnenfeder 316, 331, 399 f.
Hahnentritt 393
Hai 33, 410
Haida 212, 382
Hakenkreuz 173, 203, 249, 290, 302 f., 303, 325, 329, 405

Halbaffen 50
Halbkreis 446
Halbmond 94, 223, 259, 270, 271, 324 bis 332, 368, 385, 387, 393, 398, 399; T. 51
Halbmond und Stern 193 f., 270, 271, 280, 283, 286, 288, 314, 324 ff., 325, 327, 330, 332; T. 6, T. 30, T. 31, T. 38, T. 58, T. 75, T. 78
–, gesichteter 326, 328 f., 328, 385; T. 31
–, Heraldik 326 f., 329
–, Varianten 328
Halsbandregenpfeifer 86
Hand(gestik) 134 ff., 135, 204, 204, 231, 278, 293, 358; T. 61
Hand, biol. 204
– Buddhas 205
– Christi 205
– Grußzeichen 204
»Hand plus Auge« 204, 205, 248
»Hand der Fatimah« 204, 278, 358
»Hand, Herz und Auge« 204
Hand, Grußzeichen 135, 204
Handamulett 358
»Handwaffen« gegen »bösen Blick« T. 42
Handwerkerschutzzeichen 175
Hasenohren 328 f., 331, 409 f.; T. 58, T. 60
»Hassen« auf Raubvögel 393
Haubenmasche 128
Hausamulett (s. a. Hausschutzzeichen) 170, 219, 289, 342, 342, 343, 362, 368, 381, 397, 415, 430, 434
Hausfassadenphysiognomie 462
Hausschutzzeichen 213, 219 ff., 224, 235, 240, 258 f., 259, 259, 270, 281, 289, 292, 319 ff., 342, 343, 352, 362, 364, 381, 397, 415, 418, 423, 428; T. 24, T. 29, T. 39, T. 58, T. 59, T. 73, T. 74
–, Dachkante 366
Heiligenbild 247
Heiligenkranz 247
Heiligenkrone 247
Heiligenschein 247, 330
Heiliggeisttaube 394
Heilszeichen 166, 202 f., 439, 445, 480; T. 70, T. 73
Hellebarde 155
Helmhörner 409
Helmzier 276, 294, 309, 409
Hera 259, 396 f., 407, 447
»Heraklesknoten« 274
Heraklessage 260
Heraldik 326 f., 329, 351, 385, 418, 423
Herme 218, 221

543

Hermes 309, 313, 378, 388, 397
Herrschaftsstab 137
Herrscherkrone 246 f., 247
Herz 139, 204, 289, 312, 319–323, 322, 325, 356, 387, 414; T. 6
–, Begräbniskult 319
–, Ellbogenschutz, Tracht 321
–, etymologisch 319
–, Hausschutzzeichen 319 ff.
–, Liebessymbol 321
–, »schiefes« T. 57
–, Varianten 322
Heuschrecke 365
Hexen(abwehr) 189 f., 245, 265, 268, 285 f., 320, 323, 345, 362, 366, 386, 400; T. 27
»Hexenbesen« 285 f.; T. 26, T. 27
Hinduismus, Radsymbole 248, 249
»Hineinsehen«, assoziierendes in Objekte 87 f., 87, 143, 192, 201, 317 f., 323, 354 f., 357, 360, 367, 373, 384, 399, 409 f.; T. 5
Hirsch 224, 403, 404
Hirschgeweih 218
Hirschkäfer 453
Hirschziegenantilope 77, 237, 409
Hirtenbrauchtum 479
Hofnarr als Ablenkfigur 117
Hoheitszeichen, politische 166 f., 202
–, türkisches (Ursprung) 193
Höhlenbewohner 452 f.
Holzbohrermotten 95
Hominiden 39, 42, 53, 79, 136, 178 f.
Homologie 16, 196, 224, 278, 471
Homo sapiens 30, 39, 42 f., 47, 79, 112, 163, 199, 431, 463, 471
Horchpeilen, Säugetiere 40
Horde 51 f., 473
Horn 478
Hörnerhand s. *mano cornuta*
Hottentotten 48
Hufeisen 130, 150, 213, 288, 324–332, 349; T. 7, T. 39, T. 42, T. 59, T. 79
Hühner-Ei 263 f.
Hund 47 f., 57, 77, 130, 149 f., 158, 186, 456
Husaren(uniform) 141, 180 f.
Hut 131, 361; T. 15, T. 39
Hutamulett 374
Hutquaste 282
Hutschmuck 397, 399
Hyänen 412
Hyänenhunde 42
Hydra 217, 219, 224
Hypnose mit Augenattrappe 91

Ibis 169
Ideologien 18
Idol 122, 127
–, Definition 123
Igelfisch 287, 289, 385
»Igelkalb« 287
›Ilias‹ (Homer) 146, 243
Iltis 76
Imitation v. Augen (s. a. Attrappe) 94
Imponieren 136, 138, 146–154, 166, 197, 202, 270, 292, 331, 339, 416, 421, 426, 435
–, Architektur 148
–, Definition 146
–, mit Kulturobjekten 148
–, Mensch 43, 46, 64, 113, 147, 246
–, Merkmalsübersteigerung 147, 336, 471
–, prophylaktisches 112, 130, 139
–, Schulterbetonung 471
–, Sozialbezogenheit 147
–, Tier 46, 53 ff., 64, 136, 146 f.
–, Vorbild 175
– mit Waffen 155 f.
–, Zivilisationsmensch 153
Indianer 44, 48, 175, 196, 209–212, 220, 249, 262, 400; T. 17
–, Aggression 471
–, Federschmuck 400; T. 22
–, Sage (Augenmagie) 209 ff.
Individualdistanz 93
Individualisierung von Ornamenten 172
individuelles Verhalten (s. a. Individuum) 192, 434
Individuum 169 f., 172 f.
Insekten 76, 95 f., 96, 180, 357, 363–368, 381; T. 56
–, Facettenauge 462
Insektenfresser 32
Instinkt 26
»Instinktausfall«, Mensch 30
»Instinktbaukasten« 30, 466
Instinktbewegungen 30, 467
Intelligenz, Mensch 56, 455
–, Tier 33, 36
Intentionsbewegung 148, 433
Iris(fleck) 91 f., 94, 204, 215, 237, 254, 299, 304, 306, 312, 321, 327
–, Signalreflex 78
Irminsul 418 ff.
Irokesen 22
Irreführen als magische Abwehrtaktik 82, 84, 110, 116 f., 139, 244

Jagd, kollektive (Barockzeit) 54
Jagdattrappen 199 f.

Jagdspiel 172
Jagdzauber 247
Jägerhorde 141, 153
Jäger- und Sammlerkultur 42–46, 339, 354 f., 420, 455
Jägerverhalten, Mensch 42 f., 46, 53 f., 89, 110, 113, 171 f., 456, 472
–, Tier 32–36, 75
Jaguar 402
Jahreszyklus 35
Jakuten (Sibirien) 56
Janitscharen 269, 271 f., 284; T. 42
Januskopf 218–222, 220, 333 f.
Javanthropus 39
Judenstern 182
Jugendbewegung 52, 175, 275, 457
Jugendentwicklung, Tiere 170
Jungfernkranz 242

Kaaba (Mekka) 430
Käfer 363, 367 f., 368
Kahnschnabel 78
Kaluscharen 478
Kamel 89
Kamera, Augensignalwirkung 77
Kamm 395
Kammolch 169
Kampfeinleitung 236
»kämpfende Böcke« 221 f., 222, 224
Kampffisch 148
Kampfspiele 111, 172
Kanarienvogel 169
Känguruh 33
Kannibalismus 44
Kapitell, Säulen- 129, 240
Kapuzenzeisig 169
Karagöz, türk. Schattenspielfigur 126
Karpfen, Weihnachts- 385
Karthager 111
Karyatiden 129
Kastor und Polydeukes 143, 223, 302, 415
Kastrationsangst (Freud) 453
Katze 42, 61, 76, 93, 148
Kaurischnecke 256; T. 7, T. 49
»Kausalfilz« (O. Koehler) 24
Kausalkomplexität von Verhalten 31
Kausalverbindungen, ambozeptorische 453
Kerbtiere 94
Kette 51, 480; T. 53
»Kindchenmerkmale« 392
Kinderhauben-Amulette 126; T. 77
Kinderpsychologie 63
Kinderrodel 137, 366; T. 42

Kirgisen 349
Kirschkernbeißer 162
Kitksan 212
Klapperschlange 93
Klaubaufmasken, Matrei 239, 239, 479; T. 19
Klaustrophobie 453
Kleeblatt 319–323, 322, 339; T. 57, T. 75
Kleidervorschriften 194
Kleidung (s. a. Tracht) 24
–, Berufs- 184 f.
–, Farbsymbolik 184 ff., 214
Kleingruppe 35 f., 51, 56, 151, 474
Klippschliefer 33, 395
Knauf 258
Knieschutz-Amulette 126 f.
Knoblauchzopf (-zehe) 213, 235, 306
Knöchelaugen T. 44
Knopf 155, 171, 273 ff., 274, 275, 291 ff.; T. 75
–, blauer 274
–, etymologisch 273
–, Trachten- 274
Knopf-Dreieck 274
Knopfloch(ornamentik) 194, 274, 274, 356
Knoten 273 ff., 279, 283, 291 f.
–, etymologisch 273
–, Gordischer 273
–, Herakles- 274
–, »Siegknoten« 273
Knotenschlingen 273
Kobra 387 f.
!Ko-Buschleute (s. a. Buschleute) 80, 411, 417
Kohortenzeichen, römisches 139
Koitussymbol 134
Kolbenente 169
Kolibri 93, 177
Kolkrabe 151
Komik als magische Abwehrtaktik 117 bis 120
Kommentkampf, Tiere 55
Kommunen 52
Konsumverherrlichung 203
Kontakt, interspezifischer 169
Konvergenz 31
Kooperation, soziale (Gruppen) 151
Kopfabschlagen, Märchen, Sage 378
Kopfbedeckung als magische Abwehrtaktik 126, 361; T. 37, T. 76, T. 77
–, militärische 175
Kopfdarstellungen, -gestalt 217–225, 256
Kopfgefäß 278, 341
Kopfgeschirr, Zugtiere 404

545

Kopfjagd 44, 212, 261
Kopfschutzzeichen, Kopfsicherung 125 f.,
    243, 309, 315 f., *316*, *243*, *334*
Koralle 109, 182; T. 40
Korallenfische 153
Korallenotter 180
Korallenwels 93
Kormoran 65
Kornähre 243, 251, 285, 361 f., *361 f.*,
    385, *480*; T. 20, T. 65
Körperauge (s. a. Fellfleckung) *404*,
    443 f.; T. 66
–, Schlangen T. 49
Körperpflege, soziale 231
Körperschlinge, ornamentale 296
Körperspirale 239
Kosmas und Damian 223
Krabbe 368
»Krabbe«, gotische *305*, *359*; T. 11
Krake 91, 239, 375–382; T. 50, T. 75
–, biol. 375 f.
– als Kunstmotiv *376 f.*, *379*
Krampusbrauchtum 122, 479
Kranich(feder) 88, 146, 279, *312 f.*, *393*,
    399; T. 37
Krankheiten, psychische 451
Kranz 136 ff., 238, 242–250, 247, 295,
    360; T. 53, T. 56, T. 59, T. 76
–, Begräbniskult 244 f., 254
–, Braut- 244
–, etymologisch 242
–, Kopfschutzzeichen 243 f., 244
–, Siegeszeichen 244
–, Umzüge 245, *245*
Kranzschleife 291
Krebs(schere) 76, 363–368, 387; T. 61
Kreis 73 f., 129, 175, 204, 246, 226, 229,
    236–242, 271, 275, 278, 293, 302, 327,
    341, 357, 366, 387, 395 f., 399, 414,
    416, 442; T. 1, T. 29, T. 31, T. 32, T.
    44, T. 59, T. 66, T. 80
– als Gruppenabgrenzung 236 f.
–, konzentrischer 238, *238*; T. 6
Kreisblattornament 357
»Kreisgehen«, Tiere 237
Kreisornamente 237 f., *237*
Kreisprozeß 474
Kreisscheibe 327
Kreuz 128, 140, 192 f., *237*, *304*, *419*,
    445, *480*; T. 41
– Christi 193, *421*
–, Eisernes 173 f.
Kreuzfahrer 193 f.
Kreuzotter 186
Kreuzschnabel 192 f., 401

Krickente T. 39
Krieg (s. a. Aggression) 474
Kriegstänze 11, 113
Krone 136, 138 f., 242–250, 247; T. 22
–, Heiligen-, Herrscher- 242, 246 f., *247*
Kronjuwelen(ornament) 298
Kronreifen 275
»Kröte«, Votivgabe 289
Kryptik, zool. (Tarnkleid) 178, 198
Kuckuck 85
Kugel 73 f., 78, 137, 176, 223, 245 f.,
    251, 257–262, 273, 279, 279, 281, 283,
    307, 310, 327, 349, 352, 361, 389; T.
    40, T. 51, T. 52, T. 59, T. 64, T. 65, T.
    79
– als AAM 257 f.
–, blaue 261
–, Dreieranordnung 260
–, etymologisch 257
–, goldene 259 ff., *260*, *264*, *283*
–, Leucht- 262
–, Stachel- 287–290
Kugelamulett 258, 307
Kugelfisch 385
Kuhreiher 47
Küken, Pickreaktion 180
Kultschleife 275, 295 f., 296, 364, 384,
    385; T. 12, T. 13, T. 17, T. 22, T. 59,
    T. 61
Kultur, Definition 19
Kulturanthropologie 63
Kulturethologie, Definition, Methodik
    19 ff., 61 ff., 196
Kulturkreise 25
Kulturmorphologie 63
Kultursoziologie 63
Kumpan 35, 89, 113, 115, 158, 472
–, Elternkumpan 158
»Kurent-Läufer« 315 f.
Kwakiutl 212

Ladenamulett 220, 394
»Ladenschlange« 296, 387
Lampion, chinesischer 261
Landschildkröte 170
Längsschnittsystem, phylogenetisch (s. a.
    Aktionssystem) 26
Lanze 155
Lebensbaum(ornamentik) 418–429, *426*
Lebensraum (s. a. Biozönose) 15, 93, 161
Lebensrune 418
Lebensstammbaum, phylogentisch 165
Legionszeichen, römische 167
Leistungsebenen, ethologische 32
Leopardenfell 314, 402 f.; T. 49

Lerche 396
Lernen, Lernprozeß (s. a. erlerntes Verhalten) 115, 170, 433
Lerntheoretiker (Skinner) 75
Leuchtkäfer 84, 86
Leuchtkugel 262
Liebeszauber 260
Lilie 305, 322, 358 f., 377, 401, 422, 428; T. 32, T. 33, T. 39
Liliputaner 117
Lindenblatt 323
Lippfische 84
Lochscheibe 280, 327, 330
Lochsteine T. 58
Lockvogel, Attrappe (Vogelfang) 199
Löffel 268–272; T. 42, T. 43
–, etymologisch 268
–, Hausschutzzeichen 270
– am Hut, Kopfschutzzeichen 269, 271; T. 43
– als Kultobjekt 270
–, militärisch (Rangzeichen) 269 f.
– als Souvenir 268, 270, 270
– als Wandamulett 270
»Löffelbegraben«, militärisch 268 f., 269
»Löffelgarde«, Napoleonische 269, 272; T. 43
Löffelopfer 268
Löffelornamentik 270
Löffler, biol. 83, 169
Lokomotion 236 f.
Lorbeerblatt, -kranz 243 f., 244, 246, 247, 359 f., 360, 393; T. 5, T. 53, T. 64
Lori 39
Lotos 358 f.
Löwe 31, 41, 218, 218, 317, 341, 377, 402, 404, 447; T. 44, T. 74
»Lustprämie«, biol. 195
Lustprinzip (Freud) 453
Luxurierung von Augenmotiven 133, 275, 336, 355, 392, 426, 427; T. 20

Mäander 130, 240, 303
Machtprinzip (A. Adler) 453
Magie 19, 111 f.
Maibaum als Imponiersymbol 148
Maiskolben T. 24
Maki 39
Malen, Schimpansen 178
Mandelornament 298
Mandrill 178
Männerkindbett s. Couvade
Männerohrring 248, 248
Männerzopf 234
mano cornuta (Hörnerhand) 109, 134 f.,
328, 363, 366, 368, 385, 390, 401, 405, 409; T. 60
mano fica (Feigenhand) 134 f.
mano pantea (Gottes- oder Schwurhand) 134; T. 60
Maori, Schnitzkunst 126, 129, 240, 374
Marder 42
Margerite 357, 358; T. 19
Marmormolch 169
Marxismus 15, 159
–, Transferierung 159 f.
Masche 127, 143, 176, 234, 275, 286, 288, 291–297, 345, 349, 387, 398; T. 15, T. 51, T. 65, T. 74
–, Dämonenabwehr 293
–, Demonstrationsobjekt 292, 294
–, etymologisch 291
–, Gerichtsurteil 293 f.; T. 15
Maske 72, 119, 141, 239, 253, 271, 278, 292, 296, 360, 381, 388, 408, 460, 478; T. 15, T. 18, T. 29, T. 30, T. 38, T. 59, T. 67
Maskenbrauchtum 125
Maskentreiben (s. a. Fasching, Fasnacht) 122, 335
Maskottchen 122 ff., 276
Masai, Stirnlocke 126, 126
Materialeinpassung 167 f., 195
Materialismus 16
Matrix, biol. 447
Maulesel 404, 404
Mäusebussard 162
Mechanisten 26
Medizin 451
Medusa 219, 309, 313, 333, 377 f., 379, 380, 382, 414; T. 44, T. 50
Meerkatze 178
Mehräugigkeit 149 f., 151, 253
Mehrköpfigkeit 217–225, 217
Mehrpaß 265, 301; T. 7, T. 52
Meise 93, 95, 169
Menhir 430, 446
Menschenrassen 41
Merkmalskonfiguration 195
Merkmalssteigerung, -übertreibung (s. a. Imponieren) 86, 148, 406
Merkmalssummierung 416, 445; T. 53
Merkmalsverdoppelung 331
Meßgewänder, kath. 128
Midas-Sage 410
Milieutheorien, soziologische 467
Militärorden (s. a. Orden) 173, 198
Militärparaden 113
Mimik, eingefrorene 81
Minoische Kunst 91, 215, 223 f., 239,

259, 373, 376, 379, 392, 392, 394, 400, 476–482; T. 20, T. 40, T. 50, T. 66
Minotaurus-Sage 407, 478, 480
Miribota 24, 94, 128, 152, 157, 181, 214, 221, 234, 245, 247 f., 253, 258 f., 271, 273, 279, 280, 283, 286, 288, 298 bis 307, 301, 305 f., 309, 310, 311 f., 312, 314, 317 f., 317, 321 ff., 322, 346 f., 349, 358, 359 ff., 363, 364, 368, 373, 377, 384 f., 387, 392, 392, 401, 405 f., 409, 414, 414, 423, 425, 429; T. 6, T. 11, T. 13, T. 17, T. 20, T. 21, T. 35, T. 37, T. 38, T. 39, T. 44, T. 47, T. 48, T. 51, T. 52, T. 76, T. 79
–, Augenschminkung 293
–, etymologisch 298
–, Hausratornamentik 306
–, Schiffsaugen 299, 299
–, Teppichornamentik 298 ff., 300, 305, 305
–, Textilornamentik 298, 305 f., 305
Mitra 409, 409
Mobile 166, 261
Mobiliar, Funktionswandel 156 f.
Mollusken 76, 375
Mond (s. a. Halbmond) 212, 325 f.; T. 4
Mondsichel 193, 223, 261, 284, 324, 326, 330, 427
»moral science« 16
Morphologie 62, 451
Motorradamulett T. 74
Mühlstein 249 f.
»Mühlsteingeld« 254
Mungo 47
Münze 127, 144, 171, 234, 248, 251–256, 254, 275, 327, 361, 362, 387, 389, 393, 407, 414; T. 51
–, Brunnenopfer 255
–, durchlöcherte 253 f.
–, etymologisch 251
–, Prägungsmotive 251
Münzschmuck 252 f.
Murmeltier 93
Muschel 165, 255 f., 385, 444, 447; T. 7
Mutation 96
Mutterblick, magischer 132
Myrte (s. a. Lorbeer) 244, 360, 360; T. 48

Nachtreiher 78
Nagelkopf 386
Nahrungserwerb, Tiere 31 f.
»Napoleonsgeste« 135
Narrentracht als magische Abwehrtaktik 119, 282, 337
Naturvölker 37 f., 54, 70, 116, 125, 151 f., 175, 457 ff.

Neandertaler 39
Negerproblem, USA 48
Neidblick, Abwehr gegen 344, 361
Nektarvögel 32
Nelke 270, 358; T. 61
Nestbau, Vögel 31, 162, 164
Neugierverhalten 115, 453
Neupositivismus 16
»Nicht-Verschreien« als magische Abwehrtaktik 67 f., 142 f., 146, 244, 265, 306
Nike, geflügelte 220, 261, 309, 313
Nikolausbrauchtum, -legende 260, 283, 345; T. 27
Nische, ökologische 38, 161 f., 165
Nomaden 165

Objektneid 115
Objektsicherung als magische Abwehrtaktik 128 ff.
Objektvergrößerung, Imponieren 152
Objektwandlung, kult. ritualisierte 155–160
»Occipitalgesicht« 221, 235; T. 34
›Odyssee‹ (Homer) 133 f., 243
»Ohreisen«, Haartracht 231, 239, 334, 336
Ohrmuschelstil (Rokoko) 157
Ohrring 343
–, Männer- 248, 248
ökologische Einpassung 161–168
– Funktion 31 ff., 42–46, 75
– Nische 38, 161 f., 165
– Planstelle 161 f.
– Situation 31, 33 f., 47, 164, 451, 459, 472
Ökostruktur 165
Ökosystem(forschung) 203, 453, 473, 475
Ölbaum 360
Olfaktorik, Säugetiere 178
Oligozän 39
Ontogenese 35, 170
Opanken 346, 348
Opossum 79; T. 66
Orden (s. a. Militär-) 174
Orientierung, Tiere 391
Osterei-Ornamentik 265
Oszillation 158, 355

Paargesänge, Vögel 146
Paarungsverhalten 31, 456 ff.
–, Schimpansen 180
Pailletten 287, 288, 335, 338
Paläontologie 62
Pallas Athene 261, 277, 367, 378, 380, 393, 401

Palme T. 33
Palmette 366, 373; T. 20, T. 37, T. 43
Palmkätzchen T. 65
Palmwedel 234, 285, 314, 338, 361 f., 362; T. 65
Palmwipfelornament 298
Pandurenuniform 141
Panther, schwarzer 186, 402
Pantoffel 345 ff., 347, 349, 352; T. 46
Pantoffeltierchen 93, 237
Papagei 83, 392
Papageifische 33
Papierboot *(Argonauta)* 373, 373
Paradequaste T. 28
Paradespiegel 336
Parallelkreis T. 68
Parasexualität 454
Parasitismus 169
Pariahunde 77
Partnerbindung, Tiere 456
Pekinese 89
Pelztierjagd 200
Pende 287 f.; T. 24
Pentagramm 416, 445
Perchtenlauf, Gasteiner 128, 138, 149, 186, 220, 277, 283, 294, 335, 417; T. 36
Perle 175, 247, 260, 287, 288, 307, 348, 361, 374, 379, 390, 436; T. 24, T. 39, T. 42, T. 62
–, blaue 62, 203, 209–216, 269, 273, 280, 286, 327, 327, 331 f., 358, 361, 365, 387, 406; T. 24, T. 26, T. 27, T. 34, T. 42, T. 53, T. 73–75, T. 78
Perlenkette, -schnur T. 63, T. 75, T. 78
Perlhuhn 394, 395, 400
Perlmutter 374
Perseus 309, 313, 333
Perücke 232 f.
Pfau(enfeder) 271, 279, 313, 316, 327, 334, 392, 395, 397 f., 398; T. 12, T. 76
Pfauenspinner 95
Pfauenthron 397
Pferd 47, 331, 347, 404, 408; T. 25, T. 44, T. 54, T. 55
Pferde-Amulette 128, 304, 324, 325, 328, 328; T. 27, T. 31, T. 32, T. 77, T. 78
Pferdegeschirr 126, 157, 215, 249, 332
Pferdeköpfe, Giebelzeichen 129, 222
Pferdemähne, -schwanz (Flechtung) 234
Pferdequaste 276
Pfingstkönig 281
Pflanze (s. a. Blatt, Blume) 243, 298, 305, 306, 330, 354–362
Pflanzenattrappen 84
Pflanzenornamentik 354–357, 356 f.;
T. 4, T. 33, T. 35, T. 41, T. 52, T. 63, T. 70
Pflanzenstil 354 f.
Phallus-Imponieren, Primaten 25
Phallussymbol 134, 316, 317, 383, 412 f., 453 f.
Phänotypus 28, 145, 164 f., 468, 470 f.
Phantasiequaste 279
Pharaonen 117
phylogenetische Entwicklung 18, 61, 156 f., 170, 432, 452, 470
Pickreaktion, Küken 180
Pilgermuschel 373 f., 374
Pillendreher 258
Pinguine 33
»Pinienzapfen«, architektonisch 258
Pirol 396
Pi-Scheibe 254
Pistole 434
Pithecanthropus 39
Planstelle, ökologische 161 f.
Plastizität des Verhaltens 162 f., 466
–, phylogenetische 162
Platzangst 453
Pleistozän 39
Pliozän 39
Polynesier 151
Polypen 375 f.
Polyphemsage 133 f., 133
Pompon 282 f., 347 f.; T. 46, T. 50, T. 62, T. 78
Pongiden 39
Populärabteilung (s. a. Sekundärerklärung) 193
Posamentierquaste 284
Positivismus 16
Potemkinsche Dörfer 82
Prachtfinken 85
Prägung, Tiere 35
Prahlen (s. a. Imponieren) 146–149, 153, 197
Prahluniform 166
Prangstange T. 17
Primärerklärung 192–196
Primärgruppe (s. a. Kleingruppe) 51
Primaten 25, 39, 40 ff., 61, 78, 178 f., 411 f., 432, 455
Primitivmerkmale, Naturvölker 37
Promiskuität 23, 456
Prozessionsbrauchtum 138 f.
Prunkquaste T. 28
Psychoanalyse 453 f., 459, 461, 463
Psychologie und Ethologie 451–463
Psychotherapie 451 f., 463
Puffotter 76

549

Punkt, Zentral- 275, 351, 416
-, blauer 213
Pupille(nfleck, -nkreis) 91, 94, 95, 215, 226, 237, 254, 257, 259, 299, 302, 306, 312, 327
Puppe als überoptimale Attrappe 87
Putzerfische 84, 84
Pygmäen 37, 117
Pyramide 430

Quadrat 165, 214, 332, 342, 417
Quarz 436
Quaste 127 f., 131, 139 ff., 194, 245, 261, 265, 269, 272, 274, 276–286, 295, 297, 325, 347, 352, 361, 384, 396, 399, 404, 406, 428, 478; T. 6, T. 12, T. 13, T. 19, T. 21, T. 24–27, T. 29, T. 34–37, T. 39, T. 40, T. 43, T. 50, T. 52, T. 59, T. 62, T. 74, T. 77–79
-, Architekturdekor 281
-, Demonstrationsobjekt 281
-, etymologisch 276
-, Hausschutzzeichen 281
-, am Hut 282
-, Kirchenornat 277
-, Maskottchen 277
-, Materialeinpassung 281 f., 281
-, Militärzeichen 281
-, Phantasie- 279
-, Repräsentations- 276 f., 281
-, Rückwärtsschutz 277
-, Teppichornamentik 281
-, Tierbehang 276
Quastenauge 280
Quastenbehang, Autos 280 f.
Quastengirlande 281
Querschnittsystem, ökologisches (s. a. Aktionssystem) 26

Rad 241–250, 249; T. 1, T. 19, T. 54
Rädern, Hinrichtungsart 250
Radkreuz 249
»Radmähen« 139
Ragwurz 84
Rakelhuhn 169
Ralle 77
Rangordnung, Gruppe 147, 173, 412
Rangstern, militärischer 155
Rassel 249
Rätsel 114
Ratte 76, 147
»Raubaffe« Mensch 470, 474
Raubvögel, Reaktion auf Kugeln 257
Rauchschwalbe 75, 390, 401, 410; T. 49
Rauhfußhuhn 79, 180

Raumeinpassung (s. a. Umweltanpassung) 161–168
Raumintelligenz 36, 50, 54
Raumsehen, phylogenetisch 40
Rebhuhn 394 ff.
Rechteck 284; T. 6
Rechtsbrauchtum 136
Reflexe (s. a. bedingter R.) 30
Reflexologen 26
Regelkreissystem 426
Regenpfeifer 396
Reh 409
Reichsapfel 261
Reiher 28, 78, 86, 158, 169 f., 236
Reiherfeder 247, 278 f.
Reisigkranz 245 f.
Reisstrohbesen 285; T. 26
Reizschwelle(nerniedrigung) 89
Reizsender und -empfänger 199
Reizsummenregel 86, 90, 94, 426
Repräsentieren s. Imponieren
Reptilien 178, 386–390
Resistenz gegen kultur. Wandel 159, 176
Revierverhalten 17 f., 35, 43, 86, 236, 421, 472
Rhombus 165, 234, 271, 283, 289, 335, 342, 415, 417; T. 52, T. 58
-, Genitalsymbol 417
Riesenquaste (s. a. Prunk-) 276, 281; T. 28
Rind (s. a. Stier)
-, Stirnblässe, -schmuck 408, 408
Rindergehörn 401, 407–410, 478 f.
Rinderschädel T. 74
Ring(e) 136, 175, 242–250, 249, 385, 387
-, konzentrische 94, 340, 352
Ritualisierung, kulturelle 14, 83, 433
-, phylogenetische 14
Rohrdommel 35
Rohrsänger 85
Rohrweihe 162
Rolandfigur 328
Rolle, Kugelschelle 282 f.
Rose 358 f., 410; T. 53, T. 56, T. 63, T. 64, T. 69
Rosette 140, 156, 259, 278, 358, 408; T. 12, T. 29, T. 41, T. 52, T. 55, T. 60, T. 74, T. 75
Roßhaarquaste 325
Roßschweif, türkischer 138, 167, 220, 283 f., 283, 325, 328; T. 31, T. 40
Rothirsch 169
Rotkehlchen 86, 179 f., 392, 453
Rotsichtigkeit, Vögel 177
Rotwildjagd 200

Rückenamulett (s. a. Rückwärtsschutz) T. 50, T. 77
Rückenquaste 128, 277
Rückwärtsschutz, magischer 127 f., 128, 129, 221, 252, 337, 347; T. 25, T. 26, T. 34–36, T. 63, T. 77, T. 79
–, Flügel 310
–, Kleidung 237
–, Quaste 232, 277
–, Zopf 232
Rudel 51
Rügebrauchtum 235
Rundgestalt, AAM Auge 226, 237, 245, 250, 262, 274, 331, 367, 385
Rundmotive 238; T. 1, T. 29, T. 52
Rundplättchen T. 50
Rundspiegel 403, 406
»Rundtanz«, Tiere 237
Runenalphabet 164
Rußlanddeutsche (Argentinien), kultur. Wandlungsstopp 159

Saatkrähe 169
Säbelzahnschleimfisch 84, 84
Sakralzeichen 203
Saltnerbrauchtum, Meraner 397, 400
Samoaner 151
Sandale 345–349; T. 75
Sarazenen 193 f.
Säugetiere 78, 147, 149, 178, 402–410
Sauropsiden 22
Scarabäus 367 f.
Schadenzauber 247, 265, 273
Schäfflertanz, Münchner 118, 283
Schakal 395
Schamane(nstab) 140 ff., 170 f., 331, 420, 478; T. 41
Schampräsentieren 411 f., 417
Schaukomment, aggressiver 81
Scheibe 306, 327, 352, 426
–, Loch- 253, 280, 327, 330
–, Pi- 254
–, Siebenpunkt- 274
Scheinmanöver 110
Schelle (Glocke) 141, 282 f., 337
Schellenbaum, militärischer 137 f., 167, 283 f., 325; T. 40, T. 42
Schembartlaufen, Nürnberger 296
Schemenlaufen, Imster 119, 220, 283, 294 f., 295
Schere, »doppeläugige« 176, 193; T. 32
Schiffsaugen 126, 299, 306, 346, 385; T. 76
Schiffsbeflaggung 166
Schildhahnfeder 399 f.; T. 37

Schildkröte(npanzer) 251, 368, 386 f.; T. 51, T. 79
Schimpanse (s. a. Primaten) 23, 42, 51 ff., 79, 136, 147, 178, 180, 432, 455
Schlange 93, 137, 224, 296, 309, 341, 342, 377 f., 380, 385, 387–390, 399; T. 4, T. 14, T. 41, T. 49
–, doppelköpfige 221
Schlangenhaar 378
Schlangenmerkmale, magisch forciert 390
Schlangenstab 388
Schlangenzunge 401, 427
Schleife 127, 143, 246, 275, 283 f., 286, 291–297, 313, 357; T. 16, T. 17, T. 24, T. 52, T. 53, T. 78, T. 79
–, Architekturdekor 292
–, Dekorations- 291
–, Demonstrationsobjekt 294
–, etymologisch 291
–, Kult- 295 f., 296
Schlichtkleid (s. a. Imponieren) 198
Schlinge 279, 280, 291–297
–, etymologisch 291
Schlüssel 136, 350–353; T. 24
–, Amulett 351, 352
–, etymologisch 349
–, Hausschutzzeichen 352
–, Heraldik 351, 352
–, Ornamentik 352
–, Rangsymbol 351 f.
Schlüsselgewalt, -recht 350 f.
Schlüsselreiz 199, 411
Schlüssel-Schloß-Beziehung 87, 90, 199
Schmetterling 271, 339, 377, 391; T. 30
–, Augenflecke 94 f., 96, 363, 364, 365
Schmuck, Frauenfest- 138
Schmuckbartvogel 146
Schmuckmünzen 252 f.
Schmucksteine 216, 231, 233, 247, 435 f.
Schnalle 292, 345
Schnecke(nhaus) 165, 255 f., 349; T. 64, T. 78
Schneckengeld 254 f.
Schnurschleife 291, 292, 294 ff., 294; T. 36, T. 62
Schockfarben (s. a. Farbenwirkung) 188
Schrägblick 80
»Schrattenspiegel« 335
Schreckauge 148
Schreckfratze, Architektur 125, 336, 366, 380; T. 50
Schuh 126, 288, 345–349; T. 46
–, Amulett 348 f., 348
–, etymologisch 345
–, Fußschutzzeichen 346

551

–, Märchen 345
–, Ornamentik 347
Schulterbetonung, Uniform, Tracht 471
Schutzornamentik 175
Schutzzeichen (s. a. Blickabwehrsymbol) 91, 129, 136, 152 f., 167, 247, 265
–, Gruppensicherung 165, 175
–, militärische 175, 220
–, sakrale Architektur 240
– bei Umzügen 138 f.
Schwalbe 28, 390, 401
Schwalbenschwanz(raupe) 95, 96
Schwein 404, 404
Schwert 474
Schwurhand s. *mano pantea*
Sechsergruppe 151
Sechsspaß 416
Sechsstern 152, 167, 415, 416 f., 445
Seehundsjagd 199
Seeohr 212
Seeohr-Schnecke 212, 374
Seestern T. 59
Seidenreiher als biol. Attrappe 83
Seidenschwanz 401
Sekundärerklärung 192–196, 255 f., 290, 330, 373; T. 30
Selektionsdruck 74 f., 91, 95, 205, 455
Semantik, zool. (Signalkleid) 198, 205
Senecas, Volksstamm 22
Sense 399 f.
Sexualität, Mensch 452, 455 f., 458
–, Hypertrophie 459
–, Tier 455 ff.
–, Überbewertung 453 f.
Sexualtabu 454, 459
Siamang 146
Sichel 223, 245, 399 f., 409
– und Hammer 332
Sichel-Sense-Mond-Beziehung 331
Sichelschwert 378
Sichler 169
Siebenergruppe, Mensch 151
Siebenerzahl, magische 150 f., 150, 331, 377, 397, 434; T. 40
Siebenpunktsystem 274 f.
Siebenschläfer 79, 93, 236
Siedlungsstruktur 49 f.
Siegel(formen) 298
Siegfriedsage 347
»Siegknoten« 273
Sigillum 174
Signale, mimische 81
Signalfarben (s. a. Farbenwirkung) 182 f.
–, Fische 178
–, Säugetiere 178

Signalkleid (s. a. Semantik) 198
Signalzeichen 166
Silbermöwe 180
»similia similibus« -Prinzip 90, 300
Sinanthropus 39
Sklera 79 f., 91, 263
Sonnenrad 329
Sonnenscheibe, ägypt. 311
Sonnensymbole 129, 238 f., 303, 332
Sozialbeziehung, -funktion, Mensch 56, 421
Sozialideologie 467 f.
Sozialintelligenz 36, 54
Sozialkumpan (s. a. Kumpan) 458
Sozialstruktur 31, 34 ff., 51, 475
Sozietät, Tiere 35
Soziologie 26, 47 f., 51, 451, 467, 474, 476
–, Milieutheorien 467
Spechtfink, Galapagos 163
Sperber 162, 257
Sperbergrasmücke 78
Sperling 47
Sperrachen, roter, AAM (Jungvögel) 180
Sphinx 308, *308*
Spiegel 333–338, 378, 408
–, architektonisch 336, 338
–, Begräbniskult 334
–, Dämonenabwehr 333
–, etymologisch 333
–, Kopfschutzzeichen 334
–, Perchtenbrauchtum 335
–, Textilapplikation 337
Spiegelbild 334 ff.
Spiegel-Ei (Ochsenauge) 266 f.
Spiegelfetisch 336
Spiegelsaal, -wand 336
Spiel 43, 172 f.
Spielkette, orientalische 243, 352; T. 12, T. 23, T. 61, T. 62
»Spinnerin am Kreuz«, Wien 192
Spinnwirtel 237, *237*
Spiralaugen 239, *239*; T. 20, T. 29, T. 49, T. 50, T. 52, T. 59, T. 67
Spirale 137, 221, 223, 229, 231 ff., 236 bis 241, 246, 248, 255, 325, 341 f., 363, 364, 379, 387, 406, 417; T. 6, T. 7, T. 35, T. 37, T. 44, T. 52, T. 55, T. 57, T. 63, T. 65
–, Architekturornament 239, 240
–, Astronomie 240 f.
–, Körperspirale 239
Spirallocken (s. a. Haartracht) 232
Spitzhörnchen 39 f., 42
Spitzmaus 42, 138

552

Spontaneität angeborener Bewegung 18
Spontanhandlung 195
Spottfiguren als magische Ablenkung 118
Sprache, Mensch 27, 55, 75
—, Gruppenmerkmal 55
—, Verhüllungen 114
Stab 136 f., 287, 388, 389, 418; T. 14, T. 65
Stabbrauchtum 136
Stabbrechen, juristisch 136
»Stabung«, Fahneneidformel 136
Stachelkugel 287–290, 287; T. 42
—, Blitzabwehr 288
—, etymologisch 287
Stammbaumintelligenz 36
Stammesgeschichte s. phylogenetische Entwicklung
Stange T. 17, T. 27
Star 35
Stein 165, 175, 304, 328, 430–436
— als Auslöser 435
—, blauer 210 f., 216, 247 f.; T. 38
—, Heilmittel 434
—, sakraler 430
—, Wurfwaffe 431–436
Steinbockgehörn 406
Steinhuhn 393 ff., 395; T. 79
Steinigen 433
Steinkauz 393, 400
Steinkoralle 436
Steinritzzeichnungen, nordische 70
Stern 94, 152, 155 f., 167, 193 f., 223, 229, 270, 271, 274, 278, 324 f., 325, 347, 384, 398, 414, 416 f., 440; T. 46, T. 47
Stichling 17, 85 f., 180
Stiefel 345
Stier (s. a. Rind) 447; T. 19, T. 44
Stierattrappe 478
Stierhörner 309, 325, 331, 342
Stierkampf 178, 235, 477 ff.
Stierkopfmaske 218, 478
Stiersprung, kretisch 477 f.
Stirnamulett, Rind, Widder, Zugtiere 126, 325; T. 27, T. 75, T. 78
Stirnauge 408, 422, 423; T. 19, T. 38, T. 39, T. 78
Stirnblässe, Tiere 126, 408, 408
Stirnfranse 232 f.
Stirnkranz 243
Stirnlocken, Tiere 126, 232, 407, 408; T. 43
Stirnquaste 126, 281, 283
Stirnschmuck 126, 142, 152

Stirntatauierung 232; T. 45
Stockente 74, 169
Storch 396
Strahlen (s. a. Augenwimpern) T. 7
Strahlenbündel 286
Strahlenkranz 238
Strahlenkreis 271
Strauß, Vogel 263
Straußen-Ei 261, 263 f., 265, 266, 399; T. 64
Straußenfeder 279, 301, 313, 329, 399
Streifen 395 f.
Strohamulett 338, 361, 387; T. 23
»Strohbutz« T. 28
Strohfigur 281
Strohkranz 245 f., 277; T. 29
Strohkugel 361
Strohquaste T. 26, T. 28
Strohzopf 234 f.
Strukturen, biol. 465, 467
—, Gesellschafts- 465
»Suebenknoten« 235
Sultanssiegel, türk. 254, 271
Surikaten 40
Süßwassermuschel 84 f., 85
»Swastika« 303
Symbiose, Fische 84, 169
Szepter 137, 247, 409; T. 17, T. 42

Tabus, sexuelle 458
Tabuworte 114
Tagpfauenauge 94 f.
Talisman 122 f., 230, 283
Táltos, ungar. Magier 68, 142
Tannenzweig T. 39
Tapetum, Augenhintergrund 393
Tarnen s. Vertarnen
Tarnkappe 378
Tarnkleid (Kryptik) 198
Tarnworte 114
Tatauieren 240
—, als magischer Schutz 125
Taube 89, 151, 392
Täuschen als magische Abwehrtaktik 84, 94, 110, 244
Täuschungsmanöver 111
Taxien, orientierende 431
Taxonomie 170
Tenebrionide, Käfer 368
Teppich, roter 182
Teppichfransen 281
Teppichornamentik 298 ff., 300, 305
Territorialität, Mensch 43
Tertiär 39
Teufel 80; T. 66

Thuja 429
Tiergehörne (s. a. Rind, Stier, Widder) 405 ff.
Tierköpfe 218, 218, 224
Tierkrallen 405
Tierseelenkunde 16
Tiersozietät (s. a. Kleingruppe) 51
Tierstil, Kunst 354 f.
Tierzähne 405
Tiger 41
Tigerauge, Edelstein 436
»Tigerkralle« 405
Till Eulenspiegel 337, 337
Tintenfisch 375
Tlingit 212, 382
Tontaube, Schießattrappe 83
Totenkranz 242, 254, 255
Totenschädel 210 ff., 259, 261, 306, 368
Tötungsbiß 42, 76
Tracht (s. a. Kleidung) 194
–, Alltags- 137 f.
–, Arbeitskleidung 184 f.
–, Brustornamentik 228 f.
–, Entwicklungsgeschichte 23
–, Farbsymbolik 182
–, Fest- 137 f.
–, Funktionswandel ritual. 120
–, Gelenkschutz 321
–, Gruppenmerkmal 55
–, Imponieren 148
–, Individualisierung 175
–, Narren- 282
–, Pflanzenornamentik 356
–, Rückwärtsschutz 127, 228, 282, 310, 347, 358, 398, 424; T. 35, T. 36, T. 50
–, Schulterbetonung 471
–, Ziermotiv 398
Trachtenhut 400
Trachtenknopf 274
Trachtenschuh 347
Tradition, kulturelle 433
Trappisten 147
Traube 389
Trauma 452
Trieb, aggressiver 470
–, philosophisch 14 f.
Trinitätssymbolik 225, 413, 415
Tritonshorn 373, 393
Triumphgeschrei, Gänse 146
Trittspuren 427
Tuaregs 215
Tulpe 270, 305, 322, 352, 358 f., 358, 418, 422, 423 ff., 428; T. 38, T. 57
Turban, türkischer 243, 273, 278, 341, 399; T. 21, T. 27

Turbanbusch 286
Turbangesteck 126
Turbo-Augen 443
Türkenente 47
»Türkenkugeln« 258
Türkentaube 162 f.
Tzapoteken 262

Überaugenflecke, Hund (s. a. vieräugiger Hund) 149, 392, 404 f., 416; T. 66
Über-Ich 147
Überimponieren 198, 336
Überkreuzen 199, 222, 222
Übersprungreaktion 472
»Ukumbi«-Taktik 111, 111
Umkreisen, Umschreiten, Umtanzen von Orten 129
Umweltanpassung 15, 25 f., 31, 48, 87, 110, 161–168, 394, 452, 458, 472 f.
Umweltdruck 192
Umweltgefährdung 37 f., 145
Umweltveränderung, künstliche 475
Umweltwiderstand 195
Umzüge 138 ff.
Uniform 29, 128, 138 f., 166, 179, 187; T. 62
–, Bärenfellmütze 403
–, »Bärentatzen« 194
–, Dreisproßzeichen 428
–, Drillich 185 f.
–, Entwicklungsgeschichte 23 f.
–, Epauletten 471
–, Farbsymbolik 182
–, Flügelzier 314 f., 315
–, Fransen T. 35
–, Funktionswandel, ritualisierter 120, 121, 155, 355
–, Halbmondmotiv T. 31
–, Imponieren 148, 153
– und Kleingruppenkampf 55
–, Knopf 274
–, Kopfschutzzeichen 315
–, Leopardenfell 403
–, orientalische 24
–, Pflanzenornamentik 356
–, Prunk 198
–, Quasten 282
–, Rangdemonstration 197 f.
–, Rückwärtsschutz 315
–, Schlichtkleid 198
Uniformhelm 155
Uniformknopf 155, 274
Uniformmütze 158
Unterwerfungsgeste 456
»Urangst« (Freud) 452

Uräusschlange 387
Urhorde, biol. 52
Urmensch (s. a. Hominiden) 475 f.

Vegetationskult 246
Verbergen als magische Abwehrtaktik 122, 244
Verdecken als magische Abwehrtaktik 114 ff.
Verfremden 393
Verhaltensinventar 28
Verhüllen, Genitalien 116
–, sprachliches 114 ff.
Vermassung von Augensymbolen 130
– des Menschen 153, 475
Verniedlichen magischer Abwehrzeichen 132, 225, 460
Verschleiern 112–116
–, Braut 244
–, Islam 115
Verschliefen 453
Verschlüsseln magischer Abwehrzeichen 132, 362, 409, 460; T. 33
Verschrecklichen 225
Verspotten 117–120
Vertarnen 90, 132, 205, 225, 244, 278, 362, 364, 393; T. 33
»Versuch-und-Irrtum« 75
Vieläugigkeit 225, 402, 446; T. 55, T. 64, T. 66
Vielbrüstigkeit, Artemis 266
Vieleck 165, 411–417
»vieräugiger Hund« 65, 149, 392, 404 f.; T. 66
Vieräugigkeit (s. a. vieräugiger Hund) 149 f., 304, 416; T. 66
Viereck 416, 442
Vierfachanordnung 329
Vierpaß 301, 302, 303, 304; T. 76, T. 79
Vierzehnheilige(n) 151
Vitalisten 26 ff.
Vögel 22, 33, 78, 146, 162, 177, 197, 231, 391–401, 480
–, biol. 391 f.
–, Flügel 392, 393
–, Fluggestalt 400 f., 428
– als Kunstmotiv 392
–, Zehen, Dreiproß 393
Vogel-Ei 263 f.
Vogelfang 199 f.
Vogelkäfig 318
Vogelkolonie 472
Vogelkopf 224
Vogelornamentik 317 f.
Vogeltritt, Dreiproß 427

Völkerkunde s. Ethnologie
Volkskunde 64–68, 238, 467 ff., 476
–, Fragebogentechnik 66, 196
Volkslied 114
Vollmond 326
Volute 176, 239, 240; T. 7
Vorbildfigur 147
Vorhufer (Paenungulata) 33
Votivaugen 292

Wächterfigur T. 53
Wächterfunktion 128, 309, 310, 311, 313, 314, 332, 342, 380, 397
Wächtersymbol 131, 219, 259
Waffen als Attrappen 474
–, Funktionswandel 155 f.
Waffengeheimnis 142 f.
Waldkauz 258
Waldpopulation, Mensch 164
Wampumring 249
Wandamulett 361 f.
Wanderfalke 162
Wanderratte 47
Wapitihirsch 169
Wappen, osmanisches 363, 364
Wappenbilder (s. a. Heraldik) 218, 363, 364
Wärmelehre 465
Warnfarben (s. a. Abwehrfarbe) 180
Wasserralle 180
Wasserspeier, mittelalterliche 366
Webefinken 85
»Wechselbalg« 343
Wedel 276–286, 404; T. 12, T. 24, T. 37, T. 65
»Wegsehen«, Möwen 456
Weißbürzel-Wassertreter 75
Wellen(linie) 302 f.; T. 70
Wellensittich 151
Weltesche Yggdrasil 418 ff.
Werbegrafik, Augeneffekte 83, 90 f., 188, 199–202, 204, 205, 221, 229, 238 f., 266 f., 278, 292, 302, 317, 366, 423, 460 f.; T. 19, T. 31, T. 63, T. 67–71, T. 76, T. 79, T. 80
Werben, Definition 197
–, Imponieren 146
–, Kontrastieren 197 f., 205
–, Paarung 197
Werbesignale 199
Werbewesen (s. a. Werbegrafik) 83, 90 f., 147, 153, 197–205
Werkzeuggebrauch, Mensch 42, 53, 163, 474 ff.
–, Tier 163

555

»Werkzeugprimat« Mensch 474 ff.
Wetterhahn 223; T. 49
Wickenblüte T. 61
Widder *341, 348*, 406
–, Gehörn 406
–, Stirnkette 126, 332; T. 75
»Widderopfer«, Osttirol 67, 406
»Wiener Kreis« (Neupositivismus) 16
Wildbeutertum (s. a. Jägernatur Mensch) 44, 46
Wildschwein 405
Wildunfälle 77
Willensfreiheit 14 f., 18, 61, 467
Wimpel *404*; T. 79
Wimpern s. Augenwimpern
Windrad T. 79
Winzerkrone 138
Wirbeltierauge 237, 262
–, als Attrappe 94
Wirkungssummierung (s. a. Merkmalssummierung) 426
Wisent 35, 169
Wohnstrukturen, ökologische Situation 164, 462
Wolf 148, 456, 464, 473
Wolgafinnen, Tracht *127, 128*
Würdezeichen 247
Wurmattrappe 84, *84*
Wüstenlerche, Mutation 96 f.
Wüstenspringmaus 33
Wutmimik, Mensch 80

Yin-Yang-Symbol *94, 152, 301, 302,* 384

Zahlenerfassen 51, 151 f.
Zahlenmagie 219, 253, 331, *352,* 367, 377
Zähl- und Rechenkunst, primitive 151
Zahlwörter 151
Zapfen(ornament) 298
Zauberauge, Märchen 209–212
Zauberring 242
Zebra 198

Zebu 406
Zentauren 222
Zentralauge T. 20, T. 22, T. 23, T. 54
Zentralfleck 357, *358*; T. 1
Zentralkreis T. 63
Zentralpunkt T. 48
Zepter 137, 247, *409*; T. 17, T. 42
Zerberus 217, 219, 224
Zerrformbildung, phylogenetisch 157
–, kulturgeschichtlich 157 f.
Zeus 143 f., 259 f., 407
Zick-Zack-Ornament 342
Zigeuner 48, 116, 189, 227, 244, 289, 326
Zikade 364 f.; T. 49
Zimmer-Amulett 287, 341, 361 f.; T. 62
Zivilisation, Definition 19
Zivilisationsmensch, moderner 37 f., 44 ff., 46, 48 f., 153, 203, 241, 452, 458, 460
Zopf 127, 234; T. 15, T. 18
–, Männerzopf, Militärzopf 234 f.
–, Materialeinpassung 234
Zopfbehang 128
Zopfflechtung, Tierhaare 234
Zopfmasche T. 34
Zopfornamentik 232
Zopfschmuck (Amulette) 214 f., 234, 252, 357; T. 34, T. 75
– (Münzen) 252
Zopftracht, »Suebenknoten« 235
Zottelgewänder 297
Zugtiere, Blickabwehrmittel T. 25
Zwei-Augen-Effekt 308
Zweipaß *301 ff.*
Zweispitz 282
Zweisproß 420
»Zweites Gesicht« 335
Zweizack 330
Zwergohreule 77
Zwiebelzopf 235
Zypresse 306, 360 f., 429; T. 35, T. 46, T. 48

Konrad Lorenz

Die acht Todsünden der zivilisierten Menschheit

1973. 8. Aufl., 302. Tsd. 1974. SP 50. 112 Seiten. Kartoniert

Die Rückseite des Spiegels

Versuch einer Naturgeschichte menschlichen Erkennens. 1973. Sonderausgabe 1975. 338 Seiten. Linson
»Das Buch von Lorenz umspannt die gesamte Evolution – sowohl die biologische als auch die kulturelle – und deutet sie in einem Zusammenhang, der bislang undurchsichtig war. Lorenz überprüft die Existenzgrundlagen der Menschheit zu einer Zeit, da sie höchst gefährdet sind.«
Radio Bremen

Über tierisches und menschliches Verhalten

Aus dem Werdegang der Verhaltenslehre. Gesammelte Abhandlungen.
Band I. 1965. 17. Aufl., 139. Tsd. 1974. piper paperback.
412 Seiten mit 5 Abbildungen. Kartoniert
Band II. 1965. 11. Aufl., 100. Tsd. 1974. piper paperback.
398 Seiten mit 63 Abbildungen. Kartoniert

Konrad Lorenz/Paul Leyhausen

Antriebe tierischen und menschlichen Verhaltens

Gesammelte Abhandlungen. 1968. 4. Aufl., 34. Tsd. 1973.
piper paperback. 472 Seiten mit 21 Abbildungen. Kartoniert

Irenäus Eibl-Eibesfeldt

Grundriß der vergleichenden Verhaltensforschung - Ethologie

1967. 4. Aufl., 20. Tsd. 1974. 629 Seiten mit 325 Abbildungen und 8 Farbtafeln. Linson

Krieg und Frieden aus der Sicht der Verhaltensforschung

1975. 316 Seiten mit 18 Abbildungen. Linson
»Von beklemmender Aktualität bietet ›Krieg und Frieden‹ eine Fülle Utopie-freier und dennoch praktisch höchst verwertbarer Einsichten, so daß man dieses Buch nur mit Herzklopfen aus der Hand legt ... die bestfundierte, im Denken sauberste Darstellung dieses menschlichen Existenzproblems.«
Welt des Buches
»Ein immenses Material, das uns zum Nachdenken nicht anregt, sondern zwingt.«
Frankfurter Allgemeine Zeitung

Liebe und Haß

Zur Naturgeschichte elementarer Verhaltensweisen. 1970. 5. Aufl., 50. Tsd. 1972. 293 Seiten und 63 Abbildungen und 2 Tafeln. Linson

Im Reich der tausend Atolle

Als Tierpsychologe in den Korallenriffen der Malediven und Nikobaren. Mit 32 Farbaufnahmen und 68 Fotos des Autors. 1964. 211 Seiten. Leinen

Die !Ko-Buschmann-Gesellschaft

Gruppenbindung und Aggressionskontrolle bei einem Jäger- und Sammlervolk. 1972. Monographien zur Humanethologie 1. 226 Seiten mit 85 Fotos. Linson

Erich von Holst
Zur Verhaltensphysiologie bei Tieren und Menschen
Gesammelte Abhandlungen. Band I. 1969. piper paperback. 294 Seiten mit 153 Abbildungen. Kartoniert
Band II. piper paperback. 299 Seiten mit 122 Abbildungen. Kartoniert

Wolfgang Wickler
Die Biologie der Zehn Gebote
1971. 3. Aufl., 20. Tsd. 1972. 225 Seiten. Linson und kartoniert (SP 72)

Stammesgeschichte und Ritualisierung
Zur Entstehung tierischer und menschlicher Verhaltensmuster. 1970. piper paperback. 282 Seiten mit 75 Abbildungen. Kartoniert

Jürgen Nicolai
Elternbeziehung und Partnerwahl im Leben der Vögel
Gesammelte Abhandlungen. 1970. piper paperback. 346 Seiten mit 105 Abbildungen und 2 Farbtafeln. Kartoniert

Helmut Albrecht/ Sinclair Coghill Dunnett
Chimpanzees in Western Africa
1971. Ethologische Studien. 138 Seiten mit 85 Abbildungen. Kartoniert

Fritz Jantschke
Orang-Utans in Zoologischen Gärten
Mit einem Vorwort von Bernhard Grzimek. 1972. Ethologische Studien. piper paperback. 251 Seiten mit 35 Abbildungen. Kartoniert

Eberhard Trumler
Hunde ernst genommen
Zum Wesen und Verständnis ihres Verhaltens. Vorwort von Irenäus Eibl-Eibesfeldt. Mit 29 Fotos, 45 Zeichnungen von F. Fuchs und 9 anatomischen Zeichnungen von Eberhard Trumler. 1974. 2. Aufl., 20. Tsd. 1974. 307 Seiten. Linson

Mit dem Hund auf du
Zum Verständnis seines Wesens und Verhaltens. Vorwort von Konrad Lorenz. Mit 23 Fotos sowie 44 Zeichnungen des Verfassers. 1971. 6. Aufl., 35. Tsd. 1975. 303 Seiten. Linson

Bernhard Hassenstein

Verhaltensbiologie des Kindes

459 Seiten mit 29 Abbildungen. Linson

Das erste verhaltensbiologische Handbuch für alle, die mit Kindern zu tun haben:

- will lehren, die naturgegebenen Bedürfnisse und Fähigkeiten des Kindes besser zu sehen; denn ohne sie erfassen wir am Kind nur einen Teil seiner Existenz
- ist allgemein verständlich
- stellt den heutigen Kenntnisstand der Verhaltensforschung an Tieren dar und beschreibt dabei die Dynamik instinktiven, erlernten, spielerischen und einsichtigen Verhaltens
- vermeidet jedoch das bloße Gleichsetzen von Tier- und Menschenverhalten
- sucht mit Hilfe verhaltensbiologischer Gesetzmäßigkeiten die Entstehung von milieubedingten Verhaltensstörungen im Kindesalter besser zu verstehen. Es zeigt sich, daß Hemmungen, Antriebsstau und Durchbruchsreaktionen überwiegen
- zieht aus dem Verständnis der Entstehung die notwendigen Schlüsse für die Vorbeugung gegen Verhaltensschäden: von der inneren Reform der Säuglingsheime bis zur Ausbildung der Medizinstudenten, von der Forderung nach betrieblichen Kindertagesstätten bis zur Reform des Kindschaftsrechts, vom Schulunterricht in Säuglings- und Kleinkindbetreuung (gesellschaftspolitisch weit wichtiger als Sexualkunde!) bis zur Behandlung jugendlicher Rechtsbrecher
- versucht die theoretischen Widersprüche zwischen der Tiefenpsychologie, der amerikanischen Lerntheorie (Behaviorismus) nebst Verhaltenstherapie und Instinktlehre (Ethologie) zu überwinden
- schärft durch die bessere Einsicht in die biologische Bedingtheit vieler Bedürfnisse und Fähigkeiten der Säuglinge, Kleinkinder und Kinder den Blick für die Entfaltung des eigentlich Menschlichen in ihrer Entwicklung